# DICTIONNAIRE

## DE

# L'ADMINISTRATION FRANÇAISE

PAR

## M. MAURICE BLOCK

MEMBRE DE L'INSTITUT

---

## SUPPLÉMENT GÉNÉRAL

### 1878 à 1884

## PARIS

### BERGER-LEVRAULT ET Cie, LIBRAIRES-ÉDITEURS

5, RUE DES BEAUX-ARTS, 5

*MÊME MAISON A NANCY*

---

## 1885

# PRÉFACE

On a défini la vie par le mouvement. Et, en effet, rien de vivant ne s'arrête ; tout marche, se modifie, change sans cesse, la société comme l'individu. Or l'Administration ne reste pas en dehors du mouvement, elle y est en plein et en est très sensiblement affectée ; elle ne le dirige pas, elle le suit plutôt, mais elle doit le surveiller, et s'efforcer d'en prévenir les écarts.

On comprend donc pourquoi une codification de la législation administrative ne saurait produire une œuvre immuable. A chaque instant l'État et la société ressentent des besoins nouveaux qu'il faut satisfaire, et on s'occupe sans relâche d'améliorer les procédés qui tendent vers ce but : on crée des organes administratifs, on amende les prescriptions en vigueur, on réorganise les institutions peu efficaces, décrète des mesures nouvelles.

Aussi, lorsque nous avons refait le *Dictionnaire de l'administration française*, avons-nous immédiatement prévu la nécessité de le tenir au courant des modifications inévitables que la législation y introduirait. De là notre *Supplément annuel*, qui est annoncé dans le *Dictionnaire* même.

Le public a reçu le *Supplément* avec faveur, il l'a trouvé utile et commode.... et d'un prix peu élevé, qualité qui ne gâte rien. Mais au bout d'un certain nombre d'années, le *Supplément,* en multipliant ses fascicules, a conservé son utilité, mais a un peu perdu de ses autres qualités. Il a fallu aviser, car succès oblige.

Nous avons pensé qu'en fondant les six *Suppléments* parus dans le septième, qui devait paraître à la fin de 1884, nous ferions un *Supplément général* qui présenterait les avantages de ces fascicules annuels sans leurs inconvénients ; il nous a semblé que la nouvelle publication serait un instrument éminemment commode, susceptible d'être complété et amélioré de différentes façons. En le rédigeant, nous avons laissé de côté les dispositions qui ont cessé d'être en vigueur et nous les avons remplacées par des données nouvelles et par une bibliographie indiquant les livres les plus récents....

Il ne nous appartient pas de louer notre œuvre, mais il nous est bien permis de dire que le présent volume renferme une législation toute nouvelle sur des matières de première importance, telles que :

*L'organisation communale ;*
*L'instruction publique ;*
*La presse et le droit de réunion ;*
*Les postes et télégraphes ;*
*L'organisation judiciaire ;*
*Les réquisitions, etc., etc.*

Pour plusieurs de ces matières, l'ancienne législation a été complètement renouvelée.

Nous appelons l'attention sur une autre amélioration que nous avons introduite dans le *Supplément*. Dans l'impossibilité de tout donner, nous avons du moins indiqué le moyen de tout trouver. Dans plus d'un cas, il suffit de connaître la date de la loi, ou la date du *Journal officiel* pour se procurer aisément ce dont on a besoin. Nous avons eu recours à cet expédient surtout lorsque la matière nous semblait de nature à être rarement consultée ; nous devions réserver l'espace aux actes publics d'une application plus fréquente.

Si le *Supplément général* renferme un certain nombre de lois qui renouvellent le droit public, dans le plus grand nombre d'articles nous n'avons à offrir que de simples modifications de la législation exposée dans le *Dictionnaire ;* très souvent, nous ne sommes même appelé qu'à le compléter par de nouvelles applications ou par un commentaire autorisé, tel que le fournit la jurisprudence.

Nous avons d'ailleurs fait tous nos efforts pour rendre les recherches faciles, et en ouvrant une nouvelle série de *Suppléments annuels*, nous aurons soin de les rattacher au *Supplément général* de façon que le lien de famille qui existe entre le *Dictionnaire* et ses *Suppléments,* grands et petits, sera visible pour tous.

**Maurice BLOCK.**

# DICTIONNAIRE DE L'ADMINISTRATION FRANÇAISE

## SUPPLÉMENT GÉNÉRAL

# A

**ABATTOIR.** (*Dict.*) **1.** La Cour. de cassation, dans un arrêt du 14 juillet 1877, déclare que « l'application d'un arrêté municipal prescrivant, sans distinction, de conduire à l'abattoir et d'y tuer tous les bestiaux destinés à la boucherie, ne peut être restreinte par le juge de simple police, à raison de considérations tirées de l'intérêt prétendu du commerce, ou des difficultés que présenterait sa stricte exécution ». (DALLOZ.) Cet arrêt est conforme à la doctrine : le juge n'a pas à apprécier une mesure administrative ; mais, en fait, la mesure en question nous paraît excessive : elle interdit aux bouchers (d'une petite ville) de conserver chez eux, dans le rayon de l'octroi, aucun animal destiné à la boucherie. Le boucher incriminé avait dans son étable, le 29 mars, deux bœufs, le 1er avril, quatre bœufs ; mais comment sait-on que ces bœufs étaient *destinés à la boucherie ?* Il n'est pas défendu aux bouchers de revendre vivants les animaux qu'ils ont achetés, il ne leur est pas défendu non plus d'en changer la destination. Par conséquent, un animal n'est destiné à la boucherie que lorsque le boucher l'a amené à l'abattoir, et tant qu'il ne l'y a pas amené, on ne peut savoir ce qu'il en fera. D'ailleurs, il ressort de l'arrêté du maire (*art.* 1er) qu'il ne voulait qu'une chose : supprimer les tueries particulières.

**2.** Par une circulaire du 22 mars 1881 (*J. off.* 1er avril 1881) le ministre de l'agriculture et du commerce invite les préfets à faire tous leurs efforts pour engager les communes, dans un intérêt de salubrité publique, à établir des abattoirs publics. (*Voy.* **Dimanche**.)

**ABONNEMENT.** Convention d'un prix *à forfait.* *Voy.* **Boissons, Poste, Sucre, Voitures publ.,** etc.

**ABORDAGE.** (*Dict., v° Bateaux à vapeur.*) Les règles relatives aux précautions à prendre pour éviter l'abordage des navires ont été brièvement indiquées au mot *Bateau à vapeur.* Elles ont été modifiées depuis sur plusieurs points, tant par le décret du 4 novembre 1879 que par celui du 1er septembre 1884 (*J. off.* 5 septembre). Ces matières sont trop techniques pour que nous reproduisions les décrets, mais il paraît utile de donner ici l'extrait suivant du rapport qui précède le décret de 1884.

Un décret du 4 novembre 1879 a rendu exécutoire, pour les bâtiments de guerre et de commerce français, un règlement international concernant les mesures à prendre pour éviter les abordages.

Les prescriptions de l'art. 10 de ce décret, relatives à l'éclairage des bateaux de pêche et des bateaux non pontés, ayant, dès le début, donné lieu à des réclamations, l'application de cet article a été suspendue, en France comme en Angleterre, par des décisions successives, jusqu'au 1er septembre 1884.

Le gouvernement britannique vient d'adopter une nouvelle rédaction de l'art. 10 et de modifier l'art. 5, en vue d'attribuer des signaux spéciaux aux bâtiments occupés à poser ou à relever des câbles télégraphiques. En outre, un nouvel article (numéroté 27) indique, suivant un accord international antérieur, les signaux que doivent faire les navires en détresse et demandant du secours.

Le conseil d'amirauté, consulté, a donné son entière adhésion à la nouvelle rédaction, et je me suis associé à cette appréciation (dit le ministre de la marine).

Comparez **Bateaux à vapeur, Marine marchande, Navigation.**

**ACTE ADMINISTRATIF.** *Voy.* **Compétence.**

**ACTE DE FRANCISATION.** (*Voy. au Dictionnaire l'article* **Douanes,** n° 133 et suiv.)

**ACTE D'ÉTAT CIVIL.** *Voy.* **État civil.**

**ACTIVITÉ,** ou *activité de service,* c'est la situation d'un fonctionnaire civil ou militaire qui est en possession effective de son emploi. Le fonctionnaire non révoqué ni retraité peut être en non-activité, suspendu, dans le cadre de réserve, en disponibilité, en mission temporaire, en congé limité ou illimité, et chacune de ces situations, qui ne se rencontrent pas, d'ailleurs, dans toutes les carrières, est soumise à des règles spéciales.

**ADDITIONNEL.** *Voy.* **Centimes,** etc.

**ADJUDICATION.** (*Dict.*) **1.** *Adjudication par les notaires dans les salles de mairie.* La circulaire du 5 septembre 1882 du ministre de l'intérieur porte ce qui suit : « Monsieur le Préfet, une circulaire d'un de mes prédécesseurs, en date du 2 décembre 1854, vous invitait à engager les administrations municipales des communes rurales de votre *département* à mettre les salles de mairie, d'école et de justice de paix à la disposition des notaires pour les adjudications publiques auxquelles, faute d'un local convenable, ces officiers ministériels étaient souvent obligés de procéder dans des auberges ou cabarets. Je n'ai rien à ajouter aux considérations de morale et de dignité professionnelle invoquées par cette circulaire, et qui ont conservé toute leur valeur.

« M. le ministre de la justice m'a fait connaître récemment que des difficultés se seraient élevées dans quelques départements entre des maires et des notaires, difficultés qui seraient de nature à entraver l'application de la circulaire précitée. Mon collègue pense et M. le ministre de l'instruction publique partage son avis, qu'il conviendrait d'arrêter une mesure générale réglant uniformément pour toute la France la faculté pour les officiers publics de procéder à leurs adjudications dans les bâtiments communaux, à des conditions nettement indiquées.

« Ces conditions, indépendamment de l'observation des jours et heures fixés par les maires suivant les exigences des services municipaux, consisteraient en une rétribution au profit de la commune, par séance, de 5 fr. pour une adjudication ou tentative d'adjudication de 1,000 fr. et au-dessus, quel que soit le nombre des lots, et de 2 fr. 50. c., si la somme est inférieure à 1,000 fr.

« J'adhère à la manière de voir de mes collègues, et je vous prie d'adresser dans ce sens des observations aux maires de votre département pour la mise à la disposition des notaires des salles de mairie.

« Vous ne perdrez pas de vue, d'ailleurs, ainsi que le faisait observer la circulaire du 2 décembre 1854, que vous ne pouvez agir dans cette circonstance que par la voie de la persuasion, les conseillers municipaux ayant l'initiative des actes de propriété relatifs aux biens communaux.

**2.** *Adjudications des travaux et fournitures de la ville de Paris à des associations ouvrières.* Aux termes d'une délibération du conseil municipal, en date du 26 juillet 1882, qui supprime l'obligation de fournir un cautionnement, une commission composée du préfet de la Seine, président, et de huit membres du conseil municipal est chargée d'examiner les titres des concurrents au point de vue de la moralité, de la capacité et de la solvabilité, et de dresser la liste de ceux qui seront reconnus posséder les qualités requises pour garantir la bonne exécution des travaux.

Afin d'assurer le fonctionnement de cette commission, les entrepreneurs et les associations ouvrières qui désireraient être admis à prendre part, le cas échéant, aux adjudications et aux concessions de travaux et de fournitures à effectuer pour le compte de la ville de Paris, devront faire parvenir à la *préfecture de la Seine* (direction des travaux — 1re division — 1er bureau), avant le 1er décembre, une demande indiquant la nature des travaux ou des fournitures qu'ils seraient en mesure de soumissionner et la catégorie dans laquelle ces travaux ou ces fournitures sont classés.

Cette demande pourra s'appliquer à plusieurs natures et à plusieurs catégories de travaux.

Elle devra être accompagnée, en ce qui concerne les entrepreneurs, d'une note indiquant les travaux déjà exécutés par eux et de toute les autres pièces nécessaires pour permettre à la commission de s'assurer qu'ils présentent les garanties désirables sous le rapport de la moralité, de la capacité et de la solvabilité.

Les associations ouvrières devront produire, à l'appui de leur demande, la liste nominative de leurs membres et l'acte contenant les conditions auxquelles l'association s'est formée ; cet acte devra stipuler la nomination d'un ou de plusieurs mandataires, dont le nombre ne pourra dépasser *trois*, qui seront fondés de pouvoirs et munis de certificats de capacité et de moralité au moment de leur élection : ils seront chargés de soumissionner les travaux, de les diriger sous l'autorité des ingénieurs ou des architectes, de contracter pour l'association, de la représenter dans ses rapports avec l'administration pour la réception des travaux, le règlement des comptes et l'acquittement des mandats de paiement.

Elles devront justifier également de la création d'un fonds de réserve destiné à parer aux conséquences des accidents à leur charge et à subvenir aux besoins des ouvriers blessés par suite de l'exécution des travaux, ainsi qu'à ceux des veuves et des enfants des victimes. Ce fonds de réserve pourra être remplacé par une assurance contractée en faveur des ouvriers auprès d'une ou plusieurs compagnies d'assurances sur la vie, offrant des garanties sérieuses.

Dans le cas où l'acte d'association ne contiendrait pas les conditions susénoncées, l'association devra s'engager, au préalable, à les introduire dans ses statuts par un acte additionnel, dans un délai qui sera déterminé par la commission chargée de prononcer l'admissibilité des concurrents.

La commission classera les concurrents par natures et par catégories de travaux, conformément aux indications d'un tableau qu'on trouvera au *Bulletin municipal officiel* du 24 novembre 1882. (*Voy. aussi* **Marchés**.)

**AFFICHES.** (*Dict.*) **1.** Pendant la période électorale, aucune entrave ne doit être apportée à l'affichage des circulaires et professions de foi des candidats à la députation. (*Cass* 11 nov. 1873 ; *L.* 30 nov. 1875, *art.* 3.)

**2.** La jurisprudence tend à considérer comme des affiches les planches exposées à la vue du public derrière les vitres de la montre d'un magasin (*Caen* 23 nov. 1877). Dans l'espèce, il s'agit d'un écrit politique, et cette circonstance a seule motivé la condamnation ; cependant, nous avons de la peine à voir dans cet unique exemplaire qu'un libraire met à sa montre, quoique déployé, autre chose qu'une enseigne.

**3.** La défense faite par l'art. 1er de la loi du 10 décembre 1830 d'afficher des écrits, « soit à la main, soit imprimés, gravés ou lithographiés, contenant des nouvelles politiques ou traitant d'objets politiques », s'applique, à raison de sa généralité, à tout écrit ayant rapport à la politique. « Spécialement, contrevient à cette défense le libraire qui affiche sur la rue.... soit une planche lithographiée donnant le tableau de la Chambre des députés et portant en marge l'indication des membres qui, sur une question politique actuelle, ont voté dans l'un ou l'autre sens, soit une carte sur laquelle les derniers votes sont indiqués par des couleurs différentes pour chaque groupe de députés. » Ainsi a jugé la cour de Caen. Le tribunal n'avait vu là que des renseignements, des faits. Nous reconnaissons que le tableau ou la carte est un écrit politique, mais quand un libraire l'exhibe dans sa montre, nous ne pouvons admettre que l'écrit soit, selon les termes de la loi de 1830, « affiché ou placardé dans les rues, places ou autres lieux publics ».

4. Par décision du ministre des finances du 8 juin 1878, la taxe d'affichage s'applique aux affiches peintes sur des stores-annonces établis dans différentes galeries de l'Exposition universelle de Paris, sans qu'aucune distinction puisse être faite entre les affiches des nationaux et celles des étrangers.

5. La disposition d'après laquelle les affiches des actes émanés d'autorités publiques sont écrites sur papier blanc et affranchies de l'impôt du timbre, ne s'applique qu'aux affiches qui annoncent ou publient des actes concernant l'exécution des lois générales ou l'intérêt de l'État. En conséquence, l'affiche signée d'un préfet, annonçant un concours ouvert pour les emplois dans les bureaux du service vicinal, doit être écrite sur papier de couleur et timbrée. (*Cass.* 27 *fév.* 1878.)

6. *Timbre.* Les timbres mobiles créés en exécution de l'art. 6 de la loi du 27 juillet 1878, pour les affiches imprimées, pourront être employés à l'acquittement des droits de timbre des autres affiches passibles des droits fixés par l'art. 4 de la loi du 18 juillet 1866. (*L.* 30 *mars* 1880, art. 1er.)

7. Le timbre mobile sera collé avant l'affichage au *recto* de chaque affiche non imprimée. Il sera oblitéré soit par l'inscription d'une ou plusieurs lignes du texte de l'affiche, soit par l'application, en travers du timbre, de la date de l'oblitération et de la signature de l'auteur de l'affiche, soit enfin par l'apposition, en travers du timbre, d'une griffe faisant connaître le nom et la résidence de l'auteur de l'affiche.

Sont applicables à ces timbres les dispositions pénales des art. 20 et 21 de la loi du 11 juin 1859. (*L.* 30 *mars* 1880, art. 2.)

8. Les contraventions aux lois de 1866 et de 1880 seront constatées conformément aux art. 5 et 6 du décret du 25 août 1852. (C'est-à-dire que les procès-verbaux continueront à être dressés par les mêmes agents, qui continueront à recevoir le quart des amendes.)

9. La loi sur la presse du 29 juillet 1881 ayant réglementé l'affichage (*voy.* **Presse**), une circulaire du ministre de la guerre se référant aux articles 16 et 17 de cette loi (*voy.*) donne des instructions conformes relativement à l'affichage sur les bâtiments militaires.

On doit comprendre sous cette désignation, dit-il, non seulement les bâtiments tels que les casernes, les hôpitaux, les corps de garde, les écoles, mais encore les arsenaux, les directions d'artillerie, les fonderies, les manufactures d'armes, les poudreries et les raffineries de salpêtre, les magasins militaires, les prisons militaires et aussi, au même titre que les préfectures et les sous-préfectures, les hôtels occupés par les généraux, auxquels sont annexés les bureaux de l'état-major. Il y a lieu, en outre, d'ajouter à cette nomenclature, qu'ils

soient la propriété de l'État ou qu'ils soient pris en location, les bâtiments où sont installés les services suivants : état-major, intendance militaire, recrutement.

Par suite, pour se conformer à la loi précitée du 29 juillet 1881, il y aura lieu de laisser apposer, durant toute la période électorale, les affiches et les professions de foi relatives aux élections sur les murs des édifices ci-dessus énumérés, étant bien entendu, du reste, que cette énumération n'est pas strictement limitative.     Signé : BILLOT.

10. *Désignation d'un lieu pour les affiches de l'autorité publique.* La circulaire du ministre de l'intérieur, du 9 avril 1883, porte : l'art. 17, § 1er, de la loi du 29 juillet 1881 sur la liberté de la presse, frappe d'une amende de cinq à quinze francs ceux qui auront enlevé, déchiré, recouvert ou altéré les affiches apposées par ordre de l'administration dans les emplacements à ce réservés.

Par un arrêt du 16 février dernier, la chambre criminelle de la Cour de cassation a décidé « que la contravention prévue par cet article ne peut exister qu'autant que les lieux exclusivement réservés aux affiches administratives ont été préalablement désignés par arrêté du maire, en exécution des prescriptions de l'art. 15 de la loi du 29 juillet 1881 ».

Cet article est ainsi conçu : « Dans chaque commune, le maire désignera par arrêté les lieux exclusivement destinés à recevoir les affiches des lois et autres actes de l'autorité publique. »

Or, il est à craindre que, dans beaucoup de communes, les maires n'aient pas pris le soin de faire cette désignation, par ignorance d'une disposition de loi encore récente. Le ministre croit donc devoir appeler l'attention du préfet sur ce point et le prier d'inviter, par une insertion au *Recueil des Actes administratifs de la préfecture*, les maires de son département à prendre, s'ils ne l'ont déjà fait, l'arrêté prévu par l'art. 15 de la loi du 29 juillet 1881, afin d'assurer aux publications officielles la protection légale.

11. *Enlèvement d'affiche.* Si la loi du 29 juillet 1881, par son art. 17, § 3, a érigé en contravention punissable d'une amende de 5 fr. à 15 fr. le fait d'avoir enlevé déchiré, recouvert ou altéré par un procédé quelconque, de manière à les travestir et *à les rendre illisibles* (*Cass.* 10 *nov.* 1881), les affiches électorales émanant de simples particuliers, elle ne l'a fait que pour les cas où cet enlèvement ou cette altération est faite par un autre que le propriétaire de la maison où ces affiches électorales ont été apposées. La loi a expressément réservé le cas où ce serait le propriétaire lui-même qui, même à l'encontre de la permission d'afficher donnée par le locataire, aurait fait cet enlèvement.

Si cet enlèvement peut, selon les conventions du bail, donner lieu à une action en indemnité au profit du locataire contre le propriétaire, le fait n'en reste pas moins exclusivement civil et ne saurait dégénérer en une contravention pénale. (*Cass.* 20 *oct.* 1881, 20 *janv.* 1883.)

12. *Propriétaires et usufruitiers.* Les propriétaires ont le droit d'interdire l'apposition sur leurs immeubles des affiches électorales émanant de simples particuliers et, en cas d'appositions opérées, de les faire enlever.

Le même droit appartient à l'usufruitier (par exemple, aux curés et desservants investis d'un

droit spécial de jouissance équivalent à celui d'u-
sufruitier). [*Cass.* 11 *nov.* 1882.]

Il ne suit pas des mots « simples particuliers » que l'autorité en aurait le droit. D'ailleurs, l'autorité n'a pas d'affiches
électorales. Le rapporteur a dit, relativement au § 3 de l'art. 17,
qu'il s'agit d'un hommage rendu au droit de propriété. Or,
l'État aussi doit respecter la propriété privée... ou indemniser.
— Comparez du reste l'art. 15 de la loi sur la presse et l'arrêt
de la Cour de cassation du 16 février 1883. (DALLOZ, *Recueil*,
1883, I, 351.)

**13.** *Affiches exemptes du timbre.* **Voy.** **Timbre.**

**AFFOUAGE.** (*Dict.*) **1.** L'art. 105 du Code
forestier a été modifié ainsi qu'il suit par la loi du
23 novembre 1883 :

« S'il n'y a titre contraire, le partage de l'affouage, en ce qui concerne les bois de chauffage,
se fera par feu, c'est-à-dire par chef de famille
ou de maison ayant domicile réel et fixe dans la
commune avant la publication du rôle. Sera considéré comme chef de famille ou de maison tout
individu possédant un ménage ou une habitation
à feu distincte, soit qu'il y prépare la nourriture
pour lui et les siens, soit que, vivant avec d'autres à une table commune, il possède des propriétés divisées, qu'il exerce une industrie distincte
ou qu'il ait des intérêts séparés.

« En ce qui concerne les bois de construction,
chaque année le conseil municipal, dans sa session de mai, décidera s'ils doivent être, en tout
ou en partie, vendus au profit de la caisse communale ou s'ils doivent être délivrés en nature.

« Dans le premier cas, la vente aura lieu aux
enchères publiques par les soins de l'administration forestière ; dans le second, le partage aura
lieu suivant les formes et le mode indiqués pour le
partage des bois de chauffage.

« Les usages contraires à ce mode de partage
sont et demeurent abolis.

« Les étrangers qui rempliront les conditions
ci-dessus indiquées ne pourront être appelés au
partage qu'après avoir été autorisés, conformément à l'art. 13 du Code civil, à établir leur domicile en France. »

Ce dernier alinéa établit une restriction, la jurisprudence
« roustante » était plus libérale (par ex., *C. de Lyon* 24 mai
1878). Ajoutons que, par suite de la législation actuelle sur la
naturalisation, cet art. 13 n'a plus de raison d'être.

**2.** L'habitant inscrit d'office au rôle de la taxe
affouagère, qui n'a pas déclaré son intention de
participer à l'affouage et qui, en fait, n'y a pas
participé, peut obtenir décharge de cette taxe.
(*Arr. du C.* 21 *févr.* 1879.)

**3.** *Conditions d'aptitude.* Un habitant peut
être chef de famille, dans le sens de l'art. 105 du
Code forestier, et avoir droit à l'affouage, bien
que mangeant à la table d'autrui, si, d'ailleurs, il
est dans une situation indépendante, par ses revenus, par sa résidence, etc. En tout cas, il appartient souverainement aux tribunaux d'apprécier
si, eu égard aux circonstances de la cause, les
conditions requises par cet art. 105 sont ou non
remplies. (*Cass.* 7 *juill.* 1882 *et* 8 *mai* 1883.)

**4.** Les ouvriers établis dans une commune
avec l'intention d'y fixer leur domicile, doivent
être considérés comme des chefs de famille ou de
maison, ayant le domicile réel et fixe exigé par
l'art. 105 du Code forestier pour avoir droit à
l'affouage, quand bien même ils seraient logés
dans les bâtiments dépendant de l'usine où ils

travaillent, et exposés quotidiennement à un renvoi de l'usine, entraînant leur renvoi des lieux
où ils habitent. (*C. de Besançon* 8 *nov.* 1882.)

**AGENT DE CHANGE.** (*Dict.*) **1.** La chambre
syndicale des agents de change de Paris, sous le
contrôle du ministre des finances, peut accorder,
refuser, suspendre ou interdire la négociation, à
la Bourse de Paris, des valeurs autres que les
fonds de l'État français ; elle peut, dès lors, déterminer les conditions auxquelles elle croit devoir subordonner l'admission ou le maintien de
certaines valeurs à la cote officielle de la Bourse,
et n'est pas responsable de la dépréciation que
ces valeurs auraient subie à la suite d'une délibération prise par elle pour assurer la loyauté de
leur négociation. (*Cass.* 4 *déc.* 1877.)

**2.** A la même date, mais dans une autre affaire,
il a été reconnu que la chambre syndicale des
agents de change de Paris est responsable du
préjudice causé aux tiers par l'admission à la
cote officielle des titres d'obligation émis par une
société de chemins de fer étrangère, alors que,
d'une part, le capital social, représenté par les
actions, n'avait pas été versé, et que, de l'autre,
l'admission à la cote de ces obligations n'a pas
été autorisée par les ministres des finances et des
travaux publics. (*Cass.* 4 *déc.* 1877.)

**3.** A la date du 6 février 1880, est intervenu un
décret, dans lequel nous lisons ce qui suit : La
chambre syndicale près la Bourse où l'admission
d'une valeur étrangère est demandée, se fait remettre les pièces et justifications suivantes :

1° Les actes publics ou privés, statuts, cahiers
des charges, etc., en vertu desquels cette valeur
a été créée dans son lieu d'origine ;

2° La certification, par l'autorité consulaire
établie en France, que ces actes sont conformes
aux lois et usages de leur pays d'origine et que
la valeur est officiellement cotée dans ledit pays,
à moins qu'il n'y existe pas de Bourse officielle,
auquel cas le fait serait constaté par le certificat ;

3° La justification de l'agrément, par le ministre des finances, d'un représentant responsable
du paiement des droits du Trésor (*art.* 2).

La chambre syndicale peut demander, en outre, toutes pièces, justifications et renseignements
qu'elle juge nécessaires (*art.* 3).

Les actions admises à la cote ne peuvent être
de moins de 100 fr., lorsque le capital des entreprises n'excède pas 200,000 fr., ni moins de
500 fr., si le capital est supérieur à 200,000 fr.
Elles doivent être libérées jusqu'à concurrence du
quart (*art.* 4).

Le ministre des finances peut toujours interdire la négociation en France d'une valeur étrangère (*art.* 5).

Sont abrogés les décrets des 22 mai 1858 et
16 août 1859, concernant la négociation, en
France, des valeurs étrangères (*art.* 6).

**4.** Les opérations de banque faites par un
agent de change pour son compte, quoique interdites par le Code de commerce (*art.* 85 *et* 87),
ne sont pas frappées de nullité : les tiers qui
ont fait avec un agent de change des opérations
de cette nature ne peuvent pas refuser de remplir les engagements qu'ils ont contractés envers
lui par suite de ces opérations ; ils peuvent seu-

lement lui réclamer des dommages-intérêts pour réparation du préjudice qu'ils auraient éprouvé. (*Cass.* 1er *févr*. 1876.)

5. La société formée pour l'exploitation d'une charge d'agent de change constitue, comme toute société commerciale, une individualité distincte de celle du titulaire et ayant son existence propre, son actif et son passif particuliers (*L.* 8 *juill.* 1862 ; *C. de com.*, 75, 18 *et suiv.*). Par conséquent, les actes personnels de l'agent de change, en dehors de ses·fonctions, et à plus forte raison en violation de ses obligations professionnelles, spécialement l'exercice d'un commerce séparé, n'engagent pas la responsabilité des associés (*C. de Rennes* 24 *déc.* 1875.) [*Voy. aussi* **Bourse de commerce.**].

6. *Transfert.* L'agent de change chargé, en cas de transfert d'une inscription de rente nominative, de certifier l'identité du propriétaire et la vérité de sa signature et des pièces produites, est responsable de la validité du transfert, en ce qui concerne les points qu'il a certifiés. (*Cass.* 11 *juill.* 1876.)

7. *Coulissiers.* Le monopole dont jouissent les agents de change pour la négociation des effets publics, a sa sanction dans les art. 13 de l'arrêt du Conseil du 26 novembre 1781, 8 de la loi du 28 ventôse an IX et 7 de l'arrêté du 27 prairial an X, qui déclarent nulles toutes négociations faites par des intermédiaires sans qualité. En conséquence, les négociations d'effets *publics* faites par les agents dits *coulissiers* sont nulles, et ces intermédiaires n'ont point d'action en justice pour les remboursements des sommes par eux avancées à leurs clients, à raison d'opérations de Bourse pratiquées sans le ministère d'un agent de change. (*Cass.* 28 *févr.* 1881, 29 *mai* 1883.)

C'est nous qui avons souligné le mot *public* ; le no 8 ci-après eu fait connaître la raison.

8. Il s'agit maintenant d'un effet non *public*, c'est-à-dire non coté. C'est le tribunal de la Seine qui juge, en mars 1882, une affaire S. contre P. S. est coulissier. Il réclame à l'un de ses clients, M. P., 29,248 fr. Celui-ci refuse et soutient que S. n'avait pas qualité pour négocier des valeurs de Bourse et que les opérations sont nulles.

Le tribunal a répondu :

Attendu que le privilège accordé aux agents de change de négocier les effets publics cotés ou susceptibles de l'être ne s'applique qu'aux valeurs inscrites sur les registres de la Bourse et dont le cours est susceptible d'être constaté par les agents de change ; qu'à l'égard des autres effets publics, parmi lesquels on doit classer ceux faisant l'objet du litige, ils n'ont pas de cours déterminé et sont sans valeur apte à être constatée ;

Que les effets publics non inscrits sur les registres de la Bourse peuvent se transmettre directement entre les deux parties d'accord, l'une pour vendre, l'autre pour acheter ;

Attendu que pour cette dernière catégorie le ministère des agents de change n'est pas imposé ;

Que notamment S. a acheté, sur l'ordre et pour le compte de P., du 31 juillet au 31 octobre 1870, des lots turcs, des actions de l'Anglo-Bank, de la Société de réassurance, de la Banque européenne, et d'autres valeurs non inscrites au registre de la Bourse et n'étant pas susceptibles d'avoir un cours qui puisse être constaté par un agent de change ;

Que S. avait donc qualité pour exécuter le mandat que P. lui avait donné.

Condamne P.

9. Il existe dans l'intérieur des bureaux des agents de change une affiche prévenant·le public que lesdits agents ne sont responsables que des fonds et des titres remis à leur caisse. De plus,

il est interdit, d'une manière absolue, à tout commis d'agent de change de se livrer à des opérations de Bourse, sous peine de renvoi immédiat.

Malgré ces mesures d'ordre qui ont pour objet de mettre obstacle à des négociations et à·des mouvements de titres et de fonds qui seraient ignorés du titulaire de la charge ou de son fondé de pouvoirs, un certain nombre de personnes, surtout de la province, n'hésitent pas à correspondre directement avec des commis d'agents et à les charger du soin de leurs affaires. Elles poussent même la confiance jusqu'à leur envoyer des titres et des fonds. Puis, si leur mandataire est infidèle, elles·imputent à l'agent de change la responsabilité des actes de son employé.

Un procès de cette nature a été jugé en octobre 1882 par le tribunal de commerce de la Seine. (Vve A. ct demoiselle R. Ch. ; elles ont été déclarées mal fondées en toutes leurs demandes.)

## AGENT DIPLOMATIQUE. (*Dict.*)

SOMMAIRE.

### CHAP. I. — POSITIONS DIVERSES.

1. Les positions diverses des agents et fonctionnaires du département des affaires étrangères seront, dorénavant, les suivantes (*D.* 24 *avril* 1880) :

L'activité ;

La disponibilité ;

Le retrait d'emploi.

2. *Activité.* L'activité comprendra :

1º Les agents et fonctionnaires qui occupent un poste ou un emploi déterminé ;

2º Les agents et fonctionnaires chargés d'une mission ou de travaux particuliers.

Les uns et les autres pourront être, soit à leur poste, soit en mission, soit en congé, soit en permission, soit appelés par ordre, soit retenus par ordre ou pour cause de maladie dûment constatée (*art.* 2).

3. *Disponibilité.* § 1er. Les agents et fonctionnaires du ministère des affaires étrangères pourront être mis en disponibilité, par décret ou par arrêté, selon le mode de leur nomination, pour un laps de temps égal à la durée de leurs services effectifs, jusqu'à concurrence de dix années (*art.* 3).

§ 2. Ceux qui comptent plus de dix années d'activité de services avec appointements soumis à retenue dans le département des affaires étrangères pourront obtenir, en vertu d'un arrêté ministériel, un traitement de disponibilité, mais seulement pour cause, soit de maladie entraînant une longue incapacité de travail, soit de suppression permanente ou momentanée de leur emploi (*art.* 3).

§ 3. Le traitement de disponibilité pourra être suspendu ou supprimé par arrêté ministériel. Sa durée sera au maximum de trois ans pour les agents ayant plus de dix et moins de quinze années de services rétribués ; elle sera au maximum de cinq ans pour ceux ayant quinze ans de services rétribués et au delà.

Dans la supputation des services d'un agent, ceux qui ont été rendus hors d'Europe compteront pour moitié en sus de leur durée effective.

§ 4. Le temps de la disponibilité avec traitement comptera pour la retraite.

§ 5. Le traitement de disponibilité ne pourra être cumulé ni avec un traitement quelconque payé par le Trésor, ni avec une pension imputée sur les fonds de l'État, si ce n'est avec une pension de retraite militaire.

§ 6. Il ne pourra excéder la moitié du dernier traitement d'activité des agents et fonctionnaires à qui il sera accordé, ni les maximums ci-après indiqués :

Pour les ambassadeurs, les ministres plénipotentiaires de 1re classe et les directeurs du ministère des affaires étrangères, 8,000 fr. ;

Pour les ministres plénipotentiaires de 2e classe, 6,000 fr. :

Pour les consuls généraux, secrétaires d'ambassade de 1re classe, les premiers secrétaires-interprètes du Gouvernement pour les langues orientales vivantes, le premier drogman de l'ambassade de France à Constantinople et les sous-directeurs, 4,000 fr. ;

Pour les consuls de 1re classe, les secrétaires d'ambassade de 2e classe (1re section), les secrétaires-interprètes du Gouvernement pour les langues orientales, le secrétaire-interprète de l'ambassade à Constantinople, les chefs de bureau et rédacteurs, 3,000 fr. ;

Pour les consuls de 2e classe, les secrétaires d'ambassade de 2e classe (2e section), les premiers interprètes des légations de France en Chine et au Japon, les seconds drogmans de l'ambassade de France à Constantinople et les premiers drogmans, les sous-chefs de bureau et commis principaux, 2,400 fr. ;

Pour les consuls suppléants, les secrétaires d'ambassade de 3e classe, les attachés payés, les agents vice-consuls, les chanceliers de 1re et de 2e classe et tous les autres agents et fonctionnaires rétribués du ministère des affaires étrangères, 2,000 fr. (*art.* 3) [1].

4. *Retrait d'emploi.* Le retrait d'emploi est prononcé par décret ou par arrêté, selon le cas, comme mesure disciplinaire. Les agents qui en sont l'objet ne touchent ni traitement ni indemnité quelconque. La durée du retrait d'emploi ne peut excéder deux ans (*art.* 4).

1. Les agents et fonctionnaires du ministère des affaires étrangères, dit le décret du 6 février 1882, qui seront mis en disponibilité d'office pour une cause étrangère au mérite de leurs services, pourront être admis au bénéfice du traitement de disponibilité dans les conditions générales de l'art. 3 du décret du 24 avril 1880 (§§ 2 et suivants).
Le décret du 8 février 1882 restreint les effets de la disposition qui précède. Voici ce décret :
Art. 1er. La suspension de traitement, dans les cas prévus par l'art. 17 du décret du 9 novembre 1853, la mise en disponibilité d'office et sans traitement, la mise en retrait d'emploi et la révocation d'un agent ou d'un fonctionnaire du département des affaires étrangères ne pourront être prononcées qu'après avis motivé du comité des services extérieurs et administratifs, qui entendra les intéressés, s'ils en font la demande.
Art. 2. En cas d'urgence, une suspension provisoire de la fonction et du traitement pourra toujours être prononcée directement par le ministre, et maintenue jusqu'après avis du comité dans la forme susénoncée.
Art. 3. Il en sera de même pour la suspension du traitement de disponibilité.

5. *Sortie.* La sortie des cadres a lieu : par l'expiration du délai de la disponibilité, stipulé au § 1er de l'art. 3, sans que l'agent ait été rappelé à l'activité ;

Par la démission ;

Par l'admission à la retraite ;

Par la révocation (*art.* 5).

6. *Démission.* Les agents et fonctionnaires démissionnaires ne peuvent quitter leur poste ou leur emploi qu'après que leur démission a été régulièrement acceptée (*art.* 6).

7. *Révocation.* La révocation des agents en activité, en disponibilité ou en retrait d'emploi est prononcée par décret ou par arrêté, selon le cas. Elle doit être précédée d'un avis motivé du comité des services extérieurs et administratifs, réorganisé par décret en date du 20 avril 1880, qui entendra les explications des intéressés s'il le juge opportun.

8. La sortie des cadres, à l'expiration du délai de disponibilité, est constatée par décret ou par arrêté, selon le cas. Elle est de droit sans avertissement préalable à l'agent (*art.* 7).

9. *Frais d'établissement* [1]. Les chefs de postes diplomatiques et consulaires, choisis en dehors de la carrière, auront la faculté de faire régler leur indemnité pour frais d'établissement, soit dans les conditions prévues par le décret du 9 avril 1870, soit dans celles du décret de 20 septembre 1873. (*D.* 30 *avril* 1880, *art.* 1er.)

10. Les agents mis en retrait d'emploi seront tenus de restituer au Trésor la partie non acquise de leurs frais d'établissement. (*D.* 30 *avril, art.* 2.)

1. Voici un extrait du rapport qui précède le décret du 30 avril 1880 :
Un décret en date du 9 avril 1870 a fixé le régime et la quotité des frais d'établissement qui sont alloués aux titulaires des postes diplomatiques et consulaires. En principe, les indemnités de cette nature sont intégralement payées avant le départ des agents pour la destination qui leur est assignée, sauf à n'être définitivement acquises que par trente-sixièmes, c'est-à-dire en trois ans.
Cette règle a été modifiée par un décret du 20 septembre 1873 à l'égard des chefs de mission choisis en dehors de la carrière et qui semblent ne devoir en faire partie que transitoirement. Au lieu de recevoir en bloc la totalité de leurs frais d'établissement, les agents de cette catégorie ne peuvent prétendre à en toucher le montant qu'en trois fois, un tiers au moment de leur départ, un deuxième tiers après une année de résidence dans le même poste et le dernier tiers au commencement de la troisième année.
Il est vrai que ces acomptes leur sont définitivement acquis même en cas de démission ou de destitution, tandis que, dans les mêmes circonstances, les agents de carrière sont tenus à restitution ; mais cet avantage est largement compensé par l'obligation qui leur est imposée de faire de leurs propres deniers l'avance, souvent onéreuse, des deux tiers de leurs frais d'établissement.
Il me paraîtrait équitable de laisser aux agents choisis en dehors de la carrière la faculté de faire régler l'indemnité dont il s'agit, soit dans les conditions du décret du 9 avril 1870, soit dans celles qui ont été dictées par le décret du 20 septembre 1873.
Je serais, en outre, d'avis de profiter de cette occasion pour régler la position, au point de vue de l'acquisition des frais d'établissement, des agents mis en retrait d'emploi.
Enfin, dans l'état actuel, les agents mis en disponibilité avec traitement ou à la retraite continuant à acquérir leurs frais d'établissement, il peut arriver que le Trésor se trouve forcé d'allouer, coup sur coup, plusieurs indemnités intégrales pour le même poste.
Afin d'obvier à cet inconvénient, dans la mesure des intérêts légitimes, je vous propose de décider que la restitution de la portion de l'indemnité non acquise sera exigée, jusqu'à concurrence de dix-huit trente-sixièmes, des agents mis *sur leur demande* en disponibilité avec traitement, ou à la retraite.

**11.** Les chefs de postes diplomatiques ou consulaires mis, sur leur demande, en disponibilité avec traitement ou à la retraite, avant d'avoir acquis la totalité de leurs frais d'établissement, reverseront la portion non acquise jusqu'à concurrence de dix-huit trente-sixièmes.

Le bénéfice de cette dernière mesure ne profitera pas aux agents mis en disponibilité sans traitement : ils devront reverser la totalité des trente-sixièmes non acquis. ( *D.* 30 *avril, art.* 3. ) [*Voy.* plus loin. **Indemnité de voyage.**]

**12.** *Secrétaires d'ambassade.* Un décret du 21 février 1880 dispose ce qui suit :

Art. 1er. La seconde classe des secrétaires d'ambassade est subdivisée en deux sections.

Art. 2. La première section comprend les douze secrétaires d'ambassade de 2e classe composant la première partie du tableau d'avancement de leur grade.

Les motifs de ce décret ont été exposés dans un rapport inséré au *Journal officiel* du 22 février 1880.

CHAP. II. — **TRAITEMENT DES AGENTS DIPLOMATIQUES ET CONSULAIRES.**

**13.** Le décret du 2 janvier 1884 abroge les décrets des 25 juin 1879 et 17 juillet 1882, et la distinction entre le traitement et les frais de représentation est supprimée. (*Voy.* le rapport au *J. off.* du 30 janvier 1884.)

Art. 1er. Les émoluments des agents diplomatiques et consulaires sont réunis en un traitement unique, sans distinction entre les frais de représentation et le traitement de grade.

Art. 2. La jouissance du traitement intégral alloué à un poste diplomatique ou consulaire court, au profit du nouveau titulaire, à partir du jour de son installation, si le service de ce poste est vacant ; à dater du lendemain de sa prise de service, dans le cas contraire.

Art. 3. Lorsqu'un emploi est sans titulaire ou que le titulaire est absent de son poste, la jouissance d'une partie du traitement et des émoluments attachés à cet emploi peut être accordée à toute personne appelée à remplir l'intérim, laquelle supporte alors les charges incombant au titulaire de l'emploi ; néanmoins, les retenues pour le service des pensions civiles ne sont exercées qu'autant que l'intermédiaire fait partie d'une classe d'agents soumis au régime de ces retenues.

Art. 4. Les droits d'un titulaire d'emploi ou d'un intérimaire à la jouissance du traitement s'éteignent le lendemain du jour de la cessation du service, par suite, soit de la remise de ce service entre les mains du successeur, soit de décès, soit de mise à la retraite, en disponibilité ou en retrait d'emploi, démission, révocation, suspension ou abandon des fonctions.

Le fonctionnaire mis soit en disponibilité, soit à la retraite, et l'agent démissionnaire peuvent être maintenus momentanément en fonctions lorsque l'intérêt du service l'exige.

Art. 5. Les agents diplomatiques et consulaires peuvent obtenir, par décision ministérielle, l'autorisation de s'absenter pendant quinze jours en conservant la jouissance de leur traitement intégral. Cette période de quinze jours comprend la durée du voyage d'aller et retour.

Toutes les fois que les agents, après avoir demandé et obtenu une autorisation d'absence de quinze jours, outrepassent ce terme, ils perdent tout droit au bénéfice du paragraphe qui précède et les intérimaires qui les ont remplacés reçoivent la moitié du traitement des titulaires à dater du jour qui a suivi le départ de ces derniers.

Art. 6. En dehors du cas prévu par l'article précédent, les agents diplomatiques et consulaires peuvent obtenir un congé dont la durée réglementaire ne doit pas excéder quatre mois pour ceux qui résident en Europe et six mois pour ceux qui sont placés hors du territoire européen. Le temps du voyage d'aller et retour ne sera ajouté à la durée du congé qu'au profit des agents qui n'auraient pas quitté leur poste depuis trois ans.

Art. 7. Les agents diplomatiques et consulaires absents en vertu d'un congé jouissent de la moitié de leur traitement à compter du lendemain du jour où ils remettent le service jusques et y compris le jour où ils reprennent leurs fonctions.

Art. 8. Les secrétaires, consuls suppléants, drogmans et interprètes auxquels sont allouées des indemnités supplémentaires n'ont plus droit à ces indemnités lorsqu'ils sont absents de leur poste pour toute autre cause que des raisons de service.

Art. 9. N'ont droit à aucune portion de leurs émoluments, pendant la durée de leur absence, les agents qui ont quitté leur poste sans congé régulier ou autorisation du ministre.

Il en est de même pour ceux qui, hors le cas de force majeure, n'ont pas rejoint leur poste à la date qui leur avait été assignée.

Art. 10. Les agents diplomatiques et consulaires appelés en France par ordre, et dont le séjour se prolonge pour des raisons de service, peuvent jouir du demi-traitement pendant huit mois, à dater du lendemain du jour où ils ont quitté leur résidence, si cette résidence est en Europe ; pendant un an, si elle est située hors d'Europe.

Art. 11. Les agents rappelés ou retenus en France, pour cause de guerre, de force majeure ou pour un motif politique, reçoivent, dans cette situation, le demi-traitement pendant un an.

Art. 12. L'agent diplomatique ou consulaire venu en France, en vertu d'un congé pour cause de maladie dûment constatée, peut être autorisé, si ses fonctions ne sont pas remplies par un intérimaire, à conserver l'intégralité de son traitement pendant un temps qui ne peut excéder trois mois ; pendant les trois mois suivants, il peut, sur la production d'un nouveau certificat médical, obtenir une prolongation de congé avec jouissance du demi-traitement.

Lorsque l'agent a remis le service à un intérimaire, il n'a droit qu'au demi-traitement pendant les deux périodes de trois mois mentionnées ci-dessus. La remise de service est obligatoire pour les agents-percepteurs.

Art. 13. Les agents diplomatiques et consulaires retenus en France par ordre après un congé dont la durée réglementaire est épuisée continuent à recevoir la moitié de leurs émoluments pendant quatre mois, si leur résidence est située en Europe ; pendant six mois, s'ils résident hors du territoire européen.

Art. 14. Si, au terme d'un congé ordinaire, un agent diplomatique ou consulaire se trouve retenu en France pour cause de maladie, il peut, en vertu de certificats médicaux, conserver la jouissance du demi-traitement pendant deux périodes consécutives de trois mois.

Art. 15. A l'expiration des diverses périodes indiquées dans les art. 10, 11, 13 et 14, les agents qui continuent à être retenus en France, et qui ne sont pas remplacés, peuvent être admis, par décision ministérielle, à jouir pendant un an au plus d'allocations spéciales, graduées ainsi qu'il suit :

| | Par an. |
|---|---|
| Ambassadeurs et ministres plénipotentiaires de 1re classe . | 20,000f |
| Ministres plénipotentiaires de 2e classe. | 15,000 |
| Conseillers d'ambassade et consuls généraux. | 9,000 |
| Secrétaires d'ambassade et consuls de 1re classe . . . . | 6,000 |
| Secrétaires d'ambassade et consuls de 2e classe . . . . | 5,000 |
| Secrétaires d'ambassade de 3e classe et consuls suppléants. | 2,500 |
| Vice-consuls, chanceliers, drogmans et interprètes de 1re classe. . . . . . . . . | 3,000 |
| Vice-consuls, chanceliers, drogmans et interprètes de 2e classe. . . . . . . . . | 2,500 |
| Chanceliers, drogmans et interprètes de 3e classe . . . . | 2,000 |
| Commis de chancellerie, de drogmanat et d'interprétariat | 1,500 |

Ou le demi-traitement s'il est d'un chiffre inférieur.

Ou leurs appointements mêmes, s'ils sont d'un chiffre inférieur.

Art. 16. Les agents privés de leurs fonctions par suite de la suppression des postes ou emplois dont ils étaient titulaires peuvent être admis, par décisions ministérielles, à jouir de l'allocation spéciale fixée par l'article précédent, pendant cinq ans à compter du jour où leur traitement cesse de figurer au budget.

Art. 17. Les agents remplissant par intérim des fonctions diplomatiques ou consulaires reçoivent la moitié du traitement affecté à ces fonctions ; mais ils n'ont plus droit, dans cette situation, qu'à la moitié de leur traitement personnel.

Art. 18. Les commis de chancellerie, de drogmanat et d'interprétariat appelés à faire un intérim peuvent, s'ils ne sont pas eux-mêmes remplacés dans leur emploi, conserver l'intégralité de leur traitement personnel, tout en recevant la moitié des émoluments attribués aux agents qu'ils remplacent.

Art. 19. Le chef de poste diplomatique autorisé à s'absenter de sa résidence pour un temps excédant 15 jours, mais ne dépassant pas 2 mois n'aura à laisser à la disposition du chargé d'affaires qu'un cabinet de travail et le local affecté au service de la chancellerie. Si le congé doit excéder 2 mois, le chef de mission devra fournir à l'intérimaire les moyens de satisfaire aux exigences de sa position officielle. Il mettra, à cet effet, à la disposition de ce dernier les parties de son habitation et les objets mobiliers, y compris le service de table, qui sont nécessaires, pour constituer un état de maison convenable.

Art. 20. Lorsque le titulaire du poste diplomatique ne sera pas en mesure de remplir les obligations que lui impose l'article précédent, il indemnisera le chargé d'affaires en lui abandonnant le huitième du traitement intégral au poste.

En cas de vacance de l'emploi de chef de mission, une indemnité équivalente pourra être attribuée au chargé d'affaires par le département des affaires étrangères. Le loyer de l'ambassade ou de la délégation sera remboursé sous forme d'indemnité de logement à l'intérimaire.

Art. 21. Les agents du service extérieur appelés à une autre résidence et qui, avant de se rendre à leur nouveau poste, sont retenus à Paris par ordre ou jouissent d'un congé régulier, ont droit au demi-traitement de ce poste et peuvent même, si ce demi-traitement n'est pas disponible, recevoir la moitié du traitement affecté à leur ancienne résidence ; mais, dans le cas où ni l'un ni l'autre de ces traitements ne sont vacants, les agents dont il s'agit ne peuvent prétendre à aucune espèce d'indemnité équivalente.

Les mêmes dispositions s'appliquent également aux agents se rendant à leur nouveau poste pendant la durée de leur voyage.

Art. 22. Le chef d'une mission diplomatique, autorisé à quitter le lieu de sa résidence officielle pour accompagner le souverain auprès duquel il est accrédité, conserve son traitement intégral pendant toute la durée du voyage.

Art. 23. Les remises de 5 p. 100 accordées aux vice-consuls et aux chanceliers sur leurs recettes de chancellerie sont soumises aux mêmes règles que les traitements fixes. Néanmoins, lorsque, dans le courant d'une année, plusieurs agents-percepteurs se sont succédé dans un même poste, la part de bonification afférente à chacun d'eux est calculée sur les recettes qu'il a effectuées, et non sur une partie des recettes de l'année proportionnelle au temps de sa gestion.

De même, dans le cas où le titulaire d'une chancellerie est absent de son poste, la bonification à partager par moitié entre le titulaire et le gérant est calculée sur les recettes effectuées pendant l'intérim.

14. Le décret du 1er avril 1882 fixe ainsi qu'il suit les traitements de disponibilité et les traitements spéciaux temporaires qui peuvent être accordés aux agents des carrières diplomatiques et consulaires :

Art. 1er. Le traitement maximum de disponibilité des conseillers d'ambassade et consuls généraux est fixé à. . . . . . . . . . . 4,000f

Celui des secrétaires d'ambassade et consuls de 1re classe, à . . . . . . . 3,000

Celui des secrétaires d'ambassade et consuls de 2e classe, à . . . . . 2,400

Celui des secrétaires d'ambassade de 3e classe et consuls suppléants, à . . . 2,000

Celui des vice-consuls, chanceliers, drogmans et interprètes de 1re classe, à. 2,400

Celui de tous les autres agents rétribués au ministère des affaires étrangères, à . . . . . . . . . . . . . . . 2,000

Art. 2. Les traitements spéciaux temporaires prévus par l'art. 12 du décret du 25 juin 1879 sont réglés ainsi qu'il suit :

| | |
|---|---|
| Conseillers d'ambassade et consuls généraux. . . . . . | 9,000f |
| Secrétaires d'ambassade et consuls de 1re classe . . . . | 6,000 |

Ou le demi-traitement s'il est d'un chiffre inférieur.

| | |
|---|---|
| Secrétaires d'ambassade et consuls de 2ᵉ classe. . . . . . | 5,000ᶠ |
| Secrétaires d'ambassade de 3ᵉ classe et consuls suppléants. | 2,500 |
| Vice-consuls, chanceliers, drogmans et interprètes de 1ʳᵉ cl. | 3,000 |
| Vice-consuls, chanceliers, drogmans et interprètes de 2ᵉ cl. | 2,500 |
| Chanceliers, drogmans et interprètes de 3ᵉ classe. . . . . | 2,000 |
| Commis de carrière (de chancellerie, de drogmanat ou d'interprétariat). . . . . | 1,500 |

Ou le demi-traitement s'il est d'un chiffre inférieur.

Ou leurs appointements mêmes, s'ils sont d'un chiffre inférieur.

### CHAP. III. — INDEMNITÉS DE VOYAGE.

**15.** Ils ont été réglementés par le décret du 26 avril 1882, en ces termes :

Art. 1ᵉʳ. Les agents rétribués du ministère des affaires étrangères, dûment autorisés ou invités à se déplacer dans un intérêt de service, auront droit au remboursement de leurs frais de voyage par la plus économique des voies directes de terre ou de mer.

Art. 2. Le remboursement des frais de voyage comprendra le montant des tickets de chemins de fer, voitures publiques et paquebots, augmenté d'une majoration destinée à couvrir toutes les dépenses accessoires de bagages, hôtels, etc.

Art. 3. Ladite majoration, calculée sur le prix intégral du ticket de 1ʳᵉ classe, est fixée à :

50 p. 100 pour les ambassadeurs ;

40 p. 100 pour les ministres plénipotentiaires ;

35 p. 100 pour les conseillers d'ambassade et consuls généraux ;

30 p. 100 pour les secrétaires et consuls de 1ʳᵉ et de 2ᵉ classe ;

25 p. 100 pour les secrétaires de 3ᵉ classe, consuls suppléants, vice-consuls, chanceliers, drogmans et interprètes ;

20 p. 100 pour les commis de chancellerie, de drogmanat et d'interprétariat et pour les autres agents.

Elle sera diminuée de 10 p. 100 de son montant lorsqu'il s'agira de voyages excédant 250 myriamètres.

Art. 4. La majoration prévue à l'article précédent sera réduite d'un tiers pour le parcours par voie maritime ou fluviale, lorsque le prix du ticket comprendra les frais de nourriture des passagers.

Art. 5. Si l'agent se rend pour la première fois à sa résidence officielle ou la quitte définitivement pour toute autre cause que sa démission ou sa révocation, il a droit au remboursement des frais de voyage :

1° En 1ʳᵉ classe, de sa femme et de ses ascendants ou descendants qui vivent sous son toit ;

2° En 2ᵉ classe, de : 5 domestiques pour les ambassadeurs ; 3 domestiques pour les ministres plénipotentiaires ; 2 domestiques pour les conseillers d'ambassade et consuls généraux ; 1 domestique pour tous les autres agents, sauf les commis de chancellerie, de drogmanat et d'interprétariat.

Les frais de voyage de chaque membre de la famille de l'agent sont réglés de la même manière que ceux de l'agent lui-même. La majoration pour les domestiques est de 10 p. 100 du prix des tickets de 2ᵉ classe sur tous les parcours.

Art. 6. Dans les cas prévus par l'article précédent, l'agent sera remboursé des frais de transport de son mobilier, dont il devra justifier par lettre de voiture ou connaissement en règle.

Ce remboursement ne devra pas excéder les limites suivantes :

Pour l'agent se déplaçant seul, huit fois la majoration qui lui sera attribuée en vertu des art. 3 et 4 ci-dessus, selon les cas ;

Pour l'agent se déplaçant avec sa famille, douze fois ladite majoration.

Toutefois, sous réserve des justifications requises, l'indemnité totale de transport du mobilier ne sera pas inférieure à 500 fr. pour les ambassadeurs et ministres plénipotentiaires et à 300 fr. pour les autres agents ; elle ne pourra dépasser, en aucun cas, 7,000 fr. pour les ambassadeurs et les ministres plénipotentiaires et 5,000 fr. pour les autres agents.

Art. 7. Une indemnité extraordinaire pourra être allouée aux agents qui auraient été arrêtés pendant leur voyage par une circonstance de force majeure, et dans la fixation de cette indemnité il sera tenu compte du traitement dont ils jouiraient en cours de route.

Art. 8. Les dépenses afférentes à des voyages exécutés, soit à bord des navires de l'État, soit dans des conditions anormales ou à travers des pays exigeant des moyens spéciaux de transport, sont remboursées aux agents sur état et pièces probantes.

Art. 9. Les agents sont tenus de déclarer, dès leur arrivée à destination, le nombre et la qualité des personnes qu'ils ont emmenées avec eux, afin qu'il soit procédé au règlement définitif de leurs frais de voyage, déduction faite des avances qu'ils auraient reçues de ce chef.

Art. 10. Les agents qui, pendant leur séjour en France où ils seraient venus à leurs propres frais, sont désignés pour un autre poste, ont droit au remboursement des dépenses du voyage avec transport de leur mobilier entre leur ancienne et leur nouvelle résidence dans les conditions ci-dessus déterminées.

Art. 11. Les agents d'un grade inférieur à celui de consul général, résidant hors d'Europe et qui n'auraient pas quitté leur poste depuis trois ans au moins, pourront obtenir une subvention pour venir en France avec leur famille lorsque la situation du chap. 6 (Frais de voyages et de courriers) du budget du ministère des affaires étrangères le permettra.

Art. 12. Les agents qui, pendant leur séjour en France, où ils seraient venus aux frais du département, seraient nommés à un nouveau poste, auront droit au remboursement de leurs dépenses de voyage personnelles de Paris à leur nouvelle résidence et au remboursement des dépenses de transport de leur mobilier de leur ancien à leur nouveau poste, dans les limites du maximum édicté par l'art. 6.

Art. 13. Les frais de retour en France de la famille d'un agent décédé sont réglés d'après l'allocation qu'il aurait obtenue pour lui et pour les siens, déduction faite des frais personnels du déplacement dudit agent.

Art. 14. Les courriers de cabinet et les autres agents qui seront chargés de porter des dépêches recevront, outre le prix des tickets, une indemnité de 30 fr. par journée de voyage et, s'il y a lieu, le montant des dépenses occasionnées par le transport des valises.

#### CHAP. IV. — DISPOSITIONS DIVERSES.

**16.** *Nominations.* Le décret du 18 septembre 1880 porte ce qui suit :

Art. 1er. Sont nommés par décrets du Président de la République, sur la proposition du ministre des affaires étrangères, les ambassadeurs, les directeurs au ministère des affaires étrangères, les ministres plénipotentiaires, les chargés d'affaires, les secrétaires d'ambassade, les consuls généraux, consuls, consuls suppléants et vice-consuls; les drogmans, les interprètes, les drogmans adjoints, les interprètes adjoints, les chanceliers ainsi que l'agent comptable du ministère des affaires étrangères.

Art. 2. Sont nommés par arrêtés ministériels tous les autres agents et fonctionnaires du département des affaires étrangères, sauf ceux dont la désignation appartient, en vertu des règlements en vigueur, aux chefs de postes diplomatiques et consulaires.

Art. 3. Les avancements de classe ont lieu par décrets pour les ministres plénipotentiaires et les secrétaires d'ambassade, et par arrêtés ministériels pour tous les autres agents. Le passage de la 2e à la 1re section de la seconde classe des secrétaires d'ambassade fera également l'objet d'arrêtés ministériels.

Art. 4. Les changements de poste ne seront dorénavant effectués par décrets qu'en ce qui concerne les ambassadeurs, ministres plénipotentiaires chargés d'affaires, consuls généraux, consuls et vice-consuls.

**17.** *Agents chargés d'un service central.* Le décret du 1er décembre 1882 porte : Les ambassadeurs et les ministres plénipotentiaires de 1re ou de 2e classe qui seront chargés de la direction d'un service au ministère des affaires étrangères, seront inscrits *hors cadre* sur le tableau des agents diplomatiques de leur grade. (*Voy. aussi* Consul, Drogman, Jeunes de langue.)

**18.** *Admission aux concours.* (*Extrait du décret du* 10 *juillet* 1880, *modifié par le décret du* 27 *avril* 1883.)

Art. 7. Les aspirants se présenteront à la direction du personnel du ministère des affaires étrangères dans les trente jours à partir de l'insertion au *Journal officiel;* ils déposeront leur acte de naissance, ainsi que les pièces justificatives énoncées dans l'article suivant.

Art. 8. Nul ne pourra se faire inscrire en vue du concours :

1° S'il n'est Français jouissant de ses droits ;

2° S'il a, au 1er janvier de l'année du concours, moins de vingt et un an et plus de trente ans (*D.* 27 *avril* 1883) ;

3° S'il ne produit soit un diplôme de licencié en droit, ès sciences ou ès lettres, soit un diplôme de l'École de chartes, soit un certificat attestant qu'il a satisfait aux examens de sortie de l'École normale supérieure, de l'École polytechnique, de l'École nationale des mines, de l'École nationale des ponts et chaussées, de l'École centrale des arts et manufactures, de l'École fo-

restière, de l'École spéciale militaire ou de l'École navale, soit un brevet d'officier dans l'armée active de terre ou de mer.

Art. 10. La liste des candidats qui seront admis à concourir sera dressée et arrêtée définitivement par M. le ministre cinq jours au moins avant l'ouverture du concours ; elle sera déposée à la direction du personnel, où toute personne pourra en prendre communication.

Nul ne pourra se présenter plus de trois fois au concours. (*D.* 27 *avril* 1883.)

Art. 14. Les épreuves du concours porteront :

1° Sur l'organisation constitutionnelle, judiciaire et administrative de la France et les pays étrangers ;

2° Sur les principes généraux du droit international public et privé ;

3° Sur le droit commercial et le droit maritime;

4° Sur l'histoire des traités depuis le congrès de Westphalie jusqu'au congrès de Berlin, et la géographie politique et commerciale ;

5° Sur les éléments de l'économie politique ;

6° Sur la langue anglaise ou la langue allemande. (*Voy. aussi* **Drogman.**)

**19.** *Réorganisation.* Un décret du 31 mars 1882, complété par le décret du 1er avril suivant, réorganise le corps diplomatique. On trouvera ces deux décrets au *Journal officiel* du 2 avril 1882.

**20.** *Mode d'ordonnancement.* Le décret du 14 août 1880 sur le mode d'ordonnancement et le rapport qui le précède sont insérés au *Journal officiel* du 19 août.

#### BIBLIOGRAPHIE.

Agents diplomatiques et consulaires, par Georges Bousquet. Paris, Dupont. 1883.
Voy. aussi les ouvrages de Clercq et Vallat.

**AGENT VOYER.** (*Dict.*) A l'article *Procès-verbaux,* n° 30, est citée la loi du 21 mai 1836, art. 11, qui dispose que les procès-verbaux des agents voyers ne sont pas soumis à l'affirmation. On lit immédiatement après :

« Cependant en matière de police de roulage et de messageries, tous les procès-verbaux, porte l'art. 17 de la loi du 30 mai 1841, rédigés par les agents mentionnés au § 1er de l'art. 15 de la même loi *doivent être affirmés.* Or, les agents voyers sont formellement compris dans l'énumération de l'art. 15. »

Devant ces deux textes, nous écrit un correspondant, le lecteur reste complètement indécis. Nous ne sommes pas de cet avis. La loi générale est valable pour tous les cas où le législateur n'a pas cru devoir y déroger par une loi spéciale, que cette loi spéciale soit bien ou mal motivée.

**AGGLOMÉRATION.** Une commune peut se composer d'habitations non groupées en ville ou village, ou peut se composer d'un groupe plus ou moins compact de maisons, ou aussi à la fois d'habitations juxtaposées, agglomérées et isolées. Or, dans des questions d'impôt et d'octroi, et dans quelques autres, la loi applique parfois des dispositions différentes à la partie agglomérée et à celle qui se compose d'habitations éparses.

Il est quelquefois important de fixer les limites de l'agglomération, c'est plus souvent une question de fait que d'appréciation. (*Voy.*, p. ex., au *Dictionnaire*, **Octrois**, n°⁵ 47 et suiv.)

**AGRICULTURE.** *Voy.* **Enseignement agricole.**

**ALCOOL DÉNATURÉ. 1.** La loi du 21 mars 1874 (*art.* 3) avait chargé le Gouvernement de rédiger un règlement d'administration publique sur les mesures nécessaires pour assurer la perception de l'impôt sur l'alcool dénaturé, impôt que la loi du 2 août 1872 fixe en principal à 30 fr. par hectolitre d'alcool pur. Le décret portant règlement d'administration publique est daté du 29 janvier 1881 ; le voici :

Art. 1er. Tout industriel qui veut profiter de la modération de taxe applicable aux alcools dénaturés de manière à ne pouvoir être consommés comme boissons, adresse à l'administration des contributions indirectes une demande spécifiant :

1° Le mode d'emploi de l'alcool et les procédés proposés pour sa dénaturation ;

2° La nature, l'espèce et la qualité des produits qu'il fabrique, les usages auxquels ils sont destinés ;

3° La quotité d'alcool nécessaire à la fabrication des produits.

Lorsque le procédé de dénaturation a déjà été autorisé par le comité consultatif des arts et manufactures, l'administration des contributions indirectes statue immédiatement sur la demande ¹. S'il s'agit d'un procédé nouveau, l'administration, avant de l'admettre, est tenue de le faire examiner par le comité consultatif des arts et manufactures, qui, conformément à l'art. 5 de la loi du 2 août 1872, détermine les conditions auxquelles la dénaturation devra être opérée.

L'industriel ne peut être autorisé à fabriquer ou à préparer des alcools dénaturés, que s'il justifie qu'il est muni d'une patente valable pour l'exercice de l'industrie en vue de laquelle il réclame le bénéfice de la détaxe. Il doit être, en outre, pourvu d'une licence de distillateur, s'il produit lui-même l'alcool qu'il dénature, ou d'une licence de marchand en gros, s'il conserve en magasin, avec le crédit du droit général de consommation, des alcools destinés à être dénaturés.

L'industriel qui ne demande pas le crédit des droits est tenu de dénaturer les alcools qui lui sont expédiés sous acquit-à-caution, dans un délai de dix jours à partir du moment où il a reçu les alcools. Il doit payer l'impôt au moment où se fait la dénaturation.

Art. 2. Chaque opération de dénaturation est précédée d'une déclaration indiquant :

1° L'espèce, la quantité et le degré des spiritueux à dénaturer ;

2° La nature des produits à fabriquer ;

3° L'espèce et la quantité des substances dénaturantes.

La déclaration de dénaturation est faite à la recette buraliste désignée par les agents des contributions indirectes, qui font connaître au déclarant le jour et l'heure auxquels ils peuvent assister aux opérations. Le délai dans lequel les agents devront se présenter est fixé à deux jours pour les villes et à quatre jours pour les campagnes.

1. Le procédé le plus fréquent de dénaturation semble consister dans l'addition de méthylène. (Voy. *Circ. Contrib. indir.*, n° 337, du 23 juin 1832.)

Aucune dénaturation ne peut être faite hors la présence des employés.

Il est interdit de présenter, pour être dénaturé avec le bénéfice de la taxe réduite, de l'alcool auquel on aurait déjà ajouté de l'acool dénaturé ou des substances dénaturantes.

Les substances dénaturantes pour lesquelles des types ont été déterminés par le comité consultatif des arts et manufactures doivent être conformes à ces types. Elles sont vérifiées par la régie d'après les échantillons prélevés par les agents. Une fois les échantillons prélevés, elles doivent être renfermées dans un local préalablement agréé par la régie, sous la double clef de l'industriel et des agents des contributions indirectes.

Le mélange de l'alcool avec les substances dénaturantes pour lesquelles le comité consultatif des arts et manufactures aurait déterminé des types doit être opéré dans des cuves isolées et reposant sur des supports à jour.

Art. 3. Les ateliers où s'opèrent les dénaturations, ainsi que les magasins où sont placés les alcools dénaturés et les produits fabriqués avec ces alcools, ne peuvent avoir de communication que par la voie publique avec des locaux contenant des alambics ou avec ceux où se trouvent des alcools non dénaturés destinés à la vente en gros ou au détail.

Toutefois, si l'industrie exercée par des dénaturateurs exige absolument l'emploi d'appareils de distillation ou de rectification, l'administration des contributions indirectes autorise, aux conditions qu'elle détermine, l'installation de ces appareils dans les locaux affectés à la dénaturation.

Art. 4. Les dénaturateurs ne peuvent, sans une autorisation spéciale, donnée à l'avance par le service des contributions indirectes, faire ou laisser sortir des locaux affectés à la dénaturation des alcools ou à l'emmagasinement des alcools dénaturés aucune quantité d'acool non dénaturé.

Sauf le cas prévu à l'art. 6 du présent règlement, les alcools dénaturés doivent être employés dans l'établissement même du dénaturateur ou transformés sur place en produits achevés, industriels et marchands, reconnus tels à dire d'experts en cas de contestation entre le dénaturateur et la régie.

Les produits fabriqués doivent être exactement de l'espèce de ceux pour lesquels l'autorisation d'employer l'alcool avec modération de taxe a été accordée.

Chaque fois qu'il le juge convenable, le service des contributions indirectes prélève, moyennant remboursement, dans les ateliers ou magasins, des échantillons sur les alcools mis en œuvre, sur les substances dénaturantes, ainsi que sur les produits achevés ou en préparation. Il peut également prélever, lors de l'enlèvement et en cours de transport, des échantillons sur les produits expédiés.

Art. 5. Il est mis à la disposition des dénaturateurs d'alcool un registre sur lequel ils inscrivent, jour par jour, sans aucun blanc ni aucune surcharge :

D'une part, la quantité et le degré des spiritueux soumis à la dénaturation, l'espèce et la quantité des substances dénaturantes employées, le volume des mélanges obtenus et la quantité d'alcool réel qu'ils représentent;

D'autre part, le volume des mélanges mis en œuvre, la quantité d'alcool réel que représentent ces mélanges, l'espèce et la quantité des produits fabriqués, ainsi que la proportion suivant laquelle l'alcool est entré dans la préparation des produits.

Art. 6. Les industriels qui préparent, sous le bénéfice de la modération de taxe, de simples mélanges d'alcool et de méthylène, suivant les formules approuvées par le comité consultatif des arts et manufactures, sont tenus en outre de mentionner, jour par jour, sur un registre spécial, sans aucun blanc ni aucune surcharge :

1° Les quantités de ces mélanges successivement fabriquées ou reçues d'autres établissements ;

2° Les quantités qu'ils livrent, ainsi que le nom et l'adresse du destinataire ;

3° Les quantités employées dans l'intérieur de l'établissement et la justification de cet emploi.

Les livraisons faites à des personnes qui ne sont pas entrepositaires ne peuvent dépasser, par jour et pour chaque destinataire, en volume total, cent litres si le mélange alcoolique renferme du méthylène dans la proportion d'un cinquième au moins du volume de l'alcool, ou vingt litres si le mélange renferme moins d'un cinquième de méthylène.

Art. 7. Les fabricants ou préparateurs d'alcools dénaturés, munis d'une licence, conformément à l'avant-dernier paragraphe de l'art. 1er, et qui ont réclamé le crédit des droits, sont, suivant la nature de leurs opérations, assujettis, au point de vue de la constatation, du crédit et du paiement des droits, à toutes les obligations imposées par les lois et les règlements aux distillateurs de profession et aux marchands de boissons en gros.

Leurs opérations sont suivies au moyen de deux comptes :

1° Un compte d'alcools non dénaturés : ce compte est suivi conformément aux règles applicables à la tenue des comptes chez les marchands en gros ordinaires ; il est chargé d'après les expéditions que les entrepositaires sont tenus de représenter aux agents de la régie, et déchargé en vertu des déclarations de dénaturation ;

2° Un compte d'alcools dénaturés : aux charges figurent les quantités d'alcools dénaturés successivement fabriquées ou reçues de l'extérieur ; aux sorties figurent les quantités, en volumes ou en poids, de produits achevés, expédiés en vertu de titres de mouvement de la régie ou reconnues manquantes, et l'alcool dénaturé qu'elles représentent.

Pour les produits qui ne retiennent pas l'alcool ou dans lesquels le service n'a pas le moyen de reconnaître sa présence, les quantités d'alcool réel sont évaluées d'après une base de conversion convenue entre les fabricants et l'administration des contributions indirectes.

Les manquants qui ressortent au compte n° 2 sont passibles de la taxe de dénaturation. Lorsqu'ils s'appliquent à des produits liquides qui retiennent effectivement l'alcool, ils ne sont imposables que sous la déduction légale applicable aux alcools non dénaturés.

Tout excédent en alcool reconnu aux charges de l'un des deux comptes est saisissable par procès-verbal.

Chez les entrepositaires qui ne demandent pas le crédit du droit sur l'alcool dénaturé, le compte des alcools dénaturés ne sera pas tenu.

Art. 8. Les dénaturateurs sont tenus de supporter, dans les conditions déterminées pour les distilleries par l'art. 235 de la loi du 28 avril 1816, les visites et les vérifications des employés des contributions indirectes dans leur établissement et dans ses dépendances. Ils doivent assister aux vérifications ou s'y faire représenter par un délégué, les faciliter et fournir, à cet effet, la main-d'œuvre et les ustensiles nécessaires.

Ils sont obligés de représenter les registres de fabrication et de vente dont la tenue est prescrite par les art. 5 et 6, et doivent, en outre, déclarer exactement l'espèce et la quantité des produits restant en magasin, ainsi que la quantité d'alcool que ces produits représentent.

Art. 9. Les divers registres dont la tenue est prescrite par le présent règlement sont fournis gratuitement par l'administration ; ils sont cotés et paraphés par le directeur ou le sous-directeur des contributions indirectes.

Art. 10. A Paris, les dénaturateurs doivent faire à l'entrepôt général les mélanges d'alcool et de substances dénaturantes prescrits par l'administration des contributions indirectes. Le droit est payé immédiatement.

Les alcools qui ont été mélangés à des substances dénaturantes doivent être transportés de l'entrepôt général chez les dénaturateurs, dans l'intérieur de Paris, sous escorte ou avec un acquit-à-caution.

Doivent également circuler dans Paris sous escorte ou avec un acquit-à-caution les envois de simples mélanges d'alcools et de méthylène en quantités supérieures à celles prévues à l'art. 6, faits par les dénaturateurs, de leur usine située hors de Paris à leur magasin de vente dans l'intérieur de Paris.

Les dispositions du présent règlement, sauf les art. 3 et 7, sont applicables aux dénaturateurs qui sont établis dans Paris ou qui y possèdent un magasin de vente.

Art. 11. Les alcools dénaturés ou les produits fabriqués avec ces alcools ne peuvent être soumis, en aucun lieu, à aucun coupage, à aucune décantation ou rectification, en un mot, à aucune opération ayant pour but de désinfecter ou de revivifier l'alcool.

Art. 12. Les dispositions de l'ordonnance du 14 juin 1844 sont abrogées.

**2.** *Alcool employé à l'extraction du sucre.* — Sur la proposition de l'administration et conformément à l'avis émis, le 16 mars 1884, par le comité consultatif des arts et manufactures, le ministre des finances a autorisé, le 12 juin 1884, les industriels qui, pour l'extraction du sucre des mélasses, pratiquent le procédé de l'élution ou des procédés analogues, à employer, sous le bénéfice de la modération de taxe concédée par la loi du 2 août 1872 (*voy. plus haut*), l'alcool nécessaire au lavage du sucrate de chaux.

Il n'a pas paru nécessaire d'exiger, pour les

spiritueux affectés à cet usage, une dénaturation préalable par addition de méthylène, l'emploi qui en est fait constituant, par lui-même, une véritable dénaturation dont l'effet persiste nonobstant les revivifications successives auxquelles les quantités déjà employées sont soumises pour pouvoir servir à des manipulations ultérieures. Mais il a été stipulé que les quantités additionnelles d'alcool neuf nécessaires à chaque opération devront être, sous les yeux du service des contributions indirectes, coulées directement, soit dans les appareils digesteurs, soit dans les récipients déjà chargés d'alcool dénaturé par les opérations précédentes. (*Circ. Contr. ind., n° 400, du 12 juill. 1884.*)

**ALCOOMÈTRE.** *Voy. au Dict. l'article* **Boissons.**

**ALGÉRIE.** (*Dict.*)

SOMMAIRE.

CHAP. I. LE RATTACHEMENT.
  II. L'ÉTAT CIVIL DES MUSULMANS.
  III. LES DÉPÔTS D'ARMES.
  IV. INSTRUCTION PUBLIQUE.
  V. DISPOSITIONS DIVERSES.

CHAP. I. — LE RATTACHEMENT.

1. On sait que le travail de l'assimilation de l'Algérie à la France se poursuit depuis longtemps. L'une des mesures à prendre était le « rattachement » des services algériens aux différents ministères compétents. Le décret du 26 août 1881 y a pourvu [1]. Il règle ainsi qu'il suit les attributions du gouverneur général et de l'administration supérieure algérienne :

Art. 1er. Les services civils de l'Algérie ci-après dénommés sont placés sous l'autorité directe des ministres compétents, savoir :

*Ministère de la justice.*

Justice musulmane.

*Ministère de l'intérieur et des cultes.*

Administration générale;

Administration départementale et communale, en territoire civil et en territoire de commandement;

Assistance hospitalière;

Police générale;

Colonisation : création de centres; travaux d'installation;

Routes départementales (attributions dévolues dans la métropole au ministère de l'intérieur), chemins vicinaux;

Presse;

Imprimerie;

Librairie;

Culte musulman.

*Ministère des finances.*

Contributions directes et cadastre;

Contributions diverses;

Enregistrement, domaines et timbre;

Service topographique;

Constitution de la propriété indigène;

Administration des biens séquestrés.

*Ministère de la marine et des colonies.*

Surveillance de la pêche côtière et police de la navigation (attributions dévolues dans la métropole au ministre de la marine).

*Ministère de l'instruction publique et des beaux-arts.*

Instruction publique musulmane;

Beaux-arts;

Missions scientifiques;

Monuments historiques.

*Ministère des travaux publics.*

Routes et ponts;

Navigation : ports et phares;

Service hydraulique;

Chemins de fer;

Mines;

Bâtiments civils et palais nationaux.

*Ministère de l'agriculture et du commerce.*

Services de l'agriculture, du commerce et des forêts.

*Ministère des postes et des télégraphes.*

Créations et transformations de bureaux de poste et de télégraphie en Algérie dans l'intérêt de la colonisation.

Art. 2. Les lois, décrets, arrêtés, règlements et instructions ministérielles qui régissent en France ces divers services s'appliquent, en Algérie, dans toutes celles de leurs dispositions auxquelles il n'a pas été dérogé par la législation spéciale de ce pays.

Art. 3. Les communications entre les préfets ou les généraux de division chargés de l'administration des territoires de commandement et les ministres ont lieu par l'intermédiaire du gouverneur général, sauf dans les cas qui seront déterminés par arrêtés ministériels, après avis du gouverneur général.

Art. 4. Indépendamment des attributions qui lui ont été conférées par les lois spéciales, le gouverneur général statuera, par délégation des ministres, sur les objets qui seront déterminés par des décrets rendus sur la proposition des ministres compétents.

Art. 5. Le gouverneur général rend compte de ses actes aux ministres compétents, qui peuvent, selon les cas, les annuler ou les réformer.

Art. 6. Le gouverneur général donne préalablement son avis ou fait des propositions sur toutes mutations ou nominations dans le personnel des services dénommés à l'art. 1er.

Art. 7. Les propositions budgétaires concernant les services civils de l'Algérie dénommés à l'art. 1er sont arrêtées par les ministres, chacun en ce qui le concerne, sur l'avis du gouverneur général et après examen du conseil supérieur.

Elles figurent dans un budget spécial formant une annexe au budget général de l'État. Les ministres, chacun en ce qui le concerne, disposent des crédits qui leur sont ouverts de ce chef, dans les mêmes formes et conditions et sous la même responsabilité que pour le budget métropolitain.

Art. 8. Les crédits ouverts par la loi de finances du 22 décembre 1880 pour les dépenses de l'exercice 1881, au ministre de l'intérieur, service du gouvernement général de l'Algérie, sont répartis, conformément à l'état ci-annexé, entre les budgets des divers ministères [1].

---

1. Voy. au *Journal officiel* des 26 et 27 nov. 1880, le rapport de M. Albert Grévy, gouverneur général civil de l'Algérie, le discours du ministre à la commission nommée pour étudier la question.

1. Nous ne reproduisons pas cet état qui ne présente plus d'intérêt.

Il sera procédé, par décrets, à la répartition, sur les mêmes bases, des crédits ouverts au budget de l'Algérie, savoir :

1° Pour l'exercice 1881, par les lois et décrets postérieurs à la loi de finances du 22 décembre 1880 ;

2° Pour l'exercice 1882, par la loi de finances du 29 juillet 1881.

Art. 9. Sont abrogées les ordonnances et décrets relatifs à l'organisation administrative de l'Algérie, en ce qu'ils ont de contraire aux dispositions du présent décret.

L'espace ne nous permet pas de reproduire les décrets qui indiquent, par ministère, les objets sur lesquels le gouverneur général statuera par délégation ; on les trouvera au *Journal officiel* des 6 et 15 septembre 1881. En fait, le changement que les décrets du 26 août ont introduit dans l'administration algérienne semble pour le moment se borner à ceci : le gouverneur statuera par délégation au lieu de statuer en vertu de ses pouvoirs propres.

2. Le décret du 6 avril 1882 est ainsi conçu :

Art. 1er. L'administration indigène des populations établies en Algérie dans les terrains de commandement sera exercée par le gouverneur général civil, dans les mêmes conditions qu'avant la promulgation du décret du 26 novembre 1881 (nous venons de reproduire ce décret).

Art. 2. Le général commandant le 19e corps d'armée et le contre-amiral commandant la marine en Algérie relèvent directement, au même titre que les autres commandements de corps d'armée et les autres commandements de la marine, des ministres de la guerre et de la marine et des colonies.

Art. 3. Sont abrogées toutes dispositions contraires à celles du présent décret.

CHAP. II. — L'ÉTAT CIVIL DES MUSULMANS.

3. La loi du 23 mars 1882 constitue en ces termes l'état civil des indigènes musulmans [1].

TITRE Ier. — CONSTITUTION DE L'ÉTAT CIVIL DES INDIGÈNES MUSULMANS.

Art. 1er. Il sera procédé à la constitution de l'état civil des indigènes musulmans de l'Algérie.

Art. 2. Dans chaque commune et section de commune, il sera fait préalablement, par les officiers de l'état civil ou, à leur défaut, par un commissaire désigné à cet effet, un recensement de la population indigène musulmane.

Le résultat de ce recensement sera consigné sur un registre-matrice tenu en double expédition, qui mentionnera les noms, prénoms, professions, domicile, et, autant que possible, l'âge et le lieu de naissance de tous ceux qui y seront inscrits.

Art. 3. Chaque indigène n'ayant ni ascendant mâle dans la ligne paternelle, ni oncle paternel, ni frère aîné, sera tenu de choisir un nom patronymique, lors de l'établissement du registre-matrice.

Si l'indigène a un ascendant mâle dans la ligne paternelle ou un oncle paternel ou un frère aîné, le choix du nom patronymique appartient successivement au premier, au deuxième, au troisième.

Si l'indigène auquel appartiendrait le droit de choisir le nom patronymique est absent de l'Algé-

rie, le droit passe au membre de la famille qui vient après lui. S'il est mineur, le droit appartient à son tuteur.

Art. 4. Dans le cas où la famille qui doit être comprise sous le même nom patronymique ne se composerait que de femmes, le droit de choisir le nom patronymique appartient à l'ascendante, et, à défaut d'ascendante, à l'aînée des sœurs, conformément au principe posé par l'art. 3.

Art. 5. En cas de refus ou d'abstention de la part du membre de la famille auquel appartient le droit de choisir le nom patronymique, ou de persistance dans l'adoption du nom précédemment choisi par un ou plusieurs individus, la collation du nom patronymique sera faite par le commissaire à la constitution de l'état civil.

Art. 6. Le nom patronymique est ajouté simplement sur le registre-matrice aux noms actuels des indigènes.

Lorsque le travail de l'officier de l'état civil ou du commissaire aura été homologué, conformément aux dispositions de l'art. 14 ci-après, le registre-matrice deviendra le registre de l'état civil, les deux doubles seront envoyés au maire de la commune, qui y inscrira les actes de l'état civil des indigènes musulmans reçus depuis sa confection, gardera un des doubles et enverra l'autre au greffe du tribunal civil de l'arrondissement.

Une carte d'identité, ayant un numéro de référence à ce registre et indiquant le nom et les prénoms qui y seront portés, sera ensuite délivrée sans frais à chaque indigène.

Art. 7. Lorsqu'un nom patronymique devra être commun à un chef de famille domicilié dans une circonscription et à des descendants ou collatéraux domiciliés hors de ladite circonscription, avis du nom adopté par le premier sera donné auxdits descendants ou collatéraux, à la diligence du fonctionnaire chargé de la constitution de l'état civil, et par l'intermédiaire de l'autorité administrative de leur commune.

Ils seront inscrits dans cette dernière, suivant cette indication. La notification sera accompagnée de la remise de la carte d'identité.

Si, au contraire, l'indigène à qui le choix du nom patronymique appartient est domicilié dans une circonscription autre que la circonscription actuellement recensée, il sera mis en demeure, par le maire ou par l'administrateur de la commune, à la diligence du commissaire, d'avoir à faire choix du nom patronymique sous lequel sera inscrit le groupe familial.

Une carte d'identité sera ensuite adressée à tous les membres de ce groupe.

Art. 8. Dans les circonscriptions où la loi du 26 juillet 1873, sur la constitution de la propriété individuelle, aura été exécutée, le nom patronymique donné à l'indigène propriétaire, en vertu de l'art. 17 de cette loi, ne sera attribué à la famille que s'il est choisi par ceux auxquels ce droit est réservé par les articles 3 et 4 de la présente loi.

Si ces individus ont fait choix d'un autre nom, l'indigène propriétaire, membre de la même famille, ajoutera ce nom à celui qui lui a été donné précédemment.

Mention de cette addition sera faite sur son titre de propriété, ainsi qu'au bureau des hypothè-

---

1. Le règlement d'administration publique mentionné à l'art. 22 est du 13 mars 1883. (Voy. au *Bulletin des lois.*)

ques, en marge du titre y déposé ou du registre sur lequel la transcription a eu lieu.

Art. 9. Les dispositions qui précèdent sont applicables, au fur et à mesure de la constitution de l'état civil dans le lieu de leur domicile :

Aux indigènes musulmans présents sous les drapeaux;

A ceux qui se trouvent dans les hôpitaux ou hospices;

A ceux qui sont détenus dans une prison de France ou d'Algérie.

Dans ces cas, les chefs de corps, les directeurs des hôpitaux et hospices, les directeurs de prison, remplissent les attributions conférées au maire ou à l'administrateur pour l'exécution de la présente loi.

Art. 10. A la demande des intéressés, ou sur les réquisitions du procureur de la République, mention sera faite en marge des actes de l'état civil, dressés antérieurement, des noms patronymiques attribués en vertu de la présente loi ou de la loi du 26 juillet 1873.

Pareille mention sera faite, à la diligence du procureur de la République, sur les bulletins n° 1 classés au casier judiciaire.

Art. 11. Lorsque le travail de constitution de l'état civil sera terminé dans une circonscription, avis en sera donné dans le *Mobacher* et par affiches placardées dans la commune.

Un délai d'un mois est accordé à tous les intéressés pour se pourvoir, en cas d'erreur ou d'omission, contre les conclusions du commissaire à la constitution de l'état civil.

Art. 12. Dans le mois qui suit l'expiration de ce délai, ledit commissaire rectifie, s'il y a lieu, les omissions et les erreurs signalées.

Art. 13. A l'expiration de ce dernier délai, le travail du commissaire est provisoirement arrêté par lui, transmis au gouverneur général civil qui, le conseil du gouvernement entendu, prononce sur les conclusions dudit commissaire.

Au cas où l'opposition des parties soulèverait une question touchant à l'état des personnes, cette question sera réservée et renvoyée devant les tribunaux compétents, soit par le commissaire, soit par le gouverneur général, sans que pour le surplus, l'homologation du travail de constitution de l'état civil soit retardée.

Art. 14. A partir de l'arrêté d'homologation, l'usage du nom patronymique devient obligatoire pour les indigènes compris dans l'opération.

Dès ce moment, il est interdit aux officiers de l'état civil, aux officiers publics et ministériels, sous peine d'une amende de cinquante à deux cents francs (50 à 200 fr.), de désigner lesdits indigènes, dans les actes qu'ils sont appelés à recevoir ou à dresser, par d'autres dénominations que celles portées dans leurs cartes d'identité.

Art. 15. Tout indigène musulman qui ne sera pas en possession d'un nom patronymique, et qui établira son domicile dans une circonscription déjà soumise à la constitution de l'état civil, devra, dans un délai d'un mois, faire sa déclaration au maire ou à l'administrateur qui en tient lieu. Celui-ci procédera à son égard comme il a été dit aux articles précédents. L'indigène sera ensuite inscrit sur le registre-matrice, avec le nom pa-

tronymique qu'il aura choisi ou qui lui aura été attribué.

A défaut de déclaration, il sera procédé d'office, par le maire ou l'administrateur, comme il est dit ci-dessus.

TITRE II. — DES ACTES DS L'ÉTAT CIVIL.

Art. 16. Les déclarations de naissance, de décès, de mariage et de divorce deviennent obligatoires pour les indigènes musulmans, à partir du jour où, conformément à l'art. 14, l'usage du nom patronymique devient lui-même obligatoire.

Les déclarations sont appuyées de la carte d'identité des intervenants à l'acte.

Les noms portés dans ledit acte sont rigoureusement reproduits suivant l'orthographe de la carte d'identité.

Art. 17. Les actes de naissance ou de décès, concernant les indigènes musulmans, sont établis dans les formes prescrites par la loi française.

Les actes de mariage et de divorce sont établis sur une simple déclaration, faite dans les trois jours, au maire de la commune ou à l'administrateur qui en remplit les fonctions, par le mari ou par la femme ou par le mari et par le représentant de la femme, aux termes de la loi musulmane, en présence de deux témoins.

Toutefois, lorsque les distances ne permettront pas de faire les déclarations au siège de la commune ou d'une section française de ladite commune, elles seront reçues par l'adjoint de la section indigène.

Ces déclarations seront faites en arabe, suivant des formules imprimées sur des registres visés pour timbre et paraphés par le juge de paix. Ces registres contiendront une souche et un volant reproduisant les mêmes mentions.

Les actes seront revêtus de la signature de l'adjoint indigène ou de son cachet et de la signature des parties et témoins, si ceux-ci savent écrire ; s'ils déclarent ne pas savoir écrire, mention en sera faite.

Art. 18. Les volants des actes de l'état civil sont détachés de leur souche et adressés, dans les huit jours, à l'officier de l'état civil français, pour être transcrits sur les registres tenus au chef-lieu de la commune.

Art. 19. Il sera statué sur les rectifications à opérer dans les actes de l'état civil, conformément à la loi française.

Par exception et pendant cinq années à partir de la délivrance des cartes d'identité, ces rectifications seront faites sans frais à la diligence du procureur de la République.

Pendant le même délai, les extraits des actes de l'état civil seront délivrés aux indigènes musulmans sur papier libre avec un droit unique de vingt-cinq centimes (0 fr. 25).

DISPOSITIONS GÉNÉRALES.

Art. 20. Les crimes, délits et contraventions en matière d'état civil sont punis conformément à la loi française.

Art. 21. La fabrication, la falsification d'une carte ou l'usage d'une carte d'identité fausse est réprimé conformément aux articles 153 et 154 du Code pénal, sous réserve de l'application de l'article 463 du même Code.

Art. 22. Un règlement d'administration publique déterminera les conditions d'exécution de la présente loi, qui sera immédiatement appliquée à toute la région du Tell algérien, tel qu'il est délimité au plan annexé au décret du 20 février 1873 sur les circonscriptions cantonales.

En dehors du Tell, des arrêtés du gouverneur général détermineront successivement les territoires où elle deviendra exécutoire.

Art. 23. Sont abrogées toutes dispositions contraires à la présente loi.

### CHAP. III. — LES DÉPÔTS D'ARMES.

Art. 1er. Les communes de l'Algérie non pourvues de garnison et trop éloignées d'un centre militaire pour pouvoir être secourues en temps utile peuvent, par décision du gouverneur général, recevoir, à titre de prêt, des armes, des munitions et des effets de grand équipement en nombre suffisant pour garantir leur sécurité. Ces armes ne devront être distribuées qu'à ceux des habitants appartenant à la réserve de l'armée active, à l'armée territoriale et à sa réserve, portés sur les listes électorales. (*L.* 27 *avril* 1881.)

Art. 2. Les communes qui, en vertu de l'article précédent, reçoivent des armes, munitions et effets, sont responsables de leur conservation et de leur entretien.

Elles peuvent, soit les conserver à la mairie, soit en faire la distribution immédiate aux habitants qui font partie de la réserve de l'armée active, de l'armée territoriale ou de sa réserve, et qui sont inscrits sur les listes électorales.

Dans ce dernier cas, les détenteurs d'armes, de munitions et d'effets sont responsables envers les communes de leur conservation et de leur entretien.

Art. 3. Chaque année, l'état des armes et des munitions est constaté par un officier d'artillerie désigné à cet effet.

Art. 4. Cet officier, après avoir convoqué le maire de la commune, dresse:

1º Un état des armes qui ne sont pas représentées ou qui sont hors de service, ainsi que l'état des munitions non représentées ou dont l'emploi n'est pas justifié.

Ne sont pas portées sur cet état les armes détruites par suite de faits de guerre, d'insurrection ou de force majeure.

2º Un état de réparation à faire aux armes par suite de défaut d'entretien.

Ces états mentionnent la dépense à faire pour chaque article, conformément aux tarifs annexés aux règlements militaires sur la conservation et l'entretien des armes. Sont exceptées les détériorations qui peuvent être attribuées à l'usure naturelle.

Art. 5. Le remplacement des armes et munitions et les réparations à effectuer en vertu de l'article précédent sont exécutés par l'autorité militaire ; le montant de la dépense est imputé à la commune et peut, au besoin, être inscrit d'office au budget municipal à titre de dépenses obligatoires.

Art. 6. Le ministre de la guerre peut, lorsqu'il le juge à propos, faire procéder à la visite des effets de grand équipement prêtés aux communes.

Les effets non représentés ou mis hors de service par la faute des détenteurs sont remplacés au compte des communes dans les conditions énoncées aux deux articles précédents.

Art. 7. Lorsque les armes, munitions et effets ont été distribués par la commune aux hommes de la réserve de l'armée active, aux hommes de l'armée territoriale ou de sa réserve, toutes les imputations faites en vertu des trois articles précédents sont remboursables au profit de la commune par les détenteurs des armes, munitions ou effets qui ont été l'objet desdites imputations.

Le recouvrement en est effectué et poursuivi comme en matière de contributions directes.

Art. 8. Ceux qui détruisent volontairement ou détournent les armes, munitions et effets qui leur sont remis en exécution des dispositions qui précèdent sont punis d'un emprisonnement de un mois au moins, de un an au plus, et d'une amende de 16 fr. au moins et de 500 fr. au plus, ou de l'une de ces deux peines seulement.

L'art. 463 du Code pénal est applicable aux délits prévus par la présente loi.

La poursuite est exercée devant les tribunaux correctionnels, soit d'office par le ministère public, soit sur la plainte du représentant de la commune, soit sur celle de l'autorité militaire. (*L.* 27 *avril* 1881.)

### CHAP. IV. — INSTRUCTION PUBLIQUE.

**4.** *Certificat spécial d'études de droit* institué par le décret du 8 janvier 1881 modifié par le décret du 24 juillet 1882.

Nous ne reproduisons que les dispositions essentielles.

Il est institué pour l'Algérie : 1º un certificat d'études de droit administratif et de coutumes indigènes ; 2º un certificat supérieur d'études de législation algérienne et de coutumes indigènes. (*D.* 8 *janv.* 1881.)

La durée des études est de deux ans. Les candidats doivent prendre huit inscriptions. (*D.* 24 *juill.* 1882.)

Sont admis à se présenter pour l'obtention du certificat d'études de droit administratif et de coutumes indigènes (*D.* 1881 *et* 1882) :

1º Les Français qui sont pourvus, soit d'un des baccalauréats, soit du certificat d'examen de grammaire, soit du brevet de capacité d'instituteur primaire, soit du diplôme d'études de l'enseignement secondaire spécial ;

2º Les indigènes qui ont reçu au lycée d'Alger l'enseignement du degré supérieur, constaté, soit par un certificat du proviseur du lycée, soit par le diplôme spécial délivré en vertu de l'art. 21 du décret du 14 mars 1857 ;

3º Les indigènes pourvus du certificat d'études primaires délivré par une des commissions organisées à cet effet dans chacun des départements de l'Algérie ;

4º Les indigènes qui ont subi devant une commission nommée par le recteur de l'Académie un examen écrit et un examen oral, constatant une connaissance suffisante de la langue française.

Nul ne peut être admis à l'examen pour le certificat supérieur d'études de législation algérienne et de coutumes indigènes, s'il ne justifie ou du diplôme de licencié en droit, ou du certificat d'études de droit administratif et de coutumes indigènes. (*D.* 1881 *et* 1882.)

L'examen comprend une épreuve écrite et une épreuve orale.

L'épreuve écrite comprend deux compositions : l'une sur la législation algérienne, l'autre sur les coutumes indigènes.

La durée de chaque épreuve écrite est de quatre heures.

Ces compositions sont appréciées par des chiffres variant de 0 à 20.

Un minimum de 25 points est nécessaire pour être admissible.

L'examen oral comprend des interrogations : 1° sur la législation algérienne ; 2° sur les coutumes indigènes ; 3° sur le droit musulman ; 4° sur l'histoire et la géographie des pays musulmans et plus particulièrement de l'Afrique et de l'Algérie ; 5° sur les éléments de la langue arabe.

La nullité d'une épreuve écrite ou orale pour l'un ou l'autre des certificats entraîne l'ajournement, mais cet ajournement ne peut être prononcé qu'après délibération spéciale du jury.

5. Le décret du 9 juillet 1883 (*Bull. des lois*) organise l'école d'apprentissage de Dély.

6. Le décret du 13 février 1883 (*J. off. du* 15) organise l'instruction primaire en Algérie. (*Voy. aussi le D.* 16 *février* 1883, *J. off. du* 18.)

### CHAP. V. — DISPOSITIONS DIVERSES.

7. *Conseils généraux.* — Les art. 8, 9 et 10 du décret du 23 décembre 1875 sont abrogés et remplacés par le texte des art. 8, 9 et 10 de la loi du 10 août 1871. (*D.* 3 *août* 1880.)

Par décret du 10 août 1883, le nombre des membres français des conseils généraux des départements d'Alger et de Constantine est porté à 30 et celui des membres français d'Oran à 26.

8. Le décret du 6 mars 1877, modifiant l'art. 70 du décret du 23 septembre 1875, dispose ce qui suit : les fonctions de membre de la commission départementale sont incompatibles avec celles de maire du chef-lieu du département et avec le mandat de député ou de sénateur.

9. En Algérie, les tribunaux civils sont, en vertu de la loi du 16 juin 1851, compétents pour décider si des mesures administratives portent ou non atteinte aux droits privés de propriété, d'usufruit ou d'usage ; mais il ne leur appartient pas d'apprécier le préjudice qui, sans toucher aux droits de cette nature, pourrait avoir été causé aux intérêts des particuliers par les mesures dont il s'agit. (*Cass.* 20 *fév.* 1877.)

10. *Taux de l'intérêt.* La loi du 27 août 1881 dispose ce qui suit :

Art. 1er. A défaut de convention, l'intérêt légal en Algérie sera, à l'avenir, de 6 p. 100, tant en matière civile qu'en matière commerciale.

Art. 2. Les acquéreurs, concessionnaires d'immeubles ou cessionnaires de droits immobiliers moyennant le paiement d'une rente annuelle et perpétuelle, pourront se libérer dans le délai de 5 années à partir de la promulgation de la présente loi, en prenant pour base le taux de l'intérêt à 10 p. 100 par an ; passé ce délai, ils tomberont sous l'application de l'art. 12 de l'ordonnance royale du 1er octobre 1844.

Art. 3. L'ordonnance royale du 8 décembre 1835 est abrogée dans ce qu'elle a de contraire à la présente loi.

11. *Cours d'assises et jury.* — La loi du 30 juillet 1881 modifie le décret du 24 octobre 1870 sur les cours d'assises et le jury en Algérie.

12. *Organisation communale.* L'art. 164 de la loi du 5 avril 1884 rend la nouvelle législation municipale en grande partie applicable à l'Algérie. (*Voy.* Organisation communale.)

#### BIBLIOGRAPHIE.

Le Code algérien, par H. Hugue et P. Lapra, faisant suite au Dictionnaire de législation algérienne de M. de Ménerville. Paris, Marchal et Billard, 1878.

Législation de l'Algérie, par Sautayra. Paris, Maisonneuve, 1879.

Algérie. Gouvernement, administration, législation, par Léon Béquet. 3 vol. Paris, Dupont, 1883.

**ALIÉNÉS.** (*Dict.*) 1. *Recouvrement des dépenses.* La disposition de l'art. 27, § 3; de la loi du 30 juin 1838, d'après laquelle le recouvrement des dépenses d'entretien, de séjour et de traitement des personnes placées dans les asiles publics d'aliénés doit être poursuivi et opéré à la diligence de l'administration de l'enregistrement et des domaines, ne comporte aucune distinction, et s'applique aux dépenses des individus placés volontairement dans ces asiles aussi bien qu'à celles des autres aliénés. En conséquence, le directeur et l'administrateur de l'établissement sont sans qualité pour poursuivre le paiement des sommes dues pour la pension d'un aliéné de cette catégorie. (*Cass.* 5 *mai* 1880.)

2. *Nomination des médecins.* — Les médecins et pharmaciens des asiles publics d'aliénés n'étant pas payés exclusivement sur les fonds départementaux, et les asiles étant d'ailleurs placés sous la direction de l'autorité publique, le préfet peut nommer ces médecins et pharmaciens sans être tenu de se conformer aux règles de concours déterminées par le conseil général. (*A. du C.* 23 *mars* 1880.)

**ALIGNEMENT.** (*Dict.*) 1. La commission départementale n'est pas tenue de se conformer à l'avis du conseil municipal, lorsqu'elle se borne à déterminer l'alignement et à fixer la largeur d'un chemin vicinal ordinaire.

La décision prise à cette fin par la commission n'entraîne pas la démolition immédiate d'un mur construit antérieurement, en vertu d'un arrêté d'alignement régulièrement délivré. (*Arr. du C.* 5 *janvier* 1877 ; *L.* 21 *mai* 1836, art. 15, *et L.* 10 *août* 1871, art. 86.)

Voy. les détails dans le *Recueil périodique* de DALLOZ, année 1877, 3e partie, p. 27.

2. C'est au préfet seul qu'il appartient de délivrer l'alignement le long des routes nationales (grande voirie) ; par conséquent, le propriétaire qui construit le long de la route sans avoir obtenu cet alignement commet une contravention, alors même qu'il aurait agi de bonne foi, en vertu d'une autorisation donnée par le maire, qui n'est compétent que pour la voirie urbaine ou vicinale. (*Arr. du C.* 8 *déc.* 1876.)

Le mur n'étant pas en saillie sur la voie publique, la démolition n'en a pas été ordonnée ; le propriétaire a néanmoins été condamné à l'amende (au minimum).

3. En matière de voirie vicinale, il appartient au conseil de préfecture de décider s'il y a ou non empiétement sur la voie publique ; mais ce point

résolu et l'empiétement constaté, c'est au tribunal de police de connaître des contraventions et d'édicter les peines et, s'il y a lieu, d'ordonner la démolition. (*Cass.* 27 *nov.* 1875.)

**4.** Le conseil de préfecture est compétent pour statuer sur la demande d'indemnité formée contre une commune à raison du dommage causé à un propriétaire par le refus de l'alignement nécessaire pour élever des constructions le long d'une rue, alors que ce refus a eu pour but de ménager les intérêts pécuniaires de la ville dans l'exécution de travaux publics projetés. Et ce dommage est de nature à donner ouverture à un droit à indemnité. (*A. du C.* 11 *juill.* 1879.)

**5.** C'est au conseil de préfecture qu'il appartient de statuer sur les contestations auxquelles peuvent donner lieu les ventes aux riverains de parcelles détachées des routes nationales par suite d'alignement. (*A. du C.* 14 *nov.* 1879.)

**6.** L'administration peut modifier l'alignement d'une voie publique sans que cette modification donne ouverture à un droit à indemnité en faveur des riverains qui avaient construit conformément à l'ancien alignement; mais il y a lieu à allouer une indemnité dans le cas où, par suite des retards apportés à l'exécution complète du nouveau plan, la maison construite à l'ancien alignement se trouve depuis plusieurs années séparée de la voie publique par un talus sur lequel les voitures ne peuvent pas circuler. (*Arr. du C.* 13 *juin* 1879.)

**7.** Le juge de police qui reconnaît une contravention de (petite) voirie résultant de ce qu'un mur sujet à reculement a été consolidé sans autorisation, peut ordonner seulement la démolition des travaux irrégulièrement exécutés, et non la démolition totale des murs en saillie sur la voie publique et légalement existants. (*Cass.* 23 *févr.* 1878.)

**8.** Le juge de police n'est pas compétent pour décider si des travaux sont ou non confortatifs; cette question doit être résolue par l'autorité administrative. (*Cass.* 3 *janv.* 1879. *Jurisp. constante.*)

**9.** L'indemnité attribuée au propriétaire pour la partie de son terrain retranchée pour cause d'alignement doit être restreinte à la valeur du terrain cédé à la voie publique. Par suite, la décision du jury d'expropriation qui alloue à ce propriétaire une indemnité pour « toute dépréciation et toutes choses », est entachée de nullité. (*Cass.* 20 *nov.* 1876.)

**10.** Le propriétaire qui, après avoir démoli le mur de la façade de sa maison joignant la voie publique, l'a reconstruit sur les anciens fondements sans avoir obtenu une permission écrite et un alignement de l'autorité municipale, doit être condamné à l'amende, alors même qu'il n'existe pas pour la commune de plan d'alignement légalement approuvé. Mais, à défaut d'un tel plan, le maire est sans pouvoir pour forcer les propriétaires à reculer ou avancer les constructions qu'ils font élever, et la démolition des travaux illégalement entrepris ne peut être ordonnée. (*Cass.* 1er *févr.* 1877.) [*Voy. au Dictionnaire art.* **Voirie**, *n*os 114 *et suiv.*]

**11.** Aucun travail, même un simple recrépis-

sage, ne peut être fait au mur de face d'une maison joignant la voie publique sans la permission *écrite et spéciale* de l'autorité compétente, et la contravention existe par cela seul que les travaux ont été commencés sans autorisation ; il importerait peu qu'une autorisation régulière eût été donnée postérieurement. (*Cass.* 23 *févr.* 1878.)
[*Voy. aussi l'arrêt du* 27 *janv.* 1877 *dans le* Recueil périodique *de* DALLOZ *pour* 1878.]
Il n'est pas bien sûr que cet arrêt ne soit pas contraire à la pratique courante de Paris, du moins pour les réparations.

**12.** L'interdiction de toute réparation aux façades des maisons contiguës à la voie publique, sans autorisation préalable, est générale et s'applique sans qu'il y ait lieu de distinguer entre les causes qui peuvent nécessiter les réparations ou les constructions ; spécialement, le propriétaire d'une maison qui s'est écroulée à la suite d'une inondation doit se munir d'une autorisation préalable pour reconstruire cette maison. (*Cass.* 27 *janv.* 1877.)

**13.** Le maire ne peut, sans excès de pouvoir, insérer dans un arrêté d'alignement une clause ayant pour objet d'assurer l'exécution d'un contrat intervenu entre la commune et le propriétaire (dans l'espèce, interdiction de pratiquer des ouvertures dans le mur de façade), conformément à une transaction passée entre les deux parties. (*Arr. du C.* 25 *juin* 1880.)
L'arrêté d'alignement ne doit renfermer rien qui soit étranger à l'alignement.

**14.** Le propriétaire qui construit ou répare des bâtiments en retraite sur la voie publique, n'est pas obligé de se munir d'une autorisation préalable. (*C. de préf. de la Seine* 10 *janv.* 1880.)

**15.** Le dommage causé à un propriétaire par le refus de l'alignement nécessaire pour élever une construction sur un terrain est de nature à donner ouverture à un droit à indemnité, alors que le refus a pour but de ménager les intérêts pécuniaires de la ville dans l'exécution de travaux publics projetés. (*Arr. du C.* 30 *juill.* 1880.)

**16.** Lorsque le propriétaire d'une maison riveraine de la voie publique et frappée d'alignement, autorisé par arrêté municipal à faire certains travaux à son immeuble, en a opéré d'autres que ceux qui étaient déterminés par l'arrêté d'autorisation, le juge de simple police, saisi de la contravention, n'a pas à surseoir jusqu'à ce qu'il ait été statué par l'autorité administrative sur le caractère confortatif des travaux, mais simplement à vérifier si les travaux faits sont en dehors de ceux qui étaient autorisés.

Cette constatation faite, le juge ne viole nullement le principe de la séparation des pouvoirs en condamnant le prévenu à l'amende et à la démolition des travaux.

Dans les communes qui ne sont pas des villes, c'est-à-dire dont la population agglomérée ne s'élève pas au-dessus de 2,000 habitants, les plans généraux d'alignement, même antérieurement au décret de décentralisation de 1852, étaient régulièrement approuvés par l'autorité préfectorale.

La nécessité d'un décret rendu en Conseil d'État n'était imposée par l'art. 52 de la loi du 16 septembre 1807 qu'aux villes dont la population agglomérée était supérieure à 2,000 habitants.

En conséquence, c'est à bon droit que le juge

de répression ordonne la démolition des travaux faits contrairement à un arrêté municipal, bien que le plan général datant de 1810 n'ait été approuvé que par le préfet, alors qu'il s'agit d'une commune qui n'est pas ville (10 et 11 mai 1833). (*Cass.* 5 août 1882.)

**17.** *Projet de prolongement.* Un maire excède ses pouvoirs lorsqu'il rejette une demande d'alignement à fin de reconstruction, présentée par un riverain de la voie publique, sous le prétexte que le prolongement projeté de cette voie devait passer sur le terrain du demandeur, alors qu'il n'était intervenu aucun acte de l'administration autorisant la commune à acquérir, soit à l'amiable, soit par voie d'expropriation, la maison dont il s'agit.

Il importe peu que, par arrêté postérieur, le prolongement de la rue ait été déclaré d'utilité publique, si la commune ne s'est pas mise en mesure de poursuivre l'expropriation des terrains nécessaires audit prolongement. (*Arr. du C. d'Ét. du 22 juin* 1883.) [*Voy. aussi* **Organisation communale**, *art.* 98.]

**ALLUMETTES CHIMIQUES.** (*Dict.*) **1.** Le traité de l'État avec la Compagnie des allumettes chimiques ayant été dénoncé, une nouvelle adjudication a eu lieu en août 1884.

La Compagnie générale des allumettes, ayant offert une redevance annuelle supérieure au minimum fixé par le ministre, a été déclarée adjudicataire, pour la somme de dix-sept millions dix mille francs, en cas de vente de 35 milliards d'allumettes, et 40 p. 100 pour la part proportionnelle de l'excédent.

La concession commence le 1er janvier 1885.

La Société désignera, d'accord avec le Gouvernement, parmi les usines et établissements remis par l'État à la Compagnie générale des allumettes chimiques, ceux qu'elle jugera nécessaires à l'exercice de l'industrie.

La durée de la concession est de vingt années.

Toutefois, avant la fin de chaque période de cinq ans, la résiliation du contrat pourra avoir lieu à la volonté réciproque des parties et moyennant un avertissement donné un an d'avance.

Le 1er janvier 1885, la Société versera un cautionnement de 10 millions.

Le concessionnaire est tenu de pourvoir à la fabrication et à la vente des allumettes à ses risques et périls, de manière à satisfaire à toutes les exigences de la consommation.

Il devra fabriquer et mettre en vente des allumettes, soit au phosphore ordinaire, soit au phosphore amorphe, conformes aux types choisis comme représentant la consommation courante et dont les prix maxima sont fixés ainsi qu'il suit :

| | |
|---|---|
| Allumettes en bois au phosphore ordinaire, par kilogramme contenant au moins 3,500 allumettes . . . | 2f00 |
| Allumettes en bois au phosphore ordinaire, par paquet de 500 . . . | 0 30 |
| Allumettes en bois au phosphore ordinaire, par boîte de 150 . . . | 0 10 |
| Allumettes en bois au phosphore ordinaire, par boîte de 60 . . . | 0 05 |
| Allumettes en bois au phosphore amorphe, par boîte de 100 . . . | 0 10 |
| Allumettes en bois au phosphore amorphe, par boîte de 50 . . . | 0 05 |
| Allumettes en cire au phosphore ordinaire, par boîte de 40 . . . | 0 10 |
| Allumettes en cire au phosphore amorphe, par boîte de 30 . . . | 0 10 |

Indépendamment de ces allumettes dites réglementaires, le concessionnaire s'engage à fabriquer et à vendre les types d'allumettes dites de luxe.

Le concessionnaire est autorisé à fabriquer, soit pour l'exportation, soit pour la consommation intérieure.

L'État a le droit de contrôler toutes les opérations de la Société. Le concessionnaire ne pourra employer que des agents français.

Il s'interdit de prendre part, à quelque titre que ce soit, à l'exploitation, à l'étranger, d'une industrie similaire à celle dont il a le monopole.

La Société s'engage à ne mettre en vente que des produits de bonne qualité. Chaque contravention aux engagements est punie d'une amende prononcée par le ministre.

Cette amende pourra s'élever jusqu'à 5,000 fr. Toutefois, l'amende pourra être élevée de 5,000 fr. jusqu'au maximum de 25,000 fr. : 1o en cas de récidive dans une même année ; 2o si la comptabilité du concessionnaire n'est pas en règle ; 3o s'il refuse de faire l'exhibition de ses livres, de ses écritures et de ses documents.

En cas de récidive de toute contravention qui aurait donné lieu au maximum de l'amende, comme en cas de non-payement de la redevance, le ministre aurait le droit de prononcer d'urgence, sauf recours au Conseil d'État, la résiliation du contrat, sans préjudice des répétitions qui pourraient être exercées contre le concessionnaire. (*Temps,* 29 août 1884.)

On trouvera le Cahier des charges aux *Annales des contributions indirectes,* 1884, no 15 (1er août 1884) ; à Paris, chez P. Dupont.

**2.** Des briquets renfermant dans une boîte métallique une bande de papier sur laquelle sont disposées des amorces chimiquement préparées, devant éclater successivement au moyen d'un ressort qui détermine un choc ou frottement, rentre dans le monopole concédé par l'État à la Compagnie. (*Cass.* 26 mai 1883.)

**3.** L'action, en matière de contravention, aux lois et règlements sur le monopole des allumettes chimiques, se prescrit par 3 mois à compter de la date du procès-verbal.

**4.** Les agents assermentés de la Compagnie peuvent pénétrer dans un établissement public tel qu'un café sans l'assistance d'un officier de police judiciaire, les dispositions de l'art. 237 de la loi du 28 avril 1816 étant exclusivement applicables aux perquisitions faites dans un domicile privé. (*C. de Bourges* 30 nov. 1882.)

**AMENDES.** (*Dict.*) Aux termes de l'ordonnance royale du 30 décembre 1823, deux tiers du produit net des amendes de police correctionnelle, recouvrées pendant le courant d'une année, reviennent aux communes qui ont le plus de besoins, après toutefois que la moitié de ces deux tiers a été versée à la Caisse des dépôts et consignations, pour le service de l'abonnement des communes chefs-lieux de canton au *Journal officiel.*

D'un autre côté, le total de ces versements pouvant dépasser celui du prix de l'abonnement, il est procédé, dans le cas où cet excédent est au moins de 50,000 fr., à une restitution proportionnelle du reliquat disponible, conformément à l'art. 3 de l'arrêté du 4 décembre 1852.

La somme ainsi restituée doit également être répartie entre les communes nécessiteuses.

Or, pour assurer une répartition équitable de ces fonds, le ministre de l'intérieur, par une circulaire du 28 février 1882, croit utile de rappeler aux préfets, que ces fonds sont principalement destinés à venir en aide aux communes pauvres qui entreprennent quelques travaux extraordinaires et s'imposent des sacrifices dans l'intérêt des services municipaux. Quoique rien n'oblige à appliquer ces allocations à des travaux plutôt qu'à toute autre dépense d'utilité communale ; elles ne doivent cependant jamais servir ni à équilibrer les budgets, ni à remplacer l'imposition pour insuffisance de revenu, ni à donner soit des gratifications aux gardes champêtres et autres agents communaux, soit des secours aux indigents.

Le ministre recommande aux préfets de ne comprendre dans les propositions qu'ils auront à soumettre à la commission départementale, en exécution de l'art. 81, § 1er, de la loi du 10 août 1871, que les communes ayant à supporter des charges de la nature ci-dessus spécifiée et qui, en même temps, appartiennent positivement à la catégorie des plus pauvres du département.

Et pour que le ministre puisse se rendre compte du bon emploi de ces fonds, on doit lui adresser régulièrement un état de répartition conformément à un modèle prescrit.

**AMNISTIE.** (*Dict.*) L'amnistie éteint l'action publique. tant devant le tribunal que devant la cour d'appel. Mais si le tribunal ne peut plus prononcer de pénalité proprement dite, il reste compétent pour statuer sur l'action civile (indemnité au diffamé). *Cass. 1er avril 1881 et C. de Lyon 25 août 1880.*)

**ANIMAUX NUISIBLES.** Voy. **Chasse.**

**ANNONCES.** (*Dict.*) 1. *Annonces judiciaires.* Le ministre de l'*intérieur* a été consulté sur l'interprétation qu'il convient de donner, en matière d'expropriation, aux dispositions du *décret du 28 décembre 1870,* relatif aux annonces judiciaires et légales. Les articles 6 et 15 de la loi du 3 mai 1841, en prescrivant des insertions destinées à assurer à ces procédures la publicité désirable, désignaient pour recevoir ces annonces un journal de l'arrondissement, et, au cas seulement où il n'en existerait aucun, l'un des journaux du département. Ces dispositions ont-elles été modifiées par le décret du 28 décembre 1870, qui décide que les annonces judiciaires et légales pourront être insérées, au choix des parties, dans l'un des journaux du département?

Le ministre, après avoir pris l'avis du garde des sceaux, a répondu, le 11 octobre 1878 :

« J'estime que, par leur généralité même, les dispositions de ce décret ne sont susceptibles d'aucune distinction, qu'elles s'appliquent indifféremment à toutes les procédures et que dès lors le décret de 1870 ayant force de loi, a modifié les dispositions générales de la loi de 1841.

« Sous l'empire de la loi du 17 février 1852, un arrêt de la chambre civile de la Cour de cassation, en date du 4 mai 1863, a décidé, il est vrai, qu'une insertion relative à une procédure d'expropriation n'avait pu être valablement faite

dans un journal publié au chef-lieu du département, bien que ce journal eût été désigné par le préfet pour recevoir les annonces judiciaires. Mais des considérants de cet arrêt, il résulte que dans l'espèce il existait deux journaux dans l'arrondissement et que, par application de l'article 23 du décret de 1852, le préfet ne pouvait désigner le journal du chef-lieu qu'à défaut de journal dans l'arrondissement. (*Journal du Palais* 1873, p. 1119.)

« En substituant à la désignation des préfets la libre appréciation des parties, le décret de 1870 n'a pas produit cette restriction, les annonces judiciaires et légales pourront donc être également confiées soit à un journal de l'arrondissement, soit à l'un des journaux du département.

« Je reconnais qu'en stipulant cette liberté des annonces, le gouvernement de la Défense nationale s'est principalement occupé de supprimer le monopole établi au profit de certains journaux par le pouvoir discrétionnaire des préfets. J'admets encore que cette liberté peut aller parfois contre le but qu'à toutes les époques et dans toutes nos lois de procédure s'est proposé le législateur, c'est-à-dire contre la publicité des actes, mais il ne m'en paraît pas moins certain que tant que ce décret n'aura pas été rapporté, le choix des parties n'est soumis à d'autres restrictions que celles mentionnées dans le décret lui-même. » (*Bull. du min. de l'int.* 1879.)

2. Le directeur d'un journal d'annonces judiciaires et légales, tenu par son titre même d'insérer, dans les délais prescrits, les annonces qui lui sont transmises, ne peut, à peine de dommages-intérêts, surseoir à l'insertion d'une annonce légale sans en informer aussitôt l'expéditeur. (*Trib. civ. Seine,* 22 août 1882.)

**ANNUITÉ.** Le remboursement des dettes ou emprunts amortissables a lieu dans un nombre déterminé d'années: la somme à payer pendant un exercice (une année) est une *annuité.* Les annuités renferment généralement les *intérêts* et la partie du capital qu'on rembourse.

Le mot « annuité » trouve aussi souvent son emploi dans les affaires des particuliers dans un sens analogue ou identique.

**APPAREILS A VAPEUR.** (*Dict.*) Les ingénieurs et agents sous leurs ordres ont droit, pour les diverses épreuves des appareils à vapeur prévues par le décret du 30 avril 1880, aux rémunérations prévues pour la première épreuve desdits appareils par les art. 2, § 4, et 3 du décret du 10 mai 1854. (*D.* 23 *févr.* 1882.) [*Voy. aussi* **Bateaux à vapeur** *et* **Machines à vapeur.**]

**APPEL NOMINAL.** Procédé pour constater la présence des membres d'une assemblée, et qui, dans beaucoup de réunions, remplace la liste de présence que tout membre doit signer en entrant.

Dans les votes et les élections, on se sert souvent de l'appel nominal pour assurer une plus grande régularité, ou pour constater officiellement les absences.

**APPELS MILITAIRES.** Voy. **Armée** *et* **Recrutement.**

**APPRENTISSAGE.** (*Dict.*) *Écoles d'apprentissage.* 1. Les écoles d'apprentissage fondées par les communes ou les départements pour développer, chez les jeunes gens qui se destinent aux professions manuelles, la dextérité nécessaire et les connaissances techniques, sont mises au nombre des établissements d'enseignement primaire publics. (*L.* 11 *déc.* 1880, *art.* 1er.)

Les écoles publiques d'enseignement primaire complémentaire, dont le programme comprend des cours ou des classes d'enseignement professionnel, sont assimilées aux écoles manuelles d'apprentissage.

2. Les écoles manuelles d'apprentissage et autres écoles à la fois primaires et professionnelles fondées et entretenues par des associations libres sont mises au nombre des établissements désignés par l'art. 56 de la loi du 15 mars 1850, comme pouvant participer aux subventions inscrites au budget de l'instruction publique (*art.* 2).

3. Les établissements désignés dans les art. 1 et 2 de la présente loi pourront également participer aux subventions inscrites au budget du ministère du commerce, sous le titre de subventions à des établissements d'enseignement technique (*art.* 3).

4. Le programme d'enseignement de chacun de ces établissements est arrêté, d'après un plan élaboré par les fondateurs, et approuvé par les ministres de l'instruction publique et du commerce (*art.* 4).

5. Dans les écoles fondées par les départements ou les communes, le directeur est nommé, en la même forme que tous les instituteurs publics, sur la présentation du conseil municipal si l'école est fondée par une commune, ou du conseil général si l'école est fondée par le département.

Le personnel chargé de l'enseignement professionnel est nommé par le maire si c'est une école communale, ou par le préfet si c'est une école départementale, sur la désignation de la commission de surveillance et de perfectionnement instituée auprès de l'établissement par le conseil municipal ou par le conseil général.

Dans les écoles libres, tout le personnel est choisi par les fondateurs (*art.* 5).

6. Un règlement d'administration publique déterminera les conditions d'application de la présente loi. (*L.* 11 *déc.* 1880, *art.* 6.)

Un règlement d'administration publique pour une pareille loi, dont l'exécution entraînerait à de fortes dépenses, ne peut que se faire attendre, d'autant plus qu'on n'est pas encore d'accord, ni sur la question pédagogique, ni sur la question industrielle. (*Voy. du reste le mot* Instruction publique *au* Supplément *et* Apprentissage, *etc.*, *au Dictionnaire*.)

**ARCHIVES.** (*Dict.*) 1. *Archives communales.* Une circulaire du ministre de l'intérieur, du 20 novembre 1879, améliore le cadre de classement du 16 juin 1842. On trouvera ce cadre au *Bulletin officiel* du ministère de l'intérieur, année 1879, p. 438.

2. Modifier au *Dictionnaire* le n° 71 du mot **Archives**: ce ne sont plus « quelques membres du conseil général », c'est la commission départementale qui « vérifie l'état des archives » appartenant au département.

3. En vertu d'un décret du 21 mars 1884, à partir du 1er janvier 1884, le service des archives départementales, communales et hospitalières, et le service d'inspection qui s'y rattache, ont été distraits du ministère de l'intérieur et transfé-

rés au ministère de l'instruction publique et des beaux-arts (direction du secrétariat) [*art.* 1er].

Aucune modification ne peut être apportée par le ministre de l'instruction publique et des beaux-arts au règlement du 6 mars 1843 sur les archives départementales, et en général à toutes les prescriptions relatives au classement, à la communication et à la suppression des dossiers administratifs des préfectures, sous-préfectures, mairies et hospices, sans un accord préalable avec le ministère de l'intérieur (*art.* 2).

La circulaire du ministre de l'intérieur est du 29 mars 1884 et se trouve dans le *Bulletin officiel*, p. 96.

**ARE.** *Voy. au Dict.* **Poids et mesures.**

**ARMATEUR.** (*Dict.*). L'armateur n'est pas nécessairement le propriétaire d'un navire; il peut aussi être simplement intéressé dans le navire, mais souvent il n'est que le mandataire des copropriétaires, l'administrateur de la chose commune.

C. B.

**ARMÉE.** (*Dict.*)

SOMMAIRE.

CHAP. I. — LOI DU 16 MARS 1882 SUR L'ADMINIS-
TRATION DE L'ARMÉE.

**1.** Nous reproduisons cette loi :

TITRE Ier. — DISPOSITIONS GÉNÉRALES.

Art. 1er. Le ministre de la guerre est le chef responsable de l'administration de l'armée.

Art. 2. L'administration de l'armée comprend :

Le service de l'artillerie ;

Le service du génie ;

Le service de l'intendance ;

Le service des poudres et salpêtres ;

Le service de santé.

L'administration intérieure des corps de troupes et des établissements considérés comme tels, est assujettie à des règles spéciales déterminées au titre IV de la présente loi.

Le service de la trésorerie et des postes aux armées, qui relèvent directement du commandement, fait l'objet d'un règlement spécial entre le ministre de la guerre et les ministres compétents.

Art. 3. Le principe général de l'organisation des services ci-dessus énumérés est la séparation en : direction; — gestion ou exécution; — contrôle.

La direction ne participe pas aux actes de la gestion qui lui est soumise. Le contrôle ne prend part ni à la direction, ni à la gestion et ne relève que du ministre.

Art. 4. La délégation des crédits est faite, par le ministre, aux directeurs des services, qui sont chargés de l'ordonnancement des dépenses. Il est fait exception pour le service de santé, dont les crédits sont reçus et les dépenses ordonnancées par le service de l'intendance, ainsi qu'il est dit à l'article 18 de la présente loi.

Dans le service de l'intendance, les directeurs ont la faculté de sous-déléguer tout ou partie de leurs crédits aux fonctionnaires de l'intendance soumis à leur direction.

Art. 5. En cas de formation d'armée, la délégation des crédits est faite, pour tous les services, à l'intendant de l'armée, lequel les sous-délègue, sur l'ordre du général en chef, et au fur et à mesure des besoins, aux directeurs des services de l'armée ou des corps d'armée.

Art. 6. Les directeurs des services exercent une surveillance permanente sur toutes les opérations du personnel de leur service.

Ils s'assurent de la régularité de toutes les dépenses qu'ils sont chargés d'ordonnancer ou d'approuver. Ils procèdent ou font procéder, à cet effet, aux revues d'effectif et recensements de matériel, aux inventaires et autres moyens de vérification prévus par les règlements ou prescrits, soit par le ministre, soit par le général commandant le corps d'armée.

TITRE II. — ÉTABLISSEMENTS ET SERVICES SPÉCIAUX.

Art. 7. Conformément à l'art. 14 de la loi du 24 juillet 1873 et à l'art. 11 de la loi du 13 mars 1875, les établissements et services spéciaux destinés à assurer la défense générale du pays ou à pourvoir aux besoins généraux des armées sont placés sous l'autorité immédiate du ministre de la guerre.

Le ministre dispose seul du matériel et des approvisionnements emmagasinés dans ces établissements.

Les officiers et fonctionnaires qui les dirigent sont, en ce qui concerne ce service spécial, sous les ordres exclusifs du ministre et correspondent directement avec lui.

Art. 8. Les établissements et services spéciaux mentionnés au présent titre seront déterminés par un règlement d'administration publique.

TITRE III. — ARMÉE, CORPS D'ARMÉE, DIVISIONS ET BRIGADES.

Art. 9. Conformément au même art. 14 de la loi précitée, dans chaque région, le commandant du corps d'armée a, sous son commandement, le territoire, les forces de l'armée active, de la réserve, de l'armée territoriale et de sa réserve, ainsi que tous les services et établissements affectés à ces forces.

Il est, sous l'autorité supérieure du ministre, le chef responsable de l'administration dans son corps d'armée.

Les directeurs des services sont sous ses ordres immédiats ; ils ne peuvent correspondre avec le ministre que par l'intermédiaire du général, à moins qu'ils n'aient à transmettre les ordres écrits prévus à l'art. 11 de la présente loi, ou, exceptionnellement, à répondre à des demandes qu'ils auraient reçues directement du ministre : dans ce cas, ils avisent le commandant du corps d'armée.

Dans tous les autres cas, la correspondance échangée entre le ministre et les directeurs des services doit être transmise en original par le commandant de corps d'armée qui l'accompagne, s'il y a lieu, de ses instructions ou de ses observations, selon le cas.

Toutefois, les pièces comptables, statistiques et autres ne comportant qu'une lettre d'envoi ou un bordereau, sans discussion d'affaires, sont échangées entre le ministre et les directeurs, sans passer par l'intermédiaire du commandant du corps d'armée.

Les directeurs des services correspondent librement entre eux et avec leurs subordonnés.

Art. 10. Le commandant du corps d'armée a le devoir :

De prévoir et exposer au ministre, en temps opportun, les besoins du corps d'armée ;

De donner, quand il y a lieu, l'ordre de pourvoir et de distribuer, suivant les besoins et les ressources, conformément aux règlements et dans les limites des allocations accordées par le ministre ;

De veiller à ce que les troupes du corps d'armée soient pourvues de tout ce qui leur est alloué par les règlements et les décisions ministérielles ;

De s'assurer que les approvisionnements des magasins du corps d'armée sont au complet déterminé par le ministre, en bon état d'entretien et disponibles pour l'entrée en service ;

De tenir la main à ce que les lois et règlements soient exactement appliqués dans tous les services.

Art. 11. Les généraux commandant les corps d'armée ne peuvent, en dehors des cas prévus par les ordonnances, décrets et règlements, prescrire aucune mesure pouvant entraîner des dépenses pour l'État, sauf dans les circonstances urgentes ou de force majeure.

Ils doivent, dans ce cas, donner leurs ordres par écrit sous leur responsabilité, même pécuniaire, et en rendre compte immédiatement au ministre.

Les directeurs des services sont tenus, après observation, d'obtempérer à ces ordres dont ils transmettent, de leur côté, une copie au ministre.

Indépendamment de la responsabilité du général, les directeurs peuvent être rendus responsables par le ministre, même pécuniairement, de tout ordonnancement ou de toute distribution non prévus par les règlements, pour lesquels l'ordre écrit mentionné ci-dessus ne leur aurait pas été délivré.

Art. 12. Les généraux commandant les divisions et les brigades sont, en vertu de l'art. 18 de la loi du 13 mars 1875, investis du commandement territorial des subdivisions de région correspondantes, sous l'autorité supérieure du commandant du corps d'armée.

Ils remplissent, à l'égard de leurs troupes et des établissements et services desdites subdivisions, les devoirs de surveillance indiqués aux trois derniers paragraphes de l'art. 10.

Les généraux commandant les divisions et les brigades non endivisionnées doivent exposer, en temps opportun, au commandant du corps d'armée, les besoins de leur division ou de leur brigade.

Ils peuvent, en dehors des cas prévus par les ordonnances, décrets et règlements, donner l'ordre de pourvoir et de distribuer, sans l'autorisation préalable du commandant du corps d'armée, mais seulement dans le cas d'urgence ou de force majeure. Ils doivent alors donner cet ordre par écrit, sous leur responsabilité, même pécuniaire, et en rendre compte immédiatement au commandant du corps d'armée, qui en avise à son tour le ministre.

Art. 13. Les chefs de service dans les divisions sont sous les ordres des généraux commandant ces divisions.

Ils reçoivent directement de leurs chefs hiérarchiques, à savoir les directeurs des services auprès du commandant du corps d'armée, les instructions relatives à la comptabilité, à l'exécution technique du service et aux détails d'ordre intérieur.

Ils transmettent au ministre, par l'intermédiaire de leur directeur, la copie des ordres écrits prévus à l'article précédent et auxquels ils sont tenus d'obtempérer dans les conditions indiquées à l'art. 11.

Ils ne s'adressent directement au ministre que dans les cas exceptionnels où ils ont à répondre à ses demandes directes; ils avisent alors leur directeur et le général sous les ordres duquel ils sont placés.

Dans les subdivisions de région où le service de l'intendance est assuré par un fonctionnaire autre que celui de la division, ce fonctionnaire est placé, en ce qui concerne les services de la mobilisation, sous les ordres du général de brigade commandant ces subdivisions.

Dans les divisions et brigades opérant isolément, les généraux pourvus d'une lettre de commandement ont, à l'égard des chefs de service, les mêmes attributions que celles des commandants de corps d'armée à l'égard des directeurs.

Art. 14. En cas de formation d'armée, le ministre délègue ses pouvoirs administratifs, dans les limites nécessaires, au général en chef de l'armée, lequel représente alors le ministre vis-à-vis des commandants de corps d'armée.

Le général en chef est assisté, dans l'administration de son armée, par des chefs supérieurs de service avec lesquels les directeurs des corps d'armée correspondent dans les mêmes limites qu'avec le ministre, en temps de paix. Ces chefs supérieurs exercent, au nom du général en chef, la haute surveillance et l'inspection technique des services dans les corps d'armée.

Art. 15. Dans les places investies, le gouverneur ou commandant de la défense exerce une autorité absolue sur tous les services.

DISPOSITIONS GÉNÉRALES DU SERVICE DE SANTÉ.

Art. 16. Les directeurs du service de santé dans les corps d'armée, ainsi que les chefs du service de santé dans les hôpitaux et ambulances, sont pris parmi les membres du corps des médecins militaires.

Les rapports de ces fonctionnaires entre eux et avec le commandement et les autres services sont réglés par les articles qui précèdent.

Ils ont, en ce qui concerne l'exécution du service de santé, autorité sur tout le personnel militaire et civil attaché d'une manière permanente ou temporaire à leur service. Ils donnent des ordres, en conséquence, aux pharmaciens, aux officiers d'administration et aux infirmiers des hôpitaux et ambulances, ainsi qu'aux troupes des équipages militaires et autres, momentanément détachés auprès d'eux pour assurer le service de santé. Les infirmiers et troupes ainsi détachés relèvent de leurs chefs de corps respectifs, en ce qui concerne l'administration, la police et la discipline intérieures du corps.

Les prescriptions du directeur ou des chefs de service de santé sont exécutoires par le personnel chargé de la gestion, dans les limites des règlements et des tarifs. Ils peuvent, dans les cas urgents, prescrire sous leur responsabilité, même pécuniaire, des dépenses non prévues par les règle-

ments, mais, en ce cas, ils donnent leurs ordres par écrit, et en préviennent immédiatement le commandement.

Ils surveillent le matériel et les magasins d'hôpitaux et d'ambulances; ils s'assurent que les approvisionnements sont au complet déterminé par le ministre, en bon état d'entretien et disponibles pour le service. Ils rendront compte au commandement et lui font connaître leurs besoins.

Art. 17. Les pharmaciens et officiers d'administration, chargés d'exécuter les ordres du directeurs ou des chefs de service de santé, peuvent être rendus pécuniairement responsables du montant des dépenses non prévues par les règlements, pour lesquelles l'ordre écrit susmentionné ne leur aurait pas été délivré. Ils sont tenus de transmettre immédiatement la copie de cet ordre écrit au fonctionnaire de l'intendance ordonnateur.

Art. 18. Le service de l'intendance ordonnance, ainsi qu'il est dit à l'art. 4, toutes les dépenses du service de santé. Il vérifie la gestion en deniers et en matières des pharmaciens et officiers d'administration, et leur donne directement des instructions pour la bonne tenue des écritures et l'observation des lois et règlements sur la comptabilité.

Le service de l'intendance est également chargé, sous l'autorité du commandement, de fournir le matériel et les approvisionnements nécessaires aux hôpitaux et aux ambulances.

Art. 19. Dans les corps de troupes, le chef du service de santé n'exerce son autorité qu'au point de vue technique, en ce qui concerne l'hygiène et la science médicale. L'action administrative appartient au personnel chargé de l'administration intérieure des corps de troupes, ainsi qu'il est dit au titre ci-après.

Art. 20. L'organisation du service spécial et distinct de santé, auprès du ministre de la guerre, en conformité de la présente loi, sera réglée par un décret.

TITRE IV. — ADMINISTRATION INTÉRIEURE DES CORPS DE TROUPES ET DES ÉTABLISSEMENTS CONSIDÉRÉS COMME TELS.

Art. 21. L'administration intérieure des corps de troupes et des établissements considérés comme tels est dirigée par un conseil d'administration que préside le chef de corps.

Le chef de corps et le conseil d'administration sont solidairement responsables envers l'État.

Art. 22. La gestion est confiée à des officiers qui font partie du conseil d'administration, mais n'ont que voix consultative sur les questions concernant leur propre gestion.

Ces officiers sont responsables envers le conseil d'administration.

Art. 23. Les dépenses en deniers et en matières effectuées sur la caisse ou les magasins du corps, en vertu des décisions du conseil d'administration, sont vérifiées et régularisées dans les formes voulues par le service de l'intendance.

Art. 24. Les compagnies ou sections formant corps sont administrées par leurs chefs, responsables envers l'État.

Les dépenses sont, comme en l'article précédent, vérifiées et régularisées par le service de l'intendance.

TITRE V. — CONTRÔLE DE L'ADMINISTRATION
DE L'ARMÉE.

Art. 25. Le contrôle de l'administration de l'armée est exercé par un personnel spécial ne relevant que du ministre.

Il a pour objet de sauvegarder les intérêts du Trésor et les droits des personnes, et de constater dans tous les services l'observation des lois, ordonnances, décrets, règlements et décisions ministérielles qui en régissent le fonctionnement administratif.

Il s'exerce indistinctement dans les corps d'armée (artillerie, génie, intendance, poudres et salpêtres, services hospitaliers, corps de troupes et établissements considérés comme tels) et dans les établissements et services spéciaux placés sous l'autorité directe du ministre.

Art. 26. Les contrôleurs agissent comme délégués directs du ministre.

Ils procèdent, soit par des vérifications sur pièces, soit par des inspections inopinées. Ils se présentent, sans avis préalable, à l'autorité militaire du lieu où ils veulent accomplir leur mandat ; celle-ci donne, sur leur demande, tous les ordres nécessaires pour les revues d'effectif, et nomme des commissions d'officiers et de fonctionnaires pour les assister dans le recensement du matériel et des approvisionnements de tous genres.

Ils adressent leurs rapports au ministre de la guerre. Ils constatent les suites données à leurs observations précédentes par les services compétents. Ils proposent toute mesure qu'ils jugeraient utile pour faire disparaître les abus ou pour simplifier et améliorer le fonctionnement administratif des services.

Indépendamment de leurs inspections, les contrôleurs peuvent être chargés par le ministre, en temps de paix comme en temps de guerre, de toutes études ou missions intéressant le bon ordre des finances et la régularité de l'administration dans l'armée.

Un décret déterminera le fonctionnement du contrôle et instituera un service distinct au ministère de la guerre [1].

TITRE VI. — PERSONNEL.

CHAPITRE 1er. — SERVICE DE L'ARTILLERIE,
DU GÉNIE ET DES POUDRES ET SALPÊTRES.

Art. 27. L'organisation des personnels de l'artillerie, du génie et des poudres et salpêtres, au point de vue administratif, est réglée par les lois, ordonnances ou décrets spéciaux.

Les ingénieurs des poudres et salpêtres jouissent des bénéfices de la loi du 19 mai 1834 sur l'état des officiers. Ils ont une hiérarchie propre, ne comportant aucune assimilation avec les grades de l'armée.

Les dispositions de l'art. 32 de la présente loi, relatives à la hiérarchie et à la situation des officiers d'administration, sont applicables aux gardes d'artillerie et aux adjoints du génie.

CHAPITRE II. — SERVICE DE L'INTENDANCE
MILITAIRE.

Section 1re. — Corps de l'intendance militaire.

Art. 28. Le corps de l'intendance militaire a une hiérarchie propre, réglée ainsi qu'il suit :

1. Le service du contrôle a été organisé par un décret du 28 octobre 1882. (J. off. 29 oct. 1882.)

Adjoint à l'intendance militaire,
Sous-intendant militaire de 3e classe,
Sous-intendant militaire de 2e classe,
Sous-intendant militaire de 1re classe,
Intendant militaire,
Intendant général.

Ces grades correspondent à ceux de la hiérarchie militaire, savoir :

Le grade d'adjoint à l'intendance militaire, à celui de capitaine ;

Le grade de sous-intendant militaire de 3e classe, à celui de chef de bataillon ;

Le grade de sous-intendant militaire de 2e classe, à celui de lieutenant-colonel ;

Le grade de sous-intendant militaire de 1re classe, à celui de colonel ;

Le grade d'intendant militaire, à celui de général de brigade ;

Le grade d'intendant général, à celui de général de division.

Cette correspondance de grade ne modifie point la situation dans la hiérarchie générale et dans le service, qui est faite aux fonctionnaires de l'intendance par les ordonnances, décrets et règlements.

Les fonctionnaires de l'intendance jouissent des bénéfices de la loi du 19 mai 1834, sur l'état des officiers.

Le cadre constitutif du corps est fixé conformément au tableau A annexé à la présente loi.

Art. 29. Le corps de l'intendance se recrute parmi les capitaines, les chefs de bataillon, chefs d'escadrons et majors de toutes armes, ainsi que parmi les officiers d'administration attachés aux services de l'habillement et du campement, des subsistances, des hôpitaux et des bureaux de l'intendance.

L'admission aura lieu à la suite d'un concours dont les conditions seront déterminées par le ministre de la guerre. Toutefois, ne pourront prendre part à ce concours que les officiers d'administration de 2e et de 1re classe et les officiers d'administration principaux.

Art. 30. Les cadres de l'intendance militaire sont temporairement complétés, en cas de mobilisation, par des fonctionnaires de l'intendance de réserve et de l'armée territoriale qui rempliront les conditions déterminées par un règlement ministériel.

Art. 31. La fonction donne aux membres de l'intendance militaire, quel que soit leur grade, toute autorité pour l'exercice des attributions qui leur sont conférées.

Les adjoints sont employés exclusivement, en temps de paix, à des travaux dans les bureaux, des sous-intendants ou intendants, et ne peuvent, en aucune circonstance, exercer en titre les fonctions de chefs de service.

Section 2. — Officiers d'administration
du service de l'intendance [1].

Art. 32. Le personnel des officiers d'administration forme un corps distinct.

1. Ce service a été réorganisé par le décret du 16 janvier 1883 (Journal officiel du 18) ; nous nous bornons à en reproduire le titre Ier.
Art. 1er. Le service de l'intendance comprend :
Les services de la solde, les subsistances militaires, de l'habillement et du campement, du harnachement de la cavale-

Il a une hiérarchie propre, réglée ainsi qu'il suit :

Officier d'administration adjoint de 2ᵉ classe ;

Officier d'administration adjoint de 1ʳᵉ classe ;

Officier d'administration de 2ᵉ classe ;

Officier d'administration de 1ʳᵉ classe ;

Officier d'administration principal.

Les officiers d'administration jouissent des bénéfices de la loi du 19 mai 1834, sur l'état des officiers.

Art. 33. Les officiers d'administration sont répartis en quatre sections, savoir :

1° Officiers d'administration des bureaux de l'intendance ;

2° Officiers d'administration des subsistances ;

3° Officiers d'administration des hôpitaux ;

4° Officiers d'administration de l'habillement et du campement.

Les officiers des quatre sections peuvent être employés dans l'un ou l'autre de ces services, suivant les décisions du ministre.

Le cadre constitutif du corps est fixé conformément aux tableaux B, C, D, E, annexés à la présente loi.

Art. 34. Les officiers d'administration adjoints de 2ᵉ classe se recrutent exclusivement parmi les adjudants-élèves d'administration ayant servi au moins un an dans cet emploi.

Les adjudants-élèves d'administration se recrutent parmi les élèves stagiaires de l'école d'administration. L'admission à cette école a lieu à la suite d'un concours.

Art. 35. En cas de mobilisation, les cadres des officiers d'administration sont complétés par des officiers d'administration de réserve et de l'armée territoriale, qui rempliront les conditions déterminées par un règlement ministériel.

Art. 36. Les dispositions de l'art. 32 sont applicables aux officiers d'administration de la justice militaire.

CHAPITRE III. — SERVICE DE SANTÉ.

Art. 37. Le corps de santé militaire comprend des médecins et des pharmaciens.

rie, de marche et transports, des lits militaires, et l'ordonnancement des dépenses relatives à ces services ;

L'ordonnancement des dépenses des corps de troupes et des établissements considérés comme tels, la vérification et la régularisation des dépenses en deniers et en matières effectuées sur la caisse ou les magasins de ces corps ou établissements ;

L'ordonnancement de toutes les dépenses du service de santé et la vérification des gestions en deniers et en matières y relatives ;

La fourniture du matériel et des approvisionnements des hôpitaux et des ambulances ;

L'ordonnancement et la vérification des dépenses des bureaux de recrutement et du service de la justice militaire ;

Enfin, l'administration des personnels sans troupe et des isolés jouissant d'une solde, d'un traitement ou d'une gratification.

Art. 2. Le service de l'intendance est dirigé par le corps de l'intendance militaire.

Il est exécuté par les officiers d'administration du service de l'intendance.

Art. 3. Les membres du corps de l'intendance militaire ont seuls qualité pour dresser, sous forme authentique, les procès-verbaux destinés à constater les faits qui, dans les services dont ils ont la direction ou la surveillance administrative, peuvent intéresser le budget de la guerre.

Art. 4. Indépendamment de ces attributions générales, les membres du corps de l'intendance militaire ont des attributions spéciales définies par les lois, ordonnances et décrets en vigueur. Ils peuvent remplir les fonctions de commissaire du Gouvernement ou de rapporteur près les tribunaux militaires ; ils assistent aux opérations des conseils de révision, etc.; enfin, ils donnent, par leur signature, le caractère authentique à toutes les certifications qu'ils établissent.

Il a une hiérarchie propre, savoir :

Médecin ou pharmacien aide-major de 2ᵉ classe ;

Médecin ou pharmacien aide-major de 1ʳᵉ classe ;

Médecin ou pharmacien-major de 2ᵉ classe ;

Médecin ou pharmacien-major de 1ʳᵉ classe ;

Médecin ou pharmacien principal de 2ᵉ classe ;

Médecin ou pharmacien principal de 1ʳᵉ classe ;

Médecin ou pharmacien inspecteur ;

Médecin inspecteur général.

Ces grades correspondent à ceux de la hiérarchie militaire, savoir :

Médecin ou pharmacien aide-major de 2ᵉ classe, à celui de sous-lieutenant ;

Médecin ou pharmacien aide-major de 1ʳᵉ classe, à celui de lieutenant ;

Médecin ou pharmacien-major de 2ᵉ classe, à celui de capitaine ;

Médecin ou pharmacien-major de 1ʳᵉ classe, à celui de chef de bataillon ;

Médecin ou pharmacien principal de 2ᵉ classe, à celui de lieutenant-colonel ;

Médecin ou pharmacien principal de 1ʳᵉ classe, à celui de colonel ;

Médecin ou pharmacien inspecteur, à celui de général de brigade ;

Médecin inspecteur général, à celui de général de division.

Cette correspondance de grade ne modifie point la situation, dans la hiérarchie générale et dans le service, qui est faite aux membres du corps de santé.

Les médecins et pharmaciens militaires jouissent des bénéfices de la loi du 19 mai 1834 sur l'état des officiers.

Le cadre constitutif du corps est fixé conformément aux tableaux F et G, annexés à la présente loi.

Art. 38. Les médecins et pharmaciens aides-majors de 2ᵉ classe se recrutent parmi les élèves du service de santé militaire. Leur position, au point de vue de leurs obligations du service militaire, est réglée par les lois sur le recrutement.

Art. 39. En cas de mobilisation, le cadre du corps de santé militaire est complété par des médecins et pharmaciens de réserve et de l'armée territoriale qui rempliront les conditions spécifiées par un règlement ministériel.

Art. 40. Il est créé, auprès du ministre de la guerre, un comité consultatif de santé, composé de médecins inspecteurs et du pharmacien inspecteur.

CHAPITRE IV. — SECTIONS D'INFIRMIERS ET TROUPES D'ADMINISTRATION.

Art. 41. Les sections d'infirmiers militaires sont au nombre de 25.

Le nombre des sections de commis et ouvriers militaires d'administration est également de 25.

Le ministre détermine, d'après les besoins de chaque corps d'armée, les effectifs et les cadres de chaque section.

Les sections sont commandées et administrées par un officier d'administration de leur service.

Ces diverses sections sont placées, en ce qui concerne la police et la discipline intérieures des corps, sous l'autorité supérieure des fonctionnaires de l'intendance, chefs des services administratifs.

Les sous-officiers des sections d'infirmiers, de commis et d'ouvriers d'administration concourent avec les sous-officiers des corps de troupes d'infanterie pour l'admission à l'école militaire d'infanterie de Saint-Maixent.

CHAPITRE V. — CORPS DU CONTRÔLE DE L'ADMINISTRATION DE L'ARMÉE.

Art. 42. Le corps du contrôle, créé par la présente loi, a une hiérarchie propre, ne comportant aucune assimilation avec les grades de l'armée. Toutefois, ses membres jouissent des bénéfices de la loi du 19 mai 1834 sur l'état des officiers.

Cette hiérarchie est ainsi réglée :

Contrôleur adjoint ;
Contrôleur de 2e classe ;
Contrôleur de 1re classe ;
Contrôleur général de 2e classe ;
Contrôleur général de 1re classe.

Les adjoints sont attachés aux contrôleurs et ne peuvent exercer en titre les fonctions de ceux-ci.

Le cadre constitutif de ce corps est fixé conformément au tableau H, annexé à la présente loi.

Les lois et décrets relatifs aux pensions militaires sont applicables à ses membres, et le taux de leurs pensions est déterminé par le tableau I annexé à la présente loi.

Art. 43. Les membres du corps du contrôle sont recrutés, savoir :

Pour la formation :

Les contrôleurs généraux de 1re classe, parmi les généraux de division et les intendants généraux inspecteurs, sans condition d'ancienneté de grade, ainsi que parmi les généraux de brigade et les intendants militaires ayant au moins deux années de grade ;

Les contrôleurs généraux de 2e classe, parmi les généraux de brigade et les intendants militaires, sans condition d'ancienneté, ainsi que parmi les colonels de toutes armes et les sous-intendants militaires de 1re classe ayant au moins trois années de grade ;

Les contrôleurs de 1re classe, parmi les colonels de toutes armes et les sous-intendants militaires de 1re classe, sans condition d'ancienneté, ainsi que parmi les lieutenants-colonels de toutes armes et les sous-intendants militaires de 2e classe ayant au moins deux années de grade ;

Les contrôleurs de 2e classe, parmi les lieutenant-colonels de toutes armes et les sous-intendants militaires de 2e classe, sans condition d'ancienneté, ainsi que parmi les chefs de bataillon, chefs d'escadrons, majors de toutes armes et les sous-intendants militaires de 3e classe portés au tableau d'avancement.

Après la formation :

Le corps du contrôle se recrute, pour le grade de contrôleur adjoint, par voie de concours, parmi les chefs de bataillon, chefs d'escadrons ou majors de toutes armes, et les sous-intendants de 3e classe ayant au moins deux ans de grade, ainsi que parmi les capitaines de toutes armes ayant au moins quatre années de grade et remplissant les conditions voulues pour l'avancement.

Peuvent, en outre, dans les conditions déterminées par le ministre de la guerre, sur la proposition des inspecteurs généraux d'armes et sur la présentation des contrôleurs généraux de l'administration, être admis, dans une proportion qui ne pourra excéder un cinquième des vacances :

1° A l'emploi de contrôleur général de 2e classe, les généraux de brigade et les intendants militaires ;

2° A l'emploi de contrôleur de 1re classe, les colonels et les sous-intendants militaires de 1re classe ;

3° A l'emploi de contrôleur de 2e classe, les lieutenants-colonels et les sous-intendants militaires de 2e classe.

L'avancement dans le corps du contrôle a lieu exclusivement au choix, d'après les listes d'aptitude dressées par une commission composée de contrôleurs généraux de l'administration de l'armée.

Trois années d'ancienneté dans chaque grade sont exigées pour passer au grade supérieur.

CHAPITRE VI. — HONNEURS ET PRÉSÉANCES.

Art. 44. Les honneurs et préséances des membres du corps du contrôle, du corps de l'intendance militaire et du corps de santé militaire, des pharmaciens, officiers d'administration et autres agents et fonctionnaires des divers services administratifs de l'armée, seront réglés par un décret.

TITRE VII. — DISPOSITIONS FINALES.

Art. 45. Des décrets et des règlements ministériels pourvoiront à la complète exécution des dispositions contenues dans la présente loi.

Art. 46. Sont abrogées toutes les dispositions des lois, ordonnances, décrets et règlements contraires à la présente loi.

TABLEAUX ANNEXÉS A LA LOI SUR L'ADMINISTRATION DE L'ARMÉE.

TABLEAU A. — Cadre du corps de l'intendance militaire.

| | |
|---|---:|
| Intendants généraux . . . . . . . . . . . . . . | 7 |
| Intendants militaires . . . . . . . . . . . . . | 30 |
| Sous-intendants militaires de 1re classe . . . . . . . | 90 |
| Sous-intendants militaires de 2e classe. . . . . . . . | 100 |
| Sous-intendants militaires de 3e classe. . . . . . . . | 110 |
| Adjoints à l'intendance . . . . . . . . . . . . | 50 |
| | 387 |

TABLEAU B. — Cadre des officiers d'administration des bureaux de l'intendance militaire.

| | |
|---|---:|
| Officiers d'administration principaux. . . . . . . . | 22 |
| Officiers d'administration de 1re classe. . . . . . . | 88 |
| Officiers d'administration de 2e classe . . . . . . . | 88 |
| Officiers d'administration adjoints de 1re classe . . . . | 176 |
| Officiers d'administration adjoints de 2e classe . . . . | 176 |
| | 550 |

TABLEAU C. — Cadre des officiers d'administration du service des subsistances militaires.

| | |
|---|---:|
| Officiers d'administration principaux. . . . . . . . | 22 |
| Officiers d'administration de 1re classe. . . . . . . | 88 |
| Officiers d'administration de 2e classe . . . . . . . | 88 |
| Officiers d'administration adjoints de 1re classe . . . . | 176 |
| Officiers d'administration adjoints de 2e classe . . . . | 176 |
| | 550 |

TABLEAU D. — Cadre des officiers d'administration du service de l'habillement et du campement.

| | |
|---|---:|
| Officiers d'administration principaux . . . . . . . | 5 |
| Officiers d'administration de 1re classe. . . . . . . | 18 |
| Officiers d'administration de 2e classe . . . . . . . | 18 |
| Officiers d'administration adjoints de 1re classe . . . . | 37 |
| Officiers d'administration adjoints de 2e classe . . . . | 37 |
| | 115 |

TABLEAU E. — Cadre des officiers d'administration du service des hôpitaux militaires.

| | |
|---|---:|
| Officiers d'administration principaux . . . . . . . | 14 |
| Officiers d'administration de 1re classe. . . . . . . | 56 |
| Officiers d'administration de 2e classe . . . . . . . | 56 |
| Officiers d'administration adjoints de 1re classe . . . . | 112 |
| Officiers d'administration adjoints de 2e classe . . . . | 112 |
| | 350 |

TABLEAU F. — *Cadre du corps des médecins militaires.*

| | |
|---|---:|
| Médecin inspecteur général | 1 |
| Médecins inspecteurs | 9 |
| Médecins principaux de 1re classe | 45 |
| Médecins principaux de 2e classe | 45 |
| Médecins-majors de 1re classe | 320 |
| Médecins-majors de 2e classe | 480 |
| Médecins aides-majors de 1re classe | 300 |
| Médecins aides-majors de 2e classe | 100 |
| | 1,300 |

TABLEAU G. — *Cadre du corps des pharmaciens militaires.*

| | |
|---|---:|
| Pharmacien inspecteur | 1 |
| Pharmaciens principaux de 1re classe | 6 |
| Pharmaciens principaux de 2e classe | 6 |
| Pharmaciens-majors de 1re classe | 46 |
| Pharmaciens-majors de 2e classe | 68 |
| Pharmaciens aides-majors de 1re classe | 43 |
| Pharmaciens aides-majors de 2e classe | 43 |
| | 185 |

TABLEAU H. — *Cadre du corps de contrôle de l'administration de l'armée.*

| | |
|---|---:|
| Contrôleurs généraux de 1re classe | 8 |
| Contrôleurs généraux de 2e classe | 12 |
| Contrôleurs de 1re classe | 25 |
| Contrôleurs de 2e classe | 25 |
| Contrôleurs adjoints | 10 |
| | 80 |

## CHAP. II. — LOI DU 23 JUILLET 1881 RELATIVE AU RENGAGEMENT DES SOUS-OFFICIERS.

**2.** Voici cette loi :

TITRE Ier. — *ÉTATS DES SOUS-OFFICIERS RENGAGÉS OU COMMISSIONNÉS.*

Art. 1er. Les sous-officiers sont admis à contracter, pour deux ans au moins et cinq au plus, des rengagements renouvelables, d'une durée totale de dix ans.

Après dix ans de rengagements, les sous-officiers peuvent être maintenus sous les drapeaux en qualité de commissionnés jusqu'à l'âge de quarante-sept ans accomplis.

Art. 2. Les sous-officiers peuvent être autorisés à contracter leur premier rengagement dans l'année qui précède le renvoi de leur classe et dans celle qui suit.

Ils peuvent être autorisés à contracter des rengagements ultérieurs dans leur dernière année de service ou pendant les six mois qui suivent leur rentrée dans leurs foyers.

Art. 3. Le nombre total des sous-officiers rengagés ou commissionnés ne peut dépasser, pour l'ensemble de l'armée, les deux tiers de l'effectif normal des sous-officiers.

Sous cette réserve, le ministre détermine tous les ans le nombre des sous-officiers qui pourront être pendant l'année rengagés ou commissionnés dans chaque corps de troupe.

Art. 4. Les autorisations de rengagement ou les commissions ne peuvent être refusées aux sous-officiers, dans les limites de nombre fixées par le ministre, qu'en cas d'avis défavorable du conseil prévu au tableau annexé à la présente loi.

La demande sera transmise hiérarchiquement au commandant de corps d'armée, qui statuera et qui, pour le premier rengagement, délivrera au sous-officier un titre formant brevet.

La rétrogradation ou la cassation du sous-officier rengagé, la mise à la retraite d'office du commissionné, ne peuvent être prononcées que par le commandant de corps d'armée, sur l'avis conforme du conseil d'enquête prévu au tableau annexé à la présente loi.

La procédure est la même que pour les officiers.

Art. 5. Les sous-officiers sont rengagés ou commissionnés pour le corps dans lequel ils servent.

Toutefois, ils peuvent être affectés, sur leur demande, et même d'office par le ministre, à un autre corps de la même arme dans lequel le nombre des rengagés ou commissionnés serait insuffisant.

TITRE II. — AVANTAGES PÉCUNIAIRES, EMPLOIS CIVILS.

Art. 6. Le sous-officier rengagé a droit à une haute paie de trente centimes à partir du jour du renvoi de sa classe ou à partir du jour de son rengagement, si cette date est postérieure à celle du renvoi de la classe.

Cette haute paie est portée à cinquante centimes après cinq ans de rengagement et à soixante-dix centimes après dix ans.

Le sous-officier marié et logé en ville reçoit une indemnité de logement de quinze francs par mois.

Art. 7. Il est alloué aux sous-officiers qui contractent un premier rengagement de cinq ans une somme de six cents francs, à titre de première mise d'entretien, et une indemnité de deux mille francs.

Art. 8. La première mise d'entretien est payée aux sous-officiers immédiatement après la signature de l'acte de rengagement.

Si elle n'est réclamée que partiellement, le restant est placé à la caisse d'épargne, et le livret est remis au sous-officier.

L'indemnité de deux mille francs est conservée par l'État tant que le sous-officier reste sous les drapeaux. L'intérêt à 5 p. 100, soit cent francs par an, lui est payé à la fin de chaque trimestre à partir du jour où commence le rengagement effectif.

Toutefois, si le sous-officier est autorisé à se marier, l'indemnité de rengagement sera mise à sa disposition après l'expiration du premier rengagement de cinq années.

Art. 9. Les rengagements de moins de cinq ans ne donnent droit, en dehors de la haute paie, à aucune indemnité.

Toutefois, les sous-officiers qui, après avoir contracté un rengagement de moins de cinq ans, en contracteront un second destiné à compléter la durée de cinq ans, auront droit, sur l'indemnité prévue à l'article précédent, à une part proportionnelle à la durée de ce second rengagement.

Art. 10. Le sous-officier rengagé passant dans la gendarmerie ou appelé à l'un des emplois militaires prévus par les lois ou règlements reçoit, sur l'indemnité de deux mille francs, une part proportionnelle au temps de service qu'il a accompli depuis le jour où compte son rengagement effectif.

Le sous-officier nommé officier n'a pas droit à cette part proportionnelle.

Art. 11. Le sous-officier rengagé qui est retraité ou réformé, soit pour blessures reçues dans un service commandé, soit pour infirmités contractées dans l'armée (congé de réforme n° 1), à une époque quelconque de son rengagement, reçoit intégralement l'indemnité de deux mille francs.

En cas de décès sous les drapeaux dans les circonstances indiquées à l'art. 19 de la loi du 11 avril 1831, cette somme est attribuée à sa veuve non séparée de corps, et, à défaut de sa veuve, aux héritiers.

Art. 12. Tout sous-officier rengagé qui est réformé, soit pour blessures reçues hors du service, soit pour infirmités contractées hors de l'armée (congé de réforme n° 2), reçoit, en quittant le corps, une partie de l'indemnité de deux mille francs, proportionnelle au temps de service accompli depuis le jour où compte son rengagement effectif.

Il en est de même pour le sous-officier rengagé qui renonce volontairement à son grade ou le perd par rétrogradation, cassation ou jugement.

Si celui-ci redevient sous-officier avant sa libération, il a droit à une nouvelle part de l'indemnité de deux mille francs, proportionnelle au temps de service accompli depuis la dernière nomination.

Dans le cas de décès dans des circonstances autres que celles prévues par l'article précédent, la partie de l'indemnité de deux mille francs correspondant au service accompli est attribuée à la veuve non séparée de corps, et, à défaut de veuve, aux héritiers.

Art. 13. Les sous-officiers qui, après un premier rengagement de cinq ans, seront admis à en contracter un deuxième de la même durée, auront droit à une deuxième mise d'entretien de cinq cents francs, qui leur sera payée, comme la première, après la signature de l'acte de rengagement, soit en espèces, soit en un livret sur la caisse d'épargne.

Après dix ans de rengagement, ils acquièrent des droits à une pension proportionnelle à la durée de leur service. Après vingt-cinq ans de service, ils ont droit à une pension de retraite.

Le taux de ces pensions est décompté d'après les lois des 11 avril 1831, 25 juin 1861, 18 août 1879, et le tarif annexé à la présente loi. (*Bulletin des lois.*)

La pension est liquidée sur le grade dont le militaire est titulaire depuis deux années consécutives précédant immédiatement l'admission à la retraite, et, dans le cas contraire, sur le grade inférieur.

Elle se cumule avec les traitements afférents aux emplois civils dont le militaire peut être pourvu.

Art. 14. Les sous-officiers ayant sept ans de service, dont quatre de sous-officier, participent, au point de vue des emplois civils, aux avantages stipulés par l'art. 1er de la loi du 24 juillet 1873.

Art. 15. Les sous-officiers qui auront cinq ans de rengagement et qui seront portés sur les listes de classement des emplois dressées en conformité de l'art. 8 de la loi du 24 juillet 1873, pourront être pourvus, dans les six derniers mois de leur service, de l'emploi pour lequel ils ont été désignés.

Dans ce cas, ils seront mis en congé et remplacés. Ceux qui n'auraient pas été pourvus de cet emploi au jour de leur libération pourront attendre au corps leur nomination pendant un an au plus.

Dans ce cas, ils continueront à faire leur service et ne seront pas remplacés. Ils seront assimilés aux commissionnés.

Ceux qui préféreront attendre dans leurs foyers leur nomination ne recevront aucune allocation.

Les sous-officiers proposés pour la gendarmerie pourront attendre au corps leur nomination pendant un an au plus, dans les mêmes conditions que les sous-officiers proposés pour les emplois civils.

Art. 16. La limite d'âge de trente-six ans fixée pour l'admission à certains emplois civils est portée à trente-sept ans.

Art. 17. Tout sous-officier qui jouira de la pension proportionnelle ou de retraite sera pendant cinq ans à la disposition du ministre de la guerre pour le service de l'armée territoriale.

TITRE III. — DISPOSITIONS SPÉCIALES AUX ADJUDANTS, A LA GENDARMERIE, AUX TROUPES DE LA MARINE.

Art. 18. Sont maintenues les dispositions de l'art. 15 de la loi du 22 juin 1878 portant création d'un emploi d'adjudant dans chaque compagnie des corps d'infanterie, suppression des adjudants de bataillon et suppression d'un emploi de sergent dans les compagnies des corps d'infanterie qui en ont plus de quatre.

Ces dispositions ne sont pas applicables aux troupes du génie.

Les adjudants admis à la pension proportionnelle ou de retraite seront pourvus d'emplois de sous-lieutenant dans l'armée territoriale.

Art. 19. Les dispositions spéciales aux pensions des militaires de la gendarmerie (titre IV de la loi du 18 août 1879) sont maintenues.

Mais le ministre peut, après avis d'un conseil de discipline, prononcer d'office la retraite proportionnelle des militaires de cette arme.

Art. 20. Sont maintenues les dispositions de l'art. 1er de l'ordonnance du 20 janvier 1841, aux termes desquelles les sous-officiers, caporaux et brigadiers de l'armée admis dans la gendarmerie, soit comme brigadiers, soit comme gendarmes, sont considérés, pour la retraite, comme étant restés titulaires de leur ancien grade jusqu'à promotion à un grade supérieur à celui-ci dans la gendarmerie.

Sont abrogées les dispositions contenues dans l'art. 11 de la loi du 11 avril 1831 spécifiant que la pension de retraite de tout sous-officier, caporal, brigadier ou gendarme ayant douze ans accomplis d'activité dans son grade est augmentée d'un cinquième.

Le taux de la majoration de la pension établi par l'art. 10 de la loi du 18 août 1879 est modifié ainsi qu'il suit :

Dix-huit francs pour le sous-officier et brigadier ;
Quinze francs pour le gendarme.

Art. 21. Les dispositions de la présente loi sont applicables aux troupes de la marine, sous la réserve des modifications suivantes :

L'indemnité de rengagement est fixée à trois mille francs. La deuxième mise d'entretien à laquelle donne droit un deuxième rengagement de cinq ans est portée à sept cent cinquante francs.

La haute paie journalière sera portée à un franc après dix ans de rengagement.

Tous les sous-officiers européens du cadre des corps indigènes et des corps qui seraient ultérieurement créés dans les colonies peuvent être rengagés ou commissionnés.

TITRE IV. — DISPOSITIONS TRANSITOIRES.

(Les art. 22, 23 et 24 ont cessé d'être applicables.)

TITRE IV. — DISPOSITIONS GÉNÉRALES.

Art. 25. Le tarif joint à la loi du 18 août 1879 sur les pensions de retraite est remplacé par le tarif annexé à la présente loi. Ce tarif est applicable à toutes les pensions non encore liquidées au moment de la promulgation de la présente loi.

Art. 26. L'art. 3 de la loi du 18 août 1879

sur les pensions des sous-officiers, brigadiers ou caporaux et soldats de l'armée de terre est modifié ainsi qu'il suit :

Ont droit à une pension proportionnelle à la durée de leur service :

1° Les sous-officiers comptant dix ans de rengagement et moins de vingt-cinq ans de service ;

2° Les caporaux ou brigadiers et soldats maintenus sous les drapeaux comme commissionnés par application de l'art. 35 de la loi du 13 mars 1875, modifiée par la loi du 15 décembre suivant, ainsi que les militaires de tout grade de la gendarmerie, et qui comptent au moins quinze années de service et moins de vingt-cinq années de service accompli sous les drapeaux.

L'art. 19, n° 4, de la loi du 11 avril 1831 n'est pas applicable aux veuves des sous-officiers, caporaux, brigadiers et soldats morts en jouissance de la pension proportionnelle concédée en vertu du présent article ou en possession de droits à cette pension.

Art. 27. Sont abrogées :

1° La loi du 10 juillet 1864 sur les améliorations à apporter à la situation des sous-officiers ;

2° La loi du 22 juin 1878 sur le rengagement des sous-officiers ;

3° Toutes les dispositions contraires à la présente loi.

### CHAP. III. — ARMÉE TERRITORIALE.

**3. Les appels de l'armée territoriale.** En décembre 1879, le ministre de la guerre a adressé aux commandants de corps d'armée une circulaire destinée à leur faire connaître les dispositions qu'il a arrêtées pour déterminer le roulement des appels de l'armée territoriale.

Les ressources budgétaires ne permettant de convoquer chaque année qu'un effectif égal au contingent d'une classe, les hommes de l'armée territoriale ne pourront jamais être soumis qu'à un seul appel pendant la période de cinq ans qu'ils passent dans cette armée. Mais comme deux classes au moins sont nécessaires pour donner aux unités convoquées des effectifs suffisants et un nombre de gradés qui puisse satisfaire, autant que possible, aux besoins du service et de l'instruction, le ministre a décidé qu'au lieu de convoquer chaque année les unités de l'armée territoriale avec une seule classe, il ne serait appelé par an que la moitié des unités avec deux classes complètes, l'autre moitié de ces unités étant convoquée l'année suivante avec le reste des deux mêmes classes.

Chaque classe ne sera donc appelée qu'une fois dans les cinq années d'inscription sur les contrôles de l'armée territoriale ; mais son appel, comme celui des diverses unités de cette armée, sera réparti sur deux années consécutives.

Pour cette répartition des unités, on a dû tenir compte, d'ailleurs, des ressources du casernement, des difficultés de l'habillement et de la nécessité de ne pas multiplier les appels, afin de ne pas détourner de leur instruction les troupes de l'armée active.

Le ministre a donc prescrit la convocation, non pas de régiments entiers, ce qui aurait obligé à trois périodes d'instruction, mais de un ou deux bataillons par régiment d'infanterie, de la moitié

des escadrons de cavalerie, etc., ainsi qu'on le verra par le tableau que nous donnons plus loin.

Il résulte de ces dispositions que les officiers territoriaux seront convoqués tous les deux ans en même temps que les unités auxquelles ils sont attachés, mais que les cadres inférieurs ne seront appelés qu'une seule fois avec leur classe. Quant aux officiers supérieurs commandant une fraction scindée et aux chefs de corps, ils devront participer au moins à un appel sur deux, mais ils pourront, s'ils le désirent, prendre part à toutes les convocations.

À ces prescriptions ministérielles est annexé un tableau présentant l'ordre dans lequel les classes seront appelées.

**4.** Nous reproduisons le tableau, autant que notre format le permet, dans la forme où il a été publié au *Journal officiel* du 8 mars 1880.

#### APPELS ANNUELS DES RÉSERVISTES DE L'ARMÉE ACTIVE ET DES HOMMES DE L'ARMÉE TERRITORIALE.

(Exécution des art. 48 de la loi du 27 juill. 1872 et 30 de la loi du 24 juill. 1873.)

*TABLEAU présentant l'ordre dans lequel les classes seront appelées.*

| ANNÉES des APPELS. | CLASSES APPELÉES. | | |
|---|---|---|---|
| | RÉSERVISTES de l'armée active. | | ARMÉE TERRITORIALE. |
| | Les hommes de la cavalerie, de l'artillerie et des trains sont convoqués au printemps. Ceux des autres corps, à l'automne. | | Les hommes sont appelés au printemps, soit dans l'une, soit dans l'autre des deux années comprises dans l'accolade, et conformément aux indications portées ci-dessous à la note 2. |
| 1878 . . . | 1869 et 1871 . . . . | | |
| 1879 . . . | ¹ et 1872 . . . . | | |
| 1880 . . . | 1871 et 1873 . . . . | | 1868 et 1869 |
| 1881 . . . | 1872 et 1874 . . . . | | |
| 1882 . . . | 1873 et 1875 . . . . | | 1870 et 1871 |
| 1883 . . . | 1874 et 1876 . . . . | | |
| 1884 . . . | 1875 et 1877 . . . . | | 1872 et 1873 |
| 1885 . . . | 1876 et 1878 . . . . | | |
| 1886 . . . | 1877 et 1879 . . . . | | 1874 et 1875 |
| 1887 . . . | 1878 et 1880 . . . . | | |

1. La classe de 1870, qui aurait dû être appelée, était passée dans l'armée territoriale avant le premier appel.

2. Les unités de l'armée territoriale sont réparties entre les deux années de l'appel de la manière suivante :

| | | |
|---|---|---|
| Sont convoqués, les années de millésime pair, | dans l'infanterie . . . . . | Les 1ᵉʳ et 2ᵉ bataillons des régiments des numéros pairs. Les 3ᵉ bataillons des régiments impairs. |
| | dans la cavalerie . . . . . | Les escadrons de numéros pairs. |
| | dans l'artillerie . . . . . | Les groupes de batteries désignés dans le tableau ci-joint. |
| | dans le train d'artillerie, le génie et le train des équipages | Les compagnies de numéros pairs. |
| | dans les sections d'administration et la gendarmerie. | Tous les hommes de la classe du millésime pair. |
| Sont convoqués les années de millésime impair. | dans l'infanterie . . . . . | Les 1ᵉʳ et 2ᵉ bataillons des régiments des numéros impairs. Les 3ᵉ bataillons des régiments pairs. |
| | dans la cavalerie . . . . . | Les escadrons de numéros impairs. |
| | dans l'artillerie . . . . . | Les groupes de batteries désignés dans le tableau ci-joint. |
| | dans le train d'artillerie, le génie et le train des équipages | Les compagnies de numéros impairs. |
| | dans les sections d'administration et la gendarmerie. | Les hommes de la classe du millésime impair. |

*Nota.* — Les hommes des dépôts et des pelotons hors rang seront convoqués en même temps et au même lieu que les hommes de leur commune appartenant à leur corps ou à leur arme (ou à leur subdivision d'arme pour la cavalerie).

*TABLEAU-ANNEXE donnant la répartition des groupes de batteries territoriales convoqués chaque année.*

| CORPS D'ARMÉE. | BATTERIES CONVOQUÉES | |
|---|---|---|
| | LES ANNÉES DE MILLÉSIME PAIR. — Sont convoquées les batteries des groupes de : | LES ANNÉES DE MILLÉSIME IMPAIR. — Sont convoquées les batteries des groupes de : |
| 1er rég. terr. | Gravelines, Lille, Arras. | Condé, Valenciennes, Cambrai, Douai, Landrecies, Maubeuge, Calais, Aire, Saint-Omer, Boulogne, Bergues, Dunkerque. |
| 2e rég. terr. | La Fère, Guise . . . . | Soissons, Amiens, Laon, Péronne. |
| 3e rég. terr. | Le Havre, Caen. . . . | Vernon, Dieppe. |
| 4e rég. terr. | Le Mans. . . . . . . | Chartres. |
| 5e rég. terr. | Langres, Besançon . . | Fontainebleau. |
| 6e rég. terr. | Forts de la Haute-Moselle, Épinal, Toul. | Forts de la Meuse, Verdun, Longwy, Reims, Givet, Châlons. |
| 7e rég. terr. | Belfort . . . . . . . | Salins, Pierre-Châtel, Besançon, Langres. |
| 8e rég. terr. | Auxonne, Bourges. . . | Dijon. |
| 9e rég. terr. | Poitiers . . . . . . . | Saumur, Châteauroux. |
| 10e rég. terr. | Cherbourg, Saint-Malo, Granville. | Rennes, |
| 11e rég. terr. | Lorient, Brest, Port-Louis, fort Penthièvre | Nantes, Vannes. |
| 12e rég. terr. | Angoulême. . . . . . | Limoges. |
| 13e rég. terr. | Lyon . . . . . . . . | Clermont. |
| 14e rég. terr. | Grenoble, fort Barrault. | Valence, Mont-Dauphin, Embrun, Briançon. |
| 15e rég. terr. | Nîmes, Marseille, Tournoux, Colmars, Entrevaux. | Toulon, Antibes, Bastia. |
| 16e rég. terr. | Lunel, Perpignan . . . | Mont-Louis, Bellegarde, Pratz-de-Mollo, Castres. |
| 17e rég. terr. | Toulouse. . . . . . . | Montauban, |
| 18e rég. terr. | Bayonne . . . . . . | La Rochelle, Blaye, Bordeaux. |

**5.** *Avancement dans l'armée territoriale* (décret du 31 juillet 1881).

Art. 1er. Les officiers de réserve, les sous-officiers, les caporaux ou brigadiers de la réserve de l'armée active, conservent, en passant dans l'armée territoriale, leur grade et leur ancienneté, et concourent pour l'avancement avec les autres officiers, sous-officiers, caporaux ou brigadiers de l'armée territoriale.

Il en est de même des officiers, sous-officiers, caporaux ou brigadiers qui passent directement de l'armée active dans l'armée territoriale.

Art. 2. Les officiers, sous-officiers, caporaux ou brigadiers désignés dans l'article précédent sont pourvus des emplois vacants dans l'armée territoriale.

A défaut d'emplois vacants de leur grade, ils sont placés à la suite dans les différents corps de troupes de cette armée et pourvus d'emplois au fur et à mesure que des vacances se produisent.

A tous les degrés de la hiérarchie, il n'est fait de promotions dans les corps de troupes que lorsque ceux-ci ne comptent pas d'officier, sous-officier, caporal ou brigadier à la suite du grade de l'emploi devenu vacant.

Les officiers ayant servi au moins dix ans dans l'armée active peuvent cependant être nommés à un emploi vacant dans l'armée territoriale, lors même qu'il y aurait des officiers à la suite.

Art. 3. En temps de paix, l'avancement dans l'armée territoriale a lieu par arme et par corps d'armée; les nominations sont faites sur des listes où sont inscrits, par ordre d'ancienneté, les officiers reconnus aptes à passer au grade supérieur.

Il ne peut être nommé à un grade sans emploi dans l'armée territoriale (sauf dans les conditions prévues par les art. 10 et 11 du décret du 31 août 1878), ni être accordé des grades honoraires.

Les nominations aux différents grades d'officiers sont exclusivement faites au choix, sur des propositions spéciales du commandant du corps d'armée, si les vacances ne sont pas remplies dans les conditions énoncées à l'art. 2.

Art. 4. Le temps passé dans leurs foyers par les officiers, sous-officiers, caporaux ou brigadiers de l'armée territoriale compte pour l'ancienneté du grade dans l'armée territoriale.

Est seul déduit de l'ancienneté le temps passé dans la position hors cadres, ainsi que le temps pendant lequel un officier a été suspendu de son emploi.

Art. 5. L'ancienneté de grade des officiers de l'armée territoriale est déterminée par la date du décret de nomination à ce grade, soit dans l'armée active, soit dans le cadre de réserve, soit dans l'armée territoriale.

Art. 6. Les anciens officiers de l'armée active revêtus, dans l'armée territoriale, du grade qu'ils possédaient dans l'armée active, ont, à égalité de grade, le commandement sur les autres officiers, même plus anciens, qui n'ont pas servi dans l'armée active avec ce même grade.

**6.** *Transport, au demi-tarif, des militaires de l'armée territoriale convoqués aux exercices de tir.* En raison de l'importance toujours croissante des sociétés de tir, dit une circulaire du 16 décembre 1878, le ministre de la guerre s'est préoccupé d'assurer le transport à prix réduit, sur les voies ferrées, aux militaires de l'armée territoriale qui sont convoqués, par leurs chefs de corps, à des exercices de tir; et sur sa demande, le syndicat des compagnies de chemins de fer a bien voulu prendre la décision suivante :

« Le bénéfice de la *demi-place* sera désormais accordé, en cas d'appel, aux hommes de l'armée territoriale faisant partie des compagnies de tir régulièrement constituées. Ces hommes, quand ils se déplaceront pour se rendre aux réunions, seront tenus de présenter aux agents des gares un *bulletin d'invitation* visé par l'autorité militaire. Ils paieront place entière au départ, mais il leur sera délivré gratuitement un billet de retour sur le vu d'une attestation de l'officier dirigeant le tir et constatant que le porteur a assisté à la séance. »

Les exercices de tir de l'armée territoriale étant facultatifs, les invitations ne pouvaient, sans inconvénient, être faites sous forme d'un ordre d'appel qui, émanant d'une autorité militaire, impliquerait nécessairement l'idée d'obligation. Il y aurait eu à craindre, par suite, que nombre d'hommes, confondant la nature des convocations qui leur parviennent, se crussent autorisés, en se basant sur ce qui se passe pour le tir, à ne plus tenir compte des vrais ordres d'appel.

Il a donc paru nécessaire d'adopter, sous la dénomination de *bulletin d'invitation*, un titre particulier qui différât de l'ordre d'appel ordinaire et qui spécifiât que le *tir est facultatif*.

Le modèle de ce bulletin est joint à la présente circulaire[1]. Il s'appliquera également aux officiers et aux hommes de troupe (sous-officiers et soldats). Quand il s'agira d'un officier, les mots « *immatriculé dans le régiment* » seront remplacés par l'indication du grade et le numéro du régiment.

Bien que les compagnies de chemins de fer n'aient pas la pensée de revenir sur la concession faite aux officiers à l'occasion des conférences, et qui a été notifiée par la circulaire ministérielle du 4 avril 1877[2], il n'a pas été possible d'obtenir du syndicat que les officiers fussent traités autrement que la troupe pour les réunions de tir.

Le modèle de bulletin d'invitation indique d'une manière claire et explicite les conditions auxquelles devra satisfaire l'homme à qui il aura été délivré. Aussi son emploi ne paraît-il devoir donner lieu, dans la pratique, à aucune difficulté. Le ministre appelle toutefois l'attention des différentes autorités militaires sur la disposition complémentaire suivante :

« *Chaque homme de troupe, détenteur du bulletin d'invitation, devra toujours être porteur de son livret individuel.* »

Cette formalité est destinée à donner aux compagnies des chemins de fer le moyen de constater l'identité des individus, et elle a été jugée d'autant plus nécessaire que les sociétés de tir de l'armée territoriale comprennent des membres appartenant à la disponibilité et à la réserve de l'armée active, le syndicat ayant reconnu équitable de faire bénéficier cette dernière catégorie de sociétaires du transport au demi-tarif.

Les chefs de corps, commandant les régiments territoriaux, sont autorisés à faire la demande au ministre (*Bureau des réserves et de l'armée territoriale*) des imprimés de bulletins d'invitation qu'ils estimeront leur être nécessaires.

**CHAP. IV. — INDEMNITÉ DE ROUTE.**

7. Le décret du 29 janvier 1879 règle ainsi ce qui est relatif à l'indemnité de route allouée aux militaires isolés[3] :

Art. 1er. Les jeunes soldats de la première et de la deuxième portion du contingent appelés à l'activité ;

Les hommes de troupe de l'armée active renvoyés dans leurs foyers ;

[1]. Il n'a pas paru utile de reproduire ce bulletin qui sera fourni aux intéressés par l'autorité compétente.
[2]. Voici en quels termes a été faite la concession dont il s'agit, notifiée par circulaire ministérielle du 4 avril 1877 :
« Lorsqu'il y aura lieu de réunir les officiers de l'armée territoriale pour suivre des cours d'instruction militaire, le chef de corps adressera à Paris, au siège de la compagnie, ou en province, à l'agent délégué qui lui aura été désigné par chaque compagnie, une liste indiquant les noms, les parcours de ces officiers et les dates exactes d'aller et de retour.
« La compagnie leur enverra alors les bons de réduction nominatifs que le chef de corps fera parvenir aux intéressés. »
[3]. *Frais de route.* Nous nous bornons à rappeler que le règlement sur la matière se trouve au décret du 12 juin 1867, modifié successivement par les décrets des 11 janvier 1868, 19 mai 1869, 12 octobre 1871, 25 décembre 1875, 18 juillet 1876, enfin 9 janvier 1878. Ce dernier décret modifie les art. 7, 29 et 71 du 12 juin 1867.

Les disponibles et réservistes de l'armée active, les hommes de troupe de l'armée territoriale, les hommes à la disposition de l'autorité militaire et les hommes classés dans les services auxiliaires, qu'ils soient appelés à l'activité ou renvoyés dans leurs foyers, n'auront plus droit à l'indemnité de route qu'autant que la distance comprise entre le chef-lieu de canton de leur domicile et le point de réunion, et *vice versâ*, sera supérieure à vingt-quatre kilomètres parcourus, tant sur les routes ordinaires que sur les chemins de fer.

Art. 2. Le taux des indemnités à payer aux catégories de militaires énumérées ci-dessus est uniformément fixé, quel que soit le grade des intéressés, savoir :

A dix-sept millièmes pour l'indemnité kilométrique en chemin de fer (transport au quart du tarif) ;

A un franc vingt-cinq centimes pour l'indemnité journalière.

Art. 3. Une indemnité journalière d'un franc vingt-cinq centimes, désignée sous le nom d'*indemnité journalière spéciale,* est destinée à fournir, pour le jour de l'arrivée au corps, des moyens de subsistance aux isolés désignés dans les articles ci-après qui rejoignent directement leur corps et qui n'ont pas droit à l'indemnité de route, soit parce qu'ils résident au lieu même de convocation, soit parce que la distance qui existe entre le chef-lieu de canton du point de départ et le lieu de convocation n'excède pas vingt-quatre kilomètres.

Par modification aux prescriptions de l'art. 23 de l'ordonnance du 25 décembre 1837, les hommes qui auront droit à cette indemnité spéciale n'entreront en solde que le lendemain de leur arrivée.

Ladite indemnité est exclusive de la solde, du pain et de la viande.

Elle ne peut, en aucun cas, être allouée à un militaire renvoyé dans ses foyers.

Elle est payée sur les fonds de l'indemnité de route.

Art. 4. Les jeunes soldats des première et deuxième portions du contingent appelés à l'activité ont droit :

En temps de paix :

Tant qu'ils voyagent isolément, à l'indemnité de route s'ils remplissent les conditions de parcours indiquées à l'art. 1er ;

Pour les journées de séjour au chef-lieu de subdivision de région, à l'indemnité de séjour, qui ne peut se cumuler avec l'indemnité journalière ;

Quand ils sont formés en détachement, aux allocations fixées par le décret du 25 décembre 1875 (observations générales précédant les tarifs), c'est-à-dire au pain et à cinquante-cinq centimes de solde par jour.

En temps de mobilisation :

S'ils se trouvent dans les conditions de parcours indiquées à l'art. 1er, à l'indemnité de route, alors même qu'ils sont formés en détachement. L'indemnité de route est exclusive de toute prestation de solde, de pain et de viande.

S'ils n'ont pas droit à l'indemnité de route, ils reçoivent l'indemnité journalière spéciale prévue à l'art. 3.

Art. 5. Les disponibles, les réservistes, les hommes de troupe de l'armée territoriale, les hommes à la disposition de l'autorité militaire et les hommes classés dans les services auxiliaires reçoivent :

1° S'ils résident dans la subdivision de région de leur domicile et s'ils se trouvent dans les conditions de parcours spécifiées à l'art. 1er :

Pour les parcours en chemin de fer, l'indemnité kilométrique d'après la distance comprise entre le chef-lieu du canton auquel appartient la commune du domicile et le corps qu'il s'agit de rejoindre [1];

Et l'indemnité journalière, d'après le nombre de journées nécessaires pour se rendre dudit chef-lieu de canton au corps d'affectation, y compris le jour inclus de l'arrivée au corps ou de l'embarquement pour l'Algérie ;

2° S'ils se trouvent hors de la subdivision de région de leur domicile, comme ayant changé légalement de résidence, ils ont droit à l'indemnité de route [2], d'après la distance comprise entre le chef-lieu de la subdivision de région qu'ils quittent et le chef-lieu de la subdivision de région où se trouve le point qu'ils doivent rejoindre.

L'indemnité journalière leur est due pour la journée de l'arrivée au corps ou de l'embarquement pour l'Algérie.

Les mêmes règles sont appliquées lors du renvoi des disponibles, réservistes, etc., dans leurs foyers.

Les réservistes, disponibles, militaires de l'armée territoriale, hommes à la disposition, hommes des services auxiliaires qui n'ont pas droit à l'indemnité de route, reçoivent l'indemnité journalière spéciale pour le jour de leur arrivée au corps, mais non pour leur renvoi dans leurs foyers.

Art. 6. Les cadres de conduite envoyés par les corps au bureau de recrutement, pour y chercher leurs réservistes, ou au chef-lieu de circonscription, pour y prendre les animaux requis, ont droit, pendant toute la durée de leur mission, à l'indemnité journalière fixée par le décret du 12 juin 1867, modifié par l'article 31 du décret du 25 décembre 1875 [3], à l'exclusion de la solde, de la viande et du pain.

Mais les cadres de conduite qui vont des bataillons actifs d'un corps au dépôt de ce corps, et vice versâ, pour ramener les malingres à ce dépôt et y prendre les réservistes, seront, ainsi que les malingres et les réservistes nouvellement incorporés, traités comme les détachements habituels de troupes en marche.

[1]. En cas de mobilisation, l'indemnité journalière est seule allouée aux réservistes et aux disponibles, l'indemnité kilométrique ne leur étant pas nécessaire, puisqu'ils sont transportés gratuitement en vertu du traité à forfait passé avec les compagnies de chemins de fer. (Circ. 6 févr. 1878, Journal militaire, partie réglementaire, p. 41.)

Les hommes de troupe de l'armée territoriale devant rejoindre à pied le lieu de convocation, en cas de mobilisation, n'ont également droit qu'à l'indemnité journalière.

En cas de mobilisation, l'indemnité kilométrique n'est allouée aux hommes à la disposition, convoqués par affiches, qu'autant que ces affiches les autorisent à faire usage des voies ferrées. Quant aux hommes chargés de services accessoires (hommes à la disposition ou classés dans les services auxiliaires), ils ne peuvent avoir droit à l'indemnité kilométrique que pour rentrer dans leurs foyers ou rejoindre une nouvelle destination. En effet, ou ils sont tenus de rejoindre à pied leur lieu de convocation, ou ils reçoivent un ordre d'appel individuel (modèle n° 1) et se servent du bon de chemin de fer qui y est annexé.

[2]. Voir l'observation précédente.

[3]. Adjudant, 3 fr.; sergent-major, maréchal des logis chef, sergent et maréchal des logis, 1 fr. 75 c.

Les hommes convoqués pour participer aux opérations de la réquisition (militaires de l'armée territoriale, hommes à la disposition, hommes des services auxiliaires et palefreniers civils) ont droit, pendant toute la durée de leur mission, à l'indemnité journalière fixée à un franc vingt-cinq centimes pour tous indistinctement.

Art. 7. Les dispositions du décret du 12 juin 1867 continueront d'être applicables aux officiers de réserve et assimilés de l'armée active, ainsi qu'aux officiers et assimilés de l'armée territoriale, en cas d'appel à l'activité ou de mobilisation.

Art. 8. Les chefs de corps, les commandants des dépôts, les commandants des diverses écoles militaires et les commandants des bureaux de recrutement, ainsi que les autres autorités militaires auxquelles le ministre de la guerre croira devoir concéder ultérieurement la même faculté, sont autorisés, en cas de mobilisation, à délivrer, sous leur responsabilité, pour tenir lieu de feuille de route, des ordres de mouvement rapide détachés d'un registre à souche, imprimés sur du papier de couleur distincte et contenant des bons de chemin de fer.

La même faculté leur est accordée dans les circonstances urgentes du service, mais à la charge d'y joindre l'ordre du ministre ou du commandant de corps d'armée qui a prescrit le mouvement.

Art. 9. Le présent décret sera applicable à compter du 1er mars 1879.

Art. 10. Sont abrogés le décret du 18 juillet 1876, sur le service des frais de route des militaires isolés, et le décret du 9 janvier 1878, modifiant le décret du 18 juillet 1876.

8. Une circulaire du ministère de l'intérieur, du 24 avril 1879, se réfère au décret qui précède.

« Monsieur le Préfet, j'ai remarqué que plusieurs de vos collègues, prenant en considération la position nécessiteuse des réservistes appelés en vertu de la loi militaire, leur ont délivré les moyens de transport ordinaires, soit pour rejoindre leur régiment, soit pour retourner dans leur famille ; et, quelquefois, la même faveur a été, en outre, accordée à leurs femmes.

« Une mesure de ce genre constitue un abus qu'il convient de prévenir au moment où certaines classes de réservistes vont être appelées pour les manœuvres annuelles. La question des moyens de transport et de l'indemnité de route, auxquels ils ont droit, a été définitivement réglée par le décret du 29 janvier 1879; et M. le ministre de la guerre, par une circulaire portant la même date, a transmis aux autorités militaires les instructions nécessaires pour en assurer l'exécution.

« Vous ne devez donc tenir aucun compte des réclamations qui vous seraient adressées soit par les réservistes, soit par leurs femmes. M. le ministre de la guerre, que j'ai cru devoir consulter à ce sujet, pense que les fonctionnaires de l'ordre civil pourraient tout au plus intervenir pour accorder à un réserviste, absolument indigent, le secours de route strictement indispensable pour se rendre devant l'autorité militaire la plus voisine (sous-intendant ou commandant de bureau de recrutement).

« Signé : LEPÈRE. »

**CHAP. V. — DISPOSITIONS DIVERSES ET RENVOIS.**

9. *Engagés conditionnels d'un an.* Voici, sur ce point, le décret du 10 mai 1880 :

Art. 1er. Les examens auxquels sont astreints les jeunes gens qui, ne se trouvant dans aucun des cas prévus par l'art. 53 de la loi du 27 juillet 1872, demandent à contracter un engagement conditionnel d'un an, sont passés devant des commissions siégeant aux chefs-lieux de région de corps d'armée et composées de cinq membres, ainsi qu'il suit :

Le chef d'état-major général du corps d'armée, ou un colonel ou lieutenant-colonel, par lui délégué, président;

Un membre désigné en raison de sa spécialité, pour celle des séries de l'agriculture, du commerce et de l'industrie à laquelle appartiendra le candidat ;

Un inspecteur de l'enseignement primaire ;

Un chef de bataillon ;

Un officier, du grade de capitaine, secrétaire, avec voix délibérative.

Les membres des commissions sont nommés par le ministre sur la proposition des commandants de corps d'armée.

Art. 2. Les épreuves consistent :

1° En une composition écrite ;

2° En un examen oral.

Art. 3. La composition écrite se compose d'une dictée et d'un problème d'arithmétique.

L'épreuve écrite est la même pour toute la France. Elle est passée à la préfecture de chaque département, sous la surveillance d'un officier.

Le sujet en est donné chaque année par le ministre de la guerre. Il est adressé sous pli cacheté au préfet, qui remet ce pli fermé à l'officier chargé de surveiller l'exécution de la composition.

Art. 4. L'épreuve écrite est appréciée suivant les règles énoncées en l'art. 6 ci-après. Le ministre de la guerre détermine le minimum de points nécessaires pour l'examen oral.

Art. 5. L'examen oral est public. Il se divise en deux parties.

La première, commune à tous les candidats, porte sur l'arithmétique, la géométrie, l'histoire et la géographie.

La seconde porte sur les connaissances professionnelles et varie suivant la série (agriculture, commerce, industrie) dans laquelle le candidat a demandé à être examiné.

Art. 6. La commission attribue à chacun des éléments qui entrent dans les épreuves, tant écrites qu'orales, une note prise dans la série des nombres entiers de 0 à 20.

Chacune de ces notes est ensuite multipliée par un des coefficients ci-après :

| | |
|---|---:|
| Composition écrite : Dictée. . . . . | 25 |
| — Problème. . . . . | 15 |
| Examen oral : Arithmétique 10 et géométrie 10, ci. . . . . . . . . . . . | 20 |
| Examen oral : Histoire 10 et géographie 10, ci. . . . . . . . . . . . | 20 |
| Examen oral : Connaissances professionnelles . . . . . . . . . . . . | 40 |
| Total général . . . . . . . | 120 |

Le nombre des points obtenus par chaque candidat au moyen du calcul indiqué dans l'article précédent détermine le classement des jeunes gens qui ont subi l'examen.

Le ministre de la guerre fixe le minimum de points au-dessus duquel les candidats pourront être admis à contracter l'engagement conditionnel d'un an. Ce minimum est le même pour toutes les régions.

Les noms des jeunes gens admis sont notifiés aux préfets des départements, qui restent chargés de les faire publier et d'informer les intéressés.

Art. 7. Sont approuvés les programmes annexés au présent décret pour servir aux examens oraux définis en l'art. 3.

On trouvera les programmes dans le *Journal officiel* du 11 mai 1880.

10. Le *Règlement sur le service dans les places de guerre* et les villes de garnison est du 24 octobre 1882 et se trouve dans le *Journal officiel* du 8 novembre 1883, où l'on a également inséré la *Consigne générale des postes.*

11. La loi qui réorganise l'artillerie en vue de former une artillerie de forteresse est du 24 juillet 1883. (*Bull. des lois*, n° 790.)

12. *Hôpitaux militaires.* Le règlement d'administration publique prévu dans la loi du 7 juillet 1877 est du 1er août 1879.

13. Le décret portant organisation des écoles du service de santé militaire est du 1er octobre 1883 (*Journal offic.* du 4 octobre 1883, ou *Bull. des lois*, n° 807). [*Voy.* **Écoles militaires, Pensions, Recrutement, Réquisitions.**]

**BIBLIOGRAPHIE.**

Législation de l'armée française et jurisprudence militaire, par P. Dislère, H. Ducos et G. Bouillon. 2 vol. in-8°. Paris, Dupont.

**ARRONDISSEMENT.** (*Dict.*) Rectification Page 166 du *Dictionnaire de l'administration française*, n° 6, au lieu : du conseil d'arrondissement, mettez : du conseil de préfecture.

**ARRONDISSEMENT MARITIME. *Voy.* Marine militaire.**

**ARSENAUX MARITIMES.** (*Dict.*) Le *Journal officiel* du 25 janvier 1882 renferme trois décrets datés du 23 janvier et précédés de rapports sur la réorganisation et la surveillance des arsenaux maritimes.

Ces décrets ont été sensiblement modifiés par ceux du 27 mars suivant, insérés au *Journal officiel* du 30 mars 1882.

**ART DE GUÉRIR. *Voy.* Médecine (Exercice de la).**

**ARTILLERIE. *Voy.* Armée.**

**ASSERMENTÉ** (**AGENT**), fonctionnaire ayant *prêté* serment. *Voy.* **Fonctionnaire, Serment, Procès-verbal,** *etc.*

**ASSIETTE.** Ce terme a plusieurs acceptions dans le langage de l'administration. C'est d'abord la base de la répartition d'un impôt ; c'est aussi le fonds sur lequel une rente est établie ; c'est encore, dans le langage de l'administration des forêts, marquer aux marchands les bois dont ils ont accepté la coupe (assiette des ventes).

**ASSIMILER.** C'est déclarer de même nature, de même classe, de même rang, ou plutôt traiter légalement et administrativement comme si une chose, un établissement, une personne était de même nature, classe ou rang qu'une autre.

Lorsqu'on assimile, c'est pour compléter pratiquement une loi ou un règlement qui n'a pas tout pu prévoir. Une marchandise étrangère est soumise à une taxe douanière ; on en présente une autre, analogue, non prévue et qui pourrait au besoin la remplacer, faut-il la laisser entrer, parce qu'elle n'est pas expressément « dénommée » ? Non, car le Trésor y perdrait, et le but de la loi (par exemple, la protection de l'industrie) pourrait être tourné. De même pour beaucoup d'autres cas.

Les fonctionnaires et agents n'ont pas toujours le droit d'assimiler ; généralement, la loi ou les règlements renferment des dispositions qui les y autorisent.

Quant à l'assimilation du grade (par exemple, un chef de division qu'on assimilerait au colonel ou au général de brigade), elle a pour but, soit le nivellement des traitements, soit de régler les préséances, ou un sens semblable.

**ASSISTANCE JUDICIAIRE**. (*Dict.*) **1**. Elle est devenue nécessaire à cause des frais élevés qui se rattachent à l'administration de la justice. La législation s'en trouve exposée au *Dictionnaire* et l'on y verra que des traités de réciprocité ont été conclus avec un certain nombre d'États étrangers ; les Français y jouiront de l'assistance judiciaire, comme en France les nationaux de ces États.

Il suffira de citer, à titre de spécimen, un seul de ces actes internationaux, qui ont été — chacun à part — sanctionnés par une loi.

**2**. La loi du 12 février 1881 approuve et le décret du 11 mars 1881 promulgue une convention avec l'Allemagne, datée du 20 février 1880, et dont la teneur suit :

Art. 1er. Les Français en Allemagne et les Allemands en France jouiront réciproquement du bénéfice de l'assistance judiciaire, comme les nationaux eux-mêmes, en se conformant aux lois du pays dans lequel l'assistance sera réclamée.

Art. 2. Dans tous les cas, le certificat d'indigence doit être délivré à l'étranger qui demande l'assistance par les autorités de sa résidence habituelle.

Si le requérant ne réside pas dans le pays où la demande est formée, le certificat d'indigence sera légalisé par l'agent diplomatique du pays où le certificat doit être produit.

Lorsque le requérant réside dans le pays où la demande est formée, des renseignements pourront, en outre, être pris auprès des autorités de l'État auquel il appartient.

Art. 3. Les Français admis en Allemagne et les Allemands admis en France au bénéfice de l'assistance judiciaire seront dispensés, de plein droit, de toute caution ou dépôt qui, sous quelque dénomination que ce soit, peut être exigé des étrangers plaidant contre les nationaux par la législation du pays où l'action sera introduite.

Art. 4. La présente convention, destinée à remplacer, en ce qui concerne la Bavière, le traité conclu le 11 mars 1870, entre la France et la Bavière, sera ratifiée. Elle sortira ses effets à partir du jour de l'échange des ratifications et elle continuera à être exécutoire pendant six mois après

la dénonciation qui en aura été faite par l'une des deux parties contractantes.

**3**. Le Trésor est tenu d'avancer à un époux survivant, admis au bénéfice de l'assistance judiciaire, les frais d'insertion des publications ordonnées par l'art. 770 du Code civil pour introduire une demande d'envoi en possession de la succession de son conjoint prédécédé sans héritiers connus. (*Décis. du Min. des fin. du* 17 *mars* 1882.) *Voy.* l'observation du *Recueil Dalloz,* 1883.

Ce n'est là qu'une espèce, mais nous croyons que pareille avance devrait être faite chaque fois que la procédure l'exige.

**ASSISTANCE PUBLIQUE**. (*Dict.*) Modifier le n° 18 de cet article (p. 177) d'après le n° 122 de l'article **Aliénés** (p. 96), qui indique plus exactement la législation en vigueur.　　W.

BIBLIOGRAPHIE.

Manuel d'assistance. La charité à Paris, par C. J. Lecour. In-12. Paris, Asselin. 1876.

Essai sur l'assistance publique. Son histoire, ses principes, son organisation actuelle, par Barth. Pocquet. Paris, Marescq. 1877.

**ASSOCIATION SYNDICALE**. *Voy.* **Syndicats des travaux.**

**ASSURANCE**. (*Dict.*)

SOMMAIRE.

CHAP. I. CAISSE D'ASSURANCES EN CAS DE DÉCÈS ET EN CAS D'ACCIDENT.

II. RISQUES LOCATIFS.

III. JURISPRUDENCE.

CHAP. I. — CAISSE D'ASSURANCES EN CAS DE DÉCÈS ET EN CAS D'ACCIDENT.

**1**. Par la loi du 11 juillet 1868, il a été créé, sous la garantie de l'État :

1° Une caisse d'assurances ayant pour objet de payer au décès de chaque assuré, à ses héritiers ou ayants droit, une somme déterminée suivant les bases fixées ci-après (n° 3) ;

2° Une caisse d'assurances en cas d'accidents ayant pour objet de servir des pensions viagères aux personnes assurées qui, dans l'exécution de travaux agricoles ou industriels, seront atteintes de blessures entraînant une incapacité permanente de travail, et de donner des secours aux veuves et aux enfants mineurs des personnes assurées qui auront péri par suite d'accidents survenus dans l'exécution desdits travaux. (*L.* 11 *juill.* 1868, *art.* 1er.)

**2**. C'est la Caisse des dépôts et consignations qui est chargée d'administrer ces assurances et c'est à elle qu'on doit s'adresser à cet effet. (*D.* 10 *août* 1868 *et* 13 *août* 1877.)

**3**. *Caisse d'assurances en cas de décès.* La participation à l'assurance est acquise par le versement de primes uniques ou de primes annuelles. La somme à payer au décès de l'assuré est fixée conformément à des tarifs tenant compte : 1° de l'intérêt composé à 4 p. 100 par an des versements effectués ; 2° des chances de mortalité, à raison de l'âge des déposants, calculées d'après la table dite de Deparcieux.

**4**. Les primes établies d'après les tarifs susnommés seront augmentées de 6 p. 100. (*L.* 11 *juill.* 1868, *art.* 2.)

Toute assurance faite moins de deux ans avant le décès de l'assuré demeure sans effet. Dans ce cas, les versements effectués sont restitués aux ayants droit, avec les intérêts simples à 4 p. 100. Il en est de même lorsque le décès de l'assuré, quelle qu'en soit l'époque, résulte de causes exceptionnelles qui seront définies dans les polices d'assurances. (*Id., art.* 3.)

5. Les sommes assurées sur une tête ne peuvent excéder 3,000 fr. Elles sont insaisissables et incessibles jusqu'à concurrence de la moitié, sans toutefois que la partie incessible ou insaisissable puisse descendre au-dessous de 600 fr. (*Id., art.* 4.)

6. Nul ne peut s'assurer s'il n'est âgé de seize ans au moins et de soixante au plus (*art.* 5).

7. A défaut de paiement de la prime annuelle dans l'année qui suivra l'échéance, le contrat est résolu de plein droit. Dans ce cas, les versements effectués, déduction faite de la part afférente aux risques courus, sont ramenés à un versement unique donnant lieu, au profit de l'assuré, à la liquidation d'un capital au décès. La déduction est calculée d'après les bases du tarif (*art.* 6).

8. Les sociétés de secours mutuels approuvées conformément au décret du 26 mars 1852 sont admises à contracter des assurances collectives, sur une liste indiquant le nom et l'âge de tous les membres qui la composent, pour assurer au décès de chacun d'eux une somme fixe qui, dans aucun cas, ne pourra excéder 1,000 fr. Ces assurances seront faites pour une année seulement et d'après des tarifs spéciaux déduits des règles générales arrêtées plus haut (n° 3). Elles pourront se cumuler avec les assurances individuelles.

9. *Caisse d'assurances en cas d'accidents.* Les assurances en cas d'accidents ont lieu par année. L'assuré verse, à son choix et pour chaque année, 8 fr., 5 fr. ou 3 fr. (*art.* 8).

10. Les ressources de la caisse en cas d'accidents se composent : 1° du montant des cotisations versées par les assurés, comme il est dit ci-dessus ; 2° d'une subvention de l'État à inscrire annuellement au budget et qui, pour la première année, est fixée à un million ; 3° des dons et legs faits à la caisse (*art.* 9).

11. Pour le règlement des pensions viagères à concéder, les accidents sont distingués en deux classes : 1° accidents ayant occasionné une incapacité absolue de travail ; 2° accidents entraîné une incapacité permanente du travail de la profession. La pension accordée pour les accidents de la seconde classe n'est que la moitié de la pension afférente aux accidents de la première (*art.* 10).

12. La pension viagère due aux assurés, suivant la distinction de l'article précédent, est servie par la caisse des retraites, moyennant la remise qui lui est faite, par la caisse des assurances en cas d'accidents, du capital nécessaire à la constitution de ladite pension, d'après les tarifs de la caisse de retraites. Ce capital se compose, pour la pension en cas d'accidents de la première classe : 1° d'une somme égale à 320 fois le montant de la cotisation versée par l'assuré ; 2° d'une seconde somme égale à la précédente et qui est prélevée sur les ressources indiquées aux §§ 2 et 3 de l'art. 9 [n° 10 ci-dessus] (*art.* 11).

13. Le montant de la pension correspondante aux cotisations de 5 fr. et de 3 fr., ne peut être inférieur à 200 fr. pour la première et à 150 fr. pour la seconde. La seconde partie du capital ci-dessus est élevée de manière à atteindre ce minimum, lorsqu'il y a lieu (*art.* 11).

14. Les secours à allouer, en cas de mort par suite d'accident, à la veuve de l'assuré, et s'il est célibataire ou veuf sans enfants, à son père, ou à sa mère sexagénaire, sont égaux à deux années de la pension à laquelle il aurait eu droit aux termes de l'article précédent. L'enfant ou les enfants mineurs reçoivent un secours égal à celui qui est attribué à la veuve. Les secours se paient en deux annuités (*art.* 12).

15. Les rentes viagères constituées en vertu des dispositions de la loi de 1868 (*art.* 9) sont incessibles et insaisissables (*art.* 13).

16. Nul ne peut s'assurer s'il n'est âgé de 12 ans au moins (*art.* 14).

17. Les administrations publiques, les établissements industriels, les compagnies de chemins de fer, les sociétés de secours mutuels autorisées peuvent assurer collectivement leurs ouvriers ou leurs membres par listes nominatives, comme il a été dit ci-dessus.

Les administrations municipales peuvent assurer de la même manière les compagnies ou subdivisions de sapeurs-pompiers (*voy. ce mot au Dictionnaire*) contre les risques inhérents soit à leur service spécial, soit aux professions individuelles des ouvriers qui les composent (*art.* 15).

18. Chaque assuré ne peut obtenir qu'une seule pension viagère. Si, dans le cas d'assurance collective, plusieurs cotisations ont été versées sur la même tête, elles seront réunies, sans que la cotisation ainsi formée pour la liquidation de la pension puisse dépasser le chiffre de 8 fr. ou de 5 fr. fixé par la loi de 1868 (*art.* 15).

19. Les tarifs des deux caisses seront revisés tous les cinq ans à partir de 1870. Ils seront, s'il y a lieu, modifiés par une loi (*art.* 16).

20. Les caisses d'assurances créées par la présente loi sont gérées par la Caisse des dépôts et consignations.

Toutes les recettes disponibles provenant soit des versements des assurés, soit des intérêts perçus par les caisses, sont successivement et dans les huit jours au plus tard employées en achat de rentes sur l'État. Ces rentes sont inscrites au nom de chacune des caisses qu'elles concernent.

21. Une commission supérieure, instituée sur les bases de la loi du 21 juin 1861, est chargée de l'examen des questions relatives aux deux caisses.

Un règlement d'administration publique déterminera les conditions spéciales des polices et la forme des assurances ; il désignera les agents de l'État par l'intermédiaire desquels les assurances pourront être contractées. (*Voy. les décrets des 10 août 1868 et 13 août 1877.*)

22. Les certificats, actes de notoriété et autres pièces exclusivement relatives à l'exécution de la présente loi, seront délivrés gratuitement et dispensés des droits de timbre et d'enregistrement (*art.* 18).

**CHAP. II. — RISQUES LOCATIFS.**

23. La loi du 5 janvier 1883 porte ce qui suit :

Art. 1er. L'article 1734 du Code civil est modifié ainsi qu'il suit :

« S'il y a plusieurs locataires, tous sont responsables de l'incendie proportionnellement à la valeur locative de la partie de l'immeuble qu'ils occupent ;

« A moins qu'ils ne prouvent que l'incendie a commencé dans l'habitation de l'un d'eux, auquel cas celui-là seul en est tenu ;

« Ou que quelques-uns ne prouvent que l'incendie n'a pu commencer chez eux, auquel cas ceux-là n'en sont pas tenus. »

Art. 2. Les dispositions de la présente loi sont applicables aux colonies de la Martinique, de la Guadeloupe et de la Réunion.

**CHAP. III. — JURISPRUDENCE.**

**24.** *Compagnies d'assurances et assurés.* Le tribunal civil de la Seine a rendu, en août 1883, un jugement important qui intéresse tous les porteurs de polices d'assurance. Voici dans quelles circonstances. M. de Bouteiller, à Paris, avait contracté, avec la Compagnie d'assurances *la Confiance,* une assurance de 30,000 fr. payables à sa mort au profit de sa veuve. Après le décès de l'assuré, la veuve ne put parvenir à retrouver la police constatant l'assurance. En conséquence, la Compagnie se refusa à payer le montant de l'assurance jusqu'à la présentation de la police qui en faisait foi.

Le tribunal a déclaré que la Compagnie était tenue d'exécuter sans délai le contrat d'assurance, attendu qu'il est établi par les documents de la cause, et notamment par la quittance en date du 31 janvier 1883 constatant le paiement de la prime, que de Bouteiller avait contracté avec la Compagnie *la Confiance,* suivant police n° 174 du 9 novembre 1870, une assurance sur la vie d'une somme de 30,000 fr. payables lors de son décès à sa veuve ; qu'il est décédé le 27 mai 1883 ; que le montant de l'assurance est donc devenu exigible au profit de la demanderesse ; que si la dame de Bouteiller ne peut représenter à la Compagnie, conformément à l'art. 15 des conditions de l'assurance, le double de la police remis à son mari, cette circonstance ne saurait suspendre indéfiniment l'exécution du contrat, et, en l'absence d'une stipulation formelle, constituer une fin de non-recevoir contre l'action de la demanderesse.

**25.** Indépendamment de l'indemnité due à un assuré en cas de sinistre et des intérêts de la somme du jour de la demande, des dommages-intérêts peuvent lui être accordés lorsque l'assureur lui a fait éprouver un préjudice par ses actes personnels et par les difficultés blâmables qu'il a suscitées. (*Cass.* 15 mars 1881.)

**26.** Le contrat d'assurance contre l'incendie ne devant jamais être pour l'assuré l'occasion d'un bénéfice, l'indemnité due par l'assureur en cas de sinistre peut être fixée à une somme moindre que l'évaluation donnée par la police aux objets détruits, alors surtout que, d'après cette police, l'assureur ne devait à l'assuré que la valeur vénale des objets au moment de l'incendie. (*Cass.* 14 *juin* 1880.)

Il est juste et sage que l'assuré ne tire pas un bénéfice (en sus de la valeur du dommage) du contrat d'assurance ; mais il est non moins juste que l'assureur, qui a accepté une prime trop forte, rende, avec les intérêts, l'excédent de la prime. Il ne doit pas accepter la prime de 200,000 fr. pour un objet qui en vaut 100,000.

**27.** *Timbre des contrats d'assurance ayant pour objet des biens situés à l'étranger.* A partir de 1877, le droit de timbre établi par les art. 33 et 37 de la loi du 5 juin 1850 cesse d'être perçu sur les contrats d'assurance passés en pays étranger et ayant exclusivement pour objet des immeubles, des meubles ou des valeurs situés à l'étranger. Mais ces contrats doivent être soumis au timbre moyennant le paiement du droit au comptant, avant qu'il puisse en être fait aucun usage en France, soit dans un acte public, soit dans une déclaration quelconque, soit devant une autorité judiciaire ou administrative, à peine d'une amende de cinquante francs.

Les mêmes dispositions sont applicables aux contrats de réassurance passés en France par actes sous signatures privées, applicables à des polices souscrites à l'étranger et ayant également pour objet exclusif des immeubles, des meubles ou des valeurs situés à l'étranger. (*L.* 3 *déc.* 1876.)

[*Voy. aussi* **Timbre.**]

**BIBLIOGRAPHIE.**

Traité de l'assurance maritime, par Émile Cauvet. 2 vol. Paris, Larose. 1881.

Traité des assurances maritimes, par A. Droz. 2 vol. Paris, Thorin. 1881.

Traité des assurances sur la vie, par Émile Couteau. 2 vol. Paris, Marchal et Billard. 1881.

Des Contrats d'assurance sur la vie, par Ch. Dumaine. Paris, Delamotte. 1882.

Étude sur les assurances à prime contre l'incendie, par Georges Férot. Paris, Auger. 1882.

Jurisprudence générale des assurances terrestres, par L. Bonneville de Marsangy et Ch. Perrin. Paris, Nadaud. 1883.

Dictionnaire pratique des assurances terrestres, par Lechartier. Paris, Auger. 1883.

Répertoire des assurances contre l'incendie, sur la vie, les accidents, la grêle, etc. (1873-1883), par Ed. Badon-Pascal. Gr. in-8°. Paris, Marchal et Billard.

Les Assurances, leur passé, leur présent, leur avenir en France et à l'étranger. Études théoriques et pratiques, par Albert Chaufton. 2 vol. in-8°. Paris, Chevalier-Marescq. 1884.

**ATTACHÉ.** (*Dict.*) *Attachés à la chancellerie et au parquet.* Les attachés à la chancellerie ont été créés par l'ordonnance royale du 24 décembre 1844 qui réorganisa le ministère de la justice. L'art. 4 de cette ordonnance porte : « Des avocats concourent aux travaux du ministère, avec le titre d'attachés à la chancellerie ; ils doivent être docteurs en droit ; leur nombre ne peut excéder douze ; ils ne reçoivent aucun traitement. »

Le décret du 29 mai 1876[1] vint développer l'institution. Il maintint à 12 le nombre des attachés à la chancellerie, mais il créa (*art.* 2) les attachés aux parquets des cours et tribunaux ; il les divisa en deux classes et institua le concours. Nous renvoyons au *Bulletin des lois* pour les détails ainsi qu'à la circulaire que le garde des sceaux (M. Dufaure) a adressée aux procureurs généraux le 24 mars 1878 (nous l'avons reproduite dans le 1er *Supplément annuel*, 1878, p. 4).

**ATTROUPEMENT.** (*Dict.*) **1.** La loi du 7 juin 1848 interdit tout attroupement qui pourrait troubler la tranquillité publique. Le port d'armes dans un attroupement est une cause d'aggravation de peine.

1. Ce décret n'est pas, comme l'imprime par erreur le *Bulletin des lois*, un « Règlement d'administration publique » ; il n'y a pas de pareils règlements sans loi.

C'est le maire, un de ses adjoints, ou le commissaire de police, qui, ceint de son écharpe, invite et porte les citoyens à se disperser. S'ils n'obéissent pas, après un roulement de tambour, le magistrat fera sommation à l'attroupement de se dissoudre. La formule à employer est indiquée dans la loi du 3 août 1791 : « Obéissance à la loi. On va faire usage de la force. Que les bons citoyens se retirent. »

Cette première sommation restant sans effet, il y en aura une deuxième, puis une troisième, précédées chacune d'un roulement de tambour ou « du son de la trompette ». Après quoi, s'il est nécessaire, il pourra être fait usage de la force. Les arrestations n'ont pas besoin d'être précédées de trois sommations, et si le représentant de l'autorité est attaqué par des gens armés, il lui est permis, on le comprend, de se défendre.

Le préfet ou tout autre agent ou dépositaire de la force publique et du pouvoir exécutif, portant l'écharpe tricolore, peut faire les sommations.

Les peines varient selon le degré de la résistance opposée à l'autorité publique.

2. L'arrêt qui suit fait suffisamment connaître le fait auquel il s'applique, tout commentaire est donc superflu.

La Cour,

*Considérant que* F... est prévenu d'avoir, par des discours proférés en public, provoqué directement à un attroupement sans que cette provocation ait été suivie d'effet, ce qui constituerait dans l'opinion du ministère public un délit prévu par l'art. 6 de la loi du 7 avril 1848;

Sur la compétence :

*Considérant*, d'une part, que l'art. 45 de la loi du 29 juillet 1881 attribue à la cour d'assises la connaissance non pas de tous les délits de parole ou de publication, mais seulement des délits prévus par la présente loi;

Que, pour des infractions de même nature qui demeurent susceptibles d'être poursuivies sur le fondement d'anciennes lois non abrogées par celle de 1881, la règle de compétence devra être cherchée ailleurs, ainsi que la Cour de cassation l'a jugé récemment à l'occasion de faits d'outrages, repris en vertu de l'art. 224 du Code pénal;

*Considérant*, d'autre part, qu'à la vérité l'art. 10 de la loi du 7 juin 1848 déférait tous les délits d'attroupement à la cour d'assises, mais que cet ar.icle a été abrogé par l'art. 4 du décret du 25 février 1852; que, s'il est vrai qu'il ait été remis en vigueur en ce qui concernait des provocations au moyen de discours ou de publications, par la loi du 15 avril 1871, on ne peut méconnaître que dans le dernier état de la législation sur la presse, antérieure à 1881, le délit imputé à F... ne fût de la compétence de tribunaux correctionnels, puisqu'aux termes de la loi du 29 décembre 1875, les tribunaux connaissent de toute provocation à commettre un délit, qu'elle fût ou non suivie d'effet;

*Considérant* que cette loi de 1875 a été effacée à son tour par l'art. 68 de la loi du 29 juillet 1881, mais que ledit article déclare formellement que l'abrogation des lois antérieures ne fera pas revivre les dispositions que ces lois elles-mêmes avaient abrogées; que par conséquent l'art. 10 de la loi du 7 juin 1848,

abrogé une première fois en 1852, remis en vigueur en 1871, abrogé de nouveau en 1875, ne saurait être actuellement invoqué par l'appelant ;

Qu'en l'état, en admettant que l'art. 6 de la loi du 7 juin 1848 soit encore applicable au cas de provocation non suivie d'effet à un attroupement, question qui demeure réservée pour être débattue devant les juges du fond, cette infraction ne demeurerait soumise à aucune règle de compétence ;

Qu'elle ne relève donc que du droit commun, c'est-à-dire qu'étant passible d'une peine correctionnelle, elle doit être déférée aux tribunaux institués par l'art. 179 du Code d'instruction criminelle pour le jugement des simples délits ;

Par ces motifs,

Confirme, etc., etc. (C. de Paris 18 *avril* 1883.)

**AUDITEUR.** *Voy.* **Conseil d'État.**

**AUMONIER.** (*Dict.*) La loi du 8 juillet 1880 abroge la loi du 20 mai 1874 sur l'aumônerie militaire.

**AUTORISATION DE PLAIDER.** Nous traitons la jurisprudence relative à cette matière, soit à **Conseil de préfecture**, soit à **Culte, Fabrique, Organisation communale**, etc., en un mot, aux articles consacrés aux établissements qui ont besoin d'une autorisation.

Voir, par exemple, plus loin **Culte catholique** et **Culte israélite.**

**AUTORITÉ MUNICIPALE.** *Voy.* **Organisation communale.**

**AVOCAT.** (*Dict.*) *Voy.* **Conseil de préfecture.**

BIBLIOGRAPHIE.

Abrégé des règles de la profession d'avocat, par M. Alb. Liouville. Paris, Marchal et Billiard. 1882.

**AVOUÉS.** (*Dict.*) **1.** Le décret du 25 juin 1878 permet aux avoués de plaider en cas d'absence d'avocat. (*Voy.* le rapport et le décret au *Journal officiel* du 3 juillet 1878.)

**2.** L'avoué de l'adjudicataire, auquel l'huissier remet par erreur la copie de l'exploit de dénonciation de surenchère destiné à l'avoué du poursuivant, n'est pas obligé, même s'il s'aperçoit de l'erreur, de rendre la copie à l'hussier et de signaler, soit à cet officier ministériel, soit aux parties intéressées, cette interversion de copie ; par suite, s'il s'abstient de le faire, il ne peut être réputé avoir commis une faute susceptible d'engager sa responsabilité.

C'est ainsi qu'a jugé la Cour de cassation le 28 janvier 1879.

Il nous semble qu'ici la lettre tue, et nous préférons le jugement du tribunal que la Cour a cassé. Nous trouvons le fait incriminé si grave que nous croyons qu'à défaut de condamnation on aurait dû procéder disciplinairement contre l'officier ministériel en question. Il est du devoir strict de tous ceux qui coopèrent à la justice de ne rien faire qui entrave le jeu de son savant et coûteux mécanisme, à tel point que si un fait pareil à celui qui vient d'être cité — et qui est très rare — se renouvelait parfois, le législateur serait forcé d'aviser. (*Voy.* la *Jurisprudence générale* de DALLOZ, année 1879, I, p. 151.)

# B

**BAC.** (*Dict.*) **1.** Au n° 10 de l'article du *Dictionnaire* ajouter, parmi les personnes jouissant de la franchise, les fonctionnaires et agents de la marine suivants : inspecteurs de la marine ; officiers du commissariat ; commis et écrivains de la marine ; inspecteurs des pêches ; syndics des gens de mer ; gardes maritimes ; prud'hommes pêcheurs ; gardes jurés des pêches. (*Déc. Min. des fin.* 28 *mars*

1855 ; *Circ. Min. de la mar.* 19 *avril* 1855 ; *Circ. Min. des trav. publ.* 6 *janv.* 1859.)

**2.** *Bac sur les bras de mer.* A titre de complément à l'article du *Dictionnaire*, un homme spécial veut bien nous envoyer les lignes qui suivent :

« Les passages d'eau sur les bras de mer sembleraient devoir jouir d'une entière liberté sous le rapport de la concurrence et n'être soumis, envers l'administration, qu'aux mesures de police exigées par la sécurité des voyageurs ; cependant il résulte d'instructions données le 25 juin 1856 (*Bull. off.*, p. 561) par le ministre de la marine, à la demande de son collègue de l'agriculture, du commerce et des travaux publics, que la loi du 6 frimaire an VII, régissant les bacs et passages d'eau sur les cours d'eau navigables, étendue à ceux des cours d'eau non navigables par la loi du 14 floréal an X qui les a confondus, serait applicable aux passages des bras de mer qui deviennent, par suite, exploitables au profit de l'État ou des départements, suivant l'importance de la route qu'ils relient.

« On est en droit de se demander si une simple décision ministérielle peut suppléer un acte législatif quand surtout on lit la circulaire annexée à celle du 24 juin 1856 où l'on remarque le passage suivant :

« En droit strict, en effet, la loi de frimaire « ne peut régir les bacs et bateaux de passage « établis sur les bras de mer ; il suffit d'en lire « le titre : *Loi relative au régime, à la police* « *et à l'administration des bacs et bateaux* « *sur les fleuves, rivières et canaux naviga-* « *bles.* Conséquemment, son action ne saurait « légalement dépasser, sur ces cours d'eau, la « limite séparative de la rive et du rivage déter-« minée conformément à l'art. 2 de la loi du 21 « février 1852. »

« Nonobstant l'admission de ce principe, le ministre conclut à l'application à tous les passages en général de la loi du 6 frimaire an VII, dans le but, dit-il, de conserver au service des bacs son caractère d'ordre, de permanence et de périodicité, mais sous les réserves suivantes :

« La reconnaissance du privilège accordé aux fermiers des bacs et bateaux destinés aux passages dans la zone réservée, connue sous le nom de port du bac [1] ;

« L'interdiction absolue de cette zone à tout patron qui voudrait y établir un service régulier et périodique pour le transport des voyageurs et des marchandises ;

« La faculté pour les bacs, batelets et bachots servant à l'usage de la pêche et de la marine marchande, d'effectuer accidentellement ces sortes de transports dans ladite zone. (C. B.) »

**BAINS.** La surveillance des bains incombe au maire comme fonctionnaire chargé de la police. C'est à lui à prendre, s'il y a lieu, les mesures nécessaires au point de vue de la décence, de la sécurité et de la salubrité. La décence et la salubrité sont surtout intéressées dans les bains de rivière — avec ou sans bateaux, — la salubrité dans les maisons de bains. Les ordonnances du préfet de police de la Seine des 20 mai 1839 et 25 octobre 1840 sont citées comme modèle, et comme elles ont été fréquemment publiées, il est facile de se les procurer. Il n'est pas nécessaire d'ajouter que dans chaque commune le maire doit

1. La circulaire ministérielle des travaux publics du 6 janvier 1859 stipule que quand l'étendue du port du bac n'aura pas été déterminée au cahier des charges, elle sera considérée comme étant d'un kilomètre au plus, moitié en dessus et moitié en dessous du lieu du passage.

surtout s'inspirer des besoins locaux et ne comprendre dans son arrêté réglementaire que les choses applicables.

**BALAYAGE. 1.** *Voy.* au mot **Organisation communale**, art. 133, ce qui est relatif à la taxe du balayage. *Voy.* aussi l'article **Paris.**

2. *Jurisprudence.* Il résulte d'un récent arrêt, rendu par la chambre criminelle de la Cour de cassation, qu'un maire peut, en prenant un arrêté sur le balayage des voies publiques, étendre aux cours communes des maisons l'obligation d'y maintenir la propreté en les balayant exactement chaque matin. L'arrêté du maire est obligatoire pour les propriétaires, sans qu'ils puissent prétendre que, n'habitant pas leurs maisons louées à des tiers, l'obligation ne pouvait incomber qu'à ces derniers. (*Cass.* 13 *févr.* 1883.) [*Voy. aussi* **Organisation communale**, *art.* 134.]

**BALISAGE.** (*Dict.*) *Protection dans les eaux maritimes.* — Loi du 27 mars 1882 :

Art. 1er. Il est défendu à tout capitaine, maître ou patron d'un navire, bateau ou embarcation, de s'amarrer sur un feu flottant, sur une balise ou sur une bouée qui ne serait pas destinée à cet usage.

Il est également défendu de jeter l'ancre dans le cercle d'évitage d'un feu flottant ou d'une bouée.

Ces interdictions ne s'appliquent pas au cas où le navire, bateau ou embarcation serait en danger de perdition.

Art. 2. Toute contravention aux prescriptions de l'article précédent est punie d'une amende de dix francs (10 fr.) à quinze francs (15 fr.) inclusivement. Le contrevenant pourra, en outre, être condamné à la peine de l'emprisonnement pendant cinq jours au plus.

Art. 3. Le capitaine ou patron de tout navire, bateau ou embarcation qui, par suite d'un amarrage ou du mouillage d'une ancre, ou de toute autre cause accidentelle, a coulé, déplacé, renversé ou détérioré un feu flottant, une bouée ou une balise, est tenu d'en faire la déclaration, dans les vingt-quatre heures de son arrivée, au premier port de France où il aborde, à l'officier ou maître du port, ou, à leur défaut, au syndic des gens de mer. En pays étranger, cette déclaration devra être faite à l'agent consulaire français le plus rapproché du lieu d'arrivée.

Faute de déclaration, il est puni d'un emprisonnement de dix jours à trois mois et d'une amende de vingt-cinq francs (25 fr.) à cent francs (100 fr.).

Si la déclaration est faite dans les conditions ci-dessus déterminées, il est affranchi de la réparation du dommage causé.

Art. 4. La déclaration exigée par l'article précédent est obligatoire, sous les mêmes peines, pour le capitaine, maître ou patron du navire, bateau ou embarcation qui, en cas de danger de perdition, s'est amarré sur un feu flottant, sur une balise ou sur une bouée qui n'était pas destinée à cet usage.

Art. 5. Quiconque a intentionnellement détruit, abattu ou dégradé un feu flottant, une bouée ou une balise, est puni d'un emprisonnement de six mois à trois ans et d'une amende de cent francs (100 fr.) à cinq cents francs (500 fr.), sans préjudice de la réparation du dommage causé.

Art. 6. La peine de l'emprisonnement, telle qu'elle est prévue aux art. 2, 3, 4 et 5, peut être élevée jusqu'au double en cas de récidive.

Il y a récidive, lorsqu'il a été rendu contre le contrevenant ou le délinquant, dans les douze mois précédents, un premier jugement pour infraction à la présente loi.

Art. 7. Les dispositions de l'art. 463 du Code pénal sont applicables dans tous les cas où les tribunaux correctionnels ou de simple police statuent par application des dispositions qui précèdent.

Art. 8. Les contraventions et délits sont constatés par les officiers commandant les bâtiments de l'État, les officiers et maîtres de port, les conducteurs et autres agents assermentés du service des ponts et chaussées, les officiers mariniers commandant les embarcations garde-pêche, les syndics des gens de mer, les gendarmes maritimes, les gardes maritimes, les guetteurs des postes sémaphoriques et les pilotes, qui devront être spécialement assermentés à cet effet, ainsi que par les agents et préposés des douanes.

Art. 9. Les procès-verbaux dressés en vertu du précédent article font foi jusqu'à preuve contraire.

Ils doivent, à peine de nullité, être affirmés dans les trois jours de la clôture desdits procès-verbaux ou au retour à terre de l'agent qui aura constaté le délit ou la contravention, soit devant le juge de paix du canton, soit devant le maire de la commune où réside l'agent qui a dressé le procès-verbal.

Toutefois, les procès-verbaux dressés par les officiers commandant les bâtiments de l'État, les officiers de port, les officiers mariniers commandant les embarcations garde-pêche, les officiers de gendarmerie et les officiers de douane, ne sont pas soumis à l'affirmation.

Art. 10. Les procès-verbaux sont remis ou envoyés soit directement, soit par l'intermédiaire de l'officier ou du maître de port le plus rapproché, à l'ingénieur des ponts et chaussées chargé du service maritime.

Les poursuites ont lieu, soit à la diligence du ministère public, soit à la diligence de l'ingénieur du service maritime, qui a le droit, dans ce dernier cas, d'exposer l'affaire devant le tribunal et d'être entendu à l'appui de ses conclusions.

L'affaire est portée, suivant la nature de l'infraction poursuivie, devant le tribunal de police ou devant le tribunal correctionnel du port le plus voisin du lieu où l'infraction a été commise, ou devant le tribunal du port français dans lequel le navire peut être trouvé, ou enfin du port auquel appartient le navire français.

**BANQUE DE FRANCE.** (Dict.) 1. *Timbre.* Les droits de timbre à la charge de la Banque de France, qui sont perçus, aux termes de l'art. 9 de la loi du 30 juin 1840, de l'art. 2 de la loi du 23 août 1871 et de l'art. 3 de la loi du 19 février 1874, sur la moyenne des billets au porteur ou à ordre en circulation pendant le cours de l'année, ne porteront à l'avenir que sur la quotité moyenne desdits billets correspondant aux opérations productives et commerciales, telles que l'escompte, le prêt ou les avances.

La quotité des billets au porteur ou à ordre formant le complément de la circulation moyenne sera passible d'un droit de timbre de vingt centimes par mille francs (0 fr. 20 p. 1,000 fr.).

Un arrêté du ministre des finances déterminera le mode de calcul à suivre pour établir, d'après ces bases, le chiffre de la circulation passible des droits de timbre de 1 fr. 50 c. p. 1,000[1] ou de 20 c. p. 1,000. (L. 13 juin 1878, art. 2.)

2. *Avances au Trésor.* La même loi du 13 juin 1878, qui prend les dispositions qu'on vient de lire, approuve une convention conclue par l'État avec la Banque de France, et dont les motifs expliquent en même temps l'opportunité de la loi du 13 juin. Voici ces motifs:

1° La Banque de France s'est engagée, aux termes du traité du 10 juin 1857, à avancer au Trésor une somme de 60 millions qui ne porte intérêt que lorsque le solde créditeur du Trésor descend à un chiffre inférieur. Cette avance qui, avant 1872, constituait en moyenne 61 p. 100 du solde des fonds déposés en compte courant par le Trésor, ne représente plus depuis cette époque que 36 p. 100 environ du même solde. Il y aurait tout avantage pour l'État à augmenter l'avance dont il s'agit d'une manière permanente en la portant à un chiffre en rapport avec l'importance des disponibilités que comporte la situation actuelle du budget et du service de trésorerie;

2° La comparaison de la somme des billets au porteur en circulation, d'une part, avec le total des opérations productives de la Banque (escompte, prêts ou avances), et, d'autre part, avec le total du numéraire qu'elle détient, fait ressortir un excédent de circulation fiduciaire causé par les dépôts de numéraire en échange de billets.

Cette partie de l'émission constitue, pour la Banque, une aggravation sans compensation de ses charges, en lui imposant l'obligation de supporter le droit de timbre établi par les lois des 30 juin 1840, 23 août 1871 et 19 février 1874, sur des opérations qui ne lui rapportent aucun profit. La Banque a cru devoir chercher un remède à cet état de choses dans l'adoption de certaines mesures restrictives de l'émission des coupures de 100 fr., dont la pénurie n'a que tardé à susciter des plaintes sérieuses et multipliées. Afin de concilier tous les intérêts, le ministre des finances a consenti à examiner s'il n'y aurait pas lieu de dégager la Banque des conséquences de l'application rigoureuse de la loi du 9 juin 1840 à une situation imprévue à cette époque, en cherchant une base de perception de l'impôt plus conforme à la vérité et aux faits actuels.

En conséquence, entre les parties contractantes ci-dessus énoncées, il a été convenu et stipulé ce qui suit:

Art. 1er. La Banque de France s'engage pour une durée de dix années, à partir de la promulgation de la loi qui interviendra, et sauf renouvellement, s'il y a lieu, à fournir au Trésor, au fur et à mesure de ses besoins, des avances qui pourront s'élever à 80 millions, indépendamment des 60 millions déjà avancés par elle, en exécution du traité du 10 juin 1857.

Des bons du Trésor, renouvelables de trois mois en trois mois, seront délivrés à la Banque en garantie des avances.

Art. 2. Les sommes qui seront portées au débit du Trésor, en vertu de la présente convention se compenseront jusqu'à due concurrence avec celles qui forment le crédit de son compte courant tant à Paris que dans les succursales, de telle sorte que les intérêts dus par le Trésor ne soient calculés chaque jour que sur les soldes dont il sera réellement débiteur.

Ces intérêts seront réglés à 1 p. 100.

Art. 3. Il n'est dérogé en rien aux stipulations du traité du 10 juin 1857, concernant l'ancienne avance de 60 millions.

Art. 4. Le ministre des finances s'engage à présenter à l'approbation des pouvoirs législatifs

1. Le droit du timbre a été réduit d'une manière générale par la loi de finances du 22 décembre 1878.

un projet de loi à l'effet de régler la perception du droit de timbre sur les billets au porteur ou à ordre émis par la Banque de France, de telle sorte que la portion desdits billets qui ne correspond pas uniquement aux opérations utiles et commerciales d'escompte, de prêts ou d'avances, ne soit passible que d'un droit de timbre de vingt centimes par mille francs (20 c. p. 1,000). [*Voy. plus haut la loi du* 13 *juin.*]

Art. 5. Les clauses qui précèdent étant considérées par les contractants comme parties essentielles et indivisibles de la présente convention, il est entendu que, si l'une d'elles n'était pas ratifiée par les pouvoirs législatifs, cette convention serait nulle et de nul effet.

3. *Émissions.* En vertu de la loi de finances du 30 janvier 1884 (*Journ. off.* du même jour, budget de 1884), art. 8, « le chiffre des émissions des billets de la Banque de France et de ses succursales, fixé au maximum de 3 milliards 200 millions, est élevé provisoirement à 3 milliards 500 millions ».

4. *Chèques.* Dans une note publiée le 31 janvier 1881, la Banque donne les renseignements suivants sur les principales mesures récemment adoptées par elle pour étendre ses rapports avec le public.

La Banque met à la disposition de tous ses comptes courants des carnets de chèque endossables, soit directs, soit indirects. Les frais du timbre sont à la charge du compte courant. Le chèque direct est payable là où le compte est ouvert. Il est imprimé en violet. Il sert à tous les retraits de fonds, et il est toujours gratuit. Le chèque indirect est payable dans un comptoir de la Banque autre que celui où le compte est ouvert. Il est imprimé en rose, et il est muni de deux talons. Il ne supporte aucuns frais lorsqu'il est fourni jusqu'à concurrence des sommes dont le compte est crédité par la voie de l'escompte ou par celle du comptant. Cette faculté subsiste pendant cinq jours, y compris celui de la présentation à l'escompte ou de la remise à l'encaissement. Dans ce dernier cas, il faut qu'il y ait provision si le compte n'est pas encore crédité du produit de l'encaissement.

5. En dehors de ces conditions, le chèque indirect supporte la même commission que le billet à ordre. Le chèque indirect doit, le jour même de sa date, être présenté, avec son talon de droite tout rempli, au lieu où le compte est ouvert, pour y recevoir un numéro de contrôle, y être frappé d'un timbre sec, et y recevoir l'impression de sa somme à l'encre grasse. S'il émane d'un compte courant extérieur, il peut être acheminé directement au bénéficiaire par les soins de la Banque au moyen d'enveloppes toutes préparées, adressées et affranchies par le compte courant.

6. Pour les chèques de 500,000 fr. et au-dessus, la Banque se réserve la faculté de retarder pendant vingt-quatre heures la remise au tireur, ou l'envoi au destinataire; il en est de même si plusieurs chèques fournis à la même date par un compte courant sur une même succursale forment ensemble un total égal ou supérieur à 500,000 fr.

7. *Compte courant d'avances.* Tous les comptes courants de la Banque peuvent obtenir, sur leur demande, l'ouverture d'un compte courant spécial d'avances.

Cette demande doit être adressée, à Paris, au gouverneur de la Banque de France, et dans les départements, aux directeurs des succursales. Elle énonce :

1º Le chiffre du crédit désiré, qui ne peut être inférieur à mille francs ni supérieur à trois millions ;

2º La nature des titres que le compte courant offre de déposer en nantissement. Ces titres doivent être du nombre de ceux que la Banque admet en garantie d'avances, et le crédit demandé ne doit pas excéder la proportion prêtée par la Banque en matière d'avances ordinaires.

8. Le titulaire fait usage de son compte en tirant des chèques directs ou indirects (ceux-ci sans frais) à l'ordre de tiers, ou en fournissant des mandats rouges au profit, soit des autres comptes courants de la Banque, soit de son compte courant ordinaire. Ces chèques et ces mandats rouges doivent porter, très lisiblement écrits, en travers de la pièce, les mots : *Comptes courants d'avances.* Ces mots doivent être accompagnés d'une seconde signature du titulaire.

9. Chaque prélèvement ou chaque remboursement ne peut être inférieur à cinq cents francs et doit toujours être fait en sommes rondes sans appoint au-dessous de cent francs.

Les avances en compte courant sont consenties pour un délai minimum de cinq jours et maximum de dix jours. Après le dixième jour, la Banque est maîtresse d'exiger le remboursement en prévenant le titulaire au moyen d'une lettre chargée. Si elle n'use pas de ce droit, l'avance continue jusqu'à ce que l'une des deux parties veuille la faire cesser.

10. L'intérêt, même dans le cours des dix jours, suit les différents taux fixés pour les avances sur titres.

11. Les arrérages des valeurs déposées sont encaissés sans frais et portés d'office au crédit du compte courant ordinaire.

12. Les titres déposés peuvent être remplacés par d'autres de même importance. Ils peuvent être simplement retirés par le titulaire, à moins qu'ils ne répondent d'une avance en cours. S'il les a retirés en totalité ou en partie, sans les remplacer par d'autres, le crédit est diminué et supprimé et ne peut être rétabli dans son état primitif qu'au moyen d'une nouvelle demande.

13. Les comptes courants d'avances sont arrêtés tous les six mois, les 1er juin et 1er décembre de chaque année. Ils sont débités pour tous frais des intérêts sur les sommes prélevées.

Toutefois, si le compte n'a pas fonctionné, il est chargé *pour un semestre* d'un droit de 10 cent. par 25 fr. de rente déposée ou fraction de 25 fr. de rente, et de 20 cent. par titre (action ou obligation). Ce droit est le minimum de frais que doit supporter le compte courant d'avances.

14. *Modifications apportées au service des avances ordinaires.* La Banque de France admet en garantie d'avances ou d'escompte les titres des emprunts contractés par :

1º Les départements de la Gironde, de la Loire,

de la Loire-Inférieure, de Meurthe-et-Moselle, du Nord, de la Sarthe, de la Seine et de la Seine-Inférieure ;

2° Les villes de Bordeaux, Bourges, Dunkerque, Le Havre, Lille, Lyon, Marseille, Le Mans, Nancy, Nantes, Nîmes, Orléans, Roubaix-Tourcoing et Rouen ;

3° Les chambres de commerce de Bordeaux et de Marseille.

**15.** La proportion du prêt est de 75 p. 100 sur la valeur vénale des titres de ces emprunts, sans que cette valeur puisse être estimée au-dessus du pair.

**16.** La Banque fait également des avances sur nantissement des actions de jouissance des chemins de fer de l'Est, d'Orléans, de l'Ouest, du Midi et du Nord, mais elle ne prête que 60 p. 100 de la valeur vénale de ces actions.

**17.** En outre, la Banque encaisse et paie, sans frais, aux emprunteurs, tant à Paris que dans les succursales, les arrérages des titres déposés ou transférés par eux en garantie d'avances ou d'escomptes. Mais pour les titres déposés en succursales, l'envoi à Paris, par lettres recommandées, des coupons non susceptibles d'être encaissés sur place, n'a lieu que sur la demande des emprunteurs et à leurs risques et périls.

**18.** *Comptes courants extérieurs.* Les négociants qui ne résident pas au siège d'une succursale peuvent, sans être obligés d'y prendre domicile, obtenir, en s'adressant au directeur de la succursale, un compte courant avec une faculté d'escompte. Dans ce cas, les titulaires des comptes courants envoient leurs bordereaux et effets par la poste, et la succursale leur fait parvenir, soit par la poste, soit par le chemin de fer, et sous les conditions ci-après énumérées, le net de leur présentation.

**19.** La succursale peut également faire à des tiers, sur la demande et sur les indications du compte courant extérieur, l'envoi de tout ou partie des sommes portées au crédit de celui-ci, soit en billets de banque, soit par voie de virement, soit en chèques indirects.

**20.** Le compte courant extérieur n'est accordé qu'à la charge, par le titulaire :

1° De déclarer que :

    Les envois de bordereaux et d'effets par lui adressés à la succursale ;

    Les envois par la succursale du produit de l'escompte en billets ou numéraire à lui ou à des tiers ;

    Les renvois d'effets ;

auront lieu à ses frais et risques.

2° De joindre à chacun de ces envois d'effets un mandat rouge signé en blanc. Ce mandat est rempli par le teneur de livres, le caissier et le directeur concurremment. Il porte la somme dont le compte est débité.

3° De prendre, d'accord avec le directeur de la succursale, les mesures propres à empêcher que le compte courant extérieur puisse se trouver débiteur par le fait d'effets retournés faute d'acceptation ou de paiement.

**21.** Le directeur avise par une lettre le compte courant qu'il est crédité :

*a)* Du net des effets admis ;

*b)* De ses versements s'il en fait ;

*c)* Des virements, billets à ordre et chèques à son profit ;

et qu'il est débité :

*a)* De la somme en billets ou espèces à lui adressée, ou des sommes en billets de banque adressées à des tiers sur sa demande;

*b)* Des effets renvoyés faute d'acceptation ou de paiement ;

*c)* Des virements qu'il a pris ou des chèques qu'il a fournis ;

*d)* Des effets domiciliés à la succursale et payés pour son compte ;

*e)* Des effets réclamés par lui.

**22.** Les lettres adressées par la succursale au compte courant ou à des tiers pour son compte sont, suivant le désir exprimé par lui, recommandées ou chargées.

**23.** Les comptes courants extérieurs sont maîtres d'endosser à l'ordre de la Banque les effets de leurs bordereaux. Dans ce cas, ils doivent faire usage d'une griffe dont le modèle leur est fourni par la Banque.

**24.** En cas de rejet d'un effet, l'endossement fait au profit de la Banque et la signature du présentateur sont barrés par le directeur lui-même.

**25.** Le conseil général de la Banque, dans sa séance du 19 mai 1881, a adopté la résolution de prendre à l'escompte et d'encaisser le papier payable dans un certain nombre de villes situées à proximité de ces comptoirs.

Cette mesure a été appliquée d'abord aux vingt villes suivantes :

Alençon, Bar-sur-Aube, Beaune, Calais, Charleville, Châtellerault, Denain, Dôle, Épernay, Libourne, Mézières, Montbéliard, Narbonne, Nogent-sur-Seine, Pau, Rive-de-Gier, Rochefort, Romilly, Saint-Chamond et Saint-Pierre-lès-Calais.

L'encaissement y sera fait sans commission avec un minimum de dix jours d'intérêt, six fois par mois, aux principales échéances, c'est-à-dire les 5, 10, 15, 20, 25 et le dernier jour du mois.

Le public trouvera dans cette pratique nouvelle le grand avantage de pouvoir négocier à des conditions favorables le papier payable dans des villes non pourvues de succursales de la Banque de France.

**26.** Par suite d'un accord intervenu entre la Banque de France et la chambre syndicale des agents de change de Paris, celle-ci pourra désormais déposer à la Banque tous les titres qui se répartissent, par suite des négociations de Bourse, entre les soixante agents, membres de la compagnie.

Cette mesure présentera dans ses effets une sécurité absolue, et elle aura, en outre, l'avantage considérable de permettre, par un système de compensation extrêmement simple, l'immobilisation de la plus grande partie des titres qui forment le mouvement des liquidations.

**27.** Une décision ministérielle du mois de juillet 1881 autorise certains comptables à admettre les récépissés de la Banque de France et les mandats de virements sur cet établissement dans les versements effectués à leurs caisses en paiement des droits dus au Trésor. Les trésoriers généraux ont reçu, à ce sujet, les instructions suivantes par le directeur du mouvement général des fonds et par le directeur général de la comptabilité publique :

Il importe que les mandats de virement reçus dans les caisses publiques soient remis à l'encaissement dans le moindre délai possible, afin de dégager la responsabilité des comptables. A cet effet, et aux termes de l'art. 5 de l'arrêté ministériel, les percepteurs et les receveurs des administrations financières sont tenus de verser ces mandats, le jour même de leur réception ou le lendemain matin au plus tard : à Paris, à la caisse centrale du Trésor, et, dans les départements, au receveur des finances de leur arrondissement. De leur côté, le caissier du Trésor et les receveurs des finances doivent reverser les mandats à la Banque de France ou à ses succursales *le jour même* où ils les auront reçus des autres comptables.

Enfin, l'art. 6 de l'arrêté porte que le caissier du Trésor et les receveurs des finances délivreront *immédiatement* récépissé des mandats de virement qui leur seront versés par les autres comptables. Jusqu'ici, en effet, il était d'usage de différer la délivrance du récépissé jusqu'après l'encaissement du mandat ; mais ce mode de procéder n'a plus de raison d'être aujourd'hui que les récépissés mentionneront le montant des mandats compris dans les versements des comptables, et qu'il serait facile au caissier du Trésor et aux receveurs des finances, en cas de rejet des mandats, d'exercer leur recours contre ceux qui les auront versés.

Si cette éventualité venait à se présenter, le comptable qui aurait reçu d'un autre comptable un mandat de virement et qui l'en aurait crédité en lui délivrant son récépissé, devrait le débiter *d'office*, en lui restituant le mandat non encaissé, et exiger un récépissé de contre-valeur. Tout rejet de mandat par la Banque de France devrait d'ailleurs être notifié sans aucun délai à la direction du mouvement général des fonds.

**BARREAU**, expression synonyme d'*ordre des avocats ;* elle vient de *barre*, les avocats s'avançant pour plaider à la barre qui sépare le tribunal du public.

**BARRIÈRE DE DÉGEL.** Voyez au *Dictionnaire* le mot **Roulage**, qui indique une modification survenue aux dispositions qui avaient été en vigueur antérieurement.

**BATEAUX A VAPEUR.** (*Dict.*) Le décret du 9 avril 1883, qui réglemente à nouveau les bateaux à vapeur naviguant sur les fleuves, rivières, canaux, lacs ou étangs (*Journal officiel* du 25 avril 1883), est ainsi conçu :

SOMMAIRE.

**TITRE I. — DES PERMIS DE NAVIGATION.**

Art. 1er. Sont assujettis aux dispositions du présent décret, les bateaux à vapeur qui naviguent sur les fleuves, rivières, canaux, lacs ou étangs d'eau douce.

Ces dispositions cessent d'être applicables à l'embouchure des fleuves, en aval d'une limite qui, pour chaque fleuve, est déterminée par un décret rendu après enquête, sur le rapport du ministre des travaux publics et du ministre de la marine.

**Sect. 1. — Formalités préliminaires.**

Art. 2. Aucun bateau à vapeur ne peut être mis en service sans un permis de navigation.

Toute demande en permis de navigation est adressée par le propriétaire du bateau au préfet du département où se trouve le point de départ.

Art. 3. Dans sa demande, le propriétaire fait connaître :

1° Le nom du bateau;

2° Ses principales dimensions, son tirant d'eau à vide et à charge complète, et sa charge maximum exprimée en tonneaux de 1,000 kilogr. ;

3° Le nom et le domicile du vendeur des chaudières, ou l'origine de ces appareils;

4° La capacité et la surface de chauffe des chaudières;

5° Le numéro du timbre exprimant en kilogrammes, par centimètre carré, la pression effective maximum sous laquelle ces appareils doivent fonctionner ;

6° Un numéro d'ordre distinctif par chaque chaudière, si le bateau en porte plusieurs ;

7° La puissance des machines en chevaux de 75 kilogrammètres par seconde, indiqués sur le piston ;

8° Le service auquel le bateau est destiné (transport des passagers ou des marchandises, touage, etc.) et les lignes de navigation qu'il est appelé à desservir;

9° Le nombre maximum des passagers qui pourront être reçus dans le bateau;

10° S'il y a lieu, le nombre et la capacité des récipients placés à bord.

Cette demande est accompagnée d'un dessin des chaudières.

Elle est envoyée par le préfet à la commission de

surveillance compétente, conformément à l'art. 54 du présent décret.

### Sect. 2. — Des visites et des essais des bateaux à vapeur.

Art. 4. La commission de surveillance visite le bateau à vapeur à l'effet de s'assurer :

1° S'il est construit avec solidité, s'il présente une stabilité suffisante et si l'on a pris toutes les précautions requises, spécialement pour le cas où il serait destiné à un service de passagers ;

2° Si les chaudières et les récipients ont été soumis aux épreuves voulues et si ces appareils sont pourvus des moyens de sûreté prescrits par le présent décret ;

3° Si les chaudières, en raison de leur forme, du mode de jonction de leurs diverses parties, de la nature des matériaux employés à leur construction, ne présentent aucune cause particulière de danger ;

4° Si l'on a pris toutes les précautions nécessaires pour prévenir les chances d'incendie.

Art. 5. Indépendamment de la visite, la commission assiste à un essai du bateau, dont elle trace le programme en se conformant aux conditions qui seront définies par une instruction ministérielle ; elle en constate les résultats et vérifie, notamment, si l'appareil moteur a une puissance suffisante pour le service auquel le bateau est destiné.

Art. 6. La commission dresse un procès-verbal de ses opérations et l'envoie immédiatement au préfet du département, avec ses propositions motivées concluant à la délivrance, à l'ajournement ou au refus du permis.

### Sect. 3. — Délivrance des permis de navigation.

Art. 7. Sur le vu de ce procès-verbal et dans un délai maximum de huit jours après sa remise, le préfet délivre, s'il y a lieu, le permis de navigation.

Lorsqu'il reconnaît, après la commission de surveillance, qu'il convient de surseoir à la délivrance du permis ou de le refuser, il notifie, dans le même délai que ci-dessus, sa décision motivée au demandeur, sauf recours de celui-ci devant le ministre des travaux publics.

En cas de recours contre une décision du préfet, motivée sur l'état d'une chaudière, le ministre des travaux publics statue, après avoir pris l'avis de la commission centrale des machines à vapeur.

Art. 8. Dans le permis de navigation sont énoncés :

1° Le nom du bateau et le nom du propriétaire ;

2° Les principales dimensions du bateau, son tirant d'eau à vide et à charge complète, et sa charge maximum exprimée en tonneaux de 1,000 kilogr. ;

3° La hauteur de la ligne de flottaison, rapportée à des points de repère invariablement établis à l'avant, à l'arrière et au milieu du bateau ;

4° La capacité et la surface de chauffe des chaudières ;

5° Le numéro du timbre exprimant en kilogrammes, par centimètre carré, la pression effective maximum sous laquelle ces appareils doivent fonctionner ;

6° La puissance des machines en chevaux de 75 kilogrammètres par seconde, indiqués sur le piston ;

7° Le nombre et la définition des soupapes de sûreté, ainsi que les conditions auxquelles elles doivent satisfaire, conformément à l'art. 17 ;

8° Le service auquel le bateau est destiné (transport des passagers, des marchandises, touage, etc.), les lignes de navigation qu'il est appelé à desservir et, s'il y a lieu, ses points d'escale en cas de service régulier de passagers ;

9° Le nombre maximum des passagers qui pourront être reçus à bord.

Art. 9. Le permis de navigation cesse d'être valable et doit être renouvelé, soit en cas de changement entraînant des modifications dans ses énonciations, soit en cas d'inobservation des prescriptions de l'art. 55 ci-après. Le renouvellement du permis a lieu dans les mêmes formes que sa délivrance.

Art. 10. Le permis de navigation peut être suspendu ou révoqué par le préfet, dans les cas prévus par les art. 57 et 58.

### TITRE II. — ÉPREUVES ET MESURES DE SÛRETÉ RELATIVES AUX APPAREILS A VAPEUR.

### Sect. 1. — Épreuves des chaudières à vapeur.

Art. 11. Aucune chaudière à vapeur destinée à la navigation fluviale ne peut être mise en service si elle n'a subi la double épreuve ci-après :

L'une, chez le constructeur, par le service de la surveillance des appareils à vapeur du département ;

L'autre, à bord, par les soins de la commission de surveillance.

Toute chaudière venant de l'étranger est éprouvée, en France, par la commission de surveillance avant et après sa mise à bord.

Le préfet pourra néanmoins, sur l'avis conforme de la commission de surveillance, dispenser de la seconde épreuve lorsque, pendant le transport ou la mise en place, il ne se sera produit aucune avarie, et que, depuis la première épreuve, il n'aura été fait à la chaudière ni modifications, ni réparations quelconques.

Art. 12. L'épreuve est renouvelée :

1° Lorsque la chaudière ou une partie de la chaudière a subi des changements ou réparations notables ;

2° Lorsque, par suite d'une nouvelle installation, d'un chômage prolongé ou des conditions dans lesquelles la chaudière fonctionne, il y a lieu d'en suspecter la solidité.

Le renouvellement a lieu au siège de la commission de surveillance dans la circonscription de laquelle la nécessité en a été constatée.

Il appartient à la commission de surveillance d'adresser, après examen, ses propositions au préfet, qui statue, le propriétaire entendu, sauf recours au ministre.

En aucun cas, l'intervalle entre deux épreuves consécutives n'est supérieur à deux années pour les bateaux à voyageurs, et à quatre années pour les bateaux à marchandises, remorqueurs, etc.

Avant l'expiration de ces délais, le propriétaire doit lui-même demander l'épreuve.

Art. 13. L'épreuve consiste à soumettre les chaudières à une pression hydraulique supérieure à celle qui ne doit pas être dépassée dans le service.

Pour les chaudières neuves, remises à neuf ou refondues, la surcharge d'épreuve est égale à la pression effective indiquée par le timbre, sans jamais être inférieure à un demi-kilogramme, ni supérieure à 6 kilogr.

Pour la seconde épreuve de l'art 11, et dans tous les cas prévus par l'art. 12, la surcharge d'épreuve est égale à la moitié de la pression effective indiquée par le timbre, sans jamais être inférieure à un quart de kilogramme, ni supérieure à 3 kilogr.

En cas de contestation touchant la quotité de la surcharge d'épreuve, le préfet statue, sur l'avis de la commission de surveillance.

Art. 14. La pression est maintenue pendant le temps nécessaire à l'examen de la chaudière, dont toutes les parties doivent être visitées.

Le propriétaire fournit la main-d'œuvre et les appareils nécessaires pour l'épreuve.

Art. 15. Après qu'une chaudière ou partie de chaudière a été éprouvée avec succès, il y est apposé un timbre indiquant en kilogrammes, par centimètre carré, la pression effective que la vapeur ne doit pas dépasser.

Les timbres sont poinçonnés par l'agent chargé de procéder à l'épreuve, et reçoivent, par ses soins, trois chiffres indiquant: le jour, le mois et l'année de l'épreuve.

Art. 16. L'épreuve n'est pas exigée pour l'ensemble d'une chaudière dont les diverses parties, éprouvées séparément, ne doivent être réunies que par des tuyaux placés, sur tout leur parcours, en dehors du foyer et les conduits de flammes, et dont les joints peuvent être facilement démontés.

**Sect. 2. — Des appareils de sûreté dont les chaudières à vapeur doivent être munies.**

§ 1. *Des soupapes de sûreté.*

Art. 17. Chaque chaudière est munie de deux soupapes de sûreté chargées de manière à laisser la vapeur s'écouler dès que sa pression atteint la limite maximum indiquée par le timbre dont il est fait mention à l'art. 15.

Chacune des soupapes doit suffire à maintenir à elle seule, étant au besoin convenablement déchargée ou soulevée, et quelle que soit l'activité du feu, la vapeur dans la chaudière à un degré de pression qui n'excède, dans aucun cas, la limite ci-dessus.

Le constructeur est libre de répartir, s'il le préfère, la section totale d'écoulement nécessaire des deux soupapes réglementaires entre un plus grand nombre de soupapes.

§ 2. *Des manomètres.*

Art. 18. Toute chaudière est munie d'un manomètre en bon état placé en vue du chauffeur et gradué de manière à indiquer, en kilogrammes, la pression effective de la vapeur dans la chaudière.

Une marque très apparente sur l'échelle du manomètre indique la limite que la pression ne doit pas dépasser.

La chaudière est munie, en outre, d'un ajutage terminé par une bride de 0$^m$,04 de diamètre et 0$^m$,005 d'épaisseur, disposés pour recevoir le manomètre vérificateur.

§ 3. — *De l'alimentation et des indicateurs du niveau d'eau.*

Art. 19. Toute chaudière est en communication avec deux appareils d'alimentation ; chacun de ces appareils devant pouvoir suffire aux besoins de la chaudière dans toutes les circonstances; l'un d'eux doit fonctionner par des moyens indépendants de la machine motrice du bateau.

Chaque chaudière est munie d'un appareil de retenue, soupape ou clapet, fonctionnant automatiquement et placé à l'insertion du tuyau d'alimentation.

Lorsque plusieurs corps de chaudière sont en communication, l'appareil de retenue est obligatoire pour chacun d'eux.

Art. 20. Chaque corps de chaudière est muni d'une soupape ou d'un robinet d'arrêt de vapeur, placé, autant que possible, à l'origine du tuyau de conduite de vapeur, sur la chaudière même.

Art. 21. Toute paroi en contact, par une de ses faces, avec la flamme, doit être baignée par l'eau sur la face opposée.

Le plan d'eau doit être maintenu à un niveau de marche tel qu'il soit, en toute circonstance, à une hauteur moyenne de 10 centimètres, au moins, au-dessus du point pour lequel la condition précédente cesserait d'être satisfaite. Cette position limite est indiquée d'une manière très apparente, au voisinage du tube de niveau mentionné à l'art. 22 ci-après:

En cas d'oscillation du bateau, on prendra, pour cette hauteur, la moyenne des hauteurs observées.

Les prescriptions énoncées aux paragraphes précédents du présent article ne s'appliquent point :

1° Aux surchauffeurs de vapeur distincts de la chaudière ;

2° A des surfaces relativement peu étendues et placées de manière à ne jamais rougir, même lorsque le feu est poussé à son maximum d'activité, telles que les tubes ou parties de cheminées qui traversent le réservoir de vapeur, en envoyant directement à la cheminée principale les produits de la combustion ;

3° Aux générateurs dits à production de vapeur instantanée.

Art. 22. Chaque chaudière est munie de deux appareils indicateurs du niveau de l'eau, indépendants l'un de l'autre, placés en vue de l'agent chargé de l'alimentation, et convenablement espacés.

L'un de ces deux indicateurs est un tube de verre disposé de manière à pouvoir être facilement nettoyé et remplacé au besoin. L'autre est un système de trois robinets étagés.

**Sect. 3. — Des récipients placés à bord des bateaux.**

Art. 23. Sont soumis aux épreuves, conformément aux art. 11, 12, 13, 14 et 15, les récipients de formes diverses, d'une capacité de plus de 100 litres, au moyen desquels les matières à élaborer sont chauffées, non directement à feu nu, mais par de la vapeur empruntée à un générateur distinct, lorsque leur communication avec l'atmosphère n'est point établie par des moyens excluant toute pression effective notable.

Toutefois, la surcharge d'épreuve sera, dans tous les cas, égale à la moitié de la pression maximum à laquelle l'appareil doit fonctionner, sans que cette surcharge puisse excéder 5 kilogr. par centimètre carré.

Art. 24. Les récipients sont munis d'une soupape de sûreté réglée pour la pression indiquée par le timbre, à moins que cette pression ne soit égale ou supérieure à celle fixée pour la chaudière alimentaire.

L'orifice de cette soupape, convenablement déchargée ou soulevée au besoin, doit suffire à maintenir, pour tous les cas, la vapeur dans le récipient à un degré de pression qui n'excède pas la limite du timbre.

Elle peut être placée, soit sur le récipient lui-même, soit sur le tuyau d'arrivée de la vapeur, entre le robinet et le récipient.

Art. 25. Les dispositions des art. 23 et 24 s'appliquent également aux réservoirs dans lesquels de l'eau à haute température est emmagasinée, pour fournir ensuite un dégagement de vapeur ou de chaleur, quel qu'en soit l'usage.

TITRE III. — DE L'INSTALLATION DES BATEAUX A VAPEUR, DES AGRÈS, APPARAUX ET ÉQUIPAGES.

Art. 26. L'emplacement des chaudières et machines doit être assez grand pour qu'on puisse facilement en faire le service, en visiter toutes les parties.

Les soutes à charbons doivent être séparées des chaudières, de manière à empêcher la propagation du feu.

Des précautions doivent être prises pour mettre le personnel à l'abri des accidents auxquels pourrait l'exposer l'approche des parties mobiles.

Le local de l'appareil moteur doit être séparé des salles réservées aux passagers par des cloisons solidement construites en tôle ou revêtues intérieurement de feuilles de tôle d'un millimètre d'épaisseur au moins, et soigneusement assemblées.

Le plancher et les parois intérieures du local où l'on fait la cuisine, doivent également être revêtus en tôle. Il en est de même pour le plancher de la forge.

Art. 27. Le pont de chaque bateau doit être garni de garde-corps d'une hauteur suffisante pour la sûreté des passagers.

Toutes les ouvertures pratiquées au-dessus des machines et des chaudières sont munies d'un grillage métallique, si elles ne sont pas habituellement fermées par le panneau plein.

Art. 28. Les bateaux à passagers qui ne doivent pas accoster partout à des quais ou à des pontons-débarcadères sont munis d'escaliers d'embarquement, mobiles ou non, avec une rampe extérieure solidement fixée.

Art. 29. Les tambours des bateaux à vapeur à aube qui, de chaque côté du bateau, enveloppent les roues motrices, sont munis d'une défense en fer descendant assez près de la surface de l'eau pour empêcher les embarcations de s'engager dans les roues.

Art. 30. Si la cheminée est mobile et si elle n'est pas équilibrée sur son axe de rotation dans toutes ses positions, il est établi, sur le pont du bateau, un support suffisamment élevé pour arrêter la cheminée lorsqu'elle doit être abaissée, et prévenir tout accident.

Art. 31. La ligne de flottaison indiquant le maximum du chargement est tracée d'une manière apparente sur le pourtour entier de la carène, d'après les points de repère déterminés par le permis de navigation.

Art. 32. Le nom du bateau est inscrit en caractères très apparents sur chacun de ses côtés.

Art. 33. Il y a sur chaque bateau à vapeur :

1º Deux ancres au moins, munies de chaînes, pouvant être jetées immédiatement, et des cordes d'amarres suffisantes ;

2º Un canot à la traîne ou suspendu à des palans, de manière à pouvoir être, au besoin, mis immédiatement à l'eau : les dimensions de ce canot sont déterminées par le préfet, d'après l'avis de la commission de surveillance ;

3º Deux bouées de sauvetage suspendues à l'arrière, et une hache à proximité ;

4º Une échelle de corde ;

5º Une cloche pour donner les avertissements ;

6º Une boîte de secours pour les noyés et asphyxiés ;

7º Un manomètre et des tubes indicateurs de rechange.

Le préfet peut, sur la proposition de la commission de surveillance, dispenser le propriétaire de la portion de ces agrès dont la suppression serait jugée sans inconvénient, eu égard aux dimensions du bateau ou à la nature de son service.

Art. 34. Indépendamment du capitaine, maître ou timonier, des matelots ou mariniers formant l'équipage, il y a à bord de chaque bateau un mécanicien, au moins, et autant de chauffeurs que le service de l'appareil moteur l'exige. Sur l'avis de la commission de surveillance, le nombre de chauffeurs est fixé par le préfet, qui peut même dispenser le propriétaire d'entretenir aucun chauffeur à bord.

Art. 35. Nul ne peut être employé en qualité de capitaine ou de mécanicien, s'il ne produit des certificats de capacité délivrés dans les formes déterminées par le ministre des travaux publics.

TITRE IV. — MESURES DIVERSES CONCERNANT LE SERVICE DES BATEAUX A VAPEUR.

Sect. 1. — Dispositions relatives à la police de la navigation.

Art. 36. Les préfets prescrivent les dispositions nécessaires pour éviter, dans chaque localité, les accidents qui pourraient arriver au départ et à l'arrivée des bateaux.

En cas de concurrence entre deux ou plusieurs entreprises, les heures de départ sont réglées par le préfet, de manière à éviter les accidents qui peuvent résulter de la rivalité.

Art. 37. Lorsque l'embarquement ou le débarquement des voyageurs doit se faire au moyen de ponts mobiles, ces ponts ont au moins 80 centimètres de largeur et sont garnis de garde-corps des deux côtés.

Art. 38. Dans toutes les localités où cela est possible, il est assigné aux bateaux à vapeur un lieu de stationnement distinct de celui des autres bateaux.

Art. 39. Lorsque la disposition des lieux le permet, il peut être accordé à chaque entre-

prise de batcaux à vapeur un emplacement particulier.

Cette autorisation, toujours révocable, est accordée par le préfet, qui en détermine les conditions.

Art. 40. Pour chaque localité, un arrêté du
préfet détermine les conditions de solidité et de
stabilité des batelets destinés au service d'embarquement ou de débarquement des passagers,
le nombre des mariniers nécessaire pour les conduire, et le nombre des personnes que ces batelets peuvent recevoir ; ce dernier nombre doit
être inscrit, en grosses lettres, à un endroit très
apparent du batelet.

Le maire de la commune délivre le permis de
service, après s'être préalablement asssuré que les
batelets sont conformes aux dispositions de sûreté
préscrites, et que les mariniers sont aptes à faire
un bon service.

Art. 41. Sur les points où le service des batelets
serait dangereux, les préfets peuvent en interdire
l'usage.

Art. 42. Aucun bateau à vapeur ne quitte le
point de départ et les lieux de stationnement, en
temps de brouillard et de glace, à moins d'une
permission spéciale délivrée par l'autorité chargée
de la police locale.

Le préfet peut interdire, sur tels ou tels points,
la navigation de nuit. Il peut, de même, fixer la
hauteur à laquelle la navigation doit cesser en
temps de crue.

Art. 43. Si deux bateaux à vapeur, marchant
en sens inverse, viennent à se rencontrer, le bateau descendant ralentit son mouvement, et chaque bateau serre le chenal de navigation à sa
droite, sous réserve des exceptions qui pourraient
être apportées à cette règle, par des arrêtés préfectoraux, dans le cas où la marche des bateaux
serait commandée par le service de ses pontons
ou par la nature des courants. Si les dimensions
de ce chenal sont telles qu'il ne reste pas entre
les parties les plus saillantes des bateaux un intervalle libre de quatre mètres au moins, le bateau qui remonte s'arrête et attend, pour reprendre sa route, que celui qui descend ait doublé le
passage. Dans les rivières à marée, le bateau qui
vient avec le flot est censé descendre.

Si la rencontre a lieu entre deux bateaux à
vapeur marchant dans la même direction, celui
qui est en avant serre le chenal de navigation à
sa droite ; celui est en arrière serre ce chenal à
sa gauche.

Si les dimensions du chenal ne permettent pas
le passage de deux bateaux, celui qui se trouve
en arrière ralentit son mouvement et attend que
la passe soit franchie, pour reprendre toute sa
vitesse.

Des arrêtés des préfets désignent les passes
dans lesquelles il est interdit aux bateaux à vapeur de se croiser ou de se dépasser, et déterminent, pour chacune de ces passes, les limites,
qui sont indiquées sur place, par des signes facilement reconnaissables.

Art. 44. Les préfets déterminent également les
précautions à prendre à l'approche des ponts, pertuis et autres ouvrages d'art, tant pour la sûreté
des passagers que pour la conservation des ouvrages.

Art. 45. Les capitaines de bateaux à vapeur ne
feront aucune manœuvre dans le but d'entraver
ou de retarder la marche des autres bateaux à
vapeur ou de toute autre embarcation. Ils dimi-
nueront la vitesse de leurs bateaux, ou même ils
les feront arrêter, toutes les fois que la continuation de la marche de ces bateaux pourrait donner lieu à des accidents.

Art. 46. Tout bateau à vapeur naviguant la
nuit est éclairé conformément aux conditions déterminées par des arrêtés ministériels.

En cas de brouillard, le capitaine fait tinter
continuellement la cloche du bateau et ralentit la
marche pour éviter les abordages.

Art. 47. Lorsque l'embarquement et le débarquement des voyageurs ont lieu par batelets, le
capitaine doit faire arrêter l'appareil moteur du
bateau ; afin que les batelets puisse accoster
sans danger. Ces batelets, avant d'aborder, sont
amarrés au bateau à vapeur, et celui-ci ne doit
continuer sa navigation que lorsqu'ils auront été
poussés au large.

Art 48. Les capitaines porteront, sans retard,
à la connaissance des agents de la navigation, les
faits qui pourraient compromettre la liberté ou la
sûreté de la navigation.

Art. 49. Les mesures que la présente section
réserve à la décision du préfet sont prises par
lui, sur l'avis ou la proposition de l'ingénieur en
chef de la voie navigable, lequel reste chargé
d'en surveiller l'exécution, ainsi que celle des
autres mesures de police prescrites par ladite
section.

Sect. 2. — **Dispositions relatives aux passagers.**

Art 50. Il est interdit à toute personne étrangère au service de s'introduire, sans permission
spéciale, dans l'emplacement de l'appareil moteur.

Art. 51. Il est tenu, dans chaque bateau à vapeur, un registre dont toutes les pages sont cotées et parafées par un délégué de la commission
de surveillance. Ce registre est destiné à recevoir
les réclamations des voyageurs qui auraient des
plaintes ou des observations à formuler. Il est présenté à toute réquisition des voyageurs.

Le capitaine peut également y consigner les observations qu'il jugerait convenables, ainsi que
les faits qu'il lui paraîtrait important de faire attester par les passagers.

Les différentes autorités que l'art. 59 ci-après
charge de la surveillance des bateaux à vapeur,
ont le droit de se faire communiquer ce registre
à toute réquisition.

Art. 52. Dans chaque salle où se tiennent les
passagers, le texte du présent décret est affiché
en un lieu très apparent, ainsi qu'un tableau indiquant :

1° L'emplacement des escales ;

2° Le nombre maximum des passagers ;

3° Le tarif des places ;

4° La faculté, pour les passagers, de consigner
leurs plaintes et leurs observations sur le registre
ouvert à cet effet.

Le capitaine doit, en outre, être muni du permis de navigation, pour le présenter à toute réquisition des personnes préposées à la surveillance
par l'art. 59.

**TITRE V. — DE LA SURVEILLANCE ADMINISTRATIVE DES BATEAUX A VAPEUR.**

Art. 53. Dans les départements où existent des services de bateaux à vapeur, le ministre institue une ou plusieurs commissions de surveillance dont il nomme les membres et présidents, sur les propositions que le préfet lui adresse, après avoir pris l'avis de l'ingénieur en chef de la navigation.

Ces commissions sont composées de trois membres au moins et de sept au plus, choisis parmi les ingénieurs des mines, les ingénieurs des ponts et chaussées et autres personnes recommandées par leur compétence.

Le nombre des ingénieurs des ponts et chaussées et des ingénieurs des mines ne peut pas dépasser les deux tiers du nombre total des membres de la commission.

Dans chaque commission, le président a voix prépondérante en cas de partage.

Les commissions nomment leur secrétaire ; elles peuvent, en outre, se faire adjoindre, sur leur demande, un garde-mines ou un conducteur des ponts et chaussées pour les assister dans leurs travaux.

Art. 54. Les commissions de surveillance ont mission de faire à bord des bateaux à vapeur, avant et après leur mise en service, toutes visites, épreuves et essais à l'effet de s'assurer qu'à toute époque les appareils à vapeur placés à bord des bateaux, leurs agrès et leur personnel satisfont aux prescriptions réglementaires.

Elles sont consultées par les préfets, qui demeurent chargés, sous l'autorité du ministre des travaux publics, de prendre toutes les mesures que comporte l'exécution du présent décret.

Leur action s'étend sur tous les bateaux à vapeur qui circulent dans l'étendue de leur ressort.

Leurs membres pourront faire des visites individuelles.

Art. 55. Tout propriétaire de bateau à vapeur doit provoquer la visite de son bateau par une commission de surveillance, au moins une fois par an.

A cet effet, et au plus tard quinze jours avant l'expiration de l'année qui suit la dernière visite, il est tenu d'adresser au préfet du département, dans lequel il désire que la visite ait lieu, une demande indiquant, dans la limite du délai de quinzaine ci-dessus, le jour à partir duquel le bateau sera mis à la disposition de la commission de surveillance.

Le préfet délivre immédiatement récépissé de cette demande.

Chaque visite est mentionnée à sa date par la commission elle-même, sur un registre tenu à bord et dont toutes les feuilles sont cotées et parafées comme il est dit à l'art. 51. Sur ce registre, il est également fait mention à leur date, des renouvellements des épreuves des appareils à vapeur, conformément au titre II.

Ce registre est communiqué à toute réquisition des fonctionnaires et agents préposés à la surveillance.

Art. 56. La commission adresse le procès-verbal de chacune de ses visites, au préfet du département dans lequel cette visite a eu lieu. Dans ce procès-verbal, elle consigne ses propositions sur les mesures à prendre, si l'appareil moteur ou le bateau ne présente plus des garanties suffisantes de sûreté.

Art. 57. Sur les propositions de la commission de surveillance, le préfet ordonne les réparations nécessaires et peut suspendre le permis de navigation jusqu'à l'entière exécution de ces mesures.

Art. 58. Dans tous les cas où, par suite d'inexécution du présent décret, la sûreté publique serait compromise, le préfet suspend et, au besoin, révoque le permis de navigation. Dans ce dernier cas, il rend immédiatement compte au ministre de sa décision.

Art. 59. La surveillance permanente des bateaux à vapeur, en ce qui concerne les mesures prescrites par le présent décret, est exercée par les autorités désignées à l'art. 21 de la loi du 21 juillet 1856, c'est-à-dire par les ingénieurs des mines, les ingénieurs des ponts et chaussées, les gardes-mines, les conducteurs et autres employés des ponts et chaussées et des mines, les maires et adjoints, les commissaires de police, les officiers de port, les inspecteurs et agents assermentés de la navigation, et les membres des commissions de surveillance.

Art. 60. Les propriétaires de bateaux à vapeur sont tenus de recevoir à bord et de transporter gratuitement, dans toute l'étendue de leurs circonscriptions respectives, les membres des commissions de surveillance et les agents de la navition, qui sont désignés par le préfet, sur la proposition de l'ingénieur en chef.

Art. 61. S'il survient des avaries de nature à compromettre la sûreté de la navigation, l'autorité chargée de la police locale peut suspendre la marche du bateau ; elle doit sur-le-champ en informer le préfet.

En cas d'accident de personne et en cas d'accident grave survenu au matériel, le propriétaire, ou, à son défaut, le capitaine, prévient immédiatement l'autorité chargée de la police locale et le préfet, qui en donne sans retard avis à la commission de surveillance. Aussitôt informée, la commission, ou son délégué, se rend sur les lieux dans le plus bref délai possible, pour visiter les appareils, en constater l'état et rechercher les causes de l'accident. Elle dresse de sa visite un rapport qui est transmis au préfet et, en cas d'accident ayant occasionné la mort ou des blessures, au procureur de la République.

En cas d'explosion, le bateau ne doit point être réparé, à moins que la sûreté publique ne soit en jeu, et les fragments de l'appareil rompu ne doivent point être déplacés ou dénaturés avant la constatation de l'état des lieux par la commission de surveillance.

**TITRE VI. — DISPOSITIONS GÉNÉRALES.**

Art. 62. Les conditions prescrites par le présent décret sont applicables aux chaudières servant à tout autre usage que la propulsion du bateau, ainsi qu'aux chaudières employées sur les bateaux stationnaires.

Les bateaux stationnaires pourvus d'appareils à vapeur ne peuvent être mis en service sans une autorisation délivrée et renouvelée dans les formes et conditions prévues à la section 1<sup>re</sup> du titre I<sup>er</sup> du présent décret.

Art. 63. Le ministre des travaux publics peut, par des décisions spéciales rendues après avis de la commission centrale des machines à vapeur, accorder dispense de tout ou partie des prescriptions du présent décret, relatives aux appareils à vapeur placés à bord des bateaux, dans tous les cas où, à raison soit de la forme, soit de la faible dimension des appareils, soit de la disposition spéciale des pièces contenant de la vapeur, il serait reconnu que la dispense ne peut pas avoir d'inconvénient.

Le ministre peut aussi, par des décisions spéciales rendues sur la proposition du préfet, après avis de la commission de surveillance, dispenser de tout ou partie des prescriptions du titre III du présent décret, les propriétaires des bateaux à vapeur qui ne servent à aucun usage industriel ou commercial.

Art. 64. Les bateaux étrangers ou construits hors de France sont soumis à toutes les dispositions du présent décret. Toutefois, le ministre des travaux publics peut, sur l'avis de la commission centrale des machines à vapeur, prononcer, par arrêté, l'équivalence entre les formalités accomplies à l'étranger ou les diplômes délivrés dans les pays d'origine, par les autorités compétentes, et les formalités ou les diplômes exigés par le présent décret, notamment en ce qui concerne la délivrance et le renouvellement du permis de navigation, les épreuves des chaudières, les visites, les certificats de capacité des capitaines et des mécaniciens, etc.

Art. 65. Les propriétaires veillent à ce que les appareils moteurs, y compris le propulseur et les appareils à vapeur accessoires, soient entretenus constamment en bon état de service.

A cet effet, ils tiennent la main à ce que des visites complètes, tant à l'intérieur qu'à l'extérieur, faites par des hommes compétents, à des intervalles assez rapprochés, assurent la constatation de l'état des appareils et l'exécution, en temps utile, des réparations nécessaires. Ils informent le service de surveillance des réparations notables faites aux chaudières, en vue de l'exécution de l'art. 12.

Art. 66. Dans les régions industrielles où il existe des associations de propriétaires d'appareils à vapeur, le ministre des travaux publics peut, sur la demande du conseil de ces associations, le rapport des commissions de surveillance, l'avis du préfet et celui de la commission centrale, dispenser les commissions locales de la surveillance ordinaire à l'égard des appareils surveillés par l'association, mais sans qu'il soit rien changé à leurs attributions en matière d'épreuves ou d'accidents, ni à celles des ingénieurs chargés de la police de la navigation. Cette mesure est appliquée à titre temporaire et toujours révocable. Chaque associé doit, à toute réquisition des autorités préposées à la surveillance, aux termes de l'art. 59 ci-dessus, leur présenter un certificat délivré par l'association et constatant que le titulaire se conforme exactement aux indications des ingénieurs de cette association.

Art. 67. Les bateaux dépendant des services spéciaux de l'État sont surveillés par les fonctionnaires et agents de ces services, mais ils restent soumis à l'application des règles concernant la police de la navigation,

Art. 68. Les bateaux naviguant à la fois en aval et en amont de la limite où cesse, pour chaque fleuve, l'application du présent décret, sont assujettis, en sus des prescriptions dudit décret, au régime des bateaux de mer.

Art. 69. Les attributions conférées aux préfets des départements par le présent décret sont exercées par le préfet de police dans toute l'étendue de son ressort.

Art. 70. L'ordonnance royale du 23 mai 1843, relative aux bateaux à vapeur qui naviguent sur les fleuves et rivières, est rapportée.

Art. 71. Le ministre des travaux publics est chargé de l'exécution du présent décret, qui sera inséré au *Bulletin des lois*. (*Voy.* aussi **Abordage**.)

**BATIMENTS CIVILS.** (*Dict.*) Le service des bâtiments civils a été retiré du ministère des travaux publics et rattaché au service des beaux-arts.

**BEAUX-ARTS.** (*Dict.*)

SOMMAIRE.

CHAP. I. LE CONSEIL SUPÉRIEUR DES BEAUX-ARTS.

II. RÉORGANISATION DES MUSÉES NATIONAUX.

III. RÈGLEMENT CONCERNANT LES COMMANDES ET ACQUISITIONS D'ŒUVRES D'ART.

IV. EXPOSITIONS ANNUELLES ET TRIENNALES.

V. ÉCOLES DES BEAUX-ARTS.

CHAP. I. — LE CONSEIL SUPÉRIEUR DES BEAUX-ARTS.

1. Un décret du 9 septembre 1878, modifiant celui du 22 mai 1875, fixant les attributions du conseil supérieur des beaux-arts, a été modifié à son tour par décret du 15 novembre 1880 [1]. Nous renvoyons, pour ces décrets, au *Journal officiel* et au *Bulletin des lois*. *Voy.* aussi les *Suppléments annuels de* 1878 (le 1<sup>er</sup>) *et de* 1881 (le 4<sup>e</sup>).

CHAP. II. — RÉORGANISATION DES MUSÉES NATIONAUX.

2. La réorganisation a eu lieu par le décret du 1<sup>er</sup> mars 1879, que nous allons reproduire:

Art. 1<sup>er</sup>. L'administration des musées nationaux est confiée à un administrateur placé sous l'autorité du ministre de l'instruction publique et des beaux-arts et du sous-secrétaire d'État des beaux-arts.

Art. 2. L'administrateur est nommé et révoqué par le Président de la République, sur la proposition du ministre.

Il est tenu de résider au Louvre et ne peut s'absenter sans autorisation préalable.

Il administre et dirige toutes les parties du service ; il correspond seul avec le ministre et le sous-secrétaire d'État et ne correspond qu'avec eux.

Aucune disposition n'est prise sans qu'il ait été consulté.

Art. 3. Les musées nationaux comprennent :

1° Le musée du Louvre ;

2° Le musée du Luxembourg ;

3° Le musée de Versailles ;

4° Le musée de Saint-Germain ;

5° Les tableaux, les sculptures et les objets

---

1. Tenir compte d'une addition faite par le décret du 30 juillet 1884. (*J. off.* du 4 août.)

d'art placés dans les palais ou localités appartenant à l'État et inscrits sur les inventaires déposés au Louvre.

Art. 4. Le musée du Louvre est divisé en cinq départements, savoir :

1° Département des peintures, des dessins et de la chalcographie ;

2° Département des antiques (antiquités grecques, romaines, assyriennes, etc.);

3° Département de la sculpture et des objets d'art du moyen âge, de la Renaissance et des temps modernes ;

4° Département des antiquités égyptiennes;

5° Département de l'ethnographie et de la marine.

Art. 5. Les départements du musée du Louvre sont confiés chacun à :

Un conservateur ;

Un conservateur adjoint;

Un attaché.

Le cinquième, celui de l'ethnographie et de la marine, est confié à un conservateur et un attaché.

Les musées du Luxembourg, de Versailles et de Saint-Germain sont également confiés à un conservateur et un attaché.

Les conservateurs de ces trois musées sont logés dans les palais où sont placées leurs collections.

Art. 6. Le personnel se compose, en outre :

D'un secrétaire agent comptable, chargé, sous l'autorité de l'administrateur, de la surveillance du service intérieur, de l'expédition de la correspondance et de la tenue de la comptabilité;

D'un archiviste-bibliothécaire ;

De commis de diverses classes ;

De gardiens chefs et sous-chefs;

De brigadiers;

De gardiens de 1re, 2e, 3e et 4e classe;

D'auxiliaires et de gagistes.

Le service des ateliers est fait par :

Un restaurateur de tableaux;

Un encadreur et peintre en lettres;

Un chef de l'imprimerie des estampes et des ouvriers; deux chefs d'ateliers de restauration et de mouvement des sculptures et des ouvriers; un restaurateur des vases antiques; un chef d'atelier de moulages et des ouvriers ;

Un chef d'atelier du musée naval et des ouvriers.

Art. 7. Les traitements sont fixés de la manière suivante :

| | Fr. |
|---|---|
| Administrateur (classe unique) | 10,000 |
| Conservateur du musée du Louvre (classe unique) | 7,000 |
| Conservateur des musées de Versailles, du Luxembourg et de Saint-Germain (classe unique) | 5,500 |
| Conservateurs adjoints (classe unique) | 4,500 |
| Secrétaire agent comptable (3 classes), de 4,000 à | 5,000 |
| Archiviste-bibliothécaire (classe unique) | 4,000 |
| Attachés (4 classes) de 2,500, 3,000, 3,500 et | 4,000 |
| Commis, 3 classes : | |
| La 3e de 1,800, 2,100 et | 2,400 |
| La 2e de 2,700 et | 3,000 |
| La 1re de 3,300 et | 3,600 |

Art. 8. L'administrateur, les conservateurs et conservateurs adjoints et le secrétaire agent comptable sont nommés et révoqués par décret du Président de la République, sur le rapport du ministre de l'instruction publique et des beaux-arts.

L'archiviste-bibliothécaire, les attachés, les commis, le personnel des ateliers et les gagistes sont nommés et révoqués par le ministre de l'instruction publique et des beaux-arts.

Les attachés seront choisis de préférence parmi les anciens élèves de l'École normale supérieure, des Écoles françaises d'Athènes et de Rome, de l'École des hautes études, de l'École des chartes, et, en général, des grandes écoles scientifiques ou artistiques entretenues par l'État.

Chaque vacance sera déclarée par une insertion au *Journal officiel,* et un délai de vingt jours sera accordé aux divers candidats pour produire leurs titres.

Art. 9. Nul ne peut être nommé attaché, commis, employé ou gagiste s'il n'a fait un stage préalable de trois mois à titre d'auxiliaire.

Le secrétaire agent comptable, les attachés, commis, employés ou gagistes prennent rang, au jour de leur nomination, dans la dernière classe de leur grade.

Nul n'est promu à la classe immédiatement supérieure s'il ne compte au moins deux ans de services dans celle qu'il occupe.

Art. 10. Aucun fonctionnaire ou employé nommé à l'avenir ne pourra cumuler d'autres fonctions avec celles qu'il occupera dans l'administration des musées nationaux.

Art. 11. L'administrateur, les conservateurs et les conservateurs adjoints forment un comité consultatif présidé par l'administrateur, et, à son défaut, par le plus ancien conservateur présent. Un conservateur adjoint désigné, à cet effet, par le ministre, sur la proposition de l'administrateur, remplit les fonctions de secrétaire.

Le comité consultatif des musées nationaux se réunit régulièrement deux fois par mois et plus souvent si l'administrateur le juge utile. Aucun de ses membres ne peut manquer à la convocation sans excuse valable.

Dans les votes, la voix du président est prépondérante en cas de partage.

Le comité consultatif entend le résumé de la correspondance entretenue depuis la séance précédente par l'administrateur pour les divers services des musées nationaux.

Il donne son avis sur les affaires pour lesquelles il est consulté par l'administrateur ou sur les questions posées par un de ses membres.

Le procès-verbal de chaque séance est consigné sur un registre spécial; il est signé par le président et par le secrétaire. Une copie en est adressée au ministre.

Pour ce qui concerne les acquisitions d'œuvres d'art, l'administrateur soumet obligatoirement au comité consultatif toutes les propositions émanant de son initiative, de celle d'un des conservateurs ou de celle du ministre ; puis il adresse immédiatement l'extrait du procès-verbal y relatif au ministre, qui accorde ou refuse son autorisation.

Art. 12. L'administration des musées nationaux

est assimilée à celle de tous les autres services extérieurs des beaux-arts et demeure réglée par les prescriptions du décret du 31 mai 1862. Aucune dépense, ainsi qu'il est dit à l'art. 30 du règlement du 18 décembre 1867, sur la comptabilité des services des beaux-arts, ne peut être engagée sans l'autorisation formelle du ministre.

Art. 13. Le cadre des fonctionnaires actuellement en exercice est maintenu jusqu'à ce que, par extinction, vacance ou admission à faire valoir des droits acquis à la retraite, il puisse être ramené aux termes du présent décret.

Art. 14. Le ministre de l'instruction publique et des beaux-arts pourvoira par des règlements particuliers à tous les détails du service intérieur et fixera les droits et les devoirs des divers fonctionnaires et employés.

Art. 15. Les règlements antérieurs sont maintenus en tant qu'ils n'ont rien de contraire au présent décret.

Voyez aussi le rapport et le décret du 25 janvier 1883, insérés dans le *Journal officiel* du lendemain.

CHAP. III. — **RÈGLEMENT CONCERNANT LES COMMANDES ET ACQUISITIONS D'ŒUVRES D'ART.**

3. Ce règlement, signé Bardoux, est daté du 3 novembre 1878.

§ 1er. — *Dispositions générales.*

Art. 1er. Des commandes et acquisitions d'ouvrages d'art sont faites par le ministre, sur la proposition et avec l'avis du directeur général des beaux-arts (remplacé depuis par un sous-secrétaire d'État), la commission du conseil supérieur des beaux-arts entendue.

Art. 2. L'administration, dans la lettre de commande, peut fixer les délais dans lesquels le projet sera soumis à l'approbation du ministre et dans lesquels le travail devra être achevé et livré. Toute commande pour laquelle les délais n'auraient pas été fixés et qui n'auraient pas au bout de deux années, d'après le rapport des inspecteurs, reçu un sérieux commencement d'exécution, est nulle et sans effet.

Il en est de même lorsque le projet n'a pas été présenté dans les délais prescrits ou que ce projet a été définitivement rejeté par le ministre, sur l'avis du conseil supérieur des beaux-arts.

Art. 3. Les projets de travaux (dessins, esquisses, maquettes) une fois approuvés par le ministre, sur l'avis de la commission du conseil supérieur, la surveillance du travail est confiée à l'inspecteur des beaux-arts chargé du service des commandes. Dans les départements, à défaut d'un inspecteur, ce soin pourra être confié soit à un inspecteur de l'enseignement du dessin, soit à un conservateur de musée, soit à toute autre personne compétente, spécialement déléguée à cet effet par le directeur général.

Art. 4. Tous les projets de travaux (dessins, esquisses, maquettes) approuvés par le ministre et revêtus de son visa, doivent être rendus, après l'achèvement du travail, à l'administration, qui les conserve dans une galerie spéciale, en attendant qu'ils fassent retour aux musées nationaux.

Art. 5. Les paiements des commandes se font par acompte, suivant le degré d'avancement du travail, certifié par l'inspecteur ou par le délégué de l'administration. Le solde est délivré sur le vu d'un certificat de livraison après l'approbation du rapport de l'inspecteur ou du délégué chargé de suivre le travail, et de l'architecte du monument lorsqu'il s'agira de peintures ou de sculptures dans un édifice public. Dans le cas de dissentiment entre les artistes et les inspecteurs ou architectes, un rapport sera dressé par les inspecteurs des beaux-arts réunis et soumis au conseil supérieur des beaux-arts, sur l'avis duquel le ministre statue définitivement.

Les paiements des acquisitions sont faits sur le vu d'un certificat de livraison délivré par l'agent de l'administration qui prend en charge l'ouvrage acquis.

Art. 6. Les commandes ou acquisitions entraînent, pour l'État, le droit exclusif de faire ou de laisser reproduire, par tous les moyens qui lui conviendront, les ouvrages commandés ou acquis par lui. Aucune répétition d'une œuvre commandée ou acquise par l'État ne peut être faite sans l'autorisation expresse de l'administration. Cette autorisation, lorsqu'elle sera accordée, déterminera les modifications qui devront être apportées par l'artiste dans la reproduction de son œuvre, afin que la répétition ne puisse être confondue avec l'original.

§ 2. — *Décoration des édifices publics.*

Art. 7. Chaque année, sera dressée une liste des demandes de travaux décoratifs dans les monuments publics adressées au ministre par les administrations publiques, les départements ou les communes.

Toute demande doit être accompagnée d'un rapport de l'architecte du monument et d'un engagement des autorités locales, relatifs à la part contributive des dépenses qu'elles pourront avoir à supporter. Lorsqu'il s'agira de travaux à exécuter dans un bâtiment civil, un monument historique, un édifice diocésain, un rapport sera demandé aux conseils compétents.

Art. 8. La liste établie dans les conditions ci-dessus est soumise chaque année, à l'ouverture de l'exercice, au conseil supérieur des beaux-arts, qui est appelé à donner son avis sur l'intérêt que présentent ces demandes.

Art. 9. S'il s'agit de travaux à exécuter dans des édifices relevant de l'État, des départements ou des communes, la direction générale des beaux-arts s'entendra avec l'administration compétente pour la surveillance et la réception des travaux.

§ 3. *Acquisition pour les édifices publics et musées.*

Art. 10. Les acquisitions d'ouvrages d'art destinés aux musées sont faites à l'exposition annuelle des artistes vivants, sur la proposition du conseil supérieur des beaux-arts. Les acquisitions d'ouvrages, soit en ventes publiques, soit à l'amiable, dans le courant de l'année, sont faites sur le rapport d'un inspecteur des beaux-arts délégué à cet effet.

Art. 11. Chaque année, le conservatoire des musées nationaux est invité à désigner, parmi les ouvrages acquis, ceux qui seront réservés pour le musée du Luxembourg.

Art. 12. Il est procédé à une répartition générale des ouvrages d'art acquis par l'État entre tous les musées des départements, chaque fois qu'il s'en trouve dans les dépôts un assez grand nombre disponible. Toute concession d'ouvrages d'art faite à un musée, en dehors de ces répartitions générales, est considérée comme une avance qui sera portée au compte de ce musée.

§. 4. *Travaux de sculpture et de gravure.*

Art. 13. Le conseil supérieur désigne, chaque année, à la suite des acquisitions du Salon, parmi les modèles de sculpture acquis, ceux qui pourront être reproduits, aux frais de l'État, en marbre, en pierre ou en bronze. Il désigne en même temps, parmi les modèles acquis ou non, ceux pour lesquels un bloc de marbre pourrait être concédé à titre d'encouragement pour l'artiste.

Art. 14. Les paiements, pour les travaux de sculpture, sont faits par tiers. Le premier tiers est payable après l'approbation du modèle, le second lorsque la mise aux points est terminée, le dernier après la livraison.

En ce qui concerne la gravure en médailles, les paiements sont faits également par tiers: le premier payable après l'approbation du modèle, le second lorsque l'ébauche du poinçon ou du creux est suffisamment avancée, et le troisième après livraison.

Art. 15. Pour les commandes de gravures en taille-douce, les acomptes sont délivrés au fur et à mesure de la livraison de deux épreuves des différents états de la planche. Les graveurs livrent en même temps que la planche terminée, le dessin qui leur a servi pour l'exécution. Les planches commandées ou acquises par l'État sont déposées à la chalcographie du Louvre, après le premier tirage, dans les conditions prescrites.

Art. 16. Il est accordé aux graveurs en taille-douce vingt épreuves d'artiste, et aux graveurs en médailles dix épreuves en bronze du travail qui leur a été commandé.

**CHAP. IV. — EXPOSITIONS ANNUELLES ET TRIENNALES.**

4. Le décret qui les institue est du 28 décembre 1878, le voici:

Art. 1er. A partir de l'année 1879, les expositions des ouvrages des artistes vivants, organisées par l'administration des beaux-arts, seront de deux sortes:

1° Les expositions annuelles ou Salons;

2° Les expositions triennales.

Art. 2. Les expositions annuelles s'ouvriront le 1er mai au palais des Champs-Élysées et seront régies par un règlement adopté chaque année avant le 1er janvier.

Art. 3. Les expositions triennales auront lieu également le 1er mai; elles comprendront, en principe, un choix des ouvrages exécutés durant les trois dernières années et seront soumises à un règlement spécial pour la composition des jurys et la nature des récompenses.

Art. 4. La première exposition triennale s'ouvrira le 1er mai 1881.

Art. 5. Le ministre de l'instruction publique, des cultes et des beaux-arts, est chargé de l'exécution du présent décret.

5. Le décret est motivé par un rapport que nous croyons devoir reproduire:

Monsieur le Président,

Le conseil supérieur des beaux-arts chargé de préparer, chaque année, le règlement de l'exposition des artistes vivants, avait été, d'une part et depuis longtemps, frappé, comme l'est déjà l'opinion publique, par l'avertissement que semble nous

donner, au point de vue du développement du goût, l'affluence de plus en plus grande, dans nos Salons annuels, d'œuvres trop nombreuses pour contribuer toutes à l'enseignement général. D'autre part, le conseil, composé d'artistes militants, d'administrateurs et d'amateurs éclairés, dans la vive sympathie qu'il porte à tous les efforts de l'art moderne, ne pouvait et ne voulait pas méconnaître la nécessité qui s'impose de donner au plus grand nombre des jeunes artistes les moyens de faire librement appel au jugement public.

Le conseil supérieur, dans sa dernière session, a de nouveau, sur ma proposition, examiné cette difficile question. Il a cru en trouver la solution dans l'organisation de deux séries d'expositions: 1° les expositions annuelles ou Salons; 2° les expositions triennales ou récapitulatives. Les unes seraient pour ainsi dire les expositions des artistes, et les autres les expositions de l'art. Dans les premières, dont l'accès serait facile, dès aujourd'hui, rendu facile à tous les talents par un jury librement et entièrement élu, et dont l'administration pourrait même graduellement être remise par l'État aux intéressés, on assisterait, chaque année, à la libre expansion de l'art national dans l'innombrable variété de ses productions les plus récentes. Dans les secondes, pour lesquelles les opérations d'admission seraient confiées à un jury composé d'éléments déterminés, on trouverait, à des époques périodiques, une réunion choisie d'ouvrages ayant déjà, pour la plupart, subi l'épreuve du jugement public, et dont l'ensemble donnerait, en même temps que le niveau le plus élevé de la production contemporaine, l'état du mouvement et du progrès accompli pendant un certain nombre d'années.

Le conseil supérieur des beaux-arts ne s'est point dissimulé, et je ne me dissimule pas non plus, Monsieur le Président, que dans cet ordre de choses l'expérience peut suggérer pour les détails des améliorations progressives qu'il sera du devoir de l'administration d'introduire graduellement et sans secousse dans les services dont elle a la responsabilité. Le décret que j'ai l'honneur de présenter à votre signature et les règlements qui en découlent n'ont donc pour but que de poser un principe dont l'utilité paraît incontestable. L'expérience prouvera, en effet, si, en répondant aux vœux qui lui ont été transmis, l'administration donne, comme le conseil des beaux-arts l'espère, et comme je le pense, une satisfaction aussi complète que possible à l'intérêt des artistes aussi bien qu'à l'intérêt de l'art lui-même, double intérêt que l'État a mission de protéger à la fois.  *Signé* BARDOUX.

Les deux règlements (pour le Salon et pour l'exposition triennale) se trouvent au *Journal officiel* du 31 décembre 1878. (*Voy.* aussi le *Journal officiel* du 15 janvier 1884.)

6. Par arrêté du ministre de l'instruction publique et des beaux-arts du 8 mars 1879 (signé Jules Ferry), le service permanent de l'exposition annuelle des artistes vivants a été supprimé, le chef du bureau des encouragements a été chargé de l'attribution. (*Voy.* les détails au *Journal officiel* du 10 mars 1879.)

**CHAP. V. — ÉCOLES DES BEAUX-ARTS.**

7. Le décret du 30 septembre 1883 réorganise l'École des beaux-arts; le décret, ainsi que l'arrêté ministériel du 5 octobre suivant, se trouvent au *Journal officiel* du 10 octobre 1883.

8. L'école de dessin pour jeunes filles, fondée en 1863 par Mme Frère de Montizan, a été réorganisée par décret du 30 septembre 1881.

9. L'École nationale des arts décoratifs de Nice a été fondée par décret du 7 octobre 1881. (*Voy.* les *Suppl. annuels*, p. 373.)

**BIBLIOTHÈQUES PUBLIQUES.** (*Dict.*) 1. L'arrêté du ministre de l'instruction publique du 23 août 1879, portant règlement du service des bibliothèques universitaires, dispose:

Art. 11. Ne peuvent être proposés pour le titre de bibliothécaire que les sous-bibliothécaires et surnuméraires pourvus du certificat d'aptitude délivré après un examen professionnel dont les conditions seront déterminées par un règlement spécial.

Art. 12. Sont seuls admis audit examen les sous-bibliothécaires et surnuméraires ayant au moins deux ans de services accomplis dans une bibliothèque de Faculté.

Le stage est réduit à six mois pour les archivistes paléographes.

**2.** Le ministre a pris, à la même date, un second arrêté ainsi conçu :

Art. 1er. L'examen professionnel exigé pour l'obtention du certificat d'aptitude aux fonctions de bibliothécaire consiste en deux épreuves :

1º Une composition française sur une question de bibliographie ;

2º Le classement de quinze ouvrages traitant de matières diverses et appartenant aux différentes époques de l'imprimerie.

Cette dernière épreuve comprend les opérations déterminées par l'instruction générale du 4 mai 1879, savoir :

1º Le numérotage ;

2º L'inscription au registre d'entrée inventaire ;

3º L'inscription au catalogue méthodique ;

4º L'inscription au catalogue alphabétique.

Le candidat devra justifier, dans ce travail, d'une écriture serrée et parfaitement lisible.

Art. 2. Les sessions d'examen ont lieu à Paris. Elles sont ouvertes par arrêté du ministre.

L'arrêté indique les dates d'ouverture et de clôture des registres d'inscriptions.

Les candidats se font inscrire au secrétariat des diverses académies.

Art. 3. Les épreuves sont subies devant la commission centrale des bibliothèques.

Le jugement peut être valablement rendu par trois de ses membres présents à toutes les opérations.

Il est soumis à la ratification du ministre, qui délivre un certificat d'aptitude aux candidats qui en ont été jugés dignes.

Les résultats sont consignés au registre des procès-verbaux de la commission centrale des bibliothèques.

**3.** *Dépôt.* C'est dans la loi de finances du 29 juillet 1881, budget de 1882, art. 35, que se trouve la disposition suivante : A dater du 1er janvier 1882, les ministères et les administrations publiques, tant de Paris que des départements, seront tenus d'envoyer un exemplaire de tous les documents qu'ils feront imprimer, ou des publications auxquelles ils souscrivent.

1º A la Bibliothèque nationale ;

2º A la Bibliothèque du Sénat ;

3º A la Bibliothèque de la Chambre des députés.

C'est une disposition analogue à celle du *dépôt légal* imposé aux imprimeurs.

**BIBLIOTHÈQUES SCOLAIRES.** La circulaire du ministre de l'instruction publique du 13 janvier 1880 fait connaître que la commission des bibliothèques scolaires a été réorganisée. Nous signalons cette circulaire, qui a été reproduite au *Journal officiel* du 14 janvier 1880.

**BIENS VACANTS.** *Voy.* **Épaves.**

**BILLARDS.** (*Dict.*) La loi du 16 septembre 1871, art. 8, en soumettant à une taxe les billards publics et privés, n'a pas fait exception pour ceux dont les propriétaires ne feraient pas usage, et la circonstance que le propriétaire a démonté

quelques pièces d'un billard, ne fait pas obstacle à ce que la taxe soit due, alors que ce billard pourrait être mis en état de servir après un rapide remontage. (*Arr. du C.* 27 déc. 1878.)

**BOISSONS.** (*Dict.*)

SOMMAIRE.

CHAP. I. — DROIT DE CIRCULATION ET D'ENTRÉE SUR LES VINS.

**1.** A partir du 1er janvier 1881, les départements sont rangés en trois classes pour la perception des droits de circulation et d'entrée sur les vins.

Il n'est rien changé à la composition actuelle de la 1re classe ; les départements rangés dans les 2e et 3e classes actuelles forment la 2e classe nouvelle ; la 4e classe devient la 3e. (*L. du 19 juillet* 1880, *art.* 14.) Voyez dans le *Dictionnaire* le détail de ce classement.

**2.** Les vins en bouteilles sont soumis aux mêmes taxes que les vins en cercles, sans préjudice des dispositions de l'art. 145 de la loi du 28 avril 1816.

Les eaux-de-vie en bouteilles, les fruits à l'eau-de-vie, les liqueurs et l'absinthe sont soumis au même droit de consommation et aux mêmes taxes de remplacement que les eaux-de-vie et esprits en cercles, proportionnellement à leur richesse alcoolique.

L'art. 17 de la loi du 21 juin 1873, les art. 2 et 3 et le dernier paragraphe de l'art. 6 de la loi du 26 mars 1872 et la loi du 4 mars 1875 sont abrogés.

Les manquants reconnus imposables chez les marchands en gros, bouilleurs et distillateurs de profession sont taxés d'après le régime antérieur à la loi du 4 mars 1875. (*L.* 19 *juill., art.* 2.)

**3.** Les droits de circulation et d'entrée actuellement établis sur les vins, cidres, poirés et hydromels sont réduits d'un tiers et fixés en principal et décimes, conformément au tarif ci-après :

| DÉSIGNATION DES DROITS et POPULATION DES COMMUNES sujettes au droit d'entrée. | TARIF PAR HECTOLITRE en principal et décimes. | | | |
|---|---|---|---|---|
| | Vins en cercles et en bouteilles dans les départements de | | | CIDRES, poirés et hydromels. |
| | 1re classe. | 2e classe. | 3e classe. | |
| Entrée dans les communes de : | | | | |
| 4,000 à 6,000 âmes . . . | 0 40 | 0 55 | 0 75 | 0 35 |
| 6,001 à 10,000 âmes . . . | 0 60 | 0 85 | 1 10 | 0 50 |
| 10,001 à 15,000 âmes . . . | 0 75 | 1 15 | 1 50 | 0 60 |
| 15,001 à 20,000 âmes . . . | 0 95 | 1 40 | 1 90 | 0 85 |
| 20,001 à 30,000 âmes . . . | 1 10 | 1 70 | 2 25 | 0 95 |
| 30,001 à 50,000 âmes . . . | 1 30 | 2 00 | 2 60 | 1 15 |
| 50,001 et au-dessus . . . | 1 50 | 2 25 | 3 00 | 1 25 |
| Circulation suivant le lieu de destination. . . . . . | 1 00 | 1 50 | 2 00 | 0 80 |
| Taxe de remplacement aux entrées de Paris. . . . | 8 25 | | | 4 50 |

(*L.* 19 *juill.* 1880, *art.* 3.)

**4.** Le droit à la vente en détail des vins, cidres, poirés et hydromels est réduit d'un tiers .

et se trouve, par suite, fixé, en principal et décimes, à 12 fr. 50 p. 100 du prix de vente (*art.* 4).

**5.** Les tarifs de taxe unique seront revisés eu égard à la fixation nouvelle des droits d'entrée et de détail, et d'après les bases déterminées par l'art. 4 de la loi du 9 juin 1875.

Cette révision sera opérée d'après les résultats des trois années 1877, 1878 et 1879.

Dans les agglomérations de 10,000 âmes et au-dessus, le tarif de la taxe unique ne pourra pas dépasser un maximum fixé à trois fois le droit d'entrée déterminé par l'art. 3 de la présente loi.

La révision quinquennale des tarifs de taxe unique, prescrite par la loi du 9 juin 1875, n'aura lieu qu'à partir du 1er janvier 1886 (*art.* 5).

**6.** A moins qu'une loi spéciale n'en décide autrement, les taxes d'octroi sur les vins, cidres, poirés et hydromels ne peuvent excéder le double des droits d'entrée perçus pour le Trésor public.

Dans les communes de moins de 4,000 âmes, les taxes d'octroi peuvent atteindre, mais non dépasser, la limite fixée pour les communes de 4,000 à 6,000 âmes.

Dans les communes où les taxes ne sont pas en harmonie avec les dispositions de la présente loi, les tarifs actuels seront révisés à l'expiration de la période pour laquelle ils ont été approuvés (*art.* 6).

**7.** Les marchands en gros pourront faire des envois de vins, de cidres, de poirés, d'eaux-de-vie et de liqueurs en toute quantité et à toute destination, au moyen d'expéditions prises au bureau de la régie. Ils sont autorisés à vendre des boissons en détail dans des magasins séparés et n'ayant avec les magasins de gros et les ateliers de fabrication d'autre communication que par la voie publique (*art.* 7).

**8.** La contenance des vaisseaux, foudres et autres récipients d'une capacité supérieure à 10 hectolitres, actuellement en usage chez les marchands en gros et fabricants de liqueurs, sera déclarée au bureau de la régie et marquée sur chacun. La contenance desdits vaisseaux, foudres et autres récipients, à mesure qu'ils seront vides, et celle des vaisseaux, foudres et récipients nouveaux, avant qu'ils soient mis en usage, seront mesurées dans les conditions déterminées par les art. 117 et 118 de la loi du 28 avril 1816 (*art.* 8).

**9.** Lors des vérifications que les employés de la régie sont autorisés à faire dans les caves, celliers et magasins des marchands en gros et fabricants de liqueurs, ceux-ci sont tenus de leur déclarer les espèces et quantités de boissons existant dans les fûts, vaisseaux, foudres et autres récipients, ainsi que le degré des spiritueux (*art.* 9).

**10.** Il est accordé aux marchands en gros une tolérance de 5 p. 100 sur les déclarations qu'ils ont à faire en vertu de l'article précédent. Les quantités reconnues en plus dans les limites de cette tolérance seront simplement ajoutées et les quantités en moins retranchées, sans donner lieu à la rédaction d'un procès-verbal (*art.* 10).

**11.** Les contraventions aux art. 8, 9 et 10 de la présente loi seront punies des peines édictées par l'art. 7 de la loi du 21 juin 1873, en ce qui concerne les vins, cidres et poirés, et par l'art. 1er de la loi du 28 février 1878, en ce qui concerne les spiritueux (*art.* 11).

**12.** Les employés n'ont aucun droit au partage du produit net des amendes et confiscations prononcées pour contraventions aux art. 8, 9 et 10 (*art.* 12).

**13.** Lorsqu'un chargement de boissons doit emprunter successivement divers modes de transport, un délai spécial est fixé pour le premier parcours jusqu'à la gare de chemin de fer, ou jusqu'au point de départ des voitures de terre, ou jusqu'au lieu d'embarquement des voitures d'eau.

Un délai spécial est également fixé pour faire sortir des villes assujetties au droit d'entrée ou à la taxe unique les boissons que les entrepositaires déclarent à destination de l'extérieur du lieu sujet.

Chacun des délais spéciaux ainsi fixés est indiqué sur les titres de mouvement.

**14.** L'entrepositaire qui expédiera des boissons au dehors d'un lieu sujet au droit-d'entrée ou à la taxe unique ne sera tenu de déclarer que le jour de la sortie, à charge par lui d'inscrire l'heure précise de l'enlèvement sur le titre de mouvement avant d'en faire usage.

**15.** Toute infraction aux dispositions du présent article sera punie des pénalités spécifiées à l'art. 11 ci-dessus (*art.* 13). [*Voy. aussi* **Contributions indirectes.**]

**CHAP. II. — PERCEPTION DE L'IMPÔT DANS LES DISTILLERIES.**

**16.** *Perceptions de l'impôt dans les distilleries.* Les règlements d'administration publique prévus par l'art. 3 de la loi du 21 mars 1874 et publiés dans notre *Supplément* de 1878 sont remplacés par le suivant, qui est daté du 15 avril 1881 :

Art. 1er. Le présent règlement est applicable :

1° Aux distilleries de vins, cidres, poirés, lies, marcs et fruits qui ne se trouvent pas dans les conditions prévues par la loi des 14-17 décembre 1875;

2° Aux distilleries qui, mettant en œuvre d'autres matières ou recevant des esprits du dehors, obtiennent, par de simples distillations ou par des opérations de rectification, des produits propres à être livrés directement à la consommation, et dans lesquelles l'administration ne juge pas utile d'établir un service de surveillance permanent, conformément aux prescriptions du règlement A du 18 septembre 1879 ;

3° Aux distilleries ambulantes.

Art. 2. Les employés de la régie des contributions indirectes sont autorisés à pénétrer à toute heure du jour dans les distilleries auxquelles s'applique le présent règlement et à y exercer une surveillance permanente. Ils peuvent également s'y introduire de nuit pour y exercer leur surveillance, lorsqu'il résulte des déclarations faites par les distillateurs que les usines sont en activité.

Les distillateurs qui procèdent à des opérations de distillation ou de rectification en dehors des heures de travail indiquées dans leurs déclarations sont passibles des peines édictées par l'art. 1er de la loi du 28 février 1872.

Art. 3. L'administration peut exiger que deux chaises et une table avec tiroir fermant à clef soient mises à la disposition des employés dans l'intérieur de la distillerie. Le prix de location de ces meubles est fixé de gré à gré, et, à défaut de fixation amiable, réglé par le préfet.

Art. 4. Toute communication intérieure entre les locaux affectés à des opérations de distillation ou de rectification et les bâtiments voisins non occupés par les fabricants, est interdite et doit être supprimée.

Est également interdite et doit être supprimée toute communication entre ces locaux et ceux dans lesquels les distillateurs et les rectificateurs fabriquent et emmagasinent des liqueurs ou des fruits à l'eau-de-vie.

Si des vins destinés à être vendus en nature sont emmagasinés dans des locaux en communication intérieure avec la distillerie, l'agencement des appareils de distillation, des conduits et des récipients doit être établi de telle sorte que les alcools arrivent en vases clos, et que dans le trajet aucune quantité ne puisse être soustraite à la prise en charge. Les récipients dans lesquels seront reçus les alcools ne pourront être, dans ce cas, ouverts qu'en présence des agents des contributions indirectes. Ils seront scellés du plomb de la régie.

Le distillateur est tenu, dans le délai d'un mois à partir du jour où il en est requis par l'administration, d'intercepter, par une construction en maçonnerie, les communications interdites.

Art. 5. Les numéros et l'indication de la contenance des chaudières, alambics et autres vaisseaux déclarés en exécution des art. 117 et 118 de la loi du 28 avril 1816, doivent être peints à l'huile, en caractères ayant au moins cinq centimètres de hauteur, par les soins et aux frais du déclarant.

Art. 6. Pour le pesage et le mesurage des produits de toute nature, lors des exercices, des recensements, des inventaires et de la vérification des chargements, au départ ou à l'arrivée, les distillateurs sont tenus de fournir les ouvriers, ainsi que les ustensiles nécessaires.

Art. 7. L'administration a la faculté de faire installer à ses frais, et dans les conditions qu'elle déterminera, des compteurs destinés à mesurer les vins, les cidres ou poirés introduits dans les alambics, et les quantités de liquide alcoolique qui coulent de chaque appareil à distiller ou à rectifier.

Art. 8. Tout récipient destiné à contenir de l'alcool, sauf les futailles employées pour l'emmagasinement et le transport, doit être muni d'un indicateur avec un tube en verre disposé de manière à présenter extérieurement le niveau du liquide. Ces indicateurs, dont l'échelle doit être graduée par centimètres, peuvent être remplacés par une jauge métallique également graduée par centimètres. Deux ouvertures dans chaque récipient sont ménagées aux points indiqués par les employés pour l'entrée de la jauge.

Art. 9. Les distillateurs dont la production moyenne est au moins de six hectolitres d'alcool par jour doivent être pourvus à leurs frais d'un dépotoir ou d'un hectolitre, et ceux dont la pro-duction est inférieure à six hectolitres, d'un hectolitre ou d'un décalitre.

Chacun de ces instruments de mesurage, dûment contrôlé par le vérificateur des poids et mesures, doit être muni, savoir:

Le dépotoir, d'une échelle graduée par litres pour une contenance d'un hectolitre au moins.

L'hectolitre et le décalitre, d'une jauge métallique graduée par litres.

Art. 10. Les déclarations prescrites par la loi du 28 avril 1815, relativement à la profession de distillateur et à la contenance des chaudières, cuves et bacs dont il doit être fait usage dans les distilleries, doivent être déposées à la recette buraliste quinze jours au moins avant le commencement des premiers travaux de distillation. Ces déclarations sont valables tant que les industriels continuent d'exercer la profession de distillateur et qu'ils n'ont pas apporté, à la contenance des vaisseaux, les modifications prévues par l'art. 118 de la loi précitée.

Sont également reçues à la recette buraliste les déclarations que les détenteurs d'appareils propres à la distillation d'eaux-de-vie ou d'esprits sont tenus de faire, en exécution de l'art. 1er de la loi du 2 août 1872, modifié par la loi des 14-17 décembre 1875.

Art. 11. Les distillateurs qui mettent en œuvre des vins, des cidres ou des poirés doivent constater, sur un registre que l'administration leur remet à cet effet, dans les conditions ci-après déterminées, le détail et les résultats de toutes les fabrications de vins, cidres ou poirés effectuées dans les dépendances de leur distillerie.

S'il s'agit d'une fabrication ordinaire, le distillateur doit inscrire, tant à la souche qu'au bulletin :

Le numéro des cuves, la date et l'heure du commencement de l'opération.

S'il s'agit d'une fabrication au moyen de raisins secs ou de marcs, il doit y inscrire de plus :

Le poids des raisins secs ou le volume des marcs mis en œuvre.

Dans l'un et l'autre cas, le distillateur inscrit en outre à la souche et au bulletin dudit registre :

Avant le soutirage du produit fabriqué : la date et l'heure du commencement de l'opération ;

Dès que le soutirage est terminé :

L'heure à laquelle l'entonnement est terminé ;

La quantité de vin, cidre ou poiré qui a été entonnée.

Le distillateur doit alors détacher le bulletin et le déposer immédiatement dans une boîte dûment scellée par les employés.

Art. 12. Les boissons autres que les spiritueux introduites sous acquit-à-caution ou fabriquées dans les distilleries sont prises en charge comme matières premières.

Ce compte est déchargé des quantités successivement soumises à la distillation et des quantités expédiées avec des titres de mouvement réguliers.

Art. 13. Les employés sont autorisés à arrêter, à toute époque, la situation des boissons dont le compte est tenu en vertu de l'article précédent.

Les excédents sont saisis conformément à la législation sur les boissons. Si la vérification fait ressortir des manquants non couverts par la déduction réglementaire, les droits sont payés sur une quantité d'alcool égale à celle que représentent les boissons formant le manquant net. Dans ce cas, la quantité d'alcool imposable est calculée d'après le rendement des boissons distillées depuis le commencement de la campagne.

Art. 14. Toute introduction de mélasse doit être justifiée par la présentation d'un acquit-à-caution.

Les quantités introduites sont prises en charge à un compte spécial.

Ce compte est successivement déchargé des quantités mises en fermentation ou expédiées en nature sous acquit-à-caution.

Les employés peuvent arrêter la situation des restes et opérer la balance du compte aussi souvent qu'ils le jugent nécessaire.

Les excédents que fait ressortir cette balance sont ajoutés aux charges. Les manquants qu'elle fait apparaître sont portés en sortie.

Si le distillateur justifie que les manquants proviennent d'évaporation ou de perte matérielle, l'administration affranchit des droits dont ils sont passibles les sucres que représentent ces manquants.

Art. 15. Le distillateur est tenu de faire à la recette buraliste, au début de chaque campagne, une déclaration générale du nombre de jours de travail et du rendement d'alcool au minimum, par hectolitre de boisson ou de matière qui sera soumis à la distillation, ainsi que de l'heure à partir de laquelle commencera et cessera, chaque jour, le chauffage des appareils à distiller quand le travail ne devra pas être continu.

Les déclarations modificatives du minimum de rendement et du temps pendant lequel la distillerie fonctionne chaque jour sont également faites, quand il y a lieu, à la recette buraliste.

Art. 16. Les déclarations imposées aux distillateurs qui mettent en œuvre des matières autres que des vins, cidres, poirés, lies, marcs et fruits, en ce qui concerne : 1° l'heure du chargement des cuves de fermentation: 2° la quantité de liquide ou de matière qui doit être mise en fermentation (art. 139 de la loi du 28 avril 1816, 9 et 10 de la loi du 20 juillet 1837), doivent présenter, par journée, le détail des opérations.

Ces déclarations sont faites, au choix du distillateur, soit à la recette buraliste, pour une période qu'il fixe lui-même, soit sur un registre à souche qui lui est soumis à cet effet.

Le distillateur doit inscrire sur ce registre, tant à la souche que sur le bulletin :

1° A l'instant même où le jus et les matières commencent à être versées dans la cuve:

Le numéro de cette cuve ;

La date et l'heure du commencement de l'opération ;

2° A la fin du chargement de chaque cuve :

L'heure à laquelle le chargement est terminé ;

Le poids des farines et celui des mélasses ;

Le volume des jus et des matières macérées;

3° A mesure que le contenu de chaque cuve est mis en distillation ou placé dans le réservoir d'attente :

La date et l'heure auxquelles on commence à extraire le liquide fermenté;

L'heure à laquelle l'extraction a cessé, et, le cas échéant, la quantité de liquide réservée pour un nouveau chargement.

Le bulletin est déposé dans une boîte dûment scellée par les employés.

Art. 17. Les déclarations que les bouilleurs de profession sont tenus de faire relativement aux quantités de vins, cidres, poirés, lies, marcs et fruits qui sont soumis à la distillation (art. 141 de la loi du 28 avril 1816 et 10 de la loi du 20 juillet 1837) doivent être inscrites sur le registre spécifié à l'article suivant.

Art. 18. Le registre de mise en distillation est déposé comme il est dit au deuxième paragraphe de l'art. 11.

Le distillateur doit inscrire sur ce registre, tant à la souche qu'au bulletin :

1° Au moment même où commence chaque chargement d'alambic :

Le numéro de l'alambic ;

La date et l'heure du commencement de l'opération ;

2° Dès que le chargement est terminé :

L'heure à laquelle l'opération est terminée ;

La quantité de vins, cidres, poirés, lies, marcs, fruits et autres matières fermentées introduits dans l'alambic.

Le bulletin est déposé dans une boîte, conformément aux prescriptions du dernier paragraphe de l'art. 11 précité.

Dans les usines où chaque chargement d'alambic comprend une quantité uniforme de liquide ou de matières, cette quantité est constatée au début de la campagne, dans un acte libellé en tête du registre de distillation ou du portatif, et dûment signé par le distillateur. En pareil cas, l'industriel est dispensé d'inscrire, pour chaque chargement, la quantité de liquide ou de matières introduite dans l'appareil à distiller. Il y inscrit seulement l'heure de chaque chargement.

Art. 19. Dans les usines où le chargement des alambics est continu, une seule inscription est faite, par le distillateur, à la fin de chaque journée, ou à chaque interruption de travaux, s'il s'en produit accidentellement dans le courant de la journée, sur le registre mentionné à l'article précédent. Chaque inscription comprend l'ensemble des quantités de vins, cidres, poirés, lies, marcs ou fruits, qui ont été soumises à la distillation depuis la présente déclaration.

Art. 20. Les distillateurs qui veulent profiter des dispositions de l'art. 142 de la loi du 28 avril 1816 sont tenus d'en faire la demande par écrit au chef de service de la circonscription.

Art. 21. La base de conversion, adoptée d'un commun accord, est constatée au portatif, par un acte signé du distillateur.

Art. 22. Les employés de la régie sont autorisés à procéder aux vérifications qu'ils jugent nécessaires pour s'assurer de l'exactitude des déclarations relatives au minimum de rendement des liquides ou des matières à distiller.

S'il y a contestation, la force alcoolique des boissons et des matières dont le rendement minimum n'est pas déterminé par la loi est définitivement fixée à la suite des expériences contradictoires prescrites par l'art. 10 de la loi du 20 juillet 1837.

Les employés peuvent exiger que ces expériences soient faites, sous leur direction, au moyen des appareils du distillateur et avec son concours ou celui de son représentant.

Le minimum de rendement à déclarer par le distillateur ne peut être inférieur à la quotité que représente, sous la déduction de 10 p. 100, la quantité d'alcool obtenue par la distillation opérée contradictoirement.

Art. 23. Les quantités d'alcool que représentent, d'après le rendement minimum déclaré ou fixé en exécution des art. 15, 21 et 22, les quantités de boissons ou d'autres matières en distillation (*art.* 16, 18 *et* 19) sont prises en charge, au compte de fabrication du distillateur, à la fin de chaque journée, ou à chaque visite des employés.

Art. 24. Dans toutes les usines, les distillateurs doivent inscrire, à la fin de chaque journée de travail, sur un registre analogue à celui qui est spécifié à l'art. 11, la quantité d'alcool pur contenue dans les spiritueux achevés provenant de la distillation ou de la rectification quotidienne. Ce registre est tenu dans les conditions déterminées par le dernier paragraphe de l'art. 11.

Les quantités d'alcool successivement inscrites sur le registre sont prises en charge au compte de magasin, à chaque visite des employés.

Art. 25. Les spiritueux quelconques provenant du dehors doivent être soumis à la vérification des agents de surveillance. A cet effet, ils doivent être conservés intacts dans les vaisseaux qui ont servi à leur transport, pour être vérifiés à la première visite des employés. Toutefois, trois jours après que la déclaration d'arrivée a été faite à la recette buraliste, le distillateur peut disposer de ses produits si les employés ne se sont pas présentés dans ce délai.

Les quantités d'alcool introduites dans l'usine sont prises en charge : 1° au compte de fabrication; 2° au compte de magasin.

Art. 26. Dans les distilleries où les flegmes ou brouillis provenant d'une première distillation opérée sur place sont soumis à un repassage, l'opération de ce repassage, ou bonne chauffe, doit être constatée, par le distillateur, sur un registre *ad hoc* dans les conditions déterminées par l'art. 18.

Dans les usines qui rectifient des produits venant du dehors (*art.* 25), la remise en fabrication de ces produits doit être déclarée par le distillateur sur le registre mentionné au paragraphe précédent. Les quantités d'alcool contenues dans ces produits sont portées en décharge au compte de magasin.

Art. 27. L'administration accorde décharge des mélasses et des boissons prises en charge comme matières premières ou des spiritueux dont la perte a été régulièrement constatée par les employés de la régie.

Art. 28. Les employés peuvent arrêter, à toute époque, la situation du compte de magasin, tenu en exécution des art. 24, 25, 26.

Si la vérification fait ressortir un excédent, cet excédent est ajouté aux charges. Toutefois, si aucun travail de distillation ou de rectification n'a été effectué depuis la dernière prise en charge au

compte de magasin, l'excédent est saisi conformément à l'art. 100 de la loi du 28 avril 1816.

Si la vérification fait ressortir des manquants, ces manquants ne sont admis en décharge que jusqu'à concurrence de la déduction annuelle fixée en exécution de l'art. 6 de la loi du 20 juillet 1837. Le compte de cette déduction est suivi par campagne annuelle commençant le 1er octobre et finissant le 30 septembre suivant.

Art. 29. Un inventaire général des produits de la distillation et de la rectification est opéré toutes les fois que les employés le jugent nécessaire. Cet inventaire est fait, autant que possible, lorsque les appareils sont au repos.

Art. 30. Dans les distilleries qui ne mettent en œuvre que des spiritueux venant du dehors, les quantités d'alcool qui, à la suite de chaque inventaire, constituent un excédent sur la prise en charge effectuée, au compte de fabrication, en exécution de l'art. 25, sont saisies conformément à l'art. 100 de la loi du 28 avril 1816.

Les manquants que fait apparaître la balance de ce compte, après allocation de la déduction acquise au compte de magasin, sont immédiatement imposables.

Toutefois, l'administration accorde décharge des manquants, lorsqu'il est établi qu'ils proviennent de déchets de rectification, et qu'ils ne dépassent pas 5 p. 100 des prises en charge.

Lorsque les distillateurs réclament contre la décision de l'administration, ou lorsque les déchets dépassent 5 p. 100, le ministre statue, après avoir pris l'avis de la section des finances du Conseil d'État.

Art. 31. Dans les distilleries autres que celles auxquelles s'applique l'article précédent, si la balance du compte de fabrication tenu en exécution des art. 23 et 25 fait ressortir un excédent, cet excédent est ajouté aux charges à titre de boni de rendement.

Si l'inventaire fait ressortir un manquant, ce manquant est soumis à l'impôt ou admis, en décharge comme provenant de déficit de rendement ou de déchet de rectification, dans les conditions déterminées par les trois derniers paragraphes de l'article précédent.

Art. 32. Les registres que les distillateurs doivent tenir, en exécution des art. 11, 16, 18, 19, 24 et 26, leur sont fournis gratuitement par l'administration, ainsi que les boîtes aux bulletins. Ces registres et ces boîtes doivent être représentés à toute réquisition des employés. Les distillateurs sont tenus de remplir les registres sans interruption ni lacune, et sans rature ni surcharge.

Art. 33. Aucun alambic mobile ne peut être mis en circulation, ni stationner sur la voie publique, dans une cour non fermée ou dans un emplacement non clos n'appartenant pas au propriétaire de l'appareil sans que la déclaration en ait été faite à la recette buraliste quarante-huit heures d'avance, et sans que le conducteur soit muni d'un permis de circulation détaché d'un registre à souche et revêtu du timbre de la régie, conformément aux dispositions de l'art. 243 de la loi du 28 avril 1816.

La déclaration et le permis de circulation doivent indiquer la capacité de l'alambic, le jour où commencera et celui où finira la mise en circulation de l'appareil et les communes dans lesquelles il doit être conduit.

Art. 34. Le permis de circulation n'est valable que pour un mois au plus et pour les communes comprises dans la circonscription de la recette buraliste d'où il émane.

En cas de passage dans une autre circonscription de recette buraliste, il peut être échangé, sans condition de délai, contre un nouveau permis.

Le permis doit être représenté à toute réquisition des employés.

Les déclarations de distillation qui sont faites par les distillateurs ambulants ne sont reçues que sur la représentation du permis de circulation.

Art. 35. Le distillateur ambulant qui exerce son industrie au domicile d'autrui est tenu seulement de remplir les formalités prescrites par l'art. 33 et par les trois premiers paragraphes de l'art. 34.

Le propriétaire ou le locataire des locaux dans lesquels s'opèrent les travaux de distillation doit se conformer à toutes les dispositions du présent règlement, à moins qu'il ne puisse réclamer le bénéfice de la loi des 14-17 décembre 1875 relative aux bouilleurs de cru.

Art. 36. A partir du 1er juillet 1881, le présent règlement sera mis en vigueur et les règlements des 18 et 20 juillet 1878 cesseront d'être exécutoires.

**17.** *Bouilleurs de cru.* (*Voy. ce mot au Dict.*)

**CHAP. III. — DISPOSITIONS DIVERSES.**

**18.** *Alcoomètres.* A partir d'un an après la promulgation de la présente loi, il ne pourra, soit dans les opérations de l'administration, soit dans les transactions privées, être fait usage que de l'alcoomètre centésimal de Gay-Lussac pour la constatation du degré des alcools et eaux-de-vie. (*L.* 7 *juill.* 1881.)

**19.** Les alcoomètres centésimaux et les thermomètres nécessaires à leur usage ne pourront, à partir de la même époque, être mis en vente ni employés s'ils n'ont été soumis à une vérification préalable et s'ils ne sont munis d'un signe constatant l'accomplissement de cette formalité. Ils seront soumis aux vérifications périodiques exigées pour les poids et mesures (*id.*, *art.* 2).

**20.** Tout patenté faisant le commerce des alcools en gros et en demi-gros est tenu d'avoir un alcoomètre de Gay-Lussac et un thermomètre vérifiés (*id.*, *art.* 3).

**21.** *Importation de boissons alcooliques désignées sous le nom de vins.* (*Circ. contr. indir.* 6 *juill.* 1883.) Le comité consultatif des arts et manufactures a été récemment appelé à se prononcer sur le régime à appliquer à l'importation en France des boissons alcooliques désignées sous le nom de vins et obtenues par un procédé autre que celui de la fermentation du raisin frais.

S'appuyant sur ce qu'elles sont fabriquées au moyen d'une addition, soit d'alcool, soit de sucre qui, par la fermentation, se transforme lui-même en alcool, le comité, dans sa séance du 2 mai 1883, a exprimé l'avis que ces boissons doivent être soumises, tant au point de vue du droit de douane, qu'au point de vue des taxes intérieures, au régime de l'alcool.

Cet avis a été approuvé par le ministre du commerce et par le ministre des finances.

En conséquence, seront désormais frappés, à leur entrée en France, à raison de leur degré alcoolique, des droits de douane et des taxes intérieures propres à l'alcool, les produits désignés ci-après :

1° Les vins de composition à la fabrication desquels le raisin n'intervient pas ou n'intervient que pour une faible part ;

2° Les vins de raisins secs ;

3° Les vins étendus d'eau et remontés, après coup, par le vinage ;

4° Les piquettes alcoolisées ;

5° Les vins de marcs obtenus par l'addition d'eau sucrée sur les marcs de vendanges ;

En résumé, toutes les boissons importées sous le nom de vins, lorsqu'elles ne résultent pas de la fermentation du raisin frais et de l'entonnage, sans addition aucune, du produit de cette fermentation.

Il appartient à la douane de déterminer la nature des liquides présentés à l'entrée en France. Après avoir assuré le paiement du droit d'importation, les agents de ce service ne donneront mainlevée des boissons que sur la représentation d'un titre de mouvement de la régie (congé ou acquit-à-caution) constatant que les taxes intérieures ont été acquittées ou garanties d'après le régime appliqué par la douane. (*Signé:* F. RENAUD.)

**22.** Extrait d'une lettre ministérielle du mois de septembre 1880 :

La franchise est accordée d'une manière générale pour toutes les boissons de ménage *n'atteignant pas deux degrés*, préparées par les simples particuliers pour leur consommation de famille, ou par les épiciers, les petits détaillants, pour être vendues par petites quantités.

La boisson ne doit subir d'autre déplacement que celui nécessité par les besoins de la consommation locale, et elle doit être livrée à cette consommation locale *sans transformation ni mélange avec d'autres boissons.* (*Temps*, 17 sept. 1880.)

**23.** *Échantillons de vins et d'eau-de-vie.* Par la circulaire n° 256, du 16 janvier 1879, l'administration a admis l'immunité entière des droits et la libre circulation pour les envois d'échantillons de vins et de spiritueux, sous la condition que ces échantillons seraient renfermés dans des flacons dont la contenance ne dépasserait pas 10 centilitres, et que la quantité totale transportée à l'adresse d'un même destinataire ne serait pas supérieure à 3 litres pour les vins et à 1 litre d'alcool pour les spiritueux.

La capacité *maxima* de 10 centilitres est trouvée généralement insuffisante pour les échantillons de vins. La valeur commerciale des vins de consommation ordinaire se détermine, en effet, aujourd'hui, non pas seulement par la dégustation, mais le plus souvent aussi par la distillation. Il est donc nécessaire que chaque échantillon présente une quantité suffisante pour permettre de procéder à cette double opération.

Afin de donner satisfaction aux réclamations qui se sont produites, l'administration porte à 25 centilitres, au lieu de 10, la limite de la contenance des flacons d'échantillons de vins. Elle maintient l'immunité entière des droits et la libre circulation jusqu'à la quantité totale de 3 litres, sauf en ce qui concerne les vins dits de liqueur, tels que vermout, madère, malaga, et autres vins fins analogues, pour lesquels la tolérance sera désormais limitée à la quantité totale d'un litre. Enfin, elle décide que, lorsque les envois d'échantillons par flacons de 25 centilitres et au-dessous, à l'adresse d'un même destinataire, dépasseront la limite de 3 litres pour les vins de consommation alimentaire et de 1 litre pour les vins de liqueur, les droits seront perçus à raison du volume effectif.

Rien n'est changé aux dispositions de la circulaire n° 256 précitée, relativement aux échantillons de spiritueux, ni en ce qui concerne les échantillons de vins qui seraient transportés en flacons d'une contenance supérieure à 25 centilitres.

Il demeure entendu, d'ailleurs, ainsi que l'avait réservé la circulaire n° 256, que, si des abus venaient à être constatés, et spécialement si, pour certains vins de liqueur ou assimilés, les flacons de 25 centilitres étaient utilisés pour la vente, les tolérances concédées pourraient être retirées. Un rapport spécial serait alors fourni à l'administration, qui statuerait.

Les dispositions contenues dans la présente circulaire devront être portées à la connaissance des intéressés. (*Circ.* 31 *juill.* 1882.)

**24.** *Colonies.* Le décret du 8 septembre 1882 règle ce qui concerne les droits sur les spiritueux à la Guadeloupe.

**25.** *Douane.* (*Voy. ce mot.*) Où nous donnons exceptionnellement quelques dispositions extraites du tarif.

BIBLIOGRAPHIE.

Le Régime des boissons, par Émion. Paris et Nancy, Berger-Levrault et Cⁱᵉ. 1877.

**BOUCHERIE.** (*Dict.*) La viande de porc frais, non manipulée, est comprise dans la dénomination générale de viande de boucherie et peut être soumise à la taxe par l'autorité municipale. (*Cass.* 23 *févr.* 1877.) [*Voy. aussi* **Boulangerie.**]

**BOUCHOT.** (*Dict.*) Les bouchots à moules sont construits sur le domaine public maritime, comme tous les autres établissements de pêche, ils ne peuvent être créés sans l'autorisation du ministre de la marine. (*L.* 9 *janv.* 1852, *art.* 2.)

Le décret du 4 juillet 1853 (*art.* 138 à 151), réglementant les bouchots, a été modifié par le décret du 27 janvier 1859, dont voici les principales dispositions :

Les bouchots sont exclusivement destinés à l'élève des moules, ils sont de plusieurs sortes suivant leur genre de construction et leur forme : il y a des bouchots à une seule aile ou à deux ailes en forme de V; ils sont clayonnés ou non clayonnés. Les pieux qui les forment ne doivent pas avoir 1ᵐ,60 hors de terre.

Il est défendu d'y retenir le poisson au moyen de filets, engins et autres instruments sédentaires, comme aussi d'y tendre ou d'y jeter aucun filet, à moins de 10 mètres de l'ouverture de ces établissements du côté de terre et de 60 mètres du côté de la mer.

Les détenteurs des bouchots ne peuvent les changer de place, de forme ou de dimension, sans l'autorisation du ministre de la marine.

Enfin, les bouchots reçoivent un numéro d'ordre qui doit être placé d'une façon apparente sur chacun de ces établissements.

**BOULANGERIE.** (*Dict.*) Un arrêt de la Cour de cassation, du 3 janvier 1868, avait déclaré que la loi des 19-22 juillet 1791, qui autorise l'autorité municipale de taxer le pain, n'a été supprimée ni par la loi du 4 nivôse an III, ni par le décret du 22 juin 1863. Mais l'état actuel de la législation a été développé plus amplement dans une lettre du ministère de l'agriculture et du commerce adressée, en novembre 1878, au président de la commission des pétitions à la Chambre des députés. Voici cette lettre :

« Monsieur le Président,

« Conformément à une résolution de la 5ᵉ commission des pétitions, devenue définitive aux termes de l'article 66 du règlement et insérée au *Journal officiel* du 8 juin, la Chambre des députés a ordonné le renvoi à mon administration de la pétition inscrite au rôle général sous le n° 205. Les auteurs de cette pétition. les sieurs Paillet et Débrion, boulangers à Argenton-sur-Creuse, demandent la liberté absolue de la boulangerie ; ils se plaignent, après avoir joui pendant dix années du régime de liberté inauguré par le décret du 22 juin 1863, en matière de boulangerie, d'être replacés aujourd'hui, par suite de l'arrêté pris par le maire de leur commune, sous le régime de la réglementation, et ils demandent la révision de la loi qui concède aux autorités municipales le droit de rétablir la taxe, et l'application absolue du décret de 1863 dans le sens de la liberté complète du commerce de la boulangerie.

« La commission de la Chambre, appelée à donner son avis sur la pétition des sieurs Paillet et Débrion, a reconnu que le système de la libre concurrence appliqué à la boulangerie était de nature, comme pour les autres branches d'industrie, à produire avec le temps les meilleurs résultats ; elle a constaté que déjà, sur certains points, il avait eu d'excellentes conséquences ; mais, tout en reconnaissant les avantages qui peuvent résulter du libre exercice du commerce de la boulangerie, elle s'est demandé si l'expérience commencée en 1863 avait été assez longue pour permettre au législateur de décréter, dès à présent, la liberté absolue, et elle a pensé que l'administration supérieure, par suite de la connaissance approfondie qu'elle doit avoir des faits qui se sont produits depuis l'application du régime du droit commun, était seule à même de trancher la question sur ce point.

« Depuis la mise en vigueur du décret du 22 juin 1863, l'administration a cherché à faire prévaloir, comme une des conséquences nécessaires du régime de liberté adopté, la suppression de la taxe officielle du pain ; malgré ses efforts, un nombre assez considérable d'autorités municipales ont cru devoir maintenir ou rétablir la taxe officielle dans leurs communes.

« L'administration s'est d'ailleurs bornée, dans cette question, à procéder par voie de persuasion, attendu que le pouvoir d'appliquer la taxe résulte pour les maires d'une loi et qu'il ne peut leur être interdit d'en faire usage tant que cette loi n'est pas abrogée.

« Or, si le décret du 22 juin 1863 a maintenu l'art. 30 de la loi des 19-22 juillet 1791, c'est que l'administration supérieure a toujours considéré que cet article pouvait être, dans bien des cas, une arme nécessaire entre les mains de l'autorité municipale. Il est certain qu'en temps normal et alors que les récoltes ont donné de bons résultats, le prix du blé se maintenant à un taux relativement peu élevé, on n'a pas à redouter que le prix du pain s'élève dans des proportions qui puissent atteindre d'une manière sérieuse les consommateurs; mais le législateur a dû se préoccuper de l'éventualité des époques difficiles et chercher à protéger les intérêts généraux de la consommation contre les exigences ou les manœuvres de certains boulangers qui pourraient être portés à surélever le prix du pain ou à s'attribuer des bénéfices trop élevés.

« C'est pour cela que, tout en désirant et en facilitant l'application la plus large du décret de 1863, l'administration n'a pas cru qu'il y ait lieu de toucher, sur ce point, aux prérogatives de l'autorité municipale. D'autre part, elle a eu à tenir compte de circonstances générales ou locales qui venaient à se produire. On a insisté, surtout aux époques d'abondance et de bas prix, pour que les populations fussent habituées peu à peu à considérer le commerce de la boulangerie comme tout autre commerce libre et à discuter leurs intérêts avec les boulangers comme elles le font avec les autres fournisseurs. D'un autre côté, au contraire, quand la pénurie des grains et la cherté se faisait sentir, on a dû laisser aux maires le soin d'apprécier, sous leur propre responsabilité, s'ils devaient ou non user du droit de taxer le pain.

« L'expérience qui se continue et qui a, sur certains points, donné de bons résultats, n'est cependant pas encore aujourd'hui assez concluante, et il ne me semble pas qu'il y ait lieu de proposer, quant à présent du moins, l'abrogation de l'art. 30 de la loi des 19-22 juillet 1791. Il pourrait y avoir dans certains moments des inconvénients très sérieux à enlever aux municipalités la seule arme qu'elles possèdent pour empêcher la trop grande élévation des prix.

« Je vous serai obligé de vouloir bien, conformément à l'art. 68 du règlement, faire publier ces observations dans un des premiers feuilletons qui seront distribués à la Chambre des députés.

« Agréez, etc.    Signé : TEISSERENC DE BORT. »
**BOURSES DANS LES FACULTÉS, LES LYCÉES, etc. (Dict.)**

SOMMAIRE.

CHAP. I. — BOURSES DANS LES FACULTÉS.

1. *Bourses de licence et d'agrégation.* Nous reproduisons sur ce point l'arrêté ministériel du 3 juin 1880.

Art. 1er. Les bourses entretenues par l'État dans les Facultés des sciences et des lettres sont de deux sortes :

Les bourses de licence ;

Les bourses d'agrégation.

Art. 2. Les candidats aux bourses de licence s'inscrivent au secrétariat de l'académie dans laquelle ils résident du 1er au 30 juin.

Ils doivent être Français et être âgés de dix-huit ans au moins et trente ans au plus.

Ils désignent, en s'inscrivant, la Faculté à laquelle ils désirent être attachés et joignent à cette déclaration les pièces suivantes :

1° Leur acte de naissance ;

2° Leurs diplômes dans les sciences et dans les lettres ;

3° Une note revêtue de leur signature et indiquant la profession de leur père, la demeure de leur famille, l'établissement ou les établissements dans lesquels ils ont fait leurs études, le lieu ou les lieux qu'ils ont habités depuis leur sortie desdits établissements ;

4° Un certificat du chef ou des chefs desdits établissements contenant, avec une appréciation du caractère et de l'aptitude du candidat, l'indication des succès qu'il a obtenus dans le cours de ses classes, et des renseignements sur la situation de fortune de sa famille.

Art. 3. Le concours a lieu au siège de la Faculté, le 15 juillet de chaque année.

Les sujets de composition sont choisis par le ministre.

Art. 4. Les membres du jury sont choisis par le ministre sur la proposition des recteurs et des doyens.

Art. 5. Les épreuves du concours pour les bourses de licence sont :

1° *Pour la section des lettres :* une composition française, une explication approfondie d'un auteur français, d'un auteur latin et d'un auteur grec des classes de rhétorique et de philosophie de nos lycées. L'épreuve latine devra comprendre, en outre, la traduction orale d'un morceau français en latin.

2° *Pour la section des sciences :* une composition et des interrogations sur des sujets de mathématiques, de physique, de chimie et d'histoire naturelle, suivant la licence à laquelle se prépare le candidat.

Les épreuves orales pour chaque candidat durent une heure au moins.

Art. 6. Les membres du jury corrigent les copies, les annotent et en expriment la valeur par un chiffre qui varie de zéro à vingt.

Un procès-verbal détaillé fait connaître les textes expliqués, les questions posées au candidat, l'examen oral et la manière dont il a subi ses épreuves.

Les copies et les procès-verbaux des examens sont transmis au ministre.

Le comité consultatif de l'enseignement public dresse une liste, par ordre de mérite, en tenant compte des besoins de l'enseignement secondaire.

Art. 7. Peuvent obtenir directement une bourse de licence, sans subir les épreuves prescrites par l'art. 5, les candidats à l'École normale supérieure déclarés admissibles aux épreuves orales, et les élèves qui ont obtenu un des trois prix d'honneur au concours général des lycées de Paris et des départements.

Art. 8. Le boursier reçu à l'une des licences ès sciences peut obtenir, sans nouveau concours, une bourse pour l'une des deux autres licences.

Cette nouvelle bourse est d'une année et ne peut être renouvelée que sur un rapport spécial du doyen, du recteur, et sur l'avis conforme du comité consultatif.

Art. 9. La Faculté désigne, chaque année, les cours que suivent les boursiers. Cette désignation devient obligatoire après approbation du recteur.

Art. 10. Tout boursier signe, à la fin de chaque cours et de chaque conférence, un registre de présence. Le relevé des absences est transmis chaque semaine au recteur. En cas d'absences réitérées, d'indiscipline ou d'inconduite, le recteur, d'accord avec la Faculté, décide s'il y a lieu de demander au ministre le retrait de la bourse.

Art. 11. A moins de cas exceptionnels, sur lesquels il sera statué par le ministre, après avis du recteur et de la Faculté, un boursier ne peut prendre d'inscription dans une autre Faculté que celle à laquelle il est attaché.

Art. 12. Les boursiers remettent au moins une fois par mois, les compositions exigées par la licence.

Art. 13. Une bourse de licence ne peut être cumulée avec aucun emploi rétribué.

Art. 14. Les bourses sont données pour un an à partir du 1er octobre ; l'indemnité est payable par douzièmes et d'avance. Elles peuvent être prolongées pendant une seconde année sur un rapport spécial du doyen et du recteur, après avis du comité consultatif.

Les boursiers reçus licenciés pendant la session de novembre et d'avril cessent de recevoir leur indemnité à la fin du mois de leur réception ; ceux qui auront été admis au grade pendant la session de juillet-août touchent l'indemnité jusqu'au 30 septembre suivant.

Art. 15. Le boursier reçu licencié est tenu de se mettre à la disposition du recteur, qui le propose pour un poste dans l'enseignement secondaire. Si le boursier ne se rend pas à ce poste, il perd les avantages de l'engagement décennal.

Dans le cas où la bourse vient à cesser pour une cause quelconque, le boursier est également tenu de se mettre à la disposition du recteur, qui propose au ministre la décision à intervenir.

Art. 16. Les candidats aux bourses d'agrégation adressent leur demande, du 1er au 20 juillet, au doyen de la Faculté où ils ont pris le grade de licencié.

Ils joignent à leur demande les certificats des chefs des établissements où ils ont enseigné. S'ils ont été boursiers de licence, ils ajoutent un rapport spécial des professeurs dont ils ont suivi les cours.

Toutes ces pièces, accompagnées des notes de licence et des conclusions motivées du doyen et d'un rapport faisant connaître comment la Faculté entend préparer à l'agrégation, sont adressées, par l'entremise du recteur, au ministre, qui prend l'avis du comité consultatif.

Art. 17. Les candidats aux bourses d'agrégation doivent être âgés de moins de trente-cinq ans.

La bourse est accordée pour un an à dater du 1er octobre et peut être renouvelée une fois, sur l'avis conforme du comité consultatif.

Les élèves sortis de l'École normale supérieure ne peuvent obtenir une bourse d'agrégation.

La bourse d'agrégation ne peut être cumulée avec aucune fonction rétribuée.

Art. 18. Les arrêtés des 5 novembre 1877 et 7 juin 1878 sont abrogés.

CHAP. II. — BOURSES DANS LES LYCÉES.

2. *Règlement sur la collation des bourses.*
Nous reproduisons sur ce point le décret du 19 janvier 1881 :

Art. 1er. Les bourses, soit d'enseignement classique, soit d'enseignement spécial, entretenues par l'État, les départements et les communes dans les lycées et collèges, sont partagées en trois catégories : 1° bourses d'internat ; 2° bourses de demi-pensionnat ; 3° bourses d'externat simple ou surveillé.

Art. 2. Les bourses de l'État ne sont accordées qu'après enquête constatant l'insuffisance de fortune de la famille. Elles sont conférées aux enfants qui se sont fait remarquer par leurs aptitudes et particulièrement à ceux dont la famille a rendu des services au pays.

Art. 3. Les bourses des départements et des communes sont concédées dans les mêmes conditions.

Art. 4. Suivant les titres et la situation de fortune des postulants, les bourses de l'État, des départements et des communes sont ou entières ou fractionnées de la manière suivante :

Les bourses d'internat et de demi-pensionnat, en demi-bourses ou en trois quarts de bourse :

Les bourses d'externat simple ou surveillé en demi-bourses.

Art. 5. Les candidats aux bourses d'enseignement classique et d'enseignement spécial doivent justifier, par un examen préalable, qu'ils sont en état de suivre la classe correspondant à leur âge.

Les départements et les communes peuvent ouvrir un concours pour les bourses entretenues à leurs frais ; mais à la condition que les candidats aient préalablement subi l'examen réglementaire.

Art. 6. Un arrêté ministériel, rendu sur l'avis du Conseil supérieur, détermine les conditions, le programme et l'époque de l'examen. (*Voy. plus loin.*)

Art. 7. L'examen est subi devant une commission spéciale de cinq membres, nommée par le recteur de l'académie et siégeant au chef-lieu du département.

Art. 8. Les candidats aux bourses fondées par des particuliers doivent avoir subi l'examen réglementaire dans les formes déterminées par les art. 6 et 7, à moins que l'acte de fondation ne contienne une disposition expressément contraire.

Art. 9. Les candidats aux bourses entretenues par les départements dans des établissements secondaires libres, conformément à la loi du 10 août 1871, sont soumis au même examen.

Art. 10. Les boursiers de l'État sont nommés, sur la proposition du ministre de l'instruction publique, par le Président de la République.

Cette disposition est applicable aux boursiers des lycées et collèges de l'Algérie, le gouverneur général conservant d'ailleurs le droit de présentation pour les deux tiers des bourses affectées à la colonie.

Les boursiers des départements sont nommés

par les conseils généraux, en conformité de l'art. 45 de la loi du 10 août 1871 sur l'organisation départementale.

Les boursiers des communes sont nommés par les conseils municipaux avec approbation des préfets. Le recteur de l'académie intervient comme délégué du ministre de l'instruction publique, afin de constater l'exécution des règlements scolaires.

Art. 11. Le ministre, pour les boursiers de l'État; *le préfet,* pour les boursiers départementaux et les boursiers communaux, peuvent accorder des promotions de bourses aux élèves inscrits au tableau d'honneur spécial dressé à la fin de chaque année scolaire par les proviseurs et les principaux, après avis de l'assemblée des professeurs.

(Cet art. 11 a été modifié par le décret du 4 août 1881 : le mot *préfet* que nous avons souligné ici, a été remplacé par les mots : les conseils généraux et municipaux.)

C'était une simple inadvertance en présence de la loi du 10 août 1871.

Art. 12. Les boursiers de l'État, des départements et des communes restent en possession de leur bourse jusqu'à l'âge de dix-neuf ans accomplis. S'ils atteignent cet âge avant l'expiration de l'année classique, leur bourse est prorogée de droit jusqu'à la fin de ladite année.

Une prolongation d'études peut être accordée aux boursiers inscrits au tableau d'honneur. Une seconde prolongation peut être accordée à ceux qui ont été déclarés admissibles à l'une des grandes écoles du Gouvernement. Des bourses peuvent être concédés à des élèves ayant plus de dix-huit ans et moins de vingt et un ans, s'ils sont pourvus du grade de bachelier se préparant aux écoles du Gouvernement.

Art. 13. En cas de faute grave, les chefs d'établissements ont le droit de rendre provisoirement un boursier à sa famille, à en référer immédiatement au recteur de l'académie.

En cas d'insubordination habituelle, de paresse invétérée ou d'incapacité notoire, l'élève boursier peut, après deux avertissements notifiés à la famille, être privé de sa bourse.

La déchéance de sa bourse est prononcée par le ministre, sauf le cas prévu par l'art. 45 de la loi du 10 avril 1871.

Art. 14. Le cumul des fractions de bourses de nature différente est formellement interdite.

Art. 15. Sont et demeurent rapportées les dispositions des lois, décrets, ordonnances et règlements contraires au présent décret.

3. *Examens.* Voici maintenant l'arrêté ministériel du 20 janvier, le Conseil supérieur de l'instruction publique entendu, qui fixe les conditions, etc., des examens.

Art. 1er. Les commissions chargées d'examiner les candidats aux bourses nationales, départementales et communales, tant pour l'enseignement classique que pour l'enseignement spécial, sont composées d'un inspecteur d'académie, président, et de quatre membres choisis par le recteur parmi les professeurs ou les anciens professeurs des Facultés, des lycées et des collèges. Un professeur de langues vivantes est adjoint au jury pour les catégories où les langues vivantes sont exigées.

Art. 2. Les examens ont lieu chaque année, du 1er au 15 avril, et du 1er au 15 juillet, au chef-lieu de chaque département.

Les candidats doivent être inscrits, du 15 au 30 mars, ou du 15 au 30 juin, au secrétariat de la préfecture de leur résidence, ou de la résidence de leur famille.

La demande d'inscription est accompagnée :

1° De l'acte de naissance de l'enfant ;

2° S'il y a lieu, d'un certificat de bonne conduite délivré par le chef de l'établissement où il a déjà fait des études primaires ou secondaires.

Art. 3. Les candidats sont distribués en autant de séries qu'il y a d'années de cours dans l'enseignement secondaire classique ou dans l'enseignement secondaire spécial.

Le résultat de l'examen est valable aussi longtemps que le candidat appartient, par son âge, à la série dans laquelle il a été examiné.

Art. 4. Les candidats aux bourses de l'enseignement secondaire classique doivent avoir au 1er janvier de l'année où l'examen est subi :

Pour entrer en 8e, moins de 10 ans ;

Pour entrer en 7e, moins de 11 ans ;

Pour entrer en 6e, moins de 12 ans ;

Pour entrer en 5e, moins de 13 ans ;

Pour entrer en 4e, moins de 14 ans ;

Pour entrer en 3e, moins de 15 ans ;

Pour entrer en 2e, moins de 16 ans ;

Pour entrer en rhétorique, moins de 17 ans ;

Pour entrer en philosophie, moins de 18 ans.

Les candidats aux bourses de l'enseignement secondaire spécial doivent avoir au 1er janvier de l'année où l'examen est subi :

Pour entrer :

dans les cours préparatoires, moins de 13 ans ;

dans la 1re année de cours, moins de 14 ans ;

dans la 2e année de cours, moins de 15 ans ;

dans la 3e année de cours, moins de 16 ans ;

dans la 4e année de cours, moins de 17 ans ;

dans la 5e année de cours, moins de 18 ans.

Art. 5. Les candidats aux bourses de l'enseignement classique sont interrogés, savoir :

Pour la classe de huitième,

Sur les matières du programme de la classe préparatoire ;

Pour la classe de septième,

Sur celles du programme de la classe de huitième, et ainsi de suite, jusqu'à la classe de philosophie inclusivement.

Les candidats aux bourses de l'enseignement classique, âgés de moins de seize ans au 1er janvier de l'année où ils se présentent, peuvent subir l'examen sur les matières du cours préparatoire aux mathématiques élémentaires.

Les candidats aux bourses de l'enseignement spécial sont interrogés, savoir :

Pour le cours préparatoire,

Sur les matières du programme des classes élémentaires de l'enseignement classique ;

Pour la première année de cours,

Sur les matières du programme du cours préparatoire de l'enseignement spécial, et ainsi de suite.

Art. 6. L'examen comprend deux épreuves : Une épreuve écrite, une épreuve orale.

L'épreuve écrite est éliminatoire; elle comprend

Enseignement classique

Pour les quatre premières séries, une dictée

rançaise et une petite composition sur une des matières du cours (histoire, géographie, sciences physiques et naturelles) ; pour les cinq autres séries, une composition en français sur une des matières du cours et une version latine ou une version grecque.

Enseignement spécial :

Pour les deux premières séries, une dictée française et une composition sur une des matières du cours (histoire, géographie, sciences physiques et naturelles). Pour les trois autres séries, une composition française sur l'une des matières littéraires ou scientifiques du cours et un exercice écrit de langue vivante (allemand ou anglais).

Art. 7. Le nombre maximum de points à compter pour chaque épreuve écrite est de 20. Pour être admis à l'épreuve orale, le candidat doit obtenir au moins 20 points dans l'ensemble des deux épreuves écrites.

Art. 8. L'épreuve orale porte sur toutes les matières de la classe à laquelle se rapporte l'examen. Ces matières sont réparties en quatre séries, savoir : lettres, sciences, histoire et géographie, langues vivantes.

Une note de 0 à 10 est attribuée à chacune de ces séries. Nul ne peut être définitivement admis qu'avec la moitié du maximum des points.

Art. 9. L'épreuve, soit orale, soit écrite, sur les langues vivantes, ne sera exigible, dans l'enseignement classique, qu'à partir de l'examen de 13 ans, et dans l'enseignement spécial, qu'à partir de l'examen de 14 ans.

Art. 10. Le nombre des points obtenus dans chacune des épreuves sera consigné au procès-verbal et inscrit sur le certificat d'aptitude.

Art. 11. Les candidats pourvus du baccalauréat ès lettres, du baccalauréat ès sciences ou du diplôme d'études de l'enseignement spécial, sont dispensés de l'examen d'aptitude aux bourses.

Art. 12. Les élèves boursiers de l'enseignement spécial qui, dans le cours de leurs études, ont fait preuve d'aptitude d'enseignement classique, peuvent, sur l'avis du recteur, être tranférés dans l'enseignement classique par l'autorité dont relève la nomination première, sans avoir à subir un nouvel examen.

(Les recteurs sont chargés de l'exécution de cet arrêté.)

4. *Taux des bourses.* Le décret du 1er février 1881 porte :

Art. 1er. Le taux des bourses nationales, départementales et communales dans les lycées est fixé ainsi qu'il suit :

Bourses de pensionnaires. — Prix de la pension dans la division de grammaire.

Bourses de demi-pensionnaires. — Moitié du prix de pension de la division de grammaire, plus soixante-quinze francs.

| | | Paris et Nantes. | Versailles et Lyon. | Lycées de 1re catégor. | Lycées de 2e catégor. | Lycées de 3e catégor. |
|---|---|---|---|---|---|---|
| Bourses d'externes | libres . . . . | 250f | 200f | 150f | 120f | 90f |
| | surveillés . . . | 330 | 270 | 210 | 170 | 130 |
| | surveillés admis aux conférences et interrogations . . . | 410 | 340 | 270 | 202 | 170 |

Art. 2. En cas de fractionnement de bourse,

le complément à la charge de la famille sera calculé d'après les tarifs du lycée, selon la division à laquelle appartiendra l'élève.

On trouvera dans le décret du 28 juillet 1882 les dispositions relatives aux bourses des lycées et collèges de jeunes filles. ( *Voy. aussi le Supplément annuel pour* 1883, *p.* 458.)

**CHAP. III. — BOURSES DANS LES ÉCOLES PRIMAIRES SUPÉRIEURES.**

5. *Bourses d'instruction primaire supérieure.* Le décret du 14 février 1880 porte ce qui suit :

Art. 1er. Les candidats aux bourses nationales fondées dans les écoles primaires supérieures devront justifier, par un examen préalable, qu'ils sont en état de suivre la classe correspondant à leur âge.

Une commission, nommée par le ministre de l'instruction publique et des beaux-arts, sera chargée d'examiner les candidats.

Le ministre déterminera l'époque et la forme des examens.

Art. 2. Les boursiers nationaux sont nommés par le ministre de l'instruction publique et des beaux-arts.

Ils reçoivent soit une bourse ou une demi-bourse d'interne, soit une bourse d'externe, suivant la position de fortune des familles, laquelle est établie par un rapport du préfet.

Art. 3. Le ministre peut accorder des promotions de bourses aux élèves qui auront mérité cette faveur par leur bonne conduite et leurs progrès.

Le ministre peut, en outre, décerner, sous forme d'indemnité prélevée sur le crédit affecté aux bourses d'enseignement primaire supérieur, un prix aux boursiers externes qui auront été jugés dignes de cette récompense. Le montant de ce prix ne pourra pas dépasser le taux moyen de la pension dans les établissements à internat.

Art. 4. En cas de faute grave, le chef de l'établissement peut rendre provisoirement un boursier à sa famille, sauf à en référer immédiatement à l'autorité supérieure.

La déchéance définitive des boursiers est prononcée par le ministre.

6. *Bourses du ministère de la marine dans les ports maritimes.* Le décret du 22 août 1879, qui règle cette matière, se trouve au *Bulletin des lois* et au *Journal officiel* du 27 août 1879.

Comparez les articles relatifs à l'instruction publique.

**BOURSES DE COMMERCE.** (*Dict.*) **1.** « La loi n'accorde aucune action pour dette de jeu ou pour le paiement d'un pari », dit l'art. 1965 du Code civil. Certaines affaires de Bourse sont considérées comme des jeux, seulement, il est des cas où il est difficile de tirer la ligne de démarcation. C'est à ce titre que nous allons indiquer les derniers résultats de la jurisprudence.

**2.** L'agent de change qui prête sciemment son concours à des achats et reventes de valeurs de Bourse, dont il n'a pu ignorer le caractère fictif, n'a pas d'action contre son client pour obtenir de lui le paiement des différences perdues. (*C. de Lyon* 26 *mai* 1877.)

**3.** La question de savoir si une opération de Bourse constitue un jeu, est une question d'intention dont l'appréciation appartient au juge du fond; spécialement, l'exception de jeu opposée à un agent de change est souverainement écartée par l'arrêt qui déclare que, si le client a eu l'intention de se livrer à un jeu de Bourse, « il n'est pas établi que l'agent de change ait eu connaissance de cette intention et qu'il ait entendu prêter son ministère à un marché devant se liquider par des différences. (*Cass.* 21 *janvier* 1878.)

4. L'exception de jeu ne peut être opposée à la demande en règlement d'une opération de Bourse qui, étant en rapport avec la fortune de celui qui en a donné l'ordre, a pu paraître sérieuse au banquier qui l'a exécutée. (*Cass.* 18 *avril* 1877.)

5. Les marchés à terme faits en vue de bénéfices à réaliser sur les variations du cours des effets publics n'impliquent pas nécessairement la présomption légale ou la preuve du jeu. (*Cass.* 21 *janvier* 1878.)

6. Le report d'une opération de Bourse à plusieurs liquidations successives n'est pas, par lui-même, constitutif d'un jeu prohibé par la loi. (*C. de Paris* 22 *juillet* 1876.)

**BUDGET.** (*Dict.*) Le budget annuel renferme souvent des dispositions destinées à durer et qu'on ne songerait jamais à y chercher. En refondant les suppléments annuels en un Supplément général, nous avons supprimé tout ce qui n'avait eu qu'un intérêt temporaire et nous avons réparti les dispositions durables entre les articles où elles étaient à leur place naturelle. (*Voy.* **Chemins de fer, Chicorée, Contributions directes, Huile, Savons, Télégraphe, Timbre, Valeurs mobilières, Voitures,** *etc.*)

Après cette distribution il ne reste au mot Budget que ce qui suit :

La loi de finances du 29 juillet 1881 (Budget de 1882) porte à l'art. 9 : La faculté de report prévue par les lois précédentes est supprimée à partir de l'exercice 1882.

Les sommes nécessaires pour poursuivre les travaux pendant les exercices ultérieurs seront demandées, chaque année, au titre du budget extraordinaire, jusqu'à épuisement des prévisions admises, en principe, pour chaque chapitre.

Il s'agit ici des dépenses sur fonds extraordinaires. — Voici à titre de comparaison ce que disait la loi du 22 décembre 1880 :

Art. 3. Les crédits ou portions de crédit applicables aux dépenses sur ressources extraordinaires qui n'auront pas été consommés à la fin de l'exercice 1881 seront reportés par décrets à l'exercice suivant, où ils conserveront leur affectation primitive. Les ressources correspondantes seront également reportées audit exercice.

Voici, au surplus, la formule employée dans la loi de finances du 30 janvier 1884 :

Art. 3. Les sommes restant libres à la fin de l'exercice 1884 sur les crédits ouverts par l'art. 1er ci-dessus et qui seront nécessaires pour poursuivre les travaux pendant les exercices ultérieurs, ne pourront être reportées auxdits exercices que par la loi.

Les dépenses appartenant aux exercices antérieurs et faisant partie des restes à payer arrêtés par la loi de règlement pourront être ordonnancées sur les crédits ouverts ou reportés par la loi à l'exercice courant. Il en sera de même, jusqu'au règlement définitif de l'exercice, des dépenses que les comptes présenteront comme restant à payer à l'époque de la clôture de l'exercice et qui auront été autorisées par des crédits régulièrement ouverts.

**BULLETIN DES COMMUNES.** Au mot **Bulletin des lois** du *Dictionnaire*, nous expliquons l'origine et le but de cette publication. Une circulaire du ministre de l'intérieur, du 15 septembre 1883, nous apprend que certains maires refusent le *Bulletin* et le ministre donne des instructions aux préfets sur les mesures à prendre en pareil cas. (La dépense est obligatoire.) [Voy. *Journal offic.*]

Nous saisissons cette occasion pour émettre une réflexion. Toutes les communes étaient obligées de s'abonner au *Bulletin des lois*, et d'en faire collection. Cela se comprend, tout le monde étant censé connaître la loi, il fallut bien qu'une collection des lois se trouvât sous la main. D'ailleurs, les lois, les règlements, les circulaires adressées aux autorités renferment de nombreux renvois aux lois antérieures et il faut pouvoir s'y reporter.

Un décret dictatorial du 12 février 1852 dispense les communes non chefs-lieux de canton de s'abonner au *Bulletin des lois*, mais ce qu'il leur offre en échange ne le remplace pas, car on n'en fait pas collection : on l'affiche, c'est-à-dire on le détruit. Sans doute les paysans sont mis en état de lire le *Bulletin*, mais beaucoup ne savent pas lire, d'autres ne comprendraient pas, etc. Il vaudrait beaucoup mieux, si l'on trouve qu'un abonnement de 9 fr. est de trop pour eux, de ne leur envoyer — pour 4 fr. 50 c. — que la partie principale du *Bulletin des lois* et d'exiger qu'on en fasse collection.

La mesure prise en 1852 avait d'ailleurs un but politique, but qui est contraire au régime actuel (influencer les populations). Nous sommes surpris qu'on n'ait pas profité de la discussion de la loi de 1884 pour supprimer ce *Bulletin*.

**BULLETIN DES LOIS.** (*Dict.*) On lit au mot **Bulletin des lois** du *Dictionnaire*, p. 295, n° 10:

« La disposition matérielle du recueil a été plusieurs fois modifiée depuis sa création. *Jusqu'en* 1832, les actes d'intérêt individuel ou local étaient compris dans une série de numéros *bis*, qui avaient une pagination distincte ; il en résultait une grande confusion dans la suite des volumes composant la collection. *A cette époque,* le Bulletin a été divisé en *deux* parties : les lois d'un côté et les ordonnances de l'autre..... »

Ce passage est à rectifier : Ce n'est pas de 1832 que date la division du recueil en deux parties (les lois d'un côté et les ordonnances de l'autre), mais bien de 1830.

Le tome XII de la 8e série, règne de Charles X, contient *dans un même volume* lois et ordonnances rendues jusqu'au 28 juillet 1830. Vient alors, avec la 9e série, règne de Louis-Philippe, la division en *deux* parties : le tome *Ier*, 1re *partie,* contient les actes des pouvoirs provisoires et les lois rendues depuis le 14 août 1830 ; le tome *Ier*, 2e *partie,* contient les ordonnances rendues depuis le 25 juillet jusqu'au 31 décembre 1830 (avec des numéros *bis*).

Ce qui a eu lieu en *1832*, c'est le *dédoublement des ordonnances* en deux sections, ainsi que le dit le *Dictionnaire* plus loin. Par suite de ces explications, la date de *1830* marquait, *dans l'espèce,* une délimitation trop importante pour être omise.

La forme, *entièrement actuelle,* est celle de *Partie principale, Partie supplémentaire.* Or la dénomination de *Partie principale* date du 1er semestre de *1860* (tome XV). Mentionnons aussi la publication par le *Bulletin* de *Tables décennales* très utiles.

**BURALISTE.** C'est l'agent des contributions indirectes dans les villages où l'impôt ne rapporte pas assez pour y entretenir un fonctionnaire à traitement. Le buraliste n'a que des remises sur les affaires qu'il est appelé à faire pour l'administration.

**BUREAU DE BIENFAISANCE.** (*Dict.*) **1.** *Création.* *Voy.* au mot **Organisation communale**, art. 119 (commentaire), ce qui est dit de la création des bureaux de bienfaisance ; *Voy.* aussi l'article **Hôpitaux et Hospices** pour la nouvelle loi sur les commissions administratives et les autres matières communes.

**2.** Dans quelques communes, les bureaux de bienfaisance avaient élevé la prétention d'être les seuls dispensateurs de la charité publique, et ils s'étaient crus ainsi autorisés à réclamer le produit des quêtes entreprises par des particuliers ou des comités libres. C'était une prétention malheureuse, car elle ne pouvait que rendre moins abondantes les sources de la charité. Le public s'en est ému et le ministre de l'intérieur a demandé un avis au Conseil d'État.

Le Conseil d'État a répondu, en mars 1880, que de l'ensemble des lois et décrets pour l'organisation des bureaux de bienfaisance, il résulte que *ces établissements n'ont pas été constitués comme les organes exclusifs de la charité publique* et qu'aucun texte ne les autorise à revendiquer les quêtes ou souscriptions recueillies par des comités libres, qu'ils soient laïques ou cléricaux ; mais que le maire, en sa qualité de représentant légal, est en droit de surveiller l'emploi et la distribution des sommes recueillies, afin que cette distribution et cet emploi restent conformes aux intentions des donateurs.

En faveur de l'intervention du maire, le rapporteur cite les art. 910 et 937 du Code civil et l'ordonnance royale du 2 avril 1817, art. 3. C'est donc comme tuteur des pauvres que le maire intervient. (C'est une intervention platonique, puisque le pauvre n'a aucun droit réel sur l'aumône.)

**3.** Une quête faite dans une église par le curé ou avec son agrément, n'est pas une recette municipale ; dès lors, le mode exceptionnel de recouvrement autorisé pour les recettes municipales par l'art. 63 de la loi du 18 juillet 1837, qui est d'ailleurs inapplicable aux bureaux de bienfaisance, ne saurait être employé pour contraindre le curé à verser au bureau de bienfaisance le produit de cette quête. (*C. de Caen* 12 *janv.* 1881.)

**4.** L'exécution des mesures prescrites par la circulaire du ministre de l'intérieur du 26 septembre 1879, pour le renouvellement total des commissions administratives des hospices et des bureaux de bienfaisance, ayant fait naître certaines questions que les préfets ne pouvaient résoudre, des instructions complémentaires leur ont été envoyées. Voici les principales :

S'il s'élève des contestations au sujet de l'élection des délégués du conseil municipal, c'est le préfet qui devra statuer, sauf recours au ministre de l'intérieur et, en dernier ressort, au Conseil d'État. Mais, dans la plupart des cas, il sera possible de faire régulariser l'élection en appelant le conseil municipal à prendre une nouvelle délibération.

**5.** Dans les communes où fonctionnent deux commissions administratives, l'élection des délégués pour l'hospice et celle des délégués pour le bureau de bienfaisance doivent donner lieu à des votes distincts. Mais rien ne s'oppose à ce que les mêmes personnes soient chargées de représenter le conseil municipal dans les deux commissions.

**6.** Les conseils municipaux qui ne se sont pas trouvés en nombre à la première convocation pour nommer leurs délégués ne doivent être convoqués qu'après un délai de huit jours pour procéder à cette opération.

**7.** Toutes les fois que la proportion des conseillers municipaux à admettre dans chaque commission aura été dépassée dans une commune au-dessus de mille habitants, les préfets devront justifier leurs propositions par un rapport spécial.

**8.** Les instituteurs publics peuvent être appelés à faire partie des bureaux de bienfaisance.

**9.** La désignation du curé comme délégué du conseil municipal n'est valable qu'autant qu'elle est personnelle et nominative.

**10.** Bien qu'il n'y ait pas d'incompatibilité légale entre les fonctions d'adjoint et celles d'administrateur des hospices ou des établissements de bienfaisance, les préfets devront inviter, dit la circulaire ministérielle, les conseils municipaux à observer que le cumul de ces fonctions a pour inconvénient de réduire le nombre des représentants de l'intérêt municipal lorsque l'adjoint est appelé à remplacer, dans la présidence de la commission, le maire absent ou empêché.

**BUREAU MÉTÉOROLOGIQUE.** Le décret du 13 février 1873 avait placé « l'étude des grands mouvements de l'atmosphère et les avertissements météorologiques aux ports et à l'agriculture » dans les attributions de l'Observatoire de Paris, le décret du 14 mai 1878 a séparé ce service de l'Observatoire astronomique et en a fait un service distinct.

# C

**CABARET, CAFÉ, ETC.** (*Dict.*) **1.** (*Ouverture d'un débit.*) La loi du 17 juillet 1880 est ainsi conçue :

Art. 1er. Le décret du 29 décembre 1851, sur les cafés, cabarets et débits de boissons à consommer sur place, est abrogé.

Art. 2. A l'avenir, toute personne qui voudra ouvrir un café, cabaret ou autre débit de boissons à consommer sur place, sera tenue de faire, quinze jours au moins à l'avance et par écrit, une déclaration indiquant :

1º Ses nom, prénoms, lieu de naissance, profession et domicile ;

2º La situation du débit ;

3º A quel titre elle doit gérer le débit et les nom, prénoms, profession et domicile du propriétaire, s'il y a lieu.

Cette déclaration sera faite à la mairie de la commune où le débit doit être établi.

A Paris, elle sera faite à la préfecture de police.

Il en sera donné immédiatement récépissé.

Dans les trois jours de cette déclaration, le

maire de la commune où elle aura été faite en transmettra copie intégrale au procureur de la République de l'arrondissement.

Art. 3. Toute mutation dans la personne du propriétaire ou du gérant devra être déclarée dans les quinze jours qui suivront.

La translation du débit d'un lieu à un autre devra être déclarée huit jours au moins à l'avance.

La transmission de ces déclarations sera faite aussi au procureur de la République de l'arrondissement, conformément aux dispositions édictées dans le précédent art. 2.

Art. 4. L'infraction aux dispositions des deux précédents articles sera punie d'une amende de seize à cent francs (16 à 100 fr.).

Art. 5. Les mineurs non émancipés et les interdits ne peuvent exercer par eux-mêmes la profession de débitant de boissons.

Art. 6. Ne peuvent non plus exploiter des débits de boissons à consommer sur place :

1° Tous les individus condamnés pour crimes de droit commun ;

2° Ceux qui auront été condamnés à un emprisonnement d'un mois au moins, pour vol, recel, escroquerie, filouterie, abus de confiance, recel de malfaiteurs, outrage public à la pudeur, excitation de mineurs à la débauche, tenue d'une maison de jeu, vente de marchandises falsifiées et nuisibles à la santé, conformément aux art. 379, 401, 405, 406, 407, 408, 248, 330, 334, 410 du Code pénal, et à l'art. 2 de la loi du 27 mars 1851.

L'incapacité sera perpétuelle à l'égard de tous les individus condamnés pour crimes. Elle cessera cinq ans après l'expiration de leur peine, à l'égard des condamnés pour délits, si, pendant ces cinq années, ils n'ont encouru aucune condamnation correctionnelle à l'emprisonnement.

Art. 7. Les mêmes condamnations, lorsqu'elles seront prononcées contre un débitant de boissons à consommer sur place, entraîneront de plein droit contre lui, et pendant le même délai, l'interdiction d'exploiter un débit, à partir du jour où lesdites condamnations seront devenues définitives.

La même interdiction atteindra aussi tout débitant qui viendrait à être condamné à un mois au moins d'emprisonnement, en vertu des art. 1er et 2 de la loi du 23 janvier 1873, pour la répression de l'ivresse publique.

Le débitant interdit ne pourra être employé, à quelque titre que ce soit, dans l'établissement qu'il exploitait, comme attaché au service de celui auquel il aurait vendu ou loué, ou par qui il ferait gérer ledit établissement, ni dans l'établissement qui serait exploité par son conjoint, même séparé.

Art. 8. Toute infraction aux dispositions des art. 5, 6 et 7, sera punie d'une amende de seize à deux cents francs (16 à 200 fr.).

En cas de récidive, l'amende pourra être portée jusqu'au double, et le coupable pourra, en outre, être condamné à un emprisonnement de six jours à un mois.

Art. 9. Les maires pourront, les conseils municipaux entendus, prendre des arrêtés pour déterminer, sans préjudice des droits acquis, les distances auxquelles les cafés et débits de boissons ne pourront être établis autour des édifices consacrés à un culte quelconque, des cimetières, des hospices, des écoles primaires, collèges ou autres établissements d'instruction publique.

Art. 10. Les individus qui, à l'occasion d'une foire, d'une vente ou d'une fête publique, établiraient des cafés ou débits de boissons, ne seront pas tenus à la déclaration prescrite par l'art. 2, mais ils devront obtenir l'autorisation de l'autorité municipale.

En cas d'infraction à la présente disposition, le débit sera immédiatement fermé, et le contrevenant puni de la peine portée en l'art. 4.

Art. 11. Les infractions ou contraventions aux règlements de police continueront à être punies des peines de simple police.

Art. 12. L'art. 463 du Code pénal sera applicable à tous les délits et contraventions prévus par les articles ci-dessus.

2. *Jurisprudence.* L'arrêté pris par un maire dans la quinzaine de la déclaration faite conformément à l'art. 2 de la loi du 17 juillet 1880, pour interdire, en vertu de l'art. 7 de cette même loi, l'ouverture d'un débit de boissons à une distance déterminée des édifices consacrés au culte, des cimetières, collèges, hospices ou établissements d'instruction publique, est obligatoire, encore que l'approbation donnée à cet arrêté par l'autorité préfectorale ne soit intervenue que plus de 15 jours après la déclaration.

Le déclarant n'a un droit acquis à l'ouverture du débit, dans les termes de l'art. 9 précité, que si, dans le délai de quinzaine, l'autorité municipale n'a pas usé de la faculté que lui donne cette disposition.

L'arrêté pris en cette matière a d'ailleurs, vis-à-vis du déclarant, un caractère d'urgence qui en commande l'exécution immédiate. (*Cass.* 30 *avril* 1881.)

3. *Fermeture.* La permission de fermer après l'heure réglementaire, régulièrement accordée, sur la demande d'une société de musique (le jour de la Sainte-Cécile), à un établissement où cette société donnait un repas suivi de bal et de divertissement, a par sa nature un caractère personnel et limitatif. Dès lors, c'est à tort que le juge de police, sous prétexte qu'une telle permission devait profiter à tous les débitants de la commune, a refusé de condamner comme contrevenant un cabaretier voisin qui, le jour indiqué, avait cru pouvoir, lui aussi, fermer en retard. (*Cass.* 15 *févr.* 1879.)

4. L'autorisation donnée par le maire de laisser un cabaret ouvert après l'heure fixée par un arrêté préfectoral pour toute l'étendue du département, doit être considérée comme non avenue, si elle n'a pas été soumise à l'approbation du préfet ou du sous-préfet, et il ne peut être tenu compte à l'inculpé de la conviction où il se trouvait, que la permission du maire avait été régularisée par l'assentiment de l'autorité supérieure, l'excuse de la bonne foi n'étant pas admise en matière de contravention. (*Cass.* 11 *novembre* 1875.)

5. *Mineurs.* Le cabaretier qui sert des boissons alcooliques à plusieurs mineurs de seize ans accomplis, buvant ensemble dans le même

moment, ne commet qu'une seule contravention et ne doit, dès lors, encourir qu'une seule amende. (*Cass.* 15 *mars* 1879, *L.* 23 *janv.* 1873. *Voy.* le *Dict.* v° **Ivrognerie.**)

6. Un local détaché d'une auberge pour être, en vertu d'un bail régulier ayant date certaine, affecté à titre de location aux réunions d'une société légalement autorisée, dans lequel ne sont admis que les membres titulaires et honoraires de cette société, et qui n'a plus de communication directe avec l'auberge, n'est pas un lieu public soumis pour les heures de fermeture aux règlements de l'autorité administrative. (*Cass.* 5 *mai* 1882.)

7. *Le service des femmes dans les brasseries.* La chambre criminelle de la Cour de cassation a décidé, en août 1883, qu'un arrêté municipal qui interdit aux cafetiers et aux autres débitants de boissons d'employer pour servir les consommations des femmes ou des filles étrangères à leur famille est légal et obligatoire, comme pris en vertu de la loi de 1790, qui autorise les maires à prendre des arrêtés, dans l'intérêt du bon ordre, dans les lieux publics comportant un grand rassemblement d'hommes.

Un tel arrêté, concernant un établissement réglementé, ne saurait, dit l'arrêt, être considéré comme portant atteinte à la liberté du commerce et de l'industrie. (*Temps.*)

8. L'arrêté préfectoral qui énonce comme motif de la fermeture d'un débit de boissons le scandale auquel auraient donné lieu des scènes immorales qui s'y seraient passées, constate ainsi que cette fermeture est prescrite par mesure de sûreté publique ; par suite, le débitant n'est pas fondé à prétendre qu'elle a été ordonnée en dehors des pouvoirs conférés au préfet par l'art. 2. du décret du 28 décembre 1851. (*Arr. du C.* 15 *mars* 1878.)

9. *Patrons et ouvriers.* Le patron qui établit une cantine exclusivement réservée à ses ouvriers ne peut pas être poursuivi comme ayant ouvert un débit de boissons sans être muni d'une licence, si le patron est tenu de fournir la nourriture et s'il ne fournit pas les boissons en dehors des repas ou à des personnes étrangères. (*Cass.* 27 *avril* 1877.)

**CADASTRE.** *Voy.* **Contributions directes.**

**CAISSE DE RETRAITES POUR LA VIEILLESSE.** (*Dict.*) 1. La loi de finances du 29 décembre 1882, art. 14, porte : Le taux de l'intérêt composé du capital dont il est tenu compte dans les tarifs d'après lesquels est déterminé le montant de la rente viagère à servir aux déposants à la Caisse des retraites pour la vieillesse sera, à partir du 1er janvier 1883, fixé à quatre et demi pour cent (4 $^1/_2$ p. 100).

Les rentes viagères à inscrire provenant de versements effectués antérieurement au changement de tarif, continueront d'être capitalisées à 5 p. 100 dans les opérations de transfert à l'amortissement prescrites par l'art. 13 de la loi du 12 juin 1861.

2. La loi de finances du 29 janvier 1884 ajoute : À partir du 1er janvier 1884, la Caisse nationale des retraites pour la vieillesse pourvoira, au moyen de ses propres ressources, au service des rentes viagères.

Les arrérages seront payés par trimestre. (*L.* 1884, *art.* 9.)

Pour couvrir les pertes subies antérieurement au 1er janvier 1884 [1] et assurer le service des rentes viagères en cours à la même date, le ministre des finances est autorisé à inscrire au grand-livre de la dette publique, section du 3 p. 100 amortissable, au nom de la Caisse nationale des retraites pour la vieillesse et à titre de dotation, une somme de rentes correspondant, d'après le cours moyen de 1883, au capital des rentes perpétuelles dont l'annulation a été opérée en échange de rentes viagères (*art.* 10).

C'est au moyen de cette dotation que la Caisse aura à couvrir ses frais. L'avenir montrera sans doute qu'il reste encore d'autres mesures à prendre. D'ailleurs un projet de loi est actuellement soumis aux Chambres.

**CAISSE DES DÉPÔTS ET CONSIGNATIONS.** (*Dict.*) 1. *Taux de l'intérêt.* Par arrêté du conseiller d'État, directeur général de la Caisse des dépôts et consignations, pris sur l'avis de la commission de surveillance et approuvé par le ministre des finances, l'intérêt des sommes déposées volontairement par les particuliers à la Caisse des dépôts et consignations est abaissé de 2 à 1 p. 100 par an, et le délai de remboursement de ces sommes est élevé de cinq à quinze jours. Ces dispositions sont exécutoires à partir du 15 août 1881 (*Journ. off.*, 9 août 1881.)

Le taux de l'intérêt est modifié selon les circonstances et l'on fait bien de s'informer dans chaque cas.
Il a depuis longtemps une tendance à la réduction.

2. La Caisse des dépôts et consignations commet une faute de nature à engager sa responsabilité en refusant le paiement d'une indemnité d'expropriation dont la consignation a été ordonnée par le préfet sur le vu d'un certificat d'inscription hypothécaire, alors que le propriétaire dépossédé produit un certificat négatif d'où il résulte que le premier certificat ne s'appliquait pas à l'immeuble exproprié.

(L'erreur provenait d'une similitude de nom, et dans cette affaire, le préposé de la Caisse n'était coupable que d'un excès de prudence. (*Voy.* les développements dans le Recueil de DALLOZ, année 1877, 1, p. 476.)

3. La Caisse des dépôts n'est tenue de livrer les fonds dont elle a reçu le dépôt qu'autant que les réclamants fournissent la justification complète de leurs droits ; en conséquence, elle refuse avec raison de se dessaisir des sommes réclamées, sur la seule production d'une ordonnance de référé qui en autorise le retrait, mais à laquelle elle n'a pas été partie, et des certificats mentionnés dans l'art. 548 du Code de procédure civile. (*Cass.* 29 *nov.* 1882.)

**CAISSE DES INVALIDES.** (*Dict.*) 1. La loi de finances du 29 décembre 1882 dispose ce qui suit :

Art. 23. A partir du 1er janvier 1884, est supprimée la retenue de trois pour cent (3 p. 100) établie au profit de la Caisse des invalides, sur les dépenses du matériel du ministère de la marine et des colonies.

1. Par l'effet d'un taux trop élevé des intérêts servis aux déposants.

Les dépenses de matériel comprises dans les divers chapitres du budget du ministère de la marine et des colonies seront, à partir de la même date, réduites de trois pour cent (3 p. 100).

Les retenues stipulées au profit de la Caisse des invalides dans les marchés en cours d'exécution, seront exercées par voie de précompte pour le montant des sommes ordonnancées au profit des ayants droit.

**2.** Le décret du 2 mars 1884, inséré au *Journal officiel* du 5 mars et précédé d'un rapport, modifie les art. 1, 3, 5, 7 du décret du 8 mai 1867 sur l'organisation du corps des trésoriers de l'établissement des invalides.

**CAISSES D'ÉPARGNE.** (*Dict.*). **1.** Il existe actuellement en France, comme dans plusieurs autres pays, deux catégories de caisses d'épargne : celles qu'on nomme *postales* et celles qui, dues à l'initiative privée, existaient seules autrefois, ce qui les dispensait d'adopter un adjectif distinctif. Pour les distinguer dans le présent article des caisses postales, nous les nommerons caisses d'épargne *privées,* malgré la réglementation à laquelle elles sont soumises.

SOMMAIRE.

CHAP. I. — CAISSE D'ÉPARGNE POSTALE.

Sect. 1. — Loi du 9 avril 1881.

**2.** *Création de la caisse d'épargne postale.* Elle date de la loi du 9 avril 1881, qui est ainsi conçue :

Art. 1er. Il est institué une caisse d'épargne publique sous la garantie de l'État ; elle est placée sous l'autorité du ministre des postes et des télégraphes et prend le nom de Caisse d'épargne postale.

Les bureaux de poste français seront appelés, au fur et à mesure, par des arrêtés ministériels, à participer au service de la caisse d'épargne postale.

Tout déposant muni d'un livret de la caisse d'épargne peut continuer ses versements et opérer ses retraits dans tous les bureaux de poste français dûment organisés en agences de cette caisse.

L'administration des postes représentera l'État dans ses rapports avec les déposants.

Art. 2. Les fonds de la caisse d'épargne postale seront versés, à Paris, à la Caisse des dépôts et consignations ; dans les départements, aux caisses des trésoriers-payeurs généraux et des receveurs particuliers préposés à la Caisse des dépôts.

La loi de finances du 29 juillet 1881, art. 34, a modifié cet alinéa et l'a remplacé par celui-ci :

« Les fonds de la caisse d'épargne postale seront versés à la Caisse des dépôts et consignations. »

Ils produiront, à la caisse d'épargne, à partir du jour de leur versement jusques et non compris le jour du retrait, un intérêt de 3 fr. 25 c. p. 100 par an.

Art. 3. Un intérêt de 3 p. 100 sera servi aux déposants par la caisse d'épargne.

Cet intérêt partira du 1er ou du 16 de chaque mois après le jour du versement.

Il cessera de courir à partir du 1er ou du 16 qui aura précédé le jour du remboursement.

Au 31 décembre de chaque année, l'intérêt acquis s'ajoutera au capital et deviendra lui-même productif d'intérêts. Les fractions de franc ne produiront pas d'intérêts.

Art. 4. Le taux de l'intérêt fixé par les deux articles précédents ne pourra être modifié que par une loi.

Art. 5. Les frais d'administration de la caisse d'épargne postale seront prélevés sur les sommes dont elle bénéficiera :

1° Par suite de la différence entre l'intérêt servi par le Trésor et l'intérêt dont on tiendra compte aux déposants ;

2° Par suite de la différence d'intérêt produit par les arrérages des valeurs achetées en exécution de l'art. 19 et le taux de 3 fr. 25 c. p. 100 servi à la caisse postale.

En cas d'insuffisance, il y sera pourvu au moyen des intérêts de la dotation dont il est parlé à l'art. 16.

Art. 6. L'administration des postes ouvrira un compte à toute personne par laquelle ou au nom de laquelle des fonds auront été versés, à titre d'épargne, dans un bureau de poste.

Elle délivrera gratuitement, au nom des bénéficiaires, un livret sur lequel seront inscrits les versements, les retraits de fonds et les intérêts acquis.

Nul ne pourra être titulaire de plus d'un livret à la caisse d'épargne postale, sous peine de perdre l'intérêt des sommes inscrites sur le second livret et les livrets de date ultérieure.

Si plusieurs livrets ont la même date, la perte de l'intérêt portera sur la totalité des dépôts constatés par ces livrets.

Les mineurs sont admis à se faire ouvrir des livrets sans l'intervention de leur représentant légal. Ils pourront retirer, sans cette intervention, mais seulement après l'âge de seize ans révolus, les sommes figurant sur les livrets ainsi ouverts, sauf opposition de la part de leur représentant légal.

Les femmes mariées, quel que soit le régime de leur contrat de mariage, seront admises à se faire ouvrir des livrets sans l'assistance de leurs maris ; elles pourront retirer sans cette assistance les sommes inscrites aux livrets ainsi ouverts, sauf opposition de la part de leurs maris.

Art. 7. Tout déposant dont le crédit sera suffisant pour acheter dix francs (10 fr.) de rente au minimum pourra faire opérer cet achat, sans frais, par la caisse d'épargne postale.

L'achat de rente pourra être supérieur à dix francs (10 fr.) si la situation du crédit le comporte.

Art. 8. Chaque versement ne pourra être inférieur à un franc.

Le compte ouvert à chaque déposant ne pourra excéder le chiffre de deux mille francs (2,000 fr.), versés en une ou plusieurs fois.

Art. 9. Dès qu'un compte dépassera, par les versements et la capitalisation des intérêts, le chiffre de deux mille francs (2,000 fr.), il en sera donné avis au déposant par lettre chargée.

Si, dans les trois mois qui suivront cet avis, le déposant n'a pas réduit son crédit, il lui sera acheté d'office et sans frais vingt francs (20 fr.) de rente sur l'État.

Le service des intérêts sur l'excédent sera suspendu à partir de la date de l'avis jusqu'au jour de la réduction du compte.

Art. 10. Lorsque le déposant n'aura pas retiré les titres de rente achetés pour son compte, dans le cas prévu par l'article précédent, la caisse d'épargne en touchera les arrérages et les inscrira comme nouveau versement au crédit titulaire.

Art. 11. La demande de retrait devra être déposée à l'avance, et le remboursement aura lieu dans un délai de huit jours au maximum pour la France continentale.

Des délais supplémentaires seront fixés par décret pour les opérations nécessitant l'intervention d'un bureau situé en dehors de la France continentale.

Art. 12. Dans le cas de force majeure, des décrets rendus, le Conseil d'État entendu, pourront autoriser la caisse d'épargne postale à n'opérer le remboursement que par acomptes de cinquante francs (50 fr.) au minimum et par quinzaine.

Art. 13. Les sociétés de secours mutuels seront admises à faire des versements à la caisse d'épargne postale, et le compte ouvert à leur crédit pourra atteindre le chiffre de huit mille francs (8,000 fr.). Les institutions de coopération, de bienfaisance et autres sociétés de même nature pourront être admises à faire des versements dans les mêmes conditions, après en avoir obtenu l'autorisation du ministre.

Au delà de ce chiffre, il leur sera fait application des art. 9 et 10 ci-dessus ; toutefois, le montant de la rente achetée d'office pour leur compte sera de cent francs (100 fr.).

Art. 14. Le montant d'un livret n'ayant donné lieu depuis trente ans à aucun versement, à aucun remboursement, ni à aucune autre opération faite sur la demande du déposant, cessera d'être productif d'intérêts et devra être remboursé à l'ayant droit.

Si l'ayant droit ne peut être connu, ou si, par une cause quelconque, le remboursement ne peut être opéré, la somme inscrite à son crédit sera convertie en un titre de rente sur l'État, qui sera consigné à la Caisse des dépôts et consignations.

Seront également consignées les inscriptions de rentes achetées soit d'office, soit à la demande du titulaire, et non retirées dans le délai de trente ans.

Par exception, pour les placements faits sous la condition, stipulée par le donateur ou le testateur, que le titulaire n'en pourra disposer qu'après une époque déterminée, le délai de trente ans ne courra qu'à partir de cette époque.

Du jour de la consignation, et jusqu'à la réclamation des déposants, le service des arrérages de la rente est suspendu.

Les reliquats des placements en rente et les dépôts qui, en raison de leur insuffisance, n'auraient pu être convertis en rentes, seront acquis à la caisse d'épargne.

La caisse d'épargne est autorisée à se charger de toutes quittances et pièces, et de tous livrets qui ont plus de trente ans de date.

Art. 15. Des dons et legs pourront être faits au profit de la caisse d'épargne postale dans les formes et selon les règles prescrites pour les établissements d'utilité publique.

Art. 16. La caisse d'épargne postale possédera une dotation qui sera formée, savoir :

1° Du boni réalisé sur les frais d'administration, lorsque ceux-ci n'atteindront pas le produit du prélèvement de 25 cent. destinés à couvrir ces frais ;

2° Des dons et legs qui pourraient être consentis par des tiers ;

3° Des produits des reliquats de dépôt attribués à la caisse d'épargne, dans les conditions prévues à l'avant-dernier alinéa de l'art. 14 ;

4° De la capitalisation des intérêts de ces divers fonds demeurés libres après le prélèvement autorisé par l'art. 5 ;

5° Enfin de la différence d'intérêt produit par les arrérages des valeurs achetées en exécution de l'art. 19, et le taux de 3 fr. 25 c. p. 100 servi à la caisse postale, après le prélèvement autorisé par l'art. 5.

Les fonds constituant cette dotation ne pourront être aliénés qu'en vertu d'une loi.

Art. 17. Le ministre des postes et des télégraphes présentera chaque année un rapport sur la situation et les opérations de la caisse d'épargne postale.

Ce rapport sera publié au *Journal officiel* et distribué au Sénat et à la Chambre des députés.

Art. 18. Un règlement d'administration publique déterminera le mode de contrôle de la caisse d'épargne postale.

Art. 19. La Caisse des dépôts et consignations devra faire emploi de toutes les sommes déposées par la caisse d'épargne postale.

Cet emploi aura lieu en valeurs de l'État français.

La différence d'intérêt produite par les arrérages de ces valeurs et le taux de 3 fr. 25 c. p. 100 servi à la caisse postale accroîtra la dotation instituée par l'art. 16, après prélèvement, s'il y a lieu, des sommes nécessaires pour couvrir les frais d'administration.

Néanmoins, pour satisfaire aux remboursements qui pourraient être réclamés, la Caisse des dépôts et consignations conservera, par son compte courant du Trésor, une réserve du cinquième des versements qui lui seront effectués, sans que cette réserve puisse excéder 100 millions de francs.

Art. 20. Les imprimés, écrits et actes de toute espèce nécessaires pour le service de la caisse d'épargne postale seront exempts des formalités du timbre et de l'enregistrement.

Art. 21. Les paragraphes 2 et 3 de l'art. 3, 4 et 5 de l'art. 6, les articles 8 et 9, 12 et 13, le dernier paragraphe de l'art. 14 et l'art. 20 sont applicables aux caisses d'épargne ordinaires.

Toutefois, cette disposition ne recevra son effet qu'à partir du jour où la caisse d'épargne postale aura commencé de fonctionner.

Nul ne pourra être en même temps titulaire d'un livret de caisse d'épargne postale et d'un livret de caisse d'épargne ordinaire, sous peine de perdre l'intérêt de la totalité des sommes déposées.

**Sect. 2. — Règlement d'administration publique (mode de contrôle).**

3. Le règlement d'administration publique annoncé par l'art. 18 de la loi du 9 avril 1881 vise également la loi de finances du 29 juillet 1881, art. 34 (nous l'avons reproduit plus haut).

### TITRE I<sup>er</sup>. — DISPOSITIONS GÉNÉRALES.

Art. 1<sup>er</sup>. La caisse d'épargne postale, instituée sous la garantie de l'État par la loi du 9 avril 1881, a son siège à Paris, au ministère des postes et des télégraphes.

Tous les bureaux de poste français désignés par un arrêté ministériel sont appelés à participer, en qualité de correspondants de la caisse d'épargne postale, à l'encaissement des sommes versées par les déposants, et au remboursement, en capital et intérêts, des sommes déposées.

Art. 2. Les opérations effectuées par les receveurs des postes et des télégraphes sont centralisées par un agent justiciable de la Cour des comptes et astreint au versement d'un cautionnement. Cet agent prend le titre d'*agent comptable de la caisse d'épargne postale*.

La direction et la surveillance desdites opérations sont confiées à un service administratif institué au ministère des postes et des télégraphes, sous le titre de : *Direction de la caisse d'épargne postale*.

Art. 3. L'agent comptable de la caisse d'épargne postale est nommé par décret du Président de la République, sur la proposition du ministre des postes et des télégraphes, après avis du ministre des finances. Il prête serment devant la Cour des comptes.

En cas de maladie, de congé ou d'absence dûment justifiés, il peut, à titre exceptionnel, être remplacé par un fondé de pouvoirs à son choix, dûment agréé par le ministre des postes et des télégraphes. Ce fondé de pouvoirs agit pour le compte et sous l'entière responsabilité de l'agent comptable.

Dans le cas de décès, de démission ou de révocation de l'agent comptable, le ministre des postes et des télégraphes, après avis du ministre des finances, nomme un gérant intérimaire qui en remplit les fonctions jusqu'au jour de l'installation de son successeur.

La gestion du gérant intérimaire est tout à fait distincte de celle de l'ancien ou du nouveau titulaire.

Art. 4. Le directeur de la caisse d'épargne doit, à des époques indéterminées, et au moins une fois par mois, procéder à la vérification du portefeuille de l'agent comptable et en dresser procès-verbal. Une ampliation du procès-verbal de vérification au 31 décembre est produite à la Cour des comptes avec le compte de gestion de l'agent comptable.

L'agent comptable est responsable des valeurs déposées dans son portefeuille. En cas de vol ou de perte résultant de force majeure, il est statué sur sa demande en décharge par une décision du ministre des postes et des télégraphes, après avis du ministre des finances, et sauf recours au Conseil d'État par la voie contentieuse.

Art. 5. Le montant du cautionnement de l'agent comptable est déterminé par un décret rendu sous le contre-seing du ministre des postes et des télégraphes et du ministre des finances. Il est réalisé en numéraire.

### TITRE II. — COMPTABILITÉ DE L'ADMINISTRATION CENTRALE.

Art. 6. Des avis journaliers constatant les dépôts et les retraits de fonds opérés pendant la journée sont adressés par chacun des receveurs des bureaux de poste au directeur départemental, qui les transmet au ministère des postes et des télégraphes.

Aucun remboursement ne peut être fait par les receveurs des postes que sur l'autorisation de la direction centrale (*Voy. art. 17 et 19.*)

Lorsque tous les avis de dépôts et de retrait de fonds concernant une même journée sont parvenus à l'agent comptable de la caisse d'épargne postale, celui-ci établit une balance journalière présentant : d'une part, le nombre et le montant des dépôts reçus ; et, d'autre part, le nombre et le montant des remboursements effectués. L'excédent de recette ou de dépense résultant de cette balance sert à déterminer le montant du versement ou du retrait de fonds à opérer à la Caisse des dépôts et consignations au crédit ou au débit du compte courant de la caisse d'épargne postale.

Art. 7. La comptabilité de l'agent comptable de la caisse d'épargne postale est tenue en partie double.

Elle contient notamment, outre le journal et le grand-livre réglementaires :

1º Un registre matricule destiné à recevoir tous les renseignements que la caisse doit conserver sur chaque déposant ;

2º Un livre des comptes courants ouverts à chacun des déposants, reproduisant intégralement les opérations de recette et de dépense inscrites sur les livrets individuels ;

3º Un livre des comptes divisionnaires groupant, par catégories, les comptes courants individuels ;

4º Un livre récapitulatif des opérations journalières des bureaux de poste ouverts au service de la caisse d'épargne ;

5º Un registre d'entrée et de sortie des inscriptions de rente achetées par la caisse d'épargne soit d'office, soit sur la demande des déposants ;

6º Un livre du compte courant de la caisse d'épargne postale avec la Caisse des dépôts et consignations.

Les autres livres et carnets nécessaires au service de l'agent comptable de la caisse d'épargne sont déterminés par une instruction du ministre des postes et des télégraphes, concertée avec le département des finances.

Art. 8. La direction centrale tient un double du livre des comptes courants individuels mentionné à l'article précédent.

Elle vérifie tous les livrets et carnets tenus par l'agent comptable de la caisse d'épargne, et constate cette vérification par l'apposition du visa du directeur sur lesdits livres et carnets.

Art. 9. Les frais d'administration de la caisse d'épargne postale sont acquittés au moyen d'ordres de paiement délivrés par le ministre des postes et des télégraphes, sur la caisse des receveurs principaux, et appuyés des justifications prescrites par le règlement du 15 octobre 1880.

A cet effet, il est ouvert dans les écritures de l'agent comptable de la caisse d'épargne postale un compte de trésorerie, auquel sont portés :

En dépense, les frais de personnel et de matériel nécessités par l'exploitation de ladite caisse ;

En recette, le produit de la différence entre le

taux de l'intérêt (3.25 p. 100) servi par la Caisse des dépôts à la caisse d'épargne, et le taux d'intérêt (3. p. 100) alloué par cette caisse à ses déposants.

Jusqu'à ce qu'il puisse être établi un budget normal des dépenses de personnel et de matériel de la caisse d'épargne postale, les frais d'administration seront déterminés par des arrêtés ministériels, au fur et à mesure des besoins du service.

Art. 10. Si les ressources prévues par les art. 5, 16 et 19 de la loi du 9 avril 1881 sont inférieures au montant des frais d'administration, l'excédent de dépense du compte de trésorerie est couvert par un crédit spécial à ouvrir par exercice au budget du ministère des postes et des télégraphes.

TITRE III. — OPÉRATIONS EFFECTUÉES DANS LES BUREAUX DE POSTE.

Art. 11. Tout déposant qui fait, pour la première fois, un versement à la caisse d'épargne postale, doit former en même temps une demande de livret où il énonce ses nom de famille, prénoms, âge, date et lieu de naissance, demeure et profession, et déclare qu'il n'est titulaire d'aucun autre livret, soit de la caisse d'épargne postale, soit d'une caisse d'épargne privée.

Les formules de livrets, numérotées par la direction centrale, sont fournies par elle aux directeurs départementaux, et par ceux-ci aux receveurs des postes, à mesure des versements et suivant la marche indiquée à l'art. 14.

Art. 12. Les premiers versements effectués à la caisse d'épargne postale sont soumis aux règles ci-après :

1° Quiconque vient faire un premier versement doit déclarer s'il verse pour son compte ou pour le compte d'un tiers ;

2° Lorsque le déposant déclare verser pour son propre compte, la demande de livret est signée par lui, ou, s'il ne sait pas signer, le receveur des postes en fait mention sur la demande et signe ladite mention ;

3° A l'égard de la femme qui déclare être veuve, on ajoute à ses nom et prénoms les nom et prénoms du mari décédé ;

4° Lorsque la femme qui fait un premier versement est en puissance de mari, si elle entend bénéficier des dispositions du dernier alinéa de l'art. 6 de la loi du 9 avril 1881, elle le déclare et indique les nom et prénoms du mari. Dans le cas contraire, elle doit être assistée de ce dernier, et la demande de livret est signée simultanément par le mari et la femme. Si l'un d'eux ne sait pas signer, le receveur en fait mention comme il est dit ci-dessus ;

5° Quand un premier versement est fait directement par un enfant mineur, en exécution de l'avant-dernier alinéa de l'art. 6 de la loi précitée, la demande de livret énonce les nom et prénoms du père, et, si le père n'existe plus, de la mère, ou, à défaut de celle-ci, du tuteur. Si le versement est fait pour le compte d'un enfant mineur par son représentant légal, c'est ce dernier qui signe la demande ;

6° Toute personne qui verse pour un tiers doit signer la demande. Toutefois, la signature d'un

bienfaiteur qui désire rester inconnu n'est pas requise ; elle est remplacée par une attestation signée du receveur des postes. Si le versement est effectué en vertu d'une disposition testamentaire, mention est faite du testament sur la demande ;

7° Les sociétés de secours mutuels sont inscrites sous le nom distinctif adopté par la société. Lorsqu'il est fait un premier versement, le mandataire de la société est tenu de déposer à la caisse d'épargne un exemplaire de ses statuts, et on exige, pour tous les versements sans exception, la production des pièces indiquées aux statuts, pour la validité des placements de fonds. La demande, signée par le mandataire, doit, en outre, indiquer si la société a été reconnue comme établissement d'utilité publique (*L.* 15 *juill.* 1850) ou si elle a été approuvée par le préfet (*D.* 26 *mars* 1852).

Ces dispositions sont également applicables aux institutions de coopération, de bienfaisance et autres sociétés de même nature, dont les versements sont autorisés par M. le ministre des postes et des télégraphes.

Art. 13. Les livrets délivrés par suite de versements faits par un tiers à titre de libéralité ou en vertu d'un testament, peuvent être soumis à certaines conditions. Les seules conditions admises sont les suivantes :

1° Le livret est déclaré incessible ;

2° Le remboursement est différé ; s'il s'agit d'un majeur, le terme du délai doit être une date fixe ; s'il s'agit d'un mineur, on peut indiquer le jour de sa majorité ou une époque plus éloignée, ou la célébration de son mariage.

Art. 14. Les sommes encaissées à titre de premier versement par les receveurs des postes donnent lieu à la délivrance d'une quittance à souche échangeable dans un délai de trois jours (non compris le jour du versement et les dimanches et jours fériés) contre un livret de caisse d'épargne postale.

Le livret est le titre du déposant ; il est toujours nominatif. Les livrets numérotés à la direction centrale portent la signature du directeur départemental.

A cet effet, les receveurs des postes adressent chaque soir au directeur du département les demandes reçues pendant la journée. Après vérification, le directeur fait inscrire sur les livrets, par le receveur principal, le montant du premier versement ; puis, après avoir pris note sur un carnet des numéros et du montant des livrets délivrés, il les envoie immédiatement aux receveurs qu'ils concernent pour être échangés contre les quittances provisoires.

Le même jour, les demandes de livret sont transmises par le directeur départemental à la direction centrale, où, après avoir été récapitulées sur le registre matricule, elles sont conservées et classées dans un ordre méthodique pour servir au contrôle des opérations ultérieures faites par les déposants.

Art. 15. Les versements postérieurs sont reçus par les receveurs des postes sur la présentation du livret, sans qu'il y ait à fournir d'autres justifications. Il est interdit aux receveurs et à leurs

commis de se rendre porteurs de livrets appartenant à des tiers ou de faire pour eux quelque
opération privée que ce soit près de la caisse d'é-
pargne.

Les versements donnent lieu à la délivrance
d'une quittance extraite du journal à souche prescrit à l'article précédent. La quittance énonce le
numéro ainsi que les nom et prénoms du titulaire
du livret, et elle contient l'avis que le livret sera
rendu au déposant dans le délai de trois jours
indiqué au même article.

A la fin de la journée, les livrets remis aux
receveurs des postes sont adressés, avec un état
détaillé des sommes reçus, au directeur départemental qui, suivant la marche précédemment
indiquée, fait annoter par le receveur principal,
sur chaque livret, le montant des sommes versées
et renvoie immédiatement les livrets aux receveurs des postes, pour être échangés contre les
quittances à souche.

Il est interdit aux receveurs des postes, autres
que le receveur principal, d'inscrire aucun versement sur les livrets. Les versements reçus par
le receveur principal sont contresignés par le directeur départemental ou son délégué.

Art. 16. Lorsque les livrets n'ont pas été retirés dans le mois qui suit l'expiration du délai de
trois jours ci-dessus mentionné, ils sont renvoyés
au directeur départemental, qui les conserve jusqu'au jour où ils sont réclamés par les ayants
droit, auquel cas ils sont de nouveau adressés au
receveur des postes pour leur être remis.

Art. 17. Tout déposant qui veut se faire rembourser tout ou partie de son compte adresse directement au ministre des postes et des télégraphes une demande de remboursement indiquant
le numéro de son livret, la somme à rembourser
et le bureau de poste où il désire toucher. Cette
demande est rédigée sur un bulletin préparé par
l'administration. Des exemplaires du bulletin de
remboursement sont mis à la disposition du public
dans tous les bureaux de poste admis à participer
au service de la caisse d'épargne.

La demande de remboursement ne peut être
faite que par le titulaire du livret et doit être signée par lui ou, s'il ne sait pas signer, par le
receveur du lieu où il réside.

Si le titulaire n'a pas signé la demande de livret, sa signature sur la demande de remboursement est certifiée par le maire ou le commissaire
de police de la commune où il réside.

Art. 18. Les autorisations de remboursement
délivrées en exécution de l'art. 6 sont adressées
directement aux déposants, en temps utile pour
que les délais déterminés par l'art. 11 de la loi
du 19 avril 1881 soient observés. Elles sont inscrites sur le bulletin de remboursement. Le même
jour, un duplicata de l'autorisation, sous le titre
d'avis d'émission, est envoyé au receveur des postes appelé à effectuer le remboursement.

Les délais pour le remboursement, prescrits
par l'art. 11 de la loi du 9 avril 1881, courent
à partir de la date constatée par le timbre de la
poste sur la demande de remboursement.

Art. 19. Les remboursements sont effectués sur
la production de l'autorisation émanée de la direction centrale. Le receveur doit préalablement

comparer cette autorisation avec l'avis d'émission ;
puis, s'il y a identité, il inscrit sur le livret le
montant de la somme remboursée ; il y appose sa
signature et le timbre à date du bureau, et il fait
acquitter l'autorisation par le titulaire du livret,
en ayant soin de s'assurer que la signature de la
partie prenante est semblable à celle de la demande de remboursement, cette dernière signature ayant dû elle-même être rapprochée de la
demande de livret conservée à l'administration
centrale.

Art. 20. Lorsqu'il s'agit d'une femme mariée
qui a fait son premier versement avec l'assistance
du mari, le remboursement est fait au mari et à
la femme, s'ils sont présents l'un et l'autre, et on
leur fait signer à tous deux la quittance. Si un
seul est présent, on le fait signer, et on annexe
à la quittance le consentement écrit et signé de
l'autre.

Pour le mineur admis à obtenir un livret sans
l'assistance de son représentant légal, le remboursement ne peut être opéré, s'il a moins de seize
ans, qu'en présence et sur le consentement écrit
de son représentant légal.

Pour le mineur dont le livret a été délivré avec
le concours de son représentant légal, la quittance
est souscrite par la personne chargée de l'administration de ses biens ou de sa tutelle.

Art. 21. Si le déposant ne se présente pas lui-
même, le tiers qui le remplace doit produire une
procuration sous seing privé, à moins qu'il ne soit
porteur du brevet original ou d'une procuration
authentique, générale et spéciale, contenant pouvoir de toucher et de donner quittance. Dans l'un
et l'autre cas, le mandataire souscrit la quittance
à laquelle la procuration reste annexée, indépendamment de la mention qui en est faite sur la
quittance même.

Quand le déposant ne sait ou ne peut signer,
et que son identité est constante, la quittance peut
être remplacée par un certificat signé de deux
témoins. Le receveur des postes appose également
sa signature sur cette pièce, afin d'attester que
la formalité s'est accomplie en sa présence.

Les quittances pour les remboursements à une
société de secours mutuels ou à toute autre institution analogue sont signées par un délégué ou
un mandataire porteur de toutes les pièces suffisantes pour justifier de l'accomplissement des
formalités exigées par les statuts en ce qui concerne les retraits de fonds. Si les statuts ne renferment aucune prévision sur ce point, le délégué
ou mandataire doit être porteur d'une procuration
revêtue des signatures de tous les membres composant le conseil d'administration de la Société.

Art. 22. Le titulaire d'un livret dont le montant
n'est disponible qu'après un certain délai doit,
pour obtenir le remboursement, fournir la preuve
de l'expiration du délai. Si le remboursement a
été subordonné, pour une fille mineure, à la condition de son mariage, l'acte de célébration doit
être accompagné du consentement du mari au
paiement demandé.

En cas de cession faite au profit d'un tiers du
montant d'un livret par le titulaire, le cessionnaire
doit justifier de son identité. La cession peut être
faite par acte authentique ou par acte sous seing

privé ou enregistré. Elle doit être signifiée régulièrement à la caisse d'épargne et accompagnée de la production du livret.

Art. 23. Toutes les fois qu'il y a lieu de rembourser des fonds après le décès du titulaire du livret, il est fait, au dos de la quittance, un extrait succinct des pièces produites pour justifier de la qualité des héritiers, donataires, légataires et autres ayants droit, et la quittance est souscrite par les ayants droit ou leurs mandataires.

Quand l'administration des domaines, appelée à recueillir une succession à titre de déshérence, se présente pour recevoir le montant d'un livret ayant appartenu à un déposant décédé *ab intestat* et sans avoir laissé d'héritiers connus, elle doit justifier de l'accomplissement des formalités prescrites par les art. 769 et 770 et suivants du Code civil.

Art. 24. Lorsque, dans le mois qui suit la date de l'autorisation de remboursement, le déposant ne s'est pas présenté pour toucher la somme qui lui revient, sa demande est considérée comme nulle, et l'avis d'émission est renvoyée au ministère des postes et des télégraphes.

Le remboursement ne peut plus avoir lieu que sur une nouvelle demande de la partie et une nouvelle autorisation de l'administration centrale.

Art. 25. Dans le cas où le déposant viendrait à perdre sa quittance à souche, il y sera suppléé par une déclaration de perte formée par le déposant et légalisée par le maire ou le commissaire de police de sa résidence. Les livrets ne devront toutefois être rendus que sur l'autorisation du directeur départemental apposée sur la déclaration de perte.

Art. 26. En cas de perte d'un livret, l'ayant droit doit adresser au ministre des postes et des télégraphes une déclaration de perte légalisée par le maire ou par le commissaire de police, et le livret est remplacé par un duplicata dans le délai d'un mois à partir de l'arrivée de la demande à l'administration centrale. Il est pris note, au registre matricule, de la délivrance du duplicata. Le solde du compte de l'ancien livret est inscrit sur le nouveau comme premier article (capital et intérêts).

Si le livret primitif vient à être retrouvé, il est rendu à l'agent comptable de la caisse d'épargne et annulé, après que toutes les pages en ont été biffées.

Art. 27. Chaque jour et ainsi qu'il est dit à l'art. 6 ci-dessus, les receveurs des postes adressent au directeur départemental un avis journalier indiquant, par numéros de livrets et noms de titulaires, le montant détaillé des dépôts reçus et des remboursements effectués pendant la journée. Dans le cas où il n'a été fait aucune opération, soit de recette, soit de dépense, il est établi un avis négatif. Lorsque tous les avis relatifs à une même journée sont parvenus au directeur départemental, il les adresse immédiatement à l'administration centrale.

En même temps, chaque receveur des postes adresse au directeur départemental, qui devra le conserver, un duplicata des avis de versements et de remboursements, auquel il joindra :

Pour les recettes, les demandes de livrets, en cas de premier versement, et les livrets eux-mêmes, en cas de versements ultérieurs ;

Pour les dépenses, les autorisations de remboursement émises par la direction centrale et dûment acquittées par les parties prenantes.

Art. 28. Dans les premiers jours de chaque mois, les receveurs des postes forment deux états détaillés et nominatifs, comprenant : l'un, tous les dépôts reçus, l'autre, tous les remboursements effectués pendant le mois précédent, et les adressent sans retard au directeur départemental.

Le directeur s'assure que l'état des recettes est conforme au montant des sommes que le receveur principal a successivement inscrites sur les livrets, suivant la marche indiquée aux art. 14 et 15 ci-dessus ; et il vérifie l'état des remboursements au moyen des pièces justificatives qui lui ont été adressées par journée.

Il dresse ensuite deux états récapitulatifs par bureau de poste, l'un des dépôts reçus, l'autre des remboursements effectués pendant le mois, pour l'ensemble du département, et il les fait parvenir sans délai à l'agent comptable de la caisse d'épargne postale, par l'entremise de la direction centrale.

Art. 29. L'état récapitulatif des recettes est accompagné d'un récépissé de mouvements de fonds que le receveur principal délivre à l'agent comptable de la caisse d'épargne et qui doit être égal au montant total des recouvrements opérés tant par lui que par ses collègues et centralisés en fin de mois dans ses écritures.

L'agent comptable de la caisse d'épargne s'assure que le montant de ce récépissé est bien conforme aux avis journaliers de recettes qui lui ont été adressés par les receveurs des postes.

Art. 30. L'état récapitulatif des remboursements dont le montant doit être égal aux paiements centralisés dans la comptabilité du receveur principal, est justifié par les pièces de dépenses y annexées. Le receveur principal est couvert de ces paiements par un récépissé de mouvements de fonds que lui délivre l'agent comptable de la caisse d'épargne, après qu'il a vérifié le montant des dépenses, la validité des pièces produites et leur entière connexité avec les autorisations de remboursement délivrées par la direction centrale.

TITRE IV. — RAPPORTS DE LA CAISSE D'ÉPARGNE AVEC LA CAISSE DES DÉPÔTS ET AVEC L'ADMINISTRATION DES FINANCES.

Art. 31. Lorsque, d'après la balance journalière mentionnée à l'art. 6, le montant des dépôts excède celui des remboursements, la différence est versée à la Caisse des dépôts et consignations par l'agent comptable de la caisse d'épargne, sur l'ordre de la direction centrale. Ce versement a lieu en un mandat sur la Banque que l'agent comptable de la caisse d'épargne demande à la caisse centrale du Trésor public, en échange d'un récépissé de fonds de subvention.

Art. 32. Quand, au contraire, la balance journalière fait ressortir un excédent de dépense, la Caisse des dépôts, sur l'avis qui lui en est adressé par la direction centrale, délivre un récépissé sur le Trésor au profit de l'agent comptable de la caisse d'épargne, et celui-ci l'échange à la caisse centrale du Trésor contre un récépissé de mouvements de fonds.

Art. 33. La Caisse des dépôts et consignations remet à la caisse d'épargne postale un extrait de son compte courant arrêté, en capitaux et intérêts, à la fin de chaque année. Lorsque ce compte a été vérifié et reconnu exact, l'agent comptable de la caisse d'épargne passe écriture des intérêts qui en résultent, tant au compte particulier des déposants qu'au compte affecté aux frais d'administration.

Art. 34. Les achats de rentes, effectués conformément aux dispositions des art. 7, 9, 13 et 14 de la loi du 9 avril 1881, ont lieu par l'entremise de la Caisse des dépôts et consignations, au cours moyen du jour de l'opération.

Art. 35. Les rentes achetées sur la demande des déposants sont nominatives ou mixtes, au choix des parties. Il n'est toutefois acheté de rentes mixtes que lorsque les parties sont aptes à posséder cette nature de rentes. Les inscriptions sont remises, contre reçu, à l'agent comptable de la caisse d'épargne postale, chargé de les faire parvenir aux ayants droit.

Le prix d'achat de ces rentes est inscrit au débit du titulaire sur le livre des comptes courants individuels. Il doit en outre être porté, comme le serait un remboursement ordinaire, sur le livret du titulaire, au moment de la remise de l'inscription de rentes entre ses mains.

Art. 36. Les rentes achetées d'office sont exclusivement nominatives. Les achats sont faits conformément à l'art. 2 de la loi du 30 juin 1851. Lorsque, pour une cause quelconque, il n'est pas possible de remettre aux titulaires les titres de rentes achetées en leur nom, ces titres sont conservés à la Caisse des dépôts et consignations. A mesure des échéances, les arrérages en sont portés au débit de la Caisse des dépôts et au crédit des titulaires, sur le livre des comptes courants individuels.

Art. 37. Dans le courant de chaque mois, l'agent comptable de la caisse d'épargne postale adresse à la direction générale de la comptabilité publique :

1° La copie de la balance de son grand-livre à la fin du mois précédent.

2° Un bordereau des opérations de recettes et de dépenses de toute nature effectuées directement par lui ou centralisées dans ses écritures pendant le mois précédent ;

3° Les pièces justificatives desdites opérations.

La forme de la balance, du bordereau mensuel, ainsi que la nomenclature des pièces à l'appui, sont déterminées dans une instruction rédigée de concert par le ministre des postes et des télégraphes et par le ministre des finances.

Art. 38. En dehors du contrôle permanent exercé par le ministère des postes et des télégraphes, et de la vérification faite par la direction générale de la comptabilité publique, la gestion de l'agent comptable de la caisse d'épargne postale et de ses préposés dans les départements est soumise aux vérifications de l'inspection générale des finances.

Les rapports et les procès-verbaux de l'inspection des finances sont communiqués par le ministre des finances au ministre des postes et des télégraphes.

TITRE V. — DISPOSITIONS FINALES.

Art. 39. A partir du jour où la loi du 9 avril 1881 et le présent règlement seront appliqués à un bureau de poste, ce bureau cessera de prêter aux caisses d'épargne privées le concours qui leur avait été accordé par le décret du 23 août 1875. Ce terme est arrivé le 1er janvier 1882. (D. 3 déc. 1881.)

Sect. 3. — Timbre d'épargne.

4. La loi du 3 août 1882 autorise le ministre des postes et des télégraphes à créer des timbres spéciaux, dits timbres-épargne, de 1 à 1,000 fr., destinés à constater, sur les livrets des déposants à la caisse d'épargne postale, ou caisse nationale d'épargne, les versements effectués dans les bureaux de poste en conformité de la loi du 9 avril 1881 et du règlement d'administration publique du 31 août suivant, que nous venons de reproduire.

Au moment de chaque versement, il sera apposé sur ce livret, en présence du déposant, le nombre de timbres nécessaire pour représenter exactement la somme versée, laquelle continuera d'être inscrite en francs dans la colonne des sommes reçues.

Pour former titre envers la caisse, les timbres-épargne devront être frappés du timbre à date du bureau de poste et être revêtus de la signature du receveur.

Les frais de composition, de gravure et d'impression des timbres-épargne ont été avancés par le Trésor, jusqu'à concurrence de quarante mille francs (40,000 fr.), à titre de frais de premier établissement de la caisse d'épargne postale ou caisse nationale d'épargne, dans les conditions énoncées à l'art. 5 de la loi de finances du 21 décembre 1818.

Sect. 4. — Livret de la caisse postale et bulletin d'épargne.

5. Le décret du 30 novembre 1882 règle ainsi le mode d'obtention d'un livret :

Art. 1er. Toute personne qui désire obtenir un livret de la caisse nationale d'épargne et tout déposant déjà titulaire d'un livret de ladite caisse peuvent réaliser, au moyen de timbres-poste ordinaires de cinq centimes (5 cent.) et de dix centimes (10 cent.), le versement minimum d'un franc prescrit par l'art. 8 de la loi du 9 avril 1881.

Art. 2. Il sera délivré gratuitement, dans tous les bureaux de poste, à tous ceux qui en feront la demande, des formules dites *bulletins d'épargne*, sur lesquelles ils indiqueront eux-mêmes les noms de famille et prénoms de la personne qui doit en faire usage.

Les numéros du livret sur lequel le montant des bulletins d'épargne aura été porté comme versement seront indiqués sur ces bulletins par les soins du receveur des postes qui les aura reçus.

Art. 3. Tout possesseur d'un bulletin d'épargne à son nom, quelle que soit sa qualité civile, soit représentant d'un mineur, notamment quand il s'agit des enfants des écoles primaires publiques ou privées, se borne à coller sur le bulletin les timbres-poste destinés à l'épargne. Lorsque ces timbres atteignent la somme d'un franc, il peut faire le versement de ce bulletin à un bureau de poste, qui le reçoit *pour comptant*, pourvu que lesdits timbres ne soient ni altérés, ni maculés, ni déchirés.

Le versement fait en timbres-poste est ensuite inscrit *en francs* sur le livret du déposant, s'il est déjà titulaire d'un livret de la caisse nationale d'épargne, ou, dans le cas contraire, donne lieu à la délivrance d'un livret.

Il ne pourra être versé au moyen de timbres-poste, pour le compte d'une même personne, plus de dix francs par mois.

Les timbres-poste employés à représenter l'épargne seront, après examen de leur état, oblitérés par les soins de la direction départementale des postes et des télégraphes.

Art. 4. Tous les mois, le ministre des postes et des télégraphes remet au ministre des finances un état, dûment certifié, des timbres-poste compris dans les versements à la caisse nationale d'épargne. Le montant de cet état est déduit des produits budgétaires des postes du mois précédent et porté, dans les écritures de l'administration centrale des finances, au crédit de la caisse nationale d'épargne.

Toutefois, cette opération n'a lieu que pour le *montant net* des timbres-poste, c'est-à-dire déduction faite de la remise réglementaire d'un franc pour cent allouée aux receveurs pour la vente des timbres; le montant de cette remise reste à la charge de la caisse nationale d'épargne, qui l'impute sur ses frais de gestion et d'administration, conformément à l'art. 9 du décret précité du 31 août 1881.

**CHAP. II. — CAISSES D'ÉPARGNE PRIVÉES.**

Sous la date du 13 décembre 1881, le ministre du commerce a adressé la circulaire suivante aux directeurs des caisses d'épargne (*J. off.*, 14 déc. 1881) et que nous donnons *in extenso*, malgré les apparentes répétitions. La clarté les exige :

Vous savez, dit la circulaire, qu'une loi, en date du 9 avril 1881, a créé, sous la garantie de l'État, une caisse d'épargne postale. Aux termes de l'art. 21 de cette loi, plusieurs des avantages dont la nouvelle institution est appelée à profiter, sont étendus aux caisses d'épargne aujourd'hui existantes, à partir du jour où la caisse d'épargne postale aura commencé à fonctionner. Il n'est pas d'ailleurs apporté de modification au taux de l'intérêt servi à ces dernières caisses par la Caisse des dépôts et consignations : cet intérêt demeure fixé à 4 p. 100.

L'art. 21 précité est ainsi conçu :

« Les paragraphes 2 et 3 de l'art. 3, 4 et 5 de l'art. 6, les art. 8, 9, 12 et 13, le dernier paragraphe de l'art. 14 et l'art. 20 sont applicables aux caisses d'épargne ordinaires.

« Toutefois, cette disposition ne recevra son effet qu'à partir du jour où la caisse d'épargne postale aura commencé de fonctionner.

« Nul ne pourra être en même temps titulaire d'un livret de caisse d'épargne postale et d'un livret de caisse d'épargne ordinaire, sous peine de perdre l'intérêt de la totalité des sommes déposées. »

Un décret en date du 3 décembre, inséré au *Journal officiel* du 7 de ce mois, a décidé que tous les bureaux de poste de la France continentale seront ouverts au service de la caisse d'épargne postale, le 1er janvier 1882. Le même décret porte qu'à partir de cette date, les bureaux de poste qui prêtaient leur concours aux caisses d'épargne privées, en vertu du décret du 23 août

1875, ne seront plus autorisés à faire aucune opération pour le compte de ces caisses.

Le nouveau régime applicable aux caisses d'épargne actuelles aura donc son effet le 1er janvier prochain. Les dispositions de la loi du 9 avril 1881 qui sont étendues à ces caisses d'épargne sont les suivantes :

Art. 3 . . . . . . . . . . . . . . .

Cet intérêt (l'intérêt servi aux déposants par la caisse d'épargne[1]) partira du 1er ou du 16 de chaque mois après le jour du versement.

Il cessera de courir à partir du 1er ou du 16 qui aura précédé le jour du remboursement.

. . . . . . . . . . . . . . . . . . .

Art. 6 . . . . . . . . . . . . . . .

Les mineurs sont admis à se faire ouvrir des livrets, sans l'intervention de leur représentant légal. Ils pourront retirer, sans cette intervention, mais seulement après l'âge de 16 ans révolus, les sommes figurant sur les livrets ainsi ouverts, sauf opposition de la part de leur représentant légal.

Les femmes mariées, quel que soit le régime de leur contrat de mariage, seront admises à se faire ouvrir des livrets sans l'assistance de leurs maris : elles pourront retirer, sans cette assistance, les sommes inscrites aux livrets ainsi ouverts, sauf opposition de la part de leurs maris.

Art. 8. Chaque versement ne pourra être inférieur à 1 fr.

Le compte ouvert à chaque déposant ne pourra excéder le chiffre de deux mille francs (2,000 fr.), versés en une ou plusieurs fois.

Art. 9. Dès qu'un compte dépassera, par les versements et la capitalisation des intérêts, le chiffre de deux mille francs, il en sera donné avis au déposant par lettre chargée.

Si, dans les trois mois qui suivront cet avis, le déposant n'a pas réduit son crédit, il lui sera acheté d'office et sans frais vingt francs de rente sur l'État.

Le service des intérêts sur l'excédent sera suspendu à partir de la date de l'avis jusqu'au jour de la réduction du compte.

Art. 12. Dans le cas de force majeure, des décrets rendus, le Conseil d'État entendu, pourront autoriser la caisse d'épargne postale à n'opérer le remboursement que par acomptes de cinquante francs (50 fr.) au minimum et par quinzaine.

Art. 13. Les sociétés de secours mutuels seront admises à faire des versements à la caisse d'épargne postale, et le compte ouvert à leur crédit pourra atteindre le chiffre de huit mille francs (8,000 fr.). Les institutions de coopération, de bienfaisance et autres sociétés de même nature pourront être admises à faire des versements dans les mêmes conditions, après en avoir obtenu l'autorisation du ministre.

Au delà de ce chiffre, il leur sera fait application des art. 9 et 10 ci-dessus ; toutefois, le montant de la rente achetée d'office pour leur compte sera de 100 fr.

Art. 14. . . . . . . . . . . . . . .

La caisse d'épargne est autorisée à se décharger de toutes quittances et pièces et de tous livrets qui ont plus de trente ans de date.

---

1. L'intérêt servi par les caisses d'épargne privées est plus élevé que celui qu'accorde la caisse d'épargne postale.

**Art. 20.** Les imprimés, écrits et actes de toute espèce nécessaires pour le service de la caisse d'épargne postale, seront exempts des formalités du timbre et de l'enregistrement.

Des instructions générales vous seront très prochainement adressées, pour l'application des dispositions précitées dans leur rapport avec les lois, règlements et instructions qui régissent actuellement les caisses d'épargne.

Les avantages dont la loi du 9 avril 1881 va faire profiter les caisses d'épargne sont un nouveau témoignage de la sollicitude des pouvoirs publics à l'égard de cette institution si précieuse. Ils stimuleront encore, je n'en doute pas, le zèle et le dévouement que les administrateurs déploient dans l'accomplissement désintéressé de leur importante mission, et concourront au progrès, déjà si rapide en France, de l'esprit d'épargne et de prévoyance.

Recevez, etc. *Signé :* Rouvier.

**CANAUX.** *Voy.* **Navigation intérieure.**

**CANTONNIER.** (*Dict.*) Le règlement du 10 février 1875 (le *Dictionnaire* met à tort 1835) a été modifié par règlement joint à une circulaire du ministère des travaux publics datée du 20 février 1882 (n° 4). En voici les principales dispositions :

La limite d'âge pour l'admission à l'emploi de cantonnier est abaissée à quarante ans. On exige des candidats qu'ils sachent lire et écrire ; il pourra toutefois être dérogé à cette règle dans certains cas exceptionnels où l'on ne trouverait que des sujets illettrés parmi les ouvriers capables de faire le service.

On a simplifié les signes distinctifs des cantonniers. En fait, la veste de drap bleu et le chapeau de cuir prescrits par l'ancien règlement n'ont jamais été exigés. A la plaque de cuivre, qui était lourde et fatigante pour la tête, on a substitué un simple ruban que les cantonniers porteront à leur coiffure habituelle.

L'énumération détaillée des occupations auxquelles les cantonniers doivent se livrer a été supprimée. Il a paru suffisant d'indiquer qu'ils auront à se conformer aux instructions qui leur seront données. MM. les ingénieurs en chef auront, en conséquence, à rédiger ces instructions, en les appropriant aux besoins particuliers de leur département.

L'usage d'une feuille de travail, déjà répandue dans quelques départements, est rendue obligatoire pour tous les services.

Ces feuilles ont un double objet : d'une part, elles constituent un excellent moyen de contrôle sur les cantonniers et les agents qui sont appelés à les surveiller ; d'autre part, elles fournissent, avec une grande précision, les éléments des états de décomposition des dépenses d'entretien.

Enfin, la circulaire signale que les pénalités inscrites à l'ancien règlement ont été sensiblement adoucies et que l'on a réduit le nombre des outils dont les cantonniers doivent être pourvus. Quant aux autres modifications, elles s'expliquent d'elles-mêmes et se passent de commentaires. (*Bull. trav. publ. mars* 1882.)

**CARTE POSTALE.** *Voy.* **Postes.**

**CASERNEMENT.** (*Dict.*) **1.** L'administration centrale peut, sans excès de pouvoirs, prescrire à un préfet de procéder, sur le refus d'une commission départementale déléguée par un conseil général, à la location, pour le casernement de la gendarmerie, d'un immeuble seul agréé par l'autorité militaire comme satisfaisant aux besoins du service, et remplissant les conditions prescrites par les règlements sur l'administration de la gendarmerie.

Bien que le casernement de la gendarmerie constitue une charge départementale et que, par suite, les baux des locaux affectés à ce casernement soient passés au nom du département, ces baux ne rentrent pas cependant, à raison de la nature du service et des intérêts auxquels ils se rattachent, dans l'application des art. 46, § 3, et 48, § 2, de la loi du 10 août 1871. Ces baux n'ont pas cessé d'être régis par l'arrêté des consuls du 24 vendémiaire an XI et le décret du 18 février 1863, qui n'ont été abrogés sur ce point ni par la loi du 10 août 1871, ni par aucune disposition spéciale. Aux termes des arrêté et décret précités, lesdits baux ne sont définitifs qu'après avoir reçu l'approbation du ministre de la guerre, seul compétent pour apprécier s'il est pourvu aux besoins du service d'une manière suffisante, et conformément aux prescriptions réglementaires sur le service de la gendarmerie. (*Arr. du C.* 24 *févr.* 1882.)

**2.** Les officiers et agents militaires qui reçoivent, au lieu du logement en nature, l'indemnité représentative des frais de logement, doivent être compris sur les états de décomptes des frais de casernement, dressés en exécution de l'ordonnance du 5 août 1818 ; il en est de même des chevaux d'officiers logés en ville. (*Arr. du C.* 9 *févr.* 1883.)

**CAS FORTUIT, CAS DE FORCE MAJEURE.** *Voy.* **Force majeure**

**CASIER JUDICIAIRE.** (*Dict.*) **1.** On sait qu'il y a un casier judiciaire au greffe de chaque tribunal et un casier judiciaire central ; le décret du 10 avril 1877 indique aux greffiers la voie par laquelle ils doivent verser au Trésor le franc pour droit de recherche, de rédaction ou d'inscription, dû lorsque les extraits ont été délivrés par le casier judiciaire central.

**2.** L'individu dont le nom figure à tort dans une condamnation par défaut qui, en réalité, s'applique à un tiers, est fondé à demander que cette condamnation soit rayée de son casier judiciaire et à réclamer la rectification du jugement qui l'a prononcée. — Mais cette condamnation ne peut, alors que les délais de la prescription sont expirés, être mise à la charge du véritable délinquant, qui n'a jamais été assigné et ne figure pas en nom dans les poursuites, bien qu'il se reconnaisse l'auteur des délits constatés. (*Trib. de Die* 2 *juill.* 1877.)

Il s'agit ici de délits de chasse et d'amendes de 16 et de 50 fr.

On use et abuse tant de nos jours du casier judiciaire, qu'il s'établira nécessairement une réaction contre cette institution.

**CASIERS ADMINISTRATIFS.** Ces casiers sont une sorte de conséquence, un développement des casiers judiciaires ; ils ont également pour but de conserver le souvenir des condamnations qu'une personne a subies. Comme certains crimes et certains délits ont pour effet de faire priver leurs auteurs du droit électoral, des duplicata des bulletins versés aux casiers judiciaires sont adressés par les parquets aux sous-préfets du lieu de naissance du condamné, et le sous-préfet les transmet au maire de cette localité.

Ces casiers administratifs sont secrets; l'autorité municipale n'a pas le droit d'en donner communication aux particuliers. Ces derniers doivent s'adresser, s'il y a lieu, aux casiers judiciaires [1]. (*Circ. du min de l'int.* 12 *juillet* 1876.)

**CASUEL.** Ce sont des honoraires perçus par les prêtres à l'occasion de l'exercice de certaines fonctions. La loi du 18 germinal an X les nomme *oblations*. Les évêques établissent les règlements qui les concernent. Le produit total des oblations n'appartient pas au prêtre, une partie déterminée en est réservée aux fabriques.

**CAUTIONNEMENT.** (*Dict.*) **1.** Le décret du 13 septembre 1879 porte ce qui suit :

Art. 1er. Les cautionnements des receveurs chargés du double service des postes et des télégraphes, ou simplement du service postal, à Paris, dans les départements, en Algérie et dans les bureaux français à l'étranger, seront fixés, à l'avenir, d'après le traitement attribué à l'agent par sa nomination et conformément aux bases suivantes :

Receveurs au traitement de 5,000 fr. et au-dessus, trois fois le traitement annuel ;

Receveurs au traitement de 2,500 à 4,500 fr., deux fois et demie le traitement annuel ;

Receveurs au traitement de 1,600 à 2,400 fr., deux fois le traitement annuel ;

Receveurs au traitement de 1,200 à 1,400 fr., une fois et demie le traitement annuel ;

Receveurs au traitement de 800 à 1,000 fr., une fois le traitement annuel.

Dans le calcul des cautionnements les fractions de 100 fr. seront négligées.

Art. 2. — Les cautionnements actuels et ceux qui seront fixés à l'avenir d'après les bases qui précèdent, ne pourront être modifiés qu'en cas de changement de gestion ou d'avancement sur place. Toutefois les comptables aujourd'hui en fonctions qui, sans avoir été déplacés et sans avoir obtenu d'avancement dans un délai de six ans à partir de la date du présent décret, pourraient bénéficier de la mesure, obtiendront la révision de leur cautionnement à l'expiration de cette sixième année.

**2.** Le cautionnement des préposés des chemins de fer de l'État est réglé par le décret du 1er avril 1879.

**3.** Les cautionnements des comptables sont affectés à la garantie de leurs gestions *successives* jusqu'à apurement définitif, même si ce cautionnement a été fourni par un tiers. (*C. d'Ét.* 15 *juill.* 1881.)

**4.** La loi du 27 février 1884 revise les bases des cautionnements des percepteurs, des percepteurs-receveurs municipaux et des receveurs spéciaux des communes et établissements de bienfaisance. Voici cette loi :

Art. 1er. A l'avenir et à chaque vacance qui se produira, les cautionnements des percepteurs, des percepteurs-receveurs municipaux et des receveurs spéciaux des communes et des établissements de bienfaisance seront calculés et établis d'après les dispositions suivantes :

Art. 2. Les percepteurs et les percepteurs-receveurs municipaux fourniront un cautionnement égal à trois fois le montant des émoluments payés par le Trésor, les communes et les établissements de bienfaisance.

Toutefois, le cautionnement des receveurs-percepteurs de Paris sera élevé à quatre fois le montant des émoluments, et celui des percepteurs et des percepteurs-receveurs municipaux de la Corse sera réduit à deux fois le montant des émoluments.

Art. 3. Les receveurs municipaux spéciaux sont divisés en trois classes, savoir : une 1re classe comprenant les receveurs ayant un traitement supérieur à 10,000 fr. ; une 2e classe comprenant les receveurs ayant un traitement supérieur à 5,000 fr., et la 3e classe comprenant tous les autres receveurs.

Le cautionnement des receveurs de la 1re classe sera fixé à sept fois et demie le montant de leur traitement, avec faculté de fournir en rentes sur l'État la portion excédant 40,000 fr.

Le cautionnement des receveurs de la 2e classe sera fixé à six fois et demie le montant de leur traitement, avec faculté de fournir en rentes sur l'État la portion excédant 20,000 fr.

Le cautionnement des receveurs de la 3e classe sera fixé à quatre fois et demie le montant de leur traitement, avec faculté de fournir en rentes sur l'État la portion excédant 10,000 fr.

Art. 4. Les receveurs municipaux spéciaux dont les cautionnements sont actuellement déposés au Trésor en numéraire auront, dès à présent, la faculté de convertir en titres de rentes sur l'État la portion de ces cautionnements excédant 50,000 fr.

Art. 5. Les receveurs spéciaux des hospices, des bureaux de bienfaisance, des asiles d'aliénés et des dépôts de mendicité sont assimilés aux receveurs municipaux spéciaux pour le calcul du montant de leur cautionnement ; mais, en ce qui concerne la nature et l'emploi de ce cautionnement, l'ordonnance du 6 juin 1830 continuera à être appliquée.

**5.** *Nomenclature des fonctionnaires et comptables assujettis au cautionnement.* — Nous empruntons cette nomenclature (en la modifiant légèrement) au *Traité de la législation spéciale du Trésor public en matière contentieuse*, de M. J. Dumesnil, dont M. G. Pallain, directeur au ministère des finances, a publié une nouvelle édition, entièrement refondue et mise au courant de la jurisprudence judiciaire et administrative.

Dans le plus grand nombre de cas, le cautionnement est en numéraire, on s'est donc borné à indiquer les exceptions.

MINISTÈRE DES AFFAIRES ÉTRANGÈRES.
Chanceliers diplomatiques et consulaires, D. du 13 déc. 1877.
MINISTÈRE DE LA JUSTICE.
Référendaires au sceau, D. du 31 oct. 1830.
Avocats au Conseil d'État et à la Cour de cassation, L. du 28 avril 1816, art. 88.
Avoués près les cours d'appel, *Idem.*
Avoués près les tribunaux de 1re instance, *Idem.*
Commissaires-priseurs, L. du 28 avril 1816, art. 89.

[1]. Il est fort regrettable que le casier judiciaire donne des renseignements aux particuliers. Il ne devrait *jamais* le faire ; c'est souvent empêcher un homme de rentrer dans la bonne voie.

Gardes de commerce, D. du 14 mars 1808.

Greffiers de la Cour de cassation et des cours d'appel, L. du 28 avril 1816, art. 88.

Greffiers des tribunaux de 1re instance, *Idem*.

Greffiers des tribunaux de commerce, *Idem*.

Greffiers de paix et de police, *Idem*.

Huissiers, *Idem*.

Notaires, *Idem*.

Agent comptable de l'Imprimerie nationale, D. du 15 mars 1863.

### MINISTÈRE DE L'INSTRUCTION PUBLIQUE.

Économes des lycées nationaux, D. du 31 oct. 1849.

Secrétaires des écoles de droit, *Idem*.

Secrétaires des Facultés, D. du 13 fév. 1851.

Agent spécial de l'Institut, D. du 31 oct. 1849.

Agents comptables des écoles de pharmacie, *Idem*.

Préposés divers, justiciables de la Cour des comptes, *Idem; autres*, *Idem*.

### MINISTÈRE DE L'INTÉRIEUR.

Caissier de la caisse des travaux publics, D. du 27 déc. 1858.

Receveurs des communes, L. du 8 juin 1864.

Receveurs des hospices, bureaux de bienfaisance, asiles d'aliénés, dépôts de mendicité, établissements de bienfaisance, O. roy. du 3 juin 1830. (Numéraire, rentes ou immeubles. Numéraire versé aux caisses des monts-de-piété.)

### MINISTÈRE DE L'AGRICULTURE.

Agents comptables des dépôts d'étalons du Pin et de Pompadour, D. du 3 oct. 1861.

Régisseurs des écoles vétérinaires, D. du 15 oct. 1849.

Régisseurs des bergeries nationales, *Idem*.

Agent comptable de l'École forestière.

### MINISTÈRE DU COMMERCE.

Agents de change dans les départements, D. des 9 janv. 1818 et 30 janv. 1869.

Agents comptables des écoles des arts et métiers, D. du 15 oct. 1849.

Régisseurs des établissements thermaux, *Idem*.

Caissier du lazaret de Trompeloup (Gironde), *Idem*.

Préposés divers, *Idem*.

Receveurs des droits sanitaires, *Idem*.

### MINISTÈRE DES TRAVAUX PUBLICS.

Chefs du service des ponts, D. du 15 oct. 1849.

Préposés des chemins de fer de l'État, D. du 1er avril 1879 (*voy. plus haut*, no 2).

### MINISTÈRE DE LA GUERRE.

Agents comptables de divers services et officiers d'administration comptables, D. des 17 déc. 1849, 4 sept. 1874, 23 mai 1853 et 30 nov. 1863. (Numéraire, rentes ou immeubles.)

Commissaires des poudres et salpêtres, *Idem*.

### MINISTÈRE DE LA MARINE.

Agents comptables et trésoriers des invalides, O. du 23 déc. 1847.

Trésoriers des invalides de la marine, D. du 8 mai 1867.

Comptables en matières, D. du 28 fév. 1850.

Agent comptable des fonds coloniaux, *Idem*. (Num. ou R.)

Trésoriers des colonies maintenus dans le ressort du ministère de la marine, *Idem*. (Num. ou R.)

Agent des traites des colonies au ministère, Ord. du 13 mai 1838. (Num. ou R.)

Curateurs aux successions vacantes dans les colonies, D. du 27 janv. 1855. (Numéraire ou immeubles.)

### MINISTÈRE DES FINANCES.

Agent comptable des reconversions, D. du 14 déc. 1876.

Agent comptable du Grand-Livre, D. du 31 oct. 1850.

Agents de change à Paris, D. du 1er oct. 1862.

Caissier des Caisses d'amortissement et des dépôts et consignations, D. du 31 oct. 1850.

Caissier de la Cour des comptes, *Idem*.

Caissier central du Trésor, D. du 27 mars 1875.

Payeur central de la Dette, *Idem*.

Trésoriers-payeurs en Algérie, Arr. du 12 fév. 1844.

Payeurs particuliers en Algérie, Arr. du 7 déc. 1844.

Trésoriers-payeurs des colonies, D. des 26 sept. 1855 et 15 mai 1874.

Trésoriers-payeurs généraux des finances, L. du 31 juill. 1867, art. 18.

Receveurs particuliers des finances, *Idem*.

Receveur central du département de la Seine, D. du 31 oct. 1850.

Percepteurs des contributions directes, L. du 8 juin 1864, art. 25.

Receveurs des communes justiciables de la Cour des comptes, *Idem ; des* conseils de préfecture, *Idem*.

Préposés aux halles et fontaines.

Inspecteur du service intérieur au ministère des finances, conservateur du mobilier et de l'argenterie, D. du 31 oct. 1850.

Préposés divers, justiciables de la Cour des comptes ; autres, *Idem*.

Receveurs d'octroi, L. du 28 avril 1816, art. 159.

*Administration de l'enregistrement et des domaines.*

Receveurs de l'enregistrement et des domaines, L. du 24 avril 1806.

Conservateurs des hypothèques, L. du 28 avril 1816 et du 8 juin 1864 ; 16 sept. 1871 et 22 mars 1873.

Inspecteurs et vérificateurs ayant exercé des fonctions comptables, L. du 7 ventôse an VIII.

Garde-magasin du timbre, D. du 31 oct. 1850.

Distributrices de papier timbré à Paris, L. du 17 juill. 1819.

Directeurs, inspecteurs et vérificateurs n'ayant jamais rempli de fonctions comptables, L. du 7 ventôse an VIII.

*Administration des douanes.*

Receveurs principaux, L. du 31 oct. 1850.

Receveurs subordonnés, *Idem*.

Directeurs, inspecteurs et sous-directeurs, *Idem*.

*Administration des contributions indirectes.*

Receveurs principaux des contributions indirectes, D. du 24 janv. 1879.

Receveurs principaux entreposeurs, *Idem*.

Entreposeurs des tabacs et des poudres à feu, *Idem*.

Receveurs particuliers entreposeurs, *Idem*.

Receveurs particuliers sédentaires, receveurs ambulants à pied et à cheval, receveurs de la navigation, de la garantie, débitants de sel dans le pays de Gex, *Idem*.

Receveurs des droits d'entrée et d'octroi, *Idem*.

Préposés non comptables (directeurs, inspecteurs, sous-inspecteurs, contrôleurs, commis à pied et à cheval), *Idem*.

*Administration des manufactures de l'État.*

Garde-magasins des manufactures et entréposeurs des tabacs en feuilles, D. du 31 oct. 1850.

Directeurs des manufactures et de la culture, D. du 10 sept. 1861.

Ingénieurs et contrôleurs des manufactures, *Idem*.

Sous-ingénieurs, inspecteurs de culture et contrôleurs des magasins, *Idem*.

*Service des monnaies.*

Directeurs des monnaies, D. du 31 oct. 1850.

### MINISTÈRE DES POSTES ET DES TÉLÉGRAPHES.

Agents de l'administration des télégraphes, D. du 12 mars 1862.

Receveurs comptables des postes, D. du 13 sept. 1879.

Receveurs non comptables, *Idem*.

Directeur de la fabrication des timbres-poste, D. du 13 fév. 1860.

Agent comptable, garde-magasin des timbres-poste, D. du 8 mars 1854.

Receveur principal de la Seine, D. du 26 déc. 1868.

**CENTIMES ADDITIONNELS.** (*Dict.*) On trouvera les dispositions en vigueur dans la loi annuelle sur les contributions directes. (*Voy. aussi au mot* **Organisation communale,** *l'art.* 134, *commentaire de* § 14.)

**CERTIFICAT D'ÉTUDE.** *Voy.* **Instruction publique.**

**CERTIFICAT DE VIE.** (*Dict.*) **1.** Une circulaire du ministre de l'intérieur du 1er avril 1879 prescrit de dater en chiffres les certificats de vie délivrés soit aux pensionnaires de l'État ou de la marine, soit aux titulaires d'inscriptions de rentes.

Cette recommandation s'applique notamment aux certificats de vie exigés : pour le paiement des rentes viagères sur la caisse de la vieillesse, pour le paiement de pensions sur la caisse des invalides de la marine, pour le remplacement d'inscriptions nominatives de rentes perdues ou atteintes par la prescription quinquennale, pour l'échange des mêmes titres lorsque les cases destinées à l'estampille seront épuisées, etc.

**2.** Au *Dictionnaire*, p. 375, col. 2, remplacer les tableaux par ce qui suit : La rétribution fixée par le décret du 21 août 1806 et l'ordonnance du 20 juin 1817, pour la délivrance des certificats de vie, a été modifiée ainsi qu'il suit par le décret du 9 novembre 1853.

Pour chaque trimestre à percevoir :

| | |
|---|---|
| De 600 fr. et au-dessus. . . . . . | 0 f 50 |
| De 600 fr. à 301 fr. . . . . . . . | 0 35 |
| De 300 fr. à 101 fr. . . . . . . . | 0 25 |
| De 100 fr. à 50 fr. . . . . . . . . | 0 20 |
| Au-dessous de 50 fr. . . . . . . . | » |

**3.** (**Certificat de vie** *et* **Résidence à l'étranger**). Le décret du 26 juin 1882 dispose :

Art. 1er. Les modèles nos 3 et 4 annexés à l'ordonnance du 1er septembre 1832 sont remplacés par le modèle annexé au présent décret.

Art. 2. Les dispositions des art. 11 et 12 du décret du 21 août 1806, confirmées par l'art. 4 de l'ordonnance du 30 juin 1814, relatifs à la délivrance des certificats de vie nécessaires pour le paiement des pensions de l'État, sont applicables aux pensionnaires de la Caisse des invalides résidant en pays étranger.

Art. 3. Les certificats de vie délivrés en exécution de l'article précédent devront contenir tous les renseignements indiqués dans le modèle ci-annexé et ne seront admis que revêtus de la légalisation des agents diplomatiques ou consulaires français faisant mention de l'éloignement.

La signature de ces agents sera elle-même légalisée par le ministre des affaires étrangères.

**4.** Voici le modèle du certificat de vie à produire par les pensionnaires de la Caisse des invalides de la marine qui résident en pays étranger :

Nous (qualité de l'agent diplomatique ou consulaire qui délivre le certificat de vie), à                      certifions que *Jouissant d'une pension* de                      sous le no                      suivant son brevet de pension qu' nous a représenté, est vivant      pour s'être présenté      devant nous,

L    quel    nous a déclaré :

1o Qu'    ne jouit en France d'aucun traitement, sous quelque dénomination que ce soit, ni d'aucune autre pension ou solde de retraite, soit à la charge de l'État, soit sur les fonds de la Caisse des invalides de la marine ou de la guerre, soit sur les fonds des départements ou des communes, soit sur l'ancienne liste civile ;

2o Que depuis qu'    habite    l (il ou elle) n'y a formé aucun établissement sans esprit de retour (si c'est un pensionnaire), qu'il n'y a accepté ni fonctions, ni grade, ni pension, ni traitement quelconque qui, aux termes des art. 17 et 21 du Code civil, puissent lui faire perdre la qualité de Français ; (si c'est une veuve) qu'elle n'a pas contracté de second mariage (ou qu'elle s'est remariée à un Français), et généralement qu'elle n'a rien fait qui puisse lui faire perdre la qualité de Française (art. 17, 19 et 21 du Code civil).

**CHAMBRE DE COMMERCE.** (*Dict.*) **1.** C'est le ministre du commerce et non l'autorité judiciaire qui doit statuer sur les difficultés auxquelles peuvent donner lieu les élections des membres des chambres de commerce, et notamment sur les questions de capacité des membres élus. Toutefois, les décisions prises à cet égard par le ministre peuvent être attaquées par la voie contentieuse. (*Arr. du C.* 9 nov. 1877.)

**2.** Un commerçant n'est éligible à la chambre de commerce qu'à la condition d'être inscrit à la patente depuis cinq ans en son nom personnel, il ne suffirait pas que, pendant le même temps, il eût dirigé en qualité de commis intéressé la succursale d'une maison de commerce inscrite à la patente au nom de la maison principale. (*Même arrêt.*) [*Voy.* **Élections.**]

**3.** *Chambre de commerce à l'étranger. Voy.* au *Journal officiel* du 6 avril 1884 un projet de modèle de statuts et le rapport qui le précède.

**CHAMBRE DE SURETÉ.** C'est le local dans le lieu de résidence d'une brigade de gendarmerie, où il n'y a pas de prison. Elle sert pour y déposer les prisonniers qui doivent être conduits de brigade en brigade.

**CHAMBRES CONSULTATIVES D'AGRICULTURE.** (*Dict.*) Ces chambres ont donné lieu à la circulaire suivante du mois d'avril 1875 : « Le décret du 25 mars 1852 avait déterminé le mode d'organisation des chambres consultatives d'agriculture, et deux circulaires, en date des 1er avril et 20 juin de la même année, avaient invité les préfets à procéder à la nomination des membres qui devaient composer ces assemblées et indiqué les règles à suivre pour la tenue des réunions.

« Ces chambres ont été organisées dans tous les départements : mais dans plusieurs d'entre eux, après quelques années d'existence, elles ont cessé d'être réunies par les préfets, puis elles ont disparu.

« Vous n'ignorez pas, Monsieur le Préfet, que les chambres d'agriculture ont des attributions qui rendent leur existence indispensable. Ainsi, elles sont chargées spécialement de la statistique agricole de l'arrondissement, et leur avis peut être demandé sur les changements à opérer dans la législation agricole, sur l'établissement des foires et marchés, sur la destination à donner aux subventions distribuées par l'État et le département, ainsi que sur la création des écoles d'agriculture et des fermes-écoles.

« En conséquence, et pour obéir aux prescriptions du décret précité, il m'a paru nécessaire d'assurer le fonctionnement régulier d'une institution dont l'utilité a été constatée à plusieurs reprises.

« Je vous prierai donc, Monsieur le Préfet, de prendre les dispositions nécessaires pour la reconstitution des chambres consultatives d'agriculture dans votre département, dans le cas où elles auraient cessé d'exister, et je vous demanderai de me rendre compte de l'application que vous aurez faite des présentes instructions. »

**CHARITÉ MATERNELLE.** La loi de finances du 29 décembre 1882 (*art.* 18) abroge l'art. 6 de l'ordonnance royale du 31 octobre 1814 qui accorde une subvention de 100,000 fr. aux sociétés de charité maternelle.

**CHASSE.** (*Dict.*) **1.** L'arrêté préfectoral qui classe les pigeons ramiers au nombre des animaux malfaisants ou nuisibles que les propriétaires, possesseurs ou fermiers peuvent en tout temps détruire sur leurs terres, les autorise implicitement à détruire ces animaux, dans l'espèce des pigeons ramiers, même pendant la nuit. (*C. de Caen* 11 avril 1877.)

**2.** L'individu trouvé détenteur de gibier pris à l'aide d'engins prohibés peut, s'il est établi qu'il avait connaissance de l'origine délictueuse de ce gibier, être déclaré complice, par recel, du délit prévu par l'art. 12, no 2, de la loi du 3 mai 1844, bien que l'auteur de ce délit soit resté inconnu. (*Trib. de Blois* 10 nov. 1876.) Ce jugement est fondé sur la règle que le complice peut être condamné, bien que l'auteur principal soit resté inconnu. (*Voy.* DALLOZ, *Jurisp. gén., v*o COMPLICITÉ, *n*os 65 *et suiv.*)

**3.** Les délits de chasse peuvent être prouvés, à défaut de procès-verbaux, par la preuve testimoniale et notamment par la déposition du garde particulier qui, ayant vu commettre le délit, n'en a pas dressé procès-verbal. (*Cass.* 24 mai 1878.) [*Comparez L.* 3 mai 1844, *art.* 21, *et Code d'inst. crim., art.* 154.]

**4.** Les engins qui servent ordinairement à détruire les animaux nuisibles, ne deviennent des engins prohibés que s'ils sont tendus et placés dans d'autres lieux que ceux indiqués par l'arrêté préfectoral ; par suite, la simple détention de pièges en fer, saisis au domicile d'un prévenu, ne constitue aucun délit (ces pièges étant, dans l'espèce, destinés à détruire des putois, fouines et autres animaux nuisibles). Mais toute espèce de filet destiné à prendre des oiseaux constitue un engin prohibé dont la simple détention est un délit. (*C. de Caen* 21 *juillet* 1874, *fondé sur l'art.* 9 *de la loi de* 1844.) Les engins sont prohibés même sur un terrain clos. (*C. d'Aix* 2 *mars* 1876.)

5. Le préfet a le droit de fixer non seulement le jour, mais encore l'heure de l'ouverture de la chasse ; en conséquence, celui qui chasse avant l'heure indiquée commet le délit de chasse en temps prohibé. (Le *Recueil* de DALLOZ, 1878, cite des jugements et des arrêts.)

6. Un terrain dans les clôtures duquel il existe plusieurs brèches, dont l'une a 60 centimètres de largeur, ne peut pas être considéré comme un terrain clos dans lequel le propriétaire ou possesseur puisse chasser ou faire chasser en tout temps sans permis de chasse. (*C. de Caen* 7 *mars* 1877.) Il faut que la clôture soit sérieuse et complète (*plusieurs arrêts*). C'est le tribunal, et en appel la cour, qui apprécie.

7. *Indemnité en cas de dégâts.* L'art. 22 du cahier des charges sur la chasse dans les forêts de l'État, approuvé par le ministre de l'agriculture et du commerce le 12 juillet 1879, stipule que « les adjudicataires sont directement responsables, vis-à-vis des propriétaires des héritages riverains ou non, des dommages causés à ces héritages par les lapins, les autres animaux nuisibles et toute espèce de gibier. Ils devront conséquemment intervenir pour prendre fait et cause pour l'État dans le cas où celui-ci serait l'objet d'une action en dommages-intérêts. »

Ces dispositions ne font que substituer à la responsabilité de l'État, visée par les art. 1382 et suivants du Code civil, comme propriétaire, celle des fermiers du droit de chasse. Elles répondent complètement, quant à l'obligation de la réparation de dommage causé, au vœu exprimé par les réclamants.

Quant au règlement et au paiement des indemnités, l'administration des forêts ne saurait intervenir dans cette question, qui doit être résolue à l'amiable entre l'adjudicataire et le riverain lésé, ou portée devant le juge compétent. Mais pour sauvegarder, autant que possible, les intérêts des propriétaires riverains des forêts domaniales, elle s'est réservée, *dans son nouveau cahier des charges*, la faculté de détruire elle-même certains animaux nuisibles, toutes les fois que cela lui paraîtra nécessaire.

En exécution des dispositions de l'art. 20, elle est en effet en mesure de poursuivre d'office et en tout temps, par les soins de son personnel, la destruction du gibier surabondant si le fermier du droit de chasse n'y procède lui-même dans une mesure satisfaisante.... (*Extrait d'une lettre ministérielle du* 13 *février* 1880.)

8. *Introduction du gibier d'eau et des lapins étrangers en France.* La circulaire du ministre de l'intérieur du 25 avril 1879 porte ce qui suit :

« Après m'être concerté avec M. le ministre de la justice, j'ai cru devoir accueillir des demandes tendant à obtenir que le gibier d'eau de provenance étrangère puisse être dirigé sur les marchés des départements où la chasse, la vente et le colportage de ce gibier sont autorisés après la clôture de la chasse ordinaire. Mais, pour prévenir les abus, j'ai imposé aux expéditeurs l'obligation de faire leurs envois sous le plomb de la douane et de les faire accompagner d'un acquit-à-caution, relatant la provenance, le nombre et la nature des pièces expédiées, qui doivent être revêtues de leurs plumes, et enfin de justifier que le gibier expédié peut, en effet, être vendu et colporté dans le département de destination, au moyen d'un extrait certifié conforme de l'arrêté sur la police de la chasse en vigueur dans ce département.

« D'un autre côté, comme aux termes de l'art. 5 de l'ordonnance de police du 31 janvier 1862, il est permis de vendre et colporter en tout temps le lapin de garenne dans le département de la Seine, j'ai également autorisé l'introduction en France de ce gibier pour être dirigé sur le marché de Paris sous le plomb de la douane et accompagné d'un acquit-à-caution.

« Pour abréger les délais que comporte l'instruction des demandes de l'espèce, je vous autorise à accueillir celles qui pourraient vous être adressées directement, sous les conditions indiquées plus haut. Mais je vous recommande de notifier au préposé des douanes de la gare d'où l'expédition du gibier devra avoir lieu, une ampliation de chaque permis de transit que vous auriez accordé. Vous aurez également soin de viser la présente décision sur ces sortes de permis.

« Recevez, etc. *Signé* : LEPÈRE. »

9. *Importation de conserves de gibier exotique.* Le 25 mai 1883, le ministre de l'intérieur écrit aux préfets : « Aux termes de l'art. 4 de la loi du 3 mai 1844 sur la police de la chasse, il est interdit, dans chaque département, de mettre en vente, de vendre, d'acheter, de transporter et de colporter du gibier pendant le temps où la chasse n'y est pas permise. Cette prohibition, qui a pour but de prévenir le braconnage, s'applique à toute espèce de gibier.

« Toutefois, désirant faciliter l'alimentation du marché français et donner au commerce toute la liberté compatible avec la loi, j'ai pensé, d'accord avec M. le ministre des finances, qu'il y avait lieu d'autoriser l'importation, pendant le temps où la chasse est prohibée, des conserves de gibier exotique, revêtues de l'estampille de la douane, ce gibier ne pouvant, en raison même de sa provenance, être considéré comme le produit de faits de chasse délictueux.

« Suivant les instructions adressées à cette occasion par M. le ministre des finances au service compétent, l'importateur devra obtenir de la douane un certificat attestant l'origine étrangère du gibier importé, et une estampille qui consistera en un carré de papier de cinq centimètres portant la signature du bureau et la signature du receveur des douanes, et qui sera apposée à l'intersection de la boîte et du couvercle.

« Vous aurez soin d'assurer, en ce qui vous concerne, l'exécution des dispositions de la présente communication, en les notifiant aux agents chargés de la police de la chasse et des marchés. »

**10.** Cette circulaire semble être la conséquence d'un arrêt de la cour d'appel de Paris du 23 janvier 1883 que nous allons reproduire :

« Considérant que, bien que les art. 4 et 12 de la loi du 3 mai 1844 semblent interdire d'une manière absolue le transport, le colportage, la vente et l'achat du gibier pendant le *temps* où la chasse n'est pas permise, il n'en faut pas moins, pour bien saisir le sens et préciser la portée de cette prohibition, rechercher le but que le législateur s'est proposé d'atteindre en l'édictant ;

« Considérant que son but a été d'assurer la conservation du gibier ;

« Que dès lors, en défendant et en punissant le transport et la vente du gibier, il n'a pu avoir en vue que les animaux tués ou appréhendés en temps prohibé ;

« Considérant qu'à la vérité, par cela seul que le gibier, dit de conserve, est transporté et vendu en temps prohibé, il y a présomption qu'il a été obtenu par fraude à la loi ;

« Mais que ce n'est là qu'une présomption qui n'exclut pas la preuve contraire, lorsqu'elle est administrée par les inculpés ;

« Considérant en fait que Marguery a établi, tant par l'enquête faite à l'audience des premiers juges, que par des notes et factures produites devant la cour, que les perdrix par lui vendues et mises en vente dans son établissement à Paris, le 9 août 1882, avaient été par lui achetées, préparées et renfermées en boîtes soudées en décembre 1881, c'est-à-dire à une époque où la chasse était permise.... »

**11.** *Transport de gibier vivant.* Une circulaire du ministre de l'intérieur, du 12 février 1884, donne des instructions sur les permis de transport du gibier vivant destiné à la reproduction, pendant le temps où la chasse est interdite. Ces permis sont délivrés par le préfet lorsque le transport doit avoir lieu dans l'intérieur du département, et par l'administration centrale, lorsqu'il s'effectue d'un département à l'autre.

« Aux termes de la circulaire du 22 juillet 1851, dit le ministre, votre autorisation ne doit être accordée que sur un certificat du maire de a commune d'origine, indiquant exactement l'espèce et le nombre des animaux à transporter, et constatant, non seulement qu'ils ont été élevés sur la propriété de celui qui veut les transporter, mais encore que ce transport n'a pas lieu dans un intérêt de commerce ayant pour but la consommation. Vous devez, d'ailleurs, informer les impétrants que l'autorisation qui leur est accordée ne saurait les garantir complètement contre des poursuites judiciaires, la solution de la question de la légalité de ce fait de colportage appartenant aux tribunaux.

« Je n'ai rien à ajouter aux instructions de la circulaire du 22 juillet 1851 en ce qui concerne les permis de transport de gibier vivant délivrés dans vos bureaux, si ce n'est la recommandation expresse d'exiger rigoureusement, dans toutes les occasions, les garanties dont un de mes prédécesseurs a cru devoir entourer l'exercice de cette tolérance.

« En ce qui concerne les permis délivrés directement par l'administration centrale, l'expérience a montré la nécessité de prendre des mesures destinées à en prévenir l'abus. En interdisant l'exercice du droit de chasse pendant une partie de l'année, le législateur a voulu empêcher la destruction complète et favoriser la reproduction du gibier. Les permis de transport de gibier vivant délivrés pendant le temps où le colportage est interdit n'ont leur raison d'autant qu'ils tendent au même but, et il est nécessaire de veiller à ce qu'ils ne servent pas à faire passer en fraude des produits destinés à la consommation.

« J'ai décidé à cet effet qu'ils ne seraient plus accordés à l'avenir que sur un avis favorable donné, après enquête, par votre administration. L'avis que vous serez chargé de me fournir devra être motivé par la constatation préalable : 1° que les animaux à transporter ont été élevés par le pétitionnaire ou sur sa propriété ; 2° qu'ils ne sont pas le produit du braconnage ; 3° qu'ils ne sont pas destinés à la consommation, mais au repeuplement.

« En conséquence, à partir de la réception de la présente circulaire, je vous transmettrai, pour les instruire, toutes les demandes de permis de transport de gibier vivant adressées directement à mon administration par des personnes en résidence dans votre département. Vous prendrez soin de me les renvoyer dans le plus bref délai possible, accompagnées de l'avis ci-dessus spécifié.

« Afin d'éviter la perte de temps qu'occasionnera d'abord cette double transmission de pièces, vous voudrez bien informer MM. les maires de votre département, par une note insérée dans le plus prochain numéro du *Recueil des actes administratifs*, que les demandes en délivrance de permis de transport de gibier vivant d'un département à un autre, qui avaient été jusqu'à ce jour adressées directement à l'administration centrale, doivent être adressées désormais à votre administration. »

**12.** *Animaux nuisibles.* Les propriétaires, possesseurs ou fermiers ne peuvent détruire, en tout temps, sur leurs terres, les animaux malfaisants ou nuisibles, déclarés tels par arrêté préfectoral, que dans les conditions fixées par l'arrêté. Si l'art. 9, § 3, de la loi du 3 mai 1844 reconnaît au propriétaire ou fermier le droit de repousser ou de détruire les bêtes fauves qui porteraient dommage à ses propriétés, il n'autorise pas cette destruction en tout temps et sans conditions : il consacre seulement le droit naturel de légitime défense qui permet à tout propriétaire ou fermier de repousser ou de tuer les bêtes fauves au moment où elles causent un dommage.

Par suite, le garde qui tend un piège à renard sur un terrain dépendant des terres confiées à sa surveillance et à 300 mètres de tout terrier, commet un délit de chasse en temps prohibé, alors que le préfet n'avait autorisé l'usage des pièges contre les renards qu'à l'entrée des terriers, et que, d'autre part, l'acte imputé au prévenu n'était pas nécessité par le besoin de repousser ou détruire une bête fauve au moment où elle causait un dommage à la propriété. (*Cass.* 2 *déc.* 1880.)

**13.** Les cerfs, biches et lapins ne sont pas des animaux nuisibles dans le sens de l'arrêté du 19 pluviôse an V et, dès lors, le préfet ne peut, sans excès de pouvoirs, ordonner des battues pour la destruction de ces animaux. (*Arr. du C.* 1ᵉʳ *avril* 1881.)

**14.** Doit être annulé, pour excès de pouvoirs, l'arrêté préfectoral qui a autorisé des chasses ou battues dans une forêt pour la destruction des animaux malfaisants et nuisibles, lorsqu'il ne s'est pas conformé aux prescriptions des art. 3 et 4 de l'arrêté du Directoire du 19 pluviôse an V, aux termes desquelles les chasses et battues sont ordonnées de concert avec les forestiers de l'arrondissement et exécutées sous la direction et la surveillance desdits agents qui règlent, de concert avec les administrations municipales, les jours où elles auront lieu et le nombre d'hommes qui y seront appelés. (*Arr. du C.* 12 *mai* 1882.) Comparez **Louveterie.**

**15.** Le lièvre n'étant pas de sa nature un animal nuisible, ne peut être chassé en temps prohibé. S'il cause des dommages à la propriété, il faut, pour le chasser dans ce temps, une autorisation *ad hoc* du préfet, et, dans ce cas, il ne peut être chassé qu'avec le fusil et à courre (*art.* 9 *de la loi du* 3 *mai* 1844). Dès lors, l'individu porteur d'un lièvre pris au collet commet, par cela seul, un délit de chasse.

Il n'y a d'ailleurs pas à prétendre alléguer comme excuse légale que cette prise au collet a eu lieu dans une propriété close de murs, si du procès-verbal constatant le délit il résulte l'existence d'une brèche de dix mètres. (*C. de Bastia* 20 *juill.* 1883.)

**16.** Un garde particulier n'a pas le droit d'accorder à des tiers la permission de chasser sur les propriétés confiées à sa surveillance. (*C. d'Amiens* 4 *janv.* 1883.)

**17.** Le propriétaire qui chasse sur le terrain dont il a loué la chasse, ne commet pas un délit et n'est passible que de dommages-intérêts. (*C. de Rouen* 7 *mai* 1881.) D'autres cours ont jugé de même.

Cette question divise la doctrine et la jurisprudence ; quant à nous, nous jugeons plus sévèrement celui qui chasse sur un terrain dont il avait cédé la jouissance à prix d'argent.

BIBLIOGRAPHIE.
Essai sur le droit de chasse, par Muche de Loisne. Paris, Marescq aîné. 1878.
Codes annotés de Dalloz et Vergé. Code forestier, etc., etc. Paris, Bureau de la Jurisprudence générale. 1884.

**CHAUME.** *Voy.* **Incendie.**

**CHEMINS DE FER** (*Dict.*) Nous maintenons la division en trois articles : *Chemins de fer d'intérêt général. — Chemins de fer de l'État. — Chemins de fer d'intérêt local.*

## CHEMINS DE FER D'INTÉRÊT GÉNÉRAL.

**1.** C'est le Gouvernement qui confère le caractère d'intérêt général, ou plutôt c'est lui qui juge qu'une ligne a ou doit avoir ce caractère et être soumis à la législation correspondante. (*L.* 11 *juin* 1880.)

### CHAP. I. — COMITÉS.

**2.** Le ministre des travaux publics est entouré d'un grand nombre de comités, dont on trouvera la composition à l'*Almanach national*. Nous ne mentionnerons ici que les créations ou réorganisations récentes.

**3.** *Comité consultatif des chemins de fer* (*D.* 31 *janv.* 1878, *modifié par D.* 24 *nov.* 1880). Voici quelles en sont les attributions :

Le comité est nécessairement consulté :

Sur l'homologation des tarifs ;

Sur l'interprétation des lois et règlements, des actes de concession et des cahiers des charges ;

Sur les rapports des administrations de chemins de fer entre elles ou avec les concessionnaires des embranchements ;

Sur les traités passés par les administrations de chemins de fer et soumis à l'approbation du ministre ;

Sur les demandes en autorisation d'émission d'obligations ;

Sur les demandes d'établissement de stations ou de haltes sur les lignes en exploitation ;

Sur les réclamations relatives à la marche des trains ;

Sur l'organisation et les conditions générales de l'exploitation des chemins de fer non concédés en dehors du réseau des « chemins de l'État ». (*D.* 24 *nov.* 1880, *art.* 5.)

Le comité délibère en outre et fournit son avis sur toutes les autres questions qui lui sont soumises par le ministre relativement à l'établissement ou à l'exploitation des chemins de fer d'intérêt général, d'intérêt local ou des tramways, notamment sur le mode à adopter pour la mise en exploitation des lignes nouvelles, sur le rachat des concessions ou la fusion des compagnies (*art.* 6).

Le comité délibère sur un rapport écrit présenté par un des membres ou par un des secrétaires (*art.* 7).

Des commissions peuvent être constituées dans le sein du comité pour l'examen préalable des affaires importantes.

Des sous-comités constitués par arrêtés ministériels peuvent être chargés d'émettre, au lieu et place du comité, un avis sur les affaires de moindre importance (*art.* 8).

Le comité peut, avec l'assentiment du ministre, procéder à des enquêtes.

Il entend les représentants des administrations de chemins de fer, du commerce ou de l'industrie, toutes les fois qu'il le juge utile pour éclairer ses délibérations (*art.* 9).

**4.** *Comité d'exploitation technique des chemins de fer.* Il a été institué par arrêté ministériel du 25 janvier 1879, nous en extrayons les articles suivants :

Art. 3. Sont renvoyées à l'examen du comité

toutes les questions qui concernent la police, la sûreté, l'usage des chemins de fer et des ouvrages qui en dépendent.

Le comité sera appelé à donner son avis, notamment sur les objets ci-après :

1° Règlements généraux et spéciaux de l'exploitation ; application et interprétation de ces règlements ;

2° Police des gares, de leurs cours : classement et réglementation des passages à niveau ;

3° Entretien et perfectionnement du matériel fixe et du matériel roulant ;

4° Modifications et améliorations dans la marche et le service des trains ;

5° Accidents de chemins de fer ; recherche de leurs causes ; mesures à prendre pour en prévenir le retour ;

6° Inventions concernant les chemins de fer.

Toute initiative est laissée au comité pour faire lui-même les propositions qu'il lui paraîtrait utile de soumettre au ministre.

Art. 4. Une section dite du contrôle, prise dans le sein du comité et composée du président, des inspecteurs généraux directeurs du contrôle, du directeur de l'exploitation et du secrétaire, sera spécialement chargée de l'examen des mesures ayant pour objet d'améliorer et d'uniformiser le service du contrôle.

Art. 5. Pour l'étude des questions qui pourraient être soumises au comité, le président aura le droit de former des commissions dans lesquelles il appellera, suivant les cas, les ingénieurs en chef et les ingénieurs ordinaires du contrôle qui seront considérés comme aptes, soit à donner les renseignements nécessaires, soit à apporter un concours particulièrement utile aux travaux de la commission.

Dans les mêmes circonstances et pour les mêmes motifs, les ingénieurs étrangers au service du contrôle et même au corps des ponts et chaussées et des mines pourront être désignés par le président pour faire partie des commissions.

Le président sera lui-même membre de droit de toutes les commissions. Le secrétaire ou le secrétaire adjoint pourra y être attaché par lui en qualité de rapporteur.

Art. 6. Lorsque les affaires sur lesquelles il sera appelé à donner son avis lui paraîtront assez importantes pour nécessiter un degré supérieur d'instruction, le comité en demandera le renvoi, suivant leur nature, soit au conseil général des ponts et chaussées, soit au conseil général des mines, ou même, s'il y a lieu, à l'un et à l'autre.

CHAP. II. — SERVICE DU CONTRÔLE.

5. On trouvera, dans les suppléments annuels quelques indications sur les modifications successives subies par le service du contrôle, nous ne reproduisons ici que deux pièces : 1° le décret du 28 mars 1883 et 2° celui du 7 juin 1884.

Le décret du 28 mars 1883, qui réorganise le contrôle des chemins de fer, est ainsi motivé dans un rapport du ministre :

« Les contrats qui ont associé les intérêts de l'État à ceux des compagnies de chemins de fer par la clause de la garantie d'intérêt et par le partage des bénéfices, ont réservé aux pouvoirs publics le droit de contrôler dans tous ses détails la gestion financière de ces compagnies. C'est en vertu du texte même des conventions que des décrets rendus en Conseil d'État doivent déterminer les mesures que comporte l'exercice de ce contrôle supérieur.

« Dès l'origine des conventions, les droits du Trésor ont été sauvegardés par une double vérification.

« D'une part, les comptes de chaque compagnie sont examinés par une commission mixte composée de fonctionnaires des travaux publics et des finances, et présidée par un président de section au Conseil d'État ; d'autre part, les comptabilités tenues tant au siège social que dans les gares et établissements du réseau, sont soumises à la vérification périodique de l'inspection générale des finances. Ces deux contrôles se complètent l'un par l'autre et assurent dans les conditions les plus favorables le respect des droits de l'État.

« L'expérience a cependant démontré la nécessité de modifier la forme dans laquelle s'exerce la vérification opérée par les soins des départements des travaux publics et des finances. Bien que l'administration se soit appliquée à former, autant qu'il était possible, des mêmes membres les diverses commissions chargées de l'examen des comptes de chacun des réseaux, nous avons reconnu qu'il serait préférable de confier ce travail à une commission unique, composée de onze membres et dans laquelle seraient représentés les divers intérêts publics engagés.

« Le Conseil d'État, saisi de la question, a partagé cette manière de voir, en faisant remarquer que la nouvelle organisation aurait le double avantage d'assurer plus d'unité dans la jurisprudence et plus de célérité dans la délibération. »

6. Voici le décret :

Art. 1er. Les diverses commissions créées en vertu des décrets ci-dessus visés sont remplacées par une commission unique, qui sera instituée par le ministre des travaux publics et composée ainsi qu'il suit :

1° Deux conseillers d'État, dont l'un sera désigné comme président ;

2° Quatre membres désignés par le ministre des finances ;

3° Trois membres désignés par le ministre des travaux publics ;

4° Les inspecteurs généraux des finances, chargés du contrôle financier des compagnies de chemins de fer d'intérêt général auxquelles l'État a accordé une garantie d'intérêt;

5° Et les inspecteurs des ponts et chaussées ou des mines chargés du contrôle de l'exploitation de ces compagnies, ou, en leur absence, les ingénieurs en chef adjoints appelés à les suppléer.

Les inspecteurs généraux des finances et ceux du contrôle de l'exploitation n'ont voix délibérative que dans les affaires concernant le service dont ils sont chargés.

La commission ne peut délibérer que si sept membres au moins sont présents sur les onze qui ont voix délibérative dans chaque affaire.

La voix du président est prépondérante en cas de partage.

Sont adjoints à la commission, avec voix consultative :

1° En qualité de rapporteurs, les inspecteurs

des finances qui ont procédé à la vérification des comptes ; 2° les auditeurs au Conseil d'État désignés par le président pour remplir les fonctions de secrétaires de la commission.

7. De son côté le décret du 7 juin 1884 est ainsi motivé par le ministre :

L'art. 66 du cahier des charges annexé aux conventions conclues pendant les années 1857 et 1859, entre l'État et les diverses compagnies de chemins de fer, est ainsi conçu :

« Il sera institué près de la compagnie un ou plusieurs inspecteurs ou commissaires spécialement chargés de surveiller les opérations de la compagnie pour tout ce qui ne rentre pas dans les attributions des ingénieurs de l'État.

« Jusqu'à présent, le Gouvernement n'a pas cru devoir user de la faculté que lui réservait cet article. L'organisation du service de contrôle et de surveillance de l'exploitation des chemins de fer comprend des ingénieurs chargés du contrôle technique et des inspecteurs des chemins de fer chargés du contrôle commercial. Ces fonctionnaires sont placés sous les ordres d'inspecteurs généraux des ponts et chaussées ou des mines, qui centralisent le service et en assurent l'unité de direction. En outre, les inspecteurs des finances procèdent chaque année à la vérification des comptes des compagnies, et en examinent la gestion financière.

« Les conventions nouvelles passées (*L.* 20 nov. 1883) avec les compagnies ont associé les intérêts de l'État à ceux des compagnies plus étroitement encore que par le passé. Il me paraît nécessaire, dans ces circonstances, de fortifier le contrôle du Gouvernement. Au cours de la discussion des conventions dans les Chambres, j'ai dit que le moment était venu d'instituer les commissaires spéciaux prévus par l'art. 66 du cahier des charges. Je crois utile, en effet, *tout en maintenant l'organisation actuelle*, de la compléter par l'adjonction de fonctionnaires appelés à porter leur vigilance sur des opérations qui, jusqu'à présent, ont échappé au contrôle de l'État... »

8. Le décret du 7 juin 1884 porte ce qui suit :

Art. 1er. Il est institué, sous l'autorité du ministre des travaux publics, des commissaires généraux chargés, dans l'intérêt de l'État, de surveiller tous les actes de la gestion financière des compagnies de chemins de fer.

Art. 2. Les commissaires généraux sont chargés, notamment :

De veiller à l'exécution des statuts des compagnies ;

De contrôler, tant à ce point de vue qu'en ce qui touche les intérêts du Trésor, les délibérations des conseils d'administration ;

De surveiller les opérations d'émission et d'amortissement d'obligations, de placements de fonds, d'achats de valeurs, de reports ou escomptes de papiers.

Art. 3. Les compagnies communiquent aux commissaires généraux, à toute époque, mais sans déplacement, leurs registres des délibérations, leurs livres et écritures de comptabilité, la correspondance, et tous documents nécessaires pour constater leur situation active et passive.

Elles leur font ouvrir, tant au siège social

qu'au dehors, les bureaux de comptabilité, les ateliers, les magasins, les dépôts de matières et de valeurs de toute nature, y compris les deniers en caisse et les effets en portefeuille.

Art. 4. Les commissaires généraux peuvent assister à toutes les séances des assemblées générales des actionnaires et requérir l'insertion de leurs observations au procès-verbal.

Art. 5. Lorsqu'ils croiront reconnaître que des travaux, des traités, des marchés, et tous autres faits de gestion pouvant affecter, soit la recette, soit la dépense, sont inutiles ou nuisibles aux intérêts du Trésor, ils pourront requérir la réunion immédiate des conseils d'administration pour délibérer sur les observations qu'ils auraient à leur soumettre, auxquels cas ils assisteraient aux séances des conseils d'administration, et leurs observations seraient inscrites au procès-verbal.

Art. 6. Lorsqu'ils auront à exercer à l'égard d'une compagnie de chemins de fer les pouvoirs qui leur sont conférés par l'art. 3 du présent décret, ils pourront être assistés par l'inspecteur général des finances chargé du contrôle financier de cette compagnie.

Art. 7. Les commissaires généraux peuvent être chargés de toutes missions concernant le service des chemins de fer.

Art. 8. Les commissaires généraux sont nommés par décret du Président de la République, sur la proposition du ministre des travaux publics.

Ils sont au nombre de quatre.

Un arrêté ministériel détermine les réseaux dont chacun d'eux est chargé.

CHAP. III. — COMMISSAIRES ET INSPECTEURS SPÉCIAUX.

9. Ces agents sont dans les attributions du ministre de l'intérieur, et l'arrêté du 19 mai, dont nous allons donner un extrait, a été pris sur le rapport du directeur de la sûreté générale. (*J. off.*, 20 mai 1879.)

Voici les passages essentiels de ce rapport :

« À une époque où l'admission dans la plupart des carrières est le prix d'un concours ou d'un examen, on comprendrait difficilement que les fonctions de commissaires de police pussent être conférées sans que le degré d'instruction du candidat fût assuré par une épreuve publique. Il semble qu'au contraire des garanties très sérieuses et de natures diverses devraient être exigées pour l'exercice d'une profession qui intéresse au plus haut point l'honneur et la liberté des citoyens.

« La sécurité et la confiance qui résultent de l'établissement définitif de la République et du fonctionnement normal de nos institutions ont amené un grand nombre de personnes à solliciter des emplois dans toutes les administrations du Gouvernement et ont fait croître, dans une proportion inconnue jusqu'à ce jour, le nombre des demandes d'admission dans les services de ma direction.

« Beaucoup d'hommes de tout âge, de toute condition, ne considérant dans les emplois de la sûreté générale que les avantages d'une carrière assurée, assez lucrative, et leur permettant d'espérer un avancement assez rapide, sollicitent chaque jour des places, sans se rendre compte des aptitudes et du degré d'instruction qui leur sont indispensables.

« Le moment paraît venu de s'opposer à ce courant. Il tend à détourner de certaines professions, de l'agriculture, du commerce et de l'industrie, auxquelles ils seraient plus propres, un nombre considérable d'individus qui, ne possédant pas toutes les conditions de succès nécessaires, ne deviennent jamais que des fonctionnaires médiocres quand ils parviennent à obtenir un poste, ou, lorsqu'il est impossible de leur en confier, perdent, en de stériles efforts, un temps précieux, et trop souvent l'habitude du travail.

« Le programme d'examen, exposé dans le projet d'arrêté ci-joint, résume l'ensemble des connaissances qui m'ont paru indispensables à l'exercice des fonctions de commissaire de police et d'inspecteur spécial de police des chemins de fer.

« Ce programme se divise en deux parties comprenant, l'une un examen écrit, et l'autre un examen oral.

« La première condition à remplir me semble être, en effet, la rédaction convenable d'un procès-verbal ou d'un rapport sur une affaire de service.

« Le candidat serait, de plus, interrogé sur les principales parties du Code pénal et du Code d'instruction criminelle, et l'on exigerait en outre de lui des notions d'histoire, de géographie et d'arithmétique auxquelles viendraient s'ajouter quelques questions sur la législation spéciale des chemins de fer. Enfin, la connaissance d'une langue étrangère, sans être obligatoire, serait prise en grande considération..... »

Le rapport propose d'exempter de l'examen les bacheliers ès lettres ou ès sciences, ainsi que les sous-officiers qui, se trouvant dans les conditions prescrites par la loi du 24 juillet 1873 pour obtenir des emplois civils, continueront à subir l'examen déterminé par le décret du 28 octobre 1874 portant règlement d'administration publique. L'exemption est prononcée par les art. 9 et 10 de l'arrêté ministériel.

**10.** Nous ne donnons ci-après que les six premiers articles de l'arrêté du 19 mai, les seuls qui intéressent les candidats.

Art. 1er. Nul ne peut être appelé aux fonctions de commissaire de police ou d'inspecteur spécial de la police des chemins de fer :

1° S'il est âgé de plus de quarante ans;

2° S'il n'a atteint sa vingt-cinquième année ;

3° S'il n'a été agréé par le ministre de l'intérieur ;

4° S'il n'a été porté sur la liste d'admissibilité dressée à la suite d'un examen, conformément aux dispositions du présent arrêté.

Art. 2. Les candidats ne pourront pas se présenter aux examens avant vingt-trois ans ; ils ne le pourront plus après trente-cinq ans.

Toutefois, ceux qui justifieront de cinq années de services militaires ou administratifs, seront admis aux épreuves jusqu'à quarante ans.

Art. 3. Les examens mentionnés dans l'article précédent auront lieu chaque année, du 15 au 30 janvier : à Paris, au ministère de l'intérieur, et au chef-lieu de chaque département, à l'hôtel de la préfecture.

Art. 4. Les candidats devront adresser au ministre de l'intérieur :

1° Une demande d'emploi, dans laquelle ils indiqueront s'ils connaissent une ou plusieurs langues étrangères ;

2° Une expédition authentique de l'acte de naissance ;

3° Un certificat établissant qu'ils possèdent la qualité de Français ;

4° Un certificat de moralité, délivré par le maire de la résidence et dûment légalisé ;

5° Un extrait du casier judiciaire ;

6° Un certificat du médecin, dûment légalisé, constatant que les candidats sont de bonne constitution et exempts de toute infirmité les rendant impropres à faire un service actif;

7° L'acte constatant qu'ils ont satisfait à la loi sur le recrutement ;

8° Des attestations faisant connaître les antécédents des candidats et les études auxquelles ils se sont livrés ;

9° Des états de services, diplômes, certificats, etc., qui auraient pu leur être délivrés, ou des copies de ces pièces, dûment certifiées.

Art. 5. La demande et les pièces qui y sont annexées seront envoyées par le ministère au préfet du département dans lequel réside le candidat, au jour de la demande, et au préfet de police si le candidat habite le département de la Seine.

Art. 6. Chaque préfet fera, pour son département, la liste des candidats, qu'il avisera, au moins quinze jours à l'avance, de la date de l'examen.

Dans le département de la Seine, le préfet de police est chargé de dresser la liste des candidats et de leur donner l'avis susmentionné.

### CHAP. IV. — ACCIDENTS.

**11.** Quoique la matière dont il s'agit ici soit technique, il nous a paru utile de reproduire la circulaire que le ministre des travaux publics a adressée, le 12 janvier 1882, aux compagnies de chemins de fer :

Messieurs, à la suite de la dernière enquête relative aux moyens de prévenir les accidents de chemins de fer, une circulaire ministérielle, en date du 13 septembre 1880, a invité les compagnies à appliquer le *block-system* sur les lignes qui sont parcourues, à certains moments de la journée, par cinq trains à l'heure dans la même direction, et sur les points de ramification ou de rebroussement.

La même circulaire a prescrit aux compagnies de prendre des mesures pour installer progressivement les cloches électriques dites « allemandes » sur les sections à voie unique où circulent plus de six trains réguliers par jour dans chaque sens.

Depuis lors, de nombreux accidents se sont produits et ont démontré la nécessité de renouveler ces prescriptions, en les complétant. Un de ces accidents. notamment, le plus grave, a eu lieu sur une grande ligne à double voie munie des appareils du « block-system Tyer », prouvant ainsi jusqu'à l'évidence qu'un système de cantonnement par le télégraphe électrique ne peut donner de réelles garanties de sécurité que s'il est appliqué dans toute sa rigueur et à l'aide d'appareils perfectionnés qui ne puissent laisser place à aucune chance d'erreur ou d'oubli de la part des agents chargés des manœuvres.

A la suite de cet accident, mon prédécesseur, après avoir rappelé, dans une dépêche du 2 novembre 1881, les prescriptions de la circulaire du 13 septembre 1880, a signalé aux compagnies le développement et les améliorations qu'il y avait lieu d'apporter aux principaux appareils de sécurité.

De mon côté, j'ai examiné de très près les questions qui intéressent la sécurité de la circulation, et j'ai pris une connaissance attentive des réponses des compagnies aux circulaires précitées des 13 septembre 1880 et 2 novembre 1881.

J'ai puisé dans cet examen la conviction que les mesures prises jusqu'ici, ou projetées par les compagnies, n'étaient suffisantes ni sur les lignes à double voie, ni sur les lignes à voie unique, pour garantir complètement la sécurité et satisfaire aux prescriptions des art. 27, 31 et 35 de l'ordonnance réglementaire du 15 novembre 1846.

I. — *Ligne à double voie.*

Actuellement, sur les lignes à double voie, le « block-system » n'est pas *absolu*. On a adopté, sur la plupart de nos grands réseaux, un système mitigé, dit *permissif*. Il en résulte que, dans certains cas déterminés et moyennant certaines précautions prescrites par les règlements, mais trop facilement transgressées, un ou plusieurs trains successifs sont admis exceptionnellement dans une section bloquée. Ce procédé est défectueux et peut entraîner des accidents.

D'un autre côté, les appareils Tyer, avec ou sans indicateur Jousselin, à l'aide desquels certaines compagnies cherchent à réaliser le « block-system », sont de construction délicate et exigent une surveillance assidue. En outre, leur manœuvre suppose une présence constante et une attention soutenue de la part des agents.

Les mêmes imperfections se rencontrent, à un degré moindre toutefois, dans les indicateurs Régnault, que quelques compagnies ont adoptés.

Les appareils Tyer et Régnault présentent d'ailleurs l'inconvénient de fournir simplement aux agents, placés aux postes des sections, des indications d'après lesquelles ceux-ci font, sur la voie, les signaux visuels qui s'adressent aux mécaniciens. Les signaux à vue étant ainsi complètement indépendants des signaux électriques, on risque de commettre, dans la répétition de ces derniers signaux, des oublis ou des erreurs dont les conséquences peuvent être désastreuses.

Afin de remédier à une partie de ces inconvénients, les compagnies cherchent à perfectionner les appareils Tyer et Régnault, de façon à rendre les signaux visuels solidaires des appareils électriques et à laisser automatiquement une trace apparente des signaux qui ont été transmis du poste correspondant; mais c'est là un problème dont la solution est encore incertaine. Il entraîne d'ailleurs des tâtonnements, des essais, des lenteurs, alors que le temps presse et qu'il faut agir.

Aujourd'hui, le « block-system » *absolu* doit être, en général, la règle de l'exploitation sur les lignes à double voie, et pour produire tous ses effets utiles, il doit être réalisé à l'aide d'appareils perfectionnés, joignant à la solidité de la construction une grande simplicité de manœuvre et présentant les conditions caractéristiques suivantes : solidarité immédiate et complète des signaux électriques et des signaux à vue, de telle sorte que ceux-ci traduisent automatiquement les premiers ; calage mécanique à l'arrêt des signaux visuels, qui ne puissent être ensuite annulés et remis à voie libre, à distance et par un déclenchement électrique, que par le poste suivant dans le sens de la marche du train; enfin, si l'électricité vient à faire défaut, maintien de tous les signaux à l'arrêt.

Ces conditions paraissent être remplies d'une manière satisfaisante par les électro-sémaphores Lartigue, Tesse et Prud'homme, qui fonctionnent régulièrement sur certaines sections très chargées de nos divers réseaux.

Je crois devoir, en conséquence, vous inviter à installer, dans le plus bref délai possible, *sur les principaux tronçons des lignes à grande circulation de trains,* des appareils réunissant toutes les conditions indiquées ci-dessus.

II. — *Ligne à voie unique.*

Les lignes à voie unique sont celles où les suites des collisions pourraient avoir le plus de gravité.

Quel que soit le mode d'exploitation de ces lignes, service courant avec ou sans demande de voie, je considère comme indispensable de les doter *toutes* indistinctement, à l'exception toutefois de celles où le service a lieu en navette à l'aide d'une seule locomotive, d'appareils de sécurité qui ajoutent de nouvelles garanties à celles que peut donner la réglementation actuelle de chaque compagnie.

Les cloches électriques, dites *allemandes*, dont on applique en France deux systèmes : le *système Siemens* à courant d'induction, et le *système Leopolder,* connu aussi sous le nom de *cloches autrichiennes,* à courant continu, constituent un auxiliaire des plus précieux. Elles sont d'un usage général en Allemagne depuis plus de vingt ans, et les compagnies françaises qui les ont établies sur diverses lignes n'en ont eu qu'à s'en féliciter; leur installation a déjà plusieurs fois prévenu des accidents sur nos voies ferrées.

Ces cloches, comme vous le savez, ont principalement pour objet d'annoncer à la gare suivante et à tous les postes intermédiaires, l'*approche* et la *direction* des trains sur la voie unique ; elles peuvent être en outre utilisées pour transmettre des signaux d'alarme, celui notamment d'arrêt général de tous les trains, aux agents de la voie échelonnés sur la ligne. Elles sont susceptibles de rendre, à ce double point de vue, d'inappréciables services : elles aident la mémoire des chefs de gare, annoncent l'arrivée prochaine des trains à tous les passages à niveau; enfin, elles sont une ressource extrême en cas de danger imminent.

Dans ces conditions, j'estime que toute restriction admise jusqu'ici dans l'emploi des cloches électriques doit être écartée et qu'il y a lieu de munir progressivement de ces appareils *toutes* les lignes à voie unique, quel que soit leur trafic, en vous recommandant particulièrement l'emploi du *système Leopolder,* qui a l'avantage de permettre aux agents de la voie de donner, au besoin, le signal d'alarme.

Je vous invite, Messieurs, à prendre sans retard des dispositions à cet effet.

Je n'ai pas besoin d'insister sur l'importance des instructions qui précèdent; vous comprendrez certainement la pensée qui les a dictées. Sans attribuer à l'électricité, dans l'exploitation de nos voies ferrées, une prépondérance exclusive, il faut lui accorder largement la part que la science moderne lui assigne déjà et s'en servir comme d'un auxiliaire puissant, éminemment propre à seconder l'action intelligente de l'homme, à la préserver des défaillances ou des oublis et à réparer autant que possible, dans certains cas, les fautes qu'il aurait pu commettre.

Veuillez m'accuser réception, etc.

*Signé :* RAYNAL.

**CHAP. V. — DISPOSITIONS DIVERSES : CLÔTURES, IMPÔTS, POLICE.**

**12.** *Clôtures.* La loi du 27 décembre 1880 dispose ce qui suit :

Art. 1er. Par dérogation à l'art. 4 de la loi du 15 juillet 1845 sur la police des chemins de fer, le ministre des travaux publics pourra, sur tout ou partie des chemins de fer d'intérêt local qui ont été ou qui seront ultérieurement incorporés au réseau d'intérêt général, en construction ou à construire et des lignes d'intérêt général, dispenser de poser des clôtures fixes le long des voies ferrées et des barrières mobiles à la traversée des routes de terre, toutes les fois que cette mesure lui paraîtra compatible avec la sûreté de l'exploitation et la sécurité publique.

Art. 2. Les dispenses accordées dans ces conditions n'auront qu'un caractère provisoire, le ministre des travaux publics conservant le droit de prescrire, à toute époque et lorsqu'il le reconnaîtra nécessaire, l'établissement de clôtures fixes et de barrières mobiles sur les lignes ou portions des lignes ci-dessus désignées.

**13.** *Perception de l'impôt sur les transports.* Le règlement d'administration publique prévu par la loi du 11 juillet 1879 (*art.* 4), est daté du 21 mai 1881 et porte ce qui suit :

Art. 1er. Les entreprises de transports par chemins de fer soumises à l'impôt établi par les art. 3 et 5 de la loi du 14 juillet 1855 et par l'art. 12 de la loi du 16 septembre 1871 peuvent opter entre la perception de cet impôt à l'effectif et la perception par abonnement.

Ces entreprises font connaître leur choix par une déclaration à la recette des contributions indirectes du lieu de leur siège social. L'option primitive peut toujours être modifiée par une déclaration postérieure.

La déclaration prévue au paragraphe précédent n'a d'effet qu'à partir du 1er janvier qui suit la date à laquelle elle est faite.

Faute de déclarations faites en temps utile, les entreprises de chemin de fer sont présumées opter pour la perception par abonnement.

Art. 2. Les entreprises qui optent pour la perception à l'effectif sont tenues de faire ressortir distinctement, au moyen de colonnes séparées dans leurs écritures élémentaires et dans toute leur comptabilité, la partie de leurs recettes soumise à l'impôt du dixième, plus deux décimes, établi par la loi du 14 juillet 1855, et celle qui

supporte en outre l'impôt établi par l'art. 12 de la loi du 16 septembre 1871.

Art. 3. Les entreprises qui optent pour la perception par abonnement ne sont pas tenues à faire dans leurs écritures et dans leurs comptabilités la distinction prévue à l'article précédent.

L'impôt est assis par l'administration des contributions indirectes à raison de 29/154es des recettes totales de ces entreprises, sous la réserve d'une déduction calculée à raison de deux centimes par article de perception.

Art. 4. Le taux de la réfaction fixée à deux centimes par l'article précédent sera révisé tous les cinq ans. Par exception, la première révision sera faite en 1883, pour être exécutoire à partir du 1er janvier 1884.

Art. 5. Les éléments de calcul nécessaires à la révision de la réfaction sont établis au moyen d'un dénombrement des articles de perception pour les entreprises de chemins de fer choisies par l'administration des contributions indirectes et pour les deux dizaines de jours qu'elle détermine.

Ce dénombrement porte sur les billets de voyageurs, les transports des bagages avec ou sans excédents, les chiens, les articles de messagerie. Il fait ressortir distinctement :

1° Le nombre d'articles de perception au-dessus de 50 centimes ;

2° Le nombre d'articles au-dessous de 50 centimes, avec le détail des articles de 5 en 5 centimes.

Art. 6. Pour assurer l'exécution des art. 2 à 5 du présent décret, les entreprises de transports par chemins de fer sont tenues de communiquer aux agents de l'administration des finances, tant au siège de l'exploitation que dans les gares, stations, dépôts et succursales, tous les documents de comptabilité qu'ils jugeront utile de consulter, notamment les feuilles quotidiennes de recettes dressées par les chefs de gare et les registres de dépouillement de ces recettes.

**14.** La loi du 11 juillet 1879 se borne à déclarer, dans son art. 4, que « les mesures d'exécution, les bases d'abonnement et de réduction que comporte l'application de l'art. 12 de la loi du 16 septembre 1871, sont déterminées par un règlement d'administration publique. »

**15.** Le droit de 5 p. 100 sur le transport par petite vitesse est supprimé.

**16.** *Transport de la dynamite.* Les compagnies des chemins de fer peuvent-elles être obligées à transporter de la dynamite? Telle est la question qui se posait devant le Conseil d'État. Les compagnies des chemins de fer d'Orléans, de l'Est, du Midi, du Nord, de l'Ouest et de Paris-Lyon-Méditerranée lui avaient déféré un arrêté du 10 janvier 1879, pris par les ministres des travaux publics, de la guerre et des finances, et portant règlement pour le transport de la dynamite par les voies ferrées.

Elles invoquaient, d'une part, les stipulations de leurs cahiers des charges, d'autre part, les dispositions de l'ordonnance réglementaire de 1846, pour se soustraire à l'obligation de transporter des matières offrant, d'après elles, des dangers d'explosion spontanée. Elles se plaignaient notamment de ce que l'arrêté de 1879 leur eût imposé l'obligation de transporter de la dynamite dans les trains militaires spécialement affectés au transport des troupes; il y avait là, suivant elles, une violation manifeste de la disposition de l'ordonnance de 1846, qui interdit le transport des matières explosibles par les trains contenant des voyageurs.

L'arrêt rendu par le Conseil d'État repousse le recours formé par les compagnies. Sur la question d'interprétation du cahier des charges, il les renvoie devant l'autorité compétente, c'est-à-dire devant le conseil de préfecture. En ce qui concerne la violation alléguée des dispositions réglementaires, il constate que l'ordonnance de 1846 prévoit l'expédition des matières explosibles, en subordonnant seulement la faculté de transfert à l'observation des mesures spéciales de précaution prescrite par l'autorité compétente.

Il déclare enfin que les trains militaires spéciaux exclusivement affectés au transport des troupes ne sauraient être considérés comme des trains de voyageurs dans le sens prévu par la disposition de l'ordonnance de 1846 qui défend d'admettre dans les trains de cette nature aucune matière pouvant donner lieu à explosion (*décembre* 1882).

**17.** *Signal d'alarme.* Le décret du 11 août 1883 complète ainsi qu'il suit l'art. 63 de l'ordonnance du 15 novembre 1846 (Titre VII. — *Des mesures concernant les voyageurs et les personnes étrangères au service du chemin de fer*) :

« Art. 63. Il est défendu :

« 1° . . . . . . . . . . . . . .

« 2° . . . . . . . . . . . . . .

« 3° . . . . . . . . . . . . . .

« 4° De se servir, sans motif plausible, du signal d'alarme mis à la disposition des voyageurs, pour faire appel aux agents de la compagnie. »

### CHAP. VI. — JURISPRUDENCE.

**18.** *Cession.* Est de nul effet, à l'égard de l'administration, la *cession* de la concession d'un chemin de fer faite, contrairement aux stipulations du cahier des charges, sans le consentement de l'administration. (*Arr. du C.* 31 *mai* 1878.)

**19.** *Procès-verbaux.* Les procès-verbaux dressés par les commissaires de surveillance administrative des chemins de fer pour constater les contraventions de grande voirie ne sont pas soumis à la formalité de l'affirmation. (*Arr. du C.* 6 *avril* 1870 *et autres.*)

**20.** *Délais.* La compagnie n'est pas responsable d'un retard dans le transport d'une marchandise, si elle la livre dans les délais réglementaires. Dans l'espèce, on avait fait croire à l'expéditeur, par erreur, que les poissons arriveraient à destination avant l'heure du marché. (*Cass.* 8 *août* 1877.)

Le cahier des charges fait loi, nonobstant convention contraire; la compagnie ne peut même pas renoncer au délai supplémentaire qui lui appartient, aux termes de son tarif de factage, pour la livraison des marchandises à domicile. (*Cass.* 6 *déc.* 1877.)

**21.** *Formalités en douane.* Les compagnies peuvent faire par elles-mêmes tout ce qui n'est que l'accessoire des transports qu'elles opèrent. En conséquence, elles peuvent se réserver à elles-

mêmes ou à leurs agents l'accomplissement des formalités en douane pour les marchandises en cours de voyage (*Cass.* 11 *févr.* 1878). Il s'agissait ici d'un commissionnaire en marchandises qui se plaignait de la concurrence d'une compagnie. Cette faculté qu'ont les compagnies ne prévaudrait naturellement pas contre le droit qu'aurait le propriétaire de marchandises de présider lui-même à ces formalités ou se de faire représenter par un des siens.

**22.** *Gare nouvelle.* Le ministre des travaux publics n'a pas le droit d'imposer à une compagnie concessionnaire d'un chemin de fer en exploitation l'obligation d'établir des gares nouvelles. (*Arr. du C.* 28 *juin* 1878.)

**23.** *Clôtures.* L'obligation de clore les chemins de fer n'ayant pas été imposée aux compagnies dans l'intérêt des propriétaires riverains, ceux-ci ne peuvent exiger l'établissement et l'entretien de clôtures susceptibles de résister à l'effort des bestiaux. (*Trib. de la Seine* 20 *déc.* 1877, *de Rouen* 28 *juin* 1878.) C'est aux riverains à prendre soin de leur bétail.

**24.** *Tarif.* Les tarifs dûment publiés sont réputés connus de toutes les parties intéressées; par conséquent, un expéditeur ne peut légalement prétendre qu'il a été induit en erreur par des renseignements inexacts émanés d'un employé de la compagnie, ni réclamer à celle-ci des dommages-intérêts en réparation du préjudice que cette erreur lui aurait causé. (*Arr. du C.* 20 *févr.* et 11 *mars* 1878.)

**25.** *Dérogation au tarif.* Une décision ministérielle ne peut déroger au tarif établi par le cahier des charges d'une concession de chemin de fer. Dès lors, la compagnie concessionnaire, lors même qu'elle a exécuté les dispositions d'une décision ayant établi un tarif dérogeant au tarif légal, est recevable à se pourvoir devant le conseil de préfecture pour faire décider que ce tarif est contraire au cahier des charges ; mais elle n'est pas recevable à contester l'application de ce tarif pour la période pendant laquelle elle en a exécuté les dispositions sans réserves. (*Arr. du C.* 5 *mars* 1880.)

**26.** *Lettre d'avis.* Si les compagnies sont tenues de mettre les marchandises expédiées en petite vitesse à la disposition des destinataires dans le jour qui suit leur arrivée, elles ne sont pas tenues de les en prévenir dans le même délai, par une lettre d'avis, de l'arrivée de ces marchandises, et elles ne peuvent pas être condamnées à des dommages-intérêts pour retard de la livraison, par le seul motif qu'elles n'ont pas adressé de lettre d'avertissement au destinataire dans le délai susmentionné. (*Cass.* 14 *janv.* 1880.)

Nous regrettons cette décision de la Cour, elle est sans doute conforme à la lettre du règlement où les mots : lettre d'avis ont été oubliés, ou peut-être omis comme superflus, la chose allant sans dire. Mais qu'est-ce que cela veut dire : « mettre à la disposition », faire un acte quelconque; en se taisant, on ne met pas à la disposition. En fait, la lettre d'avis est généralement envoyée, cette fois-ci aussi, et c'est par une simple négligence d'employé qu'on ne l'expédie qu'au 13e jour. Pour notre part, « mettre à la disposition » veut dire *expressément*, le meilleur français possible, envoyer une lettre d'avis. En tout cas, c'est au ministère des travaux publics à renouveler le règlement pour y introduire ces mots s'ils sont nécessaires pour que sa prescription des 24 heures devienne sérieuse.

**27.** *Retenues.* La clause du règlement de la caisse de retraites d'une compagnie de chemin de fer, portant que les retenues faites sur les appointements sont acquis à la caisse du jour où elles ont été opérées et ne sont sujettes à aucune répétition, sans faire aucune distinction quant aux causes pour lesquelles l'employé cesserait de faire partie des cadres, est licite et obligatoire pour l'employé qui l'a librement accepté. En conséquence, le remboursement de ces retenues ne peut être réclamé, même par l'employé qui aurait été congédié brusquement et sans motif. (*Cass. 4 août* 1879.)

**28.** Les tribunaux n'ont pas le pouvoir d'apprécier ni de reviser, à l'occasion de récriminations de l'employé sortant d'un chemin de fer contre la compagnie qui lui refuse un certificat de moralité, les actes d'administration intérieure de cette compagnie, et notamment les punitions infligées audit employé. (*C. de Chambéry* 21 *juin* 1878.)

**29.** Aucune solidarité n'existe entre les compagnies des chemins de fer, lorsqu'elles demandent aux tribunaux administratifs l'interprétation de leurs cahiers des charges respectifs, qui constituent pour chacune d'elles un traité séparé. En conséquence, le ministre qui ne s'est pas pourvu en temps utile devant le Conseil d'État contre un arrêté du conseil de préfecture interprétant en faveur d'une compagnie de chemin de fer un article du cahier des charges, ne peut refuser d'exécuter cet arrêté, sous prétexte qu'il a formé un recours contre des décisions identiques rendues en faveur d'autres compagnies. Pourvu, toutefois, qu'il ne s'agisse pas de matières indivisibles et qu'il n'y ait pas impossibilité absolue d'exécuter l'arrêté qui n'a pas été l'objet d'un pourvoi et les décisions à intervenir sur les recours devant le Conseil d'État. (*Cons. de préf. de la Seine* 29 *janv.* 1879.)

**30.** Le ministre des travaux publics a le droit de prononcer la déchéance d'une compagnie concessionnaire d'un chemin de fer, lorsque cette compagnie n'a pas commencé les travaux dans le délai imparti par le cahier des charges. (*Cons. de préf. de la Seine* 24 *juin* 1879.)

**31.** Un ingénieur en chef, chargé de l'entretien, de la surveillance et des travaux neufs des lignes ou parties de lignes de chemin de fer comprises dans une circonscription déterminée, est tenu de faire acte effectif de surveillance dans certains cas, par exemple lorsqu'il a des motifs sérieux de se préoccuper de l'état de la voie sur un ouvrage d'art. La même obligation est imposée, à plus forte raison, au chef de section, qui doit exercer sa surveillance sur un périmètre plus restreint. Dès lors, en cas d'accident survenu à un train de voyageurs par suite du défaut d'entretien de la voie, la responsabilité pénale de l'accident incombe à l'ingénieur en chef et au chef de section qui n'ont pas surveillé d'une manière suffisante l'état de la voie. (*C. de Grenoble* 8 *févr.* 1878.)

**32.** *Trafic des billets d'aller et de retour.* Le 22 juin 1882, le sieur B... acheta devant la gare des voyageurs, à Nîmes, un billet de retour, à une dame venant d'arriver par le train, et, quelques instants après, il vendit ce billet.

Cité pour ce fait à comparaître devant le tribunal correctionnel de Nîmes « comme ayant contrevenu au règlement et au tarif spécial homologué de la Compagnie du chemin de fer Paris-Lyon-Méditerranée, en faisant usage ou en vendant un billet de retour qui ne pouvait être utilisé que par la personne qui s'était servie du billet d'aller », B... déclara qu'il avait acheté et non vendu un billet, mais le tribunal le condamna, dans les termes mêmes de la citation, à trois jours de prison et seize francs d'amende par application de l'art. 63 de l'ordonnance du 15 novembre 1846 et l'art. 21 de la loi du 15 juillet 1845.

B... a interjeté appel de ce jugement, et la cour de Nîmes, faisant droit à ses conclusions, infirma la décision des premiers juges, déclarant que le prévenu n'avait pas commis la contravention qui lui était reprochée :

Attendu qu'un règlement sur les billets d'aller et de retour, vu par l'inspecteur général des mines, et homologué le 23 septembre 1880, contient dans son art. 2 la disposition suivante : « Les deux coupons d'aller et de retour, dont se composent ce billet, ne sont valables qu'à la condition d'être utilisés par la même personne » ;

Qu'il résulte évidemment de là que nulle autre personne que celle qui a utilisé le coupon d'aller ne peut utiliser le coupon de retour ; que la première ne peut concéder aucun droit sur le coupon de retour, par donation ou par vente, valable contre la compagnie, et que celui qui utiliserait un coupon de retour ainsi acquis serait assimilé à celui qui entrerait dans les voitures sans avoir pris un billet, et passible de la pénalité édictée par l'art. 24 de la loi du 15 juillet 1845 ;

Attendu que le prévenu B... ne se trouve pas dans ce cas ; que s'il est certain qu'il a acheté un coupon de retour à la dame inconnue qui avait utilisé le coupon d'aller, et qu'il l'a revendu à une autre personne, il est également qu'il n'a point utilisé ce coupon pour entrer dans les voitures de la compagnie ;

Qu'acheter ou vendre un coupon de retour, ce n'est point l'utiliser dans le sens de l'article du règlement précité ; qu'utiliser un billet d'aller et de retour, c'est s'en servir pour *aller* et *retourner* dans les voitures de la compagnie ;

Qu'il suit que B..., ne s'étant point servi du coupon de retour qu'il a acheté pour voyager dans les voitures de la compagnie, n'a pas commis la contravention dont il est prévenu ;

Attendu d'ailleurs qu'aucune disposition des règlements de la compagnie régulièrement approuvés n'interdit au légitime propriétaire d'un billet d'aller et de retour de vendre ou de donner le coupon de retour, et à l'acquéreur de ce coupon de le vendre ou de le donner à son tour, et qu'en conséquence aucune pénalité ne peut atteindre cette opération tant qu'elle reste exempte d'escroquerie ;

Qu'à la vérité cette opération peut favoriser des fraudes au préjudice de la compagnie, mais qu'en l'état de la législation, une telle opération ne peut être déférée à la justice criminelle, et qu'elle ne peut donner naissance qu'à une action civile.

**33.** *Colis postaux.* Si les tribunaux civils sont, en principe, compétents pour connaître des actions des tiers contre les compagnies de chemins de fer, pour perte ou avarie des marchandises par elles transportées, ils sont, par exception, incompétents lorsqu'il s'agit de marchandises transportées comme « colis postaux ». En effet, la convention du 2 novembre 1880, relative au transport desdits colis, passée entre l'État et les compagnies, et approuvée par la loi du 3 mars 1881, a formellement réservé aux « tribunaux administratifs » la connaissance de toutes les contestations concernant l'exécution et l'interprétation de ladite convention » entre l'administration, les compagnies et les tiers. (*Cass.* 11 *févr.* 1884.)

### BIBLIOGRAPHIE.

Des Chemins de fer au point de vue du transport des voyageurs et des marchandises, par J. Bedarride. 2 vol. Paris, Marescq. 1876.

Législation des chemins de fer d'intérêt local, par Alb. Richard. 1 vol. Paris, Dunod. 1876.

Des Voies publiques et privées modifiées, détruites ou créées par suite de l'exécution des chemins de fer. Paris, Marescq. 1878.

Les Tarifs internationaux des chemins de fer expliqués et commentés au point de vue du contentieux et des réclamations (Bruxelles). Paris, Marescq aîné. 1878.

Manuel du candidat au commissariat de surveillance administrative des chemins de fer, par A. Leplaiche. Paris, Berger-Levrault et Cie. 1880.

Code des transports de marchandises et de voyageurs par chemin de fer, par Féraud-Giraud. Paris, Pedone-Lauriel. 1883.

Les Chemins de fer français. Étude historique sur la constitution et le régime des réseaux, par Alf. Picard. Paris, Roth.

**CHEMINS DE FER DE L'ÉTAT. 1.** La loi du 18 mai 1878 ayant autorisé le Gouvernement à racheter divers chemins de fer au nom de l'État, l'art. 4 de cette loi charge le ministre des travaux publics d'assurer l'exploitation provisoire de ces lignes « à l'aide de tels moyens qu'il jugera le moins onéreux pour le Trésor ».

L'exploitation fut organisée par deux décrets datés du 25 mai, insérés au *Bulletin des lois,* et par un arrêté ministériel du 20 juin suivant, inséré au *Journal officiel* du 24 juin. Nous allons reproduire les principales dispositions de ces trois actes.

**2.** Les lignes de chemins de fer déjà exploitées ou à construire, qui sont comprises dans la loi du 18 mai 1878, seront, au fur et à mesure de leur remise à l'État, considérées provisoirement comme formant un seul et même réseau, sous la dénomination de *Chemins de fer de l'État.* (*D.* 25 *mai* 1878, *art.* 18.)

**3.** Ce réseau provisoire, à l'exception des lignes ou portions de lignes dont les travaux d'infrastructure ne sont pas terminés, formera un service distinct, qui sera confié, sous l'autorité du ministre des travaux publics, à un conseil d'administration de neuf membres, nommés par décret du Président de la République (*art.* 2).

**4.** Les lignes ou portions de lignes dont l'infrastructure est à terminer resteront dans les attributions de l'administration centrale des travaux publics, chargée d'en poursuivre l'exécution.

Ces lignes, au fur et à mesure de l'achèvement des travaux d'infrastructure, seront remises par section à l'administration du réseau provisoire.

La remise s'effectuera suivant les règles adoptées, dans les cas semblables, pour les chemins de fer concédés (*art.* 3).

**5.** Il sera pourvu à l'exécution des travaux de superstructure et des travaux complémentaires de premier établissement, par les soins de l'administration du réseau provisoire, au moyen des ressources accordées par le ministre des travaux publics et conformément à ses décisions (*art.* 3).

**6.** Le conseil d'administration prévu à l'art. 2 de la loi du 18 mai 1878 ne sera pas rétribué, ses membres recevront des jetons de présence (*D.* 11 *juin* 1878). Le conseil exercera, pour l'exploitation provisoire des lignes et sous les réserves contenues au présent décret, des attributions analogues à celles des conseils d'administration des chemins de fer concédés. Il aura notamment le pouvoir :

1° De nommer et révoquer, sur la proposition du directeur, tous les agents et employés ;

2° De fixer ou modifier les tarifs de toute nature, sous réserve de l'homologation ministérielle ;

3° D'approuver les règlements relatifs à l'organisation du service, à la marche des trains, à la police et à l'exploitation des chemins de fer et de leurs dépendances ;

4° D'approuver les marchés et traités relatifs aux divers services ;

5° De diriger l'administration financière conformément aux règles posées par le décret spécial à ce service ;

6° D'autoriser toutes actions judiciaires (*art.* 4).

**7.** Un arrêté ministériel fixera le mode de fonctionnement de ce conseil et réglera ses rapports avec l'administration centrale des travaux publics, ainsi que les justifications qu'il aura à lui fournir (*art* 4 ; *voy. plus loin* nos 13 *et suiv.*).

**8.** Le conseil d'administration pourra, avec l'autorisation du ministre des travaux publics, passer des traités pour l'exploitation d'une partie ou de la totalité des lignes du réseau. Ces traités seront soumis par le ministre à l'examen du comité consultatif des chemins de fer (*art.* 5).

**9.** La direction des services administratifs et techniques sera confiée à un directeur relevant immédiatement du conseil d'administration et nommé par décret, sur la proposition du ministre des travaux publics, après avis de ce conseil. Le directeur sera choisi parmi les membres des corps des ponts et chaussées ou des mines. Il assistera aux séances du conseil d'administration, avec voix consultative. Il aura sous ses ordres le personnel des divers services, à l'exception de ceux qui relèvent directement du conseil. Il exercera, en matière financière, les attributions déterminées par le décret spécial prévu à l'art. 10[1]. Il passera les marchés et les traités, consentira les transac-

---

[1]. Voici cet art. 10 :

« Art. 10. Aucune dépense du budget spécial des chemins de fer de l'État ne peut être acquittée, si elle n'a été préalablement ordonnancée par le directeur ou mandatée, en vertu d'une ordonnance de délégation, par le chef de service compétent.

« Le directeur et les chefs de service observent, pour la rédaction et l'émission de leurs ordonnances ou mandats et la tenue de leurs écritures, les règles tracées aux ordonnateurs par le règlement de comptabilité du ministère des travaux publics. Les chefs de service rendent les comptes mensuels et annuels prescrits par les art. 303 et 305 du décret du 31 mai 1862. »

tions et suivra les actions judiciaires, en exécution des délibérations du conseil d'administration. Il fera tous actes conservatoires, il signera la correspondance (*art*. 6).

**10.** L'organisation des services comprendra :

Un chef de l'exploitation, ayant dans ses attributions le service commercial ;

Un ingénieur en chef du matériel et de la traction ;

Un ingénieur en chef de la voie et des bâtiments, chargé également des travaux de superstructure, pour les lignes à mettre en exploitation, ainsi qu'il est dit à l'art. 3.

Ces trois chefs de service seront nommés par le ministre des travaux publics, après avis du conseil d'administration (*art*. 7).

**11.** L'exploitation provisoire par l'État s'effectuera en conformité des lois et règlements en vigueur. Elle sera régie, sans distinction de lignes, par le cahier des charges des chemins de fer d'intérêt général annexé à la loi du 4 décembre 1875.

Toutefois, les tarifs actuellement adoptés sur les diverses lignes, en vertu de leurs cahiers des charges primitifs, continueront d'être appliqués jusqu'à ce qu'ils aient été régulièrement modifiés selon les dispositions du titre V de l'ordonnance royale du 15 novembre 1846 (*art*. 8).

**12.** D'autres dispositions concernent le personnel, le contrôle de l'État et indiquent les mesures transitoires. Le second décret du 25 mai 1878 organise le service financier ; nous nous bornons à y renvoyer. Nous allons maintenant donner quelques-unes des dispositions de l'arrêté ministériel du 20 juin 1878. (*Voy. plus loin. au n° 22, un extrait du décret du* 18 *février* 1882.)

**13.** Le conseil d'administration se réunit, sur la convocation de son président, aussi souvent que l'exigent les besoins du service, et au moins une fois par semaine.

La présence de cinq administrateurs est nécessaire pour valider les délibérations.

Le directeur et le secrétaire général assistent aux délibérations avec voix consultative.

Les décisions sont prises à la majorité des membres présents ; en cas de partage, la voix du président est prépondérante. Nul ne peut voter par procuration au sein du conseil. (*Arr.* 20 *juin*, *art.* 1er.)

**14.** En cas d'absence ou d'empêchement du président et du vice-président, le conseil désigne l'un de ses membres pour remplir les fonctions de président, pendant la durée de leur absence ou de leur empêchement. (*Arr., art.* 2.)

**15.** Les délibérations du conseil d'administration sont constatées par des procès-verbaux signés par le président et par le secrétaire général, ou, en l'absence du secrétaire général, par le secrétaire adjoint. Le secrétaire général certifie, en outre, les extraits des procès-verbaux des délibérations, les copies et ampliations des actes et pièces déposés aux archives, à produire en justice ou ailleurs (*art.* 3).

**16.** Le conseil peut déléguer tout ou partie de ses pouvoirs à un ou plusieurs de ses membres par un mandat permanent, toujours révocable, ou pour des cas spéciaux et déterminés. Il peut également investir temporairement, par une délibération motivée, une personne étrangère au conseil de pouvoirs spéciaux pour une ou plusieurs affaires déterminées. Le conseil demeure responsable de l'exercice des pouvoirs ainsi délégués (*art.* 4).

**17.** Le conseil d'administration correspond directement avec le ministre des travaux publics, avec les compagnies de chemins de fer, ainsi qu'avec les administrations publiques, dans les circonstances qui ne nécessitent pas l'intervention du ministre des travaux publics.

**18.** Le conseil d'administration adresse au ministre des travaux publics tous les documents et pièces dont l'envoi est prescrit par les décrets, règlements et cahiers des charges qui régissent l'administration des chemins de fer de l'État, ou dont la demande sera faite par le ministre. Il lui soumet notamment (*art.* 6) :

1° Le projet de budget des recettes et dépenses du service des chemins de fer de l'État, les articles additionnels correspondant aux restes à recouvrer et à payer de l'exercice clos, ainsi que les demandes de crédits supplémentaires et extraordinaires, avec toutes les justifications nécessaires ;

2° Les états des traitements et des indemnités fixes attribués aux diverses catégories d'agents, ainsi que le projet de répartition des primes de fin d'année ;

3° La situation mensuelle des recettes et des dépenses de l'exploitation (sans préjudice de la publication hebdomadaire des recettes au *Journal officiel*, faite par les soins du conseil d'administration) ;

4° Le compte d'administration rendu pour les opérations de chaque exercice, avec un résumé de la situation financière et des états statistiques relatifs à la marche des travaux et aux résultats de l'exploitation ;

5° Les propositions d'établissement ou de modification de tarifs de toute nature, dans les formes prévues pour les chemins de fer concédés ;

6° Les propositions relatives à la marche des trains ;

7° Les règlements de service destinés à recevoir l'appréciation ministérielle ;

8° Les traités de correspondance de voyageurs, de réexpéditions de marchandises à grande et à petite vitesse, de factage et de camionnage ;

9° Les traités pour l'exploitation d'une partie ou de la totalité des lignes du réseau ;

10° Les plans, projets et devis relatifs aux travaux de superstructure, ainsi que les délibérations déterminant les sommes qu'il y a lieu de déléguer pour ces travaux au directeur du réseau de l'État ;

11° Les propositions relatives aux fonctionnaires placés sous les ordres du conseil et dont la nomination est réservée à des décrets ou à des arrêtés ministériels.

**19.** Le projet de budget sera transmis au ministre trois mois au moins avant l'ouverture de l'exercice (*art.* 7).

**20.** *Cautionnement des préposés*. Ils sont réglés par le décret du 1er avril 1879. Les cautionnements peuvent être versés en numéraire ou en rentes.

**21.** *Droits et impôts*. Le chemin de fer de l'État est soumis sous ce rapport aux mêmes règles que les autres chemins de fer. (*L. de finances du* 22 *déc.* 1878, *art.* 9.)

**22.** *Administration.* Le décret du 18 février 1882 porte ce qui suit :

Art. 1er. Le réseau provisoire des chemins de fer de l'État est administré, sous l'autorité du ministre des travaux publics, par un conseil d'administration de douze membres, nommés par décret du Président de la République.

Art. 2. Un président et un vice-président seront désignés chaque année parmi ces membres par le ministre des travaux publics. Ils pourront être continués dans leurs fonctions.

Le président aura voix prépondérante en cas de partage.

Art. 3. Les administrateurs resteront en fonctions pendant quatre années; ils seront renouvelés par quart, le 1er juillet de chaque année.

Les autres dispositions ne prescrivaient que des mesures transitoires.

## CHEMINS DE FER D'INTÉRÊT LOCAL.
(*Dict.*)

### SOMMAIRE.

CHAP. I. LA LOI DU 11 JUIN 1880 ET LE CAHIER DES CHARGES.

II. LE RÈGLEMENT D'ADMINISTRATION PUBLIQUE DU 20 MARS 1882.

### CHAP. I. — LA LOI DU 11 JUIN 1880 ET LE CAHIER DES CHARGES.

**1.** L'établissement des chemins de fer d'intérêt local par les départements ou par les communes, avec ou sans le concours des propriétaires intéressés, est soumis aux dispositions suivantes. (*Loi du 11 juin* 1880, *art.* 1er [1].)

**2.** S'il s'agit de chemins à établir par un département sur le territoire d'une ou de plusieurs communes, le conseil général arrête, après l'instruction préalable par le préfet et après enquête, la direction de ces chemins, le mode et les conditions de leur construction, ainsi que les traités et les dispositions nécessaires pour en assurer l'exploitation, en se conformant aux clauses et conditions du cahier des charges type approuvé par le Conseil d'État, sauf les modifications qui seraient apportées par la convention et la loi d'approbation.

Si la ligne doit s'étendre sur plusieurs départements, il y aura lieu à l'application des art. 89 et 90 de la loi du 10 août 1871.

S'il s'agit de chemins de fer d'intérêt local à établir par une commune sur son territoire, les attributions confiées au conseil général par le paragraphe 1er du présent article seront exercées par le conseil municipal, dans les mêmes conditions et sans qu'il soit besoin de l'approbation du préfet.

Les projets des chemins de fer d'intérêt local départementaux ou communaux, ainsi arrêtés, sont soumis à l'examen du conseil général des ponts et chaussées et du Conseil d'État. Si le projet a été arrêté par un conseil municipal, il est accompagné de l'avis du conseil général.

L'utilité publique est déclarée et l'exécution est autorisée par une loi (*même loi, art.* 2).

**3.** L'autorisation obtenue, s'il s'agit d'un chemin de fer concédé par le conseil général, le préfet, après avoir pris l'avis de l'ingénieur en chef du département, soumet les projets d'exécution au conseil général, qui statue définitivement.

Néanmoins, dans les deux mois qui suivent la délibération, le ministre des travaux publics, sur la proposition du préfet, peut, après avoir pris l'avis du conseil général des ponts et chaussées, appeler le conseil général du département à délibérer de nouveau sur lesdits projets.

Si la ligne doit s'étendre sur plusieurs départements, et s'il y a désaccord entre les conseils généraux, le ministre statue.

S'il s'agit d'un chemin concédé par un conseil municipal, les attributions exercées par le conseil général, aux termes du paragraphe 1er du présent article, appartiennent au conseil municipal, dont la délibération est soumise à l'approbation du préfet.

Si un chemin de fer d'intérêt local doit emprunter le sol d'une voie publique, les projets d'exécution sont précédés de l'enquête prévue par l'art. 29 de la loi du 11 juin. (*Voy. à l'article* **Tramways,** *le* n° 1.)

Dans ce cas, sont également applicables les art. 34, 35, 37 et 38 de la même loi. (*Voy.* **Tramways,** n°s 8 à 12.)

Les projets de détail des ouvrages sont approuvés par le préfet, sur l'avis de l'ingénieur en chef (*art.* 3).

**4.** L'acte de concession détermine les droits de péage et les prix de transport que le concessionnaire est autorisé à percevoir pendant toute la durée de sa concession (*art.* 4).

**5.** Les taxes perçues dans les limites du maximum fixé par le cahier des charges sont homologuées par le ministre des travaux publics, dans le cas où la ligne s'étend sur plusieurs départements, et dans le cas de tarifs communs à plusieurs lignes. Elles sont homologuées par le préfet dans les autres cas (*art.* 5).

**6.** L'autorité qui fait la concession a toujours le droit :

1° D'autoriser d'autres voies ferrées à s'embrancher sur des lignes concédées ou à s'y raccorder ;

2° D'accorder à ces entreprises nouvelles, moyennant le paiement des droits de péage fixés par le cahier des charges, la faculté de faire circuler leurs voitures sur les lignes concédées;

3° De racheter la concession aux conditions qui seront fixées par le cahier des charges;

4° De supprimer ou de modifier une partie du tracé lorsque la nécessité en aura été reconnue après enquête.

Dans ces deux derniers cas, si les droits du concessionnaire ne sont pas réglés par un accord préalable ou par un arbitrage établi, soit par le cahier des charges, soit par une convention postérieure, l'indemnité qui peut lui être due est liquidée par une commission spéciale formée comme il est dit au paragraphe 3 de l'art. 11 de la loi du 11 juin [*voy. plus loin,* n° 11] (*art.* 6).

**7.** Le cahier des charges détermine :

1° Les droits et les obligations du concessionnaire pendant la durée de la concession ;

2° Les droits et les obligations du concessionnaire à l'expiration de la concession ;

3° Les cas dans lesquels l'inexécution des conditions de la concession peut entraîner la déchéance

[1]. Une partie de cette loi est relative aux *Tramways.* (*Voy.* ce mot.)

du concessionnaire, ainsi que les mesures à prendre à l'égard du concessionnaire déchu.

La déchéance est prononcée, dans tous les cas, par le ministre des travaux publics, sauf recours au Conseil d'État par la voie contentieuse (*art.* 7).

**8.** Aucune concession ne pourra faire obstacle à ce qu'il soit accordé des concessions concurrentes, à moins de stipulation contraire dans l'acte de concession (*art.* 8).

**9.** A l'expiration de la concession, le concédant est substitué à tous les droits du concessionnaire sur les voies ferrées, qui doivent lui être remises en bon état d'entretien.

Le cahier des charges règle les droits et les obligations du concessionnaire en ce qui concerne les autres objets mobiliers ou immobiliers servant à l'exploitation de la voie ferrée (*art* 9).

**10.** Toute cession totale ou partielle de la concession, la fusion des concessions ou des administrations, tout changement de concessionnaire, la substitution de l'exploitation directe à l'exploitation par concession, l'élévation des tarifs au-dessus du maximum fixé, ne pourront avoir lieu qu'en vertu d'un décret délibéré en Conseil d'État, rendu sur l'avis conforme du conseil général, s'il s'agit de lignes concédées par les départements, ou du conseil municipal, s'il s'agit de lignes concédées par les communes.

Les autres modifications pourront être faites par l'autorité qui a consenti la concession : s'il s'agit de lignes concédées par les départements, elles seront faites par le conseil général statuant conformément aux art. 48 et 49 de la loi du 10 août 1871 ; s'il s'agit de lignes concédées par les communes, elles seront faites par le conseil municipal, dont la délibération devra être approuvée par le préfet.

En cas de cession, l'inobservation des conditions qui précèdent entraîne la nullité et peut donner lieu à la déchéance (*art.* 10).

**11.** A toute époque, une voie ferrée peut être distraite du domaine public départemental ou communal et classée par une loi dans le domaine de l'État.

Dans ce cas, l'État est substitué aux droits et obligations du département ou de la commune, à l'égard des entrepreneurs ou concessionnaires, tels que ces droits et obligations résultent des conventions légalement autorisées.

En cas d'éviction du concessionnaire, si ses droits ne sont pas réglés par un accord préalable ou par un arbitrage établi, soit par le cahier des charges, soit par une convention postérieure, l'indemnité qui peut lui être due est liquidée par une commission spéciale qui fonctionne dans les conditions réglées par la loi du 29 mai 1845. Cette commission sera instituée par un décret et composée de neuf membres, dont trois désignés par le ministre des travaux publics, trois par le concessionnaire et trois par l'unanimité des six membres déjà désignés; faute par ceux-ci de s'entendre dans le mois de la notification à eux faite de leur nomination, le choix de ceux des trois membres qui n'auront pas été désignés à l'unanimité sera fait par le premier président et les présidents réunis de la cour d'appel de Paris.

En cas de désaccord entre l'État et le départe-

ment ou la commune, les indemnités ou dédommagements qui peuvent être dus par l'État sont déterminés par un décret délibéré en Conseil d'État (*art.* 11).

**12.** Les ressources créées en vertu de la loi du 21 mai 1836 peuvent être appliquées, en partie, à la dépense des voies ferrées aux communes qui ont assuré l'exécution de leur réseau subventionné et l'entretien de tous les chemins classés (*art.* 12).

**13.** Lors de l'établissement d'un chemin de fer d'intérêt local, l'État peut s'engager, en cas d'insuffisance du produit brut pour couvrir les dépenses de l'exploitation et cinq pour cent (5 p. 100) par an du capital de premier établissement, tel qu'il a été prévu par l'acte de concession, augmenté, s'il y a lieu, des insuffisances constatées pendant la période assignée à la construction par ledit acte, à subvenir pour partie au paiement de cette insuffisance, à la condition qu'une partie au moins équivalente sera payée par le département ou par la commune, avec ou sans le concours des intéressés.

La subvention de l'État sera formée : 1° d'une somme fixe de cinq cents francs (500 fr.) par kilomètre exploité ; 2° du quart de la somme nécessaire pour élever la recette brute annuelle (impôts déduits) au chiffre de dix mille francs (10,000 fr.) par kilomètre pour les lignes établies de manière à recevoir les véhicules des grands réseaux ; huit mille francs (8,000 fr.) pour les lignes qui ne peuvent recevoir ces véhicules.

En aucun cas, la subvention de l'État ne pourra élever la recette brute au-dessus de dix mille cinq cents francs (10,500 fr.) et de huit mille cinq cents francs (8,500 fr.), suivant les cas, ni attribuer au capital de premier établissement plus de cinq pour cent (5 p. 100) par an.

La participation de l'État sera suspendue quand la recette brute annuelle atteindra les limites ci-dessus fixées (*art.* 13).

**14.** La subvention de l'État ne peut être accordée que dans les limites fixées, pour chaque année, par la loi de finances.

La charge annuelle imposée au Trésor en exécution de la présente loi ne peut, en aucun cas, dépasser quatre cent mille francs (400,000 fr.) pour l'ensemble des lignes situées dans un même département (*art.* 14).

**15.** Dans le cas où le produit brut de la ligne pour laquelle une subvention a été payée devient suffisant pour couvrir les dépenses d'exploitation et six pour cent (6 p. 100) par an du capital de premier établissement, tel qu'il est prévu par l'art. 13, la moitié du surplus de la recette est partagée entre l'État, le département, ou, s'il y a lieu, la commune et les autres intéressés, dans la proportion des avances faites par chacun d'eux, jusqu'à concurrence du complet remboursement de ces avances, sans intérêts (*art.* 15).

**16.** Un règlement d'administration publique déterminera :

1° Les justifications à fournir par les concessionnaires pour rétablir les recettes et les dépenses annuelles;

2° Les conditions dans lesquelles seront fixés, en exécution de la présente loi, le chiffre de la subvention due par l'État, le département ou les communes ; et, lorsqu'il y aura lieu, la part revenant à l'État, au département, aux communes ou aux intéressés, à titre de remboursement de leurs avances sur le produit net de l'exploitation (*art.* 16).

17. Les chemins de fer d'intérêt local qui reçoivent ou ont reçu une subvention du Trésor peuvent seuls être assujettis envers l'État à un service gratuit ou à une réduction du prix des places (*art.* 17).

18. Aucune émission d'obligations, pour les entreprises prévues à la présente loi, ne pourra avoir lieu qu'en vertu d'une autorisation donnée par le ministre des travaux publics, après avis du ministre des finances.

Il ne pourra être émis d'obligations pour une somme supérieure au montant du capital-actions, qui sera fixé à la moitié au moins de la dépense jugée nécessaire pour le complet établissement et la mise en exploitation de la voie ferrée. Le capital-actions devra être effectivement versé, sans qu'il puisse être tenu compte des actions libérées ou à libérer autrement qu'en argent.

Aucune émission d'obligations ne doit être autorisée avant que les quatre cinquièmes du capital-actions aient été versés et employés en achat de terrains, approvisionnement sur place, ou en dépôt de cautionnement.

Toutefois, les concessionnaires pourront être autorisés à émettre des obligations, lorsque la totalité du capital-actions aura été versée, et s'il est dûment justifié que plus de la moitié de ce capital-actions a été employée dans les termes du paragraphe précédent ; mais les fonds provenant de ces émissions anticipées devront être déposés à la Caisse des dépôts et consignations et ne pourront être mis à la disposition des concessionnaires que sur l'autorisation formelle du ministre des travaux publics.

Les dispositions des paragraphes 2, 3 et 4 du présent article ne seront pas applicables dans le cas où la concession serait faite à une compagnie déjà concessionnaire d'autres chemins de fer en exploitation, si le ministre des travaux publics reconnaît que les revenus nets de ces chemins sont suffisants pour assurer l'acquittement des charges résultant des obligations à émettre (*art.* 18).

19. Le compte rendu détaillé des résultats de l'exploitation, comprenant les dépenses d'établissement et d'exploitation et les recettes brutes, sera remis tous les trois mois, pour être publié, au préfet, au président de la commission départementale et au ministre des travaux publics.

Le modèle des documents à fournir sera arrêté par le ministre des travaux publics (*art.* 19).

20. Par dérogation aux dispositions de la loi du 15 juillet 1845 sur la police des chemins de fer, le préfet peut dispenser de poser des clôtures sur tout ou partie de la voie ferrée ; il peut également dispenser de poser des barrières aux croisements des chemins peu fréquentés (*art.* 20).

21. La construction, l'entretien et les réparations des voies ferrées avec leurs dépendances, l'entretien du matériel et le service de l'exploitation sont soumis au contrôle et à la surveillance des préfets sous l'autorité du ministre des travaux publics.

Les frais de contrôle sont à la charge des concessionnaires. Ils seront réglés par le cahier des charges ou, à défaut, par le préfet, sur l'avis du conseil général, et approuvés par le ministre des travaux publics (*art.* 21).

22. Les dispositions de l'art. 20 de la présente loi sont également applicables aux concessions de chemins de fer industriels destinés à desservir des exploitations particulières (*art.* 22).

23. Sur la proposition des conseils généraux ou municipaux intéressés, et après adhésion des concessionnaires, la substitution, aux subventions en capital promises en exécution de l'art. 5 de la loi de 1865, de la subvention en annuités stipulée par la présente loi, pourra, par décret délibéré en Conseil d'État, être autorisée en faveur des lignes d'intérêt local actuellement déclarées d'utilité publique et non encore exécutées.

Ces lignes seront soumises dès lors à toutes les obligations résultant de la présente loi.

Il n'y aura pas lieu de renouveler les concessions consenties ou les mesures d'instruction accomplies avant la promulgation de la présente loi, si toutes les formalités qu'elle prescrit ont été observées par avance (*art.* 23).

24. Toutes les conventions relatives aux concessions et rétrocessions de chemins de fer d'intérêt local, ainsi que les cahiers des charges annexés, ne seront passibles que du droit d'enregistrement fixe de 1 fr. (*art.* 24).

25. La loi du 12 juillet 1865 est abrogée (*art.* 25).

La seconde partie de la loi du 11 juin 1880 concerne les *Tramways* (*voy. ce mot*).

26. *Cahier des charges type.* On le trouvera dans le *Journal officiel* du 11 août 1881 et dans le *Bulletin des lois* de la même année, n° 668, p. 958.

### CHAP. II. — LE RÈGLEMENT D'ADMINISTRATION PUBLIQUE DU 20 MARS 1882.

27. Voici ce règlement qui est annoncé par l'art. 16 de la loi du 11 juin 1880 :

Art. 1er. Le capital de premier établissement qui doit servir de base pour l'application des art. 13 et 36 de la loi susvisée est fixé dans les conditions ci-après et dans les limites du maximum prévu par les actes de concession, à moins qu'il n'ait été fixé à forfait par une stipulation expresse.

Ce capital comprend toutes les sommes que le concessionnaire justifie avoir dépensées dans un but d'utilité pour l'exécution des travaux de construction proprement dits, l'achat du matériel fixe et d'exploitation, le parachèvement de la ligne après sa mise en exploitation, la constitution du capital-actions, l'émission des obligations, les intérêts des capitaux engagés pendant la période assignée à la construction par l'acte de concession ou jusqu'à la mise en exploitation, si elle a lieu avant le délai fixé. Il peut être augmenté, s'il y a lieu, des insuffisances de recettes résultant de l'exploitation partielle des sections qui seraient ouvertes pendant ladite période de construction.

Les dépenses relatives à la constitution du capital-actions et à l'émission des obligations ne sont admises en compte que jusqu'à concurrence d'un maximum spécialement stipulé dans l'acte de concession.

Art. 2. Tout concessionnaire de chemin de fer d'intérêt local ou de tramways subventionné doit remettre au préfet du département, dans un délai de quatre mois, à partir du jour de la mise en exploitation de la ligne entière, le compte détaillé des dépenses de premier établissement qu'il a faites jusqu'à ce jour.

Il présente, avant le 31 mars de chaque année, un compte supplémentaire de celles qu'il peut être autorisé à ne faire qu'après la mise en exploitation pour le parachèvement de la ligne ; mais, en tout cas, le compte de premier établissement doit être clos quatre ans au plus tard après la mise en exploitation de la ligne entière.

Dans le cas où l'acte de concession a prévu que le capital de premier établissement pourrait être successivement augmenté, jusqu'à concurrence d'une somme déterminée et pendant un certain délai, pour travaux complémentaires, tels que : agrandissements de gares, augmentation du matériel roulant, pose de secondes voies ou de voies de garage, le concessionnaire doit, chaque année, avant le 31 mars, présenter un compte détaillé des dépenses qu'il a ainsi faites pendant l'année précédente, en vertu d'une autorisation spéciale et préalable donnée par le ministre des travaux publics, quand l'État a consenti à garantir ce capital complémentaire, et par le préfet dans les autres cas.

Art. 3. Avant le 31 mars de chaque année, le concessionnaire remet au préfet du département un compte détaillé, établi d'après ses registres, et comprenant pour l'année précédente :

1° Les produits bruts de toute nature de l'exploitation ;

2° Les frais d'entretien et d'exploitation, à moins que ces frais n'aient été déterminés à forfait par l'acte de concession ou par un acte postérieur.

Le compte d'entretien et d'exploitation ne peut comprendre aucune dépense d'établissement ni aucune dépense pour augmentation du matériel roulant.

Art. 4. Le ministre des travaux publics détermine, après avoir pris l'avis du ministre des finances, les justifications que le concessionnaire doit produire à l'appui de ces différents comptes, dont les développements par articles sont présentés conformément aux modèles arrêtés par lui.

Art. 5. Les comptes ainsi produits par le concessionnaire sont soumis à l'examen d'une commission instituée par le ministre des travaux publics et composée ainsi qu'il suit :

Le préfet, ou le secrétaire général délégué, président ;

Un membre du conseil général du département ou du conseil municipal, si la concession émane d'une commune, ledit membre désigné par le conseil auquel il appartient ;

Un ingénieur des ponts et chaussées ou des mines, désigné par le ministre des travaux publics ;

Un fonctionnaire de l'administration des finances, désigné par le ministre des finances.

La commission désigne elle-même son secrétaire ; s'il est pris en dehors de son sein, il n'a que voix consultative.

Le président a voix prépondérante en cas de partage.

Dans le cas où la ligne s'étend sur plusieurs départements, il est institué une commission spéciale pour chaque département. Ces commissions peuvent se réunir et délibérer en commun si la concession a été faite conjointement par les conseils généraux de ces départements, par application des art. 89 et 90 de la loi du 10 août 1871 ; la présidence appartient au préfet du département que la ligne traverse dans la plus grande longueur.

Art. 6. Le concessionnaire est tenu de représenter les registres, pièces comptables, correspondances et tous autres documents que la commission juge nécessaires à la vérification des comptes.

La commission peut se transporter au besoin, par elle-même ou par ses délégués, soit au siège de l'entreprise, soit dans les gares, stations ou bureaux de la ligne.

Art. 7. La commission adresse son rapport, avec les comptes et les pièces justificatives, au ministre des travaux publics, qui les examine après les avoir communiqués au ministre des finances.

Si cet examen ne révèle pas de difficultés ou si les modifications jugées nécessaires sont acceptées par le ministre des finances, le département, les communes et le concessionnaire, le ministre des travaux publics arrête définitivement le capital de premier établissement qui doit servir de base pour l'application des art. 13 et 36 de la loi du 11 juin 1880.

Il est procédé de la même manière pour arrêter annuellement le chiffre de la subvention due par l'État, le département ou les communes et, lorsqu'il y a lieu, la part revenant à l'État, au département, aux communes ou aux intéressés, à titre de remboursement de leurs avances, sur le produit net de l'exploitation.

Art. 8. Lorsqu'il n'y a pas accord entre l'État, le département ou la commune et le concessionnaire, les comptes sont soumis, avec toutes les pièces à l'appui, à une commission supérieure instituée par le ministre des travaux publics et composée d'un conseiller d'État, président, et de six membres, dont trois au choix du ministre des finances.

Un ou plusieurs secrétaires sont attachés à la commission par arrêté du ministre des travaux publics ; ils ont voix délibérative dans les affaires dont ils sont rapporteurs.

Le président a voix prépondérante en cas de partage.

La commission adresse son rapport au ministre des travaux publics, qui statue après avoir pris l'avis du ministre des finances, sauf recours au Conseil d'État par la voie contentieuse.

Art. 9. En présentant son compte annuel, le concessionnaire peut demander une avance sur la somme qui lui sera due à titre de subvention.

Le montant de l'avance est déterminé par le ministre des travaux publics, sur le rapport de la commission locale, après communication au ministre des finances.

Dans le cas où le règlement définitif des comptes de l'exercice ferait reconnaître que cette avance a été trop considérable, le concessionnaire devra rembourser immédiatement l'excédent au Trésor, au département ou à la commune, avec les intérêts à 4 p. 100 par an.

Art. 10. La comptabilité de tout concessionnaire subventionné est soumise à la vérification de l'inspection générale des finances, qui a, pour l'accomplissement de cette mission, tous les droits dévolus aux commissions de contrôle par l'art. 6 du présent décret.

Art. 11. Dans le cas où l'État n'a pris aucun engagement et où l'entreprise de chemin de fer ou de tramway est subventionnée seulement par un département ou par une commune, il est procédé à l'examen et au règlement des comptes dans les mêmes formes; mais les attributions conférées au ministre des travaux publics par les art. 4, 5, 7 et 9 sont exercées par le préfet, sans qu'il soit besoin de consulter le ministre des finances.

Lorsqu'une des parties conteste le compte arrêté par le préfet, l'art. 8 est applicable.

Art. 12. Si la subvention est donnée par le département ou la commune en capital, en terrains, en travaux ou sous toute autre forme que celle d'annuités, elle est évaluée et transformée en annuités au taux de 4 p. 100, pour l'application des art. 13 et 36 de la loi, aux termes desquels l'État ne peut subvenir pour partie aux insuffisances annuelles qu'à la condition qu'une partie au moins équivalente sera payée par le département ou la commune.

Art. 13. La subvention à allouer pour l'année de la mise en exploitation de la ligne sera calculée, d'après les bases indiquées dans les art. 13 et 36 de la loi susvisée, au prorata du temps écoulé depuis le jour de l'ouverture de la ligne jusqu'au 31 décembre suivant.

Chaque loi ou décret par lequel l'État s'engage à subventionner un chemin de fer d'intérêt local ou un tramway fixe le maximum de la charge annuelle qui peut résulter pour le Trésor de l'application des art. 13 ou 36 de la loi susvisée, de manière que le montant réuni de ces maxima ne dépasse, en aucun cas, la somme de 400,000 fr. fixée par l'art. 14 pour l'ensemble des lignes situées dans un même département. (*J. off.*, 26 mars 1882.)

**BIBLIOGRAPHIE.**

*Voy.* le mot **Chemins de fer d'intérêt général.**

**CHEMINS RURAUX.** (*Dict.*, voy. **Chemins vicinaux.**) 1. Nous reproduisons les dispositions de la « loi relative au Code rural » du 20 août 1881 qui concernent les chemins ruraux ; ces voies de communication n'avaient pas eu, jusqu'alors, de législation spéciale.

**I. — DES CHEMINS RURAUX.**

Art. 1er. Les chemins ruraux sont les chemins appartenant aux communes, affectés à l'usage du public, qui n'ont pas été classés comme chemins vicinaux [1].

Art. 2. L'affectation à l'usage du public peut s'établir notamment par la destination du chemin, jointe soit au fait d'une circulation générale et continue, soit à des actes réitérés de surveillance et de voirie de l'autorité municipale.

Art. 3. Tout chemin affecté à l'usage du public est présumé, jusqu'à preuve contraire, appartenir à la commune sur le territoire de laquelle il est situé.

Art. 4. Le conseil municipal, sur la proposition du maire, déterminera ceux des chemins ruraux qui devront être l'objet d'arrêtés de reconnaissance, dans les formes et avec les conséquences énoncées par la présente loi.

Ces arrêtés seront pris par la commission départementale, sur la proposition du préfet, après enquête publique dans les formes prescrites par l'ordonnance des 23 août-9 septembre 1835 [1] et sur l'avis du conseil municipal.

Ils désigneront, d'après l'état des lieux au moment de l'opération, la direction des chemins ruraux, leur longueur sur le territoire de la commune et leur largeur sur les différents points.

Ils devront être affichés dans la commune, et notifiés par voie administrative à chaque riverain, en ce qui concerne sa propriété.

Un plan sera annexé à l'état de reconnaissance.

Les dispositions de l'art. 88 de la loi du 10 août 1871, relatives aux droits d'appel devant le conseil général et de recours devant le Conseil d'État, sont applicables aux arrêtés de reconnaissance.

Art. 5. Ces arrêtés vaudront prises de possession, sans préjudice des droits antérieurement acquis à la commune, conformément à l'art. 23 du Code de procédure. Cette possession pourra être contestée dans l'année de la notification.

Art. 6. Les chemins ruraux qui ont été l'objet d'un arrêté de reconnaissance deviennent imprescriptibles.

Art. 7. Les contestations qui peuvent être élevées par toute partie intéressée sur la propriété ou sur la possession totale ou partielle des chemins ruraux sont jugées par les tribunaux ordinaires.

Art. 8. Pour assurer l'exécution de la présente loi, le préfet de chaque département fera un règlement général sur les chemins ruraux reconnus.

Ce règlement sera communiqué au conseil général et transmis, avec ses observations, au mi-

---

1. Cette loi innove considérablement, nous ne citons comme preuve que le jugement qui suit, nous l'empruntons au *Bull. off. du min. de l'intér.* (1884), p. 51) :

Les chemins ruraux sont, jusqu'à preuve contraire, présumés être la propriété des riverains.

Les communes qui s'en prétendent propriétaires, ne sont

pas obligées de justifier de leur droit par des titres réguliers ; mais elles doivent l'établir par un ensemble de moyens qui ne laisse aucun doute sur la publicité du chemin.

Les faits de passage pendant trente ans ne sont pas par eux-mêmes suffisants pour fonder la prescription.

Le chemin rural ne peut être considéré comme public qu'à la condition de servir des intérêts généraux, de mettre en communication deux lieux publics, d'être habituellement parcouru en son entier, pour se rendre de l'une à l'autre de ces localités, et d'être le résultat d'une véritable nécessité, en ne faisant pas double emploi avec d'autres chemins dont la publicité est incontestable.

Lorsqu'un riverain est inculpé devant le tribunal de police, d'une contravention de dégradation, ou d'usurpation sur un chemin rural, le ministère public doit faire la preuve de la publicité du chemin d'après les principes ci-dessus. (Art. 479, § 11, du Code pénal. *Tribunal corr. de Loudon [Vienne]* 18 janv. 1884.)

1. C'est de l'ordonnance du 23 août 1835 qu'il s'agit. C'est sans doute par inadvertance que le rédacteur de la loi a reproduit cette manière vicieuse de citer une disposition légale ou administrative.

nistre de l'intérieur pour être approuvé s'il y a lieu.

Art. 9. L'autorité municipale est chargée de la police et de la conservation des chemins ruraux.

Art. 10. Elle pourvoit à l'entretien des chemins ruraux reconnus, dans la mesure des ressources dont elle peut disposer.

En cas d'insuffisance des ressources ordinaires, les communes sont autorisées à pourvoir aux dépenses des chemins ruraux reconnus, à l'aide soit d'une journée de prestation, soit de centimes extraordinaires en addition au principal des quatre contributions directes.

Les dispositions des art. 5 et 7 de la loi du 24 juillet 1867 seront applicables, lorsque l'imposition extraordinaire excédera trois centimes.

Art. 11. Toutes les fois qu'un chemin rural reconnu entretenu à l'état de viabilité, sera habituellement ou temporairement dégradé par des exploitations de mines, de carrières, de forêts ou de toute autre entreprise industrielle appartenant à des particuliers, à des établissements publics ou à l'État, il pourra y avoir lieu à imposer aux entrepreneurs ou propriétaires, suivant que l'exploitation ou les transports auront lieu pour les uns ou les autres, des subventions spéciales, dont la quotité sera proportionnée à la dégradation extraordinaire qui devra être attribuée aux exploitations.

Ces subventions pourront, au choix des subventionnaires, être acquittées en argent ou en prestations en nature, et seront exclusivement affectées à ceux des chemins qui y auront donné lieu.

Elles seront réglées annuellement, sur la demande des communes, ou, à leur défaut, à la demande des syndicats, par les conseils de préfecture, après des expertises contradictoires, et recouvrées comme en matière de contributions directes.

Les experts seront nommés d'après l'art. 17 de la loi du 21 mai 1836.

Ces subventions pourront aussi être déterminées par abonnement ; les traités devront être approuvés par la commission départementale.

Art. 12. Le maire accepte les souscriptions volontaires et en dresse l'état qui est rendu exécutoire par le préfet.

Si les souscriptions ont été faites en journées de prestation, elles seront, après mise en demeure restée sans effet, converties en argent, conformément au tarif adopté pour la prestation de la commune.

Le conseil de préfecture statuera sur les réclamations des souscripteurs.

Art. 13. L'ouverture, le redressement, la fixation de la largeur et de la limite des chemins ruraux sont prononcés par la commission départementale conformément aux dispositions des cinq derniers paragraphes de l'art. 4.

A défaut du consentement des propriétaires, l'occupation des terrains nécessaires pour l'exécution des travaux d'ouverture, de redressement ou d'élargissement, ne peut avoir lieu qu'après une expropriation poursuivie conformément aux dispositions des paragraphes 2 et suivants de l'art. 16 de la loi du 21 mai 1836.

Quand il y a lieu à l'occupation, soit des maisons, soit de cours ou jardins y attenant, soit de terrains clos de murs ou de haies vives, la déclaration d'utilité publique devra être prononcée par un décret, le Conseil d'État entendu, et l'expropriation sera poursuivie comme il est dit dans le paragraphe précédent.

La commune ne pourra prendre possession des terrains expropriés avant le paiement de l'indemnité.

Art. 14. Lorsque des extractions de matériaux, des dépôts ou enlèvements de terres, ou des occupations temporaires de terrains sont nécessaires pour les travaux de réparation ou d'entretien des chemins ruraux, effectués par les communes, il est procédé à la désignation et à la délimitation des lieux et à la fixation de l'indemnité, conformément à l'art. 17 de la loi du 21 mai 1836.

Art. 15. L'action en indemnité, dans les cas prévus par les deux articles précédents, se prescrit par le laps de deux ans, conformément à l'art. 18 de la même loi.

Art. 16. Les arrêtés portant reconnaissance, ouverture ou redressement, peuvent être rapportés dans les formes prescrites par l'art. 4 ci-dessus.

Lorsqu'un chemin rural cesse d'être affecté à l'usage du public, la vente peut en être autorisée par un arrêté du préfet, rendu conformément à la délibération du conseil municipal, et après une enquête précédée de trois publications faites à quinze jours d'intervalle.

L'aliénation n'est point autorisée si, dans le délai de trois mois, les intéressés formés en syndicat, conformément aux art. 19 et suivants, consentent à se charger de l'entretien.

Art. 17. Lorsque l'aliénation est ordonnée, les propriétaires riverains sont mis en demeure d'acquérir les terrains attenant à leurs propriétés, par un avertissement qui leur est notifié en la forme administrative. En ce cas, le prix est réglé à l'amiable, ou fixé par deux experts, dont un sera nommé par la commune, l'autre par le riverain ; à défaut d'accord entre eux, un tiers expert sera nommé par ces deux experts. S'il n'y a pas entente pour cette désignation, le tiers expert sera nommé par le juge de paix.

Si, dans le délai d'un mois, à dater de l'avertissement, les propriétaires riverains n'ont pas fait leur soumission, il est procédé à l'aliénation des terrains selon les règles suivies pour la vente des propriétés communales.

Art. 18. Les plans, procès-verbaux, certificats, significations, jugements, contrats, marchés, adjudications de travaux, quittances et autres actes ayant pour objet exclusif la construction, l'entretien et la réparation des chemins ruraux, seront enregistrés moyennant le droit d'un franc cinquante centimes (1 fr. 50 c.).

Les actions civiles intentées par les communes ou dirigées contre elles, relativement à leurs chemins, seront jugées comme affaires sommaires et urgentes, conformément à l'art. 405 du Code de procédure civile.

II. — DES SYNDICATS POUR L'OUVERTURE, LE REDRESSEMENT, L'ÉLARGISSEMENT, LA RÉPARATION ET L'ENTRETIEN DES CHEMINS RURAUX.

Art. 19. Lorsque l'ouverture, le redressement ou l'élargissement a été régulièrement autorisé conformément à l'art. 13, et que les travaux ne sont pas exécutés, ou lorsqu'un chemin reconnu n'est pas entretenu à la commune, le maire peut d'office, ou doit, sur la demande qui lui est faite par trois intéressés au moins, convoquer individuellement tous les intéressés. Il les invite à délibérer sur la nécessité des travaux à faire et à se charger de leur exécution, tous les droits de la commune restant réservés.

Le maire recueille les suffrages, constate le vote des personnes présentes qui ne savent signer et mentionne les adhésions envoyées par écrit.

Art. 20. Si la moitié plus un des intéressés, représentant au moins les deux tiers de la superficie des propriétés desservies par le chemin, ou si les deux tiers des intéressés, représentant plus de la moitié de la superficie, consentent à se charger des travaux nécessaires pour mettre ou maintenir la voie en état de viabilité, l'association est constituée.

Elle existe même à l'égard des intéressés qui n'ont pas donné leur adhésion.

Pour les travaux d'amélioration et d'élargissement partiel, l'assentiment de la moitié plus un des intéressés, représentant au moins les trois quarts de la superficie des propriétés desservies, ou des trois quarts des intéressés, représentant plus de moitié de la superficie, sera exigé.

Pour les travaux d'ouverture, de redressement et d'élargissement d'ensemble, le consentement unanime des intéressés sera nécessaire.

Art. 21. Le maire dresse un procès-verbal et constate la formation de l'association, en spécifie le but, fait connaître sa durée, le mode d'administration qui a été adopté, le nombre des syndics, l'étendue de leurs pouvoirs, et enfin les voies et moyens qui ont été votés.

Art. 22. Ce procès-verbal est transmis au préfet par le maire, avec son avis et l'avis du conseil municipal.

Le préfet, après avoir constaté l'observation des formalités exigées par la loi, autorise l'association, s'il y a lieu.

Si la commune a consenti à contribuer aux travaux, le préfet approuve, dans son arrêté, le mode et le montant de la subvention promise par le conseil municipal.

Art. 23. Un extrait du procès-verbal constatant la constitution de l'association et l'arrêté du préfet en cas d'approbation, ou, en cas de refus, l'arrêté du préfet, sont affichés dans la commune où le chemin est situé et publiés dans le recueil des actes de la préfecture.

Art. 24. Les syndics de l'association sont élus en assemblée générale.

Si la commune a accordé une subvention, le maire nomme un nombre de syndics proportionné à la part que la subvention représente dans l'ensemble de l'entreprise.

Les autres syndics sont nommés par le préfet, dans le cas où l'assemblée générale, après deux convocations, ne se serait pas réunie ou n'aurait pas procédé à leur élection.

Art. 25. Les associations ainsi constituées peuvent ester en justice par leurs syndics ; elles peuvent emprunter. Elles peuvent aussi acquérir les parcelles de terrain nécessaires pour l'amélioration, l'élargissement, le redressement ou l'ouverture du chemin régulièrement entrepris ; les terrains réunis à la voie publique deviennent la propriété de la commune.

Art. 26. Le syndicat détermine le mode d'exécution des travaux, soit en nature, soit en taxe ; il répartit les charges entre les associés proportionnellement à leur intérêt ; il règle l'accomplissement des travaux en nature ou le recouvrement des taxes en un ou plusieurs exercices.

Art. 27. Les rôles pour le recouvrement de la taxe due par chaque intéressé sont dressés par le syndicat, approuvés, s'il y a lieu, et rendus exécutoires par le préfet, qui peut ordonner préalablement la vérification des travaux.

Ces rôles sont recouvrés, dans la forme des contributions directes, par le receveur municipal.

Dans ces rôles seront compris les frais de perception, dont le montant sera déterminé par le préfet, sur l'avis du trésorier-payeur général.

Art. 28. Dans le cas où l'exécution des travaux entrepris par l'association syndicale exige l'expropriation de terrains, il y est procédé conformément à l'art. 13 ci-dessus.

Art. 29. A défaut par une association d'entreprendre les travaux pour lesquels elle a été autorisée, le préfet rapportera, s'il y a lieu, et après mise en demeure, l'arrêté d'autorisation.

Dans le cas où l'interruption ou le défaut d'entretien des travaux entrepris par une association pourrait avoir des conséquences nuisibles à l'intérêt public, le préfet, après mise en demeure, pourra faire procéder d'office à l'exécution des travaux nécessaires pour obvier à ces conséquences.

Art. 30. Les intéressés et les tiers peuvent déférer au ministre de l'intérieur, dans le délai d'un mois à partir de l'affiche, les arrêtés qui autorisent ou refusent d'autoriser les associations syndicales.

Le recours est déposé à la préfecture et transmis avec le dossier au ministre, dans le délai de quinze jours.

Il est statué par un décret rendu en Conseil d'État.

Art. 31. Toutes contestations relatives au défaut de convocations d'une partie intéressée, à l'absence ou au défaut d'intérêt des personnes appelées à l'association, ou au degré d'intérêt des associés ainsi qu'à la répartition, à la perception et à l'accomplissement des taxes et prestations, à la nomination des syndics, à l'exécution des travaux et aux mesures ordonnées par le préfet en vertu du dernier paragraphe de l'art. 29 ci-dessus, sont jugées par le conseil de préfecture, sauf recours au Conseil d'État.

Il est procédé à l'apurement des comptes de l'association selon les règles établies pour les comptes des receveurs municipaux.

Art. 32. Nulle personne comprise dans l'association ne pourra former contester sa qualité d'associé ou la validité de l'acte d'association, après le délai de trois mois à partir de la notification du premier rôles des taxes ou prestations.

III. — DES CHEMINS ET SENTIERS D'EXPLOITATION.

Art. 33. Les chemins et sentiers d'exploitation sont ceux qui servent exclusivement à la communication, entre divers héritages, ou à leur exploitation. Ils sont, en l'absence de titre, présumés appartenir aux propriétaires riverains, chacun en droit soi ; mais l'usage en est commun à tous les intéressés.

L'usage de ces chemins peut être interdit au public.

Art. 34. Tous les propriétaires dont ils desservent les héritages sont tenus les uns envers les autres de contribuer, dans la proportion de leur intérêt, aux travaux nécessaires à leur entretien et à leur mise en état de viabilité.

Art. 35. Les chemins et sentiers d'exploitation ne peuvent être supprimés que du consentement de tous les propriétaires qui ont le droit de s'en servir.

Art. 36. Toutes les contestations relatives à la propriété et à la suppression de ces chemins et sentiers sont jugées par les tribunaux, comme en matière sommaire.

Le juge de paix statue, sauf appel, s'il y a lieu, sur toutes les difficultés relatives aux travaux prévus par l'art. 34.

Art. 37. Dans les cas prévus par l'art. 34, les intéressés pourront toujours s'affranchir de toute contribution en renonçant à leurs droits soit d'usage, soit de propriété, sur les chemins d'exploitation.

**2.** Le *Bulletin officiel* du ministère de l'intérieur, n° 2 de l'année 1883, renferme un règlement modèle que nous ne croyons pas devoir reproduire, mais nous donnerons la circulaire du 3 janvier 1883 qui l'accompagne, car elle est instructive à plusieurs points de vue :

« Monsieur le Préfet, mon administration, par une circulaire du 23 novembre 1881, vous a fait connaître qu'elle considérait comme superflu d'établir un modèle pour le règlement prescrit par l'art. 8 de la loi du 20 août 1881 sur les chemins ruraux. Le législateur vous ayant laissé le soin d'apprécier quelles seraient, parmi les matières de la voirie rurale susceptibles de réglementation, celles qu'il conviendrait de réglementer, et vous ayant conféré, sur ces matières, le pouvoir réglementaire dont vous êtes investi sur les matières semblables de la voirie vicinale, l'administration centrale pensait que le règlement général sur les chemins vicinaux, édicté en vertu de l'art. 21 de la loi du 21 mai 1836, pourrait vous servir de guide pour l'élaboration du règlement sur les chemins ruraux reconnus, sauf à l'égard de quelques objets étrangers à la voirie vicinale et exigeant des dispositions spéciales faciles à libeller. Plusieurs de vos collègues, en préparant le nouveau règlement, se sont inspirés du règlement sur les chemins vicinaux, comme le recommandait la circulaire du 23 novembre 1881 ; mais beaucoup de préfets ne se sont pas bornés à reproduire les dispositions de ce règlement pouvant s'appliquer aux chemins ruraux, et à formuler certaines prescriptions spéciales à la voirie rurale : ils y ont ajouté de nombreux fragments empruntés soit à la loi du 20 août 1881 ou à d'autres lois, soit à l'instruction ministérielle du 6 décembre 1870 sur la voirie vicinale, ou à des traités, des recueils de jurisprudence. Une pareille compilation ne saurait être faite par l'ad-

ministration, utilement et sans graves inconvénients, que sous la forme d'une instruction constituant une sorte de code sur un ensemble de matières de même genre, pour faciliter aux fonctionnaires ou agents des services publics l'application des règles législatives et réglementaires qui régissent ces matières. Tel a été le but de l'instruction ministérielle du 6 décembre 1870, que mes prédécesseurs ont modifiée ou complétée à plusieurs reprises. En imitant cette instruction dans le règlement sur les chemins ruraux, les préfets ont méconnu l'intention du législateur, qui est que la réglementation de la voirie rurale soit restreinte le plus possible. Ils ont, en outre, excédé la limite de leur pouvoir réglementaire. En effet, l'autorité chargée de réglementer l'exécution d'une loi n'a d'autre mission que celle d'édicter les règles de détail et de procédure nécessaires pour assurer cette exécution. Quand elle reproduit, comme article du règlement qu'elle arrête, les prescriptions même du législateur, elle leur donne l'apparence de simples dispositions réglementaires. Elle peut, par suite, en amoindrir la force morale et induire en erreur sur les pénalités encourues par les personnes qui les violent. Lorsqu'elle formule en nombreux articles, dans son règlement, les opinions des auteurs, les décisions de l'administration, celles des tribunaux administratifs ou judiciaires, sur les questions controversées, elle s'expose à voir fréquemment contester la légalité et même la valeur doctrinale de ce règlement.

« Désirant obvier à ces inconvénients et éviter la nécessité de faire recommencer ou refondre les règlements sur la voirie rurale qui me seront soumis à l'avenir, je vous transmets le texte d'un de ceux qui, après avoir été modifiés conformément à mes observations, ont reçu mon approbation. Vous voudrez bien le consulter pour la rédaction du règlement que vous avez à m'adresser. Je vous prie de me mettre à même d'examiner ce règlement, avec l'avis du conseil général, le plus tôt possible.

« Il ne vous échappera pas, d'ailleurs, qu'en tenant compte des principes ci-dessus rappelés, vous pouvez édicter certaines prescriptions qui ne figurent pas dans le texte que je vous communique et qui vous paraîtraient d'une utilité incontestable. Vous devriez, d'un autre côté, vous abstenir d'emprunter à ce texte les articles non essentiels qui seraient inopportuns ou inutiles dans votre département à raison de circonstances particulières ou locales. Mais il faut comprendre, dans tous les règlements sur les chemins ruraux reconnus, les dispositions qui ne sauraient être éliminées sans compromettre la saine exécution de la loi du 20 août 1881.

« Je citerai d'abord comme dispositions de cette nature, celles de l'art. 2 du règlement-type relatives aux plans servant de base à l'enquête qui précède les décisions par lesquelles la commission départementale prononce la reconnaissance des chemins. Cette reconnaissance ne produirait pas tous les bons résultats que le législateur a voulu en obtenir, si, après les décisions de la commission, il subsistait des doutes sur l'assiette et les limites des chemins reconnus. Pour tarir la source des innombrables procès qui ont surgi et qui continueraient de surgir par suite de l'incertitude du tracé des voies rurales, il est indispensable que tout chemin qu'il s'agit de reconnaître soit l'objet d'un signalement exact et précis. Le signalement du chemin dans l'état de reconnaissance étant un peu abstrait, il y a nécessité de le compléter graphiquement au moyen d'un plan qui indique, avec la largeur du chemin sur les différents points, ses limites et les parcelles riveraines, indépendamment d'un croquis d'ensemble où sont tracées par de simples lignes les diverses voies publiques de la commune, pour éclairer la commission départementale sur les besoins de la circulation dans la localité.

« La disposition de l'art. 11 sur la rémunération du directeur des contributions directes pour l'établissement du rôle de prestation a été concertée entre mon administration et celle des finances. Il y a lieu, par conséquent, de la reproduire. Elle ne mentionne pas le contrôleur des contributions directes, parce que généralement il n'a pas à rédiger de matrices pour les prestations de la voirie rurale et que les réclamations qu'il aurait à examiner au sujet de ces prestations se confondraient avec celles concernant la voirie vicinale, pour l'examen desquelles il est rémunéré.

« Il importe également de reproduire l'art. 76 sur les convocations pour la création des associations syndicales. Les formalités qu'il prescrit sont nécessaires pour permettre aux intéressés, non seulement d'assister à la réunion indiquée et de s'y préparer préalablement, mais encore de prier le maire de les convoquer, s'il avait oublié de le faire.

« J'appelle aussi votre attention, Monsieur le Préfet, sur l'art. 78. Il exige que les alignements et les autorisations ou permissions de voirie soient délivrés par écrit sous forme d'arrêtés. Une décision purement verbale serait frappée de nullité d'après la jurisprudence constante de la Cour de cassation. Mais, dans le but de satisfaire au vœu de plusieurs conseils généraux tendant à ce que les frais de timbre en cette matière fussent réduits autant que possible, l'art. 78 a été rédigé de manière à ne pas imposer aux pétitionnaires l'obligation de payer, dans tous les cas, une expédition timbrée. Il leur laisse la faculté de se contenter d'une note sur papier libre indiquant sommairement la date et l'objet de l'alignement, de l'autorisation ou permission.

« Enfin, les dispositions de l'art. 81 sur les alignements individuels doivent nécessairement comprendre la réserve aux termes de laquelle, lorsqu'un chemin n'a pas la largeur qui lui est attribuée par l'autorité compétente, les alignements sont délivrés selon le tracé que cette autorité a déterminé, si la commune acquiert préalablement, à l'amiable ou par expropriation, le sol à réunir à la voie publique, et, dans le cas contraire, conformément aux limites actuelles du chemin. La réserve dont il est question est indispensable, car, d'après l'art. 13 de la loi du 20 août 1881, aucune parcelle de terrain dont la commune n'est pas propriétaire ne peut être incorporée à un chemin rural qu'autant qu'elle a été acquise amiablement ou par expropriation.

« J'ajouterai que je ne puis admettre, en général, dans un règlement sur les chemins ruraux, les simples références au règlement sur les chemins vicinaux. Il me semble nécessaire de libeller, avec les modifications exigées par la différence des matières, les dispositions empruntées au second règlement. Si l'on procédait autrement, les maires, les fonctionnaires ou agents municipaux feraient souvent, avec beaucoup de difficulté, l'application aux objets de la voirie rurale des dispositions édictées pour la voirie vicinale, surtout lorsqu'il y aurait à distinguer dans un même article entre les dispositions qui devraient être appliquées et celles qui ne seraient pas applicables. »

Cette observation est extrêmement importante et mériterait d'être généralisée.

## CHEMINS VICINAUX. (Dict.)

### SOMMAIRE.

### CHAP. I. — CHEMINS D'INTÉRÊT COMMUN.

1. Nous reproduisons ici la circulaire du ministre de l'intérieur du 20 mars 1877, parce qu'elle entre dans des développements sur un changement de jurisprudence du Conseil d'État relativement aux chemins vicinaux d'intérêt commun [1]. Il s'agit de l'application de l'art. 9 de la loi du 21 mai 1836 à ces chemins :

« Aux termes de l'art. 9 de la loi du 21 mai 1836, les chemins vicinaux de grande communication sont placés sous l'autorité préfectorale. Le législateur a voulu assurer, d'une manière spéciale, la prompte exécution, l'entretien et la conservation des lignes vicinales les plus importantes, qui s'étendent ordinairement sur les territoires d'un nombre considérable de communes. C'est dans ce but qu'il a substitué l'action unique et rapide du chef des services publics du département à l'action isolée ou collective des autorités locales, qui, par la nécessité d'un accord préalable ou par d'autres circonstances, aurait souvent entraîné de nombreuses difficultés, de longs et préjudiciables retards. Cette substitution donne au préfet le droit de faire tous les actes d'administration qu'exigent les chemins vicinaux de grande communication, et, notamment, de passer les contrats ou les marchés, diriger les travaux d'ouverture, de redressement, d'entretien ou de réparation, réclamer les subventions spéciales à raison des dégradations extraordinaires ; liquider et ordonnancer les dépenses ; représenter les communes intéressées devant les tribunaux administratifs ou judiciaires.

« Le préfet est-il investi du même droit à l'égard des chemins vicinaux d'intérêt commun ?

« L'instruction d'un de mes prédécesseurs du 6 décembre 1870, les instructions ultérieures qui l'ont modifiée ou complétée, à la date des 23 septembre 1871, 10 janvier 1872, 7 avril et 20

1. Voy. les notes remarquables insérées dans DALLOZ, Jurisprudence générale, année 1877, 3e partie.

novembre 1873, et le règlement général sur les chemins vicinaux, dans chaque département, contiennent diverses prescriptions basées sur l'opinion d'après laquelle l'art. 9 de la loi du 21 mai 1836 est actuellement applicable aux voies vicinales d'intérêt commun. Cette opinion est justifiée. La loi du 10 août 1871, comme l'avait déjà fait en partie celle du 18 juillet 1866, assimile aux chemins vicinaux de grande communication les chemins d'intérêt commun, en ce qui touche le classement, le déclassement, l'ouverture, le redressement et l'élargissement, la centralisation et l'emploi des ressources, la désignation des communes appelées à supporter les dépenses et l'autorité compétente pour fixer leurs contingents. Aujourd'hui, les chemins vicinaux d'intérêt commun ne diffèrent guère légalement des chemins de grande communication qu'au point de vue de la police du roulage et du *maximum* des contingents communaux. L'assimilation des deux classes de chemins portant sur tous les points essentiels et la nécessité pratique de confier l'administration de chacune d'elles au préfet ne pouvant être contestée, on doit admettre que la pensée du législateur a été d'étendre à la seconde classe les dispositions de l'art. 9 de la loi du 21 mai 1836, qu'il avait jugées indispensables pour la première. Cette interprétation a été, en quelque sorte, consacrée par plusieurs lois spéciales qui, en autorisant les départements à contracter des emprunts pour l'achèvement ou l'amélioration de chemins vicinaux ordinaires, les ont autorisés, en outre, à exécuter, avec l'assentiment des communes, les travaux selon les règles suivies pour les chemins d'intérêt commun. Or, ces règles sont indiquées dans les instructions ministérielles mentionnées plus haut et elles supposent, comme je l'ai fait remarquer, que l'article de la loi du 21 mai 1836 s'applique aux lignes vicinales d'intérêt commun.

« Cependant, le Conseil d'État statuant au contentieux repoussait cette application. Il décidait, par suite, même sous l'empire de la loi du 10 août 1871, qu'il n'appartenait pas au préfet, mais aux maires, de réclamer les subventions spéciales dues pour les dégradations extraordinaires causées aux chemins d'intérêt commun (*Arr.* 19 *déc.* 1873, *Leclerq* ; 1er *déc.* 1876, *Lemoine et Thiéry* ; 1er *déc.* 1876, *préfet du Pas-de-Calais*). Cette jurisprudence était de nature à entraver la marche du service vicinal et à restreindre ses ressources en exigeant l'intervention des maires de toutes les communes intéressées, dans chaque acte d'administration en matière de travaux, de souscriptions volontaires ou de subventions spéciales concernant les chemins d'intérêt commun. Le Conseil d'État n'a pas persisté dans sa manière de voir. Après un examen approfondi de la question, il vient de reconnaître que les chemins vicinaux d'intérêt commun ayant été assimilés, par plusieurs dispositions de la loi du 10 août 1871, aux chemins vicinaux de grande communication, on doit les considérer comme étant placés, dans la même mesure que ces derniers, sous l'autorité préfectorale. Il a été décidé, en conséquence, que le préfet a qualité pour représenter les communes

intéressées dans les contestations relatives aux travaux des chemins d'intérêt commun. (*Arr.* 12 *janv.* 1877, *préfet de l'Aude c. Pirognat.*)

« D'après les motifs de cet arrêt, le Conseil d'État déciderait également aujourd'hui que les autres actes d'administration concernant les chemins vicinaux d'intérêt commun, tels que la passation des contrats ou des marchés, la direction des travaux, l'acceptation des souscriptions volontaires et le recouvrement des subventions spéciales, rentrent dans les attributions du chef des services publics du département.

« Vous ne devez pas hésiter, dès lors, Monsieur le Préfet, à vous prévaloir, à l'égard des chemins d'intérêt commun, de l'autorité que vous confère l'art. 9 de la loi du 21 mai 1836. Les instructions ministérielles et le règlement général sur le service vicinal déterminent, non seulement les principaux cas dans lesquels il y a lieu de l'appliquer, mais encore les limites et les formes dans lesquelles vous devez l'exercer. Je vous prie de ne pas perdre de vue ces prescriptions et de vous y conformer. Signé : Jules SIMON. »

*Voy.* aussi plus loin, nos 3 et 4.

**CHAP. II. — DOTATION DE LA CAISSE DES CHEMINS VICINAUX.**

**2.** La loi du 10 avril 1879 accorde une dotation nouvelle de 300 millions pour la caisse des chemins vicinaux. (La première subvention, celle de 1868, avait été de 100 millions.) Voici la loi :

Art. 1er. La dotation de la caisse des chemins vicinaux, instituée par la loi du 11 juillet 1868, est augmentée de trois cents millions (300,000,000f), payables à partir de 1879, en douze annuités, les quatre premières de seize millions, les sept suivantes de trente millions, et la dernière de vingt-six millions.

Si, pendant une année de la période, les prêts consentis n'atteignaient pas le maximum de l'annuité correspondante, la somme disponible pourrait être reportée à l'année suivante.

Art. 2. L'art. 7 de la loi du 11 juillet 1868 est abrogé. La caisse est ouverte aux départements comme aux communes, dans les conditions stipulées par les art. 6, 8 et 9 de ladite loi et par l'art. 3 ci-après.

Art. 3. La nouvelle dotation de 300 millions est ainsi attribuée :

1o Deux cents millions à l'achèvement des chemins de grande communication et d'intérêt commun actuellement classés, et des chemins vicinaux ordinaires compris dans le réseau subventionné. Continueront à compter dans ce réseau, sous la condition qu'ils n'y soient pas remplacés, les chemins ou portions de chemins classés dans une catégorie supérieure ;

2o Soixante millions aux chemins de grande communication et d'intérêt commun et aux chemins vicinaux ordinaires autres que ceux ci-dessus spécifiés.

Le décret portant répartition de ces avances pourra en réserver une part applicable au rachat des ponts à péage dépendant des chemins vicinaux de toute catégorie.

La réalisation des emprunts imputables sur les fonds mentionnés aux paragraphes 1 et 2 du présent article ne sera autorisée par le ministre de l'intérieur que sur la justification, par les départements et les communes, qu'ils consacrent à la vicinalité la totalité des ressources spéciales mises à leur disposition.

En outre, dans le cas prévu par le premier alinéa du paragraphe 2, les communes, ou les départements empruntant pour elles, devront justifier qu'elles sont en mesure de construire et d'entretenir les chemins désignés au paragraphe 1er, ainsi que ceux auxquels les emprunts seraient destinés ;

3° Quarante millions sont affectés aux communes et aux départements de l'Algérie pour l'achèvement des chemins de grande communication, d'intérêt commun et vicinaux ordinaires, dont la longueur kilométrique aura été approuvée, pour chaque département, par un arrêté du ministre de l'intérieur, avant la répartition de la première annuité.

Art. 4. Il sera rendu compte, chaque année, au Président de la République, de la marche des travaux et de la situation de la caisse, dans un rapport qui sera communiqué au Sénat et à la Chambre des députés.

Par décret du 9 juillet 1879 (*art.* 1er), il est institué, près du ministre de l'intérieur et des cultes, un comité consultatif de la vicinalité ayant pour mission de donner son avis sur les questions concernant le service vicinal qui seront soumises par le ministre à son examen.

3. En 1880, la loi du 12 mars consacre une nouvelle somme de 80 millions aux chemins vicinaux ; nous nous bornons à en reproduire les articles suivants, qui sont probablement les seuls qu'on aura l'occasion de consulter.

Art. 5. Les conseils généraux arrêteront chaque année :

1° Sur la proposition des conseils municipaux, les travaux de construction à subventionner sur les chemins vicinaux ordinaires, avec indication des ressources communales qui auront été affectées à ces travaux, et de la part à la charge du budget départemental qu'ils prendront l'engagement d'acquitter ;

2° Les travaux de construction à faire sur les chemins de grande communication et d'intérêt commun en faveur desquels ils sollicitent des subventions, ainsi que les ressources extraordinaires départementales qu'ils affectent à ces travaux.

Art. 6. Les conseils généraux auront la faculté de prendre à la charge des départements tout ou partie de la dépense qui, d'après le règlement d'administration publique, devrait incomber aux communes. Les communes pourront également prendre à leur charge la part de subvention incombant aux départements, dans le cas où les conseils généraux, tout en portant les chemins qu'elles veulent construire sur l'état des chemins à subventionner, ne voteraient pas de subvention en leur faveur.

Art. 7. Les subventions dont il n'aura pas été fait emploi dans l'année qui suivra celle pour laquelle elles auront été accordées seront annulées.

Art. 8. Pourront seuls recevoir des subventions les départements et les communes qui consacreront aux dépenses de la vicinalité la totalité des

ressources spéciales ordinaires que la loi met à leur disposition pour cet effet.

Art. 9. Des décrets rendus sur l'avis du Conseil d'État détermineront :

1° Le chiffre des prélèvements qui pourront être faits chaque année en faveur des ouvrages d'art, de l'établissement de la carte de France et de toutes autres dépenses intéressant la vicinalité ;

2° Le chiffre de la réserve dont le ministre de l'intérieur pourra disposer pour subventions justifiées par des circonstances ou des besoins exceptionnels.

4. Voici maintenant le règlement d'administration publique prévu par l'art. 4 de la loi du 12 mars 1880 ; ce règlement est daté du 3 juin 1880.

Art. 1er. Les subventions à allouer aux communes et aux départements en vertu de l'art. 4 de la loi du 12 mars 1880 leur seront attribuées pour des travaux à déterminer chaque année.

Elles seront accordées, en ne tenant compte que de la portion à couvrir à l'aide de ressources extraordinaires : 1° aux communes, pour les chemins vicinaux ordinaires, en raison inverse de la valeur du centime communal, conformément au tableau A ci-annexé ; 2° aux départements, pour les chemins de grande communication et d'intérêt commun, en raison inverse également du produit par kilomètre carré du centime départemental, conformément au tableau C ci-annexé.

Art. 2. La dépense des travaux de construction pour lesquels les communes demanderont des subventions sera déterminée par des projets régulièrement dressés et approuvés.

Art. 3. Elles devront affecter à ces travaux :

1° Leurs revenus ordinaires disponibles ;

2° Les fonds libres de la vicinalité ;

3° Le reliquat de leurs ressources spéciales, déduction faite de toutes les dépenses obligatoires correspondantes.

Art. 4. La dépense restant à couvrir, après emploi des ressources énumérées à l'article précèdent, sera supportée par les communes, le département et l'État.

Les communes y contribueront dans les limites fixées par le tableau A précité. Le surplus sera couvert par une subvention que l'État et le département acquitteront dans la proportion indiquée pour chacun d'eux par le tableau B ci-annexé.

Art. 5. A moins de circonstances exceptionnelles, les communes ne pourront obtenir le concours du département et de l'État pour la construction de nouveaux chemins que si elles poursuivent l'exécution de ceux pour lesquels des subventions leur auront été déjà accordées en vertu de la présente loi. Dans tous les cas, elles devront préalablement justifier qu'elles consacrent aux travaux de la vicinalité la totalité de leurs ressources spéciales et qu'elles sont en mesure d'entretenir leurs chemins déjà construits.

Art. 6. Les départements qui demanderont des subventions en faveur des chemins de grande communication ou d'intérêt commun devront affecter à la dépense le reliquat de leurs ressources spéciales.

Art. 7. Le déficit qui sera déterminé, conformément aux règles établies ci-dessus pour les communes, sera supporté par le département et l'État dans la proportion indiquée au tableau C ci-annexé.

Art. 8. Les subventions à accorder aux communes par les départements ne pourront pas être prélevées sur le montant des ressources spéciales ordinaires qu'ils devront employer eux-mêmes pour obtenir des subventions de l'État. Le produit de leurs emprunts remboursables au moyen de ces mêmes ressources ne sera pas considéré non plus comme susceptible de former leur part contributive de la dépense quand ils auront recours à la participation de l'État.

Art. 9. Immédiatement après la clôture de la session dans laquelle le conseil général aura arrêté l'état des travaux de construction à subventionner, le préfet transmettra au ministre de l'intérieur et des cultes la délibération prise par cette assemblée, en y joignant les justifications prescrites par le présent règlement. Le ministre prescrira les mesures nécessaires pour faire mettre à la disposition des communes et des départements, par la caisse des chemins vicinaux, les subventions auxquelles ils auront droit.

Art. 10. Les subventions de l'État ne seront versées que sur la justification que les communes et les départements auront déjà employé au paiement de leurs travaux la totalité des ressources en argent qu'ils auront pris l'engagement d'y affecter.

Art. 11. Si les chemins à subventionner font partie du réseau constitué en exécution de la loi du 11 juillet 1868, les communes et les départements devront y appliquer, en outre des ressources énumérées aux art. 3 et 6 du présent règlement, les subventions qui leur auraient été accordées en vertu de cette loi.

Art. 12. Jusqu'à la fin de la période d'exécution de la loi du 11 juillet 1868, les fonds provenant d'emprunts contractés en vertu des lois des 11 juillet 1868 et 10 avril 1879, et dont il n'a pas encore été fait emploi, ne pourront donner lieu à l'obtention de subventions que si on leur conserve la destination spéciale à laquelle ils sont affectés.

Il en sera de même des autres ressources extraordinaires qui sont comptées comme sacrifices pour la répartition des subventions accordées par application de la loi du 10 juillet 1868.

5. *TABLEAU A, servant à déterminer la part de dépense à couvrir par les communes au moyen de ressources extraordinaires et le montant de la subvention qui doit leur être allouée pour les chemins vicinaux ordinaires.*

| VALEUR DU CENTIME. | PORTION de la dépense à couvrir | |
| --- | --- | --- |
| | par les communes au moyen des ressources extraordinaires. | au moyen des subventions de l'État et du département. |
| Au-dessous de 20f . . . . | 20 p. 100 | 80 p. 100 |
| 20f01 à 40 . . . . . | 25 — | 75 — |
| 40 01 à 60 . . . . . | 30 — | 70 — |
| 60 01 à 80 . . . . . | 35 — | 65 — |
| 80 01 à 100 . . . . . | 40 — | 60 — |
| 100 01 à 200 . . . . . | 50 — | 50 — |
| 200 01 à 300 . . . . . | 60 — | 40 — |
| 300 01 à 600 . . . . . | 70 — | 30 — |
| 600 01 à 900 . . . . . | 80 — | 20 — |
| 900 01 et au-dessus. . . . . | 90 — | 10 — |

6. *TABLEAU B, indiquant suivant quelles proportions l'État et le département supporteront la subvention revenant aux communes d'après le tableau A.*

| VALEUR DU CENTIME par KILOMÈTRE CARRÉ. | PART DE SUBVENTION à la charge | |
| --- | --- | --- |
| | de l'État. | du département. |
| Au-dessous de 2f00. . . . . | 80 p. 100 | 20 p. 100 |
| 2f01 à 2 50 . . . . . | 75 — | 25 — |
| 2 51 à 3 00 . . . . . | 70 — | 30 — |
| 3 01 à 3 50 . . . . . | 65 — | 35 — |
| 3 51 à 4 00 . . . . . | 60 — | 40 — |
| 4 01 à 5 00 . . . . . | 50 — | 50 — |
| 5 01 à 6 00 . . . . . | 40 — | 60 — |
| 6 01 à 9 00 . . . . . | 30 — | 70 — |
| 9 01 à 15 00 . . . . . | 20 — | 80 — |
| 15 01 et au-dessus . . . . . | 10 — | 90 — |

7. *TABLEAU C, servant à déterminer, pour les chemins de grande communication et d'intérêt commun, la part des dépenses à couvrir par les départements au moyen de ressources extraordinaires et le montant de la subvention qui doit leur être allouée par l'État.*

| VALEUR DU CENTIME par KILOMÈTRE CARRÉ. | COEFFICIENT de subvention. | DÉPENSES à couvrir par le département. |
| --- | --- | --- |
| Au-dessous de 2f00. . . . . | 50 p. 100 | 50 p. 100 |
| 2f01 à 2 50 . . . . . | 45 — | 55 — |
| 2 51 à 3 00 . . . . . | 40 — | 60 — |
| 3 01 à 3 50 . . . . . | 35 — | 65 — |
| 3 51 à 4 00 . . . . . | 30 — | 70 — |
| 4 01 à 5 00 . . . . . | 25 — | 75 — |
| 5 01 à 6 00 . . . . . | 20 — | 80 — |
| 6 01 à 9 00 . . . . . | 15 — | 85 — |
| 9 01 et au-dessus . . . . . | 10 — | 90 — |

### CHAP. III. — CLASSEMENT DES CHEMINS.

8. *Déclaration de vicinalité.* Le conseil général excède ses pouvoirs en prononçant directement le classement d'un chemin vicinal ordinaire (*Arr. C. d'Ét. 28 juill.* 1876). C'est à la commission départementale qu'il appartient (*L. 10 août* 1871, *art. 86 et 88*) de prononcer la déclaration de vicinalité, sauf *appel* devant le conseil général.

Dans la même espèce, il a été déclaré qu'une commune n'est pas tenue de payer les terrains nécessaires à l'établissement d'un chemin vicinal ordinaire, lorsque le conseil municipal s'est constamment opposé à l'ouverture de ce chemin, et que l'acquisition des terrains a eu lieu sans la participation de l'autorité municipale.

9. *Avenues d'accès.* Des difficultés s'étaient élevées au sujet du classement, dans la voirie vicinale, des avenues construites par l'État ou les compagnies concessionnaires pour accéder aux gares ou stations de chemins de fer d'intérêt général. La circulaire du ministre de l'intérieur du 7 mars 1882 donne la solution qui suit:

« Ces avenues faisant, en principe, partie du domaine public national, M. le ministre des finances avait pensé qu'elles ne devaient être remises aux communes qu'après déclaration d'utilité publique et indemnité ; mais il reconnaît aujourd'hui, d'une part, que leur classement parmi les chemins vicinaux ayant pour résultat d'exonérer l'État ou les compagnies de l'obligation de les entretenir, il serait rigoureux de réclamer un prix pour l'abandon de terrains dont la conservation constituerait seulement une charge ; que, d'autre part, les avenues des chemins de fer d'intérêt général pouvant être assimilées aux routes nationales ou au moins aux chemins domaniaux, rien ne s'oppose à ce qu'elles soient rangées, avec cession gratuite, dans la voirie vicinale par un décret du Président de la République, en vertu de la loi du 24 mai 1842. Je partage cette opinion. Telle est également la manière de voir de M. le ministre des travaux publics. Il y a donc actuellement accord entre les trois administrations.

« Vous devrez, en conséquence, Monsieur le Préfet, m'adresser directement, à l'avenir, toutes les demandes qui seront formées, soit par les communes pour obtenir le classement des avenues dont il est question, au nombre de leurs chemins vicinaux ordinaires, soit par les conseils généraux, afin de faire passer ces avenues dans la catégorie des voies vicinales de grande ou de moyenne communication. Vous aurez soin, dans le premier cas, de joindre à vos propositions l'avis de la commission départementale précédé de l'accomplissement des formalités énoncées aux art. 2, 3 et 4 de l'instruction ministérielle du 6 décembre 1870. Dans le second cas, vous veillerez à ce qu'il ait été procédé selon les prescriptions de l'art. 7 de la même instruction. Dans l'une et l'autre hypothèse, avant de provoquer le décret à intervenir, je consulterai M. le ministre des travaux publics sur l'opportunité de la mesure. Il sera, dès lors, indispensable de produire un rapport des ingénieurs du service de contrôle des chemins de fer. Vous y réunirez un aperçu indiquant, non seulement les ressources communales ou départementales qui pourraient être affectées à l'entretien des nouvelles voies vicinales, mais encore les sacrifices que l'État, les compagnies concessionnaires ou les particuliers consentiraient à s'imposer pour contribuer à la dépense.

« Il ne vous échappera pas, Monsieur le Préfet, que souvent les avenues des gares ou stations de chemins de fer d'intérêt général sont utiles à plusieurs communes, lors même qu'elles ne s'étendent pas au delà des limites d'une seule. En pareille circonstance, il ne serait pas équitable que l'obligation d'entretenir ces avenues, obligation ordinairement très onéreuse, incombât exclusivement à la commune dont elles emprunteraient le territoire. S'il y avait lieu de les classer comme voies vicinales, elles devraient l'être parmi les chemins de grande ou de moyenne communication. »

**10. Commission départementale.** La commission départementale n'est pas tenue de se conformer à l'avis du conseil municipal, lorsqu'elle se borne à fixer les limites et à déterminer l'alignement d'un chemin vicinal ordinaire. (Arr. du C. 27 fév. 1880.)

**11. Chemin nouveau.** La décision par laquelle une commission départementale déclare classer un chemin comme vicinal, prononce, en réalité, l'ouverture d'un chemin nouveau, lorsque le chemin classé était antérieurement un chemin rural et que la décision lui attribue une largeur supérieure à celle qu'il avait jusqu'alors. Par conséquent, si l'ouverture de ce chemin doit entraîner

des dépenses pour la commune, elle ne peut être ordonnée que sur l'avis conforme du conseil municipal. (Arr. du C. 13 juill. 1877.)

**12.** Une commission départementale ne peut, sans excès de pouvoir, rapporter une décision portant fixation du tracé et de la largeur d'un chemin vicinal, alors que cette décision a reçu son exécution. (Arr. du C. 5 déc. 1879.)

Les commissions départementales sont seules compétentes pour reconnaître la largeur et la limite de ces chemins et d'interpréter les arrêts de classement antérieurs à la loi de 1871 (10 août).

**13. Recours.** S'il y avait lieu d'attaquer la décision d'une commission départementale pour excès de pouvoirs, on pourrait déférer cette décision au conseil général par voie d'appel, et ne s'adresser au Conseil d'État que si le conseil général a rejeté la réclamation. (Arr. du C. 13 juill. 1877.)

**14. Emplacements accessoires.** Le conseil général, compétent, aux termes de l'art. 44 de la loi du 10 août 1871, pour déterminer la largeur des chemins vicinaux de grande communication, ne commet aucun excès de pouvoirs en comprenant dans les limites d'un chemin les emplacements qui sont nécessaires au dépôt des matériaux et qui constituent une dépendance de la voie. (Arr. du C. 3 août 1877.)

CHAP. IV. — SUBVENTION SPÉCIALE.

**15.** Les subventions spéciales dues pour les dégradations extraordinaires causées aux chemins vicinaux étant recouvrées comme en matière de contributions directes, il suit de là que les contestations qui y sont relatives doivent être jugées sans frais et que, pour faire courir le délai dans lequel, sous peine de déchéance, les pourvois doivent être formés au nom des communes intéressées contre les décisions des conseils de préfecture statuant en matière de subventions spéciales, les réclamants ne sont pas tenus de notifier ces décisions par acte extrajudiciaire. D'autre part, lorsque les subventions réclamées concernent des chemins vicinaux de grande communication et d'intérêt commun, le préfet, étant à la fois chef de l'administration chargé de notifier administrativement les décisions du conseil de préfecture et représentant des communes intéressées dans l'instance engagée, le délai de trois mois, dans lequel un pourvoi peut être formé par le préfet au nom des communes, court à partir du jour même où la décision du conseil de préfecture a été rendue. (Arr. du C. 16 févr. 1883.)

**16.** Si, d'après l'art. 14 de la loi du 21 mai 1836, les communes ne peuvent demander de subventions spéciales que pour les chemins entretenus en état de viabilité, la loi n'exige pas que l'état de viabilité ait été expressément constaté au commencement de l'année pour laquelle les subventions sont demandées. (Arr. du C. 22 déc. 1882.)

**17.** Le montant des subventions spéciales qui peuvent être imposées aux industriels, pour dégradations extraordinaires causées aux chemins vicinaux, en vertu de la loi du 21 mai 1836, ne doit pas être calculé d'après un coefficient de dégradation uniforme pour tous les transports industriels effectués dans l'arrondissement, sans tenir compte des conditions particulières dans lesquelles

les transports ont eu lieu dans chaque espèce. (*Arr. du C.* 14 *déc.* 1883.)

#### CHAP. V. — PRESTATIONS EN NATURE.

**18.** Le conseil général, en statuant sur le prix de la conversion en argent des journées de prestation, peut, sans excéder les limites de sa compétence, établir un tarif différent pour les voitures suspendues et pour les voitures non suspendues. (*Arr. du C.* 28 *mai* 1880.)

**19.** *Option pour l'exécution en nature.* Il doit être accordé décharge de la taxe des prestations à laquelle un requérant a été assujetti en argent, lorsqu'il est établi que ledit requérant a opté, dans les délais légaux pour l'acquittement en nature de ses prestations; qu'aux jours et à l'heure qui lui ont été prescrits, il a envoyé la voiture à raison de laquelle il a été imposé, à la carrière qui lui a été désignée. Le requérant est fondé à prétendre que le défaut d'acquittement en nature de ses prestations ne lui est pas imputable et ne peut avoir pour effet de rendre sa cote exigible en argent, lorsque sa voiture, qui d'ailleurs n'était pas impropre à l'exécution des prestations en nature, a été à tort refusée par l'administration. (*Arr. du C.* 16 *juin* 1882.)

**20.** *Délai.* Le délai imparti aux contribuables pour déclarer s'ils préfèrent acquitter leur prestation en nature, court du jour fixé par arrêté préfectoral *régulièrement* publié, et non du jour où un avertissement individuel a été adressé à chacun d'eux. (*Arr. du C.* 25 *avril* 1879.)

**21.** *Date de la délibération.* Aucune disposition de loi ne prescrit d'indiquer sur les avertissements individuels adressés aux contribuables, la date de la délibération du conseil municipal portant vote des prestations. Dès lors, un contribuable n'est pas fondé à soutenir qu'en l'absence de cette indication, la taxe ne peut lui être réclamée. (*Arr. du C.* 3 *févr.* 1883.)

**22.** Un contribuable ne peut être imposé à la prestation en nature à raison des domestiques et des animaux attachés à sa personne et qui l'ont suivi dans ses diverses résidences, sur le rôle d'une commune où il n'a pas résidé pendant l'année, bien que ce soit dans cette commune qu'il a son domicile et qu'il paie la contribution personnelle-mobilière. (*Arr. du C.* 27 *juin* 1879.)

**23.** Le prestataire imposé à raison d'un cheval et d'une voiture n'est pas tenu de fournir un conducteur. (*Arr. du C.* 12 *août* 1879.)

**24.** Le prestataire qui a mis sa voiture attelée à la disposition de l'administration dans les conditions à lui prescrites ne peut, lorsque cette voiture est demeurée sans emploi par la faute de l'agent voyer, être tenu d'acquitter ses prestations en argent. (*Arr. du C.* 19 *déc.* 1879.)

**25.** Pour la taxe des prestations en nature, comme pour toutes les autres contributions directes, les rôles sont annuels et les cotisations individuelles sont établies pour l'année entière d'après les faits existant au 1er janvier. Il suit de là que l'habitant qui n'a atteint que postérieurement au 1er janvier l'âge de 60 ans est imposable aux prestations en nature pour l'année, et si un conseil de préfecture lui a accordé décharge de cette taxe, son arrêté doit être annulé et l'habitant doit être rétabli sur le rôle à la taxe à laquelle il avait été primitivement imposé. (*Arr. du C.* 6 *févr.* 1880.)

**26.** Les portiers-consignes (*L.* 27 *juill.* 1872, *art.* 51, *et L.* 13 *mars* 1875, *art.* 35) font partie de l'armée active et par suite ne peuvent être assujettis à la taxe des prestations. (*Arr. du C.* 1er *févr.* 1878.)

**27.** Une femme qui réside avec son fils et avec son mari, dont elle est séparée de biens, ne peut pas être considérée comme chef de famille ou d'établissement, ni, par suite, être imposée à la taxe des prestations affectées à l'entretien des chemins vicinaux. (*Arr. du C.* 25 *janv.* 1878.)

**28.** Les chefs d'établissement pouvant être appelés à fournir une prestation pour chacune des bêtes de trait au service de l'établissement, sans qu'il y ait à distinguer l'usage auquel elles sont employées, une compagnie doit être imposée à raison des chevaux qu'elle emploie exclusivement dans l'intérieur d'une mine. (*Arr. C.* 19 *mai* 1876.)

**29.** La prestation est due alors même que le propriétaire des chevaux et voitures n'a pas un intérêt direct à l'entretien des chemins vicinaux de la commune. (*Arr. du C.* 8 *nov.* 1878.)

**30.** *Compagnie d'omnibus.* La prestation pour l'entretien des chemins vicinaux est due à raison des chevaux et voitures d'une compagnie d'omnibus logés et remisés dans l'établissement que cette compagnie possède dans une commune, bien que le directeur de la société ait son domicile dans une autre commune. (*Arr. du C.* 8 *nov.* 1878.)

Les transports effectués par une compagnie d'omnibus ne constituent pas un service public pouvant motiver l'exemption de la prestation pour les chevaux et voitures qui y sont employés. (*Même arrêt.*)

Nous doutons fort que le Conseil d'État ait ici bien interprété la pensée du législateur. L'art. 3 de la loi du 21 mai 1836, § 2, porte (tout habitant pourra être appelé à fournir une prestation de trois jours) : « 2° pour chacune des charrettes ou voitures attelées, et, en outre, pour chacune des bêtes de somme, de trait, de selle *au service de la famille ou de l'établissement dans la commune*. » Or, les chevaux des omnibus ne sont pas au service de la famille, et c'est ce point, qui est seul à prouver ici, ni — au moins en totalité — au service de l'établissement.

Et d'abord, quel est le principe fondamental de toute législation fiscale ? C'est : 1° l'égalité absolue, ou 2° l'égalité proportionnelle. La capitation est de plus en plus supprimée, c'est un progrès, et partout on cherche à se rapprocher de la proportionnalité. Elle n'est pas facile à atteindre, car presque personne n'aime à publier le chiffre exact de sa fortune ; le législateur doit se tenir principalement aux signes extérieurs et, comme il s'agit ici de communes rurales, le signe distinctif et proportionnel de la richesse, c'est le nombre de bêtes de trait : celui qui a besoin de 10 chevaux est plus riche que celui qui ne peut en occuper que 5 sur ses champs et ses prés, *au service de son établissement dans la commune*. Ces mots ne s'appliquent pas à une entreprise d'omnibus, ou du moins, ne s'appliquent qu'aux chevaux employés pour chercher les fourrages consommés ou pour d'autres services *intérieurs*.

Nous parlons de signes extérieurs : pour l'un, il consiste en terre ; pour l'autre, en vaches laitières ; pour le troisième, en chevaux, et parce que toute sa fortune prend par hasard la forme de chevaux il devrait plus d'impôt qu'un autre contribuable ? Personne ne l'admettra.

Les chevaux que le législateur a en vue sont des instruments de l'établissement et non l'établissement lui-même ; dans une entreprise d'omnibus, les chevaux et les voitures sont tout l'établissement. Maintenant que le lecteur veuille bien relire au *Dictionnaire*, p. 441, n° 163, l'énumération des cas d'exemption de la prestation due pour les animaux, il trouvera notre manière de voir corroborée par de fortes analogies. Par exemple, les animaux qui sont possédés comme objet de commerce sont exempts, sauf si le possesseur en retire un travail (pour sa ferme) ; autre exemple : les chevaux des relais de poste sont exempts; or il n'y a plus de relais de poste, les omnibus les ont remplacés, et la législation, ou l'interprétation, doit suivre le mouvement social. Pour nous résumer, si A possède 100 vaches à lait et 2 chevaux, le tout valant 25,000 fr. et B 50 chevaux d'omnibus valant également 25,000 fr., la forme de sa propriété serait-elle une raison suffisante pour que B fournisse à la commune 140 journées de prestation, tandis que A n'en fournirait que 6 ? (*Voy. plus loin* Tramways, n° 9. Nous ne connaissions pas cette disposition en rédigeant les lignes ci-dessus. Elle confirme nos vues.)

**31.** *Rôle supplémentaire.* En matière de prestation, aucune loi n'autorise à établir un rôle supplémentaire. (*Arr. du C.* 4 mai 1877.)

**32.** *Mutation de cote.* Doit être déchargé de la taxe des prestations, le requérant inscrit à la cote en vertu d'un arrêté préfectoral, alors qu'un autre contribuable avait déjà été porté au rôle, aucune disposition législative ou réglementaire n'autorisant les préfets à ordonner la mutation d'une cote inscrite au rôle des prestations en nature, après l'approbation de la publication dudit rôle. (*Arr. du C.* 27 *juin* 1879.)

### CHAP. VI. — MATIÈRES DIVERSES.

**33.** *Plantations non autorisées.* Le conseil de préfecture ne peut connaître que des dommages résultant des usurpations et anticipations commises sur les chemins vicinaux ; sa compétence ne s'étend pas à tous les autres cas de dommages causés à cette catégorie de voies publiques; par suite, c'est au tribunal de police qu'il appartient d'ordonner la destruction de haies vives qu'un propriétaire a plantées sans autorisation et sans observer les distances prescrites par un règlement préfectoral. (*Cass.* 23 *févr.* 1878.)

**34.** *Action en indemnité.* L'action formée à raison du dommage qui a été causé par les travaux exécutés sur un chemin vicinal d'intérêt commun, ne peut être dirigée contre le département, alors même qu'il a fourni une subvention. (*Arr. du C.* 31 *juill.* 1874.) Elle doit, en tout cas, être intentée contre les communes intéressées à l'entretien de ce chemin. (*Arr. du C.* 19 *juill.* 1878.)

**35.** *Paiement.* La commune sur le territoire de laquelle est situé un chemin vicinal ordinaire est tenue du paiement de la totalité des travaux exécutés sur ce chemin, sans pouvoir se prévaloir, à l'encontre de l'entrepreneur, pour ne lui payer qu'une partie de la dépense, de ce que l'ouverture du chemin profiterait davantage à une commune voisine. (*Arr. du C.* 16 *mai* 1879.)

**36.** *Expert.* L'agent voyer peut être désigné comme expert de la commune, en matière de subvention spéciale aux chemins vicinaux, alors même qu'il aurait instruit la demande de subvention. (*Arr. du C.* 14 *et* 21 *déc.* 1877.)

**37.** Les avis des experts ne lient en aucun cas le tiers expert dans ses propres appréciations. Il peut abaisser le chiffre de la subvention due à raison de dégradations sur un chemin vicinal, au-dessous des chiffres admis par les experts. (*Arr. du C.* 6 *janv.* 1882.)

**38.** Aucune disposition de loi ne faisant obstacle à ce que l'expert de l'administration soit désigné postérieurement à la nomination d'office par le conseil de préfecture de l'expert des requérants, et l'art. 17 de la loi du 21 mai 1836 attribuant compétence au sous-préfet pour désigner l'expert

de l'administration, quelle que soit la catégorie du chemin vicinal dégradé, les requérants ne sont pas dès lors fondés à contester la régularité d'une expertise, en se fondant sur ce que l'expert de l'administration a été nommé postérieurement au leur et sur ce que ledit expert a été désigné par le sous-préfet et non par le préfet, sous l'autorité duquel se trouvent placés les chemins vicinaux de grande communication. (*Arr. du C.* 10 *févr.* 1882.)

**CHEVAUX ET VOITURES.** (*Dict.*) **1.** *Montant de l'impôt.* A partir du 1er janvier 1880, dit la loi du 22 décembre 1879, la contribution sur les voitures et les chevaux sera établie d'après le tarif suivant :

| LOCALITÉS dans lesquelles le tarif est applicable. | SOMME A PAYER | | |
|---|---|---|---|
| | pour chaque voiture | | pour chaque cheval de selle ou d'attelage. |
| | à 4 roues. | à 2 roues. | |
| Paris . . . . . . . | 60 | 40 | 25 |
| Les communes autres que Paris ayant plus de 40,000 âmes de population. | 50 | 25 | 20 |
| Les communes de 20,001 âmes à 40,000 . . . . . . . . . | 40 | 20 | 15 |
| Les communes de 10,001 âmes à 20,000 . . . . . . . . . | 30 | 15 | 12 |
| Les communes de 5,001 âmes à 10,000 . . . . . . . . . | 25 | 10 | 10 |
| Les communes de 5,000 âmes et au-dessous. . . . . . . . | 10 | 5 | 5 |

Non compris le fonds de non-valeurs.

**2.** Les mules et mulets de selle ainsi que les mules et mulets servant à atteler les voitures imposables à la contribution sur les voitures et les chevaux, sont passibles de cette contribution d'après le même tarif et suivant les mêmes règles que les chevaux.

**3.** L'art. 6 de la loi du 23 juillet 1872 est modifié ainsi qu'il suit :

La taxe est réduite de moitié pour les chevaux et voitures imposables d'après l'art. 5 de la loi du 23 juillet 1872, lorsqu'ils sont employés habituellement pour le service de l'agriculture ou d'une profession quelconque donnant lieu à l'application du droit de patente, sauf en ce qui concerne les professions rangées dans le tableau G annexé à la loi du 18 mai 1850, et dans les tableaux correspondants annexés aux lois de patentes subséquentes. (*Voy.* Patentes *et* Voitures publiques.)

**4.** *Exemption de la taxe.* Nous trouvons annexé à une circulaire de la direction générale des contributions directes du 21 janvier 1882, le tableau ci-après des grades et emplois dont les titulaires ont droit à l'exemption de la taxe pour les chevaux et voitures qu'ils possèdent en conformité des règlements du service militaire [1]. (*Art.* 7 *de la loi du* 23 *juill.* 1872.)

1. Les chiffres ci-après comprennent les chevaux qui appartiennent en propre aux officiers et fonctionnaires de l'armée, ainsi que ceux qui leur sont concédés par les règlements et qui demeurent la propriété de l'État.

Les officiers montés sont autorisés à posséder, en sus du complet réglementaire, un cheval pour lequel il est perçu des rations de fourrage à charge de remboursement, qui est immatriculé au corps et ne peut être vendu sans autorisation. L'exemption est due aux chevaux de cette catégorie. (*Circ.* n° 613.)

| DÉSIGNATION DES GRADES ET EMPLOIS dont les titulaires sont tenus de posséder des voitures [1] ou des chevaux pour leur service. | NOMBRE DE CHEVAUX dont la possession est réglementaire. |
|---|---|
| Service du Président de la République | 15 |
| Le Ministre de la guerre | 10 |
| Le Gouverneur militaire de Paris | 12 |
| Le Gouverneur de Lyon | 10 |
| Les officiers aides de camp du Président de la République ont droit à une ration de plus que les officiers de leur grade. | |
| ÉTATS-MAJORS. | |
| *État-major général [2].* | |
| Maréchal de France | 8 |
| Général de division | 6 |
| Général de brigade | 4 |
| *Service d'état-major.* | |
| Colonel et lieutenant-colonel | 3 |
| Chef d'escadron, de bataillon et major | 2 |
| Capitaine | 2 |
| *Intendance militaire.* | |
| Intendant général | 4 |
| Intendant militaire | 3 |
| Sous-intendant militaire de 1re ou de 2e classe | 2 |
| Adjoint de 1re ou de 2e classe | 1 |
| *État-major particulier de l'artillerie.* | |
| Colonel | 3 |
| Lieutenant-colonel | 2 |
| Chef d'escadron | 2 |
| Capitaine [3] | 2 |
| Capitaines adjoints aux directions de Vincennes et de Versailles | 2 |
| *État-major particulier du génie.* | |
| Colonel | 3 |
| Lieutenant-colonel | 2 |
| Chef de bataillon | 2 |
| Capitaine | 1 |
| Lieutenant | 1 |
| Adjoint | » |
| Officiers employés aux travaux des places fortes { Colonel et lieutenant-colonel | 3 |
| Chef de bataillon, capitaine et lieutenant. | 2 |
| CORPS DE TROUPE. | |
| Colonel et lieutenant-colonel { d'infanterie | 2 |
| de cavalerie | 3 |
| d'artillerie { Colonel. | 3 |
| Lieutenant-colonel | 2 |
| du train d'artillerie | 2 |
| du génie | 2 |
| du train des équipages militaires | 2 |
| de gendarmerie (y compris la garde républicaine et la légion mobile) | 2 |
| de sapeurs-pompiers (Paris) | 2 |
| Commandant de circonscription de remonte ou directeur des établissements hippiques | 2 |
| Chef de bataillon ou d'escadron { d'infanterie [4] | 1 |
| de cavalerie | 2 |
| d'artillerie | 2 |
| du train d'artillerie | 2 |
| du génie | 2 |
| du train des équipages militaires | 2 |
| commandant un dépôt de remonte | 2 |
| de gendarmerie (y compris la garde républicaine et la légion mobile) | 2 |
| de sapeurs-pompiers (Paris) | 1 |
| Major { de cavalerie | 2 |
| d'artillerie | 2 |
| de toutes les autres armes [5] | 1 |
| Capitaine breveté d'état-major (troupes à pied) | 1 |
| — d'infanterie | 1 |

1. Nous avons supprimé la colonne des voitures ; elle était guillemetée de haut en bas.
2. Les capitaines, lieutenants ou sous-lieutenants de toutes armes employés comme officiers d'ordonnance ont droit à deux chevaux.
3. Reçoivent les allocations des capitaines des régiments : les capitaines de l'état-major particulier qui sont employés au ministère de la guerre, comme aides de camp, dans les états-majors de corps d'armée, à l'École d'application de l'artillerie et du génie, dans les commissions d'expériences.
4. Les chefs de bataillon d'infanterie brevetés d'état-major ont droit à deux chevaux.
5. Les majors d'infanterie brevetés d'état-major ont droit à deux chevaux.

| DÉSIGNATION DES GRADES ET EMPLOIS dont les titulaires sont tenus de posséder des voitures ou des chevaux pour leur service. | NOMBRE DE CHEVAUX dont la possession est réglementaire. |
|---|---|
| Capitaine { adjudant-major d'infanterie | 1 |
| — de cavalerie | 2 |
| d'une compagnie de cavaliers de remonte | 2 |
| d'artillerie et du train d'artillerie [1] | 2 |
| faisant fonctions d'adjudant-major du génie | 1 |
| d'une compagnie de sapeurs-conducteurs du génie | 2 |
| major du train des équipages militaires | 1 |
| d'une compagnie du train des équipages militaires | 2 |
| de gendarmerie (y compris la garde républicaine et la légion mobile) | 1 |
| trésorier et d'habillement des armes à cheval | 1 |
| adjudant-major, ingénieur et instructeur de sapeurs-pompiers (Paris) | 1 |
| Lieutenant et sous-lieutenant { Lieutenant de l'ancien corps d'état-major classé dans les troupes à pied (transitoirement) | 1 |
| de cavalerie | 1 |
| d'artillerie et du train d'artillerie | 1 |
| d'une compagnie de sapeurs-conducteurs du génie | 1 |
| d'une compagnie du train des équipages | 1 |
| de gendarmerie (y compris la cavalerie de la garde républicaine et de la légion mobile) | 1 |
| SERVICE DE SANTÉ. | |
| Médecin et pharmacien inspecteur | 1 |
| Médecin et pharmacien principal de 1re ou de 2e classe | 1 |
| Médecin-major de 1re classe { d'infanterie | 1 |
| d'artillerie | 2 |
| du génie | 1 |
| de la garde républicaine | 1 |
| de sapeurs-pompiers (Paris) | 1 |
| Médecin-major de 2e classe { d'infanterie | 1 |
| de cavalerie | 1 |
| d'artillerie, du génie, du train des équipages | 1 |
| de la garde républicaine et de la légion mobile | 1 |
| Médecin aide-major { d'infanterie | 1 |
| de cavalerie | 1 |
| d'artillerie ou du train d'artillerie | 1 |
| du génie | 1 |
| du train des équipages militaires | 1 |
| de la garde républicaine et de la légion mobile | 1 |
| des sapeurs-pompiers (Paris) | 1 |
| SERVICE VÉTÉRINAIRE. | |
| Vétérinaire { principal de 1re ou de 2e classe | 1 |
| en premier ou en second | 1 |
| Aide-vétérinaire | 1 |

5. On trouvera d'autres indications dans les circulaires 526 et 559 émanées du même service ; nous ne mentionnerons que celle qui porte le n° 613 (4 août 1881), où il est dit que le nombre de chevaux dont la possession est réglementaire est de 2 pour le préfet et de 1 pour le sous-préfet.

6. *Possesseurs et propriétaires.* La contribution est due par les possesseurs des voitures et des chevaux imposables, et non par les propriétaires. (*Arr. du C. 21 févr.* 1879.) Ainsi, un particulier qui possède une voiture en vertu d'une location faite à l'année doit être imposé à la taxe à raison de cette voiture, alors même que celle-ci est la propriété d'un carrossier (*Arr. du C. 21 févr.* 1879.)

7. *Voitures suspendues possédées par des commerçants.* Sont imposables les voitures suspendues possédées par des commerçants et qui servent à leurs voyageurs pour faire des tournées

1. Les capitaines détachés dans les établissements reçoivent les mêmes allocations que ceux de l'état-major particulier de l'artillerie.

périodiques et transporter des échantillons. (*Arr. du C. 23 janv.* 1880.)

**CHICORÉE.** (*Dict.*) La loi de finances du 22 décembre 1878, art. 2, supprime, à partir du 1er janvier 1879, les droits établis sur la *chicorée* et ses similaires par les lois des 4 septembre 1871 et 21 juin 1873.

**CIDRE.** *Voy.* **Boissons.**

**CIMETIÈRE.** (*Dict.*) 1. Les cimetières communaux sont des propriétés publiques, et les concessions qui y sont faites à des particuliers ne confèrent aux concessionnaires qu'un droit personnel et inaliénable ; elles ne peuvent non plus être transmises au moyen d'une donation entre vifs. (*C. de Lyon* 4 *févr.* 1875.)

2. *Proximité de la ville.* Doivent être annulés, pour excès de pouvoirs, l'arrêté et la décision ministérielle ayant confirmé ledit arrêté, par lequel un préfet a autorisé le maire d'une ville à affecter à l'agrandissement du cimetière de cette ville un terrain précédemment acquis à cet effet, lorsqu'il est établi que ledit cimetière, situé dans l'enceinte de la ville, est contigu à plusieurs jardins d'une étendue restreinte, dépendant d'habitations qui font partie de la masse des habitations agglomérées de ladite ville et compris dans la même clôture que les maisons. S'il appartient à l'administration d'apprécier le moment où elle doit prescrire la translation des cimetières qui se trouvent encore placés au milieu des habitations, elle ne peut, sans excéder ses pouvoirs, autoriser l'agrandissement des cimetières qui se trouvent dans cette situation. (*Arr. du C.* 16 *avril* 1880.)

3. *Agrandissement.* Un cimetière tranféré anciennement hors de l'enceinte d'une ville et demeuré en dehors de l'agglomération des habitants peut être agrandi, sans excès de pouvoir de la part de l'administration, alors même que certaines habitations se sont récemment élevées à une distance de moins de 35 mètres du mur de clôture de ce cimetière. (*Arr. du C.* 23 *déc.* 1881.)

4. *Autorisation d'inhumer.* Les terrains concédés à perpétuité dans les cimetières sont placés hors du commerce ; mais il n'est pas interdit aux concessionnaires d'y faire inhumer leurs amis (*Trib. de la Seine* 1er *avril* 1882.)

5. L'inscription qui figure sur un tombeau de famille ne peut être modifiée par l'un des héritiers du concessionnaire primitif, sans le consentement de tous ses héritiers. (*C. de Bordeaux* 27 *févr.* 1882.)

6. Supprimer au n° 18 du *Dictionnaire*, p. 472, les trois dernières lignes, l'art. 50 de la loi du 5 mai 1855 n'étant plus en vigueur.

**CHOMAGE.** *Voy.* **Usines.**

**CINQUANTE PAS GÉOMÉTRIQUES.** *Voy.* **Lais et relais.**

**CLOCHES.** *Voy.* **Organisation communale.**

**CODE RURAL.** La loi complémentaire du livre 1er du Code rural, relatif au mur mitoyen, etc. (*art. 666 à 685 du Code civil modifié*), est du 20 août 1881. (*Bull. des lois de* 1881, *n°* 642, et *J. off. du* 26 *août* 1881.) *Voy. aussi* **Chemins ruraux, Eaux** et **Vices rédhibitoires.**

Le Code rural se composera d'un certain nombre de lois qui seront délibérées et promulguées successivement. Le *Journal officiel* du mois d'août 1882 (*Sénat*, p. 581) renferme un intéressant rapport sur *l'état des travaux sur le Code rural*. (Rapport de M. Émile Labiche.)

**CODEX.** (*Dict.*) Le décret du 13 février 1884 porte : Le nouveau *Codex medicamentarius, Pharmacopée française*, édition de 1884, sera et demeurera obligatoire pour les pharmaciens à partir du 15 mars 1884.

**COLIS POSTAUX.** *Voy.* **Postes.**

**COLONIES.** (*Dict.*) 1. Nous nous bornons à reproduire quelques actes dont on sera peut-être bien aise de retrouver les dates.

Le nouveau règlement sur l'immigration (ou sur les coolies, coulies, ouvriers des race asiatique) est du 30 mars 1881. On le trouve au *Journal officiel* du 31 mars.

*Sénégal.* Un décret du 12 octobre 1882 (avec rapport) réorganise l'administration intérieure du Sénégal. (*J. off.* 18 oct. 1882.)

*Conseil supérieur des colonies.* Il est institué par décret du 19 octobre 1883. (Rapport, *J. off.* 20 *octobre* 1883. Modifié le 30 mars 1884, *J. off.* 31 *mars* 1884.)

*Législation annamite.* Rapport, décret du 3 octobre 1883, et *Précis* de même date, le tout au *J. off.* du 11 novembre 1883.

Le décret sur l'organisation des églises protestantes dans les établissements français en Océanie est du 23 janvier 1884 (*J. off.* 3 *févr.* 1884. — Rapport.)

Le décret du 16 juillet 1884 réorganise la *direction de l'intérieur* aux colonies. (*J. off.* 31 *juill.* 1884. — Rapport.)

Un arrêt du 6 mars 1883 reconnaît aux indigènes de l'Inde française les droit politiques appartenant à tout Français.

2. Le décret du 20 novembre 1882 règle le régime financier des colonies.

3. Le décret du 8 septembre 1882 dispose relativement aux droits sur les spiritueux à la Guadeloupe.

BIBLIOGRAPHIE.

Le Code annamite. Nouvelle traduction, par Philastre. 2 vol. in-8°. Paris, Leroux.

Les Colonies françaises, par P. Gaffarel. Paris, Germer-Baillière. 1879.

**COLPORTAGE DE LIVRES, ETC.** (*Dict.*). 1. Quiconque voudra exercer la profession de colporteur ou de distributeur sur la voie publique ou tout autre lieu public ou privé, de livres, écrits, brochures, journaux, dessins, gravures, lithographies et photographies, sera tenu d'en faire la déclaration à la préfecture du département où il a son domicile et de justifier qu'il est Français et qu'il n'a pas encouru une condamnation pouvant entraîner privation de ses droits civils et politiques. (*L.* 16 *juin* 1880, *art.* 1er.)

Toutefois, en ce qui concerne les journaux et autres feuilles périodiques, la déclaration pourra être faite, soit à la mairie de la commune dans laquelle doit se faire la distribution, soit à la sous-préfecture. Dans ce dernier cas, la déclaration produira son effet pour toutes les communes de l'arrondissement (*art.* 1er).

2. La déclaration contiendra les nom, prénoms, profession, domicile, âge et lieu de naissance du déclarant.

Il sera délivré, immédiatement et sans frais, au déclarant un récépissé de sa déclaration.

Tout colporteur ou distributeur devra être, en outre, muni d'un catalogue qui contiendra l'indication des objets énumérés à l'art. 1er destinés à la vente. Ce catalogue sera dressé sur un livret qui sera coté, visé et paraphé à l'avance par le préfet ou le sous-préfet.

Pour le colportage et la distribution des journaux dans une commune, le livret pourra être visé par le maire.

Le récépissé et le catalogue devront être présentés, par le colporteur, à toute réquisition de l'autorité compétente, qui aura toujours le droit de vérifier si les objets colportés ou distribués sont mentionnés au catalogue.

Les objets mentionnés au catalogue pourront seuls être colportés ou distribués (*art.* 2).

3. La distribution et le colportage accidentels ne sont assujettis à aucune déclaration (*art.* 3).

4. L'exercice de la profession de colporteur ou de distributeur sans déclaration préalable, ou après déclaration faite par un individu incapable, en vertu de l'art. 5 ci-après, la fausseté de la déclaration, l'absence de catalogue, la détention par le colporteur ou distributeur d'objets non mentionnés au catalogue, le défaut de présentation à toute réquisition du récépissé ou du catalogue, constituent des contraventions.

Les contrevenants seront punis d'une amende de 5 à 15 fr. et pourront l'être, en outre, d'un emprisonnement d'un à cinq jours.

En cas de récidive, de déclaration mensongère ou de déclaration faite par un individu incapable en vertu de l'art. 5 ci-après, l'emprisonnement sera nécessairement prononcé.

L'art. 463 du Code pénal pourra être appliqué (*art.* 4).

5. Les colporteurs et distributeurs pourront être poursuivis conformément au droit commun, s'ils ont sciemment colporté ou distribué des livres, écrits, etc., présentant un caractère délictueux.

Les tribunaux pourront prononcer l'interdiction de l'exercice de la profession de colporteur ou de distributeur à tout individu condamné en vertu du présent article (*art.* 5).

6. L'art. 6 de la loi du 27 juillet 1849, l'art. 2 de la loi du 29 décembre 1875, la loi du 9 mars 1878, et toutes les dispositions des lois, ordonnances, décrets ou règlements relatifs au colportage ou à la distribution des objets énumérés à l'art. 1er ci-dessus sont abrogés (*art.* 6).

7. *Crieurs.* Voici un jugement qui présente un certain intérêt. Le maire de Besançon avait pris un arrêté qui interdisait de crier les journaux sur la voie publique autrement que par leur titre et leur prix. Des crieurs qui contrevinrent à cet arrêté furent déférés au tribunal de police de Besançon, qui a statué en ces termes, en août 1882 :

« Attendu que les prévenus sont traduits en simple police pour avoir l'un et l'autre, le 22 juillet 1882, annoncé sur la voie publique la vente du journal *la Démocratie* autrement que par l'indication de la feuille et de son prix ;

« Que le ministère public réclame contre eux l'application de l'art. 471 du Code pénal, n° 15, comme ayant contrevenu à un règlement municipal pris par M. le maire de la ville de Besançon le 11 octobre 1870 ;

« Que les défendeurs, sans contester les faits, soutiennent que cet arrêté, si jamais il a pu être valable, a été rapporté par la loi sur la presse du 29 juillet 1881, art. 68 ; que dans tous les cas, il est illégal pour avoir été pris à l'encontre d'une loi existante en 1870 ; qu'ils demandent, pour ces causes, à être renvoyés de la poursuite sans amende ni dépens ;

« Attendu, en ce qui concerne le premier moyen, que la loi de 1881 se borne à réglementer la profession de colporteur et de distributeur sur la voie publique (*art.* 13 *à* 22);

« Qu'elle ne parle en aucune façon du crieur, ce qui prouve que le législateur n'a pas voulu faire d'empiétement sur les attributions municipales, et que l'art. 68 précité n'entend abroger que les arrêtés ou règlements qui s'occupent du colporteur et non de ceux qui statuent sur le criage ;

« Qu'en effet, on ne saurait confondre le colporteur ou distributeur sur la voie publique avec le crieur ;

« Que ce dernier exerce une profession bruyante, de nature à troubler la tranquillité publique; aussi, que la loi n'a jamais établi de confusion entre ces deux professions, et que toujours et sous tous les régimes les crieurs ont été soumis à une réglementation spéciale, ainsi que le démontre la loi de 1830, dont il sera fait mention ci-après ;

« En ce qui concerne le moyen fondé sur l'illégalité :

« Attendu qu'il est de principe constant que les tribunaux ont toujours le droit de vérifier si l'acte qualifié de règlement de police, dont l'exécution leur est demandée, émane d'une autorité municipale ayant qualité pour le prendre, et si, par son objet, cet arrêté rentre dans le cercle des attributions de cette autorité ;

« Que le droit de réglementer la police urbaine, c'est-à-dire tout ce qui peut intéresser la sûreté et la tranquillité publiques, appartient aux maires, en suite des dispositions de plusieurs lois, notamment de la loi du 24 août 1790, 22 juillet 1791 et 18 juillet 1837 ;

« Que l'autorité municipale, en usant des droits qui lui sont ainsi conférés, peut commettre des excès de pouvoir de deux manières différentes : soit en statuant sur les objets qui ne lui ont pas été confiés par les lois susvisées, en empiétant alors sur les attributions d'un autre pouvoir ; soit en prenant un arrêté contraire à une loi existante ;

« Attendu, dans l'espèce, qu'en 1870, comme aujourd'hui, sous l'empire de la loi nouvelle sur la presse, il appartient encore aux maires de réglementer la police des crieurs aussi bien d'imprimés ou de journaux que d'autres marchandises ;

« Que sous ce rapport le règlement incriminé est à l'abri de toute critique ;

« Mais qu'en 1870 la contravention relevée par l'arrêté du 11 octobre était nominativement prévue par la loi du 20 décembre 1830, qui infligeait des peines correctionnelles (*art.* 3 *et* 7) ;

« Que le maire, en substituant un règlement de police aux dispositions de cette loi, c'est-à-dire en transformant un délit en contravention, avait donc commis un excès de pouvoirs et réglementé d'une manière illégale ;

« Que la Cour de cassation l'a plusieurs fois décidé, notamment les 4 novembre 1848, 15 février 1854 et 29 août 1857 ;

« Attendu que la loi du 20 décembre 1830, qui statuait non seulement sur les crieurs, mais aussi sur les afficheurs, distributeurs et colporteurs, se trouve, sans conteste, abrogée par les dispositions de l'article 68 de la loi du 1881 ;

« Qu'on pourrait soutenir qu'en disparaissant elle a fait revivre le règlement précité, mais que, illégal à sa naissance, il ne saurait reprendre une force qu'il n'avait pas à son origine ; que c'est donc à tort qu'on en réclame l'application ;

« Par ces motifs, statuant contradictoirement et en dernier ressort,

« Nous déclarons nulle la procédure dirigée contre les prévenus, et nous les renvoyons de la poursuite sans amende ni dépens. » (*Voy. au mot* **Crieur public** *un arrêt dans le même sens.*)

**COMICE AGRICOLE.** (*Dict.*) Les comices agricoles n'ont pas le caractère d'institutions purement administratives rentrant dans la catégorie des services publics, mais constituent, pour tout ce qui concerne leur organisation intérieure et la direction de leurs intérêts privés, des associations civiles, indépendantes de l'administration.

Par suite, l'engagement contracté par un des membres d'un comice de verser dans la caisse commune une cotisation annuelle est une obligation privée, régie par le droit commun, et dont il appartient aux autres membres de ce comice de réclamer en justice l'exécution.

Cette obligation constituant un engagement purement civil, c'est devant l'autorité judiciaire que l'action doit être portée.

Elle est d'ailleurs indivisible, sinon quant à la somme promise, du moins par le rapport sous lequel elle a été considérée dans le contrat, et, dès lors, l'exécution peut en être poursuivie, individuellement et pour le tout, par chacun des membres du comice. (*Cass.* 30 *janv.* 1878.)

**COMITÉ D'HYGIÈNE.** (*Dict.*) Un décret du 30 septembre 1884 réorganise le comité d'ygiène, non sans s'inspirer de propositions émises par des hommes compétents et discutées dans les journaux.

Ce décret est motivé dans un rapport dont nous reproduisons en note les passages les plus importants [1].

Art. 1er. Le comité consultatif d'hygiène publique de France institué près du ministère du commerce est chargé de l'étude et de l'examen de toutes les questions qui lui sont renvoyées par le ministre, spécialement en ce qui concerne :

La police sanitaire maritime, les quarantaines et les services qui s'y rattachent ;

Les mesures à prendre pour prévenir et combattre les épidémies et pour améliorer les conditions sanitaires des populations manufacturières et agricoles ;

La propagation de la vaccine ;

Le régime des établissements d'eau minérales et le moyen d'en rendre l'usage accessible aux malades pauvres ou peu aisés ;

Les titres des candidats aux places de médecins inspecteurs des eaux minérales ;

L'institution et l'organisation des conseils et des commissions de salubrité ;

La police médicale et pharmaceutique ;

La salubrité des logements, manufactures, usines et ateliers ;

Le régime des eaux au point de vue de la salubrité.

Le comité indique au ministre les questions à soumettre à l'Académie de médecine.

Il est publié, chaque année, un recueil des travaux du comité et des actes de l'administration sanitaire.

Art. 2. Le comité consultatif d'hygiène publique est composé de vingt-trois membres.

Sont de droit membres du comité :

1° Le directeur des affaires commerciales et consulaires au ministère des affaires étrangères ;

2° Le président du conseil de santé militaire ;

3° L'inspecteur général, président du conseil supérieur de santé de la marine ;

4° Le directeur général des douanes ;

5° Le directeur de l'administration générale de l'assistance publique ;

6° Le directeur du commerce intérieur au ministère du commerce ;

7° L'inspecteur général des services sanitaires ;

8° L'inspecteur général des écoles vétérinaires ;

9° L'architecte inspecteur des services extérieurs du ministère du commerce.

Le ministre nomme les autres membres dont

---

1. Voici les extraits du rapport mentionné ci-dessus :

« Le comité se compose, comme par le passé, de membres de droit siégeant en raison de leurs fonctions, et de membres nommés par le ministre parmi les savants, les médecins, les chimistes, spécialement désignés par la nature de leurs travaux. Actuellement, le ministre procède directement à ces nominations. J'ai pensé qu'il y aurait avantage à restituer au comité le droit de présentation qui lui appartenu jusqu'en 1879. La nomination faite directement par le ministre a l'inconvénient grave de laisser croire que le comité n'a point, dans l'étude des questions qui lui sont confiées, une indépendance suffisante vis-à-vis de l'administration. Bien que ce reproche n'ait jamais été justifié, j'estime qu'il convient de ne le rendre impossible, et j'ai l'honneur de vous proposer de décider que désormais les membres du comité nommés par le ministre le seront sur une liste de présentation dressée par le comité tout entier et portant trois candidats pour chaque emploi vacant.

« Une autre disposition sur laquelle j'appellerai votre attention est celle qui institue des auditeurs auprès du comité consultatif d'hygiène publique. Assistant aux délibérations du comité,

prenant part à ses travaux, les auditeurs pourront ainsi se préparer à entrer plus tard dans les divers services de l'hygiène avec les connaissances et l'expérience nécessaires. Ce sera une pépinière qui a fait jusqu'à présent défaut pour le recrutement du personnel sanitaire à tous les degrés. Ces auditeurs, dont les fonctions seraient gratuites, seraient nommés par le ministre du commerce, sur la proposition du comité, et pour une période de trois ans, toujours renouvelable.

« A côté du comité, et pour servir de trait d'union entre l'administration et lui, je vous propose d'instituer un comité de direction des services de l'hygiène, qui serait composé du président du comité d'hygiène, de l'inspecteur général des services sanitaires et du directeur du service compétent. Ce comité aurait pour mission d'étudier les solutions à donner par l'administration à toutes les affaires ressortissant au service de la police sanitaire, sauf, bien entendu, à en référer, comme aujourd'hui, au comité lui-même, pour toutes celles qui présenteraient une certaine importance. En vous proposant d'établir ce comité, qui constituera un conseil permanent, dont but est de donner aux affaires de l'hygiène une direction homogène, s'inspirant des principes de la science médicale. Il n'y aura plus une seule question, si modeste qu'elle puisse être, dont la solution n'ait été préparée par des hommes compétents... »

huit au moins sont pris parmi les docteurs en médecine.

En cas de vacance parmi les membres nommés par le ministre, la nomination est faite sur une liste de trois candidats, présentée par le comité.

Art. 3. Le président et le vice-président, choisis parmi les membres du comité, sont nommés par le ministre.

Art. 4. Un secrétaire, ayant voix délibérative, est attaché au comité. Il est nommé par le ministre.

Un secrétaire adjoint peut, si les besoins du service l'exigent, être attaché au comité ; il est également nommé par le ministre ; ses fonctions sont gratuites.

Le chef du bureau de la police sanitaire et industrielle assiste, avec voix délibérative, à toutes les séances du comité et de ses commissions.

Art. 5. Le ministre peut autoriser à assister aux séances du comité, avec voix consultative et à titre temporaire, soit les fonctionnaires dépendant ou non de son administration, soit les docteurs en médecine ou toutes autres personnes dont la présence serait reconnue nécessaire pour les travaux du comité.

Art. 6. Des auditeurs peuvent être attachés au comité avec voix consultative. Ils sont nommés par le ministre, sur les propositions du comité et pour une période de trois ans toujours renouvelable. Leurs fonctions sont gratuites.

Art. 7. Le ministre peut nommer membres honoraires du comité les personnes qui en font partie.

Art. 8. Le comité se réunit en séance au moins une fois par semaine.

Il se subdivise, pour l'étude préparatoire des affaires, en commissions dont le nombre et la composition sont arrêtés par le président. Ces commissions se réunissent sur la convocation du président.

Art. 9. Il est institué près du ministère du commerce un comité de direction des services de l'hygiène composé du président du comité consultatif d'hygiène publique, de l'inspecteur général des services sanitaires, et du directeur du commerce intérieur.

Le chef du bureau de la police sanitaire et industrielle assiste, avec voix consultative, aux séances de ce comité.

Art. 10. Les membres du comité consultatif d'hygiène publique et du comité de direction des services de l'hygiène ont droit, pour chaque séance à laquelle ils assistent, à un jeton d'une valeur de quinze francs.

Le secrétaire du comité consultatif d'hygiène publique ne reçoit pas de jetons de présence : il touche une indemnité annuelle qui est fixée par arrêté du ministre.

Art. 11. Sont rapportés les décrets susvisés des 23 octobre 1856, 5 novembre 1869, 15 février 1879, 7 et 14 octobre 1879, 4 mars 1881 et 8 mars 1884. ( Voy. aussi **Laboratoires municipaux, Régime sanitaire, Subsistances,** etc.)

**COMMISSAIRE.** C'est un des nombreux termes dont on se sert pour désigner un agent du Gouvernement ou le représentant d'une autorité.

C'est l'usage qui influe le plus sur le choix du terme, mais habituellement le mot de commissaire est réservé pour les fonctions ou les missions temporaires ou désigne ceux qui sont chargés du règlement d'un objet déterminé. Le mot commissaire étant quelquefois pris dans le sens de représentant, on comprend que certains fonctionnaires permanents aient le titre de commissaire.

**COMMISSAIRE PRISEUR.** *Voy.* **Presse.**

**COMMUNE.** *Voy.* **Organisation communale.**

**COMPÉTENCE.** (*Dict.*) **1.** La compétence respective des juridictions civile et administrative se détermine par la nature de l'action et non par la qualification que la juridiction saisie lui a donnée. Ce principe fondamental a de nouveau trouvé l'occasion de s'appliquer dans une affaire jugée le 4 avril 1876 par la Cour de cassation.

**2.** L'arrêté préfectoral qui a autorisé un hospice à passer un contrat, ne peut être annulé par le ministre après que le contrat est consommé. (*Arr. du C.* 2 mars 1877.)

**3.** Lorsque, sur la poursuite correctionnelle dirigée contre un agent du Gouvernement, le préfet a proposé un déclinatoire tendant à faire statuer sur la portée d'actes administratifs auxquels le prévenu prétend s'être conformé, le tribunal, en admettant ce déclinatoire, ne doit pas se déclarer incompétent pour connaître des faits qui lui sont déférés. Il lui appartient seulement de surseoir à toute décision jusqu'à ce que l'autorité administrative ait statué sur l'interprétation desdits actes, sur leur régularité, ainsi que sur la question de savoir si le prévenu en a excédé les termes. (*Cour de Paris* 18 *avril* 1877.)

**4.** C'est à la commission départementale elle-même qu'il appartient, sur le renvoi de l'autorité judiciaire, de déterminer le sens et la portée de ses décisions. Elle est compétente également pour interpréter un arrêté pris par le préfet antérieurement à la loi du 10 août 1871, relativement à une des matières pour lesquelles la loi précitée lui a transmis les pouvoirs exercés précédemment par le préfet, par exemple relativement au classement d'un chemin vicinal. (*Arr. du C.* 9 mars 1877.)

Il appartient au Conseil d'État de statuer sur le recours formé contre une décision par laquelle la commission départementale a donné l'interprétation demandée par l'autorité judiciaire (en vertu de la séparation des pouvoirs). [*L. des* 7-14 oct. 1790; *implicitement Arr. C. du* 9 *mars* 1877.]

**5.** *Juridiction.* L'ordre des juridictions étant établi par la loi dans un intérêt général, il ne saurait y être dérogé par les conventions particulières des parties, ni par des règlements administratifs, alors surtout qu'on prétendrait dessaisir la juridiction française au profit d'une juridiction étrangère; par conséquent, est illicite et non obligatoire la clause d'un tarif international d'une compagnie de chemins de fer français, même dûment homologuée, qui stipule qu'en cas d'accident ou perte, le dommage sera réglé au lieu de destination à l'étranger, et le litige porté devant le tribunal de ce lieu. (*C. de Paris* 11 *juin* 1877.)

(Voir les détails et la discussion de cet arrêt dans le *Recueil périodique* de DALLOZ, année 1878, 2e partie, p. 209.)

**6.** *Excès de pouvoirs.* Lorsqu'un acte a, par sa nature, le caractère administratif, la circonstance qu'il serait entaché de certaines irrégularités ou même d'*excès de pouvoirs,* ne suffit pas pour lui faire perdre ce caractère. (*Trib. des conflits* 5 *mai,* 24 *nov.,* 8, 15 *et* 29 *déc.* 1877, 12 *janv.* 1878.)

**7.** *Acte administratif.* Le caractère d'acte administratif n'appartient pas à tous les actes faits par les fonctionnaires publics, mais seulement à ceux que la loi les autorise à faire. (*C. de Dijon* 16 *déc.* 1876 ; *C. de Nancy* 22 *nov.* 1875.)

Cependant, le Tribunal des conflits a décidé, le 23 novembre 1878, que l'illégalité et l'excès de pouvoirs dont un acte préfectoral peut être entaché, ne lui enlèvent pas la caractère d'acte d'administration et ne sauraient le faire dégénérer en un fait personnel, distinct et indépendant de l'acte administratif, dont il appartiendrait à l'autorité judiciaire de connaître.

**8.** *Donation.* L'arrêté préfectoral qui a autorisé une commune à accepter une donation ne peut être rapporté par le préfet après que la donation a été acceptée par le maire. (*Arr. du C.* 17 *juill.* 1877.)

**9.** *Sursis.* L'autorité judiciaire n'a pas à surseoir, en attendant l'interprétation d'actes administratifs intervenus pour régler les rapports des parties, lorsque cette interprétation n'est pas nécessaire pour la solution des difficultés qui lui sont soumises. (*C. de Rouen* 23 *janv.* 1878.)

**10.** *Dossier administratif.* Un tribunal civil peut, sans excès de pouvoirs, fonder sa décision sur des pièces extraites d'un dossier administratif, alors qu'il n'a pas à interpréter ces pièces, dont le sens n'est ni obscur ni ambigu, mais seulement à en faire l'application littérale. (*Cass.* 22 *mai* 1878.)

**11.** *Diffamation.* Il n'appartient pas à l'autorité judiciaire de connaître d'une action en dommages-intérêts dirigée contre un maire à l'occasion d'un rapport qu'il a adressé au préfet par voie hiérarchique pour signaler les mauvais services d'un préposé de l'octroi et provoquer la révocation dudit préposé, ce rapport rentrant dans le cercle de l'exercice de ses fonctions. Mais il appartiendrait à cette autorité de connaître de cette action en dommages-intérêts si elle était fondée sur ce que le rapport contiendrait des imputations fausses, calomnieuses et de mauvaise foi. (*C. de Bourges* 10 *févr.* 1879.)

**12.** *Legs à une commune.* L'autorité administrative est seule compétente pour statuer sur les difficultés auxquelles donne naissance l'interprétation de décrets autorisant l'acceptation d'un legs par une commune. Spécialement, il lui appartient de décider si la commune, autorisée à accepter le legs d'un immeuble grevé d'hypothèque « jusqu'à concurrence des ²|₃ de sa valeur, aux charges et conditions du testament », est obligée de payer la totalité des dettes hypothécaires, conformément aux dispositions de ce testament, ou n'en doit supporter que les deux tiers. (*C. de Lyon* 23 *mai* 1876.)

(Voy. DALLOZ, année 1879, 2ᵉ partie, p. 48. La compétence administrative dérive de ce fait que le décret d'autorisation avait besoin d'être interprété.)

**13.** *Interprétation.* L'arrêt qui, sans se livrer à l'interprétation d'aucun acte administratif, déclare qu'un hospice constitue un établissement indépendant du service des enfants assistés, ne viole pas le principe de la séparation des pouvoirs. (*Cass.* 19 *févr.* 1879.)

**14.** *Légalité d'un acte administratif.* L'autorité judiciaire est compétente pour apprécier la légalité des actes administratifs qui sont produits au cours d'un litige et dont les parties demandent l'application au différend qui les divise (*Trib. des confl.* 23 *août* 1877.)

**15.** *Employé.* (*Contrat civil.*) L'employé entré au service d'une commune en vertu d'un arrêté de nomination émané du maire et sans qu'il soit intervenu aucune convention particulière entre lui et l'administration municipale, n'est pas fondé à soutenir qu'il existe entre lui et la commune un contrat de louage d'ouvrage dont la rupture intempestive peut donner lieu à une action en indemnité de la compétence de l'autorité judiciaire. Il importe peu, à cet égard, que cet employé soit ou non investi d'une portion de l'autorité publique. (*C. d'Aix* 8 *août* 1878.)

Plusieurs arrêtés de l'année 1878 constatent que « les tribunaux civils ne sont pas compétents pour connaître de la demande en dommages-intérêts formée par un employé de mairie contre la commune, à raison de la révocation dont il a été l'objet. L'affaire est de la compétence administrative. »

**16.** *Retenue.* (*Contrat civil.*) Il appartient à l'autorité judiciaire de statuer sur la question de savoir si un maire a pu, à bon droit, opérer une retenue sur le traitement du secrétaire de la mairie. (*Trib. des confl.* 14 *juin* 1879.)

Voy. aussi les matières qui peuvent être l'objet d'un conflit de compétence : **Alignement, Chemins vicinaux, Cours d'eau,** etc.

**17.** Les tribunaux civils ne doivent renvoyer à l'autorité administrative, pour être interprétés par elle, les actes administratifs dont le sens est douteux, que lorsque ces tribunaux reconnaissent que ces actes (dans l'espèce, un plan d'alignement) peuvent avoir de l'influence sur la solution des questions à juger. (*Cass.* 6 *mars* 1883.)

**18.** Ils doivent faire directement l'application des actes administratifs produits devant eux, alors que les dispositions de ces actes sont nettes et formelles (*même arrêt*). On ne saurait dire que le sens est clair, lorsque l'interprétation est contestée par les parties en cause, par le ministère public et par le préfet dans son déclinatoire. (*Trib. des confl.* 20 *mai* 1882.)

**19.** Les tribunaux doivent surseoir à statuer jusqu'après interprétation par l'autorité administrative des actes administratifs dont ils ont à appliquer les dispositions obscures et ambiguës ; mais ils doivent assurer directement l'application de ces actes, lorsque leurs dispositions sont claires et nettes ; et ils doivent également apprécier la portée et l'influence des actes administratifs sur le règlement d'intérêts privés tout à fait indépendants d'un intérêt public. (*Cass.* 28 *mai* 1883.)

**20.** Les parties ne sont pas recevables, à l'occasion d'une demande d'interprétation, formée en vertu d'un renvoi ordonné par l'autorité judiciaire, à déférer au Conseil d'État les décisions étrangères à l'objet du renvoi. (*C. d'État* 16 *déc.* 1881.)

BIBLIOGRAPHIE.

Commentaire de la loi du 25 mars 1876 relative à la compétence en matière contentieuse, par E. Waelbroeck. 1 vol. (Bruxelles.) Paris, Marescq. 1876.

Traité de l'organisation et de la compétence des conseils de préfecture et des règles de la procédure à suivre devant eux, par Arsène Perier. 2 vol. in-8°. Plon et Cⁱᵉ.

Du Contentieux administratif et de la jurisprudence du Conseil d'État en matières militaires, par C. Cretin. In-8°. Baudoin et Cⁱᵉ.

**COMPTABILITÉ.** (*Dict.*) **1.** C'est devant la Cour des comptes que doit être porté le recours dirigé contre l'arrêté par lequel un conseil de préfecture déclare un maire comptable de deniers communaux. Par suite, l'arrêté pris en cette matière par le conseil de préfecture, n'est pas susceptible d'être déféré directement au Conseil d'État par la voie du recours pour excès de pouvoir. (*C. d'Ét.* 19 *mai* 1882.)

**2.** Le ministre de l'intérieur a qualité pour déférer au Conseil d'État, dans les cas prévus par l'art. 17 de la loi du 16 septembre 1807, un arrêt rendu par la Cour des comptes en matière de comptabilité communale. (*C. d'Ét.* 5 *mai* 1882.)

Les cas prévus par la loi de 1807 sont un arrêt de la Cour supposé entaché d'un défaut de forme et l'intervention du ministre pour des matières concernant son département (les affaires communales sont dans les attributions du ministre de l'intérieur).

BIBLIOGRAPHIE.

Traité de la comptabilité occulte et des gestions extraréglementaires. Législation, réglementation, procédure, jurisprudence, par Victor de Swarte. Grand in-8°. Berger-Levrault et Cⁱᵉ.

**COMPTABILITÉ-MATIÈRES.** Voyez au *Dictionnaire*, le mot **Matières (Comptabilité-).**

**CONCILE.** *Voy.* **Culte catholique.**

**CONFLIT.** (*Dict.*) **1.** A l'occasion des mesures prises pour l'expulsion des jésuites, ces derniers ont invoqué l'aide des tribunaux contre l'administration. Mais les tribunaux, ne pouvant juger un acte administratif, durent se déclarer incompétents. Les intéressés, arguant de violation de la propriété et de la liberté individuelle, saisirent la juridiction criminelle, l'ordonnance royale du 1ᵉʳ juin 1828 interdisant d'élever le conflit en matière criminelle. Le Tribunal des conflits eut à prononcer en décembre 1880, et voici son arrêt :

« Le Tribunal,

« Vu les lois des 16-24 août 1790 et 16 fructidor an III ;

« Vu l'ordonnance du 1ᵉʳ juin 1828, notamment les art. 1 et 12 ;

« Vu l'art. 27 de la loi du 21 fructidor an III ;

« Vu l'ordonnance du 12 mars 1831, le règlement du 26 octobre 1849 et la loi du 24 mai 1872 ;

« Ouï, etc. ;

« *Sur la recevabilité de l'arrêté de conflit :*

« Considérant que, aux termes des lois ci-dessus visées des 16-24 août 1790 et du 16 fructidor an III, défense est faite aux tribunaux de citer devant eux les administrateurs pour raison de leurs fonctions, et de connaître des actes d'administration de quelque nature qu'ils soient ;

« Que le droit d'élever le conflit conféré à l'autorité administrative par les lois précitées et par celles du 21 fructidor an III a pour but d'assurer l'exécution de ces prescriptions, et qu'il ne saurait être porté atteinte à ce droit qu'en vertu de dispositions spéciales de la loi ;

« Considérant qu'à la vérité, les sieurs Taupin et Thébault soutiennent que cette disposition spéciale se rencontre dans la cause et qu'elle résulte de l'art. 1ᵉʳ de l'ordonnance du 1ᵉʳ juin 1828, aux termes duquel « à l'avenir, le conflit d'attri-« bution entre les tribunaux et l'autorité admi-« nistrative ne sera jamais élevé en matière cri-« minelle » ;

« Qu'ils concluent de là que, par application dudit art. 1ᵉʳ, le conflit élevé par le préfet du département de la Vienne devant le premier président de la cour de Poitiers doit être annulé comme non recevable ;

« Mais considérant que l'art. 1ᵉʳ de l'ordonnance du 1ᵉʳ juin 1828, en interdisant à l'autorité administrative d'élever le conflit en matière criminelle, a eu uniquement pour but d'assurer le libre exercice de l'action publique devant la juridiction criminelle et la compétence exclusive de cette juridiction pour statuer sur ladite action ; mais que ce texte n'a pas eu pour but et ne saurait avoir pour effet de soustraire à l'application du principe de la séparation des pouvoirs l'action civile formée par la partie qui se prétend lésée, quelle que soit la juridiction devant laquelle cette action soit portée ;

« Considérant, d'autre part, que l'acte, en date du 4 septembre 1880, par lequel les sieurs Taupin et Thébault ont rendu plainte devant le premier président de la cour d'appel de Poitiers et se sont portés partie civile contre le préfet du département de la Vienne et contre le commissaire central et le commissaire cantonal, ne constituait pas l'exercice d'une action publique, qu'ainsi la matière n'était pas criminelle dans le sens de l'art. 1ᵉʳ de l'ordonnance du 1ᵉʳ juin 1828, et que ledit article ne faisait pas obstacle à ce que le conflit fût élevé sur l'action engagée par les sieurs Taupin et Thébault ;

« *Au fond et sur la validité du conflit :*

« Considérant que les faits relevés dans la plainte et qualifiés par elle d'attentat à la liberté individuelle, crime prévu par l'art. 114 du Code pénal, ne sont autres que les faits constituant l'exécution même de l'arrêté pris, à la date du 1ᵉʳ septembre 1880, par le préfet de la Vienne et prescrivant, d'après les ordres du ministre de l'intérieur et en vertu du décret du 29 mars 1880, la fermeture et l'évacuation immédiate de l'établissement occupé à Poitiers, rue de l'Industrie, par les membres de la congrégation, non autorisée, dite de Jésus ;

« Considérant que, en dehors de ces actes d'exécution, il n'est précisé aucun fait personnel distinct de ces actes imputables soit au préfet, soit aux commissaires de police et de nature à engager la responsabilité de l'un ou de l'autre, soit au point de vue civil, soit au point de vue pénal ;

« Considérant que l'autorité judiciaire ne peut, sans méconnaître le principe de la séparation des pouvoirs, connaître d'une poursuite dirigée en réalité contre un acte administratif, alors même que, en apparence, cette poursuite ne vise que la personne du fonctionnaire qui l'a ordonnée ou de celui qui l'a exécutée; qu'il suit de là que le premier président de la cour d'appel de Poitiers n'a pu, sans violer ce principe, se déclarer compétent pour informer sur la plainte des sieurs Taupin et Thébault, alors que cette plainte n'était en réalité que l'instrument d'une action civile fondée exclusivement sur un acte administratif;

En ce qui touche les arrêts rendus par la cour de Poitiers en sa chambre des mises en accusation, à la date des 17 et 19 septembre 1880, ainsi que l'arrêté du préfet, du 24 du même mois, et l'arrêt de ladite cour du 2 octobre suivant;

Considérant que, aux termes des dispositions combinées des art. 27 de la loi du 21 fructidor an III et 12 de l'ordonnance du 1er juin 1828, en cas de conflit d'attribution, il doit être, sur les réquisitions du ministère public, sursis à toute procédure judiciaire; que, d'autre part, aux termes de la loi du 24 mai 1872, il n'appartient qu'au Tribunal des conflits de statuer sur la validité d'un arrêté de conflit;

Considérant que, par suite, la cour de Poitiers ne pouvait, après avoir visé l'arrêté du 16 septembre et les réquisitions du procureur général, ordonner, par son arrêt du 17 septembre, l'apport sur son bureau des pièces de la procédure suivie contre les sieurs Obissier, Douste et Delalonde; ni, à plus forte raison, décider, par son arrêt du 19 du même mois, que l'ordonnance rendue par le premier président suivrait son plein et entier effet; que, de plus, en décidant ainsi par le motif, notamment, que l'arrêté précité était mal fondé et que le préfet était d'ailleurs, à raison de la matière, non recevable à élever le conflit, ladite cour a excédé ses pouvoirs et méconnu les dispositions précitées des lois des 21 fructidor an III et 24 mai 1872; qu'ainsi, lesdits arrêts doivent être considérés comme non avenus;

Considérant qu'il y a lieu, par voie de conséquence, de considérer l'arrêté du 24 septembre comme étant devenu sans objet, et, par suite, de considérer également comme non avenu l'arrêt de la cour en la chambre des mises en accusation du 2 octobre suivant, rendu sur le vu de cet arrêté;

Décide :

L'arrêté de conflit ci-dessus visé pris par le préfet du département de la Vienne à la date du 11 septembre 1880 est confirmé;

Sont considérées comme non avenues la plainte des sieurs Taupin et Thébault dans laquelle ils déclarent se porter partie civile, ensemble l'ordonnance du premier président de la cour de Poitiers, en date du 9 septembre 1880;

Les arrêts de la cour de Poitiers, chambre des mises en accusation, en date des 17 et 19 septembre, sont considérés comme non avenus;

Il n'y a lieu de statuer sur l'arrêté de conflit du 24 septembre devenu sans objet; est en conséquence considéré comme non avenu l'arrêt du 2 octobre.....

On sait que le Tribunal a confirmé également, et par des motifs analogues, les arrêtés de conflit pris par les préfets de la Gironde et de Maine-et-Loire devant les cours de Bordeaux et d'Angers.

Il résulte de la décision qu'on vient de lire que :

1° L'art. 1er de l'ordonnance du 1er juin 1828, en interdisant à l'autorité administrative d'élever le conflit en matière criminelle, a eu uniquement pour but d'assurer le libre exercice de l'action publique ;

2° La plainte qu'un particulier porte devant le juge d'instruction en déclarant se constituer partie civile ne constitue pas une action publique et ne fait pas obstacle, dès lors, à une déclaration de conflit de la part de l'autorité administrative ;

3° On ne saurait considérer comme constitutifs du crime d'attentat à la liberté individuelle, des faits qui, dégagés de tout acte personnel aux agents de l'administration et de nature à engager leur responsabilité, n'ont été que l'exécution d'un arrêté préfectoral prescrivant, d'après les ordres du ministre de l'intérieur, et en vertu du décret du 29 mars 1880, la fermeture et l'évacuation immédiate de l'établissement d'une congrégation non autorisée.

**2. *Récusation du ministre de la justice.*** La décision du Tribunal des conflits, rendue le 4 novembre 1880 sur la question préjudicielle de la récusation du ministre de la justice comme président du Tribunal dans l'affaire des jésuites de Lille et d'Avignon, est conçue en ces termes :

Vu, etc..

Vu l'ordonnance du 1er juin 1828, la loi du 24 mai 1872 et le décret réglementaire du 26 octobre 1849 ;

Ouï M Bosviel, avocat des sieurs Martigny et consorts, et M Mimerel, avocat du préfet du Nord, en leurs observations ;

Ouï M. Ronjat, commissaire du Gouvernement en ses conclusions;

Considérant que le Tribunal des conflits, institué pour assurer l'application du principe de la séparation des pouvoirs administratif et judiciaire, n'est appelé à trancher aucune contestation d'intérêt privé; que le débat porté devant lui par le préfet agissant au nom de la puissance publique s'agite uniquement entre l'autorité judiciaire et l'autorité administrative;

Qu'il suit de là que les parties engagées dans l'instance qui donne lieu à l'arrêté de conflit ne figurent ni comme demanderesses ni comme défenderesses devant le tribunal chargé de le juger; que si les parties peuvent produire des mémoires et des observations orales, elles ne sont recevables à prendre aucunes conclusions; qu'à, dès lors, elles ne sauraient être admises à proposer une récusation par application des articles 358 et suivants du Code de procédure civile;

Décide :

La requête par laquelle Me Sabatier ès noms a proposé la récusation de M. le garde des sceaux, ministre de la justice, est déclarée non recevable.

**3. *Partage.*** Dans une autre affaire, du 14 janvier 1880, le Tribunal avait jugé que, « dans le cas où les huit membres titulaires du Tribunal des conflits ayant pris part à une délibération, un partage s'est produit, il appartient au garde des sceaux, président de droit du conseil, de remplir le rôle de juge départiteur ».

**4. *Déclinatoire.*** La présentation d'un déclinatoire est une formalité essentielle dont l'omission entraîne l'annulation de l'arrêté de conflit... alors même que le préfet, agissant comme partie en cause, avait présenté des conclusions tendant à ce que le tribunal se déclarât incompétent. (*Trib. des confl* 20 mai 1882.)

**5. *Délais.*** Le préfet qui, après le rejet du déclinatoire par lui proposé, a laissé passer le délai de quinzaine sans élever le conflit, ne peut, sans méconnaître l'autorité de la chose jugée, proposer devant les mêmes juges un nouveau déclinatoire

pour élever le conflit en cas de rejet de ce déclinatoire. (*Trib. des confl.* 10 *févr.* 1883.)

BIBLIOGRAPHIE.

Des Conflits d'attribution, par A. Poisson. Paris,
Berger-Levrault et Cⁱᵉ. In-8°. 1880.
Des Conflits d'attribution, par H. Collignon. Paris,
Chevalier-Marescq. 1882.

**CONGRÉGATIONS RELIGIEUSES.** (*Dict.*)
**1.** Le décret du 29 mars 1880, qui donne trois
mois aux associations de la Compagnie de Jésus
pour se dissoudre, et le deuxième décret de même
date qui invite les autres congrégations à demander l'autorisation se trouvent dans le *Journal
officiel* du 30 mars 1880.

**2.** *Droit d'enregistrement.* Nous reproduisons
l'instruction du 8 avril 1880 relative au droit
d'enregistrement des déclarations de propriété
faites au profit des congrégations religieuses de
femmes.

Une décision prise par le ministre des finances, le 25 juin
1852, a exempté du droit proportionnel d'enregistrement, sous
certaines conditions, les actes par lesquels les membres des
congrégations religieuses de femmes déclarent, dans les 6 mois
de leur reconnaissance légale, que les biens acquis en leur nom
personnel sont la propriété effective de la communauté.

Cette décision, ainsi que l'indique son contexte, constituait
une dérogation à l'art. 17 de la loi du 18 avril 1831, suivant
lequel les acquisitions des « départements, arrondissements,
communes, hospices, séminaires, fabriques, congrégations,
consistoires et autres établissements publics » sont passibles
des droits proportionnels d'enregistrement et de transcription,
selon le droit commun.

L'immunité qu'elle consacre au profit des congrégations ne
pouvait pas d'ailleurs être maintenue en présence de la jurisprudence, actuellement bien établie, d'après laquelle tout acte
ou déclaration ayant pour objet de faire passer les biens sur la
tête d'une autre personne que celle qui en était propriétaire
apparent d'après l'acte d'acquisition, opère en droit fiscal une
transmission passible de l'impôt proportionnel.

Il a donc paru opportun de revenir à l'exacte observation de
l'art. 17 de la loi du 18 avril 1831, et des principes consacrés
par les arrêts de la Cour de cassation.

En conséquence, le ministre des finances a rapporté purement et simplement, le 3 avril 1880, la décision du 25 juin
1852.

Les agents auront soin d'appliquer désormais aux actes prévus par cette décision les règles ordinaires de la perception des
droits d'enregistrement et de transcription.

(*Signé* : LECLÈRE.)

**3.** L'art. 1780 du Code civil ne s'applique pas
aux religieuses vouées à l'enseignement et aux
œuvres de charité [1].

En conséquence, les obligations contractées par
une congrégation religieuse qui a été mise en possession, par une commune, des bâtiments et d'enclos avec autorisation d'y établir une maison
d'éducation particulière, mais à la charge d'y tenir,
pour le compte de la commune, l'école gratuite
des filles, ainsi qu'une salle d'asile, et de distribuer les secours accordés aux indigents par le
bureau de bienfaisance, ne tombent pas, même en
admettant qu'elles aient un caractère absolu de
perpétuité, sous l'application de cet article. (*Cass.*
17 *août* 1880.)

**4.** Lorsque le règlement intérieur d'une congrégation religieuse autorise certains dignitaires à
prononcer l'exclusion d'un des membres de la
communauté, les tribunaux ne peuvent contrôler
l'exercice de ce pouvoir, s'il est d'ailleurs établi
que cette décision n'a point été prise, comme le
soutenait la personne expulsée, pour exonérer la
communauté de la charge de lui donner des soins

[1]. Cet article est ainsi conçu : « On ne peut engager ses
services qu'à temps ou pour une entreprise déterminée. »

en état de maladie, et si cette mesure n'est point
entachée de dol ou de fraude. (*Cass.* 18 *juill.*
1881.) [*Voy.* **Conflit, Patente.**]

**5.** Lorsqu'il existe entre une commune et une
congrégation religieuse un traité qui confie à cette
dernière, pour un temps déterminé, la direction
de l'école publique et la jouissance des bâtiments
communaux affectés à son installation, l'arrêté
préfectoral qui, pendant le cours du traité, substitue l'enseignement laïque à l'enseignement congréganiste, constitue un cas de force majeure qui
résout le contrat. En conséquence, les instituteurs congréganistes révoqués ne peuvent réclamer des dommages-intérêts contre la commune, à
raison de cette résiliation. (*Cass.* 12 *mars* 1884.)

**6.** Il en est ainsi alors même que la commune
a provoqué l'arrêté préfectoral, en émettant le
vœu de voir substituer l'enseignement laïque à
l'enseignement congréganiste. D'une part, en
effet, le préfet, en opérant cette substitution, agit
dans la plénitude de son pouvoir souverain ; et
d'autre part, la commune, en exprimant un tel
vœu, ne fait qu'user d'un droit dont l'exercice ne
peut donner ouverture à une action en dommages-
intérêts. (*Cass.* 12 *mars* 1884.)

*Summum jus, summa injuria.*

**7.** En cas de substitution d'une école laïque à
une école ecclésiastique, par suite d'un arrêté
préfectoral, les héritiers d'un testateur qui avait
fait un legs à une commune, sous condition de
l'établissement d'une école communale congréganiste, ne peuvent pas demander des dommages-
intérêts pour inexécution des charges du legs.

Ils ne peuvent réclamer que le montant du legs,
l'inexécution étant la conséquence d'un acte de
l'autorité dont la commune ne peut, en aucun cas,
être responsable, alors même qu'elle aurait émis
un vœu en faveur d'une école laïque. (*Cass.* 19
*mars* 1884.)

**CONSEIL DE PRÉFECTURE.** (*Dict.*) **1.** Le conseil de préfecture ne peut refuser d'examiner un
mémoire présenté avant le jour de l'audience, en
se fondant sur ce qu'il aurait été produit après
l'expiration du délai imparti aux parties par le
conseil, par application de l'article 4 du décret du
12 juillet 1865. (*Arr. du C.* 15 *déc.* 1876.)

**2.** *Vice de forme.* Lorsque l'arrêté d'un conseil de préfecture, auquel a pris part un chef de
bureau de préfecture, ne mentionne ni l'empêchement du conseiller titulaire, ni la décision préfectorale qui a appelé, à défaut de conseiller général,
ce chef de bureau à siéger à la place du conseiller titulaire, ces omissions constituent un vice de
forme qui doit entraîner l'annulation dudit arrêté.
(Pourvoi du ministre de l'intérieur contre un arrêté
du conseil de préfecture de Constantine, 23 janvier 1880.)

**3.** *Expertise.* Bien que l'arrêté qui ordonne
une expertise soit préparatoire, il doit sortir son
plein et entier effet, et, par suite, le conseil de
préfecture ne peut, par un arrêté subséquent, décider que l'expertise n'aura pas lieu et statuer
immédiatement au fond. (*Arr. du C.* 28 *janv.*
1881.)

**4.** *Membre empêché.* Lorsqu'un membre du
conseil général a été appelé à remplacer un
membre du conseil de préfecture empêché, ses

fonctions prennent fin par un arrêté interlocutoire rendu par le conseil de préfecture, c'est-à-dire qu'il n'y a pas lieu de l'appeler à siéger dans la suite de l'affaire, si en attendant le conseil de préfecture s'est complété (*Arr. du C.* 25 *mars* 1881.)

5. *Compétence.* Les souscriptions consenties pour l'exécution d'un travail ayant un caractère public (et spécialement pour la construction d'une école communale publique) constituent un contrat administratif. En conséquence, les difficultés qui peuvent s'élever à l'occasion de l'exercice de ce contrat sont de la compétence du conseil de préfecture, et l'autorité judiciaire saisie de la contestation doit d'office se déclarer incompétente. (*C. d'État* 19 *mars* 1884.)

6. Au *Dictionnaire*, p. 601, n° 47, supprimez les mots de : *Approbation* jusqu'à *mars* 1827, dans les trois premières lignes du n° 47. *Voy. aussi* Compétence, Conseil d'État, Élection.

## CONSEIL D'ÉTAT. (*Dict.*)

### SOMMAIRE.

### CHAP. I. — ORGANISATION DU CONSEIL D'ÉTAT.

1. La loi[1] du 13 juillet 1879 est ainsi conçue :

Art. 1er. Le Conseil d'État se compose : 1° de trente-deux conseillers d'État en service ordinaire ; 2° de dix-huit conseillers en service extraordinaire ; 3° de trente maîtres des requêtes ; 4° de trente-six auditeurs, savoir : douze de première classe et vingt-quatre de seconde classe.

Art. 2. Le concours pour les fonctions d'auditeur de première classe est supprimé.

Les auditeurs de première classe seront choisis parmi les auditeurs de deuxième classe, ou parmi les anciens auditeurs sortis du Conseil qui comptent quatre années d'exercice, soit de leurs fonctions, soit des fonctions publiques auxquelles ils auraient été appelés.

Ils sont nommés par décret du Président de la République. Le vice-président et les présidents de section seront appelés à faire des présentations.

Art. 3. Les conseillers d'État en service ordinaire, maîtres des requêtes et auditeurs de première classe, après trois années depuis leur entrée au Conseil d'État, pourront, sans perdre leur rang au Conseil, être nommés à des fonctions publiques pour une durée qui n'excédera pas trois ans.

Le nombre des membres du Conseil ainsi nommés à des fonctions publiques ne pourra excéder le cinquième du nombre des conseillers, maîtres des requêtes et auditeurs.

Pendant ces trois années, ils ne seront pas remplacés.

Les traitements ne pourront être cumulés.

Les conseillers et maîtres des requêtes qui seront remplacés dans leurs fonctions pourront obtenir le titre de conseillers et de maîtres des requêtes honoraires.

Les auditeurs de première classe, remplacés dans leurs fonctions, pourront être nommés maîtres des requêtes s'ils comptent huit ans de fonctions au Conseil d'État.

Art. 4. Le Conseil d'État est divisé en cinq sections, dont une section du contentieux et une section de législation.

Les sections sont composées de cinq conseillers d'État en service ordinaire et d'un président, à l'exception de la section du contentieux, qui est composée de six conseillers en service ordinaire et d'un président.

Il y aura un quatrième commissaire du Gouvernement attaché à cette section.

Un règlement d'administration publique statuera sur l'ordre intérieur des travaux du Conseil, sur la répartition des membres et des affaires entre les sections, sur la nature des affaires qui devront être portées à l'assemblée générale, sur le mode de roulement des membres entre les sections et sur les mesures d'exécution non prévues par la présente loi.

Art. 5. L'assemblée publique du Conseil d'État, statuant au contentieux, se compose : 1° du vice-président ; 2° des membres de la section ; 3° de huit conseillers en service ordinaire, pris dans les autres sections et désignés conformément à l'art. 17 de la loi du 24 mai 1872.

Lorsque les membres de l'assemblée du contentieux, délibérant dans une affaire, seront en nombre pair, le dernier des conseillers, dans l'ordre du tableau, devra s'abstenir.

Art. 6. Le Conseil d'État, en assemblée générale, ne pourra délibérer si seize au moins des conseillers en service ordinaire ne sont présents. En cas de partage, la voix du président est prépondérante.

Art. 7. Toutes les lois antérieures sont abrogées en ce qu'elles auraient de contraire à la présente loi.

### CHAP. II. — DE L'ORGANISATION INTÉRIEURE DU CONSEIL D'ÉTAT.

2. Nous donnons ci-après le règlement d'administration publique du 2 août 1879 (chap. II à V, correspondant aux titres I à IV du décret).

Art. 1er. Les projets et les propositions de loi renvoyés au Conseil d'État, soit par les Chambres, soit par le Gouvernement, et les affaires administratives ressortissant aux différents ministères, sont répartis entre les quatre sections suivantes :

1° Section de législation, de la justice et des affaires étrangères ;

2° Section de l'intérieur, des cultes, de l'instruction publique et des beaux-arts ;

3° Section des finances, des postes et télégraphes, de la guerre, de la marine et des colonies ;

4° Section des travaux publics, de l'agriculture et du commerce.

Les projets et les propositions de loi, les projets de règlement d'administration publique et les affaires administratives concernant l'Algérie sont examinés par les différentes sections, suivant la nature du service auquel ils se rattachent [1].

Art. 2. Le ministre de la justice ou le vice-président du Conseil d'État pourra toujours réunir à la section compétente soit la section de législation, soit telle autre section qu'il croira devoir désigner.

Art. 3. Les conseillers d'État, maîtres des requêtes et auditeurs de première classe qui sont nommés à des fonctions publiques, conformément à l'art. 3 de la loi du 13 juillet 1879, ont entrée à la section administrative à laquelle ils appartiennent et à l'assemblée générale.

Toutefois, les conseillers d'État ainsi nommés à des fonctions publiques ne peuvent prendre part aux travaux du Conseil que dans les conditions prévues, pour les conseillers d'État en service extraordinaire, par l'art. 11 de la loi du 24 mai 1872.

Art. 4. Les trente maîtres des requêtes, les douze auditeurs de première classe et les vingt-quatre auditeurs de deuxième classe sont répartis ainsi qu'il suit :

1° A la section de législation, etc. :
Trois maîtres des requêtes,
Deux auditeurs de première classe,
Trois auditeurs de deuxième classe ;
2° A la section du contentieux :
Douze maîtres des requêtes, y compris les quatre commissaires du Gouvernement,
Quatre auditeurs de première classe,
Trois auditeurs de deuxième classe ;
3° A la section de l'intérieur, etc.:
Cinq maîtres des requêtes,
Deux auditeurs de première classe,
Quatre auditeurs de deuxième classe ;
4° A la section des finances, etc.:
Cinq maîtres des requêtes,
Deux auditeurs de première classe,
Quatre auditeurs de deuxième classe ;
5° A la section des travaux publics, etc. : ,
Cinq maîtres des requêtes,
Deux auditeurs de première classe,
Quatre auditeurs de deuxième classe.

Néanmoins, cette répartition, dans le cas où les besoins du service la rendraient nécessaire, pourra être modifiée par le vice-président du Conseil d'État, sur la proposition des présidents de section.

Art. 5. Tous les trois ans, il peut être procédé à une nouvelle répartition des conseillers d'État et des maîtres des requêtes entre les diverses sections. Cette répartition est faite par décret du Président de la République en ce qui concerne les conseillers d'État, et par arrêté du ministre de la justice, sur la proposition du vice-président et des présidents de section, en ce qui concerne les maîtres des requêtes.

En dehors des époques fixées pour le roulement, les conseillers d'État ne peuvent être déplacés par décret du Président de la République que sur leur demande et de l'avis du vice-président du Conseil d'État.

1. L'art. 1er avait été modifié par le D. du 26 déc. 1881, mais ce dernier a été abrogé par D. du 5 mars 1882 et l'organisation antérieure a été rétablie.

Chaque année, au 15 octobre, le ministre de la justice arrête, sur la même proposition, la répartition des auditeurs entre les sections.

Art. 6. Le secrétaire général dirige les travaux des bureaux et tient la plume à l'assemblée générale du Conseil. Il signe et certifie les expéditions des actes, des décrets et des avis du Conseil d'État délivrés aux personnes qui ont qualité pour les réclamer, sauf pour les décisions rendues en matière contentieuse.

En cas d'absence ou d'empêchement, il est suppléé par un maître des requêtes désigné par le ministre de la justice.

CHAP. III. — DE L'ATTRIBUTION DES AFFAIRES A L'ASSEMBLÉE GÉNÉRALE ET AUX SECTIONS.

3. Ce chapitre corrrespond au titre II du décret du 2 août 1879.

Art. 7. Sont portés à l'assemblée générale du Conseil d'État :

Les projets et les propositions de loi renvoyés au Conseil et les projets de règlement d'administration publique ;

Les projets de décret qui ont pour objet :

1° L'enregistrement des bulles et autres actes du Saint-Siège ;

2° Les recours pour abus ;

3° Les autorisations des congrégations religieuses et la vérification de leurs statuts ;

4° L'autorisation ou la création d'établissements publics et d'établissements d'utilité publique ;

5° L'autorisation à ces établissements, aux congrégations religieuses, aux communes et départements, d'accepter soit des legs universels, soit des dons et legs dont la valeur excéderait cinquante mille francs ;

6° L'annulation ou la suspension des délibérations prises par les conseils généraux des départements dans les cas prévus par les art. 33, 47 et 49 de la loi du 10 août 1871 ;

7° Les impositions d'office établies sur les départements dans les cas prévus par l'art. 61 de la loi du 10 août 1871 ;

8° Les recours formés par les conseils municipaux en vertu de l'art. 23 de la loi du 5 mai 1855, dans le cas d'annulation de leurs délibérations ;

9° L'autorisation des impositions extraordinaires et des emprunts votés par les conseils municipaux, dans le cas prévu par l'art. 7 de la loi du 24 juillet 1867, et des emprunts contractés par les hospices et autres établissements charitables, dans le cas prévu par l'art. 12 de la même loi ;

10° Les impositions d'office établies sur les communes ;

11° Les traités passés par les communes ayant plus de trois millions de revenus pour les objets énumérés dans l'art. 16 de la loi du 24 juillet 1867 (voy. aussi Organisation communale) ;

12° Les changements apportés à la circonscription territoriale des communes ;

13° Les caisses des retraites des employés des administrations municipales ;

14° La création des octrois ou l'autorisation des taxes pour une durée supérieure à cinq ans ;

15° La création des tribunaux de commerce et

des conseils de prud'hommes, la création ou la prorogation des chambres temporaires dans les cours et tribunaux ;

16° La création des chambres de commerce ;

17° La naturalisation des étrangers accordée à titre exceptionnel, en vertu de l'art. 2 de la loi du 29 juin 1867 ;

18° Les prises maritimes ;

19° La délimitation du rivage de la mer;

20° Les concessions de portions du domaine de l'État et les concessions de mines, soit en France, soit en Algérie ;

21° L'exécution des travaux publics à la charge de l'État qui peuvent être autorisés par décrets du pouvoir exécutif;

22° L'exécution des chemins de fer d'intérêt local;

23° La concession du desséchement de marais, les travaux d'endiguement et ceux de redressement des cours d'eau non navigables;

24° L'approbation des tarifs des ponts à péage et des bacs (*voy.* **Péage**) ;

25° L'autorisation des sociétés d'assurance sur la vie, des tontines, et les modifications des statuts des sociétés anonymes autorisées avant la loi du 24 juillet 1867 ;

26° Le classement des établissements dangereux. incommodes et insalubres, la suppression de ces établissements dans les cas prévus par le décret du 15 octobre 1810 ;

27° Toutes les affaires non comprises dans cette nomenclature sur lesquelles il doit être statué, en vertu d'un texte de loi ou de règlement, par décret rendu dans la forme des règlements d'administration publique;

28° Enfin, les affaires qui, en raison de leur importance, sont renvoyées à l'examen de l'assemblée générale, soit par les ministres, soit par les présidents de section, d'office ou sur la demande de la section.

**CHAP. IV. — DE L'ORDRE INTÉRIEUR DES TRAVAUX.**
**ect. 1. — Assemblées de sections.**

4. Ce chapitre correspond au titre III du décret du 2 août.

Art. 8. Il est tenu dans chaque section un rôle sur lequel toutes les affaires sont inscrites d'après leur ordre de date.

Le président de la section distribue les affaires entre les rapporteurs. Il désigne celles des affaires qui sont réputées urgentes, soit par leur nature, soit par des circonstances spéciales.

Art. 9. La date de la distribution des affaires, avec l'indication de leur nature, est inscrite sur un registre particulier qui reste à la disposition du président de la section.

Art. 10. Le secrétaire de chaque section tient note, sur un registre spécial, des affaires délibérées à chaque séance et de la décision prise par la section. Il y fait mention de tous les membres présents.

Art. 11. En l'absence du président de la section, la présidence appartient à celui des conseillers d'État qui est le premier inscrit sur le tableau.

Art. 12. Lorsque plusieurs sections sont réunies, la présidence appartient, en l'absence du ministre de la justice, au vice-président ou à celui des présidents de ces sections qui est le premier dans l'ordre du tableau.

Les lettres de convocation contiennent l'indication des affaires qui doivent être traitées dans ces réunions.

**Sect. 2. — Des assemblées générales.**

Art. 13. Les jours et heures des assemblées générales sont fixés par le Conseil d'État, sur la proposition du ministre de la justice.

En cas d'urgence, le Conseil est convoqué par le vice-président.

Art. 14. Il est dressé, par le secrétaire général, pour chaque séance, un rôle des affaires qui doivent être délibérées en assemblée générale. Ce rôle mentionne le nom du rapporteur et contient la notice de chaque affaire, rédigée par le rapporteur.

Art. 15. Le rôle est imprimé et adressé aux conseillers d'État, maîtres des requêtes et auditeurs, deux jours au moins avant la séance.

Sont imprimés et distribués en même temps que le rôle, s'ils n'ont pu l'être antérieurement, les projets de loi et de règlement d'administration publique, les avis proposés par les sections, ainsi que les documents à l'appui desdits projets dont l'impression aura été jugée nécessaire par les sections.

Les documents non imprimés sont déposés au secrétariat général le jour où a lieu la distribution du rôle et des impressions, et ils y sont tenus à la disposition des membres du Conseil, sauf les cas d'urgence.

Art. 16. Le procès-verbal contient les noms des conseillers d'État présents.

Les conseillers d'État et les maîtres des requêtes qui sont empêchés de se rendre à la séance doivent en prévenir d'avance le vice-président du Conseil d'État.

Il en est de même des auditeurs qui sont chargés de rapports inscrits à l'ordre du jour.

En cas d'urgence, les rapporteurs empêchés doivent, de l'agrément du président de leur section, remettre l'affaire dont ils sont chargés à un de leurs collègues.

Art. 17. Le président a la police de l'assemblée ; il dirige les débats, résume la discussion, pose les questions à résoudre.

Nul ne peut prendre la parole sans l'avoir obtenue.

Art. 18. Les votes ont lieu par assis et levé ou par appel nominal.

Toutes les élections ont lieu au scrutin secret, à la majorité absolue des membres présents et sur convocation spéciale.

Le président proclame le résultat des votes.

**Sect. 3. — De l'instruction et du jugement des affaires contentieuses.**

Art. 19. La communication des recours aux parties intéressées et aux ministres, s'il y a lieu, les demandes de pièces, les mises en cause et tous les autres actes d'instruction sont délibérés par la section du contentieux, sur l'exposé du rapporteur.

Les décisions relatives aux actes d'instruction sont signées par le président de la section.

Art. 20. Le président de la section du contentieux distribue les affaires entre les quatre maîtres des requêtes qui remplissent les fonctions du ministère public.

Art. 21. La section du contentieux ne peut statuer, en exécution de l'art. 19 de la loi du 24 mai 1872, sur les affaires introduites sans le ministère d'un avocat au Conseil, ni délibérer sur les affaires qui doivent être portées à l'assemblée du Conseil d'État, statuant au contentieux, que si cinq membres au moins ayant voix délibérative sont présents.

Art. 22. Le rôle de chaque séance publique du Conseil d'État est préparé par le commissaire du Gouvernement chargé de porter la parole dans la séance ; il est arrêté par le président.

Ce rôle, imprimé et contenant sur chaque affaire une notice sommaire rédigée par le rapporteur, est distribué, quatre jours au moins avant la séance, à tous les conseillers d'État de service à l'assemblée du Conseil statuant au contentieux, ainsi qu'aux maîtres des requêtes et auditeurs de la section du contentieux.

Il est également remis aux ministres qui ont pris des conclusions et aux avocats dont les affaires doivent être appelées.

Art. 23. En l'absence du vice-président du Conseil d'État, la présidence de l'assemblée du Conseil statuant au contentieux appartient au président de la section du contentieux.

En cas d'empêchement du secrétaire du contentieux, un secrétaire adjoint peut être désigné par le vice-président du Conseil d'État, sur la proposition du président de la section du contentieux.

Art. 24. Toutes les décisions rendues par le Conseil d'État statuant au contentieux ou par la section du contentieux contiennent les noms et demeures des parties, leurs conclusions, le vu des pièces principales et des lois appliquées.

Elles portent en tête la mention suivante :

« Au nom du Peuple français,
« Le Conseil d'État statuant au contentieux (ou
« la section du contentieux du Conseil d'État). »

Art. 25. L'expédition des décisions, délivrée par le secrétaire du contentieux, porte la formule exécutoire suivante :

« La République mande et ordonne au ministre
« de (ajouter le département ministériel désigné par
« la décision), en ce qui le concerne, et à tous
« huissiers à ce requis, en ce qui concerne les
« voies de droit commun contre les parties privées, de pourvoir à l'exécution de la présente
« décision. »

#### CHAP. V. — DISPOSITIONS GÉNÉRALES.

5. Chapitre répondant au titre IV.

Art. 26. Les présidents de section et les conseillers d'État siègent dans l'ordre du tableau.

Le tableau comprend : 1° le vice-président ; 2° les présidents de section ; 3° les conseillers d'État en service ordinaire ; 4° les conseillers d'État en service extraordinaire ; 5° les maîtres des requêtes et les auditeurs.

Ils y sont tous inscrits dans l'ordre de leur nomination.

Art. 27. Les conseillers d'État ne peuvent s'absenter sans un congé donné par le ministre de la justice, après avoir pris l'avis du vice-président et du président de leur section.

Les maîtres des requêtes et les auditeurs ne peuvent s'absenter sans un congé donné par le vice-président, après avoir pris l'avis du président de la section dont ils font partie.

Art. 28. Dans le cas où, par suite de vacance, d'absence ou d'empêchement d'un ou de plusieurs conseillers d'État, une section ne se trouve pas en nombre pour délibérer, le vice-président du Conseil, de concert avec les présidents de section, la complète par l'appel de conseillers d'État pris dans les autres sections.

En cas d'urgence, la décision est prise par le président de la section.

Art. 29. Tout conseiller d'État, maître des requêtes ou auditeur qui s'absente sans congé, ou qui excède la durée du congé qu'il a obtenu, subit la retenue intégrale de la portion de son traitement afférente au temps pendant lequel a duré son absence non autorisée.

Si l'absence non autorisée dure plus d'un mois, le ministre de la justice en informe le Président de la République.

Art. 30. Au procès-verbal des sections et des assemblées générales du Conseil d'État est annexé un résumé des discussions relatives aux projets de loi, aux règlements d'administration publique et aux affaires pour lesquelles, en raison de leur importance, le président jugerait que la discussion doit être recueillie.

Ce résumé est fait par un auditeur désigné par le président et assisté d'un rédacteur spécial.

Il reproduit sommairement les discussions ; il est soumis à la révision du président ou de l'un des conseillers d'État ou maître des requêtes présents à la séance, délégué par le président.

Art. 31. L'époque des vacances du Conseil d'État est fixée, chaque année, par un décret du Président de la République.

Le même décret forme deux sections pour délibérer sur les affaires urgentes et désigne neuf conseillers d'État en service ordinaire, huit maîtres des requêtes et dix auditeurs pour composer ces sections.

L'assemblée générale ne peut délibérer pendant les vacations qu'autant que neuf au moins de ses membres ayant voix délibérative sont présents.

Les conseillers d'État désignés pour faire partie de la section des vacations peuvent se faire remplacer, de l'agrément du président, par un autre conseiller d'État.

Art. 32. La bibliothèque est placée sous la surveillance d'une commission de trois conseillers d'État élus au scrutin. Cette commission règle tout ce qui concerne l'acquisition, le prêt et l'usage des livres.

Art. 33. Le garde des sceaux, ministre de la justice, est chargé de l'exécution du présent décret, qui sera inséré au *Bulletin des lois*.

#### CHAP. VI. — AUDITEURS.

6. *Règlement du concours pour la nomination des auditeurs de deuxième classe au Conseil d'État.* L'art. 5 du décret du 14 octobre 1872 est modifié ainsi qu'il suit :

« Art. 5. Nul ne peut se faire inscrire en vue du concours : 1° s'il n'est Français jouissant de ses droits ; 2° s'il a, au 1er janvier de l'année du concours, moins de vingt et un ans ou plus de vingt-cinq ans ; 3° s'il ne produit soit un diplôme de licencié en droit, ès sciences ou ès lettres, obtenu dans une des Facultés de l'État, soit un diplôme de l'École des chartes, soit un certificat attestant qu'il a satisfait aux examens de sortie de l'École polytechnique, de l'École nationale des mines, de l'École nationale des ponts et chaussées, de l'École centrale des arts et manufactures, de l'École forestière, de l'École spéciale militaire ou de l'École navale, soit un brevet d'officier dans les armées de terre et de mer; 4° s'il ne justifie avoir satisfait aux obligations imposées par la loi du 27 juillet 1872 sur le recrutement de l'armée, et notamment, dans le cas où il aurait contracté un engagement conditionnel d'un an, aux obligations imposées par l'art. 56 de ladite loi. » (*D. 14 août* 1879.)

### CHAP. VII. — JURISPRUDENCE.

**7.** *Ministre compétent.* Lorsqu'un ministre a été chargé, aux termes d'un décret au contentieux, d'assurer l'exécution dudit décret, il n'appartient à un autre ministre ni de connaître de l'exécution de ce décret, ni de soumettre au Conseil d'État les difficultés auxquelles cette exécution peut donner lieu. (*Arr. du C.* 12 *avril* 1878.)

**8.** *Procédure.* La réclamation ayant pour objet une extension du droit de jouissance des biens communaux, n'est pas de celles dans lesquelles les parties peuvent, en vertu d'une disposition de loi spéciale, former leur recours au Conseil d'État sans le ministère d'un avocat audit Conseil. (*Arr. du C.* 1er *déc.* 1882.)

**9.** *Délai de pourvoi.* On n'est pas fondé à demander qu'un pourvoi soit déclaré non recevable comme tardivement formé, lorsque le requérant a reçu seulement la notification d'un extrait de l'arrêté attaqué ne contenant que le dispositif dudit arrêté, sans mention des motifs sur lesquels la décision est fondée, la notification faite dans ces conditions étant insuffisante pour faire courir contre le requérant le délai de trois mois imparti par le décret du 22 juillet 1806 pour se pourvoir contre la décision intervenue et lorsque, d'autre part, il n'est pas justifié que le requérant ait à aucune époque entendu accepter les dispositions dudit arrêté attaqué et y ait acquiescé. (*Arr. du C.* 8 *déc.* 1882.)

Il n'appartient pas au Conseil d'État, lorsqu'il prononce l'annulation d'actes administratifs qui lui ont été déférés pour excès de pouvoir, de prescrire les mesures qui peuvent être la conséquence de cette annulation. (*Arr. du C.* 13 *juill.* 1877.)

**10.** Le président de la section du contentieux peut déléguer un membre du Conseil d'État pour procéder à la vérification d'un fait contesté, notamment en recevant la déclaration des témoins. (*Arr. du C.* 19 *fév.* 1877.)

**11.** La partie qui a laissé passer le délai légal sans déférer au Conseil d'État un arrêté préfectoral, comme entaché d'excès de pouvoirs, n'en est pas moins recevable à attaquer la décision par laquelle le ministre a confirmé cet arrêté. (*Arr. du C.* 2 *fév.* 1877.)

**12.** La disposition de l'art. 7 du décret du 2 novembre 1864, qui autorise les parties à se pourvoir devant le Conseil d'État, si le ministre n'a pas répondu dans le délai de quatre mois (au bout de ce délai, dit le décret de 1864, « les parties peuvent considérer leur réclamation comme rejetée »), ne s'applique qu'au cas où le ministre est saisi d'une réclamation contre la décision d'une autorité qui lui est subordonnée. Elle ne peut être invoquée du moment qu'il s'agit d'une difficulté dont il appartient au ministre de connaître directement, sauf recours au Conseil d'État. (*Arr. du C.* 20 *avril* 1877.) Il peut y avoir, en effet, des questions que le ministre ne peut pas résoudre dans le délai de quatre mois ; en tout cas, ici, le recours ne peut avoir lieu que contre sa décision, mais non contre sa lenteur.

**13.** Dans un litige entre les parties, il faut, pour faire courir le délai du pourvoi au Conseil d'État, une notification émanée d'une des parties en cause ; la notification faite en exécution des ordres du préfet ne suffit pas pour produire cet effet. (*Arr. du C.* 2 *fév.* 1877.) C'est, au fond, une mise en demeure d'exécuter la décision ou d'en provoquer l'annulation, et la partie a seule qualité pour poursuivre l'exécution.

**14.** La notification d'un arrêté du conseil de préfecture, par les soins du préfet, fait courir contre le préfet le délai dans lequel le pourvoi doit être formé devant le Conseil d'État. (*Arr. du C.* 12 *janv.* 1877.) [*Voy. aussi* **Compétence.**]

**15.** *Interprétation.* Un particulier n'est pas recevable à demander au Conseil d'État, par la voie contentieuse, de déterminer le sens et la portée d'un acte du Chef du pouvoir exécutif, lorsqu'il ne justifie d'aucune décision judiciaire ou administrative par suite de laquelle il y ait lieu de demander cette interprétation. (*Arr. du C.* 14 *juin* 1878.)

**16.** *Actes irréguliers.* Un contribuable ou un des « plus imposés » ne peut attaquer, pour excès de pouvoirs, le décret qui autorise une commune à contracter un emprunt et à affecter au remboursement le produit d'une imposition extraordinaire, en se fondant sur ce que la délibération du conseil municipal qui a précédé le décret, et à laquelle il a participé en qualité des plus imposés, n'aurait pas été prise régulièrement ; il peut seulement, s'il croit que l'imposition est recouvrée en vertu d'actes irréguliers, demander décharge de sa cotisation devant la juridiction compétente (*Arr. du C.* 30 *nov.* 1877). Cette juridiction, c'est le conseil de préfecture. Ce conseil doit examiner la base de l'impôt ; il n'a pas à provoquer l'annulation du décret, il se borne à décharger le contribuable.

**17.** *Acte rapporté.* Il n'y a pas lieu de statuer sur le recours pour excès de pouvoirs formé devant le Conseil d'État, contre un acte administratif qui, depuis, a été rapporté ou qui, à raison d'une loi postérieure au recours, a cessé de produire aucun effet. (*Arr. du C.* 21 *juin* 1878.)

**18.** *Qualité, intérêt.* Pour qu'un particulier puisse intervenir, il faut qu'il ait qualité ou intérêt. La qualité résulte d'une loi ou d'un décret, l'intérêt des dispositions qui touchent directement, immédiatement et qui lèsent ses droits. (*Arr. du C.* 4 *janv. et* 16 *fév.* 1878.)

**CONSEIL GÉNÉRAL.** (*Dict.*) **1.** Les six premiers chapitres de cet article reproduisent la circulaire du ministère de l'intérieur, du 9 août 1879, sur les attributions des conseils généraux, nous en donnons l'introduction en note [1]. Nous complétons d'ailleurs cette circulaire par quelques autres pièces.

CHAP. I. — DÉLÉGATIONS DONNÉES A LA COMMISSION
DÉPARTEMENTALE.

**2.** L'art. 77 dispose que la commission départementale règle les affaires qui lui sont envoyées
par le conseil général, dans les limites de la délégation qui est faite.

Appelé à interpréter ce texte, le Conseil d'État
a décidé dans plusieurs circonstances que les délégations de cette nature ne doivent s'appliquer
qu'à des affaires déterminées, dont le conseil
général peut apprécier l'importance, et qu'en dé-
léguant ses pouvoirs pour toute une catégorie
d'affaires non spécifiées, quelquefois même non
encore connues, le conseil s'attribuerait une sorte
d'autorité législative et réglementaire, et donnerait à la commission départementale des attributions que la loi ne lui a pas conférées. (*Avis du
C. d'État des 5 déc. 1872 et 13 mars 1873 ;
D. 26 juin 1874.*)

Cette jurisprudence, tout à fait conforme à l'esprit de la loi et aux règles d'une bonne administration, doit être maintenue, mais il n'en est pas
de même de toutes les applications qui en ont été
faites, et qui ont créé parfois de sérieux embar-
ras, en raison du long intervalle qui sépare les
sessions des conseils généraux.

Il est incontestable qu'un conseil général qui
déléguerait, d'une manière permanente, à la commission départementale le pouvoir de classer les
chemins de grande ou de moyenne communication, de liquider les pensions, de décider en ma-

tière d'octrois, d'établir des foires et des marchés, etc., qui renoncerait ainsi à une partie de
ses attributions pour les transférer à la commission départementale, opérerait une véritable modification dans la législation et excéderait ses
pouvoirs. Mais il paraît, d'autre part, bien rigoureux de limiter le pouvoir de délégation à une
seule affaire déterminée à l'avance, lorsqu'il est
impossible de savoir s'il ne se présentera pas,
après la session, d'autres affaires analogues exigeant une solution immédiate, et trop peu importantes pour justifier la convocation extraordinaire
du conseil général. C'est ce qui arrive notamment
en matière d'octrois. Il est souvent difficile aux
conseils municipaux d'avoir achevé la révision de
leurs tarifs au mois d'août ; il peut même arriver
qu'ils n'en aient pas reconnu à cette époque la
nécessité, et, cependant, les modications doivent
être mises en vigueur au 1er janvier. On ne voit
pas quel inconvénient peut offrir une délégation
s'appliquant à toutes les demandes de cette nature et limitée d'une session à l'autre.

**3.** J'appelle particulièrement votre attention sur
les objets suivants pour lesquels le droit de délégation me paraît ne pas devoir être désormais
contesté.

1° *La répartition entre les communes des
subventions de l'État pour l'achèvement des
chemins vicinaux ordinaires,* contrairement à
l'avis de mon prédécesseur, du 23 mars 1877.
Ces répartitions sont presque toujours faites sur
des bases déterminées, une fois pour toutes, par
le conseil général ; elles constituent donc une simple opération de calcul dont il suffit de vérifier
l'exactitude. En tout cas, le conseil demeure responsable de l'opération et il lui appartient de
juger, suivant les circonstances, l'étendue de la
délégation qu'il lui convient de donner.

Ces observations ne s'appliquent pas aux subventions départementales allouées pour la construction et l'entretien des chemins de grande
communication ou d'intérêt commun et qui sont
inscrites pour chaque ligne au budget du département. Il s'agit ici d'une des attributions financières que le conseil général doit exercer lui-
même et qu'il ne peut déléguer (*Avis min. Int.
22 oct. 1874*), mais il peut donner à la commission départementale l'autorisation de proposer,
dans l'intervalle des sessions, des virements entre
les crédits des diverses lignes (*Circ. min. Int. 28
avril 1874*). Il appartient d'ailleurs à la commission départementale de faire emploi des crédits de la vicinalité que le conseil général met
en réserve pour les besoins imprévus du service.
(*Avis min. Int. 11 août 1875.*)

2° *L'emploi du crédit inscrit au chapitre XIII
pour dépenses diverses et imprévues.* Un décret
du 21 décembre 1874 a annulé une délibération
par laquelle le conseil général des Vosges avait
délégué à la commission départementale le soin
de faire les imputations sur le fonds de réserve
pour dépenses imprévues, en se fondant sur ce
que ce crédit, destiné à parer à des nécessités
urgentes, avait été mentionné par la loi de 1866,
comme mis à la disposition du préfet, et que la
loi de 1871 ne contenait, sur ce point, aucune
restriction.

---

[1]. Monsieur le Préfet, la loi du 10 août 1871 a apporté de
notables modifications dans les attributions et dans le fonctionnement des conseils généraux. Aussi s'est-il produit dès le
début des divergences assez nombreuses sur l'interprétation à
donner à quelques-unes des dispositions de la loi. L'administration centrale eut à intervenir et elle réclama, dans bien des
cas, le concours du Conseil d'État pour donner plus d'autorité
à ses avis et à ses décisions. Il s'est formé de cette manière
une jurisprudence qui facilite la solution des difficultés, lorsqu'elle ne les empêche pas de se produire.

Dès aujourd'hui une expérience de huit années permet de
mesurer exactement la portée et les conséquences des interprétations consacrées soit par la pratique, soit par les instructions de mes prédécesseurs ; et sans en faire une étude d'ensemble qui serait peut-être prématurée, je crois devoir vous
indiquer certaines modifications qu'il me paraît bon d'apporter
à quelques-unes des solutions précédemment adoptées.

Dans le régime créé par la loi de 1866, les conseils généraux n'avaient qu'une seule session ordinaire et les commissions départementales n'existaient pas. Le crédit pour dépenses imprévues devaient donc nécessairement être à la disposition du préfet, sous peine de rester sans emploi. Il n'en est plus de même aujourd'hui, et le décret du 21 décembre 1874 me paraît avoir fait une confusion entre les mots *urgent* et *imprévu*. Une dépense peut n'avoir pas été prévue lors de l'établissement du budget dix-huit mois avant la fin de l'exercice auquel s'applique, et ne pas présenter un caractère d'urgence tel qu'on ne puisse attendre, pour la faire, la session de la commission départementale qui se réunit tous les mois. Rien n'indique que le législateur de 1871 ait entendu refuser au conseil général le droit de déterminer les conditions de l'emploi de ce crédit, que le même conseil a la faculté de ne pas inscrire au budget. J'estime, au contraire, que, même à défaut d'indications de ces conditions par le conseil général, vous ne devrez disposer du crédit pour dépenses imprévues qu'après avoir pris l'avis de la commission départementale, excepté dans les cas d'urgence, et sous la condition d'en informer la commission à sa plus prochaine réunion. A plus forte raison, ne devrez-vous pas vous opposer à ce que le conseil général confie à la commission départementale une mission déterminée concernant l'emploi de ce crédit.

En résumé, l'art. 77 a donné au conseil général un pouvoir de délégation dont les limites ont été sagement tracées dans l'avis du Conseil d'État du 13 mars 1872. Dans ces limites, il doit lui être permis d'user de ce pouvoir, sous sa responsabilité. J'ai eu d'ailleurs l'occasion de constater que les conseils généraux étaient plutôt disposés à se montrer jaloux de leurs prérogatives et sévères à l'égard des commissions départementales qui avaient outrepassé la limite de leurs attributions ou des délégations qui leur étaient faites [1].

[1]. Le pouvoir de délégation ayant donné, postérieurement à la circulaire ci-dessus, naissance à quelques questions spéciales, le ministre leur donne la solution suivante dans une circulaire du 3 septembre 1879 :

« La première est celle de savoir si le conseil général peut confier à sa commission le droit d'émettre l'avis exigé par l'art. 4 de la loi du 1er juin 1878, pour l'inscription d'office aux budgets communaux, des sommes nécessaires pour les constructions, réparations, appropriation des maisons d'école et l'acquisition du mobilier scolaire.

« J'ai dû répondre négativement. C'est, en effet, à l'assemblée départementale tout entière que le législateur a conféré cette attribution, et elle ne saurait, à mon avis, sans aller à l'encontre des intentions du Parlement, se décharger sur sa commission de la responsabilité qu'entraîne l'accomplissement de ce mandat.

« Mais il n'en est pas de même du droit donné au conseil général par l'art. 68 de la loi du 10 août, de dresser un tableau collectif des propositions de subventions sur le budget de l'État, en faveur des communes, pour acquisition, construction et réparation de maisons d'école et de salles d'asile. M. le ministre de l'instruction publique ne voit aucun inconvénient à ce qu'après avoir dressé le tableau d'ensemble, le conseil général délègue à sa commission départementale le soin de donner, entre les sessions d'août et d'avril et en cas d'urgence, l'avis favorable nécessaire pour l'obtention de ces secours.

« Confirmant ma dépêche télégraphique du 22 août, je vous informe donc que le Gouvernement ne considérerait pas comme irrégulière une délégation donnée dans les conditions ci-dessus et qui pourrait même, si telle était l'intention du conseil général, être étendue aux autres crédits de secours mentionnés dans l'art. 68 de la loi du 10 août 1871. » (*Bull. Min. Int.*)

4. Dans une circulaire du 3 janvier 1872, M. Casimir Périer, alors ministre de l'intérieur, s'exprimait sur ce sujet dans les termes suivants :

« La décision du conseil général étant souveraine au point de vue de la direction, du classement et du déclassement des chemins de grande communication et d'intérêt commun, de même qu'en ce qui concerne la désignation des services auxquels l'exécution des travaux sera confiée, on s'est demandé si les projets, plans et devis devaient être soumis à l'approbation préalable de l'assemblée départementale comme ceux dont il est fait mention aux paragraphes 6 et 9 et qui ont pour objet les travaux des routes, et d'une manière plus générale tous les autres travaux à exécuter sur les fonds départementaux.

« Un nouvel examen de la loi du 10 août et les communications que j'ai reçues des membres de la commission législative m'ont fait reconnaître, Monsieur le Préfet, que les mots « projets, plans et devis » n'ont pas été intentionnellement omis dans le texte du paragraphe 7. Loin de là, les auteurs de la loi n'ont entendu que le conseil général serait appelé à statuer sur les projets relatifs aux travaux des chemins vicinaux de grande communication et d'intérêt commun. La circulaire du 23 septembre 1871 qui vous a déjà transmis sur le service vicinal d'utiles indications, devra donc être complétée dans ce sens. »

5. Ces instructions ont été modifiées par une circulaire de M. Beulé du 20 novembre 1873. Mais j'ai reconnu en parcourant les procès-verbaux des assemblées départementales que quelques préfets avaient continué à soumettre à l'approbation de ces assemblées les plans et devis des travaux concernant les chemins de grande communication et d'intérêt commun. Bien que, par suite d'une omission involontaire dans le texte de la loi, les conseils généraux n'aient pas actuellement le droit d'exiger que ces projets leur soient soumis, je vous invite à revenir à cet égard, à la règle tracée par la circulaire du 3 janvier 1872, en ce qui concerne les travaux de construction et de rectification, et à ne revêtir ces projets de votre approbation que sur l'avis favorable du conseil général. Toutefois, le conseil général pourra charger la commission départementale de donner son avis sur les projets que vous auriez à présenter dans l'intervalle des sessions, et vous lui proposerez de prendre une délibération à cet effet.

Un décret du 9 juillet de cette année a institué au ministère de l'intérieur un comité consultatif de la vicinalité. Je me propose de soumettre à l'examen de ce comité tous les projets, concernant les travaux d'art de quelque importance, à exécuter sur les chemins vicinaux de toute catégorie. Vous devrez donc me transmettre désormais ceux dont la dépense atteindra 10,000 fr.

Vous aurez la faculté de me transmettre également les projets de construction et d'amélioration de chemins dont l'importance vous paraîtrait justifier cette mesure, votre responsabilité vis-à-vis du conseil général se trouvera ainsi complètement sauvegardée par le contrôle du comité consultatif.

Dans certaines régions, la fixation des tracés elle-même a une grande importance. Des projets mal conçus peuvent engager un département dans des dépenses hors de proportion avec les ressources dont il dispose, et cela pour l'exécution de travaux défectueux qu'il n'est plus possible de modifier ensuite.

J'estime qu'à ce point de vue le comité consultatif est appelé à rendre de grands services aux départements et aux communes et vous ne devez pas craindre de réclamer trop souvent le concours de ses lumières.

CHAP. III. — FORMALITÉS A REMPLIR POUR LE DÉCLASSEMENT DES ROUTES DÉPARTEMENTALES.

6. Le déclassement des routes départementales a presque toujours, sinon toujours, pour conséquence leur classement en chemins vicinaux de grande communication ou d'intérêt commun. De là une double procédure : la procédure relative au classement est réglée par l'art. 7 de la loi du 21 mai 1836 et n'a jamais soulevé de contestation ; il n'en est pas de même de celle qui doit être suivie pour le déclassement.

L'art. 46 de la loi du 10 août 1871 comprend parmi les objets sur lesquels le conseil général statue définitivement « le déclassement des routes départementales, des chemins vicinaux de grande communication et d'intérêt commun ». On s'est demandé tout d'abord si la loi du 20 mars 1835, exigeant que le classement d'une route nouvelle soit précédé d'une enquête, s'appliquait au déclassement, et si elle était toujours en vigueur.

Une décision contentieuse du 10 novembre 1876, rendue sur un pourvoi de la ville de Bayeux, avait déclaré que, « si la loi du 20 mars 1835 exige que le classement des routes départementales soit précédé d'une enquête, aucune disposition de loi ni de règlement n'a exigé que le déclassement soit précédé de cette formalité », mais l'assemblée générale du Conseil d'État n'a pas maintenu cette jurisprudence et, à la date du 24 octobre 1878, elle a prononcé l'annulation d'une délibération du conseil général de Tarn-et-Garonne, « qui avait prononcé le déclassement des routes départementales et leur classement en chemins de grande communication, sans que les formalités prescrites par les lois des 20 mars 1835 et 21 mai 1836 aient été accomplies ».

Cette décision a été prise conformément aux conclusions du ministre de l'intérieur et confirmée par un décret en date du 13 novembre 1878. Vous devrez donc vous conformer à l'avenir à la jurisprudence qu'elle consacre.

7. On s'est demandé, en second lieu, si un conseil général pouvait déclasser, sans accord préalable avec les départements voisins, les routes qui se prolongent sur le territoire de ces départements. Des opinions contradictoires ont été formulées sur ce point. Dans un avis du 10 août 1875, le Conseil d'État s'était prononcé pour la négative. Mais la section du contentieux a évité de le faire dans sa décision précitée du 10 novembre 1876, rendue sur le pourvoi de la ville de Bayeux, et l'assemblée générale a gardé la même réserve lors de l'annulation de la délibération du conseil général de Tarn-et-Garonne.

Le paragraphe 8 de l'art. 46 de la loi de 1871 ne contient effectivement sur ce point aucune restriction et assimilie complètement les routes départementales aux chemins de grande communication et d'intérêt commun auxquels on n'a pourtant jamais eu la pensée d'appliquer la doctrine de l'avis du 10 août 1875.

Le texte primitif de la loi donnait aux conseils généraux le pouvoir absolu de déclasser les routes départementales, « alors même qu'elles se prolongeaient sur le territoire d'un ou de plusieurs départements, à la condition toutefois de consulter les départements intéressés ».

Lors de la seconde délibération, l'éminent rapporteur, M. Waddington, répondant à une observation de M. le ministre des travaux publics, déclara que l'intention formelle de la commission avait été « de ne pas subordonner le droit du département sur son propre territoire à celui du département voisin sur le sien, et de laisser chaque département maître absolu de sa vicinalité ». Il ajouta « qu'il n'y avait pas à craindre de voir les départements abuser de cette faculté pour supprimer des débouchés qui existent et dont tout le monde a besoin dans un département comme dans un autre ».

M. Batbie répond que le mot *déclassement* avait un sens très étendu, pouvant aller jusqu'à la suppression. « Est-il raisonnable, disait-il, lorsqu'il y a un intérêt commun à plusieurs départements, de permettre à un seul conseil général de disposer d'une route, même d'une manière nuisible, sans demander, je ne dis pas seulement l'avis, mais le consentement des autres départements ? C'est ce que je ne peux pas admettre, et je trouve que, dans le paragraphe 8, il y a une dérogation fâcheuse à une disposition générale de votre loi, l'art. 93, qui règle d'une manière satisfaisante les questions d'intérêt commun à plusieurs départements. Cette solution doit être applicable à toutes les questions d'intérêt commun et je ne vois pas pourquoi on en excepterait le déclassement des routes. Je crois donc qu'il y a lieu de retrancher du paragraphe 8 les mots dont M. le ministre des travaux publics demande la suppression et de s'en référer, pour la solution de cette question, à l'application de l'article 93. »

Le rapporteur déclara accepter la modification demandée.

8. Il résulte clairement de ce débat et de l'adhésion même du rapporteur, qu'on a entendu limiter les droits des conseils généraux, en ce qui concerne le déclassement des routes départementales, seulement au cas où l'opération, tombant sous l'application de l'art. 90 (ancien 93), toucherait aux intérêts des départements voisins ; mais, en même temps, on a entendu affirmer en supprimant la restriction de la loi de 1866, que le déclassement d'une route départementale n'avait pas nécessairement le caractère d'une opération interdépartementale par le seul fait que la route se prolongeait sur un département voisin. Il est évident, en effet, que lorsqu'un chemin est maintenu de manière à assurer les facilités de viabilité, peu importe aux départements voisins que ce chemin s'appelle départemental ou vicinal ; c'est une question d'administration intérieure qui ne saurait

les intéresser en aucune façon. Cela est tellement vrai que sur seize départements qui ont déclassé leurs routes départementales depuis 1871, douze se sont abstenus de consulter leurs voisins, lesquels n'ont paru avoir éprouvé aucun trouble par suite de l'opération, puisqu'ils n'ont pas formulé de réclamations. Cette expérience est tout à fait concluante [1] et l'application, le cas échéant, de l'art. 90 de la loi de 1871 suffit pour sauvegarder complètement les intérêts aussi bien que les droits des conseils généraux.

Toutes les fois que le déclassement d'une route départementale, d'un chemin de grande communication ou d'intérêt commun devra interrompre ou modifier la circulation à la limite du département sur lequel il se prolonge, vous devez donc appliquer l'art. 90. Dans le cas contraire, vous n'aurez pas à consulter le département en question.

### CHAP. IV. — NOTIFICATION DES DÉCISIONS DE LA COMMISSION DÉPARTEMENTALE.

**9.** Aux termes de l'art. 88 de la loi du 10 août 1871, les décisions de la commission départementale sur les matières énumérées aux art. 86 et 87, notamment sur celles qui concernent la voirie vicinale, doivent être *communiquées* au préfet, aux conseils municipaux et aux autres parties intéressées. Elles peuvent être frappées d'appel devant le conseil général, pour cause d'inopportunité ou de fausse appréciation des faits, soit par le préfet, soit par les conseils municipaux ou par toute autre partie intéressée. L'appel doit être notifié au président de la commission dans le délai d'un mois à partir de la *communication* de la décision de la commission. Elles peuvent aussi être déférées au Conseil d'État pour cause soit d'excès de pouvoir, soit de violation de la loi ou d'un règlement d'administration publique. Le recours au Conseil d'État doit avoir lieu dans le délai de deux mois à partir de la *communication* de la décision attaquée.

Le législateur n'ayant pas désigné formellement l'autorité qui serait chargée de communiquer les décisions de la commission départementale aux conseils municipaux et aux autres parties intéressées, des difficultés se sont élevées sur le point de savoir si cette communication ne devait pas se faire par les soins de la commission. Il a été reconnu que la communication des décisions de la commission départementale aux conseils municipaux et aux autres parties intéressées constitue un simple acte d'exécution, et que dès lors, d'après les termes de l'art. 3 de la loi du 10 août 1871, elle rentre exclusivement dans les attributions du préfet. (*Avis du C. d'État. du 16 janv.* 1873 ; *D. des 30 juin et 17 oct.* 1873.)

**10.** Cette communication formant le point de départ des délais pendant lesquels les décisions de la commission départementale sont attaquables, il importe qu'elle intervienne le plus tôt possible. Il importe, en outre, qu'elle soit faite à tous les conseils municipaux et à toutes les personnes

que les décisions intéressent et qui, par suite, ont le droit de les attaquer devant le conseil général ou le Conseil d'État.

**11.** Les conseils municipaux auxquels les décisions de la commission départementale doivent être communiquées sont, non seulement les conseils municipaux des communes où les décisions seront exécutées, mais encore ceux des communes voisines que les décisions peuvent intéresser, par exemple, lorsqu'il s'agit du déclassement ou du changement de direction d'un chemin qui se relie à des voies publiques situées sur leurs territoires.

A quelles autres parties intéressées le préfet est-il tenu de communiquer les décisions de la commission départementale ? Le Conseil d'État statuant au contentieux a décidé que les parties intéressées dans le sens de l'art. 88 de la loi du 10 août 1871 sont seulement celles ayant un intérêt *direct et personnel* aux mesures prises par la commission départementale (*C. d'État, 5 déc.* 1873, *Bouillon-Lagrange*). Il est souvent difficile, sinon impossible, de savoir où commence et où finit cet intérêt, lorsqu'il s'agit du classement ou du déclassement, de l'élargissement ou du changement de direction d'un chemin vicinal. Pour prévenir toute difficulté, en pareil cas, il convient de considérer comme parties intéressées, non seulement les propriétaires des fonds riverains du chemin, des fonds qu'il traverse ou dessert, mais encore tous les habitants de la commune sur le territoire de laquelle il est situé.

**12.** La loi n'ayant pas déterminé la procédure à suivre pour communiquer les décisions de la commission départementale aux conseils municipaux et aux autres parties intéressées, je crois devoir indiquer celle qui me paraît la plus rationnelle.

Elle consiste, pour la communication des décisions de la commission départementale aux conseils municipaux, à adresser aux maires une ampliation des décisions et une copie des documents y annexés ; à inviter les maires à donner, à l'aide de cette ampliation et de cette copie, connaissance des décisions aux conseils municipaux dans leur prochaine réunion ou dans une réunion extraordinaire, s'il y a urgence, et à transmettre, sans retard, à la préfecture, un procès-verbal de la séance dans laquelle les décisions ont été communiquées.

La communication aux autres parties intéressées peut être faite individuellement ou collectivement. Si la communication individuelle était toujours facile, elle devrait seule être adoptée, comme faisant connaître d'une manière plus certaine et plus directe, les décisions aux personnes qu'elles intéressent. Il convient, par conséquent, de l'employer quand il y a un nombre restreint de parties intéressées, notamment lorsqu'il s'agit d'abonnements relatifs aux subventions spéciales pour les dégradations extraordinaires causées aux chemins vicinaux. Mais la communication individuelle est souvent impraticable, soit parce qu'on ignore quelles sont les diverses parties intéressées, soit parce que ces parties sont très nombreuses. Lorsqu'il en est ainsi, il y a lieu de recourir à la communication collective.

Une circulaire de l'un de mes prédécesseurs,

---

[1]. L'absence de réclamation, à elle seule, ne nous semble pas une raison suffisante. Le plus généralement on aura ignoré le fait du déclassement, la route ayant été conservée. Du reste, quand on continue d'entretenir le chemin, le département voisin est désintéressé dans la question.          M. B.

en date du 26 novembre 1873, explique comment doit se faire la communication ou notification individuelle.

Je ne puis que me référer aux prescriptions qu'elle édicte en ce qui touche cette communication ou notification.

**13.** Le mode de communication collective le plus pratique et répondant le mieux au vœu de la loi, me semble comporter les formalités suivantes :

1° Affichage des décisions de la commission départementale à la principale porte de l'église et de la mairie, dans les communes où les décisions doivent être exécutées;

2° Avertissement donné à son de caisse ou de trompe, dans les mêmes communes, faisant connaître qu'une ampliation des décisions et une copie des documents qui y sont annexés, tels que les plans d'alignements, se trouvent déposés à la mairie, où les habitants pourront les consulter;

3° Transmission immédiate à la préfecture d'un procès-verbal dressé par le maire pour constater l'accomplissement des deux premières formalités.

Je vous recommande, Monsieur le Préfet, de procéder à la communication des décisions de la commission départementale, dans la forme individuelle ou collective selon les circonstances, dès que les décisions sont rendues, afin qu'elles reçoivent le plus promptement possible le caractère définitif résultant de l'expiration des délais légaux de recours.

### CHAP. V. — RÉVISION DU TABLEAU DES SECTIONS ÉLECTORALES.

**14.** L'art. 43 de la loi du 10 août 1871 appelle, vous le savez, le conseil général à procéder chaque année, dans un travail d'ensemble qui doit comprendre toutes les communes, à la révision des sections électorales et à en dresser le tableau.

Vous devez donc, Monsieur le Préfet, dans la prochaine session, soumettre au conseil général des propositions pour l'établissement des sections dans les communes où cette mesure vous paraîtra justifiée par les nécessités locales. Le sectionnement peut être prononcé également sur l'initiative d'un membre du conseil. Mais, dans l'un et l'autre cas, il est essentiel que la délibération du conseil général indique clairement les limites du sectionnement; il serait même à désirer que, pour éviter toute erreur, un plan visé par le président fût toujours annexé à la délibération. Le défaut de clarté dans la délimitation des sections a donné lieu plusieurs fois à des réclamations et à des annulations d'élections qu'une rédaction plus précise eût permis d'éviter[1].

**15.** J'appelle également votre attention sur la fixation du chiffre des habitants par section. Le nombre des conseillers doit être exactement proportionnel au chiffre de la population de chaque section, telle qu'elle ressort du dernier dénombrement officiel (1876). S'il y avait quelque incertitude sur les chiffres, il serait préférable que le conseil général, après avoir fixé les limites, vous laissât le soin de répartir les conseillers dans chaque section. Cette opération étant, en effet,

1. *Voy.* l'arrêté du Conseil d'État du 30 mai 1879.

purement mathématique, il importe peu qu'elle soit effectuée par le conseil général lui-même[1].

### CHAP. VI. — FOIRES ET MARCHÉS.

**16.** L'art. 46, § 24, de la loi du 10 août 1871 a conféré aux conseils généraux le droit qui appartenait antérieurement aux préfets de statuer sur les délibérations des conseils municipaux ayant pour but l'établissement, la suppression ou les changements des foires et marchés. Mais le décret du 13 août 1864, qui réglait la compétence des préfets en cette matière, portait que, dans le cas où l'enquête réglementaire à laquelle le projet est soumis s'étend sur le territoire d'un département voisin, le préfet de ce département devait être consulté, et il ajoutait : « Si ce dernier ne fait pas d'opposition, la décision est prise par le préfet du département dans lequel se trouve la commune en instance pour obtenir la foire ou le marché aux bestiaux. Si les deux préfets sont d'avis différents, il est statué définitivement par le ministre de l'agriculture, du commerce et des travaux publics. »

**17.** Le Conseil d'État, consulté par le ministre de l'agriculture et du commerce, avait émis l'avis, le 5 décembre 1872, que les assemblées départementales, succédant aux préfets dans l'exercice de cette attribution, devaient exercer leurs pouvoirs dans les mêmes conditions ; qu'elles excéderaient leurs pouvoirs en prenant une décision malgré l'opposition des conseils généraux des départements cointéressés. Plusieurs décrets rendus dans la forme des règlements d'administration publique ont annulé les délibérations des conseils généraux qui avaient cru pouvoir passer outre. (*D. 31 oct.* 1875 [*Ille-et-Vilaine*] ; *D. 9 févr.* 1877 [*Seine-et-Marne*] ; *D. 2 juill.* 1877 [*Gers*].)

Mais, en cas de désaccord entre les assemblées départementales, aucune autorité n'était investie du droit de les départager. Il en résultait des conflits sans issue, préjudiciables aux intérêts des communes. Une loi votée, après déclaration d'urgence, par le Sénat (séance du 1er juillet 1879) et par la Chambre des députés (séance du 2 août 1879) vient de combler cette lacune en décidant que les conseils généraux des départements voisins n'auront désormais à émettre qu'un simple avis, leur opposition ne pouvant faire échec au droit de décision du conseil général du département dans lequel est située la commune en instance. M. le ministre du commerce vous adressera, sans doute, des instructions spéciales à cet égard. Je me borne à mettre sous vos yeux le texte de la loi.

« Art. 1er. Les conseils généraux, appelés à délibérer dans le cas prévu à l'art. 46, § 24, de la loi du 10 août 1871, statuent souverainement et nonobstant toute opposition sur l'établissement, la suppression ou les changements des foires et marchés dans les communes de leurs départements respectifs.

« Néanmoins, lorsqu'il s'agira de foires et mar-

1. L'art. 3 de la loi du 14 avril 1871, qui porte que le sectionnement peut être fait sur l'initiative d'un membre du conseil général, doit être entendu dans ce sens que tout conseiller peut saisir l'assemblée d'une demande ; mais cette demande doit, conformément au principe posé par l'art. 3 de la loi du 10 août 1871, être renvoyée au préfet pour l'instruction avant qu'un vote intervienne. (*Décis. min. Int.* 2 sept. 1877.)

chés établis ou à établir dans des communes situées à moins de deux myriamètres d'un département voisin, le conseil général de ce département devra être préalablement consulté, conformément aux dispositions du décret du 13 août 1864.

« Art. 2. Sont abrogées toutes les dispositions de lois et de règlements contraires à la présente loi. »

Je me borne, Monsieur le Préfet, à ces observations. Elles me paraissent suffire à préciser les points qui appellent des solutions nouvelles ou sur lesquels j'ai été consulté récemment par quelques-uns de vos collègues. Si des difficultés se présentaient sur d'autres questions, vous devriez m'en référer avant de prendre une décision.

Mais vous n'oublierez pas que la loi du 10 août 1871 a été inspirée par un sentiment de confiance dans les lumières et dans la sagesse des assemblées départementales, et s'il convient de ne pas laisser porter atteinte aux droits de l'État et aux pouvoirs de ses représentants, il importe également de respecter les intentions du législateur en assurant libéralement aux conseils généraux l'entier exercice des attributions qu'il leur a confiées.

**CHAP. VII. — AVIS DU CONSEIL D'ÉTAT SUR LES PROPOSITIONS DU PRÉFET ET SUR LES CONSEILS DE RÉVISION.**

**18** *Avis du Conseil d'État du 24 décembre 1882 sur les propositions du préfet au conseil général.* Le Conseil d'État, consulté par M. le ministre de l'intérieur et des cultes sur les questions suivantes :

Le président d'un conseil général a-t-il le droit d'écarter la proposition faite par le préfet au cours d'une discussion et de se refuser à la mettre aux voix ?

Spécialement, lorsque le préfet, se fondant sur l'illégalité d'un vœu proposé au conseil général par l'un de ses membres, oppose la question préalable, le président du conseil général peut-il se refuser de la mettre aux voix ?

Vu la lettre du ministre de l'intérieur et des cultes au président du Conseil d'État, en date du 19 août 1882;

Vu les art. 1, 3, 27, 28, 47 et 48 de la loi du 10 août 1871;

Vu le procès-verbal de la délibération du conseil général d....., en date du 7 avril 1882 :

*Sur la première question :*

Considérant qu'en vertu des articles susvisés de la loi du 10 août 1871, le préfet est chargé de l'exécution des lois et qu'il représente le Gouvernement dans les départements; que le conseil général doit délibérer sur ses propositions relatives aux affaires d'intérêt départemental; qu'il doit être entendu quand il le demande, qu'il suffit même de sa réclamation pour que l'assemblée se forme en comité secret; qu'ainsi le droit de faire des propositions résulte nécessairement pour le préfet des attributions qui lui sont formellement reconnues par la loi du 10 août 1871; »

*Sur la deuxième question :*

Considérant qu'il n'y a lieu de distinguer entre les propositions portant sur des objets légalement soumis aux délibérations des conseils généraux et la proposition qui tend à écarter par la question préalable l'examen d'un vœu illégal ou inconstitutionnel; que le représentant du Gouvernement ne peut rester désarmé devant la menace d'une délibération portant sur un sujet interdit aux conseils généraux, délibération dont il aurait même le droit de provoquer l'annulation; qu'on ne saurait, d'ailleurs, lui contester un pouvoir qui appartient aux membres du conseil général sans placer le représentant du Gouvernement dans un état d'inégalité aussi contraire à l'esprit de la loi qu'aux dispositions des articles susvisés;

Est d'avis :

Que le président d'un conseil général ne peut refuser de faire délibérer sur les propositions du préfet, spécialement sur celle qui a pour objet d'opposer la question préalable à une proposition illégale.

Cet avis a été délibéré et adopté par le Conseil d'État dans ses séances des 14 et 21 décembre 1882. (*Voy. aussi plus loin n° 26.*)

**19.** *Conseils de révision. Avis du Conseil d'État du 16 nov.* 1882. Le Conseil d'État, consulté par M. le ministre de l'intérieur et des cultes sur la question de savoir « si l'art. 82 de la loi du 10 août 1871 donne à chaque conseiller général le droit de faire partie du conseil de révision d'un des cantons du département et si la commission départementale est obligée, à moins que quelques membres ne se récusent, d'assigner un canton à chaque conseiller, son rôle se bornant à faire la répartition des cantons entre chacun des membres de l'assemblée départementale »,

Vu l'art. 82 de la loi du 10 août 1871, ensemble les pièces du dossier;

Considérant que l'art. 82 de la loi du 10 août 1871 est ainsi conçu : « La commission départementale assigne à chaque membre du conseil général et aux membres des autres conseils électifs le canton pour lequel ils devront siéger dans le conseil de révision »;

Considérant que cette disposition constitue au profit des conseillers généraux un droit auquel ils peuvent renoncer pour cause d'empêchement légitime, mais que la commission départementale ne peut leur retirer arbitrairement;

Que les termes de l'article 82 : « La commission départementale *assigne à chaque membre* du conseil général, etc... », indiquent clairement que le législateur a placé les conseillers généraux sur un pied d'égalité complète et voulu qu'aucun d'eux ne fût écarté des opérations du conseil de révision;

Que cette interprétation est confirmée par les observations qui ont été échangées lors de la discussion de la loi et la substitution de l'amendement *Chevandier* (de la Drôme) à la rédaction primitive, substitution adoptée par l'Assemblée, précisément parce qu'elle mettait mieux en lumière le droit pour tous les membres du conseil général d'être successivement désignés;

Est d'avis :

Que l'art. 82 de la loi du 10 août 1871 donne à chaque conseiller général le droit de faire partie du conseil de révision d'un des cantons du département et qu'en conséquence, la commission départementale ne peut, sans violer la loi, soit exclure systématiquement certains conseillers généraux, soit ne les désigner que comme suppléants.

Cet avis a été délibéré et adopté par le Conseil d'État, dans sa séance du 16 novembre 1882.

### CHAP. VIII. — DÉCISIONS DIVERSES.

20. *Incompatibilité.* La loi du 19 décembre 1876 dispose ce qui suit : « L'article 70 de la loi organique départementale du 10 août 1871 est abrogé et remplacé par la disposition suivante : Les fonctions de membre de la commission départementale sont incompatibles avec celles de maire du chef-lieu du département et avec le mandat de député ou de sénateur. » (*Voy. aussi* Chemins vicinaux, etc.)

21. *Ouverture de la session.* La loi du 12 août 1876 modifie le § 3 de l'art. 23 de la loi du 10 août 1871 et dispose que : l'ouverture de la première session annuelle aura lieu de plein droit le second lundi qui suit le jour de Pâques.

22. *Interprétation.* C'est à la commission départementale qu'il appartient, sur le renvoi de l'autorité judiciaire, de déterminer le sens et la portée de ses décisions. (*Arr. du C.* 27 *juill.* 1877.)

23. Elle est compétente également pour interpréter un arrêté pris par le préfet antérieurement à la loi du 10 août 1871, relativement à une des matières pour lesquelles la loi précitée lui a transmis les pouvoirs exercés précédemment par le préfet, dans l'espèce, classement d'un chemin vicinal. (*Arr. du C.* 9 *mars* 1877.)

24. Il appartient au Conseil d'État de statuer sur le recours formé contre une décision par laquelle la commission départementale a donné l'interprétation demandée par l'autorité judiciaire. (*Arr. du C.* 9 *mars et* 27 *juillet* 1877.)

25. *Délibération* (*L. du* 10 *août* 1871, *art.* 31). Un conseil général ne peut valablement délibérer que si la moitié plus un des membres dont il est composé est présente. Par conséquent, n'est pas recevable le pourvoi devant le Conseil d'État formé par le préfet en vertu d'une délibération à laquelle assistaient moins de la moitié des membres du conseil général. (*Arr. du C.* 10 *févr.* 1878.)

26. *Présence du préfet.* Le préfet peut prendre séance dès l'ouverture de la session ; est irrégulier l'usage qui consiste à attendre que le bureau définitif soit constitué pour prévenir le préfet et l'inviter à venir prendre part aux travaux de l'assemblée. (*Décis. min. Int.* 30 *août* 1877. — *Bull. Int.*) [*Voy.* Chemins vicinaux, Département, etc.]

### BIBLIOGRAPHIE.

*Voy.* Département.

**CONSEIL SUPÉRIEUR DES VOIES DE COMMUNICATION.** 1. Le décret du 31 janvier 1878 institue, sous la présidence du ministre des travaux publics, un conseil supérieur des voies de communication.

2. Ce conseil se compose de quarante-huit membres, dont seize pris en nombre égal dans les deux Chambres, seize représentant l'administration et seize représentant l'industrie, le commerce et l'agriculture. Les ministres et sous-secrétaires d'État, le vice-président du Conseil d'État, le gouverneur de la Banque de France, les secrétaires généraux des ministères des travaux publics et de l'agriculture et du commerce,

les directeurs des chemins de fer et de la navigation, font partie de droit de ce conseil (*art.* 2).

3. Le conseil supérieur se réunit sur la convocation du ministre des travaux publics. Il délibère sur toutes les questions dont il est saisi par le ministre, notamment sur les questions qui intéressent le régime des voies ferrées et navigables, l'ouverture de voies nouvelles de communication, l'agrandissement des ports de commerce, le transit international. Il procède, avec l'assentiment du ministre, à des enquêtes. Les résultats en sont publiés avec les procès-verbaux des séances (*art.* 3).

4. Dans le rapport qui précède le décret, le ministre distingue ainsi qu'il suit le conseil supérieur du comité consultatif dont il est question au mot **Chemins de fer d'intérêt général :**

« 1° Un conseil supérieur des voies de communication, appelé à délibérer sur toutes les grandes questions qui intéressent les transports par terre et par eau ;

« 2° Un comité consultatif permanent des chemins de fer, chargé de l'examen des affaires courantes que fait naître l'établissement ou l'exploitation des voies ferrées. Les questions relatives aux tramways à vapeur rentreraient naturellement dans ses attributions. » (*Voy.* **Chemins de fer.**)

**CONSEIL SUPÉRIEUR DU COMMERCE ET DE L'INDUSTRIE.** Le décret du 13 octobre 1882 porte ce qui suit [1] :

Art. 1er. Il est établi près du ministère du commerce un conseil supérieur du commerce et de l'industrie.

Ce conseil, placé sous la présidence du ministre, est composé de deux vice-présidents et de quarante-huit membres : il est divisé en deux sections, savoir :

1° La section du commerce ;

2° La section de l'industrie.

Chacune de ces sections comprend vingt-quatre membres choisis parmi les sénateurs, les députés, les présidents des principales chambres de commerce et les hommes notoirement les plus versés dans les matières commerciales, industrielles et financières.

Sont, en outre, membres de droit du conseil supérieur, avec voix délibérative :

Le directeur du commerce extérieur ;

Le directeur du commerce intérieur ;

Le directeur général des douanes ;

1. Ce décret est ainsi motivé par un rapport du ministre du commerce :

« Le décret du 14 novembre 1881, qui a détaché de l'ancien ministère de l'agriculture et du commerce les services de l'agriculture, des haras et des forêts, a eu pour conséquence la dissolution du conseil supérieur du commerce, de l'agriculture et de l'industrie, qui avait été réorganisé en dernier lieu par décret du 1er octobre 1879.

« De tout temps, le Gouvernement a reconnu la nécessité de constituer auprès de lui un conseil chargé de l'éclairer sur les besoins du commerce et de l'industrie de la France : cette nécessité s'impose encore davantage aujourd'hui que les relations commerciales avec les pays étrangers ont pris un développement qui s'accroît chaque jour.

« Dans cette situation, il m'a paru indispensable de pourvoir à la reconstitution d'un conseil supérieur qui prendrait le nom de conseil supérieur du commerce et de l'industrie, et j'ai l'honneur de soumettre à cet effet à votre signature deux projets de décret : le premier, relatif à l'organisation du conseil dont il s'agit, ne fait que reproduire les dispositions inscrites dans les actes antérieurs, et le second a pour objet de nommer les membres du nouveau conseil. »

Le directeur général des contributions indirectes ;

Le directeur des affaires commerciales au ministère des affaires étrangères ;

Le directeur des colonies.

Les membres de droit participent indistinctement aux travaux des deux sections, soit séparées, soit réunies.

Art. 2. Les vice-présidents et les membres du conseil supérieur sont nommés par le Président de la République, sur la proposition du ministre du commerce.

Art. 3. Le conseil supérieur du commerce et de l'industrie se réunit sur la convocation du ministre du commerce : il peut être appelé à donner son avis sur les projets de loi concernant le tarif des douanes, ainsi que sur les diverses mesures relatives à l'application dudit tarif ; sur les projets de traités de commerce et de navigation ; sur la législation commerciale des colonies et de l'Algérie ; sur le système des encouragements aux grandes pêches maritimes et à la marine marchande ; sur les questions de colonisation et d'émigration et généralement sur toutes les affaires au sujet desquelles le Gouvernement juge à propos de le consulter.

Le conseil supérieur peut, s'il y a lieu, appeler dans son sein et entendre les personnes qu'il croira susceptibles de l'éclairer sur une question particulière et il peut même, au cas échéant et avec l'autorisation du ministre, procéder à des enquêtes.

Art. 4. Tous les ministres ont entrée au conseil supérieur, et peuvent, à propos d'affaires spéciales, déléguer des commissaires avec voix consultative.

Art. 5. Le décret qui nommera les vice-présidents et les membres du conseil supérieur désignera un secrétaire, qui sera attaché audit conseil avec voix consultative.

Art. 6. Les dispositions des décrets et ordonnances antérieurs, relatives à la formation du conseil supérieur du commerce, sont et demeurent abrogées.

**CONSERVATEUR DES HYPOTHÈQUES.** *Voy.* **Hypothèque.**

**CONSERVATOIRE DE MUSIQUE ET DE DÉCLAMATION.** (*Dict.*) Un décret du 9 septembre 1878 réorganise le Conservatoire, mais en ne modifiant que des détails. On le trouvera au *Journal officiel* du 12 septembre, accompagné de l'arrêté ministériel qui en règle l'exécution.

**CONSTITUTION.** (*Dict.*) Depuis la rédaction qu'on trouve au *Dictionnaire*, la Constitution de 1875 a subi deux révisions :

I. *Révision de 1879.* 1. La loi du 21 juin 1879, « délibérée et adoptée par l'Assemblée nationale », supprime l'art. 9 de la loi constitutionnelle du 25 février 1875, qui établit à Versailles le siège du Gouvernement.

Voici, sur cet article, le rapport de M. Jules Simon :

Messieurs, la Chambre des députés et le Sénat, délibérant séparément, ont déclaré qu'il y avait lieu de réviser l'art. 9 de la loi constitutionnelle du 25 février 1875.

En conséquence de cette double déclaration, l'Assemblée nationale a été réunie et le Gouvernement lui a soumis la proposition suivante, expliquée par l'exposé des motifs :

« *Article unique.* — L'art. 9 de la loi constitutionnelle du 25 février 1875 est abrogé. »

Votre commission vous propose à son tour d'adopter purement et simplement le projet de loi du Gouvernement.

En le faisant, Messieurs, vous rendrez à la France sa capitale séculaire, sa capitale nécessaire ; vous replacerez l'un à côté de l'autre, dans la même ville, le pouvoir exécutif et le pouvoir législatif. Il le faut pour la dignité du Gouvernement de la République, pour la prompte expédition des affaires, pour le repos et la prospérité du pays.

La commission me charge d'avoir l'honneur de demander à l'Assemblée nationale de procéder immédiatement à la discussion.

PROJET DE LOI.

*Article unique.* — L'art. 9 de la loi constitutionnelle du 25 février 1875 est abrogé.

Voici le passage essentiel de l'exposé des motifs :

Le Gouvernement pense que cette révision doit consister dans la suppression pure et simple de l'art. 9. Cet article abrogé, il serait statué par une loi sur le siège du pouvoir exécutif et des deux Chambres.

Jusqu'à la promulgation de cette loi, l'état de choses actuel serait maintenu.          (*Journ. off.* du 22 juin 1879.)

**2.** Par suite de cette loi constitutionnelle, le siège du pouvoir exécutif et des Chambres a été établi à Paris par la loi (ordinaire) du 22 juillet 1879, votée successivement par les deux Chambres.

Voici cette loi importante :

Art. 1er. Le siège du pouvoir exécutif et des deux Chambres est à Paris.

Art. 2. Le palais du Luxembourg et le Palais-Bourbon sont affectés : le premier, au service du Sénat ; le second, à celui de la Chambre des députés.

Néanmoins, chacune des deux Chambres demeure maîtresse de désigner, dans la ville de Paris, le palais qu'elle veut occuper.

Art. 3. Les divers locaux du palais de Versailles actuellement occupés par le Sénat et la Chambre des députés conservent leur affectation.

Dans le cas où, conformément aux art. 7 et 8 de la loi du 25 février 1875, relative à l'organisation des pouvoirs publics, il y aura lieu à la réunion de l'Assemblée nationale, elle siégera à Versailles dans la salle actuelle de la Chambre des députés.

Dans le cas où, conformément à l'art. 9 de la loi du 24 février 1875 sur l'organisation du Sénat, et à l'art. 12 de la loi constitutionnelle du 16 juillet 1875 sur les rapports des pouvoirs publics, le Sénat sera appelé à se constituer en cour de justice, il désignera la ville et le local où il entend tenir ses séances.

Art. 4. Le Sénat et la Chambre des députés siégeront à Paris à partir du 3 novembre prochain.

Art. 5. Les présidents du Sénat et de la Chambre des députés sont chargés de veiller à la sûreté intérieure et extérieure de l'Assemblée qu'ils président.

A cet effet, ils ont le droit de requérir la force armée et toutes les autorités dont ils jugent le concours nécessaire.

Les réquisitions peuvent être adressées directement à tous officiers, commandants ou fonctionnaires, qui sont tenus d'y obtempérer immédiatement, sous les peines portées par les lois.

Les présidents du Sénat et de la Chambre des députés peuvent déléguer leur droit de réquisition aux questeurs ou à l'un d'eux.

Art. 6. Toute pétition à l'une ou l'autre des Chambres ne peut être faite et présentée que par écrit. Il est interdit d'en apporter en personne ou à la barre.

Art. 7. Toute infraction à l'article précédent, toute provocation par des discours proférés publiquement ou par des écrits ou imprimés, affichés ou distribués, à un rassemblement sur la voie publique, ayant pour objet la discussion, la rédaction ou l'apport aux Chambres, ou à l'une d'elles, de pétitions, déclarations ou adresses, — que la provocation ait été ou non suivie d'effet, — sera punie des peines édictées par le paragraphe 1er de l'art. 5 de la loi du 7 juin 1848.

Art. 8. Il n'est en rien dérogé, par les précédentes dispositions, à la loi du 7 juin 1848 sur les attroupements.

Art. 9. L'art. 463 du Code pénal est applicable aux délits prévus par la présente loi.

II. *Révision de* 1884. Nous reproduisons la loi portant révision partielle des lois constitutionnelles du 14 août 1884 :

Art. 1er. Le paragraphe 2 de l'art. 5 de la loi constitutionnelle du 25 février 1875, relative à l'organisation des pouvoirs publics, est modifié ainsi qu'il suit :

« En ce cas, les collèges électoraux sont réunis pour de nouvelles élections dans le délai de deux mois et la Chambre dans les dix jours qui suivront la clôture des opérations électorales. »

Art. 2. Le paragraphe 3 de l'art. 8 de la même loi du 25 février 1875 est complété ainsi qu'il suit :

« La forme républicaine du Gouvernement ne peut faire l'objet d'une proposition de révision.

« Les membres des familles ayant régné sur la France sont inéligibles à la présidence de la République. »

Art. 3. Les art. 1 à 7 de la loi constitutionnelle du 24 février 1875, relative à l'organisation du Sénat, n'auront plus le caractère constitutionnel.

Art. 4. Le paragraphe 3 de l'art 1er de la loi constitutionnelle du 16 juillet 1875, sur les rapports des pouvoirs publics, est abrogé [1].

1. Voici l'exposé des motifs joint au projet de résolution présenté par le Gouvernement :

EXPOSÉ DES MOTIFS.

Le Gouvernement a l'honneur de vous soumettre, conformément à l'art. 8 de la loi constitutionnelle du 25 février 1875, un projet de résolution tendant à la révision partielle des lois constitutionnelles.

Cette résolution est conçue dans les mêmes termes que celle qui a reçu, dans la séance du 3 juillet, la sanction de la Chambre des députés.

Après de longs débats, le principe de la révision limitée a triomphé devant la Chambre. Non seulement la théorie de la révision illimitée, sous toutes ses formes, a été écartée, mais toutes les tentatives faites pour étendre au delà des propositions gouvernementales le cercle de la révision ont l'une après l'autre échoué. Une seule disposition nouvelle a été visée par la Chambre des députés, d'accord avec le Gouvernement. C'est le paragraphe 2 de l'art. 5 de la loi constitutionnelle du 25 février 1875, qui détermine, en cas de dissolution de la Chambre des députés, le délai des élections nouvelles. Et cette adjonction, rigoureusement limitée au second paragraphe de l'art. 5, a fourni à la Chambre l'occasion de montrer par un vote éclatant et précis qu'il existe en elle une majorité sérieuse et ferme, bien résolue à écarter des débats de l'Assemblée nationale, par l'application de la question préalable, et conformément aux précédents, toute discussion étrangère aux objets mêmes qui auront été visés dans le texte de la résolution adoptée par les deux Chambres.

Nous avons fait connaître, dans l'exposé des motifs du projet de résolution soumis à la Chambre des députés, les solutions que le Gouvernement s'efforcerait de faire prévaloir devant l'Assemblée de révision. Nous y persistons.

Nous demanderons au Congrès d'enlever le caractère constitutionnel aux dispositions qui régissent l'élection des sénateurs. Quant au fond, les réformes que nous poursuivons n'ont rien d'inquiétant pour les esprits sages. Celles qui, sous la réserve expresse des droits acquis, touchent au mode de nomination des sénateurs, à la restriction du mandat viager, à un certain accroissement du nombre des délégués communaux, en

*Sénat.* Nous reproduisons la loi du 9 décembre 1884 portant modification à l'organisation du Sénat et à l'élection des sénateurs :

Art. 1er. Le Sénat se compose de trois cents membres élus par les départements et les colonies.

Les membres actuels, sans distinction entre les sénateurs élus par l'Assemblée nationale ou le Sénat et ceux qui sont élus par les départements ou les colonies, conservent leur mandat pendant le temps pour lequel ils ont été nommés.

Art. 2. Le département de la Seine élit dix sénateurs.

Le département du Nord élit huit sénateurs.

Les départements des Côtes-du-Nord, Finistère, Gironde, Ille-et-Vilaine, Loire, Loire-Inférieure, Pas-de-Calais, Rhône, Saône-et-Loire, Seine-Inférieure, élisent chacun cinq sénateurs.

L'Aisne, Bouches-du-Rhône, Charente-Inférieure, Dordogne, Haute-Garonne, Isère. Maine-et-Loire, Manche, Morbihan, Puy-de-Dôme, Seine-et-Oise, Somme, élisent chacun quatre sénateurs.

L'Ain, Allier, Ardèche, Ardennes, Aube, Aude,

considération de l'importance des communes, ont pour objet manifeste, non d'affaiblir le Sénat, mais de le fortifier. On n'affaiblit pas une Constitution par des retouches nécessaires, qui en laissent debout tous les principes fondamentaux, on la soustrait ainsi aux critiques faciles qui peuvent à la longue miner son autorité.

La création d'un mandat électif à vie est une anomalie évidente dans notre organisation démocratique, et l'égalité absolue de représentation pour toutes les communes de France n'a pas été généralement acceptée par l'esprit public. Ce sont là les parties faibles d'une grande institution, qu'il importe de garder forte et respectée.

Nous l'avons dit à la Chambre des députés : « Ceux-là se bercent d'étranges illusions, qui peuvent croire qu'un Sénat plus rapproché du pays, reposant sur une base démocratique plus élargie, jouera dans notre organisme politique un rôle plus effacé et pesera d'un moindre poids dans les affaires publiques. Nous attendons de la réforme que nous vous proposons un résultat tout opposé. »

C'est dans le même esprit que nous vous demandons de soumettre à révision l'art. 8 de la loi du 24 février 1875, relative à l'initiative et au vote des lois de finances.

Il y a dans cet article un manque de clarté constitutionnelle et une source de conflits périodiques, nuisibles à la bonne administration de la chose publique. Pour y couper court, nous croyons qu'il y aurait avantage à ériger en règle légale un partage d'attributions que la pratique des deux Assemblées a constamment consacré. Mais nous tenons à répéter que le droit de contrôle du Sénat sur les dépenses publiques, ce droit qu'il exerce avec tant de sagesse, de savoir et d'autorité, n'est point ici en question, que ce droit lui reste dans toute sa plénitude, puisque sur toute dépense nouvelle, sur toute augmentation ou création de taxes, c'est le Sénat qui, sans conteste, dira toujours le dernier mot.

Il appartient à cette Haute Assemblée, en votant le projet de résolution que nous avons l'honneur de lui soumettre, de réaliser dans des circonstances qui n'ont jamais été plus favorables à l'esprit de modération et de concorde cette révision sagement limitée, qui donnera aux principes essentiels de notre Constitution une consécration nouvelle, qui sans doute n'aura pas la vertu de désarmer ceux que rien ne contente, mais qui détachera d'eux la grande masse des esprits calmes et des hommes de bonne foi.

PROJET DE RÉSOLUTION.

*Art. unique.* — Conformément à l'art. 8 de la loi constitutionnelle du 25 février 1875, et sur la demande du Président de la République, le Sénat déclare qu'il y a lieu à réviser :

1o Le paragraphe 2 de l'art. 5 de la loi constitutionnelle du 25 février 1875, relative à l'organisation des pouvoirs publics ;

2o L'art. 8 de la même loi constitutionnelle du 25 février 1875;

3o Les art. 1 à 7 de la loi constitutionnelle du 24 février 1875, relative à l'organisation du Sénat;

4o L'art. 8 de la même loi constitutionnelle du 24 février 1875 ;

5o Le paragraphe 3 de l'article 1er de la loi constitutionnelle du 16 juillet 1875 sur les rapports des pouvoirs publics.

Aveyron, Calvados, Charente, Cher, Corrèze, Corse, Côte-d'Or, Creuse, Doubs, Drôme, Eure, Eure-et-Loir, Gard, Gers, Hérault, Indre, Indre-et-Loire, Jura, Landes, Loir-et-Cher, Haute-Loire, Loiret, Lot, Lot-et-Garonne, Marne, Haute-Marne, Mayenne, Meurthe-et-Moselle, Meuse, Nièvre, Oise, Orne, Basses-Pyrénées, Haute-Saône, Sarthe, Savoie, Haute-Savoie, Seine-et-Marne, Deux-Sèvres, Tarn, Var, Vendée, Vienne, Haute-Vienne, Vosges, Yonne, élisent chacun trois sénateurs.

Les Basses-Alpes, Hautes-Alpes, Alpes-Maritimes, Ariège, Cantal, Lozère, Hautes-Pyrénées, Pyrénées-Orientales, Tarn-et-Garonne, Vaucluse, élisent chacun deux sénateurs.

Le territoire de Belfort, les trois départements de l'Algérie, les quatre colonies de la Martinique, de la Guadeloupe, de la Réunion et des Indes françaises, élisent chacun un sénateur.

Art. 3. Dans les départements où le nombre des sénateurs est augmenté par la présente loi, l'augmentation s'effectuera à mesure des vacances qui se produiront parmi les sénateurs inamovibles.

A cet effet, il sera, dans la huitaine de la vacance, procédé en séance publique à un tirage au sort pour déterminer le département qui sera appelé à élire un sénateur.

Cette élection aura lieu dans le délai de trois mois à partir du tirage au sort; toutefois, si la vacance survient dans les six mois qui précèdent le renouvellement triennal, il n'y sera pourvu qu'au moment de ce renouvellement.

Le mandat ainsi conféré expirera en même temps que celui des autres sénateurs appartenant au même département.

Art. 4. Nul ne peut être sénateur s'il n'est Français, âgé de quarante ans au moins et s'il ne jouit de ses droits civils et politiques.

Les membres des familles qui ont régné sur la France sont inéligibles au Sénat.

Art. 5. Les militaires des armées de terre et de mer ne peuvent être élus sénateurs.

Sont exceptés de cette disposition :

1° Les maréchaux de France et les amiraux;

2° Les officiers généraux maintenus sans limite d'âge dans la première section du cadre de l'état-major général et non pourvus de commandement;

3° Les officiers généraux ou assimilés placés dans la deuxième section du cadre de l'état-major général;

4° Les militaires des armées de terre et de mer qui appartiennent soit à la réserve de l'armée active, soit à l'armée territoriale.

Art. 6. Les sénateurs sont élus au scrutin de liste, quand il y a lieu, par un collège réuni au chef-lieu du département ou de la colonie et composé :

1° Des députés;

2° Des conseillers généraux;

3° Des conseillers d'arrondissement;

4° Des délégués élus parmi les électeurs de la commune, par chaque conseil municipal.

Les conseils composés de 10 membres éliront 1 délégué.

Les conseils composés de 12 membres éliront 2 délégués.

Les conseils composés de 16 membres éliront 3 délégués.

Les conseils composés de 21 membres éliront 6 délégués.

Les conseils composés de 23 membres éliront 9 délégués.

Les conseils composés de 27 membres éliront 12 délégués.

Les conseils composés de 30 membres éliront 15 délégués.

Les conseils composés de 32 membres éliront 18 délégués.

Les conseils composés de 34 membres éliront 21 délégués.

Les conseils composés de 36 membres et au-dessus éliront 24 délégués.

Le conseil municipal de Paris élira 30 délégués.

Dans l'Inde française, les membres des conseils locaux sont substitués aux conseillers d'arrondissement. Le conseil municipal de Pondichéry élira 5 délégués. Le conseil municipal de Karikal élira 3 délégués. Toutes les autres communes éliront chacune 2 délégués.

Le vote a lieu au chef-lieu de chaque établissement.

Art. 7. Les membres du Sénat sont élus pour neuf années.

Le Sénat se renouvelle tous les trois ans, conformément à l'ordre des séries de départements et colonies actuellement existantes.

Art. 8. Les art. 2 (§§ 1 et 2), 3, 4, 5, 8, 14, 16, 19, 23 de la loi organique du 2 août 1875, sur les élections des sénateurs, sont modifiés ainsi qu'il suit :

« Art. 2 (§§ 1 et 2). Dans chaque conseil municipal, l'élection des délégués se fait sans débat, au scrutin secret, et, le cas échéant, au scrutin de liste, à la majorité absolue des suffrages. Après deux tours de scrutin, la majorité relative suffit, et, en cas d'égalité de suffrages, le plus âgé est élu.

« Il est procédé de même et dans la même forme à l'élection des suppléants.

« Les conseils qui ont 1, 2 ou 3 délégués à élire nomment un suppléant.

« Ceux qui élisent 6 ou 9 délégués nomment 2 suppléants.

« Ceux qui élisent 12 ou 15 délégués nomment 3 suppléants.

« Ceux qui élisent 18 ou 21 délégués nomment 4 suppléants.

« Ceux qui élisent 24 délégués nomment 5 suppléants.

« Le conseil municipal de Paris nomme 8 suppléants.

« Les suppléants remplaceront les délégués, en cas de refus ou d'empêchement, selon l'ordre fixé par le nombre des suffrages obtenus par chacun d'eux.

« Art. 3. Dans les communes où les fonctions de conseil municipal sont remplies par une délégation spéciale instituée en vertu de l'art. 44 de la loi du 5 avril 1884, les délégués et suppléants sénatoriaux seront nommés par l'ancien conseil.

« Art. 4. Si les délégués n'ont pas été présents à l'élection, notification leur en est faite dans les 24 heures par les soins du maire. Ils doivent faire parvenir aux préfets, dans les cinq jours, l'avis de leur acceptation. En cas de refus ou de silence, ils sont remplacés par les suppléants, qui sont alors portés sur la liste *comme délégués de la commune*.

« Art. 5. Le procès-verbal de l'élection des délégués et des suppléants est transmis immédiatement au préfet. Il mentionne l'acceptation ou le refus des délégués et suppléants ainsi que les protestations élevées contre la régularité de l'élection par un ou plusieurs membres du conseil municipal. Une copie de ce procès-verbal est affichée à la porte de la mairie.

« Art. 8. Les protestations relatives à l'élection des délégués ou des suppléants sont jugées, sauf recours au Conseil d'État, par le conseil de préfecture, et, dans les colonies, par le conseil privé.

« Les délégués dont l'élection est annulée parce qu'ils ne remplissent pas une des conditions exigées par la loi, ou pour vice de forme, sont remplacés par les suppléants.

« En cas d'annulation de l'élection d'un délégué et de celle d'un suppléant, comme en cas de refus ou de décès de l'un et de l'autre, après leur acceptation, il est procédé à de nouvelles élections par le conseil municipal, au jour fixé par un arrêté du préfet.

« Art. 14. Le premier scrutin est ouvert à huit heures du matin et fermé à midi. Le second est ouvert à deux heures et fermé à cinq heures. Le troisième est ouvert à sept heures et fermé à dix heures. Les résultats des scrutins sont recensés par le bureau et proclamés immédiatement par le président du collège électoral.

« Art. 16. Les réunions électorales pour la nomination des sénateurs pourront être tenues depuis le jour de la promulgation du décret de convocation des électeurs jusqu'au jour du vote inclusivement.

« La déclaration prescrite par l'art. 2 de la loi du 30 juin 1881 sera faite par deux électeurs au moins [1].

« Les formalités et prescriptions de cet article, ainsi que celles de l'art. 3, seront observées.

« Les membres du Parlement élus ou électeurs *dans le département, les électeurs sénatoriaux,* délégués et suppléants, et les candidats, ou leur mandataire, peuvent seuls assister à ces réunions.

« L'autorité municipale veillera à ce que nulle autre personne ne s'y introduise.

« Les délégués et suppléants justifieront de leur qualité par *un certificat du maire de la commune;* — les candidats ou mandataires par un certificat du fonctionnaire qui aura reçu la déclaration dont il est parlé au paragraphe 2.

« Art. 19. Toute tentative de corruption ou de contrainte par l'emploi des moyens énoncés dans les art. 177 et suivants du Code pénal, pour influencer le vote d'un électeur ou le déterminer à s'abstenir de voter, sera punie d'un emprisonnement de trois mois à deux ans, et d'une amende de 50 fr. à 500 fr., ou de l'une de ces deux peines seulement.

« L'art. 463 du Code pénal est applicable aux peines édictées par le présent article.

« Art. 23. Il est pourvu aux vacances survenant par suite de décès, ou de démission de sénateurs, dans le délai de trois mois; toutefois, si la

vacance survient dans les six mois qui précèdent le renouvellement triennal, il n'y est pourvu qu'au moment de ce renouvellement. »

Art. 9. Sont abrogés :

1° Les art. 1 à 7 de la loi du 24 février 1875 sur l'organisation du Sénat;

2° Les art. 24 et 25 de la loi du 2 août 1875 sur les élections des sénateurs.

*Disposition transitoire.* Dans le cas où une loi spéciale sur les incompatibilités parlementaires ne serait pas votée au moment des prochaines élections sénatoriales, l'art. 8 de la loi du 30 novembre 1875 serait applicable à ces élections.

Tout fonctionnaire atteint par cette disposition, qui comptera 20 ans de service et 50 ans d'âge à l'époque de l'acceptation de son mandat, pourra faire valoir ses droits à une pension de retraite proportionnelle, qui sera réglée conformément au troisième paragraphe de l'art. 12 de la loi du 9 juin 1853.

**3.** *Guyane et Sénégal.* La loi du 8 avril 1879 dispose : *Art. unique.* Chacune des colonies de la Guyane et du Sénégal nomme un député.

BIBLIOGRAPHIE.

Les Constitutions de la France, par Faustin A. Hélie. Paris, Marescq aîné. 1879.

Organisation des pouvoirs publics, par Poudra et Pierre. Paris, Quantin. 1881.

Constitutions européennes, par G. Demombyne. 2 vol. Paris, Larose et Forcel. 2e édit. 1883.

Les Constitutions modernes. Recueil de Constitutions, etc., par F. R. Dareste et P. Dareste. Paris, Challamel. 1883.

**CONSTRUCTIONS.** Un arrêté municipal peut bien, dans un intérêt de sécurité publique, soumettre, pour prévenir les incendies, les constructions à venir à certaines réglementations, mais il est entaché d'excès de pouvoir quand il prescrit l'exécution de travaux devant modifier l'économie des constructions existantes. (*C. de cass.* 19 *août* 1882.)

BIBLIOGRAPHIE.

Traité de la législation des bâtiments et constructions, par E. Perriquet. 2e édit. Paris, Marchal et Billard. 1881.

**CONSUL.** (*Dict.*) **1.** *Vice-consuls.* Le titre de vice-consul ne sera attribué dorénavant qu'aux agents consulaires rétribués (*D.* 18 *sept.* 1880). (On trouvera le rapport explicatif de ce décret au *Journal officiel* du 20 septembre 1880.)

**2.** Les vice-consuls sont divisés en deux classes correspondant comme équivalence de grade aux *deux premières classes des chanceliers.*

**3.** Le nombre des vice-consuls de 1re classe est limité à 40. Aucun vice-consul ne pourra être promu à la 1re *classe qu'après trois ans au moins* de service dans la classe précédente, ni concourir aux postes consulaires qu'après 10 ans de service, dont trois ans au moins *comme vice-consul de* 1re classe ou chancelier de 1re classe. (*D.* 20 *sept.* 1880.)

**4.** Les vice-consuls rétribués sur le budget du ministère des affaires étrangères sont autorisés à faire les actes attribués aux consuls en qualité d'officiers de l'état civil, aux chanceliers en qualité de notaires, et à exercer les pouvoirs déterminés par le décret du 22 septembre 1854. (*D.* 19 *janv.* 1881.)

**5.** Ils sont autorisés à recevoir les dépôts. (*Id.*)

**6.** Ils sont dispensés de soumettre les actes qu'ils délivrent au visa du chef de l'arrondissement consulaire. (*Id.*)

**7.** Les vice-consuls ont droit à recevoir une indemnité pour frais d'établissement. (*D.* 28 *févr.* 1881.)

**8.** Cette indemnité sera réglée comme celle des chefs de missions diplomatiques ou consulaires, et dans les conditions prévues par les décrets des 9 avril 1870, 1er juin et 20 septembre 1873 et 30 avril 1880.

L'indemnité de frais d'établissement des agents diplomatiques ou consulaires s'acquiert par trois années de jouissance de tout ou partie du traitement du poste à partir du jour de leur installation. (*Id.*)

**9.** Le décret du 31 mars 1882 porte ce qui suit :

Art. 1er. Les vice-consuls et chanceliers de 1re classe, à qui le grade personnel de consul de 2e classe aura été exceptionnellement conféré, seront compris dans le cadre des agents de ce grade.

Il en sera de même pour les drogmans et interprètes qui auront été investis d'un grade consulaire par application des art. 10 et 11 du décret du 18 septembre 1880.

Art. 2. La classe des drogmans et interprètes adjoints est supprimée. Leur emploi sera rempli, avec le traitement qui y est attaché, par les drogmans et interprètes de 3e classe, au nombre desquels seront inscrits les drogmans et interprètes adjoints actuels.

Art. 3. Les conditions précédemment requises pour la nomination des drogmans et interprètes adjoints seront appliquées à celle des drogmans et interprètes de 3e classe.

Art. 4. Il y a équivalence de grade entre les drogmans et interprètes, les vice-consuls et les chanceliers de 1re classe ;

Les drogmans et interprètes, les vice-consuls et les chanceliers de 2e classe ;

Les drogmans et interprètes et les chanceliers de 3e classe.

Art. 5. Sont abrogées toutes les dispositions contraires à celles du présent décret.

**10.** *Les consuls suppléants.* Un décret du 21 février 1880 dispose que la dénomination d'élève-consul est remplacée par celle de consul suppléant.

**11.** *Comptabilité.* Elle est réglée par le décret du 14 août 1880, qui a été rendu exécutoire dans son ensemble à partir du 1er janvier 1881. (27 *déc.* 1880.)

Comparez **Agent diplomatique, Drogman, Jeunes de langue,** etc.

**CONTRAINTE PAR CORPS.** (*Dict.*) **1.** Le ministre de la justice écrit le 23 mars 1882 aux procureurs généraux ce qui suit :

M. le ministre des finances a appelé mon attention sur une difficulté à laquelle donne lieu l'application de l'art. 15 de la loi du 21 juin 1873. Il s'agit de savoir si, dans les cas prévus par cet article, l'administration des contributions indirectes a seule le droit de provoquer contre les condamnés l'exercice de la contrainte par corps, bien que les poursuites aient été dirigées non par elle, mais par le ministère public ?

Quelques hésitations à cet égard se sont produites dans la pratique, et l'on avait pu penser que le droit de poursuite, qui appartient dans ce cas au ministère public, impliquait à son profit le droit également exclusif de décider s'il y avait lieu d'exercer la contrainte par corps contre les condamnés insolvables. Mais, après avoir fait soumettre cette difficulté à un examen plus approfondi, j'ai reconnu que cette distinction, que la chancellerie avait été portée à admettre, devait être rejetée.

Il est incontestable que, dans l'art. 15, le législateur a dérogé à la règle d'après laquelle diverses administrations, et notamment l'administration des contributions indirectes, ont seules le droit de poursuivre directement les délits et contraventions relatifs aux intérêts qu'elles régissent. Mais il importe de ne pas étendre cette dérogation au delà des limites que la loi a déterminées.

L'article est ainsi conçu : « Dans les cas prévus par les art. 12 et 14 de la présente loi, et dans ceux prévus par l'art. 46 de la loi du 28 avril 1816 les procès-verbaux constatant les contraventions seront transmis au procureur de la République et déférés aux tribunaux compétents. »

Ainsi donc, contrairement à la règle susmentionnée, l'initiative de la poursuite n'appartient, dans ce cas, qu'au ministère public.

L'art. 15 dispose ensuite que : « Dans ces divers cas, le droit de transaction ne pourra s'exercer qu'après le jugement rendu et seulement sur le montant des condamnations pécuniaires prononcées. »

En présence des termes de cet article, il me paraît évident que la dérogation édictée par la loi n'est relative qu'au droit de poursuite. Mais lorsque la condamnation a été prononcée, c'est-à-dire après le jugement, le principe de droit commun en matière de contributions indirectes reprend son empire, et cette administration recouvre, en conséquence, son droit de transaction, quant à l'amende. Or, ce droit de transaction, après le jugement, implique à son profit le droit exclusif de décider s'il y a lieu d'exercer la contrainte par corps contre le condamné.

Il est, d'ailleurs, de principe qu'en pareille matière l'amende constitue plutôt une réparation du préjudice causé à l'État qu'une peine proprement dite, et il serait étrange que le caractère de cette amende changeât parce qu'à la condamnation pécuniaire s'ajouterait, comme dans l'espèce, une peine corporelle.

Dans un cas comme dans l'autre, l'amende doit être considérée comme une réparation civile, qui échappe, dès lors, aux règles que la loi a posées relativement aux peines ordinaires. Tel est le principe que, sans distinction, la Cour de cassation a formulé dans divers arrêts et notamment dans un arrêt du 22 décembre 1876. (*Signé :* G. Humbert.)

**2.** *Frais de transport.* Les frais de transport des débiteurs du Trésor soumis à la contrainte par corps doivent être acquittés à présentation par les receveurs des finances sur la production des pièces établissant la régularité de la dépense. Lorsqu'il existe dans le département un entrepreneur des convois civils et militaires, la liquidation des frais est effectuée par les préfets aux prix portés au cahier des charges et aucune difficulté ne se présente. Lorsqu'au contraire, il n'existe aucun marché, les conditions du transport doivent être fixées par les autorités qui ont signé la réquisition.

Or, il arrive fréquemment que les maires négligent d'arrêter à l'avance le prix du transport avec les entrepreneurs. Ceux-ci réclament alors des prix exagérés que les préfets refusent d'admettre en liquidation et que les comptables ne peuvent, par conséquent, acquitter.

Pour éviter le retour de ces difficultés, dit la circulaire du ministre de l'intérieur du 8 décembre 1882, les maires, toutes les fois qu'ils requièrent des transports et qu'il n'y a pas d'entrepreneur attitré, doivent s'entendre avec le voiturier sur la rémunération et indiquer le prix convenu sur la réquisition même.

Cette précaution s'impose d'autant plus aux maires qu'en cas de non-paiement des débiteurs, *les frais de transport sont généralement mis à la charge des communes.*

**CONTRAINTES** ( PORTEUR DE ). Un arrêté du ministre des finances du 14 mars 1884 dispose dans ses deux premiers articles :

Art. 1er. A partir du 1er janvier 1884, l'indemnité fixe de trois cents francs allouée aux porteurs de contraintes des départements autres que celui de la Seine, indépendamment du salaire résultant des actes de poursuites qu'ils ont à exécuter, est élevée au chiffre minimum de quatre cents francs, à raison de cent francs par trimestre.

Art. 2. Sur la proposition du trésorier général et après approbation du ministre des finances, l'indemnité des agents les plus méritants pourra être élevée à cinq cents francs, et l'indemnité des agents de cette catégorie qui compteront dix années de service pourra exceptionnellement être portée à six cents francs.

L'indemnité exceptionnelle de six cents francs ne pourra être accordée qu'aux agents qui auront été admis pendant une année au moins, sans interruption, au bénéfice de l'indemnité annuelle de cinq cents francs.

Les autres articles traitent des secours à accorder à d'anciens porteurs de contrainte, etc.

**CONTRIBUTIONS DE GUERRE.** *Voy.* Réquisition.

**CONTRIBUTIONS DIRECTES.** (*Dict.*)

#### CHAP. I. — L'IMPÔT SUR LES MAISONS.

**1.** La loi de finances du 29 juillet 1881, art. 2, 3e alinéa, dispose :

« Le revenu cadastral, afférent pour 1882 aux propriétés bâties, abstraction faite de celui du sol, sera séparé des autres revenus figurant aux matrices cadastrales et générales, et sera inscrit à part dans lesdites matrices. »

C'est le point de départ d'une modification assez importante à la législation relative à l'impôt foncier.

**2.** Nous reproduisons sur ce point la circulaire du directeur général des contributions directes du 20 décembre 1881.

La mise à exécution de l'art. 2 de la loi du 29 juillet 1881 relative à la séparation des revenus cadastraux des propriétés bâties et non bâties a rendu nécessaires diverses modifications dans le service des mutations foncières. On a cru devoir introduire, en même temps, dans les instructions existantes, plusieurs changements dont l'expérience a démontré l'*opportunité.*

Dans le but de faciliter les rapprochements, les nouvelles dispositions qui font l'objet de la présente circulaire ont été présentées dans l'ordre des articles de l'instruction générale du 18 décembre 1853.

Art. 7. Le cadre (modèle n° 1) de l'itinéraire de la tournée des mutations est modifié conformément au *nouveau modèle ci-joint*[1].

Art. 8. Aux termes du cinquième paragraphe de l'art. 8 de l'instruction générale, le contrôleur ne devait pas consacrer moins d'un jour à une commune dont la matrice générale renferme plus de cent articles ou plus de trente patentables. On a considéré que les directeurs étaient seuls à même d'apprécier, selon les lieux et les circonstances, si le travail des mutations de deux communes pouvait être effectué dans une même journée ; par suite le 5e paragraphe de l'art. 8 a été remplacé par le suivant :

« En général, il doit être consacré un jour au « travail de chaque commune ; toutefois, le di- « recteur peut autoriser les contrôleurs à effec- « tuer, dans une même journée, la tournée dans « deux communes ne renfermant pas ensemble « plus de 400 articles et de 30 patentables, lors- « qu'il juge que la mesure n'est pas de nature à « porter préjudice aux intérêts du service. »

Art. 12. On modifiera comme il suit la rédaction de l'art. 12 :

« La communication de l'itinéraire du contrô- « leur au maire de chaque commune (*art.* 3) doit « être faite, par le directeur, dix jours au moins « à l'avance. La lettre du directeur (*modèle n° 2* « *modifié*) rappelle aux maires qu'ils doivent tenir « prêtes, pour l'arrivée du contrôleur, les diver- « ses pièces nécessaires au travail des mutations, « notamment :

« 1° L'atlas du plan parcellaire ;

« 2° Les états de sections ;

« 3° La matrice cadastrale des propriétés non « bâties ;

« 4° La matrice cadastrale des propriétés bâties ;

« 5° La matrice générale ;

« 6° Les registres de l'état civil ;

« 7° Les listes électorales ;

« 8° Le tableau du dernier recensement de la « population ;

« 9° Le tableau de recensement des chevaux « et des voitures dressé par ordre de l'autorité « militaire.

« Le directeur joint à sa lettre des affiches (*modèle n° 3*) indiquant, etc... »

1. Nous ne reproduirons pas les modèles cités dans la circulaire.

De cette façon, les contrôleurs seront dispensés d'adresser aux maires les lettres dont il est question au deuxième paragraphe de l'art. 67 de l'instruction générale.

Art. 20. La seconde phrase du troisième paragraphe de l'art. 20 est modifiée ainsi : « Chaque « bordereau est rédigé en simple expédition seu- « lement et renvoyé à l'agent qui l'a transmis, « etc... »

Art. 28. Il sera ajouté à la suite de l'art. 28 un paragraphe conçu en ces termes :

« Lorsque la mutation comprend une propriété « bâtie, il est rédigé un premier extrait de ma- « trice (*modèle n° 8 modifié*) pour le sol, le jar- « din et les autres terrains acquis avec la pro- « priété bâtie ; puis un second extrait conforme « au modèle n° 8 *bis (papier rose)* pour l'éléva- « tion des maisons ou usines. »

Art. 39. L'art. 38 comprendra un troisième paragraphe libellé comme il suit :

« Toute feuille de mutation rédigée sur la dé- « claration des parties intéressées doit être datée ; « toutefois, cette obligation n'existe pas pour les « feuilles qui sont établies d'office à l'aide des « extraits de l'enregistrement. »

Art. 64. Les deux paragraphes suivants rem- placeront le troisième paragraphe de l'art. 64 :

« Toutefois, au lieu de faire signer chacun des « extraits par les répartiteurs, le contrôleur peut « dresser un état des parcelles ou portions de « parcelles de propriétés non bâties devenues im- « posables ou ayant cessé de l'être, portant la « désignation des noms des propriétaires, la sec- « tion et le numéro du plan, la contenance et le « revenu cadastral desdits terrains ; puis faire « signer par les répartiteurs l'état ainsi rédigé et « l'annexer aux feuilles de mutations. Quel que « soit le mode adopté, les extraits ne doivent « être rédigés qu'en simple expédition.

« De même, les signatures apposées sur l'état « n° 11 donnant un caractère suffisant de légalité « aux changements qui y sont constatés, on peut « se dispenser de faire signer par les répartiteurs « les extraits relatifs aux constructions et démo- « litions. »

Art. 67. Par suite du changement introduit dans la rédaction de l'art. 12, on supprimera la deuxième partie de l'art. 67 commençant par ces mots : *Le contrôleur adresse également aux maires*, etc...

Art. 74. Le quatrième paragraphe de l'art. 74 sera remplacé par les trois paragraphes ci-après :

« Il doit encore s'assurer que les relevés som- « maires présentent les mêmes résultats que les « matrices cadastrales, et rétablir la concordance « si elle n'existe pas.

« A la suite de ces différentes investigations, il « dresse, s'il y a lieu, un état (modèle n° 10) « des changements à opérer aux relevés des biens « de mainmorte, et, le cas échéant, rappelle, « dans la colonne n° 6, les numéros des feuilles « de mutations correspondantes. S'il n'y a point « de changements, il n'en produit pas moins un « état n° 10 sur lequel il porte le mot *néant*.

« Les articles fonciers qui comprennent les « propriétés appartenant aux compagnies de che- « mins de fer doivent être divisés en deux par-

ties : les immeubles nécessaires à l'exploitation « sont inscrits sur un premier folio ; ceux qui « ne faisant pas partie de la voie ferrée ou de « ses dépendances, ne sont pas destinés à faire « retour à l'État, et sont susceptibles d'être re- « vendus, sont portés au second folio. Le revenu « cadastral mentionné dans ce second article doit, « par conséquent, concorder avec celui qui figure « au nom des compagnies dans le relevé sommaire « des biens de mainmorte. »

Les revenus cadastraux des propriétés bâties et non bâties resteront provisoirement réunis dans les relevés sommaires et dans les matrices des biens de mainmorte. Lorsqu'il y aura lieu de constater, au moyen de l'état n° 10, soit une augmentation, soit une diminution, comprenant à la fois des propriétés non bâties et des propriétés bâties relatives au même établissement, on ins- crira dans la colonne 8 ou dans la colonne 10, selon le cas, sur une première ligne, le revenu cadastral des propriétés non bâties, et sur une deuxième le revenu des propriétés bâties, en ajou- tant dans la troisième colonne le numéro de la case de la matrice ; l'indication de ce numéro sera reproduite sur le relevé sommaire. Quant aux éléments de cotisation à porter dans la douzième colonne et dans les colonnes 19 à 24, ils figure- ront en une seule ligne.

Art. 75. On modifiera ainsi la rédaction du troisième paragraphe de l'art. 75 :

« Il les divise en deux liasses selon qu'ils se « rapportent à des mutations de propriétés non « bâties ou à des mutations de propriétés bâties : « il groupe ensemble, dans chacune de ces lias- « ses, les extraits concernant un même vendeur... « etc. »

Art. 76. Dans le premier paragraphe de l'art. 76, après les mots *une liste alphabétique*, on intercalera : « (modèle n° 26) ».

Art. 77. A la suite de l'art. 77, on ajoutera les deux paragraphes ci-après :

« Dans le cas de réduction de revenu pronon- « cée à la suite d'une réclamation formée dans la « première année de l'imposition d'une construc- « tion, la modification du contingent mobilier est « soumise à des règles particulières. Le but que « l'on se propose étant de faire disparaître l'aug- « mentation abusivement supportée par ce contin- « gent, il faut, au lieu d'employer le procédé « habituel qui consiste à faire figurer dans les « colonnes 20 à 23 de l'état n° 11 les bases de « cotisation des derniers occupants (*art. 79*), « consigner dans lesdites colonnes, d'une ma- « nière apparente et sans avoir égard aux titres « des colonnes, la somme dont le contingent mo- « bilier a été augmenté l'année précédente, c'est- « à-dire le 20e de la valeur locative primitive- « ment assignée à ladite maison ; puis inscrire « dans le cadre des constructions la valeur loca- « tive qui aurait dû être fixée tout d'abord. »

« La méthode indiquée ci-dessus est également « applicable toutes les fois qu'il s'agit de réparer « des doubles emplois. Les directeurs doivent s'at- « tacher à faire disparaître des contingents les « erreurs de l'espèce aussitôt qu'elles parviennent « à leur connaissance, sans attendre les réclama- « tions des parties intéressées. »

Art. 79. La disposition suivante sera ajoutée au premier paragraphe de l'art. 79 :

« Les valeurs locatives à porter dans les co-
« lonnes 24 à 26 ayant pour objet la mise au
« courant du registre des valeurs locatives dont
« la tenue a été prescrite par la circulaire du
« 8 septembre 1838, doivent être, autant que
« possible, celles pour lesquelles les propriétés
« démolies ont été comprises, à raison de leur
« importance ou de l'affectation de leurs diverses
« parties, dans le registre précité, et non pas
« celles que les maisons ou usines avaient au
« moment de leur démolition. »

Art. 81. Pour la rédaction de l'état nº 12, il y a lieu d'observer les règles suivantes :

Lorsqu'une maison ayant plus de six ouvertu-
res passe à plusieurs acquéreurs et que la part de chacun d'eux, éclairée par moins de six ouvertures, forme une maison tout à fait distincte du sol à la toiture, avec entrée spéciale, la division doit en être effectuée, pour ce qui touche les bases de la contribution des portes et fenê-
tres, d'après la règle qui résulte de l'exemple suivant : une maison à onze ouvertures, partagée en trois portions comprenant respectivement deux, quatre, cinq ouvertures, se subdivise en trois maisons à taxer d'après le tarif spécial assigné aux maisons à deux, à quatre et à cinq ouvertures.

Si, au contraire, la même maison est partagée par étages ou par chambres, ainsi que cela a lieu dans quelques départements, les propriétaires de chaque étage ou de chaque chambre sont cotisés à raison de deux, quatre ou cinq ouvertures *ordinaires*.

Par analogie, les fonctionnaires, les ecclésias-
tiques et les employés civils et militaires logés gratuitement dans des locaux éclairés par cinq ouvertures et au-dessous, faisant partie des bâtiments de six ouvertures et au-dessus, apparte-
nant à l'État, aux départements, aux communes ou aux hospices, doivent être cotisés à raison du nombre des ouvertures qui éclairent leur habitation, taxées comme ouvertures *ordinaires*.

D'un autre côté, lorsque les diverses parties d'un bâtiment appartiennent privativement à des propriétaires différents et sont desservies par une porte à usage commun, la taxe de cette porte doit être divisée, dans le rôle, par portions égales entre les propriétaires (*Arr. du C.* 9 nov. 1877, MARTIN, Ain), à moins que, par suite de conventions particulières, les propriétaires ne demandent que la taxe soit répartie entre eux au prorata des droits de chacun (*Arr. du C.* 10 *fév.* 1835, dame BOULANGER ET AUTRES, *Ille-et-Vilaine*).

La cotisation des maisons de moins de 6 ouver-
tures qui viennent à être partagées entre plusieurs acquéreurs est susceptible également d'être frac-
tionnée. Ainsi, quand il s'agit d'un bâtiment à 5 ouvertures formant deux logements distincts éclairés chacun par deux fenêtres et n'ayant qu'une porte commune, la taxe est divisible par moitié. Si l'une des habitations renferme 3 fenêtres et l'autre une seule, la porte d'entrée d'un usage commun formant la cinquième ouverture. la taxe afférente à cette porte (1/5 de la taxe totale) est partagée par moitié ; les 4/5 restants sont répartis entre les deux acquéreurs, à raison

de 3/5 pour l'un et de 1/5 pour l'autre ; le calcul fait voir qu'il y a lieu, dans ce cas, d'attri-
buer au premier acquéreur 7/10, et au second 3/10 de la taxe d'une maison à 5 ouvertures. Le même principe est applicable pour la division de l'impôt afférent aux maisons de 5 ouvertures.

Il est du reste bien entendu que le nombre des ouvertures, de même que le revenu foncier, d'une propriété bâtie possédée par indivis, ne doit pas être fractionné.

Les agents appliqueront, au fur et à mesure des mutations qu'ils auront à effectuer, les dispositions relatives à la taxe des portes et fenêtres qui sont mentionnées dans les paragraphes pré-
cédents ; ils s'abstiendront, de rechercher, pour les rectifier, les bases de cotisations existantes qui ne seraient pas l'objet d'une mutation.

Afin que les contrôleurs puissent établir les rapprochements nécessaires entre les résultats de l'état nº 12 et ceux de l'état nº 11, il a été ajouté au cadre de l'état nº 12 deux nouvelles colonnes portant les nºs 23 et 25 (voir le modèle rectifié ci-joint). Le total de la colonne 23 de l'état de changement des portes et fenêtres devra être égal à la somme des ouvertures des maisons nouvellement construites portées sur l'état nº 11, et le total de la colonne 25 à la somme des ouver-
tures des maisons démolies.

Art. 86. L'état des changements à opérer dans les bases de la contribution personnelle-mobilière (*modèle ancien nº* 13) devra comprendre une nouvelle colonne destinée à recevoir l'indication du numéro de la case de la matrice des propriétés bâties. Cette colonne, qui prendra le nº 10, sera intercalée entre la colonne 9 actuelle et celle qui est intitulée *motifs des changements,* la-
quelle recevra le nº 11.

Art. 92. Lorsqu'il n'est pas établi de liste de patentables exemptés pour cause d'indigence, il n'y a pas lieu de rédiger un certificat négatif ; le contrôleur inscrit le mot *néant* sur le bordereau d'envoi des pièces de mutations vis-à-vis de l'indication de la liste. Il porte d'ailleurs, sur le cer-
tificat de dépôt de la matrice primitive des paten-
tes, une mention faisant connaître qu'il a dressé une liste des patentables indigents ou qu'il n'en a pas rédigé.

Art. 100. S'il n'existe pas d'extraits non utili-
sés, le contrôleur inscrit le mot *néant* sur le bordereau d'envois de pièces de mutations, en regard de la mention relative à l'état nº 15, sans avoir à fournir de certificat négatif.

Art. 102. Dans le dernier paragraphe de l'art. 102, après le mot *relate*, on intercalera les mots ci-après : « Pour les propriétés non bâties et, séparément, pour les propriétés bâties. »

Art. 104. Le cadre figurant à la dernière page du rapport des contrôleurs sur la tournée (*modèle nº* 16) est modifié conformément au spéci-
men ci-joint:

Dans le premier paragraphe de l'art. 104, après les mots : *en double expédition,* on inscrira les mots : « En outre de la minute qu'il conserve. »

Art. 106 et suivants. L'application des mutations sur les matrices des propriétés bâties sera effectuée d'après les règles générales indiquées dans l'instruction du 18 décembre 1853, et donnera

lieu à la rédaction d'un second état de situation ancienne et nouvelle. MM. les directeurs pourront se servir, à cet effet, des imprimés du modèle actuel n° 18, sauf à ne pas y faire figurer les indications relatives aux contenances.

Art. 111. Les mots *par une seule mutation*, qui terminent le quatrième paragraphe de l'art. 111 de l'instruction générale, doivent s'entendre de la suppression, pour la même année, de toutes les parcelles inscrites à la matrice sous le même nom. Ainsi, le mode de radiation à l'aide de deux diagonales peut être employé quand le folio disparaît entièrement en une seule mutation, quel que soit d'ailleurs le nombre des acquéreurs qui se partagent les parcelles, pourvu que le folio ne présente aucune radiation antérieure.

Art. 114. On ajoutera à la suite du deuxième paragraphe de l'art. 144 la phrase suivante : « Lorsque le délai de déplacement des matrices se « trouve dépassé par suite de l'exécution des pres- « criptions qui précèdent, le contrôle relate le « fait au registre d'ordre. »

Dans le cas où il deviendrait nécessaire d'apporter des modifications aux modèles des états n°ˢ 21, 22 et 23 relatifs à la comptabilité des dépenses des mutations cadastrales, l'administration en informera les directeurs en temps opportun.

*Dans un certain nombre de départements, il a été prescrit aux contrôleurs de fournir, à l'appui de leurs opérations de mutations ou de patentes, soit des annotations marginales à consigner sur les différents états de changements, soit des rapprochements entre les chiffres de ces états, soit enfin des comparaisons entre les résultats de l'année et ceux de l'année précédente. Ces prescriptions ont, sans aucun doute, pour but d'obtenir une meilleure exécution du travail ; mais elles accroissent et compliquent sans une nécessité absolue les opérations des contrôleurs ; d'autre part, elles ont encore l'inconvénient de varier d'une direction à l'autre et, par suite, d'obliger les agents, chaque fois qu'ils changent de département, à modifier leur manière habituelle d'opérer. Il convient de s'en tenir à la stricte observation des règlements officiels et de n'introduire aucune modification dans les modèles des états et tableaux adoptés par l'administration.*

Les changements apportés aux prescriptions actuelles, et *distingués par des guillemets* dans le texte de la présente circulaire, devront être effectués sur ceux des exemplaires de l'instruction générale non détachés du recueil officiel.

**3.** *Rectification.* Au *Dictionnaire*, p. 646, n° 92, une ligne a été omise ; nous la rétablissons ici, en l'imprimant en italiques :

« ....Aucune maison occupée ne peut être cotisée, quelle que soit l'évaluation de son revenu, au-dessous de ce qu'elle le serait à raison du terrain qu'elle enlève à la culture, évalué sur le pied du double des meilleures terres labourables de la commune, si la maison n'a qu'un rez-de-chaussée, *du triple si elle a un étage au-dessus du rez-de-chaussée,* et du quadruple si elle en a plusieurs. »

**4.** Pour l'évaluation d'une propriété bâtie, on doit déduire, non la valeur réelle du sol, mais la valeur cadastrale qui lui est attribuée. (*Arr. du*

*C. d'État 3 juin* 1881.) [*Voy.* DALLOZ, *Jur. gén.,* année 1882.)

### CHAP. II. — JURISPRUDENCE.
#### Sect. 1. — Impôt foncier.

**5.** Il n'appartient pas au Conseil d'État statuant au contentieux, de décider si un fait qui s'est produit d'une manière générale dans la contrée, doit donner lieu, dans les communes intéressées, à une révision du cadastre. (*Arr. du C. d'État 26 nov.* 1880.)

Il s'agissait des ravages du phylloxera.

**6.** L'exemption de la contribution foncière accordée aux places publiques servant aux foires et marchés, n'est pas applicable à une halle couverte constituant une propriété bâtie et productive de revenus, alors même qu'elle n'est pas close et qu'elle sert de passage. (*Arr. du C. 28 juill.* 1878.)

**7.** Un conseil de préfecture, saisi de la demande d'un contribuable tendant à obtenir la division de la cote inscrite en son nom, ne peut rejeter cette demande sans avoir fait procéder à l'instruction de l'affaire dans les formes prescrites par l'art. 2 de l'arrêté du Gouvernement du 24 floréal an VIII. (*Arr. du C.* 22 *nov.* 1878.)

**8.** Un particulier, régulièrement imposé à la contribution foncière, ne peut obtenir décharge de sa cote que par voie de mutation et en fournissant les désignations nécessaires pour qu'elle puisse être transférée au propriétaire actuel. (*Arr. du C.* 6 *juin* 1879.)

**9.** La diminution de revenu provenant de la submersion permanente de la propriété par suite de travaux de barrage exécutés par l'État sur une rivière, est de nature à faire procéder à un nouveau classement. (*Arr. du C.* 2 *août* 1878.)

**10.** Les machines à vapeur employées à l'exploitation des mines ne doivent pas être comprises dans l'évaluation servant à l'établissement de la contribution foncière. (*Arr. du C.* 7 *mai* 1878.) Mais les presses, turbines, chaudières et autres appareils analogues faisant partie intégrante d'une sucrerie doivent entrer en compte pour établir le revenu sur lequel est calculé l'impôt foncier (10 *févr.* 1882). C'est qu'il s'agit d'une propriété bâtie.

**11.** Des terrains qui étaient en nature de bois lors de la confection du cadastre, et qui, depuis lors, ont toujours été imposés comme tels à la contribution foncière, ne peuvent être considérés comme plantés nouvellement, bien qu'ils aient été replantés après avoir été défrichés ; par suite, ils n'ont pas droit à la réduction d'impôt accordée pendant trente années aux terrains en valeur qui seront plantés ou semés en bois. (*Arr. du C.* 24 *mai* 1878.)

**12.** *Les réclamations contre le classement cadastral d'une propriété non bâtie, à raison de la diminution de revenu provenant de faits postérieurs au classement et indépendants de la volonté du propriétaire, doivent être présentées dans le délai de six mois, à partir de l'événement qui a causé cette diminution. Lorsqu'il s'agit de faits qui se sont prolongés pendant plusieurs années, le délai court de l'époque où il a été certain que ces faits ont causé une dépréciation de la valeur de la propriété.* (*Arr. du C.* 22 *mars* 1878.)

**13.** N'est pas imposable à la contribution foncière la portion de caserne qu'un département affecte au logement d'officiers de gendarmerie, moyennant une subvention de l'État ne présentant pas le caractère d'un loyer. (*Arr. du C.* 30 *avril* 1880.)

**14.** Les maisons d'école ne sont exemptées de la contribution foncière qu'autant qu'elles sont la propriété de la commune. En conséquence, cette exemption ne s'applique pas à une école gratuite et publique soumise au régime des écoles communales et subventionnée par la commune, mais établie dans un bâtiment appartenant à une fabrique. (*Arr. du C.* 9 *juin* 1876 *et* 10 *févr.* 1882.)

**15.** *Propriétés productives.* Un asile payant, appartenant à un hospice n'est pas exempt de l'impôt foncier. (*Arr. du C.* 1ᵉʳ *juin* 1877.)

**16.** *Mutation de cote.* En matière de contribution mobilière, le conseil de préfecture ne peut prononcer de mutation de cote. (*Arr. du C.* 9 *juin* 1876.) La mutation n'est permise que pour les cotes foncières (*L.* 2 *messid. an VII, art. 5, et Arrêté des consuls* 24 *flor. an VIII, art.* 2) et des portes et fenêtres (*L.* 8 *juill.* 1852, *art.* 13). Il ne serait peut-être pas impossible d'appliquer, par analogie, aux autres contributions directes, la disposition en question, mais il vaudrait mieux provoquer une décision du législateur.

**17.** L'impôt foncier est à la charge de la ville lorsque celle-ci a concédé à un entrepreneur l'établissement et l'exploitation de la fourniture de l'eau nécessaire à la consommation des habitants, à la charge, par le concessionnaire, d'acheter les terrains et de construire les bâtiments, de conserver et de remettre à la ville, au terme de la concession, ces immeubles, dont la ville s'est réservé la jouissance et la perception des revenus. *Arr. du C.* 29 *juillet* 1881.) [*Voy. aussi* **Mainmorte.**]

**18.** Le revenu sur lequel est calculé l'impôt foncier, doit être déterminé d'après le revenu que l'immeuble est susceptible de produire et non d'après le prix qu'il a coûté. (*Arr. du C.* 10 *févr.* 1882).

**Sect. 2. — Impôts personnel-mobilier et des portes et fenêtres.**

**19.** *Contribution personnelle-mobilière.* Un particulier qui occupe encore au 1ᵉʳ janvier un appartement dont le bail est expiré au 31 décembre précédent, et qui, à partir de ce même jour, a un autre appartement à sa disposition, doit l'impôt mobilier pour le second et non pour le premier de ces appartements. (*Arr. du C.* 5 *mars* 1880.)

(La loi — et même les contrats — parlent du 1ᵉʳ, mais en pratique on ne déménage que le 8 ou le 15 du mois, c'est, du moins à Paris, une *coutume* qui a force de loi.)

**20.** Le propriétaire ou principal locataire qui n'a pas fait constater dans les trois jours le déménagement des meubles de son locataire, opéré par les créanciers saisissants, est responsable envers le Trésor de la contribution mobilière due par ce locataire. (*Arr. du C.* 26 *déc* 1879.)

**21.** Pour les officiers sans troupe, passibles de la contribution mobilière, voyez Déc. du 25 décembre 1875. (*Voy. plus bas le nº* 26.)

**22.** Les contributions personnelle-mobilière et des patentes ne deviennent immédiatement exigibles pour la totalité de l'année courante, qu'au cas de déménagement hors du ressort de la perception, ou en cas de vente volontaire ou forcée. En conséquence, le propriétaire qui a négligé de déclarer au percepteur que son locataire devait déménager, n'étant responsable que des termes exigibles au moment du déménagement, n'encourt aucune responsabilité lorsque le locataire ne déménage pas hors du ressort de la perception et qu'il a payé les termes échus à l'époque où il a déménagé. (*Arr. du C.* 8 *nov.* 1878.)

**23.** Pour le calcul de la valeur locative sur laquelle doit être établi l'impôt mobilier, il ne doit pas être tenu compte de la plus-value résultant du voisinage d'un parc et des jardins qui dépendent de la maison. (*Arr. du C.* 4 *août* 1876.)

**24.** Un contribuable imposé à la contribution mobilière dans la ville où il résidait le 1ᵉʳ janvier, doit la contribution pour l'année entière, alors même que, nommé sous-préfet dans le courant de l'année, il a payé, dans sa nouvelle résidence, — pour se conformer aux règlements du ministère de l'intérieur, — une partie des contributions imposées à son prédécesseur. (*Arr. du C.* 20 *janvier* 1882.)

**25.** L'interdiction n'est pas une cause d'exemption de l'impôt mobilier. (*Arr. du C.* 21 *avril* 1882.)

**26.** Les officiers du cadre administratif permanent et soldé de l'armée territoriale étant classés parmi les officiers sans troupe par l'art. 24 du décret du 25 décembre 1875, doivent être imposés à la contribution mobilière, d'après le même mode et dans les mêmes proportions que les autres contribuables, c'est-à-dire d'après la valeur locative des locaux qu'ils occupent, déduction faite de la portion de ces locaux affectée aux bureaux de l'armée territoriale. (*Arr. du C.* 15 *juill.* 1877.)

**27.** Les vétérinaires attachés aux dépôts de remonte sont des officiers sans troupe, imposables à la contribution personnelle et mobilière d'après le même mode et dans la même proportion que les autres contribuables. (*Arr. du C.* 23 *janv.* 1880.)

**28.** Un casernier qui est en résidence fixe et n'appartient à aucun corps de troupe doit être imposé, pour son logement dans les bâtiments de l'État, à la contribution personnelle-mobilière. (*Arr. du C.* 23 *avril* 1880.)

Le même casernier est aussi assujetti à la contribution des portes et fenêtres.

**29.** *La taxe personnelle et mobilière des femmes.* Nous donnons, à titre de document curieux, d'ailleurs très bien motivé, l'arrêté suivant du conseil de préfecture de la Seine (août 1880).

Le conseil de préfecture,

Vu la requête par laquelle la demoiselle Hubertine Auclert, demeurant à Paris, rue Cail, 11, demande la décharge de la taxe personnelle-mobilière à laquelle elle a été imposée audit lieu pour 1880, en alléguant qu'elle ne jouit pas des droits électoraux et ne doit, dès lors, avoir aucune part aux charges publiques et que, ne votant pas et n'ayant point par conséquent le droit de contrôler l'emploi de l'argent qu'elle donne, elle ne doit pas payer de contributions;

Vu les avis exprimés par la commission des contributions, par le contrôleur et par le directeur des contributions directes;

Vu les mentions constatant l'accomplissement des formalités prescrites par l'art. 29 de la loi du 21 avril 1832;

Vu le mémoire déposé le 11 juillet 1880, par lequel la demoiselle Auclert expose qu'à l'appui de ses propositions de rejet, l'administration invoque l'art. 12 de la loi du 21 avril 1832, qui déclare imposable à la contribution personnelle-mobilière tout habitant français ou étranger non réputé indigent ;

Que la réclamante s'appuyait, pour demander son inscription sur les listes électorales, sur une loi identique, celle du 5 mai 1848, portant, art. 6 : « Sont électeurs tous Français » ;

Que cependant cette inscription lui a été refusée ;

Qu'elle ne peut accepter cette anomalie que les femmes soient incapables de voter et capables de payer, et qu'elle entend présenter à ce sujet des observations orales devant le conseil de préfecture ;

Vu le mémoire déposé le 16 juillet 1880, au nom de la demoiselle Auclert, dans lequel M. Giraud, avocat, reproduit, en les développant, les motifs contenus dans la requête et dans le mémoire susvisés ;

Vu le nouvel avis du directeur des contributions directes du 2 août 1880 ;

Vu les lois du 28 pluviôse an VIII, art. 4, et 21 juin 1865, et le décret du 12 juillet suivant;

Vu la loi du 21 avril 1832, art. 12 et 28 ;

Vu la loi de finances du 30 juillet 1872 ;

Ouï M. Pasquier, conseiller, en son rapport'; Mlle Auclert et le sieur Levrier, son mandataire, en leurs observations orales, et M. Thirria, commissaire du Gouve-nement, en ses conclusions ;

Après en avoir délibéré conformément à la loi ;

Considérant qu'aucun texte de loi n'établit de corrélation entre l'obligation de payer l'impôt et la jouissance ou l'exercice des droits politiques ;

Considérant que l'art. 12, § 1er, de la loi du 21 avril 1832 décide que « la contribution personnelle et mobilière est due par chaque habitant français et par chaque étranger de tout sexe, jouissant de ses droits et non réputé indigent » ; que dans la disposition précitée, les mots « jouissant de ses droits » n'ont qu'un sens spécial et restreint ; que, d'après les termes exprès du § 2 de l'art. 12 susvisé, il y a lieu de comprendre au nombre des personnes jouissant de leurs droits : « ... les garçons et les filles majeurs ou mineurs, ayant des moyens suffisants d'existence, soit par leur fortune personnelle, soit par la profession qu'ils exercent » ;

Considérant qu'il résulte de l'instruction que la demoiselle Auclert a des moyens suffisants d'existence ; qu'elle doit donc être réputée « jouir de ses droits » dans le sens attribué à cette expression par la loi du 21 avril 1832 ; que dès lors, elle n'est pas fondée à demander la décharge de la contribution personnelle et mobilière à laquelle elle a été imposée au rôle de 1880, rue Cail, n° 12, à Paris ;

Arrête :

La requête de la demoiselle Hubertine Auclert est rejetée.

**30.** *Portes et fenêtres.* L'impôt des portes et fenêtres est dû pour une halle établie dans une gare de chemin de fer et servant à la fois au service de la douane et à diverses opérations se rattachant à l'exploitation de la compagnie. (*Arr. du C.* 26 *juin* 1878.)

**31.** L'ambassadeur d'une puissance étrangère n'est pas soumis à la contribution des portes et fenêtres, à raison des ouvertures de l'hôtel qu'il occupe en France ; par suite, le propriétaire de cet hôtel est fondé à demander la décharge du montant dudit impôt (*L.* 4 *frim. an VII; Cons. de préf. Seine* 13 *août* 1878). Il en est de même des consuls sujets de la nation qu'ils représentent. (*Arr. du C.* 26 *sept.* 1868 *et autres.*)

**32.** Le Conseil d'État ne considère pas comme manufactures : une tannerie éclairée par 160 ouvertures et n'employant qu'une vingtaine d'ouvriers (*Arr. du C.* 9 *nov.* 1877) ; une teintureie ayant plus de 800 ouvertures et occupant en moyenne 180 ouvriers répartis dans de nombreux ateliers (*Arr. du C.* 18 *janv.* 1878). C'est toujours une affaire de pure appréciation. (Voy. le *Dictionnaire,* v° **Contributions directes,** n° 207.)

**33.** Sont soumises à la contribution des portes et fenêtres les ouvertures d'un séchoir de tannerie munies d'un système de fermeture consistant en lames mobiles en bois, ainsi que les ou-

vertures éclairant des ateliers et qui sont fermées par des vitrages à châssis dormant. (*Arr. du C.* 9 *nov.* 1877.)

**34.** Les baies séparées par des poteaux fixes constituent des ouvertures distinctes pour la perception de l'impôt des portes et fenêtres. (*Même arrêt.*) Cette décision est importante pour les grands ateliers.

### Sect. 3. — Questions de procédure, réclamations.

**35.** Le réclamant peut, tant que le conseil de préfecture n'a pas statué, demander utilement à être convoqué à l'audience publique afin d'y présenter des observations orales. (*Arr. du C.* 20 *juin* 1879.)

**36.** Est recevable à toute époque la réclamation par laquelle un propriétaire, qui n'élève de contestation, ni au sujet du classement et de la contenance assignés à sa propriété, ni à l'égard du tarif des évaluations adopté dans la commune, se borne à demander qu'il soit fait application de ce tarif, d'après la nature de culture, la classe et la contenance indiquées, pour ladite propriété, dans la matrice cadastrale. (*Arr. du C.* 19 *nov.* 1880.)

**37.** Lorsqu'une commune se pourvoit devant le Conseil d'État contre plusieurs arrêtés du conseil de préfecture concernant des contribuables différents et des cotes supérieures à 30 fr., elle est tenue de former une requête distincte pour chaque arrêté. Un pourvoi collectif sur papier timbré n'est recevable, dans de telles circonstances, que relativement au premier contribuable dénommé dans la délibération du conseil municipal autorisant le maire à introduire un recours. (*Arr. du C.* 6 *fév.* 1880.)

**38.** Lorsqu'un contribuable s'est borné à demander la décharge de la taxe à laquelle il avait été assujetti pour une voiture, dans une commune du département, le conseil de préfecture ne peut, sans excéder la limite de ses pouvoirs et de sa compétence, décider que ce contribuable y sera imposé en outre pour un cheval et accorder le dégrèvement de la taxe établie au nom du même contribuable, dans une commune d'un autre département, à raison des mêmes éléments de cotisation. (*Arr. du C.* 26 *déc.* 1879.)

**39.** *Réclamations.* La promesse faite par un agent des contributions directes de porter un contribuable sur l'état des cotes indûment imposées ne dispense pas ce contribuable de l'obligation de former une réclamation dans les formes et les délais prescrits par la loi. (L'agent pouvant oublier ou, comme dans l'espèce, tomber malade, le contribuable ne doit pas négliger de faire en tout cas une demande en décharge avant l'expiration des trois mois après la publication des rôles.) Ce qui précède résulte d'un arrêt de conseil de préfecture.

**40.** La totalité des frais d'expertise doit rester à la charge de l'administration, alors même que la réduction accordée ne dépasse pas celle qui avait été proposée, avant l'expertise, par les répartiteurs et par les agents des contributions directes. (*Arr. du C.* 22 *fév.* 1878.)

**41.** Les experts ne peuvent réclamer les intérêts des sommes qui leur sont allouées. (*Arr. du C.* 28 *déc.* 1877.)

**42.** Il appartient à l'autorité judiciaire d'apprécier la régularité et la validité des actes de poursuite judiciaires exercés pour le recouvrement d'une taxe assimilée aux contributions directes, de connaître des demandes en dommages-intérêts qui sont la conséquence de l'annulation demandée et de prescrire, en matière de poursuite, telles mesures qu'elle juge opportun d'ordonner. (*Trib. des confl.* 2 *avril* 1881.)

**43.** *Délais.* Un contribuable qui, dans le délai de 3 mois de la publication des rôles, avait présenté une réclamation dont il lui a été fait renvoi pour qu'il y joignît la quittance des termes échus, doit être considéré comme ayant réclamé dans le délai légal, bien que la réclamation nouvelle ne soit parvenue à la sous-préfecture qu'après l'expiration de ce délai. (*Arr. du C.* 24 *juin* 1881.)

**44.** Le *délai* de 3 ans accordé aux parties par l'article final des lois annuelles de finances, n'est applicable qu'aux actions en restitution dirigées devant l'autorité judiciaire contre des agents qui ont concouru à l'établissement ou à la perception des taxes prétendues illégales. (*Arr. du C.* 6 *nov.* 1880.)

**45.** *Contrainte.* Le percepteur a qualité pour déférer au Conseil d'État un arrêté par lequel le conseil de préfecture annule la contrainte, en se fondant sur ce que le paiement, dans les conditions où il a été fait, a libéré le contribuable (*Arr. du C.* 21 *juill.* 1876). Ici le percepteur n'a qualité que parce que la cote du contribuable retombe à sa charge ; il a donc grief personnel. Il en est de même dans un arrêt du 27 avril 1877, où l'annulation d'une contrainte a mis les dépens à la charge du percepteur.

*Patentes. Voy.* ce mot.

**BIBLIOGRAPHIE.**

Législation des contributions directes, par A. Perroux. 1 vol. in-8°. Paris, P. Dupont. 1876.

Conférences écrites sur les contributions directes pour la préparation aux examens de surnuméraires contrôleurs, par D. Millet. In-8°. Paris, Berger-Levrault et Cie. 1879.

Poursuite en matière de contribution directe, etc., par E. Durieu. In-8°. Paris, au bureau du *Journal des percepteurs.* 1876.

**CONTRIBUTIONS INDIRECTES.** (*Dict.*)

SOMMAIRE.

### CHAP. I. — INDEMNITÉ D'EXERCICE.

**1.** Un arrêté du ministre des finances, du 20 novembre 1880, règle ainsi qu'il suit l'*indemnité d'exercice* :

4 p. 100 sur les constatations de 10,000 fr. et au-dessous ; 3 $1/_2$ p. 100 sur celles de 10,001 fr. à 30,000 ; 3 p. 100 sur celles de 30,001 fr. à 50,000 ; 2 $1/_2$ p. 100 sur celles de 50,001 fr. à 100,000 ; 2 p. 100 sur celles de 100,001 fr. à 200,000 ; $1/_2$ p. 100 sur celles au-dessus de 200,000 fr.

*Remises aux receveurs d'octroi chargés de la perception des droits du Trésor à l'entrée des villes.* Ces remises seront calculées d'après les tarifs ci-après :

1° Villes placées sous le régime de la taxe unique :

2 p. 100 sur les perceptions de 50,000 fr. et au-dessous ; 1 $1/_2$ p. 100 sur celles de 50,001 fr. à 100,000 ; 1 p. 100 sur celles de 100,001 fr. à 200,000 ; $1/_2$ p. 100 sur celles au-dessus de 200,000 fr.

2° Villes simplement sujettes au droit d'entrée :

5 p. 100 sur les recettes de 5,000 fr. et au-dessous ; 4 $1/_2$ p. 100 sur celles de 5,001 fr. à 10,000 ; 4 p. 100 sur celles de 10,001 fr. à 20,000 ; 3 $1/_2$ p. 100 sur celles au-dessus de 20,000 fr. (*Temps,* 10 *déc.* 1880.)

### CHAP. II. — FRAUDE.

**2.** La circulaire qui suit, du garde des sceaux, adressée aux procureurs généraux, est du 1er septembre 1879 :

« Le congrès des chambres syndicales du commerce des vins en gros m'a signalé, au point de vue répressif, une situation sur laquelle, après m'être consulté avec mes collègues des finances et du commerce, je crois devoir appeler l'attention des parquets.

« Depuis l'invasion du phylloxera, les boissons de marcs de raisins, dites piquettes, et celles que l'on prépare avec des raisins secs, sont l'objet d'une fabrication et d'une vente considérables.

« Tant qu'elles circulent sous leur véritable nom, le commerce en est licite ; il cesse d'avoir ce caractère et devient frauduleux alors que les boissons dont il s'agit sont expédiées ou mises en vente sous le nom de vin, même quand elles ont reçu, et c'est le cas le plus fréquent, une addition de vin naturel ou d'alcool.

« Ces faits constituent, pour le commerce sincère, une concurrence déloyale et, pour les consommateurs, une tromperie qu'il s'agit de réprimer.

« Je vous invite, en conséquence, à considérer ce nouveau genre de fraude comme tombant sous l'application de la circulaire de mon prédécesseur, en date du 14 octobre 1876.

« Ou les piquettes et vins de raisins secs seront, sans mélange de vin ni d'alcool, vendus comme vins, et le fait constituera le délit de tromperie sur la nature de la marchandise, prévu et puni par l'art. 423 du Code pénal[1] ;

« Ou ces boissons seront additionnées de vin ou d'alcool et vendues comme vin ; les poursuites devront alors être intentées pour falsification ou mise en vente ou détention de boissons falsifiées (*Loi du 27 mars* 1851, *art.* 1er, §§ 1er *et* 2, *et art.* 3)[2].

« Les délits de l'une ou de l'autre espèce seront, sans préjudice des autres moyens de constatation, dénoncés par l'administration des contributions indirectes, qui donne à ses agents toutes les instructions nécessaires pour assurer à la justice un concours efficace. Vous recevrez ultérieurement, à titre d'annexe, le texte de ces instructions, utiles à porter à la connaissance des parquets.

« *Signé :* Le Royer. »

---

[1]. « Attendu que le caractère essentiel du délit prévu par l'art. 423 du Code pénal, c'est que la tromperie porte sur la nature même de la marchandise, sur son essence et non sur sa qualité, soit que la fraude provienne de ce que la chose vendue a été donnée pour ce qu'elle n'a jamais été... » (*Cass.* 27 août 1858.)

[2]. « Les mélanges prennent le caractère d'une falsification lorsque, même inoffensifs, ils sont fabriqués frauduleusement et en vue de donner mensongèrement au vin l'apparence des qualités qu'il n'a point. » (*Cass.* 22 *nov.* 1860 ; *Circ. précitée* 14 oct. 1876.)

### CHAP. III. — DÉCISIONS DIVERSES.

**3.** *Alcool, vin, médicament.* Un liquide à base d'alcool peut être déplacé et transporté sans titre de mouvement ni paiement des droits de circulation, lorsque le vin ou l'alcool ont été transformés en une préparation nouvelle, présentant exclusivement les caractères d'un médicament. (*Cass.* 21 déc. 1878 *et* 17 janv. 1879.) Le tribunal est compétent pour juger si la transformation est effective ou complète. (*Mêmes arrêts.*)

**4.** *Préparation pharmaceutique.* Le liquide composé de vin mélangé et préparé avec diverses substances, *qui a conservé la nature de vin,* est soumis à la formalité des expéditions et au droit de circulation, alors même qu'il pourrait être accidentellement employé comme remède. (*Cass.* 29 juin 1878.) Il s'agit du « vin de Bugeaud » additionné de quinquina et de cacao.

**5.** *Manquant.* L'art. 57 de la loi du 28 avril 1818, portant que le compte des débitants sera déchargé des quantités de boissons gâtées ou perdues, lorsque la perte sera dûment justifiée, ne détermine pas de forme spéciale pour cette justification ; en conséquence, il appartient aux tribunaux de statuer suivant les cas et d'après les preuves produites. (*Cass.* 12 mars 1879.)

**6.** Un marchand de boissons en gros ne peut être affranchi du paiement des droits afférents aux manquants constatés à sa charge à raison de ce seul fait qu'un incendie aurait détruit les boissons par lui non représentées. La décharge ne pourrait être accordée que dans le cas où il serait établi que l'incendie, n'ayant pu être ni prévenu, ni empêché par le marchand en gros, présentait les caractères d'un événement de force majeure. (*Cass.* 15 janv. 1879.)

**7.** *Circulation.* Le transporteur qui, sans avoir prévenu au préalable les employés de la régie, conduit chez un individu autre que celui mentionné au titre de mouvement, les boissons qui lui ont été confiées, est en contravention pour déchargement à fausse destination, et ce, sans qu'il soit nécessaire de rechercher si, en réalité, ces boissons étaient destinées à un débitant voisin. (*C. de Riom* 14 févr. 1877.)

**8.** Un retard dans la remise de boissons au destinataire indiqué dans le congé ne peut être excusé sous le prétexte que le transporteur ignorait le domicile de ce destinataire. (*C. de Lyon* 2 mai 1877.)

**9.** *Introduction frauduleuse.* Lorsqu'un procès-verbal constate, à la charge d'un débitant de boissons, une introduction frauduleuse de vin et d'alcool, il y a lieu de cumuler les amendes spéciales à chacune des deux contraventions. (*C. de Bourges* 3 mai 1877.)

**10.** *Visites domiciliaires.* Est légale la saisie opérée au domicile d'un débitant rédimé chez lequel les préposés d'octroi ont pénétré sans ordre écrit d'un employé supérieur, lorsque cette saisie porte sur des liquides dont les verbalisants ont constaté la circulation frauduleuse et *qu'ils n'ont pas cessé de suivre jusque chez le prévenu.* (*Cass.* 20 avril 1877.)

**11.** *Expédition inapplicable.* Lorsque des acquits-à-caution indiquent inexactement le degré alcoolique des boissons reçues par un débitant, il en résulte une contravention qui engage la responsabilité de l'expéditeur et qui peut être relevée contre lui, tant que la décharge de l'acquit-à-caution n'a pas été obtenue. Les juges du fait sont, d'ailleurs, souverains pour apprécier si c'est l'expéditeur ou le destinataire qui doit supporter les conséquences de la contravention.

Il ne peut résulter aucune ouverture à cassation de ce qu'un arrêt vise à tort un texte de loi non applicable, s'il vise en même temps le texte qui doit être appliqué. (*Cass.* 20 janv. 1877.)

**12.** *Bière.* 1° La surveillance de la régie, pour être efficace, doit pouvoir s'exercer à toutes les époques de la fabrication ; elle peut donc porter sur la qualité des bières en cours de fabrication, tout aussi bien que sur la quantité du résultat auquel la fabrication a abouti. Aucune disposition légale n'interdit, à cet effet, l'usage du densimètre.

2° Le fait de transvaser une certaine quantité de bière forte dans la chaudière de petite bière ou d'introduire dans la chaudière de bière forte une certaine quantité de métiers de troisième trempe tombe sous les prévisions de l'art. 8 de la loi du 1er mars 1822.

3° La prohibition des mélanges des brassins trouve une sanction pénale dans les dispositions de l'art. 129 de la loi du 28 avril 1816, qui édicte l'amende et la confiscation des bières saisies. (*Cass.* 25 nov. 1880.)

**13.** *Pourvoi.* 1° Est non recevable, comme prématurément formé, le pourvoi en cassation dirigé contre un jugement par défaut qui n'a pas été signifié.

2° En cas de visite domiciliaire effectuée chez un simple particulier par les employés de la régie, un conseiller municipal ne peut être appelé à remplacer le maire ou l'adjoint que s'il est constaté que ces magistrats étaient absents ou empêchés. — Le procès-verbal qui ne fait pas mention de cette constatation est entaché de nullité. (*Cass.* 6 mars 1879.)

**14.** *Marchands en gros.* Les dispositions de la loi du 21 avril 1832 qui autorisent les villes à contracter un abonnement pour le rachat du droit sur les vendanges, n'ont pas pour effet d'affranchir les marchands en gros, établis dans des villes abonnées, de l'obligation de déclarer les boissons qu'ils ont récoltées et d'ouvrir ainsi dans leur comptabilité une lacune qui enlèverait toute efficacité au contrôle de la régie. (*Cass.* 3 avril 1879.)

**15.** *Procès-verbal.* Le contrevenant qui a été sommé d'assister à la rédaction et à la lecture du procès-verbal a reçu, par cela même, la sommation d'assister à la description des objets saisis, prescrite par l'art. 21 du décret du 1er germinal an XIII. (*Cass.* 3 janv. 1880.)

**16.** Si les débitants rédimés ne sont plus soumis aux exercices ordinaires des employés de la régie, ils doivent subir les visites que ces agents opèrent en se conformant aux formalités exigées par l'art. 237 de la loi du 28 avril 1816, et le refus qu'ils opposent à ces sortes de visites constitue une contravention. (*Cass.* 11 févr. 1880.)

**17.** *Poursuites.* Pendant longtemps la régie des contributions indirectes a eu, seule, le pouvoir de poursuivre les contrevenants. La loi du 21 juin 1873, dans son art. 15, a attribué au ministère public la faculté de pratiquer les poursuites. Cette loi était à peine appliquée que la question de savoir si l'action du ministère public était subordonnée à l'existence d'un procès-verbal régulier s'est posée. Elle a été résolue de la manière suivante par un arrêt du 12 janvier 1877 : « Attendu que l'art. 15 de la loi du 21 juin 1873 a conféré au ministère public seul le droit de poursuivre la répression des délits prévus par l'art. 12 de la même loi, et par l'art. 16 de la loi du 28 avril 1816 ; que, relativement aux faits auxquels ces articles sont applicables, le ministère public a l'initiative des poursuites, conformément aux dispositions des art. 22 et 182 du Code d'instruction criminelle, et qu'il peut produire toutes les preuves autorisées, en matière correctionnelle ordinaire, par les art. 154 et 190 du même Code ; qu'en effet aucun texte de loi n'a restreint ses pouvoirs et ne lui a imposé, au cas spécial, la preuve par procès-verbal comme seule admissible et absolument indispensable.... »

Le pourvoi invoquait l'art. 15 de la loi de 1873, où il est dit « que les procès-verbaux constatant les contraventions seront transmis au ministère public » ; par conséquent, la loi, tout en conférant au ministère public le droit d'exercer les poursuites, a fait une obligation de la transmission des procès-verbaux dressés par les employés de l'administration. L'arrêt répond que le parquet, agissant conformément aux art. 22 et 182 du Code d'instruction criminelle, peut produire toutes les preuves autorisées en matière ordinaire, et qu'aucun texte n'a restreint ses pouvoirs en imposant la preuve par procès-verbal. Ce motif est décisif. Il est très juste de décider que, lorsque les contraventions sont poursuivies non plus par une administration spéciale, mais bien par les fonctionnaires chargés d'exercer l'action publique, il y a lieu de procéder non plus d'après les règles imposées aux administrations fiscales, mais d'après celles du droit commun. C'est, du reste, à peu près ce qui se pratique en cas de contravention aux lois de douanes, et la jurisprudence décide que si toute poursuite, toute perquisition suppose un procès-verbal antérieur, cette règle n'est applicable qu'aux employés des douanes et nullement au ministère public agissant de son chef. Voy. DALLOZ, *Répertoire*, v° **Douanes**, n° 873.)

**18.** *Force majeure.* Elle peut, dans certains cas, autoriser les marchands en gros à demander aux tribunaux l'exonération des droits dus sur les manquants constatés à leur charge. La guerre et l'insurrection sont des cas de force majeure. (*Arr. du C.* 26 *juill.* 1876, 12 *févr. et* 6 *mars* 1878.)

**19.** *Confiscation.* La confiscation des liquides trouvés en contravention doit être prononcée, quand bien même les prévenus pourraient invoquer une immunité, ou alors même que les auteurs de la contravention seraient inconnus ou décédés. (*Cass.* 27 *mai* 1876.) La confiscation des objets saisis peut être prononcée aussi dans le cas où les poursuites de la régie sont frappées de déchéance pour n'avoir pas été intentées dans le délai de trois mois à partir du procès-verbal. (*C. de Bordeaux* 7 *déc.* 1877.)

**20.** *Prescription.* En matière de contributions indirectes, la prescription d'un an établie par l'art. 50 du décret du 1er germinal an XIII cesse d'être applicable, du moment qu'elle a été interrompue par une contrainte décernée contre le redevable ; il n'y a plus lieu qu'à la prescription trentenaire. (*Cass.* 11 *déc.* 1877.)

**21.** 1° La prescription annale de l'art. 50 du décret du 1er germinal an XIII ne s'applique qu'aux droits que les employés ont pu constater dans les formes et les délais ordinaires ; si la constatation a été rendue impossible par des manœuvres frauduleuses imputables à l'assujetti, la régie rentre sous l'empire du droit commun, qui ne permet pas qu'un débiteur puisse opposer la prescription à l'action du créancier, lorsque celui-ci a été tenu dans l'ignorance du fait générateur de son droit par un acte matériel et frauduleux du débiteur.

2° La prescription des art. 637 et 638 du Code d'instruction criminelle n'est pas imposable à la régie, lorsqu'elle réclame à un assujetti, non la réparation d'un dommage causé par une contravention résultant d'un procès-verbal, mais le paiement d'impôts et de taxes dus pour des fabrications déterminées. (*Cass.* 14 *juin* 1880.)

3° Si, en matière de contravention aux lois des contributions indirectes et de l'octroi, toute poursuite correctionnelle doit avoir sa base dans un procès-verbal régulier énonçant les faits constitutifs de la contravention, il en est autrement lorsqu'il s'agit de recouvrement des droits, dont la perception n'a pu avoir lieu à raison de faits dolosifs ; le juge peut alors autoriser la régie à faire, par tous les moyens, la preuve des faits propres à établir, en même temps que l'impossibilité de la perception, la légitimité de la réclamation des sommes spécifiées aux contraintes. (*Cass.* 14 *juin* 1880.)

**22.** Les alcools camphrés n'étant pas nécessairement impropres à être consommés comme boissons, ne fût-ce qu'à titre de médicament et après addition d'eau, ne peuvent être considérés comme dénaturés (*L.* 24 *juill.* 1843, *art.* 1er) et sont dès lors assujettis à la taxe de consommation. (*Cass.* 7 *févr.* 1877.)

**23.** Le droit sur l'absinthe (*L.* 26 *mars* 1872, *art.* 3) ne frappe pas les liqueurs similaires (*Cass.* 10 *mars* 1876.)

**24.** L'expéditeur d'un chargement de boissons, accompagné d'un acquit-à-caution irrégulier, ne peut pas être acquitté par le motif que l'administration est sans intérêt à poursuivre (à cause de la faible différence). [*Jurisp. cont. Voy. d'ailleurs Cass.* 5 *mai et* 22 *déc.* 1876, *et comparez L.* 21 *juin* 1873.]

**25.** En cas de condamnation prononcée contre plusieurs codélinquants pour contravention, l'appel interjeté par l'un des condamnés ne profite pas aux autres et ne les relève pas de la déchéance qu'ils ont encourue pour n'avoir pas appelé dans le délai légal. (*Cour de Paris* 8 *févr.* 1877.)

**26.** En matière de contribution indirecte et d'octroi, les amendes ayant le caractère de réparation civile doivent être cumulées, et il y a lieu de condamner le prévenu à autant d'amendes qu'il a commis de contraventions. (*Cass.* 22 *déc.* 1876.)

**27.** *Acquits-à-caution.* La disposition de l'art. 3 de la loi du 28 février 1872, qui fait défense aux employés de la régie de délivrer des certificats de décharge d'acquits-à-caution lorsque les boissons ne sont pas représentées, est générale ; elle s'applique, dès lors, aux acquits-à-caution qui ont accompagné les boissons à destination des débitants abonnés ou rédimés. (*Cass.* 10 *août* 1880.)

**28.** L'expéditeur demeure garant, jusqu'à la décharge de l'acquit-à-caution, de la conformité des boissons sorties de ses magasins avec les déclarations par lui faites à la régie. (*Cass.* 20 *janv.* et 9 *mars* 1877.)

**29.** L'expéditeur ne saurait être exonéré de cette responsabilité par la circonstance que le destinataire aurait, de son côté, commis une contravention en prenant livraison des boissons accompagnées de l'acquit-à-caution inapplicable. (*Cass.* 9 *mars* 1877.)

**30.** Les juges du fait ont un pouvoir souverain pour apprécier à qui, de l'expéditeur ou du destinataire, est imputable l'inapplicabilité de l'acquit-à-caution. (*Cass.* 20 *janv.* 1877.)

**31.** Le privilège de la régie en matière de recouvrement de droits dispense, en cas de faillite du redevable, l'administration des formalités ordinaires de production et de vérification et rend les tribunaux civils compétents pour connaître de l'opposition à la contrainte et des contestations qui s'élèvent sur l'exercice de ce privilège. (*Cass.* 21 *mai* 1880.)

**32.** *Bouilleurs de cru.* Le bouilleur de cru qui fait distiller les vins provenant de sa récolte en dehors de son habitation, dans la brûlerie d'un tiers, est soumis à l'exercice et ne peut s'opposer à la visite des préposés de la régie. (*Cass.* 5 *juill.* 1877.)

**33.** *Raisins secs.* Tout liquide fermenté tiré du raisin, que ce dernier soit frais ou sec, est soumis à l'impôt. (*C. de Paris* 12 *juill.* 1879.) [*Voy. aussi* Douanes.]

**34.** *Population.* Une commune peut, à l'appui d'un recours au Conseil d'État contre une décision ministérielle qui l'a déclarée assujettie aux droits d'entrée sur les vins et spiritueux, contester que le chiffre de sa population agglomérée soit celui qui a été porté sur les états authentiques de population dressés à la suite du dernier recensement, et il appartient au Conseil d'État d'apprécier, en fait, le mérite de cette prétention. (*Arr. du C.* 3 *févr.* 1889.)

Dalloz ajoute que le particulier ne peut pas réclamer... Cela s'entend; mais comme le recensement est fait pour la commune, et que c'est elle qui fournit les chiffres à l'administration, elle ne peut réclamer que si le document annexé au décret qui déclare l'authenticité donne d'autres chiffres que ceux que la commune a fournis.

**CONVERSION.** *Voy.* **Rente.**

**CORAIL.** *Voy.* **Pêche maritime.**

**COSTUME.** *Voy.* **Préfet.**

**COTE.** *Voy.* **Agent de change.**

**COULISSIER.** *Voy.* **Agent de change.**

**COUR D'ASSISES.** *Voy.* **Juridiction.**

**COURS D'ADULTES.** *Voy.* **Instruction publique.**

**COURS D'EAU NAVIGABLE.** (*Dict.*) **1.** L'autorité administrative a le droit exclusif de fixer les limites d'un fleuve au point de vue et dans l'intérêt du service public, et les tribunaux ne peuvent empêcher l'exécution effective de cette délimitation, ni ordonner la réintégration du propriétaire dépossédé ; mais il appartient à l'autorité judiciaire d'assigner au domaine public d'autres limites que celles fixées par l'administration, pourvu qu'elle n'en tire pas des conséquences incompatibles avec l'exécution de la délimitation administrative. Par suite, lorsqu'un propriétaire soutient que les terrains par lui revendiqués dépassent le niveau des plus hautes eaux, les tribunaux civils peuvent ordonner d'office la vérification du point litigieux et charger les agents de l'administration de procéder à cette expertise contradictoirement avec le propriétaire, sous réserve du droit de contrôler et de reviser les résultats de cette opération. (*Cass.* 5 *avril* 1876.)

On trouvera dans le *Recueil périodique* de DALLOZ, année 1878, Iʳᵉ partie, p. 11 et suiv., les détails relatifs à ce procès intéressant au point de vue de la part à faire, tant à l'administration qu'à l'autorité judiciaire. (*Voy. aussi* **Cours d'eau non navigable.**)

**2.** Sont soumis, pour la police des eaux, aux mêmes règles que les rivières navigables et flottables, les bras dépendants de ces rivières, alors même qu'ils ne sont eux-mêmes ni navigables ni flottables. (*Arr. du C.* 30 *nov.* 1877.) [*Voy. aussi* **Pêche fluviale.**]

**3.** Les digues construites pour le service du halage sur la dérivation artificielle d'une rivière forment une dépendance nécessaire du canal, dès lors le préfet ne commet aucun excès de pouvoir en déclarant qu'elles font partie du domaine public, alors même qu'un riverain prétend en avoir acquis la propriété. (*Arr. du C.* 2 *mai* 1879.)

**4.** L'arrêté préfectoral pris pour réglementer la répartition générale des eaux d'un canal d'arrosage dérivé d'un cours d'eau a pour effet de mettre fin à tout droit antérieur de propriété ou d'usage qui aurait pu être prétendu sur ces eaux par les riverains. (*Cass.* 21 *févr.* 1879. — *Voy.* DALLOZ, *Jurispr. gén.*, année 1879, I, p. 377.)

BIBLIOGRAPHIE.

Note sur la propriété des alluvions dites artificielles et sur la délimitation des cours d'eau du domaine public, par Schlœmner. In-8°. Paris, Dunod. 1876.

Répertoire général du droit des eaux et cours d'eau, par Léon Wodon. In-8°. Paris, Durand et Pedone-Lauriel. 1876.

Considérations sur le régime légal des cours d'eau, etc., par Nadault de Buffon. Paris, Marescq. 1877.

Les Cours d'eau non navigables ni flottables spécialement au point de vue des irrigations, par A. P. Durnerin. Paris, Larose. 1878.

Des Cours d'eau navigables et flottables, par A. Ploque. Tome III. Paris, Pedone-Lauriel. 1879.

**COURS D'EAU NON NAVIGABLE.** (*Dict.*) **1.** L'autorité judiciaire, compétente pour statuer sur la demande formée par un riverain à l'effet d'obtenir une indemnité à raison des anticipations qui auraient été commises sur sa propriété, lors du curage d'un ruisseau effectué en exécution d'un arrêté préfectoral, et des dommages accessoires qui lui auraient été causés, est également compétente pour reconnaître le droit de propriété du riverain et pour déterminer les limites naturelles du cours d'eau. Par conséquent, lorsque le préfet s'est borné à ordonner le curage suivant les anciennes limites, le tribunal n'a pas à renvoyer le riverain devant l'autorité administrative pour faire vérifier préjudiciellement si le curage a été exécuté conformément à l'arrêté préfectoral et si les dimensions naturelles du cours d'eau ont été conservées. Mais la juridiction administrative serait compétente pour statuer sur les dommages qui auraient pu être la conséquence du curage, s'il était reconnu qu'il n'y a pas eu anticipation. (*Arr. du C.* 3 *août* 1877.)

**2.** Lorsqu'un barrage est situé sur un cours d'eau servant de limites à deux départements, l'un des préfets peut faire un règlement destiné à garantir les intérêts des propriétés situées dans son département, après s'être concerté avec le préfet du département voisin. (*Arr. du C.* 3 *août* 1877.)

**3.** L'arrêté préfectoral qui prescrit à un usinier de fermer les vannes de son bief pendant certaines heures, est entaché d'excès de pouvoirs lorsqu'il a pour objet, non pas de donner satisfaction à l'intérêt général, mais de trancher une difficulté existant entre cet usinier et des propriétaires riverains sur l'exécution d'une convention en vertu de laquelle ces propriétaires se servaient des ouvrages de l'usine pour faciliter l'irrigation de leurs terres. (*Arr. du C.* 18 *janv.* 1878.)

**4.** Le préfet excède ses pouvoirs lorsqu'il prescrit à un usinier de reconstruire et d'élargir une passerelle construite dans les conditions autorisées par le règlement de son usine, alors que cette prescription a pour but d'assurer l'exercice d'une servitude de passage qu'une commune prétend avoir sur cette passerelle. (*Arr. du C.* 5 *juill.* 1878.)

**5.** L'administration peut prescrire le curage d'un canal servant à l'écoulement des eaux d'un ruisseau dont l'ancien lit a cessé de servir, bien qu'à l'origine ce canal ait été creusé de main d'homme. (*Arr. du C.* 24 *nov.* 1876.)

**6.** Le maire qui, sur l'invitation du préfet, fait procéder au curage d'une rivière non navigable, fonctionne comme agent de l'administration et non comme représentant de la commune. Par conséquent, les frais des travaux exécutés d'office n'ont pas le caractère d'une dépense communale, bien que la commune en ait fait l'avance. Cette commune est dès lors sans qualité pour déférer au Conseil d'État l'arrêté du conseil de préfecture qui a accordé à un riverain décharge des taxes qui lui avaient été imposées pour sa part dans les dépenses. (*Arr. du C.* 27 *avril* 1877.)

**7.** Aux termes du décret du 13 avril 1861, les préfets ne peuvent faire la répartition des eaux des rivières non navigables entre l'agriculture et l'industrie, qu'autant qu'ils se conforment aux anciens règlements et aux usages locaux. Mais on ne peut considérer comme un ancien règlement celui qui a été approuvé par le préfet à une époque où il appartenait à l'administration supérieure (*L.* 12-20 *août* 1790, *et Arr.* 19 *vent. an VI*) d'approuver définitivement les règlements concernant les cours d'eau. (*Arr. du C.* 26 *janv.* 1877.)

**8.** Les riverains d'un cours d'eau non naviga-

ble ni flottable ne peuvent faire aucun acte de nature à changer la direction des eaux et à nuire aux propriétés riveraines. (*Cour d'Aix* 12 *août* 1876.)

**9.** L'arrêté pris par un préfet pour faire disparaître d'urgence l'ouvrage élevé dans le lit d'un torrent et susceptible, d'après l'avis des ingénieurs visé par l'arrêté, d'amener un débordement, n'est pas entaché d'excès de pouvoirs, mais constitue l'exercice, dans l'intérêt du libre écoulement des eaux, des pouvoirs de police conférés au préfet. Rejet du recours du syndicat du canal de Briançon contre un arrêté du préfet des Hautes-Alpes, du 31 décembre 1880. (27 juillet 1883.) [*Voy. aussi* **Curage.**]

**COURS LIBRES.** *Voy.* **Instruction publique.**

**COURTIERS.** (*Dict.*) **1.** L'obligation imposée au propriétaire d'un navire ou de la cargaison, ou au consignataire unique qui le représente, de recourir à un courtier interprète pour la traduction des manuscrits, n'emporte pas celle d'employer le ministère de cet officier public pour les diverses opérations qui constituent la conduite du navire. (*Cass.* 18 *avril* 1877.)

**2.** Les tribunaux civils sont compétents pour interpréter le règlement qui établit les tarifs des droits à percevoir par les courtiers pour l'accomplissement des actes de leur ministère. (*L.* 16-24 *août* 1790, *tit. II, art.* 13 ; *Ord. roy.* 14 *nov.* 1835 ; *D.* 22 *mai* 1872.)

**CRÉDIT.** Nous n'avons pas à expliquer le sens commercial du mot *crédit*, ni à traiter du crédit au point de vue économique. Dans le langage politique et administratif, le crédit est une somme qu'on met à la disposition d'une autorité, un compte qu'on ouvre aux dépenses d'un service public. Il est entendu qu'un crédit ne doit pas être dépassé. Chaque chapitre du budget est un crédit.

Dans la comptabilité (en partie double), les sommes versées à un compte sont censées dues par ce compte ; on les inscrit à son *débit* (doit) ; les sommes dépensées dans son intérêt sont portées à son *crédit* (avoir)... C'est la chose achetée, payée, le travail rétribué qui les doit au compte : le compte est le débiteur de ce qu'il reçoit et le créditeur de ce qu'il dépense.

Lors de la répartition des impôts directs, le montant attribué à un département est inscrit (par douzième mensuel) au débit du trésorier-payeur de ce département ; toutes les sommes qu'il verse, à son crédit. Si le crédit et le débit se balancent, tout est payé, rien n'est dû.

**CRÉDIT FONCIER.** (*Dict.*) **1.** Les délibérations de l'assemblée générale des actionnaires du Crédit foncier ne sont exécutoires qu'autant qu'elles ont été approuvées par le gouverneur et revêtues de sa signature ; par conséquent, le gouverneur qui a refusé son approbation à une délibération arrêtant les comptes et fixant le dividende, peut refuser de donner aucune suite à cette délibération. (*Arr. du C. d'Ét.* 31 *mars* 1882.)

**2.** Le ministre des finances a reçu des actes constitutifs du Crédit foncier des pouvoirs propres de décision, comme moyen d'exercer la surveillance qui lui appartient, et il n'excède pas les limites de ces pouvoirs en prescrivant une modification des comptes arrêtés par l'assemblée générale des actionnaires et en approuvant le refus opposé par le gouverneur à la distribution votée par cette assemblée. (*Même arrêt.*)

BIBLIOGRAPHIE.

Traité du crédit foncier, contenant l'explication de la législation spéciale et les diverses opérations du Crédit foncier de France, etc., par J. B. Josseau. 3ᵉ édit., revue et augmentée. 2 vol. in-8º. Marchal-Billard.

**CRÉDITS SUPPLÉMENTAIRES.** (*Voy. aussi* **Budget.**) **1.** Il ne peut être accordé de crédits supplémentaires et extraordinaires qu'en vertu d'une loi. (*L. du 14 déc.* 1879, art 1ᵉʳ.)

**2.** Les crédits supplémentaires sont ceux qui doivent pourvoir à l'insuffisance, dûment justifiée, d'un service porté au budget, et qui ont pour objet l'exécution d'un service déjà voté, sans modification dans la nature de ce service.

Les crédits extraordinaires sont ceux qui sont commandés par des circonstances urgentes et imprévues, et qui ont pour objet ou la création d'un service nouveau, ou l'extension d'un service inscrit dans la loi de finances au delà des bornes déterminées par cette loi (*art.* 2).

**3.** Tout crédit extraordinaire forme un chapitre particulier du budget de l'exercice pour lequel il a été ouvert, à moins, en ce qui concerne les départements de la guerre et de la marine, que le service ne se rattache d'une manière indivisible à un chapitre déjà existant (*art.* 3).

**4.** Dans le cas de prorogation des Chambres, tel qu'il est défini dans le paragraphe 1ᵉʳ de l'art. 2 de la loi constitutionnelle du 16 juillet 1875, des crédits supplémentaires et extraordinaires pourront être ouverts provisoirement par des décrets rendus en Conseil d'État, après avoir été délibérés et approuvés en conseil des ministres : ils indiqueront les voies et moyens qui seront affectés aux crédits demandés (*art.* 4).

Ces décrets devront être soumis à la sanction des Chambres dans la première quinzaine de leur plus prochaine réunion.

**5.** Pourront seuls donner lieu à ouverture de crédits supplémentaires les services votés, dont la nomenclature sera annexée chaque année à la loi de finances.

Les crédits extraordinaires qui ont pour objet la création d'un service nouveau, ne pourront être ouverts par décret (*art.* 5).

**6.** Nous annexons ici « la nomenclature des services pouvant seuls donner ouverture à des crédits supplémentaires, par décret, pendant la prorogation des Chambres, pour l'exercice 1884 ».

Il y a, en effet, de légers changements d'une année à l'autre, car l'organisation des services se modifie peu à peu. Ajoutons que la « nomenclature » a une tendance à s'allonger.

1º Budget ordinaire.

MINISTÈRE DE LA JUSTICE ET DES CULTES.

*Service de la justice.*

Frais de justice criminelle.

*Service des cultes.*

1º Indemnités pour frais d'établissement des évêques, archevêques et cardinaux.

2º Frais de bulles et d'informations.

3º Traitement du clergé paroissial.

4º Traitement des ministres des cultes non catholiques.

5º Dépenses accidentelles — Frais de passage.

MINISTÈRE DES AFFAIRES ÉTRANGÈRES.

1º Frais d'établissement des agents politiques et consulaires.

2º Frais de voyages et de courriers.

3º Frais d'entretien des hôtels appartenant à la France en pays étrangers.

4º Remises de 5 p. 100 sur le produit des chancelleries.

MINISTÈRE DE L'INTÉRIEUR.

*Service de l'intérieur.*

1º Entretien des détenus.

2º Transport des détenus et des libérés. — Secours de route.

3º Remboursement sur le produit du travail des détenus.

4º Indemnités aux électeurs sénatoriaux.

5º Dépenses d'exploitation du *Journal officiel* non susceptibles d'une évaluation fixe.

MINISTÈRE DES FINANCES.

1º Dette publique (dette perpétuelle).

2º Intérêts, primes et amortissement des emprunts pour ponts et canaux et pour le service des obligations trentenaires.

3º Annuités de toute nature rattachées au service de la dette publique.

4º Intérêts de la dette flottante et des obligations du Trésor à court terme.

5º Intérêts de cautionnements.

6º Rentes viagères d'ancienne origine et pour la vieillesse.

7º Pensions civiles (loi du 22 août 1790 et loi du 9 juin 1853).— Pensions à titre de récompense nationale.— Pensions militaires. — Pensions ecclésiastiques. — Pensions de donataires dépossédés.

8º Frais judiciaires de poursuites, d'instances et de condamnations prononcées contre le Trésor public.

9º Frais de perception, dans les départements, des contributions directes et des taxes perçues en vertu de rôles.

10º Remises pour la perception, dans les départements, des droits d'enregistrement.

11º Contribution des bâtiments et domaines de l'État et des biens séquestrés.

12º Frais d'estimation, d'affiche et de vente du mobilier et de domaines de l'État.

13º Dépenses relatives aux épaves, déshérences et biens vacants.

14º Achats de papiers pour passeports et permis de chasse.

15º Achats de papier à timbrer, frais d'emballage et de transport.

16º Remises pour la perception des contributions indirectes dans les départements.

17º Achat de papier filigrané pour les cartes à jouer.

18º Contribution foncière des bacs, canaux et francs-bords.

19º Service des poudres à feu.

20º Dépenses du service des tabacs (gages, salaires, achats et transports de tabacs et fournitures diverses, et frais accessoires dans les entrepôts).

21º Primes pour saisies de tabacs et arrestations de colporteurs.

22º Remboursements et restitutions, non-valeurs et primes.

MINISTÈRE DES POSTES ET DES TÉLÉGRAPHES.

1º Personnel des postes et des télégraphes.

2º Entretien des bureaux de poste et de télégraphe.

3º Chauffage et éclairage des bureaux de poste et de télégraphe.

4º Chaussure et habillement des sous-agents du service actif.

5º Papier-bande, formules et enveloppes pour télégrammes.

6º Construction et entretien des voitures de l'administration dans Paris.

7º Construction et entretien des bureaux ambulants.

8º Transport des dépêches par entreprise.

9º Transport des dépêches par chemin de fer.

10º Entretien des lignes télégraphiques.

11º Dépenses accidentelles.

12º Remboursements et restitutions.

MINISTÈRE DE LA GUERRE.

1º Achats de grains et de rations toutes manutentionnées.

2º Achats de liquides.

3º Achats de comestibles.

4º Achats de fourrages pour les chevaux de troupe et de gendarmerie française (troupes françaises et services militaires indigènes).

5º Réparations civiles et dommages-intérêts.

MINISTÈRE DE LA MARINE ET DES COLONIES.

1º Achat de vivres, de médicaments et d'objets de pansement.

2º Réparation des constructions navales.

3º Justice maritime.

4º Affrètements.

5º Frais de route et de rapatriement, frais de passage, services de marche et de transport et dépenses accessoires du service colonial.

6o Transport des condamnés à la Guyane et à la Nouvelle-Calédonie.

**MINISTÈRE DE L'INSTRUCTION PUBLIQUE ET DES BEAUX-ARTS.**

*Service de l'instruction publique.*

1o Frais des opérations et démonstrations des élèves des facultés au dernier examen, et frais matériels des travaux pratiques.

2o Frais de concours dans les facultés et pour l'agrégation des lycées.

3o Complément du traitement des instituteurs primaires à la charge de l'État.

4o Prix de l'Institut et de l'Académie nationale de médecine.

Néant.

*Service des beaux-arts.*

**MINISTÈRE DU COMMERCE.**

1o Frais relatifs à la publication des brevets d'invention.

2o Encouragements aux pêches maritimes.

3o Subvention à la marine marchande.

4o Frais relatifs à l'entretien des établissements thermaux et à la mise en vente des eaux thermales.

5o Frais relatifs au service sanitaire.

**MINISTÈRE DE L'AGRICULTURE.**

1o Achats de fourrages pour les animaux reçus dans les hôpitaux des écoles vétérinaires et pour les haras et dépôts d'étalons.

2o Indemnités pour abatage d'animaux.

3o Contributions des forêts.

4o Frais d'abatage, de façonnage de coupes de bois à exploiter par économie.

5o Frais d'adjudication des produits des forêts et des droits de chasse et de pêche.

6o Avances recouvrables et frais judiciaires.

7o Remboursements sur produits divers des forêts.

**MINISTÈRE DES TRAVAUX PUBLICS.**

1o Entretien et grosses réparations des routes nationales.

2o Travaux ordinaires des rivières.

3o Travaux ordinaires des canaux.

4o Ports maritimes, phares, fanaux et balises.

2o Budgets annexes rattachés pour ordre au budget général.

**ADMINISTRATION DES MONNAIES ET MÉDAILLES.**

1o Dépenses d'exploitation non susceptibles d'une évaluation fixe.

2o Dépenses d'ordre (achat d'or et d'argent pour la fabrication des médailles).

**IMPRIMERIE NATIONALE.**

Dépenses d'exploitation non susceptibles d'une évaluation fixe.

**CAISSE D'ÉPARGNE POSTALE.**

1o Intérêts à servir aux déposants.

2o Personnel de la caisse d'épargne postale.

3o Matériel de la caisse d'épargne postale.

**CRIEUR PUBLIC.** Il appartient aux maires, même depuis la loi du 29 juillet 1881, et en vertu des pouvoirs qu'ils tiennent des lois des 16-24 août 1790, 19-22 juillet 1791 et 18 juillet 1837, de subordonner à leur autorisation préalable l'exercice de la profession de crieur public, consistant à faire à haute voix dans les rues la publication des ventes, objets perdus et annonces diverses. (*Arr. du C. 18 janv.* 1884.)

**CULTE CATHOLIQUE.** (*Dict.*)

SOMMAIRE.

**CHAP. I. — CÉRÉMONIES EXTÉRIEURES.**

**1.** Nous reproduisons sur les cérémonies extérieures la circulaire du ministre de l'intérieur du 20 mai 1879.

Monsieur le Préfet, des difficultés semblent s'être élevées sur l'interprétation à donner aux dispositions législatives et réglementaires qui concernent les cérémonies extérieures du culte. Je crois devoir vous rappeler quelles sont les règles actuelle-

ment en vigueur et à quelles autorités leur application a été confiée.

L'art. 45 de la loi organique du 18 germinal an X porte « qu'aucune cérémonie religieuse n'aura lieu hors des édifices « consacrés au culte catholique dans les villes où il y a des « temples destinés à différents cultes ».

Des instructions ministérielles rédigées par M. Portalis, le 21 nivôse et le 30 germinal an XI, ont décidé que ce texte devait être combiné avec l'art. 16 de la loi organique des cultes protestants, d'après lequel il y aura une église consistoriale par six mille âmes de la même communion ; que, par suite, les cérémonies extérieures ne doivent être interdites que dans les villes qui sont le siège d'une église consistoriale.

Cette interprétation a été quelquefois critiquée : on a soutenu que le mot « temple » devait désigner tout édifice légalement consacré à l'exercice d'un culte reconnu, et qu'il avait cette signification dans l'art. 45 de la loi organique, aussi bien que dans l'article 46, où il est dit que « le même temple ne « pourra être consacré qu'à un seul culte ».

Cette objection, Monsieur le Préfet, est sérieuse, et personnellement j'inclinerais à la regarder comme fondée au point de vue de la stricte observation des textes. Mais, quant à présent, je ne me croirais autorisé ni à déroger à la pratique administrative qui s'est établie dès l'an XI, et qui, depuis cette époque, a été suivie par tous mes prédécesseurs, ni à mettre obstacle à des coutumes locales qui ont consacré l'usage des processions dans certaines villes qui sont le siège d'églises consistoriales. Je ne prendrais des décisions contraires à ces précédents que si j'en étais sollicité par des représentants des cultes dissidents, au nom de leur intérêt religieux, que l'art. 45 de la loi organique a eu pour but de protéger.

Cet intérêt, spécialement confié à la vigilance du ministre des cultes, n'est d'ailleurs pas le seul qui doive être pris en considération lorsqu'il s'agit de cérémonies religieuses qui ont lieu sur la voie publique. Il appartient, en outre, aux maires, sous l'autorité des préfets, de veiller à l'ordre extérieur, à la tranquillité publique, à tout ce qui intéresse la sûreté de la circulation, et de prévenir, par des dispositions spéciales, toute cause de désordre sur le territoire de la commune.

Le droit d'initiative et de décision qui appartient aux maires en cette matière résulte des dispositions générales de la loi des 16-24 août 1790, titre II, art. 3.

Ce droit leur a été spécialement reconnu, en ce qui touche les processions, par plusieurs décisions du Conseil d'État, notamment par l'arrêt du 1er mars 1842, qui porte : « Considé-« rant qu'il appartenait au maire de X... de prendre, sous « l'autorité de l'administration supérieure, l'arrêté qui donne « lieu au recours ; que ledit arrêté est une mesure de sûreté et « de police qui ne porte atteinte ni à l'exercice du culte, ni à la « liberté que les lois et règlements garantissent à ses ministres. »

Un arrêt du Conseil d'État du 22 décembre 1876 a également décidé que l'arrêté par lequel un maire, agissant en vertu de la loi des 16-24 août 1790, interdit une procession, est un acte de pure administration, qui n'est pas susceptible de ce recours contentieux.

Vous n'auriez donc, Monsieur le Préfet, à prendre vous-même l'initiative de pareilles mesures, que si elles vous paraissaient impérieusement réclamées par des nécessités d'ordre public, que l'autorité municipale aurait méconnues.

Dans tous les autres cas, vous devez laisser aux maires l'appréciation des circonstances locales, ainsi que l'initiative des mesures à prendre sous forme d'arrêtés municipaux, qui restent d'ailleurs soumis à votre approbation.

Recevez, etc.                                    CH. LEPÈRE.

**2.** Une circulaire du 23 du même mois est relative aux processions, que le maire peut interdire. Cette interdiction est un acte de pure administration qui n'est pas susceptible de recours contentieux. (*Arr. du C. d'Ét.* 22 déc. 1876.)

**CHAP. II. — ÉDIFICES RELIGIEUX.**

**3.** Nous croyons devoir reproduire, à titre de document, la circulaire suivante[1] du ministre de l'instruction publique et des cultes :

Paris, 12 janvier 1882.

Monsieur le Préfet, les décrets des 14 novembre et 17 décembre dernier ayant rattaché les cathédrales, évêchés et séminaires au ministère des arts, les architectes diocésains relèvent dès lors exclusivement de cette administration et je n'ai plus d'instruction à leur donner.

Dorénavant, vous devrez donc vous borner à consulter le conseil des bâtiments civils de votre département sur les dé-

1. Comparer le discours du directeur général des cultes inséré au *Journal officiel* du 26 novembre 1881.

mandes de secours pour travaux aux églises et aux presbytères, ainsi qu'aux édifices des cultes protestants et israélite.

À cette occasion, je vous ferai observer que les fabriques et les communes ont une tendance marquée à s'engager inconsidérément dans des entreprises qui ne sont en rapport ni avec l'importance de la population ni avec les ressources locales. De là des impositions extraordinaires et des emprunts qui grèvent l'avenir au détriment d'autres services urgents, tels que maisons d'école, hôpitaux, lavoirs publics, chemins vicinaux, assainissements, etc.

J'appelle sur ce point, Monsieur le Préfet, votre attention particulière, en vous priant de n'accorder votre autorisation qu'après un mûr examen des projets, et, au besoin, de ne point hésiter à recourir aux lumières du comité des travaux paroissiaux, institué par l'administration générale des cultes. En effet, aucun travail ne peut être exécuté aux églises et aux presbytères sans votre autorisation expresse, sauf lorsqu'il s'agit d'ouvrages de simple entretien n'excédant pas la somme de 100 fr., dans les paroisses de 1,000 habitants, et celle de 200 fr. dans les autres paroisses (art. 42 du décret du 30 décembre 1809). Même dans ce cas, vous avez toujours le droit de vous opposer à des travaux qui vous paraîtraient inopportuns et mal conçus.

En ce qui concerne spécialement l'agrandissement ou la reconstruction des églises, je vous recommande de veiller à ce que la dépense soit toujours renfermée dans de sages limites.

Quant à la construction des presbytères, le chiffre maximum est de 12,000 à 15,000 fr. dans les communes rurales, et de 15,000 à 20,000 fr. dans les petites villes.

Légalement, les communes sont tenues, subsidiairement à la fabrique, de fournir au curé, desservant ou chapelain, à défaut de presbytère, une indemnité de logement (art. 92 du décret précité de 1809). Elles peuvent ainsi se dispenser d'aliéner, pour la construction des presbytères, un capital qui serait productif d'un revenu notablement supérieur à cette indemnité de logement.

Le presbytère est exclusivement affecté à l'usage personnel du curé ou desservant; les vicaires n'ont droit ni au logement, ni à aucune indemnité de logement, aussi bien de la part de la fabrique que de celle de la commune. Dès lors, si plusieurs pièces de réception étaient aménagées dans le presbytère, elles ne sauraient avoir qu'une importance fort relative.

Il convient également pour les dépendances, cour, bûcher, jardin, etc., de s'en tenir aux besoins réels. En un mot, si tout dans cette habitation doit être suffisant et convenable, il faut en écarter ce qui serait inutile ou luxueux.

Je crois superflu de vous rappeler que les grandes villes ne sont pas admises à solliciter de secours sur les fonds du Trésor, les crédits portés au budget des cultes étant destinés à venir en aide aux communes rurales et pauvres. Vous aurez donc soin de ne me transmettre de demandes de cette nature que si des motifs impérieux justifient une dérogation à la règle établie.

Les églises et les presbytères étant des édifices essentiellement communaux, il est indispensable que la propriété ne reste pas indivise entre la commune et la fabrique, lorsque l'une et l'autre concourent à la dépense. Vous n'autoriserez, en conséquence, aucune construction ou reconstruction si la fabrique ne consent tout d'abord, et quelle que soit sa quote-part, à céder ses droits de propriété à la commune.

D'un autre côté, la plupart des fabriques semblent ignorer l'obligation que leur impose le décret du 30 décembre 1809, de contribuer en première ligne aux frais de réparation ou de construction des édifices paroissiaux. Ce n'est jamais qu'en cas d'insuffisance, dûment constatée, qu'elles ont à recourir à la commune. Conformément à la jurisprudence en vigueur, les communes ne peuvent subvenir à des dépenses extraordinaires qu'après avoir acquitté toutes les dépenses ordinaires, au nombre desquelles se trouvent les travaux aux églises et aux presbytères (art. 87 du décret de 1809). Lorsqu'elles possèdent des biens immeubles ou des rentes, libres de charges, rien ne les empêche de les aliéner, en totalité ou en partie. Elles ont, en outre, la faculté, ainsi que les communes, de procéder à des emprunts.

La situation financière de ces établissements sera de votre part l'objet d'un examen d'autant plus minutieux qu'habituellement ils exagèrent le montant de leur passif en ne font pas figurer à l'actif les divers produits que la loi met à leur disposition. Vous exigerez, du reste, que les fabriques se conforment strictement, pour la rédaction de leurs comptes et budgets, aux prescriptions de la circulaire du 24 novembre 1879.

La même observation s'applique aux subventions sollicitées pour achat de mobilier d'église.

La loi de finances me permet d'allouer ces dernières subventions, soit aux communes, soit aux fabriques. En raison de leur modicité, elles sont toujours ordonnancées d'office; mais, pour que les fonds reçoivent la destination indiquée, les mandats de paiement devront être délivrés sur la justification que la dépense a été réellement effectuée.

Comme la moyenne des propositions est chaque année de 7 à 8 millions, alors que le crédit ne dépasse guère le chiffre

de 3 millions, j'insiste vivement sur la nécessité absolue de ne point encourager des entreprises d'une utilité contestable. Vous ne perdrez pas de vue non plus, Monsieur le Préfet, que les secours dont il s'agit constituent de véritables faveurs gouvernementales [1] et qu'à mérite égal, ils doivent être accordés aux communes dévouées à nos institutions de préférence à celles qui leur sont notoirement hostiles.

Je vous prie de faire connaître, par toutes les voies possibles et notamment par votre Bulletin administratif, la présente circulaire aux maires de votre département.

Recevez, etc.             Signé : PAUL BERT.

### CHAP. III. — AVIS DE PRINCIPE SUR LES DROITS DE L'ÉTAT EN MATIÈRE DE SUPPRESSION DES TRAITEMENTS DES ECCLÉSIASTIQUES.

4. Le Conseil d'État, consulté par M. le ministre de la justice et des cultes sur la question de savoir si la distinction établie par la loi de finances du 30 décembre 1882, entre les allocations des vicaires généraux, chanoines, desservants et vicaires et les traitements des évêques et curés, ne porte aucune modification aux droits de police du Gouvernement et, notamment, à son pouvoir de prononcer la suppression des traitements comme les allocations par voie disciplinaire, a donné le 25 avril 1882 l'avis suivant :

Vu les articles 1er, 14 et 16 de la convention du 26 messidor an IX, ensemble les art. 68 et 70 de la loi de germinal an X ;

Vu le décret du 17 novembre 1811 ;

Vu l'art. 27 du décret du 6 novembre 1813 ;

Considérant que l'État possède sur l'ensemble des services publics un droit supérieur de direction et de surveillance qui dérive de sa souveraineté ;

Qu'en ce qui concerne les titulaires ecclésiastiques, ce droit a existé à toute époque et s'est exercé dans l'ancien régime, notamment par voie de saisie du temporel ;

Qu'il n'a pas été abrogé par la législation concordataire, et que son maintien résulte de l'art. 16 de la convention du 26 messidor an IX, qui a formellement reconnu au chef de l'État les droits et prérogatives autrefois exercés par les rois de France ;

Que, depuis, il n'a été dérogé à cette législation traditionnelle par aucune mesure législative ou réglementaire ; qu'au contraire, les Chambres en ont approuvé l'application toutes les fois qu'elle leur a été soumise, notamment en 1832, en 1861 et en 1882 ;

Considérant, d'autre part, que, ni dans les discussions auxquelles le principe a donné lieu, ni dans les applications qui en ont été faites, il n'y a eu de distinction entre les différents titulaires ecclésiastiques ;

Que la modification apportée à l'intitulé du chapitre IV du budget des cultes pour 1883 n'a ni pour but ni pour effet de changer l'état de choses antérieur;

Est d'avis :

Que le droit du Gouvernement de suspendre ou de supprimer les traitements ecclésiastiques par mesure disciplinaire s'applique indistinctement à tous les ministres du culte salariés par l'État. (Journal officiel 29 avril 1883.)

### CHAP. IV. — MANDEMENTS. LETTRES PASTORALES.

5. Le Journal officiel du 29 avril 1883 insère

---

[1] Cette assertion est contre les « saines doctrines économiques », le Gouvernement n'a pas un centime à lui, tout vient de la bourse des citoyens qui veulent qu'aucun intérêt de parti n'influe sur la distribution des fonds généraux. — M. B.

le rapport présenté au nom de la section de l'intérieur, des cultes, de l'instruction publique et des beaux-arts, par M. le président Paul Collet, sur les recours pour abus formés par le garde des sceaux, ministre de la justice et des cultes :

1° Contre les évêques d'Annecy (Haute-Savoie), de Langres (Haute-Marne), de Viviers (Ardèche), *et contre l'archevêque d'Albi (Tarn), pour publication et mise à exécution, sans l'autorisation du Gouvernement, d'un décret émané de la congrégation de l'Index :*

2° Contre l'évêque de Valence (Drôme), pour excès de pouvoirs.

Voici l'introduction de ce rapport, que nous reproduisons, parce qu'elle formule la doctrine :

Messieurs,

Le garde des sceaux, ministre de la justice et des cultes, a renvoyé au Conseil d'État, pour être statué conformément à l'art. 6 de la loi du 18 germinal an X, plusieurs instructions et lettres pastorales adressées aux fidèles et au clergé de leurs diocèses par les évêques d'Annecy, de Langres et de Viviers, l'archevêque d'Albi et l'évêque de Valence.

Nous aurons à examiner séparément chacun de ces mandements pour déterminer les cas d'abus qui leur sont applicables. Mais, avant de commencer cet examen, nous croyons devoir signaler la théorie générale qui se dégage de tous ces écrits, et constater qu'ils procèdent tous d'une pensée commune et qu'ils tendent au même but par un moyen unique.

Cette pensée commune, c'est que l'église ne peut être dépouillée de la mission d'instruire la jeunesse, mission qu'elle considère comme procédant de la loi divine ; le but, c'est la résistance à la loi du 28 mars 1882 sur l'instruction primaire ; le moyen, c'est l'usage de la puissance spirituelle.

Tous les prélats n'ont pas, il est vrai, formulé leurs prétentions avec la franchise violente de l'évêque de Valence, mais nous pouvons affirmer que ces prétentions, dissimulées sous certaines habiletés de langage, ont inspiré tous les mandements qui vous sont déférés.

Le principe qui domine la loi nouvelle sur l'instruction primaire est celui de la séparation entre l'enseignement laïque et l'enseignement religieux. Le prêtre est exclu de l'école publique communale, mais il a le droit de donner partout l'enseignement religieux.

L'école doit être *neutre*, suivant une expression qui ne se trouve dans aucun des articles de la loi du 28 mars 1882, mais qui a été employée dans la discussion au sein du Parlement.

Tous les mandements épiscopaux que vous avez à juger commencent par une attaque plus ou moins directe contre le principe de neutralité. Il ne faut pas s'en étonner, puisque ce principe dérive du droit de l'État sur l'enseignement, droit que l'Église n'a jamais reconnu.

Cependant le véritable terrain de la lutte n'est pas sur le principe lui-même. Les évêques, au moins à titre subsidiaire, s'emparent des promesses de neutralité qui ont été faites, et ils en réclament l'exécution, de telle sorte que cette règle de neutralité, dont ils contestent la légitimité,

devient une arme entre leurs mains pour battre en brèche la loi elle-même.

On nous a promis la neutralité, disent-ils ; or, on laisse pénétrer dans l'école primaire des livres d'enseignement moral et civique contraires à la foi catholique et condamnés par l'Église. La neutralité n'existe donc pas ; la loi est violée.

S'il s'agissait *d'écrits privés ou d'articles de journaux*, le Gouvernement est assez habitué aux excès de langage de la presse pour ne pas s'émouvoir des attaques que soulève l'application de la loi sur l'instruction primaire. Mais il s'agit de mandements publiés par des évêques, dans l'exercice de leur autorité pastorale ; ces mandements sont destinés à être lus au prône, dans un grand nombre d'églises, là où le prêtre jouit, pour l'exercice du culte, d'une protection spéciale.

Doit-on appliquer à ces mandements les principes qui régissent les autres écrits ?

Vos prédécesseurs ne l'ont jamais pensé.

Le Gouvernement ne conteste pas aux évêques *le droit de soumettre au chef de l'État leurs observations sur les choses temporelles qui leur paraissent toucher aux intérêts religieux et le droit de les présenter comme citoyens par voie de pétition aux pouvoirs législatifs ou même de les publier dans des écrits privés.* » Cette déclaration, que nous empruntons aux motifs de trois décisions en date des 10 janvier 1824 (archevêque de Toulouse), 6 mars 1835 (évêque de Moulins), et 16 mai 1879 (archevêque d'Aix), nous avons à peine besoin de la reproduire. Personne, en effet, ne conteste aux évêques un droit que la Constitution qui nous régit garantit à tous les citoyens. La presse jouit d'une liberté assez grande pour accueillir les plaintes ou les critiques que les évêques croient devoir formuler. Leurs pétitions aux Chambres peuvent se produire librement et elles y seront librement discutées.

Ce qu'aucun gouvernement n'a jamais admis, c'est que les évêques se servent de leurs pouvoirs spirituels pour intervenir directement dans les choses temporelles, et les trois décisions précitées déclarent abusifs les mandements qui contenaient cette *intervention illégale.*

Les évêques ne prêtent plus le serment d'obéissance et de fidélité au Gouvernement établi par la Constitution de la République française, serment dont la formule a été insérée tout entière dans la convention du 26 messidor an IX. Les ecclésiastiques de second ordre sont également dispensés de ce serment. Mais le Gouvernement n'a pas, en renonçant à l'application de cette clause formelle du Concordat, reconnu au clergé le droit d'attaquer impunément les droits qui régissent la société civile.

C'est un principe fondamental de notre régime constitutionnel, disait le rapporteur du recours pour abus formé contre l'archevêque de Toulouse, et sur lequel il a été statué le 10 janvier 1824, que les actes de l'autorité publique sont livrés à la libre discussion des citoyens ; c'est au contraire une maxime de notre nouveau comme de notre ancien droit public, que toute censure du Gouvernement est interdite aux ministres du culte dans l'accomplissement de leur devoir pastoral, distinction profondément juste et salutaire, car si la discussion des affaires temporelles était livrée au pouvoir spirituel, ou la liberté du citoyen affaiblirait la soumission du fidèle, ou la soumission du fidèle enchaînerait la liberté du citoyen.

Cette délimitation des pouvoirs respectifs de l'Église et de l'État a fait l'objet d'une lutte qui se poursuit depuis plusieurs siècles, lutte sans cesse renaissante, qui a conduit d'autres pays au schisme et à la Réforme, qui, en France, a été soutenue avec succès par le pouvoir royal, grâce à l'appui du Parlement et au concours du clergé national, et qui a abouti au régime de l'Église gallicane.

Il semblerait, à lire les écrits de certains publicistes modernes, que la Révolution française a été faite pour enlever les obstacles que l'ancien régime avait mis à l'immixtion du pouvoir spirituel dans les choses temporelles. Toutes les vieilles maximes qui composaient les libertés et franchises de l'Église gallicane n'auraient plus que la valeur de documents historiques.

Il n'en est rien : Bonaparte, en reconnaissant la religion catholique et en traitant avec le souverain pontife, n'a pas entendu créer un régime nouveau et se désintéresser, pour l'avenir, des questions de dogme et de discipline. Bernier, qui a préparé le Concordat, Portalis, qui l'a fait exécuter, étaient, en même temps que des chrétiens fervents, des gallicans convaincus. Et, quant au premier Consul, il faut se faire de son caractère et de sa volonté une idée singulière pour croire qu'il eût consenti à reconnaître un culte soumis sans contrôle à une autre autorité que la sienne.

La vérité est que les articles organiques précisent nettement la pensée qui a présidé à la convention du 20 messidor an IX. Le premier Consul, en rétablissant la religion catholique en France, n'a pas voulu l'affranchir des conditions que l'ancien régime lui avait imposées.

Elle devait être soumise aux décisions de la cour de Rome et aux décrets des conciles, pourvu que ces actes fussent reçus par le Gouvernement et qu'il en autorisât l'exécution. Les canons reçus en France avaient seuls autorité et les libertés, franchises et coutumes de l'Église gallicane devaient être observées et respectées. Enfin, l'enseignement de la déclaration de 1682 était rendu obligatoire et elle était promulguée comme loi de l'État.

Il est vrai que depuis 1802 on a cherché à séparer les articles organiques du Concordat avec lequel ils doivent former un tout indivisible. Nous retrouvons cette prétention dans la lettre de l'archevêque d'Albi, relative au recours pour abus formé contre lui et sur lequel vous aurez à statuer. On a soutenu que les articles organiques avaient été ajoutés au Concordat à l'insu et contre la volonté d'une des parties contractantes. C'est, il faut le dire, un des moyens de défense invoqués de tout temps pour échapper à l'application de l'art. 6 de la loi du 18 germinal an X.

Il suffit, pour écarter cette prétention, de rappeler que les articles organiques et le Concordat ont été promulgués le même jour; que le Concordat comportait pour sa mise à exécution l'intervention du souverain pontife, notamment pour l'institution canonique des nouveaux évêques.

Si donc les articles organiques avaient créé un régime contraire aux conventions librement consenties, s'ils avaient contenu des dispositions de nature à porter atteinte à la foi religieuse du souverain pontife, il lui suffisait de se refuser à l'exécution d'une convention arbitrairement modifiée.

Or, il n'en a pas été ainsi. Le légat envoyé à Paris a continué à pourvoir à l'exécution de la convention et les évêques nommés par le premier Consul ont reçu l'institution canonique.

Depuis 1802, les articles organiques n'ont pas cessé d'être appliqués par tous les gouvernements, monarchiques ou républicains, et quand une attaque trop vive s'est produite contre l'autorité de cette loi, le Conseil d'État a déclaré abusif le mandement qui avait commis « cet attentat aux libertés, franchises et coutumes de l'Église gallicane ». (Voir ordonnance du 5 mars 1845, archevêque de Lyon.)

Le régime concordataire n'a sans doute pas empêché de naître de nouvelles contestations sur les limites respectives du pouvoir temporel et du pouvoir spirituel. Mais aujourd'hui, comme avant 1789, c'est à l'autorité civile qu'il appartient de dire le dernier mot sur ces contestations. Les parlements étaient investis de cette haute juridiction. C'est au Conseil d'État qu'elle a été confiée depuis l'an X ; c'est lui qui est chargé d'empêcher toute innovation dangereuse dans les règles qui constituent la discipline de l'Église reconnue par le Concordat ; c'est lui enfin qui a mission de réprimer toute tentative d'usurpation de la part de la puissance spirituelle.

Le Gouvernement de la République a déclaré à plusieurs reprises qu'il entendait maintenir l'œuvre de l'an IX, mais du moins faut-il que les lois concordataires soient observées et respectées par le clergé français.

C'est donc avec regret que nous constatons les graves infractions que contiennent les mandements qui vous sont déférés.

Suit l'examen des différents mandements, etc.

### CHAP. V. — DÉCISIONS DIVERSES.

**6.** *Chapelle privée.* Les offrandes déposées dans le tronc d'une chapelle privée ne peuvent être revendiquées par la fabrique de l'église de la paroisse, s'il n'y a pas eu accomplissement des formalités destinées à faire de la chapelle un oratoire public.

**7.** *Autorisation de plaider.* L'autorisation préalable du conseil de préfecture est nécessaire pour l'exercice de toutes les actions concernant les biens des cures, et la dispense d'autorisation admise par l'art. 55 de la loi du 18 juillet 1837 pour les actions possessoires exercées par les maires dans l'intérêt des communes, ne s'applique pas aux actions possessoires intentées par les curés ou desservants relativement aux biens des cures. Spécialement, le recteur d'une succursale n'est pas recevable à intenter une action en complainte à l'effet d'être maintenu en possession d'une servitude d'aqueduc existant au profit de dépendances de la mense de son rectorat, s'il n'y a été préalablement autorisé par le conseil de préfecture. (*Cass.* 25 *mars* 1879.)

**8.** *Nomination de desservants.* La circulaire du 31 juillet 1882, émanée du ministère de la justice et des cultes, s'exprime ainsi : « Aux termes de l'art. 6, § 2, du décret du 11 prairial an XII, les évêques donneront avis de la nomination des desservants au conseiller d'État chargé de toutes les affaires concernant les cultes et *aux préfets.* »

« Cette disposition, qui n'a pas été abrogée, et dont la raison d'être est trop évidente pour avoir besoin de justification, n'a pas été exactement observée pendant ces dernières années dans tous les diocèses.

« Les exigences du service de la police des cultes, les règles de la comptabilité et les simples convenances en réclament la stricte exécution.

« Vous ne devrez donc pas, Monsieur le Préfet, vous contenter à l'avenir de la production des états de situation du clergé que les secrétaires des archevêchés et des évêchés sont tenus de fournir aux préfectures, dix jours avant chaque échéance trimestrielle, pour l'exécution de l'art. 13 de la loi de finances du 29 décembre 1876, et qui doivent mentionner avec le nom des titulaires, le chiffre du traitement, la date de la naissance, celles de l'installation et de la sortie de fonctions. Il ne vous suffira pas non plus d'exiger pour les nouveaux titulaires dans chaque succursale une expédition du procès-verbal d'installation, délivrée par le bureau des marguilliers, conformément à l'ordonnance du 13 mars 1832.

« Vous aurez soin de réclamer en outre, pour vous et pour moi, avant la prise de possession des titulaires, un avis officiel de leur nomination, et de ne délivrer à ces ecclésiastiques les mandats du traitement attaché à leur titre qu'autant que cette double formalité aura été remplie.

« En me faisant parvenir les avis de nomination dès qu'ils vous auront été adressés, vous ne manquerez pas de me communiquer, dans un rapport motivé, les objections que vous aurez à me signaler contre certains choix.... »

**9.** *Succursales.* Nous donnons ci-après un extrait de l'avis du Conseil d'État du 21 décembre 1880.

Vu l'art. 9 *de la convention du 20 messidor an IX, ensemble* les art. 60, 61 et 62 de la loi du 18 germinal an X ;

Vu le décret du 11 prairial an XII (art 1, 2, 3) ;

Le décret du 30 septembre 1807 (art. 1, 2, 3 et 4) ;

L'ordonnance royale du 17 septembre 1819 (art. 1 et 2) ;

*Sur la question de droit :*

Considérant qu'en vertu des lois, ordonnances et décrets ci-dessus visés, c'est au Gouvernement qu'il appartient d'ériger les succursales après une *instruction confiée aux évêques et aux préfets ;*

Que l'intervention de l'autorité diocésaine dérive de la nécessité d'obtenir son concours pour la création d'une circonscription ecclésiastique, mais qu'elle laisse entier le droit de décision attribué au Gouvernement ;

Que si pour la suppression des succursales, il y a lieu de suivre la même procédure que pour leur création, et si, à ce titre, l'avis de l'évêque est un élément essentiel au dossier, aucune disposition de loi ni de décret ne lui attribue un droit d'opposition de nature à arrêter l'exercice des prérogatives gouvernementales ;

Considérant qu'il est conforme à l'esprit général de nos lois sur la matière de laisser au Gou-

vernement, statuant en Conseil d'État, l'appréciation souveraine des conflits qui peuvent exister entre les autorités locales, civiles et religieuses alors surtout qu'il s'agit de maintenir ou de supprimer un *établissement public* dont l'existence peut imposer des charges au budget des communes et de l'État. (*Voy.* Diocèse, Évêchés, *etc.*)

**CULTE ISRAÉLITE.** (*Dict.,* v° **Cultes non catholiques.**) *Autorisation de plaider.* Dans les instances où figure un consistoire israélite, c'est au consistoire seul qu'il appartient de se pourvoir auprès de l'administration à fin d'autorisation de plaider, sans qu'il y ait à distinguer si le consistoire est demandeur ou défendeur. Par suite, l'individu qui intente une action contre un consistoire israélite, n'est pas tenu de faire diligences pour obtenir que l'administration autorise le consistoire à défendre à la demande.

En pareil cas, le tribunal peut impartir au consistoire un délai dans lequel il devra se pourvoir de l'autorisation nécessaire. (*Trib. de la Seine* 2 janv. 1877.)

**CULTE PROTESTANT.** (*Dict.*).

**CHAP. I. — CONSEIL CENTRAL DES ÉGLISES RÉFORMÉES.**

**1.** Le conseil central des Églises réformées ayant été reconstitué par décret du 3 juillet 1879, le *Journal officiel* du 4 juillet renferme le rapport du ministre de l'intérieur et des cultes qui précède cet acte. Nous empruntons à ce rapport les passages suivants :

L'organisation de ce corps et l'exercice normal de ses attributions ont pu paraître compromis, dans ces dernières années, par les vacances nombreuses qui s'y sont produites au sein du conseil central et auquel il n'a pas été régulièrement pourvu depuis 1870. Aussi des doutes se sont-ils élevés sur la légalité des délibérations qui seraient prises, à l'avenir, par une assemblée ainsi réduite. Il m'a paru d'autant plus nécessaire de dissiper toute incertitude à cet égard que ces délibérations sont, dans certains cas, exigées par la loi et que les critiques auxquelles leur légalité donnerait lieu pourraient atteindre les décisions qu'elles auraient contribué à préparer.

Désirant assurer, dans toutes les branches de l'administration des cultes, l'exacte observation des prescriptions légales, je me suis préoccupé de remédier à cette situation. J'ai en même temps saisi avec empressement l'occasion de réunir dans le corps consultatif, placé près du Gouvernement pour veiller aux intérêts d'une importante communion religieuse, des représentants autorisés des diverses tendances auxquelles obéissent les membres de cette communion.

Sans méconnaître les difficultés auxquelles ont donné lieu, dans ces derniers temps, des dissidences théologiques dont la solution n'appartient pas au Gouvernement, je n'ai pas désespéré de rapprocher dans une œuvre commune des hommes dévoués aux traditions de l'Église réformée de France et également soucieux de ses destinées.

Cet espoir, Monsieur le Président, n'a pas été déçu, et je suis heureux de rendre hommage à l'esprit de justice et de modération qui a facilité, de la part de tous les intéressés, la tâche que j'avais cru devoir entreprendre. Il est permis d'espérer que les dispositions conciliantes qui ont présidé à la réorganisation du conseil central présideront aussi à ses travaux.

2. Quelques jours après, le conseil fut réuni (*Journ. off.* du 10 juill.), et le directeur général des cultes (M. Laferrière) prononça un discours, qui renferme des renseignements utiles à conserver. C'est à ce titre que nous le reproduisons :

Monsieur le Ministre,

Le conseil des églises réformées de France ayant été réorganisé par le décret du 3 juillet, vous jugerez sans doute opportun de mettre immédiatement à l'étude, avec le concours éclairé de corps consultatifs, la révision des règlements en vigueur sur les élections des églises réformées.

L'art. 14 du décret organique du 26 mars 1852 a conféré en cette matière d'importantes attributions au ministre des cultes. D'après ce texte, « une instruction du ministre des cultes et des règlements approuvés par lui détermineront les mesures et les détails d'exécution du décret. » Ces mesures ont été fixées, en ce qui concerne les élections des consistoires et des conseils presbytéraux, par l'arrêté ministériel du 10 septembre 1852, rendu après avis du conseil central des églises réformées.

L'expérience a sanctionné la plupart des dispositions de ce règlement, mais en même temps elle a révélé des lacunes dont les inconvénients ont été plusieurs fois remarqués lors des renouvellements triennaux des consistoires et des conseils presbytéraux. Les imperfections des règlements en vigueur ont été spécialement signalées à l'attention du Gouvernement par la commission instituée par l'arrêté ministériel du 27 avril 1877, pour examiner diverses questions intéressant les églises réformées. On lit, en effet, dans le rapport de cette commission : « Les dispositions qui régissent l'inscription des électeurs sur le registre paroissial manquent de précision et sont souvent suppléées par des pratiques locales très différentes. Les réclamations auxquelles peut donner lieu l'inscription ou la radiation des électeurs, ainsi que le jugement de ces réclamations ne sont prévus par aucun texte. » En conséquence, la commission demandait au Gouvernement d'élaborer sur cette matière un projet de règlement qui soumît à des règles certaines l'exercice du droit électoral et les recours contentieux auxquels il peut donner lieu.

La direction générale des cultes s'est efforcée, dans la préparation de ce projet de règlement, de répondre au vœu exprimé par la commission et d'assurer l'unité de législation et de jurisprudence dans une matière qui intéresse l'administration des églises et leurs rapports avec le Gouvernement.

Ce projet de règlement, s'inspirant le plus souvent de règles non contestées de notre législation électorale, détermine les formes à suivre et les délais à observer pour la révision annuelle des registres électoraux, l'inscription et la radiation des électeurs, la vérification des opérations électorales, les décisions auxquelles ces questions peuvent donner lieu.

Mais s'il vous appartient, Monsieur le Ministre, en vertu de l'art. 14 du décret organique du 26 mars 1852, de remédier sur ces différents points aux lacunes des règlements en vigueur, vous n'hésiteriez certainement pas à décliner votre compétence sur les questions qui ont été soulevées au sujet des conditions religieuses de l'électorat.

À la différence des règles de procédure électorales qui relèvent du pouvoir réglementaire confié au ministre des cultes, les conditions religieuses de l'électorat, qui intéressent la discipline même des églises, échappent à la compétence ministérielle et relèvent exclusivement de l'autorité ecclésiastique sous la sanction du Gouvernement en Conseil d'État, exigée par l'art. 5 de la loi organique des cultes protestants du 18 germinal an X. « On ne peut nier, en effet, disait la commission de 1877, que le fait de subordonner la capacité électorale à de nouvelles conditions ne constitue une modification de la discipline antérieure. Ce changement n'a pu être autorisé par de simples instructions ministérielles; il ne peut légalement résulter que d'une décision du Gouvernement en Conseil d'État. »

Ces considérations devaient faire écarter toute disposition relative à des intérêts purement religieux, d'un projet de règlement dont le seul objet est de préciser les règles de procédure et de juridiction applicables aux élections des consistoires et des conseils presbytéraux. Mais bien que ces dispositions ne puissent pas affecter la discipline des églises, elles intéressent à plusieurs points de vue leur administration intérieure. À ce titre, elles sont de celles sur lesquelles le conseil central doit être consulté. L'expérience des membres qui composent ce conseil, leur connaissance approfondie des pratiques suivies dans les églises, jointe aux propositions que j'ai intéressant de vous soumettre un contrôle éclairé qui ne pourra qu'améliorer leur forme définitive.

En conséquence, Monsieur le Ministre, j'ai l'honneur de vous prier de soumettre à l'examen préalable du conseil central des églises protestantes le projet de règlement ci-joint. (On en trouvera le résultat au chapitre suivant.)

## CHAP. II. — ORGANISATION DE L'ÉGLISE RÉFORMÉE.

### Sect. 1. — Des registres paroissiaux.

3. Les registres électoraux des paroisses sont permanents. Ils sont tenus en double et l'un des exemplaires est déposé aux archives du conseil presbytéral, l'autre aux archives du consistoire.

Les pasteurs et les membres des églises peuvent en prendre communication et copie, sans que les registres puissent être déplacés.

Ces registres seront revisés tous les ans dans les formes et délais ci-après indiqués. (*D.* 12 *avril* 1880, *art.* 1er.)

### Sect. 2. — Des inscriptions.

4. Les demandes d'inscription doivent être individuelles et adressées par écrit, ou verbalement, au président du conseil presbytéral, avant le 16 octobre de chaque année ; il est délivré au demandeur un récépissé ou un extrait du procès-verbal constatant que la demande a été faite verbalement.

Le conseil presbytéral procède à la révision des registres du 16 octobre au 15 novembre inclusivement. (*D.* 12 *avril, art.* 2.)

5. Le conseil presbytéral pourra, s'il le juge nécessaire, appeler devant lui, par décision individuelle, les demandeurs en inscription, sans que le défaut de comparaître puisse entraîner le refus d'inscription.

Il prononce sur les demandes d'inscription par des décisions individuelles et motivées qui sont notifiées aux requérants, le 20 novembre au plus tard, par les soins du président (*art.* 3).

6. En cas de rejet de la demande ou à défaut de décision notifiée dans ledit délai, la demande d'inscription peut être portée, dans les formes indiquées par l'art. 9, devant le consistoire jusqu'au 30 novembre. Il est délivré un récépissé ou un extrait du procès-verbal, constatant que la demande a été faite verbalement. (*D.* 12 *avril, art.* 4.)

7. Le consistoire prononce par des décisions individuelles et motivées, qui sont notifiées au requérant et au président du conseil presbytéral le 30 décembre au plus tard. Le registre est définitivement clos le 31 décembre pour servir aux élections de l'année suivante, sauf, néanmoins, les changements qui pourraient résulter soit de décès, soit de décisions ayant acquis l'autorité de la chose jugée. Si le consistoire n'a pas statué dans le délai ci-dessus imparti, l'inscription est de droit (*art.* 5).

8. Les décisions du consistoire, en matière électorale, sont susceptibles de recours. Si elles portent sur les conditions civiles de l'électorat, le recours est formé, dans les dix jours de la noti-

fication, devant le tribunal civil du domicile du demandeur. Il est statué comme en matière sommaire.

La décision du tribunal est en dernier ressort, mais elle peut être déférée à la Cour de cassation.

Le pourvoi n'est recevable que s'il est formé dans les vingt jours de la signification du jugement.

Il est formé suivant les règles applicables aux pourvois en matière de décisions relatives aux inscriptions sur les listes électorales.

Si la décision du consistoire porte sur les conditions religieuses, le recours est formé, dans les dix jours de la notification, devant le ministre des cultes.

La décision du ministre peut être déférée au Conseil d'État statuant au contentieux. (*D.* 12 *avril, art.* 6.)

### Sect. 3. — Des radiations.

9. Lors de la révision annuelle du registre, le conseil presbytéral raye d'office, ou sur la demande d'un ou plusieurs électeurs de la paroisse, ceux qui ont cessé de remplir les conditions exigées pour l'exercice du droit électoral.

Il opère, en outre, à toute époque, la radiation des électeurs décédés et de ceux qui ont été privés de leurs droits électoraux par l'effet de condamnations judiciaires (*art.* 7).

10. Les décisions portant radiation sont rendues dans les mêmes formes et sont soumises aux mêmes recours que celles qui prononcent sur les demandes d'inscription (*art.* 8).

### Sect. 4. — Des élections.

11. Les élections pour le renouvellement triennal des conseils presbytéraux et des consistoires, ont lieu de plein droit le second dimanche du mois de février (*art.* 9).

12. En cas de vacance par décès ou démission, les électeurs peuvent être convoqués par une décision du consistoire.

Si le conseil presbytéral a perdu le tiers de ses membres laïques, ou si une section de paroisse n'est plus représentée au sein du conseil presbytéral, l'élection a lieu dans le délai de deux mois (*art.* 10).

### Sect. 5. — Des opérations électorales.

13. Les électeurs devront apporter leur bulletin préparé en dehors de l'assemblée (*art.* 11).

14. Les résultats de chaque scrutin sont proclamés publiquement. Le procès-verbal des opérations électorales, dressé séance tenante, est transmis au consistoire. Le consistoire se réunit pour statuer sur la validité de l'élection, soit d'office, dans un délai de quinze jours, à partir de la réception du procès-verbal, soit sur les protestations qui pourront avoir été formées par tout électeur, au cours des opérations électorales, ou dans les dix jours qui suivront la proclamation du scrutin.

Le procès-verbal des délibérations des décisions rendues d'office par le consistoire est transmis au ministre des cultes, qui peut également les annuler d'office, s'il y a lieu, dans le délai de deux mois, à partir de la réception du procès-verbal.

15. Les décisions statuant sur les protestations des électeurs doivent être rendues dans le délai d'un mois à partir de la date des protestations. Elles sont motivées et signifiées aux candidats et aux réclamants (*art.* 12).

16. Elles peuvent, dans le délai de quinze jours à partir de la notification, être déférées au ministre des cultes (*art.* 13).

17. Si le consistoire n'a pas prononcé dans le délai d'un mois à partir du dépôt des protestations, la réclamation est considérée comme rejetée, et elle peut être portée devant le ministre des cultes dans un nouveau délai de quinze jours (*art.* 14).

18. Le ministre statue dans le délai de quatre mois, à dater de la réception de la réclamation au ministère.

Toute décision par laquelle le ministre des cultes statue sur les opérations électorales peut être l'objet d'un recours contentieux devant le Conseil d'État.

Si le ministre n'a pas statué dans les quatre mois, la demande est considérée comme rejetée et peut être portée directement au Conseil d'État. (*D.* 12 *avril, art.* 15).

19. Les dispositions de l'art. 1er du décret du 2 novembre 1864 seront applicables aux recours portés devant le Conseil d'État en vertu du présent décret (*art.* 16).

20. Pour la prochaine révision des registres paroissiaux et les élections prochaines, les dates indiquées dans le présent règlement seront modifiées par un arrêté du ministre des cultes, de telle façon qu'un délai de deux mois au moins s'écoule entre la publication du présent règlement et la clôture des registres paroissiaux (*art.* 17).

L'art. 18 du décret du 12 avril 1880 supprime les art. 12, § 3, 13, 18 et 22 de l'arrêté ministériel du 10 septembre 1852.

### CHAP. III. — ORGANISATION DE L'ÉGLISE RÉFORMÉE DE PARIS.

21. Le règlement d'administration publique réorganisant l'Église réformée de Paris est daté du 25 mars 1882. Le voici :

Art. 1er. Le département de la Seine forme une circonscription consistoriale, qui a pour chef-lieu la paroisse de l'Oratoire.

Les départements de Seine-et-Oise, de l'Oise et d'Eure-et-Loir forment une circonscription consistoriale, qui a pour chef-lieu la paroisse de Versailles.

§ 1er. — *Église consistoriale de Paris.*

Art. 2. La circonscription consistoriale de Paris est divisée en huit paroisses, dont les dénominations et les limites sont fixées au tableau annexé au présent décret.

Art. 4. Chacune desdites paroisses est administrée par un conseil presbytéral constitué conformément à l'art. 1er du décret du 26 mars 1852 et à l'art. 1er, no 1, de l'arrêté du 10 septembre de la même année.

Art. 4. Le consistoire de l'Église réformée de Paris se compose :

1o Des pasteurs titulaires et adjoints en exercice dans le ressort consistorial ;

2o Des membres laïques du conseil presbytéral de la paroisse de l'Oratoire, chef-lieu de la circonscription ;

3° D'un délégué laïque, élu par chacun des conseils presbytéraux des autres paroisses ;

4° D'un nombre de représentants laïques, élus par les paroisses sectionnaires, égal à celui des membres laïques du conseil presbytéral de la paroisse chef-lieu.

Art. 5. Les électeurs inscrits sur le registre de la paroisse actuelle de Paris seront répartis entre les huit nouvelles paroisses.

Une commission procédera, sous l'autorité du ministre des cultes et dans le mois qui suivra la publication du présent décret, à cette répartition, en prenant pour base de son travail la résidence indiquée audit registre.

Cette commission sera composée :

1° Des douze pasteurs titulaires ou adjoints en exercice dans le ressort consistorial ;

2° De vingt-quatre électeurs laïques choisis par arrêté ministériel, à raison de trois par paroisse.

Art. 6. Pour obtenir leur inscription sur les registres électoraux de 1883 et de 1884, les électeurs devront justifier d'une résidence consécutive de deux ans dans le département de la Seine et de leur résidence effective, au moment de la révision, dans la paroisse où ils demandent à exercer leur droit électoral.

Pour les révisions ultérieures, l'électeur qui n'aura pas encore acquis dans une paroisse, à la date de ces révisions, les deux années de domicile exigées par l'art. 10 de l'arrêté du 10 septembre 1852, conservera son droit de vote dans la paroisse où il l'exerçait précédemment de droit.

Art. 7. Un arrêté du ministre des cultes fixera la date des opérations électorales ayant pour objet la constitution des corps ecclésiastiques nouveaux, ainsi que les mesures nécessitées par ces opérations.

Les six paroisses appelées à élire les représentants *qui doivent doubler* au sein du consistoire les membres laïques du conseil presbytéral de la paroisse chef-lieu seront désignées par la voie du sort.

Une délibération du consistoire, approuvée par le ministre des cultes, établira, d'après le résultat du tirage, un *roulement* entre les paroisses pour les élections suivantes.

Art. 8. Les conseils presbytéraux procéderont, immédiatement après leur constitution, à la nomination des délégués laïques mentionnés au paragraphe 3 de l'art. 4 du présent décret.

La première élection des représentants laïques appelés à doubler les membres du conseil presbytéral de la paroisse chef-lieu, conformément au paragraphe 4 du même article, aura lieu un mois après l'élection des conseils presbytéraux.

Toutes ces opérations devront être terminées, au plus tard, dans les trois mois qui suivront la publication du présent décret.

Art. 9. En cas de contestation sur la validité des opérations électorales, il sera statué par le nouveau consistoire dans les formes prévues par le décret du 12 avril 1880.

Art. 10. Le premier renouvellement par moitié des corps constitués en vertu des dispositions qui précèdent, ainsi que des représentants des paroisses au consistoire, aura lieu le second dimanche du mois de février 1883, lors du renouvelle-ment triennal des conseils presbytéraux et des consistoires.

### § 2. — *Église consistoriale de Versailles.*

Art. 11. Il sera pourvu, par le ministre des cultes, à l'organisation consistoriale des paroisses de l'Église réformée comprises dans les départements de Seine-et-Oise, de l'Oise et d'Eure-et-Loir.

Les dispositions des art. 7, § 1er, 8, §§ 1er et 2, 9 et 10 du présent décret, seront applicables aux prochaines opérations électorales qui auront lieu dans le ressort de la nouvelle église consistoriale de Versailles.

Les dispositions des art. 12 à la fin règlent ce qui est relatif au partage des biens communs entre les consistoires de Paris et de Versailles.

*Tableau indiquant la circonscription des paroisses de l'église consistoriale réformée de Paris. (Annexe à l'art. 2 du décret du 25 mars 1882.)*

| DÉNO-MINATION des paroisses. | PASTEURS rétribués par l'État. | CONSEILLERS presbytéraux laïques. | DÉLIMITATION du territoire paroissial. |
|---|---|---|---|
| 1. Oratoire . . | 2 | 6 | 1er et 2e arrondissements et les parties des 9e et 10e situées au sud d'une ligne partant de la place du Havre et prolongée dans l'axe des rues Saint-Lazare, Lamartine, Papillon, Paradis-Poissonnière, de la Fidélité et du boulev. Magenta, jusqu'à la place de la République. |
| 2. Saint-Esprit. | 2 | 6 | 8e et les parties des 9e et 10e arrondissements situés au nord de la ligne tracée comme il est dit ci-dessus. |
| 3. Pentemont . | 2 | 6 | 5e, 6e et 7e arrondissements. |
| 4. Sainte-Marie | 2 | 6 | 3e, 4e, 11e et 12e arrondissements et la partie de l'arrondissement de Sceaux comprise entre la limite de l'arrondissement de Saint-Denis et la rive droite de la Seine. |
| 5. Batignolles . | 1 | 5 | 17e et 18e arrondissements et la partie de l'arrondissement de Saint-Denis comprise entre l'avenue de Neuilly et la route de Pontoise à l'ouest, et la route de Lille à l'est. |
| 6. Plaisance. . | 1 | 5 | 13e, 14e et 15e arrondissements et la partie de l'arrondissement de Sceaux limitée à l'est et à l'ouest par la rive gauche de la Seine. |
| 7. Passy . . . | 1 | 5 | 16e arrondissement et la partie de l'arrondissement de Saint-Denis située au sud-ouest de l'avenue de Neuilly et de la route de Pontoise. |
| 8. Belleville. . | 1 | 5 | 19e et 20e arrondissements et la partie de l'arrondissement de Saint-Denis située entre la route de Lille et la limite de l'arrondissement de Sceaux à l'est. |

22. *Opérations électorales.* Par une circulaire du mois de septembre 1880, le ministre de l'intérieur et des cultes donne des instructions aux présidents des consistoires et des conseils presbytéraux des églises réformées, pour l'application du règlement d'administration publique du 11 avril 1880 sur les inscriptions et les opérations électorales dans ces églises. Voici quelques extraits de ce document :

Par des arrêts en date du 23 juillet 1880, le

Conseil d'État, statuant au contentieux, a déclaré dépourvue de force obligatoire, la résolution synodale du 27 novembre 1873, qu'une circulaire du 22 décembre 1873 avait notifiée aux églises réformées en les invitant à l'appliquer. Sont, par suite, à réputer nulles et non avenues toutes les modifications, omissions et radiations qui auraient été opérées sur les registres paroissiaux en vertu de ladite résolution du synode.

En conséquence, tous les changements introduits de ce chef dans les registres paroissiaux actuels constituent autant de lacunes non justifiées, qu'il incombe aux conseils presbytéraux de faire disparaître d'office et avant toute révision, en rétablissant sur les registres de leurs paroisses respectives les noms de tous les ci-devant électeurs, actuellement vivants, ayant joui antérieurement du droit de vote dans la paroisse et qui n'en auraient été privés qu'en vertu des circulaire et arrêté ministériels du 22 décembre 1873, pour cause de non-acceptation des conditions dites synodales.

Quant aux conditions de l'électorat, elles forment un élément essentiel de la constitution d'une Église basée sur le principe du suffrage universel, et font partie intégrante de l'œuvre de réorganisation de 1852, à l'exclusion de toutes dispositions contraires que contiendrait l'antique discipline des églises réformées de France.

C'est parce que la fixation des conditions religieuses, telle qu'elle a été faite en 1852, a eu pour objet, non point d'introduire, sous une forme indirecte, dans l'Église protestante, le principe d'autorité en procurant aux majorités le moyen d'exclure, sous couleur de dissidence, les minorités de la participation aux droits et avantages que l'État garantit à cette Église, mais bien de permettre à l'État de distinguer toujours, dans l'ensemble des citoyens, ceux d'entre eux ayant qualité pour participer à ces avantages et à ces droits, que les conditions religieuses de l'électorat paroissial ne doivent et ne peuvent être qu'*externes*, afin d'être toujours aisément saisissables par le Gouvernement, à qui incombe la mission de faire respecter indistinctement les droits de chaque citoyen, sans qu'il ait à s'immiscer jamais dans les débats théologiques ni à pénétrer dans le for des consciences.

C'est par un motif analogue qu'il importe que ces conditions soient en outre *uniformes* dans l'universalité des églises établies sur le territoire, comme le sont les droits que l'État garantit à ces églises et à leurs membres.

Enfin, elles doivent être stables, sous peine de nécessiter, de la part du Gouvernement, une intervention trop fréquente qui ne pourrait être que préjudiciable à la véritable liberté des églises. La confusion qui se perpétuerait entre l'Église légale et l'Église confessionnelle serait forcément funeste, puisque toute fluctuation d'opinion, sans laquelle pourtant il ne saurait exister de vie religieuse au sein du protestantisme, autoriserait aussitôt des appels à l'immixtion de l'État.

En résumé, il résulte de ce qu'il vient d'être dit, que les conditions religieuses fixées en 1852 resteront à l'avenir les seules exigibles et applicables. Ces conditions sont nécessaires, mais elles sont suffisantes aussi, et il y a présomption lé-

gale que quiconque les remplira aura qualité pour se dire protestant et pour en exercer les droits au sein de l'Église réformée de France, telle que cette Église a été reconnue par l'État...

#### CHAP. IV. — LOI D'ORGANISATION DE L'ÉGLISE DE LA CONFESSION D'AUGSBOURG.

**23.** La loi du 1er août 1879 organise comme suit l'administration des affaires de l'Église de la confession d'Augsbourg :

Art. 1er. L'Église évangélique de la confession d'Augsbourg a des pasteurs, des inspecteurs ecclésiastiques, des conseillers presbytéraux, des consistoires, des synodes particuliers et un synode général. Elle a aussi une Faculté de théologie.

TITRE Ier. — DES PASTEURS ET DES INSPECTEURS ECCLÉSIASTIQUES.

Art. 2. Chaque circonscription paroissiale a un ou plusieurs pasteurs.

Art. 3. Pour être nommé pasteur, il faut remplir les conditions suivantes :

1° Être Français ou d'origine française ;

2° Être âgé de 25 ans ;

3° Être pourvu du diplôme de bachelier en théologie, délivré par une Faculté française et d'un acte de consécration.

Art. 4. Les pasteurs sont nommés par le consistoire sur la présentation du conseil presbytéral.

La nomination est soumise à l'agrément du Gouvernement.

Dans le cas où le choix du consistoire donne lieu à une réclamation, il est procédé comme il est dit à l'art. 21.

Art. 5. Les pasteurs peuvent être suspendus ou destitués par le synode particulier, conformément à la discipline ecclésiastique. Les motifs de la suspension ou de la destitution sont présentés au Gouvernement, qui les approuve ou les rejette.

Art. 6. Les inspecteurs ecclésiastiques sont chargés de la consécration des candidats au saint ministère, de l'installation des pasteurs, de la consécration des églises.

Ils ont la surveillance des pasteurs et des églises de leur ressort ; ils veillent à l'exercice régulier du culte et au maintien du bon ordre dans les paroisses.

Ils sont tenus de visiter périodiquement les églises. Ils font chaque année au synode particulier un rapport général sur leur circonscription.

Ils siègent, en leur qualité, au synode général et sont membres de la commission synodale prévue à l'art. 20 ci-dessous, mais ils ne la président pas.

Ils sont nommés pour neuf ans par le synode particulier et rééligibles. Ils ne peuvent être révoqués que par le synode général.

TITRE II. — DES CONSEILS PRESBYTÉRAUX.

Art. 7. Chaque église, qui ne forme pas à elle seule un consistoire, a un conseil presbytéral composé du pasteur ou des pasteurs de la paroisse et d'un nombre d'anciens déterminé par le synode particulier, mais qui ne pourra être moindre de huit.

Art. 8. Le conseil presbytéral est élu par les fidèles selon les règles actuellement en vigueur. Il est renouvelé par moitié tous les trois ans.

Art. 9. Le pasteur ou le plus ancien des pasteurs est président du conseil presbytéral.

Art. 10. Le conseil presbytéral est chargé de veiller à l'ordre, à la discipline et au développement religieux de la paroisse, à l'entretien et à la conservation des édifices religieux et des biens curiaux. Il administre les aumônes et ceux des biens et revenus de la communauté qui sont affectés à l'entretien du culte et des édifices religieux, le tout sous la surveillance du consistoire.

Il délibère sur l'acceptation des legs et donations qui peuvent lui avoir été faits. Il propose au choix des consistoires trois candidats pour les fonctions de receveur paroissial.

Il pourra y avoir un receveur collectif pour la totalité des paroisses d'une même église consistoriale ou pour plusieurs d'entre elles.

### TITRE III. — DES CONSISTOIRES.

Art. 11. Le consistoire est composé de tous les pasteurs de la circonscription et d'un nombre double d'anciens, délégués par les conseils presbytéraux.

Dans le cas où il existerait dans une paroisse un titre de pasteur auxiliaire, le synode particulier pourra, exceptionnellement, attribuer au titulaire droit de présence et voix délibérative au consistoire.

Art. 12. Le consistoire est renouvelé par moitié tous les trois ans. Les membres sortants sont rééligibles.

Art. 13. A chaque renouvellement, il élit un président ecclésiastique et un secrétaire laïque.

Art. 14. Le consistoire veille au maintien de la discipline ; il contrôle l'administration des conseils presbytéraux, dont il règle les budgets et arrête les comptes. Il nomme les receveurs des communautés de son ressort ; il délibère sur l'acceptation des donations et legs faits au consistoire ou confiés à son administration. Il donne son avis sur les délibérations des conseils presbytéraux qui ont pour objet les donations ou legs faits aux communautés de la circonscription.

### TITRE IV. — DES SYNODES PARTICULIERS.

Art. 15. Les circonscriptions réunies de plusieurs consistoires forment le ressort d'un synode particulier.

Art. 16. Le synode particulier se compose de tous les membres du consistoire du ressort.

Art. 17. Il se réunit une fois chaque année et nomme son bureau.

Les églises de l'Algérie peuvent s'y faire représenter par des délégués choisis dans la mère-patrie.

Art. 18. En cas d'urgence, la commission synodale peut le convoquer en session extraordinaire.

Art. 19. Le synode délibère sur toutes les questions qui intéressent l'administration, le bon ordre ou la vie religieuse, sur les œuvres de charité, d'éducation et d'évangélisation, établies par lui ou placées sous son patronage. Il statue sur l'acceptation des donations ou legs qui lui sont faits.

Il veille au maintien de la constitution de l'Église, à celui de la discipline et à la célébration du culte.

Il prononce sur toutes les contestations survenues dans l'étendue de sa juridiction, sauf appel au synode général.

Art. 20. Dans l'intervalle de ses sessions, le synode est représenté par une commission synodale prise dans son sein et nommée par lui. Elle se compose de l'inspecteur ecclésiastique, d'un pasteur et de trois laïques. Ces quatre derniers sont nommés pour six ans.

La commission synodale se renouvelle par moitié tous les trois ans. Les membres sortants sont rééligibles.

La commission synodale nomme son président.

Art. 21. La commission est chargée de la suite à donner aux affaires et aux questions qui ont fait l'objet des délibérations du synode.

Elle transmet au Gouvernement les nominations de pasteurs faites par les consistoires, lorsque, dans les dix jours de la nomination, il n'est survenu aucune réclamation.

En cas de réclamation, la commission synodale en apprécie le bien ou mal fondé et la soumet, s'il y a lieu, au synode particulier, qui décide.

### TITRE V. — DU SYNODE GÉNÉRAL.

Art. 22. Le synode général est l'autorité supérieure de l'Église de la confession d'Augsbourg. Il se compose :

1° De pasteurs et d'un nombre de laïques double de celui des pasteurs, élus par les synodes particuliers ;

2° D'un délégué de la Faculté de théologie.

Les membres laïques peuvent être choisis en dehors de la circonscription du synode particulier.

Art. 23. Les députés au synode général se renouvellent par moitié tous les trois ans dans chaque circonscription de synode particulier. Les membres sortants sont rééligibles.

Art. 24. Les synodes particuliers sont représentés au synode général en raison de la population de leur ressort. Toutefois, un synode ne pourra pas être représenté par moins de quinze membres.

Art. 25. Le synode général veille au maintien de la constitution de l'Église ; il approuve les livres ou formulaires liturgiques qui doivent servir au culte et à l'enseignement religieux.

Il nomme une commission exécutive qui communique avec le Gouvernement ; cette commission présente, de concert avec les professeurs de théologie de la confession d'Augsbourg, les candidats aux chaires vacantes et aux places de maître de conférences.

Il juge en dernier ressort les difficultés auxquelles peut donner lieu l'application des règlements concernant le régime intérieur de l'Église.

Art. 26. Le synode général se réunit au moins tous les trois ans, alternativement à Paris et à Montbéliard, ou dans telle autre ville désignée par lui. Il peut, pour un motif grave et sur la demande de l'un des synodes ou du Gouvernement, être convoqué extraordinairement.

Art. 27. Le synode général peut, si les intérêts de l'Église lui paraissent l'exiger, convoquer un synode constituant. La majorité des deux tiers au moins du nombre des membres du synode est nécessaire pour cette convocation.

Le synode constituant sera composé d'un nombre double de celui des membres du synode général.

Art. 28. La loi du 18 germinal an X (articles organiques protestants) et le décret-loi du 26 mars

1852, portant réorganisation des cultes protestants, sont abrogés en ce qu'ils ont de contraire aux modifications ci-dessus arrêtées.

**CHAP. V. — RÈGLEMENT D'ADMINISTRATION PUBLIQUE RELATIF A L'ÉGLISE DE LA CONFESSION D'AUGSBOURG.**

**Sect. 1. — Du synode constituant.**

**24.** L'assemblée du synode constituant se compose des inspecteurs ecclésiastiques, de deux délégués élus par les professeurs de la Faculté de théologie de Paris appartenant à l'Église de la confession d'Augsbourg, et de députés, tant ecclésiastiques que laïques, choisis par les synodes particuliers, en nombre double de celui des délégués appelés à faire partie du dernier synode général.

Les membres laïques peuvent être choisis en dehors de la circonscription du synode particulier. (*D.* 12 *mars* 1880, *art.* 1er.)

**25.** La convocation des membres composant le synode constituant a lieu par les soins de la commission exécutive du synode général, en exécution d'un arrêté ministériel qui approuve le jour, le lieu et l'objet de la réunion. (*D.* 12 *mars, art.* 2.)

**26.** Le synode constituant se réunit à Paris.

Il nomme son bureau et délibère exclusivement sur les questions qui lui sont soumises par la décision du synode général, approuvée par l'arrêté de convocation.

L'assemblée ne pourra durer plus de dix jours, à moins d'autorisation spéciale accordée par le Gouvernement.

Les délibérations du synode constituant sont transmises au Gouvernement par l'intermédiaire du président (*art.* 3).

**Sect. 2. — Du synode général.**

**ART. 1er. — DU SYNODE GÉNÉRAL.**

**27.** Le synode général se compose de trente-six membres titulaires, savoir :

1° Des inspecteurs ecclésiastiques, membres de droit ;

2° De cinq pasteurs et de dix laïques, élus par le synode particulier de Paris ;

3° De six pasteurs et de douze laïques, élus par le synode particulier de Montbéliard ;

4° D'un délégué élu pour six ans par les professeurs de la Faculté de théologie de Paris appartenant à l'Église de la confession d'Augsbourg.

Sont élus en outre, en qualité de membres suppléants :

1° Trois pasteurs et cinq laïques, par le synode particulier de Paris ;

2° Trois pasteurs et six laïques, par le synode particulier de Montbéliard (*art.* 4).

**28.** Le nombre des députés à élire par chacun des synodes particuliers pourra être modifié par une délibération du synode général, prise pour l'application de l'art. 24 de la loi du 1er août 1879.

Cette délibération sera soumise à l'approbation du Gouvernement (*art.* 5).

**29.** Pour le premier renouvellement triennal, il sera procédé à un tirage au sort parmi les membres de chaque groupe, soit ecclésiastique, soit laïque, à l'effet de déterminer les membres sortants. (*D.* 12 *mars, art.* 6.)

**30.** La session ordinaire du synode général a lieu tous les trois ans.

Il peut être convoqué en session extraordinaire, soit d'office par le ministre des cultes, soit par la commission exécutive, sur la demande d'un des synodes particuliers.

Dans tous les cas, la convocation est faite par les soins de la commission exécutive, en exécution d'un arrêté ministériel qui fixe le jour d'ouverture et la durée de la session.

A chaque session, le synode général nomme son bureau (*art.* 7).

**31.** Dans ses sessions ordinaires, le synode général, indépendamment des attributions qui lui sont dévolues par la loi du 1er août 1879, exerce ceux des pouvoirs du consistoire supérieur qui n'ont pas été attribués par ladite loi aux autres corps ecclésiastiques.

En cas de réunion extraordinaire, le synode ne peut s'occuper que des objets pour lesquels il a été spécialement convoqué (*art.* 8).

**32.** Les délibérations du synode général sont prises à la majorité absolue des voix.

En cas de partage, le président a voix prépondérante.

Les délibérations ne sont valables que si la moitié des membres en exercice assiste à la séance.

Lorsque, après deux convocations successives, les membres du synode ne sont pas réunis en nombre suffisant, la délibération prise après la troisième convocation est valable, quel que soit le nombre des membres présents.

Les dispositions du présent article, ainsi que celles du dernier paragraphe de l'art. 8, sont applicables aux délibérations des synodes particuliers, des consistoires et des conseils presbytéraux (*art.* 9).

**ART. 2. — DE LA COMMISSION EXÉCUTIVE DU SYNODE GÉNÉRAL.**

**33.** La commission exécutive nommée par le synode général se compose :

D'un nombre de membres titulaires à déterminer par le synode général, mais qui ne peut être moindre de six, ni supérieur à neuf ;

De trois membres suppléants.

Les deux tiers au moins des membres sont laïques ; tous sont choisis par le synode général et pris dans son sein.

En cas de partage, la voix du président est prépondérante. (*D.* 12 *mars, art.* 10.)

**34.** La commission exécutive du synode général est nommée pour six ans. Elle est renouvelée par moitié tous les trois ans. Il peut être procédé à son renouvellement intégral, lorsque, dans cet intervalle elle a perdu plus des deux tiers de ses membres.

Les membres sortants sont indéfiniment rééligibles.

A chaque renouvellement, la commission exécutive nomme son président et son secrétaire (*art.* 11).

**35.** La commission exécutive du synode général siège à Paris. La majorité des membres titulaires et la totalité des membres suppléants devront avoir leur résidence dans cette ville (*art.* 12).

**36.** La commission exécutive se réunit, toutes

les fois que les besoins du service l'exigent, sur la convocation de son président ou, en cas d'empêchement, sur la convocation du plus âgé de ses membres.

Outre les attributions qui lui sont conférées par l'art. 25 de la loi du 1er août 1879 et par les art. 2 et 7 du présent décret, elle est chargée de pourvoir à l'exécution des délibérations du synode général, d'instruire les affaires dont il doit être ultérieurement saisi, de statuer sur les questions pour lesquelles elle a reçu une délégation spéciale de cette assemblée.

A l'ouverture de chaque session ordinaire du synode général, la commission exécutive présente à cette assemblée le compte rendu écrit de sa gestion et en transmet copie au ministre des cultes (art. 13).

**37.** La commission exécutive exerce les attributions du directoire quant à la haute surveillance de l'enseignement et de la discipline ecclésiastique du séminaire, en ce qui concerne les élèves appartenant à l'Église de la confession d'Augsbourg.

Elle s'adjoint les professeurs de la Faculté de théologie appartenant à l'Église de la confession d'Augsbourg, pour examiner les propositions des consistoires relatives aux bourses vacantes et désigner au Gouvernement les candidats.

Le doyen de la Faculté et le directeur du séminaire présentent à la commission les élèves de cet établissement appartenant à l'Église de la confession d'Augsbourg, qu'ils jugent dignes d'un complément ou d'une prolongation de bourse (art. 14).

**38.** Conformément aux art. 4 et 5 de la loi du 18 germinal an X, aucune décision doctrinale, dogmatique ou relative à un changement de discipline, aucun formulaire sous le titre de confession ou sous tout autre titre, ne pourront être publiés, mis à exécution ou devenir la matière de l'enseignement avant que le Gouvernement en ait autorisé la publication ou promulgation.

Les délibérations de la commission exécutive, comme celles des synodes particuliers, du synode général et du synode constituant, sur les matières autres que celles portées au paragraphe précédent, sont soumises à l'approbation du Gouvernement (art. 15).

### Sect. 3. — Des synodes particuliers.

**39.** Les circonscriptions consistoriales de l'Église de la confession d'Augsbourg sont groupées en deux synodes particuliers : celui de Paris, celui de Montbéliard.

Le synode particulier de Montbéliard comprend les départements du Doubs, du Jura, de la Haute-Saône et le territoire de Belfort ; celui de Paris comprend tous les autres départements de la France et de l'Algérie (art. 16).

**40.** Cette répartition peut être modifiée par décret du Président de la République, après avis du synode général (art. 17).

**41.** En matière disciplinaire, le synode particulier est saisi, soit par la commission synodale, soit par le ministre des cultes.

L'inspecteur ecclésiastique procède aux enquêtes et instructions.

Tout inculpé doit être entendu dans ses moyens de défense oraux et écrits (art. 18).

**42.** Suivant la gravité des cas, la commission synodale renvoie l'inculpé soit devant le synode particulier, pour qu'il lui soit fait application, s'il y a lieu, des peines édictées par l'art. 5 de la loi du 1er août 1879, soit devant le consistoire, pour y subir la réprimande simple, ou la réprimande avec censure (art. 19).

**43.** Un règlement, délibéré par le synode général et approuvé par le ministre des cultes, déterminera par qui et dans quelles formes les synodes particuliers peuvent être saisis des contestations survenues dans l'étendue de leurs juridictions, dans quelles formes ils seront appelés à statuer, et dans quels délais les recours contre leurs décisions pourront être exercés auprès du synode général (art. 20).

### Sect. 4. — Des consistoires et des conseils presbytéraux.

**44.** Dans les cas d'incompatibilité prévus par l'art. 4 de l'arrêté du 10 septembre 1852, des dispenses peuvent être accordées par le ministre des cultes, sur avis de la commission synodale (art. 21).

**45.** Les biens appartenant par indivis aux églises d'un même ressort consistorial sont administrés par le consistoire (art. 22).

### Sect. 5. — De la nomination des pasteurs.

**46.** Toute vacance ou création de cure est rendue publique par les soins de la commission synodale.

Un délai de quarante jours est fixé pendant lequel les candidats à la cure vacante adressent leur demande écrite au président de la commission synodale, qui en informe immédiatement le président du conseil presbytéral intéressé.

Le délai susdit court du jour où la vacance a été annoncée en chaire dans toutes les paroisses de la circonscription consistoriale (art. 23).

**47.** A l'expiration de ce délai, le conseil presbytéral arrête une liste portant les noms de trois candidats, classés par ordre alphabétique.

Le consistoire choisit le pasteur parmi les candidats présentés.

Ce choix doit être fait dans les deux mois qui suivent la présentation (art. 24).

**48.** Si le consistoire n'a pas nommé le pasteur dans le délai ci-dessus spécifié, la commission synodale, soit d'office, soit sur l'initiative du conseil presbytéral, réunit le synode particulier.

Le synode particulier arrête les mesures propres à pourvoir provisoirement aux besoins religieux de la paroisse vacante.

Ces mesures sont soumises à l'approbation du Gouvernement.

Il sera procédé dans la même forme pour le cas où aucun candidat ne se serait présenté à la place vacante (art. 25).

**49.** Il pourra être accordé par le Gouvernement des dispenses aux candidats qui, réunissant les autres conditions requises, n'auraient pas encore atteint l'âge de vingt-cinq ans (art. 26).

**50.** Les décrets des 14 septembre 1859 et 12 janvier 1867 restent en vigueur en ce qui concerne l'Église de la confession d'Augsbourg en Algérie, sauf les modifications suivantes :

Jusqu'à ce qu'il en soit autrement ordonné :

1° Les pasteurs de la confession d'Augsbourg seront nommés par la commission synodale du synode particulier de Paris, d'après une liste de présentation de trois candidats, dressée par l'inspecteur ecclésiastique et les membres luthériens du consistoire dans le ressort duquel la vacance se sera produite ;

2° L'art. 5 de la loi du 1er août 1879 sera applicable auxdits pasteurs ;

3° Lorsqu'il y aura lieu d'appliquer à l'un des pasteurs algériens de la confession d'Augsbourg la réprimande simple ou la réprimande avec censure, ces peines seront prononcées par la commission synodale du synode particulier de Paris ;

4° Lorsqu'il y aura lieu de procéder en Algérie à des instructions ou enquêtes relatives à l'application de la discipline ecclésiastique, la commission synodale du synode particulier de Paris appréciera, selon la gravité des cas, s'il y a lieu de déléguer un membre luthérien du consistoire intéressé pour informer sur les faits et entendre l'inculpé ou les témoins (*art.* 27).

**51.** Les nominations de pasteurs faites à titre provisoire depuis 1871 sont déclarées définitives avec effet rétroactif à partir de leur date (*art.* 28).

**Sect. 6. — De la Faculté de théologie.**

**52.** L'enseignement de la théologie luthérienne est donné à la Faculté mixte de théologie protestante de Paris (*art.* 29).

Quand une chaire de professeur ou une place de maître des conférences a été déclarée vacante par le ministre de l'instruction publique, les candidats sont invités, dans les formes ordinaires, à déposer leur titre à la Faculté.

Le délai de vingt jours expiré, les professeurs de la Faculté appartenant à la confession d'Augsbourg dressent une liste de trois candidats. Ils se réunissent ensuite à la commission exécutive du synode général pour lui donner lecture du rapport où sont appréciés les titres de ces candidats.

Après discussion, une liste de trois candidats est arrêtée par la réunion. Le président de la commission transmet au ministre de l'instruction publique, avec toutes les pièces à l'appui, cette liste et le rapport des professeurs[1]. (*Art.* 30 *du décret du 12 mars.*)

**CHAP. VI. — DÉCISIONS DIVERSES.**

**54.** Un décret du 7 mai 1881 dispose que les chaires de la Faculté mixte de théologie protestante de Paris sont partagées en nombre égal entre les luthériens et les réformés, chacune des deux confessions ayant forcément une chaire de dogme.

Cette disposition est ainsi motivée :

Considérant que, si le partage actuel des chaires entre les luthériens et les réformés, dans la Faculté mixte de théologie protestante de Paris, donne pleine satisfaction aux intérêts de l'enseignement ;

Que si l'expérience faite depuis 1877 a entièrement justifié ce partage et réalisé en partie le vœu exprimé en 1872 par le synode des églises réformées et le synode des églises de la confession d'Augsbourg sollicitant d'un commun accord la création d'une Faculté mixte de théologie protestante à Paris.

Il importe, au point de vue de la nomination des professeurs et de leurs relations tant avec le synode de la confession d'Augsbourg qu'avec le Conseil central des églises réformées, de marquer avec précision la part faite aux deux Églises dans la Faculté.

**55.** *Jurisprudence.* La décision par laquelle le ministre des cultes prescrit la révision du registre paroissiale d'une église réformée pour être procédé, sur cette liste, à l'élection d'un conseil presbytéral, n'est pas susceptible d'être déférée au Conseil d'État, sauf aux intéressés à exercer tel recours que de droit, soit contre la liste électorale, soit contre la validité de l'élection. (*Arr. du C. 1er fév.* 1878.)

**56.** Il n'appartient pas au ministre des cultes, de prononcer contre un pasteur de l'Église réformée, même sur l'avis du synode d'arrondissement, le retrait de ses fonctions avec privation totale ou partielle de traitement (*même arrêt*).

**57.** L'art. 25 de la loi du 18 germinal an X, aux termes duquel les pasteurs ne peuvent être destitués par les consistoires qu'à la charge de présenter les motifs de la destitution au Gouvernement, qui les approuvera ou rejettera, n'a été modifié, ni par les dispositions du décret du 26 mars 1852, relatives aux conseils presbytéraux, ni par les actes du Gouvernement qui ont réuni des synodes nationaux (*même arrêt*). [*Voy.* **Paroisse.**]

**58.** Le décret sur l'organisation des églises protestantes dans l'Océanie est du 23 janvier 1884. (Voy. le *Journal officiel* du 3 février.)

**CURAGE.** (*Dict.*) Aux termes de l'article 3 de la loi du 16 floréal an XI, le recouvrement des taxes de curage s'opérant de la même façon que celui des contributions publiques, l'art. 29 de la loi du 21 avril 1832 doit être également déclaré applicable à cette matière ; par suite, il doit être procédé à l'expertise dès l'instant où le propriétaire grevé de la taxe de curage l'a demandée. (30 *nov.* 1883). [*Voy. aussi* **Cours d'eau.**]

# D

**DÉBIT DE BOISSONS.** *Voy.* **Cabaret.**

**DÉCORATIONS.** (*Dict.*, v° LÉGION D'HONNEUR.) **1.** Le décret du 7 juillet 1883 institue une nouvelle décoration, exclusivement destinée au mérite agricole. Ce décret est précédé du rapport qui suit :

1. L'art. 31 du décret du 12 mars 1880 supprime les décrets du 26 mars et les arrêtés réglementaires des 10 septembre et 10 novembre 1852 qui sont spéciaux à la confession d'Augsbourg.

Monsieur le Président,

L'agriculture, si justement honorée dans tous les pays et dans tous les temps, n'occupe pas encore en France, sous le rapport des distinctions honorifiques, le rang auquel elle a le droit de prétendre. La part qui lui est faite dans la répartition des grades de la Légion d'honneur représente à peine un vingt-cinquième des décorations civiles disponibles ; ce contingent ne permet de récompenser qu'une infime partie des mérites qui se révèlent chaque année.

La population agricole est considérable ; plus de dix-huit millions de Français vivent de cette industrie, qu'on peut appeler la mère de toutes les autres, et contribuent puissamment par leur travail au développement de la richesse publique. En dehors, ou plutôt à côté de cette armée de travailleurs où toutes les classes sont représentées, nous trouvons des sociétés nombreuses qui travaillent au progrès agricole en vulgarisant les bonnes méthodes et en excitant le zèle des agriculteurs, un corps de vétérinaires qui compte actuellement plus de trois mille praticiens et rend de très utiles services ; enfin un corps enseignant qui s'accroît sans cesse et qui se compose aujourd'hui d'un grand nombre d'hommes d'élite.

Dans cet immense personnel d'agriculteurs, d'agronomes, de professeurs, de savants, le labeur est incessant, les dévouements nombreux et les mérites rares. Il appartient à la République de réparer cette injustice et de prouver à tous ceux qui, par leurs travaux concourent au développement du progrès agricole, qu'elle s'intéresse à leurs efforts et qu'elle est résolue à les signaler à l'estime et à la reconnaissance publique.

On ne pouvait songer à augmenter les cadres de la Légion d'honneur ; mais, tout en continuant à réserver un certain nombre de décorations de cet ordre pour les mérites les plus éclatants, j'ai pensé que le moment était venu de créer des récompenses honorifiques spéciales, permettant au Gouvernement d'honorer les serviteurs dévoués de l'agriculture.

Depuis 1808, c'est-à-dire postérieurement à la création de la Légion d'honneur, l'Université dispense des distinctions de ce genre à tous ceux qui ont rendu des services à l'enseignement public, et tout le monde reconnaît que l'émulation qu'elles ont provoquée partout a eu les meilleurs résultats.

J'ai pensé qu'une mesure analogue aurait des avantages plus considérables encore en ce qui concerne l'agriculture et j'ai l'honneur, dans ce but, de soumettre à votre haute approbation le décret ci-joint, qui institue un ordre spécial destiné à récompenser les services exceptionnels rendus à cette importante branche de l'industrie nationale.

Cette institution, ainsi conçue dans l'esprit démocratique le plus large, sera, je n'en doute pas, accueillie avec reconnaissance par l'agriculture française. Celle-ci y verra une nouvelle preuve de la sollicitude du Gouvernement de la République et un encouragement à redoubler d'efforts pour conserver le rang qu'elle doit occuper dans un pays dont elle fait la richesse et la force.

Veuillez agréer, etc.                    *Signé :* J. MÉLINE.

**2.** Voici le décret :

Art. 1er. Il est institué un ordre du Mérite agricole destiné à récompenser les services rendus à l'agriculture.

Art. 2. L'ordre du Mérite agricole se compose de chevaliers.

Art. 3. Les membres de l'ordre sont à vie.

Art. 4. Le nombre des chevaliers est fixé à 1,000, sans que le chiffre des croix accordées puisse dépasser 200 par année.

Art. 5. Les étrangers sont admis dans l'ordre, mais ne figurent pas dans le cadre fixe.

Art. 6. La décoration de l'ordre du Mérite agricole consiste dans une étoile à cinq rayons doubles, surmontée d'une couronne en feuilles d'olivier ; le centre de l'étoile, entouré d'épis, présente d'un côté l'effigie de la République avec la date de la fondation de l'ordre ; de l'autre côté, la devise « Mérite agricole ».

L'étoile, émaillée de vert, est en argent ; son diamètre est de 40 millimètres.

Art. 7. Les chevaliers du Mérite agricole portent la décoration attachée par un ruban moiré vert, bordé d'un liséré de couleur amarante, sans rosette, sur le côté gauche de la poitrine. Le ruban peut également être porté sans la décoration.

Art. 8. Pour être admis dans l'ordre, il faut avoir rendu des services à l'agriculture, soit dans l'exercice de la pratique agricole ou des industries qui s'y rattachent, soit dans des fonctions publiques, soit dans des missions ou par des travaux scientifiques ou des publications agricoles.

Art. 9. Les nominations sont faites par arrêté du ministre de l'agriculture.

Art. 10. Le ministre de l'agriculture est chargé d'assurer l'exécution du présent décret, qui sera inséré au *Bulletin des lois*.

**3.** *Médailles d'honneur pour les forestiers.*

Art. 1er. Des médailles d'honneur en argent peuvent être décernées par le ministre de l'agriculture aux préposés forestiers qui se sont signalés par de longs et irréprochables services ou par des actes de dévouement ou de courage dans l'exercice de leurs fonctions.

Art. 2. Un arrêté ministériel déterminera les mesures de détail relatives à cette distinction. (*D. du 15 mai* 1883.)

On trouvera le rapport de M. Méline dans le *Journal officiel* du 14 mai 1883.

**4.** *Droit à acquitter par les militaires pour le port de décorations étrangères.* Les officiers en activité de service, jusques et y compris le grade de capitaine dans l'armée de terre et de lieutenant de vaisseau dans l'armée de mer, qui seront autorisés à accepter et à porter des ordres ou des décorations étrangères verseront une somme de 10 fr. pour prix du brevet qui leur sera délivré. (*D. 8 nov.* 1883, *art.* 1er.)

Les sous-officiers et soldats des armées de terre et de mer resteront seuls exempts de tous droits, ainsi qu'il est dit dans l'art. 11 du décret du 10 juin 1853 (*art.* 2).

Le décret de 1883 abroge sur ce point ceux des 10 juin 1853 et 22 mars 1875, parce que le nombre des décorations étrangères délivrées à l'armée depuis quelques années s'est beaucoup accru et qu'il en résulte pour la grande chancellerie une dépense considérable, laquelle, devant être prélevée sur le produit des droits de chancellerie, diminue d'autant la part affectée sur ce chapitre aux secours à distribuer aux membres de l'ordre, à leurs veuves et à leurs orphelins.

**DÉLAI.** (*Dict.*) Le décret du 28 juillet 1881, qui convoque les collèges électoraux pour le 21 août suivant, renfermait, dans son art. 6, une disposition exceptionnelle sur laquelle nous devons donner quelques explications [1].

Cet article vise les ordonnances royales des 27 novembre 1816 et 18 janvier 1817, qui établissent des règles exceptionnelles pour le cas où il y aurait nécessité de s'affranchir des délais ordinaires de promulgation.

On sait, en effet, qu'aux termes du décret du 5 septembre 1870 « les lois et décrets son obligatoires à Paris, un jour franc après la promulgation au *Journal officiel*, et partout ailleurs, dans l'étendue de chaque arrondissement, un jour franc après que le *Journal officiel*, qui les contient, sera parvenu au chef-lieu de cet arrondissement. »

Si l'on s'en tenait aux termes exprès de ce décret, il y aurait, sans compter la Corse et l'Algérie, au moins quatre arrondissements : ceux d'Embrun, dans les Hautes-Alpes ; Barcelonnette et Sisteron, dans les Basses-Alpes, et Puget-Théniers

1. « .... du présent décret *dont la publication, partout où besoin sera, aura lieu conformément aux dispositions des ordonnances du 27 novembre 1816 et du 18 janvier 1817.* »

dans les Alpes-Maritimes, où le décret du 28 juillet ne deviendrait exécutoire que le 2 août, à cause de la difficulté des communications ; il ne resterait donc plus que dix-huit jours de période électorale au lieu de vingt qu'exige la loi.

Les ordonnances de 1816 et 1817 donnent au Gouvernement la faculté de promulguer d'urgence les décrets dont il juge l'exécution immédiatement nécessaire. Voici comment est conçu l'art. 4 de l'ordonnance du 27 novembre 1816 :

« Néanmoins, dans les cas et les lieux où nous jugerons convenable de hâter l'exécution, les lois et ordonnances seront censées publiées et seront exécutoires du jour qu'elles seront parvenues au préfet, qui en constatera la réception sur un registre. »

L'art. 1er de l'ordonnance du 18 janvier 1817 précise et complète le précédent ; il est ainsi conçu :

« Dans le cas prévu par l'art. 4 de notre ordonnance du 27 novembre 1816, où nous jugerons convenable de hâter l'exécution des lois et de nos ordonnances en les faisant parvenir extraordinairement sur les lieux, les préfets prendront incontinent un arrêté par lequel ils ordonneront que lesdites lois et ordonnances seront imprimées et affichées partout où besoin sera. »

Il suit de là que, dans les localités indiquées plus haut et où la difficulté des communications rendrait impossible l'arrivée en temps utile du *Journal officiel*, le ministre de l'intérieur pourra transmettre aux préfets le décret de convocation par le télégraphe et le rendre ainsi exécutoire en même temps que dans le reste de la France. (*Voy. aussi* **Élections**, n° 37.)

**DÉPARTEMENTS.** (*Dict.*) **1.** *Abonnement.* Le décret du 28 janvier 1883 sur l'abonnement des préfectures est précédé du rapport suivant du ministre de l'intérieur, qui l'explique :

« Une ordonnance royale du 27 janvier 1815, encore en vigueur, a décidé que les sommes affectées aux menues dépenses et frais de parquet des cours et tribunaux seraient accordées à titre d'abonnement. Son application aux dépenses de cette nature, qui tombent à la charge des budgets départementaux, a plusieurs fois motivé les réclamations des conseils généraux. Elle paraît inconciliable, en effet, avec l'esprit de nos lois sur les conseils généraux, lois qui attribuent à ces assemblées le droit de se faire rendre compte, selon les règles ordinaires, de l'emploi des fonds qu'elles ont votés.

« D'autre part, la nomenclature des menues dépenses, telle qu'elle a été réglée par l'art. 22 du décret du 30 janvier 1811, ne répond plus à tous les besoins du service, et l'obligation où seraient mises les compagnies judiciaires de justifier de l'emploi des crédits qui leur seront alloués, en entraîne nécessairement la révision.

« Le décret ci-joint a donc pour double objet d'édicter une nouvelle nomenclature des menues dépenses, et de soumettre les crédits inscrits sous cette rubrique dans les budgets départementaux aux règles ordinaires de comptabilité.

« Les menues dépenses n'en conserveront pas moins le caractère de dépenses obligatoires.

« Le Gouvernement gardera le droit d'inscrire d'office le crédit destiné à ces dépenses dans les budgets départementaux et d'en déterminer le chiffre annuel. Toutefois, les conseils généraux auxquels compte sera rendu de l'emploi des fonds, pourront formuler les observations que la vérification leur suggérera. Ces observations seront transmises au ministre de la justice, et ainsi sera établi un contrôle qui, tout en respectant les droits des assemblées départementales, ne pourra apporter aucune entrave au fonctionnement régulier des juridictions. »

**2.** Voici le décret :

Art. 1er. Les crédits portés au sous-chapitre 1er des dépenses ordinaires des budgets départementaux pour menues dépenses et frais de parquets des cours d'assises, des tribunaux civils, de commerce, de police et des justices de paix, ne seront plus accordés à titre de fonds d'abonnement. Ils seront soumis aux règles ordinaires de comptabilité, spécialement en ce qui touche le compte à rendre de leur emploi.

L'art. 4 de l'ordonnance du 27 janvier 1875 est abrogé en ce qu'il a de contraire aux dispositions précédentes.

Art. 2. Les menues dépenses des cours et tribunaux comprennent le traitement de secrétaires, s'il y a lieu, le salaire des concierges et garçons de salle, le chauffage, l'éclairage, les frais d'impression de règlements d'ordre et de discipline, les frais d'abonnement au *Journal officiel* et aux journaux de droit, aux recueils périodiques de jurisprudence et au *Bulletin du ministère de la justice*, l'acquisition d'ouvrages de droit ou de jurisprudence, les frais de reliure, ceux occasionnés par les solennités publiques, l'achat des fournitures de bureau, registres, papiers, plumes, encre, cire et de tous autres menus objets nécessaires au service de la cour ou du tribunal, ainsi que du parquet.

L'art. 22 du décret du 30 janvier 1811 est abrogé.

**3.** *Costume.* Il est réglé par le décret du 16 avril 1878, que nous allons reproduire d'après le *Bulletin des lois :*

Art. 1er. Le costume officiel des préfets, sous-préfets et secrétaires généraux, tel qu'il a été déterminé par les arrêtés des 17 ventôse, 17 floréal et 8 messidor an VIII, le décret du 1er mars 1852, et défini en dernier lieu par l'arrêté ministériel du 10 avril 1873, sera désormais facultatif.

Art. 2. Le costume réglementaire des mêmes fonctionnaires sera, à l'avenir, fixé conformément aux dispositions annexées au présent décret.

Voici ce règlement (*Bulletin des lois*, n° 391, p. 602, 1878) :

RÈGLEMENT CONCERNANT LE COSTUME OFFICIEL DES PRÉFETS, SOUS-PRÉFETS ET SECRÉTAIRES GÉNÉRAUX.

Le costume des préfets, sous-préfets et secrétaires généraux est réglé ainsi qu'il suit :

Il comprend trois tenues, savoir :

1° La grande tenue de cérémonie (obligatoire);

2° La grande tenue de service (obligatoire);

3° La petite tenue (facultative).

I. La grande tenue de cérémonie se compose de la tunique d'officier général à deux rangs de boutons, avec double broderie au collet et aux manches pour les préfets ;

De la même tunique avec une simple broderie, pour les sous-préfets et les secrétaires généraux (les broderies conformes au modèle actuel) ;

Du chapeau français, avec plumes noires et ganse brodée en argent ;

De l'épée à poignée de nacre et garde argentée, avec ceinturon d'argent pour les préfets, de soie pour les sous-préfets et les secrétaires généraux ;

De la ceinture (modèle actuel) ;

Du pantalon bleu à bandes d'argent ;

De la cravate noire.

II. La grande tenue de service se compose du même uniforme, moins la ceinture ; le chapeau est remplacé par un képi à double bandeau brodé pour les préfets, et à simple bandeau brodé pour les sous-préfets et les secrétaires généraux.

III. La petite tenue se compose : de la tunique (modèle de la marine) à collet rabattu et à deux rangs de boutons, sans broderie ;

D'un gilet droit à boutons d'argent ;

D'un pantalon en drap sans bandes ;

D'un képi comme dans la grande tenue de service ;

D'une épée avec ceinturon de cuir noir ;

D'un pardessus-capote et capuchon (modèle de l'infanterie), avec boutons de métal, sans broderies ni galons.

(*Arrêté par le ministre de l'intérieur, pour être annexé au décret du 16 avril* 1878.)

**4.** *Communication du projet de budget à la commission départementale.* L'obligation, imposée au préfet par l'art. 56, de communiquer le projet de budget à la commission départementale, avec les pièces à l'appui, dix jours au moins avant l'ouverture de la session, ne s'applique, d'après le texte même de l'article, qu'au budget primitif ; elle n'existe donc point pour le budget rectificatif. (*Avis du min. de l'int.* 18 août 1878.)

**5.** *Délégation.* La délégation en vertu de laquelle le préfet se fait représenter au conseil général par le secrétaire général de la préfecture peut être verbale. (*Décis. min. int.* 21 août 1877.)

[ *Voy.* **Conseil général, Préfet,** *etc.*]

BIBLIOGRAPHIE.

Les Conseils généraux. Interprétation de la loi organique du 10 août 1871. Recueil des lois, décrets, etc. Paris, Berger-Levrault et Cie. 1878.

Conseils généraux et conseils d'arrondissement. Législation et organisation, par P. Lescuyer. Paris, Dupont. 1880.

Code départemental, etc., par Charles Constant. Paris, Pedone-Lauriel. 1880.

Code de l'Administration départementale. 3e édit. in-4o. Paris, Plon.

De l'Administration départementale, par J. Marie. 2 vol. Paris, Chevalier-Marescq. 1882.

**DÉPOT DE LA GUERRE.** (*Dict.*) Depuis les décrets des 12 mars et 1er juin 1874, le dépôt forme le 5e bureau de l'état-major général du ministre de la guerre.

**DÉPOT LÉGAL.** (*Dict.*) Dans une circulaire du 6 septembre 1878, le ministre de l'intérieur se plaint que les instructions sur le dépôt légal ne soient pas rigoureusement observées, et même que dans quelques préfectures les employés, « ayant pris les livres pour les lire à leur domicile, auraient négligé de les rapporter ». Pour faire disparaître ces abus, le ministre invite les préfets à veiller :

« 1o A ce que les imprimeurs déposent régulièrement, avant toute publication, comme le prescrit l'art. 14 de la loi du 21 octobre 1814, tout ce qui sort de leurs presses, excepté, bien entendu, *les ouvrages de ville ou bilboquets* ;

« 2o A ce que, sous aucun prétexte, les ouvrages déposés ne sortent de vos bureaux ;

« 3o A ce que, conformément aux prescriptions des circulaires du 20 février 1861, du 8 avril 1862 et du 16 janvier 1874, le dépôt légal me soit transmis dans les délais voulus, savoir :

« Pour les écrits non périodiques, tous les quinze jours ;

« Pour les écrits périodiques et pour ceux paraissant par livraisons, tous les trois mois.

« Quant aux estampes, photographies, cartes, plans et compositions musicales, que les départements produisent en petit nombre, vous pouvez me les envoyer au fur et à mesure du dépôt. »

Il a été question à la Chambre d'étendre l'obligation du dépôt aux éditeurs et dans certains cas aux auteurs, mais la proposition de loi n'a pas encore abouti.

**DÉPUTÉ.** (*Dict.*) **1.** *Décision disciplinaire de la Chambre.* Un député peut-il en appeler au tribunal d'une décision disciplinaire de la Chambre ? Voici comment a répondu à cette question, le Tribunal de la Seine (*févr.* 1880) :

« Le Tribunal,

« Attendu que la demande de Baudry-d'Asson ne s'adresse aux questeurs qu'en leur dite qualité et comme exécuteurs des décisions disciplinaires de la Chambre des députés ou de son président, qu'elle constitue donc en réalité un pourvoi contre ces décisions mêmes ;

« Attendu que le pouvoir disciplinaire retenu par la Chambre ou délégué par elle au président, découle du droit essentiel qui appartient à tout corps délibérant de régler son propre fonctionnement et d'assurer l'ordre de ses discussions ; que ce droit, qui n'a été contesté à aucune de nos Assemblées législatives, ne saurait l'être à la Chambre des députés organisée par les lois constitutionnelles de 1875 ; qu'il est visé au surplus par une de ces lois, celle du 16 juillet, dans son art. 5 ; qu'il s'agit seulement de savoir si l'exercice du droit dont s'agit peut donner lieu à un recours quelconque ;

« Attendu que, pour examiner si la Chambre des députés, qui est l'un des organes de la souveraineté nationale, peut reconnaître dans l'ordre disciplinaire une juridiction supérieure, le Tribunal doit se borner à constater que la loi n'en a établi aucune, que ce serait donc arbitrairement et par un excès de pouvoir qu'il se constituerait juge d'appel à l'égard des décisions que Baudry-d'Asson prétend lui déférer ;

« Par ces motifs,

« Se déclare incompétent, et condamne Baudry-d'Asson aux dépens. » ( *Voy.* **Constitution, Élections,** *etc.*)

**2.** A l'occasion d'une demande d'autorisation de poursuite lancée par un particulier contre un député, le rapporteur (séance du 30 juillet 1884) cite en s'en appropriant la doctrine, le passage suivant d'un discours prononcé en 1865, par M. Sénard : « Il faut que celui qui demande qu'on interrompe les travaux de l'Assemblée pour l'occuper d'une accusation dirigée contre un de ses membres, apporte autre chose qu'une intention d'accuser et un projet auquel, même après une délibération favorable, il serait libre de donner ou de ne pas donner suite. Il faut qu'il justifie de l'existence légale de l'accusation dont il demande l'examen ; qu'il produise des actes engageant sa responsabilité personnelle et entraînant la nécessité d'une décision judiciaire, c'est-à-dire une plainte déposée au parquet ou une citation directe donnée devant les tribunaux correctionnels.

« Voilà les conditions que le bon sens indique et en dehors desquelles les dispositions protectrices de la dignité de l'Assemblé deviendraient un instrument de spéculation sur le scandale. » (*Voy.* aussi le *Traité pratique de droit parlementaire* de MM. Poudra et Pierre, *supplément* 1879-1880.)

**DESSIN.** *Voy.* **Instruction publique.**

**DETTE DE L'ÉTAT.** (*Dict.*) **1.** *Contestations.* Les contestations relatives aux rentes inscrites sur l'État et qui tendent à rendre le Trésor public créancier ou débiteur sont du ressort de la justice administrative, mais celles qui concernent la propriété de ces rentes entre particuliers sont de la compétence exclusive des tribunaux civils. (*C. d'Amiens* 11 *mai* 1877.)

**2.** *Déchéance.* L'art. 156 de la loi du 24 août 1793, aux termes duquel aucun créancier de la dette publique consolidée ne peut réclamer que les cinq dernières années avant le semestre courant, s'applique au créancier dont le titre, par suite d'un retard non imputable à l'administration, n'a pu lui être délivré qu'après un délai de plus de cinq années. Cette disposition s'applique spécialement aux colons qui n'ont pu recevoir que tardivement, par suite d'opposition de créanciers, les titres de rentes auxquels ils avaient droit en vertu de la loi du 30 avril 1849. (*Arr. du C.* 18 *janv.* 1877.)

La demande en paiement formée devant une autorité autre que le ministre qui a pouvoir pour y donner suite (dans l'espèce devant le Conseil d'État), ne suffit pas pour empêcher de courir le délai de cinq ans à l'expiration duquel les créances contre l'État, qui n'ont pas été liquidées et payées faute de justification suffisante, sont frappées de déchéance. (*Arr. du C.* 12 *mars* 1880.)

**3.** *Mandat libératoire.* D'après une jurisprudence générale, la délivrance d'un mandat payable à vue produit, à l'égard du Trésor, les effets d'un véritable paiement et les intérêts cessent de courir. Les fonds, en effet, restent de ce moment immobiles dans les caisses de l'État et sont immédiatement à la disposition du créancier. (*Arr. du C.* 28 *août* 1848, 31 *mars* 1874, 24 *mars* 1882.)

L'État ne doit un intérêt que si le retard du paiement est causé par sa faute, ou si, en cas d'opposition, il n'a pas versé les fonds à la Caisse des dépôts et consignations. (*Arr. du C.* 24 *mars* 1882.)

**4.** *Subvention.* Aucune loi ne permet d'allouer des intérêts pour le retard d'une subvention due par l'État. (*Arr. du C.* 3 *mars* 1882.)

Il pourrait y avoir des circonstances où les intérêts seraient stipulés pour le cas de retard. L'État aussi doit tenir parole et réparer le dommage qu'il peut avoir causé.

**5.** *Compétence.* C'est au ministre et non au conseil de préfecture qu'il appartient de connaître d'une demande en indemnité formée contre le Trésor par un ouvrier blessé travaillant dans un établissement de l'État. (*Arr. du C. d'État* 11 *mars* 1881.)

**6.** Il appartient au ministre de la guerre de statuer, sauf recours au Conseil d'État, sur la demande en responsabilité formée contre l'État à raison de l'incendie des bâtiments attribué à l'imprudence ou à la négligence des troupes logées dans ces bâtiments, en vertu des réquisitions de l'autorité militaire. (*Trib. des confl.* 26 *mars* 1881.) [*Voy. aussi* **Responsabilité.**]

**DETTE FLOTTANTE.** On appelle ainsi les dettes exigibles à volonté, et la pratique y comprend celles qui sont remboursables à bref délai.

La dette flottante a plusieurs sources. En vertu des lois, certains fonds, d'un montant total considérable (caisses d'épargne, cautionnements, consignations, fonds communaux), doivent être déposés au Trésor. Le but principal du dépôt, c'est de procurer la sécurité des fonds, mais il a quelquefois des intentions accessoires, par exemple celle d'avoir sous la main des fonds auxquels on peut faire des emprunts pour des besoins urgents, quitte à rembourser les emprunts à bref délai, emprunts qui sont légitimes par le fait que l'État paie un intérêt pour les fonds déposés au Trésor. S'il lui était défendu de se servir de l'argent, il pourrait demander un droit de garde.

Du reste, selon les cas, le Gouvernement peut préférer recourir aux *bons du Trésor* (*voy.*), procédé qui est une manière de faire une dépense imputable sur des fonds dont la rentrée est prévue.

Chaque budget donne un tableau de la dette flottante; on y trouve l'indication des diverses sources de cette dette, du montant des chiffres, etc., et dont l'explication appartient à la science financière. (*Voy.* notre *Statistique de la France* [1], t. I, p. 490.)

**DETTE VIAGÈRE.** On réunit sous cette rubrique les pensions de toutes sortes et les rentes viagères pour la vieillesse. (*Voy. au Dict.,* **Caisse de retraite, Pension,** *etc.*)

**DIMANCHE.** (*Dict.*) **1.** Nous reproduisons la loi du 12 juillet 1880 :

Art. 1er. La loi du 18 novembre 1814, sur le repos du dimanche et des fêtes religieuses, est abrogée.

Art. 2. Sont également abrogées toutes les lois et ordonnances rendues antérieurement sur la même matière.

Il n'est, toutefois, porté aucune atteinte à l'art. 57 de la loi organique du 18 germinal an X.

Art. 3. Il n'est rien innové par la présente loi aux dispositions des lois civiles ou criminelles qui règlent les vacances des diverses administrations, les délais et l'accomplissement des formalités judiciaires, l'exécution des décisions de

1. Paris, Guillaumin.

justice, non plus qu'à la loi du 17 mai 1874, sur le travail des enfants et des filles mineures employés dans l'industrie.

**2.** L'arrêté municipal qui interdit aux bouchers d'abattre des animaux les dimanches et jours fériés est légal et obligatoire. (*Cass.* 29 *juillet* 1882.)

Il s'agissait d'une simple mesure de police, de surveillance, et non d'une défense de travailler. Les agents, a-t-on dit, ont besoin de repos le dimanche, on ne doit pas leur supprimer le jour de repos habituel.

**DIOCÈSE.** (*Dict.* — *Voy.* **Diocèse, Évêché.**) *Établissement public, personne civile.* Sur la question : le diocèse possède-t-il la capacité civile, le Conseil d'État, en avril 1880, a exprimé l'avis qui suit :

« Considérant que la personnalité civile d'un établissement ne peut résulter que d'une disposition précise, ou d'un ensemble de dispositions impliquant son existence ;

« Considérant qu'il n'a jamais été contesté que la personnalité civile du diocèse n'a été établie par aucun texte formel, mais que l'avis du Conseil d'État, du 13 mai 1874, considère que l'art. 73 de la loi du 18 germinal an X, rendue en exécution de l'art. 15 du Concordat, et le décret du 19 thermidor an XIII, impliquent cette personnalité ;

« Considérant que l'art. 73 de la loi du 18 germinal an X se borne à désigner l'évêque pour accepter les fondations qui ont pour objet l'entretien des ministres et l'exercice du culte, sans désigner au nom de quel établissement cette acceptation doit avoir lieu ; que cette désignation de l'évêque n'avait d'autre but que de permettre l'exécution des libéralités pieuses jusqu'à ce que les divers organes du culte catholique aient été constitués avec leurs attributions spéciales et en vue de leur mission particulière ; que, d'une part, d'après le décret du 6 novembre 1813, les libéralités faites pour l'entretien des ministres du culte doivent être attribuées aux cures ou succursales, menses épiscopales, chapitres et séminaires, suivant la catégorie d'ecclésiastiques que les bienfaiteurs ont entendu gratifier, et que, d'autre part, d'après l'art. 1er du décret du 30 décembre 1809, les fabriques ont été chargées d'administrer tous les fonds qui sont affectés à l'exercice du culte ;

« Considérant que, si le décret du 19 thermidor an XIII a constitué un fonds de secours pour les ecclésiastiques âgés et infirmes, et a confié à l'évêque l'administration de ce fonds de secours, la seule conséquence à en tirer est que l'évêque peut être autorisé à accepter les libéralités dans l'intérêt des prêtres âgés ou infirmes ;

« Qu'il résulte de ce qui précède que ni l'art. 73 de la loi organique du 18 germinal an X, ni le décret du 19 thermidor an XIII ne contiennent de dispositions relatives à la personnalité civile du diocèse ;

« Considérant que, si l'ordonnance du 2 avril 1817 autorise les évêques à accepter les libéralités faites à leurs évêchés, et si le mot *évêché* a, dans plusieurs textes législatifs ou réglementaires, le sens du mot *diocèse*, ladite ordonnance, prise

en exécution de la loi du 2 janvier précédent, n'a pu avoir pour effet de créer un établissement dont l'existence n'aurait pas été précédemment reconnue ; que le mot *évêché*, dans ladite ordonnance, ne peut s'appliquer qu'à l'ensemble des biens constitués sous le nom de *mense épiscopale* par les décrets du 6 novembre 1813, dont les évêques, appelés au gouvernement des diocèses, ont successivement la jouissance ou l'usufruit en raison de l'exercice de leurs fonctions ;

« Que, dans l'état actuel de notre législation, l'*évêché* ou *mense épiscopale* constitue une personne civile, mais que le *diocèse* ne représente qu'une division du territoire français, qui a été faite au point de vue religieux et sur laquelle s'étend la juridiction épiscopale ;

« *En ce qui touche le décret proposé :*

« Considérant que, le diocèse n'ayant pas la personnalité civile, il y a lieu de substituer à la formule proposée par le projet de décret la formule adoptée par la jurisprudence pour les libéralités faites aux établissements dépourvus d'existence légale,

« Est d'avis :

« 1° Que la question de principe soit résolue dans le sens des observations qui précèdent ;

« 2° Que le dispositif du décret porte qu'il n'y *a pas lieu de statuer* sur le legs fait au diocèse de Clermont, cet établissement n'ayant pas d'existence civile. »

**DISTANCE.** (*Dict.*) Supprimez, page 785, la note 1 ; mettez, page 784, au tableau, à côté de Nice 96.0 au lieu de 108, et à côté de Chambéry 56.5, du moins d'après le tableau de l'an XI. Nous maintenons l'expression de nos regrets que l'on n'ait pas fixé les distances à nouveau depuis la création des chemins de fer. (*Voy.* **Délai** *et* **Marine marchande.**)

**DIVORCE. 1.** La loi qui rétablit le divorce est du 27 juillet (Voy. le *Journ. off.* du 29).

**2.** *Droit de timbre et d'enregistrement.* La législation fiscale, dit le directeur général de l'enregistrement et du timbre, dans une circulaire du mois de septembre 1884, a établi des tarifs particuliers sur certains actes relatifs au divorce. Elle a notamment assujetti : 1° au droit fixe de 5 fr., les jugements interlocutoires ou préparatoires des divorces ; 2° au droit de 50 fr., les jugements de première instance prononçant un divorce, et 3° au droit de 100 fr., les arrêts de cour d'appel qui prononcent définitivement sur une demande en divorce.

Les dispositions qui précèdent n'ont jamais été abrogées. Elles sont restées sans exécution pendant tout le temps que le divorce a été aboli. Mais elles reprennent de plein droit leur efficacité par le rétablissement de cette procédure. Elles doivent être, par conséquent, appliquées à partir de cette dernière date, avec la modification de tarif résultant de l'art. 4 de la loi du 28 février 1872.

D'après la loi du 28 juillet 1884, le divorce doit être admis par un jugement ou par un arrêt et être prononcé par l'officier de l'état civil. Aux termes de l'art. 49, paragraphe 2, de la loi du 28 avril 1816, lorsqu'il n'y a pas appel du jugement de première instance prononçant sur la demande en divorce, le droit fixe de 100 fr. (élevé à 150 fr.) est dû sur l'acte de l'officier de l'état civil. La perception est établie, suivant l'art. 7 de la loi du 22 frimaire an VII, sur l'expédition de l'acte de divorce, de la même manière que pour les expéditions des actes de l'état civil portant légitimation et reconnaissance d'enfants naturels.

On rappelle à cet égard que le droit n'est perçu que sur la première expédition, lors de sa délivrance aux intéressés ; que l'officier de l'état civil doit, sous sa responsabilité personnelle, indiquer en marge de la minute la formalité donnée à la première expédition ; et qu'il doit faire la même indication dans les expéditions ultérieures, à défaut de quoi le droit d'enregistrement devient exigible sur les expéditions dépourvues de la mention de la formalité.

**3.** *Procédure devant l'officier d'état civil.* Nous reproduisons la circulaire du 3 octobre 1884, adressée aux procureurs généraux par le ministre de la justice :

Monsieur le Procureur général, la loi du 27 juillet 1884, portant rétablissement du divorce, crée pour les officiers d'état civil des devoirs nouveaux, au sujet desquels il me paraît utile que des instructions leur soient communiquées.

La dissolution du mariage ne résulte pas de la décision judiciaire qui admet le divorce. Les articles 258 et 264 du Code civil, remis en vigueur par la loi précitée, obligent les parties entre lesquelles un jugement de divorce a été rendu à se présenter devant l'officier d'état civil, dans un délai déterminé, sous peine de déchéance des effets du jugement (art. 266) ; mais la loi n'indique pas devant quel officier d'état civil les parties doivent se présenter. J'estime que c'est à l'officier d'état civil du domicile du mari, au moment où la décision a été rendue, qu'il appartient de prononcer le divorce. En effet, le mariage subsistant d'après les articles susvisés jusqu'à la prononciation du divorce, le domicile légal des deux époux est jusqu'à ce moment le domicile du mari. Lorsqu'une séparation de corps est intervenue antérieurement, la femme a pu acquérir un domicile spécial, mais elle n'en est pas moins soumise à l'autorité maritale, et, même en ce cas, c'est devant l'officier de l'état civil compétent à raison du domicile du mari qu'il convient de se présenter. Lorsque le mari est sans domicile connu en France, je pense, conformément à la jurisprudence admise en Belgique, que le tribunal, en admettant la demande en divorce, pourra commettre un officier de l'état civil pour prononcer la dissolution. Mais, en règle générale, c'est l'officier d'état civil du domicile du mari qui devra être requis de prononcer le divorce, et, dans le plus grand nombre des cas, la prononciation interviendra ainsi dans l'arrondissement même où le divorce a été admis judiciairement.

D'après l'article 264, c'est à l'époux qui a obtenu le divorce qu'il appartient de requérir cette formalité. L'officier d'état civil doit être mis en mesure de savoir, d'une façon précise, si la décision qui a autorisé le divorce n'est plus susceptible d'être réformée, et, d'autre part, si le délai de deux mois, indiqué par l'article 264, n'est pas expiré. Le Code civil ne détermine pas les pièces qui devront être produites, mais il est facile de

suppléer à son silence par l'application des principes généraux (*Voir* 548, *Code proc. civ.*). Les pièces qui doivent être remises au maire, pour rester annexées au registre, sont :

1° L'expédition du jugement ou de l'arrêt autorisant le divorce ;

2° Un certificat de l'avoué, attestant que cette décision a été signifiée, et indiquant la date de la signification ;

3° Un certificat du greffier du tribunal ou de la cour, constatant qu'il n'a été formé ni opposition, ni appel ; et un certificat du greffier de la Cour de cassation, constatant qu'il n'y a pas de pourvoi. Cette dernière pièce est indispensable pour les décisions rendues sur une demande de divorce, par ce motif que le pourvoi, en cette matière, est suspensif ;

4° L'original de l'acte d'huissier par lequel l'autre époux a été appelé à comparaître devant l'officier d'état civil (art. 264). Cette pièce peut n'être pas produite, quand l'époux défendeur est présent à la prononciation.

Il appartiendra aux officiers de l'état civil, sur le vu de ces diverses pièces, de vérifier si les délais d'appel, d'opposition ou de pourvoi en cassation sont périmés, sans qu'aucune de ces voies de recours ait été exercée, et de rechercher ensuite si, depuis le jour où la décision est devenue définitive, il ne s'est pas écoulé plus de deux mois.

Comme les autres actes de l'état civil, les actes de divorce doivent être dressés en présence de témoins. J'estime que quatre témoins devront être présents. Il en sera ainsi lors de la première application du Code civil.

En leur transmettant des instructions à ce sujet, vos substituts devront inviter les officiers d'état civil à prendre l'avis des parquets, dans les cas où ils éprouveraient des hésitations. Ces magistrats devront également, surtout pendant les premiers temps de l'application de la loi, exercer une surveillance très sérieuse sur cette partie des fonctions d'officier d'état civil, et se faire représenter fréquemment les registres, pour examiner si les actes de divorce sont dressés régulièrement.    (*Signé :* Martin Feuillée.)

**DOMAINE PUBLIC.** (*Dict.*) **1.** Les eaux qui alimentent une fontaine publique font partie du domaine public ; par suite, elles sont inaliénables et imprescriptibles, sans qu'il y ait à distinguer entre celles qui sont nécessaires aux besoins des habitants et celles qui les excèdent. Les concessions portant sur ces eaux sont subordonnées aux besoins publics et essentiellement révocables. (*C. de Lyon 3 mars* 1877.)

**2.** L'autorité administrative est seule compétente pour procéder à la reconnaissance de l'existence, de l'étendue et des limites tant anciennes qu'actuelles du domaine public. (*Trib. des confl.* 22 *avril* 1882.)

**3.** Par conséquent, c'est l'administration qui fixe, d'après les circonstances naturelles, à l'embouchure des fleuves, ce qu'il faut considérer comme domaine maritime et ce qui est domaine fluvial. (*Arr. du C.* 10 *mars* 1882.)

**DONS ET LEGS.** (*Dict.*) **1.** Le ministre de l'intérieur, par sa circulaire du 10 août 1878, prescrit la création d'un registre des dons et legs ; nous en extrayons le passage essentiel :

« ..... Pour tenir désormais au courant la statistique des dons et legs, j'ai décidé, Monsieur le Préfet, qu'un registre spécial, dont le modèle est ci-joint, serait ouvert dans chaque préfecture, pour y consigner, aussitôt que l'acceptation aura été autorisée, les libéralités de toute nature attribuées au département, au dépôt de mendicité et aux asiles départementaux, aux communes, aux hospices, aux bureaux de bienfaisance et aux établissements reconnus d'utilité publique. Ce registre devra être divisé en cinq sections distinctes : la première, pour les départements et les établissements départementaux, dépôt de mendicité, asile d'aliénés, etc. ; la deuxième, pour les communes ; la troisième, pour les hospices et ainsi de suite.

« En ce qui concerne les départements et les communes, il est utile de vous faire remarquer que le registre devra comprendre :

« 1° Non seulement les dons et legs dont l'acceptation aura été autorisée par décret ou par arrêté préfectoral, mais encore ceux au sujet desquels le conseil général et les conseils municipaux auront statué définitivement en vertu de l'art. 46, § 5, de la loi du 10 août 1871 et de l'art. 1er, § 9, de la loi du 24 juillet 1867 ;

« 2° Les libéralités de toute nature faites aux départements et aux communes pour les pauvres, les orphelins et autres enfants assistés, les écoles, les asiles, etc.

« Ce registre, tenu sans cesse au courant, permettra de se rendre compte, avec la plus grande exactitude, du progrès des libéralités particulières qui viennent, chaque jour, pourvoir aux besoins de nos établissements publics, et facilitera la confection des états statistiques que l'administration centrale se voit si souvent obligée de demander à MM. les préfets.

« L'inscription des dons et legs au registre spécial devra remonter au 1er janvier 1878 ; mais elle ne comprendra que ceux dont l'acceptation aura été autorisée à partir de cette date. »

*(Voy. en outre :* **Compétence, Enregistrement, Organisation communale,** *etc.)*

2. Une section de commune peut recevoir des legs et les accepter en son nom. (C. d'Ét. 22 janv. 1880.)

**DOTATION DE LA COURONNE.** Au Dictionnaire, p. 807, à l'avant-dernière ligne de la note sous le texte, remplacez *autel* par *hôtel*.

**DOUANE.** *(Dict.)* 1. Le nouveau tarif général des douanes est du 7 mai 1881 *(Bulletin des lois,* 1881, n° 622).

2. On sait qu'il est modifié par des traités de commerce. Voici les traités en vigueur :

20 avril 1882, traité de commerce avec l'Italie.
11 mai 1882, convention avec la Grande-Bretagne.
11 mai 1882, traité de commerce avec la Belgique.
11 mai 1882, traité de commerce avec l'Espagne.
11 mai 1882, traité de commerce avec la Suède et la Norwège.
11 mai 1882, traité de commerce avec la Suisse.
13 mai 1882, traité de commerce avec le Portugal.
20 mai 1883, convention avec l'Autriche-Hongrie.

L'Allemagne, la Russie, l'Empire ottoman et la Roumanie ayant droit, en vertu de stipulations antérieures, au régime de la nation la plus favo-

risée, les pays contractants se trouvent actuellement au nombre de douze.

3. Le tarif général a été en outre modifié par la loi du 5 avril 1884.

De nouveaux projets de modification (droits sur le bétail) se trouvent soumis à la Chambre vers la fin 1884.

**DRAWBACK.** C'est le remboursement à la sortie, des droits (contributions indirectes) payés à l'État. En principe, les impôts ne sont dus que par celui qui habite la France ; de plus, comme les taxes renchérissent les produits qui les supportent, on est obligé d'en décharger ceux qu'on exporte pour pouvoir supporter la concurrence des rivaux.

Le drawback ne rend que ce qui a été reçu par le Trésor, *ce n'est donc pas une prime.* Celle-ci donne plus que le Trésor n'a reçu. Les primes intentionnelles sont rares, mais il peut y en avoir d'involontaires. Cela arrive quand l'impôt a été payé sur une matière première et qu'on le rembourse sur un produit fabriqué. On ne sait pas toujours exactement combien il a fallu de cette matière pour établir le produit, et l'on évalue plus ou moins largement.

**DROGMAN.** *(Dict.)* Un décret du 18 septembre 1880 réorganise le drogmanat, mais avant de donner ce décret, nous allons reproduire le rapport très instructif qui le précède, et que le ministre des affaires étrangères adresse au Président de la République :

Monsieur le Président,

Les drogmans sont, en Orient, les intermédiaires obligés de nos agents diplomatiques et consulaires auprès des autorités territoriales : les interprètes jouent le même rôle dans l'Extrême-Orient. On conçoit, dès lors, que le drogmanat et l'interprétariat forment l'un des services extérieurs les plus importants du ministère des affaires étrangères et que leur organisation mérite une attention particulière.

Depuis l'établissement des relations régulières entre la France et la Turquie en 1535, les drogmans attachés, soit à l'ambassade de France à Constantinople, soit aux consulats établis dans les Échelles du Levant, ont été exclusivement chargés de suivre les négociations près de la Porte, et, dans les provinces, de faire donner satisfaction par les autorités locales aux réclamations formulées par les Français contre les fonctionnaires ou les sujets du sultan.

Dans le principe, les ambassadeurs choisissaient leurs drogmans parmi les membres de la colonie franque de Péra, et les consuls, dans les villes où ils étaient établis, avaient recours aux services de gens du pays, auxquels ils accordaient la protection française. Jusqu'au milieu du XVIIe siècle, les familles Olivieri et Fornetti, d'origine italienne, fournirent les drogmans de l'ambassade de France. Ceux-ci, ainsi que les interprètes des Échelles du Levant, ont, dans maintes circonstances, donné des preuves de dévouement ; mais les Turcs les ont toujours considérés comme étant leurs sujets. Ils étaient traités avec peu de déférence et l'on a de nombreux exemples des avanies qui leur ont été infligées.

Ces agents, bien que fort utiles par leur connaissance des langues, des lois et des coutumes du pays, n'avaient pas souvent assez de fermeté de caractère pour faire passer les intérêts de la politique ou du commerce de la nation qu'ils servaient avant ceux de leur famille ou de leurs amis.

Les plaintes à cet égard devinrent si vives et si fondées, que Colbert décida que, désormais, les places de drogmans à l'ambassade de Constantinople et dans les Échelles du Levant seraient réservées à des « enfants de langue » qui, envoyés de France, étaient placés sous la surveillance directe de l'ambassadeur et instruits dans les langues orientales par un khodja, ou professeur musulman. Cette expérience ne donna pas les résultats que l'on s'était promis. Ces enfants, venus en Orient à un âge très tendre, n'avaient point reçu d'instruction élémentaire et ne tardaient pas à partager les idées et tous les préjugés des colonies franques de Péra.

On abandonna donc ce système, et, en 1723, un arrêt rendu en conseil, ordonna que les « Jeunes de langues », destinés au service du Levant, seraient élevés au collège Louis-le-Grand et qu'ils ne partiraient en Orient qu'après avoir achevé leurs études et avoir reçu, pendant deux ans à Paris, des leçons d'arabe, de turc et de persan.

Cette réforme donna d'excellents résultats, et les drogmans, sortis du collège Louis-le-Grand, ont presque tous marqué par la solidité de leurs connaissances et l'éclat de leurs services.

L'école des « Jeunes de langues » fut supprimée pendant la Révolution. Mais l'on s'aperçut aussitôt qu'il était indispensable, dans l'intérêt de notre influence, d'avoir un établissement pouvant fournir au département des affaires étrangères des sujets instruits et inspirant confiance.

L'école spéciale des langues orientales vivantes, d'une utilité reconnue pour la politique et le commerce, fut fondée le 10 germinal an III, sur un rapport de Lakanal.

L'école des « Jeunes de langues » fut rétablie plus tard au collège Louis-le-Grand, au profit des fils, petits-fils et neveux de drogmans, qui y étaient admis avant l'âge de douze ans. Dès la classe de troisième, les « Jeunes de langues » ne suivaient plus que la moitié des cours de latinité et commençaient à apprendre simultanément l'arabe, le turc et le persan; arrivés au terme de leurs études, ils subissaient un examen, à la suite duquel ils étaient envoyés comme élèves-drogmans dans une Échelle du Levant et nommés plus tard drogmans sans résidence fixe.

Ce système avait l'inconvénient grave de nuire à l'instruction générale des « Jeunes de langues », sans même que leur préparation professionnelle fût suffisante. On ne se décida pourtant à y renoncer qu'en 1875; depuis lors, le stage que les « Jeunes de langues » étaient appelés à faire dans des postes diplomatiques ou consulaires a été, à leur sortie du lycée Louis-le-Grand, remplacé par l'obligation de suivre les cours de l'école des langues orientales vivantes; ils sont ensuite nommés, au fur et à mesure des vacances, drogmans sans résidence fixe au Levant, ou élèves-interprètes dans l'Extrême-Orient.

Ce grade est également accordé aux élèves libres de la même école munis de diplômes, et, en certains cas, aux drogmans auxiliaires. Il en est à peu près de même pour l'interprétariat, sous des dénominations différentes.

Dans ces conditions générales, le mode de recrutement du drogmanat et de l'interprétariat peut être considéré comme satisfaisant, grâce au développement que l'école spéciale des langues orientales vivantes a pris dans ces dernières années.

### I

Ce qui détourne nombre de jeunes gens de mérite d'embrasser la carrière du drogmanat et de l'interprétariat, c'est qu'elle ne présente pas une hiérarchie qui leur assure de sérieuses garanties d'avancement et d'avenir. Les drogmans et interprètes sont classés d'après les fonctions qu'ils remplissent dans tel ou tel poste diplomatique ou consulaire. Or, la condition de ces postes varie selon les vicissitudes de la politique et du commerce. Alep, Saint-Jean-d'Acre, par exemple, ont perdu de leur ancienne importance. Beyrouth, Damas, Jérusalem, Bagdad, Tauris exigent, par contre, des agents très expérimentés. On pourrait citer des exemples analogues pour les villes de l'Extrême-Orient : Canton et Hang-Kéou n'ont plus la même importance relative qu'autrefois.

Il en résulte que tel agent est obligé de quitter une résidence où il rend des services, s'il a l'ambition légitime d'améliorer sa situation hiérarchique.

Pour remédier à cet état de choses, je serais d'avis de diviser les drogmans et les interprètes en trois classes distinctes indépendantes des postes dans lesquels ils exercent leurs fonctions : une réforme analogue a été faite en 1847 pour les consuls, en 1856 pour les secrétaires d'ambassade et de légation, enfin en 1869 pour les chanceliers, qui formaient jusqu'à cette époque deux catégories, celle des chanceliers de missions diplomatiques et de consulats généraux, et celle des chanceliers de consulats; elle n'a soulevé aucune difficulté au point de vue, soit de la liquidation des pensions de retraite, soit du règlement des traitements d'inactivité.

### II

Il convient, en outre, de se préoccuper de la tendance croissante des drogmans et interprètes à quitter leur carrière pour celle des consulats. Sans doute, leur nomination à des postes consulaires, situés dans des pays dont ils connaissent à fond la langue et les usages, peut être profitable au service. Érigée en système, elle tendrait à désorganiser le drogmanat et l'interprétariat, dont les emplois supérieurs seraient peu à peu désertés par les agents les plus capables, qui cherchent dans les consulats une position indépendante et une meilleure pension de retraite.

Le moyen de réagir contre ce danger n'est pas de fermer, comme autrefois, la carrière consulaire aux drogmans et interprètes — ce serait un acte injuste et propre à les décourager, — mais de relever leurs fonctions et d'y attacher de réels avantages. En attendant que la situation des crédits budgétaires permette d'améliorer leur traitement, il paraît possible de leur concéder, après un stage déterminé, le grade de consul de première et de deuxième classe, qui leur assurera la considération que méritent de longs et honorables services et une pension de retraite suffisante. Dans l'emploi de premier drogman à l'ambassade de Constantinople et dans ceux de secrétaires-interprètes à Paris, qui leur sont réservés par les

ordonnances, ils pourraient même obtenir le grade de consul général.

D'autre part, pour entretenir dans le corps du drogmanat et de l'interprétariat une émulation constante, je vous proposerai de décerner, à titre de récompense, les deux brevets institués par l'ordonnance du 3 mars 1781 et maintenus par celle du 20 août 1833, aux drogmans et aux interprètes de 2e et de 3e classe qui se seraient distingués par leurs travaux de linguistique. Un prix de quinze cents francs (1,500 fr.), renouvelable d'année en année, serait attribué au drogman et à l'interprète qui auraient obtenu les deux derniers brevets, jusqu'à ce qu'un autre drogman ou interprète eût mérité ledit brevet ou le rappel de cette distinction.

Enfin, le ministère des affaires étrangères s'entendrait avec le directeur de l'école spéciale des langues orientales vivantes pour la publication, avec une prime par chaque feuille d'impression, des meilleurs mémoires qui lui seraient transmis par les membres du drogmanat et de l'interprétariat.

### III

Il me reste à vous exposer les règles qui devraient, selon moi, présider à la répartition des drogmans et interprètes de tout grade entre les différents postes diplomatiques et consulaires.

L'organisation présente comprend, sous diverses qualifications, 39 drogmans pour les langues arabe, turque et persane, et 14 interprètes pour les langues chinoise, japonaise et siamoise.

En ce qui concerne le drogmanat, il n'est fait aucune distinction entre les drogmans du Levant et ceux des États barbaresques. Les anciennes ordonnances établissaient entre ces pays une ligne de démarcation qu'il serait opportun de faire revivre. En effet, la langue arabe parlée en Égypte, en Syrie et à Bagdad diffère très sensiblement des dialectes de Tunis et du Maroc. Dans ces deux pays, les autorités ne parlent que l'arabe. Les lois, les usages civils, les coutumes religieuses ne sont point les mêmes que ceux de l'empire ottoman. Un drogman qui passe du Levant au Maroc et à Tunis est obligé de faire une éducation nouvelle pour se rendre maître de la langue qui y est parlée et pour se mettre au courant du milieu où il se trouve placé.

Le personnel de l'interprétariat n'est pas assez nombreux pour suffire aux exigences du service dans les postes du Japon.

D'autre part, il présente une lacune devenue plus sensible depuis l'émancipation politique du Monténégro, de la Serbie et de la Bulgarie, où nous entretenons aujourd'hui des agents diplomatiques. Nous n'avons pas d'interprètes pour les langues slaves. Une chaire de langue slave méridionale existe à l'école des langues orientales vivantes; nous pourrions lui demander de préparer des candidats aux fonctions d'interprètes à Cettigne, Bosna-Seraï, Belgrade et Sofia.

En attendant, quelques-uns de nos agents seraient en mesure d'occuper une partie de ces emplois, qu'il serait possible de les distraire de leur destination actuelle.

L'exécution complète et rationnelle de ces améliorations n'exigerait qu'un surcroît de dépenses peu considérable. Je me réserve, toutefois, de chercher, dans une nouvelle distribution du personnel des drogmans et des interprètes, le moyen de réaliser les réformes les plus urgentes, sans augmenter le nombre des fonctionnaires de cet ordre.

Dans l'organisation qui serait mise en vigueur, dès que la situation des cadres le permettrait, une part serait faite à l'interprétariat pour les langues slaves et une nouvelle impulsion serait donnée à l'étude de la langue japonaise.

Quant aux drogmans et interprètes adjoints (dénominations qui seraient substituées à celles de drogman sans résidence fixe et d'élève-interprète), ils seraient envoyés de préférence dans les résidences où ils pourraient le mieux compléter leur instruction professionnelle. L'expérience a démontré que les jeunes drogmans acquièrent plus vite la connaissance pratique des langues orientales quand ils s'y rendent mieux compte des mœurs et des idées du pays, lorsqu'ils sont envoyés dans des postes secondaires où les colonies européennes sont moins importantes et les sujets de distraction plus rares. Constantinople, Smyrne, Alexandrie présentent pour les débutants de graves inconvénients. Damas, Alep, Jérusalem, Salonique et surtout Bagdad sont les centres où l'instruction des drogmans peut être complétée le plus promptement pour le bien du service. Dans cette dernière ville principalement, où la population parle l'arabe, les autorités le turc, et où l'on trouve une colonie persane nombreuse et instruite, on verrait se former en peu de temps des sujets qui pourraient être envoyés indifféremment en Syrie ou en Égypte, en Turquie ou en Perse.

En terminant cet exposé, je crois utile de vous rappeler qu'un crédit de 20,000 fr. est inscrit au budget du ministère des affaires étrangères pour l'école des « Jeunes de langues ». Cette allocation est affectée à l'entretien des boursiers du ministère des affaires étrangères aux lycées de Vanves et Louis-le-Grand; à la subvention annuelle de 1,200 fr. payée à ces mêmes boursiers pendant la durée de leurs études à l'école spéciale des langues orientales vivantes, ainsi qu'à la rémunération du délégué du ministère des affaires étrangères, chargé de surveiller l'étude des « Jeunes de langues ». Un arrêté du 6 août dernier astreint les « Jeunes de langues » et les élèves-drogmans ou interprètes à subir un examen satisfaisant à la fin de chaque année scolaire, sous peine d'être déchus de leur bourse ou de leur subvention.

Les « Jeunes de langues » ne pourront être nommés dorénavant élèves-drogmans ou interprètes que s'ils sont bacheliers ès lettres à la fin de leurs études classiques, et les élèves-drogmans ou interprètes ne pourront être nommés drogmans ou interprètes adjoints que s'ils ont obtenu le diplôme de l'école spéciale des langues orientales vivantes. Enfin les parents des candidats aux bourses de « Jeunes de langues » sont tenus de prendre l'engagement de rembourser les frais d'études, tant au lycée qu'à l'école, de leurs enfants, dans le cas où ceux-ci renonceraient volontairement à suivre la carrière du drogmanat et de l'interprétariat.

J'ai la confiance qu'appliqués avec suite et méthode, les mesures déjà prises et le décret que j'ai l'honneur de soumettre à votre approbation auraient pour résultat de restituer à notre carrière du drogmanat et de l'interprétariat son ancien prestige.

Voici le décret :                   *Signé :* FREYCINET.

Art. 1er. Le drogmanat pour les langues arabe, turque et persane, et l'interprétariat pour les langues chinoise, japonaise et siamoise et pour les langues slaves, se composeront dorénavant de drogmans et d'interprètes, de drogmans adjoints et d'interprètes adjoints, de drogmans auxiliaires et d'interprètes auxiliaires.

Art. 2. Les drogmans et interprètes seront divisés en trois classes, la classe étant attachée à la personne de l'agent indépendamment du poste où il exerce ses fonctions.

Art. 3. La première classe comprendra cinq drogmans et trois interprètes, et la deuxième classe dix drogmans et cinq interprètes.

Sont rangés dans la troisième classe tous les autres drogmans et interprètes.

Art. 4. Le nombre des drogmans adjoints et celui des interprètes adjoints sont fixés respectivement à cinq.

Art. 5. Nul drogman ou interprète ne pourra être promu à une classe supérieure qu'après trois années au moins d'exercice dans la classe précédente.

Art. 6. Nul ne pourra être nommé drogman ou interprète de 3e classe s'il n'a été au moins trois ans attaché, en qualité de drogman adjoint ou d'interprète adjoint, à un poste diplomatique ou consulaire.

Art. 7. Les drogmans adjoints et interprètes adjoints sont recrutés : 1° parmi les élèves-drogmans et les élèves-interprètes diplômés, c'est-à-dire parmi les anciens « Jeunes de langues » munis du diplôme de bachelier ès lettres et qui auront suivi avec succès les cours de l'école spéciale des langues orientales vivantes ; 2° parmi les autres élèves, français et diplômés, de ladite école ; 3° parmi les drogmans auxiliaires jouissant de la qualité de Français, ayant, après trois ans de stage, subi devant une commission spéciale un examen d'aptitude dont le programme sera fixé par un arrêté ministériel.

Art. 8. Les drogmans et interprètes, les drogmans et interprètes adjoints, âgés de vingt-cinq ans au moins, pourront être chargés des fonctions de chancelier sans que cette désignation modifie leur situation hiérarchique.

Art. 9. Les fonctions de drogman auxiliaire et d'interprète auxiliaire seront, autant que possible, confiées à des Français ayant satisfait à la loi militaire.

Art. 10. Les drogmans et interprètes pourront, sans quitter la carrière du drogmanat et de l'interprétariat, obtenir le grade de consul de 2e classe après 10 ans de service, dont trois au moins comme drogmans ou interprètes de 1re classe, et celui de consul de 1re classe après 5 ans de grade de consul de 2e classe.

Art. 11. Les secrétaires-interprètes, à Paris, pour les langues orientales vivantes, et le premier drogman de l'ambassade de la République française à Constantinople pourront être promus au grade de consul général lorsqu'ils auront cinq années de grade de consul de 1re classe.

Art. 12. Les deux brevets de secrétaire-interprète, institués par l'ordonnance du 3 mars 1781 et maintenus par celle du 20 août 1833, seront à l'avenir décernés, *à titre de récompense,* l'un au drogman et l'autre à l'interprète de 2e ou 3e classe qui se seront signalés par des travaux de linguistique ou de traduction française d'ouvrages en langues orientales vivantes.

Ces travaux seront adressés en manuscrit au ministère des affaires étrangères pour être soumis, au commencement de chaque année, à l'examen d'une commission spéciale composée d'un secrétaire-interprète à Paris, d'un professeur au Collège de France et d'un professeur à l'école spéciale des langues orientales vivantes ; tous ceux qu'elle en jugerait dignes seront publiés par les soins de l'administration.

Un prix de 1,500 fr., renouvelable d'année en année, sera attribué au drogman et à l'interprète qui auront obtenu les deux derniers brevets, jusqu'à ce qu'un autre drogman ou interprète ait mérité le brevet ou le rappel de cette distinction.

Art. 13. Un délégué du ministère des affaires étrangères sera chargé de la surveillance des études des « Jeunes de langues » ainsi que des élèves-drogmans et élèves-interprètes.

Art. 14. Les conditions de stage spécifiées dans les art. 5 et 6 ne sont pas exigées des drogmans et interprètes actuellement en fonction, pour qu'ils puissent être promus à la classe supérieure à celle qui leur sera assignée conformément au présent décret.

Art. 15. Le traitement de disponibilité sera de 2,400 fr. pour les drogmans et interprètes de 1re classe qui n'auraient pas droit à une allocation plus élevée, soit comme ayant été nommés premier drogman ou secrétaire-interprète de l'ambassade de la République française à Constantinople antérieurement au présent décret, soit comme ayant le grade de consul de 1re classe.

*Interprétariat.* Le décret qui l'organise est du 8 mars 1865. (*Voy.* **Agent diplomatique, Consul, Jeunes de langue**, *etc.*)

**DROIT DES INDIGENTS.** (*Dict.*) **1.** Le droit des pauvres doit être perçu sur la loge dont le propriétaire d'une salle de spectacle s'est réservé la jouissance pour *toutes représentations*, en donnant la salle à bail. (*Cons. de préf. Seine 28 janv.* 1878.)

**2.** La concession faite par un bail au propriétaire d'une salle de théâtre de la jouissance exclusive d'une loge à toutes les représentations, loin d'être à titre gratuit, constituant une partie du prix du loyer, la demande de ce propriétaire tendant à l'annulation de contraintes délivrées en recouvrement du droit des pauvres afférent à ces concessions de places pendant plusieurs années, doit être rejetée. (*Arr. du C.* 16 *mai* 1879.)

**3.** Le droit des pauvres est établi sur les spectacles, bals, concerts et autres fêtes où le public est admis en payant.

Le bureau de bienfaisance est donc fondé à réclamer ce droit à la personne qui a présidé à l'organisation d'un bal annoncé par des affiches et où l'on était admis en payant.

Les contestations relatives à la perception du droit des pauvres étant assimilées par l'arrêté du 8 fructidor an XIII aux contestations relatives aux contributions directes, et le recours au Conseil d'État en cette dernière matière ayant lieu sans frais (*art.* 30, *L. du* 21 *avril* 1832), les conclusions prises par le bureau de bienfaisance à fin de dépens doivent être rejetées. (*Arr. du C. d'Ét.* 27 *juill.* 1883.)

**DROITS CIVILS.** *Voy.* **Naturalisation.**

**DROITS DE CHANCELLERIE.** (*Dict.*) **1.** Le tarif aujourd'hui en vigueur pour les droits à percevoir dans les chancelleries consulaires est celui qui est annexé au décret du 30 novembre 1875, dont quelques articles seulement ont été modifiés par un autre décret en date du 18 décembre 1876. Ce tarif remplace depuis 1876 celui du 25 octobre 1865 : les actes individuellement taxés ont été plus que doublés ; de nombreuses taxes ont été relevées.

**2.** Le tarif de 1875 continue à répartir les taxations entre sept grandes sections et ainsi qu'il est indiqué au *Dictionnaire* pour le tarif de 1865 ; un huitième chapitre a toutefois été formé pour comprendre les frais de voyage et de séjour du consul ou du chancelier.

**3.** Le tarif doit être tenu à la disposition du public dans les bureaux des chancelleries et des agences consulaires où la perception des droits est effectuée.

Nous ajouterons que nous n'avons trouvé les décrets du 30 novembre 1875 et du 18 décembre 1876, ni au *Journal officiel*, ni au *Bulletin des lois ;* nous ne nous expliquons pas la raison de ce fait.                                    CH. H.

**DYNAMITE.** (*Dict.*) **1.** *Détention de dynamite.* La loi du 8 mars 1875, concernant la poudre-dynamite, n'a pas eu uniquement pour objet d'en réglementer la fabrication, le commerce et la circulation ; elle s'est occupée, en outre, des conditions auxquelles peut être assujettie la conservation de cette poudre. Par suite, est sujet à cassation l'arrêt qui repousse l'action du ministère public en déclarant ladite loi inapplicable au cas de détention de dynamite, sans accomplissement préalable des conditions prescrites pour l'établissement d'un dépôt. (*Cass.* 9 *janv.* 1879.)

**2.** *Décret du* 28 *octobre* 1882 *réglementant l'emploi de la dynamite.* Art. 1er. Toute personne qui voudra faire usage de dynamite ou de tout explosif à base de nitroglycérine devra, au préalable, adresser au préfet du département où se trouve le dépôt, une déclaration écrite visée par le maire de sa commune, ou, à Paris, par le commissaire de police de son quartier.

Art. 2. L'intéressé indiquera dans cette déclaration : 1° ses nom, prénoms, domicile et profession ; 2° la quantité de dynamite qu'il désire acheter ; 3° l'usage qu'il se propose de faire de la dynamite, ainsi que le lieu précis où elle doit être employée et la date de cet emploi ; 4° l'endroit où il la déposera jusqu'au moment de l'emploi ; 5° la voie qui sera suivie pour le transport au dépôt provisoire, ainsi que le délai dans lequel ce transport sera effectué.

Art. 3. Récépissé de cette déclaration sera notifié à l'intéressé. Avis en sera donné sans délai à l'ingénieur en chef des mines, chargé du service des mines, ou, à défaut, à l'ingénieur en chef du service ordinaire des ponts et chaussées du département.

Dans le cas où la dynamite devrait être transportée dans un département autre que celui où la déclaration aura été reçue, l'avis sera transmis au préfet de ce département.

Art. 4. Les débitants autorisés ne délivreront de la dynamite, quelle que soit la quantité, que sur la production du récépissé de la déclaration à la préfecture. Ce récépissé sera visé par le débitant et renvoyé par lui, au préfet, dans les vingt-quatre heures de la livraison.

Art. 5. La dynamite détenue par un particulier ne peut être conservée, en attendant son emploi, que pendant huit jours au plus, à dater de sa réception, à moins d'une autorisation accordée dans les formes prévues par le décret du 24 août 1875 (*art.* 16.) [*Voy. le Dictionnaire.*]

Art. 6. En cas d'autorisation, la dynamite sera emmagasinée dans un local fermé à clef. Les entrées et les sorties de dynamites seront inscrites sur un carnet. Les chiffres des entrées seront la reproduction exacte des acquits-à-caution.

Art. 7. Les dépôts ne devront jamais contenir, en même temps que la dynamite, des poudres fulminantes, c'est-à-dire susceptibles de provoquer, par choc ou inflammation directe, une explosion.

Art. 8. Le signataire de la déclaration prescrite par l'art. 1er ci-dessus est tenu de rendre compte de l'emploi qu'il aura fait de la dynamite, huit jours au plus après la réception.

Le bulletin qu'il adressera, à cet effet, au préfet, mentionnera la date et le lieu de l'emploi.

L'administration pourra toujours contrôler sur place les opérations.

Art. 9. Les cartouches-amorces seront, dans les chantiers où il est fait usage de dynamite, confiées à la garde d'un contre-maître qui ne les remettra aux ouvriers qu'au moment de l'emploi.

Art. 10. Un exemplaire du présent décret sera remis à chaque déclarant, en même temps que le récépissé officiel de sa déclaration.

Art. 11. Les personnes qui auront importé de la dynamite seront tenues, outre les formalités auxquelles elles sont actuellement soumises, de faire une déclaration au préfet du département lors de la réception, et de remplir toutes les obligations du présent décret.

Art. 12. Les contraventions aux dispositions qui précèdent seront constatées par des procès-verbaux, déférées aux tribunaux compétents et punies des peines portées par l'art. 8 de la loi du 8 mars 1875.

Art. 13. Sera puni des mêmes peines tout individu porteur ou détenteur de dynamite en dehors des conditions prévues au présent décret.

Art. 14. Dans la huitaine de la promulgation du présent décret, tout détenteur non débitant de dynamite ou de matières explosibles à base de nitroglycérine sera tenu d'en faire la déclaration au préfet du département de sa résidence, sous les peines indiquées à l'art. 12.

**3.** *Devoirs des agents.* Nous empruntons les passages ci-après à la circulaire (nº 355) du 9 décembre 1882 de la direction générale des contributions indirectes sur la mise à exécution du décret du 28 octobre 1882 :

« L'administration rappelle que si, en matière de dynamite, les agents de la régie sont principalement chargés d'assurer l'exécution des prescriptions fiscales, ils ont aussi le devoir de veiller, toutes les fois que la nature de leurs vérifications le leur permet, à ce que les mesures arrêtées au point de vue de la sécurité publique soient fidèlement observées. Si donc, au cours de leurs visites dans les dépôts ou de leurs opérations ordinaires, les employés des contributions indirectes remarquent *que des infractions à des prescriptions de la loi ou des décrets en vigueur, sont commises par les dépositaires ou par les consommateurs,* ils *doivent en rendre compte aux directeurs,* qui signalent immédiatement les faits à l'autorité préfectorale. »

**4.** *Escorte.* (*Même Circ. du 9 déc. 1882.*) Comme par le passé, les escortes sont supprimées en cours de route sur les voies ferrées, qu'il s'agisse de poudres, de dynamite, etc., provenant des établissements de l'État, ou de dynamite fabriquée par l'industrie privée. Elles ne sont plus nécessaires que pour les convois directs par roulage (terre ou eau), les transports des établissements expéditeurs à la gare de départ, et les réexpéditions par roulage de la gare d'arrivée au lieu de destination. Pour les poudres à feu, les munitions de guerre, la dynamite et autres explosifs expédiés par les poudreries nationales, les escortes sont toujours militaires : elles sont composées d'un gendarme, chef d'escorte, et d'un ou deux hommes de troupe. A l'égard de la dynamite de l'industrie privée, les convois directs par roulage doivent être accompagnés par des convoyeurs civils ; il en est de même relativement au trajet de la fabrique à la gare de départ, en ce qui concerne les envois de l'industrie privée qui doivent prendre la voie de fer ; mais en cours de route, c'est-à-dire lorsque ces derniers convois quittent le railway pour suivre la voie de terre, l'escorte est formée par des militaires comme pour les transports effectués au compte de l'État.

Au départ des établissements de l'État (convois directs par roulages ou transports par terre ou par eau jusqu'au chemin de fer), l'escorte est demandée par l'agent expéditeur (agent de l'État ou de la compagnie des chemins de fer). Le même agent remet au chef d'escorte une autre réquisition qui est annexée aux lettres de voiture du service de la guerre ou aux acquits-à-caution du service des finances. S'il s'agit d'un transport par chemin de fer, cette seconde réquisition est utilisée à la gare d'arrivée par le chef de gare pour obtenir soit une nouvelle escorte, soit une garde. En ce qui concerne les dynamites de l'industrie privée réexpédiées par roulage de la gare d'arrivée au lieu de destination, le droit de réquisition est exercé par le maire de la commune où est située la gare à partir de laquelle le convoi quitte le chemin de fer pour reprendre le roulage ; le maire s'adresse à la gendarmerie locale ; si fait parvenir la réquisition au commandant de la brigade la plus voisine.

L'indemnité à allouer aux soldats d'escorte est fixée à 1 fr. 25 c. par homme, pour chaque journée passée hors de la garnison, et à 0 fr. 017 par kilomètre parcouru si, pour le retour, ces militaires ont à voyager par les voies ferrées. Le gendarme chef d'escorte touche 1 fr. 25 c. pour trajet occasionnant une absence de 10 heures hors de sa résidence, et, s'il y a lieu, l'indemnité de retour dans les mêmes conditions que ci-dessus. La régie n'a à payer que les frais d'escorte applicables aux chargements transportés pour son compte. Toutefois, elle doit également recouvrer et acquitter, pour le compte du département de la guerre, les frais d'escorte dus par l'industrie privée. Le service se reportera à cet égard aux instructions tracées par la circulaire nº 179 du 18 décembre 1875.

La circulaire du ministre de la guerre du 22 octobre 1882 stipule en outre que, toutes les fois que les chargements de poudres, de munitions de guerre et de dynamite, sans distinction de provenance, séjournent plus de trois heures après l'arrivée du train dans les gares, sans être enlevés par le destinataire, les chefs de station doivent demander à l'autorité militaire locale une garde destinée à veiller sur ces chargements. Si la commune où le convoi séjourne n'a pas de gendarmerie, le chef de gare s'adresse au maire qui prévient le commandant de la brigade la plus voisine. Les frais de garde sont à la charge du département ministériel (guerre ou finances) duquel dépend le service destinataire ou de la fabrique expéditrice (dynamite de l'industrie privée).

**5.** *Transport de la dynamite par chemin de fer.* Un arrêté pris le 10 janvier 1879 par les ministres des travaux publics, de la guerre et des finances, a réglementé le transport de la dynamite par chemins de fer. Toutefois, l'art. 19 de cet arrêté spécifiait que les conditions relatives au mode de transport n'étaient pas obligatoires pour les expéditions de 50 kilogr., poids brut, et au-dessous. Un décret en date du 31 octobre 1882 rapporte cet art. 19 et rend applicables à toutes les expéditions de dynamite, quels qu'en soient le poids et la provenance (établissements de l'État et fabriques de l'industrie privée), les diverses dispositions du règlement du 10 janvier 1879. De même, aux termes de la circulaire du ministère de la guerre, du 2 novembre 1882, modifiant sur ce point celle du 22 octobre précédent, l'escorte est obligatoire pour tout chargement de dynamite (quels qu'en soient le poids et la provenance) voyageant par roulage.

# E

**EAUX.** (*Dict.*) *Commission supérieure pour l'aménagement et l'utilisation de l'eau.* **1.** Il est institué, sous la présidence du ministre des travaux publics, une commission supérieure pour l'aménagement et l'utilisation des eaux. (*D. 5 sept.* 1878, *supprimant le D. du* 13 *oct.* 1877.)

**2.** Cette commission se compose de quarante-huit membres, dont seize pris en nombre égal dans les deux Chambres, seize représentant l'administration et seize représentant les intérêts agricoles et industriels. (*D.* 5 *sept.* 1878, art. 2.)

Les ministres et les sous-secrétaires d'État, le vice-président du Conseil d'État, le gouverneur de la Banque de France, le secrétaire général du ministère de l'agriculture et du commerce, les directeurs de la navigation et de l'agriculture, font partie de droit de cette commission. (*Même article.*)

**3.** La commission supérieure se réunit sur la convocation du ministre des travaux publics.

Elle délibère sur toutes les questions dont elle est saisie par le ministre, notamment sur les moyens de développer les irrigations et les dessèchements, d'accroître les forces motrices disponibles pour l'industrie, de prévenir les inondations, d'alimenter les villes en eaux potables, d'employer utilement les eaux d'égout et les liquides industriels.

Elle procède, avec l'assentiment du ministre, à des enquêtes. Les résultats en sont publiés avec les procès-verbaux des séances (*art.* 3).

**4.** Le décret spécial qui nommera les membres de la commission supérieure désignera deux vice-présidents, ainsi qu'un secrétaire, qui sera attaché à la commission avec voix consultative (*art.* 4). [*Voy. aussi* **Cours d'eau, Domaine public, Fontaine,** *etc.*)

**EAUX MINÉRALES.** (*Dict.*) **1.** Les règlements qui ont soumis à une autorisation préalable l'exploitation et la mise en vente des eaux de sources minérales n'ont conféré à l'administration le pouvoir d'apprécier les demandes qui lui sont proposées à cet effet qu'au point de vue de la santé publique ; le ministre ne peut donc, sans excès de pouvoir, refuser l'autorisation dans le seul but de protéger une source voisine appartenant à l'État. (*Arr. du C. du* 6 *déc.* 1878.)

**2.** L'art. 4 de l'arrêté du 3 floréal an VIII portant qu'aucun propriétaire d'eau minérale dans le lieu où se trouvent des eaux minérales appartenant à l'État, ne pourra se rendre adjudicataire des eaux de l'État, est encore en vigueur. — Cet article a pour but d'interdire à l'adjudicataire de sources appartenant à l'État, l'exploitation simultanée de ces sources et d'autres encore, dont cet adjudicataire serait propriétaire, lors même qu'il s'agirait de sources acquises postérieurement à l'adjudication. (*Arr. du C. d'Ét.* 6 *mai* 1881.)

**3.** Un rapport favorable d'une commission déléguée par l'Académie de médecine pour faire l'examen d'une eau minérale naturelle, ne suffit pas pour permettre même aux pharmaciens d'effectuer le débit de cette eau dans leurs officines, il faut une approbation expresse du Gouvernement. (*Cass.*, 30 *juin* 1876.)

**ÉCOLE.** Au *Dictionnaire*, p. 834, 2e colonne, corriger le renvoi ainsi qu'il suit :
**ÉCOLES MILITAIRES PRÉPARATOIRES.** *Voy.* **Enfants de troupe.**
**ÉCOLE SUPÉRIEURE DE GUERRE.** *Voy.* **Écoles militaires** (et non : **Écoles spéciales**).
**ÉCOLES D'ARTS ET MÉTIERS.** *Voy.* **Enseignement industriel, Conservatoire des arts et métiers** et autres mots analogues, même **Beaux-arts** pour les arts décoratifs.

Le décret du 21 octobre 1881 qui réorganise et réglemente l'*École nationale d'art décoratif* de Limoges se trouve dans le *Journal officiel* du 6 novembre 1881.

**ÉCOLES MATERNELLES.** *Voy.* **Instruction publique.**

**ÉLECTIONS.** (*Dict.*)

SOMMAIRE.

CHAP. I. — BULLETIN DE VOTE, DÉPÔT ET AFFICHAGE.

**1.** La loi du 20 décembre 1878 est ainsi conçue :
Art. 1er. La distribution des bulletins de vote est affranchie, dans toutes les élections, du dépôt préalable au parquet de l'un de ces bulletins signé par le candidat.

Art. 2. Sont supprimés, pendant la période électorale, dans toutes les élections, pour les bulletins de vote, les circulaires et professions de foi signés des candidats, et pour les placards et manifestes électoraux signés d'un ou de plusieurs électeurs, la déclaration et le dépôt prescrits aux imprimeurs par l'art. 14 de la loi du 21 octobre 1814 et par l'art. 7 de la loi du 27 juillet 1849.

On trouvera le rapport présenté à la Chambre (7 déc. 1878) sur cette loi au *Suppl. ann.* de 1879.

**2.** *Distribution de bulletins de vote.* Les art. 3 et 22 de la loi du 30 novembre 1875, qui punissent la distribution de bulletins de vote par les agents de l'autorité, visent les élections législatives. Sont-ils applicables aux élections municipales ou départementales ? Cette question vient d'être posée à la chambre correctionnelle de la cour d'Aix sous la forme de l'appel d'un jugement du tribunal de Forcalquier atteignant le maire et le garde champêtre de la commune de Banon, dans les Basses-Alpes. La cour l'a résolue négativement par un arrêt où on lit :

Attendu que les art. 3 et 22 de la loi du 30 novembre 1875, en interdisant et punissant la distribution des bulletins de vote par tous agents de l'autorité publique, ont édicté une disposition pénale qui ne peut être appliquée à des cas autres que ceux qui sont textuellement prévus ;

Que cette disposition est inscrite dans la loi organique sur l'élection des députés, c'est-à-dire dans une loi spéciale et non dans une loi ayant pour but de régler d'une manière générale le fonctionnement du suffrage universel ;

Que rien, dans l'ensemble des articles de cette loi et dans la discussion qui l'a précédée, ne peut faire supposer que le législateur a entendu faire régir par les dispositions combinées du paragraphe 3 de l'art. 3 et de l'art. 22, les élections départementales ou municipales ;

Que, dès lors, il est impossible de déroger à la règle qui domine le droit criminel tout entier, d'après laquelle nul ne doit, par voie d'induction ou sous prétexte d'analogie, être puni en vertu d'une loi qui ne prévoit pas expressément le fait à raison duquel il est poursuivi ;

Attendu que, si la Cour de cassation a interprété dans un sens restrictif la disposition favorable du paragraphe 2 de l'art. 3, à plus forte raison y a-t-il lieu de refuser d'étendre celle du paragraphe 3 du même article, qui crée un délit nouveau auquel l'art. 22 attache une pénalité qui n'existait pas jusqu'à ce moment ;

Attendu, dès lors, que les faits de distribution de bulletins de vote par les agents de l'autorité, à l'occasion d'une élection départementale, ne constituent ni délit, ni contravention, l'acquittement des prévenus doit être prononcé.

Les magistrats d'appel, réformant la décision des premiers juges, déchargent les prévenus des condamnations prononcées contre eux. (*Temps*, 23 mars 1881.)

**3.** *Affichage.* Voy. **Presse**, où la loi de 1881 énumère toutes les immunités dont jouissent les candidats aux élections.

**4.** *Timbre.* Les bulletins de vote sont exempts du timbre. (*L. du 11 mai 1868, art.* 3.)

**5.** *Listes complémentaires.* Nous extrayons le passage suivant de la circulaire du ministre de l'intérieur du 16 novembre 1880 :

Monsieur le *Préfet*, plusieurs de vos collègues m'ont consulté sur le point de savoir si, en prévision du renouvellement intégral des conseils municipaux qui aura lieu au commencement de l'année prochaine, les assemblées communales actuellement en fonctions doivent procéder à la désignation des délégués appelés par la loi du 7 juillet 1874 à participer au travail de la révision et au jugement des réclamations à fin d'inscription ou de radiation.

Il y a lieu de distinguer :

Le conseil municipal actuel doit nommer *le délégué qui, de concert avec le maire et le délégué de l'administration*, procédera à l'établissement du tableau rectificatif. Cette opération commence en effet dès le 1er janvier.

Il pourra continuer à siéger après le renouvellement du conseil, même s'il n'est pas réélu, la loi n'exigeant pas que les délégués soient choisis dans le sein du conseil municipal.

Mais, quant aux deux autres délégués qui, adjoints aux membres précédents, formeront la commission de jugement, leur désignation doit être réservée aux futures assemblées ; car ils n'entreront en fonctions qu'au moment même où les conseils actuels auront cessé d'exister.

(Rectifier au *Dictionnaire*, p. 845, 1re colonne, 2e ligne, d'après le passage que nous venons de souligner.)

Voy. aussi plus loin le chapitre des *Réclamations*. On y trouvera encore plusieurs décisions d'ordre général.

### CHAP. II. — ÉLECTIONS MUNICIPALES.

**6.** La loi communale du 5 avril 1884 a introduit quelques innovations dans le système des élections municipales. On trouvera les articles de la loi (art. 11 et suivants) au mot **Organisation communale** où ils sont reproduits *in extenso*. Ici nous reprenons, avec la circulaire du ministère de l'intérieur du 10 avril 1884, les dispositions qui semblent avoir besoin d'être développées ou expliquées, mais nous ne donnons pas la circulaire tout entière, pour ne pas tomber dans d'inutiles répétitions. (On trouvera la circulaire au *Journ. off.* du 11 avril 1884.)

**7.** *Listes électorales.* D'après la législation précédente, les élections municipales devaient être faites sur les listes municipales dressées en exécution de la loi du 7 juillet 1874. Les électeurs portés seulement sur les listes politiques ne pouvaient y prendre part. L'art. 14 de la loi du 5 avril 1884 a supprimé la liste spéciale des électeurs municipaux.....

La disposition de l'art. 8 du décret réglementaire du 2 février 1852, qui autorise à ajouter à la liste, après sa clôture, les électeurs porteurs d'une décision du juge de paix, avait été quelquefois interprétée en ce sens que les juges de paix pouvaient, après le 31 mars, être saisis, soit de demandes directes en inscription, soit d'appel contre des décisions des commissions chargées de la révision des listes. Il y avait là un double excès de pouvoirs : d'une part, les juges de paix ne sont jamais, en matière d'inscription sur les listes électorales, juges du premier degré, et ne peuvent connaître que des demandes portées en première instance devant les commissions électorales ; d'autre part, ils ne peuvent statuer que sur les appels formés au cours de la révision annuelle, dans les délais spécifiés à la loi du 7 juillet 1874 (art. 4), c'est-à-dire dans les cinq jours de la notification des décisions des commissions électorales.

En conséquence, les seules décisions judiciaires qui pourraient modifier les listes électorales closes le 31 mars 1884 sont celles qu'auraient rendues, postérieurement à cette date, les juges de paix ou la Cour de cassation, mais sur des demandes en inscription ou en radiation formées devant les commissions, du 15 janvier au 4 février 1884.

D'un autre côté, les seuls retranchements qui devront être opérés sur les listes sont ceux qui résulteraient soit de décès, soit de condamnations judiciaires entraînant la privation des droits électoraux (sans qu'il y ait lieu de distinguer entre les condamnations antérieures ou postérieures à la clôture des listes), soit de décisions des juges de paix ou de la Cour de cassation, rendues sur les réclamations formées dans les délais légaux (du 15 janvier au 4 février 1884).

*Droit d'option.* L'électeur inscrit sur la liste électorale d'une commune n'en peut être rayé sous prétexte qu'il aurait été inscrit dans une autre circonscription, mais sans son consentement (*Cass.* 19 *avril* 1882.)

**8.** *Sections électorales.* Les élections municipales doivent avoir lieu au scrutin de liste pour toute la commune, à moins que le conseil général, usant des pouvoirs que lui confère la loi du 10 août 1871 (*art.* 43), n'ait divisé certaines communes en sections électorales en leur attribuant un nombre déterminé de conseillers à élire.

La nouvelle loi a tracé, dans ses art. 11 et 12, les règles de procédure qui devront être suivies à l'avenir pour l'établissement des sections électorales, et modifié les bases fixées pour la répartition des conseillers à élire en substituant le chiffre des électeurs inscrits à la population.

**9.** *Bureaux de vote.* L'article 13 de la loi du 5 avril maintient au préfet le droit d'établir autant de bureaux de vote que cela peut être nécessaire pour faciliter aux électeurs l'accès du scrutin. Les arrêtés qu'il aura à prendre à cet effet devront être publiés dix jours au moins avant l'élection, et ces arrêtés ne doivent plus être, comme antérieurement, pris en conseil de préfecture.

**10.** *Cartes électorales.* Précédemment, la distribution des cartes électorales, bien que d'un usage général, n'était pas imposée par la loi. L'art. 13 de la loi du 5 avril oblige les maires à délivrer à chaque électeur une carte d'identité. Toutefois, si la délivrance de cette carte est obligatoire pour le maire, la présentation ne l'est pas pour l'électeur, qui peut être admis à voter s'il n'y a aucun doute sur son identité.

La dépense des cartes électorales est rangée par l'art. 136, 3°, au nombre des dépenses communales obligatoires.

**11.** *Forme des opérations.* Les bureaux de vote sont présidés par le maire, les adjoints, dans l'ordre de leur nomination, et par les conseillers municipaux dans l'ordre du tableau. En cas d'empêchement des adjoints et des conseillers municipaux, le maire peut déléguer de simples électeurs. (*L. 5 avril* 1884, *art.* 17.)

Le président a seul la police de l'assemblée.

Cette assemblée ne peut s'occuper d'autres objets que des élections qui lui sont attribuées. Toute discussion, toute délibération, lui sont interdites (*art.* 18).

Les deux plus âgés et les deux plus jeunes des électeurs présents, à l'ouverture de la séance, sachant lire et écrire, remplissent les fonctions d'assesseurs.

Le secrétaire est désigné par le président et les assesseurs. Dans les délibérations du bureau, il n'a que voix consultative.

Trois membres du bureau, au moins, doivent être présents pendant tout le cours des opérations (*art.* 19).

Nul électeur ne peut entrer dans l'assemblée s'il est porteur d'armes quelconques (*art.* 24).

Les électeurs apportent leurs bulletins préparés en dehors de l'assemblée.

Le papier du bulletin doit être blanc et sans signe extérieur.

Les électeurs sont admis à déposer leurs votes au fur et à mesure qu'ils se présentent, la loi nouvelle ayant supprimé la formalité de l'appel et du réappel.

Ils remettent leurs bulletins fermés au président.

Le président les dépose dans la boîte du scrutin, laquelle doit, avant le commencement du vote, avoir été fermée à deux serrures, dont les clefs restent, l'une entre les mains du président, l'autre entre les mains de l'assesseur le plus âgé.

Le vote de chaque électeur est constaté sur la liste, en marge de son nom, par la signature ou le parafe de l'un des membres du bureau (*art.* 25). Mais la loi exige que, si l'assesseur qui tient la liste d'émargement se contente d'y apposer son parafe, au lieu de sa signature, ce parafe soit accompagné de ses initiales.

Pendant toute la durée des opérations, une copie de la liste des électeurs, certifiée par le maire, contenant le nom, domicile, qualification de chacun des inscrits, reste déposée sur la table autour de laquelle siège le bureau (*art.* 22).

Nul ne peut être admis à voter, s'il n'est pas inscrit sur cette liste.

Toutefois, seront admis à voter, quoique non inscrits, les électeurs porteurs d'une décision du juge de paix ordonnant leur inscription, ou d'un arrêt de la Cour de cassation annulant un jugement qui aurait prononcé leur radiation (*art.* 23).

Tout électeur inscrit a le droit de prendre part au vote. Néanmoins, ce droit est suspendu pour les détenus, pour les accusés contumaces et pour les personnes non interdites, mais, retenues, en vertu de la loi du 30 juin 1838, dans un établissement public d'aliénés. Le président du bureau devrait donc refuser de recevoir le vote des électeurs de ces diverses catégories, ainsi que l'a décidé le Conseil d'État, par arrêt du 16 août 1866, à l'égard d'un individu légalement détenu.

**12.** *Vote des militaires.* La situation des militaires, au point de vue électoral, est la même ; ils ne sont pas privés de la capacité électorale, puisqu'ils doivent être inscrits sur la liste de la commune où se trouve leur domicile de recrutement ; mais l'exercice du droit de vote est suspendu pour eux tant qu'ils sont présents au corps.

Déjà l'art. 5 de la loi du 27 juillet 1872 les écartait des urnes. L'art. 2 de la loi du 30 novembre 1875 dispose à son tour que « les militaires et assimilés de tous grades et toutes armes des armées de terre et de mer ne prennent part à aucun vote quand ils sont présents à leur corps, à leur poste ou dans l'exercice de leurs fonctions ». Toutefois, « ceux qui, au moment de l'élection, se trouvent en résidence libre, en non-activité ou en possession d'un congé régulier, peuvent voter dans la commune sur les listes de laquelle ils sont régulièrement inscrits. Cette dernière disposition s'applique également aux officiers et assimilés qui sont en disponibilité ou dans le cadre de réserve ».

Par militaires en congé régulier, on doit entendre les militaires qui sont pourvus d'une autorisation régulière d'absence de plus de trente jours. Les autorisations d'absence de cette durée présentent seules, en effet, aux termes du décret du 27 novembre 1868, art. 2, les conditions d'un congé. (*Circ. min. de la guerre,* 24 *févr.* 1876.)

Il n'y a plus de distinction à faire sous ce rapport, entre les militaires de la gendarmerie et les militaires des autres armes. Ni les uns ni les autres ne peuvent voter quand ils sont présents au corps (V. *Bulletin officiel du ministère de l'intérieur,* 1873, p. 211). Les présidents des bureaux électoraux devront, en conséquence, refuser les votes des militaires qui ne se trouveraient pas dans les conditions particulières déterminées par la loi, et qui seules peuvent leur permettre d'exercer leurs droits électoraux. (*Circ.* 10 *avril* 1884.)

**13.** *Pouvoirs du bureau.* Le bureau juge provisoirement les difficultés qui s'élèvent sur les opérations de l'assemblée. Ses décisions sont motivées. Toutes les réclamations et décisions sont insérées au procès-verbal, les pièces et les bulletins qui s'y rapportent y sont annexés, après avoir été parafés par le bureau. ( *L. 5 avril* 1884, *art.* 21.)

**14.** Incompatibilité, élection multiple, rang des conseillers, etc. ( *Voy.* **Organisation communale.**)

**15.** *Instruction des protestations.* L'instruction des protestations était autrefois réglée par le décret du 12 juillet 1865 sur le mode de procéder devant les conseils de préfecture.

La nouvelle loi apporte à ces règles des modifications importantes.

Le préfet doit donner connaissance, par la voie administrative, de la réclamation aux conseillers dont l'élection est attaquée, en les prévenant qu'ils ont cinq jours, pour tout délai, à l'effet de déposer leurs défenses au secrétariat de la mairie, de la préfecture ou de la sous-préfecture, et de faire connaître s'ils entendent user du droit de présenter des observations orales (*L. 5 avril* 1884, *art.* 37). Le préfet est donc substitué au conseil de préfecture pour l'instruction première des affaires.

La notification qu'il est chargé de faire aux intéressés doit consister, autant que possible, dans la remise d'une copie certifiée de la protestation. Dans le cas où les pièces seraient trop étendues, la copie pourra être remplacée par un avis invitant l'intéressé à prendre communication du dossier soit à la préfecture, soit à la sous-préfecture, soit à la mairie. Dans quelques départements, il est d'usage, au lieu de remettre au conseiller dont l'élection est attaquée une copie intégrale de la protestation, de la lui notifier sous forme d'une analyse précisant les griefs et les points sur lesquels devra porter sa réponse. Ce mode de procéder, qui présente des avantages incontestables, pourrait être généralisé, à la condition, bien entendu, qu'il ne pourra pas priver les intéressés du droit qu'ils ont de prendre, s'ils le désirent, communication intégrale du dossier.

Si les conseillers élus laissent passer le délai de cinq jours qui leur est accordé sans présenter d'observations en défense, le conseil de préfecture peut passer outre et statuer ; mais, afin de bien établir le point de départ du délai, il sera indispensable de faire dresser un procès-verbal régulier de notification.

La loi veut également que le fonctionnaire (maire, sous-préfet ou préfet) qui reçoit, soit les protestations, soit les mémoires en défense, en donne récépissé. (*L. 5 avril* 1884, *art.* 37.)

Si le conseiller dont l'élection est attaquée a fait connaître son intention d'user du droit qui lui est reconnu par la loi, de présenter des observations orales, il doit, à peine de nullité de la décision, recevoir, dans les formes et délais tracés par l'art. 12 du décret du 12 juillet 1865, avis du jour de l'audience dans laquelle son affaire sera appelée. Mais s'il n'a pas demandé à présenter d'observations orales, il ne peut se plaindre de n'avoir pas été convoqué.

**16.** *Délai dans lequel le conseil de préfecture doit statuer.* Le conseil de préfecture statue, sauf recours au Conseil d'État (*L. 5 avril*

1884, *art.* 38). Antérieurement, le conseil de préfecture devait toujours statuer dans le délai d'un mois. Désormais, lors des renouvellements généraux, le délai est porté à deux mois, et, s'il intervient une décision ordonnant une preuve, le conseil de préfecture ne sera obligé de statuer définitivement que dans le mois à partir de cette décision. Si la réclamation implique la solution préjudicielle d'une question d'état, les délais d'un ou de deux mois ne recommenceront à courir que du jour où le jugement sur la question préjudicielle sera devenu définitif.

**17.** *Questions préjudicielles.* Sous l'ancienne législation, lorsqu'une question d'état était soulevée par la protestation, le conseil de préfecture devait renvoyer les parties à se pourvoir devant les juges compétents, en fixant un bref délai dans lequel la partie, qui avait élevé la question préjudicielle, devait justifier de ses diligences.

L'art. 39 de la nouvelle loi fixe ce délai à quinze jours ; à défaut de justification de diligences dans ce délai, il sera passé outre et la décision du conseil de préfecture devra intervenir dans le mois à partir de l'expiration du délai de quinzaine.

**18.** *Recours au Conseil d'État faute de décision rendue par le conseil de préfecture.* Faute par le conseil d'avoir statué dans les délais ci-dessus fixés, la réclamation est considérée comme rejetée. Le conseil de préfecture est dessaisi ; mais le préfet en informe la partie intéressée, afin qu'elle puisse porter directement sa réclamation devant le Conseil d'État ; ce dernier point constitue une innovation. De son côté, le requérant qui se pourvoit devant le Conseil d'État doit notifier son recours dans les cinq jours au secrétariat de la préfecture. (*L. 5 avril* 1884, *art.* 38.)

**19.** *Recours au Conseil d'État.* Le recours au Conseil d'État contre la décision du conseil de préfecture est ouvert, soit au préfet, soit aux parties intéressées (*art.* 40).

**20.** *Contre les décisions du conseil de préfecture.* Il doit, à peine de nullité, être déposé au secrétariat de la sous-préfecture ou de la préfecture dans le délai d'un mois qui court, à l'encontre du préfet, à partir de la décision et, à l'encontre des parties, à partir de la notification qui leur est faite (*ibid.*).

Le préfet donne immédiatement, par la voie administrative, connaissance du recours aux parties intéressées, en les prévenant qu'elles ont quinze jours, pour tout délai, à l'effet de déposer leur défense au secrétariat de la préfecture ou de la sous-préfecture. Aussitôt ce nouveau délai expiré, le préfet doit adresser au ministre de l'intérieur, pour être transmis au Conseil d'État, le recours, les défenses, le procès-verbal des opérations électorales, la liste qui a servi aux émargements, une expédition de l'arrêté attaqué, et toutes les autres pièces visées dans l'arrêté, et y joindre un avis motivé.

Le pourvoi est jugé sans frais et dispensé du timbre et du ministère de l'avocat (*ibid.*).

La nouvelle loi a modifié, ainsi que vous le remarquerez, Monsieur le Préfet, dit la circulaire, la procédure jusqu'ici suivie pour les recours formés devant le Conseil d'État en matière d'élections municipales.

Au lieu de trois mois, les parties n'ont plus, ainsi que l'administration, qu'un mois pour se pourvoir et le recours n'est plus déposé directement au greffe de la section du contentieux, mais au secrétariat de la préfecture ou de la sous-préfecture. De même que pour la protestation, vous devez procéder vous-même à l'instruction du pourvoi, sans invitation préalable, et me transmettre le dossier, à l'expiration des délais, avec ou sans les défendeurs au pourvoi, ainsi que toutes les pièces énumérées par la loi.

L'avis motivé que vous devez y joindre sera rédigé dans la forme ordinaire de la correspondance administrative et non sous forme d'arrêté. Je tiens essentiellement à ce que vos rapports soient très complets, à ce qu'ils analysent et examinent chacun des griefs articulés et à ce que toutes les pièces qui pourront éclairer le Conseil d'État y soient jointes. Ce n'est qu'à cette condition que le but que s'est proposé le législateur sera atteint et que le Conseil d'État pourra être mis rapidement en mesure de se prononcer. (*Circ.* 10 *avril* 1884.)

**21.** *Effet suspensif du pourvoi.* Les conseillers proclamés restent en fonctions jusqu'à ce qu'il ait été définitivement statué sur les réclamations. (*L.* 5 *avril* 1884, *art.* 40).

C'est là une innovation importante, car autrefois les recours en matière d'élections municipales n'étaient pas suspensifs.

**22.** *Remplacement des conseillers dont l'élection est annulée.* Dans le cas où l'annulation de tout ou partie des élections est devenue définitive, le préfet doit convoquer l'assemblée des électeurs dans un délai qui ne peut excéder deux mois (*Ibid.*). Antérieurement ce délai était de trois mois.

Les dispositions concernant l'affichage, la libre distribution des bulletins, circulaires et professions de foi, les réunions publiques électorales, la communication des listes d'émargement, les pénalités et poursuites en matière législative, sont applicables aux élections municipales ainsi que les §§ 3 et 4 de l'art. 3 de la loi organique du 30 novembre 1875 sur les élections des députés. (*L.* 5 *avril* 1881, *art.* 14.)

CHAP. III. — ÉLECTIONS DÉPARTEMENTALES.

**23.** *Éligibilité.* Le citoyen non domicilié dans le département, qui justifie, par la production d'un acte ayant date certaine, qu'avant le 1er janvier de l'année dans laquelle se fait l'élection, il avait acquis une propriété dans le département, est éligible au conseil général, bien qu'il n'ait pas fait prononcer la mutation de la cote restée inscrite au nom du précédent propriétaire. (*Arr. du C.* 16 *févr.* 1878.)

**24.** Un membre du conseil général peut se porter candidat dans un autre canton, sauf à lui, s'il est élu, à faire connaître son option dans les formes prescrites par l'art. 17 de la loi du 10 août 1871. (*Arr. du C.* 1er *févr.* 1878.)

**25.** L'art. 6, § 4, de la loi du 10 août 1871 ne s'étend pas aux suppléants du juge de paix (*Arr. du C.* 16 *févr.* 1878). Ils peuvent être élus dans leur canton membres du conseil général.

**26.** *Bulletins en trop.* Lorsqu'il est trouvé un nombre de bulletins supérieur à celui des émargements, un nombre égal de voix doit être retranché au candidat élu, et son élection doit être annulée si, ce retranchement opéré, il ne conserve pas la majorité requise pour la validité de l'élection. — Le candidat qui avait obtenu un moindre nombre de voix ne peut profiter de ce retranchement pour être proclamé élu. (*Arr. du C.* 6 *août* 1878.)

**27.** *Dépouillement.* Lorsque, dans une commune, le bureau n'aurait pas procédé au dépouillement du scrutin, les opérations ne sont pas nulles lorsqu'il n'en est pas résulté une fraude (*Arr. des* 1er *et* 8 *mars* 1878). Le dépouillement peut être fait par le bureau chargé du recensement général (*Arr. du C.* 1er *mars* 1878), même par le Conseil d'État. (*Arr. du C.* 8 *mars* 1878.)

**28.** *Fermeture du scrutin.* Si elle a eu lieu avant l'heure fixée par la loi et a pu modifier le résultat du scrutin (si tous les électeurs n'ont pas voté), l'élection doit être annulée. (*Arr. du C.* 16 *févr.* 1878.)

**29.** *Délai.* Le délai pour réclamer contre l'élection court du jour où le bureau chargé du recensement général a dressé un procès-verbal des énonciations duquel il résulte qu'un candidat a été élu et que le bureau a transmis tous les procès-verbaux au préfet, alors même que le bureau aurait omis, dans son procès-verbal, de proclamer le candidat élu. (*Arr. du C.* 8 *mars* 1879.)

CHAP. IV. — ÉLECTIONS LÉGISLATIVES.

**30.** Le citoyen inscrit sur la liste électorale politique[1] d'une commune conserve le droit d'y être maintenu, lors même qu'il a cessé de résider dans cette localité, tant qu'il n'a pas acquis une nouvelle résidence de six mois, autorisant son inscription sur la liste politique d'une autre commune. (*Cass.* 22 *et* 29 *mai* 1878.)

**31.** Le juge de paix, saisi de l'appel formé contre la décision d'une commission municipale qui ordonne la radiation d'un citoyen des listes électorales, est tenu de donner de cet appel à celui qui a poursuivi la radiation devant la commission, et le jugement qui ne mentionne pas l'accomplissement de cette formalité est nul, alors qu'il n'est pas constaté d'ailleurs que la partie intéressée ait comparu ou ait été entendue sur l'appel. (*Cass.* 29 *avril* 1878.)

**32.** Le juge de paix commet un excès de pouvoir lorsqu'il ordonne la radiation d'un électeur, qui n'a pas été demandée à la commission municipale et sur laquelle cette commission n'a pas statué. (*Cass.* 5 *juin* 1878.)

**33.** L'individu qui réclame son inscription sur les listes électorales et qui n'a pas produit toutes les pièces justificatives de sa demande devant la commission municipale peut les présenter au juge de paix. Par suite, ce magistrat ne doit pas se contenter, pour motiver le rejet d'une pareille demande, d'affirmer qu'elle n'a pas été justifiée devant la commission municipale ; il est tenu d'examiner si elle est suffisamment établie par les pièces dont il se trouve saisi au moment où il rend sa décision. (*Cass.* 10 *déc.* 1877.)

1. Il n'y a plus qu'*une* liste électorale.

#### CHAP. V. — ÉLECTIONS SÉNATORIALES.

**34.** Les articles 1 à 7 étant désormais extraits de la loi constitutionnelle du 24 février 1875, et pour mettre certains articles de la loi du 2 août 1875 en harmonie avec les décisions du 14 août 1884, un projet de loi sur l'élection du Sénat a été déposé par le ministre de la justice le 16 août 1884 et voté le 9 décembre de la même année. Nous l'avons reproduit au mot **Constitution** (*voy. plus haut,* p. 128 et suivantes).

#### CHAP. VI. — ÉLECTIONS CONSULAIRES.

**35.** La loi du 8 décembre 1883, que nous allons donner, modifie profondément la législation existante (*Voy. au Dict.* **Chambre de commerce et Notable.**)

Art. 1er. Les membres des tribunaux de commerce seront élus par les citoyens français, commerçants patentés ou associés en nom collectif depuis cinq ans au moins, capitaines au long cours et maîtres de cabotage ayant commandé des bâtiments pendant cinq ans, directeurs des compagnies françaises anonymes de finance, de commerce et d'industrie, agents de change et courtiers d'assurances maritimes, courtiers de marchandises, courtiers interprètes et conducteurs de navires institués en vertu des art. 77, 79 et 80 du Code de commerce, les uns et les autres après cinq années d'exercice, et tous, sans exception, devant être domiciliés depuis cinq ans au moins dans le ressort du tribunal.

Sont également électeurs, dans leur ressort, les membres anciens ou en exercice des tribunaux et des chambres de commerce, des chambres consultatives des arts et manufactures, les présidents anciens ou en exercice des conseils de prud'hommes.

Art. 2. Ne pourront participer à l'élection :

1° Les individus condamnés soit à des peines afflictives et infamantes, soit à des peines correctionnelles, pour faits qualifiés crimes par la loi;

2° Ceux qui ont été condamnés pour vol, escroquerie, abus de confiance, soustractions commises par les dépositaires de deniers publics, attentats aux mœurs;

3° Ceux qui ont été condamnés à l'emprisonnement pour délit d'usure, pour infraction aux lois sur les maisons de jeu, sur les loteries et les maisons de prêt sur gages, ou par application de l'art. 1er de la loi du 27 mars 1851, de l'art. 1er de la loi du 5 mai 1855, des art. 7 et 8 de la loi du 23 juin 1857, et de l'art. 1er de la loi du 27 juillet 1867 ;

4° Ceux qui ont été condamnés à l'emprisonnement par application des lois du 17 juillet 1857, du 23 mai 1863 et du 24 juillet 1867 sur les sociétés ;

5° Les individus condamnés pour les délits prévus aux art. 400, 413, 414, 417, 418, 419, 420, 421, 423, 433, 439, 443 du Code pénal, et aux art. 594, 596 et 597 du Code de commerce ;

6° Ceux qui ont été condamnés à un emprisonnement de six jours au moins ou à une amende de plus de mille francs pour infraction aux lois sur les douanes, les octrois et les contributions indirectes, et à l'art. 5 de la loi du 4 juin 1859, sur le transport, par la poste, des valeurs déclarées ;

7° Les notaires, greffiers et officiers ministériels destitués en vertu de décisions judiciaires ;

8° Les faillis non réhabilités dont la faillite a été déclarée soit par les tribunaux français, soit par des jugements rendus à l'étranger, mais exécutoires en France ;

9° Et généralement tous les individus privés du droit de vote dans les élections politiques.

Art. 3. Tous les ans, la liste des électeurs du ressort de chaque tribunal sera dressée pour chaque commune par le maire, assisté de deux conseillers municipaux désignés par le conseil, dans la première quinzaine du mois de septembre; elle comprendra tous les électeurs qui rempliront, au 1er septembre, les conditions exigées par les articles précédents.

Art. 4. Le maire enverra la liste ainsi préparée au préfet ou au sous-préfet, qui fera déposer la liste générale au greffe du tribunal de commerce, et la liste spéciale de chacun des cantons du ressort au greffe de chacune des justices de paix correspondantes : l'un et l'autre dépôt devant être effectués trente jours au moins avant l'élection. L'accomplissement de ces formalités sera annoncé, dans le même délai, par affiches apposées à la porte de la mairie de chaque commune du ressort du tribunal.

Ces listes électorales seront communiquées sans frais à toute réquisition.

Art. 5. Pendant les quinze jours qui suivront le dépôt des listes, tout commerçant patenté du ressort, et en général tout ayant droit compris dans l'art. 1er pourra exercer ses réclamations, soit qu'il se plaigne d'avoir été indûment omis, soit qu'il demande la radiation d'un citoyen indûment inscrit. Ces réclamations seront portées devant le juge de paix du canton, par simple déclaration au greffe de la justice de paix du domicile de l'électeur dont la qualité sera mise en question. Cette déclaration se fera sans frais et il en sera donné récépissé.

Le juge de paix statuera sans opposition ni appel dans les dix jours, sans frais ni forme de procédure, et sur simple avertissement donné, par les soins du juge de paix lui-même, à toutes les parties intéressées.

La sentence sera, le jour même, transmise au maire de la commune de l'intéressé, lequel en fera audit intéressé la notification dans les vingt-quatre heures de la réception.

Toutefois, si la demande portée devant le juge de paix implique la solution préjudicielle d'une question d'état, il renverra préalablement les parties à se pourvoir devant les juges compétents, et fixera un bref délai dans lequel la partie qui aura élevé la question préjudicielle devra justifier de ses diligences. Il sera procédé, en ce cas, conformément aux art. 855, 857 et 858 du Code de procédure.

Les actes judiciaires auxquels l'instance devant le juge de paix donnera lieu ne seront pas soumis au timbre et seront enregistrés gratis.

Art. 6. La décision du juge de paix pourra être déférée à la Cour de cassation dans tous les cas par ceux qui y auront été parties et, en outre, dans le cas où le jugement ordonnerait l'inscription, sur la liste, d'une personne qui n'y figurait pas, par tout électeur inscrit sur la liste électorale.

Le pourvoi ne sera recevable que s'il est formé dans les dix jours de la notification de la décision. Il ne sera pas suspensif. Il sera formé par simple requête, dénoncé aux défendeurs dans les dix jours qui suivront, et jugé d'urgence, sans frais ni consignation d'amende. L'intermédiaire d'un avocat à la Cour de cassation ne sera pas obligatoire.

Les pièces et mémoires fournis par les parties seront transmis sans frais par le greffier de la justice de paix au greffier de la Cour de cassation.

La chambre civile de la Cour de cassation statuera définitivement sur le pourvoi.

Art. 7. La liste rectifiée, s'il y a lieu, par suite de décisions judiciaires, sera close définitivement dix jours avant l'élection. Cette liste servira pour toutes les élections de l'année.

Art. 8. Sont éligibles aux fonctions de président, de juge et de juge suppléant tous les électeurs inscrits sur la liste électorale âgés de trente ans, et les anciens commerçants français ayant exercé leur profession pendant cinq ans au moins dans l'arrondissement et y résidant.

Toutefois nul ne pourra être élu président s'il n'a exercé pendant deux ans les fonctions de juge titulaire, et nul ne pourra être nommé juge s'il n'a été juge suppléant pendant un an.

Art. 9. Le vote aura lieu par canton, à la mairie du chef-lieu. Dans les villes divisées en plusieurs cantons, le maire désignera, pour chaque canton, le local où s'effectueront les opérations électorales et déléguera, pour y présider, l'un de ses adjoints ou l'un des conseillers municipaux.

L'assemblée électorale sera convoquée par le préfet du département dans la première quinzaine de décembre au plus tard. Elle sera présidée par le maire ou son délégué assisté de quatre électeurs, qui seront les deux plus âgés et les deux plus jeunes des membres présents. Le bureau, ainsi composé, nomme un secrétaire pris dans l'assemblée. Il statue sur toutes les questions qui peuvent s'élever dans le cours de l'élection.

Cette assemblée pourra être divisée en plusieurs sections par arrêté du préfet, sur l'avis conforme du conseil général, dans les localités où cette division sera jugée nécessaire.

Le préfet pourra, par arrêté pris sur l'avis conforme du conseil général, convoquer les électeurs de deux cantons au chef-lieu de l'un de ces cantons en une seule assemblée électorale, qui sera présidée par le maire de ce chef-lieu.

Art. 10. Le président sera élu au scrutin individuel.

Les juges titulaires et les juges suppléants seront nommés au scrutin de liste, mais par des bulletins distincts déposés dans des boîtes séparées.

Ces élections auront lieu simultanément.

Aucune élection ne sera valable au premier tour de scrutin, si les candidats n'ont pas obtenu la majorité des suffrages exprimés, et si cette majorité n'est pas égale au quart des électeurs inscrits.

Si la nomination n'a pas été obtenue au pre-

mier tour, un scrutin de ballottage aura lieu quinze jours après, et la majorité relative suffira, quel que soit le nombre des suffrages.

La durée de chaque scrutin sera de six heures ; il s'ouvrira à dix heures du matin et sera fermé à quatre heures du soir.

Art. 11. Le président de chaque assemblée proclame le résultat de l'élection, et transmet immédiatement au préfet le procès-verbal des opérations électorales.

Dans les vingt-quatre heures de la réception des procès-verbaux, le résultat général de l'élection de chaque ressort est constaté par une commission siégeant à la préfecture et composée ainsi qu'il suit :

Le préfet, président ;

Le conseiller général du chef-lieu du département, et, dans le cas où le chef-lieu est divisé en plusieurs cantons, le plus âgé des conseillers généraux du chef-lieu ; en cas d'absence ou d'empêchement des conseillers généraux, le conseiller d'arrondissement ou le plus âgé des conseillers d'arrondissement du chef-lieu ;

Le maire du chef-lieu du département ou l'un de ses adjoints, en cas d'empêchement ou d'absence.

Dans les trois jours qui suivront les constatations des résultats électoraux par la commission ainsi composée, le préfet transmettra au procureur général près la cour d'appel une copie certifiée du procès-verbal de l'ensemble des constatations et une autre copie, également certifiée, à chacun des greffiers des tribunaux de commerce du département.

Le préfet transmettra également le résultat des opérations électorales à tous les maires des chefs-lieux de canton, qui devront les faire afficher à la porte de la maison commune.

Dans les cinq jours de l'élection, tout électeur aura le droit d'élever des réclamations sur la régularité et la sincérité de l'élection. Dans les cinq jours de la réception du procès-verbal, le procureur général aura le même droit.

Ces réclamations seront communiquées aux citoyens dont l'élection serait attaquée et qui auront le droit d'intervenir dans les cinq jours de la communication. Elles seront jugées sommairement et sans frais dans la quinzaine par la cour d'appel dans le ressort de laquelle l'élection a eu lieu.

L'opposition ne sera pas admise contre l'arrêt rendu par défaut et qui devra être signifié.

Le pourvoi en cassation contre l'arrêt rendu ne sera recevable que s'il est formé dans les dix jours de la signification. Il aura un effet suspensif et sera instruit suivant les formes indiquées à l'art. 6.

Art. 12. La nullité partielle ou absolue de l'élection ne pourra être prononcée que dans les cas suivants :

1° Si l'élection n'a pas été faite selon les formes prescrites par la loi ;

2° Si le scrutin n'a pas été libre, ou s'il a été vicié par des manœuvres frauduleuses ;

3° S'il y a incapacité légale dans la personne de l'un ou de plusieurs des élus.

Sont applicables aux élections faites en vertu

du présent article les dispositions des art. 98, 99, 100, 102, 103, 104, 105, 106, 107, 108, 109, 110, 112, 113, 114, 116, 117, 118, 119, 120, 121, 122, 123 de la loi du 15 mars 1849.

Art. 13. L'art. 623 du Code de commerce est maintenu ; toutefois le président, quel que soit, au moment de son élection, le nombre de ses années de judicature comme juge titulaire, pourra toujours être élu pour deux années, à l'expiration desquelles il pourra être réélu pour une seconde période de même durée.

Art. 14. Dans la quinzaine de la réception du procès-verbal, s'il n'y a pas de réclamations, ou dans la huitaine de l'arrêt statuant sur les réclamations, le procureur général invite les élus à se présenter à l'audience de la cour d'appel, qui procède publiquement à leur réception et en dresse procès-verbal consigné dans ses registres.

Si la cour ne siège pas dans l'arrondissement où le tribunal de commerce est établi, et si les élus le demandent, elle peut commettre, pour leur réception, le tribunal civil de l'arrondissement, qui y procédera en séance publique, à la diligence du procureur de la République.

Le procès-verbal de cette séance est transmis à la cour d'appel, qui en ordonne l'insertion dans ses registres. Le jour de l'installation publique du tribunal de commerce, il est donné lecture du procès-verbal de réception.

Art. 15. Le rang à prendre dans le tableau des juges et des suppléants sera fixé par l'ancienneté, c'est-à-dire par le nombre des années de judicature avec ou sans interruption, et, entre les juges élus pour la première fois et par le même scrutin, par le nombre de voix que chacun d'eux aura obtenu dans l'élection, et, en cas d'égalité de suffrages, la priorité appartiendra au plus âgé.

Les jugements seront rendus par trois juges au moins ; un juge titulaire fera nécessairement partie du tribunal, à peine de nullité.

Art. 16. Lorsque, par suite de récusation ou d'empêchement, il ne restera pas un nombre suffisant de juges ou de suppléants, le président du tribunal tirera au sort, en séance publique, les noms des juges complémentaires pris dans une liste dressée annuellement par le tribunal.

Cette liste, où ne seront portés que des éligibles ayant leur résidence dans la ville ou, en cas d'insuffisance, des électeurs ayant légalement leur résidence dans la ville où siège le tribunal, sera de 50 noms pour Paris, de 25 noms pour les tribunaux de neuf membres, et de 15 noms pour les autres tribunaux.

Les juges complémentaires seront appelés dans l'ordre fixé par un tirage au sort, fait en séance publique par le président du tribunal, entre tous les noms de la liste.

Art. 17. Dans les villes de Paris et de Lyon, il y aura autant de collèges électoraux qu'il y a d'arrondissements.

Le vote aura lieu dans chaque mairie d'arrondissement sur les listes électorales dressées conformément aux dispositions de la présente loi.

Dans les circonscriptions suburbaines comprises dans les départements de la Seine et du Rhône, les élections auront lieu au chef-lieu de canton, conformément aux règles précédemment établies.

Art. 18. Il sera procédé à une élection générale dans les formes et délais prescrits par la présente loi.

A cette première élection, le président, la moitié des juges et des suppléants dont le tribunal sera composé, seront nommés pour deux ans ; — la seconde moitié des juges et des suppléants sera nommée pour un an; — aux élections postérieures, toutes les nominations seront faites pour deux ans ; — le tout conformément aux dispositions de l'art. 622 du Code de commerce.

Les présidents et juges en exercice au moment où aura lieu cette élection seront éligibles, sans qu'il soit tenu compte des années de judicature pendant lesquelles ils ont exercé leurs fonctions.

Art. 19. Les pouvoirs des juges actuels sont maintenus jusqu'à l'installation de ceux qui doivent les remplacer.

Art. 20. Il sera statué par une loi spéciale sur le mode d'élection des chambres de commerce et des chambres consultatives des arts et manufactures.

Art. 21. Toutes dispositions antérieures qui seraient contraires à la présente loi sont et demeurent abrogées.

**36.** La circulaire du ministre de la justice qui donne des instructions sur l'application de cette loi est du 13 février 1884 et se trouve au *Journ. off.* du 26 du même mois. (Voy. aussi *Bull. off. du min. de l'int.* 1884, p. 41.)

**CHAP. VII. — RÉCLAMATIONS, RECOURS ET JURISPRU-DENCE GÉNÉRALE.**

**37.** *Délai.* La Cour de cassation a jugé, le 25 mars 1878, que le délai accordé pour se pourvoir, c'est-à-dire 10 jours à partir de la notification, comprend le *dies ad quem* alors même que ce dernier est un jour férié. C'est qu'en effet l'art. 10 de la loi du 2 juin 1862 sur les délais du pourvoi en matière civile a établi expressément pour les élections une dérogation aux dispositions générales qui accordent la faculté de se pourvoir le lendemain du dernier jour du délai, s'il s'agit d'un jour férié.

**38.** *Capacité.* Relativement aux personnes ayant capacité pour former un pourvoi, il a été décidé (8 mai 1878) que la personne qui, dans l'instance, n'a comparu que comme mandataire n'a point qualité pour déférer à la Cour de cassation la décision du juge de paix. Le motif pour décider ainsi, c'est que, en toute matière, la voie du recours en cassation n'est ouverte qu'à ceux qui ont été parties aux décisions attaquées et qui ont, par suite, intérêt à leur annulation.

Par application de ce principe, que les parties intéressées seules peuvent déférer à la Cour suprême la décision qui les lèse directement, il faut conclure que le maire (*Arr. des 26 mars* 1877, 25 *avril* 1877, 7 *mai* 1877) et les membres d'une commission municipale (*Arr. des 26 mars* 1877, 8 *mai* 1877, 8 *avril* 1878) ne peuvent, soit individuellement, soit en corps, se pourvoir contre la décision du juge de paix concernant un électeur. D'ailleurs, il y a d'autant plus lieu de se prononcer dans ce sens que les commissions municipales étant juges au premier degré des demandes d'inscription ou de radiation sur les listes électorales, en admettant les membres à se pourvoir, on leur permettrait d'être à la fois juges et parties dans la même instance, au mépris des principes généraux du droit[1].

**39.** *Formes du pourvoi.* L'électeur qui veut soumettre à la censure de la Cour la décision du juge de paix peut, à son choix, ou bien faire une déclaration au greffe de la justice de paix, ou bien charger un avocat à la Cour de cassation de déposer le pourvoi au greffe de la Cour, conformément à une circulaire du ministre de la justice en date du 16 avril 1849. Jusqu'ici, l'on considérait l'intervention de l'avocat comme indispensable et, dans la pratique, le greffe de la Cour de cassation n'admettait point le dépôt d'un pourvoi fait autrement ; la Cour de cassation s'est cependant prononcée en sens contraire le 6 mars 1878. Elle a jugé que le demandeur « aurait pu transmettre directement sa requête à la Cour de cassation, en se dispensant de la déposer au greffe de la justice de paix et de retirer à ce greffe sa déclaration de pourvoi ».

**40.** En tout cas, la requête en cassation doit toujours être signifiée aux défendeurs. La forme importe peu et la notification peut avoir lieu même par un avis, ainsi que l'a décidé la Cour par arrêt du 29 mai 1878 en repoussant une fin de non-recevoir tirée de ce qu'il n'aurait été donné qu'un simple avis et nullement une notification. L'art. 23 du décret du 2 février 1852, en prescrivant la signification du pourvoi, ne détermine pas les termes dans lesquels cette signification doit être faite. A vrai dire, cette solution ne peut faire doute non seulement par suite de l'absence de dispositions imposant une forme spéciale, mais aussi en présence des termes de l'art. 23 du décret du 2 février 1852, qui emploie le mot *dénonciation* et non point celui de *signification*. Eu égard au sens restreint du mot *dénoncé*, il est permis de conclure des termes employés par le décret de 1852, qu'une seule chose est exigée, à savoir que la connaissance du pourvoi soit donnée au défendeur, sans qu'il soit nécessaire de lui signifier une copie textuelle et littérale de la requête.

**41.** Le pourvoi en cassation contre un jugement rendu en matière électorale n'est pas recevable lorsque la requête n'a pas été notifiée au défendeur. (*Arr. du 27 mars 1878 et beaucoup d'autres.*)

**42.** Le pourvoi en cassation contre un jugement rendu en matière électorale doit, à peine de nullité, être notifié au sous-préfet qui a interjeté appel de la décision de la commission municipale. (*Cass. 25 mars 1879.*)

**43.** Le pourvoi en cassation, formé directement contre la décision de la commission municipale chargée de statuer sur la demande en inscription ou en radiation des listes électorales, est non recevable. (*Cass. 8 mai 1878.*)

**44.** Le pourvoi en cassation contre une décision du juge de paix n'est pas soumis à des formes déterminées (*Cass. 29 mai 1878*), si ce n'est qu'il faut faire connaître au défendeur

l'existence du pourvoi (*même arrêt*), joindre la copie signifiée de la décision (8 *mai* 1878), un mémoire indiquant les moyens de cassation (*plusieurs arrêts en mars et avril* 1878), ne pas dépasser le délai de 10 jours après la notification de la décision (25 *mars* 1878). Il faut qu'on ait été soi-même partie en cause, un tiers ne pourrait se pourvoir (29 *avril* 1878).

**45.** *Bulletin blanc.* Les bulletins blancs n'entrent pas en compte dans le résultat du scrutin ; ainsi, un candidat qui a obtenu au premier tour de scrutin six suffrages contre cinq voix données à un autre candidat et un bulletin blanc, est très régulièrement élu. (*Arr. du C.* 4 *mai* 1877.)

**46.** Un membre d'une commission municipale a qualité, en vertu de l'art. 14 du décret du 2 février 1852, pour faire partie du bureau, bien qu'il ne soit pas électeur. (*Arr. du C.* 8 *févr.* 1878.)

**47.** La circonstance qu'un militaire muni d'une simple permission aurait fait partie du bureau électoral ne suffit pas pour entraîner l'annulation de l'élection, lorsqu'il n'en est résulté aucune atteinte à la liberté et à la sincérité des votes. (*Arr. du C.* 15 *nov.* 1878.)

**48.** Un citoyen ne peut être porté sur la liste des candidats à une élection municipale sans son autorisation ou contre sa volonté. Par suite, l'imprimeur qui imprime et fait distribuer une liste sans l'autorisation des personnes nommées, commet un quasi-délit et doit réparation du préjudice matériel et moral qu'il a pu causer. (*C. de Rouen* 27 *déc.* 1878, *jurisprudence générale*.)

**49.** Les requérants qui n'ont pas signé la protestation formée devant le conseil de préfecture par d'autres électeurs ne sont pas recevables à se pourvoir devant le Conseil d'État, contre l'arrêté du conseil de préfecture qui a rejeté cette protestation. (*Arr. du C.* 4 *avril* 1879.)

**50.** *Parenté.* Des candidats aux élections municipales ayant épousé les deux sœurs, ne sont pas beaux-frères au sens de l'art. 11 de la loi du 5 mai 1855 et peuvent, dès lors, faire partie simultanément du même conseil municipal. (*Arr. du C.* 17 *mars* 1882.)

**51.** Les opérations électorales à l'effet de pourvoir au remplacement d'un conseiller municipal déclaré démissionnaire par un arrêté préfectoral, doivent être annulées lorsque l'incompatibilité qui a motivé cet arrêté résulte du mariage du conseiller municipal remplacé avec la sœur d'un autre conseiller. Dans ce cas, le sort seul devait décider lequel des deux conseillers ayant donné lieu à l'incompatibilité devait sortir du conseil municipal. (*Arr. du C.* 4 *juill.* 1879.)

**52.** Doivent être annulées les élections d'un maire et d'un adjoint, lorsque la convocation extraordinaire des conseillers municipaux à l'effet de procéder à ces élections ne contenait pas l'indication des objets spéciaux et déterminés pour lesquels avait lieu l'assemblée. (*Arr. du C.* 27 *juin* 1879.)

**53.** L'individu qui demande à figurer sur la liste électorale municipale ne peut se prévaloir de ce que le nom de son père, dont il est héritier, est porté sur le rôle des contributions directes ou des prestations en nature (*Cass.* 3 *avril*

---

1. Notons qu'il importe peu que la sentence du juge de paix ait été rendue en appel contrairement à la décision de la commission municipale. (*Voy. dans ce sens les arrêts des* 21 *mai* 1877 *et* 26 *juin* 1876.)

1875). Il doit justifier d'une inscription *nominative, directe* et *personnelle* sur le rôle (*Cass.* 17 *avril* 1878). Comme preuve, le certificat du percepteur suffit. (*Cass.* 17 avril 1878.)

**54.** L'individu qui figure depuis plusieurs années sur la liste municipale d'une commune où il n'est porté ni au rôle des contributions directes, ni à celui des prestations en nature, ne peut être maintenu sur cette liste que s'il justifie d'une résidence actuelle dans la commune à l'époque de la révision des listes. (*Cass.* 29 *mai* 1878.)

**55.** Les citoyens qui ont cessé de résider dans une commune ne peuvent être maintenus sur la liste électorale sous le prétexte qu'ils n'avaient pas perdu l'esprit de retour dans cette localité et que leurs professions les obligeaient à s'en éloigner. (*Cass.* 6 *mai* 1878.)

**56.** Nul ne peut exercer ses droits électoraux dans deux communes, mais l'électeur porté sur la liste d'une autre commune ne peut être rayé, contre son gré, d'une liste où il a également le droit de figurer. En pareil cas, il a droit d'option. (*Cass.* 17 *avril et* 6 *mai* 1878.)

**57.** Nul ne peut être électeur dans deux communes, mais si l'on paie des contributions dans deux communes, on a le droit d'option, laquelle doit se faire par écrit. On peut opter pour la commune où l'on ne réside pas (*Cass.* 16 *mai* 1877 *et* 6 *mai* 1878). On n'a pas besoin de déclarer expressément sa volonté si l'on opte pour la commune où l'on réside et paie des impôts, ou pour celle où l'on doit être inscrit d'office sur la liste électorale comme fonctionnaire (*Cass.* 26 *mars* 1877). Mais si l'on est simplement résidant (sans payer d'impôt et sans être fonctionnaire), on ne peut être inscrit que par suite d'une demande.

**58.** L'inscription personnelle au rôle des contributions ou des prestations confère seule le droit d'électorat municipal. Il ne suffit donc pas d'être le tuteur d'un mineur inscrit au rôle (*Cass.* 7 *mai* 1877), ou le mari d'une femme inscrite au rôle (*même arrêt*), l'héritier d'un père inscrit au rôle (*même arrêt*). En revanche, un propriétaire inscrit sur la liste électorale comme contribuable foncier, reste inscrit sur la liste, même après avoir vendu sa propriété. (*Cass.* 14 *mai* 1877.)

Le juge de paix apprécie souverainement si un citoyen réside depuis une année dans une commune déterminée (*Cass.* 30 *avril* 1877), ou s'il y est né ou y a tiré au sort (18 *déc.* 1876).

**59.** *Contribution inscrite au nom de la femme séparée de biens.* C'est à tort qu'un conseil de préfecture décide qu'un candidat est éligible comme payant depuis une année dans une commune une des quatre contributions directes, ou la taxe des prestations, lorsqu'il est établi que ledit candidat est marié sous le régime de la séparation de biens et que sa femme est seule nominalement inscrite aux rôles de la contribution mobilière et de la taxe des prestations. Cette inscription ne peut dès lors, par application des art. 1536 et suivants du Code civil, être considérée comme s'appliquant au mari séparé de biens. (*Arr. du C.* 27 janv. 1882.)

**60.** *Bulletin portant un signe.* Doit être consi-déré comme portant un signe extérieur le bulletin ayant au dos une croix au crayon. (*Arr. du C.* 17 *fév.* 1882.)

**61.** *Greffiers des justices de paix.* Ne sont pas éligibles aux fonctions de maire, les commis-greffiers assermentés des justices de paix auxquels est applicable la disposition de l'art. 5, § 2, de la loi du 5 mai 1855. Ces fonctionnaires font partie intégrante des tribunaux près desquels ils exercent leurs fonctions. (*Arr. du C.* 17 *fév.* 1882.)

**62.** *Médecin du bureau de bienfaisance.* Ne peut être considéré comme agent salarié d'une commune, le maire médecin du bureau de bienfaisance de ladite commune, lorsqu'il est établi que ledit maire ne reçoit aucune rémunération sur les fonds du budget communal et que l'indemnité qui lui est allouée, à raison des soins qu'il donne aux indigents, lui est payée par le bureau de bienfaisance et par l'hospice. (*Arr. du C.* 17 *mars* 1882.)

**63.** *Garde champêtre.* Aucune disposition de loi ne fait obstacle à ce qu'un garde champêtre fasse partie, en qualité d'électeur, d'un bureau électoral, lorsque d'ailleurs c'est sur le refus des électeurs présents qu'il a été appelé au bureau et que sa présence n'a donné lieu à aucune fraude. L'arrêté par lequel un conseil de préfecture a annulé des élections municipales en se fondant sur ce grief doit dès lors être annulé et les opérations électorales doivent être déclarées valables. (*Arr. du C.* 5 *mai* 1882.)

**64.** *Acte avant l'annulation de l'élection.* Tout membre d'un corps électif exerce, aussitôt après son élection et tant qu'elle n'a pas été invalidée, tous les droits conférés aux membres de ce corps. L'annulation de son élection ne peut avoir pour effet d'entraîner rétroactivement la nullité de tous les actes et délibérations auxquels il a participé ; ce principe est consacré par l'art. 9 de la loi des 15-27 mars 1791, qui décide que l'exercice provisoire demeurera à ceux dont l'élection se trouverait attaquée. (*Arr. du C.* 20 *janv.* 1882.)

**65.** *Militaires. — Étudiants.* Le militaire et l'étudiant, l'un sous les drapeaux, l'autre en prenant des inscriptions dans une Faculté de droit, conservent leur ancien domicile et résidence d'où ils ne sont qu'absents, tant qu'ils n'ont pas clairement manifesté l'intention d'en changer. En conséquence, ils doivent être inscrits sur les listes électorales de la commune de leur ancien domicile. Il n'en est pas de même du maître d'études du lycée. (*Arr. du C.* 4 avril 1883.)

**66.** *Demande de radiation.* C'est à celui qui demande la radiation du nom d'un électeur des listes électorales sur lesquelles il figurait depuis plusieurs années, qu'incombe de prouver que l'électeur ainsi inscrit avait cessé de remplir les conditions exigées par la loi. — Le droit à l'inscription sur les listes électorales résulte non du paiement par le contribuable lui-même des impôts portés à son nom, mais de son inscription personnelle sur les rôles. (*Arr. du C.* 17 avril 1883.)

**67.** *Vote dans une salle d'auberge.* L'usage d'une salle d'auberge pour la tenue du scrutin ne peut constituer un grief contre la régularité des opérations électorales, lorsqu'il est établi que ce local servait habituellement de salle de mairie et avait été loué à cet effet par la commune. (*Arr. du C. 3 nov.* 1882.)

**68.** Les dispositions pénales contenues dans les art. 19 de la loi du 2 août 1875 et 3 de la loi du 30 novembre 1875 s'appliquent exclusivement aux élections des sénateurs et des députés, que ces lois régissent spécialement, et non aux élections communales ou départementales, auxquelles aucun texte ne les a étendues.

En conséquence, la *tentative* de corruption pour influencer des votes, n'étant prévue que par les articles susvisés, n'est pas punissable lorsqu'elle se produit à l'occasion de l'élection d'un membre du conseil général. (*Cass. 9 avril* 1881.)

Pour les élections municipales, la corruption est punissable quand elle a été réalisée, c'est-à-dire, quand les dons ont été acceptés. C'est le décret du 2 février 1852 (*art.* 38) qui est applicable ici.

**69.** *Compétence des conseils de préfecture en matière de révision des listes électorales.* Un recours était formé devant le Conseil d'État par le maire d'une commune du département de la Côte-d'Or, contre un arrêté du conseil de préfecture de ce département, qui avait annulé, à la requête du préfet, les opérations de révision annuelle de la liste électorale dans la commune. Dans l'espèce, l'arrêté de réformation du conseil de préfecture était fondé sur ce que, à la suite de la publication du tableau rectificatif, faite le 15 janvier, conformément au décret du 2 février 1852, la mairie n'avait pas été ouverte aux intéressés pendant toute la durée du délai réglementaire qui leur est accordé pour présenter leurs réclamations.

Le Conseil d'État a admis le pourvoi du maire contre cet arrêté ; il a décidé que le conseil de préfecture n'était compétent, aux termes de l'art. 4 du décret de 1852, que pour apprécier la régularité des opérations mêmes de révision accomplies du 1er au 15 janvier ; qu'il n'était pas juge de l'accomplissement des formalités postérieures. En conséquence, l'arrêté attaqué a été annulé pour incompétence. (*Août* 1883.)

BIBLIOGRAPHIE.

Manuel électoral. Guide pratique de l'électeur et du maire, par Guerlin de Guer. Paris, Berger-Levrault et Cie. 1880.

Dictionnaire du droit électoral, par Adr. Bavelier. Paris, A. Rousseau. 1882.

Les Élections consulaires. Commentaire de la loi du 8 décembre 1883, par Louis Nouguier. In-8o. Marchal-Billard.

**ÉLECTRICITÉ.** Un décret du 24 février 1882 institua, au ministère des postes et des télégraphes, un laboratoire central d'électricité. (*Voy.* le rapport et le décret au *Journal officiel* du 27 février 1882.)

**EMBLÈMES SÉDITIEUX.** *Voy.* **Presse.**

**ENFANTS ASSISTES.** (*Dict.*) **1.** L'État n'est affranchi de l'obligation de concourir aux dépenses des enfants assistés jusqu'à concurrence du cinquième des dépenses intérieures, que dans le cas où le produit des fondations, dons et legs spéciaux est suffisant pour pourvoir, dans le département, non seulement à ces dépenses intérieures, mais aussi aux dépenses extérieures. (*Avis du C. 3 mars* 1882.)

**2.** Le cinquième des dépenses intérieures du service des enfants assistés, qui est à la charge de l'État, doit être calculé non sur la totalité des dépenses effectuées, mais sur le montant des dépenses, déduction faite du produit des fondations, dons, legs et amendes de police correctionnelle, répartis proportionnellement entre les dépenses intérieures et les dépenses extérieures. Le contingent des communes dans les dépenses extérieures du même service doit être calculé d'après le même mode. (*Avis du C. 5 juill.* 1883.)

**ENFANTS DE TROUPE.** (*Dict.*) La loi du 19 juillet 1884 supprime cette institution et la remplace par la création d'écoles préparatoires. Voici cette loi :

Art. 1er. Les fils des soldats, caporaux ou brigadiers, sous-officiers, officiers jusqu'au grade de capitaine inclusivement ou assimilés, admis en qualité d'enfants de troupe sur la proposition des conseils d'administration des corps, conformément aux lois et règlements en vigueur et dans les limites et conditions déterminées par le décret mentionné en l'art. 6 de la présente loi, seront laissés dans leurs familles jusqu'à l'âge de treize ans. Ils ne toucheront plus de rations de vivres, mais leurs familles recevront les allocations suivantes :

Cent francs (100 fr.) pour les enfants de deux à cinq ans ;

Cent cinquante francs (150 fr.) pour les enfants de cinq à huit ans ;

Cent quatre-vingts francs (180 fr.) pour les enfants de huit à treize ans.

Les dispositions de cet article sont applicables aux fils d'officiers supérieurs ou assimilés, décédés.

Art. 2. Il est créé six écoles militaires préparatoires, dont quatre pour l'infanterie, une pour la cavalerie, une pour l'artillerie et le génie, dans lesquelles les enfants ci-dessus mentionnés et remplissant les conditions déterminées par le décret prévu à l'art. 6 de la présente loi reçoivent, aux frais de l'État, une instruction et une éducation qui les mettent à même de servir utilement leur pays dans l'armée.

Art. 3. L'admission des élèves n'est prononcée que sur la production d'une déclaration signée par les parents ou les tuteurs, et par laquelle les enfants sont autorisés à contracter l'engagement spécifié par l'art. 5 de la présente loi.

Art. 4. Les enfants doivent avoir treize ans révolus, et moins de quatorze ans au 1er août de l'année de leur admission dans les écoles.

Art. 5. À l'âge minimum fixé par la loi sur le recrutement de l'armée pour l'admission des engagés volontaires, les élèves des écoles préparatoires reconnus aptes au service militaire sont appelés à contracter un engagement dont le terme est déterminé par la date de l'expiration légale du service dans l'armée active de la classe à laquelle ils doivent appartenir par leur âge.

L'élève engagé entre dans l'armée comme soldat. Celui qui refuse de s'engager est immédiatement rendu à ses parents et le ministre de la guerre est autorisé à exercer soit sur leur traitement, soit sur les ressources personnelles de l'enfant, une répétition égale à la moitié des frais d'entretien payés par l'État.

Le prélèvement opéré dans ces conditions sur

le traitement des parents (solde d'activité ou pension de retraite) ou les ressources personnelles de l'enfant ne pourra excéder, par an, le dixième du montant de ce traitement ou de ces ressources.

Art. 6. Un décret du Président de la République déterminera :

1° Le nombre des enfants de troupe à présenter par les conseils d'administration des corps de troupe et les conditions à remplir par les familles qui sollicitent cette faveur ;

2° L'organisation des écoles créées en vertu de l'art. 2 de la présente loi, le nombre des élèves à y admettre, ainsi que les conditions de cette admission et le nombre de places réservées à chaque arme ou service.

Art. 7. Les officiers qui font partie du personnel de ces écoles continueront à compter numériquement dans le cadre constitutif de leur corps.

Les hommes de troupe faisant partie du même personnel sont comptés en dehors des cadres des corps de troupe.

Les officiers qui font partie du personnel des écoles militaires préparatoires peuvent être pris parmi les officiers en retraite.

Art. 8. Au moment de leur création et à titre de dispositions transitoires, les écoles militaires préparatoires recevront à la fois cinq classes d'élèves de treize à dix-sept ans, qui entreront successivement dans l'armée, après une, deux, trois, quatre ou cinq années d'études.

Art. 9. Sont abrogées toutes les dispositions des lois antérieures contraires à la présente loi.

**ENFANTS EMPLOYÉS DANS L'INDUSTRIE.**

(*Dict.*) **1.** Les articles 2 et 3 du règlement d'administration publique du 22 mai 1875 (*Dictionnaire*, v° **Enfants**, *etc.*, *n°* 19) ont été modifiés ou complétés par plusieurs décrets, rendus en Conseil d'État, que nous allons reproduire.

Art. 1er. L'art. 2 du règlement ci-dessus visé est complété par un paragraphe ainsi conçu :

« Dans les verreries où le travail de nuit est partagé entre deux équipes, les enfants peuvent travailler douze fois par quinzaine avec l'équipe de nuit à laquelle ils sont attachés. » (*D. 5 mars* 1877.)

Art. 2. Le premier paragraphe de l'art. 3 du même règlement est remplacé par les dispositions suivantes : « Le travail est autorisé, aux conditions fixées par l'art. 1er, les dimanches et jours fériés, dans les sucreries pour six heures du matin à midi. Dans les verreries, il est autorisé, sauf de huit heures du matin à six heures du soir. » (*D. 5 mars* 1877.)

**2.** Le décret du 22 septembre 1879 dispose :

Art. 1er. Le travail des enfants est interdit dans les établissements dénommés au tableau A additionnel annexé au présent décret.

Art. 2. Le travail des enfants est autorisé dans les établissements dénommés au tableau B additionnel ci-après, mais seulement sous les conditions spécifiées audit tableau.

Art. 3. Sont, en conséquence, rapportées celles des dispositions du décret du 14 mai 1875 et des mentions des tableaux A et B primitifs y annexés, qui sont contraires au présent décret.

Tableau A additionnel. — *Établissements dans lesquels l'emploi des enfants est interdit.*

Allumettes chimiques (Dépôts d'), sans distinction de classe. (Danger de brûlures et d'incendie.)

Aniline (voir *Nitrobenzine* au tableau A annexé au décret du 14 mai 1875).

Benzine (voy. *Nitrobenzine* au tableau A annexé au décret du 14 mai 1875).

Chiffons (Traitement des) par la vapeur de l'acide chlorhydrique sans distinction de classe. (Émanations corrosives.)

Collodion (Fabrique de). (Danger d'explosion ou de brûlures.)

Déchets de laine (Dégraissage des), voy. *Peaux.*

Étoffes (Dégraissage des), voy. *Peaux.*

Fer (Dérochage du). (Vapeurs délétères.)

Fer (Galvanisation du). (Vapeurs délétères.)

Matières colorantes (Fabrication des) au moyen de l'aniline et de la nitrobenzine. (Émanations nuisibles.)

Nitrate de méthyle (Fabrique de). (Danger d'explosion.)

Peaux, étoffes et déchets de laine (Dégraissage des) par les huiles de pétrole et autres hydrocarbures. (Danger d'explosion et danger de brûlures.)

Sinapismes (Fabrication des) à l'aide des hydrocarbures sans distinction de classe. (Danger de brûlures.)

Sulfure d'arsenic (Fabrication du). (Danger d'empoisonnement.)

Sulfure de sodium (Fabrication du). (Émanations nuisibles.)

Tableau B additionnel. — *Établissements dans lesquels l'emploi des enfants est autorisé sous certaines conditions.*

Allumettes chimiques (Fabrication des). (Condition : Interdiction dans les locaux où l'on fond la pâte, où l'on trempe, où l'on met en paquets ou en boîtes les allumettes. Dans les autres locaux, emploi autorisé, mais pendant six heures seulement sur vingt-quatre.)

Blanchiment des fils et tissus de laine et de soie par l'acide sulfureux en dissolution dans l'eau. (Condition : Interdiction dans les locaux où se dégage l'acide sulfureux.)

Étoupe (Transformation en) des cordages hors de service, goudronnés ou non. (Condition : Interdiction dans les locaux où se dégagent des poussières.)

Peaux (Lustrage et apprêtage des). (Condition : Interdiction dans les ateliers où se dégagent des poussières.)

Réfrigération (Appareils de) par l'acide sulfureux. (Condition : Interdiction dans les locaux où se dégage l'acide sulfureux.)

Vessies nettoyées et débarrassées de toute substance membraneuse (Atelier pour le gonflement et le séchage des). (Condition : Interdiction du travail des enfants pour le soufflage. (Danger d'affections pulmonaires.)

**3.** Le décret du 31 octobre 1882 interdit le travail des enfants dans les établissements dénommés au tableau A, ci-après :

| DÉSIGNATION DES INDUSTRIES. | RAISON DE L'INTERDICTION. |
|---|---|
| Acide salicylique (fabrication au moyen de l'acide phénique). | Émanations corrosives. |
| Celluloïde et produits nitrés analogues (Fabrication du). | Vapeurs nuisibles, dangers d'explosion ou de brûlures. |
| Celluloïde et produits nitrés analogues (Ateliers de façonnage du). | Dangers d'explosion ou de brûlures. |
| Chlorures de soufre (Fabrication des). | Émanations nuisibles. |

**4.** Un deuxième décret, également du 31 octobre 1882, dispose :

Art. 1er. Il est interdit d'employer les garçons de douze à quatorze ans et les filles de douze à seize ans à traîner des fardeaux sur la voie publique.

Les garçons et les filles au-dessus de douze ans peuvent traîner des fardeaux dans l'intérieur des manufactures, usines, ateliers et chantiers, à la condition que le traînage sera effectué sur un terrain horizontal et que la charge ne dépassera pas 100 kilogr., véhicule compris.

Les garçons seuls de quatorze à seize ans seront autorisés à traîner des fardeaux sur la voie publique, à la condition que la charge ne dépassera pas 100 kilogr., véhicule compris.

Le § 3 de l'art. 3 du décret du 13 mai 1875 est et demeure abrogé.

**5.** Un troisième décret de même date interdit *aux couvreurs et aux plombiers d'employer des enfants à des travaux qui sont effectués sur les toits.*

**6.** Un décret du 3 novembre 1882 porte : ·

Art. 1er. Il est interdit d'employer les enfants aux opérations qui dégagent des poussières dans les ateliers où l'on travail à sec la corne, les os et la nacre. Il est également interdit de les employer à un travail quelconque dans les mêmes ateliers lorsque les poussières s'y dégagent librement.

Art. 2. Cette interdiction devra être ajoutée à celles déjà portées au tableau C annexé au décret du 3 mars 1877. (*Voy.* le *Bull. des lois.*)

**7.** *Inspection.* La disposition de l'art. 21 de la loi du 20 mai 1874, portant que le conseil général peut nommer un inspecteur spécial rétribué par le département, et qui sera placé sous la surveillance de l'inspecteur divisionnaire, doit être entendue en ce sens que le conseil général peut créer l'emploi. Quant au mode de nomination, il est régi par l'art. 45, § 3, aux termes duquel le conseil général détermine les conditions auxquelles sont tenus de satisfaire les candidats aux fonctions rétribuées exclusivement sur les fonds départementaux, et les règles du concours d'après lesquelles les nominations doivent être faites. Mais la nomination doit émaner du préfet, conformément aux principes généraux. (*Décis. min. int.* 20 *août* 1877. — *Bull.*)

BIBLIOGRAPHIE.

Le Travail des enfants et des filles mineures dans l'industrie, par Raoul Jay. Paris, Cotillon. 1880.

**ENFANTS EN BAS AGE.** (*Dict.,* v° **Nourrices.**) Les trois premiers chapitres de cet article reproduisent le règlement d'administration publique du 27 février 1877, les autres renferment des extraits de la circulaire du ministère de l'intérieur du 21 juillet 1882.

CHAP. I. — ORGANISATION DU SERVICE.

**1.** La surveillance instituée par la loi du 23 décembre 1874 en faveur des enfants au-dessous de deux ans placés, moyennant salaire, en nourrice, en sevrage ou en garde hors du domicile de leurs parents, est exercée, sous l'autorité du préfet, assisté du comité départemental, par des commissions locales, par les maires, par des médecins inspecteurs et par l'inspecteur des enfants assistés du département. (*D. ou Règl. d'adm. publ.* 27 *fév.* 1877.)

**2.** *Des commissions locales.* Les commissions locales, instituées conformément à l'art. 2 de la loi du 23 décembre 1874, sont présidées par le maire de la commune. L'arrêté préfectoral qui institue la commission fixe le nombre de ses membres. La commission comprend nécessairement deux mères de famille, le curé, et, dans les communes où siège un conseil presbytéral ou un consistoire israélite, un délégué de chacun des conseils.

Le médecin inspecteur, nommé en exécution de l'art. 5 de la loi, est convoqué aux séances des commissions de sa circonscription ; il y a voix consultative (*art.* 2).

**3.** Les membres des commissions sont nommés et révoqués par le préfet (*art.* 3).

**4.** A Paris et à Lyon, il y aura, dans chaque arrondissement municipal, une commission instituée conformément aux articles qui précèdent et présidée par le maire de l'arrondissement. Il pourra être adjoint à la commission des visiteurs rétribués ; leur nombre et le taux de leur traitement seront déterminés par le ministre de l'intérieur, sur la proposition du préfet de police pour Paris et du préfet du Rhône pour Lyon. Ces visiteurs assisteront aux délibérations de la commission de l'arrondissement, avec voix consultative. Le ministre de l'intérieur pourra également instituer, sur la proposition du préfet, des visiteurs rétribués dans les autres communes où la nécessité en sera reconnue (*art.* 4).

**5.** La commission se réunit au moins une fois par mois ; elle peut être convoquée extraordinairement par le maire, soit d'office, soit sur la demande d'un des membres de la commission ou du médecin inspecteur. Les séances de la commission se tiennent à la mairie (*art.* 5).

**6.** La commission répartit entre ses membres la surveillance des enfants à visiter au domicile de la nourrice, sevreuse ou gardeuse. Chaque membre doit rendre compte à la commission des faits qu'il a constatés dans ses visites périodiques (*art.* 6).

**7.** Si la commission juge que la vie ou la santé d'un enfant est compromise, elle peut, après avoir mis en demeure les parents et pris l'avis du médecin inspecteur, retirer l'enfant à la nourrice, sevreuse ou gardeuse, et le placer provisoirement chez une autre personne. Elle doit, dans les vingt-quatre heures, rendre compte de sa décision au préfet et prévenir de nouveau les parents.

En cas de péril imminent, le président de la commission prend d'urgence et provisoirement les mesures nécessaires ; il doit, dans les vingt-quatre heures, informer de sa décision la commission locale, le médecin inspecteur et le préfet, et avertir les parents. Dans les communes où il n'a pas été institué de commission locale, le maire exerce les pouvoirs conférés à ces commissions par le présent article. Les mesures prises par les autorités locales, en vertu du présent article, sont purement provisoires ; le préfet statue (*art.* 7).

**8.** La commission signale au préfet, dans un rapport annuel, les nourrices qui mériteraient une mention spéciale, à raison des bons soins qu'elles donnent aux enfants qui leur sont confiés (*art.* 8).

**9.** *Médecins inspecteurs.* Des médecins inspecteurs, institués conformément à l'art. 5 de la loi, sont chargés de visiter les enfants placés en nourrice, en sevrage ou en garde dans leur circonscription (*art.* 9).

**10.** Le médecin inspecteur doit se transporter au domicile de la nourrice, sevreuse ou gardeuse, pour y voir l'enfant, dans la huitaine du jour où, *en exécution de* l'art. 24 ci-après, il *est prévenu* par le maire de l'arrivée de l'enfant dans la commune. Il doit ensuite visiter l'enfant au moins une fois par mois et à toute réquisition du maire (*art.* 10).

**11.** Après chaque visite, le médecin inspecteur vise le carnet délivré à la nourrice, sevreuse ou gardeuse, en exécution de l'art. 30 ci-après, et il y inscrit ses observations ; il transmet au maire un bulletin indiquant la date et les résultats de sa visite. Ce bulletin est communiqué à la commission locale. En cas de décès de l'enfant, il mentionne sur le bulletin la date et les causes du décès (*art.* 11).

**12.** Le médecin inspecteur rend compte immédiatement au maire et au préfet des faits qu'il aurait constatés dans ses visites et qui mériteraient leur attention. Chaque année, il adresse un rapport sur l'état général de sa circonscription au préfet, qui le communique à l'inspecteur départemental du service des enfants assistés et au comité départemental (*art.* 12).

**13.** Si le médecin reconnaît, soit chez la nourrice, soit chez l'enfant, les symptômes d'une maladie contagieuse, il constate l'état de l'enfant et celui de la nourrice, et il peut faire cesser l'allaitement naturel. Dans ce cas, ainsi que lorsqu'il *constate une grossesse*, il *informe* le maire, qui doit aviser les parents, sans préjudice, s'il y a lieu, des mesures autorisées par l'art. 7. (*Voy. le n° 7.*)

**14.** Dès que le maire apprend qu'un enfant placé en nourrice ou en garde dans la commune est malade et manque de soins médicaux, il prévient le médecin inspecteur de la circonscription, et si celui-ci est empêché, il requiert le médecin le moins éloigné de la résidence de l'enfant. Ce dernier doit, si l'enfant succombe, mentionner les causes du décès dans un bulletin spécial, ainsi qu'il est prescrit à l'art. 11 pour le médecin inspecteur (*art.* 14).

**15.** Les médecins inspecteurs reçoivent, à titre d'honoraires, des émoluments qui sont fixés par le ministre, sur la proposition du préfet, après avis du conseil général (*art.* 15).

**16.** *De l'inspection départementale.* L'inspecteur du service des enfants assistés est chargé, sous l'autorité du préfet, de centraliser tous les documents relatifs à la surveillance instituée par la loi. Chaque année, il présente un rapport sur l'exécution du service dans le département, et il rend compte du résultat de ses tournées (*art.* 16).

**17.** *Des comités départementaux.* Les membres des comités départementaux sont nommés pour trois ans. Le membre qui sera nommé à la suite d'une vacance sortira du comité au moment où serait sorti le membre qu'il a remplacé. Les membres sortants sont rééligibles (*art.* 17).

**18.** Le comité départemental élit un président et un secrétaire. Il se réunit au moins une fois par mois. Il peut être convoqué extraordinairement par son président ou par le préfet, soit d'office, soit sur la demande d'un de ses membres (*art.* 18).

**19.** Le préfet lui communique les rapports qui lui sont envoyés par les commissions locales et par les médecins inspecteurs, ainsi que le rapport d'ensemble présenté annuellement par l'inspecteur départemental (*art.* 19).

### CHAP. II. — PLACEMENT DES ENFANTS.

**20.** *De la déclaration imposée à toute personne qui place un enfant en nourrice, en sevrage ou en garde, moyennant salaire.* Tout officier de l'état civil qui reçoit une déclaration de naissance doit rappeler au déclarant les dispositions édictées par l'art. 7 de la loi du 23 décembre 1874 (*art.* 20).

**21.** La déclaration prescrite par ledit article à toute personne qui place un enfant en nourrice, en sevrage ou en garde, moyennant salaire, est inscrite sur le registre spécial prévu par l'art. 10 de la loi. Elle est signée par le déclarant.

Elle fait connaître : 1° les nom et prénoms, le sexe, la date et le lieu de la naissance de l'enfant ; 2° s'il est baptisé ou non ; 3° les noms, prénoms, profession et domicile des parents ; 4° les nom, prénoms et domicile de la nourrice, sevreuse ou gardeuse à laquelle l'enfant est confié ; 5° les conditions du contrat intervenu avec la nourrice, sevreuse ou gardeuse (*art.* 21).

**22.** Le déclarant doit produire le carnet délivré à la nourrice. Le maire qui reçoit la déclaration transcrit sur le carnet de la nourrice les indications portées sous les n°s 1, 2, 3 et 5 de l'article précédent (*art.* 22).

**23.** Si l'enfant est envoyé dans une commune autre que celle où la déclaration est faite, le maire qui reçoit la déclaration en transmet copie dans les trois jours au maire de la commune où l'enfant doit être conduit (*art.* 23).

**24.** Le maire, averti par suite d'une déclaration faite soit par les parents, en exécution de l'art. 7 de la loi, soit par la nourrice, en exécution de l'art. 9, qu'un enfant est placé dans sa commune en nourrice, en sevrage ou en garde, moyennant salaire, doit, dans les trois jours, transmettre une copie de la déclaration au médecin inspecteur de la circonscription (*art.* 24).

**25.** *Des obligations imposées aux nourrices, sevreuses et gardeuses qui prennent des enfants chez elles moyennant salaire.* Il est interdit à toute nourrice d'allaiter un autre enfant que son nourrisson, à moins d'une autorisation spéciale et écrite donnée par le médecin inspecteur, ou, s'il n'existe pas de médecin inspecteur dans le canton, par un docteur en médecine ou un officier de santé (*art.* 25).

**26.** Nulle sevreuse ou gardeuse ne peut se charger de plus de deux enfants à la fois, à moins d'une autorisation spéciale et écrite donnée par la commission locale et, à défaut de commission locale, par le maire (**art.** 26).

**27.** Toute femme qui veut prendre chez elle un enfant en nourrice doit préalablement obtenir un certificat du maire de sa commune et un certificat médical. Elle doit, en outre, se munir du carnet spécifié à l'art. 30 (*art.* 27). [*Voy. plus loin, n° 30.*]

**28.** Le certificat délivré par le maire doit être

revêtu du sceau de la mairie et contenir les indications suivantes : 1° nom, prénoms, signalement, domicile et profession de la nourrice, date et lieu de sa naissance ; 2° état civil de la nourrice, nom, prénoms et profession de son mari ; 3° date de la naissance de son dernier enfant, et si cet enfant est vivant.

Le certificat fera connaître si le mari a donné son consentement ; il contiendra les renseignements que pourra fournir le maire sur la conduite et les moyens d'existence de la nourrice, sur la salubrité et la propreté de son habitation. Il constatera la déclaration de la nourrice qu'elle est pourvue d'un garde-feu et d'un berceau.

Sur l'interpellation du maire, la nourrice déclarera si elle a déjà élevé un ou plusieurs enfants moyennant salaire ; elle indiquera l'époque à laquelle elle a été chargée de ces enfants, la date et la cause des retraits, et si elle est restée munie des carnets qui lui auraient été précédemment délivrés. Le maire mentionnera dans le certificat les réponses de la nourrice (art. 28).

**29.** Le certificat médical est délivré par le médecin inspecteur, ou, à défaut de médecin inspecteur habitant la commune où réside la nourrice, par un docteur en médecine ou par un officier de santé ; il peut également être délivré dans la commune où la nourrice vient prendre l'enfant ; il est dûment légalisé et visé par le maire ; il doit attester : 1° que la nourrice remplit les conditions désirables pour élever un nourrisson ; 2° qu'elle n'a ni infirmités, ni maladie contagieuse ; qu'elle est vaccinée (art. 29).

**30.** Le carnet est délivré gratuitement, à Paris, par le préfet de police ; à Lyon, par le préfet du Rhône ; dans les autres communes, par le maire. La nourrice peut l'obtenir soit dans la commune où elle réside, soit dans celle où elle vient chercher un enfant ; dans ce dernier cas, elle doit produire le certificat du maire de sa commune. Elle doit se pourvoir d'un carnet nouveau chaque fois qu'elle prend un nouveau nourrisson. Le certificat délivré à la nourrice par le maire de sa commune et le certificat médical sont inscrits sur le carnet. S'ils ont été délivrés à part, ils y sont textuellement transcrits.

Le carnet est disposé de manière à recevoir en outre les mentions suivantes : 1° l'extrait de l'acte de naissance de l'enfant, la date et le lieu de son baptême, les noms, profession et demeure des parents ou des ayants droit. à défaut de parents connus, la date et le lieu de la déclaration faite en exécution de l'art. 7 de la loi ; 2° la composition de la layette remise à la nourrice ; 3° les dates des paiements des salaires ; 4° le certificat de vaccine ; 5° les dates des visites du médecin inspecteur et des membres de la commission locale, avec leurs observations ; 6° les déclarations prescrites par l'art. 9 de la loi.

Le carnet reproduit le texte des articles du Code pénal, du règlement d'administration publique et du règlement particulier fait par le préfet, en exécution de l'art. 12 de la loi, qui intéressent directement les nourrices, sevreuses ou gardeuses, les intermédiaires et les directeurs de bureaux de placement. Il contient en outre des notions élémentaires sur l'hygiène du premier âge (art. 30).

**31.** Les conditions concernant les certificats, l'inscription et le carnet sont applicables aux femmes qui veulent se charger d'enfants en sevrage ou en garde, à l'exception de la condition d'aptitude à l'allaitement au sein (art. 31).

**32.** Si l'enfant n'a pas été vacciné, la nourrice doit le faire vacciner dans les trois mois du jour où il lui a été confié (art. 32).

**33.** La nourrice, sevreuse ou gardeuse ne peut, sous aucun prétexte, se décharger, même temporairement, du soin d'élever l'enfant qui lui a été confié, en le remettant à une autre nourrice, sevreuse ou gardeuse, à moins d'une autorisation écrite donnée par les parents ou par le maire, après avis du médecin inspecteur (art. 33).

**34.** La nourrice, sevreuse ou gardeuse qui veut rendre l'enfant confié à ses soins avant qu'il lui ait été réclamé, doit en prévenir le maire (art. 34).

**35.** *Des bureaux de nourrices, des meneurs et meneuses.* La demande en autorisation d'ouvrir un bureau de nourrices ou d'exercer la profession de placer des enfants en nourrice, en sevrage ou en garde, est adressée au préfet du département où le pétitionnaire est domicilié. Elle fait connaître les départements dans lesquels celui-ci se propose de prendre ou de placer des enfants.

Le préfet communique la demande aux préfets des autres départements intéressés, et s'assure de la moralité du demandeur. Il fait examiner les locaux affectés aux nourrices et aux enfants, s'il s'agit d'un bureau de placement, ou les voitures affectées au transport des nourrices et de leurs nourrissons, s'il s'agit de meneurs ou meneuses.

L'arrêté d'autorisation détermine les conditions particulières auxquelles le permissionnaire est astreint dans l'intérêt de la salubrité, des mœurs et de l'ordre public. Ces conditions sont affichées dans l'intérieur des bureaux, ainsi que les prescriptions légales et réglementaires imposées aux directeurs de bureaux et aux meneurs et meneuses, et les peines édictées par l'art. 6 de la loi contre ceux qui refuseraient de recevoir la visite des personnes autorisées en vertu de ladite loi. L'autorisation peut toujours être retirée. Dans le cas où l'industrie doit être exercée dans plusieurs départements, il est donné avis de l'arrêté d'autorisation ou de l'arrêté de retrait aux préfets de tous les départements intéressés (art. 35).

**36.** Il est interdit aux directeurs des bureaux de nourrices et à leurs agents de s'entremettre pour procurer des nourrissons à des nourrices qui ne seraient pas munies des pièces mentionnées aux art. 27, 28, 29 et 30. (*Voy. les mêmes n° ci-dessus.*) Il est défendu aux meneurs et aux meneuses de reconduire des nourrices dans leurs communes avec des nourrissons, sans qu'elles soient munies de ces pièces (art. 36).

**37.** Les directeurs de bureaux et les logeurs de nourrices sont tenus d'avoir un registre coté et paraphé, à Paris et à Lyon, par le commissaire de police de leur quartier, et dans les autres communes, par le maire. Sur ce registre doivent être inscrits les nom et prénoms, le lieu et la date de naissance, la profession et le domicile de la nourrice, le nom et la profession de son mari (art. 37).

**38.** Aucun établissement destiné à recevoir en

nourrice ou en garde des enfants au-dessous de deux ans ne peut subsister ni s'ouvrir sans l'autorisation du préfet de police dans le département de la Seine, et des préfets dans les autres départements. L'autorisation peut toujours être retirée. Les nourrices employées dans ces établissements sont assimilées aux nourrices sur lieu (*art.* 38).

#### CHAP. III. — DES REGISTRES.

**39.** *Registres des mairies.* Il est ouvert dans chaque mairie deux registres destinés à recevoir, le premier, les déclarations imposées par l'art. 7 de la loi à toute personne qui place, moyennant salaire, un enfant *en nourrice, en sevrage ou en garde* ; le second, les déclarations imposées par l'art. 9 à toute personne qui se charge d'un enfant dans ces conditions (*art.* 39).

**40.** *Registre des médecins inspecteurs.* Le médecin inspecteur tient à jour un livre sur lequel il inscrit les nourrices, sevreuses ou gardeuses et les enfants qui leur sont confiés. Ce livre mentionne dans des colonnes spéciales : 1° les noms, prénoms, professions et adresses des nourrices, sevreuses ou gardeuses ; 2° la date des deux certificats et du carnet mentionnés à l'art. 27 du présent règlement ; 3° les nom, prénoms, sexe, état civil de l'enfant, ainsi que la date et le lieu de sa naissance ; 4° la date de son placement ; 5° la date et le motif des visites du médecin, étranger au service, qui aurait été appelé par la nourrice, ainsi que la date et le résultat de ses visites personnelles ; 6° la date et les causes du retrait de l'enfant ou du décès, s'il a eu lieu chez la nourrice ; 7° les observations concernant l'enfant et la nourrice, sevreuse ou gardeuse (*art.* 40).

**41.** *Registre des commissions locales.* Le secrétaire de la commission locale devra tenir au courant un registre en deux parties, contenant, d'une part, les délibérations et les décisions de la commission, et, d'autre part, les noms et adresses de ·toutes les nourrices, sevreuses ou gardeuses de la commune, les noms des enfants qui leur sont confiés et la date des visites faites aux nourrices, sevreuses ou gardeuses par les membres de la commission. Le médecin inspecteur appose mensuellement son visa sur ce registre (*art.* 4). [*Voy. aussi la circulaire ministérielle du 20 mars 1877.*]

#### CHAP. IV. — TRAVAIL D'ÉCRITURES IMCOMBANT AUX MUNICIPALITÉS [1].

**42.** *Rémunération des secrétaires de mairie.* Les secrétaires de mairie sont chargés d'un travail d'écritures considérable, du chef de la loi de protection ; contrairement à un préjugé très répandu et qui a trouvé de l'écho dans un certain nombre de rapports rédigés et de documents transmis par les préfectures, ce travail est nécessaire. Il n'a pas seulement pour but de fournir des données statistiques ; et, à ce point de vue, son importance est déjà insigne ainsi que l'écrivait un de mes prédécesseurs, la statistique infantile est le seul moyen de mesurer exactement l'étendue du mal et la valeur des remèdes qu'on lui oppose. Mais il faut aller plus loin et reconnaître que la tenue des registres, la délivrance

[1.] Extrait de la circulaire du ministre de l'intérieur du 21 juillet 1882.

des carnets, l'envoi des avis réglementaires, sont la condition indispensable de l'application de la loi ; à raison du préjugé auquel je viens de faire allusion, je crois devoir insister particulièrement sur ce point fondamental.

Quand on laisse, par une tolérance illégale, des nourrices se charger d'enfants, sans être munies du carnet, du certificat médical, du certificat du maire, on prive les familles d'une précieuse garantie et l'autorité d'un puissant moyen d'écarter les mauvaises nourrices, celles dont l'inaptitude physique ou l'incurie persistante compromet souvent l'existence et toujours la santé des nourrissons.

Toute personne qui place un enfant en nourrice, en sevrage ou en garde, moyennant salaire, est obligée, sous une sanction pénale, d'en faire la déclaration ; cette formalité est le point de départ de toutes les mesures protectrices. Si le registre destiné à recevoir les déclarations des parents ou des ayants droit n'est pas tenu ou l'est irrégulièrement ; si, contrairement à l'art. 23 du règlement d'administration publique, copie des déclarations n'est pas transmise aux maires des communes où les enfants sont conduits, le contrôle fait défaut, et l'une des prescriptions les plus utiles devient, on va le voir, inexécutable.

**43.** Une analyse bien simple démontre que cette proposition n'est nullement exagérée

Un enfant est conduit de la commune A, résidence de ses parents, dans la commune B, résidence de sa nourrice. Conformément à l'article précité, le maire de la commune A doit, dans les trois jours, transmettre à son collègue de la commune B copie de la déclaration qu'il a reçue.

De son côté, la nourrice, en vertu de l'art. 9 de la loi est tenue, sous les peines portées à l'art. 346 du Code pénal, de faire une déclaration à la mairie de la commune de son domicile dans les trois jours de l'arrivée de l'enfant. Elle ne s'acquitte pas de cette obligation, mais la commune A, en adressant la pièce susvisée à la commune B, permet à celle-ci de constater la négligence de la nourrice et d'en réparer les conséquences.

Que devient le moyen de contrôle, si les déclarations faites dans la commune d'origine sont irrégulièrement notifiées à la commune de placement ?

De même, les commissions locales ou les maires doivent mettre les parents en demeure de retirer à la nourrice l'enfant dont la vie ou la santé est compromise par la faute de celle-ci ; il n'est pas dans le service de mesure plus urgente et plus importante à la fois : c'est par excellence un acte de protection à l'égard de l'enfant. Mais comment le devoir des commissions et des maires peut-il être rempli, si ces autorités ne sont pas, grâce à l'échange rapide des avis réglementaires, en communication avec les parents des nourrissons ; en d'autres termes, si les écritures ne sont pas à jour ?

**44.** La surveillance n'est méthodique, générale, efficace qu'autant que les enfants sont enregistrés, exactement suivis dans tous leurs déplacements, signalés immédiatement aux commissions locales et aux médecins inspecteurs. Comme le faisait judicieusement observer la circulaire du 8 août

1881, « l'un des griefs les plus légitimes de ces derniers, celui qui détermine leurs réclamations les plus vives, est précisément l'insuffisance des indications que leur transmettent les maires au sujet de l'arrivée et du départ des enfants ».

Pour arriver à les connaître, c'est-à-dire pour être à même de les protéger, il faut obtenir des mairies la scrupuleuse exécution du travail qui leur incombe. Les dépenses qu'entraînerait un recensement à domicile, opéré par un personnel spécial, seraient hors de toute proportion avec le chiffre des crédits ; de plus, il serait indispensable que ce recensement fût ininterrompu, à cause des mutations incessantes qui se produisent dans l'effectif des nourrissons ; il faut donc s'en tenir à la procédure actuelle.

**45.** En résumé, la loi du 23 décembre 1874, le règlement d'administration publique, les instructions ministérielles, ont créé une véritable comptabilité des existences à protéger. Cette comptabilité peut être simplifiée dans certains détails, elle ne saurait être altérée dans ses traits essentiels. Elle n'est pas un accessoire plus ou moins utile du service, elle en est la base. Si l'on veut qu'elle soit régulièrement tenue, il est nécessaire d'attribuer une rémunération à ceux qui en sont chargés, aux secrétaires de mairies. Dans les communes rurales, ce sont presque toujours les instituteurs, et vous savez combien est lourd leur fardeau.

Le fonctionnement de la protection vient encore augmenter leur travail ; il n'est que juste de leur en tenir compte et l'intérêt du service l'exige. Le comité supérieur a, itérativement et de la façon la plus pressante, signalé à ma sollicitude l'urgence des allocations dont il s'agit : j'ai reconnu le bien-fondé de sa réclamation et, dans l'exposé des motifs joint au projet du budget de mon département, j'ai déclaré aux Chambres que « cette mesure d'équité, trop longtemps différée par suite de l'insuffisance des crédits, préviendrait un découragement dont les conséquences seraient déplorables ».

**46.** Afin d'éviter des inégalités de traitement difficiles à justifier et les plaintes qui en résulteraient, il me semble préférable d'allouer aux secrétaires de mairie, sur les différents points du territoire, une rémunération fixée sur la même base ; et j'estime avec le comité supérieur qu'il y a lieu de déterminer, quant à présent, le taux de cette rémunération de la manière suivante :

Un émolument de 50 centimes serait attribué aux secrétaires de mairie par chaque déclaration, dûment enregistrée, d'envoi d'un enfant en nourrice, en sevrage ou en garde (art. 7 de la loi), à la condition que copie de la déclaration eût été transmise dans les trois jours au maire de la commune, lieu de destination de l'enfant (art. 23 du règlement d'administration publique), et que, postérieurement, les notifications prescrites par l'art. 9 de la loi eussent été faites.

Un émolument d'un franc serait attribué aux secrétaires de mairie par chaque enfant placé dans leur commune, à la condition qu'il fût justifié de l'accomplissement du travail d'écritures concernant cet enfant.

Un émolument de 25 centimes serait attribué

aux secrétaires de mairie par chaque enfant sorti de leur service (changement de la résidence de la nourrice, sevreuse ou gardeuse, retrait ou décès de l'enfant), à la condition qu'il fût justifié de l'envoi des notifications de la commune d'origine, par application de l'art. 9 de la loi.

En définitive, une rémunération de 1 fr. 75 c. serait acquise aux secrétaires de mairie par chaque enfant au profit duquel les formalités protectrices auraient été intégralement remplies.

Quand l'enfant aurait été placé dans une commune autre que celle où la déclaration précitée aurait été faite, et c'est le cas habituel, 50 centimes seraient attribués au secrétaire de mairie de la commune d'origine et 1 fr. 25 c. au secrétaire de mairie de la commune de placement, la tâche de ce dernier étant de beaucoup la plus lourde....

**CHAP. V. — VÉRIFICATION DES REGISTRES PAR LES JUGES DE PAIX.**

**47.** *Indemnités de déplacement à ces magistrats.* Les registres de protection du premier âge dans les mairies doivent être cotés, parafés et vérifiés tous les ans par le juge de paix. Ce magistrat fait un rapport annuel au procureur de la République, qui le transmet au préfet, sur les résultats de cette vérification (*art. 10 de la loi*).

M. le garde des sceaux reconnaît avec moi, continue la circulaire du 21 juillet 1882, qu'il est conforme à l'esprit et au texte de la loi que la vérification dont il s'agit ait lieu sur place. C'est le seul moyen d'éviter les chances de perte des registres ; et, raison décisive, il faut qu'ils soient constamment tenus à jour, qu'ils reçoivent immédiatement les déclarations et mentions réglementaires : ils ne doivent par conséquent être jamais déplacés. Je vous prie d'inviter formellement les maires à ne s'en dessaisir dorénavant sous aucun prétexte.

D'autre part, la vérification dans les mairies entraînera pour les juges de paix, dont le traitement est très modique, des frais trop onéreux pour qu'il ne soit pas équitable de les indemniser.

Ils remplissent, il est vrai, soit comme juges, soit en qualité d'officiers auxiliaires de la police judiciaire, des fonctions qui peuvent nécessiter leur déplacement ; mais ces transports n'ont rien de régulier et il ne nous semble pas possible, à mon honorable collègue et à moi, d'imposer à ces magistrats l'obligation précitée sans compensation. M. le garde des sceaux estime, et je partage son appréciation, que les indemnités pourraient être calculées sur les bases du tarif des transports en matière criminelle, c'est-à-dire 12 fr. au delà de 20 kilomètres, 9 fr. au delà de 5 kilomètres ; pour les parcours qui ne dépassent pas 5 kilomètres, il n'est alloué aucune indemnité...

Mon intention est de me concerter avec M. le garde des sceaux en vue d'obtenir que les juges de paix profitent de leur déplacement pour vérifier, en même temps que les registres, les décomptes sur le vu desquels seront liquidés les émoluments des secrétaires de mairie. Ce sera un très utile service rendu à votre administration, et cette considération, vous le reconnaîtrez, est un motif de plus pour que les juges de paix, s'il est impossible de leur allouer une rémunération dans l'acception véritable du terme, reçoivent du moins une indemnité et ne soient pas obligés de subir, par suite de leurs concours à l'exécution de la loi, une perte d'argent....

CHAP. VI. — **MODE ET TAUX DE LA RÉMUNÉRATION DES MÉDECINS INSPECTEURS.**

**48.** La circulaire de mon prédécesseur, en date du 8 août dernier, a eu pour principal objet le mode et le taux de la rémunération des médecins inspecteurs ; elle a vivement recommandé, à la suite d'études approfondies du comité supérieur et sur son avis unanime, la substitution, soit à l'indemnité fixe, soit à l'abonnement par an et par enfant, de la rémunération par enfant.

Je vous prie, Monsieur le Préfet, de signaler de nouveau au conseil général les grands avantages de cette mesure, si elle n'est pas déjà adoptée dans votre département. L'expérience fait ressortir de plus en plus, elle confirme pleinement les prévisions du comité supérieur et de mon administration.....

**49.** La production de mémoires n'est pas même demandée au médecin inspecteur ; il suffit qu'au cours de sa visite il écrive sur son carnet à souche les observations sommaires que lui suggère l'état de l'enfant, qu'il détache et groupe les feuilles et les fasse parvenir mensuellement à la préfecture. Est-ce là une procédure méticuleuse et gênante ?

D'un autre côté, est-il besoin de le dire, elle ne doit émouvoir à aucun degré la susceptibilité très légitime d'un corps au désintéressement duquel il est rendu un universel hommage ; si l'envoi mensuel des bulletins est demandé, c'est exclusivement afin de mettre le préfet à même d'en profiter, de donner aux constatations médicales une sanction, d'intervenir auprès de qui de droit, d'user, en un mot, des pouvoirs que la loi lui confère dans l'intérêt de l'enfant. Ce but essentiel de l'inspection serait manqué si la transmission des bulletins devait s'opérer à des intervalles éloignés.

Je suis d'ailleurs persuadé que, dans les cas d'urgence, les médecins inspecteurs n'attendent pas l'échéance du mois et font l'envoi immédiat des bulletins.

Si, contrairement à mes prévisions, une question toujours respectable de dignité professionnelle était soulevée, à l'occasion de l'innovation si utile dont je vous entretiens, il vous serait facile de rectifier l'interprétation absolument erronée qui aurait provoqué de tels scrupules.

**50.** Quant à l'indemnité offerte, elle devrait être la *compensation des pertes de temps et des frais de déplacement* auxquels le médecin inspecteur veut bien s'astreindre ; le taux de cette indemnité peut être très acceptable, tout en restant de beaucoup inférieur à celui des honoraires demandés à la clientèle. En effet, le médecin est obligé de donner des soins au malade, dès qu'ils sont réclamés. Ces exigences sont loin de concorder avec la facilité des tournées.

Au contraire, le médecin inspecteur verra à la même date tous les enfants placés dans une des communes de sa circonscription ; en dehors des visites faites sur réquisition et qui ont un caractère exceptionnel, il a un mois pour opérer son inspection, et il lui sera souvent loisible de la faire coïncider avec les déplacements qu'entraînent les besoins de la clientèle. Rien de plus légitime que cette manière de procéder ; mais la différence des situations explique et justifie un écart considérable entre les deux chiffres respectifs des deux catégories d'émoluments.

**51.** Le principe de la rémunération par visite admis, il convient, comme l'indiquait la circulaire du 8 août 1881, « de rechercher si l'honoraire alloué par visite doit être uniforme dans une même circonscription médicale, ou s'il est préférable de tenir compte de la distance qui sépare le domicile du médecin inspecteur des différentes communes de sa circonscription ».

Dans le cas où cette dernière solution prévaudrait, les frais de déplacement ne seraient, en général, alloués au médecin inspecteur qu'une fois par commune et par mois, sauf quand il s'agirait de visites sur réquisition, car, ainsi qu'il est dit plus haut, la visite mensuelle des enfants placés dans une même commune se fera le plus souvent le même jour.

CHAP. VII. — **INSTRUCTIONS POUR L'ÉTABLISSEMENT DES PROPOSITIONS BUDGÉTAIRES.**

**52.** Je vous prie, Monsieur le Préfet, dit la circulaire du 21 juillet 1882, de comprendre dans vos propositions budgétaires l'allocation d'émoluments aux secrétaires de mairie et d'indemnités de déplacement aux juges de paix : ces émoluments et ces indemnités seront calculés sur les bases ci-dessus indiquées.

Vous aurez, bien entendu, pour dégager le chiffre afférent aux émoluments de secrétaires de mairie, à tenir compte, d'après les constatations antérieures, du nombre approximatif total des enfants qui passent annuellement par le service et non des effectifs présents à telle ou telle époque de l'année. C'est, au contraire, la moyenne de ces effectifs qu'il faut envisager pour déterminer le crédit affecté à la rémunération des médecins inspecteurs, quand celle-ci a lieu par visite.

**53.** En ce qui concerne la fixation de la somme nécessaire au paiement des frais de déplacement des juges de paix, elle se résout, comme vous l'avez remarqué, en une série de calculs qui ne laissent place à aucune incertitude.

Enfin, quant à la rémunération des médecins inspecteurs, vous aurez à rechercher très attentivement si elle est suffisante et, dans le cas contraire, à demander au conseil général de l'élever à un taux convenable.

L'inspection des enfants assistés vous prêtera, je n'en doute pas, pour ces *différentes études* le concours le plus diligent...

**ENREGISTREMENT. 1.** *Maximum des remises.* Le décret du 7 novembre 1881 porte ce qui suit :

Art. 1er. Est abrogée, à compter du 1er janvier 1882, la disposition du décret du 25 octobre 1865 qui fixe à douze mille francs le maximum des remises annuelles des receveurs de l'enregistrement, des domaines et du timbre.

Art. 2. A partir de la même époque, il est alloué :

Sur les recettes de 2,000,000 à 3,000,000 de francs une remise de 0f,10 p. 100.

Sur les recettes de 3,000,000 à 6,000,000 de francs une remise de 0f,05 p. 100.

Sur les recettes au-dessus de 6,000,000 de francs une remise de 0f,01 p. 100.

Art. 3. Est maintenu, sans modification, le tarif des remises tel qu'il est établi par le décret du 29 mars 1876 sur les recettes annuelles n'excédant pas deux millions de francs.

**2.** *Actes des notaires.* Les préposés de l'enregistrement ne peuvent faire aucune perquisition dans les études des notaires ; des recherches ne leur sont permises que dans les répertoires et papiers qui leur sont communiqués par le notaire lui-même. La nomination d'un notaire étranger comme dépositaire des minutes, toutes les fois qu'une circonstance quelconque donne lieu à cette nomination, ne peut avoir pour effet d'étendre les droits de l'administration ; aucun texte de loi n'autorise ses préposés à exiger, dans ce cas, qu'il soit procédé en leur présence à la levée des scellés, à l'examen, à la constatation, au récolement ou à l'inventaire des papiers trouvés dans l'étude ou ses dépendances. Mais ils peuvent se présenter en l'étude du notaire absent ou décédé, au jour où il doit être procédé à ces opérations, et réclamer à ce moment les communications auxquelles ils ont droit. (*Angers* 13 *juill.* 1881. *Voy.* DALLOZ, *Code annoté de l'enregistrement,* nos 5012 *et suiv.*)

**3.** *Délibérations des conseils généraux.* Les délibérations des conseils généraux ou des commissions départementales fixant, en vertu des art. 44 et 86 de la loi du 10 août 1871, la largeur des chemins vicinaux, ayant pour effet immédiat d'incorporer à la voie publique les terrains compris dans les limites qu'elles déterminent, et constituant par conséquent des actes translatifs de propriété, doivent être enregistrées sur la minute dans le délai de 20 jours, conformément à l'art. 78 de la loi du 15 mai 1818. (*Cass.* 20 *juin* 1882.)

Dans la pratique, il est rédigé une double minute ; l'une, dans le registre des délibérations, n'est pas déplacée, l'autre, sur une feuille séparée, est signée du président et du secrétaire du conseil général. C'est cette feuille qui est présentée au bureau de l'enregistrement.

**4.** Le droit d'enregistrement applicable à une transmission immobilière est acquis au Trésor par le seul fait de l'existence d'un acte revêtu de toutes les formalités extérieures propres à constater la mutation ; il est dès lors exigible, sans que l'administration, qui n'est pas juge de la validité des actes, ait à se préoccuper des causes d'annulation dont peut être affecté le contrat renfermant la mutation.

Nous ne pouvons accepter cette doctrine. Le droit de *mutation,* selon nous, n'est dû que si la mutation a *lieu;* l'acte qui ne peut être suivi d'effet n'est qu'un morceau de papier sans valeur. Voici d'ailleurs la fin de l'arrêt :

Et si un complément est dû, l'action en recouvrement de ce complément ne peut être arrêtée sur le fondement d'une nullité qui, n'étant d'ailleurs, ni légalement constatée, ni judiciairement prononcée, n'est pas opposable à l'administration. (*Cass.* 14 *déc.* 1881.)

Donc, si l'annulation était « judiciairement prononcée », elle pourrait être opposée à l'administration. Nous l'admettons ; mais n'y a-t-il pas là contradiction, ou est-ce seulement un manque de clarté?

**5.** Il n'y a obligation pour les tribunaux d'or-

donner l'enregistrement d'un acte qu'autant qu'il est réellement produit devant eux ; il ne suffit pas que les clauses de la convention soient rappelées dans les plaidoiries. (*C. de Nancy* 29 *avril* 1876.)

**6.** La règle suivant laquelle tout acte translatif comprenant des meubles et des immeubles donne lieu au droit de transmission immobilière sur la totalité du prix, à défaut d'estimation des meubles article par article, et de stipulation d'un prix particulier, ne s'applique pas au cas où les meubles consistent en valeurs industrielles assujetties au droit spécial de transmission. (*Trib. d'Avignon* 22 *mars* 1877.)

**7.** Les dispositions de la loi de l'enregistrement concernant les locations verbales d'immeubles ne s'appliquent pas à la concession, par une compagnie de chemin de fer, d'un employé, d'un logement dans les bâtiments d'une gare, alors que cet employé doit demeurer dans cette gare pour les besoins du service. Il en est ainsi lors même que la compagnie fait subir à l'employé une retenue de traitement correspondant à la valeur locative du logement. (*Trib. de Toulon* 8 *déc.* 1878.)

**8.** *Cimetière.* Le droit dérivant d'une concession dans un cimetière est un droit personnel plutôt que réel ; en conséquence, les dispositions de la loi fiscale concernant les mutations verbales de biens immeubles et de droits immobiliers proprement dits ne lui sont point applicables. (*Décis. de l'adm. de l'Enregistr.* 15 *oct.* 1877.)

**9.** *Acte administratif.* Les traités passés en la forme administrative, qui portent règlement des sommes dues par l'administration de la marine aux compagnies de chemins de fer pour le transport des marins réservistes, sont exempts du timbre et de l'enregistrement, comme constituant des actes administratifs de la nature de ceux qui ne sont pas soumis à ces formalités. (*Décis. min. Fin.* 10 *oct.* 1877.)

**10.** Le jugement qui prononce la révocation d'une donation pour cause d'ingratitude, est sujet, non à un simple droit fixe, mais au droit proportionnel de vente immobilière. Ce droit comprend, outre le droit de mutation à 4 p. 100, celui de transcription à 1 fr. 50 c. p. 100. (*Décis. adm. de l'Enregistr.* 18 *juill.* 1876.)

S'agit-il ici d'un second droit, et qui doit ce droit, celui qui rentre dans ses fonds ? Il nous semble peu probable que le législateur ait prévu ce cas.

**11.** *Rétroactivité.* Les droits d'enregistrement doivent être perçus conformément à la loi en vigueur à l'époque où ils se sont ouverts et ont été, par suite, acquis au Trésor. Mais il y a à distinguer : un décès a lieu sous le régime d'une loi fiscale, les droits de succession sont dus conformément à cette loi, mais le partage de la succession peut se faire plus tard, sous l'empire d'une autre législation, et l'acte de partage sera enregistré et chargé des taxes que cette dernière exige. (*Cass.* 26 *juin* 1878.)

**12.** *Droit fixe.* C'est au droit fixe ordinaire et non au droit gradué qu'est assujetti l'acte notarié portant quittance d'une créance de l'État et mainlevée de l'inscription prise pour garantie de cette créance. (*Décis. admin.* 25 *juill.* 1876.)

**13.** *Legs non accepté.* Le legs fait à une association religieuse qui n'a pas d'existence légale ne pouvant être recueilli par elle, la chose qui en fait l'objet appartient à l'héritier et doit, par conséquent, être assujettie au droit de mutation d'après son degré de parenté avec le défunt. (*Trib. de Chambéry* 13 *mars* 1877.) Il en est de même pour la chose léguée à une commune, lorsque celle-ci n'accepte pas le legs. (*Même jugement.*) [ *Voy. aussi* **Valeurs mobilières.**]

###### BIBLIOGRAPHIE

Dictionnaire pratique de tous les droits d'enregistrement, etc., par Alex. Michaux. 3ᵉ édit. Paris, Marchal, Billard et Cⁱᵉ. 1876.

Code de l'enregistrement, du timbre, des droits d'hypothèque, etc., par Dalloz et Vergé, avec la collaboration de N. Gavois et Jules Janet. Paris, bureau de la *Jurisprudence générale.* 1878.

Traité d'enregistrement et du timbre, par Ducroquet et Astrie. Paris, Delamotte. 1878.

Encyclopédie du notariat et de l'enregistrement, par Ch. Lansel. Tomes I à III. Paris, Marchal et Billard. 1878.

Répertoire général et raisonné de l'enregistrement, par D. Garnier. 6ᵉ édit. 5 vol. in-4º. Paris, Delamotte. 1878.

Traité théorique et pratique des droits d'enregistrement, par E. Naquet. 3 vol. Paris, Delamotte. 1882.

**ENSEIGNEMENT AGRICOLE.** (*Dict.*) **1.** La loi du 9 août 1876 a créé un *Institut agronomique,* école supérieure d'agriculture « destinée à l'étude et à l'enseignement des sciences dans leurs rapports avec l'agriculture ». Cette école est annexée au Conservatoire des arts et métiers. Les professeurs sont nommés au concours ; les élèves sont externes et payants, mais il y a des bourses. A la suite d'examens de fin d'études, on peut recevoir un diplôme. Les deux premiers élèves sortants peuvent recevoir une mission complémentaire d'études. Un champ d'expérience est rattaché à l'Institut agronomique.

**2.** La loi du 16 juin 1879, relative à l'enseignement départemental et communal de l'agriculture, est ainsi conçue :

Art. 1ᵉʳ. Dans le délai de six ans à partir de la promulgation de la présente loi, il sera établi une chaire d'agriculture, d'après les règles ci-après, dans les départements non dotés déjà de cette institution.

Le programme de l'enseignement comprendra toutes les branches de l'exploitation agricole, et plus spécialement l'étude des cultures de la région.

Art. 2. Les professeurs départementaux d'agriculture seront choisis au concours, sur le rapport d'un jury composé par le ministre de l'agriculture et constitué de la façon suivante :

1º L'inspecteur général d'agriculture, président ;

2º L'inspecteur d'académie ;

3º Un professeur de chimie ou de physique ;

4º Un professeur de sciences naturelles.

Ces deux derniers examinateurs devront être choisis dans le personnel enseignant de l'Institut agronomique ou d'une école d'agriculture, et, à leur défaut, appartenir à l'Université de l'État ;

5º Un professeur de l'école vétérinaire ou de l'école de médecine la plus rapprochée, ou un vétérinaire diplômé ;

6º Trois agriculteurs choisis par la commission départementale, parmi les membres des associations agricoles du département, sur des listes dressées par chacune de ces associations ;

7º Un conseiller général désigné par ses collègues.

Les professeurs d'agriculture seront nommés par arrêté concerté entre le ministre de l'agriculture et le ministre de l'instruction publique.

Art. 3. Le concours aura lieu au chef-lieu de département ; il portera sur les principes généraux de l'agriculture, de la viticulture, de l'arboriculture et de l'horticulture, et sur les sciences dans leurs applications à la situation, à la production et au climat du département.

Art. 4. Le programme du concours sera arrêté par les ministres de l'agriculture et de l'instruction publique, après avis des associations agricoles et du conseil général du département.

Art. 5. Les candidats devront, pour être admis au concours, être Français et âgés de vingt-cinq ans au moins. S'ils produisent le diplôme de bachelier ès sciences ou celui de l'Institut agronomique ou d'une école d'agriculture, il leur sera attribué un certain nombre de points qui sera fixé par le ministre de l'agriculture.

Art. 6. Les professeurs d'agriculture seront chargés de leçons à l'école normale primaire, près de laquelle ils devront, autant que possible, avoir leur résidence, aux autres établissements d'instruction publique, s'il y a lieu, et de conférences agricoles dans les différentes communes du département, aux instituteurs et agriculteurs de la région.

Art. 7. Le traitement du professeur départemental d'agriculture sera payé sur les fonds du budget du ministère d'agriculture et sur ceux du budget du ministère de l'instruction publique.

Les frais de tournées seront à la charge du département.

Art. 8. Les attributions et les conditions de révocation des professeurs d'agriculture départementaux seront déterminées par un règlement d'administration publique.

Le règlement déterminera le traitement des professeurs départementaux.

Il fixera le minimum des frais de tournées des professeurs d'agriculture par rapport à chaque département, après avis du conseil général.

Art. 9. Les professeurs d'agriculture actuellement en exercice, qu'ils aient ou non été nommés à la suite d'un concours, ne seront pas soumis aux épreuves d'un nouveau concours.

Art. 10. Trois ans après l'organisation complète de l'enseignement de l'agriculture dans les écoles normales primaires, les notions élémentaires d'agriculture seront comprises dans les matières obligatoires de l'enseignement primaire.

Toutefois, dans les départements où l'enseignement de l'agriculture sera organisé à l'école normale primaire depuis plus de trois années, le conseil départemental de l'instruction publique pourra décider l'obligation de ce même enseignement dans toutes les écoles primaires du département.

Les programmes de cet enseignement dans chaque département seront arrêtés après avis du conseil départemental de l'instruction publique.

**3.** L'instruction du ministre de l'agriculture et

du commerce adressée aux professeurs départementaux d'agriculture est du 15 janvier 1881 ; on la trouvera dans le *Journal officiel* du 17 du même mois.

**ENSEIGNEMENT INDUSTRIEL.** (*Dict.*) La loi du 10 mars 1881 a créé à Lille une école d'arts et métiers, et une autre loi de même date, à Nevers, une école nationale professionnelle spéciale à la grosse chaudronnerie et aux grandes constructions de fer. Une loi du 15 juin 1881 a établi une école nationale d'arts décoratifs et un musée décoratif à Limoges. Enfin, Roubaix a, de son côté, été doté d'une école nationale des arts industriels par une loi du 18 août 1881.

**ÉPAVES.** (*Dict.*) *Épaves maritimes.* **1.** Sous cette dénomination on comprend les objets recueillis soit à la mer, soit sur les côtes, soit même dans les fleuves et rivières.

Elles peuvent provenir d'un naufrage connu, du crû de la mer ou d'événements de mer non signalés. La condition des unes et des autres est déterminée par l'ordonnance d'août 1681, à laquelle se réfère l'art. 717 du Code civil.

**2.** Les prescriptions de l'ordonnance d'août 1669 qui attribuent à l'État les épaves trouvées dans les fleuves et rivières, ne concernent que la partie de ces cours d'eau non comprise dans les limites de l'inscription maritime, par la raison que l'ordonnance de 1681, livre IV, titre XIX, art. 19 et 20, considère comme épaves maritimes tous les objets tirés du fond, trouvés sur les flots, grèves et rivages de la mer, et d'un autre côté, le commentaire sur l'art. 1er du titre VII, livre IV, assimile *à la mer et ses rivages, les rivières et leurs bords*, depuis leurs embouchures jusqu'aux lieux où se font sentir les grandes marées. (*Circ. min. de la mar.* 11 *juill.* 1854, *min. des trav. publ.* 21 *nov.* 1852, *min. des fin.* 21 *déc.* 1853.)

C. B.

**ÉPIDÉMIE.** (*Dict.*) **1.** Il doit y avoir un médecin des épidémies dans chaque arrondissement, et le décret du 13 avril 1861 en a attribué la nomination aux préfets ; ils pourraient, d'ailleurs, si la nécessité en était démontrée, nommer des médecins adjoints.

Quant aux conseils d'hygiène et de salubrité, institués dans chaque arrondissement par l'arrêté du chef du pouvoir exécutif du 18 décembre 1848, ils doivent, aux termes de l'acte qui a réglé leur organisation, être consultés sur les mesures à prendre pour prévenir et combattre les maladies endémiques, épidémiques et transmissibles ; le préfet devra donc, selon les circonstances, avoir recours à leurs lumières et les réunir aussi souvent qu'il sera nécessaire (*Circ. Com.* 23 *juin* 1884.)

**2.** Par une circulaire du 14 août 1884, le ministre du commerce invite les préfets à faire voter des fonds par les conseils généraux, afin que les conseils d'hygiène aient les ressources nécessaires pour combattre les épidémies.

**3.** Le *Journal officiel* du 4 juillet 1884 publie le tableau des précautions à prendre en temps de choléra ; ce tableau a été rédigé par le conseil d'hygiène publique.

**4.** Un travail analogue, émané également du conseil d'hygiène publique, a été publié concernant la diphtérie. On le trouve dans le *Temps* du

28 mai 1884 et dans d'autres journaux de l'époque. (*Voy.* **Comité d'hygiène, Régime sanitaire.**)

**ÉPIZOOTIE.** (*Dict.*) Nous nous bornons à reproduire la loi du 21 juillet 1881. On trouvera le règlement d'administration publique du 22 juin 1882 au *Journal officiel* du 25 juin 1882 ou au *Bulletin des lois* de 1882, n° 738.

SOMMAIRE.

CHAP. I. MALADIES CONTAGIEUSES DES ANIMAUX ET MESURES SANITAIRES QUI LEUR SONT APPLICABLES, 1 à 16.

    II. INDEMNITÉS, 17 à 23.

    III. IMPORTATION ET EXPORTATION DES ANIMAUX, 24 à 29.

    IV. PÉNALITÉS, 30 à 36.

    V. DISPOSITIONS GÉNÉRALES, 37 à 41.

CHAP. I. — MALADIES CONTAGIEUSES DES ANIMAUX ET MESURES SANITAIRES QUI LEUR SONT APPLICABLES.

**1.** Les maladies des animaux qui sont réputées contagieuses et qui donnent lieu à l'application des dispositions de la présente loi sont :

La peste bovine dans toutes les espèces de ruminants :

La péripneumonie contagieuse dans l'espèce bovine ;

La clavelée et la gale dans les espèce ovine et caprine ;

La fièvre aphtheuse dans les espèces bovine, ovine, caprine et porcine ;

La morve, le farcin, la dourine dans les espèces chevaline et asine ;

La rage et le charbon dans toutes les espèces. (*L.* 21 *juill.* 1881, *art.* 1er.)

**2.** Un décret du Président de la République, rendu sur le rapport du ministre de l'agriculture et du commerce, après avis du comité consultatif des épizooties, pourra ajouter à la nomenclature des maladies réputées contagieuses dans chacune des espèces d'animaux énoncées ci-dessus, toutes autres maladies contagieuses, dénommées ou non, qui prendraient un caractère dangereux.

Les dispositions de la loi de 1881 pourront être étendues, par un décret rendu dans la même forme, aux animaux d'espèces autres que celles ci-dessus désignées (*art.* 2).

**3.** Tout propriétaire, toute personne ayant, à quelque titre que ce soit, la charge des soins ou la garde d'un animal atteint ou soupçonné d'être atteint d'une maladie contagieuse, dans les cas prévus par les art. 1er et 2, est tenu d'en faire sur-le-champ la déclaration au maire de la commune où se trouve cet animal.

Sont également tenus de faire cette déclaration tous les vétérinaires qui seraient appelés à le soigner.

L'animal atteint ou soupçonné d'être atteint de l'une des maladies spécifiées dans l'art. 1er devra être immédiatement, et avant même que l'autorité administrative ait répondu à l'avertissement, séquestré, séparé et maintenu isolé autant que possible des autres animaux susceptibles de contracter cette maladie.

Il est interdit de le transporter avant que le vétérinaire délégué par l'administration l'ait examiné. La même interdiction est applicable à l'enfouissement, à moins que le maire, en cas d'urgence, n'en ait donné l'autorisation spéciale (*art.* 3).

**4.** Le maire devra, dès qu'il aura été prévenu, s'assurer de l'accomplissement des prescriptions contenues dans l'article précédent et y pourvoir d'office, s'il y a lieu.

Aussitôt que la déclaration prescrite par le § 1er de l'article précédent a été faite, ou, à défaut de déclaration, dès qu'il a connaissance de la maladie, le maire fait procéder sans retard à la visite de l'animal malade ou suspect par le vétérinaire chargé de ce service.

Ce vétérinaire constate et, au besoin, prescrit la complète exécution des dispositions du troisième alinéa de l'art. 3 et les mesures de désinfection immédiatement nécessaires.

Dans le plus bref délai, il adresse son rapport au préfet (*art.* 4).

**5.** Après la constatation de la maladie, le préfet statue sur les mesures à mettre à exécution dans le cas particulier. Il prend, s'il est nécessaire, un arrêté portant déclaration d'infection.

Cette déclaration peut entraîner, dans les localités qu'elle détermine, l'application des mesures suivantes :

1° L'isolement, la séquestration, la visite, le recensement et la marque des animaux et troupeaux dans les localités infectées ;

2° L'interdiction de ces localités ;

3° L'interdiction momentanée ou la réglementation des foires et marchés, du transport et de la circulation du bétail ;

4° La désinfection des écuries, étables, voitures ou autres moyens de transport, la désinfection ou même la destruction des objets à l'usage des animaux malades ou qui ont été souillés par eux, et généralement des objets quelconques pouvant servir de véhicules à la contagion (*art.* 5).

Un règlement d'administration publique déterminera celles de ces mesures qui seront applicables suivant la nature des maladies (*art.* 5).

**6.** Lorsqu'un arrêté du préfet a constaté l'existence de la peste bovine dans une commune, les animaux qui en sont atteints et ceux de l'espèce bovine qui auraient été contaminés, alors même qu'ils ne présenteraient aucun signe apparent de maladie, sont abattus par ordre du maire, conformément à la proposition du vétérinaire délégué et après évaluation.

Il est interdit de suspendre l'exécution desdites mesures pour traiter les animaux malades, sauf les cas et sous les conditions qui seraient spécialement déterminés par le ministre de l'agriculture et du commerce, sur l'avis du comité consultatif des épizooties (*art.* 6).

**7.** Dans le cas prévu par l'article précédent, les animaux malades sont abattus sur place, sauf le cas où le transport du cadavre au lieu de l'enfouissement sera déclaré par le vétérinaire plus dangereux que celui de l'animal vivant ; le transport en vue de l'abatage peut être autorisé par le maire, conformément à l'avis du vétérinaire délégué, pour ceux qui ont été seulement contaminés (*art.* 7).

Les animaux des espèces ovine et caprine qui ont été exposés à la contagion sont isolés et soumis aux mesures sanitaires déterminées par le règlement d'administration publique rendu pour l'exécution de la loi (*art.* 7).

**8.** Dans le cas de morve constatée, et dans le cas de farcin, de charbon, si la maladie est jugée incurable par le vétérinaire délégué, les animaux doivent être abattus sur ordre du maire.

Quand il y a contestations sur la nature ou le caractère incurable de la maladie entre le vétérinaire délégué et le vétérinaire que le propriétaire aurait fait appeler, le préfet désigne un troisième vétérinaire, conformément au rapport duquel il est statué (*art.* 8).

**9.** Dans le cas de péripneumonie contagieuse, le préfet devra ordonner l'abatage, dans le délai de deux jours, des animaux reconnus atteints de cette maladie par le vétérinaire délégué, et l'inoculation des animaux d'espèce bovine, dans les localités reconnues infectées de cette maladie.

Le ministre de l'agriculture aura le droit d'ordonner l'abatage des animaux d'espèce bovine ayant été dans la même étable, ou dans le même troupeau, ou en contact avec des animaux atteints de péripneumonie contagieuse (*art.* 9).

**10.** La rage, lorsqu'elle est constatée chez les animaux, de quelque espèce qu'ils soient, entraîne l'abatage, qui ne peut être différé sous aucun prétexte.

Les chiens et les chats suspect de rage doivent être immédiatement abattus. Le propriétaire de l'animal suspect est tenu, même en l'absence d'un ordre des agents de l'administration, de pourvoir à l'accomplissement de cette prescription (*art.* 10).

**11.** Dans les épizooties de clavelée, le préfet peut, par arrêté pris sur l'avis du comité consultatif des épizooties, ordonner la clavelisation des troupeaux infectés.

La clavelisation ne devra pas être exécutée sans autorisation du préfet (*art.* 11).

**12.** L'exercice de la médecine vétérinaire dans les maladies contagieuses des animaux est interdit à quiconque n'est pas pourvu du diplôme de vétérinaire.

Le Gouvernement, sur la demande des conseils généraux, pourra ajourner, par décret, dans les départements, l'exécution de cette mesure, pendant une période de six années à partir de la promulgation de la présente loi (*art.* 12).

**13.** La vente ou la mise en vente des animaux atteints ou soupçonnés d'être atteints de maladies contagieuses est interdite.

Le propriétaire ne peut s'en dessaisir que dans les conditions déterminées par le règlement d'administration publique prévu à l'art. 5.

Ce règlement fixera pour chaque espèce d'animaux et maladie le temps pendant lequel l'interdiction de vente s'appliquera aux animaux qui ont été exposés à la contagion (*art.* 13).

**14.** La chair des animaux morts de maladies contagieuses, quelles qu'elles soient, ou abattus comme atteints de la peste bovine, de la morve, du farcin, du charbon et de la rage, ne peut être livrée à la consommation.

Les cadavres ou débris des animaux morts de la peste bovine et du charbon, ou ayant été abattus comme atteints de ces maladies, devront être enfouis avec la peau tailladée, à moins qu'ils ne soient envoyés à un atelier d'équarrissage régulièrement autorisé.

Les conditions dans lesquelles devront être exécutés le transport, l'enfouissement ou la destruction des cadavres, seront déterminées par le règlement d'administration publique prévu à l'art. 5 (*art.* 14).

**15.** La chair des animaux abattus comme ayant été en contact avec des animaux atteints de la peste bovine peut être livrée à la consommation, mais leurs peaux, abats et issues ne peuvent être sortis du lieu de l'abattage qu'après avoir été désinfectés (*art.* 15).

**16.** Tout entrepreneur de transport par terre ou par eau qui aura transporté des bestiaux devra, en tout temps, désinfecter, dans les conditions prescrites par le règlement d'administration publique, les véhicules qui auront servi à cet usage (*art.* 16).

### CHAP. II. — INDEMNITÉS.

**17.** Il est alloué aux propriétaires des animaux abattus pour cause de peste bovine, en vertu de l'art. 7, une indemnité des trois quarts de leur valeur avant la maladie.

Il est alloué aux propriétaires d'animaux abattus pour cause de péripneumonie contagieuse ou morts par suite de l'inoculation, en vertu de l'art. 9, une indemnité ainsi réglée :

La moitié de leur valeur avant la maladie, s'ils en sont reconnus atteints ;

Les trois quarts, s'ils ont seulement été contaminés ;

La totalité, s'ils sont morts des suites de l'inoculation de la péripneumonie contagieuse.

L'indemnité à accorder ne peut dépasser la somme de 400 fr. pour la moitié de la valeur de l'animal, celle de 600 fr. pour les trois quarts, et celle de 800 fr. pour la totalité de sa valeur (*art.* 17).

**18.** Il n'est alloué aucune indemnité aux propriétaires d'animaux importés des pays étrangers, abattus pour cause de péripneumonie contagieuse dans les trois mois qui ont suivi leur introduction en France (*art.* 18).

**19.** Lorsque l'emploi des débris d'un animal abattu pour cause de peste bovine ou de péripneumonie contagieuse a été autorisé pour la consommation ou un usage industriel, le propriétaire est tenu de déclarer le produit de la vente de ces débris.

Ce produit appartient au propriétaire ; s'il est supérieur à la portion de la valeur laissée à sa charge, l'indemnité due par l'État est réduite de l'excédent (*art.* 19).

**20.** Avant l'exécution de l'ordre d'abatage, il est procédé à une évaluation des animaux par le vétérinaire délégué et un expert désigné par la partie.

A défaut, par la partie, de désigner un expert, le vétérinaire délégué opère seul.

Il est dressé un procès-verbal de l'expertise ; le maire et le juge de paix le contresignent et donnent leur avis (*art.* 20).

**21.** La demande d'indemnité doit être adressée au ministère de l'agriculture et du commerce, dans le délai de trois mois, à dater du jour de l'abatage, sous peine de déchéance.

Le ministre peut ordonner la révision des évaluations faites en vertu de l'art. 20, par une commission dont il désigne les membres.

L'indemnité est fixée par le ministre, sauf recours au Conseil d'État (*art.* 21).

**22.** Toute infraction aux dispositions de la présente loi ou des règlements rendus pour son exécution peut entraîner la perte de l'indemnité prévue par l'art. 17.

La décision appartiendra au ministre, sauf recours au Conseil d'État (*art.* 22).

**23.** Il n'est alloué aucune indemnité aux propriétaires des animaux abattus par suite de maladies contagieuses autres que la peste bovine, et de la péripneumonie contagieuse dans les conditions spéciales indiquées dans l'art. 9 (*art.* 23).

### CHAP. III. — IMPORTATION ET EXPORTATION DES ANIMAUX.

**24.** Les animaux des espèces chevaline, asine, ovine, caprine et porcine sont soumis, en tout temps, aux frais des importateurs, à une visite sanitaire au moment de leur entrée en France, soit par terre, soit par mer.

La même mesure peut être appliquée aux animaux des autres espèces, lorsqu'il y a lieu de craindre, par suite de leur introduction, l'invasion d'une maladie contagieuse (*art.* 24).

**25.** Les bureaux de douane et ports de mer, ouverts à l'importation des animaux soumis à la vente, sont déterminés par décret (*art.* 25).

**26.** Le Gouvernement peut prohiber l'entrée en France, ou ordonner la mise en quarantaine des animaux susceptibles de communiquer une maladie contagieuse, ou de tous les objets pouvant présenter le même danger.

Il peut, à la frontière, prescrire l'abatage, sans indemnité, des animaux malades ou ayant été exposés à la contagion, et, enfin. prendre toutes les mesures que la crainte de l'invasion d'une maladie rendrait nécessaires (*art.* 26).

**27.** Les mesures sanitaires à prendre à la frontière sont ordonnées par les maires dans les communes rurales, par les commissaires de police dans les gares frontières et dans les ports de mer, conformément à l'avis du vétérinaire désigné par l'administration pour la visite du bétail.

En attendant l'intervention de ces autorités, les agents des douanes peuvent être requis de prêter main-forte (*art.* 27).

**28.** Les municipalités des ports de mer ouverts à l'importation du bétail devront fournir des quais spéciaux de débarquement, munis des agrès nécessaires, ainsi qu'un bâtiment destiné à recevoir, à mesure du débarquement, les animaux mis en quarantaine par mesure sanitaire.

Les locaux devront être préalablement agréés par le ministre de l'agriculture et du commerce.

Pour se rembourser de ces frais, les municipalités pourront établir des taxes spéciales sur les animaux importés (*art.* 28).

**29.** Le Gouvernement est autorisé à prescrire à la sortie les mesures nécessaires pour empêcher l'exportation des animaux atteints de maladies contagieuses (*art.* 29).

### CHAP. IV. — PÉNALITÉS.

**30.** Toute infraction aux dispositions des art. 3, 5, 6, 9, 10, 11, § 2, et 12, de la présente loi sera punie d'un emprisonnement de six jours à deux mois et d'une amende de 16 à 400 fr. (*art.* 30).

**31.** Seront punis d'un emprisonnement de deux mois à six mois et d'une amende de 100 à 1,000 fr. :

1° Ceux qui, au mépris des défenses de l'administration, auront laissé leurs animaux infectés communiquer avec d'autres ;

2° Ceux qui auraient vendu ou mis en vente des animaux qu'ils savaient atteints ou soupçonnés d'être atteints de maladies contagieuses ;

3° Ceux qui, sans permission de l'autorité, auront déterré ou sciemment acheté des cadavres ou débris des animaux morts de maladies contagieuses, quelles qu'elles soient, ou abattus comme atteints de la peste bovine, du charbon, de la morve, du farcin et de la rage ;

4° Ceux qui, même avant l'arrêté d'interdiction, auront importé en France des animaux qu'ils savaient atteints de maladies contagieuses ou avoir été exposés à la contagion (art. 31).

**32.** Seront punis d'un emprisonnement de six mois à trois ans et d'une amende de 100 fr. à 2,000 fr. :

1° Ceux qui auront vendu ou mis en vente de la viande provenant d'animaux qu'ils savaient morts de maladies contagieuses, quelles qu'elles soient, ou abattus comme atteints de la peste bovine, du charbon, de la morve, du farcin et de la rage ;

2° Ceux qui se seront rendus coupables des délits prévus par les articles précédents, s'il est résulté de ces délits une contagion parmi les autres animaux (art. 32).

**33.** Tout entrepreneur de transports qui aura contrevenu à l'obligation de désinfecter son matériel sera passible d'une amende de 100 fr. à 1,000 fr.

Il sera puni d'un emprisonnement de six jours à deux mois, s'il est résulté de cette infraction une contagion parmi les autres animaux (art. 33).

**34.** Toute infraction à la présente loi, non spécifiée dans les articles ci-dessus, sera punie de 16 fr. à 400 fr. d'amende. Les contraventions aux dispositions du règlement d'administration publique rendu pour l'exécution de la présente loi seront, suivant les cas, passibles d'une amende de 1 fr. à 200 fr., qui sera prononcée par le juge de canton (art. 34).

**35.** Si la condamnation pour infraction à l'une des dispositions de la présente loi remonte à moins d'une année, ou si cette infraction a été commise par des vétérinaires délégués, des gardes champêtres, des gardes forestiers, des officiers de police, à quelque titre que ce soit, les peines peuvent être portées au double du maximum fixé par les précédents articles (art. 35).

**36.** L'art. 463 du Code pénal est applicable dans tous les cas prévus par les articles du présent titre ou chapitre (art. 36).

**CHAP. V. — DISPOSITIONS GÉNÉRALES.**

**37.** Les frais d'abatage, d'enfouissement, de transport, de quarantaine, de désinfection, ainsi que tous autres frais auxquels peut donner lieu l'exécution des mesures prescrites en vertu de la présente loi, sont à la charge des propriétaires ou conducteurs d'animaux.

En cas de refus des propriétaires ou conducteurs d'animaux de se conformer aux injonctions de l'autorité administrative, il y est pourvu d'office à leur compte.

Les frais de ces opérations seront recouvrés sur un état dressé par le maire et rendu exécutoire par le sous-préfet. Les oppositions seront portées devant le juge de paix.

La désinfection des wagons de chemins de fer prescrite par l'art. 16 a lieu par les soins des compagnies ; les frais de cette désinfection sont fixés par le ministre des travaux publics, les compagnies entendues (art. 37).

**38.** Un service des épizooties est établi dans chacun des départements, en vue d'assurer l'exécution de la présente loi.

Les frais de ce service seront compris parmi les dépenses obligatoires à la charge des budgets départementaux et assimilés aux dépenses classées sous les paragraphes 1er à 4 de l'art. 60 de la loi du 10 août 1871 (art. 38).

**39.** Les communes où il existe des foires et marchés aux chevaux ou aux bestiaux seront tenues de préposer, à leurs frais et sauf à se rembourser par l'établissement d'une taxe sur les animaux amenés, un vétérinaire pour l'inspection sanitaire des animaux conduits à ces foires et marchés.

Cette dépense sera obligatoire pour la commune.

Le Gouvernement pourra, sur l'avis des conseils généraux, ajourner par décret, dans les départements, l'exécution de cette mesure pendant une période de six années, à partir du jour de la promulgation de cette loi (art. 39).

**40.** Le règlement d'administration publique rendu pour l'exécution de la présente loi détermine l'organisation du comité consultatif des épizooties institué auprès du ministre de l'agriculture et du commerce.

Les renseignements recueillis par le ministre au sujet des épizooties sont communiqués au comité, qui donne son avis sur les mesures que peuvent exiger ces maladies (art. 40).

**41.** Sont et demeurent abrogés les art. 459, 460 et 461 du Code pénal, toutes lois et ordonnances, tous arrêts du conseil, arrêtés, décrets et règlements intervenus, à quelque époque que ce soit, sur la police sanitaire des animaux. (L. 21 juill. 1881, art. 41.)

**ÉTABLISSEMENTS DANGEREUX, INSALUBRES ET INCOMMODES.** (Dict.) **1.** On trouvera au Dictionnaire, au n° 8 de l'article **Établissements**, etc., l'énumération des décrets relatifs à cette matière, jusqu'à et y compris le décret du 31 décembre 1866 qui classe à nouveau les établissements et résume toutes les dispositions antérieures. Nous avions l'intention de reproduire la nomenclature annexée à ce décret, mais l'espace ne le permettait pas. Nous avons d'ailleurs pensé que cette nomenclature était peut-être un peu trop variable pour un livre destiné à être cliché. Mais il n'y eut pas de changement depuis 1866 jusqu'au décret du 31 janvier 1872, puis jusqu'à celui du 7 mai 1878 ; voilà enfin celui du 22 avril 1879. Nous croyons maintenant le moment venu de fondre ensemble ces quatre décrets et d'en faire une nomenclature suivie, en la combinant de façon qu'on puisse reconnaître le décret qui classe chaque nature d'établissement. Le procédé choisi est simple. Lorsque aucune indication n'est donnée, le classement a eu lieu par le décret du 31 décembre 1866 ; pour les autres, la date du classement sera ajoutée entre parenthèses. Quelques établissements portés sur la nomenclature de 1866 ont été supprimés par le décret du 7 mai 1878 ; nous les maintiendrons sur la liste en ajoutant entre parenthèses : (*Suppr.* 7 *mai* 1878) [1].

2. Voici avant tout quelques passages de la circulaire ministérielle du 18 janvier 1867 ; nous appelons particulièrement l'attention sur les mots soulignés dans le 2ᵉ alinéa :

« Vous remarquerez, Monsieur le Préfet, que le nouveau décret n'a pour objet qu'un classement des industries, au point de vue de l'autorisation prescrite sous le régime établi par le décret du 15 octobre 1810, et qu'il ne touche ni aux dispositions qui constituent ce régime, ni aux conditions spéciales imposées à quelques industries classées. Les instructions antérieures, et notamment les circulaires du 6 avril et du 15 décembre 1852, restent donc applicables, en principe, et je ne puis qu'insister ici sur la nécessité, pour l'Administration, de s'inspirer de l'esprit qui a dicté la nouvelle nomenclature. En présence du mouvement actuel des affaires, mouvement accéléré par diverses causes, et surtout par les moyens de communication rapide, ainsi que par les besoins de la concurrence, il est plus que jamais indispensable de prononcer sur les demandes d'autorisation, sans dépasser le délai strictement nécessaire à une suffisante instruction. J'appelle particulièrement votre attention sur ce point, et je vous prie de me faire régulièrement l'envoi des tableaux trimestriels destinés à présenter la situation des affaires de l'espèce, dans chaque département. (*Annexe B de la circulaire du* 15 *décembre* 1852.)

« Le décret du 31 décembre 1866 n'a en vue, ainsi qu'il a été dit ci-dessus, qu'un classement des industries sous le rapport de l'autorisation qui nous occupe ; mais ce classement est général. De là, Monsieur le Préfet, la conséquence que *toutes les industries qui n'y sont pas comprises sont, en vertu du décret, dispensées de l'autorisation spéciale,* lors même qu'elles auraient été précédemment classées provisoirement ou définitivement, et que celles qui y figurent dans une classe inférieure à leur précédent classement n'ont plus à subir que les formalités indiquées pour cette classe inférieure.

« D'après la pensée qui a présidé au nouveau classement, dans lequel on s'est attaché à n'enlever à la liberté industrielle que ce qui est réellement nécessaire pour sauvegarder de sérieux intérêts, il doit se produire une diminution notable dans le nombre des cas où les industriels ont à recourir à l'autorité, et on ne peut pas douter que la réunion de tous les classements dans une seule nomenclature, préparée d'ailleurs avec le plus grand soin, ne facilite, à tous les degrés, l'examen des affaires. *Signé :* Armand Béhic. »

3. Le rapport à l'empereur mérite également d'être conservé, car il fait connaître la pensée qui a inspiré l'Administration.

1. Le tableau ci-après avait été fait pour le *supplément annuel* de 1879 ; en le reproduisant nous ajoutons les additions des décrets des 26 février 1881 et 20 juin 1883 et nous marquons les suppressions.

Sire,

La formation des établissements industriels, considérés au point de vue de leur nocuité, est soumise à un régime dont les bases son fixées par le décret du 15 octobre 1810, l'ordonnance royale du 14 janvier 1815 et le décret de décentralisation du 25 mars 1852.

Sous ce régime, qui a pour but de sauvegarder les intérêts du voisinage sans exposer les industriels à ce qu'il y aurait de trop incertain et de trop variable dans l'action de la police locale, des décrets délibérés en Conseil d'État arrêtent la nomenclature des ateliers réputés insalubres, dangereux ou incommodes, qui ne peuvent, à ce titre, être formés sans une autorisation administrative, et cette autorisation indique, s'il y a lieu, les conditions jugées nécessaires pour prévenir tout sérieux inconvénient.

Les établissements sont divisés en trois classes, dont la première se compose de ceux dont les inconvénients sont assez graves pour qu'ils doivent être indispensablement éloignés des habitations, la permission, en ce qui les concerne, ne pouvait d'abord être accordée que par décret rendu en Conseil d'État ; mais elle est, depuis 1852, dans les attributions des préfets, qui prononcent les demandes après apposition d'affiches, pendant un mois, dans un rayon de cinq kilomètres, (après) enquête de *commodo et incommodo* et, s'il y a des oppositions, après avis du conseil de préfecture. Quant aux ateliers rangés dans la deuxième et la troisième classe, ils sont autorisés, les premiers, par les préfets, mais après enquête, et les derniers par les sous-préfets, sans nécessité d'affiche ni d'enquête.

Les demandeurs et les voisins peuvent, du reste, attaquer par la voie contentieuse les décisions intervenues, et ceux-ci ont même le droit, s'ils se prétendent lésés, d'agir en dommages-intérêts devant les tribunaux ordinaires.

Les tableaux annexés au décret du 15 octobre 1810 et à l'ordonnance royale du 14 janvier 1815 contenaient une nomenclature d'établissements industriels répartis dans les trois classes. Depuis lors, des ordonnances royales ou des décrets y ont ajouté beaucoup d'autres industries, et plusieurs tableaux complémentaires ont été publiés successivement. Enfin, des décisions préfectorales ou ministérielles, rendues conformément à l'avis du comité des arts et manufactures, ont opéré pour des industries nouvelles un assez grand nombre de classements provisoires, en vertu du pouvoir que l'ordonnance du 14 janvier 1815 donne à l'Administration, et il était d'autant plus utile et opportun d'en user que l'industrie traversait une période de rapide transformation, pendant laquelle des classements définitifs eussent été souvent impossibles à déterminer convenablement, au moins pour un certain temps.

Mais il m'a paru, Sire, qu'après les progrès si considérables accomplis aujourd'hui dans les sciences appliquées à l'industrie, un grand nombre d'ateliers pourraient, sans [danger, être descendus de classe ou même dispensés de l'autorisation, et que, dans leur ensemble, les classements actuels pourraient être améliorés, en même temps qu'ils seraient fondus dans une nomenclature générale ; j'ai chargé, en conséquence, le comité consultatif des arts et manufactures de procéder à une révision pour laquelle ce conseil offre toutes les garanties désirables.

Le comité a examiné avec le plus grand soin l'état actuel de *toutes les industries,* sous le rapport de leurs *inconvénients* pour le voisinage. Il n'a pas hésité à reconnaître que, par des causes diverses, les perfectionnements introduits ont eu pour résultat d'atténuer ou même d'annuler dans beaucoup de cas la nocuité qui, à l'origine, avait déterminé les classements, et que la situation opposée se présente très rarement. Il a dressé un tableau général destiné à remplacer tous les classements définitifs ou provisoires antérieurement admis, en s'attachant à n'y comprendre que les industries qui, dans l'état actuel des choses, sont réellement insalubres, dangereuses ou incommodes, et ce projet a été renvoyé au Conseil d'État, qui a fait lui-même un examen approfondi des diverses questions qu'il soulève.

La nouvelle nomenclature des établissements insalubres, dangereux ou incommodes que j'ai l'honneur de vous soumettre rentrera, Sire, j'ose l'espérer, dans les vues de Votre Majesté. Il a été possible, en effet, sans compromettre aucun intérêt, de supprimer les classements définitifs ou provisoires pour plus de cent industries, et d'en descendre de classe près de quatre-vingts, tandis que quelques-unes seulement ont dû être introduites dans la nomenclature ou relevées de classe [1].

La mesure projetée aura ainsi l'avantage de diminuer le nombre des cas dans lesquels les industriels ont besoin de recourir à l'autorité, et dans les circonstances où une autorisation préalable a paru justifiée, de réduire souvent les formalités et les délais. Enfin, la réunion dans un seul tableau de tous les classements en rendra la connaissance plus facile aux intéressés,

1. Il y a ici une allusion à la circulaire de décembre 1852. Nous avons cette circulaire sous les yeux, mais nous croyons qu'il est inutile d'en donner des extraits, tout ce qui est pratiquement utile se trouve déjà dans les pièces que nous reproduisons.

La mesure dont il s'agit n'aura donc, à tous les points de vue, que des résultats utiles pour l'industrie, et j'ai l'honneur, en conséquence, de présenter avec confiance à la signature de Votre Majesté le décret destiné à la réaliser.

J'ai l'honneur d'être, etc. *Signé :* Armand Béhic.

4. Voici maintenant la nomenclature des éta-blissements insalubres, dangereux ou incommodes, telle qu'elle résulte du tableau annexé au décret de 1866, complétée et modifiée par les décrets de 1872, 1878, 1879, 1881 et 1883 indiqués ci-dessus et en note.

| DÉSIGNATION DES INDUSTRIES. | INCONVÉNIENTS. | CLASSES |
|---|---|---|
| Abattoir public | Odeur et altération des eaux. | 1re |
| Absinthe. (Voir *Distilleries*.) | | |
| Acide arsénique (Fabrication de l') au moyen de l'acide arsé-nieux et de l'acide azotique : | | |
| 1° Quand les produits nitreux ne sont pas absorbés. | Vapeurs nuisibles | 1re |
| 2° Quand ils sont absorbés. | *Idem.* | 2e |
| Acide chlorhydrique (Production de l') par décomposition des chlorures de magnésium, d'aluminium et autres : | | |
| 1° Quand l'acide n'est pas condensé | Émanations nuisibles. | 1re |
| 2° Quand l'acide est condensé. | Émanations accidentelles. | 2e |
| Acide lactique (Fabrique d'). [*D.* 1878.] | Odeur. | 2e |
| Acide muriatique. (Voir *Acide chlorhydrique*.) | | |
| Acide nitrique. | Émanations nuisibles. | 3e |
| Acide oxalique (Fabrication de l') : | | |
| 1° Par l'acide nitrique : | | |
| *a.* Sans destruction des gaz nuisibles. | Fumée | 1re |
| *b.* Avec destruction des gaz nuisibles. | Fumée accidentelle | 3e |
| 2° Par la sciure de bois et la potasse. | Fumée | 2e |
| Acide picrique : | | |
| 1° Quand les gaz nuisibles ne sont pas brûlés | Vapeurs nuisibles | 1re |
| 2° Avec destruction des gaz nuisibles. | *Idem.* | 3e |
| Acide pyroligneux (Fabrication de l') : | | |
| 1° Quand les produits gazeux ne sont pas brûlés | Fumée et odeur. | 2e |
| 2° Quand les produits gazeux sont brûlés | *Idem.* | 3e |
| Acide pyroligneux (Purification de l'). | Odeur. | 2e |
| Acide salicylique (Fabrication de l') au moyen de l'acide phé-nique. (*D.* 1881) | *Idem.* | 2e |
| Acide stéarique (Fabrication de l') : | | |
| 1° Par distillation | Odeur et danger d'incendie. | 1re |
| 2° Par saponification | *Idem.* | 2e |
| Acide sulfurique (Fabrication de l') : | | |
| 1° Par combustion du soufre et des pyrites. (*Suppr.* 1881.) | | |
| 2° De Nordhausen par la décomposition du sulfate de fer | Émanations nuisibles. | 3e |
| Acide urique. (Voir *Murexide.*) | | |
| Acier (Fabrication de l'). | Fumée | 3e |
| Affinage de l'or et de l'argent par les acides. | Émanations nuisibles. | 1re |
| Affinage des métaux au fourneau. (Voir *Grillage des minerais*.) | | |
| Albumine (Fabrication de l') au moyen du sérum frais du sang. | Odeur. | 3e |
| Alcali volatil. (Voir *Ammoniaque*.) | | |
| Alcools autres que de vin, sans travail de rectification. | Altération des eaux | 3e |
| *Idem.* (Distillerie agricole.) | *Idem.* | 3e |
| Alcool (Rectification de l'). | Danger d'incendie. | 2e |
| Agglomérés ou briquettes de houille (Fabrication des) : | | |
| 1° Au brai gras | Odeur, danger d'incendie. | 2e |
| 2° Au brai sec. | Odeur. | 3e |
| Aldéhyde (Fabrication de l') | Danger d'incendie. | 1re |
| Allumettes (Fabrication des) avec matières détonantes et fulminantes. (*Suppr.* 1878.). | Danger d'explosion et d'incendie | 1re |
| Allumettes chimiques (Dépôt d') [*D.* 1878] : | | |
| 1° En quantités au-dessus de 25 mètres cubes. | Danger d'incendie. | 2e |
| 2° De 5 à 25 mètres cubes | *Idem.* | 3e |

| DÉSIGNATION DES INDUSTRIES. | INCONVÉNIENTS. | CLASSES. |
|---|---|---|
| Alun. (Voir *Sulfate d'alumine.*) | | |
| Amidon grillé (Fabrication de l'). [1883.] | Odeur. | 3ᵉ |
| Amidonneries : | | |
| 1° Par fermentation. | Odeur, émanations nuisibles et altération des eaux. | 1ʳᵉ |
| 2° Par suppuration du gluten et sans fermentation. | Altération des eaux. | 2ᵉ |
| Ammoniaque (Fabrication en grand de l') par la décomposition des sels ammoniacaux. | Odeur. | 3ᵉ |
| Amorces fulminantes (Fabrication des). | Danger d'explosion. | 1ʳᵉ |
| Amorces fulminantes pour pistolets d'enfant. (*D.* 1872.). | Idem. | 2ᵉ |
| Aniline. (Voir *Nitrobenzine.*) [*D.* 1878.] | | |
| Appareils de réfrigération : | | |
| 1° A ammoniaque. | Odeur. | 3ᵉ |
| 2° A éther ou autres liquides volatils et combustibles. | Danger d'incendie et d'explosion. | 3ᵉ |
| Arcansons ou résines de pin. (Voir *Résines, etc.*) | | |
| Argenture sur métaux. (Voir *Dorure et argenture.*) | | |
| Arséniate de potasse (Fabrication de l') au moyen de salpêtre : | | |
| 1° Quand les vapeurs ne sont pas absorbées. | Émanations nuisibles. | 1ʳᵉ |
| 2° Quand les vapeurs sont absorbées. | Émanations accidentelles. | 2ᵉ |
| Argenture de glace avec application de vernis aux hydrocarbures. | Odeur et danger d'incendie. | 2ᵉ |
| Artifices (Fabrication des pièces d'). | Danger d'incendie et d'explosion. | 1ʳᵉ |
| Asphaltes, bitumes, brais et matières bitumineuses solides (Dépôts d'). | Odeur, danger d'incendie. | 3ᵉ |
| Asphaltes et bitumes (Travail des) à feu nu. | Idem. | 2ᵉ |
| Ateliers de construction de machines et wagons. (Voir *Machines et wagons.*) | | |
| Bâches imperméables (Fabrication des) : | | |
| 1° Avec cuisson des huiles. | Danger d'incendie. | 1ʳᵉ |
| 2° Sans cuisson des huiles. | Idem. | 2ᵉ |
| Bains et boues provenant du dérochage des métaux (Traitement) [1883] : | | |
| 1° Si les vapeurs ne sont pas condensées. | Vapeurs nuisibles. | 1ʳᵉ |
| 2° Si les vapeurs sont condensées. | Vapeurs accidentelles. | 2ᵉ |
| Baleine (Travail des fanons de). (Voir *Fanons de baleine.*) | | |
| Baryte caustique par décomposition du nitrate (Fabrication de la) : | | |
| 1° Si les vapeurs ne sont ni condensées ni détruites. | Vapeurs nuisibles. | 1ʳᵉ |
| 2° Si les vapeurs sont condensées ou détruites. | Vapeurs accidentelles. | 2ᵉ |
| Baryte (Décoloration du sulfate de) au moyen de l'acide chlorhydrique à vases ouverts. | Émanations nuisibles. | 2ᵉ |
| Battage, cardage et épurage des laines, crins et plumes de literie. | Odeur et poussière. | 3ᵉ |
| Battage des cuirs (Marteaux pour le). | Bruit et ébranlement. | 3ᵉ |
| Battage et lavage (Ateliers spéciaux pour les) des fils de laine, bourres et déchets de filature de laine et de soie dans les villes. | Bruit et poussière. | 3ᵉ |
| Battage des tapis en grand. | Idem. | 2ᵉ |
| Batteurs d'or et d'argent. | Bruit. | 3ᵉ |
| Battoir à écorce dans les villes. | Bruit et poussière. | 3ᵉ |
| Benzine (Fabrication et dépôt de). (Voir *Nitrobenzine.*) | | |
| Betteraves (Dépôts de) humides destinées à la vente. (*D.* 1879.) | Odeur et émanations. | 3ᵉ |
| Bitumes et asphaltes (Fabrication et dépôt de). (Voir *Asphaltes, bitumes, etc.*) | | |
| Blanc de plomb. (Voir *Céruse.*) | | |
| Blanc de zinc (Fabrication de) par la combustion du métal. | Fumées métalliques. | 3ᵉ |
| Blanchiment : | | |
| 1° Des fils, des toiles et de la pâte à papier par le chlore. | Odeur, émanations nuisibles. | 2ᵉ |
| 2° Des fils et tissus de lin, de chanvre et de coton, par les chlorures (hypochlorites) alcalins. | Odeur, altération des eaux. | 3ᵉ |

| DÉSIGNATION DES INDUSTRIES. | INCONVÉNIENTS. | CLASSES. |
|---|---|---|
| 3° *Idem*, par l'acide sulfureux en dissolution dans l'eau. (*D.* 1878.) . . . . . . . . . . . . . . | Émanations accidentelles . . | 3ᵉ |
| 4° Des fils et tissus de laine et de soie par l'acide sulfureux. . . . . . . . . . . . . . . . . | Émanations nuisibles. . . . | 2ᵉ |
| Bleu de Prusse (Fabrication de). (Voir *Cyanure de potassium*.) | | |
| Bocards à minerais ou à crasse. (*D.* 1872.) . . . . . . | Bruit. . . . . . . . . . | 3ᵉ |
| Boues et immondices (Dépôt de) et voiries. . . . . . . | Odeur. . . . . . . . . | 1ʳᵉ |
| Bougies de paraffine et autres d'origine minérale (Moulage des). | Odeur, danger d'incendie . . | 3ᵉ |
| Bougies et autres objets en cire et en acide stéarique. . . | Danger d'incendie . . . . . | 3ᵉ |
| Boules au glucose caramélisé pour usage culinaire (Fabrication de). (*D.* 1878.) . . . . . . . . . . . | Odeur. . . . . . . . . | 3ᵉ |
| Bouillon de bière (Distillation de). (Voir *Distilleries*.) | | |
| Bourre. (Voir *Battage*.) | | |
| Boutonniers et autres emboutisseurs de métaux par moyens mécaniques. . . . . . . . . . . . . . . . | Bruit. . . . . . . . . . | 3ᵉ |
| Boyauderies. (Travail des boyaux frais pour tous usages.). . | Odeur, émanations nuisibles. | 1ʳᵉ |
| Boyaux et pieds d'animaux abattus (Dépôt de). (Voir *Chairs et débris*.) | | |
| Boyaux salés destinés au commerce de la charcuterie (Dépôt de). (*D.* 1878.) . . . . . . . . . . . . . | Odeur. . . . . . . . . | 2ᵉ |
| Brasseries . . . . . . . . . . . . . . . . . . . | *Idem*. . . . . . . . . | 3ᵉ |
| Briqueteries avec fours non fumivores . . . . . . . . | Fumée . . . . . . . . | 3ᵉ |
| Briquettes ou agglomérés de houille. (Voir *Agglomérés*.) | | |
| Brûleries des galons et tissus d'or ou d'argent. (Voir *Galons*.) | | |
| Buanderies . . . . . . . . . . . . . . . . . . | Altération des eaux . . . | 3ᵉ |
| Café (Torréfaction en grand du). . . . . . . . . . . | Odeur et fumée. . . . . | 3ᵉ |
| Caillettes et caillons pour la confection des fromages. (Voir *Chairs et débris, etc.*) | | |
| Cailloux (Fours pour la calcination des). . . . . . . . | Fumée . . . . . . . . | 3ᵉ |
| Calcination des cailloux. (Voir *Cailloux*.) | | |
| Calcination du bois : | | |
| 1° A l'air libre dans des établissements permanents et autre part qu'en forêt. . . . . . . . . . . | Odeur et fumée. . . . . | 2ᵉ |
| 2° En vases clos { avec dégagement dans l'air des produits gazeux de la distillation. . | *Idem*. . . . . . . . . | 2ᵉ |
| avec combustion des produits gazeux de la distillation . . . . . . . | *Idem*. . . . . . . . . | 3ᵉ |
| Calorigène et mélange de ce genre (Dépôt de). (*D.* 1883.). | Danger d'incendie . . . . | 3ᵉ |
| Carbonisation des matières animales en général. . . . . | Odeur. . . . . . . . . | 1ʳᵉ |
| Caoutchouc (Travail du) avec emploi d'huiles essentielles ou de sulfure de carbone. . . . . . . . . . . . . | Odeur, danger d'incendie . . | 2ᵉ |
| Caoutchouc (Application des enduits du). . . . . . . . | Danger d'incendie. . . . . | 2ᵉ |
| Cartonniers. . . . . . . . . . . . . . . . . . . | Odeur. . . . . . . . . | 3ᵉ |
| Celluloïde et produits titrés analogues (*D.* 1881) : | | |
| — Fabrication (du). | Vapeurs nuisibles, danger d'incendie . | 1ʳᵉ |
| — Ateliers de façonnage (du) | Danger d'incendie . . . . . | 2ᵉ |
| Celluloïde et produits analogues bruts ou travaillés (Dépôt et magasin de vente en gros). (*D.* 1883.). . . . . . | *Idem*. . . . . . . . . | 3ᵉ |
| Cendres d'orfèvre (Traitement des) par le plomb . . . . . | Fumées métalliques . . . | 3ᵉ |
| Cendres gravelées : | | |
| 1° Avec dégagement de la fumée au dehors . . . . | Fumée et odeur. . . . . | 1ʳᵉ |
| 2° Avec combustion ou condensation des fumées . . | *Idem*. . . . . . . . . | 2ᵉ |
| Céruse ou blanc de plomb (Fabrication de la). . . . . . | Émanations nuisibles. . . | 3ᵉ |
| Chairs, débris et issues (Dépôt de) provenant de l'abatage des animaux. . . . . . . . . . . . . . . . . . | Odeur. . . . . . . . . | 1ʳᵉ |
| Chamoiseries . . . . . . . . . . . . . . . . . . | *Idem*. . . . . . . . . | 2ᵉ |
| Chandelles (Fabrication des) . . . . . . . . . . . . | Odeur, danger d'incendie . . | 3ᵉ |
| Chantiers de bois à brûler dans les villes. . . . . . . . | Émanations nuisibles, danger d'incendie. | 3ᵉ |
| Chanvre (Teillage et rouissage du) en grand. (Voir aux mots *Teillage* et *Rouissage*.) | | |

| DÉSIGNATION DES INDUSTRIES. | INCONVÉNIENTS. | CLASSES. |
|---|---|---|
| Chanvre imperméable. (Voir *Feutre goudronné*.) | | |
| Chapeaux de feutre (Fabrication de) . . . . . . . . . . | Odeur et poussière. . . . . | 3e |
| Chapeaux de soie ou autres préparés au moyen d'un vernis (Fabrication de) . . . . . . . . . . . . . . . . . . | Danger d'incendie . . . . . | 2e |
| Charbons agglomérés. (Voir *Agglomérés*.) | | |
| Charbon animal (Fabrication ou revivification du). (Voir *Carbonisation des matières animales*.) | | |
| Charbon de bois dans les villes (Dépôts ou magasins de). . | *Idem*. . . . . . . . . . | 3e |
| Charbons de terre. (Voir *Houille* et *Coke*.) | | |
| Chaudronnerie. (Voir *Forges de grosses œuvres*.) | | |
| Chaudronnerie et serrurerie (Ateliers de) employant des marteaux à la main, dans les villes et centres de population de 2,000 âmes et au-dessus. (*D. 1878*) : | | |
| 1° Ayant 10 étaux ou enclumes, ou de 8 à 20 ouvriers. | Bruit . . . . . . . . . | 3e |
| 2° Ayant plus de 10 étaux ou enclumes, et plus de 20 ouvriers. . . . . . . . . . . . . . . . . . . | *Idem*. . . . . . . . . | 2e |
| Chaux (Fours à) : | | |
| 1° Permanents. . . . . . . . . . . . . . . . | Fumée, poussière . . . . . | 2e |
| 2° Ne travaillant pas plus d'un mois par an . . . . | *Idem*. . . . . . . . . | 3e |
| Chiens (Infirmeries de) . . . . . . . . . . . . . . | Odeur et bruit . . . . . . | 1re |
| Chiffons (Dépôts de) . . . . . . . . . . . . . . | Odeur. . . . . . . . . | 2e |
| Chiffons (Traitement des) par la vapeur de l'acide chlorhydrique (*D. 1878*) : | | |
| 1° Quand l'acide n'est pas condensé . . . . . . . | Émanations nuisibles. . . . | 1re |
| 2° Quand l'acide est condensé. . . . . . . . . | Émanations accidentelles . . | 3e |
| Chlore (Fabrication du) . . . . . . . . . . . . . | Odeur. . . . . . . . . | 2e |
| Chlorure de chaux (Fabrication du) : | | |
| 1° En grand . . . . . . . . . . . . . . . | *Idem* . . . . . . . . . | 2e |
| 2° Dans les ateliers fabriquant au plus 300 kilogr. par jour . . . . . . . . . . . . . . . . . | *Idem* . . . . . . . . . | 3e |
| Chlorures alcalins, eau de javelle (Fabrication des) . . . . | *Idem* . . . . . . . . . | 2e |
| Chlorures de soufre (Fabrication des). (*D. 1881.*). . . . | Vapeurs nuisibles . . . . . | 1re |
| Choucroute (Ateliers de fabrication de). (*D. 1883.*) . . . | Odeur. . . . . . . . . | 3e |
| Chromate de potasse (Fabrication du). . . . . . . . . | *Idem* . . . . . . . . . | 3e |
| Chrysalides (Ateliers pour l'extraction des parties soyeuses des) | *Idem* . . . . . . . . . | 1re |
| Ciments (Fours à) [*D. 1872*] : | | |
| 1° Permanents. . . . . . . . . . . . . . . . | Fumée, poussière . . . . . | 2e |
| 2° Ne travaillant pas plus d'un mois par an . . . . | *Idem*. . . . . . . . . | 3e |
| Cire à cacheter (Fabrication de la). . . . . . . . . . | Danger d'incendie . . . . . | 3e |
| Cochenille ammoniacale (Fabrication de la) . . . . . . | Odeur. . . . . . . . . | 3e |
| Cocons : | | |
| 1° Traitement des frisons de cocons . . . . . . . | Altération des eaux . . . . | 2e |
| 2° Filature de cocons. (Voir *Filature*.) | | |
| Coke (Fabrication du) : | | |
| 1° En plein air ou en fours non fumivores. . . . . | Fumée et poussière . . . . | 1re |
| 2° En fours fumivores. . . . . . . . . . . . | Poussière . . . . . . . | 2e |
| Colle forte (Fabrication de la). . . . . . . . . . . | Odeur, altération des eaux . | 1re |
| Collodion (Fabrique de). (*D. 1878*.) . . . . . . . . | Danger d'explosion ou d'incendie . . | 1re |
| Combustion des plantes marines dans les établissements permanents . . . . . . . . . . . . . . . . . | Odeur et fumée. . . . . . | 1re |
| Construction (Ateliers de). (Voir *Machines et wagons*.) | | |
| Cordes à instruments en boyaux (Fabrication de). (Voir *Boyauderies*.) | | |
| Cornes et sabots (Aplatissement des) [*D. 1883*] : | | |
| 1° Avec macération. . . . . . . . . . . . | Odeur et altération des eaux. | 2e |
| 2° Sans macération des eaux. . . . . . . . . | Odeur. . . . . . . . . | 3e |
| Corroieries . . . . . . . . . . . . . . . . | *Idem*. . . . . . . . . | 2e |
| Coton et coton gras (Blanchisserie des déchets de) . . . | Altération des eaux . . . . | 3e |
| Cretons (Fabrication de). . . . . . . . . . . . . | Odeur et danger d'incendie . | 1re |
| Crins (Teinture des). (Voir *Teintureries*.) | | |

| DÉSIGNATION DES INDUSTRIES. | INCONVÉNIENTS. | CLASSES. |
|---|---|---|
| Crins et soies de porc (Préparation des) sans fermentation. (Voir aussi *Soies de porc par fermentation*.) | Odeur et poussière | 2e |
| Cristaux (Fabrication de). (Voir *Verreries, etc.*) | | |
| Cuirs vernis (Fabrication de) | Odeur et danger d'incendie | 1re |
| Cuirs verts et peaux fraîches (Dépôts de) | Odeur | 2e |
| Cuivre (Dérochage du) par les acides | Odeur, émanations nuisibles | 3e |
| Cuivre (Fonte du). (Voir *Fonderies, etc.*) | | |
| Cyanure de potassium et bleu de Prusse (Fabrication de) : | | |
| 1º Par la calcination directe des matières animales avec la potasse | Odeur | 1re |
| 2º Par l'emploi de matières préalablement carbonisées en vase clos | *Idem* | 2e |
| Cyanure rouge de potassium ou prussiate rouge de potasse | Émanations nuisibles | 3e |
| Débris d'animaux (Dépôts de). (Voir *Chairs, etc.*) | | |
| Déchets de laine (Dégraissage de). [Voir *Peaux*.] (D. 1878.) | | |
| Déchets de matières filamenteuses (Dépôts de) en grand dans les villes | Danger d'incendie | 3e |
| Déchets des filatures de lin, de chanvre ou de jute (Lavage et séchage en grand). (D. 1872.) | Odeur, altération des eaux | 2e |
| Dégras ou huile épaisse à l'usage des chamoiseurs et corroyeurs (Fabrication de) | Odeur et danger d'incendie | 1re |
| Dégraissage des tissus et déchets de laine par les huiles de pétrole et autres hydrocarbures. (*Suppr.* 1878.) | Danger d'incendie | 1re |
| Dérochage du cuivre. (Voir *Cuivre*.) | | |
| Distilleries en général, eau-de-vie, genièvre, kirsch, absinthe et autres liqueurs alcooliques. | *Idem* | 3e |
| Dorure et argenture sur métaux | Émanations nuisibles | 3e |
| Eau de Javelle (Fabrication d'). (Voir *Chlorures alcalins*.) | | |
| Eau-de-vie. (Voir *Distilleries*.) | | |
| Eau-forte. (Voir *Acide nitrique*.) | | |
| Eaux grasses (Extraction pour la fabrication du savon et autres usages, des huiles contenues dans les) : | | |
| 1º En vases ouverts | Odeur et danger d'incendie | 1re |
| 2º En vases clos | *Idem* | 2e |
| Eaux oxygénées. (Voir *Baryte caustique*.) | | |
| Eaux savonneuses des fabriques. (Voir *Huiles extraites des débris d'animaux*.) | | |
| Échaudoirs : | | |
| 1º Pour la préparation industrielle des débris d'animaux | Odeur | 1re |
| 2º Pour la préparation des parties d'animaux propres à l'alimentation | *Idem* | 3e |
| Émail (Application de l') sur les métaux | Fumée | 3e |
| Émaux (Fabrication d') avec fours non fumivores | *Idem* | 3e |
| Encre d'imprimerie (Fabrique d') | Odeur, danger d'incendie | 1re |
| Engrais (Fabrication des) au moyen des matières animales. | Odeur | 1re |
| Engrais (Dépôt d') au moyen des matières provenant de vidanges ou de débris d'animaux : | | |
| 1º Non préparés ou en magasin non couvert | *Idem* | 1re |
| 2º Desséchés ou désinfectés et en magasin couvert quand la quantité excède 25,000 kilogr. | *Idem* | 2e |
| 3º Les mêmes, quand la quantité est inférieure à 25,000 kilogr. | *Idem* | 3e |
| Engraissement des volailles dans les villes (Établissement pour l') | *Idem* | 3e |
| Éponges (Lavage et séchage des) | Odeur et altération des eaux | 3e |
| Équarrissage des animaux | Odeur, émanations nuisibles | 1re |
| Étamage des glaces | Émanations nuisibles | 3e |
| Éther (Fabrication et dépôts d') | Danger d'incendie et d'explosion | 1re |

| DÉSIGNATION DES INDUSTRIES. | INCONVÉNIENTS. | CLASSES. |
|---|---|---|
| Éther (Dépôt d') [*D.* 1872] : | | |
|   1° Si la quantité emmagasinée est, même temporairement, de 1,000 litres et plus. . . . . . . . . . | Danger d'incendie et d'explosion . . | 1re |
|   2° Si la quantité, supérieure à 100 litres, n'atteint pas 1,000 litres. . . . . . . . . . . . . . | *Idem*. . . . . . . . . . | 2e |
| Étoffes (Dégraissage des). [Voir *Peaux*.] (*D.* 1878.) | | |
| Étoupes (Transformation en) des cordages hors de service, goudronnés ou non. (*D.* 1878.). . . . . . . . . | Danger d'incendie . . . . | 3e |
| Étoupilles (Fabrication d') avec matières explosibles. . . . | Danger d'explosion et d'incendie . . | 1re |
| Faïence (Fabrique de) : | | |
|   1° Avec fours non fumivores . . . . . . . . . | Fumée . . . . . . . . | 2e |
|   2° Avec fours fumivores. . . . . . . . . . . | Fumée accidentelle. . . . . | 3e |
| Fanons de baleine (Travail des). . . . . . . . . . | Émanations incommodes . . | 3e |
| Farines (Moulins à). [Voir *Moulins*.] (*Suppr.* 1878.). . . | | |
| Féculeries . . . . . . . . . . . . . . . . | Odeur, altération des eaux . | 3e |
| Fer (Dérochage du). (*D.* 1878.). . . . . . . . . | Vapeurs nuisibles . . . . . | 3e |
| Fer-blanc (Fabrication du) . . . . . . . . . . | Fumée . . . . . . . . | 3e |
| Fer (Galvanisation du). (*D.* 1878.) . . . . . . . . | Vapeurs nuisibles . . . . . | 3e |
| Feutres et visières vernis (Fabrication de). . . . . . | Odeur, danger d'incendie . . | 1re |
| Feutre goudronné (Fabrication du). . . . . . . . . | *Idem*. . . . . . . . . | 2e |
| Filature des cocons (Ateliers dans lesquels la) s'opère en grand, c'est-à-dire employant au moins six tours . . . | Odeur, altération des eaux . | 3e |
| Fonderie de cuivre, laiton et bronze. . . . . . . . | Fumées métalliques . . . . | 3e |
| Fonderies en 2e fusion . . . . . . . . . . . . | Fumée . . . . . . . . | 3e |
| Fonte et limage du plomb, du zinc et du cuivre . . . . . | Bruit, fumée . . . . . . | 3e |
| Forges et chaudronneries de grosses œuvres employant des marteaux mécaniques. . . . . . . . . . . . . | Fumée, bruit. . . . . . . | 2e |
| Formes en tôle pour raffinerie. (Voir *Tôles vernies*.) | | |
| Fourneaux à charbon de bois. (Voir *Carbonisation du bois*.) | | |
| Fourneaux (Hauts). . . . . . . . . . . . . . | Fumée et poussière . . . . | 2e |
| Fours pour la calcination des cailloux. (Voir *Cailloux*.) | | |
| Fours à plâtre et fours à chaux. (Voir *Plâtres, Chaux*.) | | |
| Fromages (Dépôts de) dans les villes. . . . . . . . | Odeur. . . . . . . . . | 3e |
| Fulminate de mercure (Fabrication du). . . . . . . . | Danger d'explosion et d'incendie . . | 1re |
| Galipots ou résines de pin. (Voir *Résines*.) | | |
| Galons et tissus d'or et d'argent (Brûleries en grand des) dans les villes. . . . . . . . . . . . . . | Odeur. . . . . . . . . | 2e |
| Gaz, goudrons des usines. (Voir *Goudrons*.) | | |
| Gaz d'éclairage et de chauffage (Fabrication du) : | | |
|   1° Pour l'usage public. . . . . . . . . . . . | Odeur, danger d'incendie . . | 2e |
|   2° Pour l'usage particulier. . . . . . . . . . | *Idem*. . . . . . . . . | 3e |
| Gazomètres pour l'usage particulier, non attenants aux usines de fabrication. . . . . . . . . . . . . . . | *Idem*. . . . . . . . . | 3e |
| Gélatine alimentaire et gélatine provenant de peaux blanches et de peaux fraîches non tannées (Fabrication de la). . . | Odeur. . . . . . . . . | 3e |
| Générateurs à vapeur. (Régime spécial.) | | |
| Genièvre. (Voir *Distilleries*.) | | |
| Glace. (Voir *Appareils de réfrigération*.) | | |
| Glaces (Étamage des). (Voir *Étamage*.) | | |
| Glycérine (Distillation de la). (*D.* 1883.) . . . . . . . | *Idem*. . . . . . . . . | 3e |
| Glycérine (Extraction de la) des eaux de savonnerie ou de stéarinerie. (*D.* 1883.) . . . . . . . . . . . | *Idem*. . . . . . . . . | 2e |
| Goudrons (Usines spéciales pour l'élaboration des) d'origines diverses . . . . . . . . . . . . . . . . | Odeur, danger d'incendie . . | 1re |
| Goudrons (Traitement des) dans les usines à gaz où ils se produisent . . . . . . . . . . . . . . . . | *Idem*. . . . . . . . . | 2e |
| Goudrons et matières bitumineuses fluides (Dépôts de). . . | *Idem*. . . . . . . . . | 2e |
| Goudrons et brais végétaux d'origines diverses (Élaboration des). . . . . . . . . . . . . . . . . . | *Idem*. . . . . . . . . | 1re |
| Graisses à feu nu (Fonte des). . . . . . . . . . . | *Idem*. . . . . . . . . | 1re |

| DÉSIGNATION DES INDUSTRIES. | INCONVÉNIENTS. | CLASSES. |
|---|---|---|
| Graisses de cuisine (Traitement des). (*D.* 1872.) | Odeur. | 1re |
| Graisses pour voitures (Fabrication des). | Odeur, danger d'incendie. | 1re |
| Graisses et suifs (Refonte des). (*D.* 1872.) | *Idem.* | 3e |
| Grillage des minerais sulfureux | Fumée, émanations nuisibles. | 1re |
| Guano (Dépôt de) : | | |
| 1° Quand l'approvisionnement excède 25,000 kilogrammes. | Odeur. | 1re |
| 2° Pour la vente au *détail*. | *Idem.* | 3e |
| Harengs (Saurage des) | *Idem.* | 3e |
| Hongroieries | *Idem.* | 3e |
| Houille (Agglomérés de). (Voir *Agglomérés.*) | | |
| Huile de Bergues (Fabrique d'). (Voir *Dégras.*) | | |
| Huiles de pétrole, de schiste et de goudron, essences et autres hydrocarbures employés pour l'éclairage, le chauffage, la fabrication des couleurs et vernis, le dégraissage des étoffes et autres usages : | | |
| 1° Fabrication, distillation et travail en grand | Odeur et danger d'incendie. | 1re |
| 2° Dépôts : | | |
| *a.* Substances très inflammables, c'est-à-dire émettant des vapeurs susceptibles de prendre feu [1] à une température de moins de 35 degrés : | | |
| 1° Si la quantité emmagasinée est, même temporairement, de 1,050 litres [2] ou plus. | *Idem.* | 1re |
| 2° Si la quantité supérieure à 150 litres n'atteint pas 1,050 litres. | *Idem.* | 2e |
| *b.* Substances moins inflammables, c'est-à-dire n'émettant de vapeurs susceptibles de prendre feu qu'à une température de 35 degrés et au-dessus : | | |
| 1° Si la quantité emmagasinée est, même temporairement, de 10,500 litres ou plus. | *Idem.* | 1re |
| 2° Si la quantité emmagasinée, supérieure à 1,050 litres, n'atteint pas 10,500 litres. | *Idem.* | 2e |
| Huile de pieds de bœuf (Fabrication d') : | | |
| 1° Avec emploi de matières en putréfaction. | Odeur. | 1re |
| 2° Quand les matières employées ne sont pas putréfiées. | Odeur. | 2e |
| Huile épaisse ou dégras. (Voir *Dégras.*) | | |
| Huiles de poisson (Fabrique d'). | Odeur, danger d'incendie. | 1re |
| Huiles de résine (Fabrication des). | *Idem.* | 1re |
| Huiles de ressence (Fabrication des). (*D.* 1872.). | Odeur, altération des eaux. | 2e |
| Huileries ou moulins à huile | Odeur, danger d'incendie. | 3e |
| Huiles (Épuration des) | *Idem.* | 3e |
| Huiles lourdes créosotées (Injection des bois à l'aide des). (*D.* 1872) : | | |
| Ateliers opérant en grand et d'une manière permanente. | *Idem.* | 1re |
| Huiles essentielles ou essences de térébenthine, d'aspic et autres. (Voir *Huiles de pétrole, de schiste, etc.*) | | |
| Huiles et autres corps gras extraits des débris des matières animales (Extractions des). | Odeur, danger d'incendie. | 1re |
| Huiles extraites des schistes bitumineux. (Voir *Huiles de pétrole, de schiste, etc.*) | | |
| Huiles (Mélange à chaud ou cuisson des) : | | |
| 1° En vases ouverts | *Idem.* | 1re |
| 2° En vases clos. | *Idem.* | 2e |
| Huiles rousses (Fabrication des) par extraction des cretons et débris de graisse à haute température | *Idem.* | 1re |

1. Au contact d'une allumette enflammée.
2. Le fût généralement adopté par le commerce pour les pétroles est de 150 litres ; 1,050 litres représentent donc sept desdits fûts.

| DÉSIGNATION DES INDUSTRIES. | INCONVÉNIENTS. | CLASSES. |
|---|---|---|
| Impressions sur étoffes. (Voir *Toiles peintes*.) | | |
| Jute (Teillage du). (Voir *Teillage*.) | | |
| Kirsch. (Voir *Distilleries*.) | | |
| Laines. (Voir *Battage*.) | | |
| Laiteries en grand dans les villes . . . . . . . . . . | Odeur. . . . . . . . . | 2° |
| Lard (Atelier à enfumer le). . . . . . . . . . . . . . | Odeur et fumée. . . . . . | 3° |
| Lavage des cocons. (Voir *Cocons*.) | | |
| Lavage et séchage des éponges. (Voir *Éponges*.) | | |
| Lavoirs à houille. . . . . . . . . . . . . . . . . | Altération des eaux . . . . | 3° |
| Lavoir à minerais, en communication avec des cours d'eau. (*D*. 1872) . . . . . . . . . . . . . . . . . . . . | *Idem*. . . . . . . . . | 3° |
| Lavoirs à laine . . . . . . . . . . . . . . . . . . | *Idem*. . . . . . . . . . . | 3° |
| Lessive alcaline des papeteries (Incinération de la). (*D*. 1878.) | Fumée, odeur et émanations nuisibles. | 2° |
| Lies de vin (Incinération des). (*D*. 1878) : | | |
| 1° Avec dégagement de la fumée au dehors . . . . | Odeur. . . . . . . . . | 1re |
| 2° Avec combustion et condensation des fumées . . | *Idem*. . . . . . . . . | 2° |
| Lies de vin (Séchage des). (*D*. 1878) . . . . . . . . | *Idem*. . . . . . . . . | 2° |
| Lignites (Incinération des) . . . . . . . . . . . . . | Fumée, émanations nuisibles. | 1re |
| Lin (Teillage en grand du). (Voir *Teillage*.) | | |
| Lin (Rouissage du). (Voir *Rouissage*.) | | |
| Liquides pour l'éclairage (Dépôt de) au moyen de l'alcool et des huiles essentielles. . . . . . . . . . . . . . . | Danger d'incendie et d'explosion . . | 2° |
| Liqueurs alcooliques (Voir *Distilleries*.) | | |
| Litharge (Fabrication de) . . . . . . . . . . . . . . | Poussière nuisibles. . . . . . | 3° |
| Machines et wagons (Ateliers de construction de). . . . . | Bruit, fumée . . . . . . . | 2° |
| Machines à vapeur. (Voir *Générateurs*.) | | |
| Marcs ou charrées de soude (Exploitation des) en vue d'en extraire le soufre soit libre, soit combiné. (*D*. 1883.). . | Odeur, émanations nuisibles . | 1re |
| Maroquineries. . . . . . . . . . . . . . . . . . . . | Odeur. . . . . . . . . | 3° |
| Massicot (Fabrication du) . . . . . . . . . . . . . . | Émanations nuisibles. . . . | 3° |
| Matières coloratives (Fabrication des) au moyen de l'aniline et de la nitrobenzine. (*D*. 1878.) . . . . . . . . . | Odeur, émanations nuisibles. | 3° |
| Mégisseries. . . . . . . . . . . . . . . . . . . . . | Odeur. . . . . . . . . | 3° |
| Mélanges d'huiles. (Voir *Huiles, mélanges à chaud, etc.*) | | |
| Ménageries. . . . . . . . . . . . . . . . . . . . . | Danger des animaux . . . . | 1re |
| Métaux (Ateliers de) pour construction de machines et appareils. (Voir *Machines*.) | | |
| Minium (Fabrication du). . . . . . . . . . . . . . . | Émanations nuisibles. . . . | 3° |
| Miroirs métalliques (Fabrique de) et autres ateliers employant des moutons. (*D*. 1878) : | | |
| 1° Où l'on emploie des marteaux ne pesant pas plus de 25 kilogr. et n'ayant que 1 mètre au plus de longueur de chute . . . . . . . . . . . . . . . . | Bruit et ébranlement. . . . | 3° |
| 2° Où l'on emploie des marteaux ne pesant pas plus de 25 kilogr. et ayant plus de 1 mètre de longueur de chute . . . . . . . . . . . . . . . . . . . . | *Idem*. . . . . . . . . | 2° |
| 3° Où l'on emploie des marteaux d'un poids supérieur à 25 kilogr., quelle que soit la longueur de chute. . . | *Idem*. . . . . . . . . . | 2° |
| Morues (Sécheries des) . . . . . . . . . . . . . . . | Odeur. . . . . . . . . | 2° |
| Moulins à broyer le plâtre, la chaux, les cailloux et les pouzzolanes . . . . . . . . . . . . . . . . . . . . | Poussière . . . . . . . | 3° |
| Moulin à huile. (Voir *Huileries*.) | | |
| Moutons (Ateliers employant des). [Voir *Miroirs métalliques*.] (*D*. 1878.) | | |
| Murexide (Fabrication de la) en vase clos par la réaction de l'acide azotique et de l'acide urique du guano . . . . | Émanations nuisibles. . . . | 2° |
| Nitrates métalliques obtenus par l'action directe des acides (Fabrication des). (*D*. 1883) : | | |
| 1° Si les vapeurs ne sont pas condensées. . . . . | Vapeurs nuisibles . . . . . | 1re |
| 2° Si les vapeurs sont condensées. . . . . . . . . | Vapeurs accidentelles. . . . | 2ª |

| DÉSIGNATION DES INDUSTRIES. | INCONVÉNIENTS. | CLASSES. |
|---|---|---|
| Nitrate de fer (Fabrication du) : | | |
| 1° Lorsque les vapeurs nuisibles ne sont pas absorbées ou décomposées. (*Suppr.* 1883.) | Émanations nuisibles. | 1<sup>re</sup> |
| 2° Dans le cas contraire. (*Suppr.* 1883.) | *Idem.* | 3<sup>e</sup> |
| Nitrate de méthyle (Fabrique de). (*D.* 1878). | Danger d'explosion | 1<sup>re</sup> |
| Nitrobenzine, aniline et matières dérivant de la benzine (Fabrication de la) | Odeur, éman. nuis. et danger d'incendie. | 2<sup>e</sup> |
| Noir des raffineries et des sucreries (Revivification du). | Émanations nuisibles, odeur. | 2<sup>e</sup> |
| Noir de fumée (Fabrication du) par la distillation de la houille, des goudrons, bitumes, etc. | Fumée, odeur. | 2<sup>e</sup> |
| Noir d'ivoire et noir animal (Distillation des os ou fabrication du) : | | |
| 1° Lorsqu'on n'y brûle pas les gaz. | Odeur. | 1<sup>re</sup> |
| 2° Lorsque les gaz sont brûlés | *Idem.* | 2<sup>e</sup> |
| Noir minéral (Fabrication du) par le broyage des résidus de la distillation des schistes bitumineux | Odeur et poussière. | 3<sup>e</sup> |
| Oignons (Dessiccation des) dans les villes. | Odeur. | 2<sup>e</sup> |
| Olives (Confiseries des). | Altération des eaux | 3<sup>e</sup> |
| Olives (Tourteaux d'). (Voir *Tourteaux.*) | | |
| Orseille (Fabrication de l') : | | |
| 1° En vases ouverts | Odeur. | 1<sup>re</sup> |
| 2° A vases clos, et employant de l'ammoniaque à l'exclusion de l'urine. | *Idem.* | 3<sup>e</sup> |
| Os (Torréfaction des) pour engrais : | | |
| 1° Lorsque les gaz ne sont pas brûlés | Odeur et danger d'incendie. | 1<sup>re</sup> |
| 2° Lorsque les gaz sont brûlés | *Idem.* | 2<sup>e</sup> |
| Os d'animaux (Calcination des). (Voir *Carbonisation des matières animales.*) | | |
| Os frais (Dépôts d') en grand. | Odeur, émanations nuisibles. | 1<sup>re</sup> |
| Os secs en grand (Dépôt d'). (*D.* 1872.) | Odeur. | 3<sup>e</sup> |
| Ouates (Fabrication des). | Poussière et danger d'incendie. | 3<sup>e</sup> |
| Papiers (Fabrication de). | Danger d'incendie. | 3<sup>e</sup> |
| Pâte à papier (Préparation de la) au moyen de la paille et autres matières combustibles. | Altération des eaux | 3<sup>e</sup> |
| Parchemineries | Odeur. | 2<sup>e</sup> |
| Peaux de lièvre et de lapin. (Voir *Secrétage.*) | | |
| Peaux de mouton (Séchage des). | Odeur et poussière. | 3<sup>e</sup> |
| Peaux fraîches. (Voir *Cuirs verts.*) | | |
| Peaux (Pelattage et séchage des). (*D.* 1872.) | Odeur. | 3<sup>e</sup> |
| Peaux, étoffes et déchets de laine (Dégraissage des) par les huiles de pétrole et autres hydrocarbures. (*D.* 1878.). | Odeur et danger d'incendie. | 1<sup>re</sup> |
| Peaux (Lustrage et apprêtage de). (*D.* 1878.) | Odeur et poussière. | 3<sup>e</sup> |
| Perchlorure de fer par dissolution du peroxyde de fer (Fabrication de) | Émanations nuisibles. | 3<sup>e</sup> |
| Pétrole (Voir *Huile de pétrole.*) | | |
| Phosphate de chaux (Ateliers pour l'extraction et le lavage du). (*D.* 1878.) | Altération des eaux | 3<sup>e</sup> |
| Phosphore (Fabrication de). | Danger d'incendie. | 1<sup>re</sup> |
| Pileries mécaniques des drogues. | Bruit et poussière. | 3<sup>e</sup> |
| Pipes à fumer (Fabrication des) : | | |
| 1° Avec fours non fumivores | Fumée | 2<sup>e</sup> |
| 2° Avec fours fumivores | Fumée accidentelle. | 3<sup>e</sup> |
| Plantes marines. (Voir *Combustion des plantes marines.*) | | |
| Platine (Fabrique de). (*D.* 1883.) | Émanations nuisibles. | 2<sup>e</sup> |
| Plâtre (Fours à) : | | |
| 1° Permanents. | Fumée et poussière | 2<sup>e</sup> |
| 2° Ne travaillant pas plus d'un mois. | *Idem.* | 3<sup>e</sup> |
| Plomb (Fonte et laminage du). (Voir *Fonte, etc.*) | | |
| Poêlier, fournalistes, poêles et fourneaux en faïence et terre cuite. (Voir *Faïence.*) | | |

| DÉSIGNATION DES INDUSTRIES. | INCONVÉNIENTS. | CLASSES. |
|---|---|---|
| Poils de lièvre et de lapin. (Voir *Secrétage*.) | | |
| Poissons salés (Dépôts de) . . . . . . . . . . . . | Odeur incommode . . . . . | 2e |
| Porcelaine (Fabrication de) : | | |
| 1º Avec fours non fumivores . . . . . . . . . | Fumée . . . . . . . . | 2e |
| 2º Avec fours fumivores. . . . . . . . . . . | Fumée accidentelle. . . . . | 3e |
| Porcheries . . . . . . . . . . . . . . . . . . . | Odeur, bruit . . . . . . . | 1re |
| Potasse (Fabrication de) par calcination des résidus de mélasse . . . . . . . . . . . . . . . . . . . | Fumée et odeur. . . . . . | 2e |
| Potasse. (Voir *Chromate de potasse*.) | | |
| Poteries de terre (Fabrication de) avec fours non fumivores. | Fumée . . . . . . . . | 3e |
| Poudres et matières fulminantes (Fabrication de). (Voir aussi *Fulminate de mercure*.) . . . . . . . . . . . . | Danger d'explosion et d'incendie . . | 1re |
| Poudrette (Fabrication de) et autres engrais au moyen de matières animales . . . . . . . . . . . . . . . | Odeur et altération des eaux. | 1re |
| Poudrette (Dépôts de). (Voir *Engrais*.) | | |
| Pouzzolane artificielle (Fours à) . . . . . . . . . . . | Fumée . . . . . . . . . | 3e |
| Protochlorure d'étain ou sel d'étain (Fabrication du). . . . | Émanations nuisibles. . . . | 2e |
| Prussiate de potasse. (Voir *Cyanure de potassium*.) | | |
| Pulpes de pommes de terre. (Voir *Féculeries*.) | | |
| Raffineries et fabriques de sucre. . . . . . . . . . | Fumée, odeur. . . . . . . | 2e |
| Réfrigération (Appareil de) par l'acide sulfureux. (*D*. 1878.) | Émanations nuisibles. . . . | 2e |
| Résines, galipots et arcansons (Travail en grand pour la fonte et l'épuration des) . . . . . . . . . . . . . . | Odeur, danger d'incendie . . | 1re |
| Rogues (Dépôts de salaisons liquides connues sous le nom de). | Odeur. . . . . . . . . . | 2e |
| Rouge de Prusse et d'Angleterre. . . . . . . . . . . | Émanations nuisibles. . . . | 1re |
| Rouissage en grand du chanvre et du lin . . . . . . . | Émanations nuisibles et altérat. des eaux. | 1re |
| Rouissage en grand du chanvre et du lin par l'action des acides, de l'eau chaude et de la vapeur. . . . . . . | *Idem*. . . . . . . . . | 2e |
| Sabots (Ateliers à enfumer les) par la combustion de la corne ou d'autres matières animales dans les villes. . . . . | Odeur et fumée. . . . . . | 1re |
| Salaison et préparation des viandes . . . . . . . . . | Odeur. . . . . . . . . . | 3e |
| Salaisons (Ateliers pour les) et le saurage des poissons. . . | *Idem*. . . . . . . . . | 2e |
| Salaisons (Dépôts de) dans les villes . . . . . . . . . | *Idem*. . . . . . . . . | 3e |
| Sang : | | |
| 1º Ateliers pour la séparation de la fibrine, de l'albumine, etc. . . . . . . . . . . . . . . . . . . | *Idem*. . . . . . . . . | 1re |
| 2º (Dépôt de) pour la fabrication du bleu de Prusse et autres industries. . . . . . . . . . . . . . | *Idem*. . . . . . . . . | 1re |
| 3º (Fabrique de poudre de) pour la clarification des vins. | *Idem*. . . . . . . . . | 1re |
| Sardines (Fabriques de conserves de) dans les villes. . . . | *Idem*. . . . . . . . . | 2e |
| Saucissons (Fabrication en grand de). . . . . . . . . . | *Idem*. . . . . . . . . | 2e |
| Saurage des harengs. (Voir *Harengs*.) | | |
| Savonneries. . . . . . . . . . . . . . . . . . . . | *Idem*. . . . . . . . . | 3e |
| Schistes bitumineux. (Voir *Huiles de pétrole, de schiste, etc.*) | | |
| Scieries mécaniques et établissements où l'on travaille le bois à l'aide de machines à vapeur ou à feu. (*D*. 1881.). . . | Danger d'incendie . . . . . | 3e |
| Séchage des éponges. (Voir *Éponges*.) | | |
| Sécheries des morues. (Voir *Morues*.) | | |
| Secrétage des peaux ou poils de lièvre et lapin. . . . . . | Odeur. . . . . . . . . . | 2e |
| Sel ammoniac et sulfate d'ammoniaque (Fabrication du) par l'emploi des matières animales . . . . . . . . . . | Odeur, émanations nuisibles. | 2e |
| Sel ammoniac extrait des eaux d'épuration du gaz (Fabrique spéciale de). (*Suppr. D*. 1878.). . . . . . . . . . | Odeur. . . . . . . . . . | 2e |
| Sel ammoniac et sulfate d'ammoniaque (Fabrication des) par l'emploi des matières animales (*D*. 1878) : | | |
| 1º Comme établissement principal . . . . . . . . | Odeur, émanations nuisibles. | 1re |
| 2º Comme annexe d'un dépôt d'engrais provenant de vidange ou de débris d'animaux, précédemment autorisé. | Odeur, émanations nuisibles. | 2e |
| Sel de soude (Fabrication du) avec le sulfate de soude. . . | Fumée, émanations nuisibles. | 3e |
| Sel d'étain. (Voir *Protochlorure d'étain*.) | | |

| DÉSIGNATION DES INDUSTRIES. | INCONVÉNIENTS. | CLASSES. |
|---|---|---|
| Serrurerie (Ateliers de). [Voir *Chaudronnerie.*] (*D.* 1878.) | | |
| Sinapismes (Fabrication des) à l'aide des hydrocarbures. (*D.* 1878) : | | |
|     1° Sans distillation. . . . . . . . . . . . . | Odeur. . . . . . . . . . | 2e |
|     2° Avec distillation. . . . . . . . . . . . | Odeur et danger d'incendie . | 1re |
| Sirops de fécule et glucose (Fabrication des). . . . . . | Odeur. . . . . . . . . . | 3e |
| Soies. (Voir *Chapeaux.*) | | |
| Soie. (Voir *Filature.*) | | |
| Soies de porc (Préparation des) : | | |
|     1° Par fermentation. . . . . . . . . . . | *Idem.* . . . . . . . . . | 1re |
|     2° Sans fermentation. (Voir *Crins et soies de porc.*) | | |
| Soude. (Voir *Sulfate de soude.*) | | |
| Soude brute (Dépôt de résidu provenant du lessivage de). (*D.* 1878.). | Odeur, émanations nuisibles. | 1re |
| Soudes brutes de varech (Fabrication des) dans les établissement permanents . . . . . . . . . . . . | Odeur et fumée. . . . . . | 1re |
| Soufre (Fusion ou distillation du) . . . . . . . . . | Émanations nuisibles, danger d'incendie. | 2e |
| Soufre (Lustrage au) des imitations de chapeaux de paille. (*D.* 1883.). | Poussières nuisibles . . . . | 3e |
| Soufre (Pulvérisation et blutage du) . . . . . . . . | Poussière, danger d'incendie. | 3e |
| Sucre. (Voir *Raffineries et fabriques de sucre.*) | | |
| Suif brun (Fabrication du). . . . . . . . . . . . | Odeur, danger d'incendie . . | 1re |
| Suif en branches (Fonderies de) : | | |
|     1° A feu nu. . . . . . . . . . . . . . | *Idem.* . . . . . . . . . | 1re |
|     2° Au bain-marie ou à la vapeur . . . . . . . | Odeur. . . . . . . . . . | 2e |
| Suif d'os (Fabrication du) . . . . . . . . . . . . | Odeur, altér. des eaux, danger d'incendie. | 1re |
| Sulfate d'ammoniaque (Fabrication du) par le moyen de la distillation des matières animales. (*Suppr. D.* 1878.) . . | Odeur. . . . . . . . . . | 1re |
| Sulfate de baryte. (Voir *Baryte.*) | | |
| Sulfate de cuivre (Fabrication du) au moyen du grillage des pyrites. . . . . . . . . . . . . . . . | Émanations nuisibles et fumée. | 1re |
| Sulfate de mercure (Fabrication du) : | | |
|     1° Quand les vapeurs ne sont pas absorbées. . . . | Émanations nuisibles. . . . | 1re |
|     2° Quand les vapeurs sont absorbées. . . . . . | Émanations moindres. . . . | 2e |
| Sulfate de peroxyde de fer (Fabrication du) par le sulfate de protoxyde de fer et l'acide nitrique (nitro-sulfate de fer). | Émanations nuisibles. . . . | 2e |
| Sulfate de protoxyde de fer ou couperose verte par l'action de l'acide sulfurique sur la ferraille (Fabrication en grand du). | Fumée, émanations nuisibles. | 3e |
| Sulfate de soude (Fabrication du) : | | |
|     1° Par la décomposition du sel marin par l'acide sulfurique, sans condensation de l'acide chlorhydrique . . | Émanations nuisibles. . . . | 1re |
|     2° Avec condensation complète de l'acide chlorhydrique. . . . . . . . . . . . . . . | *Idem.* . . . . . . . . . | 2e |
| Sulfate de fer, d'alumine et alun (Fabrication du) par le lavage des terres pyriteuses et alumineuses grillées. . . | Fumée et altération des eaux. | 3e |
| Sulfure d'arsenic (Fabrication du), à la condition que les vapeurs seront condensées. (*D.* 1878.). . . . . . . . | Odeur, émanations nuisibles. | 2e |
| Sulfure de carbone (Fabrication du) . . . . . . . . | Odeur, danger d'incendie . . | 1re |
| Sulfure de carbone (Manufactures dans lesquelles on emploie en grand le) . . . . . . . . . . . . . . | Danger d'incendie. . . . . . | 1re |
| Sulfure de carbone (Dépôts de). (Suivent le régime des huiles de pétrole.) | | |
| Sulfure de sodium (Fabrication du). (*D.* 1878.) . . . . | Odeur. . . . . . . . . . | 2e |
| Sulfures métalliques. (Voir *Grillage des minerais sulfureux.*) | | |
| Superphosphate de chaux et de potasse (Fabrication de). (*D.* 1872.). . . . . . . . . . . . . . . . | Émanations nuisibles. . . . | 2e |
| Tabacs (Manufacture de). . . . . . . . . . . . | Odeur et poussière. . . . . | 2e |
| Tabac (Incinération des côtes de) . . . . . . . . . | Odeur et fumée. . . . . . | 1re |
| Tabatières en cartons (Fabrication des) . . . . . . . | Odeur et danger d'incendie . | 3e |
| Taffetas et toiles vernis ou cirés (Fabrication de) . . . . | *Idem.* . . . . . . . . . | 1re |

| DÉSIGNATION DES INDUSTRIES. | INCONVÉNIENTS. | CLASSES. |
|---|---|---|
| Tan (Moulins à) . . . . . . . . . . . . . . . . . . | Bruit et poussière . . . . . | 3e |
| Tannée humide (Incinération de). (*D.* 1878.) . . . . . . | Fumée et odeur . . . . . . | 2e |
| Tanneries . . . . . . . . . . . . . . . . . . . . . | Odeur . . . . . . . . . . | 2e |
| Teinturiers . . . . . . . . . . . . . . . . . . . . | Odeur et altération des eaux. | 3e |
| Teintureries de peaux . . . . . . . . . . . . . . . | Odeur . . . . . . . . . | 3e |
| Terres émaillées (Fabrication de) : | | |
|     1° Avec fours non fumivores . . . . . . . . . | Fumée . . . . . . . . . | 2e |
|     2° Avec fours fumivores . . . . . . . . . . . | Fumée accidentelle . . . . | 3e |
| Terres pyriteuses et alumineuses (Grillage des) . . . . . | Fumée, émanations nuisibles. | 1re |
| Teillage du lin, du chanvre et du jute en grand . . . . . | Poussière et bruit . . . . . | 2e |
| Térébenthine (Distillation et travail en grand de la). (Voir *Huiles de pétrole, de schiste, etc.*) | | |
| Tissus d'or et d'argent (Brûleries en grand des). (Voir *Galons.*) | | |
| Toiles cirées. (Voir *Taffetas et toiles vernis.*) | | |
| Toiles (Blanchiment des) . (Voir *Blanchiment.*) | | |
| Toiles grasses pour emballage, tissus, cordes goudronnées, papiers goudronnés, cartons et tuyaux bitumés (Fabrique de) : | | |
|     1° Travail à chaud . . . . . . . . . . . . . | Odeur, danger d'incendie . . | 2e |
|     2° Travail à froid . . . . . . . . . . . . . | *Idem* . . . . . . . . . . | 3e |
| Toiles peintes (Fabrique de) . . . . . . . . . . . | Odeur . . . . . . . . . | 3e |
| Toiles vernies (Fabrique de). (Voir *Taffetas et toiles vernis.*) | | |
| Tôles et métaux vernis . . . . . . . . . . . . . | Odeur et danger d'incendie . | 3e |
| Tonnellerie en grand opérant sur des fûts imprégnés de matières grasses et putrescibles . . . . . . . . . . | Bruit, odeur et fumée . . . | 2e |
| Torches résineuses (Fabrication de) . . . . . . . . | Odeur et danger du feu . . . | 2e |
| Tourbe (Carbonisation de la) : | | |
|     1° A vases ouverts . . . . . . . . . . . . . | Odeur et fumée . . . . . . | 1re |
|     2° En vases clos . . . . . . . . . . . . . . | Odeur . . . . . . . . . | 2e |
| Tourteaux d'olives (Traitement des) par le sulfure de carbone. | Danger d'incendie . . . . . | 1re |
| Tréfileries . . . . . . . . . . . . . . . . . . | Bruit et fumée . . . . . . | 3e |
| Triperies annexes des abattoirs . . . . . . . . . . | Odeur et altération des eaux. | 1re |
| Tueries d'animaux. (Voir aussi *Abattoirs publics*) . . . . . | Danger des animaux et odeur. | 2e |
| Tuileries avec fours non fumivores . . . . . . . . . | Fumée . . . . . . . . : . | 3e |
| Tuiles métalliques (Trempage au goudron des). (*D.* 1878.) . | Émanations nuisibles, danger d'incendie. | 2e |
| Tuyaux de drainage (Fabrique de). (*D.* 1878.) . . . . . | Fumée . . . . . . . . . | 3e |
| Urate (Fabrique d'). (Voir *Engrais préparés.*) | | |
| Vacheries dans les villes de plus de 5,000 habitants. . . . | Odeur et écoulement des urines | 3e |
| Varech. (Voir *Soude de varech.*) | | |
| Vernis gras (Fabrique de) . . . . . . . . . . . . | Odeur et danger d'incendie . | 1re |
| Vernis à l'esprit-de-vin (Fabrique de). . . . . . . . . | *Idem* . . . . . . . . . . | 2e |
| Vernis (Ateliers où l'on applique le) sur les cuirs, feutres, taffetas, toiles, chapeaux. (Voir ces mots.) | | |
| Vernis. (Voir *Argenture des glaces.*). [*D.* 1878.] | | |
| Verreries, cristalleries et manufactures de glaces : | | |
|     1° Avec fours non fumivores . . . . . . . . . | Fumée et danger d'incendie . | 2e |
|     2° Avec fours fumivores. . . . . . . . . . . | Danger d'incendie. . . . . | 3e |
| Vessies nettoyées et débarrassées de toute substance membraneuse (Atelier pour le gonflement et le séchage des). (*D.* 1878.) . . . . . . . . . . . . . . . . | Odeur . . . . . . . . . | 2e |
| Viandes (Salaisons des). (Voir *Salaisons.*) | | |
| Visières et feutres vernis (Fabrique de). (Voir *Feutres et visières.*) | | |
| Voiries. (Voir *Boues et immondices.*) | | |
| Wagons et machines (Construction de). (Voir *Machines, etc.*) | | |

**5.** Les établissements de l'État servant à la fabrication de matières destinées à des services publics *et dont l'existence intéresse la sûreté et la défense du territoire,* ne sont pas soumis à l'observation des règlements sur les établissements dangereux, incommodes et insalubres. (*Arr. du C.* 10 févr. 1882.)

Il s'agit d'une poudrerie, et le poursuivant demandait une indemnité pour le dommage qui pouvait résulter pour lui de ce voisinage. L'indemnité n'est due que pour le dommage actuel, le dommage né. En fait, l'État prend ses précautions, mais il n'est pas assujetti à la procédure imposée aux particuliers.

BIBLIOGRAPHIE.

Établissements insalubres, incommodes, etc., par H. Bunel. In-8°. Paris, Berthoud frères. 1876.

Code des établissements industriels classés, ateliers dangereux, etc., par Ch. Constant. Paris, Pedone-Lauriel. 1881.

Des Ateliers insalubres, dangereux et incommodes, par P. Le Marais. Paris, Larose et Forcel. 1883.

**ÉTAT CIVIL.** (*Dict.*) **1.** *Échange des actes de l'état civil entre la France, d'une part, l'Italie, la Belgique et le grand-duché de Luxembourg, d'autre part.* A la suite d'un concert établi entre les ministres de la justice, des finances et de l'intérieur, il a été reconnu :

1° Que les maires ou autres fonctionnaires français ayant qualité pour cet objet, peuvent dresser sur papier non timbré les expéditions d'actes de l'état civil reçus en France, et concernant des étrangers résidant sur le territoire français, lorsque ces expéditions sont délivrées, non dans l'intérêt particulier de ces sujets étrangers, mais pour être transmises à leurs gouvernements respectifs avec lesquels l'État français a conclu des conventions à cet effet dans un intérêt d'ordre public et sous la condition de réciprocité ;

2° Que les expéditions d'actes de même nature dressées à l'étranger, et concernant des nationaux français, peuvent être transcrites sur les registres de l'état civil en France et annexées à ces registres, sans avoir été préalablement timbrées, lorsqu'elles ont été délivrées pour l'usage exclusif de l'administration française ;

3° Enfin, que les expéditions des actes de naissance ou de mariage contenant reconnaissance d'enfant naturel, ne sont pas sujettes à l'enregistrement dans les cas ci-dessus spécifiés.

L'exemption des droits de timbre et d'enregistrement devant être strictement limitée aux expéditions délivrées en vertu des conventions internationales, leur destination spéciale doit toujours être mentionnée dans ces expéditions.

Il demeure, en effet, entendu que le droit commun fiscal demeurera toujours applicable aux expéditions d'actes de l'état civil délivrées par les fonctionnaires français, dans l'intérêt des particuliers, à moins que ceux-ci ne soient admis à profiter d'une dispense exceptionnelle établie par la loi générale de l'impôt. (*Voy.* art. 7, 5° *alinéa, L.* 22 *frimaire an VII, et art.* 43, *n°s* 22 *et* 45, *n°* 7, *L.* 28 *avril* 1816 *sur l'enregistrement ; art.* 12, § 1, *L.* 13 *brumaire an VII, et* 80, *L.* 15 *mai* 1818 *sur le timbre ; et* pour les exceptions : *art.* 77, *L.* 15 *mai* 1818 *et L.* 10 *déc.* 1850.)

En conformité de ces principes, les expéditions des actes reçus à l'étranger et annexés aux registres français, doivent, au même titre que celles des actes dressés en France, être délivrées sur papier timbré lorsqu'elles seront, après la transcription des actes, réclamées par des particuliers. [*Voy. L.* 13 *brumaire an VII, titre II, art.* 13. *Bull. min. int.*] (*Voy.* **Livret.**)

**2.** Le décret du 24 octobre 1879 approuve la déclaration ci-après signée à Paris, le 18 octobre 1879, entre la France et la Belgique, à l'effet de simplifier la légalisation des pièces à produire par les nationaux de l'un des deux pays pour contracter mariage dans l'autre.

DÉCLARATION.

Le gouvernement de la République française et le gouvernement de Sa Majesté le roi des Belges, voulant simplifier la légalisation des pièces à produire par les nationaux de l'un des deux pays pour contracter mariage dans l'autre :

Les soussignés, agissant au nom de leurs gouvernements respectifs et considérant l'utilité réciproque de la mesure dont il s'agit, qui résulte de la contiguité des territoires, de la fréquence des relations de voisinage et de la similitude de législation, qui est de nature à en faciliter l'application, sont convenus de ce qui suit :

Les actes à produire pour contracter mariage en France par les Belges et en Belgique par les Français seront à l'avenir admis par les officiers de l'état civil des deux pays respectivement, lorsqu'ils auront été légalisés, soit par le président d'un tribunal, soit par un juge de paix ou son suppléant. Aucune autre légalisation ne sera exigée par l'officier de l'état civil, hormis les cas où il y aurait lieu de mettre en doute l'authenticité des pièces produites.

Le présent arrangement est conclu pour une période de cinq années, à compter de ce jour ; mais il continuera d'être observé, si aucune des deux parties n'a notifié, trois mois au moins avant l'expiration dudit terme, son intention d'en faire cesser les effets.

**3.** Le préfet de la Seine (et sans doute aussi tous les autres préfets ont fait de même) communique aux maires de son département, sous la date du 12 mars 1883, le contenu d'une lettre (ou circulaire) du garde des sceaux :

Un arrêté, dit le préfet, par lequel un maire charge un membre du conseil municipal de remplir, par suite d'empêchement du maire et des adjoints, les fonctions de l'état civil, ne doit pas, m'écrit M. le ministre de la justice, être revêtu de l'approbation préfectorale : sa mise à exécution présenterait de graves dangers.

Les adjoints au maire sont investis du caractère d'officiers municipaux, et, comme conséquence, le maire peut, par un arrêté permanent, se départir de ses fonctions d'officier de l'état civil pour les attribuer à l'un d'eux, lequel devient son représentant en vertu de cette délégation. Il n'en est pas de même d'un conseiller municipal. Aux termes des lois du 20 septembre 1792 (*art.* 24), du 20 mars 1831 (*art.* 3) et du 9 mai 1855 (*art.* 4), si le maire et les adjoints se trouvent légalement empêchés ou absents, ils peuvent, il est vrai, être remplacés par un conseiller municipal dans l'ordre du tableau ; mais, dans ce cas, il ne s'agit pas d'une délégation du maire, mais d'une délégation légale prévue pour un cas déterminé, afin d'empêcher toute interruption dans le service de l'état civil.

La portée de cette délégation ne peut être étendue. On ne peut admettre, en effet, que tous les officiers municipaux d'une commune aient des empêchements légitimes qui les dispensent, d'une façon permanente, de remplir l'une des principales obligations inhérentes à leurs fonctions. En fût-il ainsi, qu'il ne peut appartenir au maire de le prévoir par avance. Ce magistrat peut, exceptionnellement, remettre le service de l'état civil à l'un des conseillers municipaux dans les cas prévus par la loi ; il n'y a pas là, à proprement dire, une délégation ; mais il excède ses pouvoirs lorsqu'il investit un conseiller municipal des fonctions permanentes de l'état civil. En ce qui concerne les mariages, notamment, la présence d'un officier de l'état civil est un élément essentiel à l'existence du mariage ; or, il n'y a d'officiers d'état civil que ceux auxquels la loi confère cette qualité.

Je n'ai pas besoin d'insister, Monsieur le Maire,

sur l'*extrême importance de ces instructions dont une jurisprudence récente vient encore de démontrer la justesse*. J'ai l'espoir que votre vigilance et votre respect de la loi sauront épargner à tous vos administrés les conséquences fâcheuses de délégations illégales.

4. Le préfet de la Seine faisait allusion ici aux « mariages de Montrouge », le tribunal civil ayant déclaré *non existant* un mariage célébré par le conseiller municipal placé le 21° sur la liste, le maire ayant eu tort de lui donner la délégation en passant par-dessus les autres classés avant lui sur la liste (par suite du nombre des voix qu'ils ont obtenues aux élections).

A la Cour de cassation, le procureur général ayant formé un pourvoi dans l'intérêt de la loi, M. le conseiller Monod a présenté le rapport de cette affaire. Deux moyens de cassation ont été invoqués par le procureur général à l'appui du pourvoi : 1° violation de la loi de 1792 sur les municipalités et du décret du 4 juin 1806 qui confèrent au maire un droit absolu de délégation ; 2° violation des articles du Code civil qui énumèrent limitativement les cas de nullité absolue des mariages, laissant au juge, pour les autres vices dont peut être entaché un mariage, la faculté de prononcer ou de ne pas prononcer la nullité, suivant son appréciation. Le conseiller rapporteur a conclu à l'admission du pourvoi, mais sur le second moyen seulement. Il pense, en effet, que le vingt-et-unième conseiller municipal de Montrouge avait été irrégulièrement délégué par le maire aux fonctions d'officier de l'état civil, du moment que ni les deux adjoints, ni aucun des autres conseillers inscrits avant lui sur le tableau n'étaient absents ou empêchés. Mais il reconnaît qu'on ne saurait déduire de cette irrégularité la nullité des mariages, la plus entière bonne foi ayant présidé de part et d'autre à leur célébration.

M. le procureur général Barbier, dans un langage très élevé, a soutenu le pourvoi. Il a tout d'abord rappelé l'émotion profonde que la question soulevée par le jugement du tribunal civil de la Seine a produite en France. « Il ne faut pas, a-t-il dit à ce propos, que le public puisse en arriver à se demander si un engagement solennellement pris n'est pas un leurre ; si, malgré la stricte observation des lois, cet engagement peut être annulé pour un motif qu'il était impossible de prévoir. C'est dans ces matières surtout que l'interprétation de la loi doit s'élever au-dessus des subtilités doctrinales ; le droit doit pouvoir être compris de tous ; il doit être le bon sens à sa plus simple et à sa plus haute expression. »

M. le procureur général a ensuite examiné le texte et l'esprit de la loi de 1792 et du décret du 4 juin 1806, et il a conclu de cet examen que le droit absolu de choisir un ou plusieurs délégués, dans l'exercice de ses fonctions, avait été accordé au maire. Si, plus tard, une restriction a été accordée relativement à l'ordre dans lequel doit s'exercer ce droit, cette restriction n'a modifié en rien la législation antérieure en ce qui concerne le choix de l'officier de l'état civil.

Enfin, l'irrégularité de la délégation fût-elle manifeste, le délégué n'en conserve pas moins le caractère de conseiller municipal qui lui donne éventuellement le droit de célébrer des mariages, caractère antérieur à la délégation et qu'il tient du titre même que l'élection lui a conféré.

En disant que le conseiller municipal qui a célébré les mariages attaqués n'avait pas plus le droit de marier que le premier citoyen venu, le jugement du tribunal civil a donc commis une incontestable erreur.

Le tribunal a également méconnu *ce principe du grand jurisconsulte Ulpien, qui du droit romain a fait la législation de tous les pays* : *Error communis facit jus*.

« La capacité putative, disait dans le même sens Pothier, équivaut à la capacité réelle. » Or, dans les mariages célébrés à Montrouge, l'erreur commune est certaine. L'erreur existait chez le célébrant comme chez les contractants ; chez tous, la

bonne foi a été absolue ; tous ont cru à la parfaite régularité de la cérémonie. C'est donc le cas de faire application des principes tutélaires proclamés par Ulpien et par Pothier, de déclarer les mariages valables.

Les mariages célébrés pendant la Commune n'ont-ils pas été maintenus ? Là, cependant, l'usurpation des fonctions d'officier de l'état civil était flagrante, la bonne foi chez les contractants douteuse. Mais le législateur comprit que c'était la constatation seule de l'acte de mariage qui était irrégulière ; que le fond de l'acte, pour ainsi parler, c'est-à-dire le consentement donné à un mariage, devait rester. En conséquence, la loi du 29 juillet 1871 ordonna que les actes reçus sous la Commune seraient bâtonnés, mais que dans les trente jours ils seraient réinscrits sur un registre spécial en présence des parties contractantes. C'est que l'intérêt des familles se trouvait étroitement uni à l'intérêt public.

Ainsi, la validité des mariages de Montrouge doit être reconnue. Ils ont été célébrés et consommés de bonne foi ; ils ont été suivis d'une possession d'état incontestable. L'intérêt public exige leur maintien.

M. le procureur général, en terminant, a opposé au jugement du tribunal de la Seine, celui — « plus sage » — du tribunal de la Roche-sur-Yon [1] qui a refusé de prononcer la nullité d'un mariage contracté dans ces conditions analogues.

5. L'arrêt de la Cour de cassation (6 août 1883) est ainsi conçu :

« La Cour..., statuant sur le pourvoi formé par le procureur général en la Cour, en vertu de la loi du 27 ventôse an VIII contre le jugement du tribunal civil de la Seine du 23 février 1883 ;

« Sur le premier et le second moyen réunis :

« Vu les art. 1er du décret des 20-25 septembre 1792, 14 de la loi du 18 juillet 1837 et 165 du Code civil ;

« Attendu que c'est aux municipalités que, depuis le décret des 20 et 25 septembre 1792, a été confié le soin de recevoir et de conserver les actes destinés à constater les naissances, mariages et décès, et que les membres des municipalités dans chaque commune ont reçu de cette loi le principe d'une aptitude particulière pour remplir les fonctions d'officier de l'état civil, qu'aucune loi postérieure ne leur a enlevé ;

« Attendu que la loi du 28 pluviôse an VIII a chargé spécialement le maire du service de l'état civil, mais qu'il a la faculté de déléguer à ses adjoints et aux membres du conseil municipal les pouvoirs dont il est investi ;

« Que cette faculté de délégation dont il lui appartient d'user de sa propre initiative est distincte des cas où le législateur, en prévision de l'absence légitime ou de l'empêchement de cet officier

1. *Voici le jugement du tribunal de la Roche-sur-Yon (mars 1883) :*
Le Tribunal,
Attendu que l'acte de mariage dont on demande de faire prononcer la nullité pour défaut de pouvoir de l'officier de l'état civil rédacteur, contient notamment la mention suivante :
« L'an mil huit cent quatre-vingt-deux, le vingt-cinq juillet, à les neuf heures du matin, par-devant nous Lorvoire (Pierre), conseiller municipal faisant fonctions de maire par délégation de M. le maire, officier de l'état civil de la commune de Poiré-sur-Vie, canton du Poiré, département de la Vendée, ont comparu dans la maison commune pour contracter mariage, etc... » ;
Attendu que le sieur Lorvoire n'est que le treizième conseiller municipal de cette commune, mais qu'il faut présumer, alors surtout que le contraire n'a pas été établi, que les douze autres conseillers municipaux élus avant lui étaient alors absents ou empêchés ;
Attendu, au surplus, que l'élection confère aux conseillers municipaux une des principales qualités exigées pour devenir officiers d'état civil et que les actes auxquels ils auraient concouru par suite d'une délégation faite par erreur et de bonne foi ne seraient seulement annulables suivant les circonstances qui seraient soumises à l'appréciation et à la prudence des tribunaux ;
Attendu que toute décision contraire, loin de garantir le repos des familles, y apporterait une perturbation profonde et regrettable ;
Attendu que le mariage dont il s'agit, en ce point duquel on réclame les effets du mariage putatif, a été célébré avec toutes les conditions et avec toutes les formalités prescrites par la loi ; que les époux ont une possession d'état bien établie ; que par suite il n'y a pas lieu de prononcer la nullité de leur union ;
Attendu que leur qualité d'époux permet de leur faire supporter les dépens ;
Par ces motifs,
Déclare le demandeur mal fondé dans sa demande, l'en déboute.

public et pour éviter toute interruption dans le service de l'état civil, a pris soin d'y pourvoir en désignant lui-même les citoyens qui seraient, de droit, substitués au maire ;

« Attendu que le pouvoir de délégation établi par l'art. 5 du décret du 4 juin 1806, consacré de nouveau et étendu par l'art. 14 de la loi du 18 juillet 1837, est bien soumis, dans son exercice, à certaines règles, et que le vœu du législateur est que le maire suive l'ordre qui ressort de la combinaison de l'art. 14 de la loi du 18 juillet 1837 avec les art. 5 de la loi du 23 mars 1831 et 4 de la loi du 5 mai 1855 ;

« Mais, attendu que la loi du 18 juillet 1837 ni aucune autre disposition législative n'a attaché à ces prescriptions la sanction de la nullité et que les nullités ne se suppléent pas ;

« Qu'il en résulte qu'une irrégularité dans la délégation ne saurait avoir pour effet d'enlever aux membres de la municipalité désignés par le maire pour le remplacer la capacité nécessaire pour remplir les fonctions d'officier de l'état civil et qu'elle ne saurait entraîner la nullité des actes auxquels il a concouru en cette qualité ;

« D'où il suit qu'en décidant le contraire le jugement attaqué a violé les articles de loi susvisés ;

« Par ces motifs,

« Casse et annule, dans l'intérêt de la loi, le jugement du tribunal civil de la Seine, du 23 février 1883. »

L'arrêt pris « dans l'intérêt de la loi » ne rétablit pas un mariage déclaré nul par le tribunal. Si l'on n'a pas laissé passer le délai d'appel, on peut recourir à la cour d'appel qui peut amender le jugement et déclarer le mariage valable — comme l'a fait la cour de Paris ; — si l'on a passé les délais, il n'y a qu'une chose à faire, c'est de retourner à la mairie.

**6. Mariage des indigents.** C'est la loi du 10 décembre 1850 qui a exonéré des droits de timbre et d'enregistrement les pièces nécessaires au mariage des indigents et à la légitimation de leurs enfants naturels. Ces pièces doivent expressément mentionner leur destination spéciale. Il faut un certificat d'indigence délivré par le commissaire de police, ou un certificat du percepteur de la commune, portant que la personne n'est pas imposée.

BIBLIOGRAPHIE.

Code de l'officier de l'état civil, par Addenet. Paris, Pedone-Lauriel. 1879.

Traité de l'état civil et des actes qui s'y rattachent, par Ed. Béquet. Paris, Berger-Levrault et Cie. 1883.

**ÉTAT DE GUERRE, ÉTAT DE SIÈGE.** (*Dict.*) **1.** *État de siège.* L'état de siège ne peut être déclaré qu'en cas de péril imminent, résultant d'une guerre étrangère ou d'une insurrection à main armée. (*L.* 3 avril 1878, art. 1er.)

**2.** Une loi peut seule déclarer l'état de siège ; cette loi désigne les communes, les arrondissements ou départements auxquels il s'applique. Elle fixe le temps de sa durée. A l'expiration de ce temps, l'état de siège cesse de plein droit, à moins qu'une loi nouvelle n'en prolonge les effets. (*Id.*, *même article.*)

**3.** En cas d'ajournement des Chambres, le Président de la République peut déclarer l'état de siège, de l'avis du conseil des ministres ; mais alors les Chambres se réunissent de plein droit deux jours après (*art.* 2).

**4.** En cas de dissolution de la Chambre des députés, et jusqu'à l'accomplissement entier des

opérations électorales, l'état de siège ne pourra, même provisoirement, être déclaré par le Président de la République (*art.* 3).

**5.** Néanmoins, s'il y avait guerre étrangère, le Président, de l'avis du conseil des ministres, pourrait déclarer l'état de siège dans les territoires menacés par l'ennemi, à la condition de convoquer les collèges électoraux et de réunir les Chambres dans le plus bref délai possible (*même article*).

**6.** Dans le cas où les communications seraient interrompues avec l'Algérie, le gouverneur pourra déclarer tout ou partie de l'Algérie, en état de siège dans les conditions de la présente loi (*art.* 4).

**7.** Dans les cas prévus par les art. 2 et 3, les Chambres, dès qu'elles sont réunies, maintiennent ou lèvent l'état de siège. En cas de dissentiment entre elles, l'état de siège est levé de plein droit (*art.* 5).

**8.** Les art. 4 et 5 de la loi du 9 août 1849 sont maintenus, ainsi que les dispositions de ses autres articles non contraires à la présente loi (*art.* 6). L'art. 4 de cette loi se rapporte aux colonies et l'art. 5 aux places de guerre.

**9.** *État de guerre.* (Voy. **Réquisitions.**)

**ÉTRANGERS.** A ce mot, au *Dictionnaire* (p. 920), n° 2, à la 7e ligne de l'alinéa, ôtez les mots : *les lois ou.* Ces mots ne s'appliquent pas à l'art. 11 du Code civil, ni à l'art. 726 ; mais, contrairement à l'avis de l'honorable correspondant qui a appelé notre attention sur ce point, ces mots peuvent très bien s'appliquer à l'art. 912. Du reste, il ne s'agirait que d'élargir autant que possible et par voie d'interprétation le sens des art. 11 et 726.

Au n° 5 supprimez : « arbitre forcé », la loi du 17 juillet 1856 ayant abrogé les art. 51 et 53 du Code de commerce. (Voy. **Naturalisation.**)

**ÉVÊQUE.** *Voy.* **Fonctionnaire.**

**EXÉCUTIONS MILITAIRES.** *Voy. le décret* du 25 octobre 1874.

**EXPERT.** L'expert n'a pas voix délibérative dans les affaires administratives. C'est un homme spécial, entendu, expérimenté que l'administration consulte, sans être tenu de suivre ses avis. Si elle croit que le ou les experts se sont trompés, elle peut ouvrir une contre-enquête, elle se renseigne et fait son profit de ce qu'elle apprend ainsi, dans les limites des intérêts qu'elle a à sauvegarder.

**EXPROPRIATION POUR CAUSE D'UTILITÉ PUBLIQUE.** (*Dict.*) **1.** Un pourvoi en matière d'expropriation ne peut être valablement signifié à Paris que par le ministère d'un huissier audiencier près la Cour de cassation. (*Cass.* 14 août 1876.)

**2.** L'indemnité d'expropriation doit comprendre uniquement le dommage actuel et certain causé à l'exproprié et ne peut s'étendre au dommage incertain et éventuel qui ne serait pas la conséquence directe, immédiate et nécessaire de l'expropriation. Spécialement, le jury n'a pas à prendre en considération, pour le calcul de l'indemnité, l'éventualité de l'interdiction d'exploiter des carrières non comprises dans la zone expropriée. (*Cass.* 16 janv. 1877.) [*Voy. aussi* 27 juin et 2 juill. 1881.]

**3.** La faculté laissée, sur la demande de l'exproprié, à l'expropriant, d'exécuter certains travaux pour empêcher le dommage causé par l'expropriation ou de payer une somme déterminée, n'enlève pas à la demande d'indemnité de l'exproprié son caractère pécuniaire ; par suite, le jury peut, sans violer aucune loi, consacrer l'alternative proposée. (*Cass.* 31 *juill.* 1876.)

Un arrêt du 15 janvier 1877, considérant que l'indemnité d'expropriation doit, à peine de nullité, être claire, précise et consister exclusivement en une somme d'argent, casse la décision d'un jury qui, sur la demande d'une indemnité pécuniaire par l'exproprié, lui alloue, en sus d'une somme d'argent, les arbres existant sur l'immeuble.

**4.** Il n'est pas nécessaire que la décision du jury d'expropriation constate qu'elle a été rendue à la majorité. (*Cass.* 10 *mai* 1875.)

**5.** Le fait, de la part d'un jury d'expropriation, d'avoir appelé dans la chambre de ses délibérations et d'avoir entendu un agent de l'administration expropriante, entraîne la nullité de la décision du jury. (*Cass.* 2 *avril* 1873, 29 *mai* 1877. *Voy.* L. 3 *mai* 1841, *art.* 37, 38 *et* 42.)

**6.** L'expropriation, lorsqu'elle a été consommée par un jugement passé en force de chose jugée, ne peut pas être annulée ou rétractée par suite d'un recours ultérieurement dirigé contre les actes ou décisions administratives intervenus préalablement à la procédure d'expropriation proprement dite. (*Cass.* 17 *déc.* 1877.)

**7.** Le magistrat directeur du jury qui déclare, dans une expropriation poursuivie par l'État, qu'il y a incompatibilité entre les fonctions de juré et celles de conducteur des ponts et chaussées au service de l'État et ordonne la radiation du nom de ce fonctionnaire de la liste de session, prend une décision qui n'excède pas ses pouvoirs et qui ne peut pas être déférée à la Cour de cassation. (*Cass.* 11 *mars* 1878.)

**8.** Les offres dont le tableau est placé sous les yeux des jurés doivent avoir été préalablement signifiées à l'exproprié, et cette notification constitue une formalité substantielle à laquelle il ne saurait être suppléé par des équivalents. Par suite, il y a lieu d'annuler la décision d'un jury rendue sur la simple *production* d'un *certificat* du maire, constatant que cet officier municipal a fait notifier à l'exproprié une ampliation d'un arrêté préfectoral aux termes duquel la somme de 1 fr. était offerte à ce dernier pour toute indemnité, mais ne mentionnant ni le nom et la qualité de l'agent qui aurait fait la notification des offres, ni le domicile auquel cette notification aurait été faite, ni enfin

le nom et la qualité de la personne à laquelle la copie de la notification aurait été remise. (*Cass.* 27 *août* 1878.)

**9.** Le procès-verbal des opérations du jury doit constater, à peine de nullité, que la discussion a été publique ; en conséquence, lorsque le jury s'est réuni dans un local qui n'est pas ouvert au public et qu'il ne ressort ni explicitement ni implicitement du procès-verbal que le public ait été admis à la séance, la décision du jury est nulle. (*Cass.* 7 *août* 1876.) Il ne s'agit ici que des plaidoiries, du jugement et des opérations qui peuvent se faire en public, mais non des délibérations du jury en chambre du conseil sur la fixation du chiffre des indemnités.

**10.** En matière d'expropriation vicinale, les magistrats désignés par le jugement d'expropriation pour diriger le jury tiennent leurs pouvoirs de la délégation qui leur est faite expressément et personnellement par le tribunal. (*L.* 21 *mai* 1836, *art.* 16 ; *L.* 3 *mai* 1841, *art.* 14.) En conséquence, la décision du jury est frappée de nullité si le jugement, ayant désigné seulement le juge de paix ou son premier suppléant pour présider le jury, les fonctions de magistrat-directeur ont été exercées par le second suppléant du juge de paix.

Et cette nullité portant atteinte à la constitution même du jury est une nullité d'ordre public qui doit être relevée d'office. (*Cass.* 9 *mars* 1880.)

**11.** Il y a lieu de condamner aux dépens l'exproprié qui, n'acceptant aucune des offres à lui faites, a omis d'indiquer le montant de ses prétentions. (*Cass.* 5 *févr.* 1880.)

**12.** Dans le cas où un particulier a fait des réserves devant le jury d'expropriation relativement à certains dommages qui pourraient être causés ultérieurement aux parties de ses terrains non comprises dans l'expropriation, il appartient au conseil de préfecture, si ces dommages se réalisent, de statuer sur le règlement de l'indemnité. (*Arr. du C. d'État* 3 *juin* 1881.)

**13.** En cas d'expropriation d'un immeuble indivis, la décision du jury, entachée d'un vice spécial à quelques-uns des copropriétaires, doit être annulée à l'égard de tous. (*Cass.* 1er *déc.* 1880.)

**EXTRADITION.** *Voy. le* Dictionnaire.

BIBLIOGRAPHIE.

L'Extradition. Recueil contenant *in extenso* tous les traités conclus jusqu'au 1er janvier 1883 entre des nations civilisées, par F. J. Kirchner. Paris, Rousseau. 1883.

# F

**FABRIQUE D'ÉGLISE.** (*Dict.*) **1.** Le desservant d'une paroisse n'est pas recevable à introduire un pourvoi devant le Conseil d'État au nom du conseil de fabrique. La nullité du pourvoi ainsi introduit n'est pas couverte par la ratification contenue dans une délibération ultérieure du conseil de fabrique. (*Arr. du C.* 15 *mars* 1878.)

**2.** Un conseil de fabrique peut procéder au remplacement des membres manquants, bien que,

sur sept membres dont il doit se composer, il ne compte plus que trois membres en exercice. (*Arr. du C.* 17 *mai* 1878). [*Voy. le* Dict. n° 23.] Ce serait donc à modifier.

**3.** Aucune disposition de loi ne limite à l'exercice courant le droit, pour les fabriques, de demander aux communes de pourvoir à l'insuffisance de leurs ressources. (*Arr. du C.* 16 *nov.* 1877.)

**4.** Lorsque le conseil de fabrique a communiqué au conseil municipal le budget de la fabrique ainsi que le compte, et que le conseil municipal a refusé toute subvention sans demander une pièce justificative, le préfet peut inscrire d'office au budget de la commune la somme nécessaire pour subvenir à l'insuffisance des ressources de la fabrique. (*Arr. du C.* 16 *nov.* 1877.)

**5.** Lorsque le conseil municipal conteste les évaluations portées au budget arrêté par la fabrique pour les dépenses du culte énumérées dans l'art. 37 du décret du 30 décembre 1809, c'est à l'évêque qu'il appartient de prononcer sur sa réclamation, sauf au préfet, dans le cas où il est en désaccord avec l'évêque, à porter la question devant le ministre des cultes. (*Arr. du C.* 15 *mars* 1878.) Le préfet ne peut pas inscrire d'office au budget de la commune une somme supérieure au montant du déficit du budget de la fabrique, tel qu'il résulte de la décision prise par l'évêque sur le vu des observations du conseil municipal. (*Même arrêt.*)

**6.** Le conseil municipal auquel le conseil de fabrique demande une subvention pour pourvoir à l'insuffisance de ses ressources, peut exiger la communication des pièces justificatives qui établissent cette insuffisance ; mais la fabrique satisfait à son obligation en offrant de communiquer ces pièces sans déplacement. (*Arr. du C.* 14 *juin* 1878.)

**7.** Le traitement d'un vicaire régulièrement établi est une dépense à laquelle la commune est tenue en cas d'insuffisance de revenus de la fabrique ; mais si les formalités prescrites n'avaient pas été remplies, la fabrique ne pourrait exiger aucun concours de la commune pour le paiement du traitement du vicaire. (*Arr. du C.* 9 *nov.* 1877.)

**8.** Une fabrique s'est pourvue devant le Conseil d'État à l'effet de faire annuler pour excès de pouvoirs, un décret qui avait autorisé le bureau de bienfaisance de la commune à accepter un legs de 1,000 fr. fait aux pauvres de la paroisse ; or, les pauvres de la paroisse ont un représentant légal, c'est le conseil de fabrique. De son côté, le bureau de bienfaisance soutenait que tous les pauvres se trouvaient également représentés par lui.

Le Conseil d'État, considérant que le décret attaqué a été rendu après l'accomplissement des formalités prescrites, que d'ailleurs, si la fabrique entend soutenir que le legs de 1,000 fr. fait au profit des pauvres de la paroisse devait lui être attribué, c'est à l'autorité judiciaire qu'il appartient de statuer sur cette prétention et de décider si, par interprétation du testament, il y a lieu, pour l'exécuteur testamentaire, de se refuser à la délivrance du legs, rejette la requête du conseil de fabrique. (*Arr. du C.* 20 *déc.* 1877.)

**9.** Une fabrique d'église peut être autorisée par l'administration supérieure, dans l'intérêt du culte, à exécuter des travaux à une église, malgré l'opposition du conseil municipal, lorsque cette autorisation n'a ni pour but, ni pour effet de porter atteinte au droit de propriété de la commune ou à son droit de surveillance, et lorsqu'il a été constaté que ces travaux ne peuvent engager les finances de la commune. (*Arr. du C.* 4 *juin* 1880.)

**10.** La commune est recevable à discuter devant le Conseil d'État les évaluations des recettes portées au budget de la fabrique, et il appartient au Conseil d'État de porter ces évaluations à des chiffres supérieurs pour déterminer la situation de la fabrique vis-à-vis de la commune. (*Arr. du C.* 4 *juin* 1880.)

**11.** N'est pas entachée d'excès de pouvoirs une décision du ministre des cultes ayant autorisé une fabrique à faire exécuter des travaux à l'église d'une commune, malgré le conseil municipal, lorsque, d'ailleurs, la nécessité de ces travaux a été reconnue par l'administration et qu'enfin le conseil de fabrique de cette église a justifié de ressources suffisantes pour couvrir la dépense prévue, et qu'il est établi que l'autorisation donnée à l'exécution des travaux ne peut avoir pour résultat d'engager les finances de la commune. Cette décision ministérielle n'a eu ni pour but, ni pour effet, de porter atteinte, soit au droit de propriété de la commune sur l'église, soit au droit qui appartient à l'administration municipale de veiller à la conservation des propriétés communales, mais seulement de pourvoir aux besoins du culte dans ladite église. Si les communes peuvent être appelées à contribuer aux réparations et reconstructions des églises, aucune disposition de loi n'interdit aux conseils de fabrique de les faire exécuter à leurs frais, sous l'approbation de l'autorité supérieure.

Il suit de là que le pourvoi d'une commune contre une décision ministérielle de cette nature doit être rejeté. (*Arr. du C.* 4 *juin* 1880.)

**FACTORAT DES HALLES.** (*Dict.,* v^{is} Foires, **Marchés** *et* **Subsistances.**)

### SOMMAIRE.

#### CHAP. I. — LES FACTEURS DE LA HALLE A PARIS.

**1.** Cette matière a été réglée ainsi qu'il suit par le décret du 23 janvier 1878 :

TITRE 1^{er}. — DES VENTES EN GROS.

Art. 1^{er}. Dans la ville de Paris, les ventes en gros des denrées alimentaires s'opèrent sur tous les marchés, à la criée ou à l'amiable, au gré des intéressés, dans les conditions déterminées par les décrets, règlements et ordonnances de police en vigueur.

Il peut être procédé par toute personne à la vente à l'amiable.

TITRE II. — DES FACTEURS.

Art. 2. A partir du 1^{er} avril 1878, les ventes à la criée pourront être faites par toute personne inscrite, en qualité de facteur, sur un registre qui sera ouvert à cet effet au greffe du tribunal de commerce de Paris.

Art. 3. Nul ne pourra être inscrit sur ce registre s'il n'est Français, majeur de vingt-cinq ans, s'il ne jouit de la plénitude de ses droits civils, s'il est failli non réhabilité, ayant fait abandon de biens ou atermoiement sans s'être intégralement libéré.

Toute personne qui demandera son inscription devra présenter requête au tribunal de commerce, justifier de sa moralité par un certificat du maire de sa résidence, de sa capacité professionnelle par une attestation de cinq commerçants de la place faisant partie de la liste des électeurs consulaires de Paris, et du versement à la caisse de la ville d'un cautionnement de 10,000 fr., soit en numéraire, soit en rentes sur l'État ou en obligations de la ville de Paris.

L'admission aura lieu en chambre du conseil par le tribunal, qui décidera sans appel ni recours.

Tout facteur admis sera tenu de prêter, devant le même tribunal, en audience publique, le serment de remplir avec honneur et probité les devoirs de sa profession.

Le greffier procédera ensuite à l'inscription sur le registre à ce destiné et délivrera un certificat constatant l'admission, la prestation de serment et l'inscription.

Art. 4. Nul facteur inscrit ne pourra commencer l'exercice de ses fonctions avant d'avoir fait viser par le préfet de la Seine et le préfet de police, et enregistrer dans chacune des deux préfectures le certificat dont il est question à l'article précédent.

Art. 5. Les facteurs sont tenus de se conformer à toutes les prescriptions des règlements administratifs et des ordonnances de police concernant les halles.

En cas d'infraction à ces prescriptions ou de manquement à leurs devoirs professionnels, la discipline de ces agents appartient au préfet de la Seine pour ce qui a trait aux perceptions municipales, et au préfet de police pour ce qui concerne la loyauté des transactions, la salubrité et le bon ordre du marché.

Art. 6. Les peines disciplinaires qui peuvent être prononcées contre les facteurs sont :

L'avertissement ;

La suspension pour un temps qui n'excédera pas un mois ;

La radiation définitive.

Toutefois, cette dernière peine ne peut être infligée que par le ministère de l'agriculture et du commerce, sur la proposition du préfet de la Seine ou du préfet de police, suivant que le fait punissable tombe sous l'action disciplinaire de l'un ou de l'autre de ces deux préfets.

La radiation définitive peut encore être prononcée dans les mêmes formes, lorsqu'il est établi que le facteur ne remplissait pas, au moment de son inscription, ou que, depuis, il a cessé de remplir les conditions exigées par l'art. 3 ci-dessus.

L'arrêté du ministre prononçant la radiation définitive est transmis au président du tribunal de commerce.

Art. 7. Le classement et le tour de vente des marchandises seront déterminés sous la surveillance des agents de la préfecture de police, par le numéro d'ordre que ces marchandises reçoivent au fur et à mesure de leur arrivée aux halles.

Art. 8. Les facteurs sont tenus de recevoir eux-mêmes les enchères et de prononcer les adjudications. Ils dressent de leurs opérations un procès-verbal détaillé, qu'ils transmettent à la préfecture de police, après l'avoir affirmé et l'avoir revêtu de leur signature.

Une copie conforme est simultanément adressée à la préfecture de la Seine.

Art. 9. Les facteurs ne peuvent, dans aucun cas et sous aucun prétexte, faire, soit directement, soit indirectement, le commerce des denrées qu'ils sont chargés de vendre.

Ils ne peuvent, à quelque titre que ce soit, sinon comme commissionnaires ou représentants des producteurs, être intéressés aux ventes où ils opèrent officiellement.

Ils peuvent, au gré des expéditeurs, procéder à l'amiable ou à la criée aux ventes qui leur sont confiées.

Art. 10. Les facteurs sont responsables envers les approvisionneurs de la marchandise que ceux-ci leur ont expédiée ou consignée.

Ils sont tenus de remettre à leurs commettants facture des denrées qu'ils ont vendues pour leur compte et de leur en payer le montant aussitôt après la clôture du marché.

Les crédits qu'ils accorderaient aux acheteurs sont à leur charge, sans qu'ils puissent exercer à ce sujet aucun recours contre les consignataires, ni prétexter le moindre retard de paiement.

Tout expéditeur ayant fait vendre des marchandises à la criée peut transmettre à la préfecture de police le compte du facteur, pour le faire vérifier et en faire constater la concordance avec le procès-verbal de vente.

Art. 11. Le maximum du droit de commission attribué aux facteurs sur le montant des ventes qu'ils effectuent, est déterminé, sur la proposition du préfet de police et après avis du préfet de la Seine, par délibération du conseil municipal.

Art. 12. Les facteurs actuellement en exercice seront inscrits sur la simple présentation des pièces qui constateront la réalisation du cautionnement prescrit par l'art. 3.

Pour jouir de ce bénéfice, ils devront, dans un délai de six mois à partir de la promulgation du présent décret, justifier de cette inscription auprès des deux préfectures.

TITRE III. — DES COMMIS ET AGENTS DES FACTEURS.

Art. 13. Les facteurs ont sous leur dépendance les commis crieurs, verseurs et autres agents qui les assistent dans leurs opérations.

Ils ont le droit de les choisir, et les entretiennent à leurs frais.

Ils sont responsables des actes de ces agents.

Ils sont soumis, à cet égard, comme pour leurs actes personnels, à l'action disciplinaire de la préfecture de la Seine ou de la préfecture de police, suivant la distinction établie à l'art. 5 du présent décret.

TITRE IV. — DES AGENTS DE LA PRÉFECTURE DE LA SEINE ET DE LA PRÉFECTURE DE POLICE.

Art. 14. Les agents du service des perceptions municipales doivent mettre à la disposition de la préfecture de police les renseignements dont celle-ci peut avoir besoin pour constater la loyauté des ventes placées sous son contrôle.

Art. 15. Les forts, les compteurs-mireurs, ainsi que tous les agents et employés de la préfecture de police qui participent aux opérations relatives aux ventes en gros, sont tenus de se conformer aux indications qui leur sont données par les agents des perceptions municipales, pour tout ce qui a trait aux tarifs, à l'assiette et à la perception des droits municipaux de toute sorte dans les halles et marchés.

L'agent des perceptions municipales aux observations duquel il n'a pas été satisfait doit en référer à son inspecteur et, s'il y a lieu, rend compte de l'incident à l'inspecteur spécial placé dans le marché par la préfecture de police. Si cet agent refuse de prêter son concours au service des perceptions municipales, pour quelque motif que ce soit, il doit le consigner par écrit, au bas de la réquisition qui lui est présentée, dans ce cas, par l'inspecteur des perceptions municipales.

La suite de l'affaire appartient, dès lors, aux deux administrations compétentes.

TITRE V. — DU SERVICE DU POIDS PUBLIC.

Art. 16. Tous les agents qui concourent aux opérations du poids public dans les halles et marchés sont rattachés à un service unique placé dans les attributions de la préfecture de la Seine.

TITRE VI. — DISPOSITIONS GÉNÉRALES.

Art. 17. Les règlements administratifs et les ordonnances de police concernant le service des halles et marchés seront mis en harmonie avec les dispositions des cinq titres qui précèdent, avant le 1er avril 1878.

Art. 18. Les dispositions des décrets des 21 septembre 1807, 28 janvier 1811, 24 février 1858, et de tous autres décrets, arrêtés et ordonnances de police contraires au présent décret, sont et demeurent abrogées.

Art. 19. Le ministre de l'intérieur et le ministre de l'agriculture et du commerce sont chargés de l'exécution du présent décret, qui sera inséré au *Bulletin des lois.*

CHAP. II. — LES FACTEURS DANS LES VILLES AUTRES QUE PARIS.

2. En 1877, le Gouvernement a demandé l'avis du Conseil d'État sur les trois questions suivantes :

1° Le maire peut-il, sans excéder ses pouvoirs de police, instituer sur le marché d'une ville un ou plusieurs facteurs chargés de vendre à la criée certaines catégories de denrées et de représenter, à l'exclusion de tous autres intermédiaires, les expéditeurs et producteurs ?

2° Les remises que les facteurs font à certaines villes sur les droits de factage qu'ils perçoivent conformément aux tarifs arrêtés par les maires ne constituent-elles pas un impôt dissimulé, contraire à la loi ?

3° Enfin, ne conviendrait-il pas de préparer une loi pour régler les conditions d'institution et de fonctionnement du factorat dans les halles et marchés ?

3. Dans sa séance du 26 mars 1877, le Conseil d'État a donné un avis que nous allons d'abord résumer :

1° Le Conseil a été d'avis que les maires pouvaient, sans excéder leurs pouvoirs de police, instituer des facteurs pour procéder, dans les halles et marchés, aux ventes à cri public de comestibles ; mais il a considéré cette institution comme n'étant susceptible de se concilier avec le principe de la liberté du commerce et de l'industrie qu'autant que l'intervention obligatoire des facteurs serait limitée aux opérations mêmes

de la criée, c'est-à-dire à la constatation des enchères et à l'adjudication des marchandises.

2° Le Conseil estime que la faculté qui appartient aux maires d'instituer un ou plusieurs facteurs ne peut être employée à créer aux villes une source de recettes non autorisées par le législateur.

3° Enfin, le Conseil d'État a pensé que l'administration supérieure ayant des pouvoirs suffisants pour limiter le fonctionnement du factorat dans les conditions ci-dessus indiquées, l'opportunité d'une loi qui organiserait les factorats sur de nouvelles bases ne semblait pas démontrée.

4. Voici maintenant le texte même de cet avis du 26 mars 1877 :

*Sur la première question :*

Considérant que l'établissement des ventes à la criée dans les halles des villes d'une certaine importance, a pour objet d'assurer, en même temps que l'abondance des approvisionnements, une diminution du prix sur la denrée, favorable aux consommateurs ; que ces ventes sont particulièrement utiles pour les denrées d'une détérioration facile et prompte, telles que le poisson et les viandes, qui, étant souvent exposées à subir en quelques heures de fortes dépréciations, exigent un mode de vente rapide et sûr ;

Considérant que l'art. 3 du titre XI de la loi des 16-24 août 1790 confie à la vigilance et à l'autorité des maires le maintien du bon ordre dans les endroits où il se fait de grands rassemblements d'hommes, tels que les foires et marchés, ainsi que l'inspection sur la fidélité du débit des denrées qui se vendent au poids ou à la mesure et sur la salubrité des comestibles exposés en vente publique ; que l'institution d'un préposé ou facteur, chargé, à l'exclusion de tous autres intermédiaires, de procéder dans les halles aux ventes à cri public de comestibles, sous la surveillance de l'autorité municipale et dans les conditions qu'elle détermine, rentre dans les mesures de police qu'il appartient aux maires de prendre en vertu des dispositions précitées, lorsqu'ils en reconnaissent la nécessité : que la Cour de cassation s'est d'ailleurs prononcée en ce sens par un arrêt du 13 mars 1863 (Mulot) ;

Considérant que les lois qui règlent le monopole des officiers publics ayant qualité pour procéder aux ventes aux enchères de divers objets mobiliers, n'ont pas limité le pouvoir des maires en ce qui touche la vente à la criée de comestibles dans les halles ;

Considérant, en effet, d'une part que les commissaires-priseurs, d'après l'art. 89 de la loi du 28 avril 1816, ont les mêmes attributions dans les villes de province qu'à Paris ;

Considérant que le législateur, en créant les commissaires-priseurs dans cette dernière ville, n'a principalement eu pour but de leur confier la prisée et la vente aux enchères du mobilier proprement dit : que tel est l'esprit de la loi du 27 ventôse an XI, attesté par l'exposé des motifs de cette loi, et confirmé ultérieurement par la pratique ; qu'ainsi, en ce qui touche particulièrement les ventes publiques de comestibles, le droit pour ces officiers d'y procéder, dans les halles de Paris, eût été en fait, inconciliable avec l'obligation que leur impose l'art. 8 de l'arrêté ci-dessus visé du 29 germinal an IX de faire, au secrétariat de leur chambre syndicale, la déclaration de toutes les ventes dont ils sont chargés, vingt-quatre heures au moins avant le commencement de chaque vente ;

Considérant, il est vrai, que les commissaires-priseurs peuvent procéder aux ventes publiques au détail de marchandises neuves, dans les divers cas prévus par la loi du 25 juin 1841, et qu'ils ont reçu également de la loi du 5 juin 1851, concurremment avec les notaires, huissiers et greffiers de justice de paix, le privilège des ventes aux enchères des fruits et récoltes pendants par racines et des coupes de bois taillis ; mais que les ventes à la criée de comestibles dans les halles ne rentrent dans aucune de ces catégories ;

Considérant d'ailleurs que, d'après la loi du 18 juin 1843, un droit de 6 p. 100, sur le produit de chaque vente, est uniformément alloué aux commissaires-priseurs, sans distinction de résidence ni de nature d'objets vendus, et qu'on ne peut admettre que le législateur ait entendu ajouter une pareille charge aux droits d'octroi et aux droits de place qui grèvent déjà les denrées de consommation générale ;

Considérant que les motifs qui viennent d'être invoqués à l'égard des commissaires-priseurs, conduisent à la même solution vis-à-vis des autres officiers publics qui entrent en concurrence avec ces derniers pour les ventes aux enchères des objets mobiliers ;

Considérant, d'autre part, en ce qui touche les courtiers, que la loi du 18 juillet 1866, en établissant la liberté du courtage des marchandises, a réservé aux courtiers qui seraient inscrits sous certaines conditions, sur des listes dressées par les tribunaux de commerce, les ventes publiques de marchandises aux enchères et en gros, dans les divers cas où ces ventes *étaient* confiées à un courtier par la législation antérieure ;

Considérant que, d'après les décrets du 12 mars 1859 et du 30 mai 1863, portant règlement d'administration publique pour l'exécution de la loi du 28 mai 1858, les ventes dont il s'agit doivent être faites à la Bourse ou dans les salles autorisées par décrets à cet effet ; que les lots ne peuvent être, en principe, d'une valeur inférieure à 500 fr. ; que d'ailleurs les catégories de marchandises, pouvant faire l'objet desdites ventes, sont déterminées limitativement dans un tableau annexé au décret du 30 mai 1863, où ne figurent pas la plupart des comestibles qui se vendent dans les halles, et en particulier le poisson frais, les viandes dépecées, la *volaille* et le *gibier* ; qu'il résulte manifestement de ces diverses prescriptions que les ventes à cri public de comestibles dans les halles ne rentrent pas dans les attributions des courtiers inscrits ;

Mais considérant que, si les maires peuvent, sans excéder leurs pouvoirs de police, instituer des facteurs pour procéder dans les halles aux ventes à cri public de comestibles, cette institution ne peut toutefois se concilier le principe de la liberté du commerce et de l'industrie qu'autant que l'intervention obligatoire du facteur est limitée aux opérations mêmes de la criée, c'est-à-dire à la constatation des enchères et à l'adjudication des marchandises ;

Considérant, en effet, qu'il serait contraire à ce principe soit d'exiger l'intervention du facteur pour la vente à l'amiable, soit d'interdire ce mode de vente ;

Considérant, en outre, que, pour les ventes à la criée, on ne saurait, *sans violer le même principe, imposer aux expéditeurs* l'intermédiaire du facteur pour les actes de pure commission, tels que la réception des marchandises, les soins à leur donner, la préparation des lots et l'envoi des fonds provenant de la vente ; que les expéditeurs doivent être libres de choisir comme leur représentant, soit le facteur, soit tel commissionnaire qui pourrait leur inspirer plus de confiance ;

Considérant, en conséquence, que l'arrêté de police municipale qui institue un facteur, ne doit contenir aucune disposition de nature à entraver la liberté de la commission ; qu'en particulier le droit alloué au facteur par ledit arrêté, sur le produit de chaque vente, doit uniquement correspondre aux opérations de la criée et ne comprendre la rémunération d'aucun acte rentrant dans les fonctions du soumissionnaire ;

Considérant que, lorsque les expéditeurs font choix du facteur pour le représenter, la rétribution qui est alors due à ce dernier en sus du droit de vente, doit être débattue librement entre lui et ses commettants, sauf le cas où le maire croirait devoir prescrire au facteur de soumettre à son homologation la détermination d'un maximum limitant le droit de commission.

*Sur la deuxième question :*

Considérant qu'il résulte de l'enquête à laquelle il a été procédé sur la situation du factorat dans les halles et marchés des différentes villes de France autres que Paris, que vingt-sept villes reçoivent de leurs facteurs des remises qui atteignent parfois un chiffre assez élevé ;

Considérant que ces remises, qui consistent soit dans l'abandon d'une certaine fraction des droits de factage, soit dans l'engagement de payer annuellement une somme fixée à l'avance, sont déterminées tantôt de gré à gré, tantôt au moyen d'une adjudication ;

Considérant qu'on ne saurait assimiler aux droits de place ou loyer, qui peuvent être perçus dans les halles et marchés pour occupation du terrain communal, la somme versée en exécution d'une adjudication ou d'un traité de gré à gré, qui confère à un ou plusieurs individus le droit exclusif de vendre à la criée certaines catégories de comestibles ; qu'en conséquence la faculté qui appartient aux maires d'instituer un ou plusieurs facteurs, ne peut être employée à créer aux villes une source de recettes que les lois n'ont pas autorisées.

*Sur la troisième question :*

Considérant que le fonctionnement du factorat dans les villes autres que Paris n'a *généralement* pas soulevé de réclamations ; que l'administration supérieure a des pouvoirs suffisants pour le limiter dans les conditions ci-dessus indiquées ; que, par suite, l'opportunité d'une loi qui organiserait les factorats sur de nouvelles bases ne semble pas démontrée.....

**FÊTE NATIONALE.** La République adopte la date du 14 juillet comme jour de fête nationale annuelle. (*L. 6 juill.* 1880.)

**FINANCES.** *Voy.* **Contributions directes et indirectes, Dette de l'État, Fonctionnaires, Inspection générale des finances, Rentes,** *etc.*

### BIBLIOGRAPHIE.

Traité de la législation spéciale du Trésor public en matière contentieuse, par J. Dumesnil. Nouvelle édition, entièrement refondue, etc., par G. Pallain. Paris, Hetzel. 1881. ( La première édition est de 1846.)

Guide du trésorier général et du receveur des finances, par V. Goutte. Paris, Berger-Levrault et Cie. 1881.

Le Ministère des finances, son fonctionnement, etc., par J. Josat. Paris, Berger-Levrault et Cie. 1882.

Les Finances de la France, par Richard de Kaufmann. Traduit de l'allemand par Dulaurier et de Riedmatten. In-8°. Paris, Guillaumin.

**FOIRES ET MARCHÉS.** (*Dict.*) *Voy.* **Conseil général.**

**FONCTIONNAIRES.** (*Dict.*) **1.** *Serment professionnel.* Au *Dict.*, n° 42 (p. 977), rectifier ce détail : Les gardes-jurés et inspecteurs des pêches maritimes prêtent serment devant le tribunal civil et non devant l'administration de la marine.

**2.** *Garantie constitutionnelle.* Le décret du 19 septembre 1870, qui abroge l'art. 75 de la Constitution de l'an VIII, n'a pas eu pour conséquence d'autoriser les tribunaux judiciaires à connaître des actes administratifs. (*Trib. des confl.* 5 *mai* 1877 ; 24 *nov.*, 8 *déc.*, 15 *déc.*, 29 *déc.* 1877 ; 12 *janvier* 1878.) Mais le principe de la séparation des pouvoirs, maintenu malgré l'abrogation de l'art. 75 de la Constitution de l'an VIII, ne fait pas obstacle à ce que les tribunaux civils examinent les actes émanés des fonctionnaires, à l'effet de déterminer s'ils constituent réellement des actes administratifs échappant à leur juridiction. (*C. de Dijon* 15 *déc.* 1876.)

**3.** *Erreur d'un sous-préfet dans une opération de tirage au sort.* Le sous-préfet de l'arrondissement de ......, M. C., en présidant aux opérations du recrutement militaire dans le canton de M..., n'avait déposé dans l'urne que 94 numéros, alors que 99 jeunes gens étaient inscrits sur les tableaux de recensement. Cinq jeunes gens auxquels le sort a été défavorable, se considérant comme lésés par l'omission de M. C., l'ont assigné en dommages-intérêts devant le tribunal civil. Le préfet déclinait la compétence de l'autorité judiciaire. Son déclinatoire a été repoussé. Le préfet a alors élevé le conflit. Le Tribunal des conflits avait à examiner si les faits servant de base à la demande constituaient ou non une faute imputable personnellement au défendeur. Le commissaire du Gouvernement présente des conclusions tendant à l'annulation de l'arrêté de conflit.

La responsabilité des fonctionnaires, dit-il, ne saurait plus être l'objet d'aucun doute après l'abrogation de l'art. 75 de la Constitution de l'an VIII. Il ne reste donc plus qu'à savoir si les actes réputés préjudiciables tombent sous le coup de l'autorité judiciaire ou de l'autorité administrative. S'agit-il d'un fait relatif aux fonctions ? L'autorité administrative doit en connaître. S'agit-il d'un fait personnel ? C'est à l'autorité judiciaire qu'il appartient. La faute personnelle relevant du droit commun, il paraît évident que l'instance ouverte contre M. C. était légitime, puisqu'il a négligé de s'assurer que le nombre des numéros mis dans l'urne était égal au nombre des conscrits. Est-ce là une faute de la fonction ? Non. C'est une faute spéciale commise dans l'exercice des fonctions, mais toute personnelle au fonctionnaire. Le Tribunal des conflits s'est rangé à cette opinion. Sa décision reconnaît la compétence des juges de Saint-Jean-d'Angély et annule l'arrêté de conflit pris le 29 juin dernier par le préfet de la Charente-Inférieure. (*Arr. du mois de novembre* 1881.)

4. *Juge honoraire.* La disposition de l'art. 479 du Code d'instruction criminelle relative aux délits imputés aux membres des tribunaux de première instance, s'applique aux magistrats honoraires.

5. *Sollicitations.* Une circulaire du ministère de l'intérieur (signée Waldeck-Rousseau), datée du 14 novembre 1881, a pour but de les faire cesser: il ne tiendra compte que des propositions qui lui parviendront par la voie hiérarchique.

6. *Cumul.* Un arrêt du *Conseil d'État du 23 novembre* 1883 déclare qu'au point de vue du cumul des traitements au moins, les évêques doivent être considérés comme des fonctionnaires (il s'agit d'un évêque député).

BIBLIOGRAPHIE.

Les Emplois publics, renseignements aux candidats, par Métérié-Larrey. Paris, Berger-Levrault et Cie.1883.

De la Responsabilité des fonctionnaires publics envers les simples particuliers, par Pierre Lacanal. Grand in-8°. Berger-Levrault et Cie.

**FONTAINE PUBLIQUE.** (*Dict.*) Les eaux qui alimentent les fontaines publiques d'une ville font partie du domaine public communal et sont dès lors inaliénables et imprescriptibles, sans distinction entre celles qui sont indispensables à la satisfaction des besoins publics et celles qui peuvent être superflues et surabondantes.

En conséquence, une concession faite à un particulier sur ces eaux est essentiellement précaire et révocable, alors même qu'elle aurait été consentie moyennant une souscription antérieure à l'acquisition de la source et à l'affectation des eaux à l'usage public. Le concessionnaire, pour s'opposer au retrait de la concession, ne peut se prévaloir d'aucun droit définitif sur le superflu des eaux, ni obliger la commune à faire la preuve que les eaux ainsi aliénées sont devenues nécessaires aux besoins publics. (*Cass.* 24 *janv.* 1883.) [*Voy. aussi* **Domaine public.**]

**FORÊTS.** (*Dict.*) 1. Par décret du 15 décembre 1877, la direction générale des forêts est distraite du ministère des finances et rattachée au ministère de l'agriculture.

2. Le décret du 16 décembre 1882 fixe ainsi le nombre et le traitement des inspecteurs généraux des forêts. Le nombre des inspecteurs généraux des forêts est de huit.

*Leur traitement est fixé comme suit :*

| | |
|---|---|
| Un de 1re classe à . . . . . . | 15,000 fr. |
| Deux de 2e classe à . . . . | 13,500 |
| Cinq de 3e classe à . . . . . | 12,000 |

3. *Organisation des conservations forestières.* Le décret du 23 octobre 1883 est ainsi conçu :

Art. 1er. Les conservations forestières sont formées d'un ou plusieurs départements sans morcellement; elles sont subdivisées en inspections, dont la gestion est confiée à des inspecteurs, assistés par des inspecteurs adjoints.

Art. 2. Le nombre des inspecteurs adjoints est déterminé d'après les besoins du service. En dehors de la circonscription permanente ou temporaire qui leur est assignée, les inspecteurs adjoints ont compétence pour procéder aux opérations forestières dans tout ou partie de l'inspection et remplir les missions qui leur seraient spécialement confiées par l'administration.

Art. 3. Le titre de garde général est supprimé; il est provisoirement maintenu pour les fonctionnaires qui en sont actuellement pourvus et tant qu'ils ne pourront être nommés inspecteurs adjoints.

Art. 4. Les inspecteurs adjoints sont recrutés, savoir : deux tiers parmi les élèves de l'École nationale forestière ; un tiers : 1° parmi les gardes généraux actuellement en fonctions ; 2° parmi les préposés du service actif ayant passé avec succès les examens de sortie de l'école secondaire ou ayant quinze ans de service, moins de cinquante ans d'âge et jugés aptes à remplir les fonctions d'agents, d'après un règlement spécial qui sera établi à cet effet.

Art. 5. Pour faciliter aux préposés l'accès au grade d'inspecteur adjoint et assurer leur instruction technique, une école secondaire d'enseignement professionnel, théorique et pratique, est établie au domaine des Barres (Loiret). Seront admis à cette école les préposés ayant quatre ans de service actif, moins de trente-cinq ans d'âge et déclarés aptes à suivre cet enseignement après un concours préalable ; il suffira de deux ans de service actif pour les fils d'agents ou de préposés, anciens élèves de l'école des Barres. Le ministre fixera par un arrêté général les conditions concernant l'admissibilité à l'école des Barres, les attributions du directeur et des professeurs, les programmes des cours et les examens d'entrée et de sortie. Le nombre des élèves à admettre à cette école sera déterminé annuellement d'après les besoins du service.

Art. 6. Les inspecteurs adjoints sont tous admissibles aux emplois supérieurs sans distinction d'origine ; ils seront promus au grade d'inspecteur au choix et au vu de leur inscription au tableau d'avancement institué par l'ordonnance royale du 17 décembre 1844 et devant faire l'objet d'un règlement ministériel.

Art. 7. Le ministre de l'agriculture nommera à tous les emplois de l'administration forestière autres que ceux de conservateur et d'inspecteur général, sauf délégation à donner par lui au directeur des forêts.

Art. 8. Le secrétaire du conseil d'administration des forêts est assimilé, pour le rang, le traitement et les conditions d'avancement, aux inspecteurs généraux membres du conseil : il a voix délibérative, il est en même temps chargé du service du contrôle et du personnel à la direction des forêts ; son traitement est imputé par moitié sur le budget de l'administration centrale et sur le chapitre du personnel du service forestier.

Art. 9. Les ordonnances et décrets antérieurs et notamment le décret du 1er août 1882 sont abrogés en tout ce qui est contraire au présent décret.

4. *École forestière.* Le décret du 3 novembre 1880 réorganise ainsi qu'il suit l'École forestière de Nancy :

Art. 1er. Le personnel administratif et de surveillance de l'École forestière comprend : un directeur, un sous-directeur, un inspecteur des études, un agent comptable, des adjudants de surveillance.

Art. 2. Le directeur est nommé par nous, sur la proposition du ministre de l'agriculture et du commerce ; il est choisi exclusivement parmi les conservateurs des forêts, les inspecteurs portés au tableau d'avancement et les professeurs ayant exercé des fonctions actives d'agent forestier pendant quatre ans au moins.

Son autorité s'étend sur toutes les parties du service et sur tout le personnel administratif enseignant.

Il jouit du traitement de conservateur dans les conditions de classe déterminées par le ministre et reçoit en outre, à titre de frais de représentation, une indemnité annuelle de 2,000 fr.

Art. 3. Le sous-directeur est choisi parmi les professeurs ayant exercé des fonctions actives d'agent forestier pendant quatre ans au moins. Il est nommé par le ministre, sur la proposition du sous-secrétaire d'État, président du conseil d'administration des forêts.

En cas d'absence ou de maladie du directeur, le sous-directeur le remplace dans toutes ses attributions.

Art. 4. Les fonctions d'inspecteur des études sont exercées par un professeur ou un répétiteur désigné par le sous-secrétaire d'État, président du conseil d'administration des forêts.

Elles ont spécialement pour objet d'assurer, sous l'autorité immédiate du sous-directeur, l'exécution des règlements de police et le maintien de la discipline, tant à l'intérieur qu'à l'extérieur de l'École.

Art. 5. L'agent comptable est nommé par le ministre ; ses fonctions spéciales sont déterminées par un règlement ministériel.

Art. 6. Les adjudants de surveillance sont nommés par le sous-secrétaire d'État, président du conseil d'administration des forêts, qui fixe leur nombre et règle leurs attributions.

Art. 7. Le directeur, le sous-directeur, l'inspecteur des études et les adjudants sont logés à l'École.

Art. 8. Le personnel enseignant de l'École forestière comprend :

Un professeur d'économie forestière,
Un professeur d'histoire naturelle,
Un professeur de législation et de jurisprudence,
Un professeur de mathématiques appliquées,
Un professeur d'agriculture,
Un professeur d'art militaire,
Un professeur de langue allemande,
Des répétiteurs en nombre déterminé par le ministre.

Art. 9. Les professeurs sont nommés par le ministre de l'agriculture et du commerce, sur la proposition du sous-secrétaire d'État, président du conseil d'administration des forêts.

Ils forment deux catégories :

1° Les titulaires, choisis parmi les agents forestiers, et professant l'économie forestière, l'histoire naturelle, la législation et les mathématiques appliquées.

Leur traitement est ainsi fixé :

| | |
|---|---|
| Première classe . . . . . . . . | 9,000 |
| Deuxième classe . . . . . . . . | 8,000 |
| Troisième classe . . . . . . . . | 7,000 |

2° Les chargés de cours, professant l'agriculture, l'art militaire, la langue allemande.

Leur traitement est fixé par le ministre, sans que le chiffre maximum puisse, dans aucun cas, dépasser 6,000 fr.

Art. 10. Les agents forestiers nommés professeurs titulaires cessent de figurer dans les cadres du personnel et de concourir pour l'avancement dans le corps.

Le ministre pourra toutefois confier temporairement les fonctions de professeur ou de chargé de cours à des agents forestiers maintenus dans les cadres du personnel et qui recevront, à cette occasion, une indemnité fixe et annuelle de 2,000 francs, outre le traitement afférent à leur grade administratif.

Art. 11. Les répétiteurs sont choisis parmi les agents forestiers et nommés par le sous-secrétaire d'État, président du conseil d'administration des forêts ; une indemnité fixe et annuelle de 2,000 francs, outre le traitement afférent à leur grade administratif.

Art. 12. Les agents forestiers attachés à l'École, soit comme professeurs temporaires, conformément aux dispositions du dernier paragraphe de l'art. 10 précédent, soit comme chargés de cours ou comme répétiteurs, conserveront leurs droits à l'avancement dans les cadres du personnel jusqu'au grade d'inspecteur inclusivement.

5. *Conseil de perfectionnement.* Par le décret du 23 décembre 1882, il est institué un conseil de perfectionnement de l'enseignement forestier, chargé de rechercher et de proposer les améliorations qu'il conviendrait d'apporter à l'enseignement, aux programmes d'admission et au régime des écoles forestières.

6. *Uniforme.* Le décret du 20 novembre 1878, inséré dans le *Journal officiel* du 26 du même mois, règle ce qui concerne l'uniforme des agents forestiers, grande et petite tenue.

7. *Jurisprudence.* La signification de l'opposition formée par le conservateur des forêts au défrichement des bois d'un particulier est valable, pourvu qu'elle ait été précédée de la notification du procès-verbal de reconnaissance de l'état du bois ; il n'importe que la date de l'opposition elle-même soit antérieure à celle de la notification du procès-verbal. (*Arr. du C. 17 mai* 1878.)

8. Le propriétaire du bois n'est pas recevable à se pourvoir au contentieux contre la décision du ministère des finances qui, pour confirmer l'opposition au défrichement, s'est fondé sur des motifs tirés de la nécessité de conserver l'existence ou le régime des cours d'eau et d'empêcher l'aggravation des dégâts résultant de leurs débordements. (*Arr. du C. 17 mai* 1878.)

9. L'administration des forêts ne peut jamais exercer, devant le tribunal correctionnel, l'action civile divisément de l'action publique, alors surtout qu'il s'agit d'un délit de droit commun. Spécialement, l'administration des forêts ne saurait intenter, devant la juridiction correctionnelle, l'action civile résultant d'un délit d'incendie involontaire d'une portion de la forêt, dont l'auteur a été auparavant poursuivi à la requête du ministère public et condamné par application de l'art. 458 du Code pénal. (*Cass. 9 mai* 1879.)

10. *Médailles d'argent.* Voy. **Décorations.**

11. *Reboisement.* Voy. ce mot.

**BIBLIOGRAPHIE.**

Codes annotés. Code forestier suivi des lois qui s'y rattachent et notamment des lois sur la pêche et sur la chasse, sous la direction de MM. E. Dalloz fils et Ch. Vergé, avec la collaboration de L. Robinet, E. Meaume et Janet. Paris, bureau de la *Jurisprudence générale*. 1 fort volume in-4°. 1884.

La Surveillance des forêts, par Bouquet de la Grye. Paris, Rothschild. 1877.

**FRAI.** Ce mot a deux acceptions.

1. On appelle ainsi l'usure des monnaies ; le frai est le résultat de la circulation et il peut aisément devenir assez fort pour rendre nécessaire la refonte des pièces qui l'ont subi.

2. Le frai, dans le langage des eaux et forêts, est l'époque de la fécondation des poissons; ce sont aussi les œufs fécondés et même les tout petits poissons qui viennent d'éclore.

**FRAIS DE ROUTE.** *Voy.* **Armée.**

**FRANCHISE POSTALE.** (*Dict.*) *Poids maximum des paquets.* Le ministre des postes et télégraphes écrit au préfet de la Seine, sous la date du 13 juin 1879, ce qui suit :

« Il est fréquemment déposé à la recette principale des postes, à Paris, par ordre de fonctionnaires jouissant de la franchise illimitée, de nombreux et volumineux paquets d'un poids considérable, contenant des exemplaires de projets de budget, des rapports, des brochures, des imprimés, etc., destinés à être expédiés en franchise par la poste.

« Or, on ne saurait assimiler à la correspondance de service et admettre à circuler en franchise par la poste des envois tels que ceux que je vous signale aujourd'hui, et qui constituent de véritables colis de messagerie.

« Dans ces conditions, Monsieur le Préfet, j'ai dû prendre un arrêté pour prescrire aux agents des postes de n'admettre en franchise les paquets de service, qu'à la condition que le poids total des paquets expédiés à chaque courrier, *par un même expéditeur à un même destinataire,* ne dépasse pas *trois kilogrammes.*

« *Signé :* COCHERY. »

# G

**GARANTIE DES MARQUES.** *Voy.* **Propriété industrielle.**

**GARANTIE DES MATIÈRES D'OR ET D'ARGENT.** (*Dict.*) 1. La loi du 25 janvier 1884 établit un quatrième titre pour la fabrication des boîtes de montre exclusivement destinées à *l'exportation* et autorise la fabrication à *tous titres,* des objets *d'or et d'argent* ayant la même destination. Les conditions ne sont pas les mêmes, comme il résulte de la loi que nous allons reproduire.

Art. 1er. Par addition à l'art. 4 de la loi du 19 brumaire an VI, il est créé, pour la fabrication de boîtes de montres d'or seulement, destinées exclusivement à l'exportation, un quatrième titre légal à 583 millièmes, lequel sera obligatoire.

Un poinçon spécial indiquant le titre et une empreinte particulière montrant qu'elles sont destinées à l'exportation, seront appliqués sur ces boîtes par le bureau de la garantie.

Art. 2. Par dérogation aux dispositions dudit art. 4, et en dehors de celles énoncées en l'art. 1er ci-dessus, les fabricants seuls d'orfèvrerie, joaillerie, bijouterie et boîtes de montres sont autorisés à fabriquer à tous autres titres des objets d'or et d'argent exclusivement destinés à l'exportation.

Les objets ainsi fabriqués à tous titres ne recevront, en aucun cas, l'empreinte des poinçons de l'État ; mais ils devront être marqués, aussitôt après l'achèvement, avec un poinçon de maître dont la forme sera déterminée par un règlement ultérieur d'administration publique, et qui indiquera en chiffre le titre de l'alliage, lequel sera reproduit sur la facture.

Art. 3. Les fabricants qui voudront user des facultés accordées par la présente loi, les négociants et commissionnaires exportateurs qui voudront exercer le commerce des ouvrages d'or et d'argent à tous titres, avec l'étranger, devront en faire la déclaration à la préfecture de leur département et à la mairie de leur commune.

A Paris, la déclaration sera faite à la préfecture de police et au bureau de la garantie.

Art. 4. Les fabricants, négociants et exportateurs de ces ouvrages seront soumis aux visites et exercices des employés des contributions indirectes, dans les conditions déterminées par les art. 235, 236, 237, 238 et 245 de la loi du 28 avril 1816.

Ils fourniront au besoin les balances et les poids nécessaires pour effectuer les vérifications.

Art. 5. Sont applicables à ces fabricants et négociants toutes les dispositions de la législation qui régit le commerce des matières d'or et d'argent, en tant que ces dispositions ne sont pas contraires à celles de la présente loi.

Art. 6. Les mesures complémentaires que nécessiterait l'exécution de cette loi, seront déterminées par un règlement d'administration publique.

Art. 7. Il est interdit de livrer à la consommation intérieure, sous aucun prétexte, les ouvrages d'or et d'argent dont la présente loi n'autorise la fabrication qu'en vue de l'exportation.

Art. 8. Ceux de ces ouvrages qui seraient trouvés chez des fabricants, négociants ou commissionnaires n'ayant pas fait la déclaration prescrite par l'art. 3 ci-dessus, ou dont la mise en vente à la consommation intérieure sera constatée, seront saisis et donneront lieu aux poursuites par-devant le tribunal de police correctionnelle. Les détenteurs des objets saisis encourront la confiscation de ces objets, sans préjudice des autres peines portées par l'article ci-après.

Art. 9. En cas de contravention aux dispositions de la présente loi et à celles du règlement d'administration publique rendu en vertu de l'art. 6 ci-dessus, les ouvrages sur lesquels portera la contravention seront confisqués, et en outre, le délinquant sera condamné à une amende qui sera, pour la première fois, de dix fois la valeur des objets confisqués ; pour la seconde fois, du double proportionnel de la première, avec affiche de la condamnation aux frais du délinquant; enfin, la troisième fois, l'amende sera quadruple de la première, et le commerce ainsi que la fabrication des ouvrages d'or et d'argent seront interdits au délinquant, sous peine de confiscation de tous les objets de son commerce.

En cas de manquants constatés lors des inventaires, ou de sorties non justifiées, l'amende sera de 75 fr. par hectogramme s'il s'agit d'objets en or, et de 4 fr. par hectogramme s'il s'agit d'objets en argent.

Art. 10. Les ouvrages d'or et d'argent fabriqués aux titres fixés par la loi du 19 brumaire an VI et destinés soit à l'exportation, soit à la consommation intérieure, continueront à être soumis à la législation actuelle.

Il en sera de même, en tout ce que la présente loi n'a rien de contraire, pour les boîtes de montres, au 4e titre, destinées à l'exportation.

**2.** Le règlement d'administration publique est du 6 juin 1884 (*Journ. off. du 9 juin*), nous n'en reproduisons que les art. 5 et 6.

Art. 5. — Les boîtes de montres d'or au 4e titre, les objets d'or et d'argent à tous titres ne peuvent être confondus dans les magasins avec les bijoux d'or et d'argent destinés au commerce intérieur.

Des emplacements distincts leur sont réservés, soit chez les fabricants, soit chez les commissionnaires ou marchands exportateurs.

Ces emplacements doivent porter les inscriptions suivantes en caractères fixes et apparents :

*Exportation*. — Boîtes de montres d'or au quatrième titre.

*Exportation*. — Objets d'or ou objets d'argent à tous titres.

Art. 6. — Sauf en ce qui concerne les échantillons, dont la sortie temporaire des fabriques peut être tolérée, la libre circulation des boîtes de montres d'or au 4e titre et des objets d'or et d'argent à tous titres est interdite.

Toutefois, les envois de fabricant à fabricant, ou de fabricant à marchand exportateur et *vice versâ*, sont autorisés.

Ces envois, de même que ceux à destination de l'étranger, sont effectués en vertu de soumissions délivrées sur la déclaration des expéditeurs qui s'engagent à les rapporter dans un délai de trois mois, revêtus, suivant le cas, soit d'un certificat de prise en charge au compte du destinataire, soit d'un certificat de la douane constatant la sortie du territoire français.

Les envois à destination de l'étranger ne peuvent avoir lieu qu'en caisses scellées et plombées, après vérification par les employés des contributions indirectes. Les caisses doivent être présentées par les soins et aux frais des exportateurs au bureau de la garantie.

En cas de réimportation en France d'objets non placés à l'étranger, ces objets, après constatation de leur identité, seront réintégrés chez le fabricant ou le marchand exportateur et repris en charge à son compte.

**3.** La circulaire de la Direction générale des contributions indirectes est du 26 janvier 1884. Elle dispose que le poinçon dont il doit être fait usage pour marquer les boîtes de montres n° 4 doit représenter une tête égyptienne.

**4.** Corriger, page 1024 du *Dictionnaire,* au tableau (colonne *Désignation*) le chiffre 6 par 13. Les villes auxquelles le chiffre se rapporte étant énumérées, le lecteur aura sans doute corrigé lui-même cette faute.

Quand il est dit « en principal », les centimes ou décimes additionnels sont sous-entendus.

**5.** La date du décret qui renouvelle les poinçons d'exportation est du 27 juillet 1878.

**GARDE PARTICULIER.** (*Dict.*) D'après les dispositions combinées des lois des 20 messidor an III, 3 brumaire an IV, 28 pluviôse an VIII et de l'art. 117 du Code forestier, le garde particulier est choisi par le propriétaire qui veut lui confier la surveillance de ses domaines ; il est rémunéré et peut être révoqué par lui ; il doit être agréé par le préfet ou par le sous-préfet et prêter serment devant le tribunal ; mais aucune disposition de loi n'a réservé à l'administration la faculté de retirer ses fonctions à un garde particulier, soit en le révoquant, soit en rapportant l'arrêté par lequel il a été agréé. S'il appartient à l'administration, à moins d'exceptions formellement prévues par la loi, de retirer aux agents ou employés nommés par elle le mandat qu'elle leur a confié, elle ne peut user de cette faculté, lorsqu'elle ne lui est réservée par aucune disposition législative, à l'égard des agents qui ne sont pas nommés par elle et qui doivent seulement obtenir son agrément.

Il suit de là que l'arrêté par lequel un sous-préfet a révoqué de ses fonctions un garde particulier doit être annulé pour excès de pouvoirs. (*Arr. du C.* 12 mai 1882.)

BIBLIOGRAPHIE.

Guide pratique des gardes champêtres, par Marcel Grégoire. Paris, Garnier. 1881.

**GARNISAIRE.** (*Dict.*) La loi du 9 février 1877 abroge (*art.* 1er) les dispositions de l'art. 3 de la loi du 17 brumaire an V, en ce qui concerne le mode de poursuites par voie de garnison individuelle, et prescrit (*art.* 2) que le mode de poursuites désigné sous la dénomination de *Garnison collective* prendra celle de *Sommation avec frais*.

**GAZ.** (*Dict.*) Les traités ayant pour objet l'éclairage au gaz d'une ville ont le caractère de marché de travaux publics. Lorsqu'un de ces traités contient stipulation, au profit de la ville, d'une participation aux bénéfices, cette clause constitue une condition essentielle de la concession, et, par suite, c'est à l'autorité administrative qu'il appartient de connaître des contestations auxquelles elle peut donner lieu. (*Trib. des confl.* 16 déc. 1876.)

**GENS DE MER.** *Voy.* **Marine.**

**GRAND-LIVRE.** *Voy.* **Rentes.**

**GREFFE, GREFFIER.** (*Dict.*) Le droit de greffe n'a été établi que pour des actes de greffe prévus par les Codes et par les lois sur la procédure. Il ne s'applique pas aux extraits délivrés sous forme de certificat par les greffiers des tribunaux de commerce, du registre tenu au greffe de ce tribunal, pour constater le dépôt de marque de fabrique. (*Décis. min.* 9 août 1877.)

**GYMNASTIQUE.** (*Dict.*) **1.** La loi du 27 janvier 1880 rend obligatoire la gymnastique. En voici les dispositions :

Art. 1er. L'enseignement de la gymnastique est obligatoire dans tous les établissements d'instruction publique de garçons dépendant de l'État, des départements et des communes.

Art. 2. Cet enseignement est donné dans les conditions et suivant les programmes arrêtés par le ministre de l'instruction publique, selon l'importance des établissements.

Art. 3. Un rapport sur les résultats de la vérification faite, au moins une fois par an, par les soins du ministre de l'instruction publique dans tous les établissements auxquels s'applique la présente loi, sera annexé au budget.

Art. 4. La disposition de l'art. 23 de la loi du 15 mars 1850, concernant la gymnastique dans les établissements publics, est abrogée.

Art. 5. La présente loi entrera en vigueur dans le délai de deux ans à dater de sa promulgation.

2. Une circulaire du ministre de l'instruction publique du 21 mars 1882, insérée au *Journal officiel* du 22 mars, rappelle la loi de 1880 ci-dessus et indique les mesures d'encouragement à prendre pour répandre le goût des exercices du corps.

On trouve dans le *Journal officiel* du 6 avril 1881 la circulaire du 29 mars 1881, par laquelle le ministre envoie aux recteurs des exemplaires du *Manuel* des exercices gymnastiques et ajoute des observations.

3. *Délivrance de prix aux sociétés civiles de gymnastique.* (*Circul. Int.* 7 *juin* 1883.) Un crédit de 5,000 fr. a été inscrit au budget du département de la guerre pour la délivrance de prix aux sociétés civiles de gymnastique. Ces prix doivent être accordés, au moment des concours, aux sociétés les plus méritantes, et, en vue d'en assurer une répartition équitable, les ministres de la guerre et de l'intérieur viennent d'arrêter de concert les dispositions suivantes :

Toute société de gymnastique qui se croira des titres à l'obtention d'une récompense devra adresser sa demande au ministre de la guerre, par l'intermédiaire du préfet, auquel elle devra être parvenue *quarante jours, au moins,* avant l'époque fixée pour le concours. Le préfet devra la transmettre, avec son avis, *dans les dix jours,* au général commandant le corps d'armée, qui est chargé de la faire parvenir au ministère de la guerre.

# H

**HALLES ET MARCHÉS.** (*Dict.,* vº **Foires et marchés.**) 1. *Compétence.* Le conseil de préfecture n'est compétent que pour statuer sur les difficultés qui peuvent s'élever entre les communes et les fermiers sur le sens des baux, et il ne peut être saisi d'une demande en interprétation de ces baux en l'absence de tout litige entre la commune et le fermier, et sans renvoi ordonné par l'autorité judiciaire.

C'est à l'autorité judiciaire qu'il appartient de prononcer sur les contestations auxquelles peut donner lieu la perception, par le fermier, des droits de place dans les halles et marchés. (*Arr. du C.* 23 *nov.* 1877.)

2. Les dispositions d'un arrêté municipal qui interdisent aux forains de vendre ailleurs qu'au marché les denrées par eux apportées les jours de marché et aux habitants d'acheter ces denrées, en dehors du marché, sur la voie publique ou même à leur domicile, sont légales et rentrent dans les objets que la loi des 16-24 août 1790 a confiés à la surveillance de l'autorité municipale. Elles s'appliquent, non seulement aux personnes qui achètent pour revendre en détail, mais encore aux marchands qui achètent pour exporter. Et elles ne sont pas modifiées par un arrêté postérieur, qui, après avoir interdit aux marchands d'entrer dans le marché avant l'ouverture ou d'y rester après la fermeture, ajoute qu'il n'est pas dérogé aux droits d'apport et de vente à domicile, cet article ayant pour objet de réserver aux marchands domiciliés le droit de vendre, dans leur magasin, même les jours de marché, les denrées régulièrement apportées.

Par suite, un forain qui fait des achats de beurre dans une boutique par lui occupée pendant les heures de marché, contrevient à l'arrêté municipal susénoncé et peut être condamné aux peines prononcées par l'art. 471 du Code pénal. (*Cass.* 24 *déc.* 1880.)

Si cet arrêté est légal, il est sur l'extrême limite de la légalité et l'on peut lui appliquer le dicton : *Summum jus, summa injuria.*

**HAUTE COUR DE JUSTICE.** *Voy.* au Dictionnaire *le mot* **Constitution,** nº 31.

**HECTARE.** *Voy. au* Dictionnaire *l'article* **Poids et mesures.**

**HONNEURS ET PRÉSÉANCES.** (*Dict.*) 1. *Honneurs funèbres.* Le ministre de la guerre a adressé, le 4 juin 1880, une circulaire aux chefs de corps relative aux honneurs funèbres dont voici le texte :

« Mon cher Général, une question qui m'a été soumise par M. le général commandant le 7e corps d'armée m'a donné lieu de penser qu'il était nécessaire de faire cesser les difficultés d'interprétation pouvant se produire au sujet du décret du 13 octobre 1863, relativement aux honneurs funèbres à rendre.

« A l'avenir, les troupes commandées pour rendre lesdits honneurs funèbres aux membres de l'armée décédés en possession d'un grade, aux membres de la Légion d'honneur et aux décorés de la médaille militaire, accompagneront le corps du défunt jusqu'à sa dernière demeure, sans se préoccuper de la question de croyance.

« Cette manière de faire est la conséquence logique du respect que l'on doit avoir pour la liberté de conscience, ce principe essentiel du droit public français.

« J'ai l'honneur de vous prier de tenir scrupuleusement à l'exécution de cette disposition.

« *Signé :* FARRE. »

2. Le 7 décembre 1883, une seconde circulaire est venue compléter la précédente; nous la reproduisons également :

« Mon cher Général, j'ai été consulté sur l'interprétation à donner aux art. 329 et 330 du décret du 28 octobre 1883, relatif aux honneurs funèbres à rendre aux militaires et marins morts en activité de service. Ces articles stipulent que les troupes commandées pour rendre les honneurs sont conduites à la maison mortuaire et accompagnent le corps jusqu'au cimetière ; mais ils sont muets sur ce que ces troupes doivent faire durant le temps pendant lequel le corps stationne dans l'édifice où s'accomplissent, le cas échéant, les cérémonies du culte auquel appartenait le défunt.

« J'ai l'honneur de vous faire connaître, après examen de cette question, qu'il ressort des explications qui m'ont été fournies à la suite de la publication du décret du 23 octobre 1883, que le Conseil d'État, en supprimant l'art. 326 de l'ancien décret du 13 octobre 1863, concernant les honneurs à rendre par les troupes pendant les services religieux, a admis que les troupes désignées pour rendre les honneurs funèbres aux militaires et marins décédés en activité de service resteraient en dehors des édifices du culte pendant la durée du service religieux.

« Le service terminé, ces troupes accompagnent le corps *jusqu'au* cimetière, *à la porte* duquel elles rendent, avant d'être reconduites à leurs quartiers, les mêmes honneurs qu'à la maison mortuaire, honneurs spécifiés à l'art. 329 précité du décret du 23 octobre 1883.

« *Signé :* E. CAMPENON. »

BIBLIOGRAPHIE.

Honneurs et préséances civils et militaires, par J. Delarbre. Paris, Berger-Levrault et Cie. 1876.

Recueil des dispositions relatives aux honneurs et préséances militaires. 1876. Brochure, 1 fr.

**HOPITAUX ET HOSPICES.** (*Dict.*) **1.** *Hôpitaux civils.* La loi du 5 août 1879 remplace les art. 1, 2, 4 et 5 de la loi du 21 mars 1873, relative aux commissions administratives des hospices et des bureaux de bienfaisance, par les articles suivants :

« Art. 1er. Les commissions administratives des hospices et hôpitaux et celles des bureaux de bienfaisance sont composées du maire et de six membres renouvelables.

« Deux des membres de chaque commission sont élus par le conseil municipal.

« Les quatre autres membres sont nommés par le préfet.

« Art. 2. Le nombre des membres renouvelables peut, en raison de l'importance des établissements et de circonstances locales, être augmenté par un décret spécial rendu sur l'avis du Conseil d'État.

« Dans ce cas, l'augmentation aura lieu par nombre pair, afin que le droit de nomination s'exerce, dans une proportion égale, par le conseil municipal et le préfet.

« Art. 4. Les délégués du conseil municipal suivent le sort de cette assemblée quant à la durée de leur mandat ; mais en cas de suspension ou de dissolution du conseil municipal, ce mandat est continué jusqu'au jour de la nomination des délégués par le nouveau conseil municipal.

« Les autres membres renouvelables sont nommés pour quatre ans. Chaque année, la commission se renouvelle par quart.

« Les membres sortants sont rééligibles.

« Si le remplacement a lieu dans le cours d'une année, les fonctions du nouveau membre expirent à l'époque où auraient cessé celles du membre qu'il a remplacé.

« *Ne sont pas éligibles ou sont révoqués de plein droit,* les membres qui se trouveraient dans un des cas d'incapacité prévus par les lois électorales.

« L'élection des délégués du conseil municipal a lieu au scrutin secret, à la majorité absolue des voix. Après deux tours de scrutin, la majorité relative suffit, et, en cas de partage, le plus âgé des candidats est élu.

« Art. 5. Les commissions pourront être dissoutes et leurs membres révoqués par le ministre de l'intérieur.

« En cas de dissolution ou de révocation, la commission sera remplacée ou complétée dans le délai d'un mois.

« Les délégués des conseils municipaux ne pourront, s'ils sont révoqués, être réélus pendant une année.

« En cas de renouvellement total ou de création nouvelle, les membres que l'art. 1er laisse à la nomination du préfet seront, sur sa proposition, nommés par le ministre de l'intérieur.

« Le renouvellement par quart sera déterminé par le sort à la première séance d'installation. »

**2.** *Hôpitaux militaires et hôpitaux mixtes.* L'organisation des services hospitaliers de l'armée a été réglée par la loi du 7 juillet 1877. Voici cette loi :

Art. 1er. Chacun des corps d'armée de l'intérieur aura, dans la région qu'il occupe et autant que possible au chef-lieu du corps d'armée, un établissement hospitalier militaire destiné à l'instruction spéciale du personnel, à la préparation et à l'entretien du *matériel nécessaire au corps* d'armée pour le service hospitalier en cas de mobilisation.

Art. 2. A l'exception des hôpitaux régionaux, des hôpitaux permanents des gouvernements de Paris et de Lyon et des hôpitaux thermaux, tous les autres hôpitaux militaires pourront être successivement supprimés quand, dans les villes où ils existent, les hospices civils appropriés à cet effet seront en état d'assurer en tout temps le service médical militaire.

Toutefois, ces suppressions ne pourront avoir lieu qu'en vertu d'une disposition formelle de la loi de finances de chaque année.

Art. 3. Dans les localités où il n'existera pas d'hôpitaux militaires, et dans celles où ils seront insuffisants, les hospices civils seront tenus de recevoir et de traiter les malades de l'armée qui leur seront envoyés par l'autorité militaire.

Art. 4. Les hospices civils seront, à cet effet, par décret du Président de la République, rendu sur la proposition des ministres de la guerre et de l'intérieur, divisés en deux catégories : 1° les hôpitaux mixtes ou militarisés ; 2° les hôpitaux civils proprement dits.

Seront classés dans la première catégorie, les hôpitaux civils où il y aura des salles spécialement réservées aux malades militaires.

Toutes les fois qu'une garnison atteindra le chiffre de 300 hommes, les malades militaires seront soignés dans des salles spéciales, et soumis, autant que possible, sous le rapport du régime hospitalier, aux règlements en vigueur dans les hôpitaux militaires.

Seront classés dans la seconde catégorie, les

hôpitaux des villes où les garnisons n'atteindront pas le chiffre de 300 hommes ; les malades militaires seront soignés dans les salles ordinaires s'il n'est pas possible d'avoir des salles spéciales, et soumis au régime de l'hôpital civil.

Lorsque l'effectif d'une garnison sera de 1,000 hommes au moins, le traitement des malades sera toujours confié aux médecins militaires ; au-dessous de ce chiffre, les malades militaires seront soignés par les médecins militaires toutes les fois que le personnel médical de la garnison le permettra ; en cas d'insuffisance, le service des salles militaires sera fait par les médecins civils.

Dans les hôpitaux civils proprement dits, les malades de l'armée seront soignés par les médecins civils.

Quand les malades militaires seront soignés par des médecins civils, le médecin de la garnison aura le droit de les visiter ; mais, sous aucun prétexte, il ne pourra s'immiscer dans le traitement, ni donner des ordres dans le service.

Art. 5. Les obligations imposées aux hospices civils ne peuvent, dans aucun cas, porter préjudice au service des fondations et de l'assistance publique.

L'État doit à ces établissements une allocation égale aux frais qui leur incombent par suite du traitement des malades militaires.

Art. 6. La dépense des travaux de construction ou d'appropriation reconnus nécessaires pour l'établissement, dans les hospices civils, des services hospitaliers des garnisons, est exclusivement à la charge de l'État. Nul travail ne pourra être exécuté sans l'assentiment de la commission administrative de l'hôpital et du conseil municipal de la ville, et sans l'accord préalable des ministres de la guerre et de l'intérieur.

Toutefois, les traités particuliers conclus avec les communes qui ont pris envers l'État l'engagement d'assurer le traitement des malades militaires dans les hôpitaux civils demeurent exécutoires.

Art. 7. Une convention passée entre le représentant du ministre de la guerre et la commission administrative de l'hôpital déterminera, pour chaque hôpital, suivant la catégorie à laquelle il appartiendra, le régime spécial à cet établissement, les conditions d'application du règlement militaire et la dette correspondante de l'État.

Le nombre de lits à affecter aux malades militaires dans les hospices civils sera fixé de gré à gré entre les commissions administratives et le ministre de la guerre ou son représentant.

Cette convention ne sera exécutoire qu'après avoir été approuvée par le conseil municipal et ratifiée par les ministres de la guerre et de l'intérieur.

En cas de désaccord entre les deux ministres, la commission administrative de l'hôpital ou le conseil municipal, les conditions et le prix du traitement des militaires seront réglés par un décret rendu en Conseil d'État.

La convention aura une durée de cinq années ; elle pourra exceptionnellement être revisée dans cet intervalle, à la condition qu'il y ait accord entre toutes les parties.

Les contestations qui pourront s'élever sur l'exécution soit de la convention, soit du décret rendu à défaut de convention, seront portées devant le conseil de préfecture du département où est situé l'hôpital, et, en cas d'appel, devant le Conseil d'État.

Ces dispositions sont également applicables aux contestations qui pourront surgir entre les commissions administratives des hospices et les communes qui ont pris envers l'État l'engagement d'assurer le traitement des malades militaires dans les hôpitaux civils.

Art. 8. Un règlement d'administration publique pourvoira à l'exécution de la loi sur les bases ci-dessus établies.

Art. 9. Dans les six mois qui suivront la publication du règlement d'administration publique, les commissions administratives des hôpitaux pourront demander, nonobstant les conventions en cours d'exécution, qu'il leur soit fait application des dispositions de la présente loi.

Il sera fait droit à ces demandes dans un délai de même durée et conformément aux prescriptions de l'art. 7.

Art. 10. Sont abrogées toutes les dispositions des lois, ordonnances, décrets et règlements contraires à la présente loi.

3. Le décret portant règlement d'administration publique pour l'exécution de la loi du 7 juillet 1877 (*art.* 8), est du 1er août 1879 (*Bulletin des lois* de 1879), mais nous nous signalons surtout la circulaire du ministère de l'intérieur du 15 octobre 1879. Nous nous bornons à en reproduire ici les trois premiers alinéas. (*Voy.* le décret du 1er août et la circulaire du 1er août 1879 au *Supplément ann.* de 1880, p. 215.)

Monsieur le Préfet, parmi les services d'intérêt public confiés aux administrations hospitalières, un des plus importants est celui des malades militaires. Le nombre des hôpitaux civils chargés du traitement des malades de cette catégorie s'élève aujourd'hui à 230 ; le nombre des lits militaires, à plus de 14,000, et celui des journées de maladie, à plus de 1,500,000 par année. Ces chiffres suffisent pour faire comprendre l'intérêt qu'ont réciproquement les hospices à obtenir un prix de journée vraiment rémunérateur, et l'État à assurer à nos soldats malades tous les soins qu'exige le rétablissement de leur santé.

Tel est le but que s'est proposé le législateur en édictant la loi du 7 juillet 1877. Par son art. 3, elle impose aux hôpitaux civils dans les villes où il n'existe pas d'hôpital militaire et dans celles où il serait insuffisant, l'obligation de recevoir et de traiter les malades de l'armée qui leur seront envoyés par l'autorité militaire. Mais cette obligation ne doit porter aucun préjudice aux services hospitaliers affectés à l'assistance des indigents. Tous les frais incombant aux hospices par suite du traitement des malades militaires doivent être remboursés par l'État (art. 15). Ceux de ces établissements qui se trouveraient lésés dans leurs intérêts par les conventions actuelles peuvent, dès à présent, en demander la révision (art. 9).

Il est certain, Monsieur le Préfet, que dans la plupart des hôpitaux, le prix de journée est notoirement insuffisant et que le nombre des lits réservés au service sanitaire de la garnison dépasse les besoins. Il en résulte de graves préjudices pour les établissements hospitaliers, qui voient décroître graduellement le chiffre de leur dotation et ne peuvent plus disposer pour les divers services de l'assistance publique d'un nombre de lits suffisant. Sur les 13,676 lits réservés à l'autorité militaire, en vertu des conventions actuelles, 6,644 sont restés inoccupés pendant l'année 1876..... (Les remèdes à cet inconvénient se trouvent indiqués dans le règlement d'administration publique.)

### HOPITAUX MILITAIRES. *Voy.* **Hôpitaux et hospices.**

**HUILE.** (*Dict.*) La loi de finances du 22 décembre 1878 (Budget de recettes de 1879) porte ce qui suit aux art. 3 à 6 :

Art. 3. Dans les villes ayant une population

agglomérée de quatre mille âmes et au-dessus, qui n'ont aucune taxe d'octroi sur les *huiles* autres que les huiles minérales, l'impôt établi par la loi du 31 décembre 1873 sur les huiles de toutes sortes à l'exception des huiles minérales, est supprimé à partir du 1er janvier 1879.

Art. 4. Les villes ayant une population agglomérée de quatre mille âmes et au-dessus, qui conservent ou établissent une ou diverses taxes d'octroi sur les huiles spécifiées au précédent article, sont admises, sur la demande de leurs conseils municipaux, à s'affranchir des droits établis par la loi du 31 décembre 1873, au moyen du versement au Trésor d'une redevance égale à la moyenne des perceptions effectuées par le Trésor pendant les deux derniers exercices, sans toutefois que cette redevance puisse dépasser le montant du produit des taxes d'octroi sur lesdites huiles. A cet effet, ces communes sont autorisées à augmenter leurs taxes d'octroi sur les huiles autres que les huiles minérales, jusqu'à concurrence du double des taxes actuelles.

Le versement de cette redevance a lieu par vingt-quatrième, de quinzaine en quinzaine.

Art. 5. Les villes qui paient l'impôt sur les huiles par voie d'abonnement, conformément à l'art. 5 de la loi du 31 décembre 1873, ont la faculté, pour se récupérer, de percevoir des taxes d'octroi dépassant le maximum fixé par l'art. 108 de la loi du 25 mars 1817. (*Voy. aussi* **Huiles.**)

Art. 6. Les dispositions de la loi du 31 décembre 1873 demeurent applicables dans les cas autres que ceux prévus par la présente loi. (*Voy. aussi l'article* **Pétrole.**)

**HYGIÈNE.** *Voy.* **Comité d'hygiène, Régime sanitaire.**

**HYPOTHÈQUES.** (*Dict.*) **1.** D'après une décision du ministère des finances remontant à 1837, il ne devrait être payé aux conservateurs des hypothèques aucun salaire, soit pour le dépôt ou la transcription des contrats ou jugements, soit pour la délivrance des états d'inscription ou des certificats négatifs, de même que pour toute autre espèce de renseignement lorsqu'il s'agit d'acquisition faites pour le compte de l'État par voie d'expropriation pour cause d'utilité publique.

Cette disposition avait été appliquée, depuis lors, aux acquisitions faites par l'État à tous autres titres que ceux d'expropriation forcée et d'utilité publique, quelle que soit d'ailleurs la participation des départements à la dépense.

Par suite de l'extension donnée aux travaux publics, le nombre des formalités à accomplir gratuitement en vertu de ces décisions s'est accru au point de constituer une charge très onéreuse pour les conservateurs.

Le ministre des finances, auquel cette situation a été signalée, a décidé que les dispositions précédentes cesseraient d'être appliquées. Les conservateurs sont donc autorisés maintenant à percevoir, au taux déterminé par les règlements en vigueur, les salaires des formalités concernant les réquisitions faites pour le compte de l'État, soit par voie d'expropriation, soit à tout autre titre. (*Temps*, 12 *nov.* 1879.)

**2.** Le décret du 15 juin 1878 prescrit le mode de reconstitution du registre des hypothèques détruit par un incendie à Tulle. (*Voy. aussi, pour les documents parlementaires, les 7 juin et 7 août du* Journal officiel *de* 1878.)

**3.** Le conservateur des hypothèques qui, étant requis de fournir l'état des inscriptions grevant un immeuble nettement désigné, constate par erreur une inscription non existante, est responsable des conséquences qui peuvent en résulter pour les tiers; il doit, s'il éprouve un doute sur la situation hypothécaire d'un immeuble dont il délivre un certificat d'inscription, l'exprimer dans la colonne des observations, ou, mieux encore, délivrer copie de l'inscription originaire dont l'existence actuelle est douteuse et des radiations qui peuvent se trouver portées en marge. (*C. de Chambéry* 27 *avril* 1875.)

**4.** Aucune rémunération n'est due aux conservateurs des hypothèques à raison des formalités données aux actes relatifs aux expropriations pour utilité publique, dans tous les cas où les acquisitions sont faites pour le compte de l'État et à la charge du budget général [1]; mais les salaires attribués à ces fonctionnaires doivent leur être payés toutes les fois que les indemnités de dépossession sont dues par un département, une commune ou bien un tiers, particulier ou compagnie concessionnaire, lors même que, dans le cas où la concession a pour objet la construction d'un chemin de fer, le concessionnaire reçoit de l'État une subvention représentant la dépense de l'infrastructure de la voie (la subvention ne change pas le caractère principal de l'opération). (*Lettre du directeur général de l'enregistrement au ministre des finances du* 23 *août* 1876.)

BIBLIOGRAPHIE.

Étude théorique et pratique sur la radiation hypothécaire, par Genebrier. Paris, bureau de la *Gazette des clercs et notaires.* 1876.

Traité pratique des radiations hypothécaires, par A. Primot. Paris, Marchal, Billard et Cie. 1877.

Dictionnaire de jurisprudence hypothécaire, par V. Émion. Paris, Berger-Levrault et Cie. 1880.

Traité théorique et pratique des radiations hypothécaires, par Boulanger et R. de Récit. 2 vol. Paris, Delamotte. 2e édit. 1880.

Transcription hypothécaire, par F. Vernier. 2 vol. Paris, Marescq aîné. 1881.

**HYPOTHÈQUE MARITIME.** *Voy.* au Dictionnaire *le mot* **Marine marchande.**

BIBLIOGRAPHIE.

De l'Hypothèque maritime, par Paul Herbault. 1 vol. in-8°. Paris, Marescq. 1876.

L'Hypothèque maritime au point de vue théorique et pratique, par Ernest Mallet. Paris, Marchal, Billard et Cie. 1876.

Commentaire de la loi du 10 décembre 1874 sur l'hypothèque maritime, par J. Alauzet. Marchal, Billard et Cie. 1876.

---

1. *Voy.* plus haut le no 1, et comparez les dates.

# I

**IMPRIMERIE.** (*Dict.*) *Suppression du brevet d'imprimeur.* Doit être rejeté le pourvoi d'un imprimeur contre une décision du ministre de l'intérieur, ayant refusé de statuer sur sa demande d'indemnité pour réparation du préjudice causé par la suppression de son brevet d'imprimeur, le décret du 10 septembre 1870, qui a rendu libre la profession d'imprimeur ayant été pris par le gouvernement de la Défense nationale dans l'exercice du pouvoir législatif et l'art. 4 dudit décret ayant réservé à l'autorité législative le soin de statuer ultérieurement sur les conséquences de ce décret à l'égard des titulaires actuels de brevets. (*Arr. du C. 4 avril 1879.*)

**INDEMNITÉ DE ROUTE.** *Voy.* **Armée** *et* **Secours de route.**

**INSCRIPTION MARITIME.** (*Dict.*) Le ministre de la marine a adressé en octobre 1882 aux commissaires de la marine la dépêche suivante, qui tranche une question de droit controversée, au *sujet des inscrits maritimes trouvés sur un navire étranger :*

« Monsieur le Commissaire, vous m'avez consulté touchant l'interprétation de l'art. 67 du décret-loi du 24 mars 1852, lequel punit des peines applicables à la désertion tout inscrit maritime trouvé sur un navire étranger, s'il ne peut présenter une permission d'une autorité française ou prouver que son embarquement est le résultat d'un cas de force majeure.

« Vous demandez si les agents de la marine ont le droit d'arrêter à terre le marin embarqué sur un navire étranger.

« Je pense que le marin dans cette situation peut légalement être arrêté et poursuivi lorsque le bâtiment auquel il appartient se trouve actuellement dans le port. Les mots « trouvé sur un navire » ne sauraient en effet s'entendre d'une manière tellement littérale, qu'ils excluent toute constatation du délit hors du navire même. La loi, en se servant de ces termes, a voulu exprimer le fait d'être lié au service d'un navire étranger, et préciser que ce fait constitue un délit du moment qu'il est flagrant, du moment qu'il peut être constaté à l'instant même et sur place.

« On ne saurait prétendre qu'un marin ne navigue pas sur un bâtiment par cela seul qu'il est descendu momentanément à terre : il vient de quitter le navire et, selon toutes les prévisions, il va le rejoindre ; il est donc en plein dans l'exercice de la navigation illégale que la loi punit.

« Il en serait autrement si le marin était rencontré à terre n'ayant plus aucun lien avec le navire étranger ; il aurait bien, à un moment donné, commis le délit de navigation à l'étranger, mais il ne pourrait être poursuivi pour ce fait, puisque le Code disciplinaire et pénal ne prévoit, dans l'espèce, que le cas de flagrant délit.

« L'esprit de la loi me paraît défini de la manière que je viens d'indiquer par l'ordonnance de 1781, qui contient la première incrimination de fait et à laquelle est emprunté le terme « trouvé sur un navire » ; par l'ordonnance (titre XVIII, art. 21) sur les gens de mer classés qui, en temps de paix, auront été trouvés servant sur des navires étrangers sans permission. — Le mot « servant » prouve que le premier législateur a eu en vue de caractériser le délit par l'existence actuelle de l'engagement et non par la présence matérielle à bord ; quoique ce mot n'ait pas été conservé dans le décret-loi, je ne vois aucune raison de supposer que le second législateur ait eu une autre pensée. *Signé :* JAURÉGUIBERRY. »

(*Voy.* **Marine marchande** *et* **Marine militaire.**)

**INSPECTION GÉNÉRALE DES FINANCES.**
**1.** *Attributions. Historique.* L'inspection générale des finances, suivant l'exposé qu'a fait de ses attributions l'un des hommes qui l'ont le plus honorée, a pour mission « de vérifier la gestion de l'universalité des manutenteurs de deniers publics et de tenir la main à ce que tous les agents extérieurs, soit d'exécution, soit de surveillance locale et spéciale, remplissent les obligations qui leur sont imposées par les lois et règlements. Elle est en outre chargée d'examiner, sous le rapport administratif, la marche des divers services financiers, celle du recouvrement des produits directs et indirects ; de surveiller l'application des ressources du Trésor à ses besoins ; de lever les difficultés qu'éprouve, sur certains points, l'exécution des mesures prescrites ; de ramener, autant que possible, cette exécution à des principes généraux et à des procédés uniformes ; de signaler les vices que peut présenter notre législation fiscale et, enfin, de soumettre au ministre toutes les vues qui paraissent propres à améliorer les diverses branches dont se compose le département des finances. »

**2.** En dehors du contrôle qu'ils exercent sur la gestion des agents, les inspecteurs des finances remplissent de nombreuses missions spéciales touchant les questions qui intéressent les finances de l'État ; souvent aussi, les autres départements ministériels ont eu à faire appel à leur compétence particulière ; dans plusieurs circonstances même, leur concours a été demandé par des gouvernements étrangers.

**3.** Avant d'exercer sur tous les services financiers une surveillance générale, les inspecteurs des finances n'avaient d'attributions qu'envers les comptables directs du Trésor ; chaque régie avait son inspection générale spéciale et une autonomie à peu près absolue. Ce fut sous la Restauration, grâce d'une part à l'institution du secrétariat général, de l'autre au développement de l'inspection générale des finances qui absorba successivement, de 1824 à 1830, les attributions de ces inspections générales spéciales, que se fonda l'autorité ministérielle par la concentration des services. Cette réforme était, pour ainsi dire, complète au mois de mars 1820, lorsque le comte de Chabrol, dans son fameux rapport au roi, montrait « l'organisation financière fortifiée par le concours d'un corps d'inspecteurs formé des hommes les plus instruits, ayant pour mission d'exercer à l'extérieur une surveillance continuelle, *d'éclairer le ministre par des rapports prompts et directs,* et de prêter partout l'appui de leur expérience ».

**4. Organisation. Mode de fonctionnement. Recrutement.** Depuis le vote de la loi de finances pour 1879, l'inspection générale se compose de :

```
13 inspecteurs généraux au traitement de 15,000 fr.
14 inspecteurs de 1re classe   id.    9,000
14    id.    de 2e classe      id.    6,000
14    id.    de 3e classe      id.    4,000
14    id.    de 4e classe      id.    2,500
12 adjoints à l'inspection     id.    1,500
---
81
```

Les membres de l'inspection reçoivent en outre des indemnités de déplacement qui sont de 3,600 fr. pour les inspecteurs généraux et de 2,500 fr. pour les inspecteurs ordinaires et pour les adjoints.

**5.** Les tournées d'inspection commencent dans les premiers jours de mai et finissent dans le courant de novembre. Chaque année, le personnel est divisé en 10, 11 ou même 12 escouades, suivant le nombre des inspecteurs disponibles : chaque escouade est composée, sous les ordres d'un inspecteur général, de quatre ou cinq inspecteurs appartenant, autant que possible, aux différentes classes du corps, et d'un adjoint ; elle opère dans une zone formée au maximum de neuf départements. Le même inspecteur général conserve pendant trois années son arrondissement de tournées et doit, dans cette période, faire examiner, au moins une fois, chacun des services financiers de la région. Tout agent vérifié est l'objet d'un rapport sur lequel il est invité à fournir ses explications ; ce rapport est ensuite communiqué au chef de service, annoté par lui et remis à l'inspecteur général, qui l'annote à son tour et le transmet au ministre, accompagné d'un rapport d'ensemble dans lequel sont résumés tous les faits essentiels ressortant de la vérification des agents du même service dans le département et formulées les propositions qui en sont la conséquence.

**6.** Le personnel de l'inspection, sa conduite et la suite à donner à ses travaux ont été placés, suivant les époques, dans les attributions de la direction de la comptabilité publique, du secrétariat particulier ou du cabinet du ministre, de la direction du personnel, du secrétariat général; depuis la suppression de ce dernier service, l'inspection générale des finances dépend de la direction du cabinet et du personnel.

**7.** Les conditions requises pour entrer dans l'inspection comme adjoint sont les suivantes (*D.* 31 *mars* 1860, 19 *juin* 1876 *et* 25 *août* 1879): 1° appartenir aux finances de l'État depuis deux ans, ou un an seulement, si le candidat a accompli son volontariat militaire; 2° avoir 22 ans au moins, 30 ans au plus; 3° être licencié en droit ou ancien élève de l'École polytechnique sorti admissible dans les services du Gouvernement: dans ce dernier cas, appartenir aux finances depuis au moins un an ; 4° justifier d'un revenu de 2,000 fr.; 5° avoir subi enfin un examen d'aptitude devant un comité spécial. Pour être admis au grade d'inspecteur de 4e classe, les adjoints

doivent avoir fait au moins deux tournées d'inspection et avoir subi un examen de capacité.

**8.** Les employés qui comptent dans les finances 7 années de service et y occupent certaines positions déterminées, ainsi que les auditeurs de 2e classe au Conseil d'État comptant trois années de services depuis leur admission, sont admis à concourir, pour le grade d'inspecteurs de 4e classe dans la proportion d'un quart des vacances, en tant qu'ils n'auront pas moins de 25 ans ni plus de 30 ans et après avoir subi un examen de capacité.

**9.** Les conditions de l'examen que doivent subir les candidats à l'emploi d'adjoint ont été déterminées en dernier lieu par un arrêté ministériel du 4 juin 1878. Cet examen porte particulièrement sur des questions d'administration, de finances, d'économie politique, de droit, sur les mathématiques et sur la connaissance de la langue allemande et de la langue anglaise.

**INSTITUT AGRONOMIQUE.** *Voy.* **Enseignement agricole.**

## INSTRUCTION PUBLIQUE. (*Dict.*)

### CHAP. I. — INSTRUCTION PUBLIQUE.

Sect. 1. — *Conseil supérieur de l'instruction publique.*

ART. 1. — COMPOSITION ET ATTRIBUTIONS.

1. *Composition du Conseil.* Le Conseil supérieur de l'instruction publique est composé comme suit depuis la loi du 27 février 1880 :

Le ministre, président ;

Cinq membres de l'Institut, élus par l'Institut en assemblée générale et choisis dans chacune des cinq classes ;

Neuf conseillers, nommés par décret du Président de la République en conseil des ministres, sur la présentation du ministre de l'instruction publique, et choisis parmi les directeurs et anciens directeurs du ministère de l'instruction publique, les inspecteurs généraux et anciens inspecteurs généraux, les inspecteurs et anciens inspecteurs d'académie, les professeurs en exercice et anciens professeurs de l'enseignement public ;

Deux professeurs du Collège de France, élus par leurs collègues ;

Un professeur du Muséum, élu par ses collègues ;

Un professeur titulaire des Facultés de théologie catholique, élu par l'ensemble des professeurs, des suppléants et des chargés de cours desdites Facultés ;

Un professeur titulaire des Facultés de théologie protestante, élu par les professeurs, les chargés de cours et les maîtres de conférences ;

Deux professeurs titulaires des Facultés de droit, élus au scrutin de liste par les professeurs, les agrégés et les chargés de cours ;

Deux professeurs titulaires des Facultés de médecine ou des Facultés mixtes, élus au scrutin de liste par les professeurs, les agrégés en exercice, les chargés de cours et maîtres de conférences pourvus du grade de docteur ;

Un professeur titulaire des Écoles supérieures de pharmacie ou des Facultés mixtes, élu dans les mêmes conditions.

Dans les Facultés mixtes, les professeurs de l'enseignement médical voteront pour les deux professeurs de médecine, et les professeurs de l'enseignement de la pharmacie voteront pour le professeur de pharmacie.

Deux professeurs titulaires des Facultés des sciences, élus au scrutin de liste par les professeurs, les suppléants, les chargés de cours et les maîtres de conférences pourvus du grade de docteur ;

Deux professeurs titulaires des Facultés des lettres, élus dans les mêmes conditions ;

Deux délégués de l'École normale supérieure, un pour les lettres, l'autre pour les sciences, élus par le directeur, le sous-directeur et les maîtres de conférences de l'École et choisis parmi eux ;

Un délégué de l'École normale d'enseignement spécial, élu par le directeur, le sous-directeur et les professeurs de l'École et choisi parmi eux ;

Un délégué de l'École nationale des chartes, élu par les membres du conseil de perfectionnement et les professeurs et choisi parmi eux ;

Un professeur titulaire de l'École des langues orientales vivantes, élu par ses collègues ;

Un délégué de l'École polytechnique, élu par le commandant, le commandant en second, les membres du conseil de perfectionnement, le directeur des études, les examinateurs, professeurs et répétiteurs de l'École et choisi parmi eux ;

Un délégué de l'École des beaux-arts, élu par le directeur et les professeurs de l'École et choisi parmi eux ;

Un délégué du Conservatoire des arts et métiers, élu par le directeur, le sous-directeur et les professeurs et choisi parmi eux ;

Un délégué de l'École centrale des arts et manufactures, élu par le directeur et les professeurs de l'École et choisi parmi eux ;

Un délégué de l'Institut agronomique, élu par le directeur et les professeurs de cet établissement et choisi parmi eux ;

Huit agrégés en exercice de chacun des ordres d'agrégation (Grammaire, Lettres, Philosophie, Histoire, Mathématiques, Sciences physiques ou naturelles, Langues vivantes, Enseignement spécial), élus par l'ensemble des agrégés du même ordre, qui sont professeurs ou fonctionnaires en exercice dans les lycées ;

Deux délégués des collèges communaux, élus, l'un dans l'ordre des lettres, l'autre dans l'ordre des sciences, par les principaux et professeurs en exercice dans ces collèges, pourvus du grade de licencié dans le même ordre ;

Six membres de l'enseignement primaire, élus au scrutin de liste par les inspecteurs généraux de l'instruction primaire, par le directeur de l'enseignement primaire de la Seine, les inspecteurs d'académie des départements, les inspecteurs primaires, les directeurs et directrices des écoles normales primaires, la directrice de l'école Pape-Carpentier, les inspectrices générales et les déléguées spéciales chargées de l'inspection des salles d'asile ;

Quatre membres de l'enseignement libre, nommés par le Président de la République sur la proposition du ministre. (*L.* 27 *févr.* 1880, *art.* 1er.)

2. Tous les membres du Conseil sont nommés pour quatre ans. Leurs pouvoirs peuvent être indéfiniment renouvelés. (*L.* 27 *févr.* 1880, *art.* 2.)

3. *Composition de la section permanente.* Les neufs membres nommés conseillers par décret du Président de la République, et six conseillers que le ministre désigne parmi ceux qui procèdent de l'élection, constituent une section permanente (*art.* 3).

**4.** *Attributions de la section.* La section permanente a pour fonction (*art.* 4) :

D'étudier les programmes et règlements avant qu'ils soient soumis à l'avis du Conseil supérieur.

Elle donne son avis :

Sur les créations de facultés, lycées, collèges, écoles normales primaires ;

Sur les créations, transformations ou suppressions de chaires ;

Sur les livres de classe, de bibliothèque et de prix qui doivent être interdits dans les écoles publiques ;

Et enfin sur toutes les questions d'études, d'administration, de discipline ou de scolarité qui lui sont renvoyées par le ministre.

En cas de vacance d'une chaire dans une faculté, la section permanente présente deux candidats, concurremment avec la faculté dans laquelle la vacance existe.

En ce qui concerne les facultés de théologie, la section permanente donne son avis sur la présentation faite au ministre selon les lois et règlements, auxquels d'ailleurs il n'est rien innové.

**5.** *Attributions du Conseil.* Le Conseil donne son avis :

Sur les programmes, méthodes d'enseignement, modes d'examens, règlements administratifs et disciplinaires relatifs aux écoles publiques, déjà étudiés par la section permanente ;

Sur les règlements relatifs aux examens et à la collation des grades ;

Sur les règlements relatifs à la surveillance des écoles libres ;

Sur les livres d'enseignement, de lecture et de prix qui doivent être interdits dans les écoles libres comme contraires à la morale, à la Constitution et aux lois ;

Sur les règlements relatifs aux demandes formées par les étrangers pour être autorisés à enseigner, à ouvrir ou à diriger une école (*art.* 5).

**6.** Un décret, rendu en la forme des règlements d'administration publique, après avis du Conseil supérieur de l'instruction publique, détermine le tarif des droits d'inscription, d'examen et de diplôme à percevoir dans les établissements d'enseignement supérieur, chargés de la collation des grades, ainsi que les conditions d'âge pour l'admission aux grades (*art.* 6).

**7.** Le Conseil statue en appel et en dernier ressort sur les jugements rendus par les conseils académiques en matière contentieuse ou disciplinaire.

Il statue également en appel et en dernier ressort sur les jugements rendus par les conseils départementaux, lorsque ces jugements prononcent l'interdiction absolue d'enseigner contre un instituteur primaire, public ou libre. (*Voy. aussi Arr. du C. d'Ét. du* 2 *août* 1883.)

Lorsqu'il s'agit : 1° de la révocation, du retrait d'emploi, de la suspension des professeurs titulaires de l'enseignement public, supérieur ou secondaire, ou de la mutation pour emploi inférieur des professeurs titulaires de l'enseignement public supérieur ; 2° de l'interdiction du droit d'enseigner ou de diriger un établissement d'enseignement prononcée contre un membre de l'enseignement, public ou libre ; 3° de l'exclusion des

étudiants de l'enseignement public ou libre de toutes les académies, la décision du Conseil supérieur de l'instruction publique doit être prise aux deux tiers des suffrages (*art.* 7).

**8.** *Réunion du Conseil.* Le Conseil se réunit en assemblée générale deux fois par an. Le ministre peut le convoquer en session extraordinaire. (*L.* 27 *févr.* 1880, *art.* 8.)

ART. 2. — ÉLECTIONS.

**9.** Lorsqu'il y a lieu de procéder à l'élection des membres du Conseil supérieur de l'instruction publique, le ministre de l'instruction publique et des beaux-arts fixe, par un arrêté, l'époque des élections. Un délai minimum de quinze jours est obligatoire entre la publication de l'arrêté au *Journal officiel* et les élections. (*Règl. d'adm. publ.* ; *D.* 17 *mars* 1880, *art.* 1er.)

**10.** L'élection a lieu au scrutin secret et à la majorité absolue des suffrages exprimés.

Si un second tour de scrutin est nécessaire, il y est procédé quinze jours après ; dans ce cas, la majorité relative suffit. (*D.* 17 *mars, art.* 2.)

**11.** Les bulletins sont valables, bien qu'ils portent plus ou moins de noms qu'il n'y a de conseillers à élire.

Les derniers noms inscrits au delà de ce nombre ne sont pas comptés.

Les bulletins blancs ou illisibles, ceux qui ne contiennent pas une désignation suffisante, ou dans lesquels les votants se font connaître, n'entrent pas en compte dans le résultat du dépouillement, mais ils sont annexés au procès-verbal. (*D.* 17 *mars, art.* 3.)

**12.** En cas d'égalité de suffrages, la préférence se détermine par l'ancienneté des services, et par l'âge si l'ancienneté est la même.

En cas de refus d'un candidat élu à la majorité absolue, il est procédé à une nouvelle élection.

En cas de refus d'un candidat élu à la majorité relative, il est procédé à un nouveau tour de scrutin.

Le délégué élu par plusieurs corps est tenu de faire connaître son option au ministre, dans les trois jours qui suivent l'insertion au *Journal officiel* du procès-verbal des opérations électorales.

A défaut d'option dans ce délai, le ministre, assisté de la commission instituée par l'art. 13, détermine par la voie du sort le corps dont l'élu devra être le représentant.

Il sera procédé quinze jours après à une nouvelle élection.

En cas de vacance, par décès ou démission, dans le Conseil supérieur et dans les conseils académiques, il est pourvu à la vacance dans le délai de trois mois.

L'acceptation, par un membre élu, d'une fonction qui ne lui conserve pas l'éligibilité dans la catégorie spéciale où il est placé, donne lieu également à vacance. Il est alors pourvu au remplacement de ce membre dans le même délai de trois mois. (*D.* 17 *mars, art.* 4.)

**13.** Le ministre de l'instruction publique et des beaux-arts communique l'arrêté fixant la date des élections, au ministre de la guerre et au ministre de l'agriculture et du commerce, qui prennent les mesures nécessaires pour que l'École polytechnique, le Conservatoire des arts et métiers, l'École centrale des arts et manufactures, l'Institut agronomique, nomment leurs délégués à la date fixée. Le dépouillement des votes est fait par le bureau. Les procès-verbaux de ces élections sont transmis, le jour même, au ministre de l'instruction publique et des beaux-arts. (*D.* 17 *mars, art.* 5.)

**14.** Le ministre de l'instruction publique et des beaux-arts informe du jour fixé pour les élections : le président de l'Institut, l'administrateur du Collège de France, le directeur du Muséum, le directeur de l'École normale supérieure, le directeur de l'École normale d'enseignement spécial, le président du Conseil de perfectionnement et le directeur de l'École nationale des chartes, le directeur de l'École des langues orientales vivantes, le directeur de l'École des beaux-arts, qui font procéder à l'élection au jour fixé. Immédiatement après la clôture du scrutin, le dépouillement des votes est fait par le bureau. Procès-verbal des élections est transmis le jour même au ministre. (*D.* 17 *mars, art.* 6.)

**15.** Au jour fixé par l'arrêté ministériel, les professeurs de chaque faculté et des écoles supérieures de pharmacie se réunissent sous la présidence du doyen ou du directeur. Le scrutin est ouvert durant deux heures. Il a été dressé au préalable, en double, une liste des électeurs de chaque faculté ou école, liste certifiée par le recteur et le doyen ou le directeur. Chaque électeur, en signant cette liste en face de son nom, remet au doyen un pli cacheté ne portant aucun signe extérieur et renfermant son bulletin de vote. Tous les plis cachetés ainsi recueillis sont mis, séance tenante, sous une enveloppe générale avec un exemplaire de la liste émargée et le procès-verbal de la séance. Le tout est scellé, parafé par le doyen et le plus ancien des professeurs et expédié le même jour au ministre (*art.* 7).

**16.** Les mesures édictées par l'art. 7 sont applicables aux agrégés des lycées et aux professeurs des collèges communaux. Les votes sont recueillis par le chef de l'établissement, assisté du plus âgé et du plus jeune des électeurs présents (*art.* 8).

**17.** Les agrégés qui ont obtenu ce titre, soit dans les lettres, soit dans les sciences, pendant la période où les agrégations spéciales ont été supprimées, votent avec les agrégés de la classe où ils enseignent actuellement, s'ils sont professeurs ; de la dernière classe où ils ont enseigné, s'ils appartiennent actuellement à l'administration des lycées (*art.* 9).

**18.** Les agrégés de l'enseignement classique et de l'enseignement spécial attachés aux collèges communaux votent avec les professeurs licenciés de ces collèges. (*D.* 17 *mars, art.* 10.)

**19.** Les inspecteurs généraux de l'enseignement primaire, le directeur de l'enseignement primaire de la Seine, les inspecteurs d'académie des départements, les inspecteurs primaires, les directeurs et directrices d'écoles normales, la directrice de l'École Pape-Carpentier, les inspectrices générales et les déléguées spéciales chargées de l'inspection des salles d'asile votent dans l'académie de leur résidence.

Le recteur dresse en double la liste de tous les électeurs de l'académie qui doivent participer à l'élection des six membres de l'enseignement primaire.

Il doit recevoir, dans la journée fixée pour le vote, les plis cachetés contenant le bulletin de vote et ne portant aucun signe extérieur. Une lettre d'envoi signée de l'électeur est jointe au pli ; le recteur, assisté d'un inspecteur d'académie et d'un inspecteur primaire, émarge sur la liste des électeurs les noms de ceux dont il a reçu le vote. Il réunit dans une enveloppe commune tous les plis cachetés et un exemplaire de la liste émargée : il envoie le tout au ministre (*art.* 11).

**20.** Une commission présidée par le vice-recteur et composée des inspecteurs de l'Académie de Paris procède, dans un local accessible aux électeurs, au dépouillement des votes transmis au ministre conformément aux art. 7, 8, 9, 10 et 11, ainsi qu'au recensement des votes recueillis conformément aux art. 5 et 6.

Procès-verbal de l'examen des opérations électorales et du dépouillement est publié au *Journal officiel.*

Dans les cinq jours de cette publication, les opérations électorales pourront être attaquées par tout électeur du même groupe devant le ministre, qui statuera dans le délai d'un mois.

La décision du ministre pourra être déférée au Conseil d'État dans le délai de quinze jours, à partir de la notification[1].

1. Nous reproduisons ici les interprétations données par le ministre de l'instruction publique dans des circulaires dont nous allons indiquer la date. La première est du 18 mars 1880 ; elle se réfère au décret du « 16 » mars, mais dans le *Journal officiel* du 17 mars le décret porte la date du « 17 ». Nous nous bornons à reproduire les passages essentiels de la circulaire du 18 mars :

« *Observations générales.* — Le droit de vote est attaché à la fonction sous des conditions de grade précises ; par suite, quand un électeur appartient à plusieurs corps électoraux, il vote plusieurs fois. Ainsi, le même électeur peut voter comme membre de l'Institut, comme professeur et comme professeur dans un autre établissement ; il peut voter à la fois dans l'enseignement supérieur et dans l'enseignement secondaire ; par exemple, un docteur maître de conférences près d'une faculté, s'il est en même temps professeur agrégé dans un lycée, vote deux fois.

« *Enseignement supérieur.* — Les professeurs suppléés dans les facultés et dans les écoles supérieures de pharmacie font partie du corps électoral. Le titulaire et le suppléant ont le droit de vote. Le suppléant n'est soumis qu'aux conditions de grade exigées par la loi. Les professeurs adjoints sont compris dans la désignation générale de professeurs et prennent part au vote.

« Dans les facultés de théologie catholique et protestante, la loi ne fait pas du titre de docteur la condition nécessaire du droit de vote. Tous les professeurs, suppléants, maîtres de conférences et chargés de cours de ces facultés, prennent part au scrutin.

« La loi ne mentionne les chargés de fonctions d'agrégés ni près les facultés de droit ni près les facultés de médecine. Ils ne peuvent pas voter s'ils ont seulement le titre de chargés des fonctions d'agrégés, mais ils votent s'ils exercent dans la faculté des fonctions qui, aux termes de la loi, donnent le droit de vote.

« Dans les facultés de médecine, le droit de vote est acquis à tous les chargés de cours ; c'est donc se conformer à la loi que de l'accorder aux chargés de cours de clinique annexés et cours supplémentaires.

« Les agrégés rappelés temporairement à l'exercice, s'ils sont en exercice au moment du scrutin, ont droit de vote.

« Dans les facultés des sciences et dans les écoles de pharmacie, nul ne peut voter s'il n'est docteur ; par conséquent, les maîtres de conférences, suppléants ou chargés de cours, non docteurs, ne sont pas autorisés par la loi à voter.

« J'appelle votre attention toute particulière sur cette dispos[

Faute par le ministre d'avoir prononcé, dans le délai d'un mois, la réclamation pourra être portée directement devant le Conseil d'État, statuant au contentieux. (*D.* 17 *mars* 1880, *art.* 12.)

ART. 3. — RÈGLEMENT INTÉRIEUR.

§ 1. — *Règlement du Conseil supérieur.*

**21.** Le Président de la République désigne chaque année, sur la proposition du ministre de l'instruction publique, un vice-président et un secrétaire du Conseil supérieur de l'instruction publique, choisis parmi les membres du Conseil. (*D.* 11 *mai* 1880, *art.* 1er.) Il y a deux décrets du 11 mai; l'autre concerne le comité consultatif.

**22.** Un arrêté ministériel fixe l'ouverture et la durée des sessions. (*D.* 11 *mai, art.* 2.)

**23.** A l'ouverture de la session, le ministre fait distribuer au Conseil la liste des affaires qui seront traitées dans la session.

Sur la proposition du ministre, le Conseil se divise en commissions entre lesquelles sont réparties les affaires inscrites à l'ordre du jour. En matière disciplinaire ou contentieuse, les commissions sont élues au scrutin secret.

Les commissions nomment leur président et leur secrétaire (*art.* 3).

**24.** Les conseillers qui veulent soumettre une proposition au Conseil la présentent par écrit au président.

Cette proposition est renvoyée de droit à la section permanente. Après l'avis de la section, le ministre décide si le Conseil doit être saisi de la proposition. (*D.* 11 *mai, art.* 23.)

**25.** En matière contentieuse ou disciplinaire, les affaires sont inscrites au secrétariat du Conseil supérieur, d'après l'ordre de leur arrivée, sur un registre à ce destiné.

Elles sont jugées suivant l'ordre de leur inscription et dans la plus prochaine session.

Les rapports sont faits par écrit; ils sont déposés, avec le dossier, au secrétariat par les rapporteurs, un jour franc avant le jour fixé pour la délibération, et sont tenus à la disposition des intéressés et des membres du Conseil.

En matière disciplinaire, la section permanente et le Conseil supérieur sont tenus d'entendre l'inculpé et son conseil dans leurs explications, si l'inculpé en fait la demande (*art.* 5).

**26.** La présence de la moitié plus un des membres du Conseil est nécessaire pour la validité des délibérations.

En cas de partage, si la matière n'est ni contentieuse ni disciplinaire, la voix du président est prépondérante; si la matière est contentieuse, il en est délibéré de nouveau, et les membres qui n'ont pas assisté à la délibération sont spécialement convoqués. S'il y a, de nouveau, partage dans la deuxième délibération, la voix du président est prépondérante.

En matière disciplinaire, toute décision doit être prise aux deux tiers des suffrages (*art.* 6).

**27.** Les séances du Conseil ne sont pas publiques.

Les procès-verbaux des séances sont transcrits en double expédition sur des registres spéciaux;

---

tion dont le caractère absolu ne me paraît pas avoir été compris de toutes les facultés.

« *Enseignement secondaire.* — En ce qui concerne l'enseignement secondaire, j'aurais désiré que les professeurs agrégés du collège Rollin et du collège Stanislas, qui ont des rapports étroits avec les lycées de Paris et les mêmes intérêts, pussent prendre part au vote avec ces établissements. Mais j'ai dû reconnaître, après avoir consulté le Conseil d'État, que les termes formels de la loi du 27 février ne me permettaient pas cette interprétation. Le collège Rollin, établissement municipal, doit être classé avec les collèges communaux et concourir à l'élection de leurs deux représentants. Le collège Stanislas, établissement privé, ne peut prendre part au vote. Le collège annexé à l'École normale d'enseignement spécial de Cluny, n'ayant jamais eu le caractère de lycée, se classe naturellement avec les collèges.

« Deux questions relatives au droit électoral ont appelé particulièrement mon attention :

« 1o Les professeurs agrégés ou licenciés en congé sont-ils électeurs ? Le doute ne me semble pas possible pour ceux d'entre eux qui, n'ayant obtenu qu'un congé limité, de quelques mois ou même d'un an, n'ont été remplacés que par un suppléant et ont conservé leur titre ainsi que le droit de reprendre leurs fonctions dans l'établissement auquel ils n'ont pas cessé d'appartenir. Ces professeurs agrégés ou licenciés voteront avec leurs collègues, dans le lycée ou dans le collège où ils sont titulaires. Ceux, au contraire, qui ont été mis en congé de disponibilité ou d'inactivité, sans conserver leur titre ni rester attachés à aucun établissement, ne peuvent être considérés comme en exercice et ne prennent pas part au vote.

« 2o Les agrégés qui n'appartiennent pas à la nationalité française sont-ils électeurs ? Malgré les services qu'ils ont rendus et rendent chaque jour à l'enseignement, ils ne sont pas Français aux yeux de la loi et ne peuvent, par suite, prendre part à la nomination d'une assemblée française. Il a donc paru impossible d'admettre à cet égard une dérogation aux lois générales sur la matière.

« *Enseignement primaire.* — La composition du corps électoral dans l'enseignement primaire ne peut donner lieu à aucune difficulté; je crois toutefois devoir vous faire remarquer que la catégorie des éligibles est beaucoup plus étendue que celle des électeurs. Pour être éligible, en effet, il suffit d'appartenir à un titre quelconque à l'enseignement primaire public, et l'intention du législateur a été évidemment que les délégués pussent

être choisis en dehors du corps électoral comme dans le corps lui-même, par des motifs dont la haute valeur ne peut vous échapper. »

La 2e circulaire, également adressée aux recteurs, n'est pas datée dans le *Journal officiel* du 7 avril; elle est probablement du 5 de ce mois; nous ne reproduisons que la partie interprétative.

« Plusieurs difficultés de détail m'ont été soumises relativement aux élections du Conseil supérieur.

« 1o Comment votent les professeurs qui se trouvent, au moment du scrutin, éloignés par un service public de la faculté à laquelle ils appartiennent ?

« Ils votent par correspondance. Ils adressent, avant le 15 avril, au président du bureau électoral de la faculté, leur vote renfermé dans une enveloppe du type adopté pour tous les électeurs. Une lettre d'envoi est jointe au vote. Le président du bureau émarge le nom de l'électeur.

« Si le doyen est absent pour un service public ou par force majeure, le plus ancien professeur de la faculté préside le bureau électoral.

« 2o Les chargés de cours retenus loin de la faculté par un examen ont-ils droit de voter ?

« Ils ont droit de voter, leur absence n'étant que temporaire et ne leur faisant pas perdre le titre de chargés de cours. Ils votent par correspondance dans la faculté à laquelle ils appartiennent.

« 3o Les chargés de cours qui remplacent d'autres chargés de cours retenus par un examen ou par un service public ont-ils droit de vote ?

« Ces chargés de cours ont droit de vote. Toutefois, il est bien entendu qu'ils doivent remplir les conditions de grade exigées par la loi.

« 4o Comment votent les professeurs des facultés mixtes dont les cours sont obligatoires à la fois pour les étudiants en médecine et pour les étudiants en pharmacie ?

« La loi établit que le titulaire d'une seule fonction ne dispose que d'un seul vote : ces professeurs ne peuvent donc pas voter deux fois. Ils doivent, avant le scrutin, opter pour la médecine ou pour la pharmacie. Dans la plupart des cas, l'option sera facile; elle est indiquée d'avance par les antécédents des professeurs, quelquefois même par leurs grades; mais je crois me conformer à l'esprit libéral de la loi en laissant chacun choisir selon ses préférences; il n'y a de limites au choix des professeurs que les conditions de grades, qui sont absolues pour appartenir à l'un ou à l'autre des corps électoraux. »

ils sont signés par le président et par le secrétaire.

Les avis et décisions du Conseil sont publiés au *Journal général de l'instruction publique.* Les procès-verbaux ne peuvent être rendus publics à moins de décision spéciale du ministre (*art.* 7).

**28.** Les décrets ou arrêtés qui interviennent sur l'avis du Conseil supérieur portent la mention : *le Conseil supérieur de l'instruction publique entendu.* (*D.* 11 *mai, art.* 8.)

**29.** En matière contentieuse ou disciplinaire, les décisions du Conseil sont notifiées par le ministre.

Les parties ont toujours le droit d'en obtenir expédition (*art.* 9).

La section permanente est présidée par le ministre, qui délègue, quand il le juge convenable, un membre de la section pour le remplacer. (*D.* 11 *mai, art.* 10.)

§ 2. — *Règlement du comité consultatif.*

**30.** Le comité consultatif de l'enseignement public est divisé en trois sections correspondant aux trois ordres d'enseignement supérieur, secondaire et primaire. (*D.* 11 *mai* 1880, *art.* 1er. C'est un deuxième décret du 11 mai.)

**31.** La section de l'enseignement supérieur se compose d'inspecteurs généraux de l'enseignement supérieur, titulaires ou honoraires, de professeurs et d'anciens professeurs des facultés et écoles supérieures de pharmacie, de professeurs et d'anciens professeurs des établissements de haut enseignement de l'État, du vice-recteur de l'Académie de Paris et du directeur de l'École normale supérieure.

La section de l'enseignement secondaire se compose d'inspecteurs généraux de l'enseignement secondaire, d'inspecteurs généraux des langues vivantes, du vice-recteur de l'Académie de Paris, du directeur de l'École normale supérieure.

La section de l'enseignement primaire se compose d'inspecteurs généraux de l'enseignement primaire (titulaires, honoraires, hors cadres ou délégués), du vice-recteur de l'Académie de Paris, du directeur du Musée pédagogique, d'un inspecteur primaire de la Seine, du directeur de l'école normale primaire de Paris, de la directrice de l'école normale de Paris, de la directrice du cours pratique des salles d'asile, d'une inspectrice générale des salles d'asile (écoles maternelles).

Les directeurs des trois ordres d'enseignement font partie de droit du comité.

Chaque section a pour secrétaire un chef de bureau de l'administration centrale. (*D.* 11 *mai, art.* 2.)

**32.** Les membres du comité consultatif sont nommés par le ministre pour une année. Leur mandat est renouvelable (*art.* 3).

**33.** Les membres de l'Institut et les fonctionnaires de l'enseignement public, appelés annuellement par le ministre à présider les jurys d'agrégation, les inspecteurs d'académie qui ont rempli, durant l'année, les fonctions d'inspecteur général, peuvent être appelés par arrêté du ministre, à siéger au comité avec voix délibérative (*art.* 4).

**34.** La section de l'enseignement supérieur comprend cinq commissions :

1° Commission de scolarité ;

2° Commission du droit ;

3° Commission de médecine et de pharmacie ;

4° Commission des sciences ;

5° Commission des lettres (*art.* 5).

**35.** Les sections et les commissions désignent un de leurs membres pour les présider.

Les secrétaires des sections sont secrétaires des commissions (*art.* 6).

**36.** Chaque section ou commission se réunit sur la convocation du ministre. Il ne peut y avoir moins d'une réunion par mois (*art.* 7).

**37.** La commission de scolarité de la section de l'enseignement supérieur donne son avis sur toutes les questions de scolarité qui ne sont pas renvoyées à la section permanente.

Les quatre autres commissions de la même section donnent leur avis :

Sur les vœux émis par les comités de perfectionnement des différentes académies ;

Sur les programmes des cours ;

Sur la valeur des compositions et des travaux des candidats aux grades ;

Sur les augmentations de traitement (*art.* 8).

**38.** Les commissions des sciences et des lettres étudient les rapports mensuels qui sont adressés par les doyens sur les conférences de licence et sur la préparation par correspondance.

Ces deux commissions et celle de médecine et de pharmacie dressent la liste, par ordre de mérite, des candidats aux bourses d'enseignement supérieur. (*D.* 11 *mai, art.* 9.)

**39.** La section d'enseignement secondaire délibère sur toutes les questions relatives au personnel et aux promotions qui lui sont soumises par le ministre.

**40.** La section de l'enseignement primaire donne son avis :

Sur les demandes des établissements d'enseignement primaire libres (subventions, autorisation de recevoir des boursiers de l'État, réalisation de l'engagement décennal, etc.) ;

Sur les progrès des études dans les écoles normales ;

Sur les compositions d'examen des différents brevets ;

Sur les dispenses d'âge ;

Sur la promotion de classe des fonctionnaires ;

Et sur toutes les questions qui lui sont soumises par le ministre. (*D.* 11 *mai* 1880, *art.* 11.)

**Sect. 2. — Des conseils académiques.**

ART. 1. — COMPOSITION ET ATTRIBUTIONS.

**41.** La seconde partie de la loi du 27 février dispose, art. 9 : Il est institué au chef-lieu de chaque académie un conseil académique composé :

1° Du recteur, président ;

2° Des inspecteurs d'académie ;

3° Des doyens des facultés de théologie catholique ou protestante, de droit, de médecine, des sciences et des lettres, des directeurs des écoles supérieures de pharmacie de l'État, des directeurs des écoles de plein exercice et préparatoires de médecine et de pharmacie et des directeurs des écoles préparatoires à l'enseignement supérieur des sciences et des lettres du ressort ;

4° D'un professeur titulaire de chacune de

des facultés ou écoles supérieures de pharmacie du ressort, élu dans chacune d'elles par les professeurs, les suppléants, les agrégés en exercice, les chargés de cours et les maîtres de conférences ;

5° D'un professeur titulaire des écoles préparatoires de médecine et de pharmacie du ressort, élu par l'ensemble des professeurs, chargés de cours ou suppléants de ces écoles, pourvus du grade de docteur ou de pharmacien de première classe ;

6° D'un professeur titulaire des écoles préparatoires à l'enseignement supérieur des sciences et des lettres du ressort, élu par l'ensemble des professeurs et chargés de cours ;

7° D'un proviseur et d'un principal d'un des lycées et collèges communaux de plein exercice du ressort, désignés par le ministre ;

8° De deux professeurs de l'ordre des sciences, agrégés ou docteurs, élus au scrutin de liste par les professeurs du même ordre, agrégés ou docteurs, en exercice dans les lycées du ressort ;

9° De deux professeurs de l'ordre des lettres, agrégés ou docteurs, élus dans les mêmes conditions;

10° De deux professeurs des collèges communaux du ressort, pourvus du grade de licencié, l'un pour l'ordre des lettres, l'autre pour l'ordre des sciences, élus par l'ensemble des professeurs de ces établissements, pourvus des mêmes grades et appartenant au même ordre ;

11° De deux membres choisis par le ministre dans les conseils généraux et deux dans les conseils municipaux, qui concourent aux dépenses de l'enseignement supérieur ou secondaire du ressort. (*L. 27 févr.* 1880, *art.* 9.)

**42.** Les membres du conseil académique nommés par le ministre ou élus, le sont pour quatre ans. Leurs pouvoirs peuvent être renouvelés. Les pouvoirs des conseillers généraux et des conseillers municipaux cessent avec leur qualité de conseillers généraux et de conseillers municipaux (*art.* 10).

**43.** Le conseil académique donne son avis sur les règlements relatifs aux collèges communaux, aux lycées et aux établissements d'enseignement *supérieur public ; sur les budgets et comptes* d'administration de ces établissements ; sur toutes les questions d'administration et de discipline concernant ces mêmes établissements, qui lui sont renvoyées par le ministre.

Il adresse, chaque année, au ministre, un rapport sur la situation des établissements d'enseignement public, secondaire et supérieur, et sur les améliorations qui peuvent y être introduites.

Il est saisi par le ministre ou le recteur des affaires contentieuses ou disciplinaires qui sont relatives à l'enseignement secondaire ou supérieur, public ou libre ; il les instruit et il prononce, sauf recours au Conseil supérieur, les décisions et les peines à appliquer.

L'appel au Conseil supérieur d'une décision du conseil académique doit être fait dans le délai de quinze jours à partir de la notification qui en est donnée en la forme administrative. Cet appel est suspensif ; toutefois, le conseil académique

pourra, dans tous les cas, ordonner l'exécution provisoire de ses décisions, nonobstant appel.

Les membres de l'enseignement public ou libre, traduits devant le conseil académique ou le Conseil supérieur, ont le droit de prendre connaissance du dossier, de se défendre ou de se faire défendre de vive voix, ou au moyen de mémoires écrits.

Pour les affaires contentieuses ou disciplinaires intéressant les membres de l'enseignement libre, supérieur ou secondaire, deux membres de l'enseignement libre, nommés par le ministre, sont adjoints au conseil académique. (*L.* 27 *févr.* 1880, *art.* 11.)

**44.** Le conseil académique se réunit deux fois par an en session ordinaire. Il peut être convoqué extraordinairement par le ministre.

**45.** Indépendamment du pouvoir disciplinaire réglé par les art. 7 et 11 de la présente loi, le ministre de l'instruction publique peut prononcer contre tout membre de l'enseignement public, la réprimande devant le conseil académique et la censure devant le Conseil supérieur. Ces décisions ne sont susceptibles d'aucun recours. (*L.* 27 *févr.* 1880, *art.* 13.)

**46.** Il peut également prononcer la mutation pour emploi inférieur, en ce qui concerne un professeur de l'enseignement supérieur, sur l'avis conforme du Conseil supérieur, et en ce qui concerne un professeur de l'enseignement secondaire, après avoir pris l'avis de la section permanente (*art.* 14).

**47.** Le ministre de l'instruction publique peut prononcer la suspension pour un temps qui n'excédera pas un an, sans privation de traitement. La suspension pour un temps plus long, avec privation totale ou partielle de traitement, ne pourra être prononcée que par le conseil académique ou, en appel, par le Conseil supérieur. (*L.* 27 *févr.* 1880, *art.* 15.)

ART. 2. — RÈGLEMENT INTÉRIEUR.

**48.** Le conseil académique est présidé par le recteur.

En cas d'empêchement, le recteur délègue, avec l'autorisation du ministre, ou à condition de lui en référer, un vice-président pour le remplacer.

Le secrétaire de l'académie remplit les fonctions de secrétaire du conseil, sans voix délibérative. (*D.* 26 *juin* 1880, *art.* 1er.)

**49.** Le conseil se réunit deux fois par an, en session ordinaire, avant les vacances et après la rentrée.

La durée de chaque session est fixée par les lettres de convocation.

Le recteur, avec l'autorisation du ministre, convoque le conseil en session extraordinaire.

**50.** A l'ouverture de chaque session, le recteur fait distribuer au conseil la liste des affaires qui seront traitées dans la session (*art.* 3).

**51.** La première session est spécialement consacrée à l'examen de la situation de l'enseignement secondaire public ; la seconde, à l'examen de la situation de l'enseignement supérieur public.

Le conseil examine, en outre, dans sa première session ordinaire, les comptes des établissements d'enseignement supérieur et secondaire pour l'exercice précédent, et, dans la seconde session, les budgets des mêmes établissements pour l'exercice suivant. (*D.* 26 *juin, art.* 4.)

**52.** Sur la proposition du recteur, le conseil se divise en commissions de l'enseignement supérieur, de *l'enseignement secondaire et de la comptabilité.*

Le conseil nomme, quand il y a lieu, au scrutin secret, une commission des affaires disciplinaires et contentieuses.

Le recteur est membre de droit de toutes les commissions; il les préside quand il y assiste; elles nomment leurs rapporteurs; en l'absence du recteur, elles nomment leur président (*art.* 5).

**53.** Les rapports présentés au conseil sur la comptabilité des lycées et collèges et sur la situation des établissements d'enseignement secondaire, sont préparés par les inspecteurs d'académie. Les rapports concernant la situation de l'enseignement supérieur sont préparés par les doyens et les directeurs des écoles. (*D.* 26 *juin, art.* 6.)

**54.** Les membres qui veulent soumettre une proposition au conseil la font parvenir par écrit au recteur, avant l'ouverture de la session. Cette proposition est renvoyée à la commission compétente. Dans un rapport adressé au recteur, la commission émet l'avis qu'il y a lieu, soit de discuter immédiatement la proposition, soit de l'ajourner à une session ultérieure, soit de ne pas la prendre en considération (*art.* 7).

**55.** En matière disciplinaire, la commission spéciale instruit l'affaire et en fait rapport. Ce rapport et le dossier des pièces à l'appui sont mis à la disposition de l'inculpé, au secrétariat de l'académie, un jour franc avant la délibération du conseil.

Au jour fixé pour la *délibération,* la commission donne lecture de son rapport; l'inculpé et, s'il en fait la demande, son conseil, sont ensuite introduits et entendus dans leurs observations. Après qu'ils se sont retirés, le président met l'affaire en délibération et le conseil statue (*art.* 8).

**56.** La présence de la moitié plus un des membres est nécessaire pour la validité des délibérations.

En cas de partage, lorsque la matière n'est ni disciplinaire, ni contentieuse, la voix du président est prépondérante; si la matière est contentieuse, il en est délibéré à nouveau, et les membres qui n'ont pas assisté à la délibération sont spécialement convoqués. S'il y a de nouveau partage dans la deuxième délibération, la voix du président est prépondérante: si la matière est disciplinaire, l'avis favorable à l'inculpé prévaut.

Lorsqu'il s'agit: 1º de la révocation, du retrait d'emploi, de la suspension des professeurs titulaires de l'enseignement public supérieur ou secondaire, ou de la mutation pour emploi inférieur des professeurs titulaires de l'enseignement public supérieur; 2º de l'interdiction du droit d'enseigner ou de diriger un établissement, prononcée contre un membre de l'enseignement libre, *secondaire* ou *supérieur;* 3º de l'exclusion d'un étudiant de l'enseignement public ou libre de toutes les académies, la décision du conseil

doit être prise aux deux tiers des suffrages (*art.* 9).

**57.** A la suite de chaque session, une copie des procès-verbaux est adressée au ministre. (*D.* 26 *juin, art.* 10.)

**58.** Les procès-verbaux ne peuvent être rendus publics à moins de décision spéciale du ministre. En matière disciplinaire ou contentieuse, les intéressés ont toujours le droit d'obtenir une copie certifiée de la décision qui les concerne (*art.* 11).

ART. 3. — ÉLECTION DES CONSEILS ACADÉMIQUES.

**59.** L'art. 13 du décret du 27 mars 1880 dispose:

« Les mesures édictées dans les articles précédents sont applicables aux élections pour les conseils académiques; le recteur centralise les votes et en fait le dépouillement avec l'assistance d'une commission de deux inspecteurs d'académie au moins, dans un local accessible aux électeurs.

« Les trois derniers paragraphes de l'art. 12, relatifs aux recours, sont applicables aux opérations électorales des conseils académiques. »

(On trouvera plus haut, nᵒˢ 9 à 19, les textes auxquels se réfère cet article.)

Sect. 3. — **Caisse des écoles et des lycées.**

**60.** Nous nous bornons, relativement à cette caisse, destinée à faciliter la construction des écoles, à renvoyer à la loi du 1ᵉʳ juin 1878, commentée par une circulaire du ministre de l'instruction publique du 16 août suivant. Voy. aussi la loi du 3 juillet 1880 qui étend la caisse aux lycées et collèges, et celle du 2 août 1881 qui augmente la dotation de la caisse. (On trouvera plusieurs de ces pièces aux *Suppléments annuels,* p. 39 et 317, 1878 et 1881.)

CHAP. II. — INSTRUCTION PRIMAIRE.

Sect. 1. — **L'instruction primaire obligatoire.**

**61.** Nous reproduisons la loi du 28 mars 1882 qui rend l'enseignement primaire obligatoire.

Art. 1ᵉʳ. L'enseignement primaire comprend:

L'instruction morale et civique;

La lecture et l'écriture;

La langue et les éléments de la littérature française;

La géographie, particulièrement celle de la France;

L'histoire, particulièrement celle de la France jusqu'à nos jours;

Quelques notions usuelles de droit et d'économie politique;

Les éléments des sciences naturelles physiques et mathématiques; leurs applications à l'agriculture, à l'hygiène, aux arts industriels, travaux manuels et usage des outils des principaux métiers;

Les éléments du dessin, du modelage et de la musique;

La gymnastique;

Pour les garçons, les exercices militaires;

Pour les filles, les travaux à l'aiguille.

L'art. 23 de la loi du 15 mars 1850 est abrogé.

Art. 2. Les écoles primaires publiques vaqueront un jour par semaine, en outre du dimanche, afin de permettre aux parents de faire *donner,* s'ils le désirent, à leurs enfants, l'instruction religieuse, en dehors des édifices scolaires.

L'enseignement religieux est facultatif dans les écoles privées.

Art. 3. Sont abrogées les dispositions des articles 18 et 44 de la loi du 15 mars 1850, en ce qu'elles donnent aux ministres des cultes un droit d'inspection, de surveillance et de direction dans les écoles primaires publiques et privées et dans les salles d'asile, ainsi que le § 2 de l'art. 31 de la même loi qui donne aux consistoires le droit de présentation pour les instituteurs appartenant aux cultes non catholiques.

Art. 4. L'instruction primaire est obligatoire pour les enfants des deux sexes âgés de six ans révolus à treize ans révolus ; elle peut être donnée, soit dans les établissements d'instruction primaire ou secondaire, soit dans les écoles publiques ou libres, soit dans les familles, par le père de famille lui-même ou par toute autre personne qu'il aura choisie.

Un règlement déterminera les moyens d'assurer l'instruction primaire aux enfants sourds-muets et aux aveugles.

Art. 5. Une commission municipale scolaire est instituée dans chaque commune pour surveiller et encourager la fréquentation des écoles.

Elle se compose du maire, président ; d'un des délégués du canton, et, dans les communes comprenant plusieurs cantons, d'autant de délégués qu'il y a de cantons, désignés par l'inspecteur d'académie ; de membres désignés par le conseil municipal, en nombre égal, au plus, au tiers des membres de ce conseil.

À Paris et à Lyon, il y a une commission pour chaque arrondissement municipal. Elle est présidée, à Paris, par le maire, à Lyon, par un des adjoints ; elle est composée d'un des délégués cantonaux, désigné par l'inspecteur d'académie, de membres désignés par le conseil municipal, au nombre de trois à sept par chaque arrondissement.

Le mandat des membres de la commission scolaire désignés par le conseil municipal durera jusqu'à l'élection d'un nouveau conseil municipal.

Il sera toujours renouvelable.

L'inspecteur primaire fait partie de droit de toutes les commissions scolaires instituées dans son ressort [1].

Art. 6. Il est institué un certificat d'études primaires ; il est décerné après un examen public auquel pourront se présenter les enfants dès l'âge de onze ans.

Ceux qui, à partir de cet âge, auront obtenu le certificat d'études primaires, seront dispensés du temps de scolarité obligatoire qui leur restait à passer [1].

Art. 7. Le père, le tuteur, la personne qui a la garde de l'enfant, le patron chez qui l'enfant est placé, devra, quinze jours au moins avant l'époque de la rentrée des classes, faire savoir au maire de la commune s'il entend faire donner à l'enfant l'instruction dans la famille ou dans une école publique ou privée : dans ces deux derniers cas, il indiquera l'école choisie.

Les familles domiciliées à proximité de deux ou plusieurs écoles publiques ont la faculté de faire inscrire leurs enfants à l'une ou à l'autre de ces écoles, qu'elles soient ou non sur le territoire de leurs communes, à moins qu'elle ne compte déjà le nombre maximum d'élèves autorisé par les règlements [2].

En cas de contestation et sur la demande, soit du maire, soit des parents, le conseil départemental statue en dernier ressort.

<hr/>

[1]. Sous la date du 13 juin 1882, le ministre de l'instruction publique adressa aux préfets, sur les commissions scolaires, une circulaire dont nous extrayons ce qui suit :

« Ces commissions ont pour objet, aux termes de l'art. 5 de la loi, de surveiller et d'encourager la fréquentation des écoles.

« À cet effet, elles concourent, avec les maires, à la confection annuelle de la liste des enfants de six à treize ans (art. 8) ; — elles apprécient les motifs d'absence (art. 10) ; — elles prononcent certaines pénalités (art. 12 et 13) ou saisissent d'une plainte, dans les cas prévus, le juge de paix (art. 14) ; — enfin elles accordent des dispenses dans les conditions et dans les limites tracées par l'art. 15. — Leur rôle est ainsi nettement défini, et il est d'ailleurs considérable. Mais vous remarquerez, Monsieur le Préfet, que les commissions scolaires n'ont nullement, comme on a pu le croire, un droit d'inspection et de contrôle sur les écoles. La loi du 28 mars 1882 n'a rien innové sur ce point et, hormis le maire, l'inspecteur primaire et les délégués cantonaux ou communaux, nul n'a qualité pour pénétrer dans les salles de classe. Les membres des commissions scolaires, autres que les personnes ci-dessus désignées, ne sauraient donc être admis à visiter les écoles. Les commissions exercent la surveillance spéciale dont elles sont chargées, en consultant l'extrait du registre d'appel que l'instituteur est tenu d'adresser, à la fin de chaque mois, au maire et à l'inspecteur primaire, extrait où doivent se trouver mentionnés, avec le nombre des absences constatées, les motifs invoqués et soumis à l'appréciation de la commission. »

[1]. *Certificat d'études des écoles primaires* (D. 27 juill. 1882)

Art. 1er. L'examen public auquel doivent se présenter les enfants qui désirent obtenir le certificat d'études institué par l'art. 6 de la loi du 28 mars 1882, aura lieu à l'expiration de chaque année scolaire.

Art. 2. Pour être admis à subir cet examen, les enfants devront avoir au moins onze ans à l'époque où il aura lieu.

Art. 3. Les dispositions de l'arrêté ministériel du 16 juin 1880 relatives au mode de l'examen pour le certificat d'études primaires élémentaires, à la nature des épreuves et aux conditions d'admission, sont applicables à l'examen dont il s'agit.

[2]. Voici les 4 premiers articles de l'*arrêté ministériel du 22 décembre 1882 qui a préparé l'application de l'art. 16 de la loi du 28 mars 1882* :

Art. 1er. L'examen que doivent subir, chaque année, à partir de la fin de la deuxième année d'instruction obligatoire jusqu'à l'âge de treize ans révolus, les enfants qui reçoivent l'instruction dans la famille a lieu à la maison commune ou dans une salle d'école.

Art. 2. La liste des enfants astreints à subir l'examen est dressée par le maire et envoyée à l'inspecteur d'académie avant le 1er mai.

Art. 3. L'examen est subi soit dans le mois qui suit la rentrée des classes, soit dans celui qui la précède. La date en est fixée, pour chaque localité, par l'inspecteur d'académie.

Art. 4. La convocation tant du jury d'examen que des enfants à examiner se fait, quinze jours au moins à l'avance, par les soins de l'inspecteur primaire. Voy. au Journ. off. la circulaire du 12 septembre 1884, suivie de l'arrêté du 22 décembre 1882 portant règlement des examens prescrits par la loi du 28 mars 1882.

Voici le passage principal de la circulaire du 12 septembre 1884 :

« Le propre de cet examen, ce qui le distingue, par exemple, du certificat d'études, c'est qu'il consiste à juger, non pas un degré de l'instruction, mais du fait même qu'il y a une instruction. La commission n'a pas devant elle des candidats à classer entre eux ou comparativement avec les élèves de telle ou telle école, mais des enfants qui viennent faire constater qu'ils reçoivent le minimum d'instruction requis par la loi. Elle n'a pas à dire si on les instruit mieux ou moins bien qu'ailleurs, plus ou moins vite, dans tel esprit et d'après telles méthodes, mais uniquement si on les instruit. C'est pour bien marquer cette limite, imposée aux investigations et aux appréciations du jury d'examen, que le Conseil supérieur a voulu que le père de famille pût se borner à présenter les cahiers de son enfant, avec une attestation d'authenticité signée par lui et par l'enfant ; le jury ne recourra aux épreuves orales que dans le cas où l'examen de ces devoirs écrits lui démontrerait que l'enfant est assez mal dirigé pour risquer de ne pas savoir, à la fin de la période scolaire, lire, écrire, compter et répondre aux questions les plus élémentaires sur l'histoire et la géographie de son pays... »

Art. 8. Chaque année, le maire dresse, d'accord avec la commission municipale scolaire, la liste de tous les enfants âgés de six à treize ans, et avise les personnes qui ont charge de ces enfants de l'époque de la rentrée des classes.

En cas de non-déclaration, quinze jours avant l'époque de la rentrée, de la part des parents et autres personnes responsables, il inscrit d'office l'enfant à l'une des écoles publiques, et en avertit la personne responsable.

Huit jours avant la rentrée des classes, il remet aux directeurs d'écoles publiques et privées la liste des enfants qui doivent suivre leurs écoles. Un double de ces listes est adressé par lui à l'inspecteur primaire.

Art. 9. Lorsqu'un enfant quitte l'école, les parents ou les personnes responsables doivent en donner immédiatement avis au maire et indiquer de quelle façon l'enfant recevra l'instruction à l'avenir.

Art. 10. Lorsqu'un enfant manque momentanément à l'école, les parents ou les personnes responsables doivent faire connaître au directeur ou à la directrice les motifs de son absence.

Les directeurs et les directrices doivent tenir un registre d'appel qui constate, pour chaque classe, l'absence des élèves inscrits. A la fin de chaque mois, ils adresseront au maire et à l'inspecteur primaire un extrait de ce registre, avec l'indication du nombre des absences et des motifs invoqués.

Les motifs d'absence seront soumis à la commission scolaire. Les seuls motifs réputés légitimes sont les suivants : maladie de l'enfant, décès d'un membre de la famille, empêchements résultant de la difficulté accidentelle des communications. Les autres circonstances exceptionnellement invoquées seront également appréciées par la commission.

Art. 11. Tout directeur d'école privée qui ne se sera pas conformé aux prescriptions de l'article précédent sera, sur le rapport de la commission scolaire et de l'inspecteur primaire, déféré au conseil départemental.

Le conseil départemental pourra prononcer les peines suivantes : 1° l'avertissement ; 2° la censure ; 3° la suspension pour un mois au plus, et, en cas de récidive dans l'année scolaire, pour trois mois au plus.

Art. 12. Lorsqu'un enfant se sera absenté de l'école quatre fois dans le mois, pendant au moins une demi-journée, sans justification admise par la commission municipale scolaire, le père, le tuteur ou la personne responsable sera invité, trois jours au moins à l'avance, à comparaître dans la salle des actes de la mairie, devant ladite commission, qui lui rappellera le texte de la loi et lui expliquera son devoir.

En cas de non-comparution, sans justification admise, la commission appliquera la peine énoncée dans l'article suivant.

Art. 13. En cas de récidive dans les douze mois qui suivront la première infraction, la commission municipale scolaire ordonnera l'inscription, pendant quinze jours ou un mois, à la porte de la mairie, des nom, prénoms et qualités de la personne responsable, avec indication du fait relevé contre elle.

La même peine sera appliquée aux personnes qui n'auront pas obtempéré aux prescriptions de l'art. 9.

Art. 14. En cas d'une nouvelle récidive, la commission scolaire ou, à son défaut, l'inspecteur primaire devra adresser une plainte au juge de paix. L'infraction sera considérée comme une contravention et pourra entraîner condamnation aux peines de police, conformément aux art. 479, 480 et suivants du Code pénal.

L'art. 463 du même Code est applicable.

Art. 15. La commission scolaire pourra accorder aux enfants demeurant chez leurs parents ou leur tuteur, lorsque ceux-ci en feront la demande motivée, des dispenses de fréquentation scolaire ne pouvant dépasser trois mois par année en dehors des vacances. Ces dispenses devront, si elles excèdent quinze jours, être soumises à l'approbation de l'inspecteur primaire.

Ces dispositions ne sont pas applicables aux enfants qui suivront leurs parents ou tuteurs, lorsque ces derniers s'absenteront temporairement de la commune. Dans ce cas, un avis donné verbalement ou par écrit au maire ou à l'instituteur suffira.

La commission peut aussi, avec l'approbation du conseil départemental, dispenser les enfants employés dans l'industrie, et arrivés à l'âge de l'apprentissage, d'une des deux classes de la journée ; la même faculté sera accordée à tous les enfants employés, hors de leur famille, dans l'agriculture.

Art. 16. Les enfants qui reçoivent l'instruction dans la famille doivent, chaque année, à partir de la fin de la deuxième année d'instruction obligatoire, subir un examen qui portera sur les matières de l'enseignement correspondant à leur âge dans les écoles publiques, dans des formes et suivant des programmes qui seront déterminés par arrêtés ministériels rendus en conseil supérieur.

Le jury d'examen sera composé de : l'inspecteur primaire ou son délégué, président ; un délégué cantonal ; une personne munie d'un diplôme universitaire ou d'un brevet de capacité ; les juges seront choisis par l'inspecteur d'académie. Pour l'examen des filles, la personne brevetée devra être une femme.

Si l'examen de l'enfant est jugé insuffisant et qu'aucune excuse ne soit admise par le jury, les parents sont mis en demeure d'envoyer leur enfant dans une école publique ou privée dans la huitaine de la notification et de faire savoir au maire quelle école ils ont choisie.

En cas de non-déclaration, l'inscription aura lieu d'office, comme il est dit à l'art. 8.

Art. 17. La caisse des écoles instituée par l'art. 15 de la loi du 10 avril 1867 sera établie dans toutes les communes. Dans les communes subventionnées dont le centime n'excède pas trente francs, la caisse aura droit, sur le crédit ouvert pour cet objet au ministère de l'instruction publique, à une subvention au moins égale au montant des subventions communales.

La répartition des secours se fera par les soins de la commission scolaire.

Art. 18. Des arrêtés ministériels, rendus sur la demande des inspecteurs d'académie et des conseils départementaux, détermineront chaque année les communes où, par suite d'insuffisance des locaux scolaires, les prescriptions des art. 4 et suivants sur l'obligation ne pourraient être appliquées.

Un rapport annuel, adressé aux Chambres par le ministre de l'instruction publique, donnera la liste des communes auxquelles le présent article aura été appliqué.

**Sect. 2. — Gratuité de l'instruction primaire.**

**62.** La loi qui institue la gratuité est datée du 16 juin 1881 et porte ce qui suit :

Art. 1er. Il ne sera plus perçu de rétribution scolaire dans les écoles primaires publiques, ni dans les salles d'asiles publiques.

Le prix de pension dans les écoles normales est supprimé.

Art. 2. Les quatre centimes spéciaux créés par les art. 40 de la loi du 15 mars 1850 et 7 de la loi du 19 juillet 1875, pour le service de l'instruction primaire, sont obligatoires pour toutes les communes, compris dans les ressources ordinaires et votés sans le concours des plus imposés[1].

Les communes auront la faculté de s'exonérer de tout ou partie de ces quatre centimes en inscrivant au budget, avec la même destination, une somme égale au produit des centimes supprimés, somme qui pourra être prise, soit sur le revenu des dons et legs, soit sur une portion quelconque de leurs ressources ordinaires et extraordinaires.

Art. 3. Les prélèvements à effectuer en faveur de l'instruction primaire sur les revenus ordinaires des communes, en vertu de l'art. 40 de la loi du 15 mars 1850, porteront exclusivement sur les ressources ci-après énumérées :

1° Les revenus en argent des biens communaux ;

2° La part revenant à la commune sur l'imposition des chevaux et voitures et sur les permis de chasse ;

3° La taxe sur les chiens ;

4° Le produit net des taxes ordinaires d'octroi ;

5° Les droits de voirie et les droits de location aux halles, foires et marchés.

*Ces revenus sont affectés, jusqu'à concurrence d'un cinquième, aux dépenses ordinaires et obligatoires afférentes à la commune, pour le service de ses écoles primaires publiques*[2].

Sont désormais exemptées de tout prélèvement sur leurs revenus ordinaires, les communes dans lesquelles la valeur des centimes additionnels au principal des quatre contributions directes n'atteint pas 20 fr.

Art. 4. Les quatre centimes spéciaux établis par les art. 40 de la loi du 15 mars 1850, 14 de la loi du 10 avril 1867 et 7 de la loi du 19 juillet 1875, au principal des quatre contributions directes, pour le service de l'instruction primaire, sont obligatoires pour les départements.

Toutefois, les départements auront la faculté de s'exonérer de tout ou partie de cette imposition, en inscrivant à leur budget, avec la même destination, une somme égale au produit des centi-

mes supprimés, somme qui pourra être prise sur le revenu des dons et legs, soit sur une portion quelconque de leurs ressources ordinaires ou extraordinaires.

Art. 5. En cas d'insuffisance des ressources énumérées aux art. 2, 3 et 4 de la présente loi, les dépenses seront couvertes par une subvention de l'État.

Art. 6. Le traitement des instituteurs et institutrices, titulaires et adjoints, actuellement en exercice, ne pourra, dans aucun cas, devenir inférieur au plus élevé des traitements dont ils auront joui pendant les *trois années* qui auront précédé l'application de la présente loi.

Le taux de rétribution servant à déterminer le montant du traitement éventuel, établi par l'art. 9 de la loi du 10 avril 1867[1] sera fixé, chaque année, par le ministre, sur la proposition du préfet, après avis du conseil départemental.

Un décret fixera la quotité des traitements en ce qui concerne les salles d'asiles et les classes enfantines.

Art. 7. Sont mises au nombre des écoles primaires publiques donnant lieu à une dépense obligatoire pour la commune, à la condition qu'elles soient créées conformément aux prescriptions de l'art. 2 de la loi du 10 avril 1867 :

1° Les écoles communales de filles qui sont ou seront établies dans les communes de plus de 400 âmes ;

2° Les salles d'asiles ;

3° Les classes intermédiaires entre la salle d'asile et l'école primaire, dites classes enfantines, comprenant des enfants des deux sexes et confiées à des institutrices pourvues du brevet de capacité ou du certificat d'aptitude à la direction des salles d'asile (écoles maternelles).

**Sect. 3. — Créations d'écoles primaires et règlement scolaire.**

**63.** *Création d'écoles et d'emplois.* Sur cette matière, le ministre de l'instruction publique a publié des *Instructions* qui ont été insérées, sans date, dans le *Bulletin de l'Instruction publique* n° 477 (28 janvier 1882), auquel nous nous bornons de renvoyer.

Nous en extrayons cependant un passage que nous donnons plus loin (sect. 9, *Écoles maternelles*, pour expliquer ce qu'on entend par des « *Écoles enfantines* ».

**64.** *Règlement scolaire.* Sous la date du 7 juin 1880, le ministre de l'instruction publique a approuvé un *règlement scolaire modèle*, destiné à servir à la rédaction des règlements départementaux relatifs aux écoles primaires publiques »[1]. Nous le reproduisons textuellement[2] :

Le ministre de l'instruction publique et des beaux-arts ;

Vu l'art. 2 de la loi du 28 juin 1833 ;

Vu les lois des 15 mars 1850 et 10 avril 1867 ;

Vu le statut des écoles primaires en date du 25 avril 1834 ;

---

1. C'est une majoration du traitement calculé d'après le nombre des élèves.

2. On ne comprend pas la signification du mot « modèle », surtout après l'art. 27. L'art. 24 ferait supposer que le conseil ajoute des dispositions supplémentaires, ou plutôt fait un supplément au règlement ministériel.

---

1. D'après la nouvelle législation communale, le concours des plus imposés n'est plus demandé dans aucun cas.

2. C'est nous qui soulignons.

Vu la circulaire du 12 novembre 1835 ;

Vu la circulaire du 17 août 1851 et le règlement y annexé ;

Vu la circulaire du 18 novembre 1871 ;

Le Conseil supérieur de l'instruction publique entendu,

Arrête :

Art. 1er. Pour être admis dans une école, les enfants doivent avoir plus de six ans et moins de quatorze. En dehors de ces limites, ils ne pourront être admis sans une autorisation spéciale de l'inspecteur d'académie.

Dans les communes qui n'ont pas de salles d'asile, l'âge d'admission sera abaissé à cinq ans.

Art. 2. Tout enfant qui demandera son admission dans une école devra présenter un bulletin de naissance.

L'instituteur s'assurera qu'il a été vacciné, ou qu'il a eu la petite vérole, et qu'il n'est pas atteint de maladies ou d'infirmités de nature à nuire à la santé des autres élèves.

Art. 3. Le vœu des pères de famille sera toujours consulté et suivi en ce qui concerne la participation de leurs enfants à l'instruction religieuse.

Art. 4. La garde de la classe est commise à l'instituteur ; il ne permettra pas qu'on la fasse servir à aucun usage étranger à sa destination, sans une autorisation spéciale du préfet.

Art. 5. Pendant la durée de la classe, l'instituteur ne pourra, sous aucun prétexte, être distrait de ses fonctions professionnelles, ni s'occuper d'un travail étranger à ses devoirs scolaires.

Art. 6. Les enfants ne pourront, sous aucun prétexte, être détournés de leurs études pendant la durée des classes.

Art. 7. L'entrée de l'école est formellement interdite à toute personne autre que celles qui sont préposées par la loi à la surveillance de l'enseignement.

Art. 8. L'instituteur n'établira aucune distinction entre les élèves payants et les élèves gratuits. Les uns et les autres seront réunis dans les mêmes locaux et participeront aux mêmes leçons.

Art. 9. Les classes dureront trois heures le matin et trois heures le soir. Celle du matin commencera à huit heures, et celle de l'après-midi à une heure ; elles seront coupées par une récréation d'un quart d'heure.

Suivant les besoins des localités, les heures d'entrée et de sortie pourront être modifiées par l'inspecteur d'académie, sur la demande des autorités locales et l'avis de l'inspecteur primaire.

Art. 10. Les enfants se présenteront à l'école dans un état de propreté convenable.

La visite de propreté sera faite par l'instituteur au commencement de chaque classe.

Art. 11. Quand l'instituteur prendra la direction d'une école, il devra, de concert avec le maire, ou son délégué, faire le récolement du mobilier scolaire, des livres de la bibliothèque, des archives scolaires et, s'il y a lieu, de son mobilier personnel et de celui de ses adjoints.

Le procès-verbal de cette opération, signé par les deux parties, constituera l'instituteur responsable des objets désignés à l'inventaire.

En cas de changement de résidence, l'instituteur provoquera, avant son départ, un nouveau récolement du mobilier.

Art. 12. Un tableau portant le prix de tous les objets que l'instituteur sera autorisé à fournir aux élèves sera affiché dans l'école, après avoir été visé par l'inspecteur primaire.

Art. 13. La classe sera blanchie ou lessivée tous les ans, et tenue dans un état constant de propreté et de salubrité. A cet effet, elle sera balayée et arrosée tous les jours ; l'air y sera fréquemment renouvelé ; même en hiver, les fenêtres seront ouvertes pendant l'intervalle des classes.

Art. 14. Le français sera seul en usage dans l'école.

Art. 15. Toute représentation théâtrale est interdite dans les écoles publiques.

Art. 16. Aucun livre ni brochure, aucun imprimé ni manuscrit étrangers à l'enseignement ne peuvent être introduits dans l'école, sans l'autorisation écrite de l'inspecteur d'académie.

Art. 17. Toute pétition, quête, souscription ou loterie y sont également interdites.

Art. 18. Les seules punitions dont l'instituteur puisse faire usage sont :

Les mauvais points ;

La réprimande ;

La privation partielle de la récréation ;

La retenue après la classe, sous la surveillance de l'instituteur ;

L'exclusion temporaire.

Cette dernière peine ne pourra dépasser deux jours. Avis en sera donné immédiatement par l'instituteur aux parents de l'enfant, aux autorités locales et à l'inspecteur primaire.

Une exclusion de plus longue durée ne pourra être prononcée que par l'inspecteur d'académie.

Art. 19. Il est absolument interdit d'infliger aucun châtiment corporel.

Art. 20. Les classes vaqueront le jeudi et le dimanche de chaque semaine, et les jours de fêtes réservées.

Art. 21. Les jours de congés extraordinaires sont :

Une semaine à l'occasion des fêtes de Pâques ;

Le premier jour de l'an, ou le lendemain, si ce jour est un dimanche ou un jeudi ;

Le lundi de la Pentecôte ;

Le lendemain de la Toussaint, le matin seulement ;

Les jours de fêtes patronales ;

Les jours de fêtes nationales.

Art. 22. L'époque et la durée des vacances seront fixées chaque année par le préfet en conseil départemental.

Art. 23. L'instituteur ne pourra ni intervertir les jours de classe, ni s'absenter, sans y avoir été autorisé par l'inspecteur primaire et sans avoir donné avis de cette autorisation aux autorités locales.

Si l'absence doit durer plus de trois jours, l'autorisation de l'inspecteur d'académie est nécessaire.

Un congé de plus de huit jours ne peut être donné que par le préfet. Dans les circonstances graves et imprévues, l'instituteur pourra s'absenter sans autre condition que de donner immédiatement avis de son absence aux autorités locales et à l'inspecteur primaire.

Art. 24. Tout ce qui se rapporte à l'organisation pédagogique (emploi du temps, programme d'études, classement des élèves, etc.), sera réglé par le conseil départemental, sur la proposition de l'inspecteur d'académie et soumis à l'approbation du recteur.

Art. 25. Les dispositions de ce règlement sont applicables aux écoles de filles.

Art. 26. Le règlement modèle en date du 17 août 1851 est et demeure abrogé.

Art. 27. Les autorités préposées par la loi à la surveillance de l'instruction primaire sont chargées de l'exécution du présent règlement.

Fait à Paris, le 7 juin 1880. (*J. offic. du 8 juin* 1880.) (*Signé :* Jules FERRY.)

**65.** *Enseignement du catéchisme.* Une circulaire du ministre de l'intérieur et des cultes du 15 décembre 1879, adressée aux archevêques et aux évêques, les invite à régler les heures du catéchisme de manière à ne pas interrompre les heures de classe.

**66.** *Écoles mixtes quant au culte.* La circulaire du ministre de l'instruction publique du 27 mars 1880 règle cette matière. Elle est insérée dans le *Journal général de l'instruction publique* et dans les journaux de l'époque (*Voy.,* par ex., le *J. des Débats* du 6 avril 1880.)

**67.** *Commission cantonale.* L'arrêté ministériel qui institue les commissions cantonales chargées de juger l'aptitude des aspirants et des aspirantes au certificat d'études est du 16 juin 1880. (*Voy.* le *Journal off.* du 17 juin 1880.)

**68.** *Livres scolaires.* L'arrêté ministériel du 16 juin 1880 porte ce qui suit :

Art. 1er. Il est dressé chaque année, et dans chaque département, une liste des livres reconnus propres à être mis en usage dans les écoles primaires publiques élémentaires et supérieures.

Art. 2. A cet effet, les instituteurs et institutrices titulaires de chaque canton, munis du brevet, réunis en conférence spéciale, établissent, au plus tard dans la première quinzaine du mois de juillet, une liste des livres qu'ils jugent propres à être mis en usage dans les écoles primaires publiques.

Art. 3. Toutes les listes ainsi dressées sont transmises à l'inspecteur d'académie. Une commission siégeant au chef-lieu du département et composée des inspecteurs primaires, du directeur et de la directrice des écoles normales et des maîtres adjoints de ces établissements, réunis sous la présidence de l'inspecteur d'académie, revise les listes cantonales et arrête le catalogue pour le département.

Art. 4. Sont rapportés, en ce qu'ils ont de contraire au présent règlement, les arrêtés du 22 juillet 1873 et du 3 juillet 1875.

**69.** *Organisation pédagogique.* On trouvera au *Journal officiel* du 2 août 1882, l'arrêté ministériel du 28 juillet, réglant l'organisation pédagogique et le plan d'études des écoles primaires publiques. Les programmes y sont annexés.

**70.** *Écoles de hameau.* Le décret du 10 octobre 1881 porte :

Art. 1er. Toute école établie dans une section de commune qui aura reçu pendant l'année au moins vingt-cinq élèves de cinq à treize ans sera considérée comme école ordinaire, et l'instituteur adjoint ou l'institutrice adjointe qui la dirige sera élevé au rang d'instituteur ou d'institutrice, pour jouir des avantages attachés à ce titre.

Art. 2. L'école ainsi classée ne pourra, en cas de diminution de l'effectif scolaire, être replacée au rang d'école de hameau qu'en vertu d'une décision du conseil départemental.

**71.** *Chantre, bedeau, etc.* Dans une circulaire non datée, insérée au *Journal officiel* du 28 décembre 1881, le ministre indique un moyen de débarrasser les instituteurs de ces fonctions subalternes (il s'agit de leur donner des indemnités transitoires). Il déclare au surplus que les instituteurs sont libres d'accepter ou de refuser ces fonctions.

**72.** *Emblèmes religieux.* La circulaire du 2 novembre 1882, insérée au *Journal officiel* du 3 du même mois, s'exprime ainsi sur ces emblèmes. Nous ne reproduisons que le passage essentiel :

« Quant aux instituteurs et aux institutrices, je vous prie de leur adresser en mon nom une seule recommandation, mais absolument formelle. Je leur interdis de la manière la plus expresse une intervention, une initiative quelconque en cette matière. Ils s'abstiendront également, soit d'établir, soit d'enlever des emblèmes *proprio motu,* soit de prendre part à des pétitions ou manifestations pour ou contre le maintien de ces objets.

« A cet égard, et en général en tout ce qui touche aux questions religieuses, c'est un devoir strict pour l'instituteur de rester scrupuleusement étranger à toutes les polémiques et d'attendre les ordres de ses chefs. Si, — en dehors des heures de classe et des locaux scolaires, — la loi lui laisse la libre disposition de son temps, s'il a même le droit de donner, dans ces conditions, telles leçons privées qu'il jugera convenable, sans en excepter les répétitions de catéchisme, quelques inconvénients que puisse avoir cet usage de sa liberté, du moins en classe et dans l'exercice de ses fonctions, lui est-il rigoureusement interdit, et par la loi, et par les règlements, de se faire ou l'agent, ou l'adversaire déclaré de quelque doctrine, de quelque croyance confessionnelle que ce soit... »

**73.** *Enseignement de la morale dans les écoles primaires.* Une circulaire du ministre de l'instruction publique sur cette importante matière, datée du 17 novembre 1883, remplit le no 10 tout entier du *Bulletin de l'instruction primaire de la Seine,* année 1883.

**Sect. 4. — Titre de capacité. Brevet. Engagement décennal, etc.**

**74.** La loi du 16 juin 1881 est ainsi conçue :

Art. 1er. Nul ne peut exercer les fonctions d'instituteur ou d'institutrice titulaire, d'instituteur adjoint chargé d'une classe ou d'institutrice adjointe chargée d'une classe, dans une école publique ou libre, sans être pourvu du brevet de capacité pour l'enseignement primaire.

Toutes les équivalences admises par le paragraphe 2 de l'art. 25 de la loi du 15 mars 1850 sont abolies.

Art. 2. Nulle ne peut exercer les fonctions de directrice ou de sous-directrice de salles d'asile publiques ou libres, sans être pourvue du certificat d'aptitude à la direction des salles d'asile, institué par l'art. 20, paragraphe 1er, du décret du 21 mars 1855.

Art. 3. Les personnes occupant, sans les brevets et certificats susénoncés, les fonctions énumérées aux articles précédents, devront, dans le laps d'un an, à partir de la promulgation de la loi, se présenter devant les commissions d'examen instituées pour décerner lesdits brevets et certificats.

Celles qui auront échoué auront le droit de se présenter de nouveau aux sessions ordinaires ou extraordinaires tenues dans le cours des années suivantes, jusqu'à la rentrée des classes du mois d'octobre 1884.

Toutefois, les adjoints qui auront contracté, conformément à l'art. 20 de la loi du 27 juillet 1872, l'engagement de se vouer pendant dix ans à la carrière de l'enseignement, et qui viendraient à échouer aux examens ci-dessus, conserveront le bénéfice de la dispense, à titre conditionnel, du service militaire.

Art. 4. Les prescriptions de la présente loi ne s'appliqueront pas :

1° Aux directeurs d'écoles publiques ou libres qui, au 1er janvier 1881, exerçaient les fonctions de directeurs en vertu des équivalences établies par la loi du 15 mars 1850 ;

2° Aux directrices d'écoles et de salles d'asile publiques ou libres qui, au 1er janvier 1881, comptaient trente-cinq ans d'âge et cinq ans au moins de services en qualité de directrices ;

3° Aux adjoints ou adjointes d'écoles publiques ou libres, ainsi qu'aux sous-directrices de salles d'asile publiques ou libres qui, au 1er janvier 1881, comptaient trente-cinq ans d'âge et cinq ans au moins de service comme adjoints ou adjointes chargés d'une classe ou comme sous-directrices d'une salle d'asile, sans toutefois que cette exemption leur permette d'obtenir ultérieurement la direction d'une école ou d'une salle d'asile en dehors des conditions prescrites par les art. 1er et 2 de la présente loi.

75. Voici maintenant le décret du 4 janvier 1881 sur les brevets de capacité.

TITRE 1er. — DES TITRES DE CAPACITÉ.

Art. 1er. Le brevet de capacité exigé par l'art. 25 de la loi du 15 mars 1880, pour exercer la profession d'instituteur primaire public ou libre, portera le nom de *Brevet de capacité de second ordre* ou *Brevet élémentaire*.

Art. 2. Le brevet de capacité comprenant les matières facultatives de l'enseignement primaire et auquel est attaché l'émolument fixé par l'art. 3 de la loi du 19 juillet 1875, portera le nom de *Brevet de capacité de premier ordre* ou *Brevet supérieur*.

Art. 3. Il est institué en outre, sous le nom de *Certificat d'aptitude pédagogique,* un titre complémentaire de l'un ou de l'autre brevet, destiné à constater plus particulièrement l'aptitude des instituteurs ou des institutrices à la direction des écoles publiques comprenant plusieurs classes.

TITRE II. — DES CONDITIONS D'ADMISSION.

Art. 4. Pour se présenter devant une commission d'examen, en vue d'obtenir le brevet supérieur, tout candidat doit justifier de la possession du brevet élémentaire et avoir dix-sept ans au 1er janvier de l'année dans laquelle il se présente.

Art. 5. Pour se présenter aux examens du brevet simple, le candidat doit avoir au moins seize ans au 1er janvier de l'année dans laquelle il se présente.

Art. 6. Les candidats au certificat d'aptitude pédagogique doivent avoir au moins vingt et un ans révolus au moment de leur examen et justifier de deux ans d'exercice au moins dans l'enseignement public ou libre à compter de l'époque où ils ont obtenu le brevet élémentaire.

Art. 7. Aucune dispense d'âge ni de stage ne pourra être accordée.

TITRE III. — DES SESSIONS D'EXAMEN.

Art. 8. Les commissions d'examen tiennent au moins deux sessions par an pour le brevet élémentaire et le brevet supérieur ; une au moins pour le certificat d'aptitude pédagogique.

Art. 9. Pour l'examen relatif à ce dernier titre, la commission est présidée par l'inspecteur d'académie et comprend nécessairement deux inspecteurs primaires.

Art. 10. Les commissions ne peuvent délibérer régulièrement qu'autant que cinq de leurs membres sont présents. Les délibérations sont prises à la majorité des suffrages. En cas de partage, la voix du président est prépondérante.

TITRE IV. — DES ÉPREUVES.

Art. 11. Un arrêté ministériel, pris en Conseil supérieur, déterminera, conformément aux lois et décrets en vigueur, le programme des examens à subir, le choix des sujets de composition et le mode de jugement des épreuves.

Art. 12. L'art. 50 du décret du 29 juillet 1850 et le décret du 2 mai 1870 sont et demeurent abrogés.

Le décret du 4 janvier 1881 est suivi d'un arrêté du 5 janvier 1881 qui en règle l'exécution. (*Voy.* le *Suppl. de* 1881.)

76. *Brevet.* Un arrêté ministériel du 5 juin 1880 dispose que les sujets de composition qui doivent être traités par les candidats au brevet simple sont les mêmes pour toute la France. (*Journ. off.* 6 *juin* 1880.)

77. *Conférences.* Un autre arrêté ministériel du 5 juin prescrit que des conférences pédagogiques d'instituteurs et d'institutrices publics seront organisées par chaque canton par l'autorité académique. Deux ou plusieurs cantons pourront être réunis. Le recteur, sur la proposition de l'inspecteur d'académie, pourra décider que la même conférence sera commune aux instituteurs et aux institutrices.

La présidence appartient de droit à l'inspecteur d'académie, ou, à son défaut, à l'inspecteur primaire. Les membres de la conférence nomment chaque année un vice-président et un secrétaire choisis parmi eux.

78. Il ne doit être traité, dans ces conférences,

que de matières de pédagogie théorique et pratique.

**79.** A la dernière réunion de chaque année scolaire, la conférence propose les questions qui pourront être traitées au cours de l'année suivante. La liste de ces questions est arrêtée et publiée, dans le plus bref délai possible, par l'inspecteur d'académie. (*Arr., art.* 3.)

**80.** La présence aux conférences pédagogiques est obligatoire pour tous les instituteurs et institutrices publics titulaires ; elle l'est aussi pour les instituteurs adjoints, toutes les fois que leur présence n'est pas nécessaire à l'école. Des dispenses peuvent être accordées par l'inspecteur d'académie. (*Arr., art.* 4.)

**81.** Les instituteurs et institutrices libres peuvent, sur leur demande, être autorisés par l'inspecteur d'académie à assister aux conférences (*art.* 5).

**82.** Le nombre, la date et le lieu des réunions sont fixés par l'autorité académique (*art.* 6).

**83.** Une copie du procès-verbal de chaque séance est envoyée à l'inspecteur primaire (*art.* 7).

**84.** *Le service militaire et les instituteurs, congréganistes ou laïques.* Au termes d'un arrêt du Conseil d'État, du 6 juillet 1883, lorsqu'un jeune homme a été dispensé, à titre conditionnel, du service militaire comme ayant contracté l'engagement de se consacrer pendant dix ans à l'enseignement, et que, d'après l'autorité militaire, il a cessé de réaliser cet engagement, le ministre de la guerre ne peut, sans excès de pouvoirs, ordonner l'incorporation de ce jeune homme dans l'armée, et se faire ainsi juge des questions contentieuses qui peuvent être soulevées.

Il y a lieu, en pareil cas, de comprendre le jeune homme dont s'agit dans la première classe appelée après la cessation prétendue de ses fonctions (*art.* 21, *loi du* 27 *juillet* 1872), sauf à lui à soutenir, devant le conseil de révision, qu'il continue à remplir les conditions de sa dispense.

### Sect. 5. — Nomination des instituteurs.

**85.** Une circulaire du ministre de l'instruction publique, du 20 décembre 1879, dit : « le Conseil d'État statuant au contentieux a rendu, à la date du 9 décembre 1879, un arrêt qui tranche la question si longtemps débattue du droit des préfets en matière de nomination d'instituteurs. La décision de la haute assemblée est conforme aux principes que j'ai développés moi-même en mainte circonstance. Je ne reviendrais pas sur ce sujet, si je ne considérais qu'il importe, en ce moment, de bien préciser les solutions de droit désormais acquises, et de vous faire connaître mon sentiment sur l'application qu'il convient d'en faire à l'avenir. »

**86.** L'arrêt précité établit :

1° Que le Conseil d'État ne considère comme recevables ni les recours formés par les supérieurs généraux des congrégations, au nom des instituteurs congréganistes, contre les arrêtés préfectoraux relatifs à la direction des écoles communales, ni l'intervention des maires, comme représentants des communes, en faveur de ces mêmes arrêtés ;

2° Que les conseils municipaux ont, en tout état de cause, le droit d'émettre des vœux tendant à confier la direction des écoles communales, soit à des laïques, soit à des congréganistes ;

3° Qu'il n'y a pas lieu de distinguer des autres cas de vacance ceux qui proviennent de décès, démission ou révocation, ainsi qu'on l'avait prétendu à une autre époque ;

4° Que les préfets ont seuls qualité pour apprécier s'ils doivent prendre ou non des arrêtés conformes aux vœux des assemblées municipales.

**87.** « On doit conclure de ce qui précède, ajoute le ministre, que les préfets n'auront plus désormais à mettre les conseils municipaux en demeure de se prononcer sur l'option entre laïques et congréganistes dans les cas dits de vacance d'emploi (démission, décès, révocation).

« Le droit d'option du conseil municipal pourra s'exercer en tout temps.

« Quant à vous, Monsieur le Préfet, vous êtes juge des conditions dans lesquelles l'opinion du conseil municipal se manifeste, et de l'opportunité d'y déférer..... »

**88.** Et plus loin :

« Enfin, j'ai souvent constaté, continue le ministre, que les préfets, saisis de délibérations de conseils municipaux contenant des vœux d'option, prenaient des arrêtés de principe, soit pour décider que tel ordre d'enseignement serait substitué à tel autre dans un délai de..., soit pour approuver, purement et simplement, lesdites délibérations.

« Cette manière de procéder ne me paraît pas d'une irréprochable correction.

« Il n'existe pas, dans nos lois scolaires, deux ordres d'enseignement primaire public ; nous ne connaissons qu'un seul enseignement, avec deux ordres de maîtres, parmi lesquels l'autorité préfectorale peut choisir. Il est, sans doute, de toute convenance de prévenir à l'avance le maître qui doit être dépossédé, et, sauf les cas d'urgence, vous devez éviter les transformations à bref délai ; mais, pour faire connaître vos intentions aux intéressés, une simple dépêche suffit, tandis que, au point de vue de la stricte légalité, l'arrêté que vous avez à prendre n'est essentiellement qu'un arrêté de nomination du nouveau maître, en remplacement de l'ancien instituteur.

**89.** « J'ajouterai, en terminant, que lorsque la transformation de l'école communale est accompagnée, comme cela s'est produit quelquefois, d'une réduction dans le nombre des écoles, c'est le conseil départemental qui, aux termes de l'art. 2 de la loi du 10 avril 1867, doit prendre une décision. Cette décision, définitive lorsqu'elle a reçu mon approbation, ne saurait porter que sur la fixation du nombre des écoles et nullement sur la catégorie des maîtres. C'est le conseil municipal qui émet son avis sur la question de savoir si l'école maintenue sera laïque ou congréganiste, et c'est le préfet qui nomme. »

### Sect. 6. — Cours d'adultes.

**90.** *Les cours.* Aux termes d'un arrêté du 4 avril 1882, les cours d'adultes comprendront désormais :

1° *Des cours d'enseignement élémentaire, destinés essentiellement aux illettrés proprement dits.*

Une rémunération de 25 fr. par adulte sera allouée à tout instituteur ou à toute institutrice appartenant à l'enseignement public qui justifiera avoir appris à lire, à écrire et à compter à un illettré.

Les maîtres ou maîtresses qui voudront ouvrir un cours à l'usage des adultes illettrés devront en faire, quinze jours au moins à l'avance, la déclaration écrite et visée par le maire à l'inspecteur primaire de leur circonscription et au membre de la délégation cantonale faisant partie de la commission scolaire locale. Cette déclaration fera connaître les nom, prénoms, âge et profession de chacun des illettrés, la date de l'ouverture du cours, ses jours et heures, sa durée présumée. L'inspecteur primaire et le membre de la commission scolaire ci-dessus désignés constateront, au début du cours, l'état d'instruction des élèves et, à la fin du cours, les résultats obtenus ; sur leur rapport écrit et dûment motivé, l'inspecteur d'académie fixera le chiffre de l'indemnité à allouer d'après le nombre des élèves parvenus à l'instruction élémentaire.

*2° Des cours spéciaux ou complémentaires pour les jeunes gens qui désireront continuer l'instruction acquise à l'école.*

Une rémunération de 15 fr. par adulte ayant régulièrement suivi les cours, sans toutefois que l'indemnité totale puisse dépasser 150 fr., sera accordée aux maîtres ou maîtresses, appartenant à l'enseignement public, qui auront fait ces cours. Quinze jours au moins avant le commencement des cours, les instituteurs ou institutrices adresseront à l'inspecteur primaire de leur circonscription et au membre de la délégation cantonale faisant partie de la commission scolaire locale la liste, visée par le maire, des élèves inscrits, avec l'indication de leurs nom, prénoms, âge et profession, des matières des cours, de la date de leur ouverture, de leur durée présumée, des jours et heures de leçon. L'inspecteur primaire et le délégué cantonal membre de la commission scolaire devront, avant la fin des cours, au moyen d'interrogations et de compositions, par l'examen des cahiers et des devoirs faits, s'assurer des résultats obtenus. Sur leur rapport, l'inspecteur d'académie fixera le chiffre de l'indemnité à allouer.

*3° Des lectures publiques ou conférences populaires.*

Une indemnité variable, en raison des dépenses accessoires auxquelles les séances donneraient lieu, pourra, sur la proposition de l'inspecteur d'académie, être accordée aux personnes qui, avec l'agrément du conseil départemental de l'instruction publique, auront accepté de se charger de lectures publiques ou de conférences sur des sujets déterminés à l'avance et approuvés par cette assemblée.

**91.** Si les deux premières espèces de cours destinés aux adultes réclament la coopération exclusive des instituteurs et des institutrices, eu égard à leur compétence toute spéciale, il ne semble pas qu'il en doive être de même en ce qui concerne les lectures et les conférences. Sans exclure ces maîtres de ce dernier mode d'enseignement, il faut éviter de trop leur demander. Chargés déjà de la classe du jour, et souvent des cours du soir, il ne convient pas de les exposer à un surcroît de labeur au-dessus de leurs forces et de détourner leurs efforts de ce qui constitue leur mission principale.

D'ailleurs, ajoute le ministre dans une circulaire de même date que l'arrêté, il serait illusoire de songer à généraliser dès à présent, dans toutes les communes, des lectures et des conférences. Ce mode d'enseignement des adultes est particulièrement difficile et délicat ; pour qu'il réussisse, il est indispensable qu'il offre de l'attrait, et il est permis surtout de compter, pour atteindre le but, sur le concours des professeurs de l'enseignement secondaire et aussi, j'aime à l'espérer, sur celui des membres de l'enseignement supérieur. Dans bon nombre de localités, le médecin, le pharmacien, l'ingénieur, d'autres habitants instruits et ayant du loisir, consentiront sans doute, également, à prendre part à cette œuvre de progrès. C'est avec le temps et l'expérience qu'il sera possible de faire entrer d'une manière générale dans les habitudes de notre pays, ces conférences populaires, soit littéraires, soit scientifiques, qui ne se feront vraisemblablement, au début, que dans une mesure assez restreinte.

Le crédit de 1,050,000 fr. affecté aux cours d'adultes ne permettrait pas de l'appliquer aux dépenses auxquelles donneront lieu ces cours ainsi réorganisés, dans toutes les communes sans distinction. Il serait insuffisant. Aussi la répartition sera-t-elle provisoirement réservée aux communes où le produit du centime est inférieur à 10,000 fr. et où les revenus annuels n'atteignent pas un million......          *Signé :* Jules Ferry.

**92.** *Subventions de l'État.* Décret du 22 juillet 1884 :

Art. 1er. Pour participer aux subventions de l'État, les cours d'adultes doivent être établis conformément à l'art. 2 de la loi du 10 avril 1867, après avis du conseil municipal, par décision du conseil départemental de l'instruction publique soumise à l'approbation du ministre.

Ces subventions ne seront accordées que dans les limites fixées, chaque année, par la loi de finances.

Art. 2. La subvention de l'État ne peut être accordée à des cours d'adultes, après épuisement des ressources communales, que si ces cours sont gratuits pour tous les élèves, s'ils durent cinq mois au moins, si la commune se charge des frais de chauffage et d'éclairage et si elle contribue en outre à la rémunération des instituteurs qui dirigent ces cours. Cette subvention ne sera accordée qu'aux communes qui auront justifié de l'insuffisance de leurs ressources ; elle ne pourra en aucun cas être supérieure à la moitié de la dépense.

L'arrêté ministériel de même date, pour mise à exécution du décret, se trouve au *Journal officiel* du 24 juillet 1884.

**Sect. 7. — Travail manuel.**

**93.** *Certificat d'aptitude.* Les écoles combinant le travail manuel avec l'enseignement ordinaire sont en faveur et l'on cherche à en augmenter le nombre. En attendant, un arrêté du ministre de l'instruction publique du 20 juillet 1883 institue un certificat d'aptitude.

Voici l'arrêté :

Art. 1er. Il est créé un certificat d'aptitude à l'enseignement du travail manuel.

Art. 2. Nul n'est admis à se présenter aux examens du certificat d'aptitude à l'enseignement du travail manuel s'il n'est muni du brevet supérieur ou d'un baccalauréat.

Les candidats doivent être âgés de vingt ans au moins à l'époque de l'examen ; des dispenses peuvent être accordées par le ministre.

Art. 3. L'examen se compose :

D'épreuves générales, lesquelles sont éliminatoires ;

D'épreuves spéciales.

Art. 4. Pour les aspirants, les épreuves générales comprennent :

1° Une composition de géométrie (2 heures) ;

2° Une composition de dessin géométrique : croquis coté d'un objet en relief et mis au net à une échelle déterminée (3 heures) ;

3° Une épure de géométrie descriptive (3 heures) ; '

4° Un dessin d'ornement d'après le plâtre et une épreuve de modelage d'après un modelage simple (4 heures).

Les épreuves spéciales comprennent :

1° Une manipulation de physique ou de chimie ou une épreuve pratique d'histoire naturelle, au choix du candidat (4 heures) ;

2° L'exécution d'une pièce en fer ou en bois, d'après un croquis coté (4 heures).

A la suite de chacune de ces épreuves, les candidats sont tenus de rendre compte, par écrit, des procédés qu'ils auront employés ;

3° L'appréciation de travaux d'élèves (travaux graphiques, ouvrages manuels) ;

4° Une épreuve orale portant sur les matières premières mises à la disposition du candidat au cours des épreuves spéciales. La durée de cet exercice n'excédera pas un quart d'heure.

Art. 5. Pour les aspirantes, les épreuves générales comprennent :

1° Une composition écrite sur l'hygiène ou l'économie domestique (3 heures) ;

2° Une leçon de choses faite devant des élèves d'école primaire ou d'école maternelle (après une heure de préparation à huis clos) ;

3° Une composition de dessin d'ornement spécialement appliqué aux travaux de femmes (3 heures).

Les épreuves spéciales comprennent :

1° Une manipulation très élémentaire de physique ou de chimie ou une épreuve pratique d'histoire naturelle, au choix de l'aspirante (3 heures) ;

2° Un travail de ménage d'après le programme d'économie domestique des écoles normales d'institutrices, ou l'exécution d'ouvrages d'aiguille (couture, tricot, crochet, broderie, coupe et assemblage des vêtements, etc.).

Art. 6. Les candidats qui en feront la demande pourront subir une ou plusieurs des épreuves facultatives ci-après énumérées, qui donneront lieu à une mention sur le certificat d'aptitude :

1° Calligraphie ;

2° Dessin d'imitation d'après la bosse ;

3° Gymnastique, escrime et exercices militaires ;

4° Topographie, arpentage, nivellement, jaugeage des cours d'eau ;

5° Agriculture et horticulture ;

6° Exécution d'un ouvrage manuel appartenant à un métier laissé au choix du candidat.

Art. 7. Les épreuves éliminatoires auront lieu sous la présidence de l'inspecteur d'académie, au chef-lieu du département ; les épreuves définitives, à Paris.

Art. 8. La commission d'examen est nommée chaque année par le ministre de l'instruction publique. Les sujets des épreuves écrites seront envoyés par l'administration centrale.

Art. 9. Une session d'examen pour l'obtention du certificat d'aptitude à l'enseignement du travail manuel aura lieu chaque année, immédiatement à la suite de la session d'examen pour le professorat des écoles normales.

Les candidats munis du certificat d'aptitude au professorat des écoles normales (ordre des sciences) seront dispensés des deux premières épreuves générales.

Réciproquement, les candidats pourvus du certificat d'aptitude à l'enseignement du travail manuel, qui se présenteront aux examens du professorat des écoles normales (ordre des sciences), seront dispensés de la première des épreuves écrites.

Art. 10. Les instituteurs et les professeurs d'école normale, munis du certificat d'aptitude à l'enseignement du travail manuel jouiront d'un supplément de traitement de 300 fr., passible de retenue aussi longtemps qu'ils seront en fonctions dans l'enseignement public.

**94.** A partir du 1er octobre 1884, l'école normale supérieure du travail manuel établie par décret du 1er janvier 1884 a été réunie à l'école normale primaire supérieure de Saint-Cloud. Des arrêtés ministériels, délibérés en Conseil supérieur, régleront les modifications à apporter dans le plan d'études de l'école de Saint-Cloud pour le nombre et la nature des cours du travail manuel à établir, ainsi que les conditions nouvelles d'admission. (D. 4 sept. 1884.)

### Sect. 8. — Bataillons scolaires.

**95.** Le décret du 6 juillet 1882 porte ce qui suit :

Art. 1er. Tout établissement public d'instruction primaire ou secondaire, ou toute réunion d'écoles publiques comptant de deux cents à six cents élèves âgés de douze ans et au-dessus pourra, sous le nom de *bataillon scolaire*, rassembler ses élèves pour les exercices gymnastiques et militaires pendant toute la durée de leur séjour dans les établissements d'instruction.

Art. 2. Aucun bataillon scolaire ne sera constitué sans un arrêté d'autorisation rendu par le préfet. Cette autorisation ne pourra être accordée qu'après que le groupe d'enfants destiné à former le bataillon aura été reconnu capable d'exécuter l'école de compagnie.

Il sera procédé à cette constatation par les soins d'une commission de trois membres, savoir : deux officiers désignés par l'autorité militaire et l'inspecteur d'académie ou son délégué.

Art. 3. Tout bataillon scolaire, après sa constitution, devra être inspecté au moins une fois par an par la commission désignée à l'art. 2.

Art. 4. Tout bataillon scolaire recevra du ministre de l'instruction publique un drapeau spécial qui sera déposé, chaque année, dans celle des écoles dont les enfants auront obtenu, au cours de l'année, les meilleures notes d'inspection militaire.

Art. 5. Chaque bataillon scolaire se composera de quatre compagnies dont chacune comprendra au moins cinquante enfants.

Art. 6. Ne pourront faire partie du bataillon les élèves que le médecin attaché à l'établissement aura déclaré hors d'état de participer aux exercices gymnastiques et militaires du bataillon.

Art. 7. Tout bataillon scolaire est placé sous les ordres d'un instructeur en chef et d'instructeurs adjoints désignés par l'autorité militaire.

La répartition des élèves dans les diverses compagnies est faite sur la proposition des chefs d'établissement par l'instructeur en chef.

Art. 8. Un maître au moins de chaque établissement scolaire dont les élèves font partie du bataillon scolaire devra assister aux réunions du bataillon. Ces réunions auront toujours lieu, sauf autorisation spéciale de l'inspecteur d'académie, en dehors des heures de classes réglementaires.

Art. 9. Le bataillon scolaire ne pourra être armé que de fusils conformes à un modèle adopté par le ministre de la guerre et poinçonnés par l'autorité militaire. Ces fusils, dont la fabrication sera abandonnée à l'industrie privée, devront présenter les trois conditions suivantes : n'être pas trop lourds pour l'âge des enfants; comporter tout le mécanisme du fusil de guerre actuel; n'être pas susceptibles de faire feu, même à courte portée. Ces fusils seront déposés à l'école.

Art. 10. Pour les exercices du tir à la cible, les élèves des bataillons scolaires âgés de quatorze ans au moins et que l'instructeur en chef aura désignés comme aptes à y prendre part, seront conduits au stand ou au champ de tir et y seront exercés avec le fusil scolaire spécial dans les conditions qui seront réglées par un arrêté des ministres de la guerre et de l'instruction publique.

Art. 11. Aucun uniforme ne sera obligatoire. Les uniformes qui pourraient être adoptés par les bataillons scolaires devront être autorisés par le ministre de l'instruction publique.

Les caisses des écoles pourront seules être autorisées par le préfet à fournir aux élèves, dans des conditions à déterminer par des règlements locaux, tout ou partie des objets d'habillement ou d'équipement jugés nécessaires.

Art. 12. Les établissements libres d'instruction primaire et secondaire qui déclareront se soumettre à toutes les prescriptions du présent décret sont autorisés, soit à incorporer leurs élèves dans le bataillon scolaire du canton, soit, si leur effectif est suffisant, à former des bataillons scolaires distincts qui seront, à tous égards, assimilés à ceux des écoles publiques.

Un arrêté des ministres de la guerre, de l'instruction publique et de l'intérieur, de même date, entre dans des développements techniques sur le fusil et sur l'exécution du tir (*Supplém. ann.* de 1882, p. 416) que nous ne croyons pas devoir reproduire.

On trouvera aussi plusieurs indications dans le *Bulletin de l'instruction primaire* du département de la Seine, n° 8, 1883.

#### Sect. 9. — Écoles maternelles.

*96. Des salles d'asile ou écoles maternelles.*

C'est en 1881 que le nom des écoles de tout petits enfants a changé. L'art. 7 de la loi du 16 juin 1881 emploie encore l'expression « salle d'asile », tandis que le décret du 2 août de la même année ne parle plus que d' « Écoles maternelles ».

Il est question aussi, dans une circulaire non datée, publiée au *Bulletin de l'Instruction publique* du 28 janvier 1882 d'*Écoles enfantines*; nous les définissons plus loin.

ART. 1er. — DISPOSITIONS COMMUNES AUX ÉCOLES MATERNELLES PUBLIQUES OU LIBRES.

**97.** Les écoles maternelles (salles d'asile) publiques ou libres sont des établissements d'éducation où les enfants des deux sexes reçoivent les soins que réclame leur développement physique, intellectuel et moral.

Les enfants peuvent y être admis dès l'âge de deux ans accomplis et y rester jusqu'à ce qu'ils aient atteint l'âge de sept ans. (*D. août 1881, art. 1er.*)

**98.** L'enseignement dans les écoles maternelles comprend :

1° Les premiers principes d'éducation morale; des connaissances sur les objets usuels; les premiers éléments du dessin, de l'écriture et de la lecture; des exercices de langage; des notions d'histoire naturelle et de géographie; des récits à la portée des enfants;

2° Des exercices manuels;

3° Le chant et des mouvements gymnastiques gradués (*art. 2*).

**99.** Les écoles maternelles sont exclusivement dirigées par des femmes (*art. 3*).

**100.** Nulle ne peut diriger une école maternelle avant l'âge de 21 ans accomplis et sans être pourvue du certificat d'aptitude à la direction des écoles maternelles. — Nulle ne peut diriger une école maternelle annexée à un cours normal avant l'âge de 25 ans, ni sans avoir exercé pendant cinq ans dans les écoles maternelles publiques ou libres. — Nulle ne peut être sous-directrice d'école maternelle avant l'âge de 18 ans, ni sans justifier du certificat d'aptitude à la direction des écoles maternelles (*art. 4*).

**101.** Sont incapables de tenir une école maternelle, publique ou libre, les personnes qui se trouvent dans les cas prévus par l'art. 26 de la loi du 15 mars 1850. (Il s'agit de personnes condamnées, etc., *art. 5*.)

**102.** Indépendamment des autorités instituées par la loi pour la surveillance et l'inspection des écoles, l'inspection des écoles maternelles est exercée :

1° Par des inspectrices générales;

2° Par des inspectrices départementales.

Les inspectrices générales et départementales sont nommées par le ministre (*art. 6*).

**103.** Nulle ne peut être nommée inspectrice générale sans avoir au moins 35 ans d'âge et 5 ans de service d'enseignement public ou libre et sans être pourvue : 1° du brevet supérieur; 2° du certificat d'aptitude à la direction des écoles maternelles; 3° du certificat d'aptitude à l'inspection des écoles maternelles.

Une inspectrice générale fait partie du comité consultatif de l'enseignement primaire au ministère de l'instruction publique (*art. 7*).

**104.** Nulle ne peut être nommée inspectrice départementale sans avoir 30 ans d'âge et 3 ans de service dans l'enseignement public ou libre et sans être pourvue : 1° du brevet supérieur, ou, à son défaut, du brevet élémentaire complété par le certificat d'aptitude pédagogique ; 2° du certificat d'aptitude à la direction des écoles maternelles ; 3° du certificat d'aptitude à l'inspection des écoles maternelles.

Les inspectrices départementales visitent deux fois par an, au moins, les écoles maternelles de leur ressort, et adressent à l'inspecteur d'académie un rapport spécial sur chaque école, à la suite de chaque inspection.

Elles donnent leur avis sur la nomination et la révocation des directrices et sous-directrices d'écoles maternelles publiques, ainsi que sur les récompenses qui peuvent leur être accordées (*art.* 8).

**105.** L'examen pour l'obtention du certificat d'aptitude à l'inspection des écoles maternelles comprend les épreuves suivantes :

1° Épreuve écrite : Un sujet de pédagogie appliqué aux écoles maternelles ;

2° Épreuve orale : Questions de législation et d'administration concernant les écoles maternelles ;

3° Épreuve pratique : Inspection d'une école maternelle et rapport à la suite de cette inspection. ·

Un arrêté ministériel déterminera les conditions de cet examen.

**106.** Il peut être établi, dans chaque commune où il existe des écoles maternelles, un ou plusieurs comités de dames patronnesses présidés par le maire.

Les membres du comité de patronage sont nommés par le préfet, sur la proposition de l'inspecteur d'académie et après avis du maire.

Ce comité a pour attribution exclusive de veiller à l'observation des prescriptions de l'hygiène, à la bonne tenue de l'établissement et au bon emploi des fonds ou des dons en nature recueillis en faveur des enfants (*art.* 10).

**107.** L'inspection des écoles maternelles libres porte sur la morale, l'hygiène et la salubrité. Elle ne peut porter sur l'enseignement que pour vérifier s'il n'est pas contraire à la morale, à la Constitution et aux lois (*art.* 11).

ART. 2. — ÉCOLES MATERNELLES PUBLIQUES.

**108.** Dans les écoles maternelles publiques, les enfants seront divisés en deux sections suivant leur âge et le développement de leur intelligence (*art.* 12).

**109.** Les premiers principes d'éducation morale seront donnés dans les écoles maternelles publiques, non sous forme de leçons distinctes et suivies, mais par des entretiens familiers, des questions, des récits, des chants destinés à inspirer aux enfants le sentiment de leurs devoirs envers la famille, envers la patrie, envers Dieu. Ces premiers principes devront être indépendants de tout enseignement confessionnel (*art.* 13).

**110.** Les connaissances sur les objets usuels comportent des explications très élémentaires sur le vêtement, l'habitation et l'alimentation, sur les couleurs et les formes, sur la division du temps, les saisons, etc. (*art.* 14).

**111.** Les exercices de langage ont pour but d'habituer les enfants à parler et à rendre compte de ce qu'ils ont vu et compris.

Les morceaux de poésie qu'on leur fait apprendre seront courts et simples (*art.* 15).

**112.** L'enseignement du dessin comprend :

1° Des combinaisons de lignes au moyen de lattes, bâtonnets, etc. ;

2° La représentation sur l'ardoise de ces combinaisons et de dessins faciles faits par la maîtresse, au tableau quadrillé ;

3° La reproduction sur l'ardoise des objets usuels les plus simples (*art.* 16).

**113.** La lecture et l'écriture seront, autant que possible, enseignées simultanément. Les exercices doivent toujours être collectifs.

**114.** L'enseignement du calcul comprend :

1° L'étude de la formation des nombres de 1 à 10 ;

2° L'étude de la formation des dizaines de 10 à 100 ;

3° Les quatre opérations, sous la forme la plus élémentaire, appliquées d'abord à la première dizaine ;

4° La représentation des nombres par les chiffres ;

5° Des applications très simples du système métrique (mètre, litre, monnaie).

Cet enseignement sera donné au moyen d'objets mis entre les mains des enfants, tels que lattes, bâtonnets, cubes, etc.

Les enfants seront exercés au calcul mental sur toutes les combinaisons de nombre qu'ils auront faites (*art.* 18).

**115.** Les éléments d'histoire naturelle comprennent la désignation des parties principales du corps humain, des notions sur les animaux les plus connus, les végétaux et les minéraux usuels.

Cet enseignement est donné à l'aide d'objets réels et de collections formées, autant que possible, par les enfants et les maîtresses (*art.* 19).

**116.** L'enseignement de géographie est descriptif ; il s'appuie sur l'observation des lieux où vit l'enfant. Il comprend :

1° L'orientation (points cardinaux) ;

2° Des notions de la terre et des eaux ;

3° Quelques indications sur les fleuves, les montagnes et les principales villes de France (*art.* 20).

**117.** Les récits porteront principalement :

1° Sur les grands faits de l'histoire nationale ;

2° Sur les leçons de choses (*art.* 21).

**118.** Les exercices manuels consisteront en tressage, tissage, pliage et en petits ouvrages de tricot.

Les travaux de couture et tous autres travaux de nature à fatiguer les enfants sont interdits (*art.* 22).

**119.** L'enseignement du chant comprend :

Les exercices d'intonation et de mesure les plus simples, les chants à l'unisson et à deux parties qui accompagnent les jeux gymnastiques et les évolutions. Les chants sont appropriés à l'étendue de la voix des enfants. Pour ces exercices, les directrices se serviront de diapason (*art.* 23).

**120.** Les exercices gymnastiques seront gradués de manière à favoriser le développement physique de l'enfant. Ils se composeront de mouvements, de marches, d'évolutions et de jeux dirigés par la maîtresse (*art.* 24).

**121.** Les leçons ne devront jamais durer plus d'un quart d'heure ou vingt minutes ; elles seront toujours séparées par des chants, des exercices gymnastiques, des marches ou des évolutions (*art.* 25).

**122.** Les conditions dans lesquelles doivent être établies les écoles maternelles publiques, tant au point de vue des bâtiments que de l'ameublement, seront l'objet d'un règlement spécial (*art.* 26).

**123.** Le matériel d'enseignement de l'école maternelle comprend nécessairement les objets suivants :

Un claquoir, un sifflet ;

Un ou plusieurs tableaux noirs, dont un au moins sera quadrillé ;

Une méthode de lecture en tableaux et plusieurs collections d'images ;

Un nécessaire métrique ;

Un globe terrestre et des cartes murales de la France ;

Un boulier ;

Des collections de bûchettes ou bâtonnets, des lattes, des cubes, etc. ;

Une collection de jouets ;

Des ardoises, quadrillées d'un côté et unies de l'autre ;

Un diapason (*art.* 27).

**124.** Aucun enfant n'est reçu dans une école maternelle s'il n'est muni d'un billet d'admission signé par le maire et s'il ne produit un certificat de médecin, dûment légalisé, constatant qu'il n'est atteint d'aucune maladie contagieuse et qu'il a été vacciné (*art.* 28).

**125.** Lorsqu'un enfant est présenté dans une école maternelle, la directrice fait connaître aux parents les conditions réglementaires auxquelles ils se devront se conformer (*art.* 29).

**126.** Un mois de vacances est successivement accordé chaque année aux directrices et sous-directrices d'écoles maternelles (*art.* 30).

**127.** Les enfants seront toujours repris avec bienveillance. Ils ne devront jamais être frappés (*art.* 31).

**128.** Un médecin nommé par le maire visite une fois par semaine les écoles maternelles.

Il inscrit ses observations sur un registre particulier (*art.* 32).

**129.** Les directrices et sous-directrices des écoles maternelles publiques sont nommées et révoquées dans la même forme que les institutrices publiques. Les mêmes peines disciplinaires leur sont applicables et dans la même forme qu'aux institutrices.

Les directrices sont choisies, autant que possible, parmi les sous-directrices.

Chaque année, la directrice adresse à l'inspectrice départementale un rapport détaillé sur tout ce qui concerne l'établissement qu'elle dirige (*art.* 33).

**130.** Dans toute école maternelle publique recevant plus de cinquante enfants, la directrice est aidée par une sous-directrice ;

Dans toute école maternelle publique recevant plus de vingt-cinq enfants, la directrice est assistée par une femme de service (*art.* 34).

**131.** Les directrices et sous-directrices d'écoles maternelles publiques pourvues du brevet de capacité sont assimilées aux institutrices titulaires et adjointes pour la fixation du taux du traitement, les conditions de l'avancement et du logement (*art.* 35).

**132.** La femme de service est nommée, dans chaque école maternelle publique par la directrice, avec agrément du maire ; elle est révoquée dans la même forme (*art.* 36).

**133.** Un règlement des écoles maternelles publiques de chaque département sera rédigé par le conseil départemental, d'après les indications générales d'un *règlement modèle* arrêté par le ministre de l'instruction publique en Conseil supérieur (*art.* 37).

ART. 3. — ÉCOLES MATERNELLES LIBRES.

**134.** Quiconque veut ouvrir ou diriger une école maternelle libre doit se conformer préalablement aux dispositions prescrites par les art. 25 et 27 de la loi du 15 mars 1850, et 1, 2 et 3 du décret du 7 octobre 1850.

Le préfet peut faire opposition à l'ouverture de l'école maternelle, dans les cas prévus par l'art. 28 de la loi du 15 mars 1850 et par l'art. 4 du décret du 7 octobre 1850. L'opposition est jugée par le conseil départemental, contradictoirement et à bref délai. Le recours est admis lorsque l'opposition est faite à la personne. Si le maire refuse d'approuver le local, il est statué à cet égard par le conseil départemental.

A défaut d'opposition, l'école maternelle peut être ouverte à l'expiration du mois (*art.* 38).

**135.** Le conseil départemental peut, par application de l'art. 30 de la loi du 15 mars 1850, censurer, suspendre pour un temps qui ne pourra excéder six mois, ou interdire de l'exercice de sa profession dans la commune où elle réside, une directrice ou une sous-directrice d'école maternelle libre.

Il peut frapper d'interdiction absolue une directrice ou une sous-directrice d'école maternelle libre ou publique, sauf appel devant le Conseil supérieur de l'instruction publique, dans les délais légaux (*art.* 39).

L'appel doit être dirigé au Conseil supérieur et non au Conseil d'État, comme on l'avait cru.

ART. 4. — EXAMENS.

**136.** Il est institué dans chaque département une commission d'examen chargée de constater l'aptitude des personnes qui aspirent à diriger les écoles maternelles.

La commission tient une session ordinaire par an. La date de l'ouverture de la session est fixée par le ministre.

Les membres de la commission d'examen sont nommés pour trois ans par le conseil départemental de l'instruction publique.

La commission d'examen se compose :

De l'inspecteur d'académie, président ;

D'un inspecteur de l'instruction primaire faisant fonctions de secrétaire ;

D'un ou plusieurs membres de l'enseignement public ou libre ;

De l'inspectrice départementale.

Les commissions ne peuvent délibérer qu'autant que cinq de leurs membres sont présents. Les délibérations sont prises à la majorité des suffrages. En cas de partage, la voix du président est prépondérante.

Pour procéder à l'examen oral, la commission ne peut, dans aucun cas, se subdiviser en sous-commissions de moins de trois membres (*art.* 40).

**137.** Les certificats d'aptitude sont délivrés au nom du recteur par l'inspecteur d'académie dans les départements, et, à Paris, par le vice-recteur (*art.* 41).

**138.** Nulle n'est admise devant une commission d'examen avant l'âge de dix-huit ans et sans avoir déposé entre les mains de l'inspecteur d'académie, un mois avant l'ouverture de la session :

1° Son acte de naissance ;

2° Des certificats attestant sa moralité et indiquant les lieux où elle a résidé et les occupations auxquelles elle s'est livrée depuis trois ans au moins.

Aucune dispense d'âge ne pourra être accordée, sauf dans le cas où l'aspirante serait déjà pourvue du brevet de capacité (*art.* 42).

**139.** L'examen se compose de deux parties distinctes :

1° Un examen d'instruction ;

2° Un examen pratique.

L'examen d'instruction comprend : des épreuves écrites et des épreuves orales.

Épreuves écrites :

1° Une dictée d'orthographe de vingt lignes environ tirée d'un texte simple et facile ; la dictée sert d'épreuve d'écriture ;

2° La solution raisonnée de deux questions d'arithmétique portant sur les *applications du calcul et du système métrique* ;

3° Une rédaction d'un genre simple (lettre, récit, rapport) ;

4° Un dessin au trait sur ardoise d'après un objet usuel.

Les aspirantes exécuteront en outre des travaux à l'aiguille.

Épreuves orales :

1° Principes d'éducation morale ;

2° Lecture ; explication du texte et questions de grammaire ;

3° Géographie ; notions générales ; géographie de la France ;

4° Histoire de France (grands faits et grands hommes) ;

5° Notions élémentaires d'histoire naturelle et d'hygiène applicables aux leçons de choses ;

6° Chant (un exercice sur un chant très simple).

L'examen pratique a lieu dans une école maternelle préalablement désignée et où les aspirantes ont le droit d'assister aux exercices deux jours avant l'examen.

Cet examen se compose des exercices ordinaires de l'école ; il est accordé une heure pour la préparation de la leçon.

L'aspirante doit remplir les fonctions de direc-

trice pendant une partie de la séance, et celles de sous-directrice pendant l'autre partie.

Une heure est donnée à chaque aspirante pour préparer sa leçon ; les sujets sont tirés au sort.

Le jury exprime *la valeur de chacune des* épreuves par les notes qui suivent :

*Très bien ; — Bien ; — Passable ; — Mal ; — Nul.*

Pour l'épreuve d'orthographe, cinq fautes entraînent la nullité ; trois ou quatre fautes, la note *mal ;* deux fautes, la note *passable ;* une faute et une demi-faute, la note *bien ;* la dictée ayant moins d'une demi-faute donne seule droit à la note *très bien.*

Les notes données par la commission sont le résultat de l'appréciation faite en commun de chaque épreuve.

La note *nul* sur l'une des matières entraîne l'ajournement.

A chacun des examens, deux notes *mal* entraînent l'ajournement, à moins qu'elles ne soient compensées par deux notes *très bien* (*art.* 43).

**140.** Il pourra être créé, dans chaque académie, aux frais de l'État, un cours normal des écoles maternelles analogues à celui qui existe à Paris sous le nom d'école Pape-Carpentier.

Un décret ultérieur déterminera les conditions d'existence de ces établissements (*art.* 44).

**141.** Les décrets du 16 mai 1854 et du 21 mars 1855, les arrêtés du 22 mars 1855, du 28 mars 1857, du 5 août 1859 et du 30 juillet 1875 sont et demeurent rapportés.

ART. 5. — RÈGLEMENT. ÉCOLE NORMALE.

**142.** *Règlement scolaire modèle* pour les écoles maternelles. On le trouvera dans le *Journal officiel* du 3 août 1881.

**143.** *École normale de l'enseignement maternel.* Nous reproduisons le décret du 27 juillet 1882, modifié par le décret du 26 décembre 1882.

Art. 1er. L'école Pape-Carpentier sera désormais destinée à former des directrices et des professeurs pour les cours normaux d'écoles maternelles institués dans les diverses académies, soit comme établissements indépendants, soit comme annexes de l'école normale d'institutrices.

Art. 2. L'école est gratuite ; elle se recrute au concours ; elle est entretenue au moyen de bourses fondées par l'État, par les départements, par les communes ou par les particuliers.

Art. 3. Les aspirantes doivent remplir les conditions suivantes :

1° Avoir vingt ans au moins et trente ans au plus dans l'année où elles se présentent : des dispenses d'âge pourront être accordées ; aucune aspirante ne sera admise à se présenter plus de trois fois ;

2° Être pourvues du certificat d'aptitude à la direction des écoles maternelles et du brevet supérieur ;

3° Avoir contracté l'engagement de se consacrer pendant dix ans à l'enseignement public.

Art. 4. L'examen d'admission comprend deux séries d'épreuves :

Épreuves écrites éliminatoires (au chef-lieu du département, sous la présidence de l'inspecteur d'académie), savoir :

1° Une composition sur une matière prise dans le programme des écoles maternelles ;

2° Une composition sur une question de méthode appliquée à l'éducation de la première enfance.

Trois heures sont accordées pour chaque composition ; les textes sont envoyés par l'administration centrale ; les épreuves sont corrigées et l'admissibilité prononcée par une commission siégeant à Paris.

Épreuves orales, comprenant : des interrogations, des lectures expliquées, la correction des devoirs, etc.

Art. 5. Toute aspirante admise après concours à l'école de Fontenay peut opter pour l'école Pape-Carpentier et y entrer sans nouvel examen.

Art. 6. Le cours d'études de l'école sera d'une année ; il sera suivi d'un examen de sortie auquel toutes les élèves devront se présenter.

Art. 7. Le programme d'enseignement de l'école comprendra :

1° Un cours de psychologie et de morale appliquées à l'éducation et un cours d'histoire critique des doctrines pédagogiques portant particulièrement sur l'éducation de la première enfance ;

2° Des cours sur les diverses matières enseignées dans les cours normaux des écoles maternelles ;

3° Des conférences et des exercices pratiques, tant à l'école que dans les écoles maternelles et les classes enfantines ;

4° Des notions sur la législation et l'administration des écoles maternelles et des classes enfantines.

**144.** L'épreuve orale, pour les mêmes candidats, reste déterminée par l'art. 2 du règlement du 10 novembre 1875.

ART. 6. — ÉCOLES ENFANTINES.

**145.** Voici comment ces nouvelles écoles sont définies dans une circulaire précitée (*voy.* n° 63).

Les *écoles enfantines* sont moins connues et leur organisation n'a pas encore été l'objet d'une réglementation spéciale : il ne sera donc pas superflu de vous donner à ce sujet des instructions sommaires, qui, d'ailleurs, m'ont été demandées par plusieurs de vos collègues.

Il y a deux sortes d'écoles enfantines : les unes, en petit nombre, sont établies dans les villes importantes et forment la transition entre l'école maternelle et l'école primaire ; les autres, plus répandues, tiennent lieu, dans les communes rurales, d'écoles maternelles et préparent les jeunes enfants à suivre les écoles spéciales de filles ou de garçons.

Les écoles enfantines des villes sont les véritables écoles intermédiaires : ce sont d'ordinaire des établissements spéciaux, indépendants des autres établissements scolaires, ayant leur existence propre et recevant simultanément, ou séparément, les enfants des deux sexes, soit qu'ils viennent de leurs familles, soit qu'ils sortent de l'école maternelle. Ces écoles doivent être dirigées par des femmes pourvues au moins du certificat d'aptitude à la direction des écoles maternelles, et, s'il est possible, du brevet élémentaire. L'enseignement y doit être la continuation de celui de l'école maternelle et le commencement de celui qui est donné à l'école primaire ; de même, la méthode à suivre est celle des salles d'asile pour les plus jeunes enfants, unie à celle du cours élémentaire des écoles primaires pour les élèves les plus âgés. Un règlement fixera bientôt sans doute et le programme de cet enseignement et les conditions d'âge que doivent remplir les élèves qui demandent à être reçus dans ces écoles. Toutefois, et sans préjuger à cet égard les décisions du Conseil supérieur, on peut dire, d'une façon générale, que l'âge régulier de la fréquentation des écoles enfantines est de six à huit ans. Il est à présumer, d'ailleurs, que le soin de fixer définitivement ces limites sera laissé aux conseils départementaux, meilleurs juges que toute autre autorité des convenances locales et des moyens de leur donner satisfaction.

Quant à l'organisation matérielle des écoles enfantines, c'est là encore une question qui n'est point réglée ; mais la nature même de ces écoles indique assez clairement comment elle sera résolue. Placées entre l'école maternelle et l'école primaire, elles doivent réunir les conditions d'installation recommandées pour la division supérieure de l'une et pour la division inférieure de l'autre. Au surplus, la règle à suivre en cela, comme dans toute question d'installation scolaire, est tracée par le bon sens et le sentiment exact des besoins de l'enfance : que les écoles soient absolument saines, c'est le premier point à obtenir ; qu'elles soient gaies ensuite, et, s'il se peut, confortables, afin que les enfants y fassent un facile apprentissage de la vie d'écolier, c'est le second but à atteindre ; et quand une école, de quelque nature qu'elle soit, remplira ces conditions, le conseil départemental peut en toute assurance en décider la création : mon approbation ne fera pas défaut.

L'école enfantine ou intermédiaire, telle que je viens d'essayer de la décrire, a sa place marquée dans une organisation scolaire habilement hiérarchisée, et partout où elle peut se fonder, il convient d'en encourager la création. Malheureusement elle ne peut se rencontrer que dans les villes riches et populeuses où il existe une ou plusieurs écoles maternelles, et l'on ne saurait en recommander ailleurs l'établissement.

Sect. 10. — Écoles normales.

ART. 1er. — OBLIGATION DE CRÉER DES ÉCOLES NORMALES.

**146.** Tout département devra être pourvu d'une école normale d'instituteurs et d'une école normale d'institutrices suffisantes pour assurer le recrutement de ses instituteurs communaux et de ses institutrices communales. (*L. du 9 août 1879, art. 1er.*)

**147.** Ces établissements devront être installés dans le laps de quatre ans, à partir de la promulgation de la présente loi.

Un décret du Président de la République pourra, sur l'avis conforme du Conseil supérieur de l'instruction publique, autoriser deux départements à s'unir pour fonder et entretenir en commun, soit l'une ou l'autre de leurs écoles normales, soit toutes les deux. Les départements procéderont dans ce cas conformément aux dispositions des art. 89 et 90 de la loi du 10 août 1871 sur les conseils généraux. (*Même article.*)

**148.** L'installation première et l'entretien annuel des écoles normales primaires sont des dépenses obligatoires pour les départements (*art.* 2).

**149.** Les dépenses de lôyer, de mobilier et d'entretien des bâtiments des écoles normales primaires seront imputées sur les ressources du budget ordinaire, dans les conditions indiquées aux art. 60 (1er §) et 61 (1er §) de la loi du 10 août 1871 (*art.* 3).

**150.** Il est pourvu aux dépenses scolaires annuelles des écoles normales primaires au moyen des centimes spéciaux affectés au service de l'enseignement primaire ; l'inscription d'office au budget départemental pourra être faite par le ministre compétent.

Si ces ressources ne suffisent pas, le ministre de l'instruction publique accordera une subvention dans les conditions déterminées par le 4e paragraphe de l'art. 40 de la loi du 15 mars 1850 (*art.* 4).

**151.** En outre des subventions qui pourront leur être accordées, pour la construction et l'installation de leurs écoles normales, en considération de leur situation pécuniaire et de leurs sacrifices, les départements pourront être admis à participer à l'avance de 60 millions indiquée au 2e paragraphe de l'art. 1er de la loi instituant la caisse pour la construction des écoles.

Les plans et devis des constructions ou des aménagements projetés devront être soumis à l'approbation du ministre de l'instruction publique.

Lorsque les demandes d'emprunt auront été reconnues admissibles, les emprunts ne pourront avoir lieu que s'ils sont autorisés conformément aux lois en vigueur (*art.* 5).

**152.** Les avances aux départements seront faites *pour trente et un ans au plus. Elles seront remboursées à la caisse pour la construction des écoles au moyen du versement semestriel d'une somme de deux francs cinquante centimes (2 fr. 50) par chaque 100 fr. empruntés.*

Ce versement, continué pendant soixante-deux semestres, libérera le département en intérêts et amortissement.

Des termes de remboursement plus courts pourront être stipulés. Dans ce cas, les versements semestriels devront être calculés de manière à tenir compte à la caisse, en outre de l'amortissement, d'un intérêt fixe à trois pour cent (3 p. 100) l'an (*art.* 6).

**153.** Il sera passé, entre la caisse pour la construction des écoles et les départements dûment autorisés à contracter des emprunts, des traités particuliers relatant la quotité et les termes d'exigibilité des avances consenties par la caisse, ainsi que les conditions de remboursement des avances (*art.* 7).

ART. 2. — ORGANISATION DES ÉCOLES NORMALES.

**154.** Le décret qui fixe l'organisation des écoles normales est du 29 juillet 1881, modifié par les décrets des 9 janvier et 25 juillet 1883; nous en reproduisons les articles les plus essentiels.

Art. 1er. Les écoles normales relèvent du recteur, sous l'autorité du ministre de l'instruction publique.

Art. 2. Le régime des écoles normales est l'internat. L'internat est gratuit.

Sur la proposition du recteur, et avec l'approbation du ministre de l'instruction publique, les écoles normales peuvent recevoir des demi-pensionnaires et des externes, à titre également gratuit et aux mêmes conditions d'admission.

Art. 3. Tous les ans, le ministre, sur la proposition du recteur et après avis du conseil départemental, fixe le nombre des élèves-maîtres à admettre, en première année, dans chaque école normale, en qualité d'internes, de demi-pensionnaires ou d'externes.

Art. 4. La durée du cours des études est de trois ans.

Art. 5. A partir de dix-huit ans, si l'élève-maître est pourvu du brevet élémentaire, les années passées à l'école normale comptent pour la réalisation de l'engagement de servir dix ans dans l'enseignement public, pour les deux années de stage exigées des candidats au certificat d'aptitude pédagogique et pour l'avancement dans les fonctions d'enseignement primaire.

Art. 6. Une école primaire, dans laquelle les élèves s'exercent à la pratique de l'enseignement, est annexée à chaque école normale.

Il y a, en outre, auprès de chaque école normale d'institutrices, une école maternelle (salle d'asile).

Le directeur de l'école annexe a, suivant le titre de capacité dont il est pourvu, le rang de professeur ou de maître adjoint.

Dans aucun cas, il ne peut être chargé d'un service de surveillance à l'école normale.

**155.** Nous passons ce qui est relatif à l'enseignement (qui a d'ailleurs été modifié par le décret du 9 janvier 1883) et nous arrivons à ce qui concerne la direction et le personnel enseignant.

Art. 8. Le directeur de l'école normale est nommé par le ministre de l'instruction publique, conformément aux prescriptions du décret du 5 juin 1880.

Indépendamment de la direction matérielle et morale de l'établissement et de la surveillance de l'enseignement, il est chargé des conférences pédagogiques, ainsi que des cours de pédagogie et d'instruction morale et civique.

Art. 9. L'enseignement est donné : 1° par des professeurs, nommés par le ministre conformément aux prescriptions du décret du 5 juin 1880 ; 2° par des maîtres adjoints pourvus du brevet supérieur et du certificat d'aptitude pédagogique et délégués par le ministre ; 3° par des professeurs auxiliaires ou des maîtres spéciaux délégués par le recteur, après création d'emploi par le ministre.

(Il y a dans chaque école normale, outre le directeur de l'école annexe, au moins deux professeurs ou maîtres adjoints de l'ordre des lettres et autant de l'ordre des sciences. Cet alinéa a été supprimé par décret du 25 juillet 1883.)

Art. 10. Des ministres des différents cultes professés par les élèves sont attachés à l'école normale en qualité d'aumôniers. Ils sont nommés par le ministre. Ils résident hors de l'établissement.

Art. 11. Un professeur ou un maître adjoint, désigné par le ministre, sur la proposition du recteur, est chargé, sous le contrôle du directeur, des fonctions d'économe de l'école normale.

Il donne, par semaine, huit heures au moins, dix heures au plus d'enseignement.

Les autres professeurs et maîtres adjoints (à l'exception du directeur de l'école annexe, qui doit trente heures de classe) donnent dix-huit heures au moins et vingt heures au plus d'enseignement par semaine.

Chaque année, le recteur, sur la proposition du directeur, arrête la répartition du service entre les différents maîtres.

Art. 12. Un règlement spécial déterminera les règles de la comptabilité et de la gestion économique dans les écoles normales.

Art. 13. Le directeur et le fonctionnaire chargé de l'économat habitent dans l'établissement. Ils ne sont pas nourris.

Art. 14. Les professeurs et les maîtres adjoints sont externes; ils sont déchargés de la surveillance intérieure. Ils sont tenus toutefois, en dehors des heures d'enseignement, de diriger les promenades, de surveiller les travaux d'agriculture et d'horticulture et, s'il y a lieu, les travaux manuels, ainsi que de participer aux examens et aux conférences pédagogiques, aux jours et heures fixés par le directeur.

Les professeurs et les maîtres adjoints qui en feront la demande pourront, sur la proposition du directeur, être autorisés par le recteur à remplir les fonctions de surveillance. En échange de ce service, ils auront droit au logement, à la nourriture et aux prestations en nature.

(Nous substituons ici la rédaction du 25 juillet 1883 à celle du D. du 29 juillet 1881.)

« Si aucun des professeurs ou maîtres adjoints ne demande à remplir les fonctions de surveillance, un maître pourvu du brevet supérieur peut être délégué pour ce service. Il devra, dans tous les cas, être chargé d'une partie de l'enseignement, suivant son aptitude.

« Il est délégué par le ministre. L'émolument qui lui est alloué, en outre du logement et de la nourriture, est soumis à retenue. »

Art. 15. Dans les écoles normales d'institutrices, les maîtresses adjointes ne peuvent résider hors de l'établissement qu'avec l'autorisation du recteur.

Art. 16. L'inspecteur d'académie fait au moins deux fois par an l'inspection de l'école.

Le directeur assiste au moins une fois par mois à l'une des leçons de chacun des professeurs et maîtres adjoints.

Tous les trois mois au moins, il réunit en conseil les professeurs et maîtres adjoints et examine avec eux toutes les questions qui intéressent l'enseignement et la discipline.

**156.** Nous reproduisons maintenant ce qui est relatif à l'admission des élèves-maîtres.

Art. 17. Tout candidat à l'école normale doit justifier, au moment de son inscription, qu'il avait, au 1er janvier de l'année dans laquelle il se présente, 15 ans au moins, 18 ans au plus, et qu'il est pourvu du certificat d'études primaires institué par l'arrêté du 16 juin 1880.

Toutefois, le ministre pourra, par décision spéciale, autoriser l'inscription de candidats âgés de plus de 18 ans et pourvus du certificat d'études. Aucune autre dispense ne sera accordée.

Art. 18. L'inscription des candidats a lieu, du 1er au 31 mars, sur un registre ouvert à cet effet dans les bureaux de l'inspecteur d'académie.

Aucune inscription n'est reçue qu'autant que le candidat a déposé les pièces suivantes :

1° Sa demande d'inscription, portant indication de l'école ou des écoles qu'il a fréquentées depuis l'âge de 12 ans;

2° Son acte de naissance;

3° Son certificat d'études primaires;

4° L'engagement de servir pendant dix ans dans l'enseignement public. Cette pièce est accompagnée d'une déclaration par laquelle le père ou le tuteur du candidat l'autorise à contracter cet engagement, et s'engage lui-même à rembourser les frais d'études de son fils ou pupille dans le cas où celui-ci quitterait volontairement l'école ou en serait exclu pour raison disciplinaire, comme dans le cas où il renoncerait aux fonctions d'enseignement avant la réalisation de son engagement.

L'acte de naissance, l'engagement décennal, la déclaration du père ou du tuteur sont rédigés sur papier timbré et dûment légalisés.

Art. 19. Du mois d'avril au mois de juin, une enquête est faite, par les soins de l'inspecteur d'académie et des inspecteurs primaires, sur les antécédents et la conduite des candidats.

Au vu des pièces exigées et d'après les résultats de l'enquête, la commission de surveillance arrête, dans la première quinzaine de juillet, la liste des candidats admis à subir les examens d'entrée à l'école.

Art. 20. Les candidats inscrits sur cette liste sont examinés par une commission nommée par le recteur et dont font nécessairement partie le directeur et un professeur au moins de l'école normale.

Un arrêté ministériel, pris sur l'avis du Conseil supérieur, déterminera la forme et les conditions de cet examen.

Art. 21. Les candidats déclarés admissibles sont soumis à la visite du médecin de l'école, assisté d'un médecin assermenté, et ils ne peuvent prendre part aux épreuves définitives que s'il est constaté qu'ils ont été vaccinés ou qu'ils ont eu la petite vérole, et qu'ils ne sont atteints d'aucune infirmité ou vice de constitution qui les rendent impropres aux fonctions d'enseignement.

Art. 22. Les candidats admis définitivement sont classés par ordre de mérite sur une liste qui est immédiatement transmise au recteur avec les procès-verbaux de l'examen.

Le recteur prononce l'admission des élèves-maîtres d'après l'ordre de mérite, conformément aux prescriptions de l'art. 3.

A la liste primitive est jointe une liste supplémentaire, également dressée par ordre de mérite, et suivant laquelle le recteur prononce, en cas de vacances, les admissions ultérieures.

ART. 3. — NOMINATION.

*Voy. plus loin,* Sect. 12. *Inspection primaire.*

ART. 4. — ÉCOLE NORMALE SUPÉRIEURE D'INSTITUTRICES.

**157.** L'arrêté ministériel du 24 décembre 1880 porte ce qui suit :

Art. 1er. L'école normale supérieure d'institutrices est destinée à préparer des professeurs d'écoles normales primaires de filles.

Il pourra être admis à l'école, des élèves déjà pourvus de l'un des deux certificats d'aptitude aux fonctions de professeurs, qui voudraient se préparer à l'examen du certificat d'aptitude aux fonctions de directrice. Les aspirantes de cette catégorie ne seront pas astreintes à l'examen d'entrée; le ministre, après avis du recteur, décidera de leur admission.

Art. 2. L'école est gratuite. Elle se recrute au concours. Elle est entretenue au moyen de bourses fondées par l'État, par les départements, par les communes ou par les particuliers.

Art. 3. Les aspirantes doivent remplir les conditions suivantes:

Avoir vingt ans au moins et vingt-cinq ans au plus, au 1er octobre de l'année où elles se présentent;

Des dispenses d'âge pourront être accordées. Nulle ne sera admise à se présenter plus de trois fois;

Être pourvues du brevet supérieur;

Avoir contracté un engagement décennal.

Art. 4. L'examen d'admission comprendra les trois séries d'épreuves instituées par l'arrêté du 5 juin 1880 pour le certificat d'aptitude à l'enseignement des écoles normales.

Art. 5. Le cours d'études de l'école embrassera deux années.

Pour l'année scolaire 1880-1881 et par suite de la nécessité de pourvoir immédiatement aux emplois nouveaux, le cours d'études sera resserré en une seule année.

Art. 6. Le programme comprendra :

1° Un cours de psychologie et de morale appliquées à l'éducation et un cours d'histoire critique des doctrines pédagogiques ;

2° Des cours sur les diverses matières enseignées dans les écoles normales primaires ;

3° Des conférences faites par les élèves et des exercices pratiques, tant à l'école même que dans les écoles primaires, les écoles normales, etc.;

3° Pour les aspirantes aux fonctions de directrice, un cours de législation et d'administration scolaires.

Art. 7. Les aspirantes au professorat ou à la direction sont tenues de se présenter, à la fin du cours d'études, à l'examen en vue duquel elles ont suivi les cours de l'école.

**Sect. 11. — Enseignement primaire supérieur et cours complémentaires. Organisation. Enseignement. Bourses. Traitements, etc.**

**158.** Nous donnons d'abord le décret du 15 janvier 1881.

Art. 1er. Les établissements publics d'enseignement primaire supérieur sont rangés dans deux catégories:

Les écoles d'un an annexées à l'école élémentaire et qui prennent le nom de cours complémentaire;

Les écoles primaires supérieures proprement dites, ayant un personnel distinct et comprenant au moins deux années d'études.

Art. 2. Les établissements publics d'enseignement primaire supérieur pourront recevoir des encouragements de l'État dans la limite des crédits disponibles, lorsqu'ils rempliront les conditions énumérées dans les art. 4 et 5.

Les encouragements accordés aux cours complémentaires et aux écoles d'enseignement primaire supérieur consisteront en :

1° Concessions de bourses ;

2° Concessions de matériel d'enseignement, soit en nature, soit sous forme de subvention;

3° Subventions pour dépenses du personnel.

Les établissements publics situés dans des communes de plus de 50,000 âmes ne pourront recevoir que des concessions de bourses et de matériel.

Art. 3. Les établissements libres pourront, sous les conditions déterminées par l'art. 5, recevoir des élèves boursiers. Il pourra aussi leur être attribué des concessions de matériel, mais seulement en nature.

Art. 4. Les communes qui solliciteront le concours de l'État pour leurs écoles primaires supérieures devront remplir les conditions suivantes :

1° Être pourvues d'écoles primaires ordinaires, dont le nombre soit en rapport avec les prescriptions de la loi et dont l'installation satisfasse aux conditions exigées par le règlement pour la construction et l'ameublement des maisons d'école, du 17 juin 1880;

2° S'engager à entretenir l'école primaire supérieure pour une durée de cinq années au moins;

3° Assurer à tous les élèves la gratuité de l'enseignement (les frais de pension seulement dans les internats restant à la charge des familles) ou, s'il est établi une rétribution scolaire, s'engager à en verser le produit intégralement dans la caisse des écoles de la commune, créée en vertu de l'art. 15 de la loi du 10 avril 1867 ;

4° Voter pour le directeur de l'école un traitement de 2,800 fr. au moins, dont les deux tiers soient couverts par les ressources communales, le troisième étant demandé à l'État.

Les communes qui solliciteront des encouragements de l'État pour l'entretien d'un cours complémentaire devront remplir les trois premières conditions seulement.

Art. 5. Pour participer aux encouragements de l'État, les établissements d'enseignement primaire supérieur devront se conformer à certaines règles d'organisation qui seront l'objet d'un arrêté ministériel pris après avis du Conseil supérieur.

Cet arrêté déterminera le minimum des conditions à remplir pour avoir droit aux subventions de l'État en ce qui concerne : 1° les titres de capacité du personnel; 2° l'état des locaux ; 3° l'effectif scolaire ; 4° les programmes d'étude ; 5° l'examen pour l'obtention des bourses.

Art. 6. Dans le cas où les conditions prévues par les art. 4 et 5 auront été remplies, les encouragements de l'État aux établissements d'instruction primaire supérieure seront réglés comme suit :

1° Il pourra être attribué à tout établissement d'enseignement primaire supérieur un nombre de bourses que le ministre de l'instruction publique déterminera d'après les besoins du service. Les titulaires de ces bourses seront choisis, conformément aux prescriptions du décret du 14 février 1880, parmi les élèves pourvus du certificat d'études et déclarés admissibles à la suite d'un concours qui aura lieu chaque année dans le courant de juillet.

2º Il pourra être attribué à tout établissement d'enseignement primaire supérieur une ou plusieurs concessions de matériel d'enseignement (matériel pour la gymnastique, la musique, la géographie, les sciences physiques et naturelles, etc.).

3º Il pourra être attribué aux cours complémentaires annexés à des écoles publiques une allocation de 300 fr. pouvant s'élever par augmentations successives à 600 fr., comme supplément au traitement du directeur de l'école. Cette allocation sera passible de retenue.

4º Il pourra être attribué aux écoles primaires supérieures publiques une subvention destinée à former le traitement d'un maître sur deux ou de deux maîtres sur trois : ce traitement pourra. suivant le cas, être calculé d'après le nombre des leçons, à raison de 100 fr. par heure et par an, ou bien être un traitement fixe de 1,600 fr. au minimum et de 2,000 fr. au maximum.

5º Enfin, il pourra être attribué aux écoles primaires supérieures publiques une subvention représentant le tiers du traitement du directeur fixé comme il est dit à l'art. 4, § 4.

**159.** *Extrait de l'arrêté ministériel du 15 janvier.* complémentaire du décret de même date :

Art. 1er. Pour participer aux encouragements de l'État, les cours complémentaires et les écoles primaires supérieures doivent, en ce qui concerne le personnel, remplir les conditions suivantes :

L'instituteur qui dirigera le cours complémentaire devra posséder soit le brevet avec mention au moins des deux premières séries d'épreuves facultatives mentionnées à l'art. 17 de l'arrêté ministériel du 3 juillet 1866, soit le certificat d'aptitude pédagogique institué par le décret du 4 janvier 1881.

Il devra être assisté d'un adjoint au moins, pour la tenue de l'école élémentaire, laquelle devra d'ailleurs posséder ses trois cours réglementaires (cours élémentaire, moyen, supérieur).

Dans l'école primaire supérieure de deux ans, le personnel devra être constitué comme suit :

Un directeur pourvu du brevet supérieur ou du brevet de l'école de Cluny, ou encore du diplôme de bachelier ès lettres ou ès sciences complété d'ailleurs comme l'établit le règlement du 15 janvier 1877. Le directeur sera toujours chargé d'un enseignement ;

Deux maîtres chargés plus particulièrement, l'un de matières scientifiques, l'autre de matières littéraires. Au-dessous de cinquante élèves et s'il n'y a pas d'internat, l'école pourra n'avoir qu'un maître ;

Un auxiliaire pour le travail manuel (fer, bois, jardinage, etc.).

Dans l'école primaire supérieure comprenant trois années d'études, le personnel devra être constitué comme suit :

Un directeur pourvu du certificat d'aptitude à l'enseignement des écoles normales (il sera toujours chargé d'un enseignement) ;

Trois maîtres, dont l'un devra posséder le brevet supérieur ;

Un professeur de langues vivantes ;

Un professeur de dessin, qui pourra être l'un des maîtres adjoints ;

Un auxiliaire pour le travail manuel.

Dans les écoles primaires supérieures compre-

nant plus de trois années d'études, il devra y avoir au moins autant de professeurs que de classes.

Art. 2. En ce qui concerne les conditions de local :

1º Le cours complémentaire devra toujours être fait dans une salle distincte ;

2º L'école de deux ans devra disposer d'au moins deux salles de classes ; d'une salle de dessin pouvant recevoir, à défaut d'autre local, les collections et le matériel d'enseignement ; d'un atelier ; d'un gymnase lorsqu'il n'y aura pas un gymnase municipal à la disposition des élèves ;

3º L'école primaire supérieure de trois ans devra disposer de trois salles de classe.... Nous renvoyons pour le reste, et notamment pour le programme et publications spéciales, au *Journal officiel* du 16 janvier 1881.

**160.** *Comité de patronage.* Il est institué auprès de chaque école primaire supérieure publique un comité de patronage dont la nomination et les attributions seront déterminées par un arrêté ministériel rendu sur l'avis du Conseil supérieur de l'instruction publique. (*D.* 2 *janv.* 1882.)

**161.** L'arrêté ministériel du 2 janvier 1882 organise ainsi les comités de patronage :

Art. 1er. Les comités de patronage et de perfectionnement, institués par le décret du 29 décembre 1881, sont nommés par arrêté ministériel, sur la proposition du recteur de l'académie.

Des dames patronnesses font nécessairement partie des comités institués auprès des écoles primaires supérieures de filles.

Art. 2. Chaque comité nomme son président et son secrétaire.

Il est tenu registre de ses délibérations.

L'inspecteur de l'enseignement primaire fait partie de tous les comités de patronage de sa circonscription.

Le recteur et l'inspecteur d'académie sont membres de droit de tous les comités institués dans leur ressort ; ils ont voix délibérative. Quand l'un ou l'autre assiste aux réunions du comité, il préside la séance.

Art. 3. Le comité se réunit au moins deux fois par an, sur la convocation de son président ; il peut être convoqué extraordinairement par l'inspecteur d'académie ou par le président.

Art. 4. Le comité veille aux intérêts matériels des élèves et à la bonne tenue de l'école.

Il prend sous son patronage les élèves de l'école ; il s'occupe de placer les plus méritants, à la fin de leurs études. Il surveille, d'une façon plus particulière, les élèves boursiers.

Il donne son avis sur l'installation matérielle de l'école et sur les mesures à prendre pour mettre l'enseignement en rapport avec les industries locales.

Ses délibérations sont adressées à l'inspecteur d'académie, qui les transmet, suivant les cas, au préfet ou au ministre.

Art. 5. Il fait, tous les ans, un rapport spécial sur chacun des boursiers de l'État. Ce rapport est transmis au ministre par l'inspecteur d'académie, qui y joint ses observations.

Il donne son avis sur les promotions et prolongations de bourses, sur le transfert ou la déchéance des boursiers nationaux.

Chacun de ses membres peut assister aux examens de passage.

Art. 6. A chacune de ses réunions ordinaires, le comité délègue un ou plusieurs de ses membres avec mission de visiter, au moins une fois par mois, l'établissement placé sous son patronage.

Les délégués rendent compte au comité, lors de sa plus prochaine réunion, des résultats de leurs visites.

**162.** *Bourses.* Un décret du 3 janvier 1882 les réorganise en ces termes :

Art. 1er. L'État fonde et entretient des bourses nationales dans les établissements publics d'enseignement primaire supérieur de garçons et de filles.

Ces bourses sont de trois sortes :

1° Bourses d'internat ;
2° Bourses de demi-pension ;
3° Bourses familiales.

Art. 2. Les boursiers nationaux sont placés soit dans les écoles primaires supérieures qui réunissent les conditions prescrites par le décret du 15 janvier 1881, soit dans les familles agréées par l'autorité universitaire.

Art. 3. Les bourses nationales de tout ordre sont obtenues au concours, et attribuées par le ministre de l'instruction publique d'après l'ordre d'admissibilité des candidats et en tenant compte de la position de fortune de leur famille ou des services publics rendus par leurs parents.

Les conditions et la forme du concours seront déterminées par un arrêté ministériel rendu sur l'avis du Conseil supérieur de l'instruction publique.

Art. 4. Les établissements libres d'enseignement primaire supérieur, désignés par le ministre, peuvent recevoir des boursiers nationaux aux mêmes conditions que les établissements publics.

Ils peuvent recevoir, en outre, des boursiers externes.

Art. 5. Le ministre détermine chaque année, pour chaque département, le nombre des bourses.

Le nombre des candidats déclarés admissibles après concours est au plus le triple de celui des bourses attribuées à chaque département.

Art. 6. Les bourses nationales sont attribuées pour deux années ; une prolongation d'études peut être accordée aux boursiers de l'État.

Art. 7. En cas de faute grave, les chefs d'établissements peuvent rendre provisoirement un boursier à sa famille, sauf à en référer immédiatement au préfet par l'intermédiaire de l'inspecteur d'académie, et au comité de patronage institué par le décret du 2 janvier 1882.

Le ministre prononce la déchéance des boursiers sur le rapport du directeur de l'établissement, après délibération du comité de patronage.

Art. 8. Des fractions de bourses pourront être accordées par le ministre, à titre de complément, aux boursiers départementaux et communaux qui se trouveront dans les conditions indiquées par l'art. 3.

Art. 9. Le décret du 14 février 1880 est rapporté.

**163.** *Concours.* Un arrêté du 3 janvier 1882, inséré dans le *Journal officiel* du 6 du même mois, organise les concours ; nous nous bornons à y renvoyer.

**164.** *Traitement.* Il est réglé ainsi par le décret du 29 octobre 1881 :

Art. 1er. Les directeurs et instituteurs adjoints des écoles primaires supérieures sont répartis en quatre classes et le traitement minimum de chaque classe est fixé ainsi qu'il suit :

*Directeurs.*

| | |
|---|---|
| 4e classe. | 2,000 fr. |
| 3e classe. | 2,200 |
| 2e classe. | 2,500 |
| 1re classe. | 2,800 |

*Adjoints.*

| | |
|---|---|
| 4e classe. | 1,200 fr. |
| 3e classe. | 1,400 |
| 2e classe. | 1,600 |
| 1re classe | 1,800 |

Art. 2. La promotion d'une classe à la classe supérieure est de droit, pour les directeurs, après cinq années et, pour les adjoints, après trois années passées dans la classe immédiatement inférieure, et ne peut avoir lieu avant l'expiration de cette période que par décision spéciale du conseil départemental de l'instruction publique.

Art. 3. Les directeurs et adjoints des écoles primaires supérieures jouissent des avantages spécifiés aux art. 3, § 1er, et 4 de la loi du 19 juillet 1875.

Art. 4. Les directeurs et adjoints qui débutent appartiennent à la dernière classe. Toutefois, ceux qui étaient déjà titulaires ou adjoints dans les écoles primaires élémentaires conservent la classe à laquelle ils appartenaient, et, dans aucun cas, leur traitement ne peut devenir inférieur à celui dont ils jouissaient.

Art. 5. Les directeurs et adjoints des écoles primaires supérieures et les directeurs de cours complémentaires d'un an reçoivent, en outre des traitements minima fixés par l'art. 1er, un traitement éventuel soumis à retenue et calculé d'après le nombre des élèves qui fréquentent l'école primaire supérieure ou le cours complémentaire.

Aucun élève n'entre dans le calcul de l'éventuel s'il n'est régulièrement inscrit sur le registre matricule et s'il n'a fréquenté au moins pendant sept mois l'école ou le cours.

Sur l'avis du conseil départemental, le préfet détermine tous les ans, sous réserve de l'approbation du ministre, le taux de cette allocation supplémentaire dans chaque école.

Cette allocation peut varier de dix à vingt francs par élève, suivant la résidence et d'après les résultats de l'enseignement.

Art. 6. Le montant de l'éventuel, dans toute école qui a des instituteurs adjoints, est divisé en deux parts égales : l'une est attribuée au directeur, l'autre est partagée également entre les adjoints.

Les directeurs de cours complémentaires reçoivent la totalité de l'éventuel.

Art. 7. Les indemnités ou suppléments de traitement que les directeurs et adjoints des écoles primaires supérieures et les directeurs de cours complémentaires peuvent recevoir des communes sont prélevés sur les ressources ordinaires ou extraordinaires des budgets municipaux autres que celles provenant des quatre centimes spéciaux. Elles peuvent être soumises à la retenue.

Art. 8. Les professeurs spéciaux de langues vivantes, de dessin et d'agriculture attachés aux écoles primaires supérieures reçoivent une indemnité annuelle, non soumise à la retenue et calculée d'après le nombre d'heures d'enseignement qu'ils donnent chaque semaine dans l'école.

Cette indemnité peut varier de cent à deux cents francs pour chaque heure d'enseignement donnée par semaine ; le montant en est fixé par le préfet, sur l'avis du conseil départemental et sauf approbation du ministre.

Art. 9. Les auxiliaires chargés de l'enseignement de la gymnastique et de la direction des travaux manuels dans les écoles primaires supérieures reçoivent, dans les conditions spécifiées à l'art. 8, une indemnité annuelle qui peut varier de cinquante à cent francs.

Art. 10. Tous les ans, chaque directeur d'école primaire supérieure règle la répartition des heures d'enseignement entre les différents maîtres attachés à son école. Ce règlement est exécutoire après approbation de l'inspecteur d'académie.

Art. 11. Toutes les dispositions ci-dessus sont applicables aux écoles primaires supérieures de filles.

Art. 12. Il sera pourvu à la dépense résultant du présent décret au moyen des ressources énumérées aux art. 2, 3, 4 et 5 de la loi du 16 juin 1881.

Art. 13. Les traitements fixes sont mandatés par le préfet, sur le vu d'un état dressé chaque année par l'inspecteur d'académie. Ils sont payés mensuellement et par douzièmes.

Art. 14. Les traitements éventuels, ainsi que les indemnités allouées aux professeurs spéciaux et aux auxiliaires, sont mandatés dans la même forme que les traitements fixes. Ils sont payés trimestriellement et par quarts.

Art. 15. Les dispositions du décret et de l'arrêté du 15 janvier 1881 contraires au présent décret sont et demeurent rapportées.

Art. 16. Le présent décret sera exécutoire à dater du 1er janvier 1882.

On trouvera au *Journal officiel* du 30 octobre 1881 le remarquable rapport qui précède ce décret ; l'espace ne nous a pas permis de le reproduire.

**165.** *Certificat d'études primaires supérieures.* Ce certificat a été institué par le décret du 23 décembre 1882 dont voici les articles essentiels :

Art. 1er. Il est institué un certificat d'études primaires supérieures.

Art. 2. Le certificat d'études primaires supérieures est obtenu à la suite d'un examen dont les conditions seront déterminées par un arrêté ministériel rendu sur l'avis du Conseil supérieur de l'instruction publique.

Art. 3. Tous les élèves qui ont été titulaires d'une bourse de l'État dans une école primaire supérieure et qui ont suivi le cours d'études complet sont tenus de se présenter, à la fin de leur scolarité, à l'examen du certificat d'études primaires supérieures. Tout établissement, public ou libre, qui demande à recevoir des boursiers de l'État, doit s'engager à les présenter, avant leur sortie, à cet examen.

## Sect. 12. — Inspection primaire.

**166.** Le décret du 23 décembre 1882 porte :

Art. 1er. Nul ne peut être nommé inspecteur de l'enseignement primaire, directeur ou directrice d'école normale, s'il n'a été déclaré apte à ces fonctions après un examen spécial dont le programme sera déterminé par arrêté du ministre de l'instruction publique pris en Conseil supérieur.

Art. 2. Ne peuvent être admis à cet examen que les candidats qui justifient :

1º De vingt-cinq ans d'âge ;

2º Du certificat d'aptitude au professorat des écoles normales, à moins qu'ils ne possèdent, soit le titre d'agrégé ou de licencié ès lettres ou ès sciences, soit les diplômes de bachelier ès lettres et de bachelier ès sciences complet. Ce dernier peut être remplacé par le baccalauréat de l'enseignement secondaire spécial.

Art. 3. Pendant les trois années qui suivront la publication du présent décret, les maîtres adjoints et les maîtresses adjointes d'écoles normales, comptant au moins cinq ans d'exercice comme titulaires, ainsi que les professeurs des collèges et lycées ayant le même temps d'exercice, pourront, par décision ministérielle rendue sur le rapport du comité consultatif, être dispensés de produire le certificat d'aptitude au professorat. La même disposition s'applique aux candidats qui ont été déclarés admissibles à l'une des sessions postérieures au décret du 5 juin 1880 [1].

Art. 4. Les femmes peuvent être admises aux examens du certificat d'aptitude à l'inspection de l'enseignement primaire aux conditions ci-dessus déterminées. Les personnes pourvues de ce certificat pourront seules être chargées par le ministre de fonctions, délégations ou missions relatives à l'inspection spéciale des écoles de filles et des écoles maternelles.

Art. 5. Sont rapportées toutes les dispositions antérieures contraires au présent décret, notamment les art. 38, 39 et 40 du décret du 29 juillet 1850, le décret du 5 juin 1880 et l'art. 9 du décret du 2 août 1881 sur les écoles maternelles.

Ce décret est développé par le décret du 26 du même mois.

**167.** Pour l'exécution de ce décret, le ministre de l'instruction publique a, par un arrêté de même date (23 *déc.* 1882), institué une commission et indiqué les épreuves à subir.

Art. 1er. Une commission est nommée chaque année par le ministre de l'instruction publique pour examiner l'aptitude des candidats aux fonctions d'inspecteur de l'enseignement primaire, d'inspectrices des écoles de filles ou des écoles maternelles, de directeur ou directrice d'école normale.

Art. 2. Cette commission est composée de cinq membres au moins, auxquels sont adjointes, avec voix délibérative, deux directrices d'écoles normales pour l'examen des aspirantes.

1. .... « ainsi qu'aux instituteurs et institutrices qui avaient à la date du 23 décembre 1882, plus de trente ans d'âge et cinq ans d'exercice comme titulaires », ajoute le décret du 24 juillet 1883 qui complète le précédent.

Art. 3. Les candidats sont tenus de se faire inscrire, du 1er au 16 juillet, au secrétariat de l'inspection académique, d'indiquer les lieux où ils ont résidé et les fonctions qu'ils ont remplies depuis dix ans, et de faire les justifications exigées par l'art. 2 du décret du 23 décembre 1882.

Art. 4. L'examen a lieu dans le courant du mois d'octobre. L'ouverture de la session est fixée par le ministre.

Art. 5. L'examen se compose :

D'épreuves écrites, lesquelles sont éliminatoires ;

D'épreuves orales ;

D'épreuves pratiques.

Art. 6. Les épreuves écrites sont subies au chef-lieu du département, sous la surveillance de l'inspecteur d'académie ou d'un délégué agréé par le recteur. Elles ont lieu en deux jours consécutifs, les mêmes pour toute la France.

Elles comprennent deux compositions : l'une sur un sujet de pédagogie, l'autre sur un sujet d'administration scolaire ; les deux sujets sont envoyés par l'administration centrale ; quatre heures sont accordées pour chaque rédaction.

Les compositions sont adressées, avec le procès-verbal de la séance, par l'inspecteur d'académie, au ministre.

Art. 7. La commission prononce l'admission aux épreuves orales et pratiques.

Ces épreuves ont lieu à Paris.

Art. 8. Les épreuves orales portent sur les matières énumérées dans le programme détaillé annexé au présent arrêté ; elles comprennent :

1° L'explication d'un passage pris dans un des auteurs qui auront été désignés pour l'examen de l'année par le ministre, sur la proposition de la commission ;

2° L'exposé de vive voix d'une question relative à un des points du programme. Cette question, tirée au sort, sera traitée par le candidat après trois heures de préparation à huis clos. Cet exposé ne durera pas plus d'une demi-heure.

Art. 9. L'épreuve pratique consiste dans l'inspection d'une classe d'école normale, d'une école primaire supérieure, d'une école élémentaire ou d'une école maternelle, inspection suivie d'un compte rendu verbal.

Art. 10. Après la clôture des examens, la commission dresse la liste des candidats qu'elle juge dignes d'obtenir le certificat d'aptitude à l'inspection primaire et à la direction des écoles normales.

Cette liste est soumise à l'approbation du ministre, qui délivre les certificats.

Art. 11. Sont rapportées toutes les dispositions antérieures contraires au présent arrêté, et notamment les arrêtés du 16 décembre 1850, du 5 juin 1880 et celui du 27 juillet 1882 relatif aux inspectrices des écoles maternelles.

On fera bien de demander le programme détaillé des examens, en s'adressant au recteur ou au ministre.

**168.** *Inspection des classes de jeunes filles.* Le décret du 26 décembre 1882 est ainsi conçu :

Art. 1er. Toutes les classes de jeunes filles dans les internats comme dans les externats primaires communaux et libres tenus soit par des institutrices laïques, soit par des associations religieuses cloîtrées ou non cloîtrées, sont soumises, quant à l'inspection et à la surveillance de l'enseignement, aux autorités intituées par la loi.

Art. 2. Dans tous les internats de jeunes filles tenus par des institutrices laïques ou par des associations religieuses cloîtrées ou non cloîtrées, l'inspection des locaux affectés aux pensionnaires et du régime intérieur du pensionnat est confiée à des dames déléguées par le ministre de l'instruction publique.

Art. 3. Le décret du 31 décembre 1853 est et demeure abrogé[1].

### Sect. 13. — Musée pédagogique.

**169.** Le décret du 13 mai dispose : « Il est créé, au ministère de l'instruction publique, un musée pédagogique et une bibliothèque centrale de l'instruction primaire, comprenant des collections diverses de matériel scolaire, des documents historiques et statistiques et les livres de classes provenant de la France et de l'étranger. »

Le très intéressant rapport au Président de la République qui précède ce décret, se trouve au *Journal officiel* du 14 mai 1879.

### CHAP. III. — INSTRUCTION SECONDAIRE.
### Sect. 1. — Enseignement classique.

**170.** *Plan d'études des lycées.* Sur ce sujet, le ministre écrit aux recteurs, le 23 septembre 1880, ce qui suit : « MM. les proviseurs des lycées doivent préparer et soumettre à votre approbation, dans la première quinzaine d'octobre, le tableau de répartition du service entre les différents professeurs. Mais, pour procéder utilement à ce travail, il est indispensable qu'ils soient exactement renseignés sur les mesures transitoires que rendra nécessaire, cette année, l'application du nouveau plan d'études. Je vous prie, en conséquence, de leur transmettre les instructions suivantes :

« S'il est de la plus grande importance que la réforme de l'enseignement classique jugée nécessaire par le Conseil supérieur soit mise en pratique sans plus tarder, c'est cependant sous la réserve qu'elle ne portera aucun préjudice aux élèves en cours d'études. Il ne peut être question, notamment, d'interrompre l'étude du latin et du grec pour ceux qui l'ont commencée ; il y a là comme un droit acquis et que nous devons respecter. Rien ne sera actuellement innové, sous ce rapport, dans les classes de septième et de sixième pour le latin, dans celles de cinquième et de quatrième pour le grec. Ainsi, aucun enfant étranger aux études latines ne pourra être admis, cette année, en septième ni en sixième, et il faudra pos-

---

1. Les art. 10, 11 et 12 de ce décret étaient ainsi conçus :
« Art. 10. Toutes les écoles communales ou libres de filles, tenues soit par des institutrices laïques, soit par des associations religieuses non cloîtrées ou même cloîtrées sont soumises, quant à l'inspection et à la surveillance de l'enseignement, en ce qui concerne l'externat, aux autorités instituées par les art. 18 et 20 de la loi du 15 mars 1850.
« Art. 11. Le recteur de l'académie délègue, lorsqu'il y a lieu, des dames pour inspecter, aux termes des art. 50 et 53 de la loi du 15 mars 1850, l'intérieur des pensionnats tenus par des institutrices laïques.
« Art. 12. L'inspection des pensionnats de filles tenus par des associations religieuses cloîtrées ou non cloîtrées est faite, lorsqu'il y a lieu, par des ecclésiastiques nommés par le ministre de l'instruction publique, sur la présentation de l'évêque diocésain. Les rapports constatant les résultats de cette inspection sont transmis directement au ministre. »

séder les premiers éléments de la grammaire grecque pour suivre le cours de cinquième. Dans ces conditions, les auteurs latins et grecs inscrits au nouveau plan d'études pour ces mêmes classes ne répondraient point aux besoins de l'enseignement ; vous devrez y substituer ceux de l'ancien programme.

« En neuvième et en huitième, le plan d'études sera appliqué dès cette année, sans aucune restriction. Le Conseil supérieur a décidé que pour ces deux classes, comme pour la septième, il y avait avantage à laisser les diverses parties de l'enseignement dans les mains d'un seul professeur ; il en résultera sans doute quelque hésitation et quelque trouble au début, mais l'expérience viendra peu à peu ; les encouragements et les secours ne manqueront pas aux maîtres qui voudront se dévouer à leur nouvelle tâche. A Paris, des conférences ont déjà été faites, avant les vacances, par des professeurs spéciaux, sur l'application des nouvelles méthodes ; tous les maîtres élémentaires les ont suivies avec intérêt et avec fruit. Un recueil périodique a réuni ces leçons et continuera à publier celles qui pourront être faites à l'avenir sur les mêmes sujets. J'en fais adresser un exemplaire à chacun des établissements d'enseignement secondaire. Les maîtres élémentaires y trouveront des exemples, une direction et une méthode.

« Il serait bon qu'au début de l'année scolaire des conférences semblables fussent instituées par MM. les proviseurs partout où ce sera possible ; on épargnerait par là aux maîtres élémentaires beaucoup d'incertitudes et de tâtonnements. J'aurai soin, d'un autre côté, d'adresser à MM. les proviseurs, pour l'usage des maîtres, les ouvrages scientifiques qui m'auront été signalés comme le mieux appropriés aux besoins du nouvel enseignement.

« Les langues vivantes et le dessin seront enseignés dans les classes élémentaires par des professeurs spéciaux. Là où le personnel spécial fera défaut, on ajournera, en ces deux points, l'application complète du plan d'études, plutôt que de compromettre le succès de la réforme, en imposant aux professeurs ordinaires un enseignement pour lequel ils ne sont pas suffisamment préparés.

« Je désire enfin, d'accord en cela avec le Conseil supérieur, que le système des classes de trois heures, coupées par une récréation d'une demi-heure, soit mis à l'essai dans la division élémentaire, partout où ce sera possible. Les jeunes enfants apprennent surtout avec leur maître ; ils le comprennent et recherchent sa présence. Il y a tout avantage à réduire pour eux le temps de l'étude, c'est-à-dire la durée du travail individuel, trop souvent improductif dans le premier âge.

« La continuation des études latines, en septième, pendant la prochaine année scolaire, a pour conséquence une nouvelle répartition du temps assigné à chaque ordre d'enseignement. Sur les dix heures assignées à la langue française, quatre heures devront être réservées au latin.

« Le programme d'histoire ne comprend l'histoire de France que depuis l'avènement de Henri IV. Mais comme cet enseignement s'adresse à des enfants qui n'ont point étudié, en huitième, la pé-

riode antérieure, le cours devra embrasser l'histoire sommaire de la France. On y consacrera trois heures par semaine, en attribuant seulement une heure à la géographie. Le programme des sciences naturelles sera modifié dans le même sens. Les éléments d'histoire naturelle des animaux et des végétaux s'ajouteront à l'histoire des terrains et des pierres, et même auront la priorité comme présentant plus d'intérêt pour les enfants et une plus grande utilité pratique.

« Pour les classes de grammaire, le Conseil supérieur a pensé que l'enseignement des mathématiques, de l'histoire et des sciences naturelles devait être confié à des professeurs spéciaux, dès que les ressources du budget et le personnel disponible permettront cette réforme. L'histoire a été en quelque sorte rajeunie et renouvelée depuis quarante ans par la critique moderne ; les sciences reçoivent chaque jour de nouveau développements, et, comme il faut savoir beaucoup pour enseigner peu, on ne saurait raisonnablement exiger que les professeurs de grammaire, préoccupés de tout autres études, se tiennent au courant de ces progrès incessants.

« Le vœu du Conseil est dès à présent réalisé pour les lycées de Paris ; le personnel enseignant est nommé. J'ai lieu d'espérer que les lycées de première catégorie dans les départements, ceux qui présentent l'effectif d'élèves le plus nombreux, seront également pourvus dans quelques jours. Dans les autres établissements, le professeur ordinaire continuera à être chargé provisoirement des enseignements spéciaux, à moins qu'il ne vous soit possible de recourir aux professeurs de sciences et d'histoire des classes supérieures, en leur attribuant des indemnités pour les heures supplémentaires.

« Le grec n'est plus enseigné en sixième, à partir de cette année. Le plan d'études pourrait donc, à la rigueur, être appliqué sans aucune réserve ; mais comme les élèves qui vont suivre cette classe n'ont reçu les années précédentes aucune notion d'histoire naturelle, il est nécessaire de combler, au moins en partie, cette lacune. Une heure sera donc prélevée sur les dix heures affectées au latin, et reportée sur les sciences, qui comporteront un enseignement de quatre heures par semaine.

« Il en est de même en cinquième. Les élèves qui vont suivre cette classe ont déjà étudié le latin pendant trois ans, et sont restés absolument étrangers aux sciences naturelles. On peut dès lors réduire à cinq heures le temps attribué au latin et ajouter une heure à l'étude des sciences. Comme, d'un autre côté, le grec continuera à être enseigné en cinquième, le temps sera réparti de la manière suivante :

« Latin, cinq heures par semaine ;
« Grec, quatre heures par semaine ;
« Sciences, cinq heures par semaine.

« Le programme de cette même classe de cinquième, dans le nouveau plan d'études, comprend, pour la géographie, précisément les matières que les élèves ont étudiées, l'année dernière, en sixième (Afrique, Amérique, Océanie, Asie). Pour ne pas faire double emploi et compléter les études géographiques de ces élèves, on devra substituer à ce programme celui de sixième (géographie de l'Europe et du bassin de la Méditerranée).

« En quatrième, une heure sera prélevée sur l'enseignement du grec, qui compte déjà deux années d'étude, et attribuée aux sciences naturelles. Le temps se trouvera ainsi réparti entre les divers exercices :

« Latin, six heures par semaine ;

« Grec, cinq heures par semaine ;

« Sciences, quatre heures par semaine ;

« Histoire et géographie, deux heures par semaine ;

« Langues vivantes, deux heures par semaine ;

« Dessin, deux heures par semaine.

« Par suite de ces modifications, les professeurs de grammaire n'auront à fournir, cette année, que douze, treize à quatorze heures de classe par semaine. Tout en désirant alléger pour eux le fardeau, je ne saurais leur faire, à côté de leurs collègues, moins favorisés, une situation exceptionnelle. J'ai donc décidé que l'administration pourra réclamer d'eux un maximum de quinze heures par semaine, dans les lycées où ils sont exonérés des enseignements accessoires, mais sous la réserve expresse qu'ils consacreront les heures supplémentaires à leurs propres élèves et aux parties les plus importantes du programme de la classe, et tout particulièrement à la langue française.

« Les programmes des classes supérieures n'ont à subir que de très légères modifications pour être appropriés aux besoins des élèves et mis en concordance avec leurs études antérieures. Ceux d'histoire et de géographie diffèrent assez peu, du moins quant aux matières qu'ils comprennent, de ceux de l'ancien plan d'études, pour qu'il soit inutile d'y apporter aucun changement. Les auteurs indiqués pour le français, le latin et le grec, ainsi que pour les langues vivantes, peuvent être suivis sans graves inconvénients, même lorsqu'ils paraîtront un peu trop faciles pour des élèves qui n'en sont plus à leurs débuts dans l'étude des langues. Les professeurs, auxquels j'entends laisser toute la liberté compatible avec la bonne direction de l'enseignement, pourront d'ailleurs aller en avant et choisir dans le programme des années suivantes tel auteur qui ne leur paraîtra point dépasser le niveau de la classe.

« L'enseignement des sciences devra être complété dans chacune des classes de troisième, de rhétorique et de seconde, mais sans empiéter sur les autres cours. Une heure prise sur les heures d'étude sera consacrée, en troisième, à l'histoire naturelle que les élèves n'ont pas eu occasion d'étudier précédemment. Une heure également prise sur l'étude sera attribuée en seconde à la physique, qui devra réunir en une seule année les deux programmes de seconde et de troisième. En rhétorique, il est indispensable d'embrasser sommairement tout le programme de physique, qui n'a pas encore été abordé par les élèves entrant dans cette classe.

« Une heure de conférences prise sur l'étude sera consacrée à cet enseignement.

« En philosophie, le nouveau plan d'études sera suivi dans toutes ses parties. Des mesures transitoires ont été adoptées pour que les exigences du baccalauréat soient subordonnées à l'adoption complète du nouveau plan d'études, tant en philosophie qu'en rhétorique. »

**171.** *Examen de passage.* Par une circulaire du ministre de l'instruction publique du 28 septembre 1880, le ministre recommande fortement aux recteurs de tenir la main aux examens de passage.

**172.** *Baccalauréat.* Nul ne peut, sauf le cas de dispense, se présenter à l'examen du baccalauréat ès lettres s'il n'est âgé de seize ans accomplis. (*D.* 19 *juin* 1880, *art.* 1er.)

**173.** L'examen pour le baccalauréat ès lettres comprend deux séries d'épreuves (*art.* 2).

**174.** Les épreuves de la deuxième série ne peuvent être subies qu'un an après que le candidat a subi avec succès celles de la première.

Il ne pourra être accordé aucune dispense.

L'intervalle compris entre la session d'octobre-novembre et celle de juillet-août compte pour une année. (*D.* 19 *juin, art.* 3.)

**175.** Pour le jugement des épreuves de la première série, le jury est formé de trois membres de la faculté des lettres. Pour le jugement des épreuves de la seconde série, il est formé de deux membres de la faculté des lettres et d'un membre de la faculté des sciences (*art.* 4).

**176.** Les agrégés des facultés et, à leur défaut, des docteurs désignés annuellement par le ministre, après avis des doyens et du recteur, peuvent être appelés à faire partie du jury d'examen (*art.* 5).

Il peut, en outre, être adjoint au jury, sur la proposition du recteur de l'académie, un examinateur spécial pour les épreuves relatives aux langues vivantes (*art.* 5).

**177.** Les épreuves de chaque série sont, les unes écrites, les autres orales (*art.* 6).

**178.** Les épreuves écrites de la première série sont :

1º Une version latine ;

(A partir de la session de juillet-août 1883, cette version sera faite sans dictionnaire, à l'aide de lexiques ou vocabulaires mis à la disposition des candidats par les facultés.)

2º Une composition française sur un sujet de littérature ou d'histoire ;

(Pour cette composition, l'usage de tout livre et dictionnaire est interdit.)

3º Un thème allemand ou anglais ;

(A partir de la session de juillet-août 1883, le candidat ne pourra se servir que d'un simple lexique.)

Les compositions, corrigées chacune par un membre du jury, sont jugées par le jury tout entier, qui décide quels sont les candidats admis à subir les épreuves orales (*art.* 7).

**179.** Les épreuves orales de la première série consistent en explications d'auteurs et en interrogations.

Les explications portent sur les textes des auteurs français, grecs et latins, prescrits dans les lycées pour les classes de troisième, seconde et rhétorique, et sur les textes désignés, dans les mêmes classes, pour l'enseignement des langues vivantes. Le candidat peut désigner pour chaque classe et pour chaque langue le prosateur et le poète sur lesquels il désire être interrogé.

Les interrogations portent sur les matières de littérature, d'histoire et de géographie, enseignées dans les mêmes classes (*art.* 8).

**180.** Tout candidat ayant satisfait aux épreuves exigées sur l'anglais ou l'allemand peut demander à subir l'examen, soit sur l'autre langue, soit sur l'italien ou l'espagnol. En cas de succès, mention est faite sur le diplôme de cette partie facultative (*art.* 9).

**181.** Les épreuves écrites de la seconde série consistent :

1° En une composition française sur une question empruntée au programme de philosophie ;

2° En une composition sur un sujet scientifique d'un caractère élémentaire (*art.* 10).

**182.** Les épreuves orales de la seconde série consistent en interrogations et explications portant :

1° Sur les parties de la philosophie et de l'histoire enseignées dans la classe de philosophie des lycées ;

2° Sur les sciences ;

3° Sur les auteurs de philosophie portés au programme de la classe [les auteurs grecs et latins seront expliqués dans le texte] (*art.* 11).

**183.** Toutes les parties de l'examen sont obligatoires.

Soit à l'épreuve écrite, soit à l'épreuve orale, l'ajournement ne peut être prononcé qu'en vertu d'une délibération du jury (*art.* 12).

**184.** Les candidats qui produisent le diplôme de bachelier ès sciences sont dispensés de la partie scientifique du baccalauréat ès lettres (*art.* 13).

**185.** Tout candidat qui, sans excuse jugée valable par le jury, ne répond pas à l'appel de son nom le jour qui lui a été indiqué, est renvoyé à une autre session et perd le montant des droits d'examen qu'il a consignés (*art.* 14).

**186.** Les dispositions du présent décret seront applicables à partir de la session de juillet-août 1883 (*art.* 15).

Toutefois, les dispositions de l'art. 7, relatives à l'épreuve française substitué à l'épreuve latine de l'ancien règlement, et celle de l'épreuve de langues vivantes reportée de la deuxième à la première série, seront applicables à partir de la session de juillet-août 1881.

A partir de la session de juillet-août 1882, la composition de sciences fera partie de l'épreuve écrite de la seconde série.

**187.** Le décret du 25 juillet 1874 est abrogé, sauf en ce qui concerne les prescriptions de l'art. 14 dudit décret sur les droits à percevoir (*art.* 16). (Deux examens, 60 fr. ; certificats d'aptitude, 20 fr. ; diplôme, 40 fr. ; ensemble, 120 fr.)

L'arrêté ministériel du 19 juin, qui prescrit les détails d'exécution se trouve dans les recueils spéciaux et au *Journal officiel* du 20 juin 1880.

**188.** Le décret du 15 janvier 1881 dispose que les candidats qui, outre l'allemand ou l'anglais, voudront être examinés sur une autre langue vivante, y sont autorisés, tant aux épreuves écrites qu'aux épreuves orales. Le jury prendra la moyenne des points obtenus dans les deux langues, si la note du candidat s'en trouve élevée.

Les seules langues vivantes admises au baccalauréat sont : l'allemand, l'anglais, l'italien et l'espagnol. L'arabe est, en outre, admis pour l'Académie d'Alger.

**189.** *Enseignement religieux.* Le décret du 24 décembre 1881 dispose « que le vœu des pères de famille sera toujours consulté et suivi en ce qui concerne la participation de leurs enfants à l'enseignement et aux exercices religieux ».

L'instruction religieuse sera donnée par les ministres des différents cultes, dans l'intérieur des établissements, en dehors des heures de classe. (Ce décret a été développé par la circulaire ministérielle du 24 janvier 1882.)

**190.** *Stage.* (*D.* 30 *décembre* 1880.)

Art. 1er. Le stage exigé des candidats aux divers ordres d'agrégation des lycées, par le décret du 10 février 1869 (*art.* 1er, § 2), est supprimé.

Art. 2. Sont, en conséquence, supprimées les équivalences établies par l'art. 4 de l'arrêté du 27 février 1869 et l'art. 1er du décret du 28 janvier 1881.

**191.** *Indemnité d'agrégation.* (*D.* 26 *janvier.*)

Art. 1er. L'indemnité allouée aux fonctionnaires des lycées et collèges pourvus du titre d'agrégé de l'enseignement spécial est portée de 300 à 500 fr.

Art. 2. L'indemnité allouée, pendant deux ans, aux fonctionnaires de l'enseignement secondaire reconnus admissibles aux épreuves de l'agrégation de l'enseignement spécial, et qui ont subi toutes les épreuves du concours, est élevée de 200 à 300 fr.

**192.** *Traitement.* (*D.* 20 *août* 1881.)

Art. 1er. A partir du 1er janvier 1882, les chargés de cours de l'enseignement spécial pourvus d'un diplôme de licencié auront droit au même traitement que les chargés de cours de l'enseignement classique.

Art. 2. A partir de la même date, les agrégés de l'enseignement spécial pourvus d'un diplôme de licencié sont assimilés pour le traitement aux professeurs titulaires de l'enseignement classique.

Art. 3. Les dispositions de l'art. 2 sont applicables aux professeurs agrégés de l'enseignement spécial non licenciés, s'ils ont atteint l'âge de 40 ans.

**193.** *Compositions générales.* Elles ont été supprimées par arrêté ministériel du 8 septembre 1879. (*Journ. off.* 14 sept. 1879.)

**194.** *Professeurs de dessin.* Voici l'art. 1er du décret du 18 janvier 1881 :

Art. 1er. Les professeurs de dessin sont nommés par le ministre de l'instruction publique et des cultes dans les lycées, les collèges, les écoles normales primaires ; par les préfets, dans les écoles primaires et primaires supérieures ; ils sont choisis parmi les professeurs pourvus de l'un des deux certificats d'aptitude à l'enseignement du dessin institués par décret du 7 août 1880, ou d'un des diplômes qui seront ultérieurement créés pour les établissements universitaires.

Nul ne pourra être nommé professeur titulaire dans un lycée s'il n'est pourvu du brevet supérieur du dessin.

En l'absence de candidats pourvus de l'un ou l'autre brevet, des professeurs non diplômés pourront être chargés de cours à titre provisoire, mais seulement après avis du ministre des arts.

**195.** *Catalogue des livres classiques.* Circulaire insérée au *Journal officiel* du 11 décembre 1881 mais non datée : « Monsieur le Recteur, en vous transmettant, le 13 octobre dernier, pour chacun des lycées et collèges de votre ressort, un exemplaire du nouveau catalogue des livres classiques, mon honorable prédécesseur vous faisait remarquer que l'administration se bornait à recommander les ouvrages sans les imposer au choix des professeurs.

« Il m'a paru désirable de rentrer plus largement encore dans les vues exprimées par le Conseil supérieur, et de laisser aux professeurs une liberté entière, non seulement en ce qui concerne les livres classiques, mais encore les ouvrages destinés à être donnés en prix ou placés dans les bibliothèques de classe et d'étude. J'ai décidé, en conséquence, que les professeurs pourraient désormais librement choisir ces livres et ouvrages aussi bien en dehors du catalogue récemment publié par la commission des livres que dans ce catalogue même, et qu'ils n'auraient plus à motiver leurs choix, comme l'indiquait la circulaire du 13 octobre 1881.

« Je désire toutefois que, dans chaque établissement, ces choix soient faits, à l'avenir, en assemblée de professeurs. Je retiens seulement le droit établi par les art. 4 et 5 de la loi du 27 février 1880, d'interdire, après avis de la section permanente pour les établissements publics, et du Conseil supérieur pour les établissements privés, les livres contraires à la morale, à la Constitution et aux lois.

« Je vous prie de vouloir bien donner sans retard connaissance de ces dispositions à MM. les proviseurs et principaux de votre académie, en les invitant à les communiquer immédiatement à l'assemblée des professeurs. »

**196.** *Comité de direction.* Le décret du 10 octobre 1882 établit des comités de direction des lycées. Voici ce décret :

Art. 1er. Il est institué, dans chacun des lycées de la République, un conseil chargé d'étudier toutes les questions concernant la direction de l'enseignement, l'organisation des cours et l'application des méthodes.

Art. 2. Le conseil d'enseignement comprend, sous la présidence du proviseur, le censeur des études et un représentant de chacun des ordres d'enseignement ci-après :

Philosophie. — Histoire. — Sciences mathématiques. — Sciences physiques et naturelles. — Lettres. — Grammaire. — Enseignement élémentaire. — Langues vivantes. — Enseignement spécial.

A Paris et dans les grands lycées des départements, le nombre des membres pourra, par décision ministérielle, être porté à deux, pour les ordres d'enseignement qui comporteront un nombreux personnel.

Art. 3. Les membres du conseil d'administration seront nommés par l'assemblée générale des professeurs titulaires et chargés de cours.

Art. 4. Le conseil tiendra chaque mois une séance ordinaire ; il pourra être convoqué extra-

ordinairement, soit sur l'initiative du proviseur, soit à la demande de la majorité de ses membres.

Art. 5. Le comité nommera un secrétaire, chargé de la rédaction des délibérations et rapports qui seront transmis par le président à l'administration supérieure.

Art. 6. Les dispositions du présent décret pourront être appliquées, par arrêté du ministre, aux collèges communaux, aux lycées et collèges de jeunes filles.

**Sect. 2. — Enseignement secondaire spécial.**

**197.** Un décret du 4 août 1881, le Conseil supérieur entendu, organise ainsi cet ordre d'enseignement.

Art. 1er. L'enseignement secondaire spécial comprend :

1° Un cours élémentaire de trois années, dont les programmes sont les mêmes que ceux du cours élémentaire classique du nouveau plan d'études adopté par le Conseil supérieur le 2 août 1880 ;

2° Un cours moyen de trois années et un cours supérieur de deux années, dont les programmes seront soumis au Conseil supérieur de l'instruction publique.

Un cours préparatoire, destiné à faciliter l'accès du cours moyen aux élèves de l'enseignement primaire, pourra être institué dans tous les établissements publics d'enseignement. Parmi les matières de ce cours figureront nécessairement les matières de l'enseignement élémentaire qui ne sont pas comprises dans le programme de l'enseignement primaire élémentaire.

Art. 2. A l'entrée de chaque année d'études, tout élève devra subir un examen de passage ou d'admission. Les élèves qui auront satisfait à cet examen, après la troisième année du cours élémentaire, seront admis de droit au cours moyen.

L'obtention du certificat d'études défini à l'art. 4 dispensera de l'examen d'entrée au cours supérieur.

Art. 3. Tout en conservant un caractère essentiellement pratique, l'enseignement spécial embrassera, dans les établissements publics, l'ensemble des connaissances générales énumérées à l'art. 1er de la loi du 21 juin 1865, et indispensables à ceux qui veulent suivre les professions industrielles, commerciales et agricoles. Des exercices de travail manuel pourront y être institués, par décision ministérielle, en dehors des cours normaux.

Art. 4. Un certificat d'études pourra être obtenu à la fin de la troisième année du cours moyen. L'examen portera sur les matières de ce cours. La délivrance de ce certificat est confiée à une commission nommée par le ministre et siégeant au chef-lieu de chacun des départements.

Les élèves de l'enseignement libre peuvent se présenter devant ce jury et obtenir le certificat d'études qui vient d'être défini.

Le programme des examens sera arrêté par le Conseil supérieur.

Art. 5. Le jury pour la délivrance du certificat d'études sera composé de l'inspecteur d'académie, président, et de six membres appartenant ou ayant appartenu à l'enseignement secondaire, public ou libre.

Art. 6. Il est institué un diplôme de bachelier de l'enseignement secondaire spécial.

Un règlement d'administration publique déterminera, après avis du Conseil supérieur, la forme et la matière de l'examen, ainsi que la composition du jury.

Ce diplôme remplacera le diplôme de fin d'études spécifié à l'art. 4 de la loi du 21 juin 1865.

Art. 7. La limite d'âge pour obtenir le diplôme de bachelier de l'enseignement secondaire spécial sera la même que pour l'obtention du diplôme de bachelier ès sciences.

Art. 8. Les lycées et collèges d'enseignement spécial pourront être de plein exercice ou de demi-exercice. Ils comprendront, dans le premier cas, l'enseignement complet, et dans le second, les cours élémentaire et moyen.

Art. 9. Il sera créé près de chaque établissement d'enseignement spécial un comité de patronage, composé du maire, président, du chef de l'établissement et de cinq membres choisis parmi les ingénieurs, les notables commerçants, industriels et agriculteurs.

Art. 10. Autant que possible, et à mesure que les ressources financières le permettront, les établissements publics d'enseignement secondaire spécial auront une existence propre, et seront distincts des lycées et collèges classiques.

**198.** *Admission à l'école normale.* Un autre décret de même date (4 août) porte ce qui suit :

Art. 1er. A partir de 1883, les candidats à l'école normale secondaire de l'enseignement spécial devront être pourvus d'un diplôme de bachelier. Le diplôme de bachelier ès lettres sera toujours exigé des candidats à la section des lettres.

Art. 2. Une commission centrale, siégeant à Paris, prononcera sur l'admissibilité et l'admission à l'école.

Art. 3. Les programmes de l'examen d'admission et les programmes des cours seront arrêtés par le Conseil supérieur de l'instruction publique.

Art. 4. La durée des cours sera de trois années.

Nous signalons, sur l'enseignement secondaire spécial, le rapport de M. Georges Morel, inséré au *Journal officiel* du 6 août 1881.

**199.** Un décret du 3 août 1884 crée un certificat d'aptitude à l'enseignement secondaire spécial (ordre des lettres).

Un arrêté ministériel, pris sur l'avis du Conseil supérieur de l'instruction publique, déterminera le programme des examens. (On trouvera cet arrêté, daté du 8 août 1884, au *Journal officiel* du 19 du même mois). [Voy. aussi le *Journ. off.* du 17.]

**Sect. 3. — Enseignement secondaire de jeunes filles** [1].

**200.** *Création des établissements.* La loi du 21 décembre 1880 est ainsi conçue :

Art. 1er. Il sera fondé par l'État, avec le concours des départements et des communes, des établissements destinés à l'enseignement secondaire des jeunes filles.

Art. 2. Ces établissements seront des externats.

Des internats pourront y être annexés sur la demande des conseils municipaux et après entente entre eux et l'État. Ils seront soumis au même régime que les collèges communaux.

Art. 3. Il sera fondé par l'État, les départements et les communes, au profit des internes et des demi-pensionnaires, tant élèves qu'élèves-maîtresses, des bourses dont le nombre sera déterminé dans le traité constitutif qui interviendra entre le ministre, le département et la commune où sera créé l'établissement.

Art. 4. L'enseignement comprend :

1° L'enseignement moral ;

2° La langue française, la lecture à haute voix et au moins une langue vivante ;

3° Les littératures anciennes et modernes ;

4° La géographie et la cosmographie ;

5° L'histoire nationale et un aperçu de l'histoire générale ;

6° L'arithmétique, les éléments de la géométrie, de la chimie, de la physique et de l'histoire naturelle ;

7° L'hygiène ;

8° L'économie domestique ;

9° Les travaux à l'aiguille ;

10° Des notions de droit usuel ;

11° Le dessin ;

12° La musique ;

13° La gymnastique.

Art. 5. L'enseignement religieux sera donné, sur la demande des parents, par les ministres des différents cultes, dans l'intérieur des établissements, en dehors des heures de classes.

Les ministres des différents cultes seront agréés par le ministre de l'instruction publique.

Ils ne résideront pas dans l'établissement.

Art. 6. Il pourra être annexé aux établissements d'enseignement secondaire un cours de pédagogie.

Art. 7. Aucune élève ne pourra être admise dans les établissements d'enseignement secondaire sans avoir subi un examen constatant qu'elle est en état d'en suivre les cours.

Art. 8. Il sera, à la suite d'un examen, délivré un diplôme aux jeunes filles qui auront suivi les cours des établissements publics d'enseignement secondaire.

Art. 9. Chaque établissement est placé sous l'autorité d'une directrice.

L'enseignement est donné par des professeurs hommes ou femmes munis de diplômes réguliers.

**201.** *Organisation de l'enseignement.* Le décret du 14 janvier 1882 est ainsi conçu :

Art. 1er. L'enseignement secondaire des jeunes filles comprend cinq années d'études.

Il est divisé en deux périodes.

La première période est de trois années ; la seconde de deux années.

Art. 2. Dans la première période, les cours sont tous obligatoires. Dans la deuxième période, un certain nombre de cours sont obligatoires, les autres sont facultatifs.

Art. 3. La répartition des matières de l'enseignement sera fixée par un arrêté ministériel, après avis du Conseil supérieur de l'instruction publique.

Art. 4. A la fin de chaque année d'études, les élèves devront subir un examen pour passer dans une classe supérieure. Cet examen devra être également subi par les élèves qui viendront du dehors.

Art. 5. L'examen passé après la troisième année permettra de conférer un « certificat d'études secondaires ».

1. On trouvera aux *suppléments annuels* quelques-unes des circulaires qui organisent l'institution, mais comme (vu la nouveauté de l'institution) elles sont souvent modifiées par d'autres, nous n'avons pas cru devoir les reproduire.

Art. 6. Le « diplôme de fin d'études secondaires » institué par l'art. 8 de la loi du 21 décembre 1880 sera délivré à la suite d'un examen portant sur les matières obligatoires de l'enseignement des deux dernières années et sur celles des matières facultatives que désignera l'élève.

Le programme de cet examen et celui de l'examen d'entrée institués par l'art. 7 de la loi précitée seront établis par arrêtés ministériels, après avis du Conseil supérieur de l'instruction publique.

Le traitement des maîtresses dans les lycées est fixé par décret du 13 septembre 1883. (Voy. le *Journ. off.* du 15.)

**202.** *École normale de professeurs-femmes créée par la loi du 26 juillet* 1881.

Art. 1er. Il sera fondé par l'État une école normale d'internes destinée à recruter des professeurs-femmes pour les écoles secondaires de jeunes filles.

Les jeunes filles seront admises par voie de concours et entretenues gratuitement par l'État.

Art. 2. Tout ce qui concerne le programme, la durée des études, le personnel, les conditions d'admission, les examens de sortie, sera déterminé par un règlement délibéré en Conseil supérieur de l'instruction publique.

**CHAP. IV. — INSTRUCTION SUPÉRIEURE.**

**Sect. 1. — Collation des grades.**

**203.** La loi du 18 mars 1880 est ainsi conçue :

Art. 1er. Les examens et épreuves pratiques qui déterminent la collation des grades ne peuvent être subis que devant les facultés de l'État.

Les examens et épreuves pratiques qui déterminent la collation des titres d'officier de santé, pharmacien, sage-femme et herboriste ne peuvent être subis que devant les facultés de l'État, les écoles supérieures de pharmacie de l'État et les écoles secondaires de médecine de l'État.

Art. 2. Tous les candidats sont soumis aux mêmes règles en ce qui concerne les programmes, les conditions d'âge, de grades, d'inscriptions, de travaux pratiques, de stage dans les hôpitaux et dans les officines, les délais obligatoires entre chaque examen et les droits à percevoir au profit du Trésor public.

Art. 3. Les inscriptions prises dans les facultés de l'État sont gratuites.

Art. 4. Les établissements libres d'enseignement supérieur ne pourront, en aucun cas, prendre le titre d'universités.

Les certificats d'études qu'on y jugera à propos de décerner aux élèves ne pourront porter les titres de baccalauréat, de licence ou de doctorat.

Art. 5. Les titres ou grades universitaires ne peuvent être attribués qu'aux personnes qui les ont obtenus après les examens ou les concours réglementaires subis devant les professeurs ou les jurys de l'État.

Art. 6. L'ouverture des cours isolés est soumise, sans autre réserve, aux formalités prévues par l'art. 3 de la loi du 12 juillet 1875. (*Voy.* au *Dictionnaire*, p. 1151.)

Art. 7. Aucun établissement d'enseignement libre, aucune association formée en vue de l'enseignement supérieur ne peut être reconnue d'utilité publique qu'en vertu d'une loi.

Art. 8. Toute infraction aux dispositions des art. 4 et 5 de la présente loi sera punie d'une amende de 100 à 1,000 fr., et de 1,000 à 3,000 francs en cas de récidive.

Art. 9. Sont abrogées les dispositions des lois, décrets, ordonnances et règlements contraires à la présente loi, notamment l'avant-dernier paragraphe de l'art. 2, le paragraphe 2 de l'art. 5 et les art. 11, 13, 14 et 15 de la loi du 12 juillet 1875.

**Sect. 2. — Bourses de l'enseignement supérieur.**

**204.** Nous devons nous borner, faute d'espace, à rappeler quelques dates ; ces indications suffisent généralement pour faire retrouver les actes dans les recueils spéciaux. Quelquefois ces actes ont été reproduits dans le *Journal officiel* ou d'autres journaux.

Sur les *bourses de licence,* voy. la circul. du 8 septembre 1879 (*Temps* 10 *sept.* 1879) et celle du 4 juin 1880 (*Journ. off. 9 juin*).

Sur les *bourses de doctorat,* la circul. du 16 janvier 1880 (*Journ. off.* 26 *janv.* 1880).

Sur les *bourses des pharmaciens,* la circul. du 10 février 1880, accompagnée de l'arrêté min. du 20 novembre 1879 (programme), insérés au *Journal officiel* du 14 février 1880.

**Sect. 3. — Examen de licence.**

**205.** *Licence ès lettres.* Nous nous bornons à résumer le décret du 25 décembre 1880 (*Journ. off.* 29 *déc.*) et diverses circulaires ministérielles.

Les modifications introduites dans cet examen seront exécutoires à partir de la session de juillet-août 1882.

A l'examen écrit, l'épreuve commune comprend : 1° une composition en français sur un sujet de morale, de critique ou d'histoire de la littérature française ; 2° une composition en latin sur une question empruntée à l'histoire de la littérature grecque ou de la littérature latine. A l'épreuve orale, le candidat explique un auteur grec, un auteur latin et un auteur français. Cette explication reste ce qu'elle a été jusqu'ici. Les auteurs sont tirés au sort. L'étudiant pourra lui-même indiquer un ou plusieurs passages d'auteurs dont il aura fait une étude spéciale : il sera facile, sur un texte choisi de la sorte, de voir la force du candidat. Ainsi l'explication montrera que le futur historien et le futur philosophe lisent couramment les textes faciles latins et grecs et sont à même, avec plus d'études et de temps, de comprendre les textes difficiles. Les futurs professeurs d'humanités et de grammaire prouveront davantage et dans cette partie de l'examen et dans celles qui leur seront spéciales.

**206.** Après l'examen commun, chaque candidat subit un examen spécial sur les parties qu'il a choisies : les lettres, la philosophie, l'histoire. Les candidats qui ont choisi les lettres doivent faire un thème grec et une composition de grammaire. Le texte du thème grec ne doit pas exprimer des idées que l'antiquité ne connaissait pas. La meilleure méthode consiste à traduire un morceau de grec en français et à donner cette traduction aux élèves pour qu'ils la mettent de nouveau en grec. L'épreuve de grammaire doit être comprise d'une façon très simple : tout en fournissant aux candidats l'occasion de montrer des connaissances philologiques, elle est surtout destinée à constater qu'ils possèdent les règles des trois langues qu'ils seront chargés d'enseigner. Une question élémentaire de métrique est posée à la composition de grammaire. Le mot « élémentaire » a été mis avec intention. La question ne dépassera pas les bornes des connaissances nécessaires au sujet de la métrique grecque et latine, et de la versification française. Le vers latin devient facultatif, mais il assure de sérieux avantages à ceux qui le feront convenablement. Trois interrogations sont spéciales à la partie des lettres : 1º histoire des littératures grecque et latine ; 2º institutions de la Grèce et de Rome ; 3º histoire de la littérature française. Les élèves devront connaître d'une façon générale le développement de chacune des littératures classiques, les différents caractères, les origines, l'apogée, la décadence de ces littératures, et pour chaque écrivain la suite de ses productions, le lien qu'elles ont entre elles. De même, les institutions de la Grèce et de Rome devront être connues de quiconque traduit les auteurs anciens ; il est nécessaire de replacer les faits racontés par des historiens, les discours des orateurs, les chefs-d'œuvre de la poésie, dans le milieu même qui les explique ; de savoir quel était l'état des mœurs, des arts, au moment où ces ouvrages ont été écrits ; quelles ont été les conditions de la vie sociale, les principes du gouvernement selon les temps. Faute d'avoir des idées précises à cet égard, l'intelligence des textes est presque toujours incertaine.

La partie de la licence qui est consacrée aux épreuves philosophiques a pour but de s'assurer que les candidats ont les connaissances et les aptitudes nécessaires pour l'enseignement de la philosophie dans les lycées et les collèges. Les sujets de compositions devront être choisis de manière à garantir le savoir technique et l'instruction philosophique proprement dite. Sans sortir du programme des lycées, il sera bon de choisir de préférence quelques grandes questions, en laissant de côté les parties faciles ; de la sorte, le cours préparatoire à la licence ne sera pas obligé de répéter le cours des lycées en l'amoindrissant. Les mêmes règles devront être appliquées à l'histoire de la philosophie. De plus, tout en exigeant des candidats les connaissances spéciales, on devra tenir grand compte de l'art de composer et d'écrire ; car il ne faut pas oublier qu'il s'agit toujours d'une licence ès lettres. L'examen oral devra être réglé par les mêmes principes que les compositions écrites : une plus grande latitude cependant sera ici laissée à l'examinateur.

L'examen de la licence en histoire et géographie portera sur l'histoire de l'antiquité grecque et romaine, du moyen âge, des temps modernes et contemporains. Dans chacune de ces trois divisions, il ne portera que sur des faits principaux, et sur les grands événements ; et les questions devront être posées à l'examen écrit et à l'examen oral de façon que le candidat fasse preuve d'intelligence autant que de mémoire.

À la seconde des épreuves écrites sera jointe une question de géographie historique ou physique. Cette question devra toujours être très simple : pour la géographie physique, il ne sera demandé que les grands traits de la géographie des pays bien connus : pour la géographie politique,

on aura soin de choisir les questions aux dates les plus importantes de l'histoire de la Grèce, de Rome ou de la France.

En résumé, à l'épreuve écrite, les professeurs n'oublieront point que, s'ils doivent exiger des futurs professeurs d'histoire des connaissances générales complètes, il est nécessaire de bien marquer, par le choix des sujets à donner aux candidats, que ceux-ci n'ont point à redouter des questions telles qu'une bonne partie de leur temps doive être employée à encombrer leur mémoire d'une cohue de noms, de faits et de dates.

**207.** L'examen oral sera dirigé d'après les mêmes principes que l'examen écrit.

L'art. 8 du décret de réformes de la licence porte : « Pour les trois ordres, à l'épreuve orale, le candidat doit prouver qu'il comprend couramment un ouvrage facile de critique littéraire, historique ou philosophique, écrit en allemand ou en anglais, à son choix. »

Cette épreuve ne donne pas lieu à une note spéciale, mais elle élève ou abaisse la note du candidat pour une des épreuves orales.

L'art. 9 introduit dans l'examen des matières qui ne font pas partie du programme obligatoire de la licence. Par cette mesure, le Conseil a voulu encourager les études spéciales. La note qu'obtiendra le candidat s'ajoutera au total des points, le minimum nécessaire pour être admis restant le même. C'est le candidat qui demande à être interrogé sur ces matières. Ajoutons ce passage :

« Le Conseil, qui n'a pas fait de programmes, a décidé que pour chacune des épreuves orales il serait établi un certain nombre de questions numérotées qui seraient tirées au sort. Il s'est seulement proposé par cette mesure de varier les interrogations, voulant éviter, ce qui arrive quelquefois, une certaine tendance des juges à rester dans le même cercle ; comme on le verra, ces questions sont très étendues ; elles divisent seulement en dix parties chacune des matières qui font l'objet d'une interrogation. Il est fait exception pour l'histoire du moyen âge et l'histoire moderne réunies, ainsi que pour les littératures grecque et romaine, qui comptent vingt numéros. »

Signalons les circulaires des 8 septembre 1879 et 1er octobre 1880 sur la préparation aux grades (la circulaire du 1er octobre parle aussi des bibliothèques), le rapport de M. Geoffroy sur le résultat des examens (*Journal officiel*, 9 octobre 1880).

Les questions numérotées annoncées ci-dessus ont été données par la circulaire ministérielle du 5 août 1881. On trouvera cette circulaire au *Journal officiel* du 12 août 1881. (Il va sans dire qu'elle est aussi insérée dans les publications spéciales, le *Bulletin du ministère de l'instruction publique*, le *Journal général*, etc., mais nous n'indiquons ici que le *Journal officiel*.)

**208.** *Licence en droit.* (D. 28 déc. 1880, sauf l'art. 10 qui est de 1882 ; nous le guillemettons.)

Art. 1er. La durée des études pour obtenir le grade de licencié en droit est de trois ans.

Les étudiants doivent prendre douze inscriptions trimestrielles, suivre les cours correspondant à chaque année et subir trois examens.

Chaque faculté arrête, par un règlement intérieur, sous l'approbation du recteur, les moyens propres à assurer la présence des élèves au lieu où elle siège et leur assiduité aux cours.

Art. 2. La première inscription doit être prise au commencement du 1er trimestre de l'année scolaire.

Le ministre peut, pour des motifs graves, après avis de la Faculté, accorder l'autorisation de prendre cumulativement les deux premières inscriptions au 2e trimestre.

En aucun cas, la scolarité ne peut être commencée après le 15 janvier. Aucune dispense ne sera accordée.

Art. 3. Le cours des inscriptions est suspendu pendant le temps passé sous les drapeaux dans l'armée active par les engagés conditionnels d'un an.

Tout étudiant doit, lors de chaque inscription, déclarer qu'il n'est pas en activité de servive comme engagé conditionnel d'un an.

Les déclarations fausses entraînent l'application des peines établies par l'art. 7 du statut du 9 avril 1825 et l'art. 3 de l'arrêté du 28 octobre 1833.

Art. 4. Il est établi : 1° en première année, un cours d'histoire générale du droit français public et privé ; 2° en troisième année, un cours de droit international privé.

La thèse de licence et la composition écrite qui précède actuellement le quatrième examen (deuxième de licence) sont supprimées.

Art. 5. Chaque étudiant subit, à la fin de l'année scolaire, un examen portant sur toutes les matières enseignées pendant l'année.

Le deuxième examen confère le grade de bachelier en droit ; le troisième, celui de licencié en droit.

Les trois examens sont divisés en deux parties, subies chacune, à deux jours consécutifs, devant un jury composé de trois examinateurs.

Ils portent sur les objets suivants :

|  | 1re année (1er de baccalauréat). |
|---|---|
| 1re partie. | Droit romain. Histoire générale du droit français. |
| 2e — | Code civil. Droit criminel. |
|  | 2e année (2e de baccalauréat). |
| 1re partie. | Droit romain. Économie politique. |
| 2e — | Code civil. Procédure civile. |
|  | 3e année (examen de licence). |
| 1re partie. | Droit administratif. Droit commercial. |
| 2e — | Code civil. Droit international privé. |

Chaque partie de l'examen donne lieu à trois suffrages.

Chacune des matières de l'épreuve fait nécessairement l'objet d'une interrogation ; une troisième interrogation porte, au gré du troisième examinateur, sur l'une ou sur l'autre de ces matières.

Art. 6. Tout candidat qui a mérité une boule noire et une rouge-noire, ou trois rouges-noires, est ajourné.

Le candidat admis à la première ou à la seconde partie de l'examen et ajourné sur l'autre, conserve le bénéfice de la partie où il a réussi.

Art. 7. L'examen de la première année doit être subi après la quatrième inscription et avant la cinquième ; l'examen de seconde année, après la huitième inscription et avant la neuvième ; l'examen de troisième année ne peut être subi qu'après la douzième inscription.

A cet effet, il est tenu deux sessions ordinaires à la fin et au commencement de l'année scolaire, en juillet et en novembre ; la date de l'ouverture des sessions est arrêtée par la Faculté sous l'approbation du recteur. Aucun examen isolé ou collectif ne peut avoir lieu *extra tempora*.

Tout étudiant doit, à moins d'une autorisation du recteur, qui n'est accordée que sur l'avis du doyen et pour cause grave, subir l'examen de fin d'année à la session de juillet ; sont seuls admis à se présenter en novembre ceux qui ont été ajournés à la session de juillet ou autorisés à ne pas se présenter à cette session.

L'étudiant qui n'a passé à la session de novembre ni l'une ni l'autre des deux parties de l'examen de l'année scolaire précédente, soit qu'il n'ait pas subi les épreuves, soit qu'il ait été refusé, est ajourné à la session de fin d'année de l'année suivante ; il ne peut prendre aucune inscription pendant le cours de cette année.

L'étudiant qui a été admis à une partie de l'examen, soit à la session du juillet, soit à celle de novembre, peut se présenter pour l'autre partie à une session spéciale qui a lieu au commencement de janvier ; au cas d'admission, il peut prendre rétroactivement l'inscription de novembre conjointement avec celle de janvier ; en cas d'ajournement, il est définitivement renvoyé à la fin de l'année scolaire, avec suspension du cours des inscriptions.

Art. 8. Les étudiants qui n'ont passé l'examen de fin d'année qu'à la session de novembre peuvent prendre la cinquième ou la neuvième inscription jusqu'au 30 novembre.

Art. 9. Tout élève doit subir l'examen de fin d'année dans la Faculté où il a pris les deux dernières inscriptions de l'année courante.

Tout élève ajourné doit se représenter devant la Faculté qui a prononcé l'ajournement.

Il ne peut être dérogé à ces règles que par le recteur, sur l'avis de la Faculté compétente. (*D. de* 1880.)

Art. 10. « Les inscriptions non suivies d'épreuve ne sont valables, outre l'année courante, que pour les deux années scolaires qui suivent la session de juillet où l'examen en vue duquel elles ont été prises aurait dû être subi ; passé ce délai, elles sont périmées.

« Elles sont également périmées en cas d'ajournement, si l'épreuve n'a pas été renouvelée dans le même délai ; si elle est renouvelée en temps utile, les inscriptions, en cas de nouvel ajournement, restent valables pour l'année scolaire qui suit celle pendant laquelle a eu lieu le dernier ajournement.

« Dans tous les cas, le bénéfice des examens subis avec succès reste acquis.

« Pour les élèves soumis au régime ancien, les inscriptions ne sont valables, outre l'année courante, que pour les deux années scolaires qui suivent celle pendant laquelle l'examen, en vue duquel elles ont été prises, aurait dû régulièrement être subi, ou, en cas d'ajournement, aurait pu être renouvelé ; en cas de renouvellement en temps utile, elles restent valables pour l'année scolaire qui suit celle pendant laquelle a eu lieu le dernier ajournement.

« Le temps passé sous les drapeaux, dans l'armée active, n'est pas compté dans le délai entraînant la péremption. » (*D.* 22 *juillet* 1882.)

Art. 11. Les professeurs titulaires peuvent ouvrir, dans les salles de la Faculté, des conférences spéciales sur les matières de leur enseignement.

Ces conférences sont gratuites. (*D. de* 1880.)

Art. 12. Il n'est rien innové quant aux examens de capacité et aux examens de doctorat ; les règlements actuellement suivis restent en vigueur.

Toutefois, l'art. 6, § 1ᵉʳ, est applicable aux examens de capacité.

Art. 13. Les dispositions des art. 1, 2, 3, 4, 6, § 1, 9, 10, 11, 12, § 2, du présent décret sont exécutoires à partir du jour de la promulgation. Les art. 5, 6, § 2, 7, 8, relatifs au régime des examens, sont obligatoires à partir de la même date, pour les étudiants qui ont pris leur première inscription à partir de l'année scolaire 1880-1881.

Les étudiants inscrits antérieurement peuvent, jusqu'à la fin de l'année scolaire 1882-1883, choisir entre le nouveau mode d'examen et le mode antérieur.

Toutefois, les étudiants ayant passé soit le second, soit le troisième examen d'après l'ancien régime, restent soumis à ce régime pour les autres examens de licence.

À partir du 1ᵉʳ novembre 1884, le présent décret sera seul en vigueur.

Art. 14. Sont abrogées les dispositions antérieures contraires au présent décret.

**209.** *Droits d'examen pour la licence en droit.* (*D.* 8 *janv.* 1881.)

Art. 1ᵉʳ. Les droits d'examen, de certificat d'aptitude et de diplôme à percevoir au profit du Trésor, pour la licence en droit, telle qu'elle est organisée par le décret du 28 décembre 1880, restent fixés à la somme de 740 fr., conformément à l'art. 22 du décret du 22 août 1854.

Ils sont répartis de la manière suivante :

*1ᵉʳ Examen du baccalauréat :*

Épreuves. — Deux à 60 fr. . . . . . . . 120 } 180
Certificats d'aptitude. — Deux à 30 fr. . . . . 60 }

*2ᵉ Examen du baccalauréat :*

Épreuves. — Deux à 60 fr. . . . . . . . 120 }
Certificats d'aptitude. — Deux à 30 fr. . . . . 60 } 280
Diplôme, 100 fr. . . . . . . . . . . . 100 }

*Examen de licence :*

Épreuves. — Deux à 60 fr. . . . . . . . 120 }
Certificats d'aptitude. Deux à 30 fr. . . . . . 60 } 280
Diplôme, 100 fr. . . . . . . . . . . . 100 }

Art. 2. Tout candidat consignera en même temps les droits afférents aux deux parties de l'examen,

Savoir :

1° Pour le premier examen de baccalauréat, 180 fr.

En cas d'ajournement, les droits de certificat d'aptitude (30 fr. par acte) seront remboursés.

2° Pour le deuxième examen de baccalauréat et pour l'examen de licence, 280 fr.

En cas d'ajournement, les droits de certificat d'aptitude (30 fr. par acte) et le diplôme seront remboursés.

Le candidat admis seulement à une partie de l'examen devra, quand il consignera à nouveau,

pour la seconde, acquitter les droits afférents à celle-ci (90 fr.) et, en outre, s'il s'agit du deuxième baccalauréat ou de l'examen de licence, le droit de diplôme.

**Sect. 4. — Les professeurs des Facultés.**

**210.** *Traitement.* Les traitements des professeurs des Facultés et des Écoles supérieures de pharmacie sont établis conformément au tableau ci-après par le décret du 11 février 1881 :

| PARIS. | | | DÉPARTEMENTS. | | |
|---|---|---|---|---|---|
| Classes. | | Nombre de professeurs par classe. | Classes. | | Nombre de professeurs par classe. |
| *Facultés de théologie catholique* [1]. | | | | | |
| 1ʳᵉ classe . | 6,500ᶠ | 5 | 1ʳᵉ classe . | 5,500ᶠ | 4 |
| 2ᵉ classe . | 5,500 | 2 | 2ᵉ classe . | 4,500 | 10 |
| | | | 3ᵉ classe . | 3,500 | 8 |
| *Facultés de théologie protestante.* | | | | | |
| 1ʳᵉ classe . | 8,000ᶠ | 5 | 1ʳᵉ classe . | 6,500ᶠ | 2 |
| 2ᵉ classe . | 6,500 | 1 | 2ᵉ classe . | 5,500 | 3 |
| | | | 3ᵉ classe . | 4,500 | 2 |
| *Facultés de droit.* | | | | | |
| 1ʳᵉ classe . | 15,000ᶠ | 17 | 1ʳᵉ classe . | 11,000ᶠ | 8 |
| 2ᵉ classe . | 12,000 | 4 | 2ᵉ classe . | 10,000 | 10 |
| | | | 3ᵉ classe . | 8,000 | 50 |
| | | | 4ᵉ classe . | 6,000 | 30 |
| *Facultés de médecine.* | | | | | |
| 1ʳᵉ classe . | 15,000ᶠ | 25 | 1ʳᵉ classe . | 11,000ᶠ | 3 |
| 2ᵉ classe . | 12,000 | 6 | 2ᵉ classe . | 10,000 | 4 |
| | | | 3ᵉ classe . | 8,000 | 18 |
| | | | 4ᵉ classe . | 6,000 | 11 |
| *Facultés des sciences.* | | | | | |
| 1ʳᵉ classe . | 15,000ᶠ | 15 | 1ʳᵉ classe . | 11,000ᶠ | 10 |
| 2ᵉ classe . | 12,000 | 4 | 2ᵉ classe . | 10,000 | 11 |
| | | | 3ᵉ classe . | 8,000 | 50 |
| | | | 4ᵉ classe . | 6,000 | 30 |
| *Facultés des lettres.* | | | | | |
| 1ʳᵉ classe . | 15,000ᶠ | 13 | 1ʳᵉ classe . | 11,000ᶠ | 8 |
| 2ᵉ classe . | 12,000 | 3 | 2ᵉ classe . | 10,000 | 9 |
| | | | 3ᵉ classe . | 8,000 | 43 |
| | | | 4ᵉ classe . | 6,000 | 27 |
| *Écoles supérieures de pharmacie.* | | | | | |
| 1ʳᵉ classe . | 11,000ᶠ | 7 | 1ʳᵉ classe . | 8,500ᶠ | 2 |
| 2ᵉ classe . | 9,000 | 2 | 2ᵉ classe . | 7,500 | 5 |
| | | | 3ᵉ classe . | 6,500 | 3 |

**211.** *Mise à la retraite.* Le décret du 4 novembre 1882 est ainsi conçu :

Art. 1ᵉʳ. Les professeurs titulaires des Facultés, des écoles supérieures, de plein exercice et préparatoires, des lycées et collèges qui réunissent les conditions légales pour être admis à la retraite, ne peuvent y être admis que sur leur demande ou après que le ministre a pris l'avis de la section permanente du Conseil supérieur de l'instruction publique.

Les délibérations de la section dans les affaires de cet ordre, ne sont valables que si la moitié plus un des membres sont présents.

Art. 2. Le décret du 13 avril 1875 est abrogé.

**212.** Le décret du 30 juillet 1883 règle la discipline des Facultés ; on le trouve au *Journal officiel* du 2 août suivant.

**Sect. 5. — Doctorat.**

**213.** Nous indiquons ici quelques dates.

*Doctorat en droit.* Il est réglé par le décret du 20 juillet 1882. (Voy. aussi le décret du 28 *déc.* 1878.)

1. Supprimée par la loi de finances de 1885.

**214.** *Médecine.* Durée des études et examens. Décret 20 juin 1878. Les articles 4 et 5 de ce décret sont modifiés par ceux du 23 juillet 1882 (deux décrets de même date).

Le décret du 1er août 1883 réorganise les écoles de médecine et de pharmacie.

Un autre décret de même date fixe la durée des études pour l'obtention du titre d'officier de santé.

Décret du 30 juillet concernant les Facultés et Écoles supérieures de plein exercice. (*Voy.* **Médecine (Exercice de la)**.

### Sect. 6. — Cours libres.

**215.** Le décret du 24 juillet 1883, le Conseil supérieur de l'instruction publique entendu, dispose ce qui suit :

Art. 1er. Il peut être fait, dans les Facultés, des cours libres par des professeurs qui n'appartiennent pas au personnel des Facultés.

Art. 2. *Facultés des lettres et des sciences.* Tout docteur ès lettres ou ès sciences peut être autorisé à faire, dans les Facultés de l'État, des cours libres correspondant à l'ordre d'études pour lequel il a été reçu docteur.

Cette autorisation est donnée par le ministre, sur la proposition ou après avis de la Faculté près de laquelle les cours seront ouverts et sur un rapport spécial du recteur.

Sont assimilés aux docteurs les professeurs des divers établissements d'enseignement supérieur de l'État, les membres et les correspondants de l'Institut.

Art. 3. La même autorisation peut être accordée, après avis conforme de la Faculté, à des personnes non pourvues du titre de docteur, qui justifient d'études spéciales sur les matières devant faire l'objet de leur enseignement.

Art. 4. Dans l'un et l'autre cas, l'autorisation ne peut être accordée pour plus d'une année.

Elle peut être renouvelée dans les conditions prescrites par les articles 2 et 3.

Elle peut être toujours être retirée par le ministre, après avis ou sur la proposition de la Faculté.

Art. 5. Les affiches annonçant les cours libres ne peuvent être publiées que par les soins de la Faculté.

Les cours libres sont assimilés, au point de vue de la surveillance et de la discipline, aux cours de la Faculté.

Art. 6. Les cours libres sont publics ou privés. L'admission aux cours libres publics est subordonnée aux mêmes conditions que l'admission aux cours de la Faculté.

Ne sont admis aux cours privés que les auditeurs agréés par le professeur. Toutefois, l'entrée des cours libres, même privés, appartient à tout membre de la Faculté et de l'administration académique.

Art. 7. Les dépenses auxquelles donnent lieu les cours libres sont à la charge du professeur; elles sont arrêtées en commun par le doyen et le professeur sous l'approbation du recteur.

L'autorisation de faire un cours libre ne crée aucun droit à l'emploi des instruments, appareils, etc., ni à l'emploi du personnel de la Faculté.

Art. 8. Les cours privés peuvent donner lieu, au profit du professeur, à la perception d'une rétribution payée par les auditeurs.

Art. 9. Les cours libres peuvent être annuels, semestriels ou trimestriels. Ils doivent comprendre au moins dix leçons par trimestre.

Art. 10. *Facultés de médecine.* Les cours libres de la Faculté de médecine de Paris restent soumis aux prescriptions de l'arrêté du 9 février 1881.

Chaque Faculté de médecine, chaque École supérieure de pharmacie soumettra à l'approbation du ministre un règlement relatif aux cours libres. (*Voy.* **Médecine (Exercice de la)**.

Art. 11. *Facultés de droit.* Le présent décret pourra, par arrêté ministériel, être rendu applicable aux Facultés de droit sur leur demande.

**216.** *Formalités à remplir.* Un arrêté ministériel du 24 juillet 1883 est ainsi conçu :

Art. 1er. La demande à l'effet d'ouvrir des cours libres dans les Facultés de l'État est adressée au doyen.

Cette demande fait connaître :

1° Les grades, titres du candidat et les ouvrages qu'il a publiés ;

2° Les fonctions qu'il a exercées ;

3° Le programme détaillé du cours qu'il veut professer.

Art. 2. Toute demande doit être déposée avant le 1er juillet de chaque année pour les cours qui seront faits dans le premier semestre, et avant le 1er février pour les cours qui seront faits dans le deuxième semestre.

Art. 3. Procès-verbal de la délibération de la Faculté ou de l'école est envoyé au recteur, qui en fait rapport au ministre.

**217.** *Droit de bibliothèque.* La loi de finances du 29 décembre 1882, art. 22, dispose que le droit de bibliothèque (10 fr.) sera payé lors de la première des quatre inscriptions scolaires prises chaque année dans les Facultés de l'État.

### Sect. 7. — Décisions diverses.

**218.** *Jury pour les thèses soutenues dans les Facultés des lettres* (*D.* 20 juill. 1882) :

Art. 1er. A toute soutenance de thèse dans les Facultés de lettres, le jury doit comprendre au moins trois docteurs ès lettres chargés dans une Faculté de l'État de l'enseignement auquel chacune des thèses se rapporte : philosophie, histoire, lettres, grammaire.

Pour compléter le jury, le recteur peut aussi, sur l'avis de la Faculté, proposer au ministre un docteur ès lettres dont les travaux se rapportent à l'ordre d'études auquel appartient la thèse présentée.

**219.** *Inscriptions pendant le temps passé sous les drapeaux* (*D.* 21 juill. 1882):

Art 1er. L'art. 3 du décret du 28 décembre 1880 est modifié ainsi qu'il suit :

« Le cours des inscriptions est suspendu pendant le temps passé sous les drapeaux de l'armée active par les engagés conditionnels d'un an et par les jeunes gens qui, en Algérie, aux termes de l'art. 28 de la loi du 6 novembre 1875, ne sont astreints qu'à une année de présence effective.

« Tout étudiant doit, lors de chaque inscription, déclarer qu'il n'est pas en activité de service, soit comme engagé conditionnel d'un an, soit comme soldat appartenant à la catégorie visée par la loi précitée.

« Les déclarations fausses entraînent l'application des peines établies par les art. 6 et 8 du statut du 9 avril 1825. »

**220.** *Secrétaires et agents comptables.* Leur organisation est fixée par le décret du 25 juillet 1882, et ce qui concerne la perception des droits par le décret du 25 novembre 1882. (Voy. les *Suppléments annuels.*)

**INVALIDES.** (*Dict.*) **1.** Le décret du 21 mars 1882 modifie ainsi qu'il suit l'organisation de l'Hôtel des Invalides :

Art. 1er. Les articles 4 et 5 du décret du 29 juin 1863 sur l'institution et l'organisation de l'Hôtel des Invalides sont modifiés ainsi qu'il suit :

Art. 4. Nul ne peut être admis à l'Hôtel des Invalides s'il n'est en possession d'une pension militaire de retraite.

Les admissions ont lieu dans l'ordre de priorité ci-après :

1° Les militaires pensionnés pour perte de la vue, perte de deux membres, perte d'un membre, cette dernière blessure occasionnant une incapacité absolue de tout travail productif ;

2° Les militaires pensionnés pour ancienneté de service et âgés de soixante ans au moins, qui ne pourraient recevoir dans leurs familles les soins nécessaires ;

3° Les Français titulaires de pensions concédées à titre de combattant de juillet 1830 ;

4° Les sous-officiers et soldats des bataillons de garde mobile pensionnés pour blessures reçues dans les journées de juin 1848.

Art. 5. A défaut de postulants réunissant les conditions énoncées dans l'article précédent, peuvent également être admis à l'Hôtel des Invalides :

1° Les militaires pensionnés justifiant de blessures ou d'infirmités équivalentes au moins à la perte absolue de l'usage d'un membre et entraî-

nant une incapacité absolue de tout travail productif ;

2° Les militaires pensionnés pour blessures ou infirmités non équivalentes à la perte absolue de l'usage d'un membre, et âgés de soixante-dix ans révolus.

L'admission pour ces deux catégories d'anciens militaires ne pourra, toutefois, être autorisée que dans le cas où ils ne pourraient recevoir les soins nécessaires dans leurs familles.

Les mêmes dispositions sont applicables aux officiers jouissant, en vertu de la loi du 19 mai 1834, d'une pension de réforme, pourvu, toutefois, qu'ils n'aient pas été écartés de l'armée par mesure de discipline.

2. Le *Journal officiel* a publié le 29 mai 1883 un rapport adressé par le ministre de la guerre au Président de la République et un décret présidentiel qui modifie l'organisation de l'Hôtel des Invalides. Les fonctions de gouverneur des Invalides sont supprimées ; toutes les attributions du commandement et d'administration, confiées au gouverneur par le décret du 29 juin 1863, sont conférées au général commandant, qui les cumulera avec celles qui lui étaient assignées par le même décret. Le service du culte sera assuré par un aumônier militaire.

Le ministre a rappelé que les discussions parlementaires ont fait ressortir la nécessité d'apporter certaines réformes dans l'organisation qui régit depuis 1863 l'institution des invalides de la guerre ; on doit, en particulier, tenir compte des améliorations apportées par les lois récentes au taux des pensions militaires, et dont l'effet a été de diminuer sensiblement le nombre des admissions à l'Hôtel ; le chiffre de 400 invalides ne sera dorénavant que rarement atteint. Aussi le personnel affecté à l'Hôtel des Invalides par le décret du 29 juin 1863 est-il plus considérable qu'il n'est nécessaire. Il existait aux Invalides un général qui était chargé du commandement militaire de l'Hôtel, c'est à lui qu'on attribuera désormais les fonctions de gouverneur général. En même temps, on réduit dans des proportions convenables le nombre des infirmiers, servants et sœurs de charité. Les économies qui résulteront de ces réductions atteindront la somme de 160,000 fr. environ.

**INVALIDES DE LA MARINE.** *Voy.* **Caisse des invalides,** *etc.*

**IRRIGATION ET USINE.** *Voy.* **Cours d'eau non navigable.**

# J

**JEUNES DE LANGUES.** (*Dict.*) Un arrêté du 6 août 1880 du ministre des affaires étrangères dispose ce qui suit :

Art. 1er. Les élèves dits « jeunes de langues » entretenus au lycée de Vanves ou au lycée Louis-le-Grand, aux frais du ministère des affaires étrangères en vue du recrutement du drogmanat et de l'interprétariat, subiront, à la fin de chaque année scolaire, un examen, à la suite duquel ils seront rendus à leurs familles s'ils n'ont pas fait preuve d'aptitudes ou de progrès suffisants, sans préjudice de la révocation qu'ils encourraient, à toute époque pour cause d'inconduite.

Art. 2. Le ministre des affaires étrangères accordera, s'il y a lieu, aux « jeunes de langues » qui, à l'issue de leurs études classiques, auront obtenu le diplôme de bachelier ès lettres, une subvention annuelle de 1,200 fr. pour suivre les cours de l'École des langues orientales vivantes. Cette subvention leur sera continuée pendant trois ans, pourvu qu'ils passent un examen satisfaisant à la fin de la première et de la deuxième année scolaire.

Art. 3. Ceux d'entre eux qui seront diplômés à l'expiration de la troisième année seront, au fur et à mesure des vacances et par ordre de mérite, appelés à un emploi dans le drogmanat ou dans l'interprétariat.

Art. 4. Les parents des « jeunes de langues » devront, à l'avenir, prendre l'engagement écrit de rembourser au ministère des affaires étrangères le montant des frais d'études ou de la subvention de leurs enfants à l'École des langues orientales vivantes dans le cas où ceux-ci renonceraient volontairement à la carrière du drogmanat ou de l'interprétariat. (*Voy.* **Drogman,** notamment le rapport du ministre.)

**JOURNAL OFFICIEL.** (*Dict.*) **1.** La loi du 28 décembre 1880 a réglé en ces termes la question du *Journal officiel :*

Art. 1er. Le ministre de l'intérieur et des cultes est autorisé à acquérir de la Société anonyme Alfred Wittersheim et Cie, moyennant le prix de un million sept cent mille francs (1,700,000 fr.) :

1° L'immeuble que cette Société possède, quai Voltaire, n° 31, à Paris, et qui sert actuellement à l'impression et à la publication des journaux officiels ;

2° L'outillage, le matériel et le mobilier administratif actuellement affectés au service de ces journaux.

Art. 2. Il est ouvert au ministre de l'intérieur et des cultes, sur le budget 1880, un crédit extraordinaire de un million sept cent cinquante mille francs (1,750,000 fr.) destiné à : 1° payer le montant en principal de ladite acquisition ; 2° payer les frais de timbre et de purge des hypothèques, ainsi que les intérêts du prix d'achat jusqu'à complet versement; 3° pourvoir aux frais de réfection partielle du matériel d'imprimerie contenu dans ledit immeuble.

Ce crédit fera l'objet d'un chapitre spécial qui portera le n° 45 et sera intitulé : « Rachat de l'immeuble, de l'outillage et du matériel de la Société anonyme du *Journal officiel*. »

Art. 3. Il sera pourvu au crédit extraordinaire ci-dessus au moyen des ressources générales du budget ordinaire de l'exercice 1880.

Art. 4. Le service de la composition, de l'impression et de la publication du *Journal officiel* fera partie du budget général de l'État. Les frais d'exploitation en régie du *Journal officiel* seront classés parmi les dépenses du ministère de l'intérieur et des cultes, et le montant des abonnements, annonces légales et judiciaires, et autres produits dérivant de ladite exploitation, sera appliqué aux produits divers du budget ordinaire.

Art. 5. Il est ouvert au ministre de l'intérieur et des cultes, sur l'exercice 1881, au delà des crédits accordés par la loi de finances de cet exercice, des crédits supplémentaires montant à la somme de neuf cent dix-neuf mille six cent six francs (919,606 fr.), lesquels sont et demeurent répartis ainsi qu'il suit :

1re SECTION. — SERVICE DU MINISTÈRE DE L'INTÉRIEUR.

| | | |
|---|---|---|
| Cn. XXXVIII. | Dépenses fixes du personnel administratif et d'exploitation du *Journal officiel* . . . . . . . | 74,300 fr. |
| Cn. XXXIX. | Dépenses fixes du matériel administratif et d'exploitation du *Journal officiel* . . . . . . . . | 24,700 |
| Cn. XL. | Dépenses d'exploitation du *Journal officiel* non susceptibles d'une évaluation fixe. (Personnel et matériel.) . . . . . . . . | 820,606 |

Il sera pourvu aux crédits supplémentaires ci-dessus au moyen des ressources du budget ordinaire de l'exercice 1881.

Art. 6. La nomenclature des services pouvant seuls donner ouverture à des crédits supplémentaires pendant l'exercice 1881 (état G annexé à la loi du budget de cet exercice) est ainsi complétée.

MINISTÈRE DE L'INTÉRIEUR.

5° Dépenses d'exploitation du *Journal officiel* non susceptibles d'une évaluation fixe. (Personnel et matériel.)

Art. 7. Les prévisions des recettes au budget ordinaire de l'exercice 1881 sont augmentées d'une somme de sept cent cinquante-huit mille cinq cents francs (758,500 fr.), qui sera appliquée aux produits divers du budget ordinaire sous le titre de : *Produits de l'exploitation en régie du* Journal officiel.

Le décret du 30 décembre 1880 fixe les détails de l'exécution de cette loi. (*Suppl.* de 1881.)

2. Les préfets et les sous-préfets sont tenus de recevoir le *Journal officiel* et de le payer sur le fonds d'abonnement. La circulaire du ministre de l'intérieur du 14 décembre 1878 qui l'ordonne, ajoute ce qui suit :

« J'ai dû, en conséquence, prescrire au directeur du *Journal officiel* de servir d'office l'abonnement à tous les préfets et sous-préfets, à partir du 1er janvier 1879, *aux frais des destinataires*.

« En avisant MM. les sous-préfets de votre département de cette mesure, vous voudrez bien leur rappeler qu'un registre doit être ouvert dans leurs bureaux pour y mentionner chaque jour exactement l'arrivée du journal, et que la collection des journaux devra être reliée et conservée comme faisant partie des archives de l'administration. Vous vous conformerez en ce qui vous concerne aux mêmes recommandations.

« La dépense de l'abonnement, dont j'aurais désiré ne pas faire une charge nouvelle pour les administrateurs des départements et arrondissements, devra, en l'absence de crédit spécial, être imputée sur la partie du crédit du chapitre iv destinée aux frais matériels d'administration des préfectures et des sous-préfectures.

« Les préfets et les sous-préfets adresseront directement le prix de l'abonnement (40 fr. par an, 10 fr. par trimestre) au directeur du *Journal officiel*. En cas de mutation au cours de l'année ou du trimestre, la valeur de l'abonnement restant à courir sera comprise dans le règlement de compte que le fonctionnaire arrivant fait habituellement avec son prédécesseur pour la cession des fournitures laissées dans les bureaux. »

3. Le ministre de l'intérieur rappelle, le 22 juin 1883, aux préfets, que c'est sur le produit des amendes de police correctionnelle que s'impute l'abonnement des communes au *Journal officiel* et prescrit le mode d'exécution.

4. Le décret du 31 mars 1882 modifie ainsi qu'il suit l'art. 10 du décret du 30 décembre 1880 :

Une remise de 5 p. 100 du prix des abonnements pourra être concédée aux libraires et commissionnaires qui feront parvenir les abonnements au *Journal officiel*.

Cette remise sera imputée sur les crédits relatifs à l'exploitation en régie du *Journal officiel*.

5. Un décret du 27 avril 1882 porte qu'une remise de sept centimes (0,07) par numéro pourra être concédée aux commissionnaires chargés de la vente au numéro du *Journal officiel*.

Cette remise sera imputée sur les crédits relatifs à l'exploitation en régie du *Journal officiel*.

6. Le décret du 21 janvier 1884 réorganise ainsi le *Journal officiel* :

Art. 1er. Le cadre du personnel fixe du *Journal officiel* comprend :

1° *Administration.*

1 Directeur.
1 Chef du service administratif.
7 Employés.

2° *Rédaction.*

1 Secrétaire de la rédaction.
1 Secrétaire adjoint.
8 Rédacteurs.

3° *Caisse et Comptabilité.*

1 Chef de service, caissier.
2 Employés.
1 Garçon de recette.

Art. 2. Les traitements sont fixés ainsi qu'il suit :

| | | |
|---|---|---|
| Directeur . . . . . . . . | 1re classe . . . . | 12,000 fr. |
| | 2e classe . . . . | 11,000 |
| | 3e classe . . . . | 10,000 |
| Secrétaire de la rédaction. Caissier et chef du service des abonnements et annonces . . . . . . . . . | 1re classe . . . . | 7,000 |
| | 2e classe . . . . | 6,500 |
| | 3e classe . . . . | 6,000 |
| Secrétaire adjoint . . . . | 1re classe . . . . | 5,000 |
| | 2e classe . . . . | 4,500 |
| | 3e classe . . . . | 4,000 |
| Rédacteurs . . . . . . . | 1re classe . . . . | 4,000 |
| | 2e classe . . . . | 3,500 |
| | 3e classe . . . . | 3,000 |
| | 4e classe . . . . | 2,500 |
| Employés . . . . . . . | 1re classe . . . . | 4,000 |
| | 2e classe . . . . | 3,700 |
| | 3e classe . . . . | 3,300 |
| | 4e classe . . . . | 3,000 |
| | 5e classe . . . . | 2,700 |
| | 6e classe . . . . | 2,400 |
| | 7e classe . . . . | 2,100 |
| Garçon de recette. | 1re classe . . . . | 2,100 |
| | 2e classe . . . . | 1,900 |
| | 3e classe . . . . | 1,700 |

Art. 3. Nul ne sera promu à une classe supérieure, s'il n'a au moins deux années d'exercice dans celle à laquelle il appartient.

Art. 4. L'exécution des dispositions de l'art. 2 du présent décret est subordonnée aux crédits que les Chambres pourront mettre à la disposition du ministre de l'intérieur.

Art. 5. Le ministre de l'intérieur est chargé de l'exécution du présent décret qui sera inséré au Bulletin des lois.

Donnons le décret du 31 décembre 1884 qui paraît au moment de mettre sous presse.

Art. 1er. Le Bulletin des Communes est supprimé.

Art. 2. A partir du 1er janvier 1885, les communes autres que les chefs-lieux de canton recevront en échange une feuille hebdomadaire en placard, publiée par l'administration du Journal officiel, rédigée par les soins et sous la surveillance du ministre de l'intérieur et contenant les lois, décrets et instructions du Gouvernement, reproduits textuellement ou par analyse, et, dans la mesure du possible, les travaux de la Chambre des députés et du Sénat.

Cette publication officielle, qui aura pour titre : JOURNAL OFFICIEL, Édition des Communes, sera affichée dans chaque commune au lieu le plus apparent.

Art. 3. Le prix d'abonnement en est fixé à quatre francs par an. Il sera, comme le Bulletin des Communes, acquitté par les communes et porté aux budgets à titre de dépense obligatoire.

JOURNAUX. (Dict., v° Presse.)

1. Législation sur la presse. (Voy. Presse.)

2. Abonnements par la poste. Par décret en date du 24 juillet, le droit de 3 p. 100 fixé par la loi du 5 avril 1879 pour les abonnements aux journaux, revues, etc., est, à partir du 1er août 1880, abaissé à 1 p. 100, plus un droit fixe de 10 c. par abonnement.

JUGES CONSULAIRES. Voy. Élections.

JURIDICTIONS CIVILES, CRIMINELLES, etc. (Dict.) Cour d'assises. Résumé du président. La loi du 19 juin 1881 modifie ainsi qu'il suit l'art. 336 du Code d'instruction criminelle :

« Art. 336. Le président, après la clôture des débats, ne pourra, à peine de nullité, résumer les moyens de l'accusation et de la défense.

« Il rappellera aux jurés les fonctions qu'ils auront à remplir, et il posera les questions ainsi qu'il sera dit ci-après. »

Art. 2. La présente loi est applicable aux colonies de la Martinique, de la Guadeloupe et de la Réunion. (Voy. Organisation judiciaire.)

# L

LABORATOIRES MUNICIPAUX. Il a été créé par le décret du 27 septembre 1883, auprès du ministère du commerce, un comité consultatif des laboratoires municipaux et départementaux. Il est chargé d'émettre des avis :

1° Sur les rapports qui lui seront soumis, soit par les chefs et directeurs de laboratoires, soit par les autorités municipales et départementales ;

2° Sur les méthodes à employer dans les laboratoires pour l'analyse et l'examen des diverses denrées alimentaires ;

3° Sur les moyennes au-dessus et au-dessous desquelles lesdites denrées seraient déclarées mouillées ou falsifiées.

4° Enfin, et d'une manière générale, sur toutes les questions techniques se rapportant au fonctionnement des laboratoires établis, soit par les départements, soit par les communes.

Nous lisons ce qui suit dans le rapport ministériel qui motive cette création :

« Le laboratoire municipal, établi à Paris, en 1878, en vue de faciliter la répression des falsifications qui se pratiquent sur les denrées alimentaires, a rendu des services si évidents, que plusieurs villes des départements ont installé ou se proposent d'installer des laboratoires du même genre. Les villes de Lille, Reims, Bordeaux, Brest, Saint-Étienne, etc., sont entrées dans cette voie, et, dans les Bouches-du-Rhône, le conseil général a décidé récemment la création d'un laboratoire analogue à celui de Paris et dont la sphère d'action embrasserait tout le département.

« Bien que les mesures concernant l'inspection des denrées alimentaires rentrent, d'après la législation actuelle, dans les attributions municipales, j'ai pensé, d'accord avec le comité consultatif d'hygiène publique de France, que le Gouvernement ne pouvait se désintéresser dans une question aussi importante ; qu'il était, au contraire, de son devoir d'encourager et de soutenir, par les moyens dont il dispose, les efforts tentés par les municipalités afin de poursuivre la fraude sur le plus grand nombre de points possible. »

Après avoir indiqué quelle serait la tâche du comité, le ministre ajoute :

« Si, comme il est permis de l'espérer, les municipalités et les départements qui organiseront des laboratoires, recourent pour la direction de ces institutions, aux conseils du comité que le Gouvernement met à leur disposition, ces laboratoires arriveront bien vite à opérer, avec une unité de vues et de méthodes, sans laquelle il ne saurait y avoir de répression efficace des fraudes sur les denrées alimentaires. Il ne sera plus notamment à craindre qu'un produit déclaré falsifié, à Paris, par exemple, soit déclaré marchand dans un autre département ; qu'il ait raison à cause de la différence des moyennes. Le commerce loyal y trouvera toute garantie, ainsi que l'hygiène publique. »

LAIS ET RELAIS. Cinquante pas géométriques. (D. 21 mars 1882.)

Art. 1er. Sont modifiées ainsi qu'il suit les dispositions aux termes desquelles, à la Guadeloupe et dépendances, aucune portion des cinquante pas géométriques, réservés sur le littoral, ne peut être échangée ni aliénée.

Art. 5. Les détenteurs de terrains bâtis dans les villes, bourgs et villages, sur la zone des cinquante pas géométriques réservée à l'État, recevront des titres de propriété définitifs et incommutables :

1° Pour ceux desdits terrains occupés antérieurement au 9 février 1827 et détenus publiquement et paisiblement depuis cette époque ;

2° Pour ceux desdits terrains occupés depuis le 9 février 1827 en vertu de permissions administratives dont les conditions auront été remplies.

Art. 3. Les détenteurs de terrains bâtis situés dans l'intérieur des limites déterminées à l'art. 8 et ne remplissant pas les conditions prévues à l'art. 2, ou situés en dehors de ces limites, pourront aussi recevoir des titres de propriété, après l'instruction prévue à l'art. 9. Cette instruction porte simultanément sur la concession et sur l'établissement des servitudes dont il est parlé à l'art. 6.

Art. 4. Sont regardés comme terrains bâtis pour l'exécution des art. 2 et 3 du présent décret les terrains clos attenant aux bâtiments et en dépendant.

Art. 5. Les titres de propriété sont délivrés par le gouverneur en conseil privé.

Un plan des lieux dûment homologué est joint au titre de propriété.

Art. 6. Les propriétés ainsi constituées supportent les diverses servitudes dont l'établissement est nécessaire dans l'intérêt des tiers et des services publics.

Ces servitudes sont constatées et déterminées au titre de propriété.

Art. 7. Dans l'intérieur des villes, bourgs et villages, des concessions irrévocables de terrains non bâtis peuvent être accordées à titre gratuit ou onéreux par décrets délibérés en Conseil d'État.

Il est fait recette au budget métropolitain du produit des concessions à titre onéreux.

Art. 8. La limite des villes, bourgs et villages, dans la zone des cinquante pas géométriques, est fixée par décrets délibérés en Conseil d'État.

Art. 9. Les concessions prévues aux art. 3 et 7, l'établissement des servitudes prévues à l'art. 6, la fixation de la limite prévue à l'art. 8, ont lieu après affiches, enquête *de commodo et incommodo* et avis des services du génie militaire, de la marine, des douanes et des ponts et chaussées. (*Voy. aussi* **Rivages de la mer.**)

**LÉGALISATION.** (*Dict.*) Nous donnons, à titre de renseignement, le fait suivant, que nous n'avons pu vérifier.

« MM. de Rhortays, ancien préfet du Morbihan ; Huchet, ancien adjoint à Vannes ; de Cadoret, de Salins, Lerintier de Lébellec, de Kersauson et de Cusé, ont apposé leur signature au bas d'une pétition contre les lois Ferry ; ils ont demandé à M. Bourgault, maire de Vannes, la légalisation de ces signatures. Le maire ayant refusé, ils l'ont actionné devant le tribunal civil en réclamant chacun 300 fr. de dommages-intérêts. M. Bourgault a décliné la compétence du tribunal. Cette

exception a été admise, par ce motif que l'affaire est du ressort administratif. » (*Temps*, 13 *sept.* 1879.)

**LÉGION D'HONNEUR.** (*Dict.*) **1.** Les décisions du grand chancelier de la Légion d'honneur ne sont susceptibles d'un recours par voie contentieuse qu'autant qu'elles ont reçu la confirmation du ministre de la justice. (*Jurispr. constante.* *Voy.*, par exemple, 1er mai, 15 juin 1874.)

**2.** La loi du 20 juin 1879, que nous allons reproduire, augmente le nombre des décorations que le Gouvernement est en droit de décerner :

Art. 1er. La proportion des médailles militaires à accorder aux militaires et marins en activité de service, fixée par la loi du 25 janvier 1875 aux deux tiers des extinctions survenues parmi les décorés de cette médaille, est élevée aux quatre cinquièmes desdites extinctions.

Art. 2. La proportion des croix de chevalier et des croix des autres grades de la Légion d'honneur à accorder aux militaires et marins en activité de service, fixée par la loi du 25 juillet 1873 sur les récompenses nationales, à la moitié des extinctions survenues parmi les titulaires de ces décorations, est élevée aux trois quarts desdites extinctions.

**3.** *Maisons d'éducation.* Le décret du 30 juin, qui réorganise ces maisons, se trouve au *Journal officiel* du 10 septembre 1881.

**4.** *Agent comptable.* Le cautionnement de l'agent comptable de la Légion d'honneur réalisable en numéraire à la caisse centrale du trésor public, est fixé à la somme de vingt mille francs (20,000 fr.) (*D.* 26 *déc.* 1881.)

**5.** Cette disposition est intervenue à la suite du décret du 1er décembre 1881 qui réorganise le service de la comptabilité. Voici les articles les plus importants de ce décret :

Art. 1er. L'agent comptable de la Légion d'honneur est nommé par un décret du Président de la République, sur la proposition du ministre de la justice et après avis du ministre des finances.

En sa qualité d'agent des deniers publics, il est commissionné par le ministre des finances, conformément à l'art. 17 de l'ordonnance du 14 septembre 1822.

Art. 2. L'agent comptable est assujetti à un cautionnement qui est réalisé en numéraire à la caisse centrale du Trésor public et dont le montant est fixé par un décret rendu sur le rapport du ministre de la justice, de concert avec le ministre des finances, conformément à l'art. 14 de la loi du 8 août 1847.

Il prête serment devant la Cour des comptes.

Art. 3. Le recouvrement matériel des produits et le paiement matériel des dépenses de la grande chancellerie sont effectués, pour le compte de l'agent comptable de la Légion d'honneur, par les agents du Trésor ci-après :

A Paris, le caissier central du Trésor public, le payeur central de la dette publique et le receveur central de la Seine :

Dans les départements, les trésoriers-payeurs généraux et les receveurs particuliers des finances :

En Algérie et aux colonies, les trésoriers-payeurs et leurs préposés ;

Aux armées, les payeurs d'armée.

Art. 4. Sauf pour les traitements de la Légion d'honneur et de la médaille militaire, qui se paient sur la présentation des titres délivrés par la grande chancellerie, aucune dépense faite pour le compte de la Légion d'honneur ne peut être acquittée par les agents du Trésor que si elle a été préalablement mandatée par le grand chancelier, en sa qualité d'ordonnateur secondaire du ministère de la justice, et que si le mandat de paiement a été revêtu d'un visa de l'agent comptable.

Art. 5. Les opérations de recette et de dépense effectuées au titre du budget annexe de la Légion d'honneur sont soumises à toutes les règles prescrites par les lois de finances pour les recettes et dépenses du budget de l'État.

Aucun service à la charge du budget annexe de la Légion d'honneur ne peut être fait ou consenti que sous la responsabilité du ministre de la justice et d'après son autorisation.

Les services de recette et de dépense s'exécutent sous la direction, la surveillance et la responsabilité du grand chancelier. ( *Voy. aussi* **Décorations.**)

**LIBERTÉ DU TRAVAIL.** (*Dict.*, v° **Coalition.**) *Mise à l'index.* La mise à l'index est interdite, ainsi que l'ont jugé le tribunal de police correctionnelle, la cour d'appel de Paris et la Cour de cassation. Les faits ont été ainsi résumés par le *Journal des Débats* du 18 août 1882 :

Mme veuve Patrice est à la tête d'une entreprise de menuiserie, à Paris, rue Jules-César, 11.

Elle prétend que MM. Trotel, Raimond, Droudun, Gillard, Tortelier, Croquet, Dehès, Ambleton, Larcher, Aumaréchal et Floquin, tous ouvriers menuisiers, auraient, comme membres d'une commission exécutive de la grève des ouvriers menuisiers et à la suite d'une prétendue délibération de cette commission, mis à l'index ses ateliers et auraient fait défense aux membres de la corporation de s'y embaucher et d'y travailler.

Elle ajoute qu'au moyen de diverses communications faites au journal le *Mot d'Ordre*, dont elle impute la responsabilité à M. Valentin Simond, qu'elle considère comme le directeur-gérant responsable de ce journal, les susnommés auraient donné à cette interdiction la plus large publicité, notamment dans les numéros des 9, 16 et 22 juin dernier.

En conséquence, voyant dans cette conduite la source certaine d'un préjudice qui s'aggrave tous les jours, Mme veuve Patrice a assigné devant le tribunal correctionnel tous les ouvriers susnommés ainsi que le directeur-gérant du *Mot d'Ordre* pour s'entendre condamner solidairement à 5,000 fr. de dommages-intérêts et voir autoriser l'insertion du jugement à intervenir dans dix journaux de son choix.

La cause se présente dans cet état devant la 9e chambre du tribunal correctionnel.

M. Valentin Simond, ayant justifié qu'il n'était point gérant du *Mot d'Ordre*, et qu'il n'avait pas été dès lors régulièrement assigné, a été renvoyé des fins de la plainte.

Après avoir entendu Me Martini, avocat de Mme Patrice, partie civile, M. le substitut Flandin dans son réquisitoire, et M. Labusquière, autorisé par le président du tribunal, bien qu'il ne soit pas avocat, à présenter la défense de ses amis, la 9e chambre a rendu le jugement suivant.

Nous donnons, *in extenso*, le jugement du tribunal de police correctionnelle :

« Attendu que la loi du 26 mai 1864, en abrogeant le délit de coalition, a, sans aucun doute, permis aux ouvriers comme aux patrons, de se réunir et de se concerter pour discuter et arrêter le prix et les conditions du travail ;

« Que cette entente et cette résolution sont absolument licites lorsqu'elles sont libres et volontaires, mais que le législateur de 1864 a voulu réprimer la violence, la fraude et l'intimidation ;

« Qu'il a ainsi, au délit de coalition, substitué celui d'atteinte à la liberté du travail ;

« Qu'il a voulu punir, ainsi que le disait le rapporteur de cette loi, ceux qui se sont rendus coupables de violence et de fraude, non pas parce qu'ils auront provoqué une coalition, ce qui est licite, mais parce qu'ils ont, en la provoquant, commis des violences et des fraudes et porté atteinte, par des moyens répréhensibles, à la liberté d'autrui ;

« Que la loi de 1864 a fait une distinction entre ces moyens répréhensibles et établi deux délits distincts, punis de peines différentes suivant leur gravité ;

« Que l'art. 414 prévoit le cas où l'atteinte au libre exercice de l'industrie ou du travail a été amenée par des violences, des voies de fait, des menaces ou des manœuvres frauduleuses, et punit ce délit plus grave d'une peine qui peut s'élever jusqu'à trois années d'emprisonnement ;

« Qu'au contraire, l'art. 416 punit d'une peine qui ne peut pas dépasser trois mois, tous ceux, ouvriers ou patrons, qui, à l'aide d'amendes, défenses, prescriptions, interdictions prononcées par suite d'un plan concerté, auront porté atteinte au libre exercice de l'industrie ou du travail ;

« Que la défense ou l'interdiction du travail est l'une des circonstances de l'atteinte, plus légère, portée à la liberté de l'industrie, réprimée par l'art. 416, et que cet article n'exige pas qu'elle soit accompagnée de menaces pour tomber sous l'application de la loi ; qu'il suffit qu'elle ait été prononcée en exécution d'un accord préalable, d'un concert établi entre plusieurs personnes ;

« Attendu que les prévenus sont, en fait, membres d'un groupe d'ouvriers qui prend le titre de *Commission exécutive de la grève des ouvriers menuisiers* ;

« Qu'ils avaient, dès le commencement de cette année, résolu de demander aux patrons une augmentation de 10 cent. par heure, et adressé, dans ce but, le 17 mars dernier, une lettre à la chambre syndicale patronale ;

« Que cette lettre étant restée sans réponse, ils renouvelèrent leur demande le 24 mai et prévinrent alors qu'ils étaient « décidés à agir par tous les moyens possibles pour la réalisation de cette légitime réclamation » ;

« Que, cette nouvelle demande n'ayant pas été suivie d'effet, ils résolurent de tenter des démarches auprès de quelques patrons, et déléguèrent notamment à cet effet deux d'entre eux, Droudun et Gillard, auprès de la dame Patrice ;

« Que ceux-ci se présentèrent le 7 juin dans les bureaux de cette dernière et y déposèrent une lettre signée par une partie de ses ouvriers, lettre qui avait pour objet de demander l'augmentation de 10 cent. par heure et qui se terminait ainsi : « Nous espérons que vous ferez droit à notre réclamation ; faute de quoi, vos chantiers seront immédiatement mis à l'index par la corporation. »

« Que la dame Patrice refusa d'accorder cette augmentation et qu'aussitôt sa maison fut mise à l'index, c'est-à-dire qu'il fut fait défense aux ouvriers membres de la corporation de s'y embaucher ou de continuer à y travailler ;

« Que cette interdiction fut même portée à la connaissance des intéressés par la voie des journaux et au moyen d'imprimés distribués ; qu'elle fut notamment insérée dans le journal *le Mot d'Ordre*, numéros des 9, 16 et 22 juin dernier, ce qui a donné à la mise à l'index un caractère de gravité particulière ;

« Qu'il résulte également des débats que la défense, prononcée par les prévenus par suite d'un plan concerté, fut suivie d'effet ;

« Que dès le 12 juin, en effet, quelques ouvriers quittèrent les ateliers de la dame Patrice ; que, dans les jours suivants, d'autres, plus nombreux, cessèrent également d'y venir travailler, déclarant eux-mêmes qu'ils le faisaient parce que la maison était mise à l'index ;

« Que des faits ainsi établis, il résulte que les prévenus ne se sont pas renfermés dans le libre exercice du droit de discuter et de débattre les conditions du travail, mais ont, par suite d'un plan concerté, prononcé une défense, une interdiction qui a porté atteinte au libre exercice de l'industrie, et qu'ils ont, ainsi contrevenu, non pas aux art. 414 et 415 du Code pénal, mais à l'art. 416 du même Code pénal ;

« Et, attendu que, par suite de ces faits, la demanderesse a éprouvé un préjudice ; qu'il lui est dû réparation et que le tribunal a les éléments nécessaires pour en fixer la valeur ;

« Par ces motifs,

« Condamne Aumaréchal, Gillard, Croquet, Ambleton, Droudun, Raimond, Trotet, Tortelier, Debès, Larcher et Floquin, chacun à quinze jours d'emprisonnement ;

« Les condamne solidairement à payer à la dame Patrice une somme de 600 fr. à titre de dommages-intérêts ;

« Autorise l'insertion du présent jugement dans trois journaux au choix de la veuve Patrice et aux frais des condamnés ;

« Dit toutefois que le coût de chaque insertion ne pourra pas dépasser 200 fr. ;

« Fixe au minimum la durée de la contrainte par corps ;

« Condamne la veuve Patrice aux dépens, sauf tout recours de droit. »

La cour d'appel a confirmé la condamnation à 15 jours de prison et la Cour de cassation (20 mai 1883) a rejeté le pourvoi des condamnés. Il résulte de la décision de la Cour suprême :

1° Que la mise à l'index d'un établissement par un groupe d'ouvriers, par suite l'obstacle apporté à la reprise des travaux dans cet établissement, constitue le délit d'atteinte à la liberté du travail, prévu et puni par l'art. 416 du Code pénal, parce que, en effet, pour que cet article soit applicable, il n'est nul besoin, à la différence de l'art. 414, qu'il y ait eu emploi de la violence, de voies de fait, de menaces ou manœuvres frauduleuses, qui aggravent le délit et entraînent une répression plus sévère, mais qu'il suffit qu'il y ait eu des amendes, défenses, prescriptions ou interdictions prononcées sous un plan concerté ;

2° Que le patron dont l'établissement a été ainsi mis à l'index, et qui a souffert un préjudice, a qualité pour poursuivre devant le tribunal de répression les auteurs du délit.

**LICENCE.** (*Dict.*) L'entrepreneur de travaux qui nourrit ses ouvriers doit se munir d'une licence lorsque la nourriture fournie n'est pas la conséquence d'une convention dont elle permet ou facilite l'accomplissement et qu'elle ne fait pas partie intégrante des salaires. (*C. d'Aix*, 13 *fév.* 1879.)

**LIVRET DE FAMILLE. 1.** La circulaire du 18 mars 1877 (signée Jules Simon), que nous allons reproduire, explique clairement l'utilité de ces *livrets:*

« Monsieur le Préfet, M. le préfet de la Seine accédant à un vœu exprimé par la commission de reconstitution des actes de l'état civil de Paris, a pris l'initiative d'une mesure qui consiste à remettre gratuitement aux époux, lors de la célébration du mariage, un livret de famille dont je vous adresse ci-joint un exemplaire.

« Ce livret est destiné à recevoir, par extrait, les énonciations principales des actes de l'état civil intéressant chaque famille ; il sera représenté toutes les fois qu'il y aura lieu de faire dresser un acte de naissance ou de décès. A chaque nouvelle déclaration, l'officier de l'état civil apposera, à la suite de la mention sommaire consignée sur le livret, sa signature et le cachet de la mairie.

« Cette mesure, surtout si elle peut être généralisée, est appelée à rendre d'importants services. Les livrets constitueront en quelque sorte un troisième dépôt des actes de l'état civil confié à la garde des intéressés et seront une source de renseignements précieux pour le cas où les registres viendraient à être détruits. De plus, en se reportant au livret pour la rédaction de chaque acte nouveau intéressant la famille, on évitera les erreurs qui se glissent trop fréquemment dans l'indication des prénoms ou l'orthographe des noms et prénoms.

« En signalant cette institution à MM. les procureurs généraux, par circulaire du 18 novembre dernier, M. le garde des sceaux a fait connaître qu'il l'approuvait complètement.

« Je vous prie de la porter à la connaissance des maires et de les informer qu'ils devront, chaque fois qu'ils en seront requis, porter gratuitement sur les livrets qui leur seront présentés la mention des actes reçus en leur mairie.

« D'un autre côté, je verrais avec plaisir que les municipalités de votre département et principalement celles des villes de quelque importance, suivissent l'exemple donné par la préfecture de la Seine.

« La question de dépense ne saurait être ici un empêchement, car le prix du livret est fort minime (12 centimes au plus pour une livraison de 20,000) et comme il ne s'agit point de donner à la mesure un effet rétroactif, le nombre des livrets à fournir ne dépassera pas le nombre des mariages annuellement contractés dans la commune... »

**2.** Le ministre de l'intérieur revient sur cette institution (qui est une excellente idée) par une circulaire du 15 février 1879, ainsi conçue :

« Monsieur le Préfet, je vous ai signalé le 18 mars 1877, les services que pourrait rendre, surtout si elle était généralisée, l'institution des livrets de famille. A ma circulaire était joint un exemplaire du modèle adopté par M. le préfet de la Seine. Je vous invitais, en même temps, à conseiller aux municipalités de votre département de suivre l'exemple donné par la ville de Paris.

« Je vous serais obligé de me faire connaître si ce conseil a été écouté et quel est le nombre des communes de votre département où les livrets sont en usage.

« Je sais que certaines assemblées départementales, pénétrées de l'utilité de cette institution, ont voté des crédits pour en favoriser les débuts. Vous voudrez bien mentionner dans votre rapport si, dans votre département, le conseil général a pris quelque mesure de ce genre. » (*Voy.* Organisation communale, dépenses obligatoires.)

**LOGEMENT INSALUBRE.** (*Dict.*) *Obligation du propriétaire.* Les travaux que les conseils municipaux prescrivent pour l'assainissement de logements insalubres mis en location doivent être exécutés par les propriétaires lorsque la cause d'insalubrité est inhérente à l'immeuble. (*C. d'État, Arr.* 1er *juin* 1881.)

BIBLIOGRAPHIE.

Législation sur les logements insalubres, par Gustave Jourdan. In-12. Paris, Berger-Levrault et Cie. 1879.

**LOTERIE.** (*Dict.*) Le décret du 4 août 1883 porte que l'ordonnance royale du 29 mai 1844, concernant les loteries d'objets mobiliers exclusivement destinées à des actes de bienfaisance ou à l'encouragement des arts, est rendue applicable dans les colonies françaises.

Les pouvoirs conférés par ladite ordonnance aux préfets sont dévolus, dans les colonies, aux gouverneurs et aux commandants.

**LOUVETERIE.** (*Dict.*) 1. La loi du 3 août 1882 est ainsi conçue :

Art. 1er. Les primes pour la destruction des loups sont fixées de la manière suivante :

Cent francs (100 fr.) par tête de loup ou de louve non pleine ;

Cent cinquante francs (150 fr.) par tête de louve pleine ;

Quarante francs (40 fr.) par tête de louveteau ;

Est considéré comme louveteau l'animal dont le poids est inférieur à huit kilogrammes (8 kil.).

Lorsqu'il sera prouvé qu'un loup s'est jeté sur des êtres humains, celui qui le tuera aura droit à une prime de deux cents francs (200 fr.).

Art. 2. Le paiement des primes pour la destruction des loups est à la charge de l'État.

Un crédit spécial est ouvert, à cet effet, au budget du ministère de l'agriculture.

Art. 3. L'abatage sera constaté par le maire de la commune sur le territoire de laquelle le loup aura été abattu.

Art. 4. La prime sera payée au plus tard le quinzième jour qui suivra la constatation de l'abatage.

Art. 5. Un règlement d'administration publique déterminera les formalités à remplir pour la constatation de l'abatage par l'autorité municipale, ainsi que pour le paiement des primes.

Art. 6. La loi du 10 messidor an V est et demeure abrogée.

2. Voici ce règlement d'administration publique (*D.* 28 *nov.* 1882) :

Art. 1er. Quiconque a détruit un loup, une louve ou un louveteau, et réclame l'une des primes mentionnées dans l'art. 1er de la loi du 3 août 1882, doit, dans les vingt-quatre heures qui suivent la destruction de l'animal, en faire la déclaration au maire de la commune sur le territoire de laquelle il a été détruit. La demande de la prime doit être faite sur papier timbré.

Le réclamant doit, en même temps, représenter le corps entier de l'animal couvert de sa peau et le déposer au lieu désigné par le maire pour faire les vérifications nécessaires.

Art. 2. Le maire procède *immédiatement aux* constatations et en dresse le procès-verbal.

Art. 3. Le procès-verbal mentionne :

1° La date et le lieu de l'abatage, ou, en cas d'empoisonnement, le jour et le lieu où l'animal a été trouvé ;

2° Le nom et le domicile de celui qui a tué ou empoisonné le fauve ;

3° Le poids, lorsqu'il s'agit d'un louveteau ;

4° Le sexe et le nombre des petits composant la portée, si c'est une louve pleine ;

5° Les preuves, s'il y a lieu, que l'animal s'est jeté sur des êtres humains.

Le procès-verbal indique, en outre, que l'animal a été présenté en entier et couvert de sa peau.

Art. 4. Après la constatation, celui qui a détruit l'animal est tenu de le dépouiller ou faire dépouiller, et peut réclamer la peau, la tête et les pattes.

Par l'ordre et sous la surveillance du maire ou de son suppléant, le corps du fauve dépouillé est ensuite enfoui dans une fosse ayant au moins 1m,35 de profondeur.

Toutefois, s'il existe dans la commune ou dans un rayon de quatre kilomètres un atelier d'équarrissage autorisé, l'animal peut y être transporté.

Le procès-verbal mentionne ces diverses circonstances et opérations.

Les frais d'enfouissement sont à la charge de la commune.

Art. 5. Dans les vingt-quatre heures, le maire adresse au préfet du département son procès-verbal, auquel il joint la demande de la prime faite par l'intéressé.

En outre, il délivre gratuitement à ce dernier un certificat constatant la remise de la demande de prime et l'accomplissement des formalités prescrites par le présent règlement.

Art. 6. Sur le vu des pièces, le préfet délivre à l'intéressé un mandat du montant de la prime due.

Après l'accomplissement de cette formalité, le préfet transmet au ministre de l'agriculture le dossier de l'affaire.

Art. 7. Le ministre de l'agriculture est chargé de l'exécution du présent décret.

BIBLIOGRAPHIE.

Du Droit de destruction des animaux malfaisants ou nuisibles et de la louveterie, par F. F. Villequez. 2e édition, augmentée de 2 suppléments et mise au courant de la jurisprudence. In-12. Larose et Forcel. 4 fr. 50.

**LYON.** (*Dict.*) *Voy. plus loin au mot:* Organisation communale, la loi du 5 avril 1884, notamment art. 104 et 105, pour ce qui regarde l'administration de la ville de Lyon.

# M

**MACHINES A VAPEUR.** (*Dict.*)

### CHAP. I. — RAPPORT EXPLICATIF.

1. Le décret du 30 avril 1880, qui remplace le décret du 25 janvier 1865 (*voy.* le *Dictionn.*), est précédé d'un rapport au Président de la République nécessaire à la complète intelligence du décret. Nous le reproduisons *in extenso* :

« Monsieur le Président,

« Lorsqu'en 1865 le Gouvernement revisa le règlement auquel étaient soumises, depuis plus de vingt ans, les machines et chaudières à vapeur autres que celles placées à bord des bateaux, il se proposait de supprimer une partie de la tutelle administrative qui n'était plus en harmonie avec les progrès de la construction de ces appareils, le développement de leur emploi et l'instruction technique des ouvriers chargés de leur fonctionnement. Son but fut de dégager l'industrie d'entraves devenues inutiles, dans toute la mesure compatible avec les exigences de la sécurité publique. Mais cette mesure ne pouvait être que préjugée ; il appartenait à l'expérience seule de la fixer ; et c'est ce qui explique le besoin de reviser à son tour le décret du 28 janvier 1865 et de le remplacer par le nouveau règlement que je viens soumettre à votre haute sanction.

« En effet, une enquête, qui a été ouverte, à l'expiration de la période décennale, auprès de tous les ingénieurs chargés de la surveillance des appareils à vapeur, a montré l'utilité d'assujettir à des prescriptions administratives les récipients de vapeur, qui en sont complètement exonérés depuis 1865, et d'apporter en outre quelques modifications de détail aux dispositions en vigueur concernant les chaudières proprement dites. Les résultats de cette enquête ont été communiqués à la commission centrale des machines à vapeur et au Conseil d'État, qui se sont appliqués à concilier dans une sage mesure les nécessités de la sécurité publique avec les exigences de l'industrie.

« Rien n'a été changé aux conditions essentielles de l'épreuve des chaudières neuves ; mais le renouvellement de cette épreuve pourra être exigé dans d'autres cas que ceux de réparation notable, seuls admis par le décret de 1865, et ne devra être retardé de plus de dix ans.

« Antérieurement à ce décret, les ingénieurs pouvaient provoquer la réforme des chaudières qu'un long service ou une détérioration accidentelle leur faisait regarder comme dangereuses.

La commission centrale des machines à vapeur, sans doute préoccupée du rôle amoindri attribué à l'administration depuis 1865, avait exprimé le vœu que la faculté d'interdire l'usage d'un générateur réputé dangereux lui fût restituée. Le Conseil d'État n'a point été favorable à ce retour partiel, à un régime abandonné ; j'ai pensé avec lui qu'une telle mesure, rarement applicable dans la pratique, ne serait pas suffisamment motivée par des faits qu'aurait révélés l'application du décret de 1865.

« Le renouvellement obligatoire de l'épreuve tous les dix ans donnera d'ailleurs un nouveau gage à la sécurité publique.

« En raison de cette innovation, il a paru convenable d'admettre des motifs de dispense quant aux épreuves réglementaires à exécuter entre temps à la suite des réparations, des déplacements ou des chômages prolongés des chaudières, et de tenir compte, à cet effet, de l'existence des associations de propriétaires d'appareils à vapeur, qui se sont formées depuis quelques années.

« Ces associations, employant et rémunérant un personnel spécial, ont en vue d'assurer le meilleur fonctionnement possible des appareils, notamment en procédant à des visites intérieures et extérieures des générateurs de vapeur, en les examinant au double point de vue de la sécurité et de la réalisation d'économies de combustible. Il convient d'encourager ces pratiques salutaires et d'appeler les institutions de ce genre à prêter leur concours à l'administration. Déjà le Gouvernement vient de reconnaître l'utilité publique de l'association des propriétaires d'appareils à vapeur du Nord de la France. Je me propose, en portant le nouveau règlement à la connaissance des préfets et des ingénieurs des mines, de donner des instructions pour que, dans les régions industrielles où fonctionnent de telles associations, la surveillance officielle tienne compte, dans une juste mesure, des constatations faites par le personnel exerçant la surveillance officieuse dont il s'agit. Le renouvellement de l'épreuve réglementaire pourra, en conséquence, ne pas être exigé avant l'expiration de la période décennale, lorsque des renseignements authentiques sur l'époque et les résultats de la dernière visite intérieure et extérieure d'une chaudière constitueront des présomptions suffisantes en faveur de son bon état ; et les ingénieurs des mines seront autorisés à considérer, à cet égard, comme probants les certificats délivrés aux membres des associations de propriétaires d'appareils à vapeur par celles de ces associations que le ministre aura désignées.

« Le classement des chaudières à demeure continuera à comprendre trois catégories, sous le rapport des conditions d'emplacement, ainsi que le prescrit le décret de 1865. La détermination de ces catégories aura lieu d'après une nouvelle base de calcul, que la commission centrale des machines à vapeur a considérée comme plus rationnelle que la base actuelle, mais qui s'en écarte peu, et dont l'effet est de réduire légèrement, au point de vue du classement, l'importance de la pression maximum sous laquelle une chaudière est appelée à fonctionner, comparativement à son volume.

« Les conditions d'emplacement demeureront à très peu près les mêmes qu'aujourd'hui pour les chaudières de la première catégorie, qu'il est permis d'établir à 10 mètres de distance d'une maison d'habitation sans aucune disposition particulière.

« Les chaudières de la deuxième catégorie ne peuvent être placées dans l'intérieur des ateliers que lorsque ceux-ci ne font pas partie d'une maison d'habitation. Il n'y aura plus d'exception pour les maisons réservées aux manufacturiers, à leurs familles, à leurs employés, ouvriers et serviteurs, comme l'admettait le décret de 1865. Le nouveau règlement supprime avec raison, sur ce point, une tolérance contraire à la sécurité publique.

« Les chaudières de la troisième catégorie continuent à pouvoir être établies dans une maison quelconque.

« La faculté précédemment reconnue aux tiers de renoncer à se prévaloir des conditions réglementaires cessera d'exister ; il a paru à la commission centrale des machines à vapeur et au Conseil d'État qu'elles ne pouvaient pas cesser d'être obligatoires, et je partage complètement cet avis.

« De même, l'exécution de la disposition relative à la non-production de fumée par les foyers des chaudières à vapeur a paru au Conseil d'État de nature à donner lieu à des incertitudes de la part de l'administration et aussi de l'autorité judiciaire. J'ai considéré avec lui que les inconvénients de la fumée ne sont pas particuliers à l'emploi d'un appareil à vapeur, et ne touche en rien à la sécurité, objet essentiel du décret dont il s'agit. Les contestations auxquelles la production de la fumée donnerait lieu appartiendront donc exclusivement au domaine judiciaire, qu'il s'agisse d'un foyer d'appareil à vapeur ou de tout autre foyer.

« La plus importante innovation du nouveau règlement est, sans contredit, l'assujettissement des récipients de vapeur d'une certaine capacité à quelques mesures de sûreté. Omis dans l'ordonnance de 1843, ils avaient été assimilés aux générateurs en vertu d'une circulaire ministérielle de 1845, puis volontairement omis encore dans le décret de 1865. De nombreux accidents sont venus démontrer la nécessité de subordonner l'emploi de ces appareils à l'exécution de certaines prescriptions. En conséquence, la commission centrale des machines à vapeur et le Conseil d'État ont été d'avis que les récipients d'un volume supérieur à 100 litres fussent soumis à l'épreuve officielle, munis dans certains cas d'une soupape de sûreté et assujettis à la déclaration. Un délai de six mois sera accordé pour l'exécution de ces mesures.

« Elles seront applicables, non seulement aux cylindres sécheurs, chaudières à double fond et appareils divers employés dans l'industrie, mais encore aux machines locomotives sans foyer et aux autres réservoirs dans lesquels est emmagasinée de l'eau à haute température, pour dégager de la vapeur ou de la chaleur.

« Enfin, le décret de 1865 n'avait point reproduit la disposition de l'ordonnance de 1843, aux termes de laquelle l'administration avait la faculté de dispenser les chaudières présentant un mode particulier de construction de l'application d'une partie des mesures de sûreté réglementaires pour les soumettre à des conditions spéciales.

« Il se bornait à prévoir des cas de dispense, en ce qui touche le niveau du plan d'eau dans les générateurs dont la forme ou la faible dimension semblait exclure toute crainte de danger. Dorénavant, le ministre, après instruction locale, et sur l'avis de la commission centrale des machines à vapeur, pourra accorder toute dispense qui ne paraîtra pas de nature à entraîner des inconvénients.

« Telles sont les principales modifications du règlement de 1865, concernant les chaudières à vapeur fixes ou locomobiles, les locomotives ou récipients, qui me paraissent devoir être adoptées dans l'intérêt commun des industriels et du public.    *Signé:* H. VARROY. »

2. Voici maintenant le décret du 30 avril 1880 :

Art. 1er. Sont soumis aux formalités et aux mesures prescrites par le présent règlement : 1° les générateurs de vapeur autres que ceux qui sont placés à bord des bateaux ; 2° les récipients ci-après (chap. VI).

**CHAP. II. — MESURES DE SÛRETÉ RELATIVES AUX CHAUDIÈRES PLACÉES A DEMEURE.**

Art. 2. Aucune chaudière neuve ne peut être mise en service qu'après avoir subi l'épreuve réglementaire ci-après définie. Cette épreuve doit être faite chez le constructeur et sur sa demande.

Toute chaudière venant de l'étranger est éprouvée, avant sa mise en service, sur le point du territoire français désigné par le destinataire dans sa demande.

Art. 3. Le renouvellement de l'épreuve peut être exigé de celui qui fait usage d'une chaudière :

1° Lorsque la chaudière, ayant déjà servi, est l'objet d'une nouvelle installation ;

2° Lorsqu'elle a subi une réparation notable ;

3° Lorsqu'elle est remise en service après un chômage prolongé.

A cet effet, l'intéressé devra informer l'ingénieur des mines de ces diverses circonstances. En particulier, si l'épreuve exige la démolition du massif du fourneau ou l'enlèvement de l'enveloppe de la chaudière et un chômage plus ou moins prolongé, cette épreuve pourra ne point être exigée, lorsque des renseignements authentiques sur l'époque et les résultats de la dernière visite, intérieure et extérieure, constitueront une présomption suffisante en faveur du bon état de la chaudière. Pourront être notamment considérés comme renseignements probants les certificats délivrés aux membres des associations de propriétaires d'appareils à vapeur par celles de ces associations que le ministre aura désignées.

Le renouvellement de l'épreuve est exigible également lorsque, à raison des conditions dans lesquelles une chaudière fonctionne, il y a lieu, par l'ingénieur des mines, d'en suspecter la solidité.

Dans tous les cas, lorsque celui qui fait usage d'une chaudière contestera la nécessité d'une nouvelle épreuve, il sera, après une instruction où celui-ci sera entendu, statué le le préfet.

En aucun cas, l'intervalle entre deux épreuves consécutives n'est supérieur à dix années. Avant l'expiration de ce délai, celui qui fait usage d'une chaudière à vapeur doit lui-même demander le renouvellement de l'épreuve.

Art. 4. L'épreuve consiste à soumettre la chaudière à une pression hydraulique supérieure à la pression effective qui ne doit point être dépassée dans le service. Cette pression d'épreuve sera maintenue pendant le temps nécessaire à l'examen de la chaudière, dont toutes les parties doivent pouvoir être visitées.

La surcharge d'épreuve par centimètre carré est égale à la pression effective, sans jamais être inférieure à 1 demi-kilogramme ni supérieure à 6 kilogrammes.

L'épreuve est faite sous la direction de l'ingénieur des mines et en sa présence, ou, en cas d'empêchement, en présence du garde-mine opérant d'après ses instructions.

Elle n'est pas exigée pour l'ensemble d'une chaudière dont les diverses parties, éprouvées séparément, ne doivent être réunies que par des tuyaux placés, sur tout leur parcours, en dehors du foyer et des conduits de flamme, et dont les joints peuvent être facilement démontés.

Le chef de l'établissement où se fait l'épreuve fournit la main-d'œuvre et les appareils nécessaires à l'opération.

Art. 5. Après qu'une chaudière ou partie de chaudière a été éprouvée avec succès, il y est apposé un timbre indiquant, en kilogrammes par centimètre carré, la pression effective que la vapeur ne doit pas dépasser.

Les timbres sont poinçonnés et reçoivent trois nombres indiquant le jour, le mois et l'année de l'épreuve.

Un de ces timbres est placé de manière à être toujours apparent après la mise en place de la chaudière.

Art. 6. Chaque chaudière est munie de deux soupapes de sûreté, chargées de manière à laisser la vapeur s'écouler dès que sa pression effective atteint la limite maximum indiquée par le timbre réglementaire.

L'orifice de chacune des soupapes doit suffire à maintenir, celle-ci étant au besoin convenablement déchargée ou soulevée et quelle que soit l'activité du feu, la vapeur dans la chaudière à un degré de pression qui n'excède, pour aucun cas, la limite ci-dessus.

Le constructeur est libre de répartir, s'il le préfère, la section totale d'écoulement nécessaire des deux soupapes réglementaires entre un plus grand nombre de soupapes.

Art. 7. Toute chaudière est munie d'un manomètre en bon état placé en vue du chauffeur et gradué de manière à indiquer en kilogrammes la pression effective de la vapeur dans la chaudière.

Une marque très apparente indique sur l'échelle du manomètre la limite que la pression effective ne doit point dépasser.

La chaudière est munie d'un ajutage terminé par une bride de quatre centimètres ($0^m,04$) de diamètre et cinq milimètres ($0^m,005$) d'épaisseur, disposée pour recevoir le manomètre vérificateur.

Art. 8. Chaque chaudière est munie d'un appareil de retenue, soupape ou clapet, fonctionnant automatiquement et placé au point d'insertion du tuyau d'alimentation qui lui est propre.

Art. 9. Chaque chaudière est munie d'une soupape ou d'un robinet d'arrêt de vapeur placé, autant que possible, à l'origine du tuyau de conduite de vapeur, sur la chaudière même.

Art. 10. Toute paroi en contact par une de ses faces avec la flamme doit être baignée par l'eau sur sa face opposée.

Le niveau de l'eau doit être maintenu, dans chaque chaudière, à une hauteur de marche telle qu'il soit, en toute circonstance, à six centimètres ($0^m,06$) au moins au-dessus du plan pour lequel la condition précédente cesserait d'être remplie. La position limite sera indiquée, d'une manière très apparente au voisinage du tube de niveau mentionné à l'article suivant.

Les prescriptions énoncées au présent article ne s'appliquent point :

1° Aux surchauffeurs de vapeur distincts de la chaudière;

2° Et à des surfaces relativement peu étendues et placées de manière à ne jamais rougir, même lorsque le feu est poussé à son maximum d'activité, telles que les tubes ou parties de cheminées qui traversent le réservoir de vapeur, en envoyant directement à la cheminée principale les produits de la combustion.

Art. 11. Chaque chaudière est munie de deux appareils indicateurs du niveau de l'eau indépendants l'un de l'autre, et placés en vue de l'ouvrier chargé de l'alimentation.

L'un de ces deux indicateurs est un tube en verre, disposé de manière à pouvoir être facilement nettoyé et remplacé au besoin.

Pour les chaudières verticales de grande hauteur, le tube en verre est remplacé par un appareil disposé de manière à reporter, en vue de l'ouvrier chargé de l'alimentation, l'indication du niveau de l'eau dans la chaudière.

**CHAP. III. — ÉTABLISSEMENT DES CHAUDIÈRES A VAPEUR PLACÉES A DEMEURE.**

Art. 12. Toute chaudière à vapeur destinée à être employée à demeure ne peut être mise en service qu'après une déclaration adressée, par celui qui fait usage du générateur, au préfet du département. Cette déclaration est enregistrée à sa date. Il en est donné acte. Elle est communiquée sans délai à M. l'ingénieur en chef des mines.

Art. 13. La déclaration fait connaître avec précision :

1° Le nom et le domicile du vendeur de la chaudière ou l'origine de celle-ci ;

2° La commune et le lieu où elle est établie ;

3° La forme, la capacité et la surface de chauffe ;

4° Le numéro du timbre réglementaire ;

5° Un numéro distinctif de la chaudière, si l'établissement en possède plusieurs ;

6° Enfin, le genre d'industrie et l'usage auquel elle est destinée.

Art. 14. Les chaudières sont divisées en trois catégories.

Cette classification est basée sur le produit de la multiplication du nombre exprimant en mètres cubes la capacité totale de la chaudière avec ses bouilleurs et ses réchauffeurs alimentaires, mais sans y comprendre les surchauffeurs de vapeur, par le nombre exprimant, en degrés centigrades, l'excès de la température de l'eau correspondant à la pression indiquée par le timbre réglementaire sur la température de 100 degrés, conformément à la table annexée au présent décret.

Si plusieurs chaudières doivent fonctionner ensemble dans un même emplacement et si elles ont entre elles une communication quelconque, directe ou indirecte, on prend, pour former le produit comme il vient d'être dit, la somme des capacités de ces chaudières.

Les chaudières sont de la première catégorie quand le produit est plus grand que 200 ; de la deuxième, quand le produit n'excède pas 200. mais surpasse 50 ; de la troisième, si le produit n'excède pas 50.

Art. 15. Les chaudières comprises dans la première catégorie doivent être établies en dehors de toute maison d'habitation et de tout atelier surmonté d'étages. N'est pas considérée comme un étage, au-dessus de l'emplacement d'une chaudière, une construction dans laquelle ne se fait aucun travail nécessitant la présence d'un personnel à poste fixe.

Art. 16. Il est interdit de placer une chaudière de première catégorie à moins de trois mètres (3ᵐ) d'une maison d'habitation.

Lorsqu'une chaudière de première catégorie est placée à moins de dix mètres (10ᵐ) d'une maison d'habitation, elle en est séparée par un mur de défense.

Ce mur, en bonne et solide maçonnerie, est construit de manière à défiler la maison par rapport à tout point de la chaudière distant de moins de dix mètres (10ᵐ), sans toutefois que sa hauteur dépasse de 1 mètre (1ᵐ) la partie la plus élevée de la chaudière. Son épaisseur est égale au tiers au moins de sa hauteur, sans que cette épaisseur puisse être inférieure à un mètre (1ᵐ) en couronne. Il est séparé du mur de la maison voisine par un intervalle libre de trente centimètres (0ᵐ,30) de largeur au moins.

L'établissement d'une chaudière de première catégorie à la distance de 10 mètres (10ᵐ) ou plus d'une maison d'habitation n'est assujetti à aucune condition particulière.

Les distances de trois mètres (3ᵐ) et de 10 mètres (10ᵐ), fixées ci-dessus, sont réduites respectivement à un mètre cinquante centimètres (1ᵐ,50) et à cinq mètres (5ᵐ), lorsque la chaudière est enterrée de façon que la partie supérieure de ladite chaudière se trouve à un mètre (1ᵐ) en contre-bas du sol, du côté de la maison voisine.

Art. 17. Les chaudières comprises dans la deuxième catégorie peuvent être placées dans l'intérieur de tout atelier, pourvu que l'atelier ne fasse pas partie d'une maison d'habitation.

Les foyers sont séparés des murs des maisons voisines par un intervalle libre de 1 mètre au moins.

Art. 18. Les chaudières de troisième catégorie peuvent être établies dans un atelier quelconque, même lorsqu'il fait partie d'une maison d'habitation.

Les foyers sont séparés des murs des maisons voisines par un intervalle libre de 50 centimètres au moins.

Art. 19. Les conditions d'emplacement prescrites pour les chaudières à demeure, par les précédents articles, ne sont pas applicables aux chaudières pour l'établissement desquelles il aura été satisfait au décret du 25 janvier 1865, antérieurement à la promulgation du présent règlement.

Art. 20. Si, postérieurement à l'établissement d'une chaudière, un terrain contigu vient' à être affecté à la construction d'une maison d'habitation, celui qui fait usage de la chaudière devra se conformer aux mesures prescrites par les art. 16, 17 et 18, comme si la maison eût été construite avant l'établissement de la chaudière.

Art. 21. Indépendamment des mesures générales de sûreté prescrites au titre Iᵉʳ et de la déclaration prévue par les art. 12 et 13, les chaudières à vapeur fonctionnant dans l'intérieur des mines sont soumises aux conditions que pourra prescrire le préfet, suivant les cas et sur le rapport de l'ingénieur des mines.

#### CHAP. IV. — CHAUDIÈRES LOCOMOBILES.

Art. 22. Sont considérées comme locomobiles les chaudières à vapeur qui peuvent être transportées facilement d'un lieu dans un autre, n'exigent aucune construction pour fonctionner sur un point donné et ne sont employées que d'une manière temporaire à chaque station.

Art. 23. Les dispositions des art. 2 à 11 inclusivement du présent décret sont applicables aux chaudières locomobiles.

Art. 24. Chaque chaudière porte une plaque sur laquelle sont gravés, en caractères très apparents, le nom et le domicile du propriétaire et un numéro d'ordre, si ce propriétaire possède plusieurs chaudières locomobiles.

Art. 25. Elle est l'objet de la déclaration prescrite par les art. 12 et 13. Cette déclaration est adressée au préfet du département où est le domicile du propriétaire.

L'ouvrier chargé de la conduite devra représenter à toute réquisition le récépissé de cette déclaration.

#### CHAP. V. — CHAUDIÈRES DES MACHINES LOCOMOTIVES.

Art. 26. Les machines à vapeur locomotives sont celles qui, sur terre, travaillent en même temps qu'elles se déplacent par leur propre force, telles que les machines de chemins de fer et des tramways, les machines routières, les rouleaux compresseurs, etc.

Art. 27. Les dispositions des art. 2 et 8 inclusivement et celles des art. 11 et 24 sont applicables aux chaudières des machines locomotives.

Art. 28. Les dispositions de l'art. 25, § 1ᵉʳ, s'appliquent également à ces chaudières.

Art. 29. La circulation des machines locomotives a lieu dans les conditions déterminées par des règlements spéciaux.

#### CHAP. VI. — RÉCIPIENTS.

Art. 30. Sont soumis aux dispositions suivantes les récipients de formes diverses, d'une capacité de plus de 100 litres, au moyen desquels les matières à élaborer sont chauffées, non directement à feu nu, mais par de la vapeur empruntée à un générateur distinct, lorsque leur communication avec l'atmosphère n'est point établie par des moyens excluant toute pression effective nettement appréciable.

Art. 31. Ces récipients sont assujettis à la déclaration prescrite par les art. 12 et 13.

Ils sont soumis à l'épreuve, conformément aux art. 2, 3, 4 et 5. Toutefois, la surcharge d'épreuve sera, dans tous les cas, égale à la moitié de la pression maximum à laquelle l'appareil doit fonctionner, sans que cette surcharge puisse excéder 4 kilogr. par centimètre carré.

Art. 32. Ces récipients sont munis d'une soupape de sûreté réglée pour la pression indiquée par le timbre, à moins que cette pression ne soit égale ou supérieure à celle fixée pour la chaudière alimentaire.

L'orifice de cette soupape, convenablement déchargée ou soulevée au besoin, doit suffire à maintenir, pour tous les cas, la vapeur dans le récipient à un degré de pression qui n'excède pas la limite du timbre.

Elle peut être placée, soit sur le récipient lui-même, soit sur le tuyau d'arrivée de la vapeur, entre le robinet et le récipient.

Art. 33. Les dispositions des art. 30, 31 et 32 s'appliquent également aux réservoirs dans lesquels de l'eau à haute température est emmagasinée pour fournir ensuite un dégagement de vapeur ou de chaleur, quel qu'en soit l'usage.

Art. 34. Un délai de six mois, à partir de la promulgation du présent décret, est accordé pour l'exécution des quatre articles qui précèdent.

#### CHAP. VII. — DISPOSITIONS GÉNÉRALES.

Art. 35. Le ministre peut, sur le rapport des ingénieurs des mines, l'avis du préfet et celui de la commission centrale des machines à vapeur, accorder dispense de tout ou partie des prescriptions du présent décret, dans les cas où, à raison soit de la forme, soit de la faible dimension des appareils, soit de la position spéciale des pièces contenant de la vapeur, il serait reconnu que la dispense ne peut pas avoir d'inconvénient.

Art. 36. Ceux qui font usage de générateurs ou de récipients de vapeur veilleront à ce que ces appareils soient entretenus constamment en bon état de service.

A cet effet, ils tiendront la main à ce que des visites complètes, tant à l'intérieur qu'à l'extérieur, soient faites à des intervalles rapprochés pour constater l'état des appareils et assurer l'exécution, en temps utile, des réparations ou remplacements nécessaires.

Ils devront informer les ingénieurs des réparations notables faites aux chaudières et aux récipients, en vue de l'exécution des art. 3 (1°, 2° et 3°) et 31, § 2.

Art. 37. Les contraventions au présent règlement sont constatées, poursuivies et réprimées conformément aux lois.

Art. 38. En cas d'accident ayant occasionné la mort ou des blessures, le chef de l'établissement doit prévenir immédiatement l'autorité chargée de la police locale et l'ingénieur des mines chargé de la surveillance. L'ingénieur se rend sur les lieux, dans le plus bref délai, pour visiter les appareils, en constater l'état et rechercher les causes de l'accident. Il rédige sur le tout :

1° Un rapport qu'il adresse au procureur de la République et dont une expédition est transmise à l'ingénieur en chef, qui fait parvenir son avis à ce magistrat ;

2° Un rapport qui est adressé au préfet, par l'intermédiaire et avec l'avis de l'ingénieur en chef.

En cas d'accident n'ayant occasionné ni mort ni blessure, l'ingénieur des mines seul est prévenu ; il rédige un rapport qu'il envoie, par l'intermédiaire et avec l'avis de l'ingénieur en chef, au préfet.

En cas d'explosion, les constructions ne doivent point être réparées et les fragments de l'appareil rompu ne doivent point être déplacés ou dénaturés avant la constatation de l'état des lieux par l'ingénieur.

Art. 39. Par exception, le ministre pourra confier la surveillance des appareils à vapeur aux ingénieurs ordinaires et aux conducteurs des ponts et chaussées, sous les ordres de l'ingénieur en chef des mines de la circonscription.

Art. 40. Les appareils à vapeur qui dépendent des services spéciaux de l'État sont surveillés par les fonctionnaires et agents de ces services.

Art. 41. Les attributions conférées aux préfets des départements par le présent décret sont exercées par le préfet de police dans toute l'étendue de son ressort.

Art. 42. Est rapporté le décret du 25 janvier 1865.

| VALEURS CORRESPONDANTES | | | |
|---|---|---|---|
| de la pression effective en KILOGRAMMES. | de la température EN DEGRÉS CENTIGRADES. | de la pression effective en KILOGRAMMES. | de la température EN DEGRÉS CENTIGRADES. |
| 0.5 | 111 | 10.5 | 185 |
| 1.0 | 120 | 11.0 | 187 |
| 1.5 | 127 | 11.5 | 189 |
| 2.0 | 133 | 12.0 | 191 |
| 2.5 | 138 | 12.5 | 193 |
| 3.0 | 143 | 13.0 | 194 |
| 3.5 | 147 | 13.5 | 196 |
| 4.0 | 151 | 14.0 | 197 |
| 4.5 | 155 | 14.5 | 199 |
| 5.0 | 158 | 15.0 | 200 |
| 5.5 | 161 | 15.5 | 202 |
| 6.0 | 164 | 16.0 | 203 |
| 6.5 | 167 | 16.5 | 205 |
| 7.0 | 170 | 17.0 | 206 |
| 7.5 | 173 | 17.5 | 208 |
| 8.0 | 175 | 18.0 | 209 |
| 8.5 | 177 | 18.5 | 210 |
| 9.0 | 179 | 19.0 | 211 |
| 9.5 | 181 | 19.5 | 213 |
| 10.0 | 183 | 20.0 | 214 |

**MAGASINS GÉNÉRAUX.** (*Dict.*) **1.** Les établissements dits magasins généraux, autorisés par l'État, sont tenus de recevoir, sans tour de faveur ni refus arbitraire, les marchandises qui leur sont représentées. La clause du cahier des charges portant que « l'entrepôt commercial est destiné aux marchandises qu'il conviendra au commerce d'y déposer ou au concessionnaire d'y recevoir », n'autorise celui-ci à refuser que les marchandises pour lesquelles l'entrepôt n'aurait pas d'aménagement intérieur ou d'espace suffisant, ou qui

MANUFACTURES NATIONALES 273

n'existeraient pas dans les classifications de ses tarifs. (*Cass.* 20 *mars* 1876.)

2. Pour le transfert d'un warrant, l'endossement est de rigueur (*voy. le Dictionnaire*) ; la simple remise du récépissé du warrant ne suffit pas. (*Cass.* 11 *juill.* 1876.)

3. *Le timbre et l'enregistrement.*

1° Le récépissé et le warrant sont passibles du *droit de timbre*, mais chacun dans des conditions différentes.

Le *récépissé*, qui est le certificat de propriété du déposant, est soumis au *timbre de dimension* applicable à cette catégorie d'actes (il est apposé sur ce titre avant sa délivrance).

Le *warrant*, lui, tant qu'il ne sort pas des mains du déposant, n'a aucun caractère qui l'assujettisse *au timbre;* mais il en est autrement dès qu'il est transféré.

Quand le déposant endosse le warrant pour constituer le nantissement de la marchandise dont ce titre est la représentation au profit d'un prêteur, lequel, à son tour, a la faculté de transférer ce privilège à une autre personne, le warrant devient un véritable effet de commerce et il est, dès lors, soumis au *timbre proportionnel* de tant par 100 fr. de la somme garantie.

On comprend que le timbre proportionnel ne peut être appliqué au warrant à sa création, on ne pouvant connaître à ce moment pour quelle somme il sera négocié plus tard. Il est suppléé par un *visa pour timbre* au premier transfert, ou, plus simplement, par l'apposition de *timbres mobiles,* conformément à l'art. 1er du décret du 23 janvier 1864 qui s'exprime ainsi :

« Les timbres mobiles créés par notre décret du 18 janvier 1860 seront, à l'avenir, conformes au modèle annexé au présent décret; *ils serviront à timbrer les warrants détachés des récépissés* et les effets de commerce venant soit de l'étranger, soit des colonies dans lesquelles le timbre n'aurait pas encore été établi. »

Les timbres mobiles devront être régulièrement oblitérés par le premier endosseur.

2° L'*enregistrement* des récépissés et des warrants ne sera que bien rarement nécessaire.

Le *récépissé*, endossé ou non, est soumis à un droit *fixe.*

Le warrant supporte un droit *proportionnel.*      H.

**MAINMORTE.** (*Dict.*) 1. *Rôle supplémentaire.* Aux termes des art. 1er et 2 de la loi du 20 février 1849 et 5 de la loi du 30 mars 1872, la taxe des biens de mainmorte est une taxe annuelle établie sur les immeubles passibles de la contribution foncière et calculée à raison de 70 centimes par franc du principal de cette contribution ; les formes prescrites pour l'assiette et le recouvrement de la contribution foncière doivent être suivies pour l'établissement et la perception de ladite taxe, et aucune disposition de loi n'autorise l'administration à établir un rôle supplémentaire pour le recouvrement de la contribution foncière; il en résulte que c'est avec raison que le conseil de préfecture du département de la Seine a accordé à la Compagnie des chemins de fer de l'Ouest décharge de la taxe des biens de mainmorte à laquelle elle a été imposée à un rôle supplémentaire de la ville de Paris pour l'année 1874. (*Arr. du C.* 22 et 28 *déc.* 1876.)

2. Les congrégations ne doivent la taxe des biens de mainmorte que lorsqu'elles sont légalement autorisées. (*Arr. du C.* 2 *nov.* 1877.)

3. La loi du 14 déc. 1875, qui exempte de la taxe des biens de mainmorte les sociétés anonymes ayant pour objet exclusivement l'achat et la vente d'immeubles, peut être invoquée par ces sociétés, alors même qu'elles auraient loué leurs immeubles, si ces locations ont eu pour objet de faciliter l'aliénation. (*Arr. du C.* 17 *mai* 1878.)

4. La loi du 14 décembre 1875 n'a exempté de la taxe des biens de mainmorte que les sociétés anonymes qui ont pour objet exclusif l'achat et la vente d'immeubles ; l'exemption ne s'applique donc pas à une société qui a, en outre, pour objet, la location et l'exploitation des immeubles

dépendant du fonds social ou pris en échange. (*Arr. du C.* 20 *juill.* 1877.)

Il s'agit cette fois, non d'une location accidentelle et temporaire, mais d'une location durable.

5. Une société civile n'est pas imposable à la taxe de mainmorte à raison d'un immeuble lui appartenant, alors même qu'un département (*L.* 20 *févr.* 1849) possède un certain nombre de parts de cette société. (*Cons. de préf. de la Seine* 10 *avril* 1878.)

6. Lorsqu'une ville a fait construire des abattoirs sur des terrains qui lui appartiennent et que, en concédant temporairement l'exploitation de ces abattoirs à l'entrepreneur qui s'est chargé de les construire, elle a stipulé qu'elle serait propriétaire par anticipation des constructions à exécuter, elle doit être soumise, pour ces immeubles, à la taxe des biens de mainmorte.

Cette taxe ne peut d'ailleurs être réduite à la moitié, la situation n'étant pas celle d'un immeuble grevé d'usufruit.

7. La taxe des biens de mainmorte est distincte de la contribution foncière. En conséquence, une société qui a réclamé contre ces deux impôts avant la publication du rôle de la taxe des biens de mainmorte ne peut se dispenser de renouveler sa réclamation, en ce qui concerne ladite taxe, dans les trois mois à partir de cette publication. L'administration n'est pas tenue de la mettre en demeure de régulariser sa demande en temps voulu.

L'envoi, fait par la société, dans le délai légal, de sa quittance de la taxe des biens de mainmorte, ne saurait, en admettant qu'il ait pu pour effet de renouveler la réclamation, rendre celle-ci recevable, lorsque, la cote en litige excédant 30 fr., la lettre transmissive de la quittance n'a pas été rédigée sur papier timbré. (*Arr. du C.* 5 *mars* 1881.)

8. Une société anonyme en faillite n'est pas moins passible de la taxe de mainmorte; et il en est ainsi, alors même que ses immeubles ont été vendus dans le cours de l'année pour laquelle la taxe a été imposée. (*Arr. du C.* 21 *avril* 1882.)

9. L'art. 105 de la loi du 3 frimaire an VII n'exempte de la contribution foncière les établissements ayant une destination d'utilité générale, qu'autant qu'ils ne sont pas productifs de revenus. Ne rentrent pas dans cette catégorie la machine élévatoire, les bassins et réservoirs qui, tout en fournissant l'eau nécessaire à l'alimentation des fontaines publiques d'une ville, servent en outre, à distribuer aux habitants l'eau nécessaire à leurs besoins, moyennant des redevances annuelles payées à la ville. En conséquence, c'est à bon droit que ladite machine et lesdits réservoirs sont imposés à la contribution foncière et à la taxe des biens de mainmorte. (*Arr. du C.* 4 *janv.* 1884.)

**MAIRE.** Voy. **Organisation communale.**

**MANUFACTURES NATIONALES.** (*Dict.*) Par un arrêté ministériel du mois de février 1879 (le *Journal officiel*, p. 1139, ne donne pas la date précise), il est institué un prix de Sèvres dont voici le règlement général. Il paraît, en outre, tous les ans un programme pour le concours de l'année.

Art. 1er. Il est institué un concours près de la

manufacture nationale de Sèvres ; ce concours est annuel.

Le prix auquel le concours donne lieu prend le nom de *prix de Sèvres*.

Art. 2. Le sujet du concours est la composition d'un vase de porcelaine ou de pièces de porcelaine, d'après un programme donné.

Art. 3. Pour concourir, il faut être Français.

Art. 4. Le concours est à deux degrés, il comporte deux épreuves successives.

La première épreuve consiste en un dessin géométral de la grandeur de l'ouvrage ou des ouvrages à exécuter ; les concurrents pourront y joindre un ou plusieurs dessins à l'effet.

Un jugement sera rendu sur cette première épreuve ; à la suite de ce jugement, quatre d'entre les projets pourront être admis à la seconde épreuve.

Les projets admis à la seconde épreuve seront exécutés en plâtre, de la grandeur définitive, conformément aux profils donnés par les auteurs ; ce travail se fera à la manufacture nationale de Sèvres, aux frais de l'État.

Les plâtres seront remis aux concurrents pour qu'ils en complètent la décoration ; chacun d'eux recevra pour cet objet une indemnité fixée exceptionnellement, pour cette année, à cinq cents francs (500 fr.), en raison de l'importance du sujet du concours.

Art. 5. Le jugement définitif sera rendu sur la seconde épreuve.

Il ne sera accordé qu'un prix ; à ce prix est attachée une somme de 2,500 fr.

Si la commission juge du concours en fait la proposition, le modèle placé en seconde ligne pourra être acquis par l'État ; les conditions de cette acquisition seront déterminées après le concours.

Art. 6. L'œuvre à laquelle sera accordé le prix restera la propriété de l'État.

Elle sera exécutée à la manufacture nationale de Sèvres dans le courant d'une année et aux frais de l'État.

Elle portera le nom de son auteur, à qui demeurera la charge, sans indemnité nouvelle, d'en terminer l'étude, s'il y a lieu, et d'y faire les changements demandés, et d'en suivre en tous cas l'exécution.

Art. 7. Les œuvres non récompensées resteront la propriété de leurs auteurs.

Art. 8. Le programme du concours sera donné, chaque année, par la commission de perfectionnement instituée près la manufacture nationale de Sèvres ; la commission sera juge du concours.

Pour le jugement des deux épreuves, l'administrateur de la manufacture de Sèvres sera adjoint à la commission avec voix délibérative.

Art. 9. Il y aura une exposition publique avant et après jugement.

Les expositions et les jugements auront lieu à Paris, à l'École des beaux-arts.

Art. 10. Le sous-secrétaire d'État au ministère des beaux-arts est chargé de l'exécution du présent arrêté.

*Voy*. au *Journal officiel* du 24 janvier 1880 le règlement de l'École de la manufacture nationale de Sèvres.

**MARCHÉS DE FOURNITURES ET DE TRAVAUX.** (*Dict.*) 1. Les marchés de fournitures et de travaux ont été réglés à nouveau par le décret du 18 novembre 1882 ; nous le reproduisons ci-après, en le faisant suivre d'une circulaire de la direction générale des contributions indirectes. Il y a lieu de comparer le présent article avec le mot *Adjudication*, qu'on trouvera plus haut, p. 1.

2. Voici le décret du 18 novembre 1882 :

Art. 1er. Les marchés de travaux, fournitures ou transports au compte de l'État sont faits avec concurrence et publicité, sauf les exceptions mentionnées à l'art. 18 ci-après.

Art. 2. L'avis des adjudications à passer est publié, sauf les cas d'urgence, au moins vingt jours à l'avance, par la voie des affiches et par tous les moyens ordinaires de publicité.

Cet avis fait connaître : 1° le lieu où l'on peut prendre connaissance du cahier des charges ; 2° les autorités chargées de procéder à l'adjudication ; 3° le lieu, le jour et l'heure fixés pour l'adjudication.

Il est procédé à l'adjudication en séance publique.

Art. 3. Les adjudications publiques relatives à des fournitures, travaux, transports, exploitations ou fabrications qui ne peuvent être, sans inconvénient, livrés à une concurrence illimitée, sont soumises à des restrictions permettant de n'admettre que les soumissions qui émanent de personnes reconnues capables par l'administration, au vu des titres exigés par le cahier des charges et préalablement à l'ouverture des plis renfermant les soumissions.

Art. 4. Les cahiers des charges déterminent l'importance des garanties pécuniaires à produire :

Par les soumissionnaires à titre de cautionnements provisoires pour être admis aux adjudications.

Par les adjudicataires à titre de cautionnements définitifs, pour répondre de leurs engagements.

Les cahiers des charges peuvent, s'il y a lieu, dispenser de l'obligation de déposer un cautionnement provisoire ou définitif. Ils peuvent disposer que le cautionnement réalisé avant l'adjudication, à titre provisoire, servira de cautionnement définitif.

Les cahiers des charges déterminent les autres garanties, telles que cautions personnelles et solidaires, affectations hypothécaires, dépôts de matières dans les magasins de l'État, qui peuvent être demandés, à titre exceptionnel, aux fournisseurs et entrepreneurs, pour assurer l'exécution de leurs engagements. Ils déterminent l'action que l'administration peut exercer sur ces garanties.

Art. 5. Les garanties pécuniaires peuvent consister, au choix des soumissionnaires et adjudicataires : 1° en numéraire ; 2° en rentes sur l'État et valeurs du Trésor au porteur ; 3° en rentes sur l'État nominatives ou mixtes. Les valeurs du Trésor transmissibles par voie d'endossement, endossées en blanc, sont considérées comme valeurs au porteur.

Après la *réalisation* du cautionnement, aucun changement ne peut être apporté à sa composition, sauf le cas prévu par l'art. 9.

Art. 6. La valeur en capital de rentes à affecter aux cautionnements est calculée : pour les cautionnements provisoires, au cours moyen du jour de l'approbation de l'adjudication.

Les bons du Trésor à l'échéance d'un an ou de moins d'un an sont acceptés pour le montant de leur valeur en capital et intérêts.

Les autres valeurs déposées pour cautionnement sont calculées d'après le dernier cours publié au *Journal officiel*.

Art. 7. Les cautionnements, quelle qu'en soit la nature, sont reçus par la Caisse des dépôts et consignations ou par ses préposés; ils sont soumis aux règlements spéciaux à cet établissement.

Les oppositions sur les cautionnements provisoires ou définitifs doivent avoir lieu entre les mains du comptable qui a reçu lesdits cautionnements. Toutes autres oppositions sont nulles et non avenues.

Art. 8. Lorsque le cautionnement consiste en rente nominative, le titulaire de l'inscription de rente souscrit une déclaration d'affectation de la rente et donne à la Caisse des dépôts et consignations un pouvoir irrévocable à l'effet de l'aliéner, s'il y a lieu.

L'affectation de la rente au cautionnement définitif est mentionnée au grand-livre de la dette publique.

Art. 9. Lorsque des rentes ou valeurs affectées à un *cautionnement définitif donnent lieu à* un remboursement par le Trésor, la somme remboursée est touchée par la Caisse des dépôts et consignations, et cette somme demeure affectée au cautionnement jusqu'à due concurrence, à moins que le cautionnement ne soit reconstitué en valeurs semblables.

Art. 10. La Caisse des dépôts et consignations restitue les cautionnements provisoires au vu de la mainlevée donnée par le fonctionnaire chargé de l'adjudication, ou d'office aussitôt après la réalisation du cautionnement définitif de l'adjudicataire.

Les cautionnements *définitifs ne peuvent être* restitués en totalité ou en partie, qu'en vertu d'une mainlevée donnée par le ministre ou le fonctionnaire délégué à cet effet.

Art. 11. Sont acquis à l'État d'après le mode déterminé à l'article suivant, les cautionnements provisoires des soumissionnaires qui, déclarés adjudicataires, n'ont pas réalisé leurs cautionnements définitifs dans les délais fixés par les cahiers des charges.

Art. 12. L'application des cautionnements définitifs à l'extinction des débets liquidés par les ministres compétents a lieu aux poursuites et diligences de l'agent judiciaire du Trésor public, en vertu d'une contrainte délivrée par le ministre des finances.

Art. 13. Les soumissions, placées sous enveloppes cachetées, sont remises en séance publique.

Toutefois, les cahiers des charges peuvent autoriser ou prescrire l'envoi des soumissions par lettres recommandées ou leur dépôt dans une boîte à ce destinée; ils fixent le délai pour cet envoi ou ce dépôt.

Lorsqu'un maximum de prix ou un minimum de rabais a été arrêté d'avance par le ministre ou par le fonctionnaire qu'il a délégué, le montant de ce maximum ou de ce minimum est indiqué dans un pli cacheté déposé sur le bureau à l'ouverture de la séance.

Les plis renfermant les soumissions sont ouverts en présence du public; il en est donné lecture à haute voix.

Art. 14. Dans le cas où plusieurs soumissionnaires offriraient le même prix et où ce prix serait le plus bas de ceux portés dans les soumissions, il est procédé à une réadjudication, soit sur de nouvelles soumissions, soit à l'extinction des feux, entre ces soumissionnaires seulement.

Si les soumissionnaires se refusaient à faire de nouvelles offres ou si les prix demandés ne différaient pas encore, le sort en déciderait.

Art. 15. Les résultats de chaque adjudication sont constatés par un procès-verbal relatant toutes les circonstances de l'opération.

Art. 16. Il peut être fixé par le cahier des charges un délai pour recevoir des offres de rabais sur le prix de l'adjudication. Si, pendant ce délai, qui ne doit pas dépasser vingt jours, il est fait une ou plusieurs offres de rabais d'au moins 10 p. 100, il est procédé à une réadjudication entre le premier adjudicataire et l'auteur ou les auteurs des offres de rabais, pourvu qu'ils aient, préalablement à leurs offres, satisfait aux conditions imposées par le cahier des charges pour pouvoir se présenter aux adjudications.

Art. 17. Sauf les exceptions spécialement autorisées ou résultant des dispositions particulières à certains services, les adjudications et réadjudications sont subordonnées à l'approbation du ministre et ne sont valables et définitives qu'après cette approbation. Les exceptions spécialement autorisées doivent être relatées dans le cahier des charges.

Art. 18. Il peut être passé des marchés de gré à gré :

1° Pour les fournitures, transports et travaux dont la dépense totale n'excède pas 20,000 fr., ou, s'il s'agit d'un marché passé pour plusieurs années, dont la dépense annuelle n'excède pas 5,000 fr.;

2° Pour toute espèce de fournitures, de transports ou de travaux, lorsque les circonstances exigent que les opérations du Gouvernement soient tenus secrètes ; ces marchés doivent préalablement avoir été autorisés par le Président de la République, sur un rapport spécial du ministre compétent;

3° Pour les objets dont la fabrication est exclusivement attribuée à des porteurs de brevets d'invention ;

4° Pour les *objets qui n'auraient qu'un possesseur unique;*

5° Pour les ouvrages et objets d'art et de précision dont l'exécution ne peut être confiée qu'à des artistes ou industriels éprouvés ;

6° Pour les travaux, exploitations, fabrications et fournitures qui ne sont faits qu'à titre d'essai ou d'étude;

7° Pour les travaux que des nécessités de sécurité publique empêchent de faire exécuter par voie d'adjudication ;

8° Pour les objets, matières ou denrées qui, à

raison de leur nature particulière et de la spécialité de l'emploi auquel ils sont destinés, doivent être achetés et choisis aux lieux de production ;

9° Pour les fournitures, transports ou travaux qui n'ont été l'objet d'aucune offre aux adjudications, ou à l'égard desquels il n'a été proposé que des prix inacceptables; toutefois, lorsque l'administration a cru devoir arrêter et faire connaître un maximum de prix, elle ne doit pas dépasser ce maximum ;

10° Pour les fournitures, transports ou travaux qui, dans les cas d'urgence évidente amenée par des circonstances imprévues, ne peuvent pas subir les délais des adjudications;

11° Pour les fournitures, transports ou travaux que l'administration doit faire exécuter au lieu et place des adjudicataires défaillants et à leurs risques et périls;

12° Pour les affrétements et pour les assurances sur les chargements qui s'ensuivent ;

13° Pour les transports confiés aux administrations des chemins de fer;

14° Pour les achats de tabac et de salpêtre indigènes dont le monde est réglé par une législation spéciale ;

15° Pour les transports de fonds du Trésor.

Art. 19. Les marchés de gré à gré sont passés par les ministres ou par les fonctionnaires qu'ils ont délégués à cet effet. Ils ont lieu :

1° Soit sur un engagement souscrit à la suite du cahier des charges ;

2° Soit sur une soumisssion souscrite par celui qui propose de traiter ;

3° Soit sur correspondance, suivant les usages du commerce.

Tout marché de gré à gré doit rappeler celui des paragraphes de l'article précédent dont il est fait application. Les marchés passés par les délégués du ministre sont subordonnés à son approbation, si ce n'est en cas de force majeure ou sauf les dispositions particulières à certains services et les exceptions spécialement autorisées.

Les cas de force majeure ou les autorisations spéciales doivent être relatés dans lesdits marchés.

Les dispositions des art. 4 à 12 du présent décret sont applicables aux garanties stipulées dans les marchés de gré à gré.

Art. 20. A l'égard des ouvrages d'art et de précision, dont le prix ne peut être fixé qu'après l'entière exécution du travail, une clause spéciale du marché détermine les bases d'après lesquelles le prix sera liquidé ultérieurement.

Art. 21. Les droits de timbre et d'enregistrement auxquels donnent lieu les marchés, soit par adjudication, soit de gré à gré, sont à la charge de ceux qui contractent avec l'État.

Les frais de publicité restent à la charge de l'administration.

Art. 22. Il peut être supplée aux marchés écrits par des achats sur simple facture, pour les objets qui doivent être livrés immédiatement, quand la valeur de chacun de ses achats n'excède pas 1,500 fr.

La dispense de marché s'étend aux travaux ou transports dont la valeur présumée n'excède pas 1,500 fr. et qui peuvent être exécutés sur un simple mémoire.

Art. 23. Les dispositions du présent décret, concernant les adjudications publiques et les marchés de gré à gré, ne sont pas applicables aux travaux que l'administration est dans la nécessité d'exécuter en régie, soit à la journée, soit à la tâche.

L'exécution en régie est autorisée par le ministre ou par son délégué.

Les fournitures de matériaux nécessaires à l'exécution en régie sont néanmoins soumises, sauf les cas de force majeure, aux dispositions des art. 1er à 22.

Art. 24. Les travaux neufs exécutés par voie d'entreprise pour les bâtiments de l'État ne peuvent avoir lieu qu'après l'approbation des devis qui en déterminent la nature et l'importance.

Art. 25. Conformément aux dispositions de l'art. 9 de la loi du 15 mai 1850, il ne sera accordé aucun honoraire ni indemnité aux architectes chargés de travaux au compte de l'État, pour les dépenses qui excéderaient les devis approuvés.

Art. 26. Le mode d'approvisionnement des tabacs exotiques employés par l'administration est déterminé par un règlement spécial.

Art. 27. Les cahiers des charges, marchés, traités ou conventions à passer pour les services du matériel doivent toujours exprimer l'obligation, pour tout entrepreneur ou fournisseur, de produire les titres justificatifs de ses travaux, fournitures et transports dans un délai déterminé, sous peine de déchéance.

Art. 28. Les dispositions des art. 1er à 25 ne sont pas applicables aux marchés passés aux colonies ou hors du territoire de la France et d'Algérie.

A partir de l'ordre de mobilisation, les dispositions du présent décret cessent d'être obligatoires pour les départements de la guerre et de la marine.

Art. 29. Sont et demeurent abrogés l'ordonnance du 4 décembre 1836 et les art. 68 à 81 du décret du 31 mai 1862, portant règlement sur la comptabilité publique, ainsi que toutes les dispositions contraires au présent décret.

3. La circulaire (n° 366) du 2 février 1883, émanée de la direction générale des contributions indirectes, a pour but de faciliter l'exécution du décret du 18 novembre 1882. Nous en reproduisons les passages essentiels.

*Adjudications publiques.....* Les art. 4 et 12 sont relatifs aux garanties pécuniaires exigées des soumissionnaires à titre de cautionnement provisoire, et des adjudicataires, à titre de cautionnement définitif.

L'art. 5 consacre une innovation sur laquelle j'appelle l'attention des directeurs, en raison surtout de l'application qui peut en être faite aux marchés de gré à gré. Cet article dispose, en effet, § 4, que les cahiers des charges peuvent, s'il y a lieu, dispenser de l'obligation de déposer un cautionnement provisoire ou définitif, et stipule que le cautionnement réalisé avant l'adjudication, à titre provisoire, servira de cautionnement définitif.

A l'avenir, tous les cautionnements, quelle qu'en soit la nature, seront reçus par la Caisse des dépôts et consignations ou par ses préposés.

Les opérations relatives aux remboursements de cautionnements passent également dans les attributions de la Caisse des dépôts et consignations (*art. 7, 8, 9 et* 10)...

D'après l'art. 16, les réadjudications qui étaient obligatoires, deviennent facultatives, et le délai fixé pour recevoir les offres de rabais est réduit à vingt jours, au lieu d'un mois.

Sauf les exceptions spécialement autorisées ou résultant des dispositions particulières à certains services, les adjudications et réadjudications sont subordonnées à l'approbation du ministre et ne sont valables et définitives qu'après cette approbation. Les exceptions spécialement autorisées doivent être relatées dans le cahier des charges.

**4.** *Marchés de gré à gré...* Les marchés de gré à gré sont passés par les fonctionnaires délégués à cet effet. Ils ont lieu :

1° Soit sur un engagement souscrit à la suite du cahier des charges ;

2° Soit sur une soumission souscrite par celui qui propose de traiter ;

3° Soit sur une correspondance, suivant les usages du commerce.

Les marchés passés par les délégués du ministre sont subordonnés à son approbation, si ce n'est en cas de force majeure ou sauf les dispositions particulières à certains services et les exceptions spécialement autorisées. Les cas de force majeure ou les autorisations spéciales doivent être relatées dans lesdits marchés.

**5.** *Les dispositions du règlement du 26 décembre* 1866 particulières au service des contributions indirectes sont maintenues. Aux termes de ces dispositions, l'administration approuve : 1° les marchés relatifs à l'achat d'instruments et d'ustensiles ; 2° les marchés concernant la construction, l'entretien et la réparation des magasins de poudres à feu, lorsqu'ils ne sont pas supérieurs à 2,000 fr. (VIII^e section du règlement, p. 190.)

Les dispositions des art. 4 à 12 du décret, relatives aux cautionnements, sont applicables aux marchés de gré à gré.

**6.** *Dispositions diverses.* Les droits de timbre et d'enregistrement auxquels donnent lieu les marchés, soit par adjudication, soit de gré à gré, sont à la charge de ceux qui contractent avec l'État. Les frais de publicité sont supportés par l'administration (*art.* 21)...

Les travaux neufs exécutés par voie d'entreprise pour les bâtiments de l'État ne peuvent avoir lieu qu'après l'approbation des devis qui en déterminent la nature et l'importance (*art.* 24).

Il ne sera accordé aux architectes chargés des travaux aux comptes de l'État aucun honoraire ni aucune indemnité pour les dépenses qui excéderaient les devis approuvés (*art.* 25).

Les cahiers des charges, marchés, traités ou conventions à passer pour les services du matériel doivent toujours exprimer l'obligation pour tout entrepreneur ou fournisseur de produire les titres justificatifs de ses travaux dans un délai déterminé sous peine de déchéance (*art.* 27).

**7.** *Expert.* Dans le cas où un cahier des charges prescrit que le fonctionnaire de l'intendance ne devra prononcer sur une difficulté relative à la qualité de denrées présentées, qu'après avoir pris l'avis d'une commission consultative dans laquelle figure un expert nommé par le fournisseur, le fait que cet expert se retire avant le commencement des opérations ne fait pas obstacle à ce que ladite commission puisse fonctionner régulièrement. (*Arr. du C.* 24 *mars* 1882.)

BIBLIOGRAPHIE.

Les Marchés de fourniture, par Arsène Perrier. In-12. Paris, Plon. 1876.

**MARINE MARCHANDE.** (*Dict.*) **1.** *Primes et subventions.* La loi sur la marine marchande du 29 janvier 1881 porte ce qui suit :

Art. 1^er. La franchise du pilotage est accordée à tous les navires à voiles ne jaugeant pas plus de quatre-vingts tonneaux, et aux navires à vapeur dont le tonnage ne dépasse pas cent tonneaux, lorsqu'ils font habituellement la navigation de port en port et qu'ils pratiquent l'embouchure des rivières.

Toutefois, sur la demande des chambres de commerce et après une instruction faite dans les formes ordinaires, des règlements d'administration publique détermineront les améliorations qu'il y aurait lieu d'apporter aux règlements actuels dans l'intérêt de la navigation.

Art. 2. Pour les navires au long cours, la visite prescrite par l'art. 225 du Code de commerce, pour un chargement nouveau pris en France, ne sera obligatoire que s'il s'est écoulé plus de six mois depuis la dernière visite, à moins toutefois qu'ils n'aient subi des avaries.

Art. 3. Les actes ou procès-verbaux constatant les mutations de propriété des navires, soit totales, soit partielles, ne seront passibles à l'enregistrement que du droit fixe de 3 fr. L'art. 5, n° 2, de la loi du 28 février 1872 est abrogé en ce qu'il a de contraire à la présente disposition.

Art. 4. En compensation des charges que le tarif des douanes impose aux constructeurs de bâtiments de mer, il leur est attribué les allocations suivantes :

Pour les navires en fer ou en acier, 60 fr. par tonneau de jauge brute ;

Pour les navires en bois de 200 tonneaux ou plus, 20 fr. ;

Pour les navires en bois de moins de 200 tonneaux, 10 fr. ;

Pour les navires mixtes, 40 fr. ;

Pour les machines motrices placées à bord des navires à vapeur et pour les appareils auxiliaires, tels que pompes à vapeur, servo-moteurs, treuils, ventilateurs, mus mécaniquement, ainsi que pour les chaudières qui les alimentent, et leur tuyautage, 12 fr. par 100 kilogr.

Sont considérés comme navires mixtes les navires bordés en bois, dont la membrure et le barotage sont entièrement en fer ou en acier.

Art. 5. Toute transformation d'un navire ayant pour résultat d'en accroître la jauge donne droit à une prime calculée conformément au tarif ci-dessus, d'après le nombre de tonneaux d'augmentation de la jauge.

La prime est accordée pour les machines motrices et les appareils auxiliaires mis en place après l'achèvement du navire.

Lors des changements de chaudières, il est alloué au propriétaire du navire une compensation de

8 fr. pour 100 kilogr. de chaudières neuves pesées sans les tubes et de construction française.

Art. 6. Les allocations déterminées par les art. 4 et 5 sont payées après la délivrance de l'acte de francisation, par les soins du receveur des douanes du lieu de construction le plus rapproché.

Art. 7. Est supprimé le régime de l'admission en franchise institué en exécution de l'art. 1er de la loi du 19 mai 1866 et de l'art. 2 de la loi du 17 mars 1879.

Art. 8. A l'égard des navires en chantier au moment de l'entrée en vigueur de la présente loi, les constructeurs ne recevront les allocations stipulées par l'art. 4 que sous déduction du montant des droits de douane déterminés par le tarif conventionnel relativement aux matières étrangères dont ils auraient obtenu l'admission en franchise pour la construction de ces navires.

Art. 9. A titre de compensation des charges imposées à la marine marchande pour le recrutement et le service de la marine militaire, il est accordé pour une période de dix années, à partir de la promulgation de la présente loi, une prime de navigation aux navires français à voiles et à vapeur.

Cette prime s'applique exclusivement à la navigation au long cours.

Elle est fixée, par tonneau de jauge nette et 1,000 milles parcourus, à 1 fr. 50 c. pour les navires de construction française sortant de chantier et décroît par année de :

0 fr. 075 pour les navires en bois ;
0 fr. 075 pour les navires composites ;
0 fr. 05 pour les navires en fer.

La prime est réduite à moitié de celle déterminée ci-dessus pour les navires de construction étrangère.

Les navires francisés avant la promulgation de la présente loi sont assimilés, pour la prime, aux navires de construction française.

La prime est augmentée de 15 p. 100 pour les navires à vapeur construits sur des plans préalablement approuvés par le département de la marine.

Le nombre des milles parcourus est calculé d'après la distance comprise entre le point de départ et d'arrivée, mesurée sur la ligne directe maritime.

En cas de guerre, les navires de commerce peuvent être réquisitionnés par l'État.

Sont exceptés de la prime les navires affectés à la grande et à la petite pêche, aux lignes subventionnées et à la navigation de plaisance.

Art. 10. Tout capitaine de navire recevant l'une des primes fixées par l'art. 9 de la présente loi sera tenu de transporter gratuitement les objets de correspondance qui lui seront confiés par l'administration des postes, ou qu'il aura à remettre à cette administration, en vertu des prescriptions de l'arrêté des Consuls du 25 germinal an X.

Si un agent des postes est délégué pour accompagner les dépêches, il sera également transporté gratuitement.

Art. 11. Un règlement d'administration publique, contenant notamment un état des distances de port à port, déterminera le mode d'application de la présente loi.

2. *Règlement d'administration publique du* 17 *août* 1881. (*Voy.* le *Journal officiel* du 25 août 1881 et le *Bulletin des lois.*)

L'art. 3 de ce règlement dit : « Les primes de navigation sont calculées d'après les distances indiquées par le tableau annexé au présent décret. » Ce tableau n'a pas été donné aux abonnés du *Bulletin des lois*, mais publié à part en un gros volume. Du reste, le décret du 6 avril 1882 dispose ce qui suit :

Art. 1er. Est annulé le tableau général des distances de port à port annexé au décret du 17 août 1881.

Art. 2. Sont approuvés le nouveau tableau général des distances de port à port, contenant les corrections et additions au tableau précité, et le premier supplément au tableau général annexés au présent décret.

Art. 3. L'article 4 du décret du 17 août 1881 est ainsi modifié :

« Les additions et les corrections à apporter au tableau des distances seront approuvées par des décrets rendus sur le rapport du ministre de la marine, après avis de la section de marine du Conseil d'État. »

Art. 4. Les ministres de la marine et des colonies et du commerce sont chargés, chacun en ce qui le concerne, de l'exécution du présent décret.

3. *Surprime.* L'arrêté ministériel du 31 août 1881 inséré au *Journal officiel* du 10 septembre 1881, a été remplacé par l'arrêté du 8 février 1884 qui se trouve au *Journal officiel* du 13 février 1884.

4. Le décret du 19 avril 1882 dispose que la liquidation des primes acquises par les navires revenus dans un port de France du 30 janvier au 1er octobre 1881, pourra se faire sur la production d'un extrait du rôle d'équipage mentionnant les diverses traversées donnant droit à la prime et indiquant la composition de l'équipage pendant cette période de temps.

Cet extrait, certifié par le commissaire de l'inscription maritime du port de désarmement, tiendra lieu des pièces indiquées sous les nos 1, 2, 3 et 6 du § 3 de l'art. 29 du décret susvisé.

5. *Capitaines au long cours.* Le nouveau décret concernant l'admission au commandement des bâtiments du commerce est du 2 octobre 1880. (*Voy.* le *numéro suiv.*)

6. Le décret du 21 avril 1882 modifie le précédent sur un point spécial.

Art. 1er. Nul n'est admis à subir les examens de capitaine au long cours ou de maître au cabotage, s'il n'est Français ou naturalisé Français.

Art. 2. L'art. 14 du décret du 28 janvier 1857, relatif à l'inscription des mécaniciens, chauffeurs, etc., est remplacé par la disposition suivante : « Nul ne peut être chargé, en chef ou en sousordre, de la direction d'une machine à bord de tout bâtiment quel qu'il soit, s'il n'est Français ou naturalisé Français, et dans aucun cas le personnel de la machine ne doit comprendre, dans son effectif total, plus d'un quart d'étrangers. » (*L.* 21 *sept.* 1793, *art.* 2.)

**MARINE MILITAIRE.** (*Dict.*)

SOMMAIRE.

### CHAP. I. — CONSEIL DES TRAVAUX.

**1.** Le décret du 4 mars 1879 modifie ainsi qu'il suit les dispositions de l'art. 1er du décret du 23 octobre 1871 portant réorganisation du conseil des travaux de la marine :

Art. 1er. Le conseil des travaux de la marine est composé ainsi qu'il suit :

Deux vice-amiraux, dont le plus ancien préside le conseil ;

Un *général de division d'artillerie de la marine*, inspecteur général de l'arme ;

Un *général d'artillerie de la marine*, adjoint à l'inspection générale ;

Deux contre-amiraux ;

Un inspecteur général du génie maritime ;

Un inspecteur général des ponts et chaussées, chargé de l'inspection générale des travaux maritimes ;

Un *directeur des constructions navales*, adjoint à l'inspection générale du génie maritime ;

Trois capitaines de vaisseau ;

Un colonel d'artillerie de la marine ;

Deux ingénieurs de 1re classe de la marine ;

Un inspecteur divisionnaire ou un ingénieur en chef, adjoint à l'inspection générale des travaux maritimes ;

Un ingénieur ou un sous-ingénieur de la marine, secrétaire, n'ayant pas voix délibérante.

Un officier général de l'armée de terre est désigné pour faire partie du conseil, toutes les fois qu'il s'agit de questions relatives à la fabrication du matériel d'artillerie et aux expériences dont ce matériel est l'objet.

### CHAP. II. — DE L'INSPECTION DES SERVICES ADMINIS-TRATIFS.

**2.** Ce service est réorganisé ainsi par le décret du 23 juillet 1879 :

**Sect. 1. — De l'inspection des services administratifs et financiers de la marine et des colonies.**

Art. 1er. L'inspection des services administratifs de la marine et l'inspection mobile des services administratifs et financiers des colonies prennent la dénomination d'inspection des services administratifs et financiers de la marine et des colonies.

Art. 2. L'inspection du service administratif et financier de la marine et des colonies comprend :

L'inspection des services administratifs de la marine en France et en Algérie ;

L'inspection mobile et permanente des services administratifs et financiers des colonies.

Ces services sont centralisés au ministère, sous la direction de l'inspecteur en chef chargé du contrôle central.

Art. 3. Le personnel du corps d'inspection est composé de :

4 *inspecteurs en chef de 1re classe* ;
4 *inspecteurs en chef de 2e classe* ;
21 *inspecteurs* ;
24 *inspecteurs adjoints.*

Les membres de ce corps servent indistinctement en France et dans les colonies.

La répartition de l'effectif et le tour de roulement sont réglés par des arrêtés ministériels.

**Sect. 2. — Du service de l'inspection des services administratifs et financiers de la marine et des colonies.**

Art. 4. Le service de l'inspection en France et en Algérie continue à être régi par les dispositions des décrets du 12 janvier 1853, du 19 mai 1858 et du 25 octobre 1871.

Art. 5. L'inspection mobile dans les colonies est confiée à deux inspecteurs en chef.

Art. 6. L'inspecteur en chef envoyé en mission dans les colonies est chargé d'inspecter toutes les parties des services administratifs et financiers des colonies.

Art. 7. Il reçoit du ministre des finances des instructions pour ce qui touche aux services financiers des colonies. Le département de la marine informe à cet effet celui des finances des inspections projetées en lui laissant un délai suffisant pour que ces instructions puissent être préparées.

La transmission des instructions aux inspecteurs en chef et les réponses de ces derniers se font par l'intermédiaire du département de la marine.

Le ministre de la marine adresse au ministre des finances la partie des rapports des inspecteurs en chef qui concerne le service financier des colonies.

Art. 8, § 1er. Pendant son séjour dans les colonies, l'inspecteur en chef est investi des droits attribués à l'inspecteur permanent par les paragraphes 3, 4, 5, 6, 7, 8 et 13 de l'art. 10 et par l'art. 12 du présent décret.

§ 2. Il peut requérir l'inspecteur permanent de procéder à toute vérification ou opération qui ressortit à ses attributions.

§ 3. Il donne des notes sur le personnel attaché à l'inspection permanente.

§ 4. Il adresse au ministre un rapport d'ensemble sur les résultats de sa mission.

Art. 9. L'inspection permanente dans les colonies est exercée par un inspecteur dans les colonies suivantes : Cochinchine, Martinique, Guadeloupe, Réunion, Inde, Guyane, Nouvelle-Calédonie, Sénégal.

Les colonies dénommées ci-après : Saint-Pierre et Miquelon, Mayotte, Nossi-Bé, Taïti et Gabon, n'ont pas d'inspecteur permanent. Elles sont soumises aux visites périodiques d'inspecteurs désignés par le ministre.

Art. 10, § 1er. L'inspecteur permanent attaché à une colonie est chargé, au nom du ministre, de l'inspection et du contrôle des services administratifs et financiers dans les colonies.

§ 2. Il est subordonné au gouverneur sous le rapport hiérarchique.

Il ne relève, pour l'exercice de ses fonctions, que du ministre avec lequel il correspond directement.

§ 3. Il a pour mission de veiller à la régularité du fonctionnement de toutes les parties des services administratifs et financiers ; et il requiert, à cet effet, l'exécution ponctuelle des lois, ordonnances, décrets, règlements et ordres ministériels, ainsi que des arrêtés et décisions des gouverneurs.

§ 4. Sa surveillance s'étend :

Sur toutes les dépenses en deniers, matières et vivres, sur les recettes et les dépenses du budget local ;

Sur la conservation des marchandises et munitions de toute espèce dans les magasins de l'État ou de la colonie ;

Sur l'emploi des matières et du temps des ouvriers ;

Sur les hôpitaux, prisons, établissements pénitentiaires, chantiers, ateliers et autres établissements de l'État ou de la colonie ;

Sur l'administration de la caisse des invalides, des gens de mer et des prises ;

Sur les différentes administrations, fermes et régies des contributions de la colonie.

§ 5. Il vérifie les caisses et les écritures des comptables du Trésor et des comptables locaux ; celles des communes, hospices et établissements publics.

§ 6. Il prend connaissance de tous états, registres, s'assure de leur exactitude et de leur régularité.

§ 7. Les magasins, ateliers, bureaux, greffes, lui sont ouverts à toute réquisition.

§ 8. Les chefs d'administration et de service sont tenus de lui donner tous les éclaircissements et tous les renseignements dont il a besoin.

§ 9. Il lui est donné connaissance de tous les ordres ministériels concernant les services administratifs et financiers.

§ 10. Il lui est également donné communication des ordres de service de l'autorité locale avant leur exécution.

§ 11. Les mandats concernant les dépenses du budget de l'État et du budget local lui sont communiqués avant le paiement.

La preuve de la communication résulte, soit de l'émargement, soit de l'apposition du timbre de l'inspection sur ces pièces, ou sur les bordereaux qu'elles comportent, sans que l'omission de cette formalité puisse autoriser le refus du paiement.

§ 12. Il reçoit une expédition, certifiée conforme, des baux, marchés, pour fournitures ou pour travaux, passés par l'administration.

§ 13. Il peut assister, avec droit de faire des représentations, aux adjudications, à la passation des marchés de gré à gré, aux opérations de paiements d'ouvriers, d'envoi de fonds, de recette de deniers, de matières ou de travaux, de recensements, de condamnation, de déclassement, de vente, enfin à toute opération quelconque intéressant le service de l'État ou le service local.

L'administration lui donne à l'avance les informations nécessaires.

Art. 11. L'inspecteur a le droit d'assister, avec voix représentative, aux séances du conseil privé.

Les convocations de conseil lui sont communiquées. Il siège en face du président.

Il n'assiste pas aux séances où le conseil est constitué en conseil du contentieux.

Art. 12. L'inspecteur ne peut diriger, empêcher ou suspendre aucune opération. Il peut cependant fermer les mains provisoirement aux comptables dont la situation lui paraît irrégulière, sauf à en donner immédiatement avis au gouverneur.

Il peut également apposer les scellés sur les pièces qui lui seront présentées pendant le cours de ses vérifications, à charge d'en informer aussitôt le gouverneur, qui statue, par décision écrite, sur les mesures à prendre.

Art. 13. L'inspecteur adresse au ministre un compte rendu annuel sur la situation des services administratifs et financiers de la colonie.

Art. 14. Lorsque l'inspecteur est en congé, l'intérim est fait par l'inspecteur adjoint.

### Sect. 3. — Du corps de l'inspection des services administratifs et financiers de la marine et des colonies.

Art. 15. Les dispositions qui règlent actuellement les conditions d'état, d'assimilation, de rang, d'avancement, de recrutement, d'uniforme de solde, d'allocation et de pension des membres de l'inspection des services administratifs de la marine sont applicables à tous les fonctionnaires du corps d'inspection des services administratifs et financiers de la marine et des colonies.

Toutefois, lorsque les membres dudit corps sont employés à l'inspection mobile ou permanente des colonies, leur solde spéciale, les allocations auxquelles ils ont droit et les abonnements pour frais de bureau et d'employés sont réglés par les tarifs annexés au présent décret.

### Sect. 4. — Dispositions transitoires et générales.

Art. 16. Pour la première formation, le corps d'inspection des services administratifs et financiers de la marine et des colonies est composé des membres actuels du corps d'inspection des services administratifs de la marine et complété dans chaque grade conformément aux dispositions de l'art. 3 ci-dessus.

Les fonctionnaires appelés à compléter le corps sont choisis de la manière suivante :

1° Les inspecteurs en chef, parmi les commissaires généraux du cadre colonial actuellement titulaires de l'emploi d'inspecteur en chef mobile ;

2° Les inspecteurs, pour moitié au moins parmi les inspecteurs adjoints du corps actuel d'inspection métropolitaine, réunissant trois années de grade, et, pour le reste, parmi les commissaires et les commissaires adjoints de la marine (des deux cadres), ces derniers réunissant également trois années de grade ;

3° Les inspecteurs adjoints sont nommés au concours dans les conditions exigées par les règlements actuels pour l'admission dans l'inspection des services administratifs de la marine. Néanmoins, trois commissaires adjoints du cadre colonial peuvent être nommés, au choix, au grade d'inspecteur adjoint.

Le corps devra être constitué dans le délai d'un an à partir de la date de promulgation du présent décret. Les commissaires généraux, inspecteurs en chef mobiles, nommés inspecteurs en chef, les commissaires de la marine nommés inspecteurs, et les commissaires adjoints nommés inspecteurs adjoints, prennent rang, dans chaque grade du corps de l'inspection des services administratifs et financiers de la marine et des colonies, à compter du jour de leur nomination à leur grade actuel dans le commissariat.

Art. 17. Par dérogation au dernier paragraphe de l'art. 3 ci-dessus, les membres de l'inspection métropolitaine actuellement en fonctions ne pourront être employés d'office dans les colonies qu'avec un grade supérieur.

Art. 18. Sont abrogées les dispositions des ordonnances, décrets et règlements antérieurs, en ce qu'elles ont de contraire au présent décret.

3. Le *Journal officiel* du 25 juillet 1879 reproduit, outre le rapport qui précède ce décret, le *tarif* de la solde des fonctionnaires dont il y est question.

### CHAP. III. — PENSIONS DES INSCRITS MARITIMES.

**4.** La loi ayant pour objet l'amélioration des pensions de retraite attribuées aux inscrits maritimes est du 11 avril 1881, le tarif se trouve au *Journal officiel* du 13 avril.

Nous reproduisons ci-après les 7 premiers articles de cette loi :

Art. 1er. La pension, dite demi-solde, des marins réunissant vingt-cinq ans accomplis, soit de service pour le compte de l'État, soit de navigation sur les bâtiments de commerce, est fixée conformément au tarif annexé à la présente loi.

Le temps d'embarquement, même avant l'âge de 16 ans, sur les bâtiments de l'État autres que les écoles de mousses, est compté dans la supputation des services exigés du marin pour qu'il ait droit à la demi-solde.

Cette pension ne peut être réclamée par l'ayant droit avant l'âge de cinquante ans accomplis, à moins que des infirmités évidentes ne le mettent dans l'impossibilité absolue de naviguer. Cet état devra être constaté par une commission spéciale constituée par décret au chef-lieu du sous-arrondissement maritime du réclamant.

Art. 2. La pension des veuves desdits marins reste fixée à la moitié du maximum de la pension attribuée au mari.

Art. 3. Après le décès de la mère ou lorsqu'elle se trouvera déchue de ses droits à la pension, l'enfant ou les enfants mineurs du marin mort en jouissance de droits à cette demi-solde reçoivent, quel que soit leur nombre, un secours annuel égal à la pension que la mère aurait obtenue ou aurait été susceptible d'obtenir.

Ce secours est payé jusqu'à ce que le plus jeune d'entre eux ait atteint l'âge de vingt et un ans accomplis ; mais, dans ce cas, la part des majeurs est réversible sur les mineurs.

Art. 4. Il est alloué aux marins demi-soldiers ou à leurs veuves, pour chacun de leurs enfants âgés de moins de dix ans, un supplément annuel déterminé par le tarif ci-joint.

Art. 5. Les marins faisant partie du personnel de l'inscription maritime ont seuls droit aux pensions qui font l'objet de la présente loi.

A partir de sa promulgation, il ne sera plus fait de prélèvement au profit de la caisse des invalides de la marine, sur les salaires de la partie des équipages des bâtiments de commerce étrangère à l'inscription maritime.

Art. 6. Il continuera d'être perçu, au profit de la caisse des invalides de la marine, 3 centimes par franc sur les salaires des marins engagés au mois ou au voyage.

Le même prélèvement de 3 centimes par franc sera exercé sur les décomptes des marins employés aux pêches de la baleine et de la morue dites grandes pêches, conformément aux dispositions prescrites à cet égard par l'art. 3 de l'ordonnance du 9 octobre 1837.

Les marins engagés à la part soit pour le cabotage, soit pour le pilotage, soit pour la petite pêche ou pêche du poisson frais, paieront à la caisse des invalides des sommes fixes mensuelles conformément au tarif ci-après :

1o *Marins engagés à la part pour le cabotage ou le pilotage en mer.*

| | Par mois. |
|---|---|
| Capitaine ou maître et pilotes patrons. . . | 3f,00 |
| Officiers mariniers et pilotes . . . . . . . | 1 ,50 |
| Matelots . . . . . . . . . . . . . . . | 1 ,20 |
| Novices . . . . . . . . . . . . . . . | 0 ,75 |
| Mousses . . . . . . . . . . . . . . . | 0 ,30 |

2o *Marins faisant la petite pêche au poisson frais ou le pilotage en rivière.*

| | Par mois. |
|---|---|
| Patrons . . . . . . . . . . . . . . . | 1f,50 |
| Matelots . . . . . . . . . . . . . . . | 0 ,75 |
| Novices. . . . . . . . . . . . . . . | 0 ,50 |
| Mousses . . . . . . . . . . . . . . . | 0 ,25 |

Art. 7. Les dispositions de la présente loi seront appliquées à toutes les pensions non inscrites avant sa promulgation.

**5.** Les pensions de retraite du personnel de la marine se trouvent au *Bulletin des lois* de 1883, n° 797. Celles du personnel non officier sont fixées au décret du 8 août 1883. (*Journ. off.* 14 août.)

### CHAP. IV. — DISPOSITIONS DIVERSES.

**6.** *Constructions militaires aux colonies.* L'arrêté du ministre de la marine daté du 21 janvier 1881 et destiné à mettre à exécution le décret du 26 juin 1880 portant remise au corps de l'artillerie de la marine du service des constructions militaires et de fortifications aux colonies se trouve au *Journal officiel* du 27 janvier 1881.

**7.** *Défenses sous-marines.* Le décret qui réorganise l'école des défenses sous-marines est du 30 janvier 1881. (*Journ. off.* 5 fév.)

**8.** Décret du 4 novembre 1879 (*J. off.* 6 nov.) relatif aux signaux. Indication des États qui ont adhéré.

**9.** Attributions des majors généraux. (*D.* 20 janv. 1880, *J. off.* 25 janv.)

**10.** Instruction et examen des gabiers. (*D.* 30 juill. 1880, *J. off.* du 1er août.)

**11.** *Gens de mer.* Convention du 5 novembre 1879, approuvée par décret du 20 du même mois pour régler l'assistance donnée aux marins français et britanniques délaissés. (*J. off.* 23 nov. 1879.) Des conventions analogues ont été conclues avec l'Allemagne et d'autres pays.

**12.** *Engagement volontaire.* La loi du 19 mars 1880 dispose : L'obligation de savoir lire et écrire pour contracter un engagement volontaire dans l'armée de mer ne sera imposée qu'à partir du 1er janvier 1883.

**13.** *Corps de santé.* Le décret du 25 janvier 1882 se trouve au *Journal officiel* du 29 janvier 1882 (*voy.* aussi le *Journal officiel* du 20 sept. 1881). [*Voy. aussi* Médecine.]

**14.** *Doctorat.* Le décret du 13 mars 1883 modifie les art. 3, 7 et 11 du décret du 27 novembre 1880, déterminant les conditions à remplir par les aspirants au doctorat en médecine ou au titre de pharmacien de 1re classe qui appartiennent au service de santé de la marine.

**15.** *Organisation des infirmiers.* (*D.* 15 sept. 1882.) Voyez sur ce sujet le *Journal officiel* du 16 septembre ou le *Bulletin des lois.*

**16.** *Pension.* La pension de retraite des officiers de la marine est réglée à nouveau par la loi du 8 août 1883. (*Journal officiel* 14 août 1883.) [*Voy. aussi* Budget, *tit. IV, art.* 20 *et* 23.]

**17.** *Arsenaux.* (*Voy. ce mot.*)

**18.** *Invalidité.* La commission chargée de prononcer sur l'invalidité des inscrits a été reconstituée par décret du 26 août 1881 (*Journal officiel* du 31).

**19.** *Quartiers et sous-quartiers.* Le décret du 15 février 1882 sur la transformation des sous-quartiers en quartiers maritimes, a été inséré au *Journal officiel* du 23 février 1882.

**20.** *Pupilles de la marine.* Le décret du 2 août 1884, qui réorganise l'établissement, se trouve au *Journal officiel* du 9 août. (Rapport.)

**21.** *École supérieure de la marine.* Elle a été créée à Paris par décret du 25 janvier 1882. (Le décret est précédé d'un rapport. *J. off.* du 26.)

**22.** L'école d'application du génie maritime a été transférée à Paris par décret du 25 janvier 1882. (Rapp. et décret au *J. off.* du 26 janvier.)

**MÉDAILLES.** (*Dict.*, vº **Monnaies et médailles.**) Le *Journal officiel* du 8 octobre 1884 publie le tarif complet de la fabrication des médailles de toutes grandeurs.

**MÉDAILLES D'HONNEUR.** La circulaire du ministère de l'intérieur du 14 janvier 1882 est ainsi conçue:

« Monsieur le Préfet, la multiplicité toujours croissante des demandes de médaille d'honneur et les sérieux inconvénients qui en résultent, ont, à diverses reprises, fixé l'attention de mes prédécesseurs. J'ai remarqué moi-même que ces demandes sont devenues beaucoup trop nombreuses pour qu'il soit possible de les accueillir toutes, sans courir le risque de diminuer le prix qui s'est attaché jusqu'ici, et à si juste titre, aux médailles décernées par le ministère de l'intérieur.

« Il importe, Monsieur le Préfet, de remédier à cet état de choses. Le moyen le plus sûr est d'apporter encore plus de soin que par le passé à l'examen des faits invoqués à l'appui des demandes de récompenses honorifiques, et de ne prendre en considération que ceux qui ont dû mettre *incontestablement* en péril la vie de leurs auteurs. En vous appliquant à ne fonder vos propositions que sur des actes semblables, vous arriverez certainement à en restreindre le nombre. Vous n'oublierez pas, d'ailleurs, que les faits méritoires, mais de moindre importance, peuvent être récompensés par des mentions honorables, et que, lorsqu'il s'agit surtout d'un premier acte de dévouement accompli dans des circonstances ordinaires, il convient de borner la demande à un témoignage de satisfaction de cette nature.

« Je vous rappellerai enfin qu'aux termes de l'art. 32 du décret du 29 décembre 1875, relatif à la réorganisation des compagnies de sapeurs-pompiers, les membres de ces compagnies qui comptent 30 ans de bons services, mais qui n'ont pas eu l'occasion de se signaler par des actions d'éclat, doivent être présentés pour des diplômes d'honneur et non pour des médailles.

« *Signé:* Waldeck-Rousseau. »

*Voy. aussi* **Décorations.**

**MÉDECINE (Exercice de la).** (*Dict.*) **1.** *Études médicales.* Le décret du 20 juin 1878 (corrigé par le décret du 27 juillet 1882) est ainsi conçu:

Art. 1er. Les études pour obtenir le diplôme de docteur en médecine durent quatre années;

elles peuvent être faites, pendant les trois premières années, soit dans les facultés, soit dans les écoles de plein exercice, soit dans les écoles préparatoires de médecine et de pharmacie.

Les études de la quatrième année ne peuvent être faites que dans une faculté ou une école de plein exercice.

Art. 2. Les aspirants doivent produire, au moment où ils prennent leur première inscription, le diplôme de bachelier ès lettres et le diplôme de bachelier ès sciences restreint pour la partie mathématique.

Ils subissent cinq examens et soutiennent une thèse. Les deuxième, troisième et cinquième examens sont divisés en deux parties.

Les examens de fin d'année sont supprimés.

Art. 3. Les cinq examens portent sur les objets suivants:

*Premier examen.*

Physique, chimie, histoire naturelle médicale.

*Deuxième examen.*

1re partie: Anatomie et histologie.
2e partie: Physiologie.

*Troisième examen.*

1re partie: Pathologie externe, accouchements, médecine opératoire.
2e partie: Pathologie interne, pathologie générale.

*Quatrième examen.*

Hygiène, médecine légale, thérapeutique, matière médicale et pharmacologie.

*Cinquième examen.*

1re partie: Cliniques externe et obstétricale.
2e partie: Clinique interne, épreuve pratique d'anatomie pathologique.

*Thèse.*

Les candidats soutiennent cette épreuve sur un sujet de leur choix.

Art. 4. Le premier examen est subi après la quatrième inscription et avant la cinquième, la première partie du deuxième examen, après l'expiration du dixième trimestre d'études et avant la douzième inscription, et la deuxième partie de cet examen, après la douzième et avant la quatorzième inscription. (Corrigé d'après le décret du 23 juillet 1882.)

Le troisième examen ne peut être passé qu'après l'expiration du seizième trimestre d'études.

Tout candidat qui n'aura pas subi avec succès le premier examen en novembre, au plus tard, sera ajourné à la fin de l'année scolaire et ne pourra prendre aucune inscription pendant le cours de cette année.

Art. 5. Les aspirants au doctorat, élèves des écoles préparatoires, sont examinés devant les facultés aux époques fixées au précédent article: ils peuvent toutefois, sans interrompre leur cours d'études, ne passer le premier examen qu'après la douzième inscription. Dans ce dernier cas, ils subissent le deuxième examen (première et deuxième parties) avant la treizième inscription, et sont soumis, chaque semestre, à partir de la seconde année d'études, à des interrogations dont le résultat est transmis aux facultés, pour qu'il en soit tenu compte dans les examens de doctorat.

Les aspirants au doctorat, élèves des écoles de plein exercice, sont examinés devant les facultés aux époques fixées par l'art. 4; ils peuvent toutefois, sans interrompre leur cours d'études, ne passer le premier examen et les deux parties du deuxième examen, qu'après l'expiration du seizième trimestre d'études; dans ce cas, ils sont soumis, dans les écoles de plein exercice, à des interrogatoires semestriels, dont le résultat est transmis aux facultés pour qu'il en soit tenu compte dans les examens du doctorat. Les élèves des écoles de plein exercice, qui ont opté pour subir le premier examen après l'expiration du seizième trimestre d'études, doivent se présenter à cet examen à la session de novembre, mais, en cas d'échec à cette épreuve, ils sont soumis, en ce qui concerne la durée des ajournements, au régime des élèves ayant seize inscriptions. (Corrigé d'après le décret du 23 juillet 1882.)

Art. 6. Les inscriptions d'officier de santé ne seront, en aucun cas, converties en inscriptions de doctorat, pour les élèves en cours d'études ; cette conversion pourra être autorisée en faveur des officiers de santé qui ont exercé la médecine pendant deux ans au moins.

Art. 7. Les travaux pratiques de laboratoire, de dissection et le stage près des hôpitaux, sont obligatoires.

Chaque période annuelle des travaux de laboratoire et de dissection comprend un semestre.

Le stage près des hôpitaux ne peut durer moins de deux ans.

Art. 8. Les droits à percevoir des aspirants au doctorat en médecine sont fixés ainsi qu'il suit :

| | | |
|---|---|---:|
| 16 inscriptions à 32 fr. 50 c., y compris le droit de bibliothèque. . . . . . . . . . | | 520ᶠ |
| 8 examens en épreuves à 30 fr. . . . . . . | | 240 |
| 8 certificats d'aptitude à 25 fr. . . . . . . | | 200 |
| Frais matériels de travaux pratiques. | 1ʳᵉ année . . . . 60 | |
| | 2ᵉ année . . . . 40 | 160 |
| | 3ᵉ année. . . . 40 | |
| | 4ᵉ année. . . . 20 | |
| Thèse. . . . . . . . . . . . . . . . . | | 100 |
| Certificat d'aptitude . . . . . . . . . . | | 40 |
| Diplôme. . . . . . . . . . . . . . . | | 100 |
| Total. . . . . . . . | | 1,360ᶠ |

(Les droits d'inscription sont supprimés ; voy. plus haut Instruction publique, nº 203.)

Art. 9. Tout candidat qui, sans excuse jugée valable par le jury, ne répond pas à l'appel de son nom, le jour qui lui a été indiqué, est renvoyé à trois mois et perd le montant des droits d'examen qu'il a consignés.

Art. 10. Les droits acquittés par les élèves des facultés sont versés au Trésor public. Les droits d'inscriptions et des travaux pratiques acquittés par les élèves des écoles de plein exercice et des écoles préparatoires sont versés dans les caisses municipales.

Art. 11. Le présent décret recevra son exécution à partir du 1ᵉʳ novembre 1879.

Les aspirants inscrits avant cette époque pourront choisir entre le nouveau mode d'examens et le mode antérieur. S'ils optent pour le mode nouveau, ils devront, dans tous les cas, subir toutes les épreuves établies par l'art. 3 ci-dessus.

Le présent décret restera seul en vigueur à partir du 1ᵉʳ novembre 1885.

Art. 12. Toutes les dispositions contraires au présent règlement sont et demeurent abrogées.

2. La circulaire ministérielle qui accompagne et complète ce décret se trouve au Journal officiel du 26 novembre 1878. Il y est question aussi des bourses de doctorat.

3. Nous signalons encore les actes ci-après : Convention avec le Luxembourg pour l'admission

réciproque des médecins (du 30 sept. 1879), insérée au Journal officiel du 23 janvier 1880.

Le décret du 15 avril 1879, relatif à l'organisation des cours cliniques annexes dans la faculté de médecine. (Bull. des lois.)

Le décret du 5 juin concernant les médecins de la marine qui aspirent au doctorat.

L'arrêté du préfet de la Seine du 15 mars 1879 sur le recrutement des médecins des bureaux de bienfaisance.

4. Honoraire. M. F..., étant interne des hôpitaux, avait, sur l'indication d'un professeur à la Faculté de médecine de Paris, donné des soins à une dame B... Après avoir été reçu docteur, il introduisit contre cette dernière une demande en paiement de 300 fr. pour ses honoraires. Mᵐᵉ B... soutenait que ce chiffre était exagéré et avait fait offres réelles de la somme de 50 fr.

La 7ᵉ chambre du tribunal de la Seine a repoussé la demande par le jugement suivant :

« Le Tribunal,

« Attendu qu'aux termes de la loi du 19 ventôse an XI. nul ne peut exercer la médecine sans avoir le diplôme, de certificat ou de lettre de réception;

« Qu'il résulte des documents soumis au tribunal que F..., reçu docteur le 4 mai 1881, n'avait pas, au jour où il a donné ses soins à la veuve M...., le droit d'exercer la médecine ;

« Qu'il ne peut, dans ces circonstances, fonder sur l'infraction qu'il a commise une action en paiement d'honoraires ; que sa qualité d'interne des hôpitaux, chargé par son professeur de donner certains soins à une malade, ne supplée pas au défaut de diplôme et ne lui constitue pas un titre pour exercer personnellement, en l'absence du médecin qui l'a désigné, et en dehors de l'hôpital, l'art de la médecine, et, par suite, ne lui confère aucun droit pour réclamer la rémunération de soins qu'il ne peut donner en sa qualité d'interne que comme le représentant du médecin;

« Que sa demande est donc non recevable ;

« Par ces motifs,

« Le déclare non recevable en sa demande, l'en déboute et le condamne aux dépens ;

« Dit n'y avoir lieu de statuer sur le mérite des offres. » (Journ. des Débats, 31 juill. 1881.)

6. Corps de santé de la marine. Le décret concernant les aspirants au doctorat en médecine et au titre de pharmacien universitaire de 1ʳᵉ classe appartenant au corps de santé de la marine est du 29 novembre 1880. (Journ. offic. 30 nov.)

MÉTÉOROLOGIE. Voy. Bureau météorologique et Observatoire.

MÈTRE. Voy. Poids et mesures (au Dict.).

MINES. (Dict.)

### SOMMAIRE.

### CHAP. I. — LOI DU 27 JUILLET 1880 MODIFIANT LA LOI DE 1810.

1. La loi du 27 juillet 1880 est ainsi conçue : Article unique. Les art. 11, 23, 26, 42, 43, 44, 50, 70, 81 et 82 de la loi du 21 avril 1810 sont modifiés ainsi qu'il suit :

Art. 11. Nulle permission de recherches ni concession de mines ne pourra, sans le consentement du propriétaire de la surface, donner le droit de faire des sondages, d'ouvrir des puits ou galeries, ni d'établir des machines, ateliers ou magasins dans les enclos murés, cours et jardins.

Les puits et galeries ne peuvent être ouverts dans un rayon de 50 mètres des habitations et des terrains compris dans les clôtures murées y attenant, sans le consentement des propriétaires de ces habitations.

Art. 23. L'affichage aura lieu pendant deux mois, aux chefs-lieux du département et de l'arrondissement où la mine est située, dans la commune où le demandeur est domicilié et dans toutes les communes sur le territoire desquelles la concession peut s'étendre ; les affiches seront insérées deux fois, et à un mois d'intervalle, dans les journaux du département et dans le *Journal officiel*.

Art. 26. Les oppositions et demandes en concurrence seront admises devant le préfet jusqu'au dernier jour du second mois à compter de la date de l'affiche. Elles seront notifiées, par actes extrajudiciaires, à la préfecture du département, où elles seront enregistrées sur le registre indiqué à l'art. 22. Elles seront également notifiées aux parties intéressées, et le registre sera ouvert à tous ceux qui en demanderont communication.

Art. 42. Le droit accordé par l'art. 6 de la présente loi au propriétaire de la surface sera réglé sous la forme fixée par l'acte de concession.

Art. 43. Le concessionnaire peut être autorisé, par arrêté préfectoral, pris après que les propriétaires auront été mis à même de présenter leurs observations, à occuper, dans le périmètre de sa concession, les terrains nécessaires à l'exploitation de sa mine, à la préparation métallique des minerais et au lavage des combustibles, à l'établissement des routes ou à celui des chemins de fer ne modifiant pas le relief du sol.

Si les travaux entrepris par le concessionnaire ou par un explorateur muni du permis de recherches mentionné à l'art. 10 ne sont que passagers, et si le sol où ils ont eu lieu peut être mis en culture, au bout d'un an, comme il l'était auparavant, l'indemnité sera réglée à une somme double du produit net du terrain endommagé.

Lorsque l'occupation ainsi faite prive le propriétaire de la jouissance du sol pendant plus d'une année, ou lorsque, après l'exécution des travaux, les terrains occupés ne sont plus propres à la culture, les propriétaires peuvent exiger du concessionnaire ou de l'explorateur l'acquisition du sol.

La pièce de terre trop endommagée ou dégradée sur une trop grande partie de sa surface, doit être achetée en totalité, si le propriétaire l'exige.

Le terrain à acquérir ainsi sera toujours estimé au double de la valeur qu'il avait avant l'occupation.

Les contestations relatives aux indemnités réclamées par les propriétaires du sol aux concessionnaires de mines, en vertu du présent article seront soumises aux tribunaux civils.

Les dispositions des paragraphes 2 et 3, relatives au mode de calcul de l'indemnité due au cas d'occupation ou d'acquisition des terrains, ne sont pas applicables aux autres dommages causés à la propriété par les travaux de recherches ou d'exploitation ; la réparation de ces dommages reste soumise au droit commun.

Art. 44. Un décret rendu en Conseil d'État peut déclarer d'utilité publique les canaux et les chemins de fer, modifiant le relief du sol, à exécuter dans l'intérieur du périmètre, ainsi que les canaux, les chemins de fer, les routes nécessaires à la mine et les travaux de secours, tels que puits ou galeries destinés à faciliter l'aérage et l'écoulement des eaux, à exécuter en dehors du périmètre. Les voies de communication créées en dehors du périmètre pourront être affectées à l'usage du public dans les conditions établies par le cahier des charges.

Dans le cas prévu par le présent article, les dispositions de la loi du 3 mai 1841, relatives à la dépossession des terrains et au règlement des indemnités, seront appliquées.

Art. 50. Si les travaux de recherches ou d'exploitation d'une mine sont de nature à compromettre la sécurité publique, la conservation de la mine, la sûreté des ouvriers mineurs, la conservation des voies de communication, celle des eaux minérales, la solidité des habitations, l'usage des sources qui alimentent des villes, villages, hameaux et établissements publics, il y sera pourvu par le préfet.

Art. 70. Lorsque le ministre des travaux publics, après la concession d'une mine de fer, interdit aux propriétaires de minières de continuer une exploitation qui ne pourrait se prolonger sans rendre ensuite impossible l'exploitation avec puits et galeries régulières, le concessionnaire de la mine est tenu d'indemniser les propriétaires des minières dans la proportion du revenu net qu'ils en tiraient.

Un décret rendu en Conseil d'État peut, alors même que les minières sont exploitables à ciel ouvert ou n'ont pas encore été exploitées, autoriser la réunion des minières à une mine, sur la demande du concessionnaire.

Dans ce cas, le concessionnaire de la mine doit indemniser le propriétaire de la minière, par une redevance équivalente au revenu net que ce propriétaire aurait pu tirer de l'exploitation et qui sera fixée par les tribunaux civils.

Art. 81. L'exploitation des carrières à ciel ouvert a lieu en vertu d'une simple déclaration faite au maire de la commune et transmise au préfet. Elle est soumise à la surveillance de l'administration et à l'observation des lois et règlements.

Les règlements généraux seront remplacés, dans les départements où ils seront en vigueur, par des règlements rendus sous forme de décrets en Conseil d'État.

Art. 82. Quand l'exploitation a lieu par galeries souterraines, elle est soumise à la surveillance de l'administration des mines, dans les conditions prévues par les art. 47, 48 et 50.

Dans l'intérieur de Paris, l'exploitation des carrières souterraines de toute nature est interdite.

Sont abrogées les dispositions ayant force de

loi des deux décrets des 22 mars et 4 juillet 1813 et du décret, portant règlement général, du 22 mars 1813, relatifs à l'exploitation des carrières dans les départements de la Seine et de Seine-et-Oise.

**CHAP. II. — TRAVAUX DE RECHERCHES.**

**2.** La loi du 27 juillet 1880 ayant modifié l'art. 50 de la loi du 21 avril 1810 (*voy. plus haut*), le décret du 25 septembre 1882 modifie l'ordonnance royale du 26 mars 1843, en ces termes :

Art. 1er. Les art. 1, 3, 4 et 6 de l'ordonnance du 26 mars 1843 sont modifiés ainsi qu'il suit :

« Art. 1er. Dans les cas prévus par l'art. 50 de la loi du 21 avril 1810, modifié par la loi du 27 juillet 1880, et généralement lorsque, pour une cause quelconque, les travaux de recherche ou d'exploitation d'une mine seront de nature à compromettre la sécurité publique, la conservation de la mine, la sûreté des ouvriers mineurs, la conservation des voies de communication, celle des eaux minérales, la solidité des habitations, l'usage des sources qui alimentent les villes, villages, hameaux et établissements publics, les explorateurs ou les concessionnaires seront tenus d'en donner immédiatement avis à l'ingénieur des mines et au maire de la commune dans laquelle la recherche de l'exploitation sera située.

« Art. 3. Le préfet, après avoir entendu l'explorateur ou le concessionnaire, ordonnera les dispositions qu'il appartiendra.

« Art. 4. Si l'explorateur ou le concessionnaire, sur la notification qui lui sera faite de l'arrêté du préfet, n'obtempère pas à cet arrêté, il y sera pourvu d'office à ses frais et par les soins des ingénieurs des mines.

« Art. 6. Il sera procédé ainsi qu'il est dit aux art. 3, 4 et 5 ci-dessus à l'égard de tout concessionnaire qui négligerait de tenir sur ses exploitations le registre et le plan d'avancement journalier des travaux, qui n'entretiendrait pas constamment sur ses établissements les médicaments et autres moyens de secours, qui n'adresserait pas au préfet, dans les délais fixés, les plans des travaux souterrains et autres plans prescrits par le cahier des charges ; qui présenterait des plans qui seraient reconnus inexacts ou incomplets par les ingénieurs des mines. »

**CHAP. III. — ÉCOLE DES MINEURS ET JURISPRUDENCE.**

**3.** *École des mineurs de Saint-Étienne.* (D. 30 nov. 1882.) — Art. 1er. L'École des mineurs de Saint-Étienne prend le titre d'*École des mines de Saint-Étienne.*

Art. 2. Il est institué auprès de l'école des mines de Saint-Étienne un conseil de perfectionnement chargé de rechercher et de proposer toutes les améliorations qu'il conviendrait d'apporter à l'enseignement et à la discipline de l'école.

Les autres articles en indiquent la composition.

**4.** *Indemnité due à une mine voisine.* L'obligation imposée au concessionnaire de mine par l'art. 45 de la loi du 20 avril 1810, d'indemniser la mine voisine du dommage que causent à celle-ci, même sans faute aucune de la part du concessionnaire, les travaux d'exploitation de la première mine, à raison des eaux qui pénètrent dans la seconde en plus grande quantité, subsiste même au cas où l'exploitation de la première mine a été abandonnée. (*Cass.* 18 *juin* 1883.)

**5.** La convention intervenue entre les futurs concessionnaires d'une mine et l'un des propriétaires de la surface, par laquelle ce dernier se réserve le droit d'exploiter lui-même les mines situées sous son immeuble, est entachée d'une nullité absolue et d'ordre public, comme contraire à l'art. 7 de la loi du 20 avril 1810. Il en est de même des traités postérieurs à la concession et portant, l'un, cession par le propriétaire de la surface à un tiers, l'autre, rétrocession par ce tiers aux concessionnaires de la mine du droit partiel d'exploitation ainsi réservé. (*Cass.* 7 *août* 1877.)

**6.** Le concessionnaire n'est pas tenu, comme le simple explorateur, au paiement *préalable* de l'indemnité due pour occupation temporaire au propriétaire de la surface. (*C. de Montpellier* 9 *févr.* 1882.)

**7.** Le concessionnaire de mines qui occupe un terrain sans avoir notifié au propriétaire de la surface l'arrêté préfectoral qui autorise cette occupation, est passible de dommages-intérêts pour occupation illégale, indépendamment de l'indemnité prévue par les art. 43 et 44 de la loi du 21 avril 1810, modifiés par la loi du 27 juillet 1880. (*Même arrêt.*)

**BIBLIOGRAPHIE.**

De la Propriété des mines et de ses rapports avec la propriété superficiaire, par E. Chevallier. Paris, Marescq. 1876.

Révision de la législation des mines, par Francis Laur. In-8°. Paris, Marescq. (Saint-Étienne, Chevalier.) 1876.

Cours de législation des mines, par Ét. Dupont. Paris, Dunod. 1881.

Commentaire de la loi du 27 juillet 1880, etc., par Émile Delacroix. Paris, Chevalier-Marescq, 1882.

**MINISTÈRE.** (*Dict.*) Le ministère de l'agriculture a été créé par le décret du 14 novembre 1881.

**MINISTÈRE PUBLIC.** (*Dict.*) *Voy. aussi* Juridiction *et* Organisation judiciaire.

**BIBLIOGRAPHIE.**

Manuel du ministère public, par Massabian. 3 vol. in-8°. Paris, Marchal, Billard et Cie. 4e édit. 1876.

**MONNAIES.** (*Dict.*)

**SOMMAIRE.**

CHAP. I. LA FABRICATION DES MONNAIES EN RÉGIE.

II. LA CONVENTION MONÉTAIRE DE 1878.

III. DISPOSITIONS DIVERSES.

**CHAP. I. — LA FABRICATION DES MONNAIES EN RÉGIE.**

**1.** Elle est réglée par la loi du 21 juillet 1879, nous la reproduisons :

Art. 1er. La fabrication des monnaies est exécutée par voie de régie administrative, sous l'autorité du ministre des finances. Cette régie sera organisée dans un délai de six mois à partir de la promulgation de la présente loi.

Art. 2. Un décret, rendu en forme de règlement d'administration publique, détermine les conditions d'admission, au bureau du change, des matières propres à la fabrication des monnaies, ainsi que le mode d'émission des bons de monnaie et de délivrance des espèces.

Il fixe les frais de fabrication conformément au principe posé par le paragraphe 1er de l'art. 11 de la loi du 7 germinal an XI.

Art. 3. Le bon de monnaie, délivré contre le versement des matières d'or ou d'argent, forme titre contre le Trésor, à la charge toutefois, par la partie versante, de le faire viser immédiatement et séparer de son talon par le contrôle spécial de la régie.

Ce bon de monnaie est, comme les effets négociables du Trésor, exempté du droit et de la formalité du timbre.

Art. 4. Il est créé une « commission de contrôle de la circulation monétaire » composée de neuf membres désignés : un par le Sénat, un par la Chambre des députés, un par le Conseil d'État, un par la Cour de comptes, un par le conseil de la Banque de France, deux par l'Académie des sciences, et deux par la chambre de commerce de Paris.

La commission élit son président ; elle le choisit parmi ses membres.

Les nominations sont faites pour trois ans ; les membres sortants sont rééligibles. Leurs fonctions sont gratuites.

Art. 5. La commission s'assure de la régularité de l'émission des pièces au point de vue du poids et du titre, et, à cet effet, elle fait vérifier à la fin de chaque année, des échantillons prélevés sur chacune des brèves admises en délivrance dans le cours de cette année.

Cette vérification porte également sur des pièces extraites de la circulation.

Le nombre et le mode de prélèvement de ces échantillons, ainsi que les mesures nécessaires pour garantir leur identité, seront déterminés par le règlement d'administration publique.

Art. 6. Dans le premier mois de chaque année, la commission remet au Président de la République un rapport sur les résultats de la fabrication effectuée pendant l'année précédente et sur la situation matérielle de la circulation.

Ce rapport est publié et distribué au Sénat et à la Chambre des députés.

Art. 7. Le compte détaillé des opérations de la régie est joint chaque année au compte général de l'administration des finances.

Art. 8. Les lois actuellement en vigueur sont abrogées en ce qu'elles ont de contraire aux dispositions qui précèdent.

2. L'art. 2 de la loi du 31 juillet 1879 que nous venons de reproduire prescrit la rédaction d'un règlement d'administration publique. Voici ce règlement qui a paru le 31 octobre 1879 :

Art. 1er. Les frais de fabrication à exiger des porteurs de matières sont fixés, par kilogramme au titre monétaire (0,900), à six francs soixante-dix centimes (6 fr. 70 c.) pour les matières d'or et à un franc cinquante centimes (1 fr. 50 c.) pour les matières d'argent.

Art. 2. Le tarif des matières d'or et d'argent, établi conformément à l'article ci-dessus, est publié et affiché au bureau du change.

Les titres sont exprimés sur le tarif en millièmes et dixièmes de millième.

Il n'est pas tenu compte, dans les pesées, des quantités inférieures à 1 décigramme pour l'or et à 1 gramme pour l'argent.

Les sommes à payer aux porteurs de matières sont calculées d'après les titres et les poids ainsi déterminés.

Art. 3. Sont seuls admis de droit par le bureau du change :

1° Les lingots propres au monnayage affinés au titre minimum de neuf cent quatre-vingt-quatorze millièmes (0,994) et du poids de 6 à 7 kilogrammes pour l'or et de 30 à 35 kilogrammes pour l'argent ;

2° Les monnaies étrangères inscrites au tarif ;

3° Les ouvrages d'or et d'argent marqués des poinçons de titre français.

Les lingots d'un titre inférieur au titre ci-dessus, mais supérieur au titre monétaire, pourront être admis, s'il a été reconnu par l'essai qu'ils sont propres au monnayage.

Art. 4. En cas de désaccord sur le titre entre les porteurs de matières et le laboratoire d'entrée, la contestation est portée devant l'administration des monnaies, qui fait procéder à un contre-essai par le laboratoire de sortie. Cette opération sert à déterminer définitivement le titre, mais le porteur a la faculté, s'il n'en accepte pas le résultat, de retirer ses matières.

Art. 5. Après détermination du titre, il est délivré contre le versement des matières au bureau du change un ou plusieurs bons de monnaie au porteur ou nominatifs et transmissibles par voie d'endossement. Ces bons sont souscrits par le caissier agent comptable de la Monnaie et visés par le contrôleur au change. Mention sera faite sur les bons de l'obligation du visa.

L'échéance des bons de monnaie est fixée par arrêté du ministre des finances, sans qu'elle puisse dépasser un mois.

Art. 6. Au moment de la coulée des matières d'argent et après la coulée des matières d'or, le chef des travaux et le contrôleur de la fonderie prélèvent une goutte pour l'essai des fontes d'argent et une penille sur la première et la dernière lame pour l'essai des fontes d'or.

Art. 7. Le directeur des essais fait déterminer le titre de la goutte et des penilles par le laboratoire de sortie. Le résultat est constaté par un procès-verbal signé par les essayeurs. Une expédition de ce procès-verbal, certifiée par le directeur des essais, est remise sans délai à l'administration qui autorise le laminage des lames ou en prescrit la refonte, s'il y a lieu.

Art. 8. Lorsque le monnayage d'une brève est terminé, le chef des travaux et le contrôleur principal prélèvent chacun au hasard : sur les brèves de monnaie d'or, deux pièces ; sur les brèves de monnaie d'argent de 5 fr., de 2 fr., de 1 fr., de 50 cent., quatre pièces ; et sur celles de 20 cent., huit pièces ; sur les brèves de monnaie de bronze, cinq pièces.

Ces pièces sont adressées sous le cachet des deux fonctionnaires, une au moins de chaque catégorie, à l'administration, et les autres pièces au directeur des essais.

Art. 9. Les pièces adressées à l'administration sont enfermées dans une caisse à deux clefs, destinée au dépôt des échantillons devant servir aux vérifications annuelles de la commission de contrôle instituée par la loi du 31 juillet 1879. L'une des clefs est remise au directeur des essais, l'autre est confiée par le directeur général à l'employé supérieur qu'il aura désigné.

Art. 10. Le directeur des essais fait essayer, par le laboratoire de sortie, les échantillons de pièces destinées à l'analyse.

Les résultats de ces essais sont constatés par un procès-verbal signé par le vérificateur et les essayeurs. Une expédition de ce procès-verbal, certifiée par le directeur des essais, est adressée sans délai à l'administration.

Art. 11. Le contrôleur principal fait vérifier le poids et l'empreinte de chacune des pièces composant la brève dont il a envoyé les échantillons.

Il rebute les pièces qui sont en dehors du poids légal de tolérance ou dont les empreintes sont défectueuses.

La vérification terminée, il dresse procès-verbal de ces résultats et remet une expédition de ce procès-verbal au sous-directeur, qui la transmet, revêtue de son visa, à l'administration.

Art. 12. Sur le vu des procès-verbaux du directeur des essais et du contrôleur principal, le directeur général autorise la délivrance de la brève ou en prescrit la refonte, s'il y a lieu.

Art. 13. Les membres de la commission de contrôle de la circulation monétaire se réunissent chaque année, conformément à l'art. 5 de la loi du 31 juillet 1879, sur la convocation du ministre des finances, à l'hôtel des Monnaies, à Paris.

La commission se constitue en nommant son président et son secrétaire.

Art. 14. Cette commission reçoit de l'administration des monnaies les clefs de la caisse à deux serrures contenant les pièces prélevées sur chaque fabrication ou brève et mises en réserve.

Après s'être assurée que le nombre de ces pièces est conforme aux indications portées sur le relevé fourni par l'administration des monnaies, elle en prélève la quantité qu'elle juge nécessaire et en fait constater le poids et le titre en sa présence par les personnes qu'elle a choisies.

Des pièces prélevées dans la circulation par les ordres de la commission sont soumises aux mêmes épreuves.

CHAP. II. — LA CONVENTION MONÉTAIRE DE 1878.

2. L'union monétaire fondée le 23 décembre 1865 a été renouvelée par la convention du 5 novembre 1878 que nous allons reproduire. ( L. 30 juill. 1879, promulguée par D. 1er août 1879. Off. du 2 août 1879.)

Art. 1er. La France, la Belgique, la Grèce, l'Italie et la Suisse demeurent constituées à l'état d'union pour ce qui regarde le titre, le poids, le diamètre et le cours de leurs espèces monnayées d'or et d'argent.

Art. 2. Les types des monnaies d'or frappées à l'empreinte des hautes parties contractantes sont ceux des pièces de 100 fr., de 50 fr., de 20 fr., de 10 fr. et de 5 fr., déterminées, quant au titre, au poids, à la tolérance et au diamètre, ainsi qu'il suit :

Le titre droit de toutes ces pièces sera de 900 millièmes avec tolérance de 1 millième, pesant :

La pièce de 100 fr., 23 gr,258,06 avec une tolérance de 1 millième.

La pièce de 50 fr., 16 gr,129,03 avec une tolérance de 1 millième.

La pièce de 20 fr., 6 gr,451,61 avec une tolérance de 2 millièmes.

La pièce de 10 fr., 3 gr,225,80, avec une tolérance de 2 millièmes.

La pièce de 5 fr., 1 gr,612,90 avec une tolérance de 5 millièmes.

Le diamètre est respectivement de 35, 28, 21, 19 et 17 millimètres.

Les gouvernements contractants admettront sans distinction dans leurs caisses publiques les pièces d'or fabriquées, sous les conditions qui précèdent, dans l'un ou l'autre des cinq États, sous réserve, toutefois, d'exclure les pièces dont le poids aurait été réduit par le frai de $^1/_2$ p. 100 au-dessous des tolérances indiquées plus haut, ou dont les empreintes auraient disparu.

Art. 3. Le type des pièces d'argent de 5 fr., frappées à l'empreinte des hautes parties contractantes, est déterminé, quant au titre, au poids, à la tolérance et au diamètre, ainsi qu'il suit : titre droit, 900 millièmes ; tolérance du titre, tant en dehors qu'en dedans, 2 millièmes ; poids droit, 25 grammes ; tolérance du poids tant en dehors qu'en dedans, 3 millièmes ; diamètre, 37 millimètres.

Les gouvernements contractants recevront réciproquement dans leurs caisses publiques lesdites pièces d'argent de 5 fr., sous la réserve d'exclure celles dont le poids aurait été réduit par le frai de 1 p. 100 au-dessous de la tolérance indiquée plus haut, ou dont les empreintes auraient disparu.

Art. 4. Les hautes parties contractantes s'engagent à ne fabriquer des pièces d'argent de 2 fr., de 1 fr., de 50 centimes et de 20 centimes que dans les conditions de titre, de poids, de tolérance et de diamètre déterminées ci-après :

| NATURE des PIÈCES. | TITRE. | | POIDS. | | DIAMÈTRE. |
|---|---|---|---|---|---|
| | Titre droit. | Tolérance du titre tant en dehors qu'en dedans. | Poids droit. | Tolérance du poids tant en dehors qu'en dedans. | |
| | millièm. | millièm. | gram. | millièm. | millim. |
| Argent . . . . { 2 » | 835 | 3 | 10 » | 5 | 27 |
| 1 » | | | 5 » | | 23 |
| 0 50 | | | 2 50 | 7 | 18 |
| 0 20 | | | 1 » | 10 | 16 |

Ces pièces devront être refondues par les gouvernements qui les auront émises, lorsqu'elles seront réduites par le frai de 5 p. 100 au-dessous des tolérances indiquées plus haut, ou lorsque leurs empreintes auront disparu.

Art 5. Les pièces d'argent fabriquées dans les conditions de l'art. 4 auront cours légal entre les particuliers de l'État qui les a émises, jusqu'à concurrence de 50 fr. pour chaque paiement. L'État qui les a mises en circulation les recevra de ses nationaux sans limitation de quantité.

Art. 6. Les caisses publiques de chacun des cinq États accepteront les monnaies d'argent fabriquées par un ou plusieurs des autres États contractants, conformément à l'art. 4, jusqu'à concurrence de 100 fr. pour chaque paiement fait auxdites caisses.

Art. 7. Chacun des gouvernements contractants s'engage à reprendre des particuliers ou des caisses publiques des autres États, les monnaies d'appoint ou argent qu'il a émises et à les échanger contre une égale valeur de monnaie courante en pièces d'or ou d'argent fabriquées dans les conditions des art. 2 et 3, à condition que la somme présentée à l'échange ne sera pas inférieure à 100 fr. Cette obligation sera prolongée pendant une année à partir de l'expiration de la présente convention.

Art. 8. Le gouvernement italien ayant déclaré vouloir supprimer ses coupures divisionnaires de papier inférieures à 5 fr., les autres États contractants s'engagent, pour lui faciliter cette opération, à retirer de leur circulation et à cesser de recevoir dans leurs caisses publiques les monnaies italiennes d'appoint en argent.

Ces monnaies seront admises de nouveau dans les caisses publiques des autres États contractants, dès que le régime du cours forcé du papier-monnaie aura été supprimé en Italie.

Il est entendu que, lorsque les opérations relatives au retrait de la circulation internationale des monnaies italiennes d'appoint en argent auront été terminées, l'application des dispositions de l'art. 7 sera suspendue à l'égard de l'Italie.

Art. 9. Le monnayage des pièces d'or fabriquées dans les conditions de l'art. 2, à l'exception de celui des pièces de 5 fr. d'or, qui demeure provisoirement suspendu, est libre pour chacun des États contractants.

Le monnayage des pièces de 5 fr. d'argent est provisoirement suspendu. Il pourra être repris lorsqu'un accord unanime se sera établi, à cet égard, entre tous les États contractants.

Art. 10. Les hautes parties contractantes ne pourront émettre des pièces d'argent de 2 fr., de 1 fr., de 50 centimes et de 20 centimes frappées dans les conditions indiquées par l'art. 4, que pour une valeur correspondante à 6 fr. par habitant.

Ce chiffre, en tenant compte des derniers recensements effectués dans chaque État, est fixé :

Pour la Belgique, à . . . . . . . .    33,000,000
Pour la France et l'Algérie, à .   240,000,000
Pour la Grèce, à . . . . . . . . . . .    10,500,000
Pour l'Italie, à . . . . . . . . . . . .   170,000,000
Pour la Suisse, à. . . . . . . . . . .    18,000,000

Seront imputées sur les sommes ci-dessus les quantités déjà émises jusqu'à ce jour par les États contractants.

Art. 11. Le millésime de fabrication sera inscrit, en conformité rigoureuse avec la date du monnayage, sur les pièces d'or et d'argent frappées dans les cinq États.

Art. 12. Les gouvernements contractants se communiqueront annuellement la quotité de leurs émissions de monnaie d'or et d'argent, ainsi que toutes les dispositions et tous les documents administratifs relatifs aux monnaies.

Ils se donneront également avis de tous les faits qui intéressent la circulation réciproque de leurs espèces d'or et d'argent, et spécialement de tout ce qui parviendra à leur connaissance au sujet de leur contrefaçon ou de l'altération de leurs monnaies dans les pays faisant ou non partie de l'Union, notamment en ce qui touche aux procédés employés, aux poursuites exercées et aux répressions obtenues ; ils se concerteront sur les mesures à prendre en commun pour prévenir les contrefaçons et les altérations et les faire réprimer partout où elles se seraient produites et en empêcher le renouvellement.

Ils prendront, en outre, les mesures nécessaires pour mettre obstacle à la circulation des monnaies contrefaites ou altérées.

Art. 13. Toute demande d'accession à la présente convention, faite par un État qui en accepterait les obligations et qui adopterait le système monétaire de l'Union, ne peut être accueillie que du consentement unanime des hautes parties contractantes.

Art. 14. L'exécution des engagements réciproques contenus dans la présente convention est subordonnée à l'accomplissement des formalités et règles établies par les lois constitutionnelles de celles des hautes parties contractantes qui sont tenues d'en provoquer l'application, ce qu'elles s'obligent à faire dans le plus bref délai possible.

Art. 15. La présente convention, exécutoire à partir du 1er janvier 1880, restera en vigueur jusqu'au 1er janvier 1886.

Si, un an avant ce terme, elle n'a pas été dénoncée, elle sera prorogée de plein droit, d'année en année, par voie de tacite réconduction et demeurera obligatoire jusqu'à l'expiration d'une année après la dénonciation qui en sera faite.

Art. 16. La présente convention sera ratifiée et les ratifications en seront échangées à Paris dans le délai de huit mois, ou plus tôt si faire se peut.

Il y eut ensuite avec l'Italie plusieurs arrangements destinés à faciliter les dispositions du traité qui fut ratifié par les lois des 24 décembre 1878 et 30 juillet 1879. (*Voy.* au *J. off.* de cette dernière date le discours explicatif de M. Léon Say.)

**CHAP. III. — DISPOSITIONS DIVERSES.**

3. Un journal (*le Temps* du 17 avril 1884) donne le renseignement suivant, que nous croyons devoir reproduire, bien qu'il n'indique aucune pièce à l'appui.

Beaucoup de personnes ont l'habitude de percer des pièces de monnaie, surtout des pièces d'or, pour les attacher, en guise de breloques, à des chaînes de montre ou à d'autres bijoux.

Le procureur de la République ayant appris que quelques marchands transformaient ainsi des pièces de monnaie, à l'occasion d'un mariage ou de toute autre cérémonie, vient de prescrire aux commissaires de police de rechercher les auteurs de ces détériorations et de les faire déférer au tribunal correctionnel, la loi interdisant formellement cette détérioration.

Il en sera de même pour les individus qui se livrent au triage et à la fonte des monnaies françaises ; les marchands de métaux précieux seront invités à se rendre compte de la provenance des lingots d'or ou d'argent qui leur seront vendus.

Des perquisitions ou descentes judiciaires devront être faites chez les bijoutiers et fondeurs qui seraient signalés comme se livrant à la fonte des pièces monnayées.

Les commissaires de police spéciaux des gares de chemins de fer devront de même rechercher l'origine et la provenance des lingots d'or et d'argent envoyés par la voie des chemins de fer, surtout lorsqu'il leur paraîtra établi que ces lingots proviennent de la fonte de monnaies.

4. *Cours forcé.* Il résulte d'un arrêt de la Cour de cassation du 29 décembre 1882 que les monnaies des pays avec lesquels la France a conclu une union monétaire n'ont pas cours forcé entre particuliers, la convention n'a trait qu'à l'admission dans les caisses publiques. — L'arrêt cite l'art. 475-11° du Code pénal, pour dire qu'il ne s'applique pas à l'espèce, ce qui est évident, mais il nous semble qu'il n'ordonne pas l'acceptation d'une manière absolue des monnaies nationales non altérées,

il défend seulement de prétendre les recevoir au-dessous de leur valeur légale.

**MONT-DE-PIÉTÉ.** *Voy.* **Paris** *et* **Valeur mobilière.**

**MUSÉES.** *Voy.* **Beaux-Arts.**

**MUSIQUE MILITAIRE.** (*Dict.*) *Cérémonies officielles.* Le ministre de la guerre a publié, le 20 octobre 1882, la circulaire suivante au sujet de la présence des musiques militaires aux cérémonies officielles :

Les circulaires ministérielles des 1er septembre 1879 et 15 janvier 1880, relatives aux autorisations à accorder aux musiques de l'armée pour se faire entendre dans les cérémonies ou fêtes publiques n'ayant pas un caractère exclusivement militaire, ont donné lieu, dans bien des cas, à des demandes d'interprétation. Je crois donc nécessaire de vous faire connaître les règles à suivre définitivement en pareille matière :

1° Le déplacement des musiques hors de leurs lieux de garnison normal présentant des inconvénients sérieux, tant au point de vue de la discipline que du service professionnel, est absolument interdit ;

2° Le concours des musiques militaires ne doit être accordé que pour des fêtes de bienfaisance ou des cérémonies ayant un caractère officiel.

Toute demande ayant pour but d'obtenir ce concours sera adressée au général commandant le corps d'armée par le maire de la ville et par l'intermédiaire de l'autorité préfectorale. Le commandant du corps d'armée statuera et avisera ensuite de sa décision le préfet du département et le commandant d'armes intéressé.

L'autorité militaire n'examinera que les demandes qui lui parviendront dans les conditions ci-dessus indiquées.

Dans le cas où il y aurait doute sur le caractère véritable de la cérémonie, il en sera référé au ministre par le général commandant le corps d'armée, qui joindra à sa dépêche le dossier de l'affaire, en émettant son avis.

Les musiques militaires pourront d'ailleurs, sous la réserve que le service régimentaire sera d'abord assuré, continuer à se faire entendre sur les places et sur les jardins publics où cet usage est établi, aux jours et heures fixés, avec l'assentiment du général de corps d'armée, par l'autorité militaire locale. (*Signé* : Billot.)

# N

**NATURALISATION.** (*Dict.*) **1.** L'art. 2 de la loi du 7 février 1851, relative aux enfants d'étranger naturalisé, a été modifié ainsi qu'il suit par la loi du 14 février 1882 :

L'art. 9 du Code civil est applicable aux enfants de l'étranger naturalisé, quoique nés en pays étranger, s'ils étaient mineurs lors de la naturalisation. — A l'égard des enfants nés en France ou à l'étranger, qui étaient majeurs à cette même époque, l'art. 9 du Code civil leur est applicable dans l'année qui suivra la naturalisation.

Les enfants mineurs, même ceux nés à l'étranger avant la naturalisation des parents, peuvent, soit s'engager volontairement dans les armées de terre ou de mer, soit contracter l'engagement conditionnel d'un an, conformément à la loi du 27 juillet 1872, titre IV, 3e section, soit entrer dans les écoles du Gouvernement à l'âge fixé par les lois et règlements, en déclarant qu'ils renoncent à la qualité d'étranger et adoptent la nationalité française. — Cette déclaration ne peut être faite qu'avec le consentement exprès et spécial du père ; à défaut du père, de la mère, et, à défaut du père et de la mère, avec l'autorisation de la famille, conformément aux statuts personnels. Elle ne doit être reçue qu'après les examens d'admission et s'ils sont favorables. — La même faculté est accordée, et aux mêmes conditions, aux enfants mineurs d'un Français qui aurait perdu la qualité de Français par l'une des trois causes exprimées dans l'art. 17 du Code civil, si le père recouvre sa nationalité d'origine, conformément à l'art. 18. Les enfants majeurs pourront réclamer la qualité de Français par une déclaration faite dans l'année qui suivra le jour où le père a recouvré sa nationalité.

**2.** *Enfants de Française nés en France.* Loi du 28 juin 1883 :

*Article unique.* Pourront, à l'âge fixé par les lois et règlements, s'engager dans l'armée de terre et de mer, contracter l'engagement volontaire d'un an, se présenter au écoles du Gouvernement, les enfants mineurs, nés en France d'une femme française mariée avec un étranger, lorsqu'elle recouvre la qualité de Française conformément a l'art. 19 du Code civil.

Auront les mêmes droits les mineurs, orphelins de père et de mère, nés en France d'une femme française mariée avec un étranger.

Lesdits mineurs pourront, dans les cas prévus par les deux paragraphes précédents, s'engager, concourir pour les écoles et opter pour la nationalité française aux conditions et suivant les formes déterminées par la loi du 14 février 1882.

**3.** La naturalisation du père n'enlève pas à ses enfants mineurs leur qualité de Français (*Cass.* 6 *mars* 1877), alors même que la loi étrangère (la loi suisse) fait profiter de plein droit à ses enfants mineurs la nationalité acquise par le père. (*C. de Lyon* 19 *mars* 1875 ; *de Toulouse* 26 *janv.* 1876.)

**4.** Mais la qualité de Français n'appartient pas à l'enfant né en pays étranger d'un père qui, au moment de cette naissance, était établi dans ce pays sans esprit de retour. Il importe peu que cet enfant ait été, par les soins de son père, immatriculé sur les registres de la chancellerie de l'ambassade française dans le pays étranger. (*C. de Toulouse* 26 *janv.* 1876). — L'expression « sans esprit de retour » est tellement vague, elle dépend tellement de l'appréciation du juge, et nous croyons aussi qu'elle trouve si rarement une application franche et nette, qu'on devrait la supprimer. (*Voy.* plus loin le n° 7.)

La loi allemande fait perdre la nationalité après une absence d'un nombre d'années déterminé, autrefois 5 années, plus tard, 10 années, mais il y a des inconvénients à fixer une période déterminée. Il est bien des personnes qui vont à l'étranger « pour faire fortune » et avec esprit de retour, et qui ne réussissent qu'après 20 ou 30 ans.

5. La naturalisation étrangère obtenue par la femme séparée, sans l'autorisation de son mari, et le second mariage contracté par elle à l'étranger en suite de cette naturalisation et d'une sentence de divorce, ne sont pas opposables au premier mari, alors même qu'il aurait été personnellement partie à cet acte et à cette sentence. (*Cass.* 18 *mars* 1878.)

A cette époque, le divorce n'était pas rétabli en France ; jugerait-on encore de même aujourd'hui ? *Voy.* aussi l'arrêt qui suit.

6. La naturalisation étrangère obtenue par un mari français, postérieurement à la célébration de son mariage, ne fait point perdre à sa femme la qualité de Française, alors surtout qu'elle a continué de résider en France, et a manifesté, par ses agissements, une volonté contraire. (*C. de Chambéry* 27 *août* 1877.)

7. Le Français qui a fondé en pays étranger un établissement de commerce ne doit pas être considéré comme ayant abdiqué sa nationalité, alors même qu'il se serait marié dans ce pays et y serait décédé, et qu'il y aurait fait dresser par l'autorité locale les actes de l'état civil le concernant. (*C. de Bordeaux* 27 *août* 1877.)

BIBLIOGRAPHIE.

Traité théorique et pratique de la naturalisation. Études de droit international privé, par Daniel de Folleville. Paris, Marescq aîné. 1880.

La Naturalisation des étrangers en France, par J. Ingouf. Paris, Marescq aîné. 1881.

**NAVIGATION FLUVIALE OU INTÉRIEURE.**
(*Dict.*) 1. *Suppression des droits de navigation.*
La loi du 19 février 1880 est ainsi conçue :

Art. 1er. Les droits de navigation intérieure (dont la suppression à partir du 1er octobre 1880 est prononcée par l'art. 3, § 2, de la loi de finances du 21 décembre 1879) cesseront d'être perçus à dater de la promulgation de la présente loi.

Art. 2. Les patrons et mariniers seront néanmoins tenus de déclarer aux agents commissionnés à cet effet, la nature et le poids de leurs chargements.

Ils devront, en outre, représenter à toute réquisition, auxdits agents, leurs connaissements et lettres de voiture.

Un règlement d'administration publique déterminera les conditions dans lesquelles les déclarations devront être effectuées et vérifiées.

Art. 3. Les contraventions aux dispositions du précédent article et aux règlements relatifs à son application, seront assimilées aux contraventions en matière de grande voirie, et punies des mêmes peines.

2. Le décret du 17 novembre 1880, que nous donnons ci-après, est une conséquence de la loi du 19 février 1880. portant suppression des droits de navigation intérieure (notamment l'art. 2, § 3) :

Art. 1er. Les bateaux circulant sur les fleuves,

rivières, canaux, tant administrés par l'État que concédés, lacs et étangs, sont soumis aux dispositions du présent règlement.

TITRE Ier. — JAUGEAGE DES BATEAUX.

Art. 2. Aucun bateau ne pourra naviguer qu'après avoir été préalablement jaugé à l'un des bureaux qui seront désignés par une décision du ministre des travaux publics.

Art. 3. Le nombre de tonnes que chaque bateau sera susceptible de porter sera déterminé, au moment du jaugeage, par la différence entre le poids de l'eau que déplacera le bateau chargé et celui de l'eau que déplacera le bateau vide, y compris les agrès.

Le même principe servira à déterminer les tonnages correspondant à chaque degré d'enfoncement.

Pour les bateaux à vapeur, la machine, le combustible pour un voyage et les agrès seront compris dans le tirant d'eau à vide, lors du jaugeage.

Art. 4. Les trains seront l'objet d'un cubage dans lequel ne seront pas compris les espaces laissés vides entre les coupons et ceux dans lesquels seraient placés des tonneaux pour maintenir ces trains à flot.

Art. 5. Le jaugeage sera fait par les agents des ponts et chaussées, en présence du propriétaire ou du conducteur du bateau, conformément aux instructions données par le ministre des travaux publics. Les agents des ponts et chaussées dresseront de cette opération un procès-verbal dont copie sera remise au propriétaire ou conducteur du bateau et qui énoncera ;

1° Le nom ou la devise du bateau ;

2° Les noms et domiciles du propriétaire et du conducteur du bateau ;

3° Les dimensions extérieures du bateau ;

4° Le tirant d'eau à charge complète ;

5° Le tirant d'eau à vide avec les agrès ;

6° Enfin, le tonnage du bateau à charge complète et le tonnage par centimètre d'enfoncement.

La progression croissante ou décroissante du tonnage sera réglée par tranche de 20 en 20 centimètres des échelles mises en place.

Les millimètres ne seront pas comptés.

Art. 6. En cas de grosses réparations, le propriétaire du bateau devra le soumettre à un nouveau jaugeage. Les résultats de cette opération seront également constatés par un procès-verbal dont il sera délivré une ampliation au propriétaire ou au conducteur du bateau, en remplacement de la précédente.

Art. 7. Les agents des ponts et chaussées pourront procéder d'office à la vérification des jaugeages.

En cas de non-concordance entre leurs opérations et les indications du procès-verbal de jaugeage, ils mentionneront le fait sur ce procès-verbal.

Ces vérifications n'auront lieu qu'en cas de stationnement et qu'après le déchargement des bateaux.

Art. 8. De chaque côté du bateau sera incrustée une échelle en cuivre graduée en centimètres. Le zéro de l'échelle répondra au tirant d'eau à vide, et une marque apposée dans la partie supérieure indiquera la ligne de flottaison à charge complète.

Pour les bateaux en fer, les échelles pourront être simplement peintes sur la coque en métal, à la condition d'être rattachées à des repères absolument fixes.

Le marinier devra se conformer aux dispositions qui seront prescrites par l'administration pour assurer d'une manière invariable la fixité des échelles.

Il lui est interdit de les enlever ou de les déplacer.

Art. 9. Toutes les fois que, par un accident quelconque, les échelles auront été perdues ou qu'elles se trouveront détériorées, le batelier sera tenu de les faire immédiatement remplacer, conformément aux dispositions qui précèdent.

TITRE II. — DÉCLARATION DE CHARGEMENT.

Art. 10. Tout conducteur de bateau ou train devra, à chaque voyage, être porteur d'une déclaration qui indiquera le poids et la nature des marchandises qu'il transporte, groupées d'après une classification arrêtée par le ministre des travaux publics, les opérations de chargement et de déchargement effectuées en route, ainsi que le point de départ et le lieu de destination.

Cette déclaration sera rédigée sur une formule imprimée que les intéressés pourrront se procurer à titre gratuit dans les divers bureaux de navigation. Elle devra être soumise au visa des agents des ponts et chaussées, dans les bureaux des lieux de départ et d'arrivée, et dans les bureaux du parcours qui seront désignés par l'administration. Enfin, elle sera remise au bureau du lieu d'arrivée, pour servir de base aux relevés statistiques.

Dans le cas où il n'existerait pas de bureau de déclaration aux lieux de départ et d'arrivée et dans le cas où le bureau du lieu de départ serait fermé, le premier et le dernier visa auront lieu dans les bureaux les plus voisins.

Art. 11. Les déclarations, connaissements, lettres de voiture, procès-verbaux de jaugeage seront présentés, à toute réquisition, aux agents des ponts et chaussées, aux éclusiers, gardes de navigation, maîtres de ponts et pertuis, ainsi qu'aux employés des contributions indirectes, des douanes et des octrois et à tous agents commissionnés à cet effet.

Cet exhibition devra être faite au moment même de la réquisition des agents.

Les déclarations, connaissements et lettres de voiture devront être tenus en rapport avec la variation du chargement.

Art. 12. Les bateliers fourniront aux employés et agents ci-dessus dénommés les moyens de se rendre à bord, toutes les fois que ceux-ci le jugeront nécessaire, pour reconnaître les marchandises transportées ou pour vérifier les échelles.

Art. 13. Les entreprises qui transportent des voyageurs seront tenues de remettre, chaque trimestre, à l'administration les résultats de leur exploitation en ce qui concerne le nombre des voyageurs transportés et les distances parcourues.

Art. 14. Les dispositions qui précèdent sont applicables aux bateaux à vapeur.

Des developpements ont été donnés dans la circulaire du ministre des travaux publics du 21 novembre 1880. On la trouvera dans le *Bulletin des travaux publics* de l'année 1880, p. 400.

**NAVIGATION MARITIME.** *Voy.* **Marine marchande**, *etc.*

**NON-ACTIVITÉ.** *Voy.* **Préfet.**

# O

**OBJETS TROUVÉS.** (*Dict.*) **1.** *Le dépôt.* Le préfet de police de la Seine a adressé, le 10 avril 1880, aux commissaires de police du ressort de la préfecture, la circulaire suivante :

« Messieurs, il résulte des renseignements parvenus à ma préfecture qu'un certain nombre d'entre vous négligent de fournir reçu des objets trouvés sur la voie publique et qui sont déposés à leurs commissariats.

« Cette manière de procéder présente les plus graves inconvénients et motive des plaintes fréquentes de la part des intéressés ; elle peut, d'ailleurs, donner naissance aux suspicions les plus fâcheuses et les moins justifiées.

« Je vous prie donc de donner des ordres au personnel placé sous votre direction pour qu'à l'avenir tout inventeur qui se présentera dans vos bureaux pour y effectuer le dépôt d'un objet trouvé reçoive *immédiatement* un récépissé en échange de l'objet déposé. Les inventeurs devront en outre être informés qu'à l'expiration des délais réglementaires, ils seront mis en possession des objets non restitués, sur une demande qu'il leur suffira de m'adresser en y joignant le récépissé dont il s'agit.

« Lorsque l'objet trouvé aura été remis directement par vous à son légitime propriétaire, vous aurez besoin d'en aviser l'inventeur et de m'en informer par un rapport spécial indiquant les nom, prénoms, profession et domicile du réclamant, ainsi que la date de la remise.

« Enfin, je crois devoir, en terminant, vous rappeler qu'aux termes des instructions qui vous ont été adressées par un de mes prédécesseurs, le 31 mars 1875, les objets trouvés sur la voie publique et déposés dans les commissariats doivent être transmis à ma préfecture dans les cinq jours qui suivent le dépôt. Il importe absolument, pour la prompte expédition des affaires, que ce délai ne soit pas dépassé. »

**2.** *Le partage.* L'employée d'un charcutier de Paris, en défaisant de vieux papiers jaunis et en les disposant sur le comptoir en « étoile », suivant l'expression technique, fut frappée de la résistance qu'offraient certains feuillets provenant d'un vieux livre. Elle regarda de plus près, vit que c'était un ancien livre de piété, en décolla ou détacha les deux feuilles, et trouva entre les deux un billet de la Banque de France de 1,000 fr., imprimé en noir, c'est-à-dire d'une date relativement ancienne. Poussant plus loin ses recherches, elle en trouva un second dans les mêmes conditions.

C'était évidemment découvrir un trésor, mais appartenait-il à l'employée seule ou devait-elle le partager avec son patron, propriétaire du papier? Le tribunal de Paris a jugé, en septembre 1880, qu'il fallait partager.

**OBSERVATOIRES. 1.** L'État possède des observatoires astronomiques à Paris, Marseille, Toulouse, Alger ; des observatoires astronomiques et météorologiques à Besançon, Bordeaux, Lyon ; un observatoire d'astronomie physique à Meudon ; des observatoires météorologiques à Montsouris (Paris) et au Puy-de-Dôme.

Mentionnons encore l'observatoire populaire d'astronomie établi au Trocadéro (Paris) et destiné aux élèves des lycées, des écoles normales primaires, des écoles primaires supérieures, et même au public en général. (*Arr. min.* 31 *janv.* 1882.)

**2.** L'observatoire de Paris a été plusieurs fois réorganisé, les deux derniers décrets sont du 13 février 1873 et du 21 février 1878. L'observatoire du Puy-de-Dôme a été créé par décret du 29 décembre 1871 ; celui de Meudon est du 6 septembre 1875 (*Voy. aussi la loi du* 15 *avril* 1879.)

**3.** *Bureau des longitudes et instruction supérieure de l'astronomie.* Un arrêté du ministre de l'instruction publique du 31 octobre 1879 dispose ce qui suit :

Art. 1er. Des élèves-astronomes seront admis à l'Observatoire de Paris ; le nombre en sera fixé par arrêté ministériel, selon les besoins prévus du recrutement du personnel des observatoires de l'État.

Art. 2. Les élèves-astronomes seront nommés par arrêté ministériel, sur la proposition du directeur de l'Observatoire. Ils seront pris parmi les élèves sortants :

1º De l'École normale ;

2º De l'École polytechnique ;

3º Parmi les licenciés ès sciences mathématiques.

Ils devront être, au plus, âgés de vingt-cinq ans accomplis au moment de leur nomination.

Art. 3. Les élèves-astronomes recevront 1,800 francs de traitement et seront logés à l'Observatoire ; ils seront considérés comme faisant partie du personnel pendant toute la durée des cours. Un règlement spécial déterminera les obligations auxquelles ils seront soumis.

Art. 4. La durée des études sera de deux ans. Les élèves-astronomes resteront un an au service des calculs et au service méridien, un an au service des équatoriaux et au service d'astronomie *physique.*

Les travaux seront organisés de manière à permettre à ces élèves de suivre, à la Sorbonne et au Collège de France, les cours qui seraient utiles à leurs études.

Art. 5. Des professeurs chargés de l'enseignement des élèves, et qui seront pris autant que possible parmi les astronomes titulaires de l'Observatoire, adresseront au directeur des notes trimestrielles sur les travaux et les progrès des élèves. Un double de ces notes, joint au rapport du

directeur, sera envoyé au ministre, après avoir été soumis au conseil.

L'ensemble de ces notes durant les deux années décidera du classement de sortie qui donnera le droit de choisir entre les places vacantes.

Art. 6. Les élèves-astronomes qui auront satisfait aux prescriptions portées dans les articles précédents recevront, après avis du conseil, une nomination d'aide-astronome, au traitement de 3,000 francs par an, dans les observatoires de l'État.

Art. 7. Un certain nombre d'élèves libres pourront être admis à suivre les cours théoriques et pratiques faits aux élèves-astronomes.

Les élèves libres devront justifier de connaissances suffisantes pour suivre utilement les cours. Leur admission et leur exclusion seront prononcées par le directeur de l'Observatoire.

Ils seront tenus d'assister régulièrement aux leçons et observations de nuit, selon l'ordre des tableaux de service régulièrement affichés.

Ils recevront, à leur sortie, un certificat constatant la part prise par eux aux travaux de l'Observatoire et leur degré d'aptitude.

**OCTROI.** (*Dict.*) **1.** *Exemption de droits.* L'art. 13 du décret du 12 février 1870 est complété ainsi qu'il suit par le décret du 8 décembre 1882 : Les combustibles et matières destinés au service de l'exploitation des chemins de fer, aux travaux des ateliers et à la construction de la voie seront affranchis de tous droits d'octroi.

En conséquence, les dispositions relatives à l'entrepôt à domicile des combustibles et matières premières employés, dans les établissements industriels, à la préparation et à la fabrication des objets destinés au commerce général, sont applicables aux fers, bois, charbons, coke, graisses, huiles et, en général, à tous les matériaux employés dans les conditions ci-dessus indiquées.

En dehors de ces conditions, tous les objets portés au tarif qui seront consommés dans les gares, salles d'attente et bureaux, seront soumis aux taxes locales.

*Les dispositions qui précèdent sont applicables à la construction et à l'exploitation des lignes télégraphiques.*

**2.** *Poids brut.* (Extrait d'un arrêt du Conseil d'État du 25 novembre 1882)..... En ce qui concerne l'observation inscrite à la suite du nouveau tarif approuvé par le conseil général, aux termes de laquelle les droits seront perçus au poids brut, sans aucune déduction pour les tonneaux, caisses, paniers, vases, enveloppes ou emballages quelconques, sauf le droit qu'aura toujours l'introducteur de déballer et de faire connaître le poids net ;

Considérant que cette disposition est contraire au principe d'après lequel les taxes doivent être acquittées sur les quantités réellement introduites dans le lieu sujet, que l'usage de la faculté accordée aux introducteurs est souvent impossible dans la pratique ;

Considérant que les déductions à opérer sur le poids brut doivent être réglées suivant les usages locaux entre l'administration de l'octroi et les introducteurs ;

En ce qui concerne les modifications apportées

au règlement et aux observations marginales du tarif :

Considérant que ces modifications n'ont pas fait l'objet de propositions spéciales et motivées ;

Considérant que, si le contrôle du Gouvernement en cas de modification des règlements d'octroi s'exerce aujourd'hui, non plus par voie d'autorisation, mais par voie de suspension, il importe d'autant plus, pour rendre possible l'examen des affaires, dans les délais, et pour éviter les erreurs et les surprises, que les actes de perception approuvés à l'origine par le Gouvernement, ne soient pas l'objet de refontes générales et arbitraires dans les bureaux des administrations municipales;

Est suspendue l'exécution de la délibération du *Conseil général de...*

3. Même décision est prise relativement à la délibération d'un autre conseil général, par ce motif :

Considérant qu'une annotation marginale du tarif dispose que *les propriétaires, cultivateurs et fermiers, auront droit, pour les pailles et fourrages récoltés à l'intérieur et destinés à la nourriture des bestiaux déclarés en transit, à une réduction de moitié sur les droits d'octroi ; que le bénéfice de cette disposition ne saurait être limité aux seules personnes récoltant des pailles et fourrages dans le périmètre de l'octroi ; qu'elle doit être étendue à tous les individus ayant des bestiaux déclarés en transit* [1]... (*Même date.*)

4. Le 31 mai 1883, le Conseil d'État annule une délibération par les motifs que voici :

Vu la délibération du conseil général du Morbihan en date du 28 août 1872, par laquelle ce conseil a délégué les attributions à la commission départementale pour les affaires urgentes qui pourraient se produire jusqu'à la prochaine session, notamment pour le renouvellement de tarifs d'octroi expirant le 31 décembre 1872 et qui excéderaient la compétence des conseils municipaux ;

Considérant que l'art. 77 de la loi du 10 août 1871 dispose que *la commission départementale règle les affaires qui lui sont renvoyées par le conseil général dans les limites de la délégation qui lui est faite*; qu'en conséquence cette délégation doit être limitée et ne saurait s'appliquer qu'à des affaires déterminées dont le conseil général peut apprécier l'importance ;

Considérant que la délégation à la commission départementale par un conseil général de toute une catégorie d'affaires non spécifiées, quelquefois même non encore connues, excède les pouvoirs du conseil général qui s'attribuerait ainsi un acte en dehors de ses attributions légales et susceptible d'annulation par application de l'art. 33 de la loi du 10 août 1871 ;

Considérant qu'à l'égard de l'octroi de Ploërmel, la commission départementale n'a pas été investie de pouvoirs réguliers et suffisants, et qu'il y a lieu, dès lors, sans examiner le fond même de l'affaire, d'annuler les délibérations susvisées du conseil général et de la commission départementale du Morbihan... (*Voy. aussi* **Organisation communale.**)

---

1. C'est une règle fondamentale de la législation française que l'octroi ne doit favoriser *d'aucune façon* les habitants de la commune. Le droit d'octroi ne doit jamais devenir un droit protecteur communal.

5. Par une lettre du 21 août 1879, le ministre de l'intérieur transmet au préfet une circulaire du directeur général des contributions publiques, et ajoute quelques observations ; nous en reproduisons la partie essentielle :

« Vous remarquerez, Monsieur le Préfet, en ce qui concerne l'interprétation du paragraphe 3 de l'art. 9 de la loi du 24 juillet 1867, qu'il doit être entendu qu'un conseil municipal ne peut user qu'une seule fois, en cinq ans, de la faculté d'augmenter d'un dixième, dans les limites du tarif-type, les taxes inscrites au tarif local. Autrement, on arriverait à éluder les dispositions de l'art. 46, 25°, de la loi du 10 août 1871, qui donne au conseil général le droit de statuer sur les augmentations de plus d'un dixième.

« D'autre part, l'administration supérieure ne fait plus aujourd'hui de distinction, au point de vue fiscal, entre les taxes principales d'octroi et les taxes additionnelles, ces dernières devant être, en ce qui concerne la compétence des divers pouvoirs appelés à délibérer ou à statuer, considérées comme de simples augmentations de taxes principales. Toutefois, les administrations municipales conservent toujours, au point de vue de la *comptabilité communale*, la faculté de faire figurer au budget, comme recettes extraordinaires, le produit de certaines taxes d'octroi, votées pour un laps de temps limité, et en vue de pourvoir à des dépenses déterminées et transitoires. »

6. *Intervention de l'administration de la marine.* — La circulaire du ministre de l'intérieur, du 23 août 1878, dit ce suit :

« Monsieur le Préfet, d'après les instructions concertées en 1817 entre les ministères de la marine et des finances, toutes les fois qu'il y a lieu de délibérer, dans une ville maritime, sur le maintien, la rédaction ou les modifications des tarifs et règlements d'octroi, l'officier supérieur du commissariat, ou son représentant, doit être appelé au sein du conseil municipal pour y être entendu.

« Ces instructions n'ont été appliquées jusqu'ici qu'aux ports militaires proprement dits. Mais, sur les observations formulées par l'administration de la marine, M. le ministre des finances et moi nous avons reconnu qu'il convenait d'étendre le principe des dispositions dont il s'agit aux autres centres de consommation où il existe des établissements relevant de cette administration. Il importe, en effet, que le Gouvernement soit toujours en mesure de s'éclairer sur les inconvénients pouvant résulter de la mise à exécution de tarifs et règlements d'octroi votés par des municipalités plus soucieuses de leurs finances que des intérêts généraux de l'État.

« Toutefois, le régime des octrois ayant été profondément modifié depuis 1817, les départements de la marine, des finances et de l'intérieur ont décidé, d'un commun accord, que, pour concilier l'application de la règle avec la législation nouvelle, il suffirait de prescrire que toute délibération municipale relative à un octroi intéressant l'administration de la marine en dehors des grands ports militaires de Brest, Cherbourg, Lorient, Rochefort et Toulon, où le *statu quo* reste maintenu, serait, à l'avenir, préalablement communiquée au représentant de cette administration en même temps qu'au directeur des contributions indirectes.

« Cette communication devra être faite assez à temps pour que les observations auxquelles elle donnerait lieu puissent être portées à votre connaissance :

« 1° Avant l'expiration des délais fixés par la loi du 18 juillet 1837 (*art.* 18) pour les délibérations prises en vertu de l'art. 9 de la loi du 24 juillet 1867 ;

« 2° Avant l'ouverture de la session du conseil général pour celles qui tombent sous l'application des art. 46 et 48 de la loi du 10 août 1871 ;

« 3° Avant la transmission du dossier à mon ministère pour les délibérations relatives à l'établissement ou à la prorogation de surtaxes, ainsi qu'à la création d'un octroi. »

7. Les employés de l'octroi et les agents des contributions indirectes ont concurremment le pouvoir de faire des visites dans les brasseries situées dans l'intérieur du rayon de l'octroi. Par suite, il y a refus d'exercice de la part du brasseur qui s'oppose à l'entrée des employés de l'octroi dans sa brasserie. (*Cass.* 16 *fév.* 1879.)

8. Les objets qui se trouvent dans le commerce au moment de la mise en vigueur d'un nouveau tarif, ne sont pas passibles des nouvelles taxes. (*Arr. du C.* 12 *juill.* 1881.)

9. *Dispositions contraires aux lois en vigueur.* — Les règlements d'octroi délibérés par les conseils municipaux et approuvés par les conseils généraux ne doivent contenir aucune disposition qui soit contraire aux textes des lois, décrets ou ordonnances en vigueur sur les octrois. (*Arr. du C.* 21 *nov.* 1880.)

10. *Déclaration.* La déclaration prescrite par l'art. 8 du décret du 12 février 1870, relativement à l'emploi industriel, en franchise, des combustibles et des matières premières, est une déclaration générale que les industriels ne sont pas tenus de renouveler *avant le commencement de chaque fabrication.* (*Note de la section des finances du Conseil d'État, en date du* 22 *février* 1881.)

11. Le tribunal qui condamne l'administration de l'octroi au paiement des intérêts d'une somme dont il ordonne la restitution, commet un excès de pouvoir. (*Cass.* 12 *févr.* 1878.)

12. L'entrepreneur qui a conclu un traité pour l'éclairage au gaz d'une ville est tenu de supporter sans indemnité l'augmentation survenue au cours du marché, dans le montant des droits établis au profit de cette ville sur l'entrée des matières premières qu'il introduit pour la fabrication du gaz dans l'enceinte de l'octroi, alors du moins qu'il ne résulte ni expressément, ni implicitement du traité que la ville ait entendu garantir l'entrepreneur contre la perte que lui causerait cette augmentation. (*C. de Nîmes* 22 *mai* 1878.)

13. En l'absence de poteaux indicateurs des limites de l'octroi d'une ville, on ne peut considérer comme délinquant l'individu qui introduit, sans les déclarer, des objets soumis aux droits dans une partie du territoire assujetti située en dehors du lieu principal, alors même que cet individu aurait pu avoir une connaissance personnelle des limites du territoire, l'établissement des poteaux indicateurs étant une mesure d'ordre public. (*Cass.* 18 *mai* 1877.)

14. Des adjudicataires de travaux de construction employant des moellons smillés et des moellons piqués, ayant refusé de payer la taxe fixée pour l'entrée des pierres de taille, ont été poursuivis par l'administration municipale. Condamnés par le juge de paix, ils ont vu la décision de ce magistrat infirmée par le tribunal civil, lequel, après avoir cherché à établir que, au sens du tarif d'octroi (de Vannes), le moellon smillé ou piqué ne peut être considéré comme de la pierre de taille, mais bien comme du moellon, s'est appuyé sur le principe que l'application d'un tarif ne saurait être étendue par voie d'interprétation ou d'assimilation. La Cour de cassation a confirmé en partie cette solution par arrêt du 16 mai 1877.

15. *Consommation locale.* La question du paiement de l'octroi s'est élevée au sujet des matériaux destinés à la réparation d'une toiture vitrée, recouvrant la voie ferrée dans l'intérieur de la gare de Lyon-Perrache. Le tribunal de Lyon, par jugement du 28 juin 1876, a repoussé les prétentions de l'octroi ; sur le pourvoi de la ville de Lyon, la chambre civile a annulé la décision par un arrêt du 15 janvier 1878, dans lequel nous lisons : « Attendu que les taxes d'octroi ont, en principe, pour cause et pour condition la consommation locale ou l'emploi sur place des denrées ou des matériaux frappés desdites taxes ; — Attendu que si, aux termes de l'art. 86 du règlement de l'octroi de la ville de Lyon, les matériaux employés pour la voie d'un chemin de fer sont exempts de tous droits d'octroi, cette exemption ne s'applique qu'aux matériaux destinés à la construction ou à la réparation de la voie ferrée proprement dite, qui, formant dans l'ensemble de son parcours un tout indivisible, ne saurait, même pour la partie comprise dans un périmètre d'octroi, être considérée comme une construction dont les matériaux soient sujets aux taxes de consommation locale ; — Que l'exemption accordée par l'article ci-dessus cité ne peut s'étendre à la toiture vitrée qui, dans l'intérieur d'une gare, recouvre la voie ferrée et qui, faisant partie de cette gare, constitue une construction locale dont les matériaux sont par cela même soumis aux droits d'octroi ; — D'où il suit qu'en décidant le contraire.... le jugement attaqué a violé la disposition ci-dessus visée ; — Par ces motifs, casse.... »

16. *Nomination.* Le refus du préfet de révoquer un employé d'octroi est un acte de pure administration contre lequel la commune n'est pas recevable à se pourvoir devant le Conseil d'État. (*Arr. du C.* 17 *févr.* 1882.)

17. Le préfet auquel il appartient de nommer le préposé en chef de l'octroi sur la présentation par le maire d'une liste de trois candidats, n'est pas tenu d'agréer un des candidats présentés ; mais, dans ce cas, il doit mettre le maire en demeure de lui faire d'autres présentations, et il ne peut, sans excès de pouvoir, nommer un préposé qui n'a pas été présenté. (*Arr. du C.* 17 *févr.* 1882.)

18. *Entrepôt.* L'admission à l'entrepôt et l'abonnement sont les deux seuls moyens légaux

d'échapper à la perception des droits d'octroi : cette règle est d'ordre public et absolu dans son application ; en conséquence, la convention en vertu de laquelle le maire d'une commune dispense un redevable non abonné de se soumettre aux formalités de l'entrepôt, est nulle et ne peut être opposée par ce redevable. (*C. de Paris* 6 *déc.* 1882.)

**19.** Bien que l'admission à l'entrepôt constitue un acte d'administration dont le contrôle échappe à l'autorité judiciaire, ce n'en est pas moins aux tribunaux ordinaires qu'il appartient de vérifier si les conditions auxquelles est subordonnée l'exonération des taxes ont été remplies par l'entrepositaire.

Par conséquent, le jugement du tribunal civil qui, *après l'admission à l'entrepôt et abstraction* faite de cette admission, examine au fond si certains objets entreposés sont des matières premières employées à la préparation d'un produit industriel, ne viole ni la règle de la séparation des pouvoirs, ni les principes de la chose jugée. (*Cass.* 25 *juin* 1883.)

**20.** Les matériaux employés à la construction des voies ferrées, et affranchis, à ce titre, des droits d'octroi, n'en doivent pas moins faire l'objet d'une déclaration et d'une demande d'entrepôt à domicile, sous peine de confiscation (*L.* 28 *avril* 1816 ; *D.* 12 *févr.* 1870, *art.* 13), ou du moins, d'une amende égale à la valeur des matériaux. (*Cass.* 29 *avril* 1881.)

*Voy. aussi* **Organisation communale,** *titre IV, chap. III, sect.* 1, *art.* 137 *et suiv.*

**OFFICES.** (*Dict.*) **1.** Le traité secret par lequel le cessionnaire d'un office d'huissier, stipulant en dehors de l'acte de cession, s'engage à fournir au cédant un supplément de garanties pour le paiement du prix, au cas où celles qui sont mentionnées dans l'acte public seraient reconnues insuffisantes, est radicalement nul comme contraire à l'ordre public. (*C. de Poitiers* 12 *déc.* 1882.)

**2.** A défaut de preuve écrite, la preuve d'une semblable convention ne saurait être rapportée par témoins ou présomptions (*même arrêt*).

**3.** Le cessionnaire d'un office peut demander la diminution du prix convenu avec son prédécesseur et accepté par le Gouvernement, s'il prouve que ce prix est supérieur à la valeur réelle de l'office et qu'il a été calculé sur des bases erronées, alors même que les états présentés des produits dudit office ont été arrêtés entre le cédant et lui. (*C. d'Agen* 23 *août* 1882.)

BIBLIOGRAPHIE.
Étude sur la vénalité des charges et fonctions publiques et sur celle des offices ministériels depuis l'antiquité romaine jusqu'à nos jours, par P. Louis-Lucas. 3 vol. Paris, Thorin. 1882.

**OFFICIERS DE PAIX.** Voy. au *Dict.*, au mot **Police,** les nᵒˢ 84 et 150. Les officiers de paix sont nommés par le chef de l'État, mais ne comptent pas parmi les officiers de police judiciaire.

**ORGANISATION COMMUNALE.** (*Dict.*) **1.** *Observation générale.* Il nous a semblé que le meilleur ordre à suivre dans l'intérêt du lecteur, était celui de la loi du 5 avril 1884 qui codifie la législation communale et supprime les lois éparses antérieures. Nous avons devant nous une loi fondamentale, une loi organique, dont il faut respecter le texte, même en matière de pure forme, de classement. Les articles de la loi remplaceront donc les numéros que nous aurions dû mettre pour la division du texte et pour la clarté de l'exposition. Après chaque article de la loi, nous ferons suivre en plus petits caractères la partie du commentaire officiel qui s'y rapporte (Circulaire du ministre de l'intérieur du 15 mai 1884), nous y joindrons, s'il y a lieu, nos explications (en les distinguant), mais nous n'interviendrons que le moins possible et seulement quand nous le croirons particulièrement utile ; c'est que la matière est immense et l'espace restreint.

**TITRE I. — DES COMMUNES.**

Art. 1er. Le corps municipal de chaque commune se compose du conseil municipal, du maire et d'un ou de plusieurs adjoints.

L'art. 1er de la nouvelle loi reproduit l'art. 1er, paragraphe 1er de la loi du 5 mai 1855, avec cette différence que, dans l'énumération des membres du corps municipal, il donne la première place au conseil municipal. Il ne faut voir dans ce changement qu'un hommage rendu aux représentants directs du suffrage universel, dont le maire lui-même tient ses pouvoirs (art. 76); le maire, en qualité de président du conseil municipal, marchera toujours en tête du conseil. (Circul. 15 mai 1884.)

(Ajoutons que la rédaction actuelle laisse à désirer sous le rapport de la logique, le maire et les adjoints faisant nécessairement partie du conseil municipal, il n'y a pas à les mentionner séparément. Autrefois le maire pouvait ne pas faire partie du conseil municipal.)

Art. 2. (Nom.) Le changement de nom d'une commune est décidé par décret du Président de la République sur la demande du conseil municipal, le conseil général consulté et le Conseil d'État entendu. (Comparez art. 8.)

L'article 2 contient une innovation. La législation antérieure n'avait pas déterminé les règles de procédure à suivre pour les changements de dénomination des communes. Dans la pratique, il était statué sur ces changements par des décrets rendus dans la forme des règlements d'administration publique, après avis du conseil municipal, du conseil d'arrondissement et du conseil général. La loi nouvelle consacre cette jurisprudence; mais elle supprime l'intervention obligatoire du conseil d'arrondissement et décide que, dans tous les cas, l'initiative du projet doit émaner du conseil municipal.

Il faut entendre par changement de nom, non seulement la substitution d'un nom à un autre, mais aussi les additions de noms ou les simples rectifications d'orthographe.

Je vous rappelle que vous devrez considérer comme seule officielle l'orthographe que donnent les tableaux de la population des communes de France, publiés par le ministère de l'intérieur à la suite de chaque dénombrement quinquennal.

Les dossiers des projets de cette nature devront comprendre les pièces suivantes :

1° Demande du conseil municipal ;

2° Avis du sous-préfet ;

3° Avis du conseil général ;

4° Rapport détaillé du préfet.

Quant aux nouvelles dénominations qui résultent, soit des transfèrements de chefs-lieux, soit des créations de communes ou d'autres changements aux circonscriptions territoriales, elles sont, pour la procédure et la compétence, soumises aux règles fixées pour les changements dont elles sont la conséquence (art. 8) [circ.].

Art. 3. (Limites. Changements.) Toutes les fois qu'il s'agit de transférer le chef-lieu d'une commune, de réunir plusieurs communes en une seule, ou de distraire une section d'une commune, soit pour la réunir à une autre, soit pour l'ériger en commune séparée, le préfet prescrit dans les communes intéressées une enquête sur le projet en lui-même et sur ses conditions. (Voy. aussi l'art. 75.)

Le préfet devra ordonner cette enquête lorsqu'il aura été saisi d'une demande à cet effet, soit par le conseil municipal de l'une des communes intéressées, soit par le tiers des électeurs inscrits de la commune ou de la section en question. Il pourra aussi l'ordonner d'office.

Après cette enquête, les conseils municipaux et les conseils d'arrondissement donnent leur avis, et la proposition est soumise au Conseil général.

Art. 4. Si le projet concerne une section de commune, un arrêté du préfet décidera la création d'une commission syndicale pour cette section, ou pour la section du chef-lieu, si les représentants de la première sont en majorité dans le conseil municipal, et déterminera le nombre des membres de cette commission.

Ils seront élus par les électeurs domiciliés dans la section.

La commission nomme son président. Elle donne son avis sur le projet.

Comblant une lacune de la législation antérieure, l'art. 3 met sur la même ligne, au point de vue de l'introduction des demandes et de l'instruction préalable des projets, les transfèrements de chefs-lieux et les modifications à la limite des communes.

L'initiative de ces divers projets peut être prise par vous, Monsieur le Préfet, soit d'office, soit sur la demande de tout intéressé. Ce droit vous appartenait autrefois; il vous est maintenu. Mais, tandis que précédemment vous aviez la faculté, si la demande ne vous paraissait pas suffisamment justifiée, de vous refuser à ouvrir l'instruction réglementaire (Avis C. d'Ét. 26 avril 1877), l'art. 3 vous oblige, dorénavant, à faire cette instruction toutes les fois que la demande émane, soit du conseil municipal d'une des communes intéressées, soit du tiers des électeurs inscrits dans la commune ou section intéressée.

L'instruction réglementaire comprend, comme autrefois, les formalités suivantes :

1° Enquête ;

2° Institution de commissions syndicales ;

3° Avis des conseils municipaux ;

4° Production de plans et de tableaux de renseignements statistiques ;

5° Avis du conseil d'arrondissement ;

6° Avis du conseil général.

1° Enquête. La première formalité exigée est l'enquête de commodo et incommodo. La circulaire du 20 août 1825 a déterminé la forme dans laquelle il doit y être procédé ; je crois utile d'en rappeler les principales dispositions en tenant compte des modifications que la jurisprudence y a apportées.

Il appartient au préfet seul de désigner le commissaire enquêteur et vous ne pouvez déléguer ce droit au sous-préfet. Cette prohibition a été consacrée par un avis du comité de l'intérieur du Conseil d'État, du 17 mars 1840, dont la doctrine a été, depuis, constamment suivie par l'administration.

Votre choix devra porter sur une personne présentant les plus grandes garanties d'indépendance et d'impartialité. Je n'ai pas besoin de vous faire sentir l'inconvénient qui s'attache au choix du maire ou d'un habitant de la commune ou des communes intéressées; je veux seulement vous rappeler que des instructions de la chancellerie ont recommandé aux juges de paix de refuser toute mission qui serait de nature à les distraire de leurs fonctions judiciaires ; vous devrez donc vous abstenir de désigner ces magistrats comme commissaires enquêteurs.

L'enquête devra être annoncée à l'avance, à son de tambour ou de trompe, et par voie d'affiches. Au jour désigné, le commissaire enquêteur se rendra à la maison commune pour y recevoir les déclarations des intéressés. L'enquête pourra durer plusieurs jours si l'importance de la population l'exige. Tous les habitants, hommes ou femmes, peuvent être admis à émettre leur vœu sur le projet ; les déclarations sont individuelles ; elles sont signées des déclarants et du commissaire enquêteur; celui-ci certifie les dépositions orales des comparants qui ne savent pas signer. Le commissaire enquêteur ajoute au procès-verbal les dires qui lui sont remis par les intéressés et il clôt l'enquête en rédigeant son avis sur le projet ; il transmet dans la huitaine ce procès-verbal et ses annexes à la sous-préfecture ou à la préfecture.

2° *Nomination des commissions syndicales.* La seconde formalité prescrite par la loi est la nomination d'une commission syndicale appelée à donner son avis sur le projet.

La commission syndicale est destinée à représenter le ou les groupes d'habitants ayant des intérêts opposés à ceux que représente la majorité du conseil municipal.

L'arrêté préfectoral qui convoque les électeurs détermine le nombre de membres dont la commission doit se composer et qui varie, en général, de 3 à 5, mais qui peut être plus élevé, suivant les circonstances.

S'il existe plusieurs groupes d'habitants ayant un intérêt distinct dans le projet, il convient d'instituer plusieurs commissions syndicales.

Les règles à suivre pour les élections de ces commissions sont celles qui sont exposées dans le titre II de la loi pour les élections des conseils municipaux.

Les réclamations auxquelles peuvent donner lieu ces élections sont également jugées dans la même forme et par les mêmes autorités que les réclamations relatives à l'élection des conseillers municipaux ou des maires.

Les commissions syndicales, une fois nommées, élisent dans leur sein un président et, s'il y a lieu, un secrétaire.

Elles délibèrent sur le projet et donnent un avis motivé.

3° *Avis du conseil municipal.* En même temps que les commissions syndicales, le conseil municipal ou les conseils municipaux intéressés doivent délibérer tant sur le projet en lui-même que sur ses conditions.

4° *Plans et tableaux statistiques.* S'il n'a pas été fourni de plan à l'appui de la demande, et si vous n'avez pas jugé indispensable d'en réclamer avant l'enquête et les délibérations des commissions syndicales et des conseils municipaux, il y aura lieu, avant de pousser l'instruction plus loin, d'en exiger la confection. Ces plans, dressés d'après les documents cadastraux et complétés, au besoin, par les soins de MM. les agents voyers, au point de vue des voies de communication, doivent toujours porter votre visa et celui de M. le directeur des contributions directes appelé à apprécier si les limites proposées sont conformes aux règles du cadastre et si elles seront facilement reportées sur le terrain. Dans la plupart des cas, une copie du plan d'assemblage suffira, mais elle devra être complétée par des extraits du plan parcellaire si, sur certains points, la limite n'est déterminée que par la limite même des parcelles cadastrales.

Tous les plans produits doivent être sur toile.

Comme annexe du plan, vous ferez établir un tableau de renseignements statistiques conforme aux modèles joints à la présente circulaire.

5° et 6° *Avis du conseil d'arrondissement et du conseil général.* Le dossier ainsi composé sera soumis, par vos soins, au conseil d'arrondissement et au conseil général.

Je vous rappelle que, non seulement vous devez veiller à ce que toutes les formalités ci-dessus énumérées soient exactement remplies, mais encore à ce qu'elles le soient dans l'ordre que la loi elle-même a fixé ; le Conseil d'État a souvent fait observer qu'il n'est pas permis à l'administration de changer cet ordre.

Les dossiers que vous aurez à me transmettre, lorsque la décision n'appartiendra pas au conseil général, devront donc comprendre, indépendamment des documents relatifs au règlement des conditions de la séparation ou de la réunion, et dont je parlerai plus loin, les pièces ci-après :

1° Pétition ou délibération du conseil municipal demandant la modification ;

2° Arrêté de nomination du commissaire enquêteur ;

3° Procès-verbal de l'enquête et avis du commissaire ;

4° Arrêté créant la commission ou les commissions syndicales ;

5° Procès-verbaux des opérations électorales relatives à la nomination de ces commissions ;

6° Délibération des conseils municipaux et des commissions syndicales ;

7° Plan, — en simple exemplaire, lorsqu'il s'agira d'un transférement de chef-lieu ; en triple expédition, lorsqu'il s'agira d'un projet de modification de limites sur lequel un décret doit statuer ; en quadruple expédition, lorsqu'une loi devra intervenir ;

8° Tableau de renseignements statistiques, — modèle A, lorsqu'il s'agira d'un transférement de chef-lieu ; modèle B, lorsqu'il s'agira de la création d'une commune nouvelle ou d'une réunion de communes ; modèle C, lorsqu'il s'agira d'un simple échange de territoire entre deux ou plusieurs communes ;

9° Budget et compte du dernier exercice de la commune ou des communes intéressées ;

10° Avis du sous-préfet ;

11° Avis du conseil d'arrondissement ;

12° Avis du conseil général ;

13° Rapport du directeur des contributions directes portant, non seulement, ainsi que je l'ai dit plus haut, sur les limites proposées, examinées au point de vue du cadastre, mais encore sur les conséquences du projet en ce qui concerne l'assiette de l'impôt et les forces contributives des diverses communes intéressées ;

14° Avis de l'inspecteur d'académie en ce qui concerne le service de l'instruction primaire et les modifications que le projet peut amener dans l'organisation et les dépenses du service ;

15° Avis du préfet, sous forme d'exposé détaillé et complet et non sous forme d'arrêté.

Art. 5. Il ne peut être procédé à l'érection d'une commune nouvelle qu'en vertu d'une loi, après avis du conseil général et le Conseil d'État entendu.

Art. 6. Les autres modifications à la circonscription territoriale des communes, les suppressions et les réunions de deux ou plusieurs communes, la désignation des nouveaux chefs-lieux sont réglées de la manière suivante :

Si les changements proposés modifient la circonscription du département, d'un arrondissement ou d'un canton, il est statué par une loi, les conseils généraux et le Conseil d'État entendus.

Dans tous les autres cas, il est statué par un décret rendu en Conseil d'État, les conseils généraux entendus.

Néanmoins, le conseil général statue définitivement s'il approuve le projet, lorsque les communes ou sections sont situées dans le même canton et que la modification projetée réunit, quant au fond et quant aux conditions de la réalisation, l'adhésion des conseils municipaux et des commissions syndicales intéressés.

Les art. 5 et 6 de la loi nouvelle modifient, en les simplifiant, les règles de compétence résultant des lois des 18 juillet 1837, 24 juillet 1867, 10 août 1871 et des avis du Conseil d'État en date des 17 octobre 1872 et 18 février 1873.

A. — *Il est statué par une loi :*

1° Lorsqu'il s'agit de créer une commune nouvelle.

Les Chambres, préoccupées du nombre toujours croissant des demandes de séparation et des inconvénients que présente le morcellement excessif de notre territoire, ont pensé que la création de nouvelles municipalités ne devait être autorisée que sous le contrôle du pouvoir législatif.

2° Lorsque le projet modifie les limites d'un département, d'un arrondissement ou d'un canton.

B. — *Il est statué par le conseil général :*

Lorsqu'il s'agit, soit d'un transférement de chef-lieu, soit d'une suppression de commune, soit d'un changement à la limite des communes déjà existantes et sous la triple condition : 1° que le projet ne touche pas aux limites des cantons ; 2° qu'il y ait accord complet entre les conseils municipaux et les commissions syndicales, tant sur le projet lui-même que sur les conditions auxquelles il doit être réalisé ; 3° que le conseil général approuve purement et simplement le projet. Il ne peut, en effet, ni refuser ni modifier aucune des conditions.

(En un mot, si tout le monde est d'accord.)

C. — *Il est statué par décret rendu en la forme des règlements d'administration publique :*

Dans tous les autres cas.

Art. 7. (*Conditions de réunion et de séparation.*) La commune réunie à une autre commune conserve la propriété des biens qui lui appartenaient.

Les habitants de cette commune conservent la jouissance de ceux de ces mêmes biens dont les fruits sont perçus en nature.

Il en est de même de la section réunie à une autre commune pour les biens qui lui appartenaient exclusivement.

Les édifices et autres immeubles servant à un usage public et situés sur le territoire de la commune ou de la section de commune réunie à une autre commune, ou de la section érigée en commune séparée, deviennent la propriété de la commune à laquelle est faite la réunion ou de la nouvelle commune.

Les actes qui prononcent des réunions ou des distractions de communes en déterminent expressément toutes les autres conditions.

En cas de division, la commune ou la section de commune réunie à une autre commune ou érigée en commune séparée reprend la pleine propriété de tous les biens qu'elle avait apportés.

L'art. 7 concerne le règlement des conditions de réunion ou de séparation de communes ou sections. Il reproduit les principales dispositions des art. 6 et 7 de la loi du 18 juillet 1837. Aux termes des trois premiers paragraphes, la commune réunie à une autre commune conserve la propriété des biens qui lui appartenaient ; les habitants de cette commune gardent la jouissance de ces mêmes biens, dont les fruits sont perçus en nature. Il en est de même de la section réunie à une autre commune, pour les biens qui appartenaient à cette section.

Le législateur suppose que la propriété des biens que la commune ou la section considère comme lui appartenant au moment où elle est réunie à une autre commune n'est pas contestée. Les difficultés qui s'élèveraient à ce sujet seraient de la compétence exclusive des tribunaux judiciaires.

Le paragraphe 4 de l'art. 7 de la loi du 5 avril 1884 est emprunté au paragraphe 2 de l'art. 6 de la loi du 18 juillet 1837. Il le complète et le précise en décidant que les édifices et autres immeubles servant à un usage public et situés sur le territoire de la commune, ou de la section de commune réunie à une autre commune, ou de la section érigée en commune séparée, deviennent la propriété de la commune à laquelle est faite la réunion, ou de la nouvelle commune.

Comme dans le cas où il s'agit de biens non affectés à un usage public, il appartiendrait en principe, aux tribunaux judiciaires seuls de statuer sur les contestations ayant pour objet la question de savoir si, au moment de la réunion, la commune ou la section de commune réunie était réellement propriétaire des édifices ou immeubles qui servaient à un usage public sur son territoire.

D'après le paragraphe 5 de l'art. 7 de la loi du 5 avril 1884, les actes qui prononcent des réunions ou des distractions de communes en déterminent expressément toutes les autres conditions [1].

L'art. 7 de la loi du 18 juillet 1837, tout en édictant une disposition analogue à celle de la nouvelle loi, en différait néanmoins sur un point essentiel. Sous l'empire de l'ancienne législation, lorsque la réunion ou la distraction était prononcée par une loi, la fixation des conditions pouvait être renvoyée à un décret ultérieur. Aujourd'hui, toute décision relative à des réunions ou des séparations de communes ou sections doit statuer en même temps sur les conditions autres que celles déterminées aux paragraphes 1, 2, 3 et 4 de l'art. 7.

Vous devrez donc faire instruire simultanément les projets de modifications aux circonscriptions territoriales des communes et les conditions auxquelles ces modifications doivent être opérées.

Vous provoquerez à ce sujet les délibérations des conseils municipaux et commissions syndicales intéressées. Les principales questions à résoudre sont celles relatives aux biens indivis, au partage des dettes et à leur acquittement, ainsi qu'aux compensations à accorder, dans quelques circonstances extraordinaires, en raison de l'abandon forcé des immeubles servant à un usage public.

La circulaire d'un de mes prédécesseurs, en date du 29 janvier 1848, insérée au Bulletin officiel du ministère de l'intérieur de la même année, trace la marche à suivre en pareil cas et les bases sur lesquelles peuvent ou doivent être réglées les diverses opérations de partage ; je vous invite à vous y référer.

1. Cette disposition s'applique aussi bien au cas où la décision appartient au conseil général qu'au cas où il doit être statué par une loi ou un décret.

Lorsqu'il devra être statué par un décret ou par une loi, vous aurez à transmettre vos propositions en y joignant : 1° les délibérations des conseils municipaux et commissions syndicales ; 2° des documents établissant la contenance et l'évaluation des biens indivis immobiliers, si le partage en est demandé ; 3° un certificat du receveur municipal faisant connaître la nature, la provenance et la quotité des biens actifs mobiliers à partager. Vous indiquerez d'une manière précise la part à attribuer à chacune des communes et sections intéressées dans ces différents biens indivis, en suivant les règles énoncées dans la circulaire du 29 janvier 1848.

Quant aux dettes, il y aura lieu d'en faire connaître les causes en même temps que le montant, la part afférente à chacune des communes ou sections, ainsi que le mode de paiement à employer. Enfin, vous aurez à indiquer le chiffre des indemnités à accorder, s'il y a lieu, par l'une des parties à l'autre pour la privation des édifices servant à un usage public.

Le paragraphe 6 de l'art. 7 de la nouvelle loi municipale porte qu'en cas de division, la commune ou section de commune réunie à une autre commune ou érigée en commune distincte reprend la pleine propriété de tous les biens qu'elle avait apportés.

Ce paragraphe est le complément des quatre premiers.

Quoique les biens des indigents, administrés, soit par un bureau de bienfaisance, soit, à défaut d'établissement spécial, par la municipalité, ne constituent pas, a proprement parler, des biens communaux et que, par suite, l'art. 7 de la loi du 5 avril ne leur soit pas directement applicable, il y a lieu de maintenir la jurisprudence antérieure d'après laquelle on étendait, par analogie et à défaut de dispositions spéciales, aux biens des pauvres les règles posées par la loi du 18 juillet 1837, pour les partages résultant des modifications apportées dans la circonscription des communes.

Il conviendra donc de faire instruire, en même temps que les projets de modifications territoriales, les conditions concernant le patrimoine charitable. Les commissions administratives des bureaux de bienfaisance, quand il en existera, seront appelées à délibérer et, dans ce cas, les conseils municipaux n'auront qu'un avis à émettre. Dans l'hypothèse contraire, il appartiendra aux conseils municipaux et aux commissions syndicales de délibérer sur cette question comme sur les autres.

Lorsqu'il s'agira d'ériger une section en commune distincte et que le chiffre de sa population, ainsi que l'importance de la part qui reviendra à ses pauvres dans la dotation charitable, permettra la création d'un bureau de bienfaisance, vous devrez en proposer la constitution.

Je vous rappelle, qu'en principe, les biens des pauvres doivent être partagés au prorata de la population des circonscriptions intéressées, conformément à la règle posée par la loi du 10 juin 1793. (Circ. 15 mai.)

Art. 8. (Noms.) Les dénominations nouvelles qui résultent, soit d'un changement de chef-lieu, soit de la création d'une commune nouvelle, sont fixées par les autorités compétentes pour prendre ces décisions. (Comparez art. 2.)

Art. 9. (Dissolution.) Dans tous les cas de réunion ou de fractionnement de communes, les conseils municipaux sont dissous de plein droit. Il est procédé immédiatement à des élections nouvelles.

D'après l'art. 8 de la loi du 18 juillet 1837, en cas de réunion ou de fractionnement de communes, les conseils municipaux devaient être dissous.

On avait interprété cette disposition en ce sens qu'un décret de dissolution devait intervenir pour être suivi de la convocation des électeurs.

D'après le texte de la nouvelle loi, le décret de dissolution n'est plus nécessaire. Les conseils municipaux sont dissous de plein droit. Ils ne pourront donc plus fonctionner après la réunion ou le fractionnement de la commune. Mais, pour éviter que l'interrègne municipal se prolonge, vous devrez, Monsieur le Préfet, convoquer immédiatement les électeurs. (Circ. 15 mai.)

TITRE II. — DES CONSEILS MUNICIPAUX.

Chap. I. — Formation des conseils municipaux.

Art. 10. Le conseil municipal se compose de 10 membres dans les communes de 500 habitants et au-dessous.

| De 12 dans celles de | 501 à 1,500 habitants. |
|---|---|
| De 16 — | 1,501 à 2,500 — |
| De 21 — | 2,501 à 3,500 — |
| De 23 — | 3,501 à 10,000 — |
| De 27 — | 10,001 à 30,000 — |
| De 30 — | 30,001 à 40,000 — |
| De 32 — | 40,001 à 50,000 — |
| De 34 — | 50,001 à 60,000 — |
| De 36 — | 60,001 et au-dessus. |

Dans les villes divisées en plusieurs mairies, le nombre des conseillers sera augmenté de trois par mairie.

Ma circulaire du 10 avril dernier a déjà porté à votre connaissance les instructions qu'il m'a paru utile de vous adresser avant le renouvellement des assemblées municipales. (*Voy.* **Élections.**)

Je n'ai donc que peu d'indications à vous donner aujourd'hui en ce qui concerne la formation des conseils municipaux, car je crois devoir réserver pour une circulaire spéciale, que vous recevrez à la fin de l'année, tout ce qui touche à la révision des listes électorales.

Je ne m'occuperai ici que des points suivants :

1° Établissement des sections électorales ;

2° Démissions d'office ;

3° Durée des pouvoirs des conseils municipaux ; — cas dans lesquels ils doivent être complétés.

4° Suspension et dissolution des conseils municipaux.

**Art. 11.** L'élection des membres du conseil municipal a lieu au scrutin de liste pour toute la commune.

Néanmoins, la commune peut être divisée en sections électorales, dont chacune élit un nombre de conseillers proportionné au chiffre des électeurs inscrits, mais seulement dans les deux cas suivants :

1° Quand elle se compose de plusieurs agglomérations d'habitants distinctes et séparées ; dans ce cas, aucune section ne peut avoir moins de deux conseillers à élire ;

2° Quand la population agglomérée de la commune est supérieure à 10,000 habitants. Dans ce cas, la section ne peut être formée de fractions de territoire appartenant à des cantons ou à des arrondissements municipaux différents. Les fractions de territoire ayant des biens propres ne peuvent être divisées entre plusieurs sections électorales.

Aucune de ces sections ne peut avoir moins de quatre conseillers à élire.

Dans tous les cas où le sectionnement est autorisé, chaque section doit être composée de territoires contigus.

**Art. 12.** Le sectionnement est fait par le conseil général, sur l'initiative, soit d'un de ses membres, soit du préfet, soit du conseil municipal ou d'électeurs de la commune intéressée.

Aucune décision en matière de sectionnement ne peut être prise qu'après avoir été demandée avant la session d'avril ou au cours de cette session au plus tard. Dans l'intervalle entre la session d'avril et la session d'août, une enquête est ouverte à la mairie de la commune intéressée, et le conseil municipal est consulté par les soins du préfet.

Chaque année, ces formalités étant observées, le conseil général, dans sa session d'août, prononce sur les projets dont il est saisi. Les sectionnements ainsi opérés subsistent jusqu'à une nouvelle décision. Le tableau de ces opérations est dressé chaque année par le conseil général dans sa session d'août. Ce tableau sert pour les élections intégrales à faire dans l'année. (*Voy.* art. 16.)

Il est publié dans les communes intéressées, avant la convocation des électeurs, par les soins du préfet, qui détermine, d'après le chiffre des électeurs inscrits dans chaque section, le nombre des conseillers que la loi lui attribue.

Le sectionnement, adopté par le conseil gé-néral, sera représenté par un plan déposé à la préfecture et à la mairie de la commune intéressée. Tout électeur pourra le consulter et en prendre copie.

Avis de ce dernier dépôt sera donné aux intéressés par voie d'affiche à la porte de la mairie.

Dans les colonies régies par la présente loi, toute demande ou proposition de sectionnement doit être faite trois mois au moins avant l'ouverture de la section ordinaire du conseil général. Elle est instruite, par les soins du directeur de l'intérieur, dans les formes indiquées ci-dessus.

Les demandes et propositions, délibérations de conseils municipaux et procès-verbaux d'enquête sont remis au conseil général à l'ouverture de la session.

La loi du 5 avril 1884, de même que la législation antérieure, pose en principe que l'élection des membres du conseil municipal a lieu au scrutin de liste. Mais elle maintient aux conseils généraux la faculté d'établir des sections dans certaines communes.

Aux termes de l'art. 11, le sectionnement ne peut plus avoir lieu que dans deux cas. Il faut :

1° Ou que la commune se compose de plusieurs agglomérations distinctes et séparées.

2° Ou que la population agglomérée soit supérieure à 10,000 habitants.

Dans le premier cas, aucune section ne peut avoir moins de deux conseillers à élire, ce qui est conforme à la règle posée par la loi du 14 avril 1871 ; dans le second cas, chaque section élit au moins quatre conseillers.

Mais vous remarquerez, Monsieur le Préfet, que la base de la répartition proportionnelle des conseillers entre les sections n'est plus, comme autrefois, la population, mais le nombre des électeurs inscrits.

Si la ville comprend plusieurs cantons, aucune section ne peut être formée de fractions de territoire appartenant à des cantons différents. Cette disposition maintient la règle tracée par la loi du 7 juillet 1874.

Dans les villes divisées en arrondissements municipaux, c'est-à-dire à Lyon (la loi du 5 avril ne s'appliquant pas à Paris), les sections ne peuvent non plus comprendre des fractions appartenant à des arrondissements différents. De même des fractions de territoire possédant des biens propres : elles ne peuvent être divisées en plusieurs sections électorales.

Enfin, dans tous les cas où le sectionnement est autorisé, chaque section doit être composée de territoires contigus.

Il pourra se faire qu'une commune agglomérée de plus de 10,000 habitants et possédant en même temps des dépendances rurales ou des faubourgs formant des agglomérations distinctes soit sectionnée par application des deux règles posées dans l'art. 11.

Dans ce cas, elle pourra être divisée en sections nommant seulement deux conseillers et en sections en ayant quatre au plus à élire.

*Qui fait le sectionnement?* Le sectionnement est fait par le conseil général, sur l'initiative, soit d'un de ses membres, soit du préfet, du conseil municipal ou d'électeurs de la commune intéressée.

D'après la législation antérieure, le sectionnement devait être demandé par le préfet, par un membre du conseil général ou par le conseil municipal intéressé (*L.* 14 *avril* 1871, *art.* 3). La loi nouvelle étend donc aux simples électeurs de la commune le droit de réclamer le sectionnement.

Il n'existait autrefois aucune règle pour l'introduction et l'instruction des demandes. Je crois devoir appeler votre attention sur les innovations qu'apporte à cet égard la loi du 5 avril.

Désormais, aucune décision en matière de sectionnement ne pourra être prise qu'après avoir été demandée avant la session d'avril ou au cours de cette session au plus tard.

Vous déposerez donc sur le bureau du conseil général, à sa session d'avril, toutes les demandes qui vous seraient parvenues, soit avant l'ouverture de la session, soit au cours de cette session, et vous ferez mentionner ce dépôt au procès-verbal.

Dans l'intervalle de la session d'avril à la session d'août, une enquête devra être ouverte dans la commune intéressée.

Le procès-verbal de cette enquête sera, avec la demande, soumis au conseil municipal, qui en délibérera.

Vous verrez plus loin qu'un plan du sectionnement adopté devra être joint à la délibération du conseil général. Il serait à désirer, mais la loi ne l'exige pas, que ce plan fût dressé avant l'enquête et placé sous les yeux du conseil municipal. Il devra, en tous cas, être joint au dossier déposé sur le bureau du conseil général à la session d'août.

Toutes les demandes instruites comme il vient d'être expliqué ci-dessus, seront soumises, par vos soins, à l'assemblée départementale dans cette session.

Le conseil général statuera sur chacune d'elles.

Le tableau des sections ainsi arrêté servira pour toutes les élections intégrales à faire dans l'année, c'est-à-dire qu'il devra être suivi, si pour une cause quelconque (démission collective, dissolution, annulation de l'ensemble des élections), il y a lieu de procéder au renouvellement complet du conseil municipal. (Pour les élections partielles, voir plus loin art. 16.)

La composition et la limite des sections devront être nettement indiquées tant dans la délibération du conseil général que sur le plan qui restera annexé à la délibération avec le visa du bureau du conseil.

Sous l'empire de l'ancienne législation, qui prescrivait la confection d'un tableau annuel (*L. 14 avril* 1871, *art.* 3, § 3) pour servir à toutes les élections municipales à faire dans l'année, on s'était demandé si la valeur du tableau était périmée à la fin de l'année, lorsque le conseil général avait omis de le reviser.

Une disposition spéciale de la nouvelle loi a tranché la difficulté en décidant que les sectionnements, une fois opérés, subsistent jusqu'à une nouvelle décision.

Mais cette disposition ne s'applique qu'aux tableaux des sectionnements que les conseils généraux dresseront à partir du mois d'août prochain, conformément à la loi nouvelle.

Ainsi que vous l'a fait connaître ma circulaire télégraphique du 23 avril, les sectionnements qui ne figureraient pas dans le tableau dressé en août 1884 devront, en cas de renouvellement intégral du conseil municipal, procéder aux élections par scrutin de liste, alors même qu'elles auraient été précédemment sectionnées. La disposition transitoire qui figure à l'article final de la loi du 5 avril n'a prorogé l'effet des sectionnements antérieurs que jusqu'à ce qu'ils aient pu être revisés.

Vous remarquerez, Monsieur le Préfet, que le paragraphe 4 de l'art. 12 vous a chargé de déterminer, d'après le chiffre des électeurs inscrits dans chaque section, le nombre des conseillers à élire. C'est là une opération purement mathématique que le législateur vous a réservée avec raison, pour éviter les erreurs de calcul que pourraient commettre les assemblées départementales, faute de renseignements suffisants, et pour permettre de tenir compte des modifications qui surviendraient dans l'intervalle d'une session d'août à l'autre, par suite de la révision des listes électorales.

Le conseil général n'aura donc plus à indiquer dans sa délibération le nombre des conseillers attribués à chaque section; mais, comme il doit déliminer les sections de manière à ce qu'elles aient droit, suivant les cas, à 2 ou 4 conseillers au moins, vous aurez soin de joindre au dossier de chaque affaire un état indiquant le nombre des électeurs inscrits dans chaque groupe d'habitations.

Le sectionnement adopté par le conseil général sera notifié aux maires des communes intéressées au plus tard lors de la convocation des électeurs. Il sera publié par les soins du maire, qui recevra, avec l'ampliation de la délibération, une copie certifiée du plan y annexé. L'affiche apposée dans la commune avertira les habitants du dépôt du plan au secrétariat de la mairie, où tout électeur pourra en prendre communication et copie.

*Voies de recours contre les sectionnements.* Rien n'est changé à la législation antérieure en ce qui concerne les voies de recours contre les opérations du sectionnement. Les Chambres ont rejeté tous les amendements tendant à accorder un recours direct, soit aux membres du conseil général, soit aux conseillers municipaux, soit aux électeurs de la commune sectionnée.

Vous conservez seul, Monsieur le Préfet, en vertu de la loi du 10 août 1871, un recours au conseil d'État contre les délibérations du conseil général prononçant des sectionnements irréguliers; j'appelle tout spécialement votre attention sur les devoirs qui découlent pour vous de cette attribution exclusive que vous confère la loi du 5 avril.

Les particuliers ne pourront réclamer que sous forme de protestation contre les opérations électorales.

**Art. 13.** Le préfet peut, par arrêté spécial publié dix jours au moins à l'avance, diviser la commune en plusieurs bureaux de vote qui concourront à l'élection des mêmes conseillers.

Il sera délivré à chaque électeur une carte électorale. Cette carte indiquera le lieu où doit siéger le bureau où il devra voter.

**Art. 14.** (*Droit électoral.*) Les conseillers municipaux sont élus par le suffrage direct universel.

Sont électeurs tous les Français âgés de vingt et un ans accomplis, et n'étant dans aucun cas d'incapacité prévu par la loi.

La liste électorale comprend : 1º tous les électeurs qui ont leur domicile réel dans la commune ou y habitent depuis six mois au moins; 2º ceux qui y auront été inscrits au rôle d'une des quatre contributions directes ou au rôle des prestations en nature, et, s'ils ne résident pas dans la commune, auront déclaré vouloir y exercer leurs droits électoraux. — Seront également inscrits, aux termes du présent paragraphe, les membres de la famille des mêmes électeurs compris dans la cote de la prestation en nature, alors même qu'ils n'y sont pas personnellement portés, et les habitants qui, en raison de leur âge ou de leur santé, auront cessé d'être soumis à cet impôt; 3º ceux qui, en vertu de l'art. 2 du traité du 10 mai 1871, ont opté pour la nationalité française et déclaré fixer leur résidence dans la commune, conformément à la loi du 19 juin 1871; 4º ceux qui sont assujettis à une résidence obligatoire dans la commune en qualité, soit de ministre des cultes reconnus par l'État, soit de fonctionnaires publics.

Seront également inscrits les citoyens qui, ne remplissant pas les conditions d'âge et de résidence ci-dessus indiquées lors de la formation des listes, les rempliront avant la clôture définitive.

L'absence de la commune résultant du service militaire ne portera aucune atteinte aux règles ci-dessus édictées pour l'inscription sur les listes électorales.

Les dispositions concernant l'affichage, la libre distribution des bulletins, circulaires et professions de foi, les réunions publiques électorales, la communication des listes d'émargement, les pénalités et poursuites en matière législative, sont applicables aux élections municipales. (*Voy.* **Élections.**)

Sont également applicables aux élections municipales les paragraphes 3 et 4 de l'art. 3 de la loi organique du 30 novembre 1875 sur les élections des députés.

**Art. 15.** L'assemblée des électeurs est convoquée par arrêté du préfet.

L'arrêté de convocation est publié dans la commune, quinze jours au moins avant l'élection, qui doit toujours avoir lieu un dimanche. Il fixe le local où le scrutin sera ouvert, ainsi que les heures auxquelles il doit être ouvert et fermé.

La disposition de l'art. 12 portant que le tableau des sections sert pour les opérations intégrales à faire dans l'année est complétée par l'art. 16, ainsi conçu :

« Lorsqu'il y a lieu de remplacer des conseillers municipaux élus par des sections, conformément à l'art. 11 de la présente loi, ces remplacements seront faits par les sections auxquelles appartenaient ces conseillers. »

Il résulte de la combinaison des deux articles que, si, au cours de la durée du mandat d'un conseil municipal, des sections viennent à être établies, modifiées ou supprimées dans la commune, la décision du conseil général n'aura pas d'effet immédiat. Elle ne sera appliquée qu'en cas de renouvellement intégral. Jusque-là, les vacances qui viendraient à se produire dans le conseil municipal seront comblées par des élections faites de la même manière que les premières, afin qu'il n'y ait point dans le même conseil de membres élus par des collèges différents. (*Circ.*) [*Voy. aussi l'article* Élections.]

Art. 16. Lorsqu'il y aura lieu de remplacer des conseillers municipaux élus par des sections, conformément à l'art. 11 de la présente loi, ces remplacements seront faits par les sections auxquelles appartiennnent ces conseillers.

Art. 17. Les bureaux de vote sont présidés par le maire, les adjoints, les conseillers municipaux, dans l'ordre du tableau, et, en cas d'empêchement, par des électeurs désignés par le maire.

Art. 18. Le président a seul la police de l'assemblée. Cette assemblée ne peut s'occuper d'autres objets que de l'élection qui lui est attribuée. Toute discussion, toute délibération, lui sont interdites.

Art. 19. Les deux plus âgés et les deux plus jeunes des électeurs présents à l'ouverture de la séance, sachant lire et écrire, remplissent les fonctions d'assesseurs. Le secrétaire est désigné par le président et par les assesseurs. Dans les délibérations du bureau, il n'a que voix consultative. Trois membres du bureau, au moins, doivent être présents pendant tout le cours des opérations.

Art. 20. Le scrutin ne dure qu'un jour.

Art. 21. Le bureau juge provisoirement les difficultés qui s'élèvent sur les opérations de l'assemblée. Ses décisions sont motivées.

Toutes les réclamations et décisions sont insérées au procès-verbal ; les pièces et les bulletins qui s'y rapportent y sont annexés, après avoir été paraphés par le bureau.

Art. 22. Pendant toute la durée des opérations, une copie de la liste des électeurs, certifiée par le maire, contenant les nom, domicile, qualification de chacun des inscrits, reste déposée sur la table autour de laquelle siège le bureau.

Art. 23. Nul ne peut être admis à voter s'il n'est inscrit sur cette liste.

Toutefois, seront admis à voter, quoique non inscrits, les électeurs porteurs d'une décision du juge de paix ordonnant leur inscription, ou d'un arrêt de la Cour de cassation annulant un jugement qui aurait prononcé leur radiation.

Art. 24. Nul électeur ne peut entrer dans l'assemblée porteur d'armes quelconques.

Art. 25. Les électeurs apportent leurs bulletins préparés en dehors de l'assemblée.

Le papier du bulletin doit être blanc et sans signe extérieur.

L'électeur remet au président son bulletin fermé.

Le président le dépose dans la boîte du scrutin, laquelle doit, avant le commencement du vote, avoir été fermée à deux serrures, dont les clefs restent, l'une entre les mains du président, l'autre entre les mains de l'assesseur le plus âgé.

Le vote de chaque électeur est constaté sur la liste, en marge de son nom, par la signature, ou le parafe avec initiales, de l'un des membres du bureau.

Art. 26. Le président doit constater, au commencement de l'opération, l'heure à laquelle le scrutin est ouvert.

Le scrutin ne peut être fermé qu'après avoir été ouvert pendant six heures au moins.

Le président constate l'heure à laquelle il déclare le scrutin clos ; après cette déclaration, aucun vote ne peut être reçu.

Art. 27. Après la clôture du scrutin, il est procédé au dépouillement de la manière suivante :

La boîte du scrutin est ouverte, et le nombre de bulletins vérifié.

Si ce nombre est plus grand ou moindre que celui des votants, il en est fait mention au procès-verbal.

Le bureau désigne parmi les électeurs présents un certain nombre de scrutateurs.

Le président et les membres du bureau surveillent l'opération du dépouillement.

Ils peuvent y procéder eux-mêmes, s'il y a moins de 300 votants.

Art. 28. Les bulletins sont valables bien qu'ils portent plus ou moins de noms qu'il n'y a de conseillers à élire.

Les derniers noms inscrits au delà de ce nombre ne sont pas comptés.

Les bulletins blancs ou illisibles, ceux qui ne contiennent pas une désignation suffisante, ou dans lesquels les votants se font connaître, n'entrent pas en compte dans le résultat du dépouillement, mais ils sont annexés au procès-verbal.

Art. 29. Immédiatement après le dépouillement, le président proclame le résultat du scrutin.

Le procès-verbal des opérations est dressé par le secrétaire ; il est signé par lui et les autres membres du bureau. Une copie, également signée du secrétaire et des membres du bureau, en est aussitôt envoyée, par l'intermédiaire du sous-préfet, au préfet, qui en constate la réception sur un registre et en donne récépissé. Extrait en est immédiatement affiché par les soins du maire.

Les bulletins autres que ceux qui doivent être annexés au procès-verbal sont brûlés en présence des électeurs.

Art. 30. Nul n'est élu au premier tour du scrutin s'il n'a réuni : 1º la majorité absolue des suffrages exprimés ; 2º un nombre de suffrages égal au quart de celui des électeurs inscrits. Au deuxième tour de scrutin, l'élection a lieu à la majorité relative, quel que soit le nombre des votants. Si plusieurs candidats obtiennent le même le nombre de suffrages, l'élection est acquise au plus âgé.

En cas de deuxième tour de scrutin, l'assemblée est de droit convoquée pour le dimanche suivant. Le maire fait les publications nécessaires.

Art. 31. Sont éligibles au conseil municipal, sauf les restrictions portées au dernier paragraphe du présent article et aux deux articles suivants, tous les électeurs de la commune et les citoyens inscrits au rôle des contributions directes ou justifiant qu'ils devaient y être inscrits au 1er janvier de l'année de l'élection, âgés de vingt-cinq ans accomplis.

Toutefois, le nombre des conseillers qui ne résident pas dans la commune au moment de l'élection ne peut excéder le quart des membres du conseil. S'il dépasse ce chiffre, la préférence est déterminée suivant les règles posées à l'art. 49.

Ne sont pas éligibles, les militaires et employés des armées de terre et de mer en activité de service.

Art. 32. Ne peuvent être conseillers municipaux :

1° Les individus privés du droit électoral :

2° Ceux qui sont pourvus d'un conseil judiciaire ;

3° Ceux qui sont dispensés de subvenir aux charges communales et ceux qui sont secourus par les bureaux de bienfaisance ;

4° Les domestiques attachés exclusivement à la personne.

Art. 33. Ne sont pas éligibles dans le ressort où ils exercent leurs fonctions :

1° Les préfets, sous-préfets, secrétaires généraux, conseillers de préfecture ; et, dans les colonies régies par la présente loi, les gouverneurs, directeurs de l'intérieur et les membres du conseil privé ;

2° Les commissaires et les agents de police ;

3° Les magistrats des cours d'appel et des tribunaux de première instance, à l'exception des juges suppléants auxquels l'instruction n'est pas confiée ;

4° Les juges de paix titulaires ;

5° Les comptables des deniers communaux et les entrepreneurs de services municipaux ;

6° Les instituteurs publics ;

7° Les employés de préfecture et de sous-préfecture ;

8° Les ingénieurs et les conducteurs des ponts et chaussées, chargés du service de la voirie urbaine et vicinale, et les agents voyers ;

9° Les ministres en exercice d'un culte légalement reconnu ;

10° Les agents salariés de la commune, parmi lesquels ne sont pas compris ceux qui, étant fonctionnaires publics ou exerçant une profession indépendante, ne reçoivent une indemnité de la commune qu'à raison des services qu'ils lui rendent dans l'exercice de cette profession.

Art. 34. Les fonctions de conseiller municipal sont incompatibles avec celles :

1° De préfet, de sous-préfet et de secrétaire général de préfecture ;

2° De commissaire et d'agent de police ;

3° De gouverneur, directeur de l'intérieur et de membre du conseil privé dans les colonies.

Les fonctionnaires désignés au présent article qui seraient élus membres d'un conseil municipal auront, à partir de la proclamation du résultat du scrutin, un délai de dix jours pour opter entre l'acceptation du mandat et la conservation de leur emploi. A défaut de déclaration adressée dans ce délai à leurs supérieurs hiérarchiques, ils seront réputés avoir opté pour la conservation dudit emploi.

Art. 35. Nul ne peut être membre de plusieurs conseils municipaux.

Un délai de dix jours, à partir de la proclamation du résultat du scrutin, est accordé au conseiller municipal nommé dans plusieurs communes pour faire sa déclaration d'option. Cette déclaration est adressée aux préfets des départements intéressés.

Si, dans ce délai, le conseiller élu n'a pas fait connaître son option, il fait partie de droit du conseil de la commune où le nombre des électeurs est le moins élevé.

Dans les communes de 501 habitants et au-dessus, les ascendants et les descendants, les frères et les alliés au même degré ne peuvent être simultanément membres du même conseil municipal.

L'art. 49 est applicable aux cas prévus par le paragraphe précédent.

Art. 36. Tout conseiller municipal qui, pour une cause survenue postérieurement à sa nomination, se trouve dans un des cas d'exclusion ou d'incompatibilité prévus par la présente loi, est immédiatement déclaré démissionnaire par le préfet, sauf réclamation au conseil de préfecture, dans les dix jours de la notification, et sauf recours au Conseil d'État, conformément aux art. 38, 39 et 40 ci-après.

Ma circulaire du 10 avril relative aux élections des conseils municipaux et des maires et adjoints vous a fait connaître les cas d'indignité, d'incapacité et d'incompatibilité résultant de la loi du 5 avril 1884. Ces causes d'exclusion, lorsqu'elles sont antérieures à l'élection, ne peuvent être appréciées que par le conseil de préfecture.

Mais vous conservez le droit, que vous accordait la législation antérieure, de déclarer d'office démissionnaires les conseillers qui, par une cause postérieure à l'élection, se trouvent dans un des cas d'exclusion prévus par la loi.

Le conseiller déclaré démissionnaire peut déférer au conseil de préfecture l'arrêté qui le frappe. La loi de 1855 ne fixait aucun délai pour la présentation de ce recours ; aujourd'hui, d'après l'art. 36 de la loi du 5 avril 1884, la décision préfectorale doit être notifiée à l'intéressé, qui a un délai de dix jours, à partir de cette notification, pour saisir le conseil de préfecture.

La décision du conseil de préfecture peut, à son tour, être déférée en appel au Conseil d'État, soit par le préfet, soit par l'intéressé, dans les formes et délais tracés par l'art. 40.

L'art. 60 prévoit un autre cas dans lequel un conseiller municipal peut être déclaré d'office démissionnaire : l'absence à trois convocations successives ; j'en parlerai plus loin. (*Circul.*)

Art. 37. Tout électeur et tout éligible a le droit d'arguer de nullité les opérations électorales de la commune.

Les réclamations doivent être consignées au procès-verbal, sinon être déposées, à peine de nullité, dans les cinq jours qui suivent le jour de l'élection, au secrétariat de la mairie ou à la sous-préfecture, ou à la préfecture. Elles sont immédiatement adressées au préfet, et enregistrées par ses soins au greffe du conseil de préfecture.

Le préfet, s'il estime que les conditions et les formes légalement prescrites n'ont pas été remplies, peut également, dans le délai de quinzaine à dater de la réception du procès-verbal, déférer les opérations électorales au conseil de préfecture.

Dans l'un et l'autre cas, le préfet donne immédiatement connaissance de la réclamation, par la voie administrative, aux conseillers dont l'élection est contestée, les prévenant qu'ils ont cinq jours pour tout délai, à l'effet de déposer leurs défenses au secrétariat de la mairie, de la sous-préfecture ou de la préfecture et de faire connaître s'ils entendent user du droit de présenter des observations orales.

Il est donné récépissé soit des réclamations, soit des défenses.

Art. 38. Le conseil de préfecture statue, sauf recours au Conseil d'État.

Il prononce sa décision dans le délai d'un mois

à compter de l'enregistrement des pièces au greffe de la préfecture, et le préfet la fait notifier dans la huitaine de sa date. En cas de renouvellement général, le délai est porté à deux mois.

S'il intervient une décision ordonnant une preuve, le conseil de préfecture doit statuer définitivement dans le mois à partir de cette décision.

Les délais ci-dessus fixés ne commencent à courir, dans le cas prévu à l'art. 39, que du jour où le jugement sur la question préjudicielle est devenu définitif.

Faute par le conseil d'avoir statué dans les délais ci-dessus fixés, la réclamation est considérée comme rejetée. Le conseil de préfecture est dessaisi ; le préfet en informe la partie intéressée, qui peut porter sa réclamation devant le Conseil d'État. Le recours est notifié dans les cinq jours au secrétariat de la préfecture par le requérant.

Art. 39. Dans tous les cas où une réclamation, formée en vertu de la présente loi, implique la solution préjudicielle d'une question d'état, le conseil de préfecture renvoie les parties à se pourvoir devant les juges compétents, et la partie doit justifier de ses diligences dans le délai de quinzaine ; à défaut de cette justification, il sera passé outre, et la décision du conseil de préfecture devra intervenir dans le mois à partir de l'expiration de ce délai de quinzaine.

Art. 40. Le recours au conseil d'État contre la décision du conseil de préfecture est ouvert soit au préfet, soit aux parties intéressées.

Il doit, à peine de nullité, être déposé au secrétariat de la sous-préfecture ou de la préfecture, dans le délai d'un mois qui court, à l'encontre du préfet à partir de la décision, et à l'encontre des parties à partir de la notification qui leur est faite.

Le préfet donne immédiatement, par la voie administrative, connaissance du recours aux parties intéressées, en les prévenant qu'elles ont quinze jours pour tout délai, à l'effet de déposer leurs défenses au secrétariat de la préfecture ou de la préfecture.

Aussitôt ce nouveau délai expiré, le préfet transmet au ministre de l'intérieur, qui les adresse au Conseil d'État, le recours, les défenses, s'il y a lieu, le procès-verbal des opérations électorales, la liste qui a servi aux émargements, une expédition de l'arrêté attaqué et toutes les autres pièces visées dans ledit arrêté : il y joint son avis motivé.

Les délais pour la constitution d'un avocat et pour la communication au ministre de l'intérieur sont d'un mois pour chacune de ces opérations, et de trois mois en ce qui concerne les colonies.

Le pourvoi est jugé comme affaire urgente et sans frais, et dispensé du timbre et du ministère de l'avocat.

Les conseillers municipaux proclamés restent en fonctions jusqu'à ce qu'il ait été définitivement statué sur les réclamations.

Dans le cas où l'annulation de tout ou partie des élections est devenue définitive, l'assemblée des électeurs est convoquée dans un délai qui ne peut excéder deux mois.

Art. 41. (*Durée des fonctions.*) Les conseil-

lers municipaux sont nommés pour quatre ans. Ils sont renouvelés intégralement le premier dimanche de mai, dans toute la France, lors même qu'ils ont été élus dans l'intervalle.

Art. 42. Lorsque le conseil municipal se trouve, par l'effet des vacances survenues, réduit aux trois quarts de ses membres, il est dans le délai de deux mois, à dater de la dernière vacance, procédé à des élections complémentaires.

Toutefois, dans les six mois qui précèdent le renouvellement intégral, les élections complémentaires ne sont obligatoires qu'au cas où le conseil municipal aurait perdu plus de la moitié de ses membres.

Dans les communes divisées en sections, il y a toujours lieu à faire des élections partielles, quand la section a perdu la moitié de ses conseillers.

La loi du 14 avril 1871 portait que les pouvoirs des assemblées communales ne pourraient excéder trois ans. L'article 41 de la loi nouvelle dispose qu'ils sont élus pour quatre ans.

Tous les conseils municipaux seront renouvelés à une date fixe, le premier dimanche de mai.

Les conseils nommés dans l'intervalle d'un renouvellement à l'autre ne seront donc élus que pour la période restant à courir.

Dans quels cas et dans quels délais l'administration est-elle tenue de pourvoir aux vacances qui viennent à se produire pendant la période quaternale ?

1° Ma circulaire du 10 avril 1884 vous a déjà fait connaître que, si l'annulation de tout ou partie des élections est devenue définitive, l'assemblée des électeurs doit être convoquée dans le délai de deux mois (art. 40).

2° Lorsque, pour toute autre cause que l'annulation des élections, le conseil municipal se trouve réduit aux trois quarts de ses membres, il est, dans le délai de deux mois à dater de la dernière vacance, procédé à des élections complémentaires (art. 42).

La loi du 14 avril 1871 n'obligeait à procéder à des élections complémentaires que si le nombre des vacances excédait le quart des membres du conseil.

Désormais, vous devrez convoquer les électeurs si le conseil municipal est réduit aux trois quarts de ses membres (art. 42).

Toutefois, afin d'éviter la multiplicité des opérations électorales, les élections complémentaires ne seront obligatoires, dans les six mois qui précéderont le renouvellement intégral, que si le conseil municipal a perdu la moitié de ses membres au lieu du quart (art. 42).

Il est bien entendu, du reste, que l'autorité conserve toujours le droit de faire compléter le conseil municipal, alors même que le nombre des vacances est inférieur au quart.

3° Dans les communes divisées en sections, il y a toujours lieu de faire des élections partielles quand la section a perdu la moitié de ses conseillers (art. 42).

4° Enfin, le conseil municipal doit être complété, quel que soit le nombre des vacances, lorsqu'il y a lieu de remplacer le maire ou l'adjoint (art. 77).

La convocation doit être faite dans la quinzaine qui suit la vacance du poste de maire ou d'adjoint (art. 79).

Je reviendrai plus loin sur ce point.

Art. 43. (*Suspension et dissolution.*) Un conseil municipal ne peut être dissous que par décret motivé du Président de la République, rendu en conseil des ministres et publié au *Journal officiel*, et, dans les colonies régies par la présente loi, par arrêté du gouverneur en conseil privé, inséré au *Journal officiel* de la colonie.

S'il y a urgence, il peut être provisoirement suspendu, par arrêté motivé du préfet, qui doit en rendre compte immédiatement au ministre de l'intérieur. La durée de la suspension ne peut excéder un mois. Dans les colonies ci-dessus spécifiées, le conseil municipal peut être suspendu par arrêté motivé du gouverneur. La durée de la suspension ne peut excéder un mois.

Le gouverneur rend compte immédiatement de sa décision au ministre de la marine et des colonies.

L'art. 13 de la loi du 5 mai 1855 vous accordait le droit de suspendre pour deux mois les conseils municipaux. La durée de la suspension pouvait être prolongée jusqu'à une année par le ministre.

La nouvelle loi (*art.* 43) a restreint ce pouvoir dans des limites étroites. La durée de la suspension ne sera plus que d'un mois ; la suspension devra être justifiée par un cas d'urgence et sera prononcée par un arrêté motivé.

Dans l'esprit du législateur, la suspension doit être aujourd'hui considérée moins comme une mesure répressive que comme une mesure conservatoire destinée à parer à des nécessités urgentes et à vous laisser le temps de provoquer la dissolution du conseil.

Mais comme votre décision peut engager jusqu'à un certain point la liberté d'action du Gouvernement, je désire que vous ne publiiez votre arrêté de suspension qu'après m'en avoir communiqué le texte.

Vous ne perdrez pas, d'ailleurs, de vue que la dissolution d'un conseil municipal ne peut plus être prononcée que par décret rendu en conseil des ministres et publié au *Journal officiel*, et qu'aux termes de l'art. 45 il doit être procédé à la réélection du conseil municipal dissous dans le délai de deux mois à dater de la dissolution. (*Circul.*)

**Art. 44.** (*La délégation spéciale.*) En cas de dissolution d'un conseil municipal ou de démission de tous ses membres en exercice, et lorsqu'aucun conseil municipal ne peut être constitué, une délégation spéciale en remplit les fonctions.

Dans les huit jours qui suivent la dissolution ou l'acceptation de la démission, cette délégation spéciale est nommée par décret du Président de la République, et dans les colonies par arrêté du gouverneur.

Le nombre des membres qui la composent est fixé à trois dans les communes où la population ne dépasse pas 35,000 habitants. Ce nombre peut être porté jusqu'à sept dans les villes d'une population supérieure.

Le décret ou l'arrêté qui l'institue en nomme le président et, au besoin, le vice-président.

Les pouvoirs de cette délégation spéciale sont limités aux actes de pure administration conservatoire et urgente. En aucun cas il ne lui est permis d'engager les finances municipales au delà des ressources disponibles de l'exercice courant. Elle ne peut ni préparer le budget communal, ni recevoir les comptes du maire ou du receveur, ni modifier le personnel ou le régime de l'enseignement public.

**Art. 45.** (*Réélection du conseil.*) Toutes les fois que le conseil municipal a été dissous, ou que, par application de l'article précédent, une délégation spéciale a été nommée, il est procédé à la réélection du conseil municipal dans les deux mois à dater de la dissolution ou de la dernière démission.

Les fonctions de la délégation spéciale expirent de plein droit dès que le conseil municipal est reconstitué.

En cas de suspension ou de dissolution d'un conseil municipal, l'ancienne législation autorisait le Gouvernement à nommer une commission municipale dont les membres ne pouvaient être en nombre inférieur à la moitié de l'effectif du conseil. Cette commission pouvait, en cas de dissolution, rester en fonctions jusqu'au renouvellement intégral, et possédait exactement les mêmes attributions que l'assemblée municipale élue.

La commission municipale est remplacée, en cas de dissolution, par une délégation nommée par décret du Président de la République.

Le nombre des membres qui composent cette délégation est fixé à trois dans les communes où la population ne dépasse pas 35,000 habitants et peut être porté jusqu'à sept dans les villes d'une population supérieure.

Le décret qui l'institue en nomme le président et, au besoin, le vice-président, qui remplissent les fonctions de maire (*art.* 84 *et* 87).

Le décret instituant la délégation doit être rendu dans les huit jours qui suivent la dissolution.

Vous devrez donc, avant de m'adresser vos propositions de dissolution, vous préoccuper du choix des délégués et m'en adresser la liste en même temps que votre rapport tendant à la dissolution.

En cas de suspension, le conseil municipal n'est pas suppléé.

Les pouvoirs de la délégation qui remplace le conseil municipal dissous sont limités aux actes de pure administration conservatoires et urgents. Elle ne peut engager les finances municipales au delà des ressources disponibles de l'exercice courant. Elle ne peut ni préparer le budget communal, ni recevoir les comptes du maire ou du receveur, ni modifier le personnel ou le régime de l'enseignement public.

Mais le président ou le vice-président, qui fait fonction de maire, a, notamment en ce qui concerne la présidence des bureaux de vote, les mêmes droits que les maires et adjoints élus. Il pourra aussi nommer et révoquer les employés communaux. Toutefois, en raison de la durée fort courte de ses pouvoirs, il ne devra user de son droit qu'avec une grande réserve.

Vous remarquerez, Monsieur le Préfet, que l'art. 44 de la loi autorise la nomination d'une délégation, non seulement en cas de dissolution d'un conseil municipal, mais encore en cas de démission de tous ses membres et lorsqu'un conseil ne peut être institué. Si donc, comme cela s'est présenté quelquefois, les électeurs d'une commune refusaient d'élire une assemblée municipale, il pourra désormais, grâce à l'institution des délégués, être pourvu à l'expédition des affaires courantes.

Les pouvoirs de la délégation n'auront, en général, qu'une très courte durée, puisqu'aux termes de l'art. 45, paragraphe 1, l'administration est tenue de faire procéder à de nouvelles élections dans le délai de deux mois.

Toutefois, si les électeurs ne se rendent pas à la convocation, la délégation continuera de fonctionner jusqu'à ce qu'il soit possible de constituer le nouveau conseil (*art.* 45, § 2).

### Chap. II. — Fonctionnement des conseils municipaux.

Les principales innovations que consacre ce chapitre ont trait : 1o à la publicité des séances ; 2o au droit accordé au maire de convoquer le conseil municipal chaque fois que l'intérêt de la commune l'exige ; 3o à la faculté légalement reconnue aux conseils de former dans leur sein des commissions pour l'étude des questions sur lesquelles ils ont à délibérer. (*Circul.*)

**Art. 46.** (*Sessions ordinaires.*) Les conseils municipaux se réunissent en session ordinaire quatre fois l'année : en février, mai, août et novembre.

La durée de chaque session est de quinze jours : elle peut être prolongée avec l'autorisation du sous-préfet.

La session pendant laquelle le budget est discuté peut durer six semaines.

Pendant les sessions ordinaires, le conseil municipal peut s'occuper de toutes les matières qui rentrent dans ses attributions.

La nouvelle loi maintient les quatre sessions ordinaires des conseils municipaux et la règle d'après laquelle le conseil municipal peut s'occuper, pendant les sessions ordinaires, de toutes les matières qui rentrent dans ses attributions.

Mais elle a modifié la durée des sessions et l'époque de leur ouverture. Les trois sessions de février, août et novembre dureront quinze jours ; celle de mai, appelée session budgétaire, six semaines, au lieu de l'ancienne durée uniforme de dix jours. De plus, aucune date n'est fixée pour l'ouverture des sessions qui peuvent avoir lieu à une époque quelconque du mois.

Vous continuerez, Monsieur le Préfet, à fixer une date générale pour l'ouverture des sessions ordinaires. Cette faculté ne vous est pas enlevée par la loi nouvelle et elle présente des avantages incontestables, notamment dans le cas très fréquent où l'administration préfectorale a des communications à faire à tous les conseils du département.

La durée des sessions ordinaires peut être prolongée au delà de quinze jours ou six semaines, en vertu d'une autorisation du sous-préfet.

**Art. 47.** (*Sessions extraordinaires.*) Le préfet ou le sous-préfet peut prescrire la convocation extraordinaire du conseil municipal. Le maire peut également réunir le conseil municipal chaque fois qu'il le juge utile. Il est tenu de le convoquer quand une demande motivée lui en est faite par la majorité en exercice du conseil municipal. Dans l'un et l'autre cas, en même temps qu'il convoque le conseil, il donne avis au préfet ou au sous-préfet de cette réunion et des motifs qui la rendent nécessaire.

La convocation contient alors l'indication des objets spéciaux et déterminés pour lesquels le conseil doit s'assembler, et le conseil ne peut s'occuper que de ces objets.

D'après la loi de 1855, toute réunion extraordinaire du conseil municipal devait être autorisée.

Le préfet et le sous-préfet conservent, d'après la législation nouvelle, le droit de prescrire les convocations extraordinaires. Mais — j'appelle votre attention sur cette grave innovation — le maire peut également réunir le conseil municipal chaque fois qu'il le juge utile. Il est tenu de le convoquer quand une demande motivée lui est faite par la majorité des membres du conseil municipal en exercice. Dans l'un ou l'autre cas, en même temps qu'il convoque le conseil, il donne avis au préfet ou au sous-préfet de cette réunion et des motifs qui la rendent nécessaire.

La convocation contient alors l'indication des objets spéciaux et déterminés pour lesquels le conseil doit s'assembler, et le conseil ne peut s'occuper que de ces objets (art. 47).

La loi du 5 avril ne fixant pas la durée des sessions extraordinaires, on doit en conclure que cette durée n'est limitée que par l'épuisement de l'ordre du jour spécial et déterminé qui doit être porté à la connaissance du préfet et des conseillers.

Art. 48. (Convocations.) Toute convocation est faite par le maire. Elle est mentionnée au registre des délibérations, affichée à la porte de la mairie et adressée par écrit et à domicile, trois jours francs au moins avant celui de la réunion.

En cas d'urgence, le délai peut être abrégé par le préfet ou le sous-préfet.

La loi nouvelle ne fait plus de distinction entre les sessions ordinaires et les sessions extraordinaires pour le délai qui doit s'écouler entre la convocation et la réunion du conseil municipal. Ce délai est de trois jours francs dans tous les cas.

Le préfet et le sous-préfet conservent le droit d'abréger ce délai, en cas d'urgence.

Le délai de trois jours étant un délai franc, ni le jour de la convocation, ni celui de la réunion n'y sont compris.

Toutes les convocations sont faites par le maire. Elles sont mentionnées au registre des délibérations, affichées à la porte de la mairie et adressées par écrit et à domicile à tous les conseillers en exercice (art. 48).

La mention au registre et l'affichage à la porte de la mairie sont deux innovations qui ont pour but d'augmenter la publicité de la convocation.

Art. 49. Les conseils municipaux prennent rang dans l'ordre du tableau.

L'ordre du tableau est déterminé, même quand il y a des sections électorales : 1° par la date de la plus ancienne des nominations ; 2° entre conseillers élus le même jour, par le plus grand nombre de suffrages obtenus ; 3° et à égalité de voix par la priorité d'âge.

Un double du tableau reste déposé dans les bureaux de la mairie, de la sous-préfecture et de la préfecture, où chacun peut en prendre communication ou copie.

Les conseillers municipaux prennent rang entre eux dans l'ordre du tableau. Cet ordre est déterminé, même quand il y a des sections électorales :

1° Par la date la plus ancienne des nominations ;

2° Entre conseillers élus le même jour, par le plus grand nombre de suffrages ;

3° À égalité de voix, par la priorité d'âge.

Je vous rappelle qu'une copie du tableau du conseil municipal doit être, d'une manière permanente, déposée dans les bureaux de la mairie, de la sous-préfecture et de la préfecture, où chacun peut en prendre communication ou copie.

Ma circulaire du 10 avril dernier vous a invité à faire dresser ces tableaux aussitôt après les élections des 4 et 11 mai et à donner des instructions aux maires pour qu'ils soient constamment tenus à jour.

Si ces recommandations n'avaient pas encore été suivies dans quelques communes de votre département, vous devriez faire en sorte qu'il soit immédiatement satisfait aux prescriptions impératives de la loi.

Art. 50. *Délibérations.* Le conseil municipal ne peut délibérer que lorsque la majorité de ses membres en exercice assiste à la séance.

Quand, après deux convocations successives, à trois jours au moins d'intervalle et dûment constatées, le conseil municipal ne s'est pas réuni en nombre suffisant, la délibération prise après la troisième convocation est valable, quel que soit le nombre des membres présents.

Le conseil municipal ne peut valablement délibérer que lorsque la majorité des membres en exercice assiste à la séance.

Quand, après deux convocations successives à trois jours d'intervalle et dûment constatées, le conseil municipal ne s'est pas réuni en nombre suffisant, la délibération prise après la troisième convocation est valable, quel que soit le nombre des membres présents (art. 50).

Je n'ai pas d'indications particulières à vous donner sur cet article, qui ne fait que reproduire les dispositions des lois anciennes. Je me borne à vous faire remarquer que le délai de trois jours entre les convocations successives est un délai franc comme celui dont il est parlé à l'art. 48. Mais, à la différence de celui-ci, le délai dont il est question à l'art. 50 ne peut être abrégé par le préfet ou le sous-préfet. (Circul.)

Art. 51. Les délibérations sont prises à la majorité absolue des votants. En cas de partage, sauf le cas de scrutin secret, la voix du président est prépondérante. Le vote a lieu au scrutin public sur la demande du quart des membres présents ; les noms des votants, avec la désignation de leurs votes, sont insérés au procès-verbal.

Il est voté au scrutin secret toutes les fois que le tiers des membres présents le réclame, ou qu'il s'agit de procéder à une nomination ou présentation.

Dans ces derniers cas, après deux tours de scrutin secret, si aucun des candidats n'a obtenu la majorité absolue, il est procédé à un troisième tour de scrutin, et l'élection a lieu à la majorité relative ; à égalité de voix, l'élection est acquise au plus âgé.

Les délibérations sont prises à la majorité absolue des votants.

Le scrutin peut avoir lieu : 1° par assis et levé ; 2° au scrutin public ; 3° au scrutin secret.

Le premier mode est le plus ordinaire. Mais, si un quart des membres présents le demande, le vote a lieu au scrutin public et les noms des votants sont insérés au procès-verbal avec la mention de leur vote.

*Voix prépondérante du président.* En cas de partage, la voix du président est prépondérante, soit que le vote ait lieu par assis et levé, soit qu'il soit donné au scrutin public.

Le bénéfice de la voix prépondérante appartient au président, que ce soit le maire, l'adjoint ou même un conseiller municipal qui occupe le fauteuil.

La voix du président était autrefois prépondérante dans tous les modes de votation. La loi nouvelle fait une exception quand le scrutin est secret.

*Scrutin secret.* Le scrutin secret est obligatoire dans deux cas :

1° Lorsqu'il s'agit de procéder à une nomination ou présentation. — Dans ce cas, après deux tours de scrutin, si aucun des candidats n'a obtenu la majorité absolue, il est procédé à un troisième tour de scrutin, et l'élection a lieu à la majorité relative ; à égalité de voix, l'élection est acquise au plus âgé. Je me suis déjà expliqué sur ce point dans les instructions que je vous ai adressées le 10 avril au sujet de l'élection des maires et adjoints ;

2° Toutes les fois que le tiers des membres demande le scrutin secret, même quand cette demande se trouve en concurrence avec une demande de scrutin public.

Art. 52. *Le maire*, et à défaut celui qui le remplace, préside le conseil municipal.

Dans les séances où les comptes d'administration du maire sont débattus, le conseil municipal élit son président.

Dans ce cas, le maire peut, même quand il ne serait plus en fonctions, assister à la discussion ;

mais il doit se retirer au moment du vote. Le président adresse directement la délibération au sous-préfet.

Le maire ou, à défaut, celui qui le remplace, c'est-à-dire les adjoints dans l'ordre des nominations et les conseillers municipaux dans l'ordre du tableau, préside le conseil municipal.

Il n'est fait à cette règle que deux exceptions :
1º Quand il s'agit d'élire le maire ou les adjoints, la présidence est dévolue au plus âgé des conseillers municipaux (art. 77) ;
2º Dans les séances où les comptes d'administration du maire sont débattus, le conseil municipal élit son président.
— Dans ce cas, le maire peut, même quand il ne serait plus en fonctions, assister à la discussion ; mais il doit se retirer au moment du vote. Le président adresse directement la délibération au sous-préfet (art. 52).

## Art. 53. (Secrétaire.) Au début de chaque session et pour sa durée, le conseil municipal nomme un ou plusieurs de ses membres pour remplir les fonctions de secrétaire.

## Il peut leur adjoindre des auxiliaires pris en dehors de ses membres qui assisteront aux séances, mais sans participer aux délibérations.

Au début de chaque session et pour sa durée, le conseil municipal nomme un ou plusieurs de ses membres pour remplir les fonctions de secrétaire.

Il peut leur adjoindre des auxiliaires pris hors de son sein, qui assistent aux séances, mais sans participer aux délibérations (art. 53).

Cette disposition consacre un usage assez généralement suivi dans la pratique antérieure, mais dont la régularité était contestée; l'adjonction au secrétaire d'auxiliaires pris en dehors du conseil est donc aujourd'hui légale. Mais si ces auxiliaires peuvent assister aux délibérations, ils n'ont pas le droit d'y participer, leur rôle se borne à tenir la plume, sous la surveillance et l'autorité du ou des secrétaires élus.

## Art. 54. (Publicité des séances.) Les séances des conseils municipaux sont publiques. Néanmoins, sur la demande de trois membres ou du maire, le conseil municipal, par assis et levé, sans débats, décide s'il se formera en comité secret.

Le Parlement ne s'est pas décidé sans quelque hésitation à proclamer le principe de la publicité des séances; mais il s'y est rallié par le sentiment de confiance dans la sagesse des populations. J'estime, en effet, qu'il est avantageux de leur permettre d'assister aux délibérations des assemblées municipales et de s'initier ainsi à la gestion des affaires publiques, en voyant traiter celles qui les touchent de plus près.

Mais il importe, au plus haut point, d'éviter tous désordres, et le maire, qui a la police de l'assemblée, est suffisamment armé pour les réprimer. La loi lui confère le droit de faire expulser de l'auditoire et même arrêter tout individu dont la présence serait une cause de trouble, et de dresser procès-verbal en cas de crime ou de délit (art. 55).

Afin d'assurer le bon ordre et la liberté des délibérations, vous recommanderez aux maires de prendre, dans la mesure que comporteront les installations et les ressources locales, les dispositions nécessaires pour que la partie de la salle des séances destinée au public soit séparée de l'enceinte réservée au conseil.

Je crois, d'ailleurs, devoir vous faire remarquer que le principe de la publicité des séances ne confère pas à tout individu le droit de pénétrer dans la salle du conseil. Comme dans les autres assemblées délibérantes dont les séances sont publiques (Sénat, Chambre des députés, conseils généraux), ce droit est subordonné à la place qui peut être affectée au public.

Dans les communes où la salle des séances a des dimensions restreintes, on n'admettra que le nombre de personnes qui pourront se placer sans amener d'encombrement.

Mais je compte sur le bon esprit qui anime les conseils municipaux pour que le principe nouveau inscrit dans la loi du 5 avril soit, malgré les restrictions qu'on sera peut-être obligé d'y apporter dans quelques communes, sincèrement et libéralement appliqué partout où il n'existera pas d'obstacles matériels insurmontables.

Les conseils municipaux ne recourront pas sans nécessité à la faculté que la loi leur reconnaît d'écarter le public en se constituant en comité secret.

Certaines questions ne peuvent évidemment, sans danger pour les intérêts communaux, être discutées en public, si, par exemple, le conseil délibère sur des projets de concession, sur un procès à intenter, et plus généralement sur des questions

où l'intérêt privé se trouve en opposition avec l'intérêt communal. La discussion des titres des candidats, s'il s'agit d'une désignation à faire par le conseil, et plus généralement les questions personnelles, demandent également à être traitées à huis clos. Il pourra être également nécessaire d'ajourner l'admission du public jusqu'à ce que les appropriations matérielles de la salle des séances aient été terminées.

Mais ce sont là des cas exceptionnels et le conseil municipal irait contre les intentions du législateur s'il écartait le public, d'une manière générale et permanente, en décrétant à chaque séance le comité secret.

Le comité secret, lorsqu'il est demandé, soit par le maire, soit par trois membres au moins du conseil, doit être mis aux voix sans aucune discussion. « L'assemblée, dit la loi, se prononce par assis et levé, sans débats. »

Mais le procès-verbal des délibérations prises en comité secret doit, comme les procès-verbaux des autres séances, être transcrit sur le registre et communiqué au public dans les formes tracées par les art. 57 et 58 de la loi. (Circ. 15 mai.)

## Art. 55. Le maire a seul la police de l'assemblée. Il peut faire expulser de l'auditoire ou arrêter tout individu qui trouble l'ordre. En cas de crime ou de délit, il en dresse un procès-verbal et le procureur de la République en est immédiatement saisi.

## Art. 56. Le compte rendu de la séance est, dans la huitaine, affiché par extrait à la porte de la mairie.

Indépendamment du procès-verbal, il doit être rédigé un compte rendu sommaire de chaque séance du conseil municipal qui est affiché, dans la huitaine, à la porte de la mairie.

L'affichage n'était autrefois prescrit que pour les délibérations par lesquelles les conseils municipaux désignent leurs délégués aux élections sénatoriales. (L. 2 août 1875, art. 5.) Cette mesure exceptionnelle devient aujourd'hui la règle.

La loi n'exige l'affichage que d'un compte rendu sommaire (par extrait, dit l'art. 52). Mais si, pour éviter un nouveau travail de rédaction, on préférait, dans certaines circonstances, afficher la copie même du procès-verbal, il n'y aurait pas lieu de s'y opposer.

La loi ne dit pas par qui sera fait le compte rendu. Il appartient donc au maire, chargé de la publication, de le faire rédiger. En tout cas, l'affichage ne pourra avoir lieu qu'avec son visa.

Le délai accordé par l'art. 68 pour provoquer l'annulation des délibérations courant à partir de l'affichage, le maire devra constater cette date par un procès-verbal ou la mentionner au registre de la mairie.

## Art. 57. (Décisions.) Les délibérations sont inscrites par ordre de date sur un registre coté et parafé par le préfet ou le sous-préfet.

## Elles sont signées par tous les membres présents à la séance, ou mention est faite de la cause qui les a empêchés de signer.

Les délibérations sont inscrites par ordre de date sur un registre coté et parafé par le préfet ou le sous-préfet.

Elles sont signées par tous les membres présents à la séance, ou mention est faite de la cause qui les a empêchés de signer.

Cette disposition est la reproduction de la loi de 1855.

Je crois devoir vous rappeler qu'en principe les procès-verbaux de chaque séance doivent être, pendant le cours d'une session, arrêtés au commencement de la séance suivante ; à la fin de la session, le procès-verbal de la dernière séance est arrêté sur-le-champ ou dans une dernière réunion tenue spécialement à cet effet.

Si l'ordre du jour était trop chargé pour qu'il fût matériellement impossible de rédiger immédiatement le procès-verbal de la dernière séance, le plus long délai accordé par la loi serait celui de huitaine, puisqu'aux termes de l'art. 62, toute délibération doit être, dans ce délai, adressée au sous-préfet.

En aucun cas, on ne peut considérer comme régulier l'usage suivi dans un trop grand nombre de communes et qui consiste à faire signer les conseillers individuellement et à domicile. (Circ. 15 mai.)

(— Il nous semble que la circulaire ne résout pas la difficulté. En effet, si la délibération n'est signée que dans la séance suivante, il arrivera souvent que les mêmes conseillers ne se trouveront pas présents à la séance, et l'intention du législateur ne sera pas accomplie à la lettre. Il semble qu'on doit distinguer entre les procès-verbaux et la délibération. Ce dernier mot signifie, à proprement parler, décision, ce sont les décisions qu'on doit inscrire immédiatement sur un registre spécial et le faire signer ; les procès-verbaux, qui relatent les discours des conseillers, ne sont pas visés par la loi, ceux-là n'ont pas besoin d'être inscrits sur un registre coté et parafé, signés par tous, la signature du président et du secrétaire, donnée dans la séance suivante, suffit. Rien n'empêche d'ailleurs de reproduire les délibérations — les décisions — sur ce second registre. M. B.)

**Art. 58.** Tout habitant ou contribuable a le droit de demander communication sans déplacement, de prendre copie totale ou partielle des procès-verbaux du conseil municipal, des budgets et des comptes de la commune, des arrêtés municipaux.

Chacun peut les publier sous sa responsabilité.

D'après l'ancienne législation, les habitants et les contribuables de la commune ne pouvaient demander communication et prendre copie que des délibérations du conseil municipal. La loi du 5 avril étend cette faculté aux budgets et comptes de la commune et aux arrêtés municipaux.

Mais aux termes de la loi du 7 messidor an II (art. 37), la communication des pièces renfermées dans les dépôts publics doit avoir lieu avec « les précautions convenables de surveillance ». Ces précautions pourront résulter de la présence d'un employé de la mairie et de la fixation des moments pendant lesquels le public sera admis, de manière à ne pas nuire au service.

Dans les communes où les bureaux de la mairie ne sont pas ouverts d'une manière permanente, le maire fixera les jours et heures pendant lesquels le secrétaire devra se tenir à la disposition du public.

Les copies prises par les électeurs ou les habitants pourront être publiées sous leur responsabilité.

**Art. 59.** (*Commissions.*) Le conseil municipal peut former, au cours de chaque session, des commissions chargées d'étudier les questions soumises au conseil, soit par l'administration, soit par l'initiative d'un de ses membres.

Les commissions peuvent tenir leurs séances dans l'intervalle des sessions.

Elles sont convoquées par le maire, qui en est le président de droit, dans les huit jours qui suivent leur nomination, ou à plus bref délai sur la demande de la majorité des membres qui les composent. Dans cette première réunion, les commissions désignent un vice-président qui peut les convoquer et les présider, si le maire est absent ou empêché.

Il était d'usage, dans un assez grand nombre de conseils municipaux, comme dans la plupart des assemblées délibérantes, de former des commissions d'étude chargées de l'examen préalable des affaires mises en délibération. Cet usage est consacré aujourd'hui par l'art. 59 de la loi du 5 avril.

Le conseil municipal peut former, au cours de chaque session, des commissions chargées d'étudier les questions soumises au conseil, soit par l'administration, soit par l'initiative d'un de ses membres.

Les commissions peuvent même tenir leurs séances dans l'intervalle des sessions, droit qui leur avait été contesté autrefois.

Elles sont convoquées par le maire, qui en est le président de droit, dans les huit jours qui suivent leur nomination ou à plus bref délai, sur la demande de la majorité des membres qui les composent. Dans cette première réunion, les commissions désignent un vice-président qui peut les convoquer et présider, si le maire est absent ou empêché.

La désignation d'un vice-président faite par la commission n'empêche pas le maire de se faire suppléer dans la présidence, s'il le juge convenable, par un de ses adjoints.

Les commissions formées au sein du conseil municipal ne *peuvent être que de simples commissions d'études*; elles n'ont pas de pouvoir propre et ne peuvent exercer, même en vertu de délégations, aucune des attributions réservées par la loi au conseil municipal. Elles devront se borner à préparer et à instruire les affaires qui leur auront été renvoyées.

**Art. 60.** (*Assiduité aux séances.*) Tout membre du conseil municipal qui, sans motifs reconnus légitimes par le conseil, a manqué à trois convocations successives, peut être, après avoir été admis à fournir ses explications, déclaré démissionnaire par le préfet, sauf recours, dans les dix jours de la notification, devant le conseil de préfecture.

Les démissions sont adressées au sous-préfet; elles sont définitives à partir de l'accusé de réception par le préfet, et, à défaut de cet accusé

de réception, un mois après un nouvel envoi de la démission constaté par lettre recommandée.

*Démissions d'office.* — Tout membre du conseil municipal qui, sans motifs reconnus légitimes par le conseil, a manqué à trois convocations successives peut, après avoir été admis à fournir ses explications, être déclaré démissionnaire par le préfet.

Les convocations successives dont parle l'article 60 se rapportent à des sessions ordinaires ou extraordinaires et non pas à des séances de la même session. C'est ainsi que l'ancienne législation a toujours été interprétée, et rien n'indique que le législateur ait entendu innover à cet égard.

Mais l'absence à trois convocations ne suffit pas pour entraîner la démission d'office; il faut, en outre, et ce point est une innovation [1] sur laquelle j'appelle votre attention, que le conseil municipal n'ait pas admis comme légitimes les motifs d'absence invoqués par le conseiller.

A défaut d'excuses admises par le conseil, il vous appartient d'examiner, Monsieur le Préfet, si vous devez prononcer la démission d'office; mais vous aurez, avant de statuer, à mettre l'intéressé en demeure de vous fournir ses explications. C'est là une formalité essentielle et dont l'omission entacherait de nullité votre décision.

Enfin, le conseiller déclaré démissionnaire peut, dans les dix jours de la notification de votre arrêté, se pourvoir devant le conseil de préfecture et, si sa réclamation n'est pas accueillie, déférer l'arrêté qui l'a rejetée au Conseil d'État.

*Démissions volontaires.* On ne regardait, avant la loi de 1884, les démissions volontaires comme définitives que lorsqu'elles avaient été acceptées par le préfet, et l'on tirait de ce principe la conséquence que la démission pouvait être retirée tant qu'elle n'avait pas été acceptée.

La loi du 5 avril dispose que les démissions volontaires, qui doivent être adressées au sous-préfet, sont définitives dès que le préfet en a accusé réception, et, à défaut de cet accusé de réception, un mois après un nouvel envoi de la démission constaté par lettre recommandée; une acceptation expresse n'est donc plus nécessaire.

## Chap. III. — Attributions des conseils municipaux.

**Art. 61.** Le conseil municipal règle par ses délibérations les affaires de la commune.

Il donne son avis toutes les fois que cet avis est requis par les lois et règlements, ou qu'il est demandé par l'administration supérieure.

Il réclame, s'il y a lieu, contre le contingent assigné à la commune dans l'établissement des impôts de répartition.

Il émet des vœux sur tous les objets d'intérêt local.

Il dresse chaque année une liste contenant un nombre double de celui des répartiteurs et des répartiteurs suppléants à nommer; et, sur cette liste, le sous-préfet nomme les cinq répartiteurs visés dans l'art. 9 de la loi du 3 frimaire an VII et les cinq répartiteurs suppléants.

Le conseil municipal de toute commune exerce, avec un pouvoir plus ou moins étendu, les attributions dont il est investi.

1o Il statue sur les affaires de la commune par des délibérations qui, en règle générale, sont exécutoires sans avoir besoin de l'approbation de l'autorité supérieure et, dans les cas exceptionnels limitativement déterminés, ne peuvent être mises à exécution qu'après avoir reçu cette approbation.

2o Il donne son avis toutes les fois que cet avis est requis par les lois, ou qu'il est demandé par l'administration supérieure.

3o Il réclame, s'il y a lieu, contre le contingent assigné à la commune dans l'établissement des impôts de répartition.

4o Il émet des vœux sur tous les objets d'intérêt local.

5o Il procède à diverses nominations, telles que celles du maire, des adjoints ou des adjoints de la commune, des conseillers qui remplissent les fonctions de secrétaire dans le cours de ses délibérations, des auxiliaires qu'il juge convenable de leur donner, des commissions chargées d'étudier les affaires qu'il doit examiner, des commissions spéciales instituées pour débattre les questions intéressant la commune et une ou plusieurs communes voisines, des délégués appelés à participer aux élections sénatoriales, des conseillers qui font partie des commissions administratives des hospices et des bureaux de bienfaisance.

---

1. Ou plutôt un retour à la législation qui a précédé la loi de 1855. (*Voir art. 36 de la loi du 21 mars 1831.*)

6º Il désigne les candidats, soit à certaines fonctions comme celles de receveur municipal ou de répartiteur, soit à certains bénéfices, par exemple à la dispense provisoire du service militaire à titre de soutien de famille.

Ces différents genres d'attributions sont énumérés dans l'art. 61 de la loi du 5 avril 1884, à l'exception des nominations qui forment l'objet d'autres dispositions de la nouvelle loi municipale ou de lois spéciales.

Les paragraphes de l'art. 61 de la loi du 5 avril 1884 sur les avis, les réclamations ou les vœux du conseil municipal sont empruntés à la loi du 18 juillet 1837 (*art. 21, 22 et 24*). De sérieuses difficultés ne peuvent s'élever sur l'interprétation ou l'application de ces paragraphes.

Il en est de même du dernier paragraphe qui, dans le but d'assurer plus de garanties d'impartialité aux contribuables, *substitue le conseil municipal au maire pour la présentation* des candidats parmi lesquels le préfet ou le sous-préfet doit choisir les membres de la commission des répartiteurs qui n'en font pas partie de droit.

Le premier paragraphe de l'art. 71, Monsieur le Préfet, a une importance toute particulière.

Sous l'empire de la législation antérieure, les délibérations prises par le conseil municipal sur les affaires de la commune devaient généralement être soumises à l'approbation de l'administration supérieure, elles n'étaient exécutoires par elles-mêmes qu'exceptionnellement. Les principaux cas où elles avaient ce caractère étaient déterminés par la loi du 18 juillet 1837 (*art.* 17) et celle du 21 juillet 1867 (*art.* 1er, 3 *et* 9). Actuellement, au contraire, d'après la disposition essentiellement libérale du paragraphe 1er de l'art. 61 de la loi du 5 avril 1884, elles sont, en règle générale, exécutoires sans avoir besoin de l'approbation de l'autorité supérieure. Elles ne sont subordonnées à cette approbation qu'à titre exceptionnel dans les cas prévus, soit par la nouvelle loi, soit par des lois spéciales. (*Circ.*)

(— Ce premier paragraphe nous semble cependant sensiblement restreint par l'art. 63. M. B.)

**Art. 62.** Expédition de toute délibération est adressée, dans la huitaine, par le maire au sous-préfet, qui en constate la réception sur un registre et en délivre immédiatement récépissé.

L'art. 62 de la loi du 5 avril 1884 exige qu'une expédition de toute délibération soit adressée, dans la huitaine, par le maire au sous-préfet, qui doit en constater la réception sur un registre et en délivrer immédiatement récépissé.

*Le sous-préfet devra vous transmettre le plus tôt possible* cette expédition avec ses observations, s'il y a lieu. Dans l'arrondissement chef-lieu, l'expédition vous sera adressée directement par le maire. Vous aurez à remplir les mêmes formalités que les sous-préfets en ce qui concerne la réception de l'expédition et la délivrance du récépissé.

Les dispositions de l'art. 62 de la loi du 5 avril 1884 sont empruntées à la loi du 18 juillet 1837. Elles en diffèrent néanmoins sur certains points. L'art. 18 de la loi du 18 juillet 1837 voulait que toute délibération réglementaire fût adressée immédiatement au sous-préfet.

L'art. 20 prescrivait la même formalité, mais sans fixer de délai à l'égard des délibérations subordonnées à l'approbation de l'autorité supérieure. L'art. 62 de la nouvelle loi édicte un délai de huitaine pour la transmission au sous-préfet de toutes les délibérations, sans distinguer entre les délibérations réglementaires et celles qui ne le sont pas. Il impose, en outre, une nouvelle obligation au sous-préfet, en décidant que la réception *des délibérations sera constatée sur un registre* [1]. Cette innovation et celle qui concerne le délai s'expliquent d'elles-mêmes. Il était souvent difficile, sinon impossible, que le maire fît immédiatement la transmission d'une ampliation des délibérations réglementaires. D'un autre côté, il y avait de graves inconvénients à ce que le maire pût retarder indéfiniment l'approbation des délibérations qui ont besoin de la sanction de l'autorité supérieure. Enfin, il importait d'établir, indépendamment du récépissé, un moyen de preuve de l'envoi des délibérations.

Les formalités prescrites par l'art. 62, Monsieur le Préfet, ne présentent pas seulement d'intérêt au point de vue de la constatation authentique ou officielle des délibérations intervenues; elles sont, en outre, le moyen le plus efficace d'exercer en temps utile ou opportun vos pouvoirs de contrôle, d'approbation ou d'annulation. Vous veillerez à ce qu'elles soient remplies rigoureusement dans l'arrondissement chef-lieu de département comme dans les autres arrondissements.

1. Quelques-uns de vos collègues m'ont demandé s'il y avait lieu d'établir un registre à touche pour les délibérations transmises en vertu de l'art. 62. Un registre spécial ne me paraît pas indispensable. Les délibérations pourront être mentionnées aux registres d'ordre ordinaires de la préfecture ou de la sous-préfecture, et les récépissés, dont la formule sera des plus simples, pourront être donnés sur feuilles séparées.

**Art. 63.** Sont nulles de plein droit :

1º Les délibérations d'un conseil municipal portant sur un objet étranger à ses attributions ou prises hors de sa réunion légale ;

2º Les délibérations prises en violation d'une loi ou d'un règlement d'administration publique.

*Aux termes de l'art. 63, sont nulles de plein droit :*

1º Les délibérations du conseil municipal portant sur un objet étranger à ses attributions ou prises hors de ses réunions légales;

2º Les délibérations prises en violation d'une loi ou d'un règlement d'administration publique.

Le premier paragraphe reproduit les dispositions des art. 28 et 29 de la loi du 21 mars 1831, 23 et 24 de la loi du 5 mai 1855.

Le second paragraphe est une innovation. Au lieu de charger l'administration supérieure d'annuler les délibérations violant une loi ou un règlement d'administration publique, le législateur veut que, comme celles prévues au premier paragraphe, elles soient réputées nulles, parce qu'il n'y a également aucun doute sur leur nullité. Toutefois, d'après l'art. 65, les délibérations nulles de plein droit subsistent tant que la nullité n'a pas été déclarée ou prononcée par l'autorité compétente (*Circ.*).—(En d'autres termes, le législateur a voulu qu'on reconnaisse à un signe *extérieur* les délibérations qui peuvent ou plutôt qui doivent être annulées. M. B.)

**Art. 64.** Sont annulables les délibérations auxquelles auraient pris part des membres du conseil intéressés, soit en leur nom personnel, soit comme mandataires, à l'affaire qui en a fait l'objet.

L'art. 21 de la loi du 5 mai 1855 interdisait formellement aux membres du conseil municipal de prendre part aux délibérations concernant les affaires dans lesquelles ils ont un *intérêt*, soit *en leur nom personnel*, soit *comme mandataires*.

La loi du 5 avril 1884 n'a pas reproduit cette disposition, mais elle édicte implicitement la même prohibition dans l'art. 64, déclarant annulables les délibérations auxquelles auraient pris part des membres du conseil municipal intéressés, en leur nom personnel ou comme mandataires, à l'affaire qui en fait l'objet. Le législateur de 1884, tout en maintenant la prohibition, laisse à l'*autorité* à laquelle il appartient de prononcer l'annulation le pouvoir d'apprécier si la participation irrégulière d'un ou de plusieurs conseillers aux résolutions de l'assemblée a exercé une influence suffisante pour déplacer la majorité et, par suite, pour faire mettre à néant ces résolutions.

(— Il n'est pas certain que la loi de 1884 ait amélioré sur ce point celle de 1855. Il est des cas où la loi doit être rigide; avait-on raison de l'assouplir en cet endroit? M. B.)

**Art. 65.** La nullité de droit est déclarée par le préfet en conseil de préfecture. Elle peut être prononcée par le préfet, et proposée ou opposée par les parties intéressées, à toute époque.

Les lois des 24 mars 1831 (*art.* 28 *et* 29) et 5 mai 1855 (*art.* 23 *et* 24) attribuaient au préfet le pouvoir de prononcer, en conseil de préfecture, la nullité de droit des délibérations municipales. La même attribution est donnée au préfet par l'art. 65 de la loi du 5 avril 1884. Cet article veut que la nullité de droit puisse être déclarée par le préfet et proposée ou opposée par les parties intéressées, à toute époque. Les délibérations, en pareil cas, étant entachées d'un vice radical, le législateur n'a pas cru devoir admettre qu'il fût permis, en principe, de les invoquer valablement, à époque quelconque, contre l'autorité supérieure ou les particuliers refusant de s'y conformer. L'art. 65 ne fixe pas le délai dans lequel vous avez à prendre votre décision lorsque vous êtes saisi d'une demande en déclaration de nullité; mais il semble que, par analogie avec l'obligation qui vous est imposée par l'art. 66 en ce qui touche la demande en annulation, vous devez statuer avant l'expiration du mois qui suit la délivrance du récépissé.

**Art. 66.** L'annulation est prononcée par le préfet en conseil de préfecture.

Elle peut être provoquée d'office par le préfet dans un délai de trente jours à partir du dépôt du procès-verbal de la délibération à la sous-préfecture ou à la préfecture.

Elle peut aussi être demandée par toute personne intéressée et par tout contribuable de la commune.

Dans ce dernier cas, la demande en annulation doit être déposée, à peine de déchéance, à la sous-préfecture ou à la préfecture, dans un délai de quinze jours à partir de l'affichage à la porte de la mairie.

Il en est donné récépissé.

Le préfet statuera dans le délai d'un mois.

Passé le délai de quinze jours sans qu'aucune demande ait été produite, le préfet peut déclarer qu'il ne s'oppose pas à la délibération.

Quand la délibération est seulement annulable, il y aurait de graves inconvénients à ce que l'éventualité de l'annulation se prolongeât un laps de temps considérable. De là le délai de trente jours imparti au préfet par l'art. 66 pour annuler la délibération en conseil de préfecture, soit d'office, soit sur la demande déposée à la sous-préfecture ou à la préfecture par toute personne intéressée ou tout contribuable de la commune dans les quinze jours qui suivent l'affichage de la délibération à la porte de la mairie. Le législateur veut, en outre, que si aucune demande n'a été produite pendant les quinze jours à partir de l'affichage, le préfet puisse déclarer immédiatement qu'il ne s'oppose pas à la délibération.

Le délai de trente jours pour l'annulation part du dépôt du procès-verbal de la délibération à la sous-préfecture ou à la préfecture, lorsque le préfet statue d'office, et de la date du récépissé de la demande en annulation, lorsque sa décision intervient sur une demande de cette nature.

Il ne vous appartient plus, Monsieur le Préfet, en dehors du cas prévu par l'art. 63 de la loi du 5 avril 1884, d'annuler les délibérations du conseil municipal comme vous en aviez le droit sous la législation antérieure, soit lorsque les délibérations, réglementaires ou autres, violaient une disposition de loi ou de règlement d'administration publique, soit lorsqu'elles étaient réglementaires et que les parties intéressées vous les avaient déférées pour cause d'inopportunité ou fausse application des faits, en vertu de l'art. 18 de la loi du 18 juillet 1837.

Aujourd'hui vous devez vous borner à déclarer la nullité des délibérations nulles de plein droit d'après l'art. 63 de la nouvelle loi. Quant aux délibérations exécutoires par elles-mêmes qui ne seraient critiquables qu'au point de vue de l'opportunité ou de l'application des faits, il vous appartiendrait seulement d'inviter le conseil municipal à les rapporter. J'ajouterai, à l'égard des délibérations subordonnées à votre sanction ou à une sanction supérieure, que l'autorité compétente a toujours la faculté de refuser son approbation et, par conséquent, d'empêcher l'exécution des délibérations dont les effets entraîneraient de graves inconvénients.

Art. 67. Le conseil municipal et, en dehors du conseil, toute partie intéressée peut se pourvoir contre l'arrêté du préfet devant le Conseil d'État. Le pourvoi est introduit et jugé dans les formes du recours pour excès de pouvoir.

Lorsque le conseil municipal réclamait contre l'arrêté du préfet déclarant la nullité d'une délibération, il devait, aux termes de l'art. 23 de loi du 5 mai 1855, être statué par décret rendu après avis du Conseil d'État. Le législateur de 1855 n'admettait pas le recours des particuliers.

L'art. 67 de la loi du 5 avril 1884 veut, en pareil cas, ou quand il s'agit de l'annulation prévue à l'art. 66, que non seulement le conseil municipal, mais encore toute partie intéressée puisse se pourvoir devant le Conseil d'État et que le pourvoi soit introduit et jugé dans la forme de recours pour excès de pouvoir. Le but de cette innovation est de protéger plus efficacement les attributions du conseil municipal et les droits ou les intérêts privés qui pourraient être lésés.

Art. 68. Ne sont exécutoires qu'après avoir été approuvées par l'autorité supérieure les délibérations portant sur les objets suivants :

1° Les conditions des baux dont la durée dépasse dix-huit ans ;

2° Les aliénations et échanges de propriétés communales ;

3° Les acquisitions d'immeubles, les constructions nouvelles, les reconstructions entières ou partielles, les projets, plans et devis des grosses réparations et d'entretien, quand la dépense totalisée avec les dépenses de même nature pendant l'exercice courant dépasse les limites des ressources ordinaires et extraordinaires que les communes peuvent se créer sans autorisation spéciale ;

4° Les transactions ;

5° Le changement d'affectation d'une propriété communale déjà affectée à un service public ;

6° La vaine pâture ;

7° Le classement, le déclassement, le redressement ou le prolongement, l'élargissement, la suppression, la dénomination des rues et places publiques, la création et la suppression des promenades, squares ou jardins publics, champs de foire, de tir ou de course, l'établissement des plans d'alignement et de nivellement des voies publiques municipales, les modifications à des plans d'alignement adoptés, le tarif des droits de voirie, le tarif des droits de stationnement et de location sur les dépendances de la grande voirie, et, généralement, les tarifs des droits divers à percevoir au profit des communes en vertu de l'art. 133 de la présente loi;

8° L'acceptation des dons et legs faits à la commune lorsqu'il y a des charges ou conditions, ou lorsqu'ils donnent lieu à des réclamations des familles ;

9° Le budget communal ;

10° Les crédits supplémentaires ;

11° Les contributions extraordinaires et les emprunts, sauf dans le cas prévu par l'art. 141 de la présente loi ;

12° Les octrois dans les cas prévus aux art. 137 et 138 de la présente loi ;

13° L'établissement, la suppression ou les changements des foires et marchés autres que les simples marchés d'approvisionnement.

Les délibérations qui ne sont pas soumises à l'approbation préfectorale ne deviendront néanmoins exécutoires qu'un mois après le dépôt qui aura été fait à la préfecture ou à la sous-préfecture. Le préfet pourra, par un arrêté, abréger ce délai.

L'art. 68 contient l'énumération *du plus grand nombre* [1] des affaires de la commune sur lesquelles le conseil municipal prend des délibérations qui ne sont pas exécutoires par elles-mêmes, mais qui ne deviennent qu'après avoir été approuvées par l'autorité supérieure.

§ 1. *Baux.* Ce paragraphe concerne les baux dont la durée dépasse dix-huit ans.

Aux termes de l'art. 19 de la loi du 18 juillet 1837, les délibérations des conseils municipaux portant sur les conditions des baux des biens pris à loyer par la commune, quelle qu'en fût la durée, n'étaient exécutoires qu'après approbation de l'autorité supérieure.

Sous l'empire de la nouvelle loi, qu'il s'agisse de biens ruraux ou de maisons et bâtiments donnés à ferme par les communes, ou de biens pris à loyer par elles, lorsque la durée du bail n'excède pas dix-huit années, les conseils municipaux en règlent les conditions. C'est seulement lorsque cette durée sera dépassée que la délibération devra être approuvée par vous en conseil de préfecture (art. 68 et 69) ou par décret (art. 115 et 145, § 3, combinés).

Le but du législateur a été d'appeler l'attention particulière de l'administration supérieure sur les baux qui, par leur durée prolongée, peuvent être de nature à compromettre, dans certains cas, les intérêts des communes.

Sous la loi du 18 juillet 1837 (art. 47) quelle que dût être la durée du bail, l'acte passé par le maire n'était exécutoire qu'après l'approbation préfectorale. La loi du 18 juillet 1837 étant abrogée, cette formalité n'est plus à remplir ; mais comme elle constituait une garantie qui disparaît, vous devrez examiner avec d'autant plus de soin les délibérations qui seront soumises à votre approbation.

§ 2. *Aliénations et échanges.* L'art. (68, § 2) soumet à l'approbation de l'autorité supérieure les aliénations et échanges de propriétés communales.

La nouvelle loi maintient à cet égard l'ancienne législation.

§ 3. *Acquisitions, constructions, réparations.* Le paragraphe 3 subordonne également à la sanction de l'autorité supérieure les délibérations portant sur les acquisitions d'im-

---

1. Nous avons souligné ces mots de la circulaire, pour indiquer que le rédacteur ne les a pas motivés.

meubles, les constructions nouvelles, les reconstructions entières ou partielles, les projets, plans et devis de grosses réparations et d'entretien, quand la dépense totalisée avec les dépenses de même nature pendant l'exercice courant dépasse les limites des ressources ordinaires et extraordinaires que les communes peuvent se créer sans autorisation spéciale.

La loi du 24 juillet 1867 (*art.* 1er) disposait que les conseils municipaux règlent par leurs délibérations :

1° Les acquisitions d'immeubles, lorsque la dépense totalisée avec celles des autres acquisitions, déjà votées dans le même exercice, ne dépassait pas le dixième des revenus ordinaires de la commune ; 2° les projets, plans et devis de grosses réparations et d'entretien, lorsque la dépense totale afférente à ces projets et aux autres projets de même nature, adoptés dans le même exercice ne dépassait pas le cinquième des revenus ordinaires de la commune ni, en aucun cas, une somme de 50,000 fr.

Ces dispositions sont modifiées dans un sens très libéral par la loi du 5 avril 1884.

Elle donne pouvoir aux conseils municipaux de régler par leurs délibérations les diverses opérations indiquées au paragraphe 3 de l'art. 68, lorsque la dépense totalisée avec les dépenses de même nature pendant l'exercice courant ne dépasse pas les limites des ressources ordinaires et extraordinaires que les communes peuvent se créer sans autorisation spéciale, dans les cas prévus notamment par les art. 139 et 141.

Ce n'est, en principe, que lorsque cette proportion est dépassée que les délibérations sont subordonnées à l'approbation de l'autorité supérieure ; mais dans tous les cas, quand il y a lieu de recourir à la voie de l'expropriation, une déclaration d'utilité publique, émanée de l'autorité compétente, est indispensable.

§ 4. *Transactions.* Le paragraphe 4 est relatif aux transactions. Les délibérations les concernant étaient, en règle générale, soumises à votre approbation d'après le décret du 25 mars 1852, tableau A, n° 43. Sous ce rapport, la loi nouvelle n'apporte aucune modification à la législation antérieure, sauf l'abrogation expresse, conforme à l'art. 168, de l'arrêté du 24 frimaire an XII qui indiquait une procédure spéciale à suivre en cette matière. La consultation des jurisconsultes qu'il prescrivait n'est plus, dès lors, obligatoire. Vous apprécierez, selon les circonstances, s'il convient d'inviter les communes à y recourir. Vous devrez statuer en conseil de préfecture lorsque vous aurez à approuver des conventions de cette nature (*art.* 69).

§ 5. *Changement d'affectation de propriétés communales.* Le paragraphe 5 vise le changement d'affectation d'une propriété communale déjà affectée à un service public.

Cette disposition reproduit celle qui était édictée implicitement par l'art. 19, § 3, de la loi du 18 juillet 1837.

La loi du 24 juillet 1867 (*art.* 1er, § 8) donnait aux conseils municipaux le droit de régler, par leurs délibérations, l'affectation d'une propriété communale à un service communal, lorsque cette propriété n'était encore affectée à aucun service public, sauf les règles prescrites par des lois particulières.

Ils conservent le même droit sous la nouvelle loi d'après les art. 61 et 68 combinés.

§ 6. *Vaine pâture.* Le paragraphe 6 exige que les délibérations relatives à la vaine pâture soient soumises à l'approbation de l'autorité supérieure.

La loi du 18 juillet 1837 (*art.* 19, § 8) subordonnait à cette sanction non seulement les délibérations ayant pour objet la vaine pâture, mais encore celles concernant le parcours. La loi du 5 avril 1884 n'ayant pas maintenu sur ce dernier point la législation ancienne, on doit en inférer que les conseils municipaux prennent des délibérations réglementaires relativement au parcours.

Vous devez statuer en conseil de préfecture dans le cas prévu au paragraphe 6 (*art.* 69).

§ 7. *Voirie et taxes municipales.* En présence des intérêts nombreux ou considérables et des questions souvent délicates qui se rattachent aux objets énoncés dans le paragraphe 7 de l'art. 68, le législateur a pensé que les délibérations du conseil municipal sur ces objets devaient être subordonnées à l'approbation de l'administration supérieure. Il ne fait, au surplus, que maintenir la législation précédente en ce qui touche le classement, le déclassement, le redressement ou le prolongement, l'élargissement, la suppression des rues et places publiques, la création et la suppression des promenades, squares ou jardins publics, champs de foire, de tir ou de course, l'établissement des plans d'alignement, les modifications à ces plans, le tarif des droits de voirie. Mais il apporte des changements aux règles antérieures concernant la dénomination des rues et places publiques, le nivellement des voies municipales, le tarif des droits de stationnement et de location sur les dépendances de la grande voirie, les tarifs de divers droits, c'est-à-dire des droits de stationnement, de place ou de location à percevoir soit dans les halles, foires et marchés, soit sur les dépendances de la petite voirie ou autres lieux compris dans le domaine communal, soit pour les concessions de terrains dans les cimetières.

*Dénomination des rues.* La loi du 18 juillet 1837 réservait

implicitement au maire, comme mesure d'ordre ou de police municipale, la dénomination des rues et places publiques. L'article 68 (§ 7) de la loi du 5 avril 1884 la lui retire en la rangeant dans les attributions du conseil municipal. Désormais, par conséquent, c'est le conseil municipal qui désignera le nom des rues ou places situées sur le territoire de la commune. La délibération qu'il prendra à cet effet devra être soumise à votre sanction, conformément aux dispositions combinées du décret du 25 mars 1852 sur la décentralisation administrative (*art.* 1er, *tableau A*, n° 55) et de la nouvelle loi municipale (*art.* 68 *et* 69).

Toutefois la loi du 5 avril 1884 ne porte aucune atteinte aux principes posés par l'ordonnance du 10 juillet 1816 relativement aux dénominations ayant le caractère d'un hommage public. Ces dénominations continueront, dès lors, d'être soumises à l'autorisation du chef de l'État.

Je me réfère à ce sujet, Monsieur le Préfet, aux instructions de mes prédécesseurs, notamment à celles des 10 février 1856 et 20 octobre 1876 qui recommandent à chaque préfet de s'abstenir de soumettre à l'administration centrale de l'intérieur les propositions tendant à décerner des hommages de reconnaissance publique à des personnages vivants, ou sur la vie desquels l'histoire ne s'est pas encore prononcée.

J'examinerai sous les art. 133 et 136 les autres innovations résultant du paragraphe 7 de l'art. 68.

§ 8. *Dons et legs.* Je réunis sous les art. 111 et 112 mes observations sur les attributions du conseil municipal en matière de dons et legs faits à la commune.

§§ 9, 10, 11 et 12. *Budget communal, crédits supplémentaires, contributions extraordinaires et emprunts.* Je crois également devoir reporter sous les art. 132 à 150 les observations auxquelles peuvent donner lieu les paragraphes 9, 10, 11 et 12 de l'art. 68.

§ 13. *Foires et marchés.* La loi du 5 avril 1884 (*art.* 68, § 13) laisse subordonnées à l'approbation du conseil général, conformément à l'art. 46 (n° 24) de la loi du 10 août 1871, et aux dispositions de la loi du 26 septembre 1879, les délibérations des conseils municipaux ayant pour objet l'établissement, la suppression ou le changement des foires et marchés autres que les simples marchés d'approvisionnement.

Les délibérations relatives à ces derniers marchés seront désormais exécutoires par elles-mêmes. Sous l'empire de la loi du 24 juillet 1867 (*art.* 11), elles devaient être soumises à l'approbation du préfet. Le législateur de 1884 les a considérées comme pouvant en être dispensées sans inconvénient.

*Délai pendant lequel est suspendue l'exécution des délibérations réglementaires.* Vous remarquerez, Monsieur le Préfet, qu'aux termes des dispositions finales de l'art. 68, les délibérations qui n'ont besoin d'aucune approbation ne deviennent néanmoins exécutoires qu'un mois après le dépôt du procès-verbal à la préfecture ou à la sous-préfecture.

La loi du 18 juillet 1837 (*art.* 18) édictait une disposition analogue. Elle permettait, en outre, au préfet de suspendre l'exécution des délibérations pendant un autre délai de trente jours. La nouvelle loi ne vous donne plus ce pouvoir. Elle ne veut pas que le délai pendant lequel l'exécution des délibérations réglementaires est suspendu soit prolongé au delà d'un mois. Vous devez, dès lors, faire toute diligence pour examiner les délibérations non régulières et prendre, quand il y a lieu, avant qu'elles puissent être mises à exécution, votre décision prononçant la nullité ou les annulant en vertu de l'art. 65 ou de l'art. 66. Il vous appartient, d'ailleurs, d'abréger le délai suspensif lorsque vous aurez reconnu la régularité et l'opportunité des délibérations. Il conviendra de le faire, dans ce cas, toutes les fois que l'exécution sera vivement désirée par les habitants ou présentera un caractère d'urgence.

Sous la législation précédente, dès qu'une délibération réglementaire était prise, le maire devait, avant d'en adresser une expédition à la sous-préfecture ou à la préfecture, avertir les habitants qu'ils pouvaient prendre connaissance de la délibération. Cette formalité, dont le but était de permettre aux parties intéressées de provoquer l'annulation de la délibération pendant le délai de trente jours qui précédait le moment d'exécution, n'est plus imposée au maire, l'ordonnance du 18 décembre 1838, qui la prescrivait, étant abrogée par l'art. 168 de la loi du 5 avril 1884. Il est suppléé à l'avertissement qu'exigeait cette ordonnance par la publicité des séances du conseil municipal et le compte rendu qui doit être affiché conformément à l'art. 56 de la nouvelle loi.

**Art. 69.** Les délibérations des conseils municipaux sur les objets énoncés à l'article précédent sont exécutoires, sur l'approbation du préfet, sauf les cas où l'approbation par le ministre compétent, par le conseil général, par la commission départementale, par un décret ou par une loi, est prescrite par les lois ou règlements.

Le préfet statue en conseil de préfecture dans les cas prévus aux nᵒˢ 1, 2, 4, 6 de l'article précédent.

Lorsque le préfet refuse son approbation ou qu'il n'a pas fait connaître sa *décision* dans un délai d'un mois à partir de la date du récépissé, le conseil municipal peut se pourvoir devant le ministre de l'intérieur.

Généralement, c'est au préfet lui-même qu'il appartient de rendre exécutoires, par son approbation, les délibérations des conseils municipaux sur les objets énoncés en l'article 68. La sanction d'une autre autorité supérieure n'est indispensable que dans les cas exceptionnels déterminés par des lois ou règlements. Elle doit, dans ces cas, émaner, selon les distinctions édictées législativement ou réglementairement, soit du Parlement ou du Président de la République, soit d'un ministre, du conseil général ou de la commission départementale.

Le préfet est tenu de statuer en conseil de préfecture lorsqu'il s'agit de délibérations concernant les baux dont la durée dépasse dix-huit ans, les aliénations ou échanges de propriétés communales, les transactions ou la vaine pâture. Ces matières présentent, parfois, des questions délicates, le législateur veut que le préfet, avant de prendre sa décision, s'éclaire des lumières ou de l'expérience de fonctionnaires appelés souvent à se prononcer sur des difficultés analogues. La loi du 18 juillet 1837 exigeait déjà la même garantie pour les aliénations, les échanges et les transactions intéressant les communes. L'art. 69 de la loi l'étend à la vaine pâture.

Lorsque le préfet refuse son approbation ou qu'il ne fait pas connaître sa décision dans le délai d'un mois à partir de la date du récépissé, le conseil municipal peut se pourvoir devant le ministre de l'intérieur.

Le délai d'un mois est considéré par le législateur comme suffisant pour que vous puissiez vous prononcer, en pleine connaissance de cause, sur les diverses délibérations soumises à votre approbation.

La décision que vous avez à prendre doit, dès lors, en principe, intervenir avant l'expiration de ce délai.

Il importe qu'elle la précède le plus souvent possible, surtout dans les cas d'urgence. Quand une délibération est incomplète ou irrégulière, le conseil municipal doit être appelé, dès que vous l'avez examinée, à la compléter ou à la régulariser. En ce cas, vous avez, d'après l'esprit, sinon le texte de l'art. 69, un nouveau délai de trente jours, substitué au premier, pour statuer à partir de la délivrance du récépissé du procès-verbal de la seconde délibération. Il est d'ailleurs de votre devoir, en pareille circonstance comme en toute autre, de veiller à ce que la décision à intervenir ne subisse pas de longs retards.

La disposition de l'art. 69 ouvrant une voie de recours devant le ministre de l'intérieur n'est que la consécration d'une règle hiérarchique depuis longtemps admise et qu'avait édictée formellement l'art. 6 du décret du 25 mars 1852 sur la décentralisation administrative. (*Circ. 15 mai.*)

**Art. 70.** Le conseil municipal est toujours appelé à donner son avis sur les objets suivants :

1ᵒ Les circonscriptions relatives aux cultes ;

2ᵒ Les circonscriptions relatives à la distribution des secours publics ;

3ᵒ Les projets d'alignement de grande voirie dans l'intérieur des villes, bourgs et villages ;

4ᵒ La création des bureaux de bienfaisance ;

5ᵒ Les budgets et les comptes des hospices, hôpitaux et autres établissements de charité et de bienfaisance, des fabriques et autres administrations préposées aux cultes dont les ministres sont salariés par l'État ; les autorisations d'acquérir, d'aliéner, d'emprunter, d'échanger, de plaider ou de transiger, demandées par les mêmes établissements ; l'acceptation des dons et legs qui leur sont faits ;

6ᵒ Enfin, tous les objets sur lesquels les conseils municipaux sont appelés par les lois et règlements à donner leur avis, et ceux sur lesquels ils seront consultés par le préfet.

Lorsque le conseil municipal, à ce régulièrement requis et convoqué, refuse ou néglige de donner avis, il peut être passé outre.

Le conseil municipal doit nécessairement être appelé à donner son avis sur divers objets intéressant plus ou moins la commune. Ceux de ces objets les plus importants sont indiqués dans l'art. 70 de la loi du 5 avril 1884, qui reproduit, sauf quelques modifications, l'art. 21 de la loi du 18 juillet 1837. Il a été fait dans le paragraphe 3 une addition relative aux projets de nivellement de grande voirie. Cette addition est justifiée par l'intérêt que présentent pour les communes de semblables projets.

Les paragraphes 2, 4 et 5 concernent :

Les circonscriptions relatives à la distribution des secours publics ;

La création des bureaux de bienfaisance ;

*Les budgets et comptes des hospices, hôpitaux et autres établissements de bienfaisance, des fabriques et autres administrations préposées aux cultes dont les ministres sont salariés par l'État ;*

Les autorisations d'acquérir, d'aliéner, d'emprunter, d'échanger, de plaider, de transiger demandées par ces mêmes établissements ;

L'acceptation des dons et legs qui leur sont faits.

Déjà l'ordonnance du 31 octobre 1821 (*art. 12*) avait appelé le conseil municipal à donner son avis sur les emprunts, acquisitions, ventes ou échanges d'immeubles des bureaux de bienfaisance, et sur le règlement de leurs comptes et budgets ; mais elle restreignait cette intervention aux établissements qui recevaient des subventions sur les revenus communaux.

Cette distinction, supprimée implicitement par l'art. 21 de la loi du 18 juillet 1837, n'existe plus.

Les comptes des établissements ecclésiastiques étaient rarement *communiqués pour contrôle* aux assemblées municipales qui, aux termes de l'art. 89 du décret du 30 décembre 1809, pouvaient seulement en exiger une copie pour leurs archives. Elles ne pouvaient réclamer la production des budgets fabriciens et consistoriaux, et critiquer ces documents que lorsque les fabriques et consistoires formaient des demandes de subventions.

A l'avenir, une copie des budgets et des comptes des fabriques et consistoires, dressés conformément à la circulaire du 21 novembre 1879, devra être transmise, chaque année, au conseil municipal, qui, après avoir examiné les budgets et comptes à la session de mai, pourra toujours faire parvenir à la préfecture telles observations qu'il jugera convenables, touchant les articles portés en recettes ou en dépenses.

Il convient de ne pas perdre de vue que le conseil municipal, dans toutes les affaires ci-dessus énumérées, n'est appelé qu'à donner un simple avis. Cet avis n'impose aucune obligation, soit à l'administration supérieure, soit aux établissements mentionnés à l'art. 70.

Sans doute, quand le conseil municipal alloue une subvention qui lui est demandée pour un service en dépendant, il peut indiquer ses vues sur le meilleur emploi à donner à la subvention ; il ne lui appartient pas d'arrêter le détail des dépenses, ni de dicter les conditions. L'autorité qui approuve le budget conserve en principe le droit de régler les crédits, selon qu'elle le juge utile.

Les objets non mentionnés dans l'art. 70 de la loi du 5 avril 1884, sur lesquels il est indispensable de prendre l'avis du conseil municipal, sont spécifiés dans plusieurs lois et règlements. En dehors des cas ainsi déterminés, le préfet peut toujours consulter le conseil municipal.

De même que l'autorité supérieure a toujours la faculté de ne pas suivre l'avis du conseil municipal, de même celui-ci ne saurait jamais être contraint à le donner, lorsqu'une loi ou un règlement impose à l'administration l'obligation de le provoquer. Si, régulièrement convoqué et requis, il refuse ou néglige de se prononcer, la mesure sur laquelle il devrait être consulté peut être prise valablement. (*Circ.*)

**Art. 71.** Le conseil municipal délibère sur les comptes d'administration qui lui sont annuellement présentés par le maire, conformément à l'art. 151 de la présente loi.

Il entend, débat et arrête les comptes de deniers des receveurs, sauf règlement définitif, conformément à l'art. 157 de la présente loi.

L'art. 71 consacre un droit qui appartient, par la nature même des choses, au conseil municipal. Il décide que le conseil délibère sur les comptes d'administration qui lui sont présentés annuellement par les maires avant d'être soumis à la sanction de l'autorité supérieure, conformément à l'art. 151. Cette disposition est empruntée à l'art. 23 de la loi du 18 juillet 1837. L'art. 71 de la loi du 5 avril 1884 veut, en outre, comme le prescrivait l'art. 23 de la loi du 18 juillet 1837, que le conseil municipal soit appelé à entendre, débattre et arrêter les comptes de deniers du receveur municipal, préalablement au règlement et à l'apurement définitif, qui émanent du conseil de préfecture ou de la Cour des comptes selon les prescriptions de l'art. 157.

**Art. 72.** *Proclamations et adresses.* Il est interdit à tout conseil municipal soit de publier des proclamations et adresses, soit d'émettre des vœux politiques, soit, hors les cas prévus par la loi, de se mettre en communication avec un ou plusieurs conseils municipaux.

La nullité des actes et des délibérations prises en violation de cet article est prononcée dans les formes indiquées aux art. 63 et 65 de la présente loi.

L'art. 61 de la nouvelle loi municipale a reproduit la disposition de la loi du 18 juillet 1837 (*art.* 24) reconnaissant au conseil municipal la faculté d'émettre des vœux sur tous les objets d'intérêt local.

L'art. 72 de la loi du 5 avril 1884 lui interdit formellement, comme le faisait implicitement la législation antérieure, de formuler des vœux politiques.

Il lui défend également de publier des proclamations et adresses. Les lois des 18 juillet 1837 (*art.* 34) et 5 mai 1855 (*art.* 25) édictaient déjà cette prohibition.

Enfin, l'art. 72 interdit au conseil municipal de se mettre en communication avec un ou plusieurs conseils municipaux, hors les cas prévus par les lois et notamment par les art. 116, 117 et 118 de la nouvelle loi municipale.

Les actes et délibérations intervenus contrairement aux prescriptions de l'art. 72 sont nuls de plein droit d'après l'art. 63. La nullité est prononcée par le préfet, conformément aux dispositions de l'art. 65.

Les prohibitions édictées par l'art. 72 de la loi du 5 avril 1884 ont pour but de maintenir le conseil municipal dans le rôle que le législateur lui assigne et d'où il ne pourrait sortir sans porter atteinte à des intérêts d'ordre supérieur. Vous veillerez avec le plus grand soin à ce qu'elles soient rigoureusement observées.

La violation de ces prohibitions ne peut être réprimée que par l'application de l'art. 65 ou par la suspension et la dissolution du conseil.

L'art. 26 de la loi du 5 mai 1855, qui déclarait passibles de la peine de l'emprisonnement tout éditeur, imprimeur, journaliste ou autre ayant rendu publics les actes interdits au conseil municipal, se trouve abrogé par l'art. 168 de la nouvelle loi.

### TITRE III. — DES MAIRES ET DES ADJOINTS.

**Art. 73.** Il y a dans chaque commune un maire et un ou plusieurs adjoints élus parmi les membres du conseil municipal.

Le nombre des adjoints est d'un dans les communes de 2,500 habitants et au-dessous, de deux dans celles de 2,501 à 10,000. Dans les communes d'une population supérieure, il y aura un adjoint de plus par chaque excédent de 25,000 habitants, sans que le nombre des adjoints puisse dépasser douze, sauf en ce qui concerne la ville de Lyon, où le nombre des adjoints sera porté à dix-sept.

La ville de Lyon continue à être divisée en six arrondissements municipaux. Le maire délègue spécialement deux de ses adjoints dans chacun de ces arrondissements. Ils sont chargés de la tenue des registres de l'état civil et des autres attributions déterminées par le règlement d'administration publique du 11 juin 1881, rendu en exécution de la loi du 21 avril 1881.

La circulaire du 15 mai renvoie, pour ce qui concerne l'élection du maire, à la circulaire du 10 avril, nous en reproduisons les parties essentielles au mot Élection.

**Art. 74.** *Gratuité des fonctions.* Les fonctions de maires, adjoints, conseillers municipaux sont gratuites. Elles donnent seulement droit au remboursement des frais que nécessite l'exécution des mandats spéciaux. Les conseils municipaux peuvent voter, sur les ressources ordinaires de la commune, des indemnités aux maires pour frais de représentation.

Les fonctions de maire, d'adjoint et de conseiller municipal sont gratuites. Tel est le principe de l'ancienne législation, qui a été maintenu d'une façon expresse par la loi du 5 avril

1884 (*art.* 74). Mais, en même temps, on a jugé nécessaire d'inscrire dans la loi certains tempéraments qui étaient, d'ailleurs, précédemment passés en usage et qui ne sont pas en contradiction avec le principe même de la gratuité.

Ainsi les maires, adjoints et conseillers municipaux ont droit au remboursement des frais que nécessite l'exécution des mandats spéciaux qui peuvent leur être confiés, tels que les frais de voyage et autres du même genre qu'ils exposent pour les affaires municipales.

Ce que la loi a entendu interdire, c'est que les personnes dénommées à l'art. 74 retirent de leurs fonctions municipales un profit personnel et soient indemnisées du temps et du travail qu'elles consacrent aux affaires de la commune. Mais il ne leur est pas interdit de réclamer le remboursement de leurs avances, sur pièces justificatives, sans qu'aucune allocation de ce genre puisse leur être accordée par voie d'abonnement.

Un traitement plus favorable a cependant été fait aux maires. Le conseil municipal est autorisé à leur voter, sur les ressources ordinaires de la commune, des frais de représentation. La nécessité de ces allocations ne se rencontrera que dans quelques grandes villes, où les fonctions municipales sont très onéreuses et où il paraîtra équitable d'indemniser le maire des dépenses exceptionnelles qu'entraîne sa situation.

Mais il ne faut pas perdre de vue que le législateur n'a entendu ouvrir aux conseils municipaux qu'une simple faculté dont ils sont toujours libres de ne pas user et, en second lieu, que l'indemnité accordée au maire ne doit pas être un traitement déguisé et ne peut être accordée que sur les fonds du budget ordinaire.

Il vous appartiendra, Monsieur le Préfet, en vertu de votre droit de contrôle, de refuser votre approbation aux projets de budgets qui seraient dressés contrairement à ces principes.

**Art. 75.** *Adjoints spéciaux.* Lorsqu'un obstacle quelconque ou l'éloignement rend difficiles, dangereuses ou momentanément impossibles les communications entre le chef-lieu et une fraction de commune, un poste d'adjoint spécial peut être institué, sur la demande du conseil municipal, par un décret rendu en Conseil d'État.

Cet adjoint, élu par le conseil, est pris parmi les conseillers et, à défaut d'un conseiller résidant dans cette fraction de commune, ou, s'il est empêché, parmi les habitants de la fraction. Il remplit les fonctions d'officier de l'état civil, et il peut être chargé de l'exécution des lois et des règlements de police dans cette partie de la commune. Il n'a pas d'autres attributions.

L'art. 75 de la nouvelle loi prévoit la création d'adjoints spéciaux lorsqu'un obstacle quelconque ou l'éloignement rend difficiles, dangereuses ou momentanément impossibles les communications entre le chef-lieu et une fraction de la commune.

La création d'un poste d'adjoint spécial ne peut avoir lieu, désormais, que sur la demande du conseil municipal; mais il vous est toujours loisible, Monsieur le Préfet, de provoquer cette demande.

La création d'un poste d'adjoint spécial peut être utilement proposée pour éviter une demande de création de commune nouvelle, lorsque la difficulté des communications est le principal motif invoqué à l'appui de la séparation.

Vous ferez procéder à une enquête *de commodo et incommodo* sur les demandes qui vous seront adressées, et vous aurez soin de joindre au dossier un plan, en double expédition, sur lequel seront marquées les limites de la section qui devra former à l'avenir une circonscription d'état civil.

Une fois le poste créé, les adjoints spéciaux sont nommés par le conseil municipal dans les mêmes formes que les autres adjoints (*voir Circ.* 10 avril 1884). Ils ne comptent pas dans le nombre des adjoints fixé par l'art. 73.

La loi du 5 avril 1884 limite expressément leurs attributions à l'exercice des fonctions d'officier de l'état civil; mais elle ajoute qu'ils peuvent être chargés de l'exécution des lois et règlements de police dans la section. (*Circ.*)

**Art. 76.** Le conseil municipal élit le maire et les adjoints parmi ses membres, au scrutin secret et à la majorité absolue.

Si, après deux tours de scrutin, aucun candidat n'a obtenu la majorité absolue, il est procédé à un troisième tour de scrutin et l'élection a lieu à la majorité relative. En cas d'égalité de suffrages, le plus âgé est déclaré élu.

Art. 77. La séance dans laquelle il est procédé à l'élection du maire est présidée par le plus âgé des membres du conseil municipal.

Pour toute élection du maire ou des adjoints, les membres du conseil municipal sont convoqués dans les formes et délais prévus par l'art. 48 ; la convocation contiendra la mention spéciale de l'élection à laquelle il devra être procédé.

Avant cette convocation, il sera procédé aux élections qui pourraient être nécessaires pour compléter le conseil municipal. Si, après les élections complémentaires, de nouvelles vacances se produisent, le conseil municipal procédera néanmoins à l'élection du maire et des adjoints, à moins qu'il ne soit réduit aux trois quarts de ses membres. En ce cas, il y aura lieu de recourir à de nouvelles élections complémentaires. Il y sera procédé dans le délai d'un mois, à dater de la dernière vacance.

Art. 78. Les nominations sont rendues publiques dans les vingt-quatre heures de leur date, par voie d'affiche à la porte de la mairie. Elles sont, dans le même délai, notifiées au sous-préfet.

Art. 79. L'élection du maire et des adjoints peut être arguée de nullité dans les conditions, formes et délais prescrits pour les réclamations contre les élections du conseil municipal. Le délai de cinq jours court à partir de vingt-quatre heures après l'élection.

Lorsque l'élection est annulée ou que, pour toute autre cause, le maire ou les adjoints ont cessé leurs fonctions, le conseil, s'il est au complet, est convoqué pour procéder au remplacement dans le délai de quinzaine.

S'il y a lieu de compléter le conseil, il sera procédé aux élections complémentaires dans la quinzaine de la vacance, et le nouveau maire sera élu dans la quinzaine qui suivra. Si, après les élections complémentaires, de nouvelles vacances se produisent, l'art. 77 applicable.

Art. 80. Ne peuvent être maires ou adjoints ni en exercer même temporairement les fonctions :

Les agents et employés des administrations financières, les trésoriers-payeurs généraux, les receveurs particuliers et les percepteurs, les agents des forêts, ceux des postes et des télégraphes, ainsi que les gardes des établissements publics et des particuliers.

Les agents salariés du maire ne peuvent être adjoints.

Art. 81. Les maires et adjoints sont nommés pour la même durée que le conseil municipal.

Ils continuent l'exercice de leurs fonctions, sauf les dispositions des art. 80, 86, 87 de la présente loi, jusqu'à l'installation de leurs successeurs.

Toutefois, en cas de renouvellement intégral, les fonctions de maire et d'adjoints sont, à partir de l'installation du nouveau conseil jusqu'à l'élection du maire, exercées par les conseillers municipaux dans l'ordre du tableau.

Les maires et adjoints sont nommés pour la même durée que le conseil municipal (art. 81), c'est-à-dire pour quatre ans.

Mais si le conseil qui a élu le maire et les adjoints vient à être renouvelé intégralement, soit par suite du renouvellement général des conseils municipaux, soit par suite de démission collective, soit par suite de dissolution ou de l'annulation totale des opérations électorales, les pouvoirs du maire et des adjoints cessent en même temps que ceux de l'assemblée qui les a élus.

Toutefois, les officiers municipaux conservent, sous la réserve dont je parlerai tout à l'heure, pour le cas où une délégation spéciale a été nommée, l'exercice de leurs fonctions jusqu'aux élections (voir Circ. 10 avril) et ce n'est qu'après l'installation du nouveau conseil que les premiers conseillers municipaux dans l'ordre du tableau prennent les fonctions de maire et d'adjoints, si le conseil n'a pu procéder à l'élection de la municipalité dès sa première réunion.

La loi ajoute que les maires et adjoints ne conservent leurs fonctions jusqu'à l'installation de leurs successeurs que « sauf les dispositions des art. 80, 86 et 87 ». L'art. 80 énumère les causes d'inéligibilité aux fonctions de maire ; l'art. 86 prévoit les cas de révocation ou de suspension ; l'art. 87, le cas où, une délégation spéciale étant instituée pour faire provisoirement les fonctions du conseil municipal dissous ou démissionnaire, le président de cette délégation remplit les fonctions de maire. Dans ces divers cas, le maire élu remet le service à l'adjoint, au conseiller municipal ou au délégué qui est chargé de le suppléer.

Enfin, les maires et adjoints peuvent donner leur démission qui sera, comme celle des conseillers municipaux, adressée au sous-préfet et dont le préfet devra accuser réception (art. 60). Elle sera définitive à partir de cet accusé de réception ou un mois après un nouvel envoi de la démission constaté par lettre recommandée.

Quant à la décision qui aurait annulé l'élection d'un maire ou d'un adjoint, elle n'a d'effet que lorsqu'elle est devenue définitive soit par le rejet du pourvoi formé contre l'arrêté du conseil de préfecture, soit par l'expiration du délai accordé pour ce pourvoi (art. 40 et 79). Ainsi que je l'ai dit dans ma circulaire du 10 avril, le conseil municipal doit, alors, s'il est complet, être convoqué dans la quinzaine pour élire un nouveau maire ou être complété, dans le même délai, s'il existe des vacances (art. 79).

Aussitôt le nouveau maire élu, l'ancien lui remet le service.

*Démission d'office des maires et adjoints.* La loi nouvelle n'a pas déterminé la forme dans laquelle les maires et adjoints qui, postérieurement à leur élection, se trouvent dans un cas d'exclusion ou d'incapacité doivent être déclarés d'office démissionnaires : vous devrez donc, Monsieur le Préfet, appliquer par analogie les dispositions de l'art. 36, relatif aux conseillers municipaux qui se trouvent dans le même cas, et les intéressés jouiront des mêmes voies de recours. (Circ. 15 mai.)

Art. 82. Le maire est seul chargé de l'administration ; mais il peut, sous sa surveillance et sa responsabilité, déléguer par arrêté une partie de ses fonctions à un ou plusieurs de ses adjoints, et, en l'absence ou en cas d'empêchement des adjoints, à des membres du conseil municipal.

Ces délégations subsistent tant qu'elles ne sont pas rapportées.

Les maires et les conseillers municipaux peuvent être appelés à remplacer le maire dans deux cas :

1° Lorsque le maire est absent, suspendu, révoqué ou simplement empêché, et alors le remplacement a lieu de plein droit en vertu d'une délégation légale. Je parlerai de ce cas sous l'art. 83.

2° Le maire, bien que présent, mais qui veut se décharger d'une partie de ses fonctions, peut les confier, soit à titre temporaire, soit à titre permanent, à un ou plusieurs de ses adjoints ou à des conseillers municipaux (art. 82).

La délégation peut être faite pour un objet spécial ou comprendre l'ensemble d'un ou plusieurs services, tels que l'état civil, l'instruction publique, l'octroi, etc.

La délégation doit être faite par arrêté transcrit au registre de la mairie.

La délégation, lorsqu'elle est permanente, subsiste tant qu'elle n'a pas été rapportée ; elle devra donc l'être, s'il y a lieu, dans la même forme qu'elle a été donnée.

La législation antérieure portait que le maire pouvait déléguer une partie de ses fonctions à un ou plusieurs de ses adjoints ou, à défaut d'adjoint, à ceux des conseillers municipaux qui sont appelés à en faire les fonctions. On avait conclu de ce texte que la délégation devait être donnée aux conseillers municipaux dans l'ordre du tableau. La nouvelle loi n'a pas maintenu cette disposition.

La délégation sera donnée d'abord aux adjoints, sans qu'il soit nécessaire d'observer de rang entre eux ; mais, en l'absence ou en cas d'empêchement des adjoints, elle peut être donnée à des conseillers municipaux, quel que soit leur rang d'inscription au tableau.

Les adjoints ou les conseillers délégués n'exercent leurs fonctions que sous la surveillance et la responsabilité du maire. Ils doivent toujours mentionner, dans les actes qu'ils accomplissent en cette qualité, la délégation en vertu de laquelle ils agissent.

**Art. 83.** Dans les cas où les intérêts du maire se trouvent en opposition avec ceux de la commune, le conseil municipal désigne un autre de ses membres pour représenter la commune soit en justice, soit dans les contrats.

Dans les cas où les intérêts du maire se trouvent en opposition avec ceux de la commune, le conseil municipal désigne un autre de ses membres pour représenter la commune soit en justice, soit dans les contrats.

Cet article, qui n'existait pas dans la législation antérieure, s'explique de lui-même.

**Art. 84.** En cas d'absence, de suspension, de révocation ou de tout autre empêchement, le maire est provisoirement remplacé, dans la plénitude de ses fonctions, par un adjoint, dans l'ordre des nominations, et à défaut d'adjoints par un conseiller municipal désigné par le conseil, sinon pris dans l'ordre du tableau.

En cas d'absence, de suspension, de révocation ou de tout autre empêchement, le maire est provisoirement remplacé, dans la plénitude de ses fonctions, par un adjoint, dans l'ordre des nominations.

Cette disposition est empruntée à la loi du 5 mai 1855, mais elle ajoute aux cas dans lesquels les adjoints remplacent le maire de plein droit celui de suspension et de révocation.

Il ne s'agit plus ici de la délégation spéciale donnée par le maire présent, mais d'une dévolution légale de pouvoirs qui confère au suppléant du maire la plénitude de ses fonctions, lorsque, pour une cause quelconque, le chef de la municipalité se trouve empêché de les exercer.

A défaut d'adjoints, la loi du 5 mai 1855 vous autorisait, Monsieur le Préfet, à désigner un conseiller municipal pour suppléer le maire. Désormais, cette désignation sera faite par le conseil lui-même.

Mais cette assemblée ne pourra choisir qu'un conseiller capable de remplir les fonctions de maire, puisqu'aux termes de l'art. 80 ceux qui sont inéligibles comme maire ou adjoint ne peuvent en remplir, même temporairement, les fonctions.

A défaut de désignation faite par le conseil municipal, le suppléant du maire sera pris dans l'ordre du tableau.

**Art. 85.** Dans le cas où le maire refuserait ou négligerait de faire un des actes qui lui sont prescrits par la loi, le préfet peut, après l'en avoir requis, y procéder d'office par lui-même ou par un délégué spécial.

Dans le cas où le maire refuserait ou négligerait d'accomplir un des actes qui lui sont prescrits par la loi, vous pouvez, Monsieur le Préfet, après l'en avoir requis, y procéder d'office par vous-même ou par un délégué spécial.

En reproduisant textuellement dans la nouvelle loi l'art. 15 de la loi du 18 juillet 1837, le législateur a entendu maintenir au préfet un droit essentiel : celui de veiller à l'accomplissement régulier des actes prescrits formellement par la loi, tels que la rédaction des actes de l'état civil, la révision des listes électorales, etc. Mais, pour user de la faculté que vous accorde l'art. 85, il faut que le maire ou son suppléant légal ait été, au préalable, mis en demeure d'accomplir l'acte que la loi lui prescrit de faire.

Vous pouvez, soit procéder vous-même à l'accomplissement de l'acte que le maire refuse d'exécuter, soit désigner un délégué spécial, sans limiter votre choix aux membres du conseil municipal ou aux personnes éligibles aux fonctions de maire. Vous devez toujours nommer un délégué lorsqu'il s'agit d'un acte que vous n'avez pas qualité pour accomplir, tel que la réception des actes de l'état civil.

**Art. 86.** *Suspension et révocation.* Les maires et adjoints peuvent être suspendus par arrêté du préfet pour un temps qui n'excédera pas un mois et qui peut être porté à trois mois par le ministre de l'intérieur.

Ils ne peuvent être révoqués que par décret du Président de la République.

La révocation emporte de plein droit l'inéligibilité aux fonctions de maire et à celles d'adjoint pendant une année à dater du décret de révocation, à moins qu'il ne soit procédé auparavant au renouvellement général des conseils municipaux.

Dans les colonies régies par la présente loi, la suspension peut être prononcée par arrêté du gouverneur pour une durée de trois mois. Cette durée ne peut être prolongée par le ministre.

Le gouverneur rend compte immédiatement de sa décision au ministre de la marine et des colonies.

*Suspension.* La législation ancienne vous accordait, Monsieur le Préfet, le droit de suspendre les maires et adjoints par un arrêté qui cessait d'avoir son effet s'il n'était confirmé dans le délai de deux mois par le ministre de l'intérieur.

La loi du 5 avril vous maintient le droit de suspension, mais en limite la durée à un mois. Si les faits justifiaient une suspension de plus longue durée, je pourrais, sur votre proposition, augmenter cette durée de deux mois ; mais, en aucun cas, la suspension ne pourrait s'étendre au delà de trois mois.

La suspension peut toujours être prononcée pour une période inférieure au maximum établi par la loi ; elle ne rend pas inéligibles ceux qui en sont frappés.

*Révocation.* La révocation, au contraire, emporte de plein droit l'inéligibilité pendant une année, à partir du décret de révocation, qui est rendu par le Président de la République.

On s'était demandé, sous l'empire de la loi du 14 avril 1871, si les maires révoqués pouvaient être élus adjoints avant l'expiration de l'année pendant laquelle ils sont inéligibles aux fonctions de maire. Cette question est tranchée par le texte de la nouvelle loi. La révocation encourue soit par le maire, soit par un adjoint emporte l'inéligibilité tant aux fonctions de maire qu'à celles d'adjoint. Cette inéligibilité dure une année ; mais elle cesse avant cette époque, s'il est procédé auparavant au renouvellement général des conseils municipaux.

Cette disposition ne saurait être étendue par analogie et ne s'applique pas à tous les cas de renouvellement intégral. Si donc, après la révocation du maire ou de l'adjoint, le conseil municipal tout entier donnait sa démission, le fonctionnaire révoqué resterait, malgré le renouvellement du conseil, inéligible pendant un an. (*Circ.*)

**Art. 87.** Au cas prévu et réglé par l'art. 44, le président, et, à son défaut, le vice-président de la délégation spéciale remplit les fonctions de maire.

*Ses pouvoirs prennent fin dès l'installation du nouveau conseil.*

Lorsqu'il a été établi dans une commune une délégation spéciale, en vertu de l'art. 44 de la loi du 5 avril 1884, le président, et, à son défaut, le vice-président de la délégation spéciale remplit les fonctions de maire.

Les pouvoirs des délégués durent jusqu'à l'installation du nouveau conseil, qui, aux termes de l'art. 35, doit être nommé dans les deux mois à dater de la dissolution ou de la dernière démission. A partir de l'installation du nouveau conseil, le premier inscrit exerce les fonctions de maire, s'il n'est pas procédé immédiatement à l'élection d'un nouveau maire (*art. 81*). [*Circ.*]

**Art. 88.** *Attributions du maire.* Le maire nomme à tous les emplois communaux pour lesquels les lois, décrets et ordonnances actuellement en vigueur ne fixent pas un droit spécial de nomination.

Il suspend et révoque les titulaires de ces emplois.

Il peut faire assermenter et commissionner les agents nommés par lui, mais à la condition qu'ils soient agréés par le préfet ou le sous-préfet.

Aux termes de l'art. 88, le maire nomme à tous les emplois communaux pour lesquels les lois, décrets et ordonnances actuellement en vigueur ne fixent pas un droit spécial de nomination. Il suspend et révoque les titulaires de ces emplois. Il peut faire assermenter et commissionner les agents nommés par lui, mais à la condition qu'ils soient agréés par le préfet ou le sous-préfet.

La loi du 18 juillet 1837 (*art.* 12) donnait déjà au maire, sauf la faculté de faire assermenter et commissionner certains agents, les pouvoirs qui lui sont conférés par la nouvelle loi municipale. Les restrictions qu'elle y apportait et que la loi du 5 avril 1884 maintient s'expliquent et se justifient non seulement par la nature des fonctions ou emplois dont les titulaires, tels que les instituteurs, les receveurs municipaux, les préposés en chef de l'octroi, les commissaires de police, doivent être chargés par l'autorité supérieure, mais encore par la responsabilité qu'entraînent ces fonctions ou emplois et les intérêts généraux qui s'y rattachent.

La faculté donnée au maire par l'art. 88 lui permettra de charger certains agents de constater, par des procès-verbaux, les contraventions aux lois et règlements de police. (*Circ.*)

Art. 89. Lorsque le maire procède à une adjudication publique pour le compte de la commune, il est assisté de deux membres du conseil municipal désignés d'avance par le conseil ou, à défaut de cette désignation, appelés dans l'ordre du tableau.

Le receveur municipal est appelé à toutes les adjudications. Toutes les difficultés qui peuvent s'élever sur les opérations préparatoires de l'adjudication sont résolues, séance tenante, par le maire et les deux assistants, à la majorité des voix, sauf le recours de droit.

Il n'est pas dérogé aux prescriptions du décret du 17 mai 1809 relatives à la mise en ferme des octrois.

L'art. 89 reproduit, avec une légère différence de rédaction, les dispositions de l'art. 16 de la loi du 18 juillet 1837, concernant les adjudications publiques auxquelles le maire procède pour le compte de la commune.

Il laisse subsister les prescriptions du décret du 17 mai 1809 relatives à la mise en ferme des octrois.

Vous remarquerez, en outre, qu'il n'abroge ni l'ordonnance du 14 novembre 1837, concernant les marchés de travaux ou fournitures, ni les règles édictées au sujet de ces marchés par des lois spéciales ou par application de leurs prescriptions. (Circ.)

Art. 90. Le maire est chargé, sous le contrôle du conseil municipal et la surveillance de l'administration supérieure :

1° De conserver et d'administrer les propriétés de la commune et de faire, en conséquence, tous actes conservatoires de ses droits ;

2° De gérer les revenus, de surveiller les établissements communaux et la comptabilité communale ;

3° De préparer et proposer le budget et ordonnancer les dépenses ;

4° De diriger les travaux communaux ;

5° De pourvoir aux mesures relatives à la voirie municipale ;

6° De souscrire les marchés, de passer les baux des biens et les adjudications des travaux communaux dans les formes établies par les lois et règlements et par les art. 68 et 69 de la présente loi ;

7° De passer dans les mêmes formes les actes de vente, échange, partage, acceptation de dons ou legs, acquisition, transaction, lorsque ces actes ont été autorisés conformément à la présente loi ;

8° De représenter la commune en justice, soit en demandant, soit en défendant ;

9° De prendre, de concert avec les propriétaires ou les détenteurs du droit de chasse dans les buissons, bois et forêts, toutes les mesures nécessaires à la destruction des animaux nuisibles désignés dans l'arrêté du préfet pris en vertu de l'art. 9 de la loi du 3 mai 1844 ;

De faire, pendant le temps de neige, à défaut des détenteurs du droit de chasse, à ce dûment invités, détourner les loups et sangliers remis sur le territoire ; de requérir, à l'effet de les détruire, les habitants avec armes et chiens propres à la chasse de ces animaux ;

De surveiller et d'assurer l'exécution des mesures ci-dessus et d'en dresser procès-verbal ;

10° Et, d'une manière générale, d'exécuter les décisions du conseil municipal.

Art. 91. Le maire est chargé, sous la surveillance de l'administration supérieure, de la police municipale, de la police rurale et de l'exécution des actes de l'autorité supérieure qui y sont relatifs.

Le maire exerce ses attributions tantôt comme chef de l'association communale, en vertu des pouvoirs qu'il tient directement de la loi, tantôt comme délégué de l'administration supérieure.

Dans le premier cas, il agit soit sous le contrôle du conseil municipal et la surveillance de l'administration supérieure, soit seulement sous cette surveillance. Dans le second cas, il agit sous l'autorité de l'administration supérieure.

Parfois, il agit comme organe de la loi, en dehors de ces deux cas. C'est ce qui a lieu, par exemple, lorsqu'il remplit les fonctions d'officier de l'état civil ou de police judiciaire.

La loi du 5 avril 1884 ne s'occupe que des attributions dont le maire est investi à titre de chef de l'association communale ou de délégué de l'administration supérieure.

Les art. 90 et 91 énumèrent les principales attributions que le maire exerce comme chef de l'association communale.

Le premier indique celles qui, ayant surtout pour objet les biens, les travaux, les finances de la commune, sont soumises à la fois au contrôle du conseil municipal et à la surveillance de l'administration supérieure.

L'art. 91 mentionne les attributions qui, ayant trait à la police municipale, à la police rurale ou à l'exécution des actes de l'administration supérieure y relatifs, sont seulement soumises à la surveillance de cette administration. Les art. 90 et 91 reproduisent les dispositions de l'art. 10 de la loi du 18 juill. 1837.

L'art. 90 charge, en outre, le maire de se concerter avec les propriétaires ou les détenteurs du droit de chasse dans les buissons, bois et forêts, pour prendre les mesures nécessaires à la destruction des animaux nuisibles désignés dans l'arrêté du préfet, pris en vertu de l'art. 9 de la loi du 3 mai 1844 ; de faire, pendant le temps de neige, à défaut des détenteurs du droit de chasse, à ce dûment invités, détourner les loups et sangliers remis sur le territoire ; de requérir, à l'effet de détruire ces animaux, les habitants avec armes et chiens.

Enfin, l'art. 90 prescrit au maire d'assurer l'exécution des délibérations du conseil municipal.

Art. 92. Le maire est chargé, sous l'autorité de l'administration supérieure :

1° De la publication et de l'exécution des lois et règlements ;

2° De l'exécution des mesures de sûreté générale ;

3° Des fonctions spéciales qui lui sont attribuées par les lois.

L'art. 92 résume les attributions du maire agissant comme délégué de l'administration supérieure. Il n'est que la reproduction littérale de l'art. 9 de la loi du 18 juillet 1837. Il dispose, comme le faisait cet article, que le maire est chargé, sous l'autorité de l'administration supérieure :

1° De la publication et de l'exécution des lois et règlements ;

2° De l'exécution des mesures de sûreté générale ;

3° Des fonctions spéciales qui lui sont attribuées par les lois.

Art. 93. Le maire ou, à son défaut, le sous-préfet pourvoit d'urgence à ce que toute personne décédée soit ensevelie et inhumée décemment, sans distinction de culte ni de croyance.

L'art. 93 décide que le maire ou, à son défaut, le sous-préfet pourvoit d'urgence à ce que toute personne décédée soit ensevelie et inhumée décemment, sans distinction de culte ou de croyance.

Cette disposition est nouvelle. Cependant, en ce qui touche le maire, elle ne fait que consacrer le pouvoir de police qu'il tenait implicitement des lois et règlements antérieurs. Le législateur de 1884 veut, de plus, que, dans le cas où, au sujet de l'ensevelissement et de l'inhumation d'une personne décédée, des difficultés s'élèvent, des retards trop considérables se produisent, notamment parce qu'elle est inconnue ou délaissée, le préfet, dans l'arrondissement chef-lieu, et le sous-préfet, dans les autres arrondissements, prennent les mesures qu'exige soit le bon ordre, soit la décence publique, si le maire refuse ou néglige de les prescrire. Il n'a pas, d'ailleurs, entendu conférer soit au maire, soit au préfet ou au sous-préfet la faculté de porter atteinte au droit des familles de recourir aux cérémonies religieuses pour les obsèques des parents qu'elles ont perdus.

Art. 94. Le maire prend des arrêtés à l'effet :

1° D'ordonner les mesures locales sur les objets confiés par les lois à sa vigilance et à son autorité ;

2º De publier de nouveau les lois et les règlements de police et de rappeler les citoyens à leur observation.

Aux termes de l'art. 94, le maire prend des arrêtés à l'effet :
1º D'ordonner les mesures locales sur les objets confiés par les lois à sa vigilance et à son autorité ;
2º De publier de nouveau les lois et les règlements de police et de rappeler les citoyens à leur observation.
Cet article est la reproduction des paragraphes 1 et 2 de l'art. 11 de la loi du 18 juillet 1837. Les mesures locales mentionnées dans le premier paragraphe sont surtout celles qui appartiennent à la police municipale ou à la police rurale. Les lois et règlements visés dans le second paragraphe concernent soit l'une ou l'autre de ces polices, soit la police générale.

**Art. 95.** Les arrêtés pris par le maire sont immédiatement adressés au sous-préfet ou, dans l'arrondissement du chef-lieu du département, au préfet.

Le préfet peut les annuler ou en suspendre l'exécution.

Ceux de ces arrêtés qui portent règlement permanent ne sont exécutoires qu'un mois après la remise de l'ampliation constatée par les récépissés délivrés par le sous-préfet ou le préfet.

Néanmoins, en cas d'urgence, le préfet peut en autoriser l'exécution immédiate.

L'art. 95 de la nouvelle loi municipale veut que les arrêtés pris par le maire soient immédiatement adressés au sous-préfet ou, dans l'arrondissement chef-lieu, au préfet. Le préfet peut les annuler ou en suspendre l'exécution. Ceux de ces arrêtés qui portent règlement permanent ne sont exécutoires qu'un mois après la remise de l'ampliation constatée par les récépissés délivrés par le sous-préfet ou le préfet. Néanmoins, en cas d'urgence, le préfet peut en autoriser l'exécution immédiate. L'art. 95 a été, comme l'art. 94, emprunté à l'art. 11 de la loi du 18 juillet 1837, dont il reproduit, sauf de légères différences de rédaction, les deux derniers alinéas. Il comprend de plus la disposition conférant au préfet le pouvoir d'autoriser, en cas d'urgence, l'exécution immédiate des arrêtés du maire qui présentent le caractère de règlement permanent.

Cette innovation est d'une utilité incontestable. Elle fait disparaître les graves inconvénients qu'entraînait la jurisprudence de la Cour de cassation, qui refusait, sous l'empire de la loi du 18 juillet 1837, de reconnaître au préfet le droit d'abréger, même dans les cas les plus urgents, le délai pendant lequel il lui appartenait d'annuler ou de suspendre les arrêtés avant leur mise à exécution.

**Art. 96.** Les arrêtés du maire ne sont obligatoires qu'après avoir été portés à la connaissance des intéressés, par voie de publication et d'affiches, toutes les fois qu'ils contiennent des dispositions générales, et, dans les autres cas, par voie de notification individuelle.

La publication est constatée par une déclaration certifiée par le maire.

La notification est établie par le récépissé de la partie intéressée, ou, à son défaut, par l'original de la notification conservé dans les archives de la mairie.

Les arrêtés, actes de publication et de notification sont inscrits à leur date sur le registre de la mairie.

L'art. 96 édicte des règles nouvelles consacrant la jurisprudence soit des tribunaux, soit de l'administration centrale en ce qui touche la publication ou la notification des arrêtés du maire.

Elles exigent, indépendamment des formalités prescrites par l'art. 95, que les arrêtés du maire, pour devenir obligatoires, soient portés à la connaissance des intéressés, par voie de publication et d'affiches, toutes les fois qu'ils contiennent des dispositions générales, et, dans les autres cas, par voie de notification individuelle. Elles établissent, en même temps, un mode simple et pratique de constatation de la publication et de la notification. Enfin, pour mieux assurer la conservation des arrêtés, des actes de publication et de notification, elles en prescrivent l'inscription, à leur date, sur le registre de la mairie.

Il importe, Monsieur le Préfet, que ces diverses mesures soient régulièrement exécutées. Vous voudrez bien y tenir la main.

**Art. 97.** La police municipale a pour objet d'assurer le bon ordre, la sûreté et la salubrité publiques.

Elle comprend notamment :

1º Tout ce qui intéresse la sûreté et la commodité du passage dans les rues, quais, places et voies publiques, ce qui comprend le nettoiement, l'éclairage, l'enlèvement des encombrements, la démolition ou la réparation des édifices menaçant ruine, l'interdiction de rien exposer aux fenêtres ou autres parties des édifices qui puisse nuire par sa chute ou celle de rien jeter qui puisse endommager les passants ou causer des exhalaisons nuisibles ;

2º Le soin de réprimer les atteintes à la tranquillité publique, telles que les rixes et disputes accompagnées d'ameutement dans les rues, le tumulte excité dans les lieux d'assemblée publique, les attroupements, les bruits et rassemblements nocturnes qui troublent le repos des habitants, et tous actes de nature à compromettre la tranquillité publique ;

3º Le maintien du bon ordre dans les endroits où il se fait de grands rassemblements d'hommes, tels que les foires, marchés, réjouissances et cérémonies publiques, spectacles, jeux, cafés, églises et autres lieux publics ;

4º Le mode de transport des personnes décédées, les inhumations et exhumations, le maintien du bon ordre et de la décence dans les cimetières, sans qu'il soit permis d'établir des distinctions ou des prescriptions particulières à raison des croyances ou du culte du défunt ou des circonstances qui ont accompagné sa mort ;

5º L'inspection sur la fidélité du débit des denrées qui se vendent au poids ou à la mesure, et sur la salubrité des comestibles exposés en vente ;

6º Le soin de prévenir, par des précautions convenables, et celui de faire cesser, par la distribution des secours nécessaires, les accidents et les fléaux calamiteux, tels que les incendies, les inondations, les maladies épidémiques ou contagieuses, les épizooties, en provoquant, s'il y a lieu, l'intervention de l'administration supérieure ;

7º Le soin de prendre provisoirement les mesures nécessaires contre les aliénés dont l'état pourrait compromettre la morale publique, la sécurité des personnes ou la conservation des propriétés ;

8º Le soin d'obvier ou de remédier aux événements fâcheux qui pourraient être occasionnés par la divagation des animaux malfaisants ou féroces.

L'art. 97 indique le triple but immédiat de la loi municipale, il consiste à assurer le bon ordre, la sûreté et la salubrité publiques.

L'art. 97 énumère en même temps les mesures les plus importantes que comprend la police municipale. Cette énumération presque tout entière est empruntée, sauf quelques différences de rédaction, à la loi des 16-24 août 1790 (titre XI, art. 3). Les mesures qu'elle mentionne, en dehors de celles prévues dans cette dernière loi, ont pour objet le mode de transport des personnes décédées, les inhumations et les exhumations, le maintien du bon ordre et de la décence dans les cimetières, sans qu'il soit permis d'établir des distinctions ou des prescriptions particulières à raison des croyances et du culte du défunt ou des circonstances qui ont accompagné sa mort.

Il est à remarquer, relativement à ces dernières mesures, que l'art. 97, contrairement au décret du 18 mai 1806, reconnaît implicitement au maire le droit de régler le mode de transport des personnes décédées. Il reproduit, en outre, les prescriptions du décret du 22 prairial an XIII sur la police des lieux de sépulture, telles qu'elles ont été modifiées par la loi du 14 novembre 1881 portant abrogation de l'art. 15 de ce décret.

**Art. 98.** Le maire a la police des routes nationales et départementales, et des voies de communication dans l'intérieur des agglomérations, mais seulement en ce qui touche à la circulation sur lesdites voies.

Il peut, moyennant le paiement de droits fixés par un tarif dûment établi, sous les réserves imposées par l'art. 7 de la loi du 11 frimaire an VII, donner des permis de stationnement ou de dépôt temporaire sur la voie publique, sur les rivières, ports et quais fluviaux et autres lieux publics.

Les alignements individuels, les autorisations de bâtir, les autres permissions de voirie sont délivrés par l'autorité compétente, après que le maire aura donné son avis dans le cas où il ne lui appartient pas de les délivrer lui-même.

Les permissions de voirie à titre précaire ou essentiellement révocable sur les voies publiques qui sont placées dans les attributions du maire et ayant pour objet, notamment, l'établissement dans le sol de la voie publique de canalisations destinées au passage ou à la conduite soit de l'eau, soit du gaz, peuvent, en cas de refus du maire non justifié par l'intérêt général, être accordées par le préfet.

Le maire tient des attributions de police municipale que lui confère l'art. 91 de la loi du 5 avril 1884, comme le faisait déjà l'art. 10 de la loi du 18 juillet 1837, le droit de prendre les mesures nécessaires pour assurer, dans les agglomérations d'habitations, la commodité, la liberté et la sécurité du passage sur toutes les voies publiques de la grande ou de la petite voirie. L'art. 98 de la nouvelle loi reconnaît au maire ce droit d'une manière formelle. En ajoutant qu'il l'exerce seulement en ce qui touche la circulation, le législateur a voulu faire une réserve au sujet des pouvoirs qui appartiennent, sur d'autres objets, à l'autorité supérieure en matière de grande voirie, ou grande ou de moyenne vicinalité : par exemple, en ce qui concerne les autorisations de bâtir le long de la voie publique, les alignements individuels, les simples permissions de voirie. Il n'a pas entendu restreindre, en dehors de cette réserve, les attributions de police municipale du maire à l'égard des mesures ayant pour objet le bon ordre, la sécurité ou la salubrité publique.

D'après le second paragraphe de l'art. 98, le maire peut, moyennant le paiement de redevances fixées par un tarif dûment établi, sous les réserves imposées par l'art. 7 de la loi du 11 frimaire an VII, donner des permis de stationnement ou de dépôt temporaire sur la voie publique, sur les rivières, ports et quais fluviaux et autres lieux publics.

Cette disposition met un terme aux difficultés qui s'étaient élevées relativement au point de savoir s'il appartenait au maire d'autoriser sur les trottoirs ou les accotements des rues ou places l'établissement d'étalages mobiles, l'installation temporaire de marchands, la pose de tables, de bancs ou de chaises par les restaurateurs, cafetiers ou débitants de boissons. La Cour de cassation et le Conseil d'État s'étaient prononcés dans le sens de l'affirmative. Cependant, le droit du maire ne cessait pas d'être contesté. Il ne saurait l'être aujourd'hui lorsqu'il sera exercé conformément aux prescriptions légales que je viens de rappeler.

L'art. 98 de la nouvelle loi municipale n'abroge pas d'ailleurs les dispositions de l'art. 471 du Code pénal concernant les dépôts sur la voie publique dans les cas de nécessité ou de force majeure. De pareils dépôts ont lieu, en principe, sans autorisation.

Dans les autres cas, le maire ne peut accorder de permis de stationnement ou de dépôt temporaire qu'autant que les intérêts de la circulation, s'il s'agit d'une voie publique, ou de la navigation, s'il s'agit d'une rivière, d'un port ou d'un quai, ne doivent pas en souffrir sérieusement. Les redevances à exiger sont fixées par un tarif voté par le conseil municipal et homologué par l'autorité supérieure.

J'examinerai, sous l'art. 133, non seulement quelle est cette autorité, mais encore sur quelles voies publiques le maire exerce le pouvoir que lui confère l'art. 98 et quel est le sens légal des mots stationnement, dépôt temporaire, ports et quais fluviaux.

Les alignements individuels, les autorisations de bâtir et les simples permissions de voirie sont délivrés, soit par le préfet, soit par le sous-préfet, en ce qui concerne les routes nationales, les routes départementales, les chemins vicinaux de grande ou de moyenne communication et les rues formant la traverse de l'une ou l'autre de ces voies de communication. L'art. 98, § 3, exige qu'avant de statuer sur les demandes tendant à obtenir les alignements, autorisations ou permissions que je viens de mentionner, le préfet ou le sous-préfet prenne l'avis du maire.

Cette disposition, Monsieur le Préfet, est une innovation d'une utilité que l'on ne saurait être contestée. Elle permettra au maire de revendiquer, en temps opportun, le droit de statuer lui-même sur les demandes de sa compétence lorsque les pétitionnaires considéreront comme appartenant à la grande voirie, à la grande ou à la moyenne vicinalité, des voies publiques ou sections de voies publiques appartenant exclusivement à la voirie urbaine ou à la petite vicinalité. Elle donnera, en outre, au maire le moyen de fournir, au moment utile, des renseignements qui éclaireront l'administration supérieure sur les inconvénients que pourraient entraîner certaines permissions au point de vue, soit de services municipaux (éclairage, distribution d'eau, etc.), soit de la commodité, de la liberté ou de la sécurité de la circulation.

L'avis défavorable du maire ne sera pas un obstacle légal à ce qu'une décision contraire intervienne immédiatement. Toutefois, dans les cas où il n'y aura pas urgence et où la difficulté soulevée par le maire présentera de la gravité, il conviendra de me la soumettre avant la décision. Je vous ferai connaître mon appréciation le plus tôt possible, après avoir provoqué les observations de M. le ministre des travaux publics, quand la question intéressera la grande voirie.

La délivrance des autorisations de bâtir, des alignements individuels et des simples permissions de voirie, à titre précaire ou essentiellement révocable, rentre dans les attributions du maire en matière de petite voirie, sauf les exceptions relatives aux chemins vicinaux de grande ou de moyenne communication et aux rues en formant les traverses. Il a toujours été admis que, dans le cas où le maire, saisi régulièrement d'une demande d'alignement individuel ou d'autorisation de bâtir, refuserait de l'accueillir, le préfet pouvait délivrer l'alignement ou l'autorisation. En effet, tout propriétaire a le droit d'élever sur son fond des constructions en bordure de la voie publique. Il est tenu de solliciter préalablement l'alignement individuel et l'autorisation de bâtir, mais l'administration est obligée de les lui accorder lorsque sa demande réunit les conditions prévues par les lois ou règlements. Dans ce cas, le refus du maire, avant la promulgation de la nouvelle loi municipale, tombait sous l'application de l'art. 15 de la loi du 18 juillet 1837. Il est prévu aujourd'hui par l'art. 85 de la loi du 5 avril 1884, aux termes duquel, quand le maire néglige ou refuse de faire un des actes qui lui sont prescrits par la loi, le préfet peut, après l'en avoir requis, y procéder d'office par lui-même ou par un délégué spécial.

Le préfet ne pouvait régulièrement se substituer ainsi au maire sous la législation précédente en ce qui touche les simples permissions de voirie, ces permissions, contrairement aux alignements individuels et aux autorisations de bâtir, étant purement facultatives de la part de l'autorité compétente. Le Conseil d'État, statuant au contentieux, s'était prononcé dans ce sens par un arrêt du 10 décembre 1880. Cependant, il est arrivé, dans certains cas, que le refus du maire concernant les simples permissions de voirie, ne se justifiait ni par les nécessités de la viabilité ni par aucune autre considération d'intérêt général. Le dernier paragraphe de l'art. 98 a prévu cette situation et il vous donne le moyen d'y pourvoir. Désormais, lorsque vous aurez constaté que l'intérêt général de l'État, du département ou de la commune ne justifie pas le refus du maire de délivrer une permission de voirie, à titre précaire ou essentiellement révocable, ayant pour objet notamment l'établissement dans le sol de la petite voirie d'une canalisation destinée au passage ou à la conduite, soit de l'eau, soit du gaz, il vous appartiendra d'accorder cette permission.

**Art. 99.** Les pouvoirs qui appartiennent au maire, en vertu de l'art. 91, ne font pas obstacle au droit du préfet de prendre, pour toutes les communes du département ou plusieurs d'entre elles, et dans tous les cas où il n'y aurait pas été pourvu par les autorités municipales, toutes mesures relatives au maintien de la salubrité, de la sûreté et de la tranquillité publiques.

Ce droit ne pourra être exercé par le préfet à

l'égard d'une seule commune qu'après une mise en demeure au maire restée sans résultats.

Aux termes de l'art. 89 de la loi du 5 avril 1884, les pouvoirs de police municipale qui appartiennent au maire en vertu de l'art. 91, ne font pas obstacle au droit du préfet de prendre, pour toutes les communes du département ou plusieurs d'entre elles, et dans tous les cas où il n'y aurait pas été pourvu par les autorités municipales, toutes mesures relatives au maintien de la salubrité, de la sûreté et de la tranquillité publiques.

Ces dispositions, qui découlent du principe fondamental posé par les lois des 22 décembre 1789 et 18 janvier 1790 et de diverses lois spéciales, ont pour objet de préciser les attributions des préfets, en tant qu'il s'agit de mesures dont l'initiative continue d'appartenir au maire, mais qui, intéressant la tranquillité, la sûreté ou la salubrité publiques, doivent être prises par le préfet si l'initiative du maire n'y a pas donné lieu. Ainsi la négligence, l'inertie ou le mauvais vouloir des autorités municipales ne sauraient paralyser ou arrêter l'exercice des pouvoirs de police générale du préfet dans la sphère légitime d'action qui lui est assignée.

La police générale, la police municipale et la police rurale ont des buts immédiats de même nature : le bon ordre ou la tranquillité, la sûreté et la salubrité publiques. Elles s'appliquent en outre, le plus souvent, aux mêmes matières ou objets. Elles ne diffèrent essentiellement que sous le rapport du nombre plus ou moins considérable des personnes dont elles tendent, en assurant l'ordre, la tranquillité, la sécurité, la salubrité, à défendre ou protéger la vie, les droits ou les intérêts. En effet, l'existence, les droits, ou les intérêts que la police générale a pour mission de défendre ou de protéger par les mesures qu'elle comprend sont ceux de la société tout entière, de l'État, du département ou d'une partie d'un département comprenant plusieurs communes. La police municipale et la police rurale, au contraire, ont seulement pour mission de défendre ou de protéger les existences, les droits ou les intérêts renfermés dans la circonscription territoriale de la commune. Il rentre, par conséquent, dans les attributions de la police générale de prendre sur les objets que le législateur n'a pas formellement ou implicitement soustraits à son action, les mesures qui ont l'un ou plusieurs des buts immédiats qu'elle doit poursuivre, lorsqu'elles intéressent les habitants, soit de toute la France, soit de l'ensemble d'un département ou d'une de ses parties dépassant les limites d'une commune. Il n'a jamais été dans la pensée du législateur d'interdire de pareilles mesures quand elles devraient porter sur les objets ou matières appartenant au domaine de la police municipale ou de la police rurale.

Il n'interdit l'exercice des pouvoirs de police générale sur ces objets que dans le cas où les mesures qui seraient prises n'intéresseraient que les habitants de chacune des communes auxquelles elles s'appliqueraient. C'est ainsi que la Cour de cassation a refusé de reconnaître comme rentrant dans les attributions de police générale du préfet, les arrêtés par lesquels il réglementerait dans toutes les communes du département le balayage et le nettoiement des voies publiques pour en assurer la propreté, et par lesquels il imposerait aux chevriers l'obligation de munir de clochettes et de muselières les chèvres conduites au pâturage (*Cass.*, *ch. crim.*, *arr.* 28 juin 1861, 6 juill. 1866). Mais elle a déclaré obligatoires, comme ayant le caractère d'utilité générale, les arrêtés préfectoraux réglementant, dans toutes les communes du département, les couvertures en chaume, les bals publics, les heures d'ouverture et de fermeture des débits de boissons, la divagation des chiens, les dépôts de fumiers ou d'immondices à proximité des habitations (*Cass.*, *ch. crim.*, *arr.* 12 sept. 1845, 19 et 26 janv. 1856, 15 nov. 1856, 17 mai 1861, 4 janv. 1862, 6 juill. 1867, 17 janv. 1868). Les mesures concernant le balayage ou la conduite des chèvres au pâturage n'intéressent, dans chaque commune, que ses habitants. Au contraire, les mesures relatives aux couvertures en chaume, aux bals publics, aux heures d'ouverture et de fermeture des débits de boissons, à la divagation des chiens, aux dépôts de fumiers et d'immondices dans le voisinage des maisons, n'intéressent pas seulement les habitants de la commune où elles sont exécutées : elles intéressent également ou peuvent intéresser les habitants des communes voisines et même de tout le département.

Il *peut se faire qu'une mesure intéressant les habitants d'un canton, d'un arrondissement, d'un ou plusieurs départements soit seulement applicable dans une commune*. Telle serait la mesure qui prescrirait à un ou plusieurs propriétaires de mares ou d'établies situées dans une commune, soit d'exécuter les travaux ou ouvrages nécessaires, soit de prendre les précautions indispensables pour faire disparaître d'état d'insalubrité de ces mares ou établies, présentant, en ce qui concerne les habitants, non seulement de la localité, mais encore des localités voisines, les plus graves dangers au point de vue de la salubrité publique. Une pareille mesure a le caractère d'utilité générale dépassant les *limites* d'une circonscription communale. Toute-

fois, comme elle ne doit avoir d'application que dans ces limites, on aurait pu hésiter à reconnaître au préfet le pouvoir de la prendre. Il ne saurait lui être contesté sous l'empire de la nouvelle loi municipale, en présence du dernier paragraphe de l'art. 99. Ce paragraphe, d'ailleurs, édicte une garantie en faveur de l'autorité municipale. Il veut, en effet, que le préfet n'exerce son pouvoir en pareil cas qu'après une mise en demeure adressée au maire et restée sans résultat. Vous ne perdrez pas de vue, Monsieur le Préfet, cette condition. Le législateur l'a édicté par un vif désir de restreindre le moins possible les attributions de l'autorité municipale. (*Circ* 15 mai.)

(— Ajoutons que selon les publicistes qui ont le mieux approfondi ces questions, la police, en tant qu'elle concerne la *sécurité des personnes et des propriétés*, est une attribution essentiellement politique — ou de l'État. Par conséquent, le maire ne l'exerce que par délégation du Gouvernement et ce qu'il ne fait pas, le préfet a le *devoir* de le faire. Les attributions *propres à la commune sont plutôt économiques et sociales.*)

M. B.

**Art. 100.** (*Cloches.*) Les cloches des églises sont spécialement affectées aux cérémonies du culte.

Néanmoins, elles peuvent être employées dans les cas de péril commun qui exigent un prompt secours et dans les circonstances où cet emploi est prescrit par des dispositions de lois ou règlements ou autorisé par les usages locaux.

Les sonneries religieuses, comme les sonneries civiles, feront l'objet d'un règlement concerté entre l'évêque et le préfet ou entre le préfet et les consistoires, et arrêté, en cas de désaccord, par le ministre des cultes.

Ces dispositions constituent une innovation, au moins en ce qu'elles établissent une législation précise sur la matière. On en trouve cependant le germe dans les lois antérieures et dans des avis de principe du Conseil d'État qui reconnaissaient le droit à l'autorité civile d'user des cloches dans certains cas.

La loi du 5 avril 1884 accentue ce droit; elle dispose que les cloches pourront être employées dans les cas de péril commun qui exigent un prompt secours, et dans les circonstances où cet emploi est prescrit par les lois ou règlements, ou autorisé par les usages locaux.

Puis, pour prévenir toutes difficultés ultérieures, le législateur décide que les sonneries religieuses et les sonneries civiles feront l'objet d'un règlement concerté entre l'évêque et le préfet, ou entre le préfet et les consistoires, ou arrêté, en cas de désaccord, par le ministre des cultes.

En ce qui concerne les règlements relatifs aux sonneries religieuses, ils étaient prévus par l'art. 48 de la loi du 18 germinal an X. Il suffira donc de rechercher ces règlements et d'en poursuivre, si vous le jugez nécessaire, la refonte d'accord avec l'autorité diocésaine, sauf recours à la décision du ministre des cultes en cas de conflit. Une fois retrouvés ou refondus, vous aurez à en adresser à mon collègue un exemplaire type qui devra rester aux archives de l'administration des cultes. Vous voudrez bien également m'en transmettre une copie.

Il n'en est pas de même des règlements relatifs aux sonneries civiles. Ces derniers sont entièrement à créer.

Vous aurez dès lors à déterminer, aussi exactement que possible, les cas où les cloches pourront être employées civilement, en tenant compte des usages locaux et des lois et règlements. Vous communiquerez votre projet de règlement à l'autorité diocésaine. Si des difficultés s'élevaient, elles devraient être soumises à M. le ministre des cultes, qui trancherait ces difficultés, en arrêtant définitivement le règlement projeté.

Lorsque vous saisirez ainsi M. le ministre des cultes des difficultés prévues au dernier paragraphe de l'art. 100, vous m'adresserez, en même temps, une copie de votre rapport et de vos propositions, afin de me mettre à même de communiquer, s'il y a lieu, mes observations à mon collègue sur les questions d'ordre public ou de police qui lui seront soumises. (*Circ.* 15 mai.)

**Art. 101.** (*Clef.*) Une clef du clocher sera déposée entre les mains des titulaires ecclésiastiques, une autre entre les mains du maire qui ne pourra en faire usage que dans les circonstances prévues par les lois ou règlements.

Si l'entrée du clocher n'est pas indépendante de celle de l'église, une clef de la porte de l'église sera déposée entre les mains du maire.

Cet article n'est que la conséquence de l'art. 100; il a pour but de permettre aux maires d'user, conformément aux lois et règlements, du droit qui leur est attribué d'employer les cloches aux sonneries civiles. (*Circ.*)

(— La circulaire a raison, mais il est peut-être juste d'ajouter que les droits accordés aux maires sur les cloches supposent que les finances communales ont des devoirs envers les églises. C'est parce que la commune a aidé à payer la cloche, ou peut être appelée à la réparer qu'elle peut s'en servir dans l'intérêt civil. M. B.)

Art. 102. (*Garde champêtre.*) Toute commune peut avoir un ou plusieurs gardes champêtres. Les gardes champêtres sont nommés par le maire ; ils doivent être agréés et commissionnés par le sous-préfet ou par le préfet dans l'arrondissement du chef-lieu. Le préfet ou le sous-préfet devra faire connaître son agrément ou son refus d'agréer dans le délai d'un mois. Ils doivent être assermentés. Ils peuvent être suspendus par le maire. La suspension ne pourra durer plus d'un mois ; le préfet seul peut les révoquer.

En dehors de leurs fonctions relatives à la police rurale, les gardes champêtres sont chargés de rechercher, chacun dans le territoire pour lequel il est assermenté, les contraventions aux règlements et arrêtés de police municipale. Ils dressent des procès-verbaux pour constater ces contraventions.

La loi du 20 messidor an III (*art.* 1er) imposait à toute commune l'obligation d'avoir un garde champêtre. Cette obligation étant excessive pour les communes pauvres, l'administration supérieure ne la leur appliquait pas rigoureusement.

L'art. 102 de la loi du 5 avril 1884 la supprime. Il rend l'institution des gardes champêtres facultative pour toutes les communes, comme elle l'était avant la loi du 20 messidor an III sous l'empire de la loi des 28 septembre-6 octobre 1791 (*titre VII*). Dès lors, chaque commune est actuellement libre, soit de n'avoir aucun garde champêtre, soit d'en avoir un ou plusieurs.

Mais, d'après l'esprit, sinon le texte de la nouvelle loi municipale, plusieurs communes ne peuvent s'associer pour entretenir un seul garde champêtre. La Chambre des députés avait admis cette faculté. Le Sénat n'a pas cru devoir la maintenir, par le motif que le service d'un garde unique pour deux communes ou un plus grand nombre serait fait le plus souvent d'une manière incomplète dans chacune d'elles, et que les maires pourraient ne pas se mettre d'accord sur les questions de nomination ou de suspension.

Les villes ont des commissaires et agents de police peuvent souvent se passer de gardes champêtres. Il en est de même des communes dont le territoire est peu étendu. Dans les autres localités, la présence d'un ou de plusieurs gardes champêtres sera presque toujours d'utilité incontestable. Lorsque vous l'aurez constaté, vous devrez engager les municipalités à conserver ou à instituer des gardes champêtres, autant que les besoins de la police rurale l'exigeraient et que les ressources communales le permettraient.

Le législateur de 1884 ne se contente pas de laisser une entière liberté aux communes en ce qui touche l'institution des gardes champêtres. Il rend au maire la nomination de ces agents, que la loi du 18 juillet 1837 (*art.* 13) lui conférait déjà, mais qui lui avait été enlevée par le décret législatif du 25 mars 1852. L'art. 102 de la nouvelle loi municipale ne subordonne pas cette nomination à l'approbation du préfet comme faisait la loi de 1837 ; il exige seulement que les gardes champêtres soient agréés et commissionnés par le sous-préfet, ou par le préfet dans l'arrondissement chef-lieu. Lorsque le préfet ou le sous-préfet n'a pas fait connaître son agrément dans le mois qui suit le jour où il lui a été demandé, il est censé le donner.

Les gardes champêtres étant officiers de police judiciaire, doivent être assermentés. Ils peuvent être suspendus par le maire pendant un mois. Le préfet a seul le droit de les révoquer.

Le dernier paragraphe de l'art. 102 de la loi du 5 avril 1884 ajoute qu'en dehors de leurs fonctions relatives à la police rurale, les gardes champêtres sont chargés, non seulement de rechercher, chacun dans le territoire pour lequel il est assermenté, les contraventions aux règlements et arrêtés de police municipale, mais encore de dresser des procès-verbaux pour les constater.

Cette disposition est empruntée à la loi du 24 juillet 1867 (*art.* 20).

Art. 103. (*Personnel de la police.*) Dans les villes ayant plus de 40,000 habitants, l'organisation du personnel chargé du service de la police est réglée, sur l'avis du conseil municipal, par décret du Président de la République.

Si un conseil municipal n'allouait pas les fonds exigés pour la dépense, ou n'allouait qu'une somme insuffisante, l'allocation nécessaire serait inscrite au budget par décret du Président de la République, le Conseil d'État entendu.

Dans toutes les communes, les inspecteurs de police, les brigadiers et sous-brigadiers et les agents de police nommés par le maire doivent être agréés par le sous-préfet ou par le préfet. Ils peuvent être suspendus par le maire, mais le préfet seul peut les révoquer.

L'art. 103 de la loi du 5 avril 1884 a pour objet l'organisation du personnel chargé de la police. Il reproduit les dispositions de la loi du 24 juillet 1867 (*art.* 23) et de la loi du 20 janvier 1874 (*art.* 3), sauf quelques modifications. La plus importante consiste en ce que, dans toutes les communes, le maire nomme et suspend les inspecteurs de police, les brigadiers, les sous-brigadiers et les agents de police, tandis qu'il ne les nommait ni ne les suspendait précédemment dans les villes ayant plus de 40,000 habitants.

Les inspecteurs, brigadiers, sous-brigadiers et agents de police ne peuvent, comme sous la législation antérieure, être révoqués que par le préfet. La nouvelle loi maintient au préfet le droit de les agréer dans l'arrondissement chef-lieu. Elle donne le même droit au sous-préfet dans les autres arrondissements.

Art. 104. (*Lyon.*) Le préfet du Rhône exerce dans les communes de Lyon, Caluire-et-Cuire, Oullins, Sainte-Foy, Saint-Rambert, Villeurbanne, Vaux-en-Velin, Bron, Vénissieux et Pierre-Bénite, du département du Rhône et dans celle de Sathonay, du département de l'Ain, les mêmes attributions que celles qu'exerce le préfet de police dans les communes suburbaines de la Seine.

Art. 105. Dans les communes dénommées à l'art. 104, les maires restent investis de tous les pouvoirs de police conférés aux administrations municipales par les §§ 1, 4, 5, 6, 7 et 8 de l'art. 97.

Ils sont, en outre, chargés du maintien du bon ordre dans les foires, marchés, réjouissances et cérémonies publiques, spectacles, jeux, cafés, églises et autres lieux publics.

La ville de Lyon et les communes qui forment avec elle l'agglomération lyonnaise avaient été soumises à la législation ancienne à un régime exceptionnel, qui plaçait entre les mains du préfet la plus grande partie des pouvoirs municipaux. Bien que des lois plus récentes, et notamment la loi du 21 avril 1881, aient modifié dans une large mesure, pour Lyon surtout, l'ancienne organisation, les municipalités restaient dépouillées d'un certain nombre d'attributions de police municipale sans que ce sacrifice parût suffisamment justifié par les nécessités de l'ordre public.

Le législateur de 1884 s'est donc attaché à faire rentrer, autant que possible, les communes de l'agglomération lyonnaise sous le régime commun et les seules exceptions qui subsistent sont celles qui découlent, soit de la constitution spéciale de la municipalité de Lyon, soit des pouvoirs de police que le préfet du Rhône continue à exercer dans l'agglomération.

*Organisation municipale de Lyon.* La ville de Lyon continue à être divisée en six arrondissements municipaux (art. 73). Son conseil municipal se compose de 54 membres (art. 10). Le nombre de ses adjoints est de 17 (art. 73).

Indépendamment des délégations qu'ils peuvent recevoir du maire, conformément à l'art. 82, ceux des adjoints qui sont délégués, au nombre de deux, dans chaque arrondissement, ont des attributions spéciales qui comprennent la tenue des registres de l'état civil et les affaires diverses énumérées dans l'art. 2 du règlement d'administration publique du 11 juin 1881 (art. 73).

Sous ces réserves, Lyon se trouve, au point de vue de l'organisation municipale, soumise aux mêmes règles que toutes les autres communes.

*Police municipale dans les communes de l'agglomération lyonnaise.* Au point de vue de la police, il n'y a plus aujourd'hui aucune distinction à faire entre Lyon et les autres communes de l'agglomération lyonnaise.

L'art. 104 modifie la composition de cette agglomération ; il retranche des communes qui en faisaient partie celles de Rillieux et de Miribel et y ajoute celles de Sathonay (Ain), et de

Pierre-Bénite, section distraite en 1869 de la commune d'Oullins (Rhône).

L'agglomération comprend donc aujourd'hui les communes de Lyon, Caluire-et-Cuire, Oullins, Sainte-Foy, Saint-Rambert, Villeurbanne, Vaux-en-Velin, Bron, Vénissieux et Pierre-Bénite, du département du Rhône, et celle de Sathonay, du département de l'Ain.

Dans toutes ces communes, le préfet du Rhône exerce, en principe, les mêmes attributions qui appartiennent au préfet de police dans les communes suburbaines du département de la Seine, conformément aux arrêtés des consuls des 12 messidor an VIII, 3 brumaire an IX, à la loi du 10 juin 1853 et au décret du 16 octobre 1859.

Mais l'art. 105 de la loi du 5 avril 1884 apporte à ce principe une large dérogation en remettant aux maires les pouvoirs de police municipale tels qu'ils sont définis par l'art. 97 sous les réserves suivantes :

1° Le préfet du Rhône reste chargé du soin de réprimer les atteintes à la tranquillité publique (§ 2 de l'art. 97) ;

2° Il garde également la mission d'assurer le maintien du bon ordre dans les endroits où il se fait de grands rassemblements (combinaison des §§ 3 de l'art. 97 et 2 de l'art. 102).

En d'autres termes, suivant l'expression du rapporteur de la loi à la Chambre des députés (séance du 29 octobre 1883), les maires de l'agglomération lyonnaise sont, en ce qui concerne la police municipale proprement dite, investis des mêmes pouvoirs que les maires des autres communes de France. (Circ. 15 mai.)

Art. 106. (*Responsabilité des communes.*) Les communes sont civilement responsables des dégâts et dommages résultant des crimes ou délits commis à force ouverte ou par violence sur leur territoire par des attroupements ou rassemblements armés ou non armés, soit envers les personnes, soit contre les propriétés publiques ou privées.

Les dommages-intérêts dont la commune est responsable sont répartis entre tous les habitants domiciliés dans ladite commune, en vertu d'un rôle spécial comprenant les quatre contributions directes.

Art. 107. Si les attroupements ou rassemblements ont été formés d'habitants de plusieurs communes, chacune d'elles est responsable des dégâts et dommages causés, dans la proportion qui sera fixée par les tribunaux.

Art. 108. Les dispositions des art, 106 et 107 ne sont pas applicables :

1° Lorsque la commune peut prouver que toutes les mesures qui étaient en son pouvoir ont été prises à l'effet de prévenir les attroupements ou rassemblements et d'en faire connaître les auteurs ;

2° Dans les communes où la municipalité n'a pas la disposition de la police locale ni de la force armée ;

3° Lorsque les dommages causés sont le résultat d'un fait de guerre.

Art. 109. La commune déclarée responsable peut exercer son recours contre les auteurs et complices du désordre.

La loi du 10 vendémiaire an IV, dont les dispositions, bien que tombées pour partie en désuétude, n'avaient pas été abrogées jusqu'à la loi du 5 avril 1884, avait établi le principe de la responsabilité étendue à la collectivité des habitants d'une commune, lorsqu'il s'agissait de crimes ou délits commis sur son territoire par des attroupements armés ou non armés, soit envers les personnes, soit contre les propriétés publiques ou privées.

La seule constatation des crimes ou délits commis dans ces circonstances rendait la commune responsable des dégâts et dommages.

La loi du 5 avril a maintenu le principe, mais elle a, dans les art. 106, 107, 108 et 109 consacrés à la matière, singulièrement atténué la rigueur de l'ancienne législation.

L'art. 106 déclare les communes responsables des dégâts et dommages résultant des crimes ou délits commis à force ouverte ou par violence sur leur territoire par des attroupements

ou rassemblements armés ou non armés, soit envers les personnes, soit contre les propriétés publiques ou privées.

Le maire de toute commune est chargé, par ses attributions de police, du soin de prévenir les attroupements ou rassemblements qui peuvent se former sur le territoire de la commune, et, lorsqu'ils ont lieu, de mettre la force publique en mouvement pour les dissiper ; s'il ne remplit pas ce devoir, il est naturel que la responsabilité de la commune soit engagée par la faute ou la négligence de son mandataire élu.

Le § 2 de l'art. 106 règle la procédure à suivre pour le paiement des dommages-intérêts dont la commune est responsable. Ces dommages-intérêts doivent être répartis entre tous les habitants domiciliés dans la commune. La répartition est faite en vertu d'un rôle spécial comprenant les quatre contributions directes.

L'art. 107 prévoit le cas où les attroupements ou rassemblements ont été formés d'habitants de plusieurs communes. Chacune d'elles alors est responsable des dégâts et dommages causés, dans la proportion qui sera fixée par les tribunaux.

L'art. 108 indique les circonstances dans lesquelles les communes sont affranchies de la responsabilité civile.

D'après le premier paragraphe de cet article, une commune échappe à l'application des art. 106 et 107 lorsqu'elle peut prouver que toutes les mesures qui étaient en son pouvoir ont été prises à l'effet de prévenir les attroupements ou rassemblements et d'en faire connaître les auteurs.

La commune, dans cette hypothèse, est présumée en faute, mais il lui appartient de justifier sa conduite devant les tribunaux, en apportant la preuve qu'elle a pris toutes les mesures nécessaires et rempli les devoirs qui lui incombaient.

Le § 2 de l'art. 108 décide, en outre, que le principe de la responsabilité ne s'appliquera pas aux communes où la municipalité n'a pas la disposition de la police locale ou de la force armée, c'est-à-dire aux communes qui, comme Paris et Lyon, ont un service de police indépendant de la municipalité, ou encore aux communes où l'état de siège a été proclamé.

Le § 3 veut également que les art. 106 et 107 ne soient pas appliqués lorsque les dommages causés sont le résultat d'un fait de guerre.

Enfin, l'art. 109 ajoute que la commune déclarée responsable peut exercer son recours contre les auteurs et complices du désordre.

(— Il est fort regrettable qu'on ait laissé ici une lacune très grave dans la loi. Cette question de la responsabilité est à reprendre. M. B.)

### TITRE IV. — DE L'ADMINISTRATION DES COMMUNES.
### Chap. Ier. — Des biens, travaux et établissements communaux.

Art. 110. (*Des biens.*) La vente des biens mobiliers et immobiliers des communes, autres que ceux servant à un usage public, peut être autorisée sur la demande de tout créancier porteur de titre exécutoire, par un décret du Président de la République qui détermine les formes de la vente.

Les créanciers des communes n'ont pas le droit de recourir contre elles aux voies ordinaires d'exécution. Il leur est interdit de pratiquer des saisies sur les biens communaux, soit mobiliers, soit immobiliers (C. d'Ét., avis du 18 août 1807.)

Cette interdiction est justifiée par les graves inconvénients qu'il y aurait à permettre à de simples particuliers de venir troubler l'ordre du budget communal approuvé par l'autorité compétente, et arrêter la marche des services municipaux en privant les communes des ressources sans lesquelles ils ne sauraient fonctionner. Toutefois, le législateur ne veut pas que les municipalités abusent de ce privilège. Il arme l'administration supérieure de moyens coercitifs lui donnant la faculté de contraindre les communes à se libérer de leurs dettes, lorsqu'elles disposent ou peuvent disposer de ressources suffisantes. Ces moyens consistent, soit en des allocations portées aux budgets des communes débitrices ou en des impositions extraordinaires établies d'office, soit en des ventes autorisées également d'office sur la demande des créanciers porteurs de titres exécutoires. L'administration supérieure apprécie si, en raison des circonstances, elle peut employer de semblables mesures sans compromettre les intérêts généraux des communes, du département ou de l'État, et, dans le cas de l'affirmative, quelle est celle de ces mesures qu'il convient de préférer.

L'art. 149 de la loi du 5 avril 1884 trace les règles à suivre lorsqu'il s'agit de percevoir aux allocations ou aux impositions d'office. L'art. 110 a pour objet les aliénations. Il est emprunté à l'art. 46 de la loi du 18 juillet 1837. Il décide que la vente des biens mobiliers ou immobiliers des communes, autres que ceux qui servent à un usage public, peut être autorisée, sur la demande de tout créancier porteur d'un titre exécutoire, par un décret du Président de la République, qui détermine les formes de la vente.

Des doutes pouvaient s'élever, avant la nouvelle loi municipale, sur le point de savoir si le droit de décentralisation conférait au préfet le pouvoir d'autoriser une vente de cette nature. Ils ne sauraient se reproduire aujourd'hui.

Vous devrez, dès lors, vous borner à m'adresser des propositions dans le cas où vous seriez saisi d'une demande qui vous paraîtrait susceptible d'être accueillie. (*Circ.*)

**Art. 111.** (*Dons et legs.*) Les délibérations du conseil municipal ayant pour objet l'acceptation de dons et legs, lorsqu'il y a des charges ou conditions, sont exécutoires sur arrêté du préfet, pris en conseil de préfecture.

S'il y a réclamation des prétendants droit à la succession, quelles que soient la quotité et la nature de la donation ou du legs, l'autorisation ne peut être accordée que par décret rendu en Conseil d'État.

Si la donation ou le legs ont été faits à un hameau ou quartier d'une commune qui n'est pas encore à l'état de section ayant la personnalité civile, les habitants du hameau ou quartier seront appelés à élire une commission syndicale, conformément à l'art. 129 ci-dessous. La commission syndicale délibérera sur l'acceptation de la libéralité, et, dans aucun cas, l'autorisation d'accepter ne pourra être accordée que par un décret rendu dans la forme des règlements d'administration publique.

En principe, les délibérations du conseil municipal portant acceptation de dons ou legs faits à la commune, à une ou plusieurs sections sont exécutoires par elles-mêmes. Elles ne sont subordonnées à l'approbation de l'administration supérieure que lorsqu'il y a, soit charges ou conditions, soit réclamations des héritiers, ou lorsque les libéralités sont faites à un hameau ou quartier de la commune qui n'est pas encore à l'état de section ayant la personnalité civile. (L. 5 avril 1884, art. 61, 68 *et* 111.)

L'approbation est donnée par le préfet en conseil de préfecture lorsque les libéralités faites à la commune ou à une section avec charges et conditions ne soulèvent aucune réclamation de la part des personnes qui prétendent avoir droit à la succession de l'auteur des libéralités.

Dans le cas contraire, elle doit émaner d'un décret rendu en Conseil d'État (art. 111). Il en est ainsi lorsqu'une réclamation est formée, soit contre l'ensemble des libéralités intéressant la commune ou la section et divers établissements publics, soit seulement contre une ou plusieurs des libéralités. Vous aurez également à provoquer un décret quand une convention ou transaction intervient entre les héritiers, la commune ou la section et les établissements intéressés avant qu'il ait été statué par l'autorité supérieure sur l'acceptation des libéralités. Cette transaction ou convention suppose, en effet, une réclamation des prétendants droit à la succession et rend nécessaire une décision présidentielle.

Un décret statuant sur l'ensemble des libéralités est encore nécessaire, même s'il n'y a pas réclamation d'héritiers, lorsqu'une ou plusieurs des libéralités concernent des établissements religieux et que vous n'êtes pas compétents pour en autoriser l'acceptation.

Un décret rendu dans la forme des règlements d'administration publique est indispensable dans tous les cas, d'après le dernier paragraphe de l'art. 111 de la loi du 5 avril 1884, quand les libéralités sont faites à un hameau ou quartier n'ayant pas le caractère de personne civile. Ce décret doit être précédé, non seulement d'un vote du conseil municipal de la commune, mais encore d'une délibération prise par une commission syndicale organisée conformément à l'art. 129 de la nouvelle loi municipale.

Cette disposition constitue une innovation importante. En effet, l'acceptation de libéralités dans les circonstances qu'elle prévoit n'a pas seulement pour résultat, quand elle est définitive, d'assurer des avantages ou au moins considérables à une portion de commune, et parfois à lui imposer des charges, mais encore de la constituer en personne civile pouvant ultérieurement, en remplissant les formalités légales ou réglementaires, recevoir de nouvelles libéralités, acquérir, transiger ou plaider. Il importait, par conséquent, de faire intervenir préalablement une représentation spéciale de la fraction de commune intéressée et d'exiger une sanction émanant de l'autorité administrative supérieure.

**Art. 112.** Lorsque la délibération porte refus de dons ou legs, le préfet peut, par un arrêté motivé, inviter le conseil municipal à revenir sur sa première délibération. Le refus n'est définitif que si, par une seconde délibération, le conseil municipal déclare y persister.

Si le don ou le legs a été fait à une section de commune et que le conseil municipal soit d'avis de refuser la libéralité, il sera procédé comme il est dit au paragraphe 3 de l'art. 111.

L'art. 112 de la loi du 5 avril 1884 édicte également de nouvelles règles.

Aux termes de l'art. 48 de la loi du 18 juillet 1837, les délibérations du conseil municipal portant refus d'acceptation de dons et legs n'étaient exécutoires qu'en vertu d'une décision du chef de l'État. Cette disposition avait été dictée par la crainte que, le conseil municipal, subissant l'influence des héritiers du donateur ou du testateur, ne sacrifiât à leur intérêt celui de la commune. Le législateur de 1884, voulant restreindre le moins possible la liberté d'action du conseil municipal, a pensé qu'il suffirait de l'inviter à revenir sur le refus qui ne paraîtrait pas justifié et à n'admettre le refus comme définitif que lorsqu'il aurait déclaré et persister par une seconde délibération.

En pareilles circonstances, Monsieur le Préfet, vous signalerez, d'une manière spéciale, à l'attention du conseil municipal, les inconvénients qui vous sembleraient devoir résulter, pour la commune, de la privation de biens dont son patrimoine pourrait être accru avantageusement.

Lorsque le don ou le legs est fait à une section de commune, si le conseil municipal est d'avis de le refuser, l'art. 112 exige qu'il soit statué par un décret rendu dans la forme des règlements d'administration publique, à la suite de la délibération d'une commission syndicale élue par les habitants de la section, selon les dispositions de l'art. 129. Le décret, dans ce cas, peut autoriser, malgré l'opposition du conseil municipal, l'acceptation de la libéralité.

La section se trouve ainsi protégée contre les sentiments de jalousie ou de convoitise qui pourraient amener le conseil municipal à exprimer un refus, afin de la priver d'avantages dont toute la commune ne profiterait pas directement.

**Art. 113.** Le maire peut toujours, à titre conservatoire, accepter les dons ou legs et former, avant l'autorisation, toute demande en délivrance.

Le décret du Président de la République, l'arrêté du préfet ou la délibération du conseil municipal, qui interviennent ultérieurement, ont effet du jour de cette acceptation.

L'art. 113 donne au maire le droit d'accepter, à titre conservatoire, les dons ou legs faits à la commune et de former avant l'autorisation toute demande en délivrance.

Le décret du Président de la République, l'arrêté du préfet ou la délibération du conseil municipal qui interviennent ultérieurement ont effet du jour de l'acceptation.

Ces dispositions, empruntées avec quelques modifications à l'art. 48 de la loi du 1er juillet 1837, s'expliquent d'elles-mêmes. Elles permettent au maire d'éviter à la commune la perte de libéralités ou d'intérêts qui pourraient résulter de retards apportés à l'autorisation de l'acceptation.

**Art. 114.** (*Travaux.*) Aucune construction nouvelle ou reconstruction ne peut être faite que sur la production des plans et devis approuvés par le conseil municipal, sauf les exceptions prévues par des lois spéciales.

Les plans et devis sont, en outre, approuvés par le préfet dans les cas prévus par l'art. 68, § 3.

Le conseil municipal a toujours été appelé, sauf certaines exceptions, à délibérer sur les plans et devis des constructions ou reconstructions intéressant la commune. Ces plans et devis, sous l'empire de la loi du 18 juillet 1837, devaient être soumis à l'approbation du ministre de l'intérieur quand les prévisions de la dépense s'élevaient à 30,000 fr. et à celle du préfet lorsqu'elles étaient moindres. Le décret du 25 mars 1852 sur la décentralisation administrative décida que le préfet statuerait sur les plans et devis des travaux communaux, quel qu'en fût le montant (art. 1er, *tableau* A, no 49). La loi du 24 juillet 1867 (art. 1er, no 3) restreignit à cet égard les pouvoirs du préfet et donna une certaine extension à ceux du conseil municipal. En effet, elle déclara que le conseil municipal réglerait par ses délibérations les projets, plans et devis de grosses réparations et d'entretien, lorsque la dépense totale afférente à ces projets, plans et devis et autres projets de même nature adoptés dans le même exercice, ne dépasserait pas le cinquième des revenus ordinaires de la commune, ni, en aucun cas, une somme de 50,000 fr.

La loi du 5 avril 1884 est allée beaucoup plus loin dans la voie des libertés communales. Elle accroît considérablement les pouvoirs du conseil municipal en matière de projets, plans et devis des travaux communaux. Elle veut que les délibérations qu'il prend sur les projets, plans et devis soient en principe exécutoires par elles-mêmes (art. 61 et 114). Elle ne les subordonne à la sanction de l'autorité supérieure, c'est-à-dire, ordinairement, du préfet, que dans les cas exceptionnels prévus, soit par l'art. 68 (nᵒ 3), soit par les lois spéciales.

Il est en outre à remarquer que si, en règle générale, les projets, plans et devis des travaux intéressant la commune ne doivent être mis à exécution que lorsqu'ils sont approuvés par le conseil municipal, cette règle souffre exception, comme le rappelle l'art. 114, dans certains cas prévus par les lois spéciales et notamment lorsqu'il s'agit, soit de travaux de la grande ou de la moyenne vicinalité, soit d'ouvrages constituant des dépenses communales obligatoires.

Art. 115. Les traités de gré à gré à passer dans les conditions prévues par l'ordonnance du 14 novembre 1837, et qui ont pour objet l'exécution par entreprise des travaux d'ouverture des nouvelles voies publiques et de tous autres travaux communaux, sont approuvés par le préfet, ou par décret, dans le cas prévu par l'art. 145, § 3.

Il en est de même des traités portant concession à titre exclusif, ou pour une durée de plus de trente années, des grands services municipaux, ainsi que des tarifs et traités relatifs aux pompes funèbres.

Les travaux et fournitures à exécuter par entreprise dans l'intérêt des communes sont l'objet, soit d'une adjudication, soit d'un traité de gré à gré.

L'adjudication avec publicité et concurrence présente des avantages considérables. Elle permet aux communes d'obtenir les prix les moins élevés et les meilleures garanties. Elle a, en outre, pour résultat d'écarter tout soupçon de partialité ou de collusion contre les autorités municipales. Ces considérations ont motivé les dispositions de l'ordonnance du 14 novembre 1837 qui la prescrivent comme règle générale et déterminent les cas exceptionnels où, à raison de circonstances particulières, il peut être traité de gré à gré.

L'art. 115 de la loi du 5 avril 1884 maintient implicitement la règle générale en ce qui touche, soit les travaux, soit les fournitures, et les exceptions que je viens de rappeler. Il leur donne même un caractère législatif. Il décide que les traités de gré à gré à passer dans les conditions de l'ordonnance du 14 novembre 1837 et qui ont pour objet l'exécution par entreprise de travaux d'ouverture de voies nouvelles publiques et de tous autres travaux communaux, sont approuvés par le préfet si les revenus ordinaires de la commune n'atteignent pas 3 millions, et par décret, s'ils atteignent ou dépassent ce chiffre.

L'art. 115 ajoute qu'il en est de même des traités portant concession à titre exclusif ou pour une durée de plus de trente années des grands services municipaux, ainsi que des tarifs et traités relatifs aux pompes funèbres.

L'art. 16 de la loi du 24 juillet 1867 contenait des prescriptions analogues en ce qui concerne les villes ayant 3 millions de revenus ou au delà ; mais, en dehors de l'ouverture des nouvelles rues, il ne restreignait la compétence du préfet relativement aux traités de gré à gré ayant pour objet les travaux communaux qu'à l'égard de ceux qui concernaient les travaux déclarés d'utilité publique. De plus, il exigeait, dans tous les cas, que le décret portant approbation des traités de gré à gré fût rendu en Conseil d'État.

Le législateur a pensé que, dans les villes ayant 3 millions de revenus ordinaires ou au delà, les travaux non déclarés d'utilité publique pouvaient avoir autant d'importance que ceux qui ont été l'objet d'une pareille déclaration, et que, par suite, il y avait lieu de les entourer de la même garantie. D'un autre côté, les divers travaux de ces villes présentaient un caractère d'urgence, il n'a pas cru devoir imposer au Gouvernement l'obligation de prendre l'avis du Conseil d'État avant de statuer. Il ne lui a pas non plus semblé nécessaire de maintenir cette obligation pour les traités concernant les services municipaux ou les pompes funèbres.

J'ajouterai que ces derniers traités, quand ils interviennent dans les villes ayant 3 millions de revenus ou au delà, doivent, d'après le texte et surtout l'esprit de l'art. 114 de la

nouvelle loi municipale, être soumis à la sanction du Président de la République, sans qu'il y ait à distinguer s'ils sont conclus de gré à gré ou par voie d'adjudication.

Art. 116. (*Intérêts communs.*) Deux ou plusieurs conseils municipaux peuvent provoquer entre eux, par l'entremise de leurs présidents, et après en avoir averti les préfets, une entente sur les objets d'utilité communale compris dans leurs attributions et qui intéressent à la fois leurs communes respectives.

Ils peuvent faire des conventions à l'effet d'entreprendre ou de conserver à frais communs des ouvrages ou des institutions d'utilité commune.

Art. 117. Les questions d'intérêt commun seront débattues dans des conférences où chaque conseil municipal sera représenté par une commission spéciale nommée à cet effet et composée de trois membres nommés au scrutin secret.

Les préfets et les sous-préfets des départements et arrondissements comprenant les communes intéressées pourront toujours assister à ces conférences.

Les décisions qui y seront prises ne seront exécutoires qu'après avoir été ratifiées par tous les conseils municipaux intéressés et sous les réserves énoncées au chapitre III du titre IV de la présente loi.

Art. 118. Si des questions autres que celles que prévoit l'art. 116 étaient mises en discussion, le préfet du département où la conférence a lieu déclarerait la réunion dissoute.

Toute délibération prise après cette déclaration donnerait lieu à l'application des dispositions et pénalités énoncées à l'art. 34 de la loi du 10 août 1871.

Il arrive souvent que plusieurs communes sont respectivement intéressées à l'exécution et à l'entretien d'ouvrages dont chacune doit profiter, tel qu'un pont destiné à relier leurs rues ou leurs chemins, une digue indispensable pour protéger leurs territoires, un canal nécessaire, soit pour assainir ou irriguer les terres comprises dans leurs circonscriptions, soit pour fournir aux habitants l'eau dont ils ont besoin. Elles peuvent également avoir intérêt à réunir leurs ressources pour la fondation de certaines institutions, notamment d'établissements de bienfaisance ou d'écoles professionnelles.

Le législateur de 1837 s'était préoccupé de ces questions. Il avait édicté, en ce qui le concerne, les art. 72 et 73 de la loi du 18 juillet. Elles devaient également appeler l'attention du législateur de 1884. Deux systèmes se présentaient pour les résoudre : l'un consistant à substituer une commission intercommunale aux municipalités pour les délibérations ou les décisions à prendre relativement aux ouvrages ou aux institutions d'intérêt commun ; l'autre se bornant à autoriser les conseils municipaux à se concerter sur ces ouvrages ou institutions sous le contrôle de l'administration supérieure, par l'intermédiaire de commissions spéciales qui, choisies par les conseils municipaux dans leur sein, se réuniraient en des conférences et prendraient des décisions à soumettre à la ratification de chacun des conseils intéressés. Le législateur de 1884 a donné sa préférence au second système. Il a craint qu'en pareille matière l'intervention d'une commission intercommunale ayant les mêmes pouvoirs que les municipalités ne portât une trop grave atteinte aux prérogatives des conseils municipaux et n'entraînât les communes dans des dépenses excessives. Il a pensé qu'un système analogue à celui adopté pour les départements par la loi du 10 août 1871 (art. 89, 90 et 91) assurerait aux communes d'une manière suffisante les moyens de réaliser les œuvres vraiment utiles auxquelles elles sont intéressées, mais que chacune d'elles abandonnée à ses propres forces ne pourrait entreprendre ni entretenir. Tel est l'esprit qui a dicté les art. 116, 117 et 118 de la loi du 5 avril 1884[1].

Aux termes de l'art. 116, c'est aux présidents des conseils municipaux, c'est-à-dire aux maires, qu'il appartient de provoquer entre deux ou plusieurs conseils une entente sur les

---

1. Les deux alinéas qui suivent manquent dans le *Journal officiel* du 20 mai 1884 (p. 2269, 1ʳᵉ colonne) : ils ont été remplacés par deux alinéas quelconques. Nous les avons rectifiés d'après le *Bulletin officiel* du ministère de l'intérieur, nᵒ 7, 1884.

*travaux, les ouvrages ou les institutions intéressant à la fois leurs communes respectives.* Un maire ne doit prendre l'initiative d'une entente de cette nature qu'autant qu'il 'y est autorisé par le conseil municipal de sa commune, et qu'il vous en a averti.

D'après l'art. 117, les questions d'intérêt commun sur lesquelles il *s'agit d'établir une entente doivent être débattues dans des conférences* où chaque conseil municipal est représenté par une commission spéciale qu'il a choisie à cet effet dans son sein et composée de trois membres nommés au scrutin secret.

Le préfet, dans l'arrondissement chef-lieu, le sous-préfet dans les autres arrondissements, a le droit d'assister à ces conférences.

Les décisions qui y sont prises ne peuvent être mises à exécution qu'après avoir été ratifiées par tous les conseils municipaux. Elles sont en outre subordonnées à la même sanction que les délibérations des conseils municipaux, dans les cas où ces délibérations ne sont exécutoires qu'en vertu de l'approbation d'une loi spéciale, d'un décret du Président de la République, d'un arrêté préfectoral ou de la décision d'une autre autorité.

Aux termes de l'art. 46 (n° 23) de la loi du 19 août 1871, le conseil général statue définitivement sur les difficultés élevées au sujet de la répartition de la dépense des travaux qui intéressent plusieurs communes du département.

Cette disposition, d'après l'art. 72 de la loi du 18 juillet 1837, devait s'appliquer sans distinction aux travaux constituant en principe une dépense communale obligatoire et à ceux qui n'avaient pas ce caractère. Aujourd'hui, l'art. 72 précité étant abrogé, elle ne sera plus applicable qu'en matière de travaux qui rentrent dans la catégorie des dépenses communales obligatoires et ne tombent pas sous l'application de l'art. 163 de la nouvelle loi municipale.

Quand des questions autres que celles prévues par l'art. 116 sont mises en discussion dans une conférence intercommunale, l'art. 118 vous charge de déclarer la réunion dissoute. Toute délibération qui serait prise après cette déclaration tomberait sous l'application des dispositions et pénalités énoncées à l'art. 34 de la loi du 10 août 1871.

Vous devriez dès lors, par un arrêté motivé, déclarer la réunion illégale, prendre toutes les mesures nécessaires pour que l'assemblée se sépare immédiatement et transmettre votre arrêté au procureur général du ressort qui provoquerait, s'il y avait lieu, la *condamnation aux peines déterminées par l'art. 258 du Code pénal.* Les membres condamnés seraient exclus du conseil municipal dont ils feraient partie et inéligibles pendant trois années à partir de la condamnation. (*Circ.*)

**Art. 119.** Les délibérations des commissions administratives des hospices, hôpitaux et autres établissements charitables communaux concernant un emprunt sont exécutoires en vertu d'un arrêté du préfet, sur avis conforme du conseil municipal, lorsque la somme à emprunter ne dépasse pas le chiffre des revenus ordinaires de l'établissement et que le remboursement doit être effectué dans un délai de douze années.

Si la somme à emprunter dépasse ledit chiffre ou si le délai de remboursement excède douze années, l'emprunt ne peut être autorisé que par un décret du Président de la République.

Le décret est rendu en Conseil d'État si l'avis du conseil municipal est contraire, ou s'il s'agit d'un établissement ayant plus de 100,000 fr. de revenu.

L'emprunt ne peut être autorisé que par une loi, lorsque la somme à emprunter dépasse 500,000 fr. ou lorsque ladite somme, réunie aux chiffres d'autres emprunts non encore remboursés, dépasse 500,000 fr.

L'art. 110 de la nouvelle loi est la reproduction de l'art. 12 de la loi du 24 juillet 1867 concernant les emprunts des hospices, hôpitaux et autres établissements charitables communaux. Il décide qu'en cette matière les délibérations des commissions administratives sont exécutoires en vertu d'un arrêté du préfet, si l'avis du conseil municipal est conforme et si d'ailleurs :

1° La somme à emprunter ne dépasse pas le chiffre des revenus ordinaires de l'établissement ;

2° Si le remboursement doit être effectué dans un délai de douze ans.

Lorsque l'une de ces deux conditions ne sera pas remplie, l'emprunt devra être autorisé par décret.

Le décret sera rendu en Conseil d'État si l'avis du conseil municipal est contraire à l'emprunt, ou s'il s'agit d'un établissement ayant plus de 100,000 fr. de revenu.

Enfin une loi sera nécessaire lorsque la somme à emprunter dépassera 500,000 fr., ou lorsque cette somme réunie au chiffre d'autres emprunts non encore remboursés, sera supérieure à 500,000 fr.

*Création des bureaux de bienfaisance.* Il est à remarquer, Monsieur le Préfet, que la loi du 5 avril 1884 n'a pas reproduit l'art. 14 de la loi du 24 juillet 1867, aux termes duquel la création des bureaux de bienfaisance était autorisée par les préfets, sur l'avis des conseils municipaux.

Cette disposition se trouvant abrogée par l'art. 168 de la nouvelle loi, on retombe sous l'empire du décret du 25 mars 1852. Or, ce décret, se fondant sur les principes consacrés par l'ancienne législation, notamment les édits de décembre 1666 et d'août 1749, avait décidé que les bureaux de bienfaisance, qui sont de véritables personnes civiles distinctes des communes, bien qu'elles aient avec celles-ci de nombreux points de contact, ne pourraient être créés qu'en vertu d'une autorisation du Gouvernement.

L'autorisation du Président de la République, Monsieur le Préfet, sera donc désormais indispensable. Pour me mettre en mesure de la provoquer, vous aurez à me transmettre, avec votre avis motivé, la délibération du conseil municipal relative à la fondation du bureau de bienfaisance et un état des ressources destinées à assurer son fonctionnement.

À cette occasion, je crois devoir rappeler qu'il est nécessaire, dans l'intérêt même des établissements à créer et pour assurer leur stabilité, d'exiger qu'ils se trouvent pourvus d'une dotation d'au moins 50 fr., soit en immeubles, soit en rentes sur l'État, sans compter les subventions qui peuvent être accordées par les conseils municipaux et les recettes légalement attribuées aux pauvres, telles que le tiers du produit des concessions de terrains dans les cimetières et le droit établi en faveur des indigents à l'entrée des spectacles, bals et concerts, les quêtes dans les églises. (*Circ.*)

**Art. 120.** Les délibérations par lesquelles les commissions administratives chargées de la gestion des établissements publics communaux changeraient en totalité ou en partie l'affectation des locaux ou objets immobiliers ou mobiliers appartenant à ces établissements, dans l'intérêt d'un service public ou privé quelconque, ou mettraient à la disposition, soit d'un autre établissement public ou privé, soit d'un particulier, lesdits locaux et objets, ne sont exécutoires qu'après avis du conseil municipal, et en vertu d'un décret rendu sur la proposition du ministre de l'intérieur.

L'art. 120 a établi une règle nouvelle pour le cas où les commissions administratives chargées de la gestion des établissements publics communaux proposeraient soit de changer en totalité ou en partie l'affectation des locaux ou objets immobiliers ou mobiliers appartenant à ces établissements, dans l'intérêt d'un service public ou privé quelconque, soit de les mettre à la disposition d'un autre établissement ou d'un particulier. Les délibérations des commissions administratives relatives à ces questions ne seront désormais exécutoires qu'après avis du conseil municipal et en vertu d'un décret rendu sur la proposition du ministre de l'intérieur.

**Chap. II. — Des actions judiciaires.**

**Art. 121.** Nulle commune ou section de commune ne peut ester en justice sans y être autorisée par le conseil de préfecture, sauf les cas prévus aux art. 122 et 154 de la présente loi.

Après tout jugement intervenu, la commune ne peut se pourvoir devant un autre degré de juridiction qu'en vertu d'une nouvelle autorisation du conseil de préfecture.

Dans les cas prévus par les deux paragraphes précédents, la décision du conseil de préfecture doit être rendue dans les deux mois à compter du jour de la demande en autorisation. À défaut de décision rendue dans ledit délai, la commune est autorisée à plaider.

**Art. 122.** Le maire peut toujours, sans autorisation préalable, intenter toute action possessoire ou y défendre et faire tous actes conservatoires ou interruptifs des déchéances.

Il peut, sans autre autorisation, interjeter appel de tout jugement et se pourvoir en cassation ; mais il ne peut ni suivre sur son appel, ni suivre sur le pourvoi qu'en vertu d'une nouvelle autorisation.

Art. 123. Tout contribuable inscrit au rôle de la commune a le droit d'exercer, à ses frais et risques, avec l'autorisation du conseil de préfecture, les actions qu'il croit appartenir à la commune ou section, et que celle-ci, préalablement appelée à en délibérer, a refusé ou négligé d'exercer.

La commune ou section est mise en cause et la décision qui intervient a effet à son égard.

Art. 124. Aucune action judiciaire autre que les actions possessoires ne peut, à peine de nullité, être intentée contre une commune qu'autant que le demandeur a préalablement adressé au préfet ou au sous-préfet un mémoire exposant l'objet et les motifs de sa réclamation. Il lui en est donné récépissé.

L'action ne peut être portée devant les tribunaux que deux mois après la date du récépissé, sans préjudice des actes conservatoires.

La présentation du mémoire interrompt toute prescription ou déchéance, si elle est suivie d'une demande en justice dans le délai de trois mois.

Art. 125. Le préfet ou sous-préfet adresse immédiatement le mémoire au maire, avec l'invitation de convoquer le conseil municipal dans le plus bref délai, pour en délibérer.

La délibération du conseil municipal est transmise au conseil de préfecture, qui décide si la commune doit être autorisée à ester en justice.

La décision du conseil de préfecture doit être rendue dans le délai de deux mois à dater du dépôt du mémoire.

Art. 126. Toute décision du conseil de préfecture portant refus d'autorisation doit être motivée.

La commune, la section de commune ou le contribuable auquel l'autorisation a été refusée peut se pourvoir devant le Conseil d'État.

Le pourvoi est introduit et jugé en la forme administrative. Il doit, à peine de déchéance, être formé dans le délai de deux mois à dater de la notification de l'arrêté du conseil de préfecture.

Il doit être statué sur le pourvoi dans le délai de deux mois à partir du jour de son enregistrement au secrétariat général du Conseil d'État.

Art. 127. En cas de pourvoi de la commune ou section contre la décision du conseil de préfecture, le demandeur peut néanmoins introduire l'action ; mais l'instance est suspendue jusqu'à ce qu'il ait été statué par le Conseil d'État ou jusqu'à l'expiration du délai dans lequel le Conseil d'État doit statuer. A défaut de décision rendue dans les délais ci-dessus impartis, la commune est autorisée à ester en justice. Mais, en cas d'appel ou de pourvoi en cassation, il doit être procédé comme il est dit à l'art. 121.

Les art. 121 à 131 de la loi du 5 avril 1884 concernent les actions judiciaires à engager ou à soutenir au nom, soit des communes, soit des sections de commune. Ils reproduisent les règles édictées par les art. 49 et suivants de la loi du 18 juillet 1837, avec certaines modifications qui les complètent ou les précisent.

L'art. 121 de la nouvelle loi municipale pose en principe, comme le faisait l'art. 49 de la loi de 1837, que nulle com-

mune ou section de commune ne peut ester en justice sans y être autorisée par le conseil de préfecture, et qu'après tout jugement intervenu elle ne peut se pourvoir devant un autre degré de juridiction sans une nouvelle autorisation du même conseil.

Sous l'empire de la loi de 1837, une commune ou section de commune, quelle que fût l'époque à laquelle elle avait sollicité l'autorisation qui lui était nécessaire pour intenter une action judiciaire ou y défendre, ne pouvait régulièrement ester en justice tant qu'elle n'avait pas obtenu formellement cette autorisation.

Au contraire, aujourd'hui, d'après le troisième paragraphe de l'art. 121 de la loi du 5 avril 1884, quand le conseil de préfecture n'a pas statué sur une demande en autorisation dans les deux mois qui la suivent, la commune ou section de commune est autorisée à plaider. En pareil cas, par le seul fait de l'expiration du délai de deux mois, le législateur accorde lui-même l'autorisation sollicitée. Il ne veut pas qu'un plus long retard, résultant de circonstances quelconques, puisse empêcher les municipalités d'exercer en temps utile des revendications légitimes ou de défendre efficacement les droits dont l'existence serait incontestable.

Les litiges intéressant les communes pourraient cependant être portés, dans des conditions moins favorables, devant les tribunaux judiciaires. Or, il est du devoir de l'administration supérieure de prévenir, autant qu'il est en elle, les conséquences regrettables des procès engagés témérairement par les municipalités. Vous devez donc veiller avec le plus grand soin, Monsieur le Préfet, à ce que le conseil de préfecture, en matière d'autorisation de plaider, statue dans le délai légal, sauf les cas tout à fait exceptionnels de force majeure ou autres qui n'auraient pas permis de réunir en temps utile les éléments indispensables d'information.

L'art. 55 de la loi du 18 juillet 1837 décidait que le maire pouvait, sans autorisation, intenter une action possessoire, ou y défendre et faire tous actes conservatoires ou interruptifs des déchéances.

L'art. 122 de la loi du 5 avril 1884 maintient cette faculté au maire. Il lui reconnaît, en outre, le droit d'interjeter appel de tout jugement ou de se pourvoir en cassation avant d'avoir obtenu une nouvelle autorisation, sans laquelle, toutefois, il ne saurait suivre sur l'appel ou sur le pourvoi. Cette disposition est la consécration de la jurisprudence établie sous la législation antérieure.

La nécessité d'une autorisation souffre une autre exception dans le cas prévu à l'art. 154 de la nouvelle loi municipale, c'est-à-dire lorsqu'il s'agit de défendre devant les tribunaux judiciaires aux oppositions formées contre les états dressés pour le recouvrement de recettes municipales.

La jurisprudence admet également qu'une commune ayant gagné son procès en première instance après avoir été formellement autorisée à ester en justice, n'a pas besoin d'une nouvelle autorisation pour défendre en appel.

Enfin, il est à remarquer que, sous la loi du 5 avril 1884, les communes, pas plus que sous la législation antérieure, n'ont besoin d'aucune autorisation pour plaider devant les juridictions administratives.

D'ailleurs, même dans les divers cas où la commune n'a pas besoin d'être autorisée pour engager une instance, soit judiciaire, soit administrative, ou y défendre, le maire ne peut se passer de l'autorisation du conseil municipal. Il lui appartient, sans doute, de saisir à titre conservatoire, avant cette autorisation, la juridiction compétente, afin d'interrompre les prescriptions ou de prévenir les déchéances ; mais, s'il veut suivre sur l'instance, l'autorisation du conseil municipal lui est indispensable, aux termes de l'art. 61 de la loi du 5 avril 1884, comme elle l'était déjà sous l'empire de la loi du 18 juillet 1837 (art. 19).

L'art. 123 de la loi du 5 avril 1884 maintient la disposition du troisième paragraphe de l'art. 49 de la loi du 18 juillet 1837.

Il reconnaît à tout contribuable inscrit au rôle des contributions directes dans la commune le droit d'exercer à ses frais et risques, avec l'autorisation du conseil de préfecture, les actions qu'il croit appartenir à la commune ou section et que celle-ci, préalablement appelée à en délibérer, a refusé ou négligé d'exercer.

La commune ou section de commune, d'après le troisième paragraphe de l'art. 121, est implicitement autorisée par la loi à ester en justice lorsque le conseil de préfecture n'a pas statué au bout de deux mois sur la demande dont elle l'a saisi. Il en est autrement quand il s'agit de la demande d'un contribuable. En effet, les dispositions du troisième paragraphe de l'art. 121 ont été édictées exclusivement en faveur des municipalités. Elles ne sont pas, par conséquent, applicables au contribuable. Il ne peut jamais plaider au nom de la commune sans une autorisation formelle du conseil de préfecture ou du Conseil d'État.

Les art. 124 et 125 de la loi du 5 avril 1884 ont pour objet les actions que les particuliers veulent intenter contre une commune. Ils reproduisent avec certaines modifications les règles tracées par les art. 51 et 52 de la loi du 18 juillet 1837.

L'art. 124 veut que l'action intentée contre une commune ne puisse, en principe, être portée devant les tribunaux que deux mois après la date du récépissé du mémoire présenté par le demandeur.

Cette disposition constitue une innovation importante. Le dernier alinéa du même article contient également une innovation qui mérite d'être signalée. Elle consiste en ce que la présentation du mémoire n'interrompra toute prescription ou déchéance qu'autant qu'elle sera suivie d'une demande en justice dans le délai de trois mois.

Aux termes de l'art. 125, § 2, le conseil de préfecture décide si la commune doit être autorisée à plaider. Plusieurs arrêts de la Cour de cassation ont refusé de reconnaître au préfet, sous la loi du 18 juillet 1837, le pouvoir de se substituer au maire en vertu de l'art. 15 pour défendre à une action judiciaire au nom d'une commune, lorsque le conseil de préfecture autorisait celle-ci à ester en justice, bien que le conseil municipal eût déclaré qu'il n'y avait pas lieu de plaider. Cette jurisprudence ayant parfois empêché l'administration supérieure de faire respecter les droits incontestables d'une commune désertés en faveur de ses adversaires par une municipalité qui obéissait à des considérations d'intérêt personnel ou s'associait à des actes de collusion, le Gouvernement crut devoir proposer de rédiger le second paragraphe de l'art. 125 de manière à conférer au préfet le droit d'intervenir directement en pareilles circonstances. La Chambre des députés, après avoir adopté d'abord un amendement en ce sens, l'a repoussé d'accord avec le Sénat. Le Parlement a craint qu'il ne fût une restriction excessive des libertés dont la nouvelle loi a voulu assurer le développement.

Ainsi, Monsieur le Préfet, sauf les cas où une loi spéciale vous en donnerait le pouvoir, il ne vous appartient, pas plus sous la nouvelle loi municipale qu'il ne vous appartenait antérieurement, d'après la jurisprudence de la Cour de cassation, de vous substituer au maire qui refuse, conformément au vote du conseil municipal, de défendre à une action judiciaire au nom de la commune, malgré l'autorisation accordée par le conseil de préfecture. Mais il ne vous échappera pas que, si le refus du maire était contraire à la résolution prise par le conseil municipal, il tomberait sous l'application de l'art. 85 de la loi du 5 avril 1884. Vous pourriez alors intervenir en vertu de cet article. D'un autre côté, quand votre intervention directe sera interdite, rien ne s'opposera à ce que vous engagiez un contribuable à remplir les formalités de l'art. 123 de la nouvelle loi pour obtenir l'autorisation de faire valoir les droits que la commune négligerait ou refuserait de défendre. Enfin, le ministère public devant prendre des conclusions, d'après l'art. 83 du Code de procédure civile, dans les causes concernant les communes, vous pourriez appeler son attention, non seulement sur les faits qui ne permettraient pas de considérer comme justifiée l'abstention du maire, mais encore sur les renseignements ou les titres qui seraient de nature à établir les droits de la commune.

Les art. 126 et 127 de la nouvelle loi ouvrent aux communes, aux sections de commune, ou aux contribuables la voie du recours contre les décisions du conseil de préfecture portant refus d'autorisation de plaider. Ils sont empruntés aux art. 53 et 54 de la loi du 18 juillet 1837. Ils les complètent et les précisent. Mais, contrairement à l'art. 54 de la loi du 18 juillet 1837, l'art. 127 déclare que, si le Conseil d'État n'a pas statué dans le délai de deux mois qui suit l'enregistrement du pourvoi, la commune est autorisée à ester en justice. Cette disposition est analogue à celle du dernier paragraphe de l'art. 124. Il est toutefois à remarquer que, d'après la disposition finale de l'art. 127, lorsqu'une commune ou une section de commune, après avoir usé de l'autorisation tacite résultant du silence du Conseil d'État, succombera ou voudra interjeter appel ou se pourvoir en cassation, elle sera tenue de solliciter une nouvelle autorisation, conformément à l'art. 121.

**Art. 128.** Lorsqu'une section se propose d'intenter ou de soutenir une action judiciaire soit contre la commune dont elle dépend, soit contre une autre section de la même commune, il est formé, pour la section et pour chacune des sections intéressées, une commission syndicale distincte.

**Art. 129.** Les membres de la commission syndicale sont choisis parmi les éligibles de la commune et nommés par les électeurs de la section qui l'habitent et par les personnes qui, sans être portées sur la liste électorale, y sont propriétaires fonciers.

Le préfet est tenu de convoquer les électeurs dans le délai d'un mois pour nommer une commission syndicale, toutes les fois qu'un tiers des habitants ou propriétaires de la section lui adresse à cet effet une demande motivée sur l'existence d'un droit litigieux à exercer au profit de la section contre la commune ou une autre section de la commune.

Le nombre des membres de la commission est fixé par l'arrêté qui convoque les électeurs.

Ils élisent parmi eux un président chargé de suivre l'action.

**Art. 130.** Lorsque le conseil municipal se trouve réduit à moins du tiers de ses membres, par suite de l'abstention, prescrite par l'art. 64, des conseillers municipaux qui sont intéressés à la jouissance des biens et droits revendiqués par une section, le préfet convoque les électeurs de la commune, déduction faite de ceux qui habitent ou sont propriétaires sur le territoire de la section, à l'effet d'élire ceux d'entre eux qui doivent prendre part aux délibérations au lieu et place des conseillers municipaux obligés de s'abstenir.

**Art. 131.** La section qui a obtenu une condamnation contre la commune ou une autre section n'est point passible des charges ou contributions imposées pour l'acquittement des frais et dommages-intérêts qui résultent du procès.

Il en est de même à l'égard de toute partie qui plaide contre une commune ou section de commune.

Les art. 128, 129, 130, 131 ont trait aux procès qui peuvent s'engager soit entre une section et la commune dont elle dépend, soit entre deux sections de la même commune. Ils déterminent le mode d'organisation et de fonctionnement de la commission syndicale qui, en pareil cas, doit représenter chacune des sections intéressées. Ils tracent en outre la marche à suivre pour remplacer les membres du conseil municipal qui ne peuvent prendre part à ses délibérations par suite de leur intérêt à la jouissance des biens et droits revendiqués par une section. Enfin, ils décident que les charges ou contributions imposées pour l'acquittement des frais et dommages-intérêts résultant d'un procès perdu par une commune ne sont pas supportées par la section ou le particulier ayant obtenu gain de cause.

Les dispositions qu'ils édictent sur ces divers objets sont empruntées aux art. 56, 57 et 58 de la loi du 18 juillet 1837. Elles en différent sur quelques points. Elles sont, en outre, plus libérales. En effet, d'après l'art. 57 de la loi de 1837, tous les membres du conseil municipal intéressés à la jouissance des biens et droits revendiqués par une section devaient être remplacés dans les délibérations relatives au litige ; le remplacement n'est exigé par l'art. 130 de la loi du 5 avril 1884 que lorsque le conseil municipal se trouve réduit à moins du tiers par suite de l'abstention des conseillers municipaux intéressés. D'un autre côté, aux termes de l'art. 56 de la loi de 1837, les membres de la commission syndicale étaient nommés par le préfet ; l'art. 129 de la loi de 1884 en laisse le choix aux électeurs de la section qui l'habitent et aux personnes qui, sans être portées sur les listes électorales, sont propriétaires fonciers dans la section. L'art. 56 de la loi de 1837 laissait au préfet l'appréciation des cas où la commission syndicale devait être constituée. L'art. 129 de la nouvelle loi impose au préfet l'obligation de convoquer les électeurs dans le délai d'un mois pour nommer la commission syndicale, toutes les fois qu'un tiers des habitants ou des propriétaires de la section lui adresse, à cet effet, une demande motivée sur l'existence d'un droit litigieux à exercer au profit de la section contre la commune ou une section de la commune. Le préfet, sous la nouvelle loi municipale comme sous la législation antérieure, fixe le nombre des membres de la commission syndicale. Il ne pouvait le porter à moins de 3 ni à plus de 5 sous la loi du 18 juillet 1837 (art. 56). Aujourd'hui, d'après l'art. 129 de la loi du 5 avril 1884, il lui appartient de le fixer au chiffre qu'il juge convenable, à raison des circonstances.

Lorsqu'il s'agit d'une action à intenter ou à soutenir par une section contre une autre section ne dépendant pas de la même commune ou contre une commune autre que celle dont elle fait partie, aucune commission syndicale ne doit intervenir ; chaque section intéressée est représentée exclusivement par le conseil municipal et le maire de la commune à laquelle elle appartient.

Vous remarquerez, Monsieur le Préfet, qu'il n'est pas fait mention des établissements de bienfaisance au chapitre 2 du titre IV, relatif aux actions judiciaires. On peut dès lors se demander si les articles de ce chapitre doivent leur être appliqués par analogie. Dans le doute possible sur la question de savoir si, en l'absence de dispositions concernant spécialement les établissements de bienfaisance, l'expiration des délais prévus aux art. 121 et 127 suffit à habiliter les établissements à ester en justice, il conviendra que le conseil de préfecture statue toujours dans le délai de deux mois. (*Circ.*)

### Chap. III. — Du budget communal.

#### SECT. 1re. — RECETTES ET DÉPENSES.

**Art. 132.** Le budget communal se divise en budget ordinaire et en budget extraordinaire.

L'art. 132 de la loi du 5 avril 1884 porte que le budget communal se divise en budget ordinaire et en budget extraordinaire. Bien que cette division ne fût pas prescrite par les lois antérieures, elle existait en fait dans tous les budgets communaux. Dès lors, la rédaction de ces budgets ne devra, jusqu'à nouvel ordre, recevoir aucune modification et les administrations municipales pourront continuer de se servir des modèles employés jusqu'à ce jour.

#### *Recettes ordinaires.*

**Art. 133.** Les recettes du budget ordinaire se composent :

1° Des revenus de tous les biens dont les habitants n'ont pas la jouissance en nature ;

2° Des cotisations imposées annuellement sur les ayants droit aux fruits qui se perçoivent en nature ;

3° Du produit des centimes ordinaires et spéciaux affectés aux communes par les lois de finances ;

4° Du produit de la portion accordée aux communes dans certains des impôts et droits perçus pour le compte de l'État ;

5° Du produit des octrois municipaux affectés aux dépenses ordinaires ;

6° Du produit des droits de place perçus dans les halles, foires, marchés, abattoirs, d'après les tarifs dûment établis ;

7° Du produit des permis de stationnement et location sur la voie publique, sur les rivières, ports et quais fluviaux et autres lieux publics ;

8° Du produit des péages communaux, des droits de pesage, mesurage et jaugeage, des droits de voirie et autres droits légalement établis ;

9° Du produit des terrains communaux affectés aux inhumations et de la part revenant aux communes dans le prix des concessions dans les cimetières ;

10° Du produit des concessions d'eau et de l'enlèvement des boues et immondices de la voie publique et autres concessions autorisées pour les services communaux ;

11° Du produit des expéditions des actes administratifs et des actes de l'état civil ;

12° De la portion que les lois accordent aux communes dans les produits des amendes prononcées par les tribunaux de police correctionnelle et de simple police ;

13° Du produit de la taxe de balayage dans les communes de France et d'Algérie où elle sera établie, sur leur demande, conformément aux dispositions de la loi du 26 mars 1873, en vertu d'un décret rendu dans la forme des règlements d'administration publique ;

14° Et généralement du produit des contributions, taxes et droits dont la perception est auto-

risée par les lois dans l'intérêt des communes, et de toutes les ressources annuelles et permanentes ; en Algérie et dans les colonies, des ressources dont la perception est autorisée par les lois et décrets.

L'établissement des centimes pour insuffisance de revenus est autorisé par arrêté du préfet lorsqu'il s'agit de dépenses obligatoires.

Il est approuvé par décret dans les autres cas.

L'art. 133 énumère les recettes du budget ordinaire. Il reproduit l'art. 31 de la loi du 18 juillet 1837 avec certaines modifications on additions dans les plus importantes sont celles des paragraphes 5, 6, 7, 9, 13 et des deux derniers alinéas.

§ 5. (*Produits des octrois.*) L'art. 31 de la loi du 18 juillet 1837 (n° 5) faisait figurer au nombre des recettes ordinaires le produit des octrois municipaux.

La nouvelle loi n'apporte, en réalité, sur ce point aucune modification à l'ancienne législation. La loi de 1837, il est vrai, ne spécifiait pas que le produit des octrois municipaux affectés aux dépenses ordinaires devait seul figurer parmi les recettes ordinaires des communes. Mais cette distinction avait toujours été admise dans la pratique.

§ 6. (*Droits de place perçus dans les halles, etc.*) Le paragraphe 6 de la loi du 5 avril 1884, range dans la catégorie des recettes du budget ordinaire le produit des droits de place perçus dans les halles, foires, marchés, abattoirs, d'après les tarifs dûment établis.

Ce paragraphe est emprunté au paragraphe 6 de l'art. 31 de la loi du 18 juillet 1837.

En ce qui concerne les tarifs des droits de place à percevoir dans les halles, foires et marchés, la loi du 24 juillet 1867 (*art. 1er, § 4*) donnait au conseil municipal un pouvoir de règlement quand il y avait accord entre le maire et le conseil. Dans tous les cas, désormais, les délibérations par lesquelles le conseil municipal vote le tarif de ces droits doivent être soumises à approbation, aux termes des art. 68 et 69 de la nouvelle loi municipale.

Quant aux taxes d'abatage, leur fixation reste subordonnée à l'application du décret du 1er août 1864. Le tarif devra par conséquent être, selon les cas, homologué, comme par le passé, par vous ou par décret rendu en Conseil d'État.

§ 7. (*Droits de stationnement et de location*). Les recettes du budget ordinaire énoncées au paragraphe 7 de l'art. 133 de la loi du 5 avril 1884 consistent dans le produit des permis de stationnement et des locations sur la voie publique, sur les rivières, ports et quais fluviaux et autres lieux publics.

La perception de ce produit en faveur des communes a été autorisée, pour la première fois, dans la législation moderne, par la loi du 11 frimaire an VII (*art. 7*). La loi du 18 juillet 1837 (*art. 31, n° 7*) l'a maintenue. Depuis, les lois annuelles de finances n'ont pas cessé de l'admettre. Elle est consacrée de nouveau par la loi du 5 avril 1884. Elle peut avoir lieu aujourd'hui, comme sous la législation antérieure, non seulement sur les dépendances de la petite voirie, mais encore sur celles de la grande. Toutefois, relativement aux dépendances de la grande voirie, il y a actuellement des restrictions qui n'existaient pas anciennement. En effet, la loi de finances du 20 décembre 1872 (*art. 2*) a réservé au profit de l'État les redevances d'occupation à titre d'occupation temporaire ou de location des plages et autres parties du domaine public maritime. La loi du 5 avril 1884 (*art. 133, n° 7*) exclut, en outre, les emplacements dont l'occupation peut donner lieu à la perception de redevances municipales les ports et quais qui ne sont pas fluviaux.

Par suite, ce n'est que dans le cas où l'État renoncerait en faveur des communes, dans les ports de mer ou sur les quais maritimes, à percevoir des redevances à titre d'occupation temporaire ou de location que les municipalités pourraient légalement y faire des perceptions de cette nature. Par ports maritimes, d'après l'esprit, sinon d'après le texte de la nouvelle loi, il faut entendre, indépendamment des ports existant sur le rivage de la mer, ceux qui, dans les limites de l'inscription maritime, sont situés au bord d'un fleuve ou d'une rivière où pénètre le flux de la mer. Tels sont les ports de Bordeaux, de Nantes et de Rouen et autres moins importants, mais dans une situation analogue.

Des difficultés se sont élevées, sous la législation antérieure, sur le point de savoir quel est le caractère de l'occupation du domaine public national terrestre ou fluvial à raison de laquelle les communes peuvent être admises à faire les prescriptions de la nature de celles prévues au paragraphe 7 de l'art. 133 de la loi du 5 avril 1884. Le Gouvernement crut devoir appeler le Conseil d'État à se prononcer sur ces difficultés. D'après un avis de principe exprimé par le Conseil, le 30 novembre 1882, l'occupation entraînant une emprise du domaine public ou une modification de son assiette ne rentre pas dans la catégorie de celles à raison desquelles un droit de stationnement ou de location peut être perçu par la commune; mais, dans les autres cas, au point de vue de la perception de ce droit, il n'y a pas à distinguer si l'occupation est seulement momentanée ou si elle se prolonge plus ou moins longtemps.

En maintenant, dans le paragraphe 7 de l'art. 133 de la nouvelle loi, le mot « location », auquel on avait proposé de substituer une expression qui, dans la pensée des auteurs de la proposition, impliquait l'idée d'une occupation passagère, le législateur a repoussé également toute distinction, en cette matière, entre *les occupations momentanées et les occupations d'une certaine durée*. Il admet les perceptions municipales pour les secondes, au même titre que pour les premières, lors même qu'elles sont permanentes, comme celles qui résultent d'un dépôt de marchandises dans les ports ou du stationnement de pontons, de bateaux-lavoirs ou de bateaux pour bains sur les fleuves ou rivières. Toutes, d'ailleurs, sont essentiellement *précaires*, et les autorisations ou permissions dont elles sont l'objet peuvent toujours *être retirées par l'administration supérieure dans l'intérêt général de la navigation ou de la circulation*.

L'occupation résultant de l'établissement de kiosques qui servent, dans les rues ou sur les places dépendant de la grande voirie, à la publicité ou à la vente des journaux ne doit pas, aux termes de l'avis du 30 novembre 1882, être considérée, par suite de la légèreté des travaux reliant ces édifices au sol, comme une emprise du domaine public ou une modification de son assiette. Elle tombe, dès lors, sous l'application du paragraphe 7 de l'art. 133 de la loi du 5 avril 1884.

Dans tous les cas, il est à remarquer que les perceptions faites au profit de la commune doivent avoir lieu en vertu d'un tarif régulièrement homologué.

Ce tarif est d'abord voté par le conseil municipal; il est ensuite *soumis à votre sanction s'il s'agit de droits de stationnement*, de place ou de location à percevoir sur les dépendances de la petite voirie ou sur les rivières non navigables ou flottables. A cet égard, le conseil municipal n'a plus le pouvoir de décision propre que lui accordait l'art. 1er de la loi du 24 juillet 1867, lorsqu'il y avait accord entre le maire et le conseil. Le législateur a pensé, relativement aux droits dont il est question, comme en ce qui touche les droits perçus dans les halles, foires ou marchés, que la création de semblables redevances exigeait l'intervention de l'administration supérieure pour sauvegarder les divers intérêts qui pourraient être lésés par l'établissement de taxes excessives.

(— Notamment ceux des forains. M. B.)

Quant aux droits de stationnement, de place ou de location à percevoir sur les dépendances de la grande voirie, comme ils peuvent affecter directement les intérêts généraux de l'État, le pouvoir d'en autoriser la création et d'en approuver le tarif n'a pas été décentralisé. Il est exercé par le Président de la République, sur le rapport du ministre de l'intérieur, après avis du ministre des travaux publics, au sujet des droits à percevoir soit sur les rivières navigables ou flottables, soit sur leurs berges. Le ministre de l'intérieur statue lui-même, après avoir consulté son collègue, lorsque la perception doit s'opérer sur d'autres dépendances de la grande voirie.

*Vous devez, par conséquent, m'adresser avec vos propositions toutes les demandes par lesquelles une commune sollicite l'autorisation de percevoir des droits de stationnement de place ou de location sur le domaine public national terrestre ou fluvial.* Vous veillerez à ce qu'il soit produit, à l'appui de ces demandes, le tarif de perception voté par le conseil municipal, le procès-verbal de l'enquête à laquelle ce tarif aura été soumis dans les formes déterminées par l'instruction ministérielle du 20 mars 1825, les documents faisant connaître la situation financière de la commune et les observations des ingénieurs des ponts et chaussées, au point de vue des intérêts de la circulation ou de la navigation.

*Vous ne perdrez pas de vue, Monsieur le Préfet, que les communes ne doivent être autorisées à percevoir des droits de stationnement, de place ou de location sur les dépendances de la petite voirie, comme sur celles de la grande, qu'autant qu'elles ont besoin de se créer des ressources pour subvenir à leurs dépenses ordinaires.* D'un autre côté, l'administration supérieure a pour devoir de veiller à ce que ces droits soient modérés, afin de ne pas entraver le développement du commerce ou de l'industrie. En outre, comme ils représentent, ainsi que les droits de place dans les halles, foires et marchés, le prix de location d'emplacements, elle doit exiger que les uns et les autres soient calculés d'après la superficie de ces emplacements et non à raison de la valeur des objets que l'on y dépose ou que l'on y fait stationner. Enfin, conformément aux dispositions de la loi du 11 frimaire an VII (art. 7) et de *la nouvelle loi municipale (art. 98), l'administration supérieure compétente ne doit autoriser l'établissement des droits sur les dépendances de la grande ou de la petite voirie et*

homologuer le tarif de perception qu'après avoir reconnu qu'il n'en résultera pas de sérieux inconvénients au point de vue des intérêts de la circulation ou de la navigation.

§ 9. (*Inhumations et concessions dans les cimetières.*) Parmi les recettes du budget ordinaire figurent, aux termes de l'art. 133, paragraphe 9, de la loi du 5 avril 1884, le produit des terrains communaux affectés aux inhumations et la part revenant aux communes dans le prix des concessions dans les cimetières.

Le produit des terrains communaux affectés aux inhumations comprend le produit spontané qui, d'après l'art. 136 (no 4) du décret du 30 décembre 1809, faisait partie des revenus de la fabrique. L'art. 168 de la nouvelle loi municipale abroge cette disposition du décret de 1809.

La part revenant aux communes dans le prix des concessions de terrains pour sépulture privée dans les cimetières a été fixée aux deux tiers par l'ordonnance du 6 décembre 1843; l'autre tiers est destiné aux pauvres ou aux établissements de bienfaisance, conformément à l'art. 3 de cette ordonnance et à l'art. 11 du décret du 23 prairial an XII.

La loi du 24 juillet 1867 (art. 1er, § 6) rangeait au nombre des délibérations réglementaires ou des délibérations pour lesquelles le conseil municipal vote le tarif des concessions dans les cimetières; elles ne devaient être soumises à la sanction préfectorale qu'en cas de désaccord entre le maire et le conseil. Sous l'empire de la loi du 5 avril 1884, ces délibérations sont toujours subordonnées à l'approbation du préfet.

§ 13. (*Taxe de balayage.*) En règle générale, d'après les règlements locaux ou les anciens usages, le balayage des voies publiques, en France, à l'intérieur des agglomérations d'habitations, incombe aux propriétaires des fonds riverains, sauf la partie centrale des places, carrefours, avenues ou boulevards, qui doit être balayée par les soins des municipalités.

Les propriétaires ou les locataires les représentant remplissent mal, le plus souvent, l'obligation qui leur est ainsi imposée, bien qu'elle soit sanctionnée par le Code pénal (art. 471, nos 3 et 15).

Les administrations municipales de beaucoup de villes, afin de mieux assurer le nettoiement des voies publiques intérieures et de ne pas avoir à provoquer de nombreuses poursuites devant les tribunaux de police, font procéder elles-mêmes au balayage dont se trouvent tenus les propriétaires ou locataires. Ordinairement, elles ne se substituent à cet effet aux particuliers qu'autant qu'ils consentent un abonnement dont le tarif a été voté par le conseil municipal et approuvé par le préfet. Le système de l'abonnement facultatif présente, au point de vue de la bonne exécution du balayage, de sérieux avantages sur celui qui consiste à contraindre tous les propriétaires ou locataires à faire le travail auquel ils sont obligés. Il assure plus d'unité, de célérité et de régularité au balayage opéré pour le compte des abonnés; mais il laisse subsister les inconvénients du système contraire, en ce qui touche le balayage des non-abonnés. D'un autre côté, l'emploi des machines à balayer, en usage dans certaines villes, se concilie difficilement avec l'abonnement facultatif, car il est à peu près impossible d'arrêter, à chaque instant, l'action des machines rencontrant, sur leur parcours, les sections de rue ou de place qui doivent être balayées par les non-abonnés. Aussi arrive-t-il fréquemment que les balayeuses dispensent ceux-ci de leur travail, sans qu'ils aient à payer aucune rémunération. De là une inégalité fâcheuse entre les abonnés et les non-abonnés.

La municipalité de Paris, où le système de l'abonnement facultatif était pratiqué, voulant obvier aux graves inconvénients qu'il ne pouvait faire disparaître, et atténuer les charges considérables qui en résultaient pour les finances de la ville, demanda que, dans la capitale, l'obligation du balayage cessât d'être une simple prestation en nature rachetable à volonté en argent et fût convertie, d'une manière absolue, en une taxe en numéraire représentant les frais du balayage qu'elle serait chargée d'exécuter d'office pour le compte des particuliers. La demande de l'administration municipale de Paris a été accueillie par une loi du 26 mars 1873.

Aux termes de cette loi, la charge incombant aux propriétaires riverains des voies de Paris livrées à la circulation publique de balayer, chacun au droit de sa façade sur une largeur égale à la moitié des voies, sans pouvoir dépasser celle de 6 mètres, est convertie en une taxe municipale obligatoire payable en numéraire, suivant un tarif délibéré par le conseil municipal, après enquête, et approuvé par un décret rendu dans la forme des règlements d'administration publique, tarif qui doit être renouvelé tous les cinq ans. Il n'est pas tenu compte, dans l'établissement de la taxe, de la valeur des propriétés riveraines, mais seulement des nécessités de la circulation, de la salubrité et de la propreté de la voie publique. La taxe ne peut excéder la dépense occasionnée à la ville par le balayage de la superficie à la charge des habitants. Le recouvrement de la taxe a lieu comme en matière de contributions directes. Enfin, elle n'exempte pas les riverains de la voie publique des obligations que leur imposent les règlements de police en temps de neige et de glace [1].

Le ministre de l'intérieur avait proposé d'introduire dans la loi du 26 mars 1873 un article autorisant le Gouvernement à déclarer, par des décrets rendus dans la forme des règlements d'administration publique, la nouvelle loi applicable aux villes qui en feraient la demande. L'Assemblée n'admit pas cet article, par le motif que les circonstances locales pouvaient exiger des règles différentes de celles édictées pour la capitale. Elle voulut laisser aux villes des départements la faculté d'obtenir, par des lois spéciales, le bénéfice de la loi du 26 mars 1873, avec les modifications que le législateur jugerait opportunes.

La ville de Lyon ayant sollicité ce bénéfice, un projet de loi tendant à le lui accorder fut soumis à l'Assemblée nationale en 1874. Le Gouvernement le retira, au mois de mai 1875, en présence d'objections tirées des difficultés assez nombreuses qu'avait soulevées l'exécution de la loi du 26 mars 1873. Mais ces difficultés ne tardèrent pas à disparaître. Depuis plusieurs années, la taxe de balayage à Paris ne donne lieu qu'à un petit nombre de réclamations. Les réclamations qui se produisent actuellement ne sont guère motivées que sur des erreurs commises dans l'application du tarif. On reconnaît généralement les avantages du travail dont la taxe est le prix. Aussi les Chambres législatives n'ont-elles pas hésité à autoriser, par la loi du 31 juillet 1880, les villes d'Alger et d'Oran à percevoir une taxe de balayage analogue à celle qui est établie à Paris.

Un nombre considérable de villes de la métropole ont récemment sollicité la même faveur. Le désir qu'elles manifestent à ce sujet est justifié par la nécessité de remédier aux divers inconvénients signalés plus haut. Le balayage de la plupart des voies urbaines livrées à la circulation générale ne saurait être effectué régulièrement, selon les exigences de l'hygiène et de la salubrité, sans être l'objet d'un service public donnant à l'administration municipale la faculté d'y faire procéder d'office pour le compte de tous les propriétaires auxquels il incombe. Ceux-ci, de leur côté, ne pourraient être fondés à se plaindre d'avoir à supporter une taxe représentant seulement les frais du travail dont ils cesseraient d'être chargés. Les bases rationnelles et les conditions équitables d'une pareille taxe seraient, dans presque toutes les villes, les bases et les conditions de la taxe créée par la loi du 26 mars 1873. Dès lors, il semblait superflu de faire intervenir le législateur pour statuer sur toutes les demandes des villes en autorisation d'établir une taxe de balayage.

Le Gouvernement a pensé que la délégation proposée par un de mes prédécesseurs, en 1873, suffirait. Il a, par suite, présenté, dans le but de l'obtenir, un amendement que le Sénat et la Chambre des députés ont adopté. Cet amendement est devenu le paragraphe 13 de l'art. 133 de la nouvelle loi municipale. Il confère au Gouvernement le pouvoir d'autoriser, par des décrets rendus dans la forme des règlements d'administration publique, les communes de France ou d'Algérie à établir une taxe de balayage, conformément aux dispositions de la loi du 26 mars 1873.

Il appartient au Gouvernement d'exercer ce pouvoir à l'égard non seulement des villes, mais encore des communes moins importantes. Toutefois, il ne vous échappera pas, Monsieur le Préfet, que généralement l'établissement de la taxe de balayage ne serait justifié et ne présenterait des avantages sérieux que dans les agglomérations considérables d'habitations. Dans les communes rurales, la substitution d'une redevance pécuniaire à une prestation en nature soulèverait de vives et nombreuses réclamations. Il importe d'autant plus de les prévenir, en laissant aux habitants le soin de balayer les rues, que, dans les campagnes, la manière défectueuse dont le balayage peut être exécuté ne saurait ordinairement entraîner de graves inconvénients au point de vue de l'hygiène ou de la salubrité, comme dans les villes.

Les villes elles-mêmes ont parfois des faubourgs, des quartiers ou des rues se détachant plus ou moins du centre des habitations et se trouvant dans des conditions analogues à celles des communes rurales. L'esprit de la loi me semblerait admettre, en pareil cas, l'application de la taxe de balayage aux seules voies publiques dont la situation rendrait la mesure opportune ou nécessaire.

Les décrets portant autorisation d'établir la taxe de balayage seront provoqués par le ministre de l'intérieur.

Lorsqu'une municipalité voudra solliciter cette autorisation, les principales formalités qui devront être remplies avant que vous m'adressiez sa demande avec votre avis motivé, sont les suivantes :

---

1. Le tarif de la taxe de balayage perçue à Paris a été homologué, pour la première période quinquennale de 1874 à 1878, par les décrets des 24 décembre 1873 et 12 février 1877 ; pour la période de cinq ans, de 1879 à 1883, par le décret du 4 décembre 1878 ; pour la période comprenant 1884 à 1888, par le décret du 29 décembre 1883.

Il sera procédé à une enquête dans les formes tracées par l'ordonnance du 23 août 1835.

Les pièces du projet sur lequel elle s'ouvrira comprendront notamment le tableau des voies publiques auxquelles il s'agira d'appliquer la taxe de balayage, un plan d'ensemble de la ville ou de la commune sur lequel ces voies seront indiquées par des teintes spéciales, l'état des dépenses que doit occasionner à la ville ou à la commune le balayage qui incombe aux habitants, le tarif d'après lequel la taxe devra être perçue, l'évaluation du produit annuel qu'elle produira, le procès-verbal de la délibération par laquelle le conseil municipal aura voté l'établissement de la taxe et adopté le tarif municipal.

L'enquête terminée, le conseil municipal prendra une nouvelle délibération par laquelle, après avoir discuté les objections ou réclamations qui auraient été formulées contre le projet, il se prononcera définitivement sur la demande à soumettre au Gouvernement.

Vous me transmettrez ensuite, en y réunissant vos propositions, toutes les pièces qui auront servi de base à l'information et qui devront être revêtues du visa du commissaire enquêteur, le procès-verbal de l'enquête, l'avis du commissaire enquêteur, la dernière délibération du conseil municipal, l'avertissement ainsi que le certificat prescrit par l'art. 2 de l'ordonnance du 23 août 1835 et les autres documents dont la production vous paraîtra utile.

§ 14. *(Contributions et droits divers. — Centimes pour insuffisance de revenus.)* Le § 14 de l'art. 133 de la nouvelle loi municipale termine l'énumération des recettes du budget ordinaire, en déclarant qu'elle comprend, indépendamment des recettes indiquées dans les paragraphes qui précèdent, le produit des contributions, taxes et droits dont la perception est autorisée en faveur des communes.

Le produit de ces contributions, taxes et droits consiste principalement dans celui non seulement des centimes pour insuffisance de revenus, mais encore de la taxe municipale sur les chiens et de la taxe destinée à l'entretien du pavage en vertu d'anciens usages. La législation antérieure est maintenue en ce qui touche ces deux genres de taxes.

Les deux derniers alinéas de l'art. 133 de la loi du 5 avril 1884 édictent les règles de compétence qui doivent être appliquées aujourd'hui en matière d'autorisation de centimes pour insuffisance de revenus.

L'établissement de ces centimes sera autorisé par arrêté du préfet, lorsqu'il s'agira de dépenses obligatoires, et il sera approuvé par décret, dans les autres cas (c'est-à-dire lorsqu'il s'agira de dépenses facultatives).

En ce qui touche cette seconde catégorie d'impositions, vous devrez continuer à m'adresser, en triple expédition, pour les communes dont les revenus ne dépassent pas 100,000 fr., les états exigés par les circulaires des 13 décembre 1842 et 7 août 1846. Quand, au contraire, la perception d'une imposition de cette nature devra être autorisée dans une ville dont les revenus excèdent 100,000 fr., vous aurez à me transmettre, avec vos propositions motivées, tous les documents nécessaires pour me permettre d'apprécier avec exactitude la situation financière de la ville, savoir : les budgets primitif et additionnel, ainsi qu'un relevé présentant, d'après les trois derniers comptes, les recettes et les dépenses communales séparées en ordinaires et extraordinaires.

Vous remarquerez, Monsieur le Préfet, qu'en thèse générale une commune dont les revenus dépassent 100,000 fr. doit être en mesure de pourvoir au paiement de ses dépenses annuelles à l'aide de ses ressources normales et sans recourir à la voie de l'imposition. Dès lors, il importe qu'avant de sanctionner le vote municipal, l'administration supérieure ait sous les yeux les pièces financières que je viens de mentionner.

J'ajouterai que, comme sous l'empire de la législation antérieure, les centimes applicables aux dépenses annuelles obligatoires ou facultatives ne comptent pas dans le nombre des centimes extraordinaires que les conseils municipaux peuvent voter jusqu'à concurrence du maximum fixé par le conseil général.

**Art. 134. Recettes extraordinaires. Les recettes du budget extraordinaire se composent :**

1° Des contributions extraordinaires dûment autorisées ;

2° Du prix des biens aliénés ;

3° Des dons et legs ;

4° Du remboursement des capitaux exigibles et des rentes rachetées ;

5° Du produit des coupes extraordinaires de bois;

6° Du produit des emprunts ;

7° Du produit des taxes ou des surtaxes d'octroi spécialement affectées à des dépenses extraordinaires et à des remboursements d'emprunt ;

8° Et de toutes autres recettes accidentelles.

L'art. 134 de la loi du 5 avril 1884 indique les catégories de recettes du budget extraordinaire. Il reproduit celles qu'énonçait l'art. 32 de la loi du 18 juillet 1837. Il y ajoute le produit des taxes ou des surtaxes d'octroi spécialement affectées à des dépenses extraordinaires et à des remboursements d'emprunts.

L'omission qui se trouvait dans la loi de 1837 à cet égard n'était qu'apparente. Elle provenait de ce que le législateur ne s'était alors occupé que des taxes principales qui constituent le fond même du produit de l'octroi.

Suivant la jurisprudence constante du Conseil d'État, du ministère des finances et du ministère de l'intérieur, le produit des surtaxes, ainsi que celui des taxes additionnelles et extraordinaires avait toujours été inscrit au chapitre II du budget. La nouvelle loi ne fait donc que consacrer d'une façon expresse et formelle cette jurisprudence.

Art. 135. (*Dépenses ordinaires.*) Les dépenses du budget ordinaire comprennent les dépenses annuelles et permanentes d'utilité communale.

Les dépenses du budget extraordinaire comprennent les dépenses accidentelles ou temporaires qui sont imputées sur des recettes énumérées à l'art. 134 ou sur l'excédent des recettes ordinaires.

L'art. 135 de la loi du 5 avril 1884, aux termes duquel les dépenses du budget ordinaire comprennent les dépenses annuelles et permanentes d'utilité communale et les dépenses du budget extraordinaire comprennent les dépenses accidentelles ou temporaires qui sont imputées sur les recettes énumérées à l'art. 134 ou sur l'excédent des recettes ordinaires, ne figurait pas dans les lois antérieures. Mais, en fait, les dépenses étaient séparées dans les budgets, suivant les règles indiquées dans l'art. 135. Cet article, dès lors, ne fait que maintenir l'état des choses existant précédemment.

Art. 136. (*Dépenses obligatoires.*) Sont obligatoires pour les communes les dépenses suivantes :

1° L'entretien de l'hôtel de ville, ou, si la commune n'en possède pas, la location d'une maison ou d'une salle pour en tenir lieu ;

2° Les frais de bureau et d'impression pour le service de la commune, de conservation des archives communales et du recueil des actes administratifs du département ; les frais d'abonnement au *Bulletin des communes* (*voy. ce mot*) et, pour les communes chefs-lieux de canton, les frais d'abonnement et de conservation du *Bulletin des lois* ;

3° Les frais de recensement de la population ; ceux des assemblées électorales qui se tiennent dans les communes et ceux des cartes électorales ;

4° Les frais des registres de l'état civil et des livrets de famille et la portion de la table décennale des actes de l'état civil à la charge des communes ;

5° Le traitement du receveur municipal, du préposé en chef de l'octroi et les frais de perception ;

6° Les traitements et autres frais du personnel de la police municipale et rurale et des gardes des bois de la commune ;

7° Les pensions à la charge de la commune, lorsqu'elles ont été régulièrement liquidées et approuvées ;

8° Les frais de loyer et de réparation du local de la justice de paix, ainsi que ceux d'achat et d'entretien de son mobilier dans les communes chefs-lieux de canton ;

9° Les dépenses relatives à l'instruction publique, conformément aux lois ;

10° Le contingent assigné à la commune, conformément aux lois, dans la dépense des enfants assistés et des aliénés ;

11° L'indemnité de logement aux curés et desservants et ministres des autres cultes salariés par l'État, lorsqu'il n'existe pas de bâtiment affecté à leur logement et lorsque les fabriques ou autres administrations préposées aux cultes ne pourront pourvoir elles-mêmes au paiement de cette indemnité ;

12° Les grosses réparations aux édifices communaux, sauf, lorsqu'ils sont consacrés aux cultes, l'application préalable des revenus et ressources disponibles des fabriques à ces réparations, et sauf l'exécution des lois spéciales concernant les bâtiments affectés à un service militaire.

S'il y a désaccord entre la fabrique et la commune, quand le concours financier de cette dernière est réclamé par la fabrique dans les cas prévus aux paragraphes 11° et 12°, il est statué par décret sur les propositions des ministres de l'intérieur et des cultes ;

13° La clôture des cimetières, leur entretien et leur translation dans les cas déterminés par les lois et règlements d'administration publique ;

14° Les frais d'établissement et de conservation des plans d'alignement et de nivellement ;

15° Les frais et dépenses des conseils de prud'hommes pour les communes comprises dans le territoire de leur juridiction et proportionnellement au nombre des électeurs inscrits sur les listes électorales spéciales à l'élection et les menus frais des chambres consultatives des arts et manufactures pour les communes où elles existent ;

16° Les prélèvements et contributions établis par les lois sur les biens et revenus communaux ;

17° L'acquittement des dettes exigibles ;

18° Les dépenses des chemins vicinaux dans les limites fixées par la loi ;

19° Dans les colonies régies par la présente loi, le traitement du secrétaire et des employés de la mairie ; les contributions assises sur les biens communaux ; les dépenses pour le service de la milice qui ne sont pas à la charge du Trésor ;

20° Les dépenses occasionnées par l'application de l'art. 85 de la présente loi, et généralement toutes les dépenses mises à la charge des communes par une disposition de loi.

L'art. 136 de la loi du 5 avril 1884 fait l'énumération des dépenses communales obligatoires. Il est emprunté à la loi du 18 juillet 1837 (art. 30) et à des lois spéciales. Il contient, en outre, plusieurs paragraphes modifiant ou complétant la législation antérieure. Je bornerai mes observations à ces derniers.

§ 2. *Frais de bureau, d'impression, etc.* Le § 2 comprend au nombre des dépenses obligatoires :

1° Les frais de bureau et d'impression pour le service de la commune ;

2° Les frais de conservation des archives communales et du *Recueil des actes administratifs* du département ;

3° Les frais d'abonnement au *Bulletin des communes*, et pour les communes chefs-lieux de canton, les frais d'abonnement et de conservation du *Bulletin des lois.*

La loi du 18 juillet 1837 rangeait déjà parmi les dépenses obligatoires les frais de bureau et d'impression pour le service de la commune.

Les frais de conservation des archives communales et du *Recueil des actes administratifs* de la préfecture pouvaient être considérés comme rentrant dans les frais de bureau ; le législateur a cru néanmoins devoir les énumérer spécialement, pour bien marquer l'intérêt qu'il attache à ce que les archives et les collections des documents officiels soient l'objet de soins particuliers.

La loi de 1837 rangeait les frais d'abonnement au *Bulletin des lois* parmi les dépenses obligatoires de toutes les communes. Mais le décret du 12 février 1852 restreignit cette obligation aux communes chefs-lieux de canton et remplaça, pour les autres, le *Bulletin des lois* par le *Moniteur des communes*, feuille officielle rédigée par les soins et sous la surveillance du ministre de l'intérieur et contenant les lois, décrets et instructions du Gouvernement ou une analyse sommaire de ces divers actes. Le *Moniteur des communes* dura jusqu'en 1871, époque à laquelle le Gouvernement, par décret du 27 décembre, créa une publication nouvelle qui prit le nom de *Bulletin des communes.*

La loi du 5 avril, en consacrant le caractère obligatoire de l'abonnement à cette feuille pour les communes qui ne sont pas chefs-lieux de canton, les dispense formellement de s'abonner au *Bulletin des lois.*

Le *Bulletin des communes* paraissant en placards destinés à l'affichage est remplacé chaque semaine par un nouveau numéro et par suite nécessairement détruit. (*Voy. suprà, p. 63.*)

Mais le *Bulletin des lois* doit former, aux chefs-lieux de canton, une collection qu'il importe de conserver avec soin, de manière à ce qu'elle puisse toujours être consultée.

Le meilleur mode de conservation sera la reliure par semestre des volumes de la collection.

§ 3. *Frais de recensement de la population.* De même que la loi du 18 juillet 1837, l'art. 136 de la loi du 5 avril range parmi les dépenses obligatoires les frais du recensement quinquennal de la population.

*Frais d'élections.* La loi du 7 août 1850 avait mis les frais de tenue des assemblées électorales à la charge des communes dans lesquelles se fait l'élection. L'art. 2 de cette même loi ajoutait : « Ces dépenses seront comprises au nombre de celles qu'énumère l'art. 30 de la loi du 18 juillet 1837. »

La loi du 5 avril n'a donc rien innové sur ce point, mais la disposition relative aux cartes électorales est entièrement nouvelle. Pour donner une sanction à la disposition de l'art. 13 qui oblige le maire à délivrer une carte à chaque électeur, l'art. 136 a rendu cette dépense obligatoire.

Vous remarquerez, Monsieur le Préfet, que la loi ne distingue pas entre les diverses natures d'élections, qu'il s'agisse, soit d'une élection politique, soit d'une élection départementale ; en outre, la commune doit subvenir aux frais de tenue de l'assemblée et à ceux des cartes électorales.

§ 4. *Frais des registres de l'état civil.* La loi du 18 juillet 1837 classait seulement parmi les dépenses obligatoires des communes les frais des registres de l'état civil et la portion des tables décennales à la charge des communes. La nouvelle loi ajoute à cette énumération la dépense des livrets de famille.

*Livrets de famille.* Vous savez, Monsieur le Préfet, que ce livret, qui doit être remis gratuitement aux conjoints lors de la célébration du mariage, est destiné à recevoir par extrait les énonciations principales des actes de l'état civil intéressant chaque famille. Il doit être représenté toutes les fois qu'il y aura lieu de faire dresser un acte de naissance ou de décès. A chaque nouvelle déclaration, l'officier de l'état civil appose, à la suite de la mention sommaire consignée sur le livret, sa signature et le cachet de la mairie.

Cette mesure est appelée à rendre d'importants services, car les livrets constituent en quelque sorte un troisième dépôt des actes de l'état civil confié à la garde des intéressés ; ils seront une source de renseignements précieux pour le cas où les registres viendraient à être détruits. De plus, en se reportant au livret pour la rédaction de chaque acte nouveau intéressant la famille, on évitera les erreurs qui se glissent trop fréquemment dans l'indication des prénoms ou l'orthographe des noms. (*Voy. p. 266.*)

Un tiers des communes avait déjà adopté cette utile institution recommandée par un de mes prédécesseurs [1] et par M. le garde des sceaux [2]. Le législateur de 1884 a voulu la généraliser en la rendant obligatoire pour toutes les communes. Mais la dépense, qui est minime (10 ou 12 centimes par mariage contracté), sera très facilement supportée par les communes.

§ 7. *Pensions communales.* La loi du 5 avril, de même que celle de 1837, range parmi les dépenses obligatoires les pensions à la charge de la commune lorsqu'elles ont été régulièrement liquidées et approuvées.

Les pensions communales sont de deux sortes : ou bien elles sont concédées sur les caisses tontinières alimentées par les retenues exercées sur les traitements des employés municipaux et par les subventions municipales ; ou bien elles sont, en l'absence d'une caisse spéciale de retraites, concédées à

d'anciens employés par prélèvement direct sur le budget municipal.

Les pensions régulièrement concédées, de quelque nature qu'elles soient, constituent pour les intéressés un droit acquis et deviennent par suite, pour les communes, une charge obligatoire. Il résulte, en effet, de la discussion de la loi du 18 juillet 1837 [1] que l'obligation s'applique aussi bien aux pensions liquidées sur le budget communal qu'à celles qui sont concédées sur les fonds de retenue, et rien n'indique que le législateur de 1884 ait entendu modifier l'ancienne règle sur ce point.

La liquidation des pensions a lieu conformément aux règlements particuliers des caisses de retraites ou, lorsqu'elles sont concédées directement sur les fonds communaux, conformément aux règles établies par le décret du 4 juillet 1806, qu'un avis du Conseil d'État du 17 novembre 1811 a déclarées applicables à la liquidation des pensions municipales.

Les pensions sont concédées par arrêté préfectoral après délibération du conseil municipal. (*D.* 25 mars 1852, tableau A, 38o.)

Quant à la création des caisses de retraites et à la modification de leurs règlements, elles restent soumises à la sanction du Gouvernement, conformément au principe d'après lequel aucun établissement public ne peut être créé que par l'autorité publique.

§§ 11 et 12. *Indemnité de logement aux ministres du culte. — Grosses réparations aux édifices religieux.* La loi du 5 avril 1884 (art. 136, § 11) comprend parmi les dépenses obligatoires des communes, l'indemnité de logement aux curés, desservants et ministres des autres cultes salariés par l'État, lorsqu'il n'existe pas de bâtiment affecté à leur logement, et lorsque les fabriques ou autres administrations préposées aux cultes ne pourront pourvoir elles-mêmes au paiement de cette indemnité.

La nouvelle loi (art. 136, § 12) déclare également obligatoires pour les communes les dépenses des grosses réparations aux édifices communaux, sauf, lorsqu'ils sont consacrés aux cultes, l'application préalable des revenus et ressources disponibles des fabriques à ces réparations et sauf l'exécution des lois spéciales concernant les bâtiments affectés à un service militaire.

Le législateur ajoute que, s'il y a désaccord entre la fabrique et la commune, lorsque le concours financier de cette dernière est réclamé dans les cas prévus aux §§ 11 et 12, il sera statué par décret sur les propositions des ministres de l'intérieur et des cultes.

Vous remarquerez, Monsieur le Préfet, que la loi du 5 avril 1884 ne maintient pas au nombre des dépenses obligatoires des communes celles qui étaient comprises au no 14 de l'art. 20 de la loi du 18 juillet 1837, c'est-à-dire les ressources que les communes étaient tenues de fournir aux fabriques et autres administrations préposées aux cultes quand il y avait insuffisance de leurs revenus justifiée par leurs comptes et budgets. Ces dépenses ne sont plus que facultatives pour les communes ; il en est de même des dépenses d'entretien des édifices communaux consacrés aux cultes ; elles restent à la charge exclusive des administrations préposées aux cultes.

En ce qui touche le logement des ministres des cultes et les grosses réparations aux édifices religieux, les §§ 11 et 12 de l'art. 136 de la loi du 5 avril 1884 consacrent la législation et la jurisprudence antérieures en décidant que c'est seulement à défaut de ressources disponibles des fabriques qu'il est obligatoire pour les communes de payer une indemnité de logement aux ministres des cultes salariés par l'État, s'il n'existe pas de bâtiment affecté à leur logement, et d'acquitter les dépenses des grosses réparations des édifices communaux servant aux cultes.

Les fabriques peuvent d'ailleurs employer d'abord leurs revenus aux dépenses justifiées par les exigences du service des cultes et de l'entretien des édifices paroissiaux ; l'excédent de leurs revenus disponibles seul doit nécessairement être appliqué aux grosses réparations et à l'indemnité de logement.

Le modèle de budget et de compte en vigueur pour les établissements ecclésiastiques distingue leurs dépenses en obligatoires et facultatives, et leurs ressources disponibles sont celles qui résultent de la différence entre l'ensemble de leurs ressources de toute nature et le total de la première catégorie de dépenses.

Si des difficultés s'élevaient entre les établissements religieux et les communes, à l'occasion du concours de ces derniers réclamé pour les dépenses indiquées aux §§ 11 et 12 de l'art. 136, vous auriez à m'adresser vos propositions avec toutes les pièces nécessaires à l'appui, pour me mettre à même de préparer, d'accord avec M. le ministre des cultes, le décret qui devrait statuer sur ces difficultés.

§ 13. *Dépenses concernant les cimetières.* Aux termes de l'art. 136, § 13, sont obligatoires pour les communes les

---

1. Circulaire du 18 mars 1877.
2. Circulaire du 18 novembre 1876.

1. Chambre des Pairs, art. 30, § 9.

dépenses concernant les cimetières, leur entretien et leur translation, dans les cas déterminés par les lois et règlements d'administration publique.

Ces dispositions reproduisent celles du § 17 de l'art. 30 de la loi du 18 juillet 1837. La jurisprudence, s'appuyant sur les art. 36, § 4, du décret du 30 décembre 1809, qui comprenait au nombre des revenus de la fabrique les produits spontanés des lieux de sépulture, et 37, § 4, du même décret qui la chargeait de *l'entretien des cimetières*, considérait cette dépense comme devant être acquittée en première ligne par les fabriques et subsidiairement par les communes. Les fabriques en trouvaient la compensation dans la perception des produits spontanés. La loi du 5 avril 1884 attribuant ces produits aux communes par son art. 133 et abrogeant par ses dispositions finales l'art. 36, § 4, du décret précité, l'entretien des cimetières cesse d'incomber aux établissements religieux.

§ 14. *Plans d'alignement et de nivellement.* L'art. 136, n° 14, de la nouvelle loi municipale range parmi les dépenses obligatoires des communes les frais d'établissement et de conservation des plans d'alignement et de nivellement.

L'art. 30, n° 18, de la loi du 18 juillet 1837 plaçait déjà au nombre des dépenses auxquelles les communes sont tenues de pourvoir les frais des plans d'alignement. Le législateur a cru devoir y ajouter ceux qui sont relatifs au nivellement, c'est-à-dire à la détermination, par des chiffres et des signes graphiques, *du niveau que présentent ou doivent présenter les voies publiques communales intérieures.*

Les plans d'alignement font connaître d'une manière précise la direction, la longueur, la largeur et les limites des rues, places, boulevards, etc. Ils sont ainsi un des moyens les plus efficaces de prévenir et de réprimer les usurpations ou les détériorations du sol des voies intérieures. D'un autre côté, en donnant plus de fixité aux limites de ces voies, ils donnent plus de sécurité aux propriétaires riverains, les laissant moins exposés à l'arbitraire des autorités locales.

La fixation du niveau assigné aux voies publiques intérieures offre également de sérieux avantages. Elle permet aux municipalités d'entreprendre et d'exécuter, avec des vues d'ensemble plus approfondies, pour une durée plus considérable et, par suite, à moins de frais, les remblais ou déblais qui peuvent être nécessaires, soit pour faciliter la circulation dans les rues ou sur les places, soit *pour les assainir.* Elle fournit en outre des indications précieuses pour l'établissement des accès et des issues des fonds riverains sur les voies publiques. Elle assure à chaque propriétaire le moyen de ne pas voir ses constructions en contre-haut ou en contre-bas du sol d'une rue ou d'une place, le lendemain du jour où il les a élevées au niveau de cette rue ou de cette place.

Le législateur veut donc, à juste titre, qu'il y ait, surtout dans les communes importantes, à la fois un plan d'alignement des diverses voies publiques intérieures et la détermination officielle des cotes de nivellement de ces voies. Vous devez veiller, Monsieur le Préfet, à ce que la volonté du législateur à cet égard soit réalisée le plus tôt possible.

Il n'y a pas lieu de provoquer avec la même insistance la détermination du niveau des rues ou places des communes rurales.

Mais, dans toute ville ou commune, quand il s'agira d'un projet d'ouverture, de redressement ou d'élargissement de voie municipale intérieure, vous prescrirez d'y comprendre la fixation, non seulement des alignements, mais encore des cotes de nivellement.

Ces deux opérations se complétant l'une l'autre, il suffira toujours de faire figurer, par l'indication des pentes ou des rampes, les cotes de nivellement sur le plan d'alignement, en représentant par des chiffres noirs le niveau actuel et par des chiffres rouges le niveau futur ou officiel.

L'autorité compétente pour approuver les plans d'alignement l'est également pour arrêter les cotes de nivellement. Il lui appartient de statuer, en même temps, sur les uns et sur les autres. Les décisions à prendre en pareille matière rentrent dans vos attributions quand il s'agit de rues ou places faisant partie exclusivement de la voirie urbaine. Il doit être statué par décret lorsque les voies dépendent de la grande voirie. Vous auriez à provoquer une décision du conseil général si elles formaient la *traverse* d'un chemin vicinal, *soit de grande,* soit de moyenne communication, et de la commission départementale, si elles étaient le prolongement d'un chemin vicinal ordinaire.

Les formalités d'enquête à remplir avant la fixation des cotes de nivellement sont également les mêmes que celles qui doivent précéder l'homologation des plans d'alignement. J'ajouterai que les deux opérations projetées simultanément peuvent être soumises à une seule enquête portant sur chacune d'elles.

Enfin, toute décision qui arrête les cotes de nivellement doit, comme celle qui homologue un plan d'alignement, être publiée avec celle-ci ou séparément,

Les propriétaires riverains ne peuvent élever des constructions le long de la voie publique qu'après avoir demandé et obtenu l'alignement individuel, c'est-à-dire l'indication des limites de cette voie auxquelles ils doivent se conformer, limites qui sont celles fixées par le plan ou les limites actuelles de la voie, s'il n'existe pas de plan.

Une obligation analogue, avant la promulgation de la loi du 5 avril 1884, n'existait, en ce qui touche les cotes de nivellement, qu'à Paris et dans les villes auxquelles avaient été déclarées applicables les dispositions du décret du 26 mars 1852. Elle continue d'exister dans ces villes comme dans la capitale.

Aujourd'hui, dans les autres communes, lorsque les cotes de nivellement seront régulièrement arrêtées et publiées, les propriétaires riverains qui voudront construire en bordure de la voie publique seront-ils tenus de demander, indépendamment de l'alignement individuel, l'indication des cotes de *nivellement et de s'y conformer ?*

La question me paraît devoir être résolue affirmativement. En effet, il est difficile, sinon impossible, d'admettre que le législateur, en imposant aux communes l'obligation de faire fixer officiellement les cotes de nivellement de leurs rues ou places, n'ait pas entendu obliger, par réciprocité, les propriétaires à demander, avant de construire au bord de la voie publique, l'indication des cotes de nivellement assignées par l'autorité compétente à cette voie et à s'y conformer.

§ 15. *Dépenses des conseils de prud'hommes.* Ce paragraphe déclare obligatoires les frais et dépenses des conseils de prud'hommes pour les communes comprises dans le territoire de leur juridiction et proportionnellement au nombre des électeurs inscrits sur les listes électorales spéciales à l'élection, et les menus frais des chambres consultatives des arts et manufactures, pour les communes où elles existent.

La loi du 18 juillet 1837 (art. 30, n° 19) mettait les frais et dépenses des conseils de prud'hommes *à la charge des seules communes où ils siégeaient.* La loi nouvelle répartit équitablement cette dépense entre les diverses communes comprises dans le territoire de la juridiction des conseils.

§ 18. *Dépenses de la voirie vicinale.* Les dépenses de la voirie vicinale n'étaient pas l'objet d'une mention spéciale dans la loi du 18 juillet 1837 (*art.* 30). Elles n'en avaient pas moins le caractère de dépenses obligatoires en vertu de la loi du 21 mai 1836, dans les limites déterminées par cette loi. A raison de leur importance, le législateur de 1884 a cru devoir les faire figurer nominativement dans l'énumération de l'art. 136, avec la restriction légale qui les concerne.

§ 20. *Dépenses occasionnées par l'application de l'art.* 85. Vous avez vu plus haut, Monsieur le Préfet, que la loi nouvelle avait reproduit l'art. 15 de la loi du 18 juillet 1837, qui autorise le préfet à procéder d'office, par lui-même ou par un délégué spécial, à l'accomplissement des actes rentrant dans les fonctions du maire et que celui-ci se refuserait à remplir.

On s'était demandé, sous l'empire de l'ancienne législation, si les frais de délégation pouvaient être mis à la charge de la commune ; mais l'administration supérieure avait toujours hésité à autoriser cette imputation, la dépense n'étant pas énumérée parmi celles que la loi déclarait obligatoires pour les communes.

La loi du 5 avril tranche la question. Les dépenses qu'occasionneront les délégations spéciales pourront donc, à l'avenir, être inscrites d'office ; mais vous éviterez, autant que possible, Monsieur le Préfet, d'user de la faculté que vous confère le n° 20 de l'art. 136, en désignant, toutes fois que vous le pourrez, un délégué qui consente à se charger gratuitement de cette mission. Vous rencontrerez facilement ce concours parmi les membres des corps élus, maires ou adjoints des communes voisines, conseillers municipaux, d'arrondissement ou généraux ; et ce ne sera qu'en cas de nécessité absolue que vous désignerez un mandataire salarié pour l'accomplissement d'un acte que la loi a confié à des fonctionnaires dont elle déclare le mandat gratuit (art. 74). [Circul. 15 mai.]

**Art. 137.** (*Octroi.*) L'établissement des taxes d'octroi votées par les conseils municipaux, ainsi que les règlements relatifs à leur perception, sont autorisés par des décrets du Président de la République rendus en Conseil d'État, après avis du conseil général ou de la commission départementale dans l'intervalle des sessions.

Il en sera de même de toute délibération portant augmentation ou prorogation de taxe pour une période de plus de cinq ans.

Les délibérations concernant :

1° Les modifications aux règlements ou aux périmètres existants ;

2º L'assujettissement à la taxe d'objets non encore imposés au tarif local ;

3º L'établissement ou le renouvellement d'une taxe non comprise dans le tarif général ;

4º L'établissement ou le renouvellement d'une taxe excédant le minimum fixé par ledit tarif général,

Doivent être pareillement approuvées par décret du Président de la République rendu en Conseil d'État, après avis du conseil général ou de la commission départementale dans l'intervalle des sessions.

Les surtaxes d'octroi sur les vins, cidres, poirés, hydromels et alcools, au delà des proportions déterminées par les lois spéciales concernant les droits d'entrée du Trésor, ne peuvent être autorisées que par une loi.

Art. 138. Sont exécutoires, sur l'approbation du préfet, conformément aux dispositions de l'art. 69 de la présente loi, mais toutefois après avis du conseil général ou de la commission départementale dans l'intervalle des sessions, les délibérations prises par les conseils municipaux concernant la suppression ou la diminution des taxes d'octroi.

Art. 139. Sont exécutoires par elles-mêmes les délibérations prises par les conseils municipaux prononçant la prorogation ou l'augmentation des taxes d'octroi pour une période de cinq ans au plus, sous la réserve toutefois qu'aucune des taxes ainsi maintenues ou modifiées n'excédera le maximum déterminé par le tarif général et ne portera que des objets compris dans ce tarif.

La législation antérieure relative aux octrois a été modifiée sur plusieurs points très importants.

D'après la loi du 5 avril, les affaires concernant les octrois peuvent être rangées dans quatre catégories différentes :

1º Certains votes des conseils municipaux ont force exécutoire par eux-mêmes ;

2º Quelques délibérations sont exécutoires, sur l'approbation du préfet, dans les conditions de l'art. 69 de la loi, mais toutefois après avis du conseil général ou de la commission départementale dans l'intervalle des sessions ;

3º Un troisième ordre de délibération doit être approuvé par décret du Président de la République rendu en Conseil d'État, après avis du conseil général ou de la commission départementale dans l'intervalle des sessions ;

4º Enfin, les surtaxes sur les vins, cidres, poirés, hydromels et alcools ne peuvent être autorisées que par une loi.

Dans la première catégorie (délibérations exécutoires par elles-mêmes), figurent les délibérations prononçant la prorogation ou l'augmentation des taxes d'octroi pour une période de cinq ans au plus, sous la réserve toutefois qu'aucune des taxes ainsi maintenues ou modifiées n'excédera le maximum déterminé par le tarif général et ne portera que sur les objets compris dans ce tarif (art. 139).

Les délibérations rentrant dans la seconde catégorie, c'est-à-dire exécutoires sur l'approbation du préfet, mais toutefois après avis du conseil général ou de la commission départementale dans l'intervalle des sessions, sont celles qui concernent la suppression ou la diminution des taxes d'octroi (art. 138).

La troisième catégorie d'affaires relatives aux octrois, sur lesquelles il est statué par des décrets du Président de la République rendus en Conseil d'État, après avis du conseil général ou de la commission départementale dans l'intervalle des sessions, comprend les délibérations municipales concernant :

1º L'établissement des taxes d'octroi ;

2º L'augmentation ou la prorogation d'une ou plusieurs taxes pour une période de plus de cinq ans ;

3º Les modifications aux règlements ou aux périmètres existants ;

4º L'assujettissement à la taxe d'objets non encore imposés au tarif local ;

5º L'établissement ou le renouvellement d'une taxe non comprise dans le tarif général ;

6º L'établissement ou le renouvellement d'une taxe excédant le maximum fixé par le tarif général (art. 137).

En ce qui touche les affaires de la première catégorie (délibérations ayant force exécutoire par elles-mêmes), vous n'aurez à m'adresser aucune pièce. Vous vous bornerez à transmettre à la direction générale des contributions indirectes une expédition des délibérations municipales, appuyées des actes de perception.

Quant aux affaires de la seconde catégorie (délibérations exécutoires sur l'approbation du préfet après avis du conseil général ou de la commission départementale), vous ne devrez pas non plus me faire parvenir les dossiers. Mais il importera d'envoyer à la direction générale des contributions indirectes un exemplaire du tarif et du règlement de l'octroi, une copie de l'avis du conseil général ou de la commission départementale et une ampliation de votre arrêté approbatif.

Pour les affaires rangées dans la troisième catégorie et sur lesquelles il est statué par un décret délibéré en Conseil d'État, le conseil général, ou, dans l'intervalle des sessions, la commission départementale, n'a plus qu'un simple avis à émettre.

Ces affaires doivent être instruites conformément aux règles suivies jusqu'à ce jour. Vous aurez donc à transmettre, comme par le passé, les dossiers en premier lieu au ministère de l'intérieur.

Ces dossiers, s'il s'agit d'une demande en prorogation, devront comprendre les pièces suivantes :

1º Les délibérations du conseil municipal ;

2º L'avis du conseil général ou de la commission départementale ;

3º Le budget primitif et le budget additionnel de l'exercice courant, ou, à défaut de ce dernier budget, celui de l'année précédente ;

4º Un relevé présentant, d'après les trois derniers comptes administratifs, les recettes et les dépenses communales séparées en ordinaires et extraordinaires ;

5º Un certificat du maire et du receveur municipal faisant connaître :

Les impositions extraordinaires qui peuvent grever la commune, avec indication de leur quotité, de leur durée et de leur objet ;

Les sommes restant dues en capital sur chacun des emprunts non remboursés ;

Les autres dettes communales, s'il en existe ;

Enfin le produit brut et le produit net de l'octroi pendant chacune des trois dernières années ;

6º Un exemplaire du règlement et du tarif en vigueur ;

7º Votre avis motivé en forme d'arrêté.

En cas de demande de révision du tarif, il conviendra d'ajouter à ces documents :

1º Un tableau présentant, en regard l'un de l'autre, le tarif en vigueur et le tarif projeté, avec indication de la différence, en plus ou en moins, de la recette sur chaque article de perception, d'après la moyenne de la consommation pendant les trois dernières années.

Les colonnes de ce tableau devront être totalisées.

2º L'énumération des dépenses urgentes et des travaux dûment autorisés auxquels la commune aurait à pourvoir (cette pièce devra être également produite lorsqu'il s'agira de proroger un tarif comprenant, en sus des taxes principales, des taxes additionnelles ou des surtaxes).

Lorsqu'une commune sollicitera l'extension du périmètre de son octroi, il y aura lieu de fournir en outre :

1º Un plan de la commune indiquant, par des lignes de couleurs différentes, les limites de l'ancien périmètre et celles du périmètre proposé ;

2º Un certificat faisant connaître le nombre des habitants et l'étendue du territoire qu'on se propose de comprendre dans le rayon de la perception, ainsi que l'augmentation de recettes à provenir de l'extension du périmètre ;

3º Enfin, l'avis du représentant de l'autorité militaire, s'il s'agit d'une commune possédant une garnison. (C. 17 août 1883.)

Quant aux affaires relatives aux surtaxes, vous devrez continuer de les instruire comme vous l'avez fait jusqu'à ce jour.

J'insiste, Monsieur le Préfet, pour que les demandes relatives aux octrois soient instruites avec le plus grand soin et pour que les dossiers me parviennent, lorsqu'il s'agira de prorogation, au plus tard dans le courant du mois d'août de l'année où l'octroi devra régulièrement prendre fin. Vous veillerez, en outre, à ce que le tarif et règlement portent la mention d'annexe dans les cas prévus par la circulaire ministérielle du 16 mars 1880. Je vous rappellerai que l'omission de cette formalité a parfois motivé l'ajournement de certaines affaires, soit par le ministère des finances, soit par le Conseil d'État.

Je dois signaler à votre attention un dernier point :

Lorsque les conseils municipaux sont appelés à se prononcer sur l'établissement, le maintien ou l'élévation de droits d'octroi, il convient qu'ils examinent de quelle somme la commune a besoin pour assurer la marche des services municipaux. Pour se procurer cette somme, le conseil vote les taxes principales d'octroi qui ont un caractère annuel et permanent et dont le produit est inscrit au budget ordinaire de la commune.

Si, après la fixation de ces droits, la commune se trouve dans l'obligation de pourvoir à des dépenses extraordinaires pour l'exécution d'entreprises ou pour le remboursement d'emprunts, le conseil municipal peut voter de nouveaux droits, soit au moyen de l'addition d'un ou de plusieurs décimes aux taxes principales, soit à l'aide de taxes extraordinaires frappant d'autres articles. Ces droits ne se confondent pas avec les taxes principales. Le conseil doit en déterminer l'affectation spéciale, et le produit en est porté au budget extraordinaire.

Les opérations concernant, d'une part, les taxes principales, d'autre part, les taxes additionnelles ou extraordinaires, doivent être présentées séparément dans la comptabilité de l'octroi et du receveur municipal. Il est ainsi donné satisfaction aux prescriptions des art. 133 et 134 de la loi du 5 avril 1884, d'après lesquelles le produit des octrois affectés aux dépenses ordinaires figure au budget ordinaire, et celui des taxes additionnelles et surtaxes d'octroi spécialement affectées à des dépenses extraordinaires et à des remboursements d'emprunts, doit être inscrit au budget extraordinaire.

Il ne vous échappera pas, d'ailleurs, que la distinction entre les deux catégories de taxes a une très grande importance, puisque aux termes de l'art. 3 de la loi du 16 juin 1881, le cinquième du produit des taxes ordinaires d'octroi doit être affecté aux dépenses de l'instruction primaire.

Dès lors, le classement au budget ordinaire des recettes d'octroi qui devraient, en réalité, figurer au budget extraordinaire, aurait pour conséquence d'accroître les charges imposées aux communes par cette loi.

Art. 140. (*Taxes particulières.*) Les taxes particulières dues par les habitants ou propriétaires en vertu des lois et des usages locaux sont réparties par une délibération du conseil municipal approuvée par le préfet.

Ces taxes sont perçues suivant les formes établies pour le recouvrement des contributions publiques.

L'art. 140 de la loi du 5 avril 1884 reproduit purement et simplement les dispositions de la loi du 18 juillet 1837 (*art.* 44) relatives aux taxes particulières dues par les habitants ou propriétaires en vertu des lois et usages locaux. Le législateur de 1884 décide, comme le décidait celui de 1837, que ces taxes, telles que celles d'affouage, de pacage ou pâturage, de pavage ou ayant pour objet l'établissement de trottoirs, sont réparties par une délibération du conseil municipal approuvée par le préfet et qu'elles sont perçues suivant les formes établies pour le recouvrement des contributions directes.

La nécessité de soumettre les délibérations du conseil municipal, en cette matière, à votre sanction résulte également des dispositions combinées des art. 68 et 69 de la nouvelle loi.

Art. 141. (*Impositions extraordinaires, emprunts.*) Les conseils municipaux peuvent voter, dans la limite du maximum fixé chaque année par le conseil général, des contributions extraordinaires n'excédant pas 5 centimes pendant cinq années, pour en affecter le produit à des dépenses extraordinaires d'utilité communale.

Ils peuvent aussi voter 3 centimes extraordinaires, exclusivement affectés aux chemins vicinaux ordinaires, et 3 centimes extraordinaires exclusivement affectés aux chemins ruraux reconnus.

Ils votent et règlent les emprunts communaux remboursables sur les centimes extraordinaires votés comme il vient d'être dit au premier paragraphe du présent article, ou sur les ressources ordinaires, quand l'amortissement, en ce dernier cas, ne dépasse pas trente ans.

Art. 142. Les conseils municipaux votent, sauf approbation du préfet :

1° Les contributions extraordinaires qui dépasseraient 5 centimes, sans excéder le maximum fixé par le conseil général, et dont la durée, excédant cinq années, ne serait pas supérieure à trente ans ;

2° Les emprunts remboursables sur les mêmes contributions extraordinaires ou sur les revenus ordinaires dans un délai excédant, pour ce dernier cas, trente ans.

Art. 143. Toute contribution extraordinaire dépassant le maximum fixé par le conseil général, et tout emprunt remboursable sur cette contribution sont autorisés par décret du Président de la République.

Si la contribution est établie pour une durée de plus de trente ans, ou si l'emprunt remboursable sur ressources extraordinaires doit excéder cette durée, le décret est rendu en Conseil d'État.

Il est statué par une loi si la somme à emprunter dépasse un million, ou si, réunie aux chiffres d'autres emprunts non encore remboursés, elle dépasse un million.

Ces articles apportent des modifications importantes aux règles posées par les lois des 18 juillet 1837 et 24 juillet 1867, en ce qui concerne les impositions extraordinaires et les emprunts.

L'art. 141 reconnaît aux conseils municipaux le droit de régler par un simple vote :

1° Dans la limite du maximum fixé chaque année par le conseil général, les contributions extraordinaires n'excédant pas cinq centimes pendant cinq années, pour en appliquer le produit à des dépenses extraordinaires d'utilité communale ;

2° Les emprunts remboursables en cinq ans sur ces cinq centimes ou sur les ressources ordinaires, quand l'amortissement, dans ce dernier cas, ne dépasse pas trente ans ;

3° Trois centimes extraordinaires exclusivement affectés aux chemins vicinaux ordinaires et trois centimes extraordinaires exclusivement affectés aux chemins ruraux reconnus.

Les centimes communaux destinés aux dépenses annuelles obligatoires ou facultatives et les centimes votés en vertu des lois des 21 mai 1836 (chemins vicinaux) et 16 juin 1881 (instruction primaire) et de certaines lois spéciales ne se confondent pas avec les centimes extraordinaires que les conseils municipaux peuvent voter dans la limite du maximum fixé par le conseil général. On ne devra pas non plus considérer comme compris dans ce maximum les centimes affectés par le paragraphe 2 du présent article aux dépenses des chemins vicinaux ordinaires et des chemins ruraux reconnus, ni les centimes qui pourraient être imposés d'office sur la commune par application de l'art. 149 de la présente loi.

Aux termes de l'art. 142, les conseils municipaux votent, sauf approbation du préfet :

1° Les contributions extraordinaires qui dépasseraient cinq centimes sans excéder le maximum fixé par le conseil général et dont la durée, excédant cinq années, ne serait pas supérieure à trente ans ;

2° Les emprunts remboursables sur les mêmes contributions extraordinaires ou sur les revenus ordinaires dans un délai excédant, pour ce dernier cas, trente ans.

Cet article, Monsieur le Préfet, vous confère des pouvoirs très étendus. Je vous recommande d'en user avec toute la prudence que réclame l'intérêt bien entendu des communes. Il importe que les emprunts communaux n'aient pour objet que le paiement de dépenses d'une nécessité incontestable ; qu'ils soient toujours circonscrits dans des limites modérées et proportionnés surtout aux ressources disponibles, de manière à ne pas obérer les finances de la commune au préjudice des services municipaux essentiels. Il sera prudent qu'à moins de circonstances exceptionnelles, le terme d'amortissement des emprunts n'excède pas vingt-cinq ou trente ans.

Avant d'approuver les votes municipaux relatifs à des impositions extraordinaires ou à des emprunts, vous devrez exiger la production des pièces justificatives des dépenses projetées (plans, devis, mémoires, etc.), ainsi que les documents qui vous seront nécessaires pour constater avec exactitude la situation financière de la commune (budget, relevé des comptes, certificat constatant les charges qui grèvent la commune).

Au nombre des emprunts que vous serez appelé à approuver, il s'en trouvera qui devront être contractés, soit auprès de la caisse des écoles, soit auprès de la caisse des chemins vicinaux.

En ce qui touche les premiers, vous ne perdrez pas de vue que les communes devront recevoir l'autorisation préalable du ministre de l'instruction publique. (*Déc. 10 août 1878, art.* 4, § 1er.)

Quant aux seconds, avant de sanctionner les votes municipaux, vous aurez à me communiquer les pièces de chaque affaire pour que je puisse apprécier si la situation de la caisse vicinale permet d'accueillir les demandes.

L'art. 143 forme le complément des art. 141 et 142. Il dispose que toute contribution extraordinaire dépassant le maximum fixé par le conseil général et que tout emprunt remboursable sur cette contribution sont autorisés par décret du Président de la République ; que, si la contribution est établie pour une durée de plus de trente ans, ou si l'emprunt remboursable sur ressources extraordinaires doit excéder cette durée, le décret est rendu en Conseil d'État ; enfin qu'il est statué par une loi, si la somme à emprunter dépasse un million, ou si, réunie aux chiffres d'autres emprunts non encore remboursés, elle dépasse un million.

Vous remarquerez, Monsieur le Préfet, que ce n'est plus, comme sous l'empire de la loi du 24 juillet 1867, d'après le chiffre des revenus communaux qu'est déterminée la nécessité de recourir à l'intervention du Conseil d'État, mais bien d'après la durée de l'amortissement.

Quant à la dernière disposition concernant le recours au pouvoir législatif lorsqu'il s'agit d'emprunts dépassant un million, elle n'est que la reproduction de l'art. 7, § 3, de la loi du 24 juillet 1867 et le maintien sur ce point de la législation antérieure.

A ce sujet, je vous rappellerai que, d'après la jurisprudence constante du ministère de l'intérieur, du Conseil d'État et des Chambres législatives, le recours à une loi est nécessaire toutes les fois qu'un emprunt, soit seul, soit réuni aux sommes restant dues sur de précédents emprunts non remboursés, dépasse un million, quelles que soient la nature des ressources affectées au remboursement et la durée de l'amortissement.

Je dois également signaler de nouveau à votre attention les règles posées par la circulaire du 11 mai 1864, en ce qui touche les acquisitions ou engagements à long terme pris par les communes, lesquels doivent être assimilés à des emprunts et autorisés dans les mêmes formes, c'est-à-dire, suivant les cas, par une délibération municipale, un arrêté préfectoral, un décret ou une loi.

Toutes les affaires auxquelles s'applique l'art. 143 devront être examinées par l'administration supérieure. Vous aurez donc à m'adresser, pour chacune de ces affaires, les pièces suivantes :

1º Une copie de la délibération par laquelle le conseil municipal a voté l'imposition ou l'emprunt ;

S'il s'agit d'un emprunt, la délibération mentionnera le mode et les époques de remboursement ;

2º Un certificat du maire faisant connaître le chiffre officiel de la population de la commune et le nombre des membres du conseil municipal en exercice ;

3º Le budget primitif et le budget additionnel de la commune pour l'exercice courant. Si ce dernier budget n'est pas encore approuvé, on produira celui de l'exercice précédent. Le chiffre du principal des quatre contributions directes devra être indiqué en tête dudit budget ;

4º Un certificat du maire et du receveur municipal constatant :

Toutes les impositions qui peuvent grever la commune avec l'indication de l'objet auquel elles s'appliquent, de leur durée et de leur quotité, ainsi que de la nature et de la date des actes qui en ont autorisé la perception ;

Les sommes restant dues en capital sur chacun des emprunts non encore remboursés, avec mention de la nature et de la date des actes approbatifs de chaque emprunt ;

Les autres dettes communales, s'il en existe ;

Le montant des fonds de la commune placés au Trésor ;

5º Les pièces justificatives de la dépense, telles que mémoires, plans et devis régulièrement dressés ;

6º S'il s'agit d'un emprunt, un tableau d'amortissement dudit emprunt, ainsi qu'un état présentant dans trois colonnes distinctes :

Les sommes à payer chaque année, jusqu'à complète libération pour le service des emprunts et dettes antérieurement contractés ;

Les ressources extraordinaires affectées annuellement à l'extinction de ce passif ;

Enfin les prélèvements à opérer sur les revenus ordinaires pour compléter les annuités d'amortissement.

(Dans le cas où l'emprunt serait remboursable au moyen d'une coupe extraordinaire de bois, il importerait de produire l'avis de l'administration forestière) ;

7º Un relevé présentant, d'après les trois derniers comptes, les recettes et les dépenses communales séparées en ordinaires et extraordinaires ;

8º Votre avis motivé en forme d'arrêté.

**Art. 144.** Les forêts et les bois de l'État acquittent les centimes additionnels ordinaires et extraordinaires affectés aux dépenses des communes dans la même proportion que les propriétés privées.

Aux termes de l'art. 4 de la loi du 24 juillet 1867, les forêts

et les bois de l'État devaient acquitter les centimes additionnels ordinaires et extraordinaires affectés aux dépenses des communes, dans la proportion de la moitié de leur valeur imposable.

La loi du 5 avril 1884 s'est montrée plus favorable aux communes. En effet, l'art. 144 reproduit, sauf la différence de rédaction, l'art. 7 de la loi de finances du 8 mai 1869, aux termes duquel les forêts et les bois de l'État acquittent les centimes additionnels ordinaires et extraordinaires affectés aux dépenses des communes, dans la même proportion que les propriétés privées.

SECT. 2. — VOTE ET RÈGLEMENT DU BUDGET.

**Art. 145.** Le budget de chaque commune est proposé par le maire, voté par le conseil municipal et réglé par le préfet.

Lorsqu'il pourvoit à toutes les dépenses obligatoires et qu'il n'applique aucune recette extraordinaire aux dépenses, soit obligatoires, soit facultatives, ordinaires ou extraordinaires, les allocations portées audit budget pour les dépenses facultatives ne peuvent être modifiées par l'autorité supérieure.

Le budget des villes dont le revenu est de 3 millions de francs au moins est toujours soumis à l'approbation du Président de la République, sur la proposition du ministre de l'intérieur.

Le revenu d'une ville est réputé atteindre 3 millions de francs lorsque les recettes ordinaires constatées dans les comptes se sont élevées à cette somme pendant les trois dernières années.

Il n'est réputé être descendu au-dessous de 3 millions de francs que lorsque, pendant les trois dernières années, les recettes ordinaires sont restées inférieures à cette somme.

**Art. 146.** Les crédits qui seront reconnus nécessaires après le règlement du budget seront votés et autorisés conformément à l'article précédent.

Les art. 145 et 146 de la loi du 5 avril 1884 maintiennent les règles établies par la législation antérieure, en ce qui touche l'approbation soit des budgets, soit des crédits additionnels votés en cours d'exercice, tant pour les communes dont le revenu est inférieur à 3 millions que pour les villes dont le revenu atteint ce chiffre. Vous remarquerez toutefois que la loi nouvelle n'a pas reproduit la disposition de celle du 18 juillet 1837, art. 34, § 2, aux termes de laquelle, dans les communes dont le budget est réglé par décret, les crédits supplémentaires pour dépenses urgentes pouvaient être approuvés par le préfet.

D'après la loi du 5 avril 1884, dans les villes dont vous n'êtes pas appelé à régler le budget, tous les crédits sans exception devront être autorisés par décret. Je n'ai pas besoin de vous faire remarquer que, quand il s'agira de pourvoir à des dépenses urgentes, vous aurez à m'adresser, sans retard, les délibérations municipales, pour que je puisse provoquer le décret approbatif des crédits.

**Art. 147.** Les conseils municipaux peuvent porter au budget un crédit pour les dépenses imprévues.

La somme inscrite pour ce crédit ne peut être réduite ou rejetée qu'autant que les revenus ordinaires, après avoir satisfait à toutes les dépenses obligatoires, ne permettraient pas d'y faire face.

Le crédit pour dépenses imprévues est employé par le maire.

Dans la première session qui suivra l'ordonnancement de chaque dépense, le maire rendra compte au conseil municipal, avec pièces justificatives à l'appui, de l'emploi de ce crédit. Ces pièces demeureront annexées à la délibération.

L'art. 147 de la loi du 5 avril 1884 concerne le crédit que les conseils municipaux peuvent porter au budget pour les dépenses imprévues. Il modifie sur deux points les dispositions de l'art. 37 de la loi du 18 juillet 1837. D'une part, en effet, le législateur ne limite plus au dixième des recettes ordinaires la somme inscrite de ce chef au budget ; d'autre part, il n'oblige plus le maire à obtenir l'approbation du préfet ou du sous-préfet pour faire emploi du crédit.

Le dernier paragraphe de l'article ajoute que, dans la première session qui suivra l'ordonnancement de chaque dépense, le maire rendra compte au conseil municipal, avec pièces justificatives à l'appui, de l'emploi de ce crédit, et que lesdites pièces demeureront annexées à la délibération.

Cette prescription doit être entendue en ce sens que le maire sera tenu de fournir au conseil municipal les justifications des dépenses qu'il aura ordonnancées. Ces justifications pourront consister en un état détaillé, appuyé de rapports explicatifs soit du maire, soit des chefs de service. Quant aux pièces comptables proprement dites, telles que mémoires, factures ou quittances, elles continueront à être remises au receveur municipal, afin qu'il puisse les produire au juge des comptes, comme les pièces justificatives de toutes les autres dépenses.

Art. 148. Le décret du Président de la République ou l'arrêté du préfet qui règle le budget d'une commune peut rejeter ou réduire les dépenses qui y sont portées, sauf dans les cas prévus par le § 2 de l'art. 145 et par le § 2 de l'art. 147 ; mais il ne peut les augmenter ni en introduire de nouvelles qu'autant qu'elles sont obligatoires.

L'art. 148 reproduit les dispositions des art. 36 et 38 de la loi du 18 juillet 1837, en les mettant en harmonie avec les art. 145 et 147 de la nouvelle loi municipale.

Art. 149. Si un conseil municipal n'allouait pas les fonds exigés pour une dépense obligatoire, ou n'allouait qu'une somme insuffisante, l'allocation serait inscrite au budget par décret du Président de la République, pour les communes dont le revenu est de 3 millions et au-dessus, et par arrêté du préfet en conseil de préfecture pour celles dont le revenu est inférieur.

Aucune inscription d'office ne peut être opérée sans que le conseil municipal ait été, au préalable, appelé à prendre une délibération spéciale à ce sujet.

S'il s'agit d'une dépense annuelle et variable, le chiffre en est fixé sur sa quotité moyenne pendant les trois dernières années.

S'il s'agit d'une dépense annuelle et fixe de sa nature ou d'une dépense extraordinaire, elle est inscrite pour sa quotité réelle.

Si les ressources de la commune sont insuffisantes pour subvenir aux dépenses obligatoires inscrites d'office, en vertu du présent article, il y est pourvu par le conseil municipal, ou, en cas de refus de sa part, au moyen d'une contribution extraordinaire établie d'office par un décret, si la contribution extraordinaire n'excède pas le maximum à fixer annuellement par la loi de finances, et par une loi spéciale, si la contribution doit excéder ce maximum.

L'art. 149, relatif aux inscriptions et aux impositions d'office, ne fait que maintenir la législation antérieure.

Art. 150. Dans le cas où, pour une cause quelconque, le budget d'une commune n'aurait pas été définitivement réglé avant le commencement de l'exercice, les recettes et les dépenses ordinaires continuent, jusqu'à l'approbation de ce budget, à être faites conformément à celui de l'année précédente. Dans le cas où il n'y aurait eu aucun budget antérieurement voté, le budget serait établi par le préfet en conseil de préfecture.

La première partie de cet article est la reproduction de l'art. 35 de la loi du 18 juillet 1837.

Quant à la seconde partie, elle comble une lacune des lois précédentes ; elle prévoit le cas où il n'y aurait eu aucun budget antérieurement voté et elle ordonne que, dans ce cas, le budget sera établi par le préfet en conseil de préfecture.

## Chap. IV. — De la comptabilité des communes.

Art. 151. Les comptes du maire, pour l'exercice clos, sont présentés au conseil municipal avant la délibération du budget.

Ils sont définitivement approuvés par le préfet.

D'après l'art. 151 de la loi du 5 avril 1884, les comptes du maire pour l'exercice clos sont définitivement approuvés par le préfet.

Il s'ensuit que vous aurez à approuver les comptes administratifs de toutes les communes, quel que soit le chiffre de leurs revenus, quand même ce chiffre atteindrait 3 millions.

Vous devrez m'adresser un exemplaire dûment approuvé des comptes des villes dont le revenu sont de 3 millions et au-dessus. La production de cet exemplaire, qui sera conservé dans mes bureaux, est indispensable pour permettre de procéder à l'approbation du budget supplémentaire auquel doivent être reportés les excédents de recette et les restes à payer de l'exercice précédent.

Art. 152. Le maire peut seul délivrer des mandats.

S'il refusait d'ordonnancer une dépense régulièrement autorisée et liquide, il serait prononcé par le préfet en conseil de préfecture, et l'arrêté du préfet tiendrait lieu du mandat du maire.

Art. 153. Les recettes et dépenses communales s'effectuent par un comptable, chargé seul et sous sa responsabilité de poursuivre la rentrée de tous revenus de la commune et de toutes sommes qui lui seraient dues, ainsi que d'acquitter les dépenses ordonnancées par le maire, jusqu'à concurrence des crédits régulièrement accordés.

Tous les rôles de taxe, de sous-répartitions et de prestations locales doivent être remis à ce comptable.

Art. 154. Toutes les recettes municipales pour lesquelles les lois et règlements n'ont pas prescrit un mode spécial de recouvrement s'effectuent sur les états dressés par le maire. Ces états sont exécutoires après qu'ils ont été visés par le préfet ou le sous-préfet.

Les oppositions, lorsque la matière est de la compétence des tribunaux ordinaires, sont jugées comme affaires sommaires, et la commune peut y défendre sans autorisation du conseil de préfecture.

Art. 155. Toute personne autre que le receveur municipal qui, sans autorisation légale, se serait ingérée dans le maniement des deniers de la commune, sera par ce seul fait constituée comptable et pourra, en outre, être poursuivie, en vertu du Code pénal, comme s'étant immiscée sans titre dans les fonctions publiques.

Art. 156. Le percepteur remplit les fonctions de receveur municipal.

Néanmoins, dans les communes dont les revenus ordinaires excèdent 30,000 fr., ces fonctions peuvent être confiées, sur la demande du conseil municipal, à un receveur municipal spécial.

Ce receveur spécial est nommé sur une liste de trois noms présentée par le conseil municipal.

Il est nommé par le préfet dans les communes dont le revenu ne dépasse pas 300,000 fr., et par le Président de la République, sur la proposition du ministre des finances, dans les communes dont le revenu est supérieur.

En cas de refus, le conseil municipal doit faire de nouvelles présentations.

Art. 157. Les comptes du receveur municipal sont apurés par le conseil de préfecture, sauf recours à la Cour des comptes pour les communes dont les revenus ordinaires dans les trois dernières années n'excèdent pas 30,000 fr.

Ils sont apurés et définitivement réglés par la Cour des comptes pour les communes dont le revenu est supérieur.

Ces distinctions sont applicables aux comptes des trésoriers des hôpitaux et autres établissements de bienfaisance.

Art. 158. La responsabilité des receveurs municipaux et les formes de la comptabilité des communes sont déterminées par des règlements d'administration publique,

Les receveurs municipaux sont assujettis, pour l'exécution de ces règlements, à la surveillance des receveurs des finances.

Dans les communes où les fonctions de receveur municipal et de percepteur sont réunies, la gestion du comptable est placée sous la responsabilité du receveur des finances, d'après les conditions déterminées par un règlement d'administration publique.

Art. 159. Les comptables qui n'ont pas présenté leurs comptes dans les délais prescrits par les règlements peuvent être condamnés, par l'autorité chargée de juger lesdits comptes, à une amende de 10 fr. à 100 fr. par chaque mois de retard pour les receveurs et trésoriers justiciables des conseils de préfecture, et de 50 à 500 fr., également par mois de retard, pour ceux qui sont justiciables de la Cour des comptes.

Ces amendes sont attribuées aux communes ou établissements que concernent les comptes en retard.

Elles sont assimilées, quant au mode de recouvrement et de poursuites, aux débets de comptables des deniers de l'État et la remise n'en peut être accordée que d'après les mêmes règles.

Art. 160. Les budgets et les comptes des communes restent déposés à la mairie ; ils sont rendus publics dans les communes dont le revenu est de 100,000 fr. et au-dessus et dans les autres quand le conseil municipal a voté la dépense de l'impression.

Les art. 152 à 160 ne font que confirmer les règles de comptabilité édictées par les lois actuellement en vigueur.

TITRE V. — DES BIENS ET DROITS INDIVIS ENTRE PLUSIEURS COMMUNES.

(*Observation générale.*) La loi du 5 avril 1884, dans ses art. 116, 117 et 118, par des dispositions analogues à celles des art. 89, 90 et 91 de la loi du 10 août 1871 sur les conseils généraux, a déterminé les règles à suivre lorsqu'il s'agit de débattre, dans des conférences, les questions d'intérêt commun à deux ou à plusieurs communes sur des objets d'utilité communale les intéressant à la fois.

Ces dispositions seraient presque toujours insuffisantes au cas où les communes possèdent, depuis un temps plus ou moins considérable, des droits ou des biens indivis : par exemple, quand un certain nombre de communes, deux, trois, quatre ou plus, sont copropriétaires à l'état d'indivision d'immeubles, de pacages, etc.

Il serait difficile, sinon impossible, aux municipalités d'administrer directement, d'une manière utile, de pareils biens, même en recourant aux conférences régies par les art. 116, 117 et 118 de la nouvelle loi. Aussi le législateur de 1884, comme celui de 1837, a-t-il pensé qu'il y avait lieu d'instituer une représentation spéciale pour l'administration de ces biens et l'exécution des travaux qui s'y rattachent.

Art. 161. Lorsque plusieurs communes possèdent des biens ou des droits indivis, un décret du Président de la République instituera, si l'une d'elles le réclame, une commission syndicale composée de délégués des conseils municipaux des communes intéressées.

Chacun des conseils élira dans son sein, au scrutin secret, le nombre de délégués qui aura été déterminé par le décret du Président de la République.

La commission syndicale sera présidée par un syndic élu par les délégués et pris parmi eux. Elle sera renouvelée après chaque renouvellement des conseils municipaux.

Les délibérations sont soumises à toutes les règles établies pour les délibérations des conseils municipaux.

Aux termes de l'art. 161 de la loi du 5 avril 1884, lorsque plusieurs communes possèdent des biens ou des droits indivis, un décret du Président de la République doit instituer, si l'une d'elles le réclame, une commission syndicale composée de délégués des conseils municipaux des communes intéressées. Chacun des conseils élit ensuite, dans son sein, au scrutin secret, le nombre de délégués qui a été déterminé par le décret présidentiel.

Ces dispositions sont la reproduction des deux premiers paragraphes de l'art. 70 de la loi de 1837.

Vous ne perdrez pas de vue, Monsieur le Préfet, que, dans les propositions que vous aurez à m'adresser à ce sujet, vous devrez, pour la fixation du nombre des délégués à attribuer aux communes, tenir compte, non du chiffre de la population, mais de l'intérêt que peut avoir chacune des communes dans l'administration des biens indivis en raison de la part plus ou moins grande qu'elle serait en droit, en cas de partage, de revendiquer dans la propriété de ces biens.

D'après le troisième paragraphe de l'art. 161 de la nouvelle loi, la commission syndicale sera présidée par un syndic élu par les délégués et pris parmi eux ; elle sera renouvelée après chaque renouvellement des conseils municipaux. Ce paragraphe modifie l'art. 71 (§ 1) de la loi de 1837, qui laissait la nomination du syndic à l'autorité préfectorale, tandis que d'après la loi nouvelle, le syndic est élu par les délégués.

Le dernier paragraphe de l'art. 161 de la loi de 1884 soumet la délibération de la commission syndicale à toutes les règles établies pour les délibérations des conseils municipaux ; c'est la reproduction du paragraphe 4 *in fine* de l'art. 70 de la loi de 1837.

Art. 162. Les attributions de la commission syndicale et de son président comprennent l'administration des biens et droits indivis et l'exécution des travaux qui s'y rattachent.

Ces attributions sont les mêmes que celles des conseils municipaux et des maires en pareille matière.

Mais les ventes, échanges, partages, acquisitions, transactions demeurent réservés aux conseils municipaux, qui pourront autoriser le président de la commission à passer les actes qui y sont relatifs.

Dans l'art. 162 de la loi du 5 avril 1884, le législateur définit et limite les attributions de la commission syndicale et de son président. Elles comprennent l'administration des biens et droits indivis et l'exécution des travaux qui s'y rattachent. Elles sont les mêmes que celles des conseils municipaux et des maires en pareille matière. Mais les ventes, échanges, partages, acquisitions, transactions demeurent réservés aux conseils municipaux, qui pourront autoriser le président de la commission à passer les actes qui y sont relatifs.

Ces dispositions précisent le § 2 de l'art. 71 de la loi du 18 juillet 1837. Il en résulte que la commission syndicale et le syndic doivent se borner à administrer les biens et droits indivis, à voter et à surveiller l'exécution des travaux se rattachant exclusivement à ces biens.

Quant aux questions de propriété, elles sont absolument réservées aux conseils municipaux et, lorsqu'ils sont d'accord sur la nécessité d'un échange, d'un partage, etc., ils peuvent, pour faciliter l'opération et éviter des lenteurs, substituer aux maires des communes intéressées le président de la commission et autoriser ce dernier à passer les actes.

Art. 163. La répartition des dépenses votées par la commission syndicale est faite entre les communes intéressées par les conseils municipaux.

Leurs délibérations seront soumises à l'approbation du préfet.

En cas de désaccord entre les conseils municipaux, le préfet prononcera, sur l'avis du conseil général ou, dans l'intervalle des sessions, de la commission départementale. Si les conseils municipaux appartiennent à des départements différents, il sera statué par décret.

La part de la dépense définitivement assignée à chaque commune sera portée d'office aux budgets respectifs, conformément à l'art. 149 de la présente loi.

Art. 163. Dans l'art. 163, la loi du 5 avril prévoit le cas où la commission syndicale peut avoir des dépenses à faire, soit pour l'administration des biens et droits indivis, soit pour l'exécution des travaux se rattachant à la jouissance de ces mêmes biens. Elle règle le mode de répartition de ces dépenses et indique les moyens à prendre quand il y a désaccord entre les conseils municipaux.

Les §§ 1 et 2 portent : « La répartition des dépenses votées par les commissions syndicales est faite entre les communes intéressées par les conseils municipaux.

« Leurs délibérations sont soumises à l'approbation du préfet. »

Ces dispositions sont empruntées à l'art. 72 de la loi du 18 juillet 1837. Vous remarquerez toutefois que, d'après le § 1er de l'art, 161, c'est la commission syndicale qui vote les dépenses relatives à l'administration des biens indivis et à l'exécution des travaux s'y rattachant.

Les conseils municipaux n'ont pas à contester ce vote, pris dans la limite des attributions de la commission syndicale, leur mandataire régulier. Ils ont seulement à établir la part qui doit incomber à chaque commune dans la dépense.

Des propositions peuvent être soumises à ce sujet aux conseils municipaux par la commission syndicale ou, à défaut, par le préfet.

La loi prévoit le cas de désaccord entre les conseils municipaux sur la répartition de la dépense.

Dans cette hypothèse, l'art. 46 (n° 23) de la loi du 10 août 1871 n'est pas applicable.

D'après le § 3 de l'art. 163 de la nouvelle loi municipale, vous aurez à prononcer vous-même, sur l'avis du conseil général, ou, dans l'intervalle des sessions, de la commission départementale. Si les conseils municipaux appartiennent à des départements différents, il sera statué par décret.

La loi du 18 juillet 1837 (art. 72, § 2) contenait une disposition analogue. La loi nouvelle n'a pas maintenu la prescription qui exigeait l'avis préalable des conseils d'arrondissement.

Il est en outre à remarquer qu'elle se contente de l'avis de la commission départementale dans l'intervalle des sessions du conseil général.

Elle a voulu ainsi éviter les lenteurs qui pourraient résulter, pour l'instruction de ces affaires, du laps de temps considérable s'écoulant entre les sessions ordinaires des conseils généraux.

Le § 4 de l'art. 163 de la loi du 5 avril 1884 est rédigé de la même manière que l'art. 72 de la loi de 1837. Il décide que la part de la dépense définitivement assignée à chaque commune sera portée d'office aux budgets respectifs, conformément à l'art. 149 de la nouvelle loi.

Le législateur considère cette part comme rentrant toujours dans la catégorie des dépenses communales obligatoires. Il a donné par suite à l'autorité supérieure le pouvoir de vaincre la résistance des communes intéressées.

## TITRE VI. — DISPOSITIONS RELATIVES A L'ALGÉRIE ET AUX COLONIES.

Art. 164. La présente loi est applicable aux communes de plein exercice de l'Algérie, sous réserve des dispositions actuellement en vigueur concernant la constitution de la propriété communale, les formes et conditions des acquisitions, échanges, aliénations et partages, et sous réserve des dispositions concernant la représentation des musulmans indigènes.

Par dérogation aux art. 5 et 6 de la présente loi, les érections de communes, les changements projetés à la circonscription territoriale des communes, quand ils devront avoir pour effet de modifier les limites d'un arrondissement, seront décidés par décret pris après avis du conseil général.

Par dérogation à l'art. 74, les conseils municipaux peuvent allouer aux maires des indemnités de fonctions, sauf approbation du gouverneur général.

Art. 165. La présente loi est également applicable aux colonies de la Martinique, de la Guadeloupe et de la Réunion, sous les réserves suivantes :

Un arrêté du gouverneur en conseil privé tiendra lieu du décret du Président de la République, dans les cas prévus aux articles 110, 145, 148 et 149.

Les attributions dévolues au ministre de l'intérieur par les art. 40, 69 et 120; au ministre des cultes par l'art. 100, et au ministre des finances par l'art. 156 de la présente loi, sont conférées au ministre de la marine et des colonies.

Les attributions conférées au ministre de l'intérieur et aux préfets par les art. 4, 13, 15, 36, 40, § 4; 46, § 2; 47, 48, 60, § 1er; 65, 66, 67, 69, 70, 85, 95, § 2 et 4; 98, § 4; 100, 111, 112, 113, 114, 115, 116, 117, 118, 119, 124, 129, 130, 133, § 15; 140, 142, 145, § 1er; 146, 148, 149, 150, 151, 152 et 156 de la présente loi sont dévolues au gouverneur.

Les attributions dévolues aux préfets et aux sous-préfets par les art. 12, 29, 37, 38, 40, § 1er, 2 et 3; 49, § 3; 52, 57, 60, § 2; 61, 62, 78, 88, 93, 95, §§ 1 et 3; 102, 103, 125 et 154 sont remplies par le directeur de l'intérieur.

Les attributions conférées aux conseils de préfecture par les art. 36, 37, 38, 39, 40 et 60 sont dévolues au conseil du contentieux administratif.

Les attributions dévolues aux conseils de préfecture par les art. 65, 66, 111, 121, 123, 125, 126, 127, 152, 154, 157 et 159 sont conférées au conseil privé.

Les attributions dévolues à la Cour des comptes par les art. 157, § 2, et 159 sont conférées au conseil privé, sauf recours à la Cour des comptes.

Les recours au Conseil d'État formés par l'administration contre les décisions du conseil du contentieux administratif sont transmis par le gouverneur au ministre de la marine et des colonies, qui en saisit le Conseil d'État.

Les dispositions du décret du 12 décembre 1882 sur le régime financier des colonies restent applicables à la comptabilité communale, en tout ce qui n'est pas contraire à la présente loi.

Art. 166. Les dispositions de la présente loi relatives aux octrois municipaux ne sont pas applicables à l'octroi de mer, qui reste assujetti aux règlements en vigueur en Algérie et dans les colonies.

Les art. 164, 165 et 166 appliquent la nouvelle loi municipale à l'Algérie et aux principales colonies, sous certaines réserves et modifications.

## TITRE VII. — DISPOSITIONS GÉNÉRALES.

Art. 167. Les conseils municipaux pourront prononcer la désaffectation totale ou partielle d'immeubles consacrés, en dehors des prescriptions de la loi organique des cultes du 18 germinal an X, et des dispositions relatives au culte israélite, soit aux cultes, soit à des services religieux ou à des établissements quelconques ecclésiastiques et civils.

Ces désaffectations seront prononcées dans la même forme que les affectations.

Il ressort de la discussion aux Chambres qu'il ne s'agit ni des immeubles concordataires affectés au culte catholique, ni de ceux consacrés aux cultes protestants ou au culte israélite, en vertu des dispositions relatives à ces cultes, ni des immeubles qui, postérieurement au Concordat et à la loi du 18 germinal an X, ont été affectés aux cultes par suite des obligations résultant du Concordat et des lois organiques.

Les conseils municipaux ne sauraient, dès lors, se prévaloir de l'art. 167 pour la désaffectation des immeubles compris dans ces diverses catégories.

Vous remarquerez, d'autre part, qu'il n'est pas dérogé par l'art. 167 aux prescriptions de l'ordonnance du 3 mars 1825, en ce qui concerne la distraction au profit des communes des parties superflues des presbytères.

Lorsqu'il s'agira d'appliquer l'art. 167, il conviendra, pour déterminer la compétence, de se reporter à la procédure suivie lors de l'affectation, les mêmes formalités devant être remplies pour la désaffectation.

### Art. 168. Sont abrogés :

1° Le titre XI, art. 3, de la loi des 16-24 août 1790 ;

2° Les art. 1, 2, 3 et 5 de la loi du 20 messidor an III ;

3° Les titres I, IV et V de la loi du 10 vendémiaire an IV ;

4° La loi du 29 vendémiaire an V, la loi du 17 vendémiaire an X, l'arrêté du 21 frimaire an XII ;

5° Les art. 36, nos 4, 39, 49, 92 à 103, du décret du 30 décembre 1809 ; la loi du 14 février 1810 ;

6° La loi du 18 juillet 1837 ;

7° L'ordonnance du 18 décembre 1838 ;

8° L'ordonnance du 15 juillet 1840 ;

9° L'ordonnance du 7 août 1842 ;

10° La loi du 19 juin 1851, à l'exception de l'art. 5 ;

11° Le décret des 4-11 septembre 1851 ;

12° L'art. 5, nos 13 et 21, du décret du 25 mars 1852 ;

13° La loi du 5 mai 1855 ;

14° Le décret du 13 avril 1861, tableau A, nos 42, 48, 50, 51, 56, 59 ;

15° La loi du 24 juillet 1867, à l'exception de la disposition de l'art. 9 relative à l'établissement du tarif général et de l'art. 17, lequel reste en vigueur provisoirement, mais seulement en ce qui concerne la ville de Paris ;

16° La loi du 22 juillet 1870 ;

17° Les art. 1, 2, 3, 4, 5, 6, 8, 9, 18, 19, 20 de la loi du 14 avril 1871, le § 25 de l'art. 46 et le § 4 de l'art. 48 de la loi du 10 août 1871 ;

18° La loi du 4 avril 1873 ;

19° La loi du 20 janvier 1874 ;

20° La loi du 12 août 1876 ;

21° La loi du 21 avril 1881 ;

22° La loi du 28 mars 1882.

Sont abrogés également pour les colonies, en ce qu'ils ont de contraire à la présente loi :

23° Le décret colonial du 12 juin 1827 (Martinique) ;

24° Le décret colonial du 20 septembre 1837 (Guadeloupe) ;

25° L'arrêté du 12 novembre 1848 (Réunion) ;

26° Le décret du 29 juin 1882 (Saint-Barthélemy);

27° L'art. 116 du décret du 20 novembre 1882 sur le régime financier des colonies, pour les colonies soumises à la présente loi ;

28° Et, en outre, toutes dispositions contraires à la présente loi, sauf celles qui concernent la ville de Paris.

L'art. 168 et dernier, en mentionnant la plupart des dispositions législatives ou réglementaires abrogées par la loi du 5 avril 1884, facilite considérablement l'interprétation et l'application de cette loi. Il évite, en effet, les recherches qui auraient dû être faites dans de nombreux textes pour examiner s'ils contenaient des prescriptions échappant à l'abrogation tacite ou implicite. Il prévient, d'un autre côté, les difficultés, les controverses qui se seraient élevées sur le point de savoir si certaines des dispositions qu'il énumère étaient conciliables avec la nouvelle loi ou avaient cessé d'être en vigueur.

Le ministre ajoute :

Les observations dont m'ont paru susceptibles les diverses parties de la loi du 5 avril 1884, Monsieur le Préfet, font ressortir l'esprit de liberté et de progrès qui domine l'ensemble de cette loi. La nouvelle loi municipale n'est pas seulement une œuvre de codification d'une importance exceptionnelle, réunissant dans un seul texte les règles fondamentales, précédemment disséminées, de la législation qui régit les communes ; elle les complète, les précise, les améliore ; elle marque un pas considérable dans la voie des franchises communales ; elle ne maintient la tutelle de l'État que dans la mesure des exigences impérieuses de la souveraineté nationale, de l'unité de la patrie et des intérêts généraux.

Le législateur de 1884, suivant l'exemple des législateurs qui l'ont précédé, n'a pas hésité à restreindre cette tutelle, dans la conviction que les représentants des communes ne cesseraient de se montrer dignes de la confiance qui a fait relâcher les liens, et qu'ils ne se départiraient jamais de la prudence et de la sagesse dont ils ont toujours donné des preuves manifestes depuis plus d'un demi-siècle.

Vous avez, Monsieur le Préfet, une grande tâche à remplir pour l'exécution et l'application de la loi du 5 avril 1884. Vous ne perdrez pas de vue les droits de l'État, les intérêts d'ordre supérieur qui vous sont confiés. Vous ne devrez, dans aucun cas, les laisser péricliter ; mais vous aurez en même temps pour devoir de vous efforcer constamment, selon les intentions libérales du législateur, de concilier avec les droits des corps municipaux, avec les véritables intérêts des communes, pour le plus grand bien de celles-ci, comme pour celui de la société, dont elles ne sont que les éléments.

Mes instructions d'aujourd'hui et celles du 10 avril, qui seront complétées ultérieurement au sujet de la révision des listes électorales, vous guideront dans l'accomplissement de cette tâche. Elles préviendront la plupart des difficultés que vous auriez rencontrées. Elles faciliteront la solution de celles qui se produiront. Si elles ne suffisaient pas pour les aplanir, je vous adresserais, sur votre demande, les explications ou éclaircissements nécessaires.

Cette circulaire est signée Waldeck-Rousseau.

### JURISPRUDENCE.

2. *Maire démissionnaire réintégré dans ses fonctions par un préfet.* Un préfet a-t-il le droit, après avoir accepté la démission d'un maire, de le rétablir dans ses fonctions, sur sa demande ? Le Conseil d'État a résolu négativement cette question dans les circonstances suivantes :

A la suite de discussions avec son conseil municipal, le maire d'une commune du département de la Nièvre donnait, le 7 août 1882, sa démission de maire et de conseiller municipal. Cette démission était acceptée par le conseil municipal, et le préfet, auquel elle avait été transmise, en prenait acte par une lettre adressée le 25 septembre à l'intéressé. Le 14 novembre suivant, à la suite d'une nouvelle correspondance entre l'ex-maire et le préfet, celui-ci rapportait sa précédente décision et replaçait le démissionnaire à la tête de l'administration communale.

Le ministre, saisi de l'affaire, refusa d'annuler cette seconde décision au mois de février de l'année suivante.

Sur ces entrefaites, un conseiller municipal s'était laissé aller à des outrages envers le démissionnaire réintégré. Poursuivi devant le tribunal correctionnel pour outrage à un fonctionnaire dans l'exercice de ses fonctions, le prévenu a soutenu que la victime ne possédait pas légalement la qualité de maire. Le tribunal ayant sursis à statuer en présence d'un acte administratif à interpréter, le Conseil d'État a été saisi d'un renvoi pour interprétation.

Le commissaire du Gouvernement, dans ses conclusions données en séance publique, a soutenu que la décision de réintégration du préfet ne pouvait être maintenue. La démission acceptée est, d'après lui, un fait acquis, définitif, lequel a créé une situation nouvelle qui ne saurait être modifiée.

Il y a, en outre, a-t-il dit, cette raison de droit que le préfet n'a pas le pouvoir de réintégrer un maire, parce qu'il n'a pas le pouvoir de le nommer. C'est au conseil municipal seul qu'il appartient de nommer les maires, de recevoir leur démission, dont le préfet ne fait que prendre acte dans l'intérêt du fonctionnement régulier de l'administration. Le maire, en définitive, ne peut tenir aujourd'hui ses pouvoirs que du conseil municipal et de lui seul.

Le Conseil d'État, se fondant sur les considérations juridiques qui précèdent, a annulé (août 1883), pour excès de pouvoirs, la décision du préfet qui avait réintégré le maire dans ses fonctions.

3. Un *maire suspendu* peut-il donner sa démission? La question a donné lieu à une interpellation; on la trouvera dans le *Journal officiel* du 4 juin 1880, mais cette interpellation ne résout pas la question. Nous croyons pouvoir répondre négativement à cette question. La suspension est une punition, et il n'est pas admis qu'on puisse se soustraire à une punition, légalement infligée. (Il convient cependant d'ajouter que, parfois, la seule perte d'une place honorifique est une punition.)

4. *Adjoint de section.* Est valable l'élection d'un adjoint pour une section où il n'habite pas, les maires et les adjoints étant pris dans le conseil municipal et les adjoints pouvant dès lors être choisis indistinctement parmi tous les membres du conseil municipal. (*Arr. du C. 4 avril* 1879.)

5. *Sections de communes.* Lorsqu'un conseil municipal a modifié le mode de jouissance des marais appartenant à une section de commune, et a notamment établi une taxe au profit de la commune sur les habitants appelés à participer au partage des lots formés avec les biens de la section, il y a opposition d'intérêts entre la commune et la section. Dans ces circonstances, le préfet n'a pas à examiner si la section a intérêt et est bien fondée à intenter une action contre la commune; il ne peut, sans excès de pouvoirs, refuser, sur la demande qui lui en a été adressée par les intéressés, d'instituer une commission syndicale en exécution de l'art. 56 de la loi du 18 juillet 1837. (*Arr. du C. 4 juill.* 1879.)

6. *Votes des conseils municipaux.* Les délibérations des conseils municipaux doivent être prises à la majorité absolue des suffrages, mais il n'y a pas lieu de faire entrer dans le calcul des membres de l'assemblée qui, bien que présents à la délibération, ont, au moment du vote, déclaré s'abstenir. (*Arr. du C. 14 juill.* 1876.)

7. *Compétence.* La juridiction civile est compétente pour statuer sur la demande d'un habitant, tendant à être compris parmi les personnes entre lesquelles est répartie la jouissance de certains biens communaux, sous des conditions déterminées par un cahier des charges. Il importe peu que le cahier des charges ait été approuvé par le préfet. (*C. de Lyon* 24 *mai* 1878.)

8. Les tribunaux civils sont compétents pour interpréter les contrats de droit commun passés entre les communes et les particuliers, alors surtout qu'il s'agit simplement de déterminer les conséquences et la valeur légale d'une délibération du conseil municipal dont le sens n'est pas contesté. (*Cass.* 13 *juin* 1877.)

9. *Agents communaux.* Nous reproduisons ci-après une note du *Temps* du 22 janvier 1883.

Quelle est la nature du lien qui se forme entre une commune et ses agents? La rupture brusque de ce lien est-elle de nature à donner ouverture à une action en dommages et intérêts? Devant quel juge une pareille action peut-elle être portée? Autant de questions fort diversement interprétées, et sur lesquelles la lumière ne paraît pas encore absolument faite.

Si le lien consiste dans un contrat de louage de services, dans les termes du droit civil, la compétence sera judiciaire. Et les tribunaux alloueront des dommages et intérêts, suivant les règles du droit commun en pareille matière. C'est ce que font des tribunaux, comme celui de Marseille, comme celui d'Alais, des cours d'appel, comme celles de Lyon, de Poitiers, d'Orléans; c'est ce que la Cour de cassation elle-même a admis dans un arrêt de 1879; c'est ce que d'autres juridictions civiles, et, par exemple, les cours d'Aix et de Nîmes, se sont, au contraire, refusées à admettre. Le Tribunal des conflits s'est, à son tour, trouvé saisi.

Dans un arrêt du 14 juin 1879, il paraissait considérer les actes de nomination d'agents communaux comme résultant de convention de droit commun, dont le contentieux appartient aux tribunaux ordinaires, et il renvoyait à ces derniers une difficulté se rattachant à une question de retenue de salaire; mais c'est que, dans l'espèce, — il avait soin de le constater, — aucun texte ne conférait ce droit de retenue à l'administration municipale. Tout autre a été sa décision quand il s'est trouvé saisi de la question des dommages et intérêts en suite de révocations : constatant que la loi municipale confère au maire le droit de nommer et de révoquer les employés communaux, il a posé en principe que la révocation d'un agent communal constitue un acte administratif dont l'appréciation ne saurait appartenir, à aucun titre, à l'autorité judiciaire. Et ce principe, il l'a appliqué même au cas où la nomination avait été précédée de conditions débattues; même au cas où elle avait été faite à la suite d'un concours. Deux arrêts, de 1879 et de 1880, ont affirmé cette doctrine.

La voie des tribunaux leur étant fermée, les employés révoqués se sont tournés vers les juridictions administratives. Ils ont saisi les conseils de préfecture. Là encore, ils ont échoué. Les conseils de préfecture n'ont que des attributions limitativement énumérées, comme, par exemple, celle qui leur est dévolue en matière de travaux publics. Aussi, en l'absence d'un texte, ils doivent se déclarer incompétents. Et ils doivent le faire, alors même qu'il s'agit d'employés ou d'agents préposés aux travaux publics de la commune. C'est ce principe que consacre un arrêt du Conseil d'État, rendu en 1879. C'est cette jurisprudence dont M. Cadot, ingénieur des ponts et chaussées, vient de recevoir une nouvelle application. Mis, par le ministre des travaux publics, à la disposition de l'administration municipale de Marseille, M. Cadot avait été nommé, par arrêté du maire, directeur des travaux de cette ville. Puis, à la suite de trois délibérations du conseil municipal, dans lesquelles ses actes avaient été vivement discutés, il se voyait retirer brusquement son emploi. M. Cadot intenta contre la ville de Marseille une action tendant, entre autres objets, à la réparation du préjudice que lui aurait causé son brusque renvoi. Le tribunal civil de Marseille, devant lequel il avait porté son action, se déclara compétent; mais la cour d'Aix en décida autrement. M. Cadot s'adressa alors au conseil de préfecture des Bouches-du-Rhône, qui se déclara à son tour incompétent. C'est cette décision que M. Cadot a déférée au Conseil d'État, et sur laquelle celui-ci a statué dans sa séance de samedi.

Le Conseil d'État n'a pu que confirmer la doctrine résultant de son arrêt de 1879; il a maintenu l'incompétence du conseil de préfecture.

M. Cadot est ainsi bien près d'avoir épuisé, sans trouver un juge, toutes les juridictions. Après les avoir toutes épuisées, — et M. le commissaire du Gouvernement Gomel indiquait, dans ses conclusions, le recours au ministre comme juge de droit commun en matière administrative, — il lui restera, en dernière analyse, le *Tribunal des conflits*, par voie de requête sur conflit négatif. Il serait désirable que la question pût être définitivement tranchée : elle est de celles qui ne peuvent rester en suspens.

(— Nous ne connaissons pas encore la suite de cette affaire. Il nous semble que la voie la plus naturelle à suivre, dès le commencement, eût été que l'ingénieur adressât sa plainte au ministre des travaux publics, qui l'aurait transmise au ministre de l'intérieur, lequel avait à prendre une décision, sauf recours au Conseil d'État, par les parties intéressées. M. B.)

**10.** *Contrat.* La délibération par laquelle un conseil municipal décide qu'il y a lieu d'accorder à un particulier une concession d'eau moyennant un prix déterminé, ne peut être considérée comme engageant la commune d'une manière définitive et irrévocable. Par suite, tant qu'il n'est pas intervenu de convention entre le maire et la personne qui sollicitait la convention, le conseil municipal peut rapporter sa première délibération et retirer l'autorisation par lui accordée, sans que la commune soit tenue à des dommages-intérêts. (*Cass.* 30 *juill.* 1877.)

**11.** *Autorisation de plaider.* Le propriétaire riverain d'une voie publique peut, individuellement et dans son propre intérêt, intenter une action possessoire contre les tiers qui commettent une occupation sur le sol de la voie publique ; mais, s'il veut agir, non en son nom personnel, mais comme contribuable de la commune, l'action n'est recevable que lorsque le demandeur est muni de l'autorisation du conseil de préfecture. (*Cass.* 20 *fév.* 1877. *Voy. Dictionnaire*, v° **Organisation communale,** *n°* 433.) Nous sommes d'avis qu'on ne doit pas exiger une nouvelle autorisation d'un contribuable pour porter son recours en cassation.

**12.** *Travaux communaux.* C'est à tort qu'un conseil de préfecture rejette sans avoir préalablement ordonné une expertise, conformément à l'art. 56 de la loi du 16 septembre 1807, la demande d'indemnité formée par le propriétaire d'un terrain bordant une voie publique, à raison de l'atteinte portée à son droit de riverain par suite de l'établissement d'une fontaine publique au-devant dudit terrain. Le requérant ne peut être considéré comme ayant perdu par l'effet d'un arrêté préfectoral ayant modifié les alignements de ladite voie, les droits qui lui appartiennent comme riverain, lorsqu'il est établi que la partie retranchée de ladite voie n'a reçu lors de l'exécution des travaux dont s'est plaint le requérant aucune affectation nouvelle et qu'à aucun moment ledit requérant n'a été mis en demeure d'exercer sur cette parcelle de terrain les droits qui pouvaient lui appartenir. (*Arr. du C. d'État* 8 *déc.* 1882.)

**13.** *Logements insalubres.* La commune n'a aucune qualité pour intervenir, soit devant le conseil de préfecture, soit devant le Conseil d'État, dans les contestations auxquelles peuvent donner lieu les mesures prescrites par le conseil municipal en matière de logements insalubres. (*Arr. du C.* 21 *mars* 1879.)

**14.** *Taxe des prestations.* La demande en décharge est recevable si le contribuable a quitté la commune avant l'année de son inscription au rôle et a réclamé dès qu'il a eu connaissance de son imposition. (*Arr. du C.* 24 *janv.* 1879.)

**15.** *Dons et legs.* N'est pas entaché d'excès de pouvoir l'arrêté préfectoral autorisant une com-

mune, contrairement à l'avis du conseil municipal, à accepter un don fait à une commune, sous une condition déterminée. (*Arr. du C.* 14 *mars* 1879.)

**16.** *Taxe de pâturage.* L'individu qui n'est ni habitant ni propriétaire dans la commune où il a été imposé sur le rôle de la taxe de pâturage, est fondé à obtenir décharge de cette taxe. En admettant qu'il ait conduit ses troupeaux sur les pâturages communaux, ce fait ne pourrait donner lieu, au cas de dommage, qu'à une action en indemnité devant les juges compétents. (*Arr. du C.* 14 *mars* 1879.)

**17.** *Dépenses obligatoires.* Le préfet ne peut inscrire d'office au budget communal aucune dépense avant d'avoir mis le conseil municipal en demeure de voter. (*Voy. l'art.* 149 *de la loi*.) Mais il peut inscrire le montant de la différence entre la somme déterminée par le conseil général pour le contingent d'une commune dans les dépenses des chemins de grande communication, et la somme inférieure fixée par le conseil municipal même après l'année terminée, et sans que la commune puisse opposer au préfet qu'il avait approuvé le budget préparé par le conseil municipal. (*Arr. du C.* 24 *nov.* 1876.)

**18.** *Dépense facultative.* Le préfet ne peut autoriser une commune à s'imposer une contribution extraordinaire pour subvenir à une dépense facultative. (*Arr. du C.* 13 *fév.* 1880.)

BIBLIOGRAPHIE.

La *Loi municipale*. Commentaire de la loi du 5 avril 1884 sur l'organisation et les attributions des conseils municipaux, par Léon Morgand. 2 vol. in-8°. Berger-Levrault et Cⁱᵉ.

**ORGANISATION JUDICIAIRE.** (*Dict.*, v° **Juridictions**.) Voici la loi sur « la *réforme judiciaire* », datée du 30 août 1883 :

Art. 1ᵉʳ. En toute matière, les arrêts des cours d'appel sont rendus par des magistrats délibérant en nombre impair.

Ils sont rendus par cinq juges au moins, président compris.

Lorsque les membres d'une cour siégeant dans une affaire seront en nombre pair, le dernier des conseillers dans l'ordre du tableau devra s'abstenir.

Pour le jugement des causes qui doivent être portées aux audiences solennelles, les arrêts sont rendus par neuf juges au moins.

Le tout à peine de nullité.

Art. 2. Chaque cour d'appel comprendra le nombre de chambres déterminé au tableau A annexé à la présente loi et sera composée, outre le premier président, du nombre de présidents et de conseillers indiqué au même tableau. Outre les chambres dont le nombre est ainsi déterminé, les cours comprendront une chambre d'accusation constituée conformément au décret du 12 juin 1880.

Il y aura près de chaque cour un procureur général, des avocats généraux et substituts, un greffier en chef et des commis-greffiers en nombre déterminé au même tableau.

Si les besoins du service l'exigent, il pourra être formé, par règlement d'administration publique, une chambre temporaire composée de conseillers pris dans d'autres chambres.

Il pourra, aux mêmes conditions, être nommé

un deuxième substitut dans les cours qui, d'après le tableau A, n'en ont qu'un seul.

Art. 3. Toutes les cours d'appel, hors celle de Paris, sont assimilées ; toute distinction de classe est supprimée.

Les traitements des magistrats composant les cours sont fixés ainsi qu'il suit :

A Paris :

| | |
|---|---|
| Premier président | 25,000 fr. |
| Présidents | 13,750 |
| Conseillers | 11,000 |
| Procureur général | 25,000 |
| Avocats généraux | 13,000 |
| Substituts | 11,000 |
| Greffier en chef | 8,000 |
| Commis-greffiers | 5,000 |

Dans les autres cours :

| | |
|---|---|
| Premier président | 18,000 fr. |
| Présidents | 10,000 |
| Conseillers | 7,000 |
| Procureur général | 18,000 |
| Avocats généraux | 8,000 |
| Substituts | 6,000 |
| Greffiers en chef | 4,200 |
| Commis-greffiers | 3,500 |

Art. 4. Les jugements des tribunaux de première instance sont rendus par des magistrats délibérant en nombre impair.

Ils sont rendus par trois juges au moins. Lorsque les membres d'un tribunal siégeant dans une affaire seront en nombre pair, le dernier des juges dans l'ordre du tableau devra s'abstenir.

Le tout à peine de nullité.

Art. 5. Les tribunaux seront composés conformément aux indications du tableau B annexé à la présente loi.

En outre, toutes les fois que les besoins du service l'exigeront, il pourra, par un décret rendu en Conseil d'État, être créé dans les tribunaux chefs-lieux de cours d'assises un nouvel emploi de juge. Dans tous les tribunaux, il pourra, suivant les besoins du service, être créé aux mêmes conditions un emploi de substitut.

Art. 6. Un substitut, ou un juge suppléant, pourra, si les besoins du service l'exigent, être délégué par le procureur général pour remplir dans le ressort de la cour, près d'un autre tribunal que celui de sa résidence, les fonctions du ministère public.

Art. 7. Les tribunaux, celui de la Seine excepté, sont répartis en trois classes.

Les traitements des magistrats des tribunaux sont fixés ainsi qu'il suit :

1° A Paris :

| | |
|---|---|
| Le président | 20,000 fr. |
| Les vice-présidents | 10,000 |
| Les juges d'instruction | 10,000 |
| Les juges | 8,000 |
| Le procureur de la République | 20,000 |
| Les substituts | 8,000 |
| Le greffier en chef | 6,000 |
| Les commis-greffiers | 4,000 |

2° Dans les villes dont la population atteint plus de 80,000 habitants :

| | |
|---|---|
| Les présidents | 10,000 fr. |
| Les vice-présidents | 7,000 |
| Les juges d'instruction | 6,500 |
| Les juges | 6,000 |
| Les procureurs | 10,000 |
| Les substituts | 5,000 |
| Les greffiers | 2,400 |
| Commis-greffiers | 3,000 |

Les tribunaux de Nice et de Versailles sont assimilés, au point de vue du traitement des magistrats, aux tribunaux siégeant dans les villes dont la population atteint 80,000 habitants.

3° Dans les villes dont la population atteint le chiffre de 20,000 habitants :

| | |
|---|---|
| Les présidents | 7,000 fr. |
| Les vice-présidents | 5,500 |
| Les juges d'instruction | 5,000 |
| Les juges | 4,000 |
| Les procureurs | 7,000 |
| Les substituts | 3,500 |
| Les greffiers | 1,500 |
| Les commis-greffiers | 2,500 |

Le tribunal de Chambéry est assimilé, au point de vue du traitement des magistrats, aux tribunaux siégeant dans les villes dont la population atteint 20,000 habitants.

4° Dans les autres villes :

| | |
|---|---|
| Les présidents | 5,000 fr. |
| Les vice-présidents | 4,000 |
| Les juges d'instruction | 3,500 |
| Les juges | 3,000 |
| Les procureurs | 5,000 |
| Les substituts | 2,800 |
| Les greffiers | 1,200 |
| Les commis-greffiers | 2,000 |

Art. 8. Le tribunal d'Alger est assimilé, au point de vue du traitement des magistrats, aux tribunaux siégeant dans les villes dont la population atteint 80,000 habitants.

Les mêmes tribunaux de Constantine, d'Oran, de Blidah, de Bône et de Tlemcen reçoivent le traitement alloué aux membres des tribunaux siégeant en France dans les villes dont la population atteint 20,000 habitants.

Les traitements des magistrats des tribunaux de Batna, Bougie, Guelma, Mascara, Mostaganem, Orléansville, Philippeville, Sétif, Sidi-bel-Abbès et Tizi-Ouzou sont fixés ainsi qu'il suit :

| | |
|---|---|
| Présidents | 6,000 fr. |
| Juges d'instruction | 4,300 |
| Juges | 3,750 |
| Procureurs | 6,000 |
| Substituts | 3,500 |

Les dispositions des lois, décrets et ordonnances réglant le traitement des juges suppléants près les tribunaux de l'Algérie, des assesseurs musulmans ou kabyles qui font partie des juridictions algériennes et des interprètes attachés à ces juridictions, continuent à recevoir leur application.

Il n'est apporté aucune modification aux traitements actuels des greffiers près ces tribunaux ; mais ceux des commis-greffiers sont augmentés de 500 fr.

Art. 9. Les traitements des juges de paix, ceux des greffiers près les tribunaux de commerce demeurent, jusqu'à ce qu'il en ait été autrement ordonné, fixés aux chiffres auxquels ils s'élèvent actuellement.

Art. 10. Ne pourra, à peine de nullité, être appelé à composer la cour ou le tribunal tout magistrat titulaire ou suppléant dont l'un des avocats ou avoués représentant l'une des parties intéressées au procès sera parent ou allié jusqu'au troisième degré inclusivement.

Art. 11. Dans un délai de trois mois à partir de la promulgation de la présente loi, il sera procédé, par application des règles ci-dessus établies, à la réduction du personnel des cours d'appel et des tribunaux.

Les éliminations porteront sur l'ensemble du personnel indistinctement.

Le nombre des magistrats éliminés, soit parce qu'ils n'auront pas été maintenus dans les fonctions judiciaires, soit parce qu'ils n'auront pas accepté le poste nouveau qui leur a été offert, ne pourra dépasser le chiffre des sièges supprimés.

Ne seront pas maintenus, à quelque juridiction qu'ils appartiennent, les magistrats qui, après le 2 décembre 1851, ont fait partie des commissions mixtes.

Art. 12. Les magistrats qui, par application de la présente loi, n'auront pas été maintenus ou n'auront pas acccepté le poste nouveau qui leur aura été offert, recevront à titre de pension de retraite, savoir :

Au-dessus de vingt ans et au-dessous de trente ans de services, la moitié ; au-dessus de dix ans et au-dessous de vingt ans, les deux cinquièmes ; au-dessus de six ans et au-dessous de dix ans, le quart du traitement moyen dont ils ont joui pendant les six dernières années.

Au-dessous de six ans de services, ils recevront le cinquième du traitement moyen dont ils ont joui depuis leur entrée en fonctions.

Les dispositions qui précèdent ne sont pas applicables aux magistrats qui, s'ils restaient en fonctions jusqu'à l'âge fixé par le décret du 1er mars 1852, ne pourraient acquérir droit à pension aux termes de l'art. 5 de la loi du 9 juin 1853, ni invoquer la disposition finale de l'art. 11 de ladite loi pour être admis exceptionnellement à une pension de retraite. Il sera alloué à ces magistrats, jusqu'à cet âge, une indemnité annuelle calculée sur les bases ci-dessus.

Les magistrats qui ne seront pas maintenus auront droit, s'ils comptent plus de trente ans de services et quel que soit leur âge, à un soixantième de leur traitement moyen de retraite par année de service en sus de trente. En aucun cas, les pensions et indemnités servies en exécution des dispositions qui précèdent ne pourront excéder le maximum fixé par la loi du 9 juin 1853.

Art. 13. La Cour de cassation constitue le conseil supérieur de la magistrature. Elle ne peut statuer en cette qualité que toutes chambres réunies.

Le procureur général près la Cour de cassation représente le Gouvernement devant le conseil supérieur.

Art. 14. Le conseil supérieur de la magistrature exercera à l'égard des premiers présidents, présidents de chambre, conseillers de la Cour de cassation et des cours d'appel, des présidents, vice-présidents, juges, juges suppléants des tribunaux de première instance et de paix tous les pouvoirs disciplinaires actuellement dévolus à la Cour de cassation ainsi qu'aux cours et tribunaux, conformément aux dispositions de l'art. 82 du sénatus-consulte du 16 thermidor an X, du chapitre 7 de la loi du 20 avril 1810 et des art. 4 et 5 du décret du 1er mars 1852.

Toute délibération politique est interdite aux corps judiciaires.

Toute manifestation ou démonstration d'hostilité au principe ou à la forme du Gouvernement de la République est interdite aux magistrats.

L'infraction aux dispositions qui précèdent constitue une faute disciplinaire.

Art. 15. Après l'expiration de la période de réorganisation prévue à l'art. 11, aucun premier président, président de chambre, conseiller de cour d'appel, vice-président, juge ou juge suppléant des tribunaux de première instance ne pourra être déplacé que sur l'avis

conforme du conseil supérieur. Ce déplacement ne devra entraîner, pour le magistrat qui en sera l'objet, aucun changement de fonctions, aucune diminution de classe ni de traitement.

Les magistrats que des infirmités graves et permanentes mettraient hors d'état d'exercer leurs fonctions pourront être mis d'office à la retraite, sur avis conforme du conseil supérieur ; cet avis sera donné dans les formes et conditions prescrites par la loi du 16 juin 1824.

Art. 16. Le conseil supérieur ne pourra être saisi que par le garde des sceaux et il ne devra statuer ou donner son avis qu'après que le magistrat aura été entendu ou dûment appelé.

Art. 17. Le garde des sceaux a sur les magistrats de toutes les juridictions civiles et commerciales un droit de surveillance.

Il peut leur adresser une réprimande ; cette réprimande est notifiée au magistrat qui en est l'objet par le premier président pour les présidents de chambre, conseillers, présidents, juges et juges suppléants ; par le procureur général pour les officiers du ministère public.

Le garde des sceaux peut mander tout magistrat afin de recevoir ses explications sur les faits qui lui sont imputés.

Art. 18. Les dispositions ci-dessus relatives aux traitements des magistrats recevront leur application à partir du 1er janvier 1884.

Les diminutions de traitement résultant des dispositions des art. 3 et 7 qui précèdent ne seront pas applicables aux magistrats et aux greffiers en fonctions au moment de la promulgation de la présente loi. Ces magistrats continueront à jouir, à titre personnel, du traitement qui leur est alloué aux termes des lois en vigueur.

Art. 19. Sont abrogés :

L'art. 83 du sénatus-consulte du 16 thermidor an X ;

Les art. 51 à 56 de la loi du 20 avril 1810 ;

Les articles de la loi du 16 juin 1824 contraires aux dispositions de l'art. 13 ci-dessus ;

L'art. 3 de l'ordonnance du 27 septembre 1828 ;

Les art. 3 à 6 de la loi du 11 avril 1838 ;

Et, en général, toutes les dispositions antérieures contraires aux dispositions qui précèdent.

**OUTRAGE AUX BONNES MŒURS.** Loi du 2 août 1882 :

Art. 1er. Est puni d'un emprisonnement de un mois à deux ans et d'une amende de seize à trois mille francs (16 à 3,000 fr.) quiconque aura commis le délit d'outrage aux bonnes mœurs par la vente, l'offre, l'exposition, l'affichage ou la distribution gratuite, sur la voie publique ou dans les lieux publics, d'écrits, d'imprimés autres que le livre, d'affiches, dessins, gravures, peintures, emblèmes ou images obscènes.

Art. 2. Les complices de ces délits dans les conditions prévues et déterminées par l'art. 60 du Code pénal seront punis de la même peine et la poursuite aura lieu devant le tribunal correctionnel, conformément au droit commun et suivant les règles édictées par le Code d'instruction criminelle.

Art. 3. L'art. 463 du Code pénal s'applique aux délits prévus par la présente loi.

Art. 4. Sont abrogées toutes les dispositions contraires à la présente loi.

# P

**PAPIER.** (*Dict.*) *Abolition de la surtaxe sur les papiers employés à l'impression des journaux.* L'art. 5 de la loi sur la presse du 29 juillet 1881 déclare que tout journal ou écrit périodique peut être publié sans dépôt de cautionnement.

Cette disposition abroge l'art. 2 de la loi du 6 juillet 1871, en vertu duquel la formalité du cautionnement avait été rétablie pour tous les journaux politiques, sans exception, et pour les journaux et écrits périodiques non politiques paraissant plus d'une fois par semaine. Par voie de conséquence, la surtaxe de 20 fr. 80 c. par 100 kilogr. dont était passible le papier employé à l'impression des journaux se trouve également abolie, puisque, aux termes de l'art. 7 de la loi du 4 septembre 1871, elle n'était applicable qu'aux feuilles *assujetties au cautionnement.*

La régie et la douane ont cessé de percevoir ce droit à partir du jour où la nouvelle loi sur la presse est devenue exécutoire.

**PARIS.** (*Dict.* v^is **Seine** et **Organisation communale.**)

SOMMAIRE.

CHAP. I. COMPTABILITÉ.

II. MONT-DE-PIÉTÉ.

III. PENSIONS DE RETRAITE.

IV. DISPOSITIONS DIVERSES.

CHAP. I. — COMPTABILITÉ.

**1.** L'art. 67 de la loi du 18 juillet 1837 avait déclaré que la responsabilité des receveurs municipaux et les formes de la comptabilité des communes seraient déterminées par des règlements d'administration publique, et que ces receveurs seraient assujettis, pour l'exécution de ces règlements, à la surveillance des receveurs des finances.

La loi du 4 avril 1878 disposa à son tour ce qui suit :

« Les dispositions de l'art. 67 de la loi du 18 juillet 1837, relatives à la surveillance du receveur des finances, ne sont pas applicables au receveur municipal de Paris. Il est établi près de la caisse municipale un contrôle central dont les attributions et le mode de fonctionnement sont déterminés par un règlement d'administration publique. — Le traitement du contrôleur central municipal et les frais de contrôle sont à la charge de la ville de Paris. »

**2.** Par suite de cette loi fut délibéré un règlement d'administration publique qui parut sous la date du 8 août 1878, le voici :

Art. 1er. Les arrêtés du Gouvernement, ordonnances et décrets sur la comptabilité des communes s'appliquent à la ville de Paris, sauf les modifications ci-après :

Art. 2. Une expédition de tous les actes constituant au profit de la ville un titre de recette, tels que : autorisations des contributions, de taxes municipales ou d'emprunts, tarifs, rôles, procès-verbaux d'adjudication, traités, cahiers des charges, décomptes, baux, contrats de vente et autres, partages, acceptations de dons et legs, jugements, etc.,

est transmise par le préfet, au receveur municipal qui délivre récépissé desdites expéditions, les conserve et en tient registre.

Art. 3. L'état de toutes les propriétés de la ville, productives de revenus ou improductives, est dressé par le préfet de la Seine. Une copie en est délivrée par le préfet au receveur municipal.

Le receveur municipal reçoit par la même voie une expédition de tous les titres de propriété, titres de rente et autres actes concernant le domaine de la ville et établissant ses droits, ainsi que des inscriptions de privilèges et hypothèques prises pour sûreté des créances de la ville. Il donne récépissé de ces expéditions qui sont conservées et enregistrées comme il est dit à l'article précédent.

Art. 4. Les dispositions de l'ordonnance royale du 15 juillet 1840, concernant la mainlevée des privilèges et hypothèques inscrits au profit des communes, ne sont pas applicables aux radiations que peut consentir l'administration municipale en suite de quittances notariées établissant l'entière libération des débiteurs.

Art. 5. L'avis des adjudications de travaux et de fournitures à passer pour la ville de Paris est publié vingt jours à l'avance dans les formes prescrites par l'ordonnance du 14 novembre 1837.

Ce délai peut être abrégé, en cas d'urgence, en vertu d'un arrêté préfectoral.

Art. 6. Il pourra être fixé par le cahier des charges un délai pour recevoir des offres de rabais sur le prix de l'adjudication. Si, pendant ce délai qui ne devra pas dépasser vingt jours, il est fait une ou plusieurs offres de rabais d'au moins 5 p. 100 chacune, il sera procédé à une réadjudication entre le premier adjudicataire et l'auteur ou les auteurs des offres de rabais, pourvu que ces derniers aient, préalablement à leurs offres, satisfait aux conditions imposées par le cahier des charges pour pouvoir se présenter aux adjudications.

Art. 7. Il pourra être traité de gré à gré pour les fournitures, transport et travaux des services municipaux des préfectures de la Seine et de police, dont la dépense totale n'excède pas 10,000 fr., ou s'il s'agit d'un marché passé plusieurs années, dont la dépense annuelle n'excède pas 3,000 fr.

Art. 8. Dans les cas où conformément aux dispositions de l'ordonnance du 14 novembre 1837, ou de l'art. 7 du présent décret, il peut être passé des marchés de gré à gré, ces marchés ont lieu :

1° Soit sur un engagement souscrit à la suite d'un cahier des charges ;

2° Soit sur une soumission souscrite par celui qui propose de traiter ;

3° Soit sur correspondance, suivant les usages du commerce.

Il peut y être suppléé par des achats sur simple facture pour les objets qui doivent être livrés immédiatement et dont la valeur n'excède pas 1,000 fr.

Art. 9. Les règles relatives aux adjudications et

aux marchés de gré à gré ne sont pas applicables aux travaux que, par suite de circonstances de force majeure, l'administration municipale se trouve obligée d'exécuter en régie ou à la journée.

Art. 10. Les recettes et les dépenses des collèges et pensionnats communaux administrés en régie par la ville de Paris sont inscrites, dans des chapitres spéciaux, aux budgets et aux comptes de la ville. Elles figurent, pour leur intégralité, dans la comptabilité du receveur municipal.

Art. 11. La liste des candidats aux fonctions de receveur municipal, dressée conformément à l'art. 65 de la loi du 18 juillet 1837, est envoyée par le préfet de la Seine au ministre de l'intérieur, qui la transmet, avec son avis et celui du préfet, au ministre des finances.

Le décret de nomination est rendu sur le rapport du ministre des finances.

Art. 12. Le contrôle établi près de la caisse municipale par la loi du 4 avril 1878 est confié à un contrôleur nommé par le préfet de la Seine.

Art. 13. Le contrôleur constate et enregistre, au moment même où ils s'effectuent, toutes les opérations de recette et de dépense, les mouvements du portefeuille de la ville, l'émission des titres et toutes les mutations, conversions ou transferts dont ces titres sont l'objet.

Art. 14. Toutes les opérations ci-dessus énumérées sont consignées, au fur et à mesure qu'elles se produisent, dans les écritures tenues par le contrôle contradictoirement avec celles de la recette municipale, et l'intervention du contrôle est attestée au moyen d'un visa, qui doit être apposé sur les récépissés, bons ou titres, préalablement à leur délivrance, sur les borderaux et mandats de paiement, préalablement au paiement, sauf l'exception énoncée dans l'article suivant.

Art. 15. En ce qui touche le service des emprunts et des annuités se payant sur coupons, le contrôle pourra n'opérer la vérification définitive des pièces justificatives de la dépense qu'après le paiement sous les conditions qui seront déterminées par un arrêté du préfet de la Seine.

Art. 16. A la fin de chaque journée, le contrôleur reconnaît le montant des soldes en numéraire et des valeurs en portefeuille, et s'assure de leur conformité avec les écritures tenues contradictoirement à la recette municipale et au contrôle ; il constate l'accord de ces écritures entre elles et remet au préfet une situation où sont relatés les résultats de ces diverses vérifications.

Il reconnaît chaque jour, dans la même forme, l'accord de ces écritures avec la situation qui lui est transmise, en ce qui touche le service des titres émis par la ville.

Le numéraire et les valeurs de portefeuille sont déposés dans des caisses à deux serrures, dont une clef demeure dans les mains du receveur municipal et l'autre dans celles du contrôleur.

Art. 17. Il est tenu, au contrôle municipal, un journal et un sommier où sont décrites les opérations de chaque jour.

Le journal comprend les soldes de la veille, les opérations en recettes et en dépenses et les soldes à nouveau.

Le sommier présente, par article et d'après la nomenclature du budget, les opérations décrites au journal.

Art. 18. Les comptes de gestion du receveur municipal, avant d'être soumis au contrôle municipal et présentés à la Cour des comptes, sont vérifiés conformes aux écritures du contrôleur et revêtus de son visa.

Art. 19. Les ministres de l'intérieur et des finances sont chargés, chacun en ce qui le concerne, de l'exécution du présent décret.

### CHAP. II. — MONT-DE-PIÉTÉ.

3. Une commission a été nommée par décret du 5 avril 1879, pour examiner s'il y a lieu de séparer les intérêts du mont-de-piété de ceux des hospices de Paris, et, subsidiairement, pour déterminer les conditions auxquelles la séparation pourrait être effectuée. Pour qu'on comprenne mieux la décision qui interviendra, et surtout parce qu'en tout cas la pièce présente un intérêt durable, nous allons reproduire le rapport au Président de la République daté du 4 avril 1879, qui a provoqué la nomination de cette commission :

« Les lettres patentes du 9 décembre 1777, en vertu desquelles a été créé le mont-de-piété de Paris, ont déclaré *que le bénéfice résultant de cet établissement sera entièrement appliqué au soulagement des pauvres.*

« L'art. 98 du décret du 8 thermidor an XIII portant règlement général sur l'organisation et les opérations du même mont-de-piété, est ainsi conçu :

« *Les excédents ou* BONIS, *qui n'auront pas été retirés dans les trois ans de la date des reconnaissances, ne pourront être réclamés ; le montant en sera versé à la caisse des hospices civils, d'après état préalablement arrêté par le conseil général d'administration.*

« En vertu de ces dispositions, l'administration de l'assistance publique réclame au mont-de-piété :

« 1° Une somme de 746,740 fr. 21 c. restant due d'après les évaluations portées aux budgets hospitaliers pour les exercices 1876, 1877 et 1878 ;

« 2° Le montant des bénéfices supplémentaires réalisés par le mont-de-piété et auxquels l'autorité qui approuve les budgets des deux établissements n'aurait pas fixé d'emploi.

« L'administration du mont-de-piété conteste que ses excédents de recettes soient des *bénéfices.* Il ne suffit pas, d'après elle, que les besoins des services soient satisfaits ; elle a le devoir de réaliser les améliorations que lui impose l'extension croissante de ses opérations et de conserver dans sa caisse les sommes indispensables au paiement des dépenses d'acquisition et de construction nécessitées par cette extension. Elle réclame, pour le mont-de-piété, le droit de vivre d'une existence propre et indépendante.

« L'administration de l'assistance publique revendique, à son tour, le bénéfice d'une situation depuis longtemps acquise ; elle proteste contre la prétention du mont-de-piété de retenir des sommes qu'elle considère comme lui étant légalement dues et de réaliser, dès à présent, de fait, une séparation avant qu'une décision souveraine soit intervenue. Les excédents de recette du mont-de-piété, attribués par le décret de l'an XIII à l'assistance publique, ne sont, d'après celle-ci, que la rémunération de son concours financier, de sa garantie hypothécaire et des loyers des bâtiments où s'exerce l'exploitation du mont-de-piété.

« De son côté, le conseil municipal de Paris fait observer que les excédents et les bonis, versés dans la caisse des hospices, s'ajoutent à leurs revenus et diminuent d'autant la subvention fournie par la ville qui, en définitive, profite des bénéfices réalisés par le mont-de-piété.

« Dans ces circonstances, le règlement des derniers budgets de l'assistance publique et du mont-de-piété n'a pu avoir lieu que sous la réserve de leurs droits réciproques, sans préjuger la décision à prendre au sujet de la séparation des intérêts des deux établissements.

« La loi du 24 juin 1851 tend, d'une manière évidente, à affranchir les monts-de-piété de la dépendance des hospices, puisqu'elle stipule que *la dotation des monts-de-piété se compose des bénéfices et bonis constatés par les inventaires annuels* (art. 3); et que ces établissements con-*serveront, en* tout *ou en* PARTIE *et dans les limites déterminées par le décret d'institution, leurs excédents de recettes, pour former ou accroître leur dotation* (art. 5).

« Mais, d'après l'art. 9, ces dispositions *ne sont immédiatement applicables qu'à ceux des monts-de-piété qui ont été fondés comme établissements* DISTINCTS DE TOUS AUTRES.

« Le mont-de-piété de Paris étant astreint, en vertu du décret de l'an XIII, à verser ses excédents ou bonis dans la caisse des hospices, il fallait supprimer cette dépendance, avant de pouvoir lui appliquer le bénéfice des dispositions du titre Ier de la loi du 24 juin 1851. Les difficultés soulevées par la liquidation des droits respectifs des deux administrations n'ont pu, jusqu'à ce jour, être aplanies, et, pour en rechercher la solution, M. le sénateur préfet de la Seine a proposé la nomination d'une commission spéciale.

« Lorsque l'ajournement d'une question ne doit pas avoir pour effet d'en faciliter la solution, j'estime que son examen doit être abordé sans retard. Aussi, après avoir accueilli la proposition de M. le préfet de la Seine, ai-je rassemblé, dans la commission, avec les délégués de mon administration et ceux de la préfecture de la Seine, des représentants du Conseil d'État, de la Cour des comptes et de l'inspection des finances, afin de réunir les éléments d'une sérieuse discussion et les garanties d'un examen impartial des intérêts en litige.

« Dans le cas où la séparation serait reconnue nécessaire, la commission aurait à préparer la révision du décret du 8 thermidor an XIII et des autres dispositions qui s'opposeraient à ce que le titre Ier de la loi du 24 juin 1851 devînt applicable au mont-de-piété de Paris. » (LEPÈRE.)

### CHAP. III. — PENSIONS DE RETRAITE.

4. Le décret du 11 juin 1882 porte ce qui suit :

Art. 1er. Les pensions de retraite des employés de la préfecture de la Seine, des administrations annexes (assistance publique, octroi, mont-de-piété) et de la préfecture de police qui auront été nommés en exécution des lois des 24 juillet 1873 et 22 juin 1878, seront, lorsque ces employés ne jouiront pas d'une pension militaire, mises pour partie à la charge de l'État.

Il s'agit, dans ces deux lois, des emplois civils conférés à des sous-officiers.

Art. 2. La part contributive de l'État est fixée, lors de la liquidation, d'après la durée des services militaires de l'employé et à la quotité qui est déterminée par le deuxième paragraphe de l'art. 8 de la loi du 9 juin 1853, sans toutefois pouvoir être supérieure à la rémunération des services militaires, telle qu'elle est réglée par les statuts de la caisse de retraites dont l'intéressé est tributaire.

En ce qui concerne les pensions et secours accordés aux veuves et orphelins, la part contributive de l'État est égale au tiers de celle qui aurait été fixée pour le mari ou pour le père.

Lorsque ce dernier a été titulaire d'une pension militaire, la part contributive est due, si les services dans les armées de terre ou de mer figurent dans le décompte de la pension liquidée au profit de la veuve ou des orphelins, par la caisse spéciale.

Art. 3. La part contributive de l'État est imputée : sur les fonds généraux du Trésor, en ce qui concerne les services dans l'armée de terre ; sur les fonds de la caisse des invalides de la marine, en ce qui concerne les services dans l'armée de mer.

Art. 4. Les pensions qui font l'objet du présent règlement sont liquidées conformément aux statuts de la caisse de retraites intéressée ; les liquidations sont soumises par le ministre de l'intérieur à l'examen de la section des finances, de la guerre et [de la marine du Conseil d'État. Les projets de liquidation sont accompagnés de l'avis du ministre des finances ou de l'avis du ministre de la marine, selon qu'il s'agit de parts contributives à imposer au Trésor ou à la caisse des invalides de la marine.

Art. 5. Les pensions dont il s'agit sont concédées par décrets rendus sur la proposition du ministre de l'intérieur. Les décrets contresignés par lui et par le ministre des finances ou par le ministre de la marine, selon la distinction faite à l'article précédent, sont insérés au *Bulletin des lois.*

Art. 6. Les pensions sont servies par les caisses spéciales. Les avances qu'elles font pour la part contributive afférente aux services militaires leur sont remboursées, chaque année, par le Trésor public et la caisse des invalides de la marine.

### CHAP. IV. — DISPOSITIONS DIVERSES.

5. *Voiries, Saillies.* Le décret du 22 juillet 1882, qui modifie l'ordonnance royale du 24 décembre 1823, est inséré au *Journal officiel* du 30 juillet 1882.

6. *Receveurs.* La loi du 7 avril 1872 porte : *Article unique.* Le nombre des receveurs-percepteurs de Paris est fixé à trente-six. L'art. 19 de la loi de finances du 20 décembre 1872 est abrogé.

7. *Balayage.* Le paiement d'une taxe assimilée pour le recouvrement aux contributions directes, mais non recouvrable par douzième (celle du balayage et celle du pavage, par exemple), peut

être·poursuivi par l'administration, nonobstant toute réclamation devant le conseil de préfecture. Mais si la réclamation est reconnue fondée, l'administration doit rembourser les frais de poursuites. (*Arr. du C.* 9 *mars et 3 août* 1877.)

8. Le tarif servant de base à la perception de la taxe de balayage n'est pas susceptible d'être critiqué par la voie contentieuse. (*Arr. du C.* 21 *déc.* 1877.)

9. Le décret relatif à la hauteur des maisons dans Paris est du 23 juillet 1884. (*J. offic.* du 30.)

Le décret qui règle les dimensions qu'on peut autoriser dans les saillies sur la voie publique à Paris est du 22 juillet 1882.

### BIBLIOGRAPHIE.

Administration de la ville de Paris, par Maurice Block et Henri de Pontich. 1 fort vol. in-8°, Paris, Guillaumin et Cⁱᵉ. 1884.

**PARQUET.** (*Dict.*) A la définition de ce mot donnée par le *Dictionnaire,* et qui est ainsi conçue :

« Ce terme est pris dans deux acceptions :

« 1° C'est le domicile légal des magistrats du ministère public ; c'est le lieu où l'on dépose les actes qu'on doit souvent leur communiquer ou leur signifier; les plaintes qu'on veut leur faire parvenir;

« 2° Ce sont les officiers mêmes du ministère public. »

Il y a lieu d'ajouter :

3° Un lieu séparé et placé en vue du public dans lequel les agents de change se réunissent pour la négociation des valeurs soumises à la cote officielle. Les agents de change, étant sur le parquet, peuvent proposer à haute voix la vente ou l'achat des valeurs à négocier. Le public n'a pas accès au parquet des agents de change.

**PAROISSE.** (*Dict.*) Aucune disposition de loi n'exigeant que les décrets qui approuvent les modifications de circonscriptions paroissiales soient précédés d'une enquête, l'omission de cette formalité ne peut pas donner lieu à un recours pour excès de pouvoir devant le Conseil d'État. (*Arr. du C.* 8 *févr.* 1878.)

**PASSAGES SUR LES NAVIRES DE L'ÉTAT.** Cette matière a été réglementée par le décret du 7 mai 1879; on le trouvera, avec le rapport qui le précède, au *Journal officiel* du 16 juin 1879.

**PASSAVANT.** En matière de contributions indirectes ou de douane, le passavant indique que le droit est déjà payé ou que la marchandise en est exempte.

Le passe-debout montre plutôt que le paiement est différé. ( *Voy.* **Passe-debout** *au Dictionnaire.*)

**PASSEPORT.** (*Dict.*) Le ministre de l'intérieur a adressé aux préfets, le 15 janvier 1879, une circulaire dans laquelle nous lisons ce qui suit :

« Lorsque la formalité du passeport a été supprimée, en 1874, entre la France et les États-Unis, un de mes prédécesseurs avait cru devoir maintenir l'obligation de ce titre de voyage pour l'émigrant seulement. Mais l'expérience a démontré que cette mesure, qui offrait peu d'avantages, donnait lieu à des difficultés de tout genre et n'avait d'autre effet appréciable que celui de détourner nos nationaux d'émigrer par les ports français. J'ai donc décidé que le passeport cesse-

rait, à l'avenir, d'être obligatoire pour les émigrants. *Signé :* F. DE MARCÈRE. »

**PATENTES.** (*Dict.*) 1. La législation sur les patentes a été de nouveau codifiée par la loi du 14 juillet 1880. Nous reproduisons cette loi sans les tableaux, et nous ajoutons quelques décisions saillantes de la jurisprudence.

### SOMMAIRE.

**CHAP. I. LOI DU 14 JUILLET 1880.**

**II. JURISPRUDENCE.**

#### CHAP. I. — LOI DU 14 JUILLET 1880.

Art. 1ᵉʳ. Tout individu, Français ou étranger, qui exerce en France un commerce, une industrie, une profession, non compris dans les exceptions déterminées par la présente loi, est assujetti à la contribution des patentes.

Art. 2. La contribution des patentes se compose d'un droit fixe et d'un droit proportionnel.

Art. 3. Le droit fixe est réglé conformément aux tableaux A, B, C, annexés à la présente loi. Il est établi :

Eu égard à la population et d'après un tarif général pour les industries et professions énumérées dans le tableau A ;

Eu égard à la population et d'après un tarif exceptionnel pour les industries et professions portées dans le tableau B ;

Sans égard à la population pour celles qui font l'objet du tableau C.

Art. 4. Les commerces, industries et professions non dénommés dans ces tableaux n'en sont pas moins assujettis à la patente. Les droits auxquels ils doivent être soumis sont réglés d'après l'analogie des opérations ou des objets de commerce, par un arrêté spécial du préfet rendu sur la proposition du directeur des contributions directes, et après avoir pris l'avis du maire.

Tous les cinq ans, des tableaux additionnels contenant la nomenclature des commerces, industries et professions classés par voie d'assimilation, depuis trois années au moins, seront soumis à la sanction législative.

Art. 5. Pour les professions dont le droit fixe varie en raison de la population du lieu où elles sont exercées, les tarifs seront appliqués d'après la population qui aura été déterminée par le dernier décret de dénombrement.

Néanmoins, lorsque ce dénombrement fera passer une commune dans une catégorie supérieure à celle dont elle faisait précédemment partie, l'augmentation du droit fixe ne sera appliquée que pour moitié pendant les cinq premières années.

Art. 6. Dans les communes dont la population totale est de plus de 5,000 âmes, les patentables exerçant dans la banlieue des professions imposées eu égard à la population payeront le droit fixe d'après le tarif applicable à la population non agglomérée.

Les patentables exerçant lesdites professions dans la partie agglomérée payeront le droit fixe d'après le tarif applicable à la population totale.

Art. 7. Le patentable qui, dans le même établissement, exerce plusieurs commerces, industries ou professions, ne peut être soumis qu'à un seul droit fixe. Ce droit est le plus élevé de ceux qu'il aurait à payer s'il était assujetti à autant de droits fixes qu'il exerce de professions.

Si le tarif applicable aux professions exercées dans le même établissement comporte, pour le droit fixe, soit seulement des taxes variables à raison du nombre d'employés, d'ouvriers, de machines ou d'autres éléments d'imposition, soit, à la fois, des taxes de cette nature et des taxes déterminées, c'est-à-dire arrêtées à un chiffre invariable, le patentable sera assujetti aux taxes variables d'après tous les éléments d'imposition afférents aux professions exercées, mais il ne payera que la plus élevée des taxes déterminées.

Art. 8. Le patentable ayant plusieurs établissements, boutiques ou magasins de même espèce ou d'espèces différentes est, quel que soit le tableau auquel il appartient comme patentable, passible d'un droit fixe, en raison du commerce, de l'industrie ou de la profession exercée dans chacun de ces établissements, boutiques ou magasins.

Les droits fixes sont imposables dans les communes où sont situés les établissements, boutiques ou magasins qui y donnent lieu.

Art. 9. Le patentable qui exploite un établissement industriel et qui n'y effectue pas la vente de ses produits est exempt du droit fixe pour le magasin séparé dans lequel sont vendus exclusivement en gros les seuls produits de sa fabrication.

Toutefois, si la vente a lieu dans plusieurs magasins, l'exemption de droit fixe accordée par le paragraphe précédent n'est applicable qu'à celui de ces magasins qui est le plus rapproché du centre de l'établissement de fabrication. Les autres sont imposés conformément aux dispositions de l'art. 8 de la présente loi.

Art. 10. Dans les établissements à raison desquels le droit fixe de patente est réglé d'après le nombre des ouvriers, les individus au-dessous de seize ans et au-dessus de soixante-cinq ne seront comptés dans les éléments de cotisation que pour la moitié de leur nombre.

Art. 11. Dans les usines fonctionnant exclusivement à l'aide de moteurs hydrauliques, les droits fixes sont réduits de moitié pour ceux des éléments de cotisation qui, par manque ou par crue d'eau, sont périodiquement forcés de chômer pendant une partie de l'année équivalant au moins à quatre mois.

Art. 12. Le droit proportionnel est établi sur une valeur locative tant de la maison d'habitation que des magasins, boutiques, usines, ateliers, hangars, remises, chantiers et autres locaux servant à l'exercice des professions imposables.

Il est dû lors même que le logement et les locaux occupés sont concédés à titre gratuit.

La valeur locative est déterminée, soit au moyen de baux authentiques ou de déclarations de locations verbales dûment enregistrées, soit par comparaison avec d'autres locaux dont le loyer aura été régulièrement constaté ou sera notoirement connu, et, à défaut de ces bases, par voie d'appréciation. (*Voy. la Jurisprudence.*)

Le droit proportionnel pour les usines et les établissements industriels est calculé sur la valeur locative de ces établissements, pris dans leur ensemble et munis de tous leurs moyens matériels de production.

Art. 13. Le taux du droit proportionnel est fixé conformément au tableau D annexé à la présente loi.

Art. 14. Le droit proportionnel est payé dans toutes les communes où sont situés les magasins, boutiques, usines, ateliers, hangars, remises, chantiers et autres locaux servant à l'exercice des professions imposables.

Si indépendamment de la maison où il fait sa résidence habituelle et principale et qui, dans tous les cas, sauf l'exception ci-après, doit être soumise au droit proportionnel, le patentable possède, soit dans la même commune, soit dans des communes différentes, une ou plusieurs maisons d'habitation, il ne paye le droit proportionnel que pour celles de ces maisons qui servent à l'exercice de sa profession.

Si l'industrie pour laquelle il est assujetti à la patente ne constitue pas sa profession principale, et s'il ne l'exerce pas par lui-même, il ne paye le droit proportionnel que sur la maison d'habitation de l'agent préposé à l'exploitation.

Art. 15. Le patentable qui exerce dans un même local, ou dans des locaux non distincts, plusieurs industries ou professions passibles d'un droit proportionnel différent, paye ce droit d'après le taux applicable à la profession pour laquelle il est assujetti au droit fixe.

Dans le cas où les locaux sont distincts, il paye pour chaque local le droit proportionnel attribué à l'industrie ou à la profession qui y est spécialement exercée.

Dans tous les cas, le droit proportionnel est établi sur la maison d'habitation d'après le taux applicable à celle des professions imposées au droit fixe qui comporte le taux le plus élevé.

Art. 16. Dans les communes dont la population est inférieure à 20,001 âmes, mais qui, en vertu d'un nouveau dénombrement, passent dans la catégorie des communes de 20,001 âmes et au-dessus, les patentables des 7e et 8e classes ne seront soumis au droit proportionnel que dans le cas où un second décret de dénombrement aura maintenu lesdites communes dans la même catégorie.

Art. 17. Ne sont pas assujettis à la patente :

1° Les fonctionnaires et employés salariés, soit par l'État, soit par les administrations départementales et communales, en ce qui concerne seulement l'exercice de leurs fonctions ;

2° Les peintres, sculpteurs, graveurs et dessinateurs, considérés comme artistes, et ne vendant que le produit de leur art ;

Les professeurs de belles-lettres, sciences et arts d'agrément, les instituteurs primaires ;

Les sages-femmes ;

Les éditeurs de feuilles périodiques ;

Les artistes dramatiques.

3° Les laboureurs et cultivateurs, seulement pour la vente et la manipulation des récoltes et fruits provenant des terrains qui leur appartiennent ou par eux exploités, et pour le bétail qu'ils y élèvent, qu'ils y entretiennent ou qu'ils y engraissent ;

Les concessionnaires de mines, pour le seul fait de l'extraction et de la vente des matières par eux extraites, l'exemption ne pouvant en aucun cas être étendue à la transformation des matières extraites ;

Les propriétaires ou fermiers de marais salants ;

Les propriétaires ou locataires louant accidentellement une partie de leur habitation personnelle ;

Les pêcheurs, lors même que la barque qu'ils montent leur appartient ;

4° Les associés en commandite, les caisses d'épargne et de prévoyance administrées gratuitement, les assurances mutuelles régulièrement autorisées ;

5° Les capitaines de navires de commerce ne naviguant pas pour leur compte ;

Les cantiniers attachés à l'armée;

Les écrivains publics ;

Les commis et toutes les personnes travaillant à gages, à façon et à la journée, dans les maisons, ateliers et boutiques des personnes de leur profession ;

Les ouvriers travaillant chez eux ou chez les particuliers sans compagnons ni apprentis, soit qu'ils travaillent à façon, soit qu'ils travaillent pour leur compte et avec des matières à eux appartenant, qu'ils aient ou non une enseigne ou une boutique ;

Les ouvriers travaillant en chambre avec un apprenti âgé de moins de seize ans;

La veuve qui continue, avec l'aide d'un seul ouvrier ou d'un seul apprenti, la profession précédemment exercée par son mari ;

Les personnes qui vendent en ambulance dans les rues, dans les lieux de passage et dans les marchés, soit des fleurs, de l'amadou, des balais, des statues et figures en plâtre, soit des fruits, des légumes, des boissons, du beurre, des œufs, du fromage et autres menus comestibles ;

Les savetiers, les chiffonniers au crochet, les porteurs d'eau à la bretelle ou avec voiture à bras, les rémouleurs ambulants, les gardes-malades.

Ne sont point considérés comme compagnons ou apprentis, la femme travaillant avec son mari, ni les enfants non mariés travaillant avec leurs père et mère, ni le simple manœuvre dont le concours est indispensable à l'exercice de la profession.

Art. 18. Tous ceux qui vendent en ambulance des objets non compris dans les exemptions déterminées par l'article précédent, et tous marchands sous échoppe ou en étalage sont passibles de la moitié des droits que payent les marchands qui vendent les mêmes objets en boutique. Toutefois, cette disposition n'est pas applicable aux bouchers, épiciers et autres marchands ayant un étal permanent ou occupant des places fixes dans les halles et marchés.

Art. 19. Les mari et femme séparés de biens ne doivent qu'une patente, à moins qu'ils n'aient des établissements distincts, auquel cas chacun d'eux doit avoir sa patente et payer séparément les droits fixe et proportionnel.

Art. 20. Les patentes sont personnelles et ne peuvent servir qu'à ceux à qui elles sont délivrées.

Dans les sociétés en nom collectif, l'associé principal paye seul la totalité du droit fixe afférent à la profession. Le même droit est divisé en autant de parts égales, qu'il y a d'associés en nom collectif, et une de ces parts est imposée à chaque associé secondaire. Néanmoins, pour les associés habituellement employés comme simples ouvriers dans les travaux de l'association, cette part ne doit jamais dépasser le vingtième du droit fixe imposable au nom de l'associé principal.

L'associé principal et les associés secondaires sont imposés au droit fixe dans les communes où sont situés les établissements, boutiques ou magasins qui y donnent lieu.

Le droit proportionnel est établi sur la maison d'habitation de l'associé principal et sur tous les locaux qui servent à la société pour l'exercice de son industrie.

La maison d'habitation de chacun des autres associés est affranchie du droit proportionnel, à moins qu'elle ne serve à l'exercice de l'industrie sociale. En ce dernier cas, elle est, de même que les autres locaux servant à l'industrie sociale, imposable au nom de l'associé principal.

Art. 21. Par exception aux dispositions de l'article qui précède, dans les sociétés en nom collectif qui sont passibles des droits de patente pour l'exercice de professions rangées dans le tableau C annexé à la présente loi et tarifées en raison du nombre des ouvriers, machines, instruments, moyens de production ou autres éléments variables d'imposition, l'associé principal paye seul le droit fixe, les autres associés en sont affranchis.

Par exception aux mêmes dispositions, dans les sociétés en nom collectif qui sont passibles de droits de patente pour l'exercice de professions rangées dans le tableau B annexé à la présente loi, le droit de patente des associés autres que l'associé principal, établi conformément à l'art. 20 de la présente loi, ne porte pas sur les employés et autres éléments variables d'imposition.

Art. 22. Les sociétés ou compagnies anonymes ayant pour but une entreprise industrielle ou commerciale sont imposées pour chacun de leurs établissements à un seul droit fixe, sous la désignation de l'objet de l'entreprise, sans préjudice du droit proportionnel.

La patente assignée à ces sociétés ou compagnies ne dispense aucun des sociétaires ou actionnaires du paiement des droits de patente auxquels ils pourraient être personnellement assujettis pour l'exercice d'une industrie particulière.

Les dispositions du deuxième paragraphe du présent article sont applicables aux gérants et associés solidaires des sociétés en commandite.

Art. 23. Tout individu transportant des marchandises de commune en commune, lors même qu'il vend pour le compte de marchands ou de fabricants, est tenu d'avoir une patente personnelle, qui est, selon les cas, celle de colporteur avec balle, avec bête de somme ou avec voiture.

Art. 24. Les commis voyageurs des nations étrangères seront traités, relativement à la patente, sur le même pied que les commis voyageurs français chez ces mêmes nations.

Art. 25. Les contrôleurs des contributions directes procéderont annuellement au recensement des imposables et à la formation des matrices de patentes.

Le maire sera prévenu de l'époque du recensement et pourra assister le contrôleur dans cette opération ou se faire représenter à cet effet par un délégué.

En cas de dissentiment entre les contrôleurs et les maires ou leurs délégués, les observations contradictoires de ces derniers seront consignées dans une colonne spéciale.

La matrice dressée par le contrôleur sera déposée pendant dix jours au secrétariat de la mairie, afin que les intéressés puissent en prendre connaissance et remettre au maire leurs observations.

A l'expiration d'un second délai de dix jours, le maire, après avoir consigné ses observations sur la matrice, la transmettra au directeur des contributions directes, qui établira les taxes conformément à la loi pour les articles non contestés.

Toutes les fois que le directeur ne croira pas devoir donner suite aux observations consignées par le maire sur la matrice, il soumettra les contestations au préfet avec son avis motivé. Si le préfet n'adopte pas les propositions du directeur, il en sera référé au ministre des finances.

Le préfet arrête les rôles et les rend exécutoires.

A Paris, l'examen de la matrice des patentes aura lieu, pour chaque arrondissement municipal, par le maire, assisté soit de l'un des membres de la commission des contributions, soit de l'un des agents attachés à cette commission, délégué à cet effet par le préfet.

Les matrices, revêtues des observations du maire de chaque arrondissement, seront centralisées à la commission des contributions, qui, après y avoir aussi consigné ses observations, les transmettra au directeur des contributions, comme il est dit au cinquième paragraphe.

Art. 26. Les patentés qui réclameront contre la fixation de leurs taxes seront admis à prouver la justice de leurs réclamations par la représentation d'actes de société légalement publiés, de journaux et livres de commerce régulièrement tenus et par tous autres documents.

Art. 27. Les réclamations en décharge ou réduction et les demandes en remise ou modération seront communiquées aux maires ; elles seront d'ailleurs présentées, instruites et jugées dans les formes et délais prescrits pour les autres contributions directes.

Art. 28. La contribution des patentes est due pour l'année entière par tous les individus exerçant au mois de janvier une profession imposable.

En cas de cession d'établissement, la patente sera, sur la demande du cédant ou du cessionnaire, transférée à ce dernier. La demande sera recevable dans le délai de trois mois, à partir, soit de la cession de l'établissement, soit de la publication du rôle supplémentaire dans lequel le cessionnaire aura été personnellement imposé pour l'établissement cédé. La mutation de cote sera réglée par le préfet, et les droits qui formeraient double emploi au préjudice du cessionnaire seront alloués en décharge par le conseil de préfecture.

En cas de fermeture des magasins, boutiques et ateliers, par suite de décès ou de faillite déclarée, les droits ne seront dus que pour le passé et le mois courant. Sur la réclamation des parties

intéressées, il sera accordé décharge du surplus de la taxe.

Ceux qui entreprennent dans le cours de l'année une profession sujette à patente ne doivent la contribution qu'à partir du premier du mois dans lequel ils ont commencé d'exercer, à moins que, par sa nature, la profession ne puisse pas être exercée pendant toute l'année. Dans ce cas, la contribution sera due pour l'année entière, quelle que soit l'époque à laquelle la profession aura été entreprise.

Les patentés qui, dans le cours de l'année, entreprennent une profession comportant un droit fixe plus élevé que celui qui était afférent à la profession qu'ils exerçaient d'abord ou qui transportent leur établissement dans une commune d'une plus forte population, sont tenus de payer au prorata un supplément de droit fixe.

Il est également dû un supplément de droit proportionnel par les patentables qui prennent des maisons ou locaux d'une valeur locative supérieure à celle des maisons ou locaux pour lesquels ils ont été primitivement imposés, et par ceux qui entreprennent une profession passible d'un droit proportionnel plus élevé.

Les suppléments seront dus à compter du premier du mois dans lequel les changements prévus par les deux derniers paragraphes auront été opérés.

Sont imposables, au moyen de rôles supplémentaires, les individus omis aux rôles primitifs qui exerçaient, avant le 1er janvier de l'année de l'émission de ces rôles, une profession, un commerce ou une industrie sujets à patente, ou qui, antérieurement à la même époque, avaient apporté dans leur profession, commerce ou industrie, des changements donnant lieu à des augmentations de droits.

Toutefois, les droits ne sont dus qu'à partir du 1er janvier de l'année pour laquelle le rôle primitif a été émis.

Art. 29. La contribution des patentes est payable par douzième, et le recouvrement en est poursuivi comme celui des contributions directes. Dans le cas où le rôle n'est publié que postérieurement au 1er mars, les douzièmes échus ne sont pas immédiatement exigibles ; le recouvrement en est fait par portions égales, en même temps que celui des douzièmes non échus. Néanmoins, les marchands forains, les colporteurs, les directeurs de troupes ambulantes, les entrepreneurs d'amusements et jeux publics non sédentaires, et tous autres patentables dont la profession n'est pas exercée à demeure fixe, sont tenus d'acquitter le montant total de leur cote au moment où la patente leur est délivrée.

Art. 30. En cas de déménagement hors du ressort de la perception, comme en cas de vente volontaire ou forcée, la contribution des patentes sera immédiatement exigible en totalité.

Les propriétaires, et à leur place les principaux locataires, qui n'auront pas, un mois avant le terme fixé par le bail ou par les conventions verbales, donné avis au percepteur du déménagement de leurs locataires, seront responsables des sommes dues par ceux-ci pour la contribution des patentes.

Dans le cas où ce terme serait devancé, comme dans le cas de déménagement furtif, les propriétaires et, à leur place, les principaux locataires, deviendront responsables de la contribution de leurs locataires, s'ils n'ont pas, dans les trois jours, donné avis du déménagement au percepteur.

La part de la contribution laissée à la charge des propriétaires ou principaux locataires par les paragraphes précédents comprendra seulement le dernier douzième échu et le douzième courant dus par le patentable.

Art. 31. Les formules de patentes sont expédiées par le directeur des contributions directes. Elles sont affranchies du droit de timbre. En remplacement de ce droit, il est ajouté au principal de la contribution des patentes des centimes généraux dont le nombre est annuellement fixé par la loi de finances.

Les formules de patentes sont, à la diligence des patentés, visées par le maire, et revêtues du sceau de la commune.

Art. 32. Tout patentable est tenu d'exhiber sa patente lorsqu'il en est requis par les maires, adjoints, juges de paix, et tous autres officiers ou agents de police judiciaire.

Art. 33. Les individus qui exercent, hors de la commune de leur domicile, une profession imposable sont tenus de justifier, à toute réquisition, de leur imposition à la patente, à peine de saisie ou de séquestre à leurs frais, des marchandises par eux mises en vente et des instruments servant à l'exercice de leur profession, à moins qu'ils ne donnent caution suffisante jusqu'à la représentation de la patente ou la production de la preuve que la patente a été délivrée. Si les individus non munis de patente exercent dans la commune de leur domicile, il sera seulement dressé des procès-verbaux qui seront transmis immédiatement aux agents des contributions directes.

Art. 34. Les agents des contributions directes peuvent, sur la demande qui leur en est faite, délivrer des patentes avant l'émission du rôle, après toutefois que les requérants ont acquitté entre les mains du percepteur les douzièmes échus, s'il s'agit d'individus domiciliés dans le ressort de la perception, ou la totalité des droits, s'il s'agit des patentables désignés en l'art. 29 ci-dessus, ou d'individus étrangers au ressort de la perception.

Art. 35. Le patenté qui aura égaré sa patente ou qui sera dans le cas d'en justifier hors de son domicile pourra se faire délivrer un certificat par le directeur ou par le contrôleur des contributions directes. Ce certificat fera mention des motifs qui obligent le patenté à le réclamer et devra être sur papier timbré.

Art. 36. Il est ajouté au principal de la contribution des patentes, ainsi qu'au montant des centimes additionnels départementaux et communaux ordinaires et extraordinaires afférents à cette contribution, cinq centimes par franc dont le produit est destiné à couvrir les décharges, réductions, remises et modérations, ainsi que les frais d'impression et d'expédition des formules de patentes.

En cas d'insuffisance des cinq centimes, le montant du déficit est prélevé sur le principal des rôles.

Il est, en outre, prélevé sur le principal huit centimes par franc dont le produit est versé dans la caisse municipale.

Art. 37. Les compagnies de chemins de fer, les services de transports fluviaux, maritimes et terrestres, ainsi que les établissements d'entrepôts et de magasins généraux, sont tenus de laisser prendre connaissance des registres de réception et d'expédition de marchandises aux agents des contributions directes chargés de l'assiette des droits de patente.

Art. 38. Les contributions spéciales destinées à subvenir aux dépenses des bourses et chambres de commerce, et dont la perception est autorisée par l'art. 11 de la loi du 23 juillet 1820, seront réparties sur les patentables des trois premières classes du tableau A annexé à la présente loi et sur ceux désignés dans les tableaux B et C comme passibles d'un droit fixe égal ou supérieur à celui desdites classes.

Les associés des établissements compris dans les classes et tableaux susdésignés contribueront aux frais des bourses et chambres de commerce, sous réserve des dispositions des art. 20 et 21 de la présente loi.

Art 39. La contribution des patentes sera établie conformément à la présente loi, à partir du 1er janvier 1881.

Art. 40. Toutes les dispositions contraires à la présente loi seront et demeureront abrogées à partir de la même époque, sans préjudice des lois et des règlements de police qui sont ou pourront être faits.

2. L'annexe qui suit la loi donne la nomenclature générale des commerces, industries et professions passibles des droits de patentes. Nous nous bornons à reproduire le tarif général des professions imposées eu égard à la population.

| CLASSES. | DROIT FIXE | | | | | | | | |
|---|---|---|---|---|---|---|---|---|---|
| | à Paris. | DANS LES COMMUNES | | | | | | | |
| | | au-dessus de 100,000 âmes. | de 50,001 à 100,000 âmes. | de 30,001 à 50,000 âmes. | de 20,001 à 30,000 âmes. | de 5,001 à 20,000 âmes. | de 2,001 à 5,000 âmes. | de 2,000 âmes et au-dessous. |
| 1re. . . | 400 | 300 | 240 | 180 | 120 | 80 | 60 | 45 | 35 |
| 2e. . . | 200 | 150 | 120 | 90 | 60 | 45 | 40 | 30 | 25 |
| 3e. . . | 140 | 100 | 80 | 60 | 40 | 30 | 25 | 22 | 18 |
| 4e. . . | 75 | 75 | 60 | 45 | 30 | 25 | 20 | 15 | 12 |
| 5e. . . | 50 | 50 | 40 | 30 | 20 | 15 | 12 | 9 | 7 |
| 6e. . . | 40 | 40 | 32 | 24 | 16 | 10 | 8 | 6 | 4 |
| 7e. . . | 20 | 20 | 16 | 12 | 8 | *8 | *5 | *4 | *3 |
| 8e. . . | 12 | 12 | 10 | 8 | 6 | *5 | *4 | *3 | *2 |

Les patentables des 7e et 8e classes vendant en ambulance, en étalage ou sous échoppe sont exempts de droit proportionnel.

Le signe * veut dire exemption du droit proportionnel dans les villes de 20,000 âmes et au-dessous.

**CHAP. II. — JURISPRUDENCE.**

3. Le droit proportionnel de patente peut être établi d'après une valeur locative supérieure au prix de location résultant d'un bail authentique, lorsqu'il est constant que ce prix est inférieur à la valeur réelle. L'arrêt du Conseil d'État du 2 novembre 1877 s'appuyait sur l'art. 9 de la loi du 25 avril 1844, qui dispose que la valeur locative sera établie, soit aux moyens de baux authentiques, soit par comparaison avec d'autres locaux dont le loyer serait régulièrement connu. Or, dans l'espèce, le bail avait été passé entre une mère et ses enfants mineurs et il s'est trouvé que le chiffre du loyer a été considéré à bon droit comme au-dessous de sa valeur réelle.

4. Par une circulaire du 26 novembre 1880 le directeur général des contributions directes fait savoir que c'est à tort que divers établissements tant religieux que laïques, tels que maisons de refuge, ouvroirs, orphelinats, etc., où sont exercées des professions passibles de la patente, ne sont pas assujettis à la patente par le motif qu'ils seraient affectés à des œuvres de bienfaisance et de piété auxquelles seraient consacrés les ressources provenant de l'exercice des professions dont il s'agit, ou pour d'autres causes analogues.

« Ces exemptions sont abusives et ne doivent pas être maintenues. Les agents des contributions directes ont, en effet, pour mission de constater la nature des professions et d'établir les bases de cotisation des redevances au point de vue de l'application des tarifs; mais il ne leur appartient ni d'apprécier les raisons pour lesquelles les professions sont exercées, ni de rechercher la quotité ou la destination des bénéfices que les patentables sont à même de réaliser. »

5. *Agent d'affaires, sans cabinet ouvert au public.* Est imposable en cette qualité, celui qui, sans avoir de cabinet ouvert au public, se livre à des opérations de recouvrement d'effets de commerce pour diverses maisons de banque qui le rétribuent au moyen de remises proportionnelles aux sommes encaissées. (*Arr. du C.* 9 *janv.* 1880.)

6. *Conditionnement de la soie entreprise par une ville.* Est imposable en cette qualité une commune qui exploite directement, pour son compte, un bureau de conditionnement pour les soies, et y perçoit à son profit des rétributions analogues à celles qui sont perçues dans les établissements privés alors même que le produit de ces rétributions est porté à son budget comme recette ordinaire et employé aux dépenses communales. (*Arr. du C.* 3 *janv.* 1881.)

7. *Droit proportionnel.* Un appartement situé au-dessus d'un magasin de bijouterie communiquant avec ce local par un escalier intérieur, ayant avec lui une entrée commune sur la rue, et occupé par un employé dont la présence dans l'établissement est rendue nécessaire, pour la surveillance des valeurs en magasin, par l'éloignement de l'habitation personnelle du patentable, est imposable au droit proportionnel au nom de ce dernier, comme servant à l'exercice de son industrie. (*Arr. du C.* 21 *nov.* 1879.)

8. Un forgeron qui exerce sa profession avec l'aide de son frère, avec lequel il est associé pour l'exploitation de la forge et le partage des bénéfices, n'est pas fondé à réclamer l'exemption de patente accordée aux ouvriers travaillant sans compagnon ni apprenti. (*Arr. du C.* 19 *déc.* 1879.)

9. La question si une patente est due, est très souvent une affaire d'appréciation d'espèces. Ainsi un établissement charitable, un fourneau économique et toute distribution gratuite d'aliments sont exempts de la patente; mais si un pareil établissement faisait le moindre petit bénéfice, le cas pourrait être interprété en sa défaveur.

De même pour les locations en garni; les locations accidentelles sont exemptes, les locations habituelles, même d'un seul appartement, rendent passible de la patente, c'est le juge administratif — le Conseil d'État en dernier ressort — qui apprécie.

**PAVAGE.** *Voy.* **Voirie.**

**PÉAGE.** (*Dict.*) 1. Il ne sera plus construit à l'avenir de ponts à péage sur les routes nationales ou départementales.

En cas d'insuffisance des ressources immédiatement disponibles pour la construction des ponts dépendant de la voirie vicinale, il pourra y être pourvu par les départements et les communes intéressés, au moyen d'un emprunt à la caisse des chemins vicinaux. (*L.* 30 *juill.* 1880, *art.* 1er.)

2. Le rachat de la concession de tout pont à péage dépendant de la grande ou de la petite voirie peut être autorisé et déclaré d'utilité publique, par décret rendu en Conseil d'État, après enquête.

L'enquête a lieu dans les formes déterminées par l'ordonnance du 18 février 1834 (*art.* 2).

3. A défaut d'arrangement amiable, si les droits du concessionnaire ne sont pas réglés, soit par le cahier des charges, soit par une convention postérieure, l'indemnité à allouer pour le rachat de la concession est fixée par une commission spéciale instituée par décret et composée de trois membres, dont un désigné par le préfet, un par le concessionnaire et le troisième par les deux autres membres.

Si ces deux membres ne parviennent pas, dans le mois qui suivra la notification à eux faite de leur nomination, à se mettre d'accord sur le nom du troisième, il sera procédé à sa désignation par le président du tribunal de première instance du chef-lieu du département dans le ressort duquel le pont est situé. Le choix ne pourra être fait que parmi les personnes désignées par le conseil général pour la formation du jury d'expropriation pour cause d'utilité publique dans les divers arrondissements dont le département se compose. Lorsque le pont est établi sur un cours d'eau servant de limite à deux départements, la nomination est faite dans les mêmes conditions par le président du tribunal de première instance du chef-lieu de celui des deux départements qui devra être désigné par le décret déclarant l'utilité publique du rachat.

Le même décret désignera celui des préfets qui devra faire la nomination prévue par le second paragraphe du présent article (*art.* 3).

4. L'indemnité allouée doit être payée ou consignée avant la prise de possession du pont (*art.* 4).

**5.** Les actes de toute nature faits en vertu de la présente loi seront dispensés du timbre et enregistrés gratis, lorsqu'il y aura lieu à la formalité de l'enregistrement (*art.* 5).

**6.** Les ponts à péage établis sur les routes nationales seront rachetés dans un délai de huit ans, à partir du 1er janvier qui suivra la promulgation de la présente loi. Pour déterminer l'ordre de priorité des rachats, il sera tenu compte du concours offert par les départements, les communes ou les particuliers (*art.* 6).

**7.** Il pourra être accordé sur les fonds de l'État, pour le rachat des ponts à péage dépendant des routes départementales ou des chemins vicinaux de toute catégorie, une subvention dont le maximum est fixé à la moitié de la dépense.

Ce maximum est réduit à un tiers pour le rachat des ponts à péage situés sur les routes départementales, dans les départements où le produit du centime additionnel au principal des quatre contributions directes est compris entre 20,000 et 40,000 fr., et un quart dans les départements où il est supérieur de 40,000 fr.

Il ne sera accordé aucune subvention pour le rachat des ponts à péage qui seraient construits sur les chemins vicinaux après la promulgation de la loi du 30 juillet 1880 (*art.* 7).

**PÊCHE FLUVIALE.** (*Dict.*) **1.** *Règlement.* Le décret du 18 mai 1878 porte que les art. 1er, 6, 7, 9, 13 et 20 du décret du 10 août 1875 sont modifiés de la manière suivante :

Art. 1er. Les époques pendant lesquelles la pêche est interdite, en vue de protéger la reproduction du poisson, sont fixées comme il suit :

1° Du 20 octobre au 31 janvier, est interdite la pêche du saumon, de la truite et de l'ombre chevalier ;

2° Du 15 novembre au 31 décembre, est interdite la pêche du lavaret ;

3° Du 15 avril au 15 juin, est interdite la pêche de tous les autres poissons et de l'écrevisse.

Les interdictions prononcées dans les paragraphes précédents s'appliquent à tous les procédés de pêche, même à la ligne flottante tenue à la main.

Art. 6. La pêche n'est permise que depuis le lever jusqu'au coucher du soleil.

Toutefois la pêche de l'anguille, de la lamproie et de l'écrevisse peut être autorisée après le coucher et avant le lever du soleil, dans les cours d'eau désignés et aux heures fixées par des arrêtés préfectoraux rendus après avis des conseils généraux. Ces arrêtés déterminent, pour l'anguille, la lamproie et l'écrevisse, la nature et les dimensions des engins dont l'emploi est autorisé.

La pêche du saumon et de l'alose peut être autorisée par des arrêtés préfectoraux, rendus après avis des conseils généraux, pendant deux heures au plus après le coucher du soleil et deux heures au plus avant son lever, dans certains emplacements des fleuves et rivières navigables spécialement désignés.

Art. 7. Le séjour dans l'eau des filets et engins ayant les dimensions réglementaires est permis à toute heure, sous la condition qu'ils ne peuvent être placés et relevés que depuis le lever jusqu'au coucher du soleil.

Art. 9. Les mailles des filets, mesurées de chaque côté après leur séjour dans l'eau, et l'espacement des verges, des bires, nasses et autres engins employés à la pêche des poissons, doivent avoir les dimensions suivantes :

1° Pour les saumons, quarante millimètres au moins ;

2° Pour les grandes espèces autres que le saumon et pour l'écrevisse, vingt-sept millimètres au moins ;

3° Pour les petites espèces, telles que goujons, loches, vérons, ablettes et autres, dix millimètres.

La mesure des mailles et de l'espacement des verges est prise avec une tolérance d'un dixième.

Il est interdit d'employer simultanément à la pêche des filets ou engins de catégorie différente.

Art. 13. Sont prohibés tous les filets traînants, à l'exception du petit épervier jeté à la main et manœuvré par un seul homme.

Sont réputés traînants tous les filets coulés à fond et promenés sous l'action d'une force quelconque.

Est pareillement prohibé l'emploi de lacets ou collets.

Toutefois des arrêtés préfectoraux, rendus après avis des conseils généraux, peuvent autoriser, à titre exceptionnel, l'emploi de certains filets traînants, à mailles de quarante millimètres au moins, pour la pêche d'espèces spécifiées dans les parties profondes des lacs, des réservoirs de canaux et des fleuves et rivières navigables. Ces arrêtés désignent spécialement les parties considérées comme profondes dans les lacs, réservoirs de canaux, fleuves et rivières navigables, ils indiquent aussi les noms locaux des filets autorisés et les heures auxquelles leur manœuvre est permise.

Art. 20. Les arrêtés pris par les préfets, en vertu des art. 2, 6, 10, 13, 16 et 19 du présent décret (*voy. plus loin*), ne sont exécutoires qu'après approbation donnée par le ministre des travaux publics, le conseil général des ponts et chaussées entendu.

Ces arrêtés ne sont valables que pour une année ; ils peuvent être renouvelés.

A la fin de chaque année, les préfets adressent au même ministre un relevé des autorisations accordées en vertu de l'art. 18.

**2.** L'art. 2, visé à l'art. 20 qu'on vient de lire, autorise les préfets d'interdire ou de prolonger la durée de certaines pêches ; l'art. 10 est relatif aux filets, à la largeur des mailles et prescrit de demander l'avis des conseils généraux ; l'art. 16 concerne certains modes de pêche, et l'art. 19 le rouissage du lin.

**3.** *Transport des poissons.* Le ministre des travaux publics a adressé, au commencement de novembre 1879, la circulaire suivante aux préfets :

« Aux termes de l'art. 2 du décret réglementaire de la pêche du 10 août 1875, modifié par le décret du 18 mai 1878, les préfets ont la faculté de prendre, sur l'avis du conseil général de leur département, des arrêtés augmentant, pour certaines espèces de poissons désignées, la durée des périodes pendant lesquelles la pêche est interdite d'une manière générale par le règlement lui-même en vue de protéger la reproduction.

« Bien que les dispositions prises dans un département en vue d'augmenter la durée d'une période d'interdiction de la pêche soient exclusivement applicables à ce département, l'usage qui a été fait de cette faculté par des préfets de départements frontières a donné lieu à des difficultés au point de vue de l'importation du poisson étranger.

« Les agents de la douane auxquels avaient été notifiés les arrêtés préfectoraux pris dans ces conditions ont cru devoir faire application des art. 5 et 10 de la loi du 31 mai 1865, lesquels prohibent l'importation, l'exportation et le transit de diverses espèces de poissons pendant le temps où la pêche en est interdite en France, et ont repoussé à l'étranger le poisson présenté à la frontière pendant le délai supplémentaire assigné à la période d'interdiction dans le département où se trouvait leur bureau, bien que ce poisson fût à destination d'un département où la pêche en était permise.

« M. le ministre des finances, à qui cette anomalie a été signalée, a reconnu avec moi qu'il était indispensable de prendre des mesures pour éviter qu'elle se produisît. Mon collègue a fait observer qu'en droit, le transport de certaines espèces de poissons à travers un département où la pêche en est interdite constitue une dérogation à la loi du 31 mai 1865.

« Que d'un autre côté, la prohibition serait facilement éludée s'il suffisait de déclarer que le poisson importé est destiné à un département où la pêche est permise.

« M. le ministre des finances a en conséquence émis l'avis qu'il conviendrait d'adopter pour le transit du poisson, dans les conditions exceptionnelles dont il s'agit, des mesures analogues à celles qui ont été concertées récemment entre son département et celui de l'intérieur pour régler les conditions de l'introduction du lapin de garenne et du gibier d'eau pendant le temps où la chasse ordinaire est interdite, conditions qui se trouvent déterminées par les deux circulaires du 25 avril et du 14 juin, émanées du ministère de l'intérieur et des cultes, et qui vous ont été adressées.

« Je n'ai pas hésité à donner mon adhésion à cet égard, et M. le ministre des finances vient de me faire connaître qu'il avait adressé des instructions dans ce sens aux agents des douanes.

« En définitive, d'après ces instructions et conformément à ce qui a été réglé pour le lapin de garenne et le gibier d'eau, c'est à l'autorité préfectorale qu'il appartiendra d'autoriser les introductions, pendant les périodes d'interdiction de la pêche, de poissons d'eau douce expédiés à des départements où la pêche des mêmes espèces est encore permise.

« Vous aurez donc, Monsieur le Préfet, à informer, le cas échéant, des autorisations données, le chef du service de douanes, au lieu d'importation. L'arrivée du poisson à destination déclarée sera assurée au moyen du plombage des colis et d'un acquit-à-caution. Cet acquit sera déchargé soit par le service des douanes, soit par l'autorité municipale des communes où il n'existe pas de bureau de douane.

« Ces dispositions ne concernent pas les pois-

sons de réservoir ou d'étang, lesquels peuvent, en vertu de la loi du 31 mai 1865, être importés en toute saison, pourvu qu'il soit justifié de leur origine au moyen de certificats émanant des autorités du lieu d'extraction.

« En ce qui concerne le saumon, on ne considérera comme poissons de réservoir que ceux dont la longueur, mesurée de l'œil à la naissance de la queue, n'excède pas 25 centimètres. »

*4. Pêche en temps prohibé. Fixation du délai d'interdiction.* Le décret du 18 mars 1878, portant interdiction de la pêche fluviale pendant deux mois, à partir du 15 avril, doit être entendu dans ce sens que le 15 avril est compris dans la période d'interdiction, et que l'interdiction s'arrête au 14 juin inclusivement. Telle est la décision de la cour de Paris (*septembre* 1879). Le tribunal de Fontainebleau avait pensé que, le 15 avril, on pouvait encore pêcher et que les deux mois allaient du 16 avril au 15 juin.

*5.* Les pêcheries dites *pêcheries-barres* constituent des ouvrages qui ne peuvent être établis sans autorisation dans les bras (même non navigables) soumis au régime des rivières navigables, et ces pêcheries une fois autorisées, ne peuvent pas être déplacées sans une nouvelle autorisation. (*Arr. du C.* 30 nov. 1877.)

*6.* Les préfets ne peuvent interdire aucun des engins permis par le droit commun en matière de pêche ; ce pouvoir ne leur a pas été délégué par le décret du 10 août 1875, si ce n'est qu'exceptionnellement pour la pêche, pendant la nuit, de l'anguille, de la lamproie et de l'écrevisse. (*Trib. corr. d'Agen,* 28 *juin* 1881.)

*7.* L'usinier ne peut pas verser dans la rivière des matières nuisibles aux poissons. (*L.* 15 *avril* 1829, *art.* 23 *et* 25 ; *Cass.* 5 *mai* 1883.)

*8.* Lorsque la pêche est permise pour certains poissons et prohibée pour d'autres, un fait de pêche ne constitue pas un délit, s'il est constaté que le pêcheur n'a pris que des poissons dont la pêche est autorisée. (*Trib. corr. d'Agen,* 28 *juin* 1881.)

*9. Prescription.* En matière de pêche fluviale, le délai de la prescription de un mois, édicté par l'art. 62 de la loi du 15 avril 1829, pour les actions en réparation des délits, ne court que de la date du procès-verbal où les délits ont été constatés, et non pas du jour de l'enquête officieuse à laquelle se sont livrés les agents de la force publique ; et cela, alors même que ladite enquête, qualifiée de procès-verbal, aurait été signifiée aux délinquants en tête de la citation.

La cassation, par ce motif, de l'arrêt qui a admis la prescription des délits de pêche, entraîne, par voie de conséquence, la cassation de l'arrêt subséquent qui a relaxé, pour cause de prescription du délit, ceux qui étaient poursuivis pour faux témoignage à l'occasion de ce même délit, lequel arrêt manque ainsi de base légale. (*Cass.* 26 *janv.* 1884.)

**PÊCHE MARITIME.** ( *Dict.*) **1.** *Définition.* Définition de la pêche maritime, selon l'art. 46 du décret du 4 juillet 1853 :

La pêche est maritime, c'est-à-dire libre, sans fermage ni licence, tant sur les côtes que dans les fleuves, rivières et canaux désignés au tableau annexé au décret, jusqu'aux limites de l'inscription maritime.

Toutefois, les dispositions du décret précité ne sont applicables, dans ces fleuves, rivières et canaux, que jusqu'au point de cessation de la salure des eaux.

Outre ce point et les limites de l'inscription maritime, la pêche, quoique libre et exempte de licence, est soumise aux mesures d'ordre et de police édictées par la loi du 15 avril 1829 sur la pêche fluviale.

2. *Encouragements.* La loi du 15 décembre 1880 dispose ce qui suit :

*Art. unique.* La loi du 22 juillet 1851, relative aux grandes pêches maritimes, continuera de recevoir son exécution jusqu'au 30 juin 1881, sous les modifications suivantes :

Les dispositions du paragraphe 1er de l'art. 2 de ladite loi, *relatives au minimum d'équipage* que doivent recevoir les navires expédiés pour la pêche de la morue, seront appliquées aux goélettes et embarcations armées à Saint-Pierre et Miquelon pour faire la pêche soit au grand banc de Terre-Neuve, soit au banc de Saint-Pierre, soit dans le golfe de Saint-Laurent, soit sur les côtes de Terre-Neuve et de Saint-Pierre et Miquelon.

Il ne pourra être embarqué, à bord desdites goélettes ou embarcations, aucun homme faisant partie de l'équipage d'un navire pêcheur expédié de France.

La prime d'armement mentionnée en l'art. 3 de la même loi ne sera accordée que pour les hommes de l'équipage inscrits définitivement aux matricules de l'inscription maritime, et pour ceux qui, n'étant que provisoirement inscrits, n'auront pas atteint l'âge de vingt-deux ans à l'époque du départ.

3. *Équipages.* Le décret du 10 juin modifie les §§ 2 et 3 de l'art. 1er du décret du 29 décembre 1851 et ajoute une disposition nouvelle. Voici le décret du 10 juin :

Art. 1er. Les paragraphes 2 et 3 de l'art. 1er du décret du 29 décembre 1851 seront modifiés ainsi qu'il suit :

§ 2. L'équipage de tout armement destiné pour la pêche de la morue, soit à Saint-Pierre et Miquelon, soit sur la côte de Terre-Neuve, devra comprendre 50 hommes au moins si le navire jauge 142 tonneaux ou au-dessus, 30 hommes au moins de 90 à 142 tonneaux, et 20 hommes au moins au-dessous de 90 tonneaux.

§ 3. L'équipage de tout armement destiné pour la pêche au Grand-Banc avec sécherie devra comprendre 50 hommes si le navire jauge 142 tonneaux et au-dessus, 30 hommes *pour les navires* au-dessous de 142 tonneaux.

Art. 2. Les navires francisés antérieurement au 24 mai 1873 sont exceptionnellement maintenus dans la catégorie que leur assignait leur ancienne jauge, si le mesurage par les procédés de la méthode Moorson a eu pour effet de les faire passer dans une catégorie supérieure.

4. *Huîtres.* Le décret du 12 janvier 1882 règle à nouveau le transport des huîtres en temps prohibé (*voy.* les motifs dans le rapport inséré au *Journal officiel* du 17 janvier 1882) :

Art. 1er. La vente des huîtres de toute prove-

nance est interdite pour l'alimentation publique du 15 juin au 1er septembre de chaque année.

Art. 2. La vente, l'achat, le transport et le colportage des huîtres de parcs ou autres établissements ostréicoles quelconques sont autorisés toute l'année dans l'intérêt de l'élevage des coquillages ou du peuplement des parcs, viviers, claires ou autres établissements, quelle que soit la dimension des huîtres, sous la réserve expresse que les envois effectués dans la période comprise entre le 15 juin et le 1er septembre seront accompagnés d'un certificat de provenance délivré par un fonctionnaire ou agent de la marine et mentionnant le lieu de destination.

Les huîtres d'une dimension inférieure à 5 centimètres, colportées en vertu des dispositions qui précèdent, ne pourront, dans aucun cas, être exposées sur les marchés ni livrées à la consommation.

La même défense s'applique aux huîtres ayant la dimension réglementaire, colportées dans la période comprise entre le 15 juin et le 1er septembre.

Art. 3. L'exportation du bassin d'Arcachon des huîtres de moins de 5 centimètres continue à être interdite en tout temps, de même qu'il est défendu d'expédier des huîtres de ce bassin, du 15 juin au 1er septembre.

Art. 4. Les contrevenants aux diverses dispositions qui précèdent seront punis des peines édictées par l'art. 7 de la loi du 9 janvier 1852, ci-dessus visée.

Art. 5. Les ministres de la marine, de la justice et de l'intérieur sont chargés, chacun en ce qui le concerne, de l'exécution du présent décret, qui sera inséré au *Bulletin des lois* et au *Bulletin officiel de la marine.*

5. *Pêche du corail.* Elle est réglée par le décret du 22 novembre 1883, inséré au *Journal officiel* du 24 novembre.

**PENSIONS.** (*Dict.*) 1. *Retenues.* Voici un extrait de la circulaire du ministre de l'intérieur du 13 mai 1882. Pendant longtemps, le § 2e de l'art. 5 de la loi du 9 juin 1853 sur les pensions civiles a été entendu en ce sens que les fonctionnaires et employés de l'État, passant d'un service *non soumis à retenue* (préfet et sous-préfet, par exemple) à un service soumis à retenue (conseiller de préfecture ou secrétaire général), devaient supporter, soit la retenue du premier douzième de leur nouveau traitement s'ils n'avaient jamais subi cette retenue, soit, dans le cas contraire, la retenue du premier douzième d'augmentation sur la différence existant entre ce traitement et celui sur lequel des prélèvements auraient été déjà faits au profit de la caisse des pensions civiles.

Un arrêt rendu, le 9 août 1880, par le Conseil d'État statuant au contentieux a réformé cette jurisprudence. La doctrine consacrée par cet arrêt et à laquelle s'est rallié le ministre des finances est que la retenue du premier douzième imposée par l'art. 3 de la loi de 1853 ne s'applique pas aux fonctionnaires qui passent d'un service non soumis à retenue à un service assujetti à cette obligation.

2. L'arrêt précité du 9 août 1880 est ainsi conçu :

« Considérant que le § 2 de l'art. 3 de la loi du 9 juin 1853 assujettit les fonctionnaires rétribués par l'État à la retenue du premier douzième de leur traitement lors de la première nomination ou dans le cas de réintégration, et du douzième de toute augmentation ultérieure;

« Considérant que le ministre de la justice, pour imposer au sieur Blondel la retenue du premier douzième du traitement auquel il avait droit comme conseiller à la Cour de cassation, s'est fondé sur ce que le requérant se trouvait dans le cas de réintégration prévu par la disposition précitée ;

« Mais considérant que le sieur Blondel était conseiller d'État lorsqu'il a été appelé à la Cour de cassation ; que la circonstance qu'il ne subissait aucune retenue sur son traitement comme membre du Conseil d'État ne saurait le faire considérer comme réintégré dans les services de l'État par le fait de la dernière nomination ;

« Que, dès lors, le sieur Blondel n'était passible que de la retenue du douzième de la différence entre le traitement de conseiller d'État et celui de conseiller à la Cour de cassation ;

« Sur la demande d'intérêts :

« Considérant que le sieur Blondel a demandé, le 24 avril 1880, les intérêts de la somme dont il est fondé à réclamer la restitution ; qu'il y a lieu, dès lors, d'allouer lesdits intérêts au requérant à partir de cette date ;

« Décide :

« La décision, ci-dessus visée, par laquelle le ministre de la justice a imposé au sieur Blondel la retenue du premier douzième de son traitement de conseiller à la Cour de cassation, est annulée.

« Le sieur Blondel ne sera soumis qu'à la retenue du douzième de la différence existant entre le traitement de conseiller d'État et celui de conseiller à la Cour de cassation, et il est renvoyé au ministère de la justice pour la liquidation de la somme qui lui sera restituée.

« La somme restituée au sieur Blondel portera intérêt à son profit à partir du 24 avril 1880. »

Cette décision ne semble pas à l'abri de toute discussion.

3. *Irrévocabilité d'une pension.* Un décret, en date du 31 décembre 1875, avait concédé une pension civile à la veuve d'un ancien préposé des douanes, mais les pièces produites pour la liquidation de cette pension n'avaient pas révélé l'existence d'un enfant issu d'un premier mariage de ce préposé.

Le tuteur de l'orphelin ayant réclamé ultérieurement la part de pension revenant à son pupille, la section des finances du Conseil d'État, se fondant sur le principe qu'une pension régulièrement inscrite au grand-livre constitue, au profit du titulaire, un titre irrévocable, a émis l'avis que, sans porter atteinte à la pension de 327 fr. définitivement acquise à la veuve, il y avait lieu de concéder à l'orphelin, par application de l'art. 16 de la loi du 9 juin 1853, un secours annuel de 82 fr., représentant le quart de la pension attribuée à sa belle-mère.

Le ministre des finances a donné son approbation à cet avis, mais il a décidé, en même temps, qu'à l'avenir, pour sauvegarder les intérêts du Trésor, toute veuve prétendant à pension devra produire, en outre des pièces réglementaires, une déclaration faite devant le maire de sa résidence, portant, s'il y a lieu, que son mari n'a laissé aucun enfant né d'un précédent mariage. La déclaration exigée pourra être mentionnée à la suite du certificat de non-séparation de corps.

4. Les services rendus dans les préfectures et les sous-préfectures ne sont admissibles, pour le calcul de la pension à allouer sur les fonds du Trésor, qu'autant qu'ils sont rémunérés sur les fonds d'abonnement. Cette règle s'applique au chef du cabinet de la préfecture de police, bien que ces attributions principales aient eu pour objet des services à rendre à l'État. (*Arr. du C.* 7 *juin.*)

5. L'indemnité allouée aux fonctionnaires qui justifient de la connaissance de la langue arabe constitue un supplément de traitement et un émolument personnel dans le sens de l'art. 3 de la loi du 9 juin 1853, et dès lors, cette indemnité doit être soumise à retenue pour qu'il puisse en être tenu compte ultérieurement dans la liquidation de la pension de retraite. (*Arr. du C.* 14 *juin* 1878.)

6. La veuve d'un fonctionnaire ne peut cumuler la pension dont elle jouit en cette qualité avec le traitement d'une fonction qu'elle remplit elle-même, que jusqu'à concurrence de 1,500 fr. (*Arr. du C.* 3 août 1877.)

7. *Pensions de la marine.* Nous ne pouvons, faute d'espace, reproduire ici la loi du 5 août 1879, mais on la trouvera au *Journal officiel* du 6 août 1879. Voir, pour la pension des officiers, la loi du 8 août 1883. (*J. offic.* du 14 août.)

8. *Armée de terre.* La loi sur les soldes et pensions des officiers en réforme est du 17 août 1879 et celle sur les pensions des sous-officiers, caporaux, brigadiers et soldats de l'armée de terre, du 18 août 1879. Elles sont insérées toutes les deux au *Journal officiel* du 19 août.

9. *Pensions des officiers.* La loi du 22 juin 1878 dispose dans son article 1er : « La retenue prélevée sur la solde des officiers ou assimilés de tout grade de l'armée de terre, en activité de service, est élevée de deux pour cent à cinq pour cent (2 p. 100 à 5 p. 100), à dater du mois qui suivra la promulgation de la présente loi. »

Les autres articles de la même loi (insérée au *Journal officiel* du 25 juin 1878 et au *Bulletin des lois*) règlent à nouveau la pension des officiers de différentes catégories.

10. *Pensions des veuves de militaires ou marins.* A dater de la loi du 20 juin 1878, les pensions des veuves des militaires et marins, non encore inscrites au grand-livre de la dette publique, qui, aux termes des lois des 11 et 18 avril 1831, étaient fixées au quart du maximum de la pension d'ancienneté affectée au grade dont le mari était titulaire, seront fixées au tiers dudit maximum (*art.* 1er).

Les veuves des militaires et marins tués sur le champ de bataille, ou dont la mort a été causée par des événements de guerre, auront droit, conformément à l'art. 1er de la loi du 26 avril 1856, à une pension qui sera de moitié du maximum de la pension d'ancienneté affectée au grade dont le mari était titulaire (*art.* 2).

**11.** *Pensions exceptionnelles.* Le fonctionnaire nommé député conserve les droits qu'il a acquis à une pension de retraite et peut, après expiration de son mandat, être remis en activité. Le fonctionnaire civil qui, ayant eu vingt ans de service à la date de l'acceptation de son mandat de député, justifiera de cinquante ans d'âge à l'époque de la cessation de ce mandat, pourra faire valoir ses droits à une pension de retraite exceptionnelle. (*L.* 30 *nov.* 1875, *art.* 10.) Cette disposition a donné lieu à un arrêt du Conseil d'État du 3 avril 1879. Nous nous bornons à le signaler (DALLOZ, 3, p. 78), car la décision ne semble pas formulée avec toute la précision désirable.

**12.** *Étrangers.* Un étranger nommé à une fonction sous l'empire d'une législation qui ne faisait pas de la qualité de Français une condition d'aptitude à ces fonctions, a droit à pension, bien qu'une loi postérieure ait exigé, pour cette fonction, la qualité de Français, si, depuis la loi nouvelle, il a continué ses services et subi les retenues. (*Arr. du C.* 12 *juillet* 1882.)

Nous pensons que celui qui a servi et subi les retenues a toujours droit à pension ; ce n'est pas sa faute si on l'a nommé à tort. Des arrêts antérieurs ont, avec raison, décidé dans ce sens.

**13.** *Femme fonctionnaire.* La disposition de l'art. 16 de la loi du 9 juin 1853 qui accorde des secours annuels aux orphelins laissés par un fonctionnaire décédé titulaire d'une pension civile, s'applique aux orphelins laissés par une femme fonctionnaire. (*Arr. du C.* 3 *mars* 1882.)

**14.** *Infirmités.* Pour qu'un fonctionnaire ait droit à l'application de l'art. 11, § 2, de la loi du 9 juin 1853, aux termes duquel le droit à pension est ouvert, moyennant certaines conditions, aux fonctionnaires que des infirmités graves résultant de l'exercice de leurs fonctions mettent dans l'impossibilité de les continuer, il n'est pas nécessaire qu'il fasse la preuve que ses infirmités sont dues exclusivement et uniquement à la fonction (*Arr. du C.* 16 *décembre* 1881, *deux espèces.*)

**15.** *Titre et traitement.* Un inspecteur chargé de la direction du service de l'enregistrement et qui a touché pendant plusieurs années le traitement de directeur sur lequel il a subi la retenue, a droit à une pension liquidée d'après ce traitement et non d'après le traitement afférent à son titre. (*Arr. du C.* 10 *févr.* 1882.)

Voy. aussi l'arrêt du 25 novembre 1881, relatif aux sous-ingénieurs, qui n'ont pas été assimilés aux ingénieurs, mais dont la pension a été établie sur les bases de la section 3 (et non section 2) du tableau 3 de la loi du 9 juin 1853.

**PERCEPTEURS.** (*Dict.*) **1.** Le ministre des finances est autorisé à rétablir, quand les besoins du service l'exigeront, les perceptions supprimées par l'art. 18 de la loi de finances du 20 décembre 1872, dans les villes chefs-lieux de département et d'arrondissement, sans toutefois que le nombre total des perceptions, qui est actuellement de 5,265, puisse être augmenté. (*L.* 25 *juill.* 1879, *art.* 1er.)

**2.** Les tarifs des remises payées aux percepteurs par le Trésor devront être remaniés, de manière que la dépense occasionnée par le rétablissement des perceptions de villes soit compensée par une diminution égale sur les remises des perceptions qui deviendront vacantes, à partir de la promulgation de la présente loi. (*L.* 25 *juill., art.* 2.)

**3.** Les nouveaux tarifs qui seront adoptés en exécution de l'article précédent continueront à être appliqués à chaque vacance de perception, même après le rétablissement des perceptions de villes (*art.* 3).

**4.** L'admission aux emplois de receveurs particuliers des finances est réglée comme il suit:

Une moitié des vacances est réservée aux percepteurs ayant au moins cinq ans de service, l'autre moitié aux candidats ayant cinq ans de services publics, soit civils, soit militaires.

Aucun receveur particulier ne peut obtenir une recette d'une classe supérieure s'il ne compte trois ans d'exercice dans une classe immédiatement inférieure. Cette condition de trois ans d'exercice n'est pas exigée pour les mutations qui peuvent avoir lieu dans la même classe (*art.* 4).

**5.** *Cautionnements.* La loi du 27 février 1884 dispose ce qui suit :

Art. 1er. A l'avenir et à chaque vacance qui se produira, les cautionnements des percepteurs, des percepteurs-receveurs municipaux et des receveurs spéciaux des communes et des établissements de bienfaisance seront calculés et établis d'après les dispositions suivantes.

Art. 2. Les percepteurs et les percepteurs-receveurs municipaux fourniront un cautionnement égal à trois fois le montant des émoluments payés par le Trésor, les communes et les établissements de bienfaisance.

Toutefois, le cautionnement des receveurs-percepteurs de Paris sera élevé à quatre fois le montant des émoluments, et celui des percepteurs et des percepteurs-receveurs municipaux de la Corse sera réduit à deux fois le montant des émoluments.

Art. 3. Les receveurs municipaux spéciaux sont divisés en trois classes, savoir : une 1re classe comprenant les receveurs ayant un traitement supérieur à 10,000 fr. ; une 2e classe comprenant les receveurs ayant un traitement supérieur à 5,000 fr., et la 3e classe comprenant tous les autres receveurs.

Le cautionnement des receveurs de la 1re classe sera fixé à sept fois et demie le montant de leur traitement, avec faculté de fournir, en rentes sur l'État, la portion excédant 40,000 fr.

Le cautionnement des receveurs de la 2e classe sera fixé à six fois et demie le montant de leur traitement, avec faculté de fournir, en rentes sur l'État, la portion excédant 20,000 fr.

Le cautionnement des receveurs de la 3e classe sera fixé à quatre fois et demie le montant de leur traitement, avec faculté de fournir, en rentes sur l'État, la portion excédant 10,000 fr.

Art. 4. Les receveurs municipaux spéciaux dont les cautionnements sont actuellement déposés au Trésor en numéraire auront, dès à présent, la faculté de convertir en titres de rente sur l'État la portion de ces cautionnements excédant 50,000 fr.

Art. 5. Les receveurs spéciaux des hospices, des bureaux de bienfaisance, des asiles d'aliénés et des dépôts de mendicité sont assimilés aux receveurs municipaux spéciaux pour le calcul du montant de leur cautionnement ; mais, en ce qui concerne la nature et l'emploi de ce cautionnement, l'ordonnance du 6 juin 1830 continuera à être appliquée.

**PÉTROLE.** (*Dict.*) L'art. 14 du décret du 19 mai 1873 est modifié de la manière suivante par le *décret du 12 juillet 1884* :

Art. 14. Les dispositions précédentes, relatives aux dépôts pour la vente au détail, ne peuvent être suppléées par des dispositions équivalentes qu'en vertu d'une autorisation spéciale délivrée par le préfet, sur l'avis du conseil d'hygiène et de salubrité du département, et fixant les conditions imposées au débitant dans l'intérêt de la sécurité publique.

En ce qui touche spécialement les récipients fixes, dans lesquels certains détaillants logeraient les liquides de la première catégorie, l'usage n'en peut être autorisé par les préfets qu'aux conditions suivantes :

Le détaillant justifiera qu'il a à la disposition d'une cour ou de tout autre espace en plein air, assez vaste pour que les opérations du dépotage puissent y être exécutées sans danger.

Les récipients fixes, dont la capacité totale ne devra pas excéder trois cents litres, seront faits de tôle forte, étamés à l'intérieur et absolument étanches.

Ils ne pourront être établis que dans un local distinct de la boutique du détaillant, parfaitement aéré, convenablement éclairé par la lumière du jour. Ils devront être placés sur un châssis métallique, à la hauteur de 1 mètre au moins au-dessus du sol, et à 50 centimètres au moins des murs du local, de telle sorte que la surveillance de chaque récipient demeure facile. Au-dessous sera disposée une caisse métallique destinée à recevoir les égouttures.

Chaque récipient portera en caractères très lisibles, sur fond rouge, les mots : « Essence inflammable », ainsi que l'indication de sa capacité. Il sera muni, à la partie supérieure, d'un tuyau de sûreté s'ouvrant à l'extérieur.

Il est rigoureusement interdit de fumer, d'allumer ou d'apporter du feu, des lumières ou des allumettes dans le local où se trouvent les récipients fixes.

Il est interdit également d'y procéder au dépotage des fûts en bidons et au remplissage des récipients.

Ces opérations devront avoir lieu du dehors, au moyen d'une pompe fixe et étanche établie en plein air, reliée aux récipients par une canalisation métallique continue et directement soudée à leurs parois. Une canalisation semblable conduira à l'appareil ou robinet de débit dans lequel *doit* avoir lieu directement l'emplissage des bidons ou burettes des consommateurs.

Les extrémités de l'une et de l'autre canalisation seront établies à distance convenable de tout appareil d'éclairage et de tout foyer.

Les opérations de dépotage et de remplissage du récipient, ainsi que le transvasement des essences pour le débit, ne pourront avoir lieu qu'à la clarté du jour.

Les livraisons au consommateur ne pourront avoir lieu à la lumière artificielle que dans les conditions indiquées au dernier paragraphe de l'art. 10 du décret du 19 mai 1873.

L'administration, dans les cas où elle croira devoir autoriser l'usage des récipients fixes, se réserve le droit de prescrire, en outre, toutes autres conditions qui seraient reconnues nécessaires pour sauvegarder la sécurité publique.

Il sera rendu compte au ministre du commerce des autorisations données en vertu du présent article.

**POIDS ET MESURES.** (*Dict.*) **1.** *Bureau international.* Le décret du 28 octobre 1876 (promulgué le 15 février 1877) reconnaît comme établissement d'utilité publique le Bureau international des poids et mesures établi à Paris. (Convention du 20 mai 1875.)

**2.** *Bureau national.* Le décret qui crée à Paris un bureau national, scientifique et permanent des poids et mesures est du 8 octobre 1880 ; on le trouvera au *Bulletin des lois*, n° 584, et au *Journal officiel* du 8 octobre 1880. Ce dernier donne le rapport qui le précède.

**3.** *Poids en fer.* Le décret du 7 janvier 1878 (*Bulletin des lois*, n° 370) dispose ce qui suit :

Art. 1er. A l'avenir, les six séries de poids en fer désignées au tableau B, paragraphe 2, annexé au décret du 26 février 1873, pourront être complétées par des poids de vingt grammes, dix grammes et cinq grammes du système Dosse.

**4.** La taxe des poids en fer de vingt grammes, dix grammes et cinq grammes du système Dosse est fixée à six centimes (0 fr. 06) pour chaque poids. (*Même décret daté du 27 sept.* 1877.)

**5.** *Taxe de vérification* La taxe pour la vérification des poids et mesures (étant la rémunération de services rendus) ne peut être imposée à un assujetti si, en fait, la vérification n'a pas eu lieu. (*Arr. du C.* 26 *juill.* 1878.)

**6.** Le 2 avril 1878, le Conseil d'État a jugé que la taxe n'est pas due lorsque la vérification n'a pas été faite, par suite du refus du particulier de se soumettre à l'exercice (sous le prétexte qu'il ne se sert pas de ses poids et mesures pour son commerce). Mais il existe des arrêts dans un sens opposé, et avec plus de raison, car le refus de se soumettre à un règlement ne peut être admis à lui seul comme motif légitime.

BIBLIOGRAPHIE.
Travaux et Mémoires du Bureau international des poids et mesures, publié par le directeur du Bureau. In-4°. Paris, Gauthiers-Villars.

**POIDS PUBLIC A PARIS.** Est abrogé, à partir de la promulgation de la présente loi, le décret du 16 juin 1808, relatif au pesage, mesurage et jaugeage dans la ville de Paris. (*L.* 20 *avril* 1881.)

**POLICE.** Nous avons traité séparément chacune des attributions de la police, il faut donc se reporter aux mots qui les désignent. Leur nombre est trop grand pour les rappeler ici.

BIBLIOGRAPHIE.

La Campagne contre la préfecture de police, envisagée au point de vue du service des mœurs, par C. J. Lecour. In-12. Paris, Asselin. 1881.

Code-formulaire de police administrative, etc., par C. P. Dayre. Paris, D. Rolland. 1883.

Des Pouvoirs de police des préfets en général, et spécialement en cas de troubles, par A. Combarieu. Gr. in-8°. Berger-Levrault et Cⁱᵉ.

Code-formulaire des agents de la force publique, contenant un Traité sur l'organisation, les devoirs, les attributions, la responsabilité de ces agents, etc., par C. P. Dayre. In-12. Paris, D. Rolland.

**POMPES FUNÈBRES.** (*Dict.*) C'est au conseil de préfecture qu'il appartient de statuer sur les difficultés auxquelles peut donner lieu l'exécution d'un marché passé entre une fabrique et un entrepreneur du service des pompes funèbres.

**PONTS ET CHAUSSÉES.** (*Dict.*)

SOMMAIRE.

**CHAP. I. TABLEAU DES PRÉSENTATIONS, 1.**

  **II. ADMISSION DES CONDUCTEURS AU GRADE D'INGÉNIEUR, 2.**

  **III. DISPOSITIONS DIVERSES, 3 à 8.**

**CHAP. I. — TABLEAU DES PRÉSENTATIONS.**

**1.** Le décret du 18 février 1882, modifié par le décret du 26 décembre 1883, dispose :

Un comité spécial dressera chaque année un tableau d'avancement pour les ingénieurs de chacun des corps des ponts et chaussées et des mines. Ce tableau contiendra une liste de présentation pour chaque grade, jusqu'à celui d'ingénieur en chef de 1ʳᵉ classe inclusivement.

**CHAP. II. — ADMISSION DES CONDUCTEURS AU GRADE D'INGÉNIEUR.**

**2.** Les conditions d'admission des conducteurs au grade d'ingénieur avaient été fixées une première fois dans le décret du 23 août 1851, puis dans le décret du 7 mars 1868 ; elles ont été établies de nouveau par le décret du 22 décembre 1877. Ces trois règlements d'administration publique ne diffèrent cependant que par les détails ; nous reproduisons naturellement celui de 1877.

TITRE Iᵉʳ. — DISPOSITIONS GÉNÉRALES.

Art. 1ᵉʳ. Aucun conducteur des ponts et chaussées ne sera admis à concourir pour le grade d'ingénieur s'il n'est Français ou naturalisé Français et s'il ne satisfait aux conditions exigées par l'art. 2 de la loi du 30 novembre 1850.

Art. 2. Dans le calcul du nombre des places d'ingénieur des ponts et chaussées à attribuer, chaque année, aux conducteurs qui auront satisfait aux conditions du concours, les fractions au-dessous d'un demi seront négligées, les fractions supérieures donneront lieu à une nomination de plus en faveur des conducteurs.

Art. 3. Les conducteurs qui désireront prendre part au concours devront en faire la demande avant le 1ᵉʳ février de l'année où ils auront l'intention de s'y présenter.

Cette demande sera adressée au ministre par l'intermédiaire et avec un avis motivé de l'ingénieur en chef du service auquel le conducteur est attaché et du préfet du département où il a sa résidence ; elle devra être parvenue au ministère avant le 1ᵉʳ mars.

Elle sera communiquée à l'inspecteur général de la division avant son départ pour sa tournée annuelle, avec le relevé des notes qui auront été données au candidat depuis son entrée en fonctions.

L'époque des examens préparatoires sera réglée de manière à correspondre à celle de la tournée d'inspection.

Art. 4. Les examens préparatoires auront lieu au chef-lieu de chaque département, devant une commission composée de l'inspecteur général de la division, président, et de deux membres nommés par le ministre.

Art. 5. L'examen préparatoire portera sur les connaissances ci-après, dont le programme détaillé sera arrêté par le ministre :

Application de la géométrie descriptive à la coupe des pierres et à la charpente ;

Notions de physique, de chimie et de géologie ;

Notions relatives à l'exécution des travaux.

Il sera fait, en outre, aux candidats des questions ayant pour objet de constater, d'une manière générale, la pratique qu'ils auront acquise dans la partie administrative du service. Ils remettront à la commission les rapports de quelque importance qu'ils auraient eu à présenter, les projets qu'ils auraient rédigés et les dessins exécutés par eux, le tout certifié par les ingénieurs.

Enfin, ils rédigeront, sous les yeux de la commission, un rapport sur une affaire de service ; ce rapport sera annexé au procès-verbal de l'examen.

Art. 6. Les diverses parties de l'examen seront respectivement comptées pour les valeurs ci-après :

| | | |
|---|---|---|
| Géométrie descriptive | | 3 |
| Physique | 1 | |
| Chimie | 1 | 3 |
| Géologie | 1 | |
| Exécution des travaux | | 4 |
| Pratique acquise dans le service | | 4 |
| Rapport | | 4 |
| Total | | 18 |

Art. 7. Afin d'arriver à une appréciation exacte du mérite des candidats, on attribuera à chacune de leurs réponses ou des parties de leur travail une valeur numérique exprimée par des chiffres variant de 0 à 20.

On établira, d'après les chiffres qui auront été donnés pour les diverses questions, une moyenne pour chacune des parties du programme ; on multipliera chacune de ces moyennes, ainsi que les chiffres attribués aux autres parties du concours, par les nombres ou coefficients qui expriment leur valeur relative (*art.* 6), et, en faisant la somme des produits, on aura le nombre total des points ou degrés obtenus pour l'ensemble des épreuves.

Nul ne pourra être déclaré admissible s'il n'a obtenu, pour chacune des parties de l'examen, la moitié du nombre maximum de points ou degrés qu'elle comporte, et, pour l'ensemble de l'examen, les trois cinquièmes du maximum.

Art. 8. Les inspecteurs généraux de deuxième classe, réunis en comité, arrêteront la liste des conducteurs admis au concours, en prenant en considération :

1° Les résultats des examens préparatoires, constatés par les procès-verbaux des commissions d'examen ;

2° La moralité des concurrents, leur conduite, leurs services antérieurs, notamment en ce qui concerne l'étude des projets et l'exécution des travaux, et l'ensemble des titres de toute nature qu'ils auraient à faire valoir. Le chiffre qui traduira cette appréciation sera affecté du coefficient 9 ; le maximum étant de 20, comme il est dit ci-dessus, le minimum obligatoire est fixé aux trois quarts de ce maximum, soit 15.

La liste des candidats admis à concourir pourra contenir six fois autant de noms qu'il y aura, pour l'année, de nominations à faire parmi les conducteurs, sans dépasser toutefois le nombre de vingt.

Art. 9. Les candidats non admis au concours, qui auront obtenu le minimum de points exigés pour la déclaration d'admissibilité, pourront, sans avoir à subir de nouveau l'examen préparatoire, concourir avec les candidats de l'année suivante pour former la nouvelle liste d'admission au concours, et ils prendront rang sur cette liste d'après le chiffre obtenu par eux.

Art. 10. Les conducteurs appelés, soit à l'examen préparatoire, soit au concours, recevront des frais de voyage et de séjour calculés d'après le tarif en vigueur. Ils seront considérés comme étant en activité de service et continueront, à ce titre, de toucher le traitement intégral de leur emploi.

### TITRE II. — CONCOURS ET CLASSEMENT DES CANDIDATS.

Art. 11. Le concours s'ouvrira à Paris le 1er juin de l'année qui suivra la déclaration d'admission aux épreuves définitives ; *toutefois, un délai d'un an pourra être accordé aux candidats qui en feront la demande. Ce délai pourra être renouvelé.*

Le concours comprendra deux épreuves séparées par un intervalle d'un an, *qui pourra être prolongé sur la demande du candidat.* Néanmoins, les candidats pourront, sur leur demande, être admis à subir les deux épreuves dans le cours de la même année.

La commission d'examen sera composée d'un *inspecteur général de première classe, président,* et de six membres.

Elle sera nommée par le ministre. Les inspecteurs généraux de deuxième classe chargés d'un service d'inspection, les ingénieurs qui auraient participé aux examens préparatoires et ceux qui auraient sous leurs ordres un ou plusieurs des candidats, ne pourront faire partie de la commission.

Art. 12. Les candidats seront réunis, pendant la durée du concours, dans un local où ils seront soumis à une règle uniforme et où les ouvrages dont ils pourraient avoir besoin seront mis à leur disposition.

L'administration prendra les mesures d'ordre nécessaires pour assurer la sincérité du concours, en isolant les concurrents de toute assistance étrangère pendant le temps consacré à la rédaction des avant-projets et des notes et mémoires dont ils seront accompagnés.

En cas de fraude constatée à cet égard, le candidat qui s'en serait rendu coupable sera exclu du concours par la commission et ne pourra plus être admis à concourir ultérieurement.

Art. 13. Les épreuves dont se composera le concours seront partagées comme il suit :

*Première épreuve.*

Questions orales sur la mécanique, les machines, l'hydraulique, le droit administratif, l'exécution des travaux et la pratique du service.

*Deuxième épreuve*

Rédaction des avant-projets désignés par la commission d'examen parmi les quatre groupes ci-après :

Avant-projet de route ou de chemin de fer ;

Avant-projet de pont en maçonnerie ou en charpente ou d'un pont métallique ;

Avant-projet relatif à l'amélioration d'une rivière ou à l'établissement d'un canal ;

Avant-projet d'irrigation ou de desséchement, ou d'un travail se rattachant à l'établissement d'un port maritime.

Le programme détaillé des connaissances qui font l'objet de la première épreuve sera arrêté par le ministre.

Les avant-projets, rédigés dans une forme sommaire, se composeront de dessins, plans, coupes, élévations et profils consistant en de simples croquis dessinés à l'échelle, cotés et accompagnés d'un mémoire explicatif, d'un détail estimatif et d'un devis sommaire.

Les examinateurs désigneront la partie de l'un de ces avant-projets dont les candidats devront donner les dispositions et les dessins de détail.

Les candidats seront, en outre, appelés à justifier verbalement les dispositions de leurs avant-projets et à répondre aux questions qui leur seront posées à ce sujet par les examinateurs. Il sera tenu compte de la manière dont ils répondront à ces questions dans la fixation de la note qui leur sera donnée pour chaque avant-projet.

Indépendamment de l'appréciation qui sera faite des mémoires comme partie intégrante des projets, les mémoires seront appréciés séparément sous le rapport du mérite de la rédaction et formeront ensemble, à ce point de vue, un des objets du concours.

Art. 14. Les diverses parties du concours seront groupées conformément au tableau ci-après et évaluées au moyen des coefficients qui y sont indiqués.

PREMIÈRE ÉPREUVE.

| | |
|---|---|
| Mécanique | 1) |
| Machines | 2) 5 |
| Hydraulique | 2) |
| Droit administratif | 4 |
| Exécution des travaux | 4 |
| Pratique du service | 4 |
| Total | 17 |

DEUXIÈME ÉPREUVE.

| | |
|---|---|
| Avant-projet de route ou de chemin de fer | 4) |
| Avant-projet de pont | 4) 8 |
| Avant-projet de navigation, rivière ou canal | 4) |
| Avant-projet de desséchement, d'irrigation ou de port | 2) 6 |
| Notes explicatives considérées au point de vue de la rédaction | 6 |
| Total | 20 |

L'appréciation du mérite relatif des candidats sera faite suivant le mode adopté pour l'examen préparatoire.

Indépendamment du résultat des deux épreuves du concours, il sera tenu compte, dans le classement définitif, des services antérieurs des candidats. Le chiffre d'évaluation de ces services, après avoir été arrêté de nouveau par la commission, sera affecté d'un coefficient égal à la moitié de la somme des coefficients indiqués pour les deux épreuves définitives.

Art. 15. Nul ne pourra être reconnu admissible s'il n'a obtenu, pour chacun des groupes de connaissances ou de travaux indiqués à l'art. 14, la moitié du nombre maximum de points ou degrés qu'il comporte ; pour chacune des deux épreuves, les trois cinquièmes, et, pour l'ensemble des deux épreuves, les deux tiers de ce maximum.

Les concurrents qui, à la suite d'une des épreuves, se trouveraient dans le cas d'inadmissibilité, ne prendront pas part aux autres opérations du concours. Toutefois, ceux qui auraient réussi dans la première épreuve et échoué dans la deuxième pourront être admis à se présenter de nouveau à cette dernière épreuve sans avoir à recommencer la précédente, dont le résultat leur restera acquis.

La commission d'examen dressera, d'après les divers éléments indiqués aux articles qui précèdent, la liste, par ordre de mérite, des candidats présentés pour le grade d'ingénieur.

La liste de présentation pourra contenir seulement trois fois autant de noms qu'il y aura pour l'année de nominations d'ingénieurs à faire parmi les conducteurs. Les candidats portés sur cette liste, qui ne seront pas promus au grade d'ingénieur, pourront être immédiatement nommés sous-ingénieurs.

Art. 16. Tous les candidats qui auront obtenu les minima indiqués dans l'art. 15 pourront, sans avoir à subir de nouveaux examens, concourir avec les admissibles des années suivantes pour former les nouvelles listes de présentation au grade d'ingénieur, et prendront rang sur ces listes d'après le nombre de points obtenus par eux dans le premier concours.

Art. 17. Le règlement d'administration publique en date du 7 mars 1868 est et demeure abrogé.

#### CHAP. III. — DISPOSITIONS DIVERSES.

3. *Age des aspirants conducteurs.* Sur ce point, les dispositions du deuxième paragraphe de l'art. 35 du décret du 13 octobre 1851 sont modifiées ainsi qu'il suit par le décret du 21 janvier 1878 : « Les aspirants doivent être âgés de plus de dix-huit ans et de moins de trente ans au 1er janvier de l'année dans laquelle aura lieu le concours. Toutefois, les militaires ayant passé cinq ans sous les drapeaux dans l'armée active, et les agents secondaires qui, à l'âge de trente ans, comptaient plus de deux ans de services, peuvent concourir jusqu'à trente-cinq ans. »

4. Le même décret du 21 janvier ajoutait : Les candidats que le ministre aura déclarés admissibles à la suite du concours, ne peuvent être nommés conducteurs que lorsqu'ils ont l'âge de vingt et un an révolus et qu'ils ont satisfait aux obligations imposées par la loi militaire.

Les candidats qui seront déjà entrés dans l'administration des ponts et chaussées comme agents secondaires, seront élevés immédiatement à la 1re classe de ce grade.

Les autres candidats admissibles qui demanderaient à entrer dans l'administration avant l'âge de vingt et un ans seront appelés aux premiers emplois vacants d'agent secondaire et élevés à la 1re classe.

Le ministre peut, lorsque les candidats déclarés admissibles sortent du service militaire, les soumettre à un stage qui ne doit pas dépasser un an.

5. Une circulaire ministérielle, datée du 23 janvier, motive ce décret ; en voici un extrait :

Aux termes de l'art. 35, § 2, du décret du 13 octobre 1851, les candidats au grade de conducteur ne peuvent se présenter aux examens avant l'âge de vingt et un ans. D'un autre côté, tous les Français doivent, à l'âge de vingt ans, satisfaire à la loi militaire qui les retient sous les drapeaux ; les uns pendant un an, les autres pendant cinq ans. Les agents secondaires des ponts et chaussées ne peuvent donc se présenter à l'examen de conducteur avant leur incorporation dans l'armée active, et un certain nombre d'entre eux renoncent à reprendre, à leur libération du service militaire, des études qu'ils ont dû forcément interrompre.

Il a paru possible de remédier à cet inconvénient très préjudiciable au recrutement du corps des conducteurs des ponts et chaussées, en abaissant la limite d'âge, et j'ai l'honneur de vous adresser un exemplaire d'un décret en date du 21 janvier, qui fixe à dix-huit ans l'âge exigé des aspirants à l'emploi de conducteur des ponts et chaussées. L'art. 2 de ce décret porte que les candidats déclarés admissibles ne pourront être nommés conducteurs que lorsqu'ils auront vingt et un ans révolus et qu'ils auront satisfait aux obligations imposées par la loi militaire.

6. *Agents inférieurs des ponts et chaussées.* Art. 1er. L'art. 6 du décret du 17 août 1853 est modifié ainsi qu'il suit par le décret du 31 janvier 1878 :

« Nul ne peut être nommé employé secondaire des ponts et chaussées s'il n'a été déclaré admissible à la suite d'un examen sur les connaissances ci-après :

« Écriture, principes de la langue française, arithmétique élémentaire, exposition du système métrique des poids et mesures, notions de géométrie relatives à la mesure des angles, des surfaces et des solides ; éléments de dessin linéaire.

« Les candidats doivent être âgés de plus de seize ans et de moins de vingt-huit ans au moment de l'examen.

« Toutefois, les militaires porteurs d'un congé régulier peuvent concourir jusqu'à trente-deux ans. »

7. *Ingénieurs auxiliaires.* Un décret du 21 décembre 1878 avait créé un cadre d'ingénieurs auxiliaires. Ce décret a été abrogé par le décret du 21 novembre 1882.

8. *Adjudication de travaux par des agents des ponts et chaussées.* Circulaire du 18 octobre 1879 :

« Monsieur le Préfet, mon attention a été appelée sur l'interprétation donnée dans certains cas aux art. 27 et 37 du décret du 13 octobre 1851, aux termes desquels les ingénieurs et les conducteurs des ponts et chaussées ne peuvent devenir entrepreneurs ni concessionnaires des travaux publics, sous peine d'être considérés comme démissionnaires. Ce texte, pris à la lettre, a paru permettre aux conducteurs, soit en congé, soit même en activité de service, de concourir aux adjudications, sous la seule réserve que, s'ils étaient déclarés adjudicataires, ils cesseraient, par là même, de faire partie du corps de conducteurs.

« Le décret de 1851, en déclarant démissionnaires les ingénieurs et agents qui devenaient entrepreneurs, a entendu interdire aux membres du corps des ponts et chaussées toute participation aux entreprises de travaux publics. Or, le conducteur, quelle que soit d'ailleurs sa situation, en service actif ou en congé, fait acte d'entrepreneur en se portant soumissionnaire dans une adjudication. Ses offres n'ont, en effet, de raison d'être que parce qu'il est entrepreneur : il se déclare donc tel, et à ce titre il doit être considéré comme démissionnaire, lors même que l'adjudication ne serait pas prononcée en sa faveur.

**POPULATION.** (*Dict.*) **1.** La décision par laquelle le ministre de l'intérieur se borne à refuser de faire procéder à la rectification du tableau de recensement d'une commune, n'est pas susceptible d'être déférée au Conseil d'État. (*Arr. du C. 22 juin* 1877.)

**2.** Les communes sont autorisées à réclamer devant le ministre des finances et en appel devant le Conseil d'État, lorsqu'elles prétendent ne pouvoir être, à raison du chiffre de leur population *agglomérée*, assujetties aux droits d'entrée sur les boissons. Mais il ne leur appartient point de contester, par la voie contentieuse, le résultat du dénombrement, en l'absence de toute décision qui les assujettisse aux droits d'entrée. (*Arr. du C. 22 juin* 1877.)

**3.** Au *Dictionnaire*, vº **Population**, p. 1528, nº 14, l'avis du 23 novembre n'est pas de 1841, mais de 1842. (Veuillez corriger cette faute typographique.)

**POSTES.** (*Dict.*)

SOMMAIRE.

**CHAP. I. — CRÉATION DU MINISTÈRE DES POSTES ET TÉLÉGRAPHES.**

**1.** La réunion du service des télégraphes à celui des postes a été prévue par le décret du 22 décembre 1877, mais elle ne s'effectua qu'à la suite du décret du 29 novembre 1878, la création du ministère date du 5 février 1879. — *Voy. aussi* **Télégraphe.**

**CHAP. II. — TARIFS INTÉRIEURS.**

**Sect. 1. — Lettres, cartes postales et journaux.**

**2.** La taxe des lettres affranchies est fixée à quinze centimes (0 fr. 15) par 15 grammes ou fraction de 15 grammes.

La taxe des lettres non affranchies est fixée à trente centimes (0 fr. 30) par 15 grammes ou fraction de 15 grammes (*L. 6 avril* 1878, *art.* 1er). La taxe des cartes postales est fixée à 10 centimes (*art.* 2).

**3.** La taxe des journaux, recueils, annales, mémoires et bulletins périodiques, paraisssant au moins une fois par trimestre, et traitant de matières politiques ou non politiques, est, par exemplaire, de deux centimes (0 fr. 02) jusqu'à 25 grammes. Au-dessus de 25 grammes, le port est augmenté de un centime (0 fr. 01) par 25 grammes ou fraction de 25 grammes.

Les journaux et écrits périodiques publiés dans les départements de la Seine et de Seine-et-Oise ne paient que la moitié de cette taxe, quand ils circulent dans l'intérieur du département où ils sont publiés.

Les journaux qui paraissent dans les autres départements paient également cette taxe réduite quand ils circulent dans le département où ils sont publiés ou dans les départements limitrophes; mais leur poids peut s'élever à 50 grammes, sans qu'ils paient plus de 1 centime. Au-dessus de 50 grammes, la taxe supplémentaire est de 1 demi-centime par 25 grammes ou fraction de 25 grammes.

La perception de la taxe se fait en numéraire pour les journaux expédiés en nombre, et le centime entier n'est dû que pour la fraction de centime du port total (*art.* 3 *et* 4).

**4.** Sont exempts des droits de poste, à raison de leur parcours sur le territoire de la métropole ou sur le territoire colonial, les suppléments des journaux, lorsque la moitié au moins de leur superficie est consacrée à la reproduction des débats des Chambres, des exposés des motifs des projets de lois, des rapports de commissions, des actes et documents officiels et des cours, officiels ou non, des halles, bourses et marchés.

Pour jouir de l'exemption susénoncée, les suppléments devront être publiés sur feuilles détachées du journal, et ne pourront dépasser, en dimensions et en étendue, la partie du journal soumise à la taxe.

**5.** Le port : 1° des circulaires, prospectus, avis divers et prix courants, livres, gravures, lithographies, en feuilles, brochés ou reliés ; 2° des avis imprimés ou lithographiés de naissance, mariage ou décès, des cartes de visite, des circulaires électorales ou bulletins de vote ; 3° et généralement de tous les imprimés expédiés sous bandes, autres que les journaux et ouvrages périodiques, est fixé ainsi qu'il suit, par chaque paquet portant une adresse particulière :

1 centime (0 fr. 01) par 5 grammes jusqu'à 20 grammes. 5 centimes (0 fr. 05) au-dessus de 20 grammes jusqu'à 50 grammes.

Au-dessus de 50 grammes, 5 centimes (0 fr. 05) par 50 grammes ou fraction de 50 grammes excédant.

Les bandes doivent être mobiles et ne pas dépasser un tiers de la surface des objets qu'elles recouvrent. Dans le cas contraire, la taxe fixée par l'article suivant est appliquée (art. 6).

**6.** Les objets désignés au n° 5 précédent peuvent être expédiés sous forme de lettres ou sous enveloppes ouvertes, de manière qu'ils soient facilement vérifiés. Dans ce cas, le port est, pour chaque paquet portant une adresse particulière, de 5 centimes (0 fr. 05) par 50 grammes ou fractions de 50 grammes (art. 7).

**7.** Les journaux, recueils, annales, mémoires et bulletins périodiques, ainsi que tous les imprimés, sont exceptés de la prohibition établie par l'art. 1er de l'arrêté du 27 prairial an IX, quel que soit leur poids, mais à la condition d'être expédiés, soit sous bandes mobiles, soit sous enveloppes ouvertes, soit en paquets non cachetés et faciles à vérifier (L. 6 avril 1878, art. 8). L'arrêté de l'an IX défend aux entrepreneurs de transports libres de recevoir des paquets au-dessous du poids de 1 kilogr.

**8.** 1° Le droit à payer pour l'expédition des valeurs envoyées par lettre est abaissé de vingt (0 fr. 20) à dix centimes (0 fr. 10) par 100 fr. ou fraction de 100 fr. déclarés (art. 8).

2° La taxe des avis de réception des valeurs déclarées et des lettres ou autres objets recommandés est également abaissée de vingt (0 fr. 20) à dix centimes (0 fr. 10). [L. 1878, art. 9.]

### Sect. 2. — La taxe de recommandation.

**9.** La loi du 26 décembre 1878 dispose que le droit de recommandation pour toute lettre circulant en France et en Algérie est fixé à vingt-cinq centimes (0 fr. 25) en sus de la taxe ordinaire[1].

**10.** Le décret du 14 janvier 1879 développe et applique cette disposition :

Art. 1er. Le droit fixe de recommandation applicable aux lettres échangées entre la France et l'Algérie, d'une part, et les colonies françaises, d'autre part, ou adressées de colonie française à colonie française, ainsi qu'aux lettres adressées de France, d'Algérie, des colonies françaises et des bureaux français à l'étranger, ou aux pays étrangers appartenant ou assimilés à l'Union générale des postes, est réduit de 50 cent. à 25 cent.

Art. 2. La même réduction est applicable aux

---

1. Il y a lieu maintenant de distinguer entre la recommandation et le chargement : la première est à droit fixe ; le second, qui ne s'applique qu'à des valeurs déclarées, supporte un droit proportionnel en sus du droit fixe. (Voy. plus haut.)

lettres recommandées échangées entre les bureaux de poste français à l'étranger ou déposées dans ces bureaux à destination de la France, de l'Algérie et des colonies françaises, et vice versâ.

Art. 3. Le droit fixe de chargement à percevoir sur les lettres de valeurs déclarées, adressées de France et d'Algérie en Allemagne, en Belgique, dans le grand-duché de Luxembourg, aux Pays-Bas et en Suisse, est également abaissé de 50 cent. à 25 cent.

Art. 4. Le droit fixe applicable, d'après les dispositions en vigueur, aux lettres recommandées pour divers pays d'outre-mer étrangers à l'Union générale des postes est uniformément diminué de 25 cent.

**11.** Des mandats peuvent être échangés sous le nom d'articles d'argent entre la France et l'Algérie et les colonies, et réciproquement, moyennant le paiement du droit proportionnel de 1 p. 100 auquel sont assujettis les mandats de poste métropolitains, sans que ce droit puisse être inférieur à 25 centimes. (D. 26 juin 1878, art. 1er.)

**12.** Le maximum des mandats entre la France et les colonies et réciproquement est fixé à 500 fr. (D. 26 juin, art. 2).

**13.** Indépendamment du droit de 1 p. 100, il pourra être établi sur ces mandats une perception additionnelle variable, représentant le change et dont le montant sera fixé en raison du cours : aux colonies par les gouverneurs ; en France, par le ministre des finances et par le ministre de la marine et des colonies (art. 3).

**14.** Le droit de poste perçu sur les mandats délivrés dans les colonies sera acquis aux budgets coloniaux (art. 4).

**15.** Le droit proportionnel à percevoir pour la transformation en un mandat de poste du montant des valeurs commerciales recouvrées par la poste est maintenu à 1 p. 100 pour toute somme égale ou inférieure à 50 fr. ; il est réduit, à partir du 1er août 1880, à $\frac{1}{2}$ p. 100 pour toute fraction excédant la somme de 50 fr.

Les dispositions du présent décret sont applicables aux bureaux de poste de France et d'Algérie.

### Sect. 3. — Mandats de poste et avis de paiement.

**16.** Timbre. La loi du 18 mars 1879 exempte de tout droit de timbre « les mandats d'articles d'argent émis et payés par la poste soit en France, soit dans les colonies françaises ».

**17.** Avis de paiement. La loi du 25 mars porte que l'expéditeur d'un mandat sur la poste pourra demander, au moment du dépôt des fonds, qu'il lui soit donné avis du paiement de ce mandat.

A cet effet, il acquittera d'avance pour l'affranchissement de l'avis, un droit de dix centimes (0 fr. 10 c.). Cette taxe sera acquise au Trésor alors même que le mandat n'aurait pas été présenté au paiement.

### Sect. 4. — Recouvrement des effets de commerce et abonnement aux journaux.

**18.** La loi du 5 avril 1879 (et non du 7 avril) introduit dans notre législation postale deux innovations heureuses. Divers décrets indiquent les moyens d'application. Voici d'abord la loi :

Art. 1er. Le Gouvernement est autorisé à faire effectuer le recouvrement, par le service des postes, des quittances, factures, billets, traites et généralement de toutes les valeurs commerciales ou autres payables sans frais, en France ou en Algérie, et dont le montant n'excède pas cinq cents francs (500 fr.) [1]. (Élevé à 2,000 fr. *D.* 10 *juin* 1884.)

Art. 2. Il n'est pas admis de paiement partiel. Les valeurs doivent être payées en une seule fois.

Un paiement effectué ne peut, par un motif quelconque, donner lieu à répétition contre l'État de la part de celui qui a remis les fonds.

Art. 3. L'envoi des valeurs à recouvrer est fait sous forme de lettre recommandée, adressée directement par le déposant au bureau de poste qui doit encaisser les fonds.

Art. 4. Il n'est exceptionnellement perçu, pour toute lettre recommandée adressée à un bureau de poste et destinée seulement à charger l'administration d'un recouvrement qu'une taxe unique de vingt-cinq centimes (0 fr. 25 c.).

Art. 5. Indépendamment du droit perçu en exécution de l'art. 4, il est opéré sur le montant de chaque encaissement deux prélèvements égaux : l'un au profit du facteur qui a effectué le recouvrement, l'autre au profit du receveur qui a été chargé de l'assurer.

Chacun de ces prélèvements est calculé à raison de cinq centimes par vingt francs ou fraction de vingt francs, sans pouvoir dépasser vingt-cinq centimes.

Le surplus de la somme recouvrée sera converti en un mandat de poste au nom du déposant, après déduction du droit proportionnel établi par la loi sur les mandats de poste.

L'administration est autorisée à remplacer les mandats par l'ouverture de comptes courants, au débit desquels figurera un droit égal à celui qui aurait été perçu pour la délivrance des mandats de poste.

Art. 6. Les valeurs qui n'auront pu être recouvrées seront réexpédiées en franchise au déposant, sans que l'administration soit tenue à aucune constatation de nature quelconque de non-paiement.

*Voy. plus loin*, au n° 20, ce qui concerne les valeurs soumises au protêt.

Art. 7. En cas de perte, soit de la lettre recommandée contenant les valeurs à recouvrer, soit des valeurs elles-mêmes en tout ou en partie, la responsabilité pécuniaire de l'administration ne pourra dépasser la somme de cinquante francs (50 fr.) au maximum.

En cas de perte des sommes encaissées par les facteurs, l'administration sera tenue au remboursement intégral des sommes perdues.

Art. 8. La non-responsabilité de l'administration en cas de retard des objets de correspondance est étendue aux lettres recommandées contenant les valeurs à recouvrer, à ces valeurs et aux mandats de paiement.

---

1. La loi du 17 juillet 1880 ajoute : « le droit proportionnel à percevoir en vertu de la loi du 5 avril 1879 est maintenu à 1 p. 100 tout recouvrement ne dépassant pas 50 fr.; il est réduit à 1/2 p. 100 pour toute fraction excédant la somme de 50 fr.

« Le Gouvernement pourra néanmoins, par décrets insérés au *Bulletin des lois*, abaisser successivement jusqu'au taux uniforme de 1/2 p. 100 le droit de 1 p. 100 applicable aux sommes qui ne dépasseront pas 50 fr. » (*L.* 17 *juill.* 1880, art. 4.)

Aucune indemnité ne peut être réclamée de ce chef.

Art. 9. Le service des postes pourra recevoir les abonnements aux journaux, revues, recueils périodiques moyennant un droit de trois pour cent (3 p. 100). Réduit à un pour cent (1 p. 100), plus un droit fixe de dix centimes par abonnement. (*L.* 17 *juillet* 1880, *art.* 5.)

Art. 10. Le maximum des valeurs à recouvrer par la poste pourra être élevé par décrets insérés au *Bulletin des lois.*

Art. 11. Le Gouvernement est autorisé à pourvoir à toutes les mesures nécessaires pour assurer l'exécution de la présente loi, et notamment à abaisser, dans le cas où il en reconnaîtrait l'opportunité, le taux des prélèvements prévus au premier alinéa de l'art. 5.

Art. 12. Un décret fixera la date d'exécution de la présente loi, qui pourra n'être appliquée d'abord qu'à une partie des bureaux de poste de la France et de l'Algérie. Elle sera étendue par décrets successifs. (Ces décrets ont paru.)

**19.** Il n'est pas sans utilité de reproduire ici l'*avis au public* publié par l'administration de la poste. (*Off.* 15 *juin* 1879, modifié quant à la forme.)

Les valeurs que le public veut faire recouvrer par la poste peuvent être déposées dans tous les bureaux de poste de France et d'Algérie et doivent satisfaire aux conditions suivantes :

1° Être payables *sans frais*, l'administration ne se chargeant pas de prendre aucune mesure conservatoire en cas de non-paiement ;

2° Porter l'énonciation de la somme à recouvrer (laquelle ne doit pas dépasser 2,000 fr.), ainsi que le nom et l'adresse exacte de l'expéditeur ;

3° Être acquittée par le déposant et, suivant les cas, être établie sur papier timbré correspondant au montant de l'effet, ou être revêtue du timbre de 10 cent. établi, par l'art. 18 de la loi du 23 août 1871, pour les quittances d'une somme supérieure à 10 fr.

Toute personne qui a des valeurs à mettre en recouvrement se fait délivrer, dans un bureau de poste, un bordereau imprimé dont la première partie duquel elle inscrit séparément chacune des valeurs, et une enveloppe spéciale dans laquelle elle les insère, en y joignant le bordereau. (Les deux parties de ce bordereau ne doivent pas être séparées par les déposants.)

L'enveloppe doit être ensuite présentée au guichet ; il y est donné cours comme lettre recommandée, moyennant une taxe de 0 fr. 25 c., quel que soit le nombre des valeurs expédiées, à la condition que ces valeurs soient recouvrables au profit d'une même personne, et dans la circonscription postale du bureau auquel l'enveloppe est adressée.

Il est interdit d'insérer dans cette enveloppe aucun papier ou aucune note tenant lieu de correspondance.

Le recouvrement opéré, le déposant reçoit par la poste un mandat représentant la somme recouvrée et, en même temps, les valeurs non recouvrées, s'il y en a. Les frais, dont le décompte accompagne cet envoi, sont déduits du montant du mandat.

**20.** *Recouvrement des effets de commerce soumis au protêt.* Les dispositions de la loi du 5 avril 1879, qui autorise le Gouvernement à faire effectuer le recouvrement par le service des postes, des quittances, factures, billets, traites et généralement de toutes les valeurs commerciales ou autres payables sans frais en France et en Algérie, sont étendues aux valeurs soumises au protêt. (*L.* 17 *juillet* 1880, *art.* 1er.)

**21.** En cas de refus de paiement à présentation d'un effet soumis au protêt, l'administration sera déchargée par la remise à un officier ministériel.

En cas de paiement entre les mains de ce dernier, les prélèvements fixés par l'art. 5 de la loi du 5 avril 1879 seront acquis au receveur et au facteur.

L'huissier n'aura aucun recours pour ses frais, contre l'administration (*art.* 2).

**22.** L'administration n'assume aucune responsabilité au cas où la présentation à domicile ou la remise de l'effet à l'officier ministériel n'auraient pas eu lieu en temps utile.

Les règles limitant la responsabilité de l'État à la perte des objets de correspondance recommandés, et les art. 7 et 8 de la loi du 5 avril 1879 sont d'ailleurs applicables, de plein droit, au recouvrement des effets de commerce sujets au protêt (*art.* 3). [*Voy. aussi le D. du* 15 *fév.* 1881.]

**Sect. 5. — Cartes postales avec réponse payée.**

**23.** Voici, sur ce point, l'instruction du ministère des postes et télégraphes:

A partir du 1er juillet 1879, il sera mis à la disposition du public, dans tous les bureaux de poste et chez les préposés à la vente des timbres-poste, des cartes postales, avec réponse payée, qui pourront être échangées à l'intérieur du territoire de la République et avec certains pays étrangers.

Ces cartes sont du prix de 20 et de 30 cent.

Les cartes avec réponse à 20 cent. sont affectées aux échanges à l'intérieur de la France et de l'Algérie, ainsi qu'aux relations avec les pays suivants[1] :

| | | |
|---|---|---|
| Allemagne. | Luxembourg. | Roumanie. |
| Belgique. | Norwège. | Suisse. |
| Espagne. | Pays-Bas. | Tunis. |
| Italie. | Portugal. | |

Les cartes avec réponse à 30 cent. sont destinées aux échanges avec la République Argentine.

**24.** Il pourra être également, à partir de la même date, adressé, des pays ci-dessus en France, des cartes postales avec réponse payée, et la seconde partie de ces cartes formant la réponse, sera réexpédiée, avec le timbre-poste étranger dont elle est revêtue, de France sur le pays d'origine, sans autre affranchissement. Il ne serait pas donné cours toutefois à cette réponse si elle était adressée, soit à l'intérieur de la France, soit sur un pays étranger autre que le pays d'origine.

Le destinataire d'une carte postale avec réponse peut se servir de la seconde partie pour correspondre, soit avec l'expéditeur, soit avec toute autre personne sans avoir aucun port à payer. Avant de remettre cette seconde partie à la poste, il doit, toutefois, détacher la première partie qui porte son adresse.

**25.** Les cartes postales avec réponse payée circulant à l'intérieur de la France ou échangées avec les pays étrangers dont l'énumération précède pourront, soit à l'aller, soit au retour, être soumises à la formalité de la recommandation moyennant acquittement d'un droit fixe de 25 cent.

Dans ce cas, elles pourront également donner lieu, de la part des expéditeurs, à une demande d'avis de réception du prix de 10 cent.

**26.** Les cartes postales avec réponse payée émanant de l'industrie privée seront admises à circuler *à l'intérieur de la France seulement;* chacune de leurs deux parties devra remplir les conditions de forme, de poids et de dimensions

requises pour les cartes simples et être préalablement revêtue d'un timbre-poste. Le mot « Réponse » devra, en outre, être imprimé lisiblement au *recto* de la seconde partie après la mention obligatoire *Carte postale.*

*Voy. aussi* **Franchise postale.**

**Sect. 6. — Colis postaux.**

Art. 1. — RÈGLES GÉNÉRALES RELATIVES AUX COLIS POSTAUX.

**27.** Par suite de la convention internationale conclue le 13 novembre 1880 et du traité avec les compagnies de transport approuvé par la loi du 3 mars 1881 (*J. off.* 5 *mars* et 24 *avril* 1881), le décret du 21 avril 1881 règle ainsi ce qui concerne les colis postaux :

Art. 1er. Le service des colis postaux commencera à fonctionner, dès le 1er mai prochain, dans les relations de la France (la Corse et l'Algérie exceptées quant à présent) avec l'Allemagne, la Belgique, le Luxembourg et la Suisse.

Art. 2. Il pourra être expédié, sous la dénomination de colis postaux, des colis sans déclaration de valeur, ne dépassant pas le poids de 3 kilogr., le volume de 20 décimètres cubes et la dimension, sur une surface quelconque, de 60 centimètres ; ces colis ne devront contenir ni matières explosibles, inflammables ou dangereuses, ni articles prohibés par les lois et règlements de douane ou autres, ni lettres ou notes ayant le caractère de correspondance.

Voir p. s loin la loi du 25 juillet 1881 qui supprime les limites de volume et de dimension.

Art. 3. L'affranchissement des colis postaux sera obligatoire.

La taxe à payer, y compris le droit de timbre de 10 centimes prévu par l'art. 5 de la loi du 3 mars 1881, par l'expéditeur d'un colis postal déposé dans l'une des gares des administrations et compagnies de chemins de fer signataires de la convention du 2 novembre 1880, à destination de l'Allemagne, de la Belgique, du Luxembourg et de la Suisse, sera fixée conformément aux indications du tableau ci-après :

| PAYS de destination. | VOIE. | TAXE. |
|---|---|---|
| Allemagne. | Voie directe. . . . . . . . . . | 1 10 |
| | Voie de Belgique : colis postaux expédiés des gares de la Compagnie du Nord. . . . . . . . . . . . | 1 10 |
| | Voie de Belgique : colis postaux expédiés des gares des autres compagnies, et pour lesquels les expéditeurs auront expressément réclamé l'emploi de la voie de Belgique. . | 1 60 |
| Belgique. . . | Voie directe. . . . . . . . . . | 1 10 |
| Luxembourg . | Voie directe. . . . . . . . . . | 0 85 |
| | Voie de Belgique ( sur la demande expresse des expéditeurs ) . . . . | 1 35 |
| | Voie d'Allemagne ( sur la demande expresse des expéditeurs ) . . . . | 1 35 |
| Suisse. . . . | Voie directe. . . . . . . . . . | 1 10 |

Les colis postaux déposés dans les bureaux de ville désignés par les administrations et compagnies de chemins de fer précitées[1] *seront soumis*

---

[1]. D'autres pays s'ajoutent successivement à la liste : par exemple, le décret du 16 septembre 1884 ajoute l'Égypte. Dans le doute, s'informer dans un bureau de poste.

[1]. Il s'agit des six grandes compagnies et des lignes de l'État citées dans le préambule.

*à la même taxe que ceux qui* [1] seront portés directement par l'expéditeur à la gare ou station de départ.

L'expéditeur d'un colis postal recevra gratuitement, au moment du dépôt, un récépissé sommaire de son envoi.

Art. 4. Le destinataire de tout colis postal provenant de l'étranger aura à payer un droit de timbre de 10 centimes.

Lorsque le colis sera délivré à domicile par les soins des administrations ou compagnies de chemins de fer ou de leurs correspondants, le destinataire aura à payer en outre une taxe de factage de 25 centimes.

Enfin, le destinataire de tout colis postal remboursera au transporteur, le cas échéant, les droits de douane, d'octroi et autres frais dont celui-ci aurait fait l'avance.

Les destinataires des colis livrables en gare seront avisés dans les vingt-quatre heures, par les chefs de gare, de l'arrivée des colis à leur adresse, et devront rembourser le port de la lettre d'avis avant de prendre possession de ces colis.

Tout colis postal porté à domicile par un service de factage ou de correspondance et qui n'aura pas été livré, pour une cause quelconque, sera conservé en gare ou au bureau de correspondance à la disposition du destinataire. Si un second transport à domicile est demandé par celui-ci, la livraison ne sera opérée que contre paiement d'un nouveau droit de factage de 25 centimes, indépendamment du droit de magasinage et des autres frais exigibles, s'il y a lieu, en conformité des tarifs.

Art. 5. La réexpédition d'un colis postal, soit sur le lieu d'origine, soit sur une autre localité, donnera lieu, lors de la livraison, à la perception sur l'expéditeur ou sur le destinataire, suivant le cas, d'une nouvelle taxe complète, sans préjudice du remboursement des droits d'octroi, de factage, de magasinage et autres frais, s'il y a lieu.

Toutefois, la réexpédition, par suite de fausse direction ou d'une erreur de service, ne donnera lieu à aucune perception supplémentaire à la charge du public.

Art. 6. Les colis postaux qui n'auront pas été livrés aux destinataires, pour une cause quelconque, et que les expéditeurs, dûment consultés, n'auront pas fait retirer ou réexpédier, seront tenus à la disposition de ceux-ci pendant un an. Si, passé ce délai, les expéditeurs n'en ont pas réclamé le renvoi, les colis postaux seront livrés à l'administration des domaines pour être vendus au profit de l'État, sauf déduction des taxes et frais dus aux transporteurs, s'il y a lieu.

Toutefois, ceux des colis postaux non distribués qui renfermeront des articles sujets à corruption ou à détérioration, seront vendus immédiatement au profit de qui de droit, sans avis préalable ni formalités judiciaires.

Art. 7. Sauf le cas de *force majeure*, la perte ou l'avarie d'un colis postal donnera lieu, au profit de l'expéditeur et, à défaut et sur la demande de celui-ci, du destinataire, à une indemnité correspondant au montant réel de la perte ou de l'avarie, sans que cette indemnité puisse toutefois dépasser 15 fr.

Le paiement à l'ayant droit aura lieu dans le plus bref délai possible et au plus tard dans le délai d'un an à partir du jour de la réclamation.

Les *réclamations concernant la perte ou l'avarie* des colis postaux ne pourront être admises que dans le délai d'un an à partir du jour du dépôt desdits colis. Passé ce délai, le réclamant n'aura droit à aucune indemnité.

Art. 8. La responsabilité des services de transport cessera par le fait de la livraison des colis postaux aux destinataires ou à leurs représentants.

Art. 9. Les colis postaux seront transportés par les trains-poste ou autres en usage pour le service des colis de grande vitesse.

L'expédition, la transmission d'une compagnie à une autre et la livraison des colis postaux s'opéreront, sur le territoire français, dans les délais fixés par les tarifs.

ART. 2. — TIMBRE DES COLIS POSTAUX.

**28.** La loi du 3 mars 1881, qui réduit à 10 centimes le timbre par chaque expédition, annonce (*art.* 5) un règlement d'administration publique. Ce règlement est daté du 19 avril 1881; le voici :

Art. 1er. Les formules qui servent à l'affranchissement ou à l'expédition des colis postaux provenant de l'intérieur doivent être timbrées à l'extraordinaire. Le timbre est apposé sur la partie de la formule qui doit rester aux mains des compagnies.

Les formules ne peuvent être livrées au public qu'après cette apposition.

Chaque bulletin d'expédition devra porter une mention imprimée, indiquant qu'il s'applique à un colis postal.

Art. 2. Tous les bulletins d'expédition sont, après le transport effectué, réunis, soit au siège social, soit au lieu où les écritures sont centralisées.

Ils y sont conservés pendant la durée d'une année à partir de la date de l'expédition.

Art. 3. Il est tenu au départ un carnet d'expédition, indiquant le numéro d'ordre de l'étiquette, la destination et le nom de l'expéditeur ; à l'arrivée, un carnet de réception indiquant le numéro d'ordre, la provenance et le nom du destinataire.

Art. 4. Le droit de timbre des colis postaux venant de l'extérieur est perçu par l'apposition de timbres mobiles des modèles établis pour l'exécution de l'art. 18 de la loi du 23 août 1871.

Il est acquitté aux gares frontières ou aux bureaux assimilés, en même temps que les droits de douanes, par la compagnie chargée des formalités en douane.

Les timbres sont apposés sur la déclaration collective que cette compagnie est tenue de faire, à chaque arrivée, aux agents de douane.

Ces agents vérifient l'exactitude des déclarations, en prennent note sur un carnet spécial et oblitèrent immédiatement les timbres au moyen d'une griffe.

---

1. Les mots soulignés ont été omis dans le *Journal officiel*. Le *Bulletin des lois*, no 653, montre la même omission. Nous avons corrigé d'après le *Bulletin du ministère des postes*.

Les compagnies dressent, dans chaque gare frontière ou bureau assimilé, au commencement de chaque mois, un relevé des déclarations collectives faites pendant le mois précédent. Ce relevé, visé par les agents des douanes et certifié par eux conforme aux mentions du carnet prévu par le paragraphe qui précède, est transmis à l'administration du timbre et par les compagnies.

Sont applicables aux déclarations collectives les dispositions de l'art. 2.

Art. 5. Tous les bulletins d'expédition de colis postaux transportés de l'intérieur à l'extérieur sont représentés dans les gares frontières ou bureaux assimilés aux agents des douanes, afin qu'ils s'assurent que ces bulletins sont timbrés.

Art. 6. Jusqu'au 31 juillet 1881, le timbre à l'extraordinaire pourra être remplacé par les timbres mobiles des modèles établis pour l'exécution de l'art. 18 de la loi du 23 août 1871.

Ces timbres seront apposés et oblitérés par les compagnies.

ART. 3. — VOLUME ET DIMENSION DES COLIS. REMBOURSEMENT.

**29.** La loi du 25 juillet 1881 porte ce qui suit :

Art. 1er. Le ministre des postes et des télégraphes est autorisé à traiter avec les compagnies de chemins de fer et de navigation, signataires de la convention du 2 novembre 1880, approuvée par la loi du 3 mars 1881, afin de supprimer les conditions de dimension et de volume imposées aux colis postaux, et d'accorder au public la faculté d'expédier des colis postaux contre remboursement, dans les conditions fixées ci-après.

Le ministre des postes et des télégraphes est également autorisé à étendre, par des traités spéciaux, le bénéfice des dispositions qui précèdent, soit en France, en dehors des limites d'exploitation des compagnies susdésignées, soit aux colonies françaises, soit enfin dans les relations avec les pays étrangers.

Art. 2. Le remboursement dont tout colis postal pourra être grevé ne devra pas dépasser la somme de 100 fr.

La taxe à payer par le public pour le retour des sommes encaissées à titre de remboursement sur les colis postaux sera celle applicable aux colis postaux ordinaires, en vertu de la loi du 3 mars 1881.

Art. 3. En cas de perte des sommes encaissées, l'expéditeur du colis postal expédié contre remboursement aura droit au paiement intégral des sommes perdues.

Art. 4. Des décrets insérés au *Bulletin des lois* détermineront les mesures à prendre par l'État pour l'exécution de la présente loi, et en fixeront la date d'exécution.

Le maximum du montant des remboursements sur colis postaux pourra être élevé par des décrets également insérés au *Bulletin des lois*.

Art. 5. Le droit de timbre établi par l'art. 10 de la loi du 19 février 1874 sur les recouvrements effectués par les entrepreneurs de transports à titre de remboursement des objets transportés est réduit à dix centimes (0f,10) par chaque expédition, pour les colis postaux désignés dans la présente loi.

Sont applicables à ces envois les dispositions relatives au timbre des expéditions des colis postaux, ainsi que les dispositions qui exemptent ces mêmes colis de l'impôt établi sur le prix des transports en grande vitesse et du droit de statistique.

Art. 6. Les récépissés, bulletins d'expédition et décharges relatifs au transport des colis postaux expédiés et distribués dans l'intérieur de la même ville sont exempts du timbre de dix centimes (0f,10).

Art. 7. Les actes de toute nature relatifs aux marchés passés par l'État, et ayant exclusivement pour objet l'exécution de la présente loi, sont dispensés du timbre et seront enregistrés gratis lorsqu'il y aura lieu à enregistrement.

Sect. 7. — **Bons de poste à somme fixe.**

**30.** C'est la loi du 29 juin 1882 qui crée les bons à sommes fixes.

Art. 1er. L'administration des postes et des télégraphes est autorisée à mettre à la disposition du public des mandats d'articles d'argent de sommes fixes, désignés sous le nom de *Bons de poste* et payables dans les bureaux de poste de France et d'Algérie.

Art. 2. Il sera créé cinq catégories de bons, de la valeur d'un franc, deux francs, cinq francs, dix francs et vingt francs.

Le droit à percevoir sur chaque bon est fixé :

A cinq centimes (5 c.) pour les bons de un, deux et cinq francs :

A dix centimes (10 c.) pour les bons de dix francs ;

Et à vingt centimes (20 c.) pour les bons de vingt francs.

Ce droit pourra être réduit, par décret, à cinq centimes pour les bons de dix francs et à dix centimes pour les bons de 20 francs.

L'administration pourra également, par décret, augmenter le nombre des coupures, sans dépasser la valeur de vingt francs.

Art. 3. Tout bon de poste présenté au paiement devra porter, inscrits dans les espaces réservés à cet effet, le nom et l'adresse de la personne entre les mains de laquelle le paiement devra avoir lieu.

L'insertion d'un bon de poste qui ne porterait pas cette inscription dans une lettre non recommandée, sera punie d'une amende de cinquante à cinq cents francs, conformément à la loi du 4 juin 1859.

Art. 4. Un arrêté ministériel déterminera les formalités à remplir pour obtenir le paiement des bons de poste ; ce paiement n'aura lieu, dans tous les cas, que sur la présentation du bon. L'administration sera valablement libérée par la possession du titre revêtu d'un acquit conforme au nom du bénéficiaire.

Art. 5. Les bons de poste devront être présentés au paiement dans un délai de trois mois à partir du jour de l'émission. Tout bon dont le montant n'aura pas été touché dans ce délai devra être soumis à la formalité du renouvellement, et sera assujetti à une nouvelle taxe égale à autant de fois la taxe primitive qu'il se sera écoulé de trimestres ou de fractions de trimestre depuis la date de l'expiration du premier délai de trois mois pendant lequel le bon était payable.

Art. 6. Le délai de prescription fixé par la loi du 31 janvier 1833 est réduit, pour les bons de poste, à un an à partir du jour du versement des fonds.

Art. 7. La contrefaçon d'un bon de poste ou la mise en circulation d'un bon de poste faux rentrera dans la catégorie des faux punis par l'art. 139 du Code pénal. Sera également poursuivie comme faux, conformément à l'art. 147 du Code pénal, toute altération de la valeur ou du nom porté sur le bon de poste, ainsi que toute contrefaçon de la signature du bénéficiaire.

Art. 8. Les dispositions de la loi du 18 mars 1879 relatives aux mandats d'articles d'argent émis et payés par la poste, soit en France, soit dans les colonies françaises, sont applicables aux bons de poste.

Art. 9. Un décret autorisera, s'il y a lieu, l'extension, en tout ou en partie, du service des bons de poste aux bureaux français dans les colonies, en Tunisie et à l'étranger. Un règlement administratif déterminera les mesures spéciales qui pourraient être nécessaires.

Art. ·10. La date de la mise à exécution de la présente loi sera fixée par un décret.

31. Cette date a été fixée par le décret du 2 janvier 1883, ainsi conçu :

Art. 1er. Il sera émis des bons de poste de un franc et de dix francs à partir du 8 janvier 1883.

Art. 2. Les bureaux de Paris seront seuls approvisionnés pour cette date. Les autres bureaux de poste mettront des bons de un franc et de dix francs à la disposition du public au fur et à mesure du développement de la fabrication. (Ils doivent être tous approvisionnés à cette heure.)

Sect. 8. — Dispositions diverses. Jurisprudence.

32. *Délai.* La loi qui réduit le délai de conservation des valeurs confiées à la poste est du 15 juillet 1882 ; elle est ainsi conçue :

Art. 1er. Est réduit de huit à cinq années le délai fixé par les lois du 31 janvier 1833 et du 5 mai 1855 à partir duquel sont définitivement acquises à l'État, lorsque le remboursement ou la remise n'a pas été réclamée par les ayants droit dans ce délai :

Les sommes versées aux caisses des agents des postes et des télégraphes ou déposées aux guichets de leurs bureaux pour être remises à destination sous forme de mandat ou autrement ;

Les valeurs quelconques trouvées dans le service, insérées ou non dans les boîtes ou dans les lettres, et qui n'ont pu être remises au destinataire.

Le délai de cinq années court pour les sommes versées à partir du jour de leur versement, et, pour les autres valeurs, à partir du jour où elles ont été déposées ou trouvées dans le service.

Art. 2. Le délai de prescription pour les valeurs confiées à la poste ou trouvées dans le service, moins de trois ans avant la promulgation de la présente loi, sera de cinq années à partir de la date de cette promulgation.

Par mesure transitoire, l'administration est autorisée à faire détruire les mandats payés ayant plus de cinq ans de date, les pièces justificatives des paiements et les documents de comptabilité s'y rapportant exclusivement. La simple indication, conservée par elle, du paiement de ces mandats suffira pour la décharger entièrement.

Cette dernière disposition transitoire ne recevra son effet que trois mois après la date de la promulgation de la présente loi.

Art. 3. Les dispositions de l'art. 1er seront inscrites sur les récépissés délivrés au public par les bureaux de poste et de télégraphe.

33. *Enveloppes.* La loi du 20 avril 1882 autorise le Gouvernement à mettre en vente des enveloppes et bandes revêtues du timbre fixe d'affranchissement.

Le Gouvernement aura également la faculté de faire imprimer le timbre d'affranchissement sur les enveloppes et bandes présentées par le public au timbrage.

34. Le décret du 10 août 1882 fixe le prix à 1 centime par enveloppe et 1 centime par trois bandes.

Le public est admis à présenter au timbrage des enveloppes et bandes au prix de 2 fr. le mille d'enveloppes, et au prix de 1 fr. 20 le mille de bandes ; les enveloppes ne peuvent être pliées, les bandes devront être en feuilles.

35. (*D. 7 nov.* 1882.) Le prix des enveloppes mises en vente par l'État et portant un timbre d'affranchissement de cinq centimes est fixé à un demi-centime en sus de la valeur du timbre-poste.

36. *Le secret des lettres.* Le respect et la discrétion qui doivent entourer les lettres confidentielles ont fait souvent l'objet des décisions de la justice. Le secret des lettres est inviolable, a-t-il été posé en principe ; il ne saurait être divulgué sans le double consentement du destinataire et de l'expéditeur. Cette théorie vient de recevoir une consécration nouvelle devant la cour d'appel de Rennes, à laquelle un jugement du tribunal civil était déféré. Un certain nombre de lettres figuraient sur l'inventaire dressé après la mort d'un habitant de la région, M. Ménard. Ces écrits émanaient de ses fils, MM. Louis et Eugène Ménard ; le notaire de la famille les avait numérotées et mis en ordre dans son étude. Quelques parents exigeaient qu'on leur en donnât connaissance, prétendant y découvrir des renseignements utiles pour le partage de la succession.

Saisi du litige, le tribunal de Rennes, par un jugement rendu le 8 mars dernier, ordonnait que les lettres lui fussent communiquées en chambre du conseil avant de recevoir une publicité qu'il se réservait d'autoriser au cas seulement où elle lui semblerait utile et dépourvue de danger. Sur la réclamation des appelants, la 2e chambre a statué en ces termes :

La Cour,

Attendu que la lettre missive confidentielle n'est que le signe visible et comme le véhicule de la confidence transmise, sous le sceau du secret, à la personne qui doit le recevoir ; que le plus souvent, et par sa nature même, la confidence est verbale ; qu'elle n'emprunte le secours de l'écriture que lorsqu'à raison de la distance qui sépare deux personnes elle ne peut de l'une à l'autre se communiquer de vive voix ; mais que toujours elle doit rester le secret de celui qui la fait et de celui à qui elle s'adresse, et ne peut, sans le consentement du premier, s'étendre à d'autres personnes ; que, qu'elle se produise par la parole, soit qu'elle se manifeste par l'écriture, elle doit, dans sa plus haute rigueur, se dégager du signe matériel qui la révèle et se dépouiller en quelque sorte de la forme extérieure qui l'enveloppe, dès que, sortie des replis de la conscience de son auteur, elle a fait impression sur la conscience du destinataire.

Que ce but essentiel de la confidence une fois atteint, l'écriture qui l'a transmise s'efface, comme la parole qui l'a communiquée s'évanouit, la confidence seule devant désormais survivre dans l'esprit de celui qui l'a faite et dans l'esprit de celui qui l'a reçue ; que telle est surtout la nature des confidences verbales ou écrites qui s'échangent entre le père de famille et ses enfants ou l'un d'eux ; qu'on ne saurait témérairement en soulever le voile sans porter atteinte aux libres et salutaires communications qui peuvent s'établir entre eux sans s'exposer souvent à jeter le trouble et parfois la désunion dans la famille ; que ces caractères de la confidence n'ont jamais été méconnus par la jurisprudence ; qu'avec raison un arrêt de la cour de Rennes a proclamé que « la correspondance intime des citoyens est inviolable comme leur domicile » (*Arrêt du 26 juin 1874*) ;

Attendu que ces considérations ne doivent pas être perdues de vue dans la question de la propriété des lettres missives confidentielles ;

Que cette propriété, d'une nature exceptionnelle et particulièrement délicate — propriété *sui generis*, — n'ayant pas été l'objet des prévisions spéciales de la loi, doit être régie suivant la commune intention des parties, c'est-à-dire suivant l'intention de l'auteur acceptée par l'adhésion expresse ou tacite du destinataire ;

Que c'est dans la correspondance elle-même qu'il faut de toute nécessité, en l'absence d'autres documents pouvant éclairer la religion du juge, rechercher si les lettres en litige ont un caractère confidentiel ; dans quelle mesure et à quel degré elles sont empreintes de ce caractère ; si la confidence qu'elles renferment s'adresse exclusivement à la personne à laquelle elle a été faite ; si elle ne peut être communiquée à aucun tiers, si elle n'est même pas transmissible aux héritiers du destinataire, de telle sorte que l'écrit qui peut la relever, s'il n'est pas anéanti, soit expressément ou virtuellement soumis tout au moins à la condition de faire, après le décès du destinataire, *retour à son auteur* ;

Qu'à cet égard, c'est l'intention de l'auteur de la lettre qu'il faut interroger, intention à laquelle le destinataire s'est associé en l'acceptant ; que c'est en effet l'auteur qui crée la propriété d'une telle lettre, et qui, par cela même, pourvu qu'il agisse sans fraude, a le droit, au point de vue du droit civil, d'imprimer à cette propriété son caractère propre, d'en déterminer les conditions, d'en fixer les limites et d'en régler l'usage ; que ce droit ne pouvait être douteux alors qu'il est exercé par l'auteur avec l'acquiescement du destinataire, et que la propriété de la lettre est ainsi régie par un véritable contrat ;

Attendu que, dans la cause, les pièces et documents servis aux procès tendent à rendre vraisemblable le caractère confidentiel des lettres en litige, caractère concilié à un degré tel peut-être que la communication de ces lettres, suivant les principes ci-dessus établis, ne pourrait pas être autorisée en faveur des appelants ;

Attendu que, pour se former à cet égard une pleine et entière conviction, les premiers juges ont, avant autrement faire droit, ordonné les seules mesures d'instruction compatibles avec la nature spéciale de l'examen auquel ils ont besoin de se livrer, que ces mesures sont sages et prudentes ; qu'elles ne sont pas contraires à la loi ; qu'elles ne causent préjudice à personne ; qu'elles sauvegarderont les droits et les intérêts les plus respectables des parties en cause ;

Adoptant, au surplus, les motifs des premiers juges, sans toutefois reconnaître d'une manière absolue au destinataire d'une lettre confidentielle la qualité de simple dépositaire dans le sens juridique de notre droit ;

Par ces motifs,

Confirme, etc., etc.

Cet arrêt, conforme aux conclusions de M. l'avocat général *Saulnier de la Pinelais*, résout un point délicat et nouveau. La lettre missive faisant partie des papiers de la succession sur lesquels tous les cohéritiers ont un droit indivis, on pouvait être tenté d'attribuer à chacun d'eux indistinctement la faculté d'en prendre communication. On vient de voir avec quelle netteté la cour de Rennes repousse cette hypothèse.

(*Temps*, 15 *septembre* 1880.)

### CHAP. III. — TARIF POUR L'EXTÉRIEUR.

## Sect. 1. — Convention de l'Union postale universelle du 1er juin 1878.

### ART. 1. — LA CONVENTION PROPREMENT DITE.

**37.** Nous reproduisons ci-dessous le texte du nouveau traité postal qui a été signé à Paris, le 1er juin 1878, par les plénipotentiaires des gouvernements suivants : Allemagne, République Argentine, Autriche-Hongrie, Belgique, Brésil, Danemark et colonies danoises, Égypte, Espagne et colonies espagnoles, États-Unis de l'Amérique du Nord, France et colonies françaises, Grande-Bretagne et diverses colonies anglaises, Inde britannique, Canada, Grèce, Italie, Japon, Luxembourg, Mexique, Monténégro, Norvège, Pays-Bas et colonies néerlandaises, Pérou, Perse, Portugal et colonies portugaises, Roumanie, Russie, Serbie, Salvador, Suède, Suisse et Turquie. (Quelques États se sont joints plus tard à l'Union.)

Ce traité a été ratifié par la loi du 19 décembre 1878 et promulgué, après ratification, par le décret du 27 mars 1879[1].

Art. 1er. Les pays entre lesquels est conclue la présente convention, ainsi que ceux qui y adhéreront ultérieurement, forment, sous la dénomination d'*Union postale universelle*, un seul territoire postal pour l'échange réciproque des correspondances entre leurs bureaux de poste.

Art. 2. Les dispositions de cette convention s'étendent aux lettres, aux cartes postales, aux imprimés de toute nature, aux papiers d'affaires et aux échantillons de marchandises, originaires de l'un des Pays de l'Union et à destination d'un autre de ces pays. Elles s'appliquent également, quant au parcours, dans le ressort de l'Union, à l'échange postal des objets ci-dessus entre les pays de l'Union et les pays étrangers à l'Union, toutes les fois que cet échange emprunte les services de deux des parties contractantes, au moins.

Art. 3. Les administrations des postes des pays limitrophes ou aptes à correspondre directement entre eux, sans emprunter l'intermédiaire des services d'une tierce administration, déterminent d'un commun accord, les conditions du transport de leurs dépêches réciproques à travers la frontière ou d'une frontière à l'autre.

A moins d'arrangement contraire, on considère comme services tiers les transports maritimes effectués directement entre deux pays, au moyen de paquebots dépendant de l'un d'eux, et ces transports, de même que ceux effectués entre deux bureaux d'un même pays, par l'intermédiaire de services maritimes ou territoriaux dépendant d'un autre pays, sont régis par les dispositions de l'article suivant.

Art. 4. La liberté du transit est garantie dans le territoire entier de l'Union.

En conséquence, les diverses administrations postales de l'Union peuvent s'expédier réciproquement, par l'intermédiaire d'une ou de plusieurs d'entre elles, tant des dépêches closes que des correspondances à découvert, suivant les besoins du trafic et les convenances du service postal.

Les correspondances échangées, soit à découvert, soit en dépêches closes, entre deux administrations de l'Union, au moyen des services d'une ou de plusieurs autres administrations de l'Union, sont soumises, au profit de chacun des pays traversés ou dont les services participent au transport, aux frais de transit suivants, savoir :

1. Trois décrets portent cette même date.

1° Pour les parcours territoriaux, 2 fr. par kilogramme de lettres ou cartes postales, et 25 cent. par kilogramme d'autres objets ;

2° Pour les parcours maritimes, 15 fr. par kilogramme de lettres ou cartes postales, et 1 fr. par kilogramme d'autres objets.

Il est toutefois entendu :

1° Que partout où le transit est déjà actuellement gratuit ou soumis à des conditions plus avantageuses, ce régime est maintenu, sauf dans le cas prévu à l'alinéa 3° ci-après;

2° Que partout où les frais de transit maritime sont fixés jusqu'à présent à 6 fr. 50 c. par kilogramme de lettres ou cartes postales, ces frais sont réduits à 5 fr. ;

3° Que tout parcours maritime n'excédant pas 300 milles marins est gratuit, si l'administration intéressée a déjà droit, du chef des dépêches ou correspondances bénéficiant de ce parcours, à la rémunération afférente au transit territorial; dans le cas contraire, il est rétribué à raison de 2 fr. par kilogramme de lettres ou cartes postales et de 25 cent. par kilogramme d'autres objets ;

4° Que, en cas de transport maritime effectué par deux ou plusieurs administrations, les frais du parcours total ne peuvent dépasser 15 fr. par kilogramme de lettres ou cartes postales et 1 fr. par kilogramme d'autres objets ; ces frais, le cas échéant, sont répartis entre ces administrations au prorata des distances parcourues, sans préjudice aux arrangements différents entre les parties intéressées ;

5° Que les prix spécifiés au présent article ne s'appliquent ni aux transports au moyen de services dépendant d'administrations étrangères à l'Union, ni aux transports dans l'Union au moyen de services extraordinaires spécialement créés ou entretenus par une administration, soit dans l'intérêt, soit sur la demande d'une ou de plusieurs autres administrations. Les conditions de ces deux catégories de transports sont réglées de gré à gré entre les administrations intéressées.

Les frais de transit sont à la charge de l'administration du pays d'origine.

Le décompte général de ces frais a lieu sur la base de relevés établis tous les deux ans, pendant un mois à déterminer dans le règlement d'exécution prévu par l'art. 14 ci-après.

Sont exempts de tous frais de transit territorial ou maritime, la correspondance des administrations postales entre elles, les objets réexpédiés ou mal dirigés, les rebuts, les avis de réception, les mandats de poste ou avis d'émission de mandats, et tous autres documents relatifs au service postal.

Art. 5. Les taxes pour le transport des envois postaux dans toute l'étendue de l'Union, y compris leur remise au domicile des destinataires dans les pays de l'Union où le service de distribution est ou sera organisé, sont fixées comme suit :

1° Pour les lettres, à 25 cent. en cas d'affranchissement, et au double dans le cas contraire, par chaque lettre et par chaque poids de 15 grammes ou fraction de 15 grammes ;

2° Pour les cartes postales, à 10 cent. par carte ;

3° Pour les imprimés de toute nature, les papiers d'affaires et les échantillons de marchandises, à 5 cent. par chaque objet ou paquet portant une adresse particulière et par chaque poids de 50 grammes ou fraction de 50 grammes, pourvu que cet objet ou paquet ne contienne aucune lettre ou note manuscrite ayant le caractère de correspondance actuelle et personnelle, et soit conditionné de manière à pouvoir être facilement vérifié.

La taxe des papiers d'affaires ne peut être inférieure à 25 cent. par envoi, et la taxe des échantillons ne peut être inférieure à 10 cent. par envoi.

Il peut être perçu, en sus des taxes et des minima fixés par les paragraphes précédents :

1° Pour tout envoi soumis à des frais de transit maritime de 15 fr. par kilogramme de lettres ou cartes postales, et de 1 fr. par kilogramme d'autres objets, une surtaxe qui ne peut dépasser 25 cent. par port simple pour les lettres, 5 cent. par carte postale et 5 cent. par 50 grammes ou fraction de 50 grammes pour les autres objets. Par mesure de transition, il peut être perçu une surtaxe jusqu'à concurrence de 10 cent. par port simple pour les lettres soumises à des frais de transit maritime de 5 fr. par kilogramme ;

2° Pour tout objet transporté par des services dépendant d'administrations étrangères à l'Union ou par des services extraordinaires dans l'Union, donnant lieu à des frais spéciaux, une surtaxe en rapport avec ces frais.

En cas d'insuffisance d'affranchissement, les objets de correspondance de toute nature sont passibles, à la charge des destinataires, d'une taxe double du montant de l'insuffisance.

Il n'est pas donné cours :

1° Aux objets, autres que les lettres, qui ne sont pas affranchis au moins partiellement ou ne remplissent pas les conditions requises ci-dessus pour jouir de la modération de taxe ;

2° Aux envois de nature à salir ou détériorer les correspondances ;

3° Aux paquets d'échantillons de marchandises qui ont une valeur marchande, non plus qu'à ceux dont le poids dépasse 250 grammes, ou qui présentent des dimensions supérieures à 20 centimètres de longueur, 10 de largeur et 5 d'épaisseur ;

4° Enfin, aux paquets de papiers d'affaires et d'imprimés de toute nature dont le poids dépasse 2 kilogrammes.

Art. 6. Les objets désignés dans l'art. 5 peuvent être expédiés sous recommandation.

Tout envoi recommandé est passible, à la charge de l'envoyeur :

1° Du prix d'affranchissement ordinaire de l'envoi, selon sa nature ;

2° D'un droit fixe de recommandation de 25 cent. au maximum dans les États européens, et de 50 cent. au maximum dans les autres pays, y compris la délivrance d'un bulletin de dépôt à l'expéditeur.

L'envoyeur d'un objet recommandé peut obtenir un avis de réception de cet objet, en payant d'avance un droit fixe de 25 cent. au maximum.

En cas de perte d'un envoi recommandé, et

sauf le cas de force majeure, il est dû une indemnité de 50 fr. à l'expéditeur, ou, sur la demande de celui-ci, au destinataire, par l'administration sur le territoire ou dans le service maritime de laquelle la perte a eu lieu, c'est-à-dire où la trace de l'objet a disparu.

Par mesure de transition, il est permis aux administrations des pays hors d'Europe, dont la législation est actuellement contraire aux principes de la responsabilité, d'ajourner l'application de la clause qui précède jusqu'au jour où elles auront pu obtenir du pouvoir législatif l'autorisation d'y souscrire. Jusqu'à ce moment, les autres administrations de l'Union ne sont pas astreintes à payer une indemnité pour la perte, dans leurs services respectifs, d'envois recommandés à destination ou provenant desdits pays.

S'il est impossible de découvrir le service dans lequel la perte a eu lieu, l'indemnité est supportée, par moitié, par les deux offices correspondants.

Le paiement de cette indemnité est effectué dans le plus bref délai possible, et, au plus tard, dans le délai d'un an à partir du jour de la réclamation.

Toute réclamation d'indemnité est prescrite, si elle n'a pas été formulée dans le délai d'un an à partir de la remise à la poste de l'objet recommandé.

Art. 7. Ceux des pays de l'Union qui n'ont pas le franc pour unité monétaire fixent leurs taxes à l'équivalent, dans leur monnaie respective, des taux déterminés par les art. 5 et 6 précédents. Ces pays ont la faculté d'arrondir les fractions conformément au tableau inséré au règlement d'exécution mentionné à l'art. 14 de la présente convention.

Art. 8. L'affranchissement de tout envoi quelconque ne peut être opéré qu'au moyen de timbres-poste valable dans le pays d'origine pour la correspondance des particuliers.

Les correspondances officielles relatives au service des postes et échangées entre les administrations postales sont seules exemptées de cette obligation et admises à la franchise.

Art. 9. Chaque administration garde en entier les sommes qu'elle a perçues en exécution des art. 5, 6, 7 et 8 précédents.

En conséquence, il n'y a pas lieu, de ce chef, à un décompte entre les diverses administrations de l'Union.

Les lettres et autres envois postaux ne peuvent, dans le pays d'origine, comme dans celui de destination, être frappés, à la charge des expéditeurs ou des destinataires, d'aucune taxe ni d'aucun droit postal autres que ceux prévus par les articles susmentionnés.

Art. 10. Il n'est perçu aucun supplément de taxe pour la réexpédition d'envois postaux dans l'intérieur de l'Union.

Art. 11. Il est interdit au public d'expédier par la voie de la poste :

1° Des lettres ou paquets contenant, soit des matières d'or ou d'argent, soit des pièces de monnaie, soit des bijoux ou des objets précieux ;

2° Des envois quelconques contenant des objets passibles de droits de douane.

Dans le cas où un envoi, tombant sous l'une de ces prohibitions, est livré par une administration de l'Union à une autre administration de l'Union, celle-ci procède de la manière et dans les formes prévues par sa législation ou par ses règlements intérieurs.

Est d'ailleurs réservé le droit du gouvernement de tout pays de l'Union de ne pas effectuer, sur son territoire, le transport ou la distribution, tant des objets jouissant de la modération de taxe, à l'égard desquels il n'a pas été satisfait aux lois, ordonnances ou décrets qui règlent les conditions de leur publication ou de leur circulation dans ce pays, que des correspondances de toute nature qui portent ostensiblement des inscriptions interdites par les dispositions légales ou réglementaires en vigueur dans le même pays.

Art. 12. Les offices de l'Union qui ont des relations avec des pays situés en dehors de l'Union, admettent tous les autres offices à profiter de ces relations pour l'échange des correspondances avec lesdits pays.

Les correspondances échangées à découvert entre un pays de l'Union et un pays étranger à celle-ci, par l'intermédiaire d'un autre pays de l'Union, sont traitées, pour ce qui concerne le transport en dehors des limites de l'Union, d'après les conventions, arrangements ou dispositions particulières régissant les rapports de poste entre ce dernier pays et le pays étranger à l'Union.

Les taxes applicables aux correspondances dont il s'agit se composent de deux éléments distincts, savoir :

1° La taxe de l'Union fixée par les art. 5, 6 et 7 de la présente convention;

2° Une taxe afférente au transport en dehors des limites de l'Union.

La première de ces taxes est attribuée :

a) Pour les correspondances originaires de l'Union à destination des pays étrangers, à l'office expéditeur, en cas d'affranchissement, et à l'office d'échange en cas de non-affranchissement ;

b) Pour les correspondances provenant des pays étrangers à destination de l'Union, à l'office d'échange en cas d'affranchissement, et à l'office destinataire en cas de non-affranchissement.

La seconde de ces taxes est bonifiée à l'office d'échange dans tous les cas.

A l'égard des frais de transit dans l'Union, les correspondances originaires ou à destination d'un pays étranger sont assimilées à celles de ou pour le pays de l'Union qui entretient les relations avec le pays étranger à l'Union, à moins que ces relations n'impliquent l'affranchissement obligatoire et partiel, auquel cas ledit pays de l'Union a droit à la bonification des prix de transit territorial fixés par l'art. 4 précédent.

Le décompte général des taxes afférentes au transport en dehors des limites de l'Union a lieu sur la base de relevés, qui sont établis en même temps que les relevés dressés en vertu de l'art. 4 précédent, pour l'évaluation des frais de transit dans l'Union.

Quant aux correspondances échangées en dépêches closes entre un pays de l'Union et un pays étranger à celle-ci, par l'intermédiaire d'un autre pays de l'Union, le transit en est soumis, savoir:

Dans le ressort de l'Union, aux prix déterminés par l'art. 4 de la présente convention ;

En dehors des limites de l'Union, aux conditions résultant des arrangements particuliers conclus ou à conclure à cet effet entre les administrations intéressées.

Art. 13. Le service des lettres avec valeurs déclarées et celui des mandats de poste font l'objet d'arrangements particuliers entre les divers pays ou groupes de pays de l'Union.

Art. 14. Les administrations postales des divers pays qui composent l'Union sont compétentes pour arrêter, d'un commun accord, dans un règlement d'exécution, toutes les mesures d'ordre et de détail qui sont jugées nécessaires.

Les différentes administrations peuvent, en outre, prendre entre elles des arrangements nécessaires au sujet des questions qui ne concernent pas l'ensemble de l'Union, pourvu que ces arrangements ne dérogent pas à la présente convention.

Il est toutefois permis aux administrations intéressées de s'entendre mutuellement pour l'adoption des taxes réduites dans un rayon de 30 kilomètres, pour les conditions de la remise des lettres par exprès, ainsi que pour l'échange des cartes postales avec réponse payée. Dans ce dernier cas, le renvoi des cartes-réponses au pays d'origine jouit de l'exemption de frais de transit stipulée par le dernier alinéa de l'art. 4 de la présente convention.

Art. 15. La présente convention ne porte point altération à la législation postale de chaque pays dans tout ce qui n'est pas prévu par les stipulations contenues dans cette convention.

Elle ne restreint pas le droit des parties contractantes de maintenir ou de conclure des traités, ainsi que de maintenir et d'établir des unions plus restreintes, en vue de l'amélioration des relations postales.

Art. 16. Est maintenue l'institution, sous le nom de *Bureau international de l'Union postale universelle,* d'un office central qui fonctionne sous la haute surveillance de l'administration des postes suisses et dont les frais sont supportés par toutes les administrations de l'Union.

Ce bureau demeure chargé de réunir, de coordonner, de publier et de distribuer les renseignements de toute nature qui intéressent le service international des postes ; d'émettre, à la demande des parties en cause, un avis sur les questions litigieuses ; d'instruire les demandes en modification des actes du congrès ; de notifier les changements adoptés, et, en général, de procéder aux études et aux travaux dont il serait saisi dans l'intérêt de l'Union postale.

Art. 17. En cas de dissentiment entre deux ou plusieurs membres de l'Union, relativement à l'interprétation de la présente convention, la question en litige est réglée par jugement arbitral. A cet effet, chacune des administrations en cause choisit un autre membre de l'Union qui n'est pas directement intéressé dans l'affaire.

La décision des arbitres est donnée à la majorité absolue des voix.

En cas de partage des voix, les arbitres choisis-sent, pour trancher le différend, une autre administration également désintéressée dans le litige.

Art. 18. Les pays qui n'ont point pris part à la présente convention sont admis à y adhérer sur leur demande.

Cette adhésion est notifiée, par la voie diplomatique, au gouvernement de la Confédération suisse, et, par ce gouvernement, à tous les pays de l'Union.

Elle emporte, de plein droit, accession à toutes les clauses et admission à tous les avantages stipulés par la présente convention.

Il appartient au gouvernement de la Confédération suisse de déterminer, d'un commun accord avec le gouvernement du pays intéressé, la part contributive de l'administration de ce dernier pays dans les frais du bureau international, et, s'il y a lieu, les taxes à percevoir par cette administration en conformité de l'art. 7 précédent.

Art. 19. Des congrès de plénipotentiaires des pays contractants ou de simples conférences administratives, selon l'importance des questions à résoudre, sont réunis, lorsque la demande en est faite ou approuvée, par les deux tiers, au moins, des gouvernements ou administrations, suivant le cas.

Toutefois, un congrès doit avoir lieu au moins tous les cinq ans.

Chaque pays peut se faire représenter, soit par un ou plusieurs délégués, soit par la délégation d'un autre pays. Mais il est entendu que le délégué ou les délégués d'un pays ne peuvent être chargés que de la représentation de deux pays, y compris celui qu'ils représentent.

Dans les délibérations, chaque pays dispose d'une seule voix.

Chaque congrès fixe le lieu de la réunion du prochain congrès.

Pour les conférences, les administrations fixent les lieux de réunion, sur la proposition du bureau international.

Art. 20. Dans l'intervalle qui s'écoule entre les réunions, toute administration des postes d'un pays de l'Union a le droit d'adresser aux autres administrations participantes, par l'intermédiaire du bureau international, des propositions concernant le régime de l'Union. Mais, pour devenir exécutoires, ces propositions doivent réunir, savoir :

1° L'unanimité des suffrages, s'il s'agit de la modification des dispositions des art. 2, 3, 4, 5, 6 et 9 précédents ;

2° Les deux tiers des suffrages, s'il s'agit de l'interprétation des dispositions de la convention, autres que celles des art. 2, 3, 4, 5, 6 et 9 ;

3° La simple majorité absolue, s'il s'agit de la modification des dispositions de la convention, hors le cas de litige prévu à l'art. 17 précédent.

Les résolutions valables sont consacrées, dans les deux premiers cas, par une déclaration diplomatique, que le gouvernement de la Confédération suisse est chargé d'établir et de transmettre à tous les gouvernements des pays contractants, et, dans le troisième cas, par une simple notification du bureau international à toutes les administrations de l'Union.

Art. 21. Sont considérés comme formant, pour

l'application des art. 16, 19 et 20 précédents, un seul pays ou une seule administration, suivant le cas :

1° L'empire de l'Inde britannique ;
2° Le Dominion du Canada ;
3° L'ensemble des colonies danoises ;
4° L'ensemble des colonies espagnoles ;
5° L'ensemble des colonies françaises ;
6° L'ensemble des colonies néerlandaises ;
7° L'ensemble des colonies portugaises.

Art. 22. La présente convention sera mise à exécution le 1er avril 1879 et demeurera en vigueur pendant un temps indéterminé, mais chaque partie contractante a le droit de se retirer de l'Union, moyennant un avertissement donné une année à l'avance par son gouvernement au gouvernement de la Confédération suisse.

Art. 23. Sont abrogées, à partir du jour de la mise à exécution de la présente convention, toutes les dispositions des traités, conventions, arrangements ou autres actes conclus antérieurement entre les divers pays ou administrations, pour autant que ces dispositions ne seraient pas conciliables avec les termes de la présente convention, et sans préjudice des droits réservés par l'art. 15 ci-dessus.

La présente convention sera ratifiée aussitôt que faire se pourra. Les actes de ratification seront échangés à Paris.

ART. 2. — ARRANGEMENT CONCERNANT L'ÉCHANGE
DES LETTRES AVEC VALEURS DÉCLARÉES.

38. Cet arrangement, qui est une conséquence de la convention qui précède, a été conclu à la même date entre les pays suivants :

L'Allemagne, l'Autriche-Hongrie, la Belgique, le Danemark et les colonies danoises, l'Égypte, la France et les colonies françaises, l'Italie, le Luxembourg, la Norvège, les Pays-Bas, le Portugal et les colonies portugaises, la Roumanie, la Russie, la Serbie, la Suède et la Suisse, et promulgué en France le 27 mars 1879.

Art. 1er. Il peut être expédié, de l'un des pays mentionnés ci-dessus pour un autre de ces pays, des lettres contenant des valeurs-papier déclarées avec assurance du montant de la déclaration.

Les divers offices, pour leurs rapports respectifs, ont la faculté de déterminer un maximum qui, dans aucun cas, ne peut être inférieur à 5,000 fr. par lettre, et il est entendu que les diverses administrations intervenant dans le transport ne sont engagées que jusqu'à concurrence du maximum qu'elles ont respectivement adopté.

Art. 2, § 1er. La liberté du transit est garantie sur le territoire de chacun des pays adhérents, et la responsabilité des offices qui participent à ce transport est engagée dans les limites déterminées par l'art. 8 ci-après.

Il en est de même à l'égard du transport maritime effectué ou assuré par les offices des pays adhérents, pourvu toutefois que ces offices soient en mesure d'accepter la responsabilité des valeurs à bord des paquebots ou bâtiments dont ils font emploi.

§ 2. A moins d'arrangement contraire entre les offices d'origine et de destination, la transmission des valeurs déclarées échangées entre pays non limitrophes, s'opère à découvert et par les voies utilisées pour l'acheminement des correspondances ordinaires.

§ 3. L'échange de lettres contenant des valeurs déclarées, entre deux pays qui correspondent, pour les relations ordinaires, par l'intermédiaire d'un ou de plusieurs pays non participant au présent arrangement, ou au moyen de services maritimes dégagés de responsabilité, est subordonné à l'adoption de mesures spéciales à concerter entre les administrations des pays d'origine et de destination, telles que l'emploi d'une voie détournée, l'expédition en dépêches closes, etc,

Art. 3, § 1er. Les frais de transit prévus par l'art. 4 de la convention du 1er juin 1878 sont bonifiés aux offices qui participent au transport intermédiaire, à découvert ou en dépêches closes, des lettres contenant des valeurs déclarées.

§ 2. Indépendamment de ces frais de transit, l'administration du pays d'origine est redevable, à titre de droit d'assurance, envers l'administration du pays de destination, et, s'il y a lieu, envers chacune des administrations participant au transit territorial avec responsabilité, d'un droit proportionnel de 5 cent. par chaque somme de 200 fr. ou fraction de 200 fr. déclarée.

§ 3. En outre, s'il y a un ou plusieurs transports par mer donnant lieu à la rétribution spéciale, d'après les art. 3 et 4 de la convention du 1er juin 1878, et susceptibles d'engager la responsabilité des offices qui les effectuent ou les assurent, il est dû à chacun desdits offices un droit maritime d'assurance de 10 cent. par chaque somme de 200 fr. ou fraction de 200 fr. déclarée.

Art. 4, § 1er. La taxe des lettres contenant des valeurs déclarées doit être acquittée à l'avance et se compose :

1° Du port et du droit fixe, applicables à une lettre recommandée du même poids et pour la même destination, — port et droit acquis en entier à l'office expéditeur ;

2° D'un droit proportionnel d'assurance calculé par 200 fr. ou fraction de 200 fr. déclarés, à raison de 10 cent. pour les pays limitrophes ou reliés entre eux par un service maritime direct, et à raison de 25 cent. pour les autres pays, avec addition, s'il y a lieu, dans l'un et l'autre cas, du droit d'assurance maritime prévu par le dernier alinéa de l'art. 3 précédent.

Toutefois, comme mesure de transition, est réservée à chacune des parties contractantes, pour tenir compte de ses convenances monétaires ou autres, la faculté de percevoir un droit autre que celui indiqué ci-dessus, moyennant que ce droit ne dépasse pas 1/2 p. 100 de la somme déclarée.

§ 2. L'expéditeur d'une lettre contenant des valeurs déclarées reçoit, sans frais, au moment du dépôt, un récépissé sommaire de son envoi.

§ 3. Il est formellement convenu que, sauf dans le cas de réexpédition prévu au § 2 de l'art. 7 ci-après, les lettres renfermant des valeurs déclarées ne peuvent être frappées, à la charge des destinataires, d'aucun droit postal autre que celui de remise à domicile, s'il y a lieu.

Art. 5, § 1er. L'expéditeur d'une lettre contenant des valeurs déclarées peut obtenir, aux conditions déterminées par l'art. 6 de la convention du 1er juin 1878, en ce qui concerne les objets recommandés, qu'il lui soit donné avis de la remise de cette lettre au destinataire.

§ 2. Le produit du droit applicable aux avis de réception est acquis en entier à l'office du pays d'origine.

Art. 6. Toute déclaration frauduleuse de valeurs supérieures à la valeur réellement insérée dans une lettre est interdite.

Art. 7, § 1er. Une lettre de valeurs déclarées, réexpédiée, par suite du changement de résidence du destinataire, à l'intérieur du pays de destination, n'est passible d'aucune taxe supplémentaire.

§ 2. En cas de réexpédition sur un des pays contractants autres que le pays de destination, les droits d'assurance fixés par les §§ 2 et 3 de l'art. 3 du présent arrangement sont perçus sur le destinataire, du chef de la réexpédition, au profit de chacun des offices intervenant dans le nouveau transport.

§ 3. La réexpédition par suite de fausse direction ou de mise en rebut ne donne lieu à aucune perception supplémentaire à la charge du public.

Art. 8, § 1er. Sauf le cas de force majeure, lorsqu'une lettre contenant des valeurs déclarées a été perdue ou spoliée, l'expéditeur ou, sur sa demande, le destinataire a droit à une indemnité égale à la valeur déclarée.

Toutefois, en cas de perte partielle inférieure à la valeur déclarée, il n'est remboursé que le montant de la perte.

L'obligation de payer l'indemnité incombe à l'administration dont relève le bureau expéditeur. Est réservé à cette administration le recours contre l'administration responsable, c'est-à-dire contre l'administration sur le territoire ou dans le service de laquelle la perte ou la spolation a eu lieu.

Jusqu'à preuve du contraire, la responsabilité incombe à l'administration qui, ayant reçu l'objet sans faire d'observation, ne peut établir ni la délivrance au destinataire, ni, s'il y a lieu, la transmission régulière à l'administration suivante.

Le paiement de l'indemnité par l'office expéditeur doit avoir lieu le plus tôt possible et, au plus tard, dans le délai d'un an, à partir du jour de la réclamation. L'office responsable est tenu de rembourser, sans retard à l'office expéditeur, le montant de l'indemnité payée par celui-ci.

Il est entendu que la réclamation n'est admise que dans le délai d'un an, à partir du jour du dépôt à la poste de la lettre portant déclaration ; passé ce terme, le réclamant n'a droit à aucune indemnité.

§ 2. L'administration qui opère le remboursement du montant des valeurs déclarées non parvenues à destination est subrogée dans tous les droits du propriétaire.

§ 3. Si la perte ou la spoliation a eu lieu en cours de transport entre les bureaux d'échange de deux bureaux limitrophes, sans qu'il soit possible d'établir sur lequel des deux territoires le fait s'est accompli, les deux administrations en cause supportent le dommage par moitié.

Il en est de même en cas d'échange en dépêches closes, si la perte ou la spoliation a eu lieu sur le territoire ou dans le service d'un office intermédiaire non responsable.

§ 4. Les administrations cessent d'être responsables des valeurs déclarées contenues dans les lettres dont les ayants droit ont donné reçu et pris livraison.

Art. 9, § 1er. Est réservé le droit de chaque pays d'appliquer aux lettres contenant des valeurs déclarées, à destination ou provenant d'autres pays, ses lois ou règlements intérieurs, en tant qu'il n'y est pas dérogé par le présent arrangement.

§ 2. Les stipulations du présent arrangement ne portent pas restriction au droit des parties contractantes de maintenir et de conclure des arrangements spéciaux, ainsi que de maintenir et d'établir des unions plus restreintes en vue de l'amélioration du service des lettres contenant des valeurs déclarées.

Art. 10. Chacune des administrations des pays contractants peut, dans des circonstances extraordinaires de nature à justifier la mesure, suspendre temporairement le service des valeurs déclarées, tant à l'expédition qu'à la réception et d'une manière générale ou partielle, sous la condition d'en donner immédiatement avis, au besoin par le télégraphe, à l'administration ou aux administrations intéressées.

Art. 11. Les pays de l'Union qui n'ont point pris part au présent arrangement sont admis à y adhérer sur leur demande et dans la forme prescrite par l'art. 18 de la convention du 1er juin 1878, en ce qui concerne les adhésions à l'Union postale universelle.

Art. 12. Les administrations des postes des pays contractants règlent la forme et le mode de transmission des lettres contenant des valeurs déclarées, et arrêtent toutes les autres mesures de détail ou d'ordre nécessaires pour assurer l'exécution du présent arrangement.

Art. 13. Dans l'intervalle qui s'écoule entre les réunions prévues à l'art. 19 de la convention du 1er juin 1878, toute administration des postes d'un des pays contractants a le droit d'adresser aux autres administrations participantes, par l'intermédiaire du bureau international, des propositions concernant le service des lettres avec valeurs déclarées. Mais, pour devenir exécutoires, ces propositions doivent réunir, savoir :

1o L'unanimité des suffrages, s'il s'agit de la modification des dispositions des art. 1, 2, 3, 4 et 8 précédents ;

2o Les deux tiers des suffrages, s'il s'agit de la modification des dispositions du présent arrangement, autres que celles des art. 1, 2, 3, 4 et 8 ;

3o La simple majorité absolue, s'il s'agit de l'interprétation des dispositions du présent arrangement.

Les résolutions valables sont consacrées, dans les deux premiers cas, par une déclaration diplomatique et, dans le troisième cas, par une notification administrative, selon la forme indiquée au dernier alinéa de l'art. 20 de la convention du 1er juin 1878.

Art. 14, § 1er. Le présent arrangement entrera en vigueur le 1er avril 1879.

§ 2. Il sera ratifié en même temps et aura la même durée que la convention du 1er juin 1878, sans préjudice du droit réservé à chaque pays de se retirer de cet arrangement moyennant un avis donné, un an à l'avance, par son gouvernement au gouvernement de la Confédération suisse.

§ 3. Sont abrogées, à partir du jour de la mise

à exécution du présent arrangement, toutes les dispositions convenues antérieurement entre les divers pays contractants ou entre leurs administrations, pour autant qu'elles ne sont pas conciliables avec les termes du présent arrangement, et sans préjudice des dispositions de l'art. 9 précédent.

ART. 3. — ARRANGEMENT CONCERNANT L'ÉCHANGE DES MANDATS DE POSTE.

39. Cet arrangement a été conclu le 4 juin 1878 entre l'Allemagne, l'Autriche-Hongrie, la Belgique, le Danemark, l'Égypte, la France et les colonies françaises, l'Italie, le Luxembourg, la Norvège, les Pays-Bas, le Portugal, la Roumanie, la Suède et la Suisse, et promulgué en France par décret du 27 mars 1879. (*Voy.* infrà *l'art.* 8.)

Art. 1er. L'échange des envois de fonds par la voie de la poste et au moyen de mandats, entre ceux des pays contractants qui conviennent d'établir ce service, est régi par les dispositions du présent arrangement.

Art. 2, § 1er. En principe, le montant des mandats doit être versé par les déposants et payé aux bénéficiaires en numéraire; mais chaque administration a la faculté de recevoir et d'employer elle-même, à cet effet, tout papier-monnaie ayant cours légal dans son pays, sous réserve de tenir compte, le cas échéant, de la différence de cours.

§ 2. Aucun mandat ne peut excéder la somme de 500 fr. effectifs ou une somme approximative dans la monnaie respective de chaque pays.

§ 3. Sauf arrangement contraire entre les administrations intéressées, le montant de chaque mandat est exprimé dans la monnaie métallique du pays où le paiement doit avoir lieu. A cet effet, l'administration du pays d'origine détermine elle-même, s'il y a lieu, le taux de conversion de sa' monnaie en monnaie métallique du pays de destination.

§ 4. Est réservé à chacun des pays contractants le droit de déclarer transmissible par voie d'endossement, sur son territoire, la propriété des mandats de poste provenant d'un autre de ces pays.

Art. 3. § 1er. La taxe générale à payer par l'expéditeur pour chaque envoi de fonds effectué en vertu de l'article précédent, est fixée, valeur métallique, à 25 cent. par 25 fr. ou fraction de 25 fr., ou à l'équivalent dans la monnaie respective des pays contractants, avec faculté d'arrondir les fractions, le cas échéant.

Toutefois, les administrations des pays contractants sont autorisées à percevoir au minimum 50 cent. pour tout mandat n'excédant pas 50 fr.

§ 2. L'administration qui a délivré des mandats paye à l'administration qui les a acquittés la moitié du produit de la taxe perçue en vertu du paragraphe précédent.

§ 3. Les mandats de poste et les acquits donnés sur ces mandats, de même que les récépissés délivrés aux déposants, ne peuvent être soumis à la charge des expéditeurs ou des destinataires des fonds, à un droit ou à une taxe quelconque, en sus de la taxe perçue en vertu du § 1er du présent article, sauf toutefois le droit de factage pour le paiement à domicile, s'il y a lieu.

Art. 4, § 1er. Les administrations des postes des

pays contractants dressent, aux époques fixées par le règlement ci-après, les comptes sur lesquels sont récapitulées toutes les sommes payées par leurs bureaux respectifs, ainsi que les taxes perçues pour l'émission des mandats; et ces comptes, après avoir été débattus et arrêtés contradictoirement, sont soldés, sauf arrangement contraire, en monnaie métallique du pays créancier, par l'administration qui est reconnue redevable envers une autre, dans le délai fixé par le même règlement.

§ 2. A cet effet, lorsque les mandats ont été payés dans des monnaies différentes, la créance la plus faible est convertie en même monnaie que la créance la plus forte, en prenant pour base de la conversion le taux moyen du change dans la capitale du pays débiteur, pendant la période à laquelle le compte se rapporte.

§ 3. En cas de non-paiement du solde d'un compte dans les délais fixés, le montant de ce solde est productif d'intérêt, à dater du jour de l'expiration desdits délais, jusqu'au jour où le paiement a lieu. Ces intérêts sont calculés à raison de 5 p. 100 l'an et seront portés au débit de l'administration retardataire sur le compte suivant.

Art. 5, § 1er. Les sommes converties en mandats de poste sont garanties aux déposants, jusqu'au moment où elles ont été régulièrement payées aux destinataires ou aux mandataires de ceux-ci.

§ 2. Les sommes encaissées par chaque administration, en échange des mandats de poste dont le montant n'a pas été réclamé par les ayants droit dans les délais fixés par les lois ou règlements du pays d'origine, sont définitivement acquises à l'administration qui a délivré ces mandats.

Art. 6. Les stipulations du présent arrangement ne portent pas restriction au droit des parties contractantes de maintenir et de conclure des arrangements spéciaux, ainsi que de maintenir et d'établir des unions plus restreintes en vue de l'échange des mandats par voie télégraphique et, en général, de l'amélioration du service des mandats de poste internationaux.

Art. 7. Chaque administration peut, dans les circonstances extraordinaires qui sont de nature à justifier la mesure, suspendre temporairement le service des mandats internationaux, d'une manière générale ou partielle, sous la condition d'en donner immédiatement avis, au besoin par le télégraphe, à l'administration ou aux administrations intéressées.

Art. 8. Les pays de l'Union qui n'ont point pris part au présent arrangement sont admis à y adhérer sur leur demande et dans la forme prescrites par l'art. 18 de la convention du 1er juin 1878, en ce qui concerne les adhésions à l'Union postale universelle.

Art. 9. Les administrations des postes des pays contractants désignent, chacune pour ce qui la concerne, les bureaux qui doivent délivrer et payer les mandats à émettre en vertu des articles précédents. Elles règlent la forme et le mode de transmission des mandats, la forme des comptes désignés à l'art. 4 et toute autre mesure de détail ou d'ordre nécessaire pour assurer l'exécution du présent arrangement.

Art. 10. Dans l'intervalle qui s'écoule entre les réunions prévues à l'art. 19 de la convention du 1er juin 1878, toute administration des postes d'un des pays contractants a le droit d'adresser aux autres administrations participantes, par l'intermédiaire du bureau international, des propositions concernant le service des mandats de poste. Mais pour devenir exécutoires, ces propositions doivent réunir, savoir :

1° L'unanimité des suffrages, s'il s'agit de la modification des art. 1, 2, 3, 4, 10 et 11 du présent arrangement ;

2° Les deux tiers des suffrages, s'il s'agit de la modification des dispositions autres que celles des art. 1, 2, 3, 4, 10 et 11 ;

3° La simple majorité absolue, s'il s'agit de l'interprétation des dispositions du présent arrangement.

Les résolutions valables sont consacrées, dans les deux premiers cas, par une déclaration diplomatique, et, dans le troisième cas, par une notification administrative, selon la forme indiquée au dernier alinéa de l'art. 20 de la convention du 1er juin 1878.

Art. 11, § 1er. Le présent arrangement entrera en vigueur le 1er avril 1879.

§ 2. Il sera ratifié en même temps et aura la même durée que la convention du 1er juin 1878, sans préjudice du droit réservé à chaque pays de se retirer de cet arrangement moyennant un avis donné, un an à l'avance, par son gouvernement au gouvernement de la Confédération suisse.

§ 3. Sont abrogées, à partir du jour de la mise à exécution du présent arrangement, toutes les dispositions convenues antérieurement entre les divers gouvernements ou administrations des parties contractantes, pour autant qu'elles ne seraient pas conciliables avec les termes du présent arrangement, le tout sans préjudice des droits réservés par l'art. 6.

Sect. 2. — Mesures d'exécution de la convention du 1er juin 1878.

40. Ces mesures consistent en trois décrets datés du 27 mars 1879 ; nous les reproduisons.

ART. 1. — DÉCRET DU 27 MARS 1879 PROMULGUANT LES DEUX TARIFS POSTAUX.

41. Voici le texte du décret, les tarifs suivent :

Art. 1er. Les taxes à percevoir sur les correspondances ordinaires (lettres, cartes postales, papiers d'affaires, échantillons de marchandises, journaux et autres imprimés) expédiées de la France, de l'Algérie et des bureaux français établis en Turquie, en Égypte, à Tunis et à Tanger, à destination des pays compris dans l'Union postale universelle ou assimilés aux pays de l'Union, et vice versâ, seront perçues conformément aux tarifs annexés au présent décret.

Art. 2. Par exception aux dispositions de l'art. 1er précédent, la taxe à percevoir en France, sur les lettres à destination ou provenant de la Belgique, de l'Espagne et de la Suisse, sera réduite, en cas d'affranchissement, à 20 cent., et, en cas de non-affranchissement, à 30 cent., par 15 grammes ou fraction de 15 grammes, lorsque la distance en ligne droite entre le bureau d'origine et le bureau de destination ne dépassera pas 30 kilomètres.

Art. 3. Les correspondances affranchies déposées dans les bureaux de poste français établis en Turquie, en Égypte et à Tanger, à destination de la France, de l'Algérie et de Tunis, et les lettres non affranchies de la France, de l'Algérie et de Tunis distribuées par les mêmes bureaux, seront respectivement passibles des taxes indiquées au tarif n° 1 annexé au présent décret.

Art. 4. Les correspondances affranchies déposées dans les bureaux de poste français de Shang-Haï et d'Yokohama, à destination de la France, de l'Algérie, de Tunis et des colonies et pays étrangers compris dans l'Union postale universelle ou assimilés aux pays de l'Union, et les lettres non affranchies provenant de la France, de l'Algérie, de Tunis et des mêmes colonies et pays étrangers distribuées par les bureaux français de Shang-Haï et d'Yokohama, seront respectivement passibles des taxes indiquées au tarif n° 2 annexé au présent décret.

Art. 5. Les taxes applicables dans les colonies françaises aux correspondances à destination ou provenant de la France et de l'Algérie, seront perçues conformément aux indications du tarif n° 1 annexé au présent décret.

Les taxes indiquées au tarif n° 2, également ci-annexé, seront perçues dans les colonies françaises sur les correspondances à destination ou provenant d'autres colonies et des pays étrangers.

Toutefois, par exception au régime général, les taxes du tarif n° 1 seront applicables aux correspondances adressées de colonie à colonie ou échangées entre les colonies et les pays étrangers qui ne donneront pas lieu à un transport maritime supérieur à 300 milles marins.

Art. 6. Les correspondances de toute nature insuffisamment affranchies seront passibles, à la charge des destinataires, d'une taxe double du montant de l'insuffisance.

Lorsque l'évaluation de la taxe à appliquer aux correspondances dont il s'agit fera ressortir une fraction inférieure à 5 cent., cette fraction sera portée à 5 cent.

Art. 7. Les correspondances de toute nature pourront être expédiées sous recommandation dans toutes les relations mentionnées aux art. 1er à 5 précédents.

Les expéditeurs de correspondances recommandées devront acquitter, en sus de la taxe fixée pour l'affranchissement de correspondances ordinaires de même nature, un droit uniforme de 25 cent. par objet.

En cas de perte d'un envoi recommandé et, sauf le cas de force majeure, il sera payé une indemnité de 50 fr. à l'envoyeur, ou, sur la demande de celui-ci, au destinataire, sauf le cas où l'envoi serait originaire ou à destination d'un pays qui, d'après sa législation, n'est pas responsable pour la perte d'objets recommandés à l'intérieur.

Le paiement de cette indemnité aura lieu dans le plus bref délai et, au plus tard, dans le délai d'un an à partir du jour de la réclamation.

Toute réclamation d'indemnité sera prescrite si

elle n'a pas été formulée dans le délai d'un an à partir de la remise à la poste de l'objet recommandé.

Art. 8. L'envoyeur de tout objet recommandé pourra demander, au moment du dépôt de cet objet, qu'il lui soit donné avis de la réception par le destinataire.

Dans ce cas, il payera d'avance un droit fixe de 10 cent. pour le port de l'avis.

Art. 9. Les dispositions du présent décret seront exécutoires à partir du 1er avril 1879.

Art. 10. Toutes dispositions contraires au présent décret sont et demeurent abrogées.

Tarif n° 1, s'appliquant aux pays de destination ou d'origine suivants :

Allemagne[1] Autriche-Hongrie[2], Belgique, Danemark[3], Égypte, Espagne[4], Grande-Bretagne[5], Grèce, Italie[6], Luxembourg, Montenegro, Norvège, Pays-Bas, Portugal[7], Roumanie, Russie (d'Europe et d'Asie)[8], Serbie, Suède, Suisse, Turquie (d'Europe et d'Asie), Perse (voie de Russie ou de Turquie) ; villes de Kalgan, Pékin, Tien-Tsin et Urga (Chine) par la voie de Russie.

Colonies françaises[9].

États-Unis de l'Amérique du Nord.

Colonies anglaises : Canada (Dominion du), Terre-Neuve.

| NATURE des correspondances. | CONDITIONS de l'affranchissement jusqu'à destination. | TAXES A PERCEVOIR pour chaque objet de correspondance. |
|---|---|---|
| **EXPÉDITION.** | | |
| Lettres ord. | Facultatif . . | 25 cent. par 15 gr. ou fraction de 15 gr. |
| Cartes postales | Obligatoire. . | 10 cent. |
| Papiers d'aff. | Obligatoire. . | 25 cent. jusqu'à 250 gr.; au-dessus de 150 gr., 5 cent. par 50 gr. ou fraction de 50 gr. |
| Échantillons de marchand. | Obligatoire. . | 10 cent. jusqu'à 150 gr.; au-dessus de 100 gr., 5 cent. par 50 gr. ou fraction de 50 gr. |
| Journaux et autres imprimés | Obligatoire. . | 5 cent. par 50 gr. ou fraction de 50 gr. |
| **RÉCEPTION.** | | |
| Lettres ord. non affr. | , | 50 cent. par 15 gr. ou fraction de 15 gr. |

Tarif n° 2, applicable aux pays de destination ou d'origine qui suivent :

Brésil, République Argentine, Mexique, Honduras, Pérou, Salvador, Libéria, Perse (voie du golfe Persique), villes de Bagdad et de Bassorah (voie du golfe Persique), Japon[10], Shang-Haï (voie de Suez),

[1]. Y compris Héligoland.
[2]. Y compris la principauté de Lichtenstein.
[3]. Y compris l'Islande et les îles Féroë.
[4]. Y compris les îles Baléares, les îles Canaries, les possessions espagnoles [de la côte occidentale d'Afrique, la République du Val-d'Andorre, les établissements de poste espagnols sur la côte du Maroc.
[5]. Y compris Gibraltar, l'île de Malte et dépendances et l'île de Chypre.
[6]. Y compris la République de Saint-Marin et le bureau italien de Tripoli de Barbarie.
[7]. Y compris Madère et les Açores.
[8]. Y compris le grand-duché de Finlande.
[9]. Y compris le Cambodge et le Tonkin assimilés à la colonie française de Cochinchine.
[10]. Y compris les bureaux de poste établis par l'administration japonaise en Chine et en Corée.

---

Caboul (Afghanistan)[11], Kaschmir (État de)[11], Ladackh (Petit-Thibet)[11], Zanzibar[12].

Colonies danoises, espagnoles, néerlandaises, portugaises, en totalité.

Colonies anglaises : Inde britannique[13], Ceylan, Détroit (Établissement du), Laboan, Hong-Kong[14], Maurice et Seychelles, Bermudes, Guyane anglaise, Jamaïque, Trinité, Honduras britannique, îles Falkland, Côte (Établissement de la).

| NATURE des correspondances. | CONDITIONS de l'affranchissement jusqu'à destination[2]. | TAXES A PERCEVOIR pour chaque objet de correspondance. |
|---|---|---|
| **EXPÉDITION.** | | |
| Lettres ord. | Facultatif[11] [12] | 35 cent. par 15 gr. ou fraction de 15 gr. |
| Cartes postales | Obligatoire. | 15 cent. |
| Papiers d'aff. | Obligatoire. . | Jusqu'à 50 gr., 28 cent. De 50 gr. à 100 gr., 31 cent. De 100 gr. à 150 gr., 34 cent. De 150 gr. à 200 gr., 37 cent. De 200 gr. à 250 gr., 40 cent. De 250 gr. à 300 gr., 48 cent. Au delà de 300 gr., 8 cent. par 50 gr. ou fraction de 50 gr. |
| Echantillons de marchand. | Obligatoire. . | Jusqu'à 50 gr., 13 cent. De 50 gr. à 100 gr., 16 cent. De 100 gr. à 150 gr., 24 cent. De 150 gr. à 200 gr., 32 cent. De 200 gr. à 250 gr., 40 cent. |
| Journaux et autres imprimés | Obligatoire. . | 8 cent. par 50 gr. ou fraction de 50 gr. |
| **RÉCEPTION.** | | |
| Lettres ord. non affr. | , | 60 cent. par 15 gr. ou fraction de 15 gr. |

ART. 2. — DÉCRET DU 27 MARS 1879 RELATIF A L'ÉCHANGE DE LETTRES AVEC VALEURS DÉCLARÉES.

**42.** Nous faisons précéder les tableaux A et B par les textes qui les expliquent.

Art. 1er. Il pourra être expédié des lettres contenant des valeurs-papiers déclarées avec garantie du montant de la déclaration, tant de la France et de l'Algérie à destination des colonies ou établissements français de la Guadeloupe, de la Martinique, de la Guyane, du Sénégal, de la Réunion, de la Cochinchine et de Pondichéry, et vice versâ, que de la France, de l'Algérie et des colonies ou établissements français précités pour l'Allemagne, l'Autriche-Hongrie, la Belgique, le Danemark et les colonies danoises, l'Égypte, l'Italie, le grand-duché de Luxembourg, la Norvège, les Pays-Bas, le Portugal, les colonies portugaises des îles du Cap-Vert, de San-Thomé et Prince et d'Angola, la Roumanie, la Russie, la Serbie, le Suède et la Suisse.

Art. 2. Le maximum du montant de la déclaration par chaque lettre sera de 10,000 fr. Toutefois en ce qui concerne les envois à destination

[11]. L'affranchissement des correspondances à destination de l'État de Kaschmir, de Ladackh et de Caboul est obligatoire et valable seulement jusqu'à la limite du territoire indien.
[12]. L'affranchissement des lettres pour Zanzibar est obligatoire.
[13]. Y compris les établissements de poste indiens d'Aden, de Mascate, du golfe Persique, du Guadur (Béloutchistan) et de Mandalay (Birmanie).
[14]. Y compris les bureaux de poste que l'administration de Hong-Kong entretient en Chine et au Tonkin.

de l'Égypte, de la Serbie, des colonies portugaises et de l'Italie, ce maximum sera de 5,000 fr.

Art. 3. Les expéditeurs de lettres de valeurs déclarées devront acquitter, en timbres-poste français, en plus de la taxe d'affranchissement et du droit fixe de recommandation applicables aux lettres recommandées du même poids et pour la même destination, un droit proportionnel d'assurance indiqué au tableau A annexé au présent décret, pour les envois originaires de la France et de l'Algérie, et au tableau B également annexé au présent décret, pour les envois originaires des colonies ou établissements français.

Art. 4. Le fait d'une déclaration frauduleuse de valeurs supérieures à la valeur réellement insérée dans une lettre, sera puni conformément à l'art. 5 de la loi du 4 juin 1859.

Art. 5. L'expéditeur de toute lettre contenant des valeurs déclarées pourra demander au moment du dépôt, qu'il lui soit donné avis de la réception de cette lettre par le destinataire.

Dans ce cas, il payera d'avance une somme de 10 c.

Art. 6. L'expéditeur d'une lettre contenant des valeurs déclarées recevra sans frais, au moment du dépôt, un récépissé sommaire de son envoi.

Art. 7. Sauf le cas de force majeure, lorsqu'une lettre contenant des valeurs déclarées viendra à être perdue ou spoliée dans le service des postes, il sera payé à l'envoyeur ou, sur sa demande, au destinataire, une indemnité égale soit au montant de la déclaration, s'il s'agit d'une perte ou d'une spoliation totale, soit à la différence entre la déclaration et le montant des valeurs parvenues au destinataire si la spoliation n'a été que partielle.

Le paiement à l'ayant droit de l'indemnité dont il s'agit aura lieu dans le plus bref délai possible et, au plus tard, dans le délai d'un an à partir du jour de la réclamation.

Les réclamations concernant la perte ou la spoliation des lettres contenant des valeurs déclarées ne pourront être admises que dans le délai d'un an, à partir du jour du dépôt desdites lettres à la poste. Passé ce délai, le réclamant n'aura droit à aucune indemnité.

Art. 8. En cas de remboursement de valeurs qui ne seraient pas parvenues au destinataire, l'administration des postes sera subrogée dans tous les droits du propriétaire.

A cet effet, la partie prenante devra, au moment du remboursement, consigner par écrit les renseignements propres à faciliter les recherches et subroger dans tous ses droits ladite administration.

Art. 9. Le service des postes cessera d'être responsable des valeurs déclarées contenues dans les lettres dont les destinataires ou leurs fondés de pouvoirs auront donné reçu et pris livraison.

Art. 10. Sont et demeurent abrogées les dispositions des décrets antérieurs concernant les lettres de valeurs déclarées échangées entre la France et l'Algérie, d'une part, et la Suisse, le Luxembourg, la Belgique, l'Allemagne et les Pays-Bas, d'autre part.

Art. 11. Les dispositions du présent décret seront exécutoires à partir du 1er avril 1879.

**A**

*Droit proportionnel d'assurance applicable en France et en Algérie aux lettres de valeurs déclarées.*

| DESTINATION DES ENVOIS. | DROIT à percevoir par chaque somme de 100 fr. ou fraction de 100 fr. déclarée. |
|---|---|
| Allemagne (y compris Héligoland) . . . . | 10 centimes. |
| Belgique . . . . . . . . . . . . . . . . | |
| Italie . . . . . . . . . . . . . . . . . | |
| Luxembourg . . . . . . . . . . . . . . | |
| Suisse . . . . . . . . . . . . . . . . . | |
| Guadeloupe . . . . . . . . . . . . . . | |
| Martinique . . . . . . . . . . . . . . | |
| Guyane française . . . . . . . . . . . | |
| Sénégal . . . . . . . . . . . . . . . . | 20 centimes. |
| Réunion . . . . . . . . . . . . . . . . | |
| Cochinchine française . . . . . . . . . | |
| Pondichéry . . . . . . . . . . . . . . | |
| Antilles danoises . . . . . . . . . . . | |
| Autriche-Hongrie . . . . . . . . . . . | |
| Danemark (y compris l'Islande et les îles Féroë) . . . . . . . . . . . . . . . | |
| Norvège . . . . . . . . . . . . . . . . | |
| Pays-Bas . . . . . . . . . . . . . . . . | |
| Portugal (y compris Madère et les Açores) . | 25 centimes. |
| Roumanie . . . . . . . . . . . . . . . | |
| Russie (y compris le grand-duché de Finlande) . . . . . . . . . . . . . . . . | |
| Serbie . . . . . . . . . . . . . . . . . | |
| Suède . . . . . . . . . . . . . . . . . | |
| Égypte . . . . . . . . . . . . . . . . . | 35 centimes. |
| Groënland . . . . . . . . . . . . . . . | |
| Colonies portugaises : Ville de Santiago (Cap-Vert), San-Thomé (San-Thomé et Prince) et Loanda (Angola) . . . . . | 45 centimes. |

**B**

*Droit proportionnel d'assurance applicable, dans les colonies ou établissements français mentionnés à l'article 1er, aux lettres de valeurs déclarées expédiées par paquebots-poste français.*

| DESTINATION DES ENVOIS. | DROIT à percevoir par chaque somme de 100 fr. ou fraction de 100 fr. déclarée. |
|---|---|
| France et Algérie . . . . . . . . . . . | 20 centimes. |
| Colonies françaises et pays étrangers desservis par les paquebots français de la même ligne que la colonie d'origine (sans passer par la France[1]) . . . . . . . | |
| Colonies françaises correspondant avec la colonie d'origine par la voie de la France[2] . . . . . . . . . . . . . . . | |
| Allemagne (y compris Héligoland) . . . . | 35 centimes. |
| Autriche-Hongrie . . . . . . . . . . . | |
| Belgique . . . . . . . . . . . . . . . . | |
| Danemark (y compris l'Islande et les îles Féroë) . . . . . . . . . . . . . . . | |
| Antilles danoises[3] . . . . . . . . . . | |

1. De la Guyane pour la Martinique et la Guadeloupe, et vice versâ ; de la Guadeloupe pour la Martinique, et vice versâ ; de la Guyane, de la Guadeloupe et de la Martinique pour les Antilles danoises ; du Sénégal pour le Portugal ; de la Réunion pour la Cochinchine et Pondichéry, et vice versâ ; de la Cochinchine pour Pondichéry, et vice versâ ; de la Réunion, de la Cochinchine et de Pondichéry pour l'Égypte et l'Italie.

2. De la Guyane, de la Guadeloupe, de la Martinique et du Sénégal pour la Réunion, la Cochinchine et Pondichéry, et vice versâ ; de la Guyane, de la Guadeloupe et de la Martinique pour le Sénégal, et vice versâ.

3. Moins les envois de la Guyane, de la Guadeloupe et de la Martinique. (Voir note 1.)

| DESTINATION DES ENVOIS. | DROIT à percevoir par chaque somme de 100 fr. ou fraction de 100 fr. déclarée. |
|---|---|
| Italie[1]. . . . . . . . . . . . . . . Luxembourg. . . . . . . . . . . . Norvège. . . . . . . . . . . . . Pays-Bas . . . . . . . . . . . . Portugal (y compris Madère et les Açores[2]) Roumanie . . . . . . . . . . . . Russie (y compris le grand-duché de Finlande). . . . . . . . . . . . Serbie. . . . . . . . . . . . . Suède. . . . . . . . . . . . . Suisse. . . . . . . . . . . . . Égypte[1]. . . . . . . . . . . . | 35 centimes. |
| Groënland . . . . . . . . . . . Colonies portugaises : Villes de Santiago (Cap-Vert), San-Thomé (San-Thomé et Prince) et Loanda (Angola). . . . . | 45 centimes. |

**43.** Ces dispositions ont été complétées par deux décrets :

Voici d'abord les dispositions essentielles du décret du 4 février 1879 :

Les taxes à percevoir en France, en Algérie et dans les bureaux français du Levant, de Tanger et de Tunis, sur les correspondances adressées, par la voie des paquebots français ou des services étrangers dans les colonies françaises, dans les États-Unis de l'Amérique du Nord et dans les colonies anglaises du Canada (Dominion) et de Terre-Neuve, et *vice versâ*, de même que les taxes à percevoir dans les colonies françaises, sur les correspondances expédiées à la métropole ou reçues de la métropole par la même voie, seront perçues conformément au tarif ci-après :

| NATURE des correspondances. | CONDITIONS de l'affranchissement | TAXES A PERCEVOIR. |
|---|---|---|
| | **EXPÉDITION.** | |
| Lettres ordinaires. | Facultatif . . | 25 cent. par 15 gr. |
| Lettres recomm. | Obligatoire. | 25 cent. par 15 gr. et droit fixe de 25 cent. |
| Cartes postales ord. | Obligatoire. | 15 cent. |
| Cartes post. recom. | Obligatoire. | 40 cent. |
| Papiers d'affaires et échantillons recom. | Obligatoire. | 5 cent. par 50 gr. |
| Journ. et imprimés recommandés. | Obligatoire. | 5 cent. par 50 gr. et droit fixe de 25 cent. |
| Avis de réception des objets recom. | Obligatoire. | 10 cent. |
| | **RÉCEPTION.** | |
| Lettres ordinaires non affranchies. | » | 50 cent. par 50 gr. |

**44.** L'autre décret est du 28 juin 1879 :

Art. 1er. Les taxes applicables aux correspondances ordinaires et recommandées, expédiées de France, d'Algérie et des bureaux français à l'étranger dans les colonies anglaises d'Antigoa, de la Dominique, de Monserrat, de Nevis, de Saint-Christophe ou Saint-Kitts et des îles Vierges, et

1. Moins les envois de la Réunion, de la Cochinchine et de Pondichéry. (Voir note 1 de la page précédente.)
2. Moins les envois du Sénégal. (Voir note 1 de la page précédente.)

*vice versâ*, seront reçues conformément au tarif n° 2 annexé au décret susvisé du 27 mars 1879.

Art. 2. Le même tarif sera applicable dans les colonies françaises aux correspondances à destination ou provenant des colonies anglaises précitées.

Toutefois, les correspondances échangées entre la Guadeloupe et la Martinique, d'une part, et Antigoa, la Dominique, Nevis, Montserrat et Saint-Christophe ou Saint-Kitts, d'autre part, seront seulement passibles des taxes du tarif n° 1 annexé au décret précité du 27 mars 1879.

ART. 3. — DÉCRET DU 27 MARS 1879 RELATIF A L'ÉCHANGE DE MANDATS DE POSTE.

**45.** C'est aux art. 2 et 3 qu'on trouvera les taxes.

Art. 1er. Des envois de fonds pourront être échangés par la voie de la poste et au moyen de mandats, entre la France et l'Algérie, d'une part, et l'Allemagne (y compris Héligoland), l'Autriche-Hongrie, la Belgique, le Danemark (y compris l'Islande et les îles Féroë), l'Égypte, l'Italie, le grand-duché de Luxembourg, la Norvège, les Pays-Bas, le Portugal, la Roumanie, la Suède et la Suisse, d'autre part.

Art. 2. Le maximum de chaque mandat est fixé à 500 fr. effectifs ou à une somme correspondante dans les rapports avec les pays qui n'ont pas la monnaie décimale.

Art. 3. Le droit à payer par les envoyeurs de fonds transmis au moyen de mandats de poste de la France et de l'Algérie dans les pays étrangers dénommés à l'art. 1er du présent décret, sera de 25 cent. par 25 fr. ou fraction de 25 (réduit à 15 c. par 10 fr.). (*Voy. D.* 22 *mars* 1880 *et d'autres.*)

Les mandats de poste ne pourront être soumis, à la charge des expéditeurs ou des destinataires des fonds, à un droit ou à une taxe quelconque, en sus du droit à percevoir en vertu du paragraphe précédent.

Art. 4. Un récépissé sommaire de la somme versée devra être remis, sans frais, à l'expéditeur, au moment du dépôt.

Art. 5. Il est interdit de consigner sur les mandats d'autres annotations que celles que comporte la contexture de ces formules, et notamment toute mention pouvant tenir lieu de correspondance ou de note particulière de l'envoyeur au destinataire.

Art. 6. Les sommes converties en mandats de poste seront garanties au déposant jusqu'au moment où elles auront été régulièrement payées aux ayants droit.

Les sommes encaissées en échange de mandats de poste à destination de l'étranger seront définitivement acquises au Trésor, si le montant de ces sommes n'a pas été réclamé par les ayants droit, ou n'a pu leur être payé ou remboursé dans un délai de huit années.

Art. 7. Les mandats de poste adressés de France et d'Algérie dans les pays d'Europe, et *vice versâ*, seront valables pendant trois mois.

Le délai de validité sera de six mois pour les mandats adressés de France et d'Algérie dans les pays d'Europe.

Les mandats périmés ne pourront être payés que sur un visa pour date donné par l'administration du pays d'origine.

Art. 8. Les mandats pourront être remboursés aux envoyeurs sur leur demande, aussitôt que l'administration du pays d'origine sera rentrée en possession du titre non payé.

Pour obtenir le remboursement d'un mandat égaré, perdu ou détruit, le réclamant devra produire, avec son récépissé, une attestation du destinataire portant que le mandat n'a pas été aliéné, qu'il ne lui est pas parvenu ou qu'il a été détruit après réception.

À défaut de remboursement prévu au paragraphe précédent, les mandats égarés, perdus ou détruits pourront être remplacés, sur la demande de l'envoyeur ou du destinataire, par des autorisations de paiement ou duplicata délivrés par l'administration du pays d'origine, lorsqu'il aura été constaté qu'ils n'ont été ni payés ni remboursés.

Art. 9. Sont et demeurent abrogées les dispositions antérieures relatives aux mandats de poste échangés entre la France et l'Algérie, d'une part, et l'Allemagne, l'Autriche-Hongrie, la Belgique, le Danemark, l'Italie, le Luxembourg, la Norvège, les Pays-Bas (métropole), la Suède et la Suisse, d'autre part.

Art. 10. Les dispositions du présent décret seront exécutoires à partir du 1er avril 1878.

Sect. 3. — **Autres dispositions internationales.**

**46.** *Échantillons.* Un décret du 29 janvier 1880 approuve un arrangement signé à Paris, le 28 janvier 1880, entre la France et le Royaume-Uni de la Grande-Bretagne et d'Irlande, à l'effet de fixer les conditions d'échange, par la voie de la poste, des paquets d'échantillons de marchandises.

**47.** Voici en quoi consiste cet arrangement :

Les limites de poids et de dimensions des paquets d'échantillons de marchandises échangés, par la voie de la poste entre la France et l'Algérie, d'une part, et le Royaume-Uni de la Grande-Bretagne et d'Irlande, d'autre part, peuvent être portées, par l'administration des postes du pays d'origine, au delà de celles qui ont été fixées par l'art. 5 de la convention internationale du 1er juin 1878, sous la réserve expresse que ces limites ne dépasseront pas, savoir :

Pour le poids. . . . . 250 grammes.

Pour les dimensions . . { 30 centimètres en longueur.
20 centimètres en largeur.
10 centimètres en épaisseur.

Le présent arrangement sera exécutoire à partir du 1er février 1880.

**POUDRES ET SALPÊTRES.** (*Dict.*) **1.** En exécution de la loi du 16 mars 1882 (*Voy.* Armée), le décret du 19 février 1883 dispose ce qui suit :

TITRE Ier. — DIRECTION.

Art. 1er. Dans les établissements des poudres et salpêtres, le service est dirigé par un ingénieur désigné par le ministre et portant le titre de directeur.

Art. 2. Le *directeur* reçoit et fait exécuter les ordres et instructions du ministre relatifs au service de l'établissement.

Art. 3. Il est ordonnateur secondaire pour les dépenses du personnel et du matériel.

Art. 4. Il est chargé de la surveillance et du contrôle permanent de toutes les opérations qui s'exécutent dans l'établissement; il constate, quand

il y a lieu, ces opérations par des procès-verbaux dont il garde les minutes. Il vérifie toutes les pièces de dépenses et de comptabilité et y appose son visa, après s'être assuré de leur régularité.

Art. 5. Au cas d'explosion ou d'incendie, il assiste l'inspecteur général dans l'enquête, et délivre les extraits du procès-verbal destinés à constater les pertes.

TITRE II. — EXÉCUTION.

Art. 6. La gestion ou exécution du service est confiée à un conseil formé des ingénieurs et sous-ingénieurs attachés à l'établissement. Dans aucun cas, le directeur ne fait partie du conseil.

Le conseil d'établissement est présidé par l'ingénieur le plus élevé en grade, ou en cas d'égalité de grade par le plus ancien.

Il a pour secrétaire, avec voix consultative, le commis comptable en finances.

Le registre des délibérations du conseil est visé, après chaque séance, par le directeur et arrêté chaque année par l'inspecteur général.

Art. 7. Le conseil délibère sur toutes les mesures à prendre pour l'exécution du service, dans les conditions fixées par un règlement ministériel sur le service intérieur des établissements.

Art. 8. La répartition du service d'exécution entre les ingénieurs et sous-ingénieurs membres du conseil est faite par le directeur.

Art. 9. Les employés secondaires, commis-comptables et chefs-ouvriers sont chargés, sous l'autorité du conseil, des détails des opérations de gestion et d'exécution.

TITRE III. — CONTRÔLE.

Art. 10. Le service des établissements des poudres et salpêtres est, dans toutes ses parties, soumis au contrôle des membres du corps de contrôle de l'administration de l'armée conformément à la loi du 16 mars 1882 et au décret du 28 octobre de la même année.

**2.** Ce décret a été motivé par un rapport du ministre de la guerre que nous allons reproduire :

Les établissements des poudres et salpêtres sont actuellement administrés par un conseil composé des ingénieurs attachés à l'établissement, présidé par le directeur et soumis à la surveillance administrative des fonctionnaires de l'intendance.

La loi du 16 mars 1882 a prescrit la séparation de la direction et de la gestion ou exécution : elle exige donc que le directeur cesse de faire partie du conseil d'administration ; elle implique en outre l'attribution au directeur, ordonnateur secondaire, de la surveillance administrative du contrôle local, que le décret du 16 janvier 1883 n'a pas maintenu aux membres du corps de l'intendance en ce qui concerne les établissements des poudres et salpêtres.

Il est donc indispensable de modifier le service intérieur de ces établissements et de le rendre conforme aux dispositions de la loi précitée.

C'est l'objet du décret ci-joint, lequel ne change en rien l'organisation et les attributions générales du corps des ingénieurs des poudres et salpêtres telles qu'elles ont été fixées par le décret du 9 mai 1876, rendu en exécution des dispositions de l'art. 11 de la loi du 13 mars 1875 relative à la constitution des cadres.

**3.** *Vente de la poudre.* (*D.* 30 *déc.* 1882.)

Art. 1er. Le ministre des finances est autorisé à fixer annuellement, après entente avec le ministre de la guerre, le prix de vente des poudres de commerce extérieur entre les limites de soixante-dix francs et de cent francs les 100 kilogr.

Ces prix s'appliquent aux poudres contenues dans les barils d'une contenance supérieure à 9 kilogr. et comprennent la valeur de l'emballage.

Art. 2. Les poudres pourront être livrées en barillets d'une contenance égale ou inférieure à 9 kilogr. Dans ce cas, les plus-values à payer par 100 kilogr. seront fixées par le ministre des finances de concert avec le ministre de la guerre.

Art. 3. Le décret du 8 mai 1873 est abrogé.

**PRÉFETS.** (*Dict.*, v° **Département**.) **1.** *Avancement.* Les préfets des départements compris dans les 2° et 3° classes pourront, après cinq ans de service dans la même classe et dans la même résidence, ou après sept ans de fonctions dans la même classe et dans des résidences différentes, obtenir sur place une augmentation de traitement égale à la moitié de la différence existant entre le traitement de la classe à laquelle ils appartiennent et le traitement de la classe immédiatement supérieure.

Cette augmentation pourra être doublée après une nouvelle période de cinq ans de services dans le même département ou de sept ans dans différents départements de la même classe. (*D.* 15 *avril* 1877.)

**2.** Les sous-préfets et secrétaires généraux des préfectures compris dans la 2° ou la 3° classe pourront, après cinq ans de services dans la même classe et dans la même résidence, ou après sept ans de fonctions dans la même classe et dans des résidences différentes, obtenir le traitement de la classe supérieure sans qu'il soit nécessaire de les changer de résidence. (*Id.*, *art.* 2.)

**3.** Après dix ans d'exercice dans le même département, les conseillers de préfecture de la 2° ou de la 3° classe pourront obtenir le traitement de la classe supérieure, sans qu'il soit nécessaire de les changer de résidence. (*Id.*, *art.* 3.)

**4.** *Changement de résidence.* Les préfets, sous-préfets, secrétaires généraux, conseillers de préfecture compris dans la 1re ou la 2° classe pourront être appelés à un poste d'un rang inférieur en conservant leur traitement, pourvu qu'il en soit ainsi décidé par le décret qui changera leur résidence (*art.* 4.)

**5.** *Non-activité.* Les préfets, sous-préfets, secrétaires généraux et conseillers de préfecture qui, au moment où ils cesseront d'être en activité, ne réuniront pas les conditions voulues pour obtenir une pension de retraite, pourront recevoir un traitement de non-activité, pourvu qu'ils comptent au moins six ans de services rétribués par l'État. Le traitement de non-activité est fixé comme suit (*art.* 5) :

| | |
|---|---|
| Pour les préfets de 1re classe. . . . . . . | 8,000 fr. |
| Pour les préfets de 2e et de 3e classe. . . . | 6,000 |
| Pour les sous-préfets et secrétaires généraux de 1re classe. . . . . . . . . . . . | 3,000 |
| Pour les sous-préfets et secrétaires généraux de 2e et de 3e classe . . . . . . . . | 2,400 |
| Pour les conseillers de préfecture de 1re classe. | 2,000 |
| Pour les conseillers de préfecture de 2e et de 3e classe . . . . . . . . . . . | 1,500 |

**6.** La durée du traitement de non-activité ne pourra s'étendre au delà de six ans, et ne pourra se cumuler avec un traitement quelconque payé par le Trésor public, ni avec une pension payée sur les fonds du Trésor. Cette prohibition n'est point applicable aux pensions militaires (*art.* 5).

**7.** Le *costume* des préfets, sous-préfets et secrétaires généraux est réglé par le décret du 16 avril 1876. (*Voy. Bull. des L.* 1878, n° 391, p. 602.)

**PRÉSÉANCE.** (*Dict.*) Prière de corriger au *Dictionnaire* la faute typographique suivante : Page 1549, 1re col., note 2, 2° ligne : 1859 au lieu de : 1839. (*Voy.* aussi **Honneurs**.)

**PRESSE.** (*Dict.*) Nous reproduisons *in extenso* la loi du 29 juillet 1881 qui abolit toutes les dispositions antérieures sur la presse et règle cette matière par un code nouveau. Nous la faisons suivre par la jurisprudence la plus récente.

SOMMAIRE.

**1.** Voici la loi de 1881 :

CHAP. I. — DE L'IMPRIMERIE ET DE LA LIBRAIRIE.

Art. 1er. L'imprimerie et la librairie sont libres.

Art. 2. Tout imprimé rendu public, à l'exception des ouvrages dits de ville ou bilboquets, portera l'indication du nom et du domicile de l'imprimeur, à peine *contre* celui-ci d'une amende de 5 fr. à 15 fr.

La peine de l'emprisonnement pourra être prononcée si, dans les douze mois précédents, l'imprimeur a été condamné pour contravention de même nature.

Art. 3. Au moment de la publication de tout imprimé, il en sera fait, par l'imprimeur, sous peine d'une amende de 16 fr. à 300 fr., un dépôt de deux exemplaires, destinés aux collections nationales.

Ce dépôt sera fait au ministère de l'intérieur

pour Paris, à la préfecture pour les chefs-lieux de département, à la sous-préfecture pour les chefs-lieux d'arrondissement, et pour les autres villes à la mairie.

L'acte de dépôt mentionnera le titre de l'imprimé et le chiffre du tirage.

Sont exceptés de cette disposition les bulletins de vote, les circulaires commerciales ou industrielles et les ouvrages dits de ville ou bilboquets.

Art. 4. Les dispositions qui précèdent sont applicables à tous les genres d'imprimés et de reproductions destinés à être publiés.

Toutefois, le dépôt prescrit par l'article précédent sera de trois exemplaires pour les estampes, la musique, et en général les reproductions autres que les imprimés.

### CHAP. II. — DE LA PRESSE PÉRIODIQUE.

**Sect. 1.** — **Du droit de publication, de la gérance, de la déclaration et du dépôt au parquet.**

Art. 5. Tout journal ou écrit périodique peut être publié sans autorisation préalable et sans dépôt de cautionnement, après la déclaration prescrite par l'art. 7.

Art. 6. Tout journal ou écrit périodique aura un gérant.

Le gérant devra être Français, majeur, avoir la jouissance de ses droits civils et n'être privé de ses droits civiques par aucune condamnation judiciaire.

Art. 7. Avant la publication de tout journal ou écrit périodique, il sera fait, au parquet du procureur de la République, une déclaration contenant :

1º Le titre du journal ou écrit périodique et son mode de publication ;

2º Le nom et la demeure du gérant ;

3º L'indication de l'imprimerie où il doit être imprimé.

Toute mutation dans les conditions ci-dessus énumérées sera déclarée dans les cinq jours qui suivront.

Art. 8. Les déclarations seront faites par écrit, sur papier timbré, et signées des gérants. Il en sera donné récépissé.

Art. 9. En cas de contravention aux dispositions prescrites par les art. 6, 7, 8, le propriétaire, le gérant ou, à défaut, l'imprimeur, seront punis d'une amende de 50 fr. à 500 fr.

Le journal ou écrit périodique ne pourra continuer sa publication qu'après avoir rempli les formalités ci-dessus prescrites, à peine, si la publication irrégulière continue, d'une amende de 100 fr., prononcée solidairement contre les mêmes personnes, pour chaque numéro publié à partir du jour de la prononciation du jugement de condamnation, si ce jugement est contradictoire, et du troisième jour qui suivra sa notification, si l'exécution provisoire est ordonnée.

Le condamné, même par défaut, peut interjeter appel. Il sera statué par la cour dans le délai de trois jours.

Art. 10. Au moment de la publication de chaque feuille ou livraison du journal ou écrit périodique, il sera remis au parquet du procureur de la République, ou à la mairie dans les villes où il n'y a pas de tribunal de première instance, deux exemplaires signés du gérant.

Pareil dépôt sera fait au ministère de l'intérieur, pour Paris et le département de la Seine, et, pour les autres départements, à la préfecture, à la sous-préfecture, ou à la mairie, dans les villes qui ne sont ni chefs-lieux de département, ni chefs-lieux d'arrondissement.

Chacun de ces dépôts sera effectué sous peine de 50 fr. d'amende contre le gérant.

Art. 11. Le nom du gérant sera imprimé au bas de tous les exemplaires, à peine contre l'imprimeur de 16 fr. à 100 fr. d'amende par chaque numéro publié en contravention de la présente disposition.

### Sect. 2. — Des rectifications.

Art. 12. Le gérant sera tenu d'insérer gratuitement, en tête du plus prochain numéro du journal ou écrit périodique, toutes les rectifications qui lui seront adressées par un dépositaire de l'autorité publique, au sujet des actes de sa fonction qui auront été inexactement rapportés par ledit journal ou écrit périodique.

Toutefois, ces rectifications ne dépasseront pas le double de l'article auquel elles répondront.

En cas de contravention, le gérant sera puni d'une amende de 100 fr. à 1,000 fr.

Art. 13. Le gérant sera tenu d'insérer dans les trois jours de leur réception ou dans le plus prochain numéro, s'il n'en était pas publié avant l'expiration des trois jours, les réponses de toute personne nommée ou désignée dans le journal ou écrit périodique, sous peine d'une amende de 50 à 500 fr., sans préjudice des autres peines et dommages-intérêts auxquels l'article pourrait donner lieu.

Cette insertion devra être faite à la même place et en mêmes caractères que l'article qui l'aura provoquée.

Elle sera gratuite, lorsque les réponses ne dépasseront pas le double de la longueur dudit article. Si elles le dépassent, le prix d'insertion sera dû pour le surplus seulement. Il sera calculé au prix des annonces judiciaires.

### Sect. 3. — Des journaux ou écrits périodiques étrangers.

Art. 14. La circulation en France des journaux ou écrits périodiques publiés à l'étranger ne pourra être interdite que par une décision spéciale délibérée en conseil des ministres.

La circulation d'un numéro peut être interdite par une décision du ministre de l'intérieur.

La mise en vente ou la distribution, faite sciemment au mépris de l'interdiction, sera punie d'une amende de 50 fr. à 500 fr.

### CHAP. III. — DE L'AFFICHAGE, DU COLPORTAGE ET DE LA VENTE SUR LA VOIE PUBLIQUE.

### Sect. 1. — De l'affichage.

Art. 15. Dans chaque commune, le maire désignera, par arrêté, les lieux exclusivement destinés à recevoir les affiches des lois et autres actes de l'autorité publique.

Il est interdit d'y placarder des affiches particulières.

Les affiches des actes émanés de l'autorité seront seules imprimées sur papier blanc.

Toute contravention aux dispositions du présent article sera punie des peines portées en l'art. 2.

Art. 16. Les professions de foi, circulaires et affiches électorales pourront être placardées, à l'exception des emplacements réservés par l'article précédent, sur tous les édifices publics autres que les édifices consacrés aux cultes, et particulièrement aux abords des salles de scrutins.

Art. 17. Ceux qui auront enlevé, déchiré, recouvert ou altéré par un procédé quelconque, de manière à les travestir ou à les rendre illisibles, des affiches apposées par ordre de l'administration dans les emplacements à ce réservés, seront punis d'une amende de 5 fr. à 15 fr.

Si le fait a été commis par un fonctionnaire ou un agent de l'autorité publique, la peine sera d'une amende de 16 fr. à 100 fr., et d'un emprisonnement de six jours à un mois, ou de l'une de ces deux peines seulement.

Seront punis d'une amende de 5 fr. à 15 fr. ceux qui auront enlevé, déchiré, recouvert ou altéré par un procédé quelconque, de manière à les travestir ou à les rendre illisibles, des affiches électorales émanant de simples particuliers, apposées ailleurs que sur les propriétés de ceux qui auront commis cette lacération ou altération.

La peine sera d'une amende de 16 fr. à 100 fr. et d'un emprisonnement de six jours à un mois, ou de l'une de ces deux peines seulement, si le fait a été commis par un fonctionnaire ou agent de l'autorité publique, à moins que les affiches n'aient été apposées dans les emplacements réservés par l'art. 15.

**Sect. 2. — Du colportage et de la vente sur la voie publique.**

Art. 18. Quiconque voudra exercer la profession de colporteur ou de distributeur sur la voie publique ou en tout autre lieu public ou privé, de livres, écrits, brochures, journaux, dessins, gravures, lithographies et photographies, sera tenu d'en faire la déclaration à la préfecture du département où il a son domicile.

Toutefois, en ce qui concerne les journaux et autres feuilles périodiques, la déclaration pourra être faite, soit à la mairie de la commune dans laquelle doit se faire la distribution, soit à la sous-préfecture. Dans ce dernier cas, la déclaration produira son effet pour toutes les communes de l'arrondissement.

Art. 19. La déclaration contiendra les nom, prénoms, profession, domicile, âge et lieu de naissance du déclarant.

Il sera délivré immédiatement et sans frais au déclarant un récépissé de sa déclaration.

Art. 20. La distribution et le colportage accidentels ne sont assujettis à aucune déclaration.

Art. 21. L'exercice de la profession de colporteur ou de distributeur sans déclaration préalable, la fausseté de la déclaration, le défaut de présentation à toute réquisition du récépissé constituent des contraventions.

Les contrevenants seront punis d'une amende de 5 fr. à 15 fr. et pourront l'être, en outre, d'un emprisonnement d'un à cinq jours.

En cas de récidive ou de déclaration mensongère, l'emprisonnement sera nécessairement prononcé.

Art. 22. Les colporteurs et distributeurs pourront être poursuivis conformément au droit com-

mun, s'ils ont sciemment colporté ou distribué des livres, écrits, brochures, journaux, dessins, gravures, lithographies et photographies, présentant un caractère délictueux sans préjudice des cas prévus à l'art. 42.

**CHAP. IV. — DES CRIMES ET DÉLITS COMMIS PAR LA VOIE DE LA PRESSE OU PAR TOUT AUTRE MOYEN DE PUBLICATION.**

**Sect. 1. — Provocation aux crimes et délits.**

Art. 23. Seront punis comme complices d'une action qualifiée crime ou délit ceux qui, soit par des discours, cris ou menaces proférés dans des lieux ou réunions publics, soit par des écrits, des imprimés vendus ou distribués, mis en vente ou exposés dans des lieux ou réunions publics, soit par des placards ou affiches, exposés aux regards du public, auront directement provoqué l'auteur ou les auteurs à commettre ladite action, si la provocation a été suivie d'effet.

Cette disposition sera également applicable lorsque la provocation n'aura été suivie que d'une tentative de crime prévue par l'art. 2 du Code pénal.

Art. 24. Ceux qui, par les moyens énoncés en l'article précédent, auront directement provoqué à commettre les crimes de meurtre, de pillage et d'incendie, ou l'un des crimes contre la sûreté de l'État prévus par les art. 75 et suivants jusques et y compris l'art. 101 du Code pénal, seront punis, dans le cas où cette provocation n'aurait pas été suivie d'effet, de trois mois à deux ans d'emprisonnement et de 100 fr. à 3,000 fr. d'amende.

Tous cris ou chants séditieux proférés dans des lieux ou réunions publics seront punis d'un emprisonnement de six jours à un mois et d'une amende de 16 fr. à 500 fr. ou de l'une de ces deux peines seulement.

Art. 25. Toute provocation par l'un des moyens énoncés en l'art. 23, adressée à des militaires des armées de terre ou de mer, dans le but de les détourner de leurs devoirs militaires et de l'obéissance qu'ils doivent à leurs chefs dans tout ce qu'ils leur commandent pour l'exécution des lois et règlements militaires, sera punie d'un emprisonnement d'un à six mois et d'une amende de 16 fr. à 100 fr.

**Sect. 2. — Délits contre la chose publique.**

Art. 26. L'offense au Président de la République par l'un des moyens énoncés dans l'art. 23 et dans l'art. 28 est punie d'un emprisonnement de trois mois à un an et d'une amende de 100 fr. à 3,000 fr., ou de l'une de ces deux peines seulement.

Art. 27. La publication ou reproduction de nouvelles fausses, de pièces fabriquées, falsifiées ou mensongèrement attribuées à des tiers, sera punie d'un emprisonnement d'un mois à un an et d'une amende de 50 fr. à 1,000 fr., ou de l'une de ces deux peines seulement, lorsque la publication ou reproduction aura troublé la paix publique et qu'elle aura été faite de mauvaise foi.

Art. 28. L'outrage aux bonnes mœurs commis par l'un des moyens énoncés en l'art. 23 sera puni d'un emprisonnement d'un mois à deux ans et d'une amende de 16 fr. à 2,000 fr.

Les mêmes peines seront applicables à la mise

en vente, à la distribution ou à l'exposition de dessins, gravures, peintures, emblèmes ou images obscènes. Les exemplaires de ces dessins, gravures, peintures, emblèmes ou images obscènes exposés au regard du public, mis en vente, colportés ou distribués, seront saisis. ( *Voy. l'article* **Outrage aux bonnes mœurs.**)

**Sect. 3. — Délits contre les personnes.**

Art. 29. Toute allégation ou imputation d'un fait qui porte atteinte à l'honneur ou à la considération de la personne ou du corps auquel le fait est imputé est une diffamation.

Toute expression outrageante, terme de mépris ou invective qui ne renferme l'imputation d'aucun fait est une injure.

Art. 30. La diffamation commise par l'un des moyens énoncés en l'art. 23 et en l'art. 28, envers les cours, les tribunaux, les armées de terre ou de mer, les corps constitués et les administrations publiques, sera punie d'un emprisonnement de huit jours à un an et d'une amende de 100 fr. à 3,000 fr., ou de l'une de ces deux peines seulement.

Art. 31. Sera punie de la même peine la diffamation commise par les mêmes moyens, à raison de leurs fonctions ou de leur qualité, envers un ou plusieurs membres du ministère, un ou plusieurs membres de l'une ou de l'autre Chambre, un fonctionnaire public, un dépositaire ou agent de l'autorité publique, un ministre de l'un des cultes salariés par l'État, un citoyen chargé d'un service ou d'un mandat public temporaire ou permanent, un juré ou un témoin, à raison de sa déposition.

Art. 32. La diffamation commise envers les particuliers par l'un des moyens énoncés en l'art. 23 et en l'art. 28 sera punie d'un emprisonnement de cinq jours à six mois et d'une amende de 25 fr. à 2,000 fr., ou de l'une de ces deux peines seulement.

Art. 33. L'injure commise par les mêmes moyens envers les corps ou les personnes désignés par les art. 30 et 31 de la présente loi, sera punie d'un emprisonnement de six jours à trois *mois et d'une amende de 18 fr. à 500 fr.*, ou de l'une de ces deux peines seulement.

L'injure commise de la même manière envers les particuliers, lorsqu'elle n'aura pas été précédée de provocation, sera punie d'un emprisonnement de cinq jours à deux mois et d'une amende de 16 fr. à 300 fr., ou de l'une de ces deux peines seulement.

Si l'injure n'est pas publique, elle ne sera punie que de la peine prévue par l'art. 471 du Code pénal.

Art. 34. Les art. 29, 30 et 31 ne seront applicables aux diffamations ou injures dirigées contre la mémoire des morts que dans les cas où les auteurs de ces diffamations ou injures auraient eu l'intention de porter atteinte à l'honneur ou à la considération des héritiers vivants.

Ceux-ci pourront toujours user du droit de réponse prévu par l'art. 13.

Art. 35. La vérité du fait diffamatoire, mais seulement quand il est relatif aux fonctions, pourra être établie par les voies ordinaires, dans le cas d'imputations contre les corps constitués, les ar-

mées de terre ou de mer, les administrations publiques et contre toutes les personnes énumérées dans l'art. 31.

La vérité des imputations diffamatoires et injurieuses pourra être également établie contre les directeurs ou administrateurs de toute entreprise industrielle, commerciale ou financière, faisant publiquement appel à l'épargne ou au crédit.

Dans les cas prévus aux deux paragraphes précédents, la preuve contraire est réservée. Si la preuve du fait diffamatoire est rapportée, le prévenu sera renvoyé des fins de la plainte.

Dans tout autre circonstance et envers toute autre personne non qualifiée, lorsque le fait imputé est l'objet de poursuites commencées à la requête du ministère public, ou d'une plainte de la part du prévenu, il sera, durant l'instruction qui devra avoir lieu, sursis à la poursuite et au jugement du délit de diffamation.

**Sect. 4. — Délits contre les chefs d'États
et agents diplomatiques étrangers.**

Art. 36. L'offense commise publiquement envers les chefs d'États étrangers sera punie d'un emprisonnement de trois mois à un an et d'une amende de 100 fr. à 3,000 fr., ou de l'une de ces deux peines seulement.

Art. 37. L'outrage commis publiquement envers les ambassadeurs et ministres plénipotentiaires, envoyés, chargés d'affaires au autres agents diplomatiques accrédités près du Gouvernement de la République, sera puni d'un emprisonnement de huit jours à un an et d'une amende de 50 fr. à 2,000 fr., ou de l'une de ces deux peines seulement.

**Sect. 5. — Publications interdites, immunités
de la défense.**

Art. 38. Il est interdit de publier les actes d'accusation et tous autres actes de procédure criminelle ou correctionnelle avant qu'ils aient été lus en audience publique, et ce, sous peine d'une amende de 50 fr. à 1,000 fr.

Art. 39. Il est interdit de rendre compte des procès en diffamation où la preuve des faits diffamatoires n'est pas autorisée. La plainte seule pourra être publiée par le plaignant. Dans toute affaire civile, les cours et tribunaux pourront interdire le compte rendu du procès.

Ces interdictions ne s'appliqueront pas aux jugements, qui pourront toujours être publiés.

Il est également interdit de rendre compte des délibérations antérieures, soit des jurés, soit des cours et tribunaux.

Toute infraction à ces dispositions sera punie d'une amende de 100 fr. à 2,000 fr.

Art. 40. Il est interdit d'ouvrir ou d'annoncer publiquement des souscriptions ayant pour objet d'indemniser des amendes, frais et dommages-intérêts prononcés par des condamnations judiciaires, en matière criminelle et correctionnelle, sous peine d'un emprisonnement de huit jours à six mois et d'une amende de 100 fr. à 1,000 fr., ou de l'une de ces deux peines seulement.

Art. 41. Ne donneront ouverture à aucune action des discours tenus dans le sein de l'une des deux Chambres, ainsi que les rapports ou toutes autres pièces imprimés par ordre de l'une des deux Chambres.

Ne donnera lieu à aucune action le compte rendu des séances publiques des deux Chambres, fait de bonne foi dans les journaux.

Ne donneront lieu à aucune action en diffamation, injure ou outrage, ni le compte rendu fidèle fait de bonne foi des débats judiciaires, ni les discours prononcés ou les écrits produits devant les tribunaux.

Pourront néanmoins les juges, saisis de la cause et statuant sur le fond, prononcer la suppression des discours injurieux, outrageants ou diffamatoires, et condamner qui il appartiendra à des dommages-intérêts. Les juges pourront aussi, dans le même cas, faire des injonctions aux avocats et officiers ministériels et même les suspendre de leurs fonctions. La durée de cette suspension ne pourra excéder deux mois, et six mois en cas de récidive dans l'année.

Pourront toutefois les faits diffamatoires étrangers à la cause donner ouverture, soit à l'action publique, soit à l'action civile des parties, lorsque ces actions leur auront été réservées par les tribunaux, et dans tous les cas, à l'action civile des tiers.

CHAP. V. — DES POURSUITES ET DE LA RÉPRESSION.
Sect. 1. — Des personnes responsables des crimes et délits commis par la voie de la presse.

Art. 42. Seront passibles, comme auteurs principaux, des peines qui constituent la répression des crimes et délits commis par la voie de la presse dans l'ordre ci-après, savoir : 1° les gérants ou éditeurs, quelles que soient leurs professions ou leur dénomination ; 2° à leur défaut, les auteurs ; 3° à défaut des auteurs, les imprimeurs ; 4° à défaut des imprimeurs, les vendeurs, distributeurs ou afficheurs.

Art. 43. Lorsque les gérants ou les éditeurs seront en cause, les auteurs seront poursuivis comme complices.

Pourront l'être au même titre et dans tous les cas, toutes personnes auxquelles l'art. 60 du Code pénal pourrait s'appliquer. Ledit article ne pourra s'appliquer aux imprimeurs pour faits d'impression, sauf dans le cas et les conditions prévus par l'art. 6 de la loi du 7 juin 1848 sur les attroupements.

Art. 44. Les propriétaires des journaux ou écrits périodiques sont responsables des condamnations pécuniaires prononcées au profit des tiers contre les personnes désignées dans les deux articles précédents, conformément aux dispositions des art. 1382, 1383, 1384 du Code civil.

Art. 45. Les crimes et délits prévus par la présente loi sont déférés à la cour d'assises.

Sont exceptés et déférés aux tribunaux de police correctionnelle les délits et infractions prévus par les art. 3, 4, 9, 10, 11, 12, 13, 14, 17, paragraphes 2 et 4, 28, paragraphe 2, 32, 33, paragraphe 2, 38, 39 et 40 de la présente loi.

Sont encore exceptées et renvoyées devant les tribunaux de simple police les contraventions prévues par les art. 2, 15, 17, paragraphes 1er et 3, 21 et 33, paragraphe 3, de la présente loi.

Art. 46. L'action civile résultant des délits de diffamation prévus et punis par les art. 30 et 31 ne pourra, sauf dans le cas de décès de l'auteur du fait incriminé ou d'amnistie, être poursuivie séparément de l'action publique.

Sect. 2. — De la procédure.
ART. 1. — COURS D'ASSISES.

Art. 47. La poursuite des crimes et délits commis par la voie de la presse ou par tout autre moyen de publication aura lieu d'office et à la requête du ministère public, sous les modifications suivantes :

1° Dans le cas d'injure ou de diffamation envers les cours, tribunaux et autres corps indiqués en l'art. 30, la poursuite n'aura lieu que sur une délibération prise par eux en assemblée générale, et requérant les poursuites, ou, si le corps n'a pas d'assemblée générale, sur la plainte du chef du corps ou du ministre duquel ce corps relève ;

2° Dans le cas d'injure ou de diffamation envers un ou plusieurs membres de l'une ou de l'autre Chambre, la poursuite n'aura lieu que sur la plainte de la personne ou des personnes intéressées ;

3° Dans le cas d'injure ou de diffamation envers les fonctionnaires publics, les dépositaires ou agents de l'autorité publique autres que les ministres, envers les ministres des cultes salariés par l'État et les citoyens chargés d'un service ou d'un mandat public, la poursuite aura lieu, soit sur leur plainte, soit d'office, sur la plainte du ministre dont ils relèvent ;

4° Dans le cas de diffamation envers un juré ou un témoin, délit prévu par l'art. 31, la poursuite n'aura lieu que sur la plainte du juré ou du témoin qui se prétendra diffamé ;

5° Dans le cas d'offense envers les chefs d'États ou d'outrage envers les agents diplomatiques, la poursuite aura lieu soit à leur requête, soit d'office, sur leur demande adressée au ministre des affaires étrangères et par celui-ci au ministre de la justice ;

6° Dans les cas prévus par les paragraphes 3 et 4 du présent article, le droit de citation directe devant la cour d'assises appartiendra à la partie lésée.

Sur sa requête, le président de la cour d'assises fixera les jour et heure auxquels l'affaire sera appelée.

Art. 48. Si le ministère public requiert une information, il sera tenu, dans son réquisitoire, d'articuler et de qualifier les provocations, outrages, diffamations et injures à raison desquels la poursuite est intentée, avec indication des textes dont l'application est demandée, à peine de nullité du réquisitoire de ladite poursuite.

Art. 49. Immédiatement après le réquisitoire, le juge d'instruction pourra, mais seulement en cas d'omission du dépôt prescrit par les art. 3 et 10 ci-dessus, ordonner la saisie de quatre exemplaires de l'écrit, du journal ou du dessin incriminé. Cette disposition ne déroge en rien à ce qui est prescrit par l'art. 28 de la présente loi.

Si le prévenu est domicilié en France, il ne pourra être arrêté préventivement, sauf en cas de crime.

En cas de condamnation, l'arrêt pourra ordonner la saisie et la suppression ou la destruction de tous les exemplaires qui seraient mis en vente, distribués ou exposés au regard du public.

Toutefois, la suppression ou la destruction pourra ne s'appliquer qu'à certaines parties des exemplaires saisis.

Art. 50. La citation contiendra l'indication précise des écrits, des imprimés, placards, dessins, gravures, peintures, médailles, emblèmes, des discours ou propos publiquement proférés qui seront l'objet de la poursuite, ainsi que de la qualification des faits. Elle indiquera les textes de la loi invoquée à l'appui de la demande.

Si la citation est à la requête du plaignant, elle portera en outre copie de l'ordonnance du président; elle contiendra élection de domicile dans la ville où siège la cour d'assises, et sera notifiée tant au prévenu qu'au ministère public.

Toutes ces formalités seront observées, à peine de nullité de la poursuite.

Art. 51. Le délai entre la citation et la comparution en cour d'assises sera de cinq jours francs, ou un jour par cinq myriamètres de distance.

Art. 52. En matière de diffamation, ce délai sera de douze jours, outre un jour par cinq myriamètres.

Quand le prévenu voudra être admis à prouver la vérité des faits diffamatoires, conformément aux dispositions de l'art. 35 de la présente loi, il devra, dans les cinq jours qui suivront la notification de la citation, faire signifier au ministère public près la cour d'assises, ou au plaignant, au domicile par lui élu, suivant qu'il est assigné à la requête de l'un ou de l'autre :

1° Les faits articulés et qualifiés dans la citation, desquels il entend prouver la vérité ;

2° La copie des pièces ;

3° Les noms, professions et demeures des témoins par lesquels il entend faire sa preuve. Cette signification contiendra élection de domicile près la cour d'assises, le tout à peine d'être déchu du droit de faire la preuve.

Art. 53. Dans les cinq jours suivants, le plaignant ou le ministère public, suivant les cas, sera tenu de faire signifier au prévenu, au domicile par lui élu, la copie des pièces et les noms, professions et demeures des témoins par lesquels il entend faire la preuve contraire, sous peine d'être déchu de son droit.

Art. 54. Toute demande en renvoi, pour quelque cause que ce soit, tout incident sur la procédure suivie devront être présentés avant l'appel des jurés, à peine de forclusion.

Art. 55. Si le prévenu a été présent à l'appel des jurés, il ne pourra plus faire défaut, quand bien même il se fût retiré pendant le tirage au sort.

En conséquence, tout arrêt qui interviendra, soit sur la forme, soit sur le fond, sera définitif, quand bien même le prévenu se retirerait de l'audience ou refuserait de se défendre. Dans ce cas, il sera procédé avec le concours du jury et comme si le prévenu était présent.

Art. 56. Si le prévenu ne comparaît pas au jour fixé par la citation, il sera jugé par défaut par la cour d'assises, sans assistance ni intervention du jury.

La condamnation par défaut sera comme non avenue si, dans les cinq jours de la signification qui en aura été faite au prévenu ou à son domicile, outre un jour par cinq myriamètres, celui-ci forme une opposition à l'exécution de l'arrêt et notifie son opposition tant au ministère public qu'au plaignant. Toutefois, si la signification n'a pas été faite à personne, ou s'il ne résulte pas d'acte d'exécution de l'arrêt que le prévenu en a eu connaissance, l'opposition sera recevable jusqu'à l'expiration des délais de la prescription de la peine.

L'opposition vaudra citation à la première audience utile. Les frais de l'expédition, de la signification de l'arrêt, de l'opposition et de la réassignation pourront être laissés à la charge du prévenu.

Art. 57. Faute par le prévenu de former son opposition dans le délai fixé en l'art. 56, et de la signifier aux personnes indiquées dans cet article, ou de comparaître par lui-même au jour fixé en l'article précédent, l'opposition sera réputée non avenue et l'arrêt par défaut sera définitif.

Art. 58. En cas d'acquittement par le jury, s'il y a partie civile en cause, la cour ne pourra statuer que sur les dommages-intérêts réclamés par le prévenu. Ce dernier devra être renvoyé de la plainte sans dépens ni dommages-intérêts au profit du plaignant.

Art. 59. Si, au moment où le ministère public ou le plaignant exerce son action, la session de la cour d'assises est terminée, et s'il ne doit pas s'en ouvrir d'autre à une époque rapprochée, il pourra être formé une cour d'assises extraordinaire, par ordonnance motivée du premier président. Cette ordonnance prescrira le tirage au sort des jurés conformément à la loi.

L'art. 81 du décret du 6 juillet 1810 sera applicable aux cours d'assises extraordinaires formées en exécution du paragraphe précédent.

### ART. 2. — POLICE CORRECTIONNELLE ET SIMPLE POLICE.

Art. 60. La poursuite devant les tribunaux correctionnels et de simple police aura lieu conformément aux dispositions du chapitre II du titre Ier du livre II du Code d'instruction criminelle, sauf les modifications suivantes :

1° Dans le cas de diffamation envers les particuliers, prévus par l'art. 32, et dans le cas d'injure prévu par l'art. 33, paragraphe 2, la poursuite n'aura lieu que sur la plainte de la personne diffamée ou injuriée.

2° En cas de diffamation ou d'injure pendant la période électorale contre un candidat à une fonction élective, le délai de la citation sera réduit à vingt-quatre heures, outre le délai de distance ;

3° La citation précisera et qualifiera le fait incriminé ; elle indiquera le texte de loi applicable à la poursuite, le tout à peine de nullité de ladite poursuite.

Sont applicables au cas de poursuite et de condamnation les dispositions de l'art. 48 de la présente loi.

Le désistement du plaignant arrêtera la poursuite commencée.

### ART. 3. — POURVOIS EN CASSATION.

Art. 61. Le droit de se pourvoir en cassation appartiendra au prévenu et à la partie civile, quant aux dispositions relatives à ses intérêts civils. L'un et l'autre seront dispensés de consigner l'amende, et le prévenu de se mettre en état.

Art. 62. Le pourvoi devra être formé dans les trois jours, au greffe de la cour ou du tribunal qui aura rendu la décision. Dans les vingt-quatre heures qui suivront, les pièces seront envoyées à la Cour de cassation, qui jugera d'urgence dans les dix jours à partir de leur réception.

### Sect. 3. — Récidives, circonstances atténuantes, prescriptions.

Art. 63. L'aggravation des peines résultant de la récidive ne sera pas applicable aux infractions prévues par la présente loi.

En cas de conviction de plusieurs crimes ou délits prévus par la présente loi, les peines ne se cumuleront pas, et la plus forte sera seule prononcée.

Art. 64. L'art. 463 du Code pénal est applicable dans tous les cas prévus par la présente loi. Lorsqu'il y aura lieu de faire cette application, la peine prononcée ne pourra excéder la moitié de la peine édictée par la loi.

Art. 65. L'action publique et l'action civile résultant des crimes, délits et contraventions prévus par la présente loi se prescriront après trois mois révolus, à compter du jour où ils auront été commis, ou du jour du dernier acte de poursuite, s'il en a été fait.

Les prescriptions commencées à l'époque de la publication de la présente loi, et pour lesquelles il faudrait encore, suivant les lois exsitantes, plus de trois mois à compter de la même époque, seront, par ce laps de trois mois, définitivement accomplies.

### CHAP. VI. — DISPOSITIONS TRANSITOIRES.

Art. 66. Les gérants et propriétaires de journaux existant au jour de la promulgation de la présente loi seront tenus de se conformer, dans un délai de quinzaine, aux prescriptions édictées par les art. 7 et 8, sous peine de tomber sous l'application de l'art. 9.

Art. 67. Le montant des cautionnements versés par les journaux ou écrits périodiques, actuellement soumis à cette obligation, sera remboursé à chacun d'eux par le Trésor public dans un délai de trois mois à partir du jour de la promulgation de la présente loi, sans préjudice des retenues qui pourront être effectuées au profit de l'État et des particuliers, pour les condamnations à l'amende et les réparations civiles auxquelles il n'aura pas été autrement satisfait à l'époque du remboursement.

Art. 68. Sont abrogés les édits, lois, décrets, ordonnances, arrêtés, règlements, déclarations, généralement quelconques, relatifs à l'imprimerie, à la librairie, à la presse périodique ou non périodique, au colportage, à l'affichage, à la vente sur la voie publique et aux crimes et délits prévus par les lois sur la presse et les autres moyens de publication, sans que puissent revivre les dispositions abrogées par les lois antérieures.

Est également abrogé le second paragraphe de l'art. 31 de la loi du 10 août 1871 sur les conseils généraux, relatif à l'appréciation de leurs discussions par les journaux.

Art. 69. La présente loi est applicable à l'Algérie et aux colonies.

Art. 70. Amnistie est accordée pour tous les crimes et délits commis antérieurement au 16 février 1881, par la voie de la presse ou autres moyens de publication, sauf l'outrage aux bonnes mœurs puni par l'art. 28 de la présente loi, et sans préjudice du droit des tiers.

Les amendes non perçues ne seront pas exigées. Les amendes déjà perçues ne seront pas restituées, à l'exception de celles qui ont été payées depuis le 16 février 1881 [1].

### CHAP. VII. — JURISPRUDENCE.

2. *Droit de réponse.* Le droit donné, par l'art. 13 de la loi du 29 juillet 1881, à toute personne nommée ou désignée dans un journal, de faire insérer une réponse dans la même feuille, est général et absolu.

Il n'existe aucune restriction de ce droit en faveur des comptes rendus des délibérations des conseils municipaux (20 mars 1884).

Ainsi jugé sur le pourvoi de M. Nicoullaud, gérant du journal *le Monde parisien*, par la cassation d'un arrêt de la cour de Paris, du 26 décembre 1883, qui lui avait refusé le droit de répondre à un article du *Bulletin municipal*, dans lequel il était nommé sous prétexte que l'article en question n'était qu'un compte rendu d'une séance du conseil municipal de Paris.

3. *Droit pour un journal étranger au débat de refuser une insertion ordonnée par jugement.* Il résulte d'un arrêt rendu en juin 1879 par la cour d'appel d'Alger (confirmant un jugement du tribunal d'Oran du 22 février 1879), que, lorsqu'un jugement ou un arrêt a ordonné qu'une décision judiciaire serait insérée dans des journaux qui n'étaient pas parties aux procès, ces journaux ne sont pas obligés à l'insertion quand bien même on leur en offrirait le prix.

Cet arrêt, qui tranche une question très intéressante pour toute la presse, s'appuie sur les principes suivants : l'insertion d'un jugement constituant une peine ne peut être prononcée contre un journal qui n'est pas condamné ; les seules publications auxquelles un journal puisse être obligé sont celles qui ont le titre et la valeur de « documents officiels », les communiqués, par exemple : une simple décision judiciaire ne doit pas être considérée comme rentrant dans cette catégorie.

4. *Gérant et rédacteur.* L'auteur d'articles dans un journal ne peut être poursuivi pénalement comme « auteur principal » du délit de publication qu'à défaut des gérants ou éditeurs, et si ceux-ci sont inconnus ou ne résident pas en France. (*L.* 29 juill. 1881, *art.* 42 *et* 43.)

Si les gérants sont connus et résident en France, il ne peut être davantage poursuivi « comme complice » qu'autant qu'ils sont mis en cause avec lui comme auteurs principaux. (*Cass.* 28 juill. 1883.)

5. *Prescription.* L'art. 65 de la loi du 29 juillet 1881, qui édicte la prescription après un délai de trois mois laissé sans poursuite, est applicable aussi bien aux incidents de compétence qu'aux actions en diffamation commises par la voie de la presse.

Spécialement, il y prescription de la poursuite

---

1. Une loi spéciale du 20 juillet 1881 reporte la date de l'amnistie du 16 février au 21 juillet.

lorsque le diffamateur ayant interjeté appel du jugement correctionnel qui s'est déclaré compétent, il s'est écoulé plus de trois mois sans que l'intimé, à dater de cet appel, ait fait un acte de poursuite utile.

On ne peut considérer comme un acte utile la fixation faite, par le parquet, d'une audience pour la plaidoirie. (*Cass. 26 janvier* 1884.)

6. *Commissaires-priseurs.* Lorsqu'ils ont été diffamés, à l'occasion de l'exercice de leurs fonctions, ils doivent être considérés comme des « citoyens chargés d'un service public » (*art.* 47). (*Trib. corr. de Paris* 27 déc. 1883.)

BIBLIOGRAPHIE.

Code-manuel de la presse, par A. Faivre et E. Benoit-Lévy. Paris, Cotillon. 1881.

La Presse, l'affichage et le colportage, par Émile Mermet. Paris, Marpon et Flammarion. 1881.

Loi sur la presse, accompagnée des travaux de rédaction, par H. Celliez et Ch. Le Senne. Paris, Chevalier-Marescq. 1882.

De la Compétence du jury en matière de presse, par R. Salmou-Legagneur. Paris, A. Rousseau. 1882.

Explication pratique de la loi du 29 juillet 1881 sur la presse, par G. Dutruc. Paris, Marchail et Billard. 1882.

Code de la presse, par C. Bazille et Ch. Constant. Paris, Pedone-Lauriel. 1883.

Traité des infractions de la parole, de l'écriture et de la presse, par P. Fabreguettes. Tome I. In-8°. Paris, Chevalier-Marescq. L'ouvrage complet aura 2 volumes.

**PRISONS.** (*Dict.*) L'arrêté du ministre de l'intérieur sur le travail dans les prisons, daté du 15 avril 1882, et un rapport développé qui le motive et l'explique sont insérés au *Journal officiel* du 7 mai 1882.

**PROCÈS-VERAUX.** (*Dict.*) 1. Le procès-verbal rédigé par un commissaire de police fait foi jusqu'à preuve contraire des faits qu'il a personnellement constatés, mais non de la sincérité des déclarations qu'il a recueillies. (*Cass.* 12 mai 1876.)

2. Les maires ne sont pas tenus d'écrire eux-mêmes les procès-verbaux qu'ils dressent en leur qualité d'officiers de police judiciaire; en cette matière, comme en toute autre, il suffit que ces actes, de quelque main qu'ils émanent, portent la signature du fonctionnaire qui les a dressés. (*Cass.* 8 *février* 1878.)

3. Les procès-verbaux régulièrement dressés par deux employés des contributions indirectes faisant foi jusqu'à inscription de faux, les juges ne peuvent écarter les énonciations de ces actes au moyen d'appréciations tirées des faits révélés par les débats. (*C. de Lyon* 2 *janv.* 1878.)

**PROCESSION.** *Voy.* **Culte catholique.**

**PROMULGATION.** (*Dict.*)

BIBLIOGRAPHIE.

De la Promulgation et de l'application des lois et des décrets, par Daniel de Folleville. In-8°. Paris, Marescq aîné, 1876.

**PROPRIÉTÉ INDUSTRIELLE.** (*Dict.*) La loi du 25 janvier 1884 approuve la convention signée, le 20 mars 1883, entre la France, la Belgique, le Brésil, l'Espagne, le Guatemala, l'Italie, les Pays-Bas, le Portugal, le Salvador, la Serbie et la Suisse, et constituant une union internationale pour la protection de la propriété industrielle.

**PROPRIÉTÉ LITTÉRAIRE ET ARTISTIQUE.** (*Dict.*) 1. On continue à faire de grands efforts en faveur de cette propriété, c'est-à-dire, on conclut des traités. L'un des plus importants, est celui que la loi du 7 juillet 1883 permet de promulguer (*D. du* 21 *juill.* 1883), c'est le traité du 19 avril 1883 entre la France et l'Allemagne, qu'on trouve au *Bulletin des lois* de 1873, n° 787, p. 202.

2. *Jurisprudence.* M. C..., directeur d'un théâtre de singes et chiens savants, a engagé à son service des musiciens qui voyagent avec lui et jouent tantôt à l'extérieur de la baraque, tantôt au dedans, des morceaux plus ou moins entraînants.

M. C... a négligé de s'entendre avec la Société des auteurs et compositeurs de musique pour le paiement des droits des œuvres qu'il fait exécuter; il a même refusé de rien payer. La Société des auteurs et compositeurs a réclamé alors contre M. C... l'application des lois du 19 janvier 1791, 29 janvier 1793, et de l'art. 428 du Code pénal.

M. C..., installé au Havre, faisait procéder, à l'extérieur de son établissement, à une parade en musique, quand un représentant de la Société des auteurs et compositeurs de musique au Havre vint à passer; celui-ci fit constater par deux artistes de la ville que la musique appartenait à des membres de la Société.

De là un procès où s'est portée plaignante la Société des auteurs et compositeurs de musique dans la personne de ceux de ses membres dont la musique avait été exécutée, et qui sont MM. Jaime, Tréfeu, Ketterer et Jacques Offenbach, lesquels réclament chacun 200 fr. de dommages-intérêts et l'adjonction des poursuites du ministère public.

Le tribunal correctionnel du Havre a repoussé la demande de la Société des auteurs et compositeurs de musique, en se fondant sur les considérants qui suivent:

Attendu, dit le jugement, que si, dans l'espèce, il est établi que C... a fait exécuter par son orchestre, à la parade qui précède la représentation théâtrale de son établissement, les morceaux de musique précités, cette exécution n'a pas eu lieu sur son théâtre et pendant la représentation théâtrale; qu'elle a eu lieu, au contraire, au dehors de sa tente ou baraque;

Attendu, d'un autre côté, qu'en admettant même qu'une parade puisse être assimilée à une représentation théâtrale, l'exécution musicale reprochée à C..., tout en étant publique, était essentiellement gratuite; que le public était appelé à en jouir sans avoir quoi que ce fût à payer;

Attendu que cette exécution, n'ayant donné lieu à aucune recette au bénéfice du prévenu, ne dépassait pas le droit de jouissance qui appartient nécessairement à tout possesseur légitime d'une partition vendue au nom des auteurs;

Par ces motifs,

Le tribunal juge que C... n'a commis aucun délit, dit à tort l'action intentée à C... par les requérants, déboute ceux-ci de cette action et les condamne aux dépens. (*Journ. des Débats* 24 *déc.* 1879.)

3. Le *Temps* du 31 octobre 1881 publie la lettre suivante du préfet de la Nièvre, datée du 19 octobre de la même année:

*A Messieurs les sous-préfets, maires et commissaires de police du département.*

Messieurs, je suis informé que l'agent chargé de la perception des droits d'auteur, dans le département, éprouve parfois beaucoup de difficultés pour remplir sa mission.

Les droits d'auteur, étant établis par la loi, l'autorité administrative doit prêter son concours pour faciliter leur perception. A cet effet, je vous prie, messieurs, chaque fois que vous autorisez un artiste quelconque à donner des représentations, soit dans un café, soit dans un théâtre, d'exiger la preuve qu'il a traité avec le représentant de la Société des auteurs réunis, et de n'accorder de permission soit à l'artiste, soit à l'établissement qui désire l'employer, qu'à cette condition.

Dans le cas où les intéressés persisteraient à faire exécuter sans autorisation des œuvres non tombées dans le domaine public, vous devez, sur la dénonciation qui vous en sera faite par le fondé de pouvoirs de la Société des auteurs, compositeurs et éditeurs, faire constater la contravention par un procès-verbal qui sera déféré aux tribunaux à la requête des parties intéressées.

Recevez, etc.

Il nous semble que le préfet a montré ici beaucoup de zèle, et en tout cas, n'est-ce pas trop demander à des fonctionnaires, souvent peu compétents en musique, de savoir si une œuvre est tombée dans le domaine public. Nous aurions encore d'autres objections à faire.

4. Une société ayant pour unique objet, d'après ses statuts, la défense de ses membres vis-à-vis des entrepreneurs d'établissements publics qui exécutent les œuvres musicales, est non recevable à poursuivre... ceux qui n'ont pas fait de musique, — mais ont lu des morceaux de prose et de poésie qui ne sont pas inséparables de l'accompagnement musical. (*C. de Douai* 11 *juillet* 1882.)

**PRUD'HOMMES.** (*Dict.*) **1.** Les membres des conseils de prud'hommes, réunis en assemblée générale éliront parmi eux, à la majorité absolue des membres présents, un président et un vice-président.

En cas de partage des voix et après deux tours de scrutin, le conseiller le plus ancien en fonctions sera élu. Si les deux candidats avaient un temps de service égal, la préférence serait accordée au plus âgé. Il en sera de même dans le cas de la création d'un nouveau conseil. (*L.* 7 *févr.* 1880, *art.* 1er.)

**2.** Lorsque le président sera choisi parmi les prud'hommes patrons, le vice-président ne pourra l'être que parmi les prud'hommes ouvriers, et réciproquement (*art.* 2).

**3.** La durée des fonctions du président et du vice-président est d'une année. Ils seront rééligibles (*art.* 3).

**4.** Le bureau particulier des conseils de prud'hommes, institué par l'art. 21 du décret du 11 juin 1809, sera présidé alternativement par un patron et un ouvrier, suivant un roulement établi par le règlement particulier de chaque conseil (*art.* 4).

**5.** Le secrétaire attaché aux conseils de prud'hommes sera nommé à la majorité absolue des suffrages ; il pourra être révoqué à volonté ; mais, dans ce cas, la délibération devra être signée par les deux tiers des prud'hommes (*art.* 5).

**6.** L'art. 30 du décret du 18 mars 1806 est abrogé (*art.* 6).

**7.** Sont abrogées toutes les dispositions antérieures, contraires à la présente loi (*art.* 7).

**8.** La loi du 24 novembre 1883 dispose ce qui suit :

*Article unique.* — L'art. 4 de la loi du 1er juin 1853 est complété de la manière suivante :

Art. 4. Sont électeurs :

1° Les patrons âgés de vingt-cinq ans accomplis, patentés depuis cinq ans au moins et depuis trois ans dans la *circonscription du conseil* ; les associés en nom collectif, patentés ou non, âgés de vingt-cinq ans accomplis, exerçant depuis cinq ans une profession assujettie à la contribution des patentes et domiciliés depuis trois ans dans la circonscription du conseil ;

2° Les chefs d'atelier, contremaîtres et ouvriers, âgés de vingt-cinq ans accomplis, exerçant leur industrie depuis cinq au moins et domiciliés depuis trois ans dans la circonscription du conseil.

**PRYTANÉE MILITAIRE.** *Voy. au* Dict. *le mot* **Écoles militaires,** *n°* 2.

# Q

**QUARANTAINE.** *Voy. au* Dict. **Régime sanitaire.**
**QUINZE-VINGTS.** *Voy. au* Dict. *le mot* **Aveugle.**

# R

**RANG.** *Voy.* **Honneur, Préséance.**
**REBOISEMENT.** (*Dict.*)

**I. — LOI DU 4 AVRIL 1882.**

Art. 1er. Il est pourvu à la restauration et à la conservation des terrains en montagne, soit au moyen de travaux exécutés par l'État ou par les propriétaires, avec subvention de l'État, soit au moyen de mesures de protection, conformément aux dispositions de la présente loi.

TITRE Iᵉʳ. — DE LA RESTAURATION DES TERRAINS EN MONTAGNE.

Art. 2. L'utilité publique des travaux de restauration rendus nécessaires par la dégradation du sol, et des dangers nés et actuels, ne peut être déclarée que par une loi. — La loi fixe le périmètre des terrains sur lesquels ces travaux doivent être exécutés. — Elle est précédée :

1° D'une enquête ouverte dans chacune des communes intéressées ;

2° D'une délibération des conseils municipaux de ces communes ;

3° De l'avis du conseil d'arrondissement et de celui du conseil général ;

4° De l'avis d'une commission spéciale, composée : du préfet ou de son délégué, président, avec voix prépondérante ; d'un membre du conseil général et d'un membre du conseil d'arrondissement, autres que ceux du canton où se trouve le périmètre, délégués par leurs conseils respectifs et toujours rééligibles, et dans l'intervalle des sessions par la commission départementale ; de deux délégués de la commune intéressée, désignés dans les mêmes conditions par le conseil municipal ; d'un ingénieur des ponts et chaussées ou des mines, d'un agent forestier, ces deux derniers membres nommés par le préfet.

Le procès-verbal de reconnaissance des terrains, le plan des lieux et l'avant-projet des travaux proposés par l'administration des forêts restent déposés à la mairie pendant l'enquête, dont la durée est fixée à trente jours. — Ce délai court du jour de la signification de l'arrêté préfectoral qui prescrit l'ouverture de l'enquête et la convocation du conseil municipal.

Art. 3. La loi est publiée et affichée dans les communes intéressées; un duplicata du plan du périmètre est déposé à la mairie de chacune d'elles. — Le préfet fait en outre notifier aux communes, aux établissements publics et aux particuliers un extrait du projet et du plan contenant les indications relatives aux terrains qui leur appartiennent.

Art. 4. Dans le périmètre fixé par la loi, les travaux de restauration seront exécutés par les soins de l'administration et aux frais de l'État qui, à cet effet, devra acquérir, soit à l'amiable, soit par expropriation, les terrains reconnus nécessaires. Dans ce dernier cas, il sera procédé dans les formes prescrites par la loi du 3 mai 1841, à l'exception de celles qu'indiquent les art. 4, 5, 6, 7, 8, 9 et 10 du titre II et qui sont remplacées par celles des art. 2 et 3 de la présente loi.

Toutefois, les propriétaires, les communes et les établissements publics pourront conserver la propriété de leurs terrains, s'ils parviennent à s'entendre avec l'État avant le jugement d'expropriation, et s'engagent à exécuter dans le délai à eux imparti, avec ou sans indemnité, aux clauses et conditions stipulées entre eux, les travaux de restauration qui leur seront indiqués et à pourvoir à leur entretien sous le contrôle et la surveillance de l'administration forestière.

Ils pourront, à cet effet, constituer des associations syndicales, conformément aux dispositions de la loi du 21 juin 1865.

Art. 5. Dans les pays de montagne, en dehors même des périmètres établis conformément aux dispositions qui précèdent, des subventions continueront à être accordées aux communes, aux associations pastorales, aux fruitières, aux établissements publics, aux particuliers, à raison des travaux entrepris par eux pour l'amélioration, la consolidation du sol et la mise en valeur des pâturages. Ces subventions consisteront soit en délivrance de graines ou de plantes, soit en argent, soit en travaux.

Art. 6. Le paragraphe 1ᵉʳ de l'art. 224 du Code forestier, qui autorise le défrichement des jeunes bois pendant les vingt premières années après leur semis ou plantation, n'est applicable dans aucun cas aux reboisements effectués en exécution de la présente loi.

Mais les bois ainsi créés bénéficient sans exception de l'exemption d'impôts établie pendant trente ans par l'art. 226 du Code forestier.

TITRE II. — CONSERVATION DES TERRAINS EN MONTAGNE.

*Chap. Iᵉʳ. — De la mise en défens.*

Art. 7. L'administration des forêts pourra requérir la mise en défens des terrains et pâturages en montagne appartenant aux communes, aux établissements publics et aux particuliers, toutes les fois que l'état de dégradation du sol ne paraîtra pas encore assez avancé pour nécessiter les travaux de restauration.

Cette mise en défens est prononcée par un décret rendu en Conseil d'État.

Art. 8. Ce décret est précédé des enquêtes, délibérations et avis prescrits par le troisième paragraphe de l'art. 2 de la présente loi.

Il détermine la nature, la situation et les limites du terrain à interdire. Il fixe, en outre, la durée de la mise en défens, sans qu'elle puisse excéder dix ans, et le délai pendant lequel les parties intéressées pourront procéder au règlement amiable de l'indemnité à accorder aux propriétaires pour privation de jouissance.

En cas de désaccord sur le chiffre de l'indemnité, il sera statué par le conseil de préfecture, après expertise contradictoire, s'il y a lieu, sauf recours au Conseil d'État, devant lequel il sera procédé sans frais dans les mêmes formes et délais qu'en matière de contributions publiques.

Il pourra n'être nommé qu'un seul expert.

Dans le cas où l'État voudrait, à l'expiration du délai de dix ans, maintenir la mise en défens, il sera tenu d'acquérir les terrains à l'amiable ou par voie d'expropriation publique, s'il en est requis par les propriétaires.

Art. 9. L'indemnité annuelle sera versée à la caisse municipale.

La somme représentant la perte éprouvée par les communes à raison de la suspension de l'exercice de leur droit d'amodier les pâturages ou de les soumettre à des taxes locales, sera affectée aux besoins communaux, et le surplus et même le tout, s'il y a lieu, sera distribué aux habitants par les soins du conseil municipal.

Art. 10. Pendant la durée de la mise en défens,

l'État pourra exécuter, sur les terrains interdits, tels travaux que bon lui semblera, pour parvenir plus rapidement à la consolidation du sol, pourvu que ces travaux n'en changent pas la nature, et sans qu'une indemnité quelconque puisse être exigée du propriétaire, à raison des améliorations que ces travaux auraient procurées à sa propriété.

Art. 11. Les délits commis sur les terrains mis en défens seront constatés et poursuivis comme ceux commis dans les bois soumis au régime forestier. Il sera procédé à l'exécution des jugements conformément aux art. 209, 211, 212 et aux paragraphes 1 et 2 de l'art. 210 du Code forestier.

*Chap. II.— De la réglementation des pâturages communaux.*

Art. 12. Dans l'année qui suivra la promulgation de la présente loi, et à l'avenir, avant le 1er janvier de chaque année, les communes dont les noms seront inscrits au tableau annexé au règlement d'administration publique prévu par l'art. 23 devront transmettre au préfet du département un règlement indiquant la nature et les limites des terrains communaux soumis au pacage, les diverses espèces de bestiaux et le nombre des têtes à y introduire, l'époque du commencement et de la fin du pâturage, ainsi que les autres conditions relatives à son exercice.

Art. 13. Si, à l'expiration du délai fixé par l'article précédent, les communes n'ont pas soumis à l'approbation du préfet le projet de règlement prescrit par le même article, il y sera pourvu d'office par le préfet, après avis d'une commission spéciale, composée du secrétaire général ou du sous-préfet, président, d'un conseiller général et du plus âgé des conseillers d'arrondissement du canton, d'un délégué du conseil municipal de la commune et de l'agent forestier.

Il en sera de même dans les cas où les communes n'auraient pas consenti à modifier le règlement proposé par elles conformément aux observations de l'administration.

Art. 14. Les règlements mentionnés à l'art. 13 ci-dessus seront rendus exécutoires par le préfet, si, dans le mois qui suivra l'accusé de réception de la délibération du conseil municipal, ils n'ont donné lieu à aucune contestation.

Art. 15. Les contraventions aux règlements de pâturage intervenus dans les conditions fixées par les articles ci-dessus seront constatées et poursuivies dans les formes prescrites par les art. 137 et suivants du Code d'instruction criminelle, et, au besoin, par tous les officiers de police judiciaire.

Les contrevenants seront passibles des peines portées par les art. 471 du Code pénal et 474 en cas de récidive, modifiées, s'il y a lieu, par l'application de l'art. 463.

TITRE III. — DISPOSITIONS TRANSITOIRES.

Art. 16. Les lois du 28 juillet 1860 et du 8 juin 1864 sont abrogées.

Toutefois, les périmètres décrétés jusqu'à ce jour sont provisoirement maintenus.

Ils seront revisés dans les trois ans à partir de la promulgation de la présente loi.

Pendant ce délai, l'administration des forêts devra notifier aux propriétaires la liste des par-

celles qu'elle se propose d'acquérir pour en former de nouveaux périmètres.

Les sommes représentant, dans les règlements à intervenir, le prix desdites parcelles porteront intérêt au taux légal, au profit des propriétaires, à partir de l'expiration du délai de trois ans ci-dessus mentionné.

Art. 17. A l'expiration de ce délai, les communes, les établissements publics et les particuliers rentreront dans la pleine propriété et jouissance des parcelles qui ne figureront pas sur cette liste. Ils ne pourront en être dépossédés de nouveau qu'après l'accomplissement des formalités prescrites par la présente loi.

Art. 18. Dans les cinq ans à partir de la promulgation de la présente loi, l'administration devra traiter avec les communes, les établissements publics et les particuliers, pour l'acquisition des parcelles maintenues dans les périmètres de gazonnement et de reboisement.

Art. 19. Si les propriétaires des parcelles que l'État se propose d'acquérir n'acceptent pas les prix qui leur seront offerts, il sera procédé ainsi qu'il est prescrit par le premier paragraphe de l'art. 4 de la présente loi.

Art. 20. L'État fait abandon des créances qu'il aurait à faire valoir contre les communes et les établissements publics, en vertu des lois du 28 juillet 1860 et du 8 juin 1864.

Toutefois, la plus-value résultant des travaux effectués en vertu de ces mêmes lois sera prise en considération par le jury dans l'évaluation du montant du prix des terrains à exproprier.

Art. 21. L'État aura la faculté de payer le montant des indemnités par annuités, dont chacune ne pourra être inférieure au dixième de la valeur totale attribuée aux terrains acquis.

Les annuités non payées porteront intérêt à 5 p. 100. L'État pourra se libérer en tout ou en partie par anticipation.

Art. 22. Dans les communes assujetties à l'application de la présente loi, les gardes domaniaux appelés à veiller à l'exécution et à la conservation des travaux dans les périmètres de reboisement et de gazonnement seront chargés en même temps de la constatation des infractions aux mises en défens, aux règlements sur les pâturages et de la surveillance des bois communaux, de manière que, pour le tout, il n'y ait désormais qu'un seul service commandé et soldé par l'État.

Art. 23. Un règlement d'administration publique déterminera les dispositions à prendre pour l'application de la présente loi. (Il suit immédiatement.)

II. — **RÈGLEMENT D'ADMINISTRATION PUBLIQUE DU 11 JUILLET 1882.**

TITRE 1er. — DE LA RESTAURATION DES TERRAINS EN MONTAGNE.

*Chap. 1er. — Fixation du périmètre des terrains à restaurer.*

Art. 1er. L'administration des forêts procède à la désignation des terrains dont elle estime que la restauration est d'utilité publique.

Elle dresse à cet effet un procès-verbal de reconnaissance des terrains, un plan des lieux et un avant-projet des travaux dont elle propose l'exécution.

Art. 2. Le procès-verbal de reconnaissance expose la configuration des lieux, leur altitude moyenne, les conditions dans lesquelles ils se trouvent au point de vue géologique et climatérique, l'état de dégradation du sol, les circonstances qui ont amené cet état, les dommages qui en sont résultés et les dangers qu'il présente.

Il est accompagné d'un tableau parcellaire donnant pour chaque parcelle ou portion de parcelle comprise dans le périmètre, la section et le numéro de la matrice cadastrale, la contenance, le nom du propriétaire, le revenu imposable et le mode de jouissance adopté jusque-là.

Le plan des lieux est dressé d'après le cadastre et porte l'indication des sections et les numéros des parcelles.

L'avant-projet fait connaître la nature et l'importance des travaux ainsi que l'évaluation approximative de la dépense totale.

Art. 3. Les pièces énoncées en l'article précédent sont adressées par l'administration des forêts au préfet, qui, dans le délai d'un mois au plus, ouvre dans chacune des communes intéressées l'enquête prescrite par l'art. 2 de la loi du 4 avril 1882.

L'arrêté prescrivant l'ouverture de l'enquête et la convocation du conseil municipal est signifié au maire de la commune intéressée et, en même temps, porté à la connaissance des habitants par voie de publication et d'affiches.

Toutes les pièces restent déposées à la mairie pendant trente jours à partir de ladite signification.

Passé ce délai, un commissaire enquêteur, désigné par le préfet, reçoit au même lieu, pendant trois jours consécutifs, les déclarations des habitants sur l'utilité publique des travaux projetés.

Il est justifié de l'accomplissement de cette formalité, ainsi que de la publication et de l'affichage de l'arrêté du préfet, par un certificat du maire.

Après avoir clos et signé le registre des déclarations, le commissaire le transmet immédiatement au préfet avec son avis motivé et les pièces qui ont servi de base à l'enquête.

Art. 4. Dans la huitaine après la clôture de l'enquête, le conseil municipal exprime son avis dans une délibération dont le procès-verbal est adressé immédiatement au préfet, pour être joint au dossier. Il désigne, en outre, deux délégués chargés de représenter la commune dans la commission spéciale instituée par l'art. 2 de la loi du 4 avril 1882 : ces délégués doivent être choisis en dehors des propriétaires de parcelles comprises dans le périmètre.

Art. 5. Dans le cours de la session, le conseil d'arrondissement et le conseil général désignent chacun un de leurs membres, autres que ceux du canton où se trouve le périmètre, pour les représenter dans la commission spéciale mentionnée à l'article précédent.

Dans l'intervalle des sessions, le membre du conseil général et le membre du conseil d'arrondissement sont désignés par la commission départementale.

Art. 6. Le préfet désigne, pour faire partie de la même commission, un ingénieur des ponts et chaussées ou des mines et un agent forestier, puis il convoque la commission ainsi complétée.

Celle-ci se réunit au lieu indiqué par un arrêté spécial de convocation, dans la quinzaine de la date de cet arrêté. Elle examine séparément pour chaque commune les pièces de l'instruction, les déclarations consignées au registre de l'enquête, et, après avoir recueilli tous les renseignements nécessaires, elle donne son avis motivé tant sur l'utilité publique de l'entreprise que sur les mesures d'exécution indiquées dans l'avant-projet.

Cet avis doit être formulé sous forme de procès-verbal, dans le délai d'un mois à partir de l'arrêté de convocation.

Art. 7. Le préfet, après avoir pris l'avis du conseil d'arrondissement et du conseil général, adresse au ministre de l'agriculture, avec son avis motivé, toutes les pièces de l'instruction relatives à chaque commune, aussitôt que les formalités prescrites ont été complètement remplies.

Si les travaux projetés intéressent plusieurs départements, il est procédé simultanément dans chaque département à l'accomplissement des formalités ci-dessus prescrites.

Le ministre de l'agriculture prépare le projet de loi statuant sur la déclaration d'utilité publique des travaux de restauration : le projet peut comprendre l'ensemble des terrains à restaurer dans un même bassin de rivière torrentielle.

Art. 8. Le préfet est chargé de l'accomplissement des formalités de publication et d'affichage prescrites par l'art. 3 de la loi du 4 avril 1882. Les plans et extraits nécessaires lui seront transmis immédiatement, à cet effet, par l'administration des forêts.

*Chap. II. — Travaux obligatoires. Indemnités.*
*Acquisitions de terrains.*

Art. 9. Dans le délai de trente jours après la notification prescrite par l'art. 2 de la loi du 4 avril 1882, les propriétaires et les associations syndicales libres qui désirent bénéficier des dispositions de l'art. 4 de la même loi et conserver la propriété de leurs terrains doivent en informer par écrit le conservateur des forêts. Celui-ci leur notifie les travaux à effectuer sur leurs terrains, les clauses, conditions et délais d'exécution, ainsi que le montant des indemnités qui pourront leur être accordées par l'État.

S'ils acceptent ces conditions, ils remettent en double minute au conservateur, et dans un délai de quinze jours, l'engagement mentionné dans l'art. 4 de la loi du 4 avril 1882.

Cet engagement doit contenir la justification des moyens d'exécution. Il est soumis à l'approbation du ministre de l'agriculture.

En cas d'approbation, mention en est faite sur l'une des minutes, qui est rendue au propriétaire.

A défaut de déclaration ou d'acceptation dans les délais précités, les propriétaires sont réputés renoncer au bénéfice des dispositions du deuxième paragraphe de l'art. 4 de la loi du 4 avril 1882.

Art. 10. Dans le délai de trente jours après la notification prescrite par l'art. 3 de la loi du 4 avril 1882, les communes et établissements publics, propriétaires de terrains compris dans les périmètres fixés par la loi déclarative de l'utilité publique, ainsi que les associations syndicales autorisées, font connaître au préfet, par une déclaration motivée, leur intention de bénéficier des dispositions de l'art. 4 de la loi du 4 avril 1882.

L'administration des forêts leur notifie, par l'intermédiaire du préfet, les travaux à effectuer sur leurs terrains, les clauses, conditions et délais d'exécution, ainsi que le montant des indemnités qui pourront leur être accordées.

Dans le délai de trente jours à compter de cette notification, les communes et les établissements publics font connaître au préfet, par une délibération motivée, qu'ils acceptent ces conditions.

A défaut de déclaration ou d'acceptation dans les délais précités, les travaux de restauration sont exécutés dans les conditions indiquées par le § 1er de l'art. 1er de la loi du 4 avril 1882.

Art. 11. Le conseil municipal ou la commission administrative alloue chaque année les crédits ou les journées de prestation fixés par les conventions comme nécessaires tant pour l'exécution des travaux neufs sur les terrains appartenant aux communes et établissements publics, que pour l'entretien des travaux effectués. Le refus d'allocation entraîne de plein droit la déchéance de la faculté accordée par le § 2 de l'art. 4 de la loi du 4 avril 1882.

Art. 12. Les travaux neufs ou d'entretien effectués sur leurs terrains, avec ou sans indemnité, par les particuliers, les communes ou les établissements publics, sont soumis au contrôle et à la surveillance de l'administration des forêts.

L'indemnité n'est payée qu'après exécution des travaux, au vu d'un procès-verbal de réception dressé par l'agent forestier local et sur l'avis du conservateur.

En cas d'inexécution dans les délais fixés, de mauvaise exécution ou de défaut d'entretien, constatés par le conservateur des forêts ou son délégué, contradictoirement ou en l'absence des propriétaires dûment convoqués, une décision du ministre de l'agriculture ordonne qu'il soit procédé conformément au § 1er de l'art. 4 de la loi du 4 avril 1882.

Art. 13. Les propriétaires qui sont disposés à céder amiablement leurs terrains à l'État doivent se concerter sans retard avec les agents forestiers. Si l'accord s'établit, le contrat est passé dans les formes et conditions prévues par les art. 19, 56, 58 et 59 de la loi du 3 mai 1841.

*Chap. III. — Travaux facultatifs.*
*Subventions.*

Art. 14. Les propriétaires de terrains en montagne qui désirent prendre part aux subventions à accorder par l'État, aux termes de l'art. 5 de la loi du 4 avril 1882, doivent en adresser la demande au conservateur des forêts. S'il s'agit d'une commune, d'une association pastorale, d'une fruitière ou d'un établissement public, la demande doit être adressée au préfet, qui la transmet au conservateur avec son avis motivé.

Ces subventions, qui consistent soit en délivrance de graines ou de plants, soit en argent, soit en travaux, sont accordées par le ministre de l'agriculture.

Art. 15. Les subventions en graines ou plants allouées aux communes, aux associations pastorales, aux fruitières, aux établissements publics

et aux particuliers sont estimées en argent. Avant la délivrance, l'estimation est notifiée aux propriétaires et acceptée par eux.

Les travaux entrepris à l'aide de subventions de l'État sont exécutés sous le contrôle et la surveillance des agents forestiers.

Les subventions en argent sont payées après l'exécution des travaux, au vu d'un procès-verbal de réception dressé par l'agent forestier local et sur l'avis du conservateur. Le montant des subventions en graines ou plants peut être répété par l'État, en cas d'inexécution des travaux, de détournement d'une partie des graines ou des plants, ou de mauvaise exécution constatée comme au § 3 de l'art. 12 du présent décret.

Art. 16. Sont soumis de plein droit au régime forestier les terrains, appartenant aux communes et aux établissements publics, sur lesquels des travaux de reboisement sont entrepris à l'aide de subventions de l'État.

La restitution des subventions peut être requise dans le cas où les terrains à restaurer viendraient à être distraits du régime forestier. Cette restitution est ordonnée par un arrêté du préfet.

TITRE II. — CONSERVATION DES TERRAINS EN MONTAGNE.

*Chap. Ier. — Fixation du périmètre des terrains à mettre en défens. Indemnités pour privation de jouissance.*

Art. 17. L'administration des forêts procède à la désignation des terrains dont elle estime que la mise en défens est nécessaire dans l'intérêt public.

A cet effet, elle dresse un procès-verbal de reconnaissance des terrains et un plan des lieux.

Art. 18. Les documents mentionnés ci-dessus sont établis conformément aux dispositions de l'art. 2 du présent décret.

Le procès-verbal de reconnaissance indique, en outre, la nature, la situation et les limites des terrains à interdire au parcours, la durée de la mise en défens, sans qu'elle puisse excéder dix ans, et le délai pendant lequel les parties intéressées peuvent procéder au règlement des indemnités à accorder aux propriétaires pour privation de jouissance.

Art. 19. Les documents énoncés en l'article précédent sont transmis par l'administration des forêts au préfet, qui fait procéder, dans la forme et les délais prescrits par les art. 3, 4, 5, 6 et 7 du présent décret, à l'accomplissement des formalités mentionnées dans le § 1er de l'art. 8 de la loi du 4 avril 1882. Le préfet renvoie toutes les pièces de l'instruction, avec son avis motivé, au ministre de l'agriculture.

Art. 20. Ampliation du décret prononçant la mise en défens est transmise par l'administration des forêts au préfet, qui le fait publier et afficher dans la commune de la situation des lieux, puis notifier, sous forme d'extrait, aux divers propriétaires intéressés. Cet extrait contient les indications spéciales relatives à chaque parcelle ; il fait connaître le jour initial et la durée de la mise en défens, ainsi que le délai pendant lequel il pourra être procédé au règlement amiable de l'indemnité annuelle due pour privation de jouissance.

Art. 21. En cas d'accord avec le propriétaire,

le montant de l'indemnité annuelle est définitivement fixé par le ministre de l'agriculture.

Si, à l'expiration du délai fixé par le décret prononçant la mise en défens, l'accord ne s'est pas établi, il est procédé alors au règlement de l'indemnité conformément aux prescriptions de l'art. 8 de la loi du 4 avril 1882.

L'indemnité court à partir du jour initial de la mise en défens et se calcule d'après le montant de l'annuité, fixée au prorata du nombre de mois et de jours écoulés. Elle est payée, pour chaque année écoulée, dans le courant du mois de janvier de l'année suivante.

Art. 22. Si l'administration des forêts estime qu'il est nécessaire de maintenir les terrains en défens après l'expiration du délai de dix ans fixé par l'art. 8 de la loi du 4 avril 1882, elle notifie sa décision aux propriétaires de ces terrains avant la fin de la dernière année, et il est alors procédé conformément aux dispositions du chapitre II du titre Iᵉʳ du présent décret, si le propriétaire le requiert dans le délai d'un mois à partir de la notification.

Dans le cas où le délai fixé par le décret prononçant la mise en défens serait inférieur à dix ans, si l'administration des forêts croit nécessaire de maintenir les terrains en défens jusqu'à l'expiration du délai de dix ans, elle notifie sa décision aux propriétaires de ces terrains avant la fin de la dernière année du délai fixé par le premier décret.

*Chap. II. — Réglementation de l'exercice du pâturage sur les terrains communaux.*

Art. 23. Sont inscrites sur le tableau prévu par l'art. 12 de la loi du 4 avril 1882, et assujetties à la réglementation prescrite par cet article, les communes sur le territoire desquelles des périmètres de restauration obligatoire ou de mise en défens ont été établis par des lois ou des décrets. Notification de ce tableau est préalablement faite par le préfet à chaque commune intéressée, en ce qui la concerne.

Ce tableau est révisé annuellement et, au plus tard, le 1ᵉʳ octobre de chaque année, sur la proposition de l'administration des forêts. Les modifications qu'il convient d'y apporter sont arrêtées par décret rendu dans la forme des règlements d'administration publique.

Dans le délai d'un mois, les modifications introduites dans la liste sont notifiées par le préfet à chaque commune intéressée, en ce qui la concerne.

Art. 24. Avant le 1ᵉʳ janvier de chaque année, le maire de chaque commune assujettie à la réglementation du pâturage fait parvenir au préfet, en double minute, le projet de règlement pour l'exercice du pâturage sur les terrains appartenant à la commune, et situés, soit sur son territoire, soit sur celui d'une autre commune.

Le projet de règlement indique notamment :

La nature, les limites et la superficie totale des terrains communaux soumis au pâturage;

Les limites, l'étendue des cantons qu'il y a lieu d'ouvrir aux troupeaux dans le cours de l'année;

Les chemins par lesquels les bestiaux doivent passer pour aller au pâturage ou pacage et en revenir ;

Les diverses espèces de bestiaux et le nombre de têtes qu'il convient d'y introduire ;

L'époque à laquelle commence et finit l'exercice du pâturage, suivant les cantons et la catégorie des bestiaux.

La désignation du pâtre ou des pâtres communs choisis par l'autorité municipale pour conduire le troupeau de chaque commune ou section de commune ;

Et toutes autres conditions d'ordre et de police relatives à l'exercice du pâturage.

Le préfet communique immédiatement ce projet de règlement au conservateur des forêts.

Les projets de cahiers des charges et de baux concernant les pâturages communaux à affermer sont assimilés aux projets de règlement ; ils sont, en conséquence, soumis aux mêmes formalités et communiqués au conservateur des forêts.

Art. 25. Le règlement, délibéré par le conseil municipal, conformément à l'art. 12 de la loi du 4 avril 1882, est publié et affiché dans la commune.

Les intéressés peuvent adresser leurs réclamations au préfet dans le mois qui suivra la publication de ce règlement constatée par un certificat du maire.

Art. 26. Après que le règlement délibéré par le conseil municipal aura été rendu exécutoire, les deux minutes transmises par le maire sont visées par le préfet, qui retourne l'une de ces minutes à la commune et remet l'autre au conservateur des forêts.

Les règlements établis ou modifiés par le préfet, dans les conditions indiquées par l'art. 13 de la loi du 4 avril 1882, sont exécutoires après notification au maire de la commune intéressée.

TITRE III. — DISPOSITIONS TRANSITOIRES ET DISPOSITIONS GÉNÉRALES.

*Chap. Iᵉʳ. — Dispositions transitoires.*

Art. 27. La révision des périmètres décrétés antérieurement au 4 avril 1882 est opérée par les agents forestiers et constatée par un procès-verbal.

Les terrains qui font l'objet de cette révision sont divisés en trois catégories, savoir :

1° Terrains dont la restauration est reconnue nécessaire ou doit être continuée et qu'il y a lieu, par l'État, d'acquérir pour en former de nouveaux périmètres ;

2° Terrains qu'il convient de rendre à la libre jouissance des ayants droit;

3° Terrains boisés ou partiellement boisés appartenant aux communes ou aux établissements publics et qui doivent être maintenus sous le régime forestier, conformément aux dispositions de l'art. 90 du Code forestier.

Art. 28. Le procès-verbal de révision indique, pour chaque parcelle, le numéro du plan cadastral, la contenance et le nom du propriétaire tel qu'il est porté à la matrice des rôles.

Il est accompagné d'un plan des lieux dressé d'après le cadastre.

Art. 29. Ampliation du procès-verbal de révision, approuvé par le directeur des forêts, est transmise au préfet, qui est chargé de notifier à chaque propriétaire un extrait de cet acte concernant les parcelles lui appartenant. Un duplicata du plan précité est déposé à la mairie de la commune de la situation des lieux.

Art. 30. Le mode de paiement par annuités prévu par l'art. 21 de la loi du 4 avril 1882, pour les acquisitions faites par l'État, est applicable à tous les terrains compris dans les périmètres décrétés avant le 4 avril 1882 ou institués postérieurement à cette date.

Art. 31. Pendant le délai de trois ans fixé par l'art. 16 de la loi du 4 avril 1882 pour la révision des périmètres décrétés antérieurement à cette loi, les délits constatés par les gardes préposés à la surveillance de ces périmètres continuent à être poursuivis comme les délits commis dans les bois soumis au régime forestier.

### Chap. II. — Dispositions générales.

Art. 32. Est abrogé le décret du 10 novembre 1864, portant règlement d'administration publique pour l'exécution des lois des 28 juillet 1860 et 8 juin 1864.

On trouvera au *Bulletin des lois*, n° 737, p. 1192 et suiv., le tableau, par département, des communes assujetties à la réglementation du pâturage.

**RECEVEUR.** (*Dict.*) **1.** Le décret du 23 juillet 1878 dispose ce qui suit dans son art. 1ᵉʳ : Nul ne peut être nommé receveur particulier des finances s'il a moins de trente ans ou plus de cinquante ans et s'il ne compte dix ans de service publics, dont cinq ans au moins dans un service ressortissant au ministère des finances.

Les deux tiers des vacances annuelles de recettes particulières sont réservés aux percepteurs.

Aucun receveur particulier ne peut obtenir une recette d'une classe supérieure, s'il ne compte trois années d'exercice au moins dans la classe immédiatement inférieure. Cette condition de trois années d'exercice n'est pas exigée pour les mutations qui peuvent avoir lieu dans une même classe.

**2.** En cas de partage de responsabilité entre deux receveurs successifs, il appartient au ministre des finances de répartir entre eux le cautionnement du comptable infidèle en tenant compte des fautes respectivement imputables à l'un et à l'autre de ces receveurs. (*Arr. du C. 27 juin 1879.*)

**3.** Le receveur des finances qui n'a pas fait, dans les trois mois de son entrée en fonctions, une vérification approfondie de la comptabilité d'un percepteur, doit couvrir de ses deniers les débets ultérieurement constatés dans la caisse de ce percepteur, et il n'a de recours contre son prédécesseur que pour les débets existant au moment de la dernière vérification annuelle faite par celui-ci. — Pour l'application de cette disposition, la vérification du livre récapitulatif faite dans les bureaux du receveur, ne peut être considérée comme équivalent à une vérification annuelle. (*Arr. du C. 27 juin 1879.*)

*Voy. aussi* **Cautionnement, Percepteur, Organisation communale,** etc.

**RECRUTEMENT.** (*Dict.*) **1.** La décision d'un conseil de révision à laquelle a pris part le membre du conseil général représentant le canton où les opérations de recrutement ont lieu doit être annulée pour violation de l'art. 27 de la loi du 27 juillet 1872. (*Arr. du C. 16 déc. 1881.*)

**2.** Les décisions des conseils de révision étant définitives, un de ces conseils ne peut, sans violation de la loi, placer dans une partie du contingent un jeune homme qu'une décision antérieure avait placé dans une autre partie. (*Arr. du C. 16 déc. 1881.*)

**3.** C'est au conseil de révision siégeant au chef-lieu de canton, et non au conseil de révision siégeant au chef-lieu du département avec adjonction de deux membres du conseil général, qu'il appartient de retirer les dispenses accordées à titre provisoire aux jeunes gens considérés comme soutiens de famille. (*Arr. du C. 3 février 1882.*)

**4.** Le conseil de révision peut, sans excès de pouvoirs, supprimer la dispense accordée à un jeune homme, à titre de soutien de famille, sans que ce jeune homme ait été entendu et sans que le maire de la commune ait présenté un rapport écrit. (*Arr. du C. 3 févr. 1882.*)

Le rapport a été fait de vive voix.

**5.** Le jeune homme admis à contracter un engagement conditionnel d'un an n'est pas recevable à demander le remboursement de la somme versée par lui lorsque son incorporation est devenue définitive. — Il en est ainsi, même si le jeune homme est réformé peu après son entrée au corps, à raison d'une maladie remontant à une époque antérieure à son incorporation, et qui n'avait pas été reconnue lors des visites médicales qu'il avait alors subies. (*Arr. du C. 6 janvier 1882.*)

**6.** Le conseil de révision doit rayer des tableaux du recensement tout individu ayant subi une condamnation emportant indignité de servir dans l'armée française, alors même que cette condamnation n'a été prononcée que par contumace. (*Arr. du C. 16 déc. 1881.*)

**RÈGLEMENT ADMINISTRATIF.** (*Dict.*) **1.** Un arrêté préfectoral régulièrement publié est une loi qui oblige toute personne, même étrangère au département ; par suite, l'importateur d'un plant de vigne provenant d'un pays où la présence du phylloxera a été reconnue dans un département où le préfet a interdit l'entrée de ces plants, commet une contravention, alors même qu'il n'a ni son domicile, ni sa résidence dans le département. (*Cass. 9 nov. 1878.*)

**2.** La force exécutoire d'un arrêté municipal n'est pas nécessairement subordonnée à l'affichage de cet arrêté ; il suffit qu'il ait été publié conformément à l'usage local. (*Cass. 11 janv. 1878.*)

**3.** L'arrêté municipal pris en vue de circonstances exceptionnelles dans le but de pourvoir d'urgence à un intérêt temporaire est immédiatement obligatoire. (*Cass. 10 mars 1883.*)

**4.** L'ordonnance du 8 novembre 1780, qui enjoint à tous fripiers, brocanteurs, revendeurs de tenir un registre sur lequel ils doivent inscrire tous leurs achats est encore en vigueur à Paris et dans ce qui était autrefois sa banlieue. (*Cass. 16 févr. 1883.*)

**RENTES SUR L'ÉTAT.** (*Dict.*)

SOMMAIRE.

### CHAP. I. — RENOUVELLEMENT DES TITRES.

**1.** L'agent comptable des transferts et mutations n'étant plus en mesure d'exercer sur les diverses parties de ce service une surveillance suffisante, le décret du 16 décembre 1876 institue un agent comptable spécial chargé :

1° De recevoir les titres de rentes au porteur déposés au Trésor ou envoyés par correspondance, pour être reconvertis, réunis, divisés ou renouvelés ;

2° D'exécuter les transferts *d'ordre* auxquels donnent lieu les reconversions, réunions, divisions ou renouvellements de titres de rentes au porteur ;

3° De délivrer ou d'envoyer les nouveaux titres provenant de ces opérations.

Cet agent comptable prêtera, en outre, son concours pour la transmission, au bureau des transferts et mutations, des titres de rentes mixtes reçus par correspondance, et pour le renvoi dans les départements des nouveaux titres à provenir des transferts d'ordre opérés sur ces rentes.

**2.** Le nouvel agent comptable portera le titre d'*Agent comptable des reconversions et renouvellements des rentes au porteur.* Il sera justiciable de la Cour des comptes et assujetti à un cautionnement en numéraire dont le montant sera fixé par arrêté ministériel. (*D.* 16 *déc.* 1876, art. 2.)

**3.** L'agent comptable des *transferts et mutations* continuera à effectuer toutes les opérations relatives aux transferts ou aux mutations des rentes nominatives et mixtes, des rentes viagères et des titres d'annuités de rachat des canaux ; il délivrera les divers titres à provenir de ces opérations et conservera généralement toutes les attributions qui ne sont pas dévolues à *l'agent comptable des reconversions et renouvellements des rentes au porteur (art. 3).*

**4.** L'agent comptable des transferts et mutations et l'agent comptable des reconversions et renouvellements signeront respectivement les extraits d'inscriptions de rentes qu'ils seront appelés à délivrer. Cette signature les rend l'un ou l'autre responsables, conjointement avec l'agent comptable du grand-livre, de la régularité de l'extrait délivré (*art.* 4).

**5.** Un décret du 12 mars 1877 approuve les dispositions arrêtées par le ministre des finances sur le service des reconversions et des renouvellements des rentes au porteur. Nous en reproduisons les sept premiers articles d'après le *Bulletin des lois:*

Art. 1er. Les opérations concernant les transferts d'ordre auxquels donnent lieu les reconversions, réunions, divisions et renouvellements de rentes au porteur, qui s'effectuent actuellement dans l'enceinte du palais de la Bourse, auront lieu, à partir du 1er avril 1877, au ministère des finances, par les soins de l'agent comptable des reconversions et renouvellements des rentes au porteur, créé par le décret ci-dessus visé du 14 décembre dernier.

Art. 2. Les inscriptions de rentes au porteur déposées au Trésor pour en faire opérer la conversion, division, réunion ou le renouvellement, devront être accompagnées d'un bordereau détaillé signé du déposant, indiquant son domicile et énonçant les inscriptions qu'il demande en échange.

Art. 3. Les bulletins de dépôt remis aux intéressés seront au porteur et devront être signés par l'agent comptable ou par son délégué, puis revêtus, conformément à l'art 1er de la loi du 24 avril 1833, du visa du contrôle.

La remise des récépissés sera effectuée par les agents du contrôle central. Quant à la délivrance des nouvelles inscriptions de rentes, elle aura lieu sous la surveillance directe des délégués du contrôle central, sur la présentation et au porteur du bulletin de dépôt. La restitution de ce bulletin opérera la décharge de l'agent comptable.

Art. 4. Les inscriptions de rentes que les trésoriers-payeurs généraux envoient à la dette inscrite par l'entremise du caissier-payeur central du Trésor public, pour en faire opérer la conversion ou le renouvellement, seront, à l'avenir, adressées directement à la dette inscrite (service de l'agent comptable des reconversions et renouvellements).

Art. 5. Les opérations concernant les rentes mixtes qui seront demandées par les trésoriers-payeurs généraux seront effectuées par l'entremise de l'agent comptable, qui devra transmettre ces valeurs au bureau des transferts et mutations.

Les titres qui proviendront de ces opérations seront transmis aux trésoriers-payeurs généraux par l'agent comptable des reconversions et renouvellements des titres de rentes au porteur.

Art. 6. Un récépissé comptable des valeurs adressées sera délivré aux trésoriers-payeurs généraux par les soins de l'agent comptable des reconversions et renouvellements des rentes au porteur.

Art. 7. L'agent comptable des transferts et mutations continuera, conformément aux dispositions de l'art. 3 du décret du 14 décembre 1876, à effectuer toutes les opérations relatives au transfert réel et aux mutations des rentes nominatives et mixtes, des rentes viagères et des titres d'annuité de rachat des canaux ; il délivrera les divers titres à provenir de ces opérations et conservera généralement toutes les attributions qui ne sont pas dévolues à l'agent comptable des reconversions et renouvellements.

**6.** Le décret du 21 mai 1877 autorise le directeur de la dette inscrite à faire imprimer sa signature *sur les formules destinées à la confection des titres de rente de toute nature.*

### CHAP. II. — LA DETTE AMORTISSABLE.

**7.** La dette amortissable a été créée par la loi du 11 juin 1878, dont nous ne citons que les quatre premiers articles :

Art. 1er. Il est institué au grand-livre de la dette publique une section spécialement consacrée à la dette amortissable par annuités.

Art. 2. Seront inscrites à la section du grand-livre de la dette publique, institué par l'art 1er, les rentes 3 p. 100 amortissables en 75 ans, dont la création et la négociation font l'objet de la présente loi ou seront autorisées par des lois ultérieures.

Art. 3. Tous les privilèges et immunités attachés aux rentes sur l'État sont assurés aux rentes 3 p. 100 amortissables.

Ces rentes sont insaisissables conformément aux dispositions des lois des 8 nivôse an VI et 22 floréal an VII, et pourront être affectées aux remplois et placements spécifiés par l'art. 29 de la loi du 16 septembre 1871 [1].

Tout déposant de caisse d'épargne dont le crédit sera de somme suffisante pour acheter quinze francs au moins de rente 3 p. 100 amortissable, pourra faire opérer cet achat, sans frais, par les soins de l'administration de la caisse d'épargne.

Art. 4. Le taux et l'époque des émissions, la nature, la forme et le mode de transfert des titres, le mode et les époques d'amortissement et de paiement des arrérages, ainsi que toutes autres conditions applicables à la dette amortissable par annuités, seront déterminés par décrets.

**8.** Le décret du 12 juin 1877 autorise le ministre des finances à créer des obligations de

---

1. Au *Bulletin des lois* il y a : 26 septembre, mais c'est une faute typographique. Cette loi du 16 septembre (*L. de finances*) dit seulement, art. 29, que les rentes pourront être affectées aux remplois prescrits ou autorisés par les lois, jugements, contrats, etc.

500 fr. portant 20 fr. d'intérêt et remboursables à long terme.

9. La loi portant autorisation de rembourser ou de convertir en rentes 4 $^1/_2$ p. 100 les rentes 5 p. 100 inscrites au grand-livre de la dette publique est du 27 avril 1883.

### CHAP. III. — DISPOSITIONS DIVERSES.

**10.** *Compétence.* Les tribunaux civils sont compétents pour connaître des questions de propriété relatives aux inscriptions de rentes sur l'État, et le jugement qui, prononçant sur une question de cette nature, ordonne que la rectification de l'inscription litigieuse aura lieu suivant les droits reconnus des parties et en observant les formes prescrites par la loi, n'est pas contraire au principe de la séparation des pouvoirs administratif et judiciaire.

**11.** *Paiement de la rente par le percepteur.* Jusqu'en 1874, le service du paiement des rentes sur l'État, les pensions et les rentes viagères était centralisé au ministère des finances. Les habitants de Paris et des communes suburbaines étaient donc obligés de parcourir de longues distances et d'attendre plusieurs heures aux guichets avant de toucher leurs arrérages. Pour remédier à cet état de choses, une décision ministérielle du 22 février 1874 a chargé les receveurs-percepteurs de la ville de Paris du paiement des coupons de rentes au porteur. Une autre décision, du 22 novembre 1879, a autorisé les percepteurs de la banlieue à payer les pensions et les rentes viagères. Pour compléter cette innovation, le ministre des finances a chargé les receveurs-percepteurs de Paris de payer également les rentes nominatives sur l'État, les pensions civiles et militaires et rentes viagères. Le ministre a décidé qu'à partir du 1er avril 1882 les percepteurs seraient chargés de ce nouveau service.

Pour indemniser les receveurs-percepteurs du surcroît de besogne que leur imposera ce nouveau service, le ministre des finances propose de leur allouer une somme de 40,000 fr. répartie entre les trente-six circonscriptions de Paris.

Les rentiers ou pensionnaires qui désirent changer de lieu de perception, ont à faire une déclaration spéciale, sans frais.

**12.** *Achat par l'intermédiaire du caissier-payeur central.* Le décret du 6 juin 1883 porte: Art. 1er. Le caissier-payeur central du Trésor public, à Paris, est chargé d'opérer, pour le compte des habitants du département de la Seine, et sans frais, sauf ceux de timbre et de courtage justifiés par bordereaux d'agents de change, les ventes et achats de rentes et valeurs du Trésor public que les trésoriers-payeurs généraux sont chargés d'effectuer dans les départements par l'art. 21 de l'ordonnance du 14 avril 1819.

**4.** *Responsabilité.* (*Voy. ce mot.*)

### BIBLIOGRAPHIE.

Étude théorique et pratique sur les titres au porteur perdus, volés, détruits, etc., et les moyens d'en recouvrer la jouissance, par Ernest Le Gost. Paris, Pedone-Lauriel. 1880.

Étude sur les titres au porteur, par Amédée Petit. Paris, Marescq aîné. 1880.

Manuel des transferts et des mutations de rentes sur l'État, par J. M. Georges et V. A. Bezard. Paris, Doin. 1883.

**RÉQUISITION.** (*Dict.*) Nous reproduisons ci-après la loi du 3 juillet 1877, ainsi que le règlement d'administration publique (*D.* 2 *août* 1877) qui la complète. Les numéros ci-après correspondent aux articles de la loi : nous avons maintenu au règlement la désignation : *art.* On ne pourra donc pas confondre l'une avec l'autre. La loi est d'ailleurs divisée en *chapitres* et le règlement qui la suit en *titres.* Il est inutile d'ajouter que *L.* = *loi* et *R.* = *règlement.*

### LOI DU 3 JUILLET 1877.

### CHAP. I. — CONDITIONS GÉNÉRALES DANS LESQUELLES S'EXERCE LE DROIT DE RÉQUISITION.

**1.** En cas de mobilisation partielle ou totale de l'armée, ou de rassemblement de troupes, le ministre de la guerre détermine l'époque où commence, sur tout ou partie du territoire français, l'obligation de fournir les prestations nécessaires pour suppléer à l'insuffisance des moyens ordinaires d'approvisionnement de l'armée.

**2.** Toutes les prestations donnent droit à des indemnités représentatives de leur valeur, sauf dans les cas spécialement déterminés par l'art. 15 de la présente loi.

**3.** Le droit de requérir appartient à l'autorité militaire. Les réquisitions sont toujours formulées par écrit et signées. Elles mentionnent l'espèce et la quantité des prestations imposées et, autant que possible, leur durée. Il est toujours délivré un reçu des prestations fournies.

**4.** Un règlement d'administration publique déterminera les conditions d'exécution de la présente loi, en ce qui concerne la désignation des autorités ayant qualité pour ordonner ou exercer les réquisitions, la forme de ces réquisitions et les limites dans lesquelles elles pourront être faites. (*Voy. plus loin les art.* 1 à 10 *du Règl.*)

### CHAP. II. — DES PRESTATIONS A FOURNIR PAR VOIE DE RÉQUISITION.

**5.** Est exigible, par voie de réquisition, la fourniture des prestations nécessaires à l'armée et qui comprennent notamment :

1° Le logement chez l'habitant et le cantonnement pour les hommes et pour les chevaux, mulets et bestiaux dans les locaux disponibles, ainsi que les bâtiments nécessaires pour le personnel et le matériel des services de toute nature qui dépendent de l'armée ;

2° La nourriture journalière des officiers et soldats logés chez l'habitant, conformément à l'usage du pays ;

3° Les vivres et le chauffage pour l'armée, les fourrages pour les chevaux, mulets et bestiaux ; la paille de couchage pour les troupes campées ou cantonnées ;

4° Les moyens d'attelage et de transport de toute nature, y compris le personnel ;

5° Les bateaux ou embarcations qui se trouvent sur les fleuves, rivières, lacs et canaux ;

6° Les moulins et les fours ;

7° Les matériaux, outils, machines et appareils nécessaires pour la construction ou la réparation des voies de communication, et, en général, pour l'exécution de tous les travaux militaires ;

8° Les guides, les messagers, les conducteurs, ainsi que les ouvriers pour tous les travaux que les différents services de l'armée ont à exécuter ;

9° Le traitement des malades ou blessés chez l'habitant ;

10° Les objets d'habillement, d'équipement, de campement, de harnachement, d'armement et de couchage, les médicaments et moyens de pansement ;

11° Tous les autres objets et services dont la fourniture est nécessitée par l'intérêt militaire.

Hors le cas de mobilisation, il ne pourra être fait réquisition que des prestations énumérées aux cinq premiers paragraphes du présent article. Les moyens d'attelage et de transport, bateaux et embarcations, dont il est question aux paragraphes 4 et 5, ne pourront également être requis chaque fois, hors le cas de mobilisation, que pour une durée maximum de vingt-quatre heures. (*Voy. plus loin les art.* 11 à 22 *du Régl.*)

6. Les réquisitions relatives à l'emploi d'établissements industriels pour la fourniture des produits autres que ceux qui résultent de leur fabrication normale ne pourront être exercées que sur un ordre du ministre de la guerre ou d'un commandant d'armée ou de corps d'armée.

7. En cas d'urgence, sur l'ordre du ministre de la guerre ou de l'autorité militaire supérieure chargée de la défense de la place, il peut être pourvu, par voie de réquisition, à la formation des approvisionnements nécessaires à la subsistance des habitants des places de guerre.

### CHAP. III. — DU LOGEMENT ET DU CANTONNEMENT.

8. Le logement des troupes, en station ou en marche, chez l'habitant, est l'installation, faute de casernement spécial, des hommes, des animaux et du matériel dans les parties des maisons, écuries, remises ou abris des particuliers reconnues, à la suite d'un recensement, comme pouvant être affectées à cet usage, et fixées en proportion des ressources de chaque particulier ; les conditions d'installation afférentes aux militaires de chaque grade, aux animaux et au matériel

étant d'ailleurs déterminées par les règlements en vigueur. (*Voy. R., art.* 23.)

Le cantonnement des troupes, en station ou en marche, est l'installation des hommes, des animaux et du matériel dans les maisons, établissements, écuries, bâtiments ou abris de toute nature appartenant soit aux particuliers, soit aux communes ou aux départements, soit à l'État, sans qu'il soit tenu compte des conditions d'installation attribuées, en ce qui concerne le logement défini ci-dessus, aux militaires de chaque grade, aux animaux et au matériel, mais en utilisant, dans la mesure du nécessaire, la contenance des locaux, sous la réserve, toutefois, que les propriétaires ou détenteurs conservent toujours le logement qui leur est indispensable.

9. Aux termes de l'art. 5 ci-dessus, et en cas d'insuffisance des bâtiments militaires destinés au logement des troupes dans les places de guerre ou les villes de garnison, il y est suppléé au moyen de maisons ou d'établissements loués par les municipalités, reconnus et acceptés par l'autorité militaire, ou au moyen du logement des officiers et des hommes de troupe chez l'habitant. Cette disposition est également applicable à la fourniture des magasins et des écuries.

Le logement est fourni de la même manière, à défaut de bâtiments militaires dans les villes, villages, hameaux et maisons isolées, aux troupes détachées ou cantonnées, ainsi qu'aux troupes de passage et aux militaires isolés.

10. Il sera fait par les municipalités un recensement de tous les logements, établissements et écuries que les habitants peuvent fournir pour le logement ou le cantonnement des troupes dans les circonstances spécifiées à l'art. 9. Ce recensement sera communiqué à l'autorité militaire. Il pourra être revisé, en tout ou en partie, dans les localités et aux époques fixées par le ministre de la guerre. (*Voy. R., art.* 23.)

11. Dans tous les cas où les troupes devront être logées ou cantonnées chez l'habitant, l'autorité militaire informera les municipalités du jour de leur arrivée.

Les municipalités délivreront ensuite, sur la présentation des ordres de route, les billets de logement, en observant de réunir, autant que possible, dans le même quartier, les hommes et les chevaux appartenant aux mêmes unités constituées, afin de faciliter le rassemblement.

12. Dans l'établissement du logement ou du cantonnement chez l'habitant, les municipalités ne feront aucune distinction de personnes, quelles que soient leurs fonctions ou qualités.

Seront néanmoins dispensés de fournir le logement dans leur domicile les détenteurs de caisses publiques déposées dans ledit domicile, les veuves et filles vivant seules et les communautés religieuses de femmes. Mais les uns et les autres sont tenus d'y suppléer en fournissant le logement en nature chez d'autres habitants, avec lesquels ils prendront des arrangements à cet effet ; à défaut de quoi, il y sera pourvu à leurs frais par les soins de la municipalité.

Les officiers et les fonctionnaires militaires, dans leur garnison ou résidence, ne logeront pas les troupes dans le logement militaire qui leur sera fourni en nature, et lorsqu'ils seront logés en dehors des bâtiments militaires, ils ne seront tenus de fournir le logement aux troupes qu'autant que celui qu'ils occuperont excédera la proportion affectée à leur grade ou à leur emploi. Les officiers en garnison dans le lieu de leur habitation ordinaire seront tenus de fournir le logement dans leur domicile propre, comme les autres habitants.

**13.** Les municipalités veilleront à ce que la charge du logement ou du cantonnement soit répartie avec équité sur tous les habitants. Les habitants ne seront jamais délogés de la chambre et du lit où ils ont l'habitude de coucher : ils ne pourront néanmoins, sous ce prétexte, se soustraire à la charge du logement selon leurs facultés. Hors le cas de mobilisation, le maire ne pourra envahir le domicile des absents ; il devra loger ailleurs à leurs frais. Les établissements publics ou particuliers requis préalablement par l'autorité militaire et effectivement utilisés par elle, ne seront pas compris dans la répartition du logement ou du cantonnement.

**14.** Les troupes seront responsables des dégâts et dommages occasionnés par elles dans leurs logements ou cantonnements. Les habitants qui auront à se plaindre à cet égard adresseront leurs réclamations, par l'intermédiaire de la municipalité, au commandant de la troupe, afin qu'il y soit fait droit, si elles sont fondées. Lesdites réclamations devront être adressées et les dégâts constatés, à peine de déchéance, avant le départ de la troupe, ou, en temps de paix, trois heures après, au plus tard ; un officier sera laissé à cet effet par le commandant de la troupe.

**15.** Le logement des troupes, en cas de passage, de rassemblement, de détachement ou de cantonnement, donnera droit à l'indemnité, conformément à l'art. 2 ci-dessus, sauf les exceptions suivantes : 1° le logement des troupes de passage chez l'habitant ou leur cantonnement pour une durée maximum de trois nuits chaque mois, ladite durée s'appliquant indistinctement au séjour d'un seul corps ou de corps différents chez les mêmes habitants ; 2° le cantonnement des troupes qui manœuvrent ; 3° le logement chez l'habitant ou le cantonnement des troupes rassemblées dans les lieux de mobilisation et leurs dépendances pendant la période de mobilisation, dont un décret fixe la durée.

**16.** En toutes circonstances, les troupes auront droit, chez l'habitant, au feu et à la chandelle.

**17.** Dans tous les cas où les troupes seront gratuitement logées chez l'habitant ou cantonnées, le fumier provenant des animaux appartiendra à l'habitant. Dans tous les cas où le logement chez l'habitant et le cantonnement donneront droit à une indemnité, le fumier restera la propriété de l'État, et son prix pourra être déduit du montant de ladite indemnité, avec le consentement de l'habitant.

**18.** Un règlement d'administration publique fixera les détails d'exécution du logement des troupes en dehors des bâtiments militaires, notamment les conditions du logement attribué aux militaires de chaque grade. Il déterminera, en outre, le prix de la journée de logement ou de cantonnement pour les hommes ou les animaux et le prix de la journée de fumier. (*Voy. plus loin le R., art.* 23 *à* 33. *Les prix sont indiqués à l'art.* 33.)

### CHAP. IV. — DE L'EXÉCUTION DES RÉQUISITIONS.

**19.** Toute réquisition doit être adressée à la commune ; elle est notifiée au maire. Toutefois, si aucun membre de la municipalité ne se trouve au siège de la commune, ou si une réquisition urgente est nécessaire sur un point éloigné du siège de la commune et qu'il soit impossible de la notifier régulièrement, la réquisition peut être adressée directement par l'autorité militaire aux habitants.

Les réquisitions exercées sur une commune ne doivent porter que sur les ressources qui y existent, sans pouvoir les absorber complètement.

**20.** Le maire, assisté, sauf le cas de force majeure ou d'extrême urgence, de deux membres du conseil municipal appelés dans l'ordre du tableau et de deux des habitants les plus imposés de la commune, répartit les prestations exigées entre les habitants et les contribuables, alors même que ceux-ci n'habitent pas la commune et n'y sont pas représentés. Cette répartition est obligatoire pour tous ceux qui y sont compris. Il est délivré par le maire, à chacun d'eux, un reçu des prestations fournies. Le maire prendra les mesures nécessitées par les circonstances pour que, dans le cas d'absence de tout habitant ou contribuable, la répartition, en ce qui le concerne, soit effective.

Au lieu de procéder par voie de répartition, le maire, assisté comme il est dit ci-dessus, peut, au compte de la commune, pourvoir directement à la fourniture et à la livraison des prestations requises ; les dépenses qu'entraîne cette opération sont imputées sur les ressources générales du budget municipal, sans qu'il soit besoin d'autorisation spéciale. Dans les cas prévus par le premier paragraphe de l'art. 19, ou lorsque les prestations requises ne sont pas fournies dans les délais prescrits, l'autorité militaire fait d'office la répartition entre les habitants.

**21.** Dans le cas de refus de la municipalité, le maire, ou celui qui en fait fonctions, peut être condamné à une amende de vingt-cinq à cinq cents francs (25 à 500 fr.). Si le fait provient du mauvais vouloir des habitants, le recouvrement des prestations est assuré, au besoin, par la force ; en outre, les habitants qui n'obtempèrent pas aux ordres de réquisition sont passibles d'une amende qui peut s'élever au double de la valeur de la prestation requise. En temps de paix, quiconque abandonne le service pour lequel il est requis personnellement, est passible d'une amende de seize à cinquante francs (16 à 50 fr.). En temps de guerre, et par application des dispositions portées à l'art. 62 du Code de justice militaire, il est traduit devant le conseil de guerre et peut être condamné à la peine de l'emprisonnement de six jours à cinq ans, dans les termes de l'art. 194 du même Code.

**22.** Tout militaire qui, en matière de réquisitions, abuse des pouvoirs qui lui sont conférés, ou qui refuse de donner reçu des quantités fournies, est puni de la peine de l'emprisonnement, dans les termes de l'art. 194 du Code de justice militaire ; tout militaire qui exerce des réquisitions sans avoir qualité pour le faire, est puni, si ces réquisitions sont faites sans violence, conformément au cinquième paragraphe de l'art. 248 du Code de justice militaire. Si ces réquisitions sont exercées avec violence, il est puni conformément à l'art. 250 du même Code. Le tout sans préjudice des restitutions auxquelles il peut être condamné.

23. Dans les eaux maritimes, les propriétaires, capitaines ou patrons de navires, bateaux et embarcations de toute nature sont tenus, sur réquisition, de mettre ces navires, bateaux ou embarcations à la disposition de l'autorité militaire, qui a le droit d'en disposer dans l'intérêt de son service et qui peut également requérir le personnel en tout ou en partie. Ces réquisitions se font, par l'intermédiaire de l'administration de la marine, sur les points du littoral où elle est représentée. (*Voy. le R.*, art. 34 à 43.)

### CHAP. V. — DU RÈGLEMENT DES INDEMNITÉS.

24. Lorsqu'il y a lieu, par application de l'art. 1er de la présente loi, de requérir des prestations pour les besoins de l'armée, le ministre de la guerre nomme, dans chaque département où peuvent être exercées des réquisitions, une commission chargée d'évaluer les indemnités dues aux personnes et aux communes qui ont fourni des prestations.

Un règlement d'administration publique déterminera la composition et le fonctionnement de cette commission, qui devra comprendre des membres civils et des membres militaires, en assurant la majorité à l'élément civil. (*Voy. plus loin le R.*, art. 44 à 46.)

25. Le maire de chacune des communes où il a été exercé des réquisitions, adresse, dans le plus bref délai, à la commission, avec une copie de l'ordre de réquisition, un état nominatif contenant l'indication de toutes les personnes qui ont fourni des prestations, avec la mention des quantités livrées, des prix réclamés par chacune d'elles et de la date des réquisitions. L'autorité militaire fixe, sur la proposition de la commission, l'indemnité qui est allouée à chacun des intéressés.

26. Dans les trois jours de la proposition de la commission, les décisions de l'autorité militaire sont adressées au maire et notifiées administrativement par lui à chacun des intéressés ou à leur résidence habituelle, dans les vingt-quatre heures de la réception. Dans un délai de quinze jours, à partir de cette notification, ceux-ci doivent faire connaître au maire s'ils acceptent ou refusent l'allocation qui leur est faite. Faute par eux d'avoir fait connaître leur refus dans ce délai, les allocations sont considérées comme définitives. Le refus sera motivé et indiquera la somme réclamée. Il est transmis par le maire au juge de paix du canton, qui en donne connaissance à l'autorité militaire et envoie de simples avertissements sans frais, pour une date aussi prochaine que possible, à l'autorité militaire et au réclamant. En cas de non-conciliation, il peut prononcer immédiatement ou ajourner les parties pour être jugées dans le plus bref délai. Il statue en dernier ressort jusqu'à une valeur de deux cents francs

(200 fr.) inclusivement, et en premier ressort jusqu'à quinze cents francs (1,500 fr.) inclusivement. Au-dessus de ce chiffre, l'affaire sera portée devant le tribunal de première instance. Dans tous les cas, le jugement sera rendu comme en matière sommaire.

27. Après l'expiration du délai fixé par le deuxième paragraphe de l'article précédent, le maire dresse l'état des allocations devenues définitives par l'acceptation ou le silence des intéressés. Le montant des allocations portées sur ce tableau est mandaté collectivement, au nom de la commune, par les soins de l'intendance. Le mandat doit être payé comptant. En temps de guerre, le paiement peut être fait en bons du Trésor, portant intérêt à cinq pour cent du jour de la livraison.

28. Aussitôt après le paiement du mandat ou l'échéance du bon du Trésor, le maire est tenu de mandater et le receveur municipal est tenu de payer à chaque indemnitaire la somme qui lui revient. (*Articles correspondants du Règlement*, 44 à 56.)

### CHAP. VI. — DES RÉQUISITIONS RELATIVES AUX CHEMINS DE FER.

29. Dans les cas prévus par l'art. 1er de la présente loi, les compagnies de chemins de fer sont tenues de mettre à la disposition du ministre de la guerre toutes les ressources en personnel et matériel qu'il juge nécessaires pour assurer les transports militaires. Le personnel et le matériel ainsi requis peuvent être indifféremment employés, sans distinction de réseau, sur toutes les lignes dont il peut être utile de se servir, tant en deçà qu'au delà de la base d'opérations.

30. L'autorité militaire peut aussi se faire livrer par les compagnies, sur réquisition et au prix de revient, le combustible, les matières grasses et autres objets qui sont nécessaires pour le service des chemins de fer en campagne.

31. Les dépendances des gares et de la voie, y compris les bureaux et fils télégraphiques des compagnies, qui peuvent être nécessaires à l'administration de la guerre, doivent également être mises, sur réquisition, à la disposition de l'autorité militaire. Les réquisitions seront adressées par l'autorité militaire aux chefs de gare.

32. Les réquisitions prévues par les art. 29, 30 et 31 de la présente loi sont exercées conformément aux art. 22 et suivants de la loi du 13 mars 1875, et donnent lieu à des indemnités qui seront déterminées par un règlement d'administration publique. (La loi du 13 mars est relative à l'organisation de l'armée, et les art. 22 et suivants règlent le service militaire des chemins de fer.)

33. En temps de guerre, les transports commerciaux cessent de plein droit sur les lignes ferrées situées au delà de la station de transition fixée sur la base d'opérations. Cette suppression ne donne lieu à aucune indemnité.

34. Les communes ne peuvent comprendre dans la répartition des prestations qu'elles sont requises de fournir, aucun objet appartenant aux compagnies de chemins de fer. (*Voy. le R.*, art. 57 à 64.)

### CHAP. VII. — DES RÉQUISITIONS DE L'AUTORITÉ MARITIME.

**35.** Les dispositions de la présente loi sont applicables aux réquisitions exercées pour les besoins de l'armée de mer. Un règlement d'administration publique déterminera les attributions de l'autorité maritime en ce qui concerne le droit de requérir et les conditions d'exécution des réquisitions. (*Voy. plus loin le R., art.* 65 à 73.)

### CHAP. VIII. — DISPOSITIONS RELATIVES AUX CHEVAUX, MULETS ET VOITURES NÉCESSAIRES A LA MOBILISATION.

**36.** L'autorité militaire a le droit d'acquérir, par voie de réquisition, pour compléter et pour entretenir l'armée au pied de guerre, des chevaux, juments, mules et mulets, et des voitures attelées.

**37.** Tous les ans, avant le 16 janvier, a lieu, dans chaque commune, sur la déclaration obligatoire des propriétaires, et, au besoin, d'office, par les soins du maire, le recensement des chevaux, juments, mules et mulets susceptibles d'être requis en raison de l'âge qu'ils ont eu au 1er janvier, c'est-à-dire six ans et au-dessus pour les chevaux et juments, quatre ans et au-dessus pour les mulets et mules. L'âge se compte à partir du 1er janvier de l'année de la naissance. Tous les trois ans, avant le 16 janvier, a lieu dans chaque commune, et de la même manière que ci-dessus, le recensement des voitures attelées de chevaux et de mulets, autres que celles qui sont exclusivement affectées au transport des personnes. (*Voy. le R., art.* 74 à 81.)

**38.** Chaque année, le ministre de la guerre peut faire procéder, du 16 janvier au 1er mars, ou du 15 mai au 15 juin, à l'inspection et au classement des chevaux, juments, mulets ou mules, recensés ou non, ayant l'âge fixé à l'article précédent. La même opération peut être faite, aux mêmes époques, dans l'année du recensement pour les voitures attelées. L'inspection et le classement ont lieu, en temps de paix, dans chaque commune, à l'endroit désigné à l'avance par l'autorité militaire, en présence du maire ou de son suppléant légal. Il y est procédé par des commissions mixtes désignées dans chaque région par le général commandant le corps d'armée et composées chacune d'un officier président et ayant voix prépondérante en cas de partage, d'un membre civil choisi dans la commune, ayant voix délibérative, et d'un vétérinaire militaire ou d'un vétérinaire civil, ou, à défaut, d'une personne compétente désignée par le maire, ayant voix consultative. Il ne sera pas alloué d'indemnité au membre civil de ladite commission. (*Voy. le R., art.* 82 *et suiv.*)

**39.** Les animaux reconnus propres à l'un des services de l'armée sont classés suivant les catégories établies au budget pour les achats annuels de la remonte, les chevaux d'officiers formant, dans chaque catégorie des chevaux de selle, une classe à part.

**40.** Sont exemptés de la réquisition, en cas de mobilisation, et ne sont pas portés sur la liste de classement par catégories :

1° Les chevaux appartenant au Chef de l'État;

2° Les chevaux dont les fonctionnaires sont tenus d'être pourvus pour leur service ;

3° Les chevaux entiers approuvés ou autorisés pour la reproduction ;

4° Les juments en état de gestation constatée, ou suitées d'un poulain, ou notoirement reconnues comme consacrées à la reproduction ;

5° Les chevaux et juments n'ayant pas atteint l'âge de six ans, les mulets et mules au-dessous de quatre ans ;

6° Les chevaux de l'administration des postes, ou ceux qu'elle entretient pour son service par des contrats particuliers ;

7° Les chevaux indispensables pour assurer le service des administrations publiques et ceux affectés aux transports de matériel nécessités par l'exploitation des chemins de fer. Ces derniers peuvent, toutefois, être requis au même titre que les voies ferrées elles-mêmes, conformément aux dispositions de l'art. 29 de la présente loi.

**41.** Les voitures recensées sont présentées tout attelées aux commissions mixtes, qui arrêtent leur classement ainsi que celui des harnais. A l'issue de ce classement, il est procédé, en présence de la commission, à un tirage au sort qui règle l'ordre d'appel des voitures en cas de mobilisation.

**42.** Sont exemptées de la réquisition, en cas de mobilisation, et ne sont pas portées sur la liste de classement par catégories, les voitures indispensables pour assurer le service des administrations publiques et celles affectées aux transports de matériel nécessités par l'exploitation des chemins de fer. Ces dernières peuvent, toutefois, être requises au même titre que les voies ferrées elles-mêmes, conformément aux dispositions de l'art. 29 de la présente loi.

**43.** Un tableau certifié par le président de la commission mixte et par le maire, indiquant, pour chaque commune, le signalement des animaux classés, ainsi que le nom de leurs propriétaires, est adressé au bureau de recrutement du ressort. Un double de ce tableau reste déposé à la mairie jusqu'au classement suivant. Il est dressé, de la même manière, un tableau de classement des voitures en double expédition ; les numéros de tirage y sont inscrits.

**44.** Le contingent des animaux à fournir, en cas de mobilisation, dans chaque région, pour compléter et entretenir au pied de guerre les troupes qui y sont stationnées, est fixé par le ministre de la guerre, d'après les ressources constatées au classement pour chaque catégorie. Ce contingent est réparti, dans la région, par l'autorité militaire, de manière à égaliser les charges provenant des réquisitions prévues pour les besoins successifs de l'armée. Toutefois, cette répartition n'est notifiée qu'en cas de mobilisation. L'insuffisance des ressources dans un corps d'armée sera compensée, sur l'ordre du ministre de la guerre, par l'excédent d'un autre corps d'armée. *Les mêmes dispositions sont applicables aux voitures attelées.*

**45.** Dès la réception de l'ordre de mobilisation, le maire est tenu de prévenir les propriétaires que : 1° tous les animaux classés présents dans la commune ; 2° tous ceux qui y ont été introduits depuis le dernier classement et qui ne sont pas compris dans les cas d'exemption prévus par l'art. 40 ; 3° tous ceux qui ont atteint l'âge légal depuis le dernier classement ; 4° tous ceux enfin qui, pour un motif quelconque, n'auraient pas été déclarés au recensement, ni présentés au dernier classement, bien qu'ils eussent l'âge légal, doivent être conduits, aux jour et heure fixés pour chaque canton, au point indiqué par l'autorité militaire. Le maire prévient également les propriétaires des voitures, d'après les numéros de tirage portés sur le dernier état de classement, suivant la demande de l'autorité militaire, d'avoir à les conduire tout attelées au même point de rassemblement. Les animaux doivent avoir leur ferrure en bon état, un bridon et un licol pourvu d'une longe.

46. Des commissions mixtes, désignées par l'autorité militaire, procèdent, audit point, à la réception, par canton, des animaux amenés, et opèrent le classement non encore fait de ceux qui se trouvent compris dans les cas spéciaux indiqués à l'article précédent. Si le nombre des animaux présentés à la commission est supérieur au chiffre à requérir dans la catégorie, il est procédé à un tirage au sort pour déterminer l'ordre dans lequel ils seront appelés.

47. Le propriétaire d'un animal compris dans le contingent a le droit de présenter à la commission de remonte et de faire inscrire à sa place un autre animal non compris dans le contingent, mais appartenant à la même catégorie et à la même classe dans la catégorie.

48. Après avoir statué sur tous les cas de réforme, de remplacement ou d'ajournement demandé pour cause de maladie, la commission de réception, en présence des maires ou de leurs suppléants légaux, prononce la réquisition des animaux nécessaires pour la mobilisation. Elle procède également à la réception des voitures attelées. Elle fixe le prix des voitures et des harnais d'après les prix courants du pays. Les animaux qui attellent les voitures admises entrent en déduction du contingent requis en vertu du présent article et sont payés conformément à l'art. 49 ci-après.

49. Les prix des animaux requis sont déterminés à l'avance et fixés d'une manière absolue, pour chaque catégorie, aux chiffres portés au budget de l'année, augmentés du quart pour les chevaux de selle et pour les chevaux d'attelage d'artillerie. Toutefois, cette augmentation n'est pas applicable aux chevaux entiers.

50. Les propriétaires des animaux, voitures ou harnais requis, reçoivent sans délai des mandats en représentant le prix et payables à la caisse du receveur des finances le plus à proximité.

51. Les propriétaires qui, aux termes de l'art. 45, n'auront pas conduit leurs animaux classés ou susceptibles de l'être, leurs voitures attelées désignées par l'autorité militaire, au lieu indiqué pour la réquisition, sans motifs légitimes admis par la commission de réception, sont déférés aux tribunaux et, en cas de condamnation, frappés d'une amende égale à la moitié du prix d'achat fixé pour la catégorie à laquelle appartiennent les animaux, ou à la moitié du prix moyen d'acquisition des voitures ou harnais dans la région. Néanmoins, la saisie et la réquisition pourront être exécutées immédiatement et sans attendre

le jugement, à la diligence du président de la commission de réception ou de l'autorité militaire.

52. Les maires ou les propriétaires de chevaux, juments, mulets ou mules, de voitures ou de harnais, qui ne se conforment pas aux dispositions du titre VIII de la présente loi, sont passibles d'une amende de vingt-cinq à mille francs (25 à 1,000 fr.). Ceux qui auront fait sciemment de fausses déclarations seront frappés d'une amende de cinquante à deux mille francs (50 à 2,000 fr.).

53. Lorsque l'armée sera replacée sur le pied de paix, les anciens propriétaires des animaux requis pourront les réclamer, sauf restitution du prix intégral de paiement et sous réserve de les rechercher eux-mêmes dans les rangs de l'armée et d'aller les prendre, à leurs frais, au lieu de garnison des corps ou de l'officier détenteur.

CHAP. IX. — DISPOSITIONS SPÉCIALES AUX GRANDES MANŒUVRES.

54. Les indemnités qui peuvent être allouées en cas de dommages causés aux propriétés privées par le passage ou le stationnement des troupes, dans les marches, manœuvres et opérations d'ensemble prévues à l'art. 28 de la loi du 24 juillet 1873, doivent, à peine de déchéance, être réclamées par les ayants droit, à la mairie de la commune, dans les trois jours qui suivront le passage ou le départ des troupes. Une commission attachée à chaque corps d'armée ou fraction de corps d'armée opérant isolément procède à l'évaluation des dommages. Si cette évaluation est acceptée, le montant de la somme fixée est payée sur-le-champ. En cas de désaccord, la contestation sera introduite et jugée comme il a été dit à l'art. 26. Un règlement d'administration publique déterminera la composition et le mode de fonctionnement de la commission. (Voy. plus loin le R., art. 105 et suiv.)

CHAP. X. — DISPOSITIONS GÉNÉRALES.

55. Tous les avertissements et autres actes qu'il sera nécessaire de signifier à l'autorité militaire, pour l'exécution de la présente loi, le seront à la mairie du chef-lieu de canton.

56. Sont abrogées toutes les dispositions antérieures relatives aux réquisitions militaires, et notamment : le titre V de la loi du 10 juillet 1791 et les lois des 26 avril, 23 mai, 2 septembre et 13 décembre 1792, 19 brumaire an III, 28 juin 1815 ; les décrets des 11, 22 et 28 novembre 1870, et la loi du 1er août 1874.

RÈGLEMENT D'ADMINISTRATION PUBLIQUE
*du 2 août 1877.*

TITRE Ier. — CONDITIONS GÉNÉRALES DANS LESQUELLES S'EXERCE LE DROIT DE RÉQUISITION.

Art. 1er. En cas de mobilisation totale de l'armée, l'autorité militaire peut user du droit de requérir les prestations nécessaires à l'armée, depuis le jour de la mobilisation jusqu'au moment où l'armée est remise sur le pied de paix.

Art. 2. En cas de mobilisation partielle ou de rassemblement de troupes, pour quelque cause que ce soit, des arrêtés du ministre de la guerre déterminent l'époque où pourra commencer et celle où devra se terminer l'exercice du droit de réquisition, ainsi que les portions de territoire où le droit de réquisition pourra être exercé.

Ces arrêtés sont publiés dans les communes.

Art. 3. Lorsque la mobilisation totale est ordonnée, les généraux commandant des armées, des corps d'armée, des divisions ou des troupes ayant une mission spéciale peuvent de plein droit exercer des réquisitions.

Ils peuvent déléguer le droit de requérir aux fonctionnaires de l'intendance ou aux officiers commandants de détachements.

Art. 4. En cas de mobilisation partielle ou de rassemblement des troupes, la faculté d'exercer des réquisitions, dans les limites prévues à l'art. 2 du présent décret, n'appartient de plein droit qu'aux généraux commandant les corps d'armée mobilisés ou les rassemblements de troupes.

Le droit de requérir peut être délégué par eux aux fonctionnaires de l'intendance ou aux officiers commandant des détachements.

Art. 5. Les ordres de réquisition sont détachés d'un carnet à souche qui est remis à cet effet entre les mains des officiers appelés à exercer des réquisitions.

Art. 6. Les généraux désignés dans les art. 3 et 4 du présent décret peuvent remettre aux chefs de corps ou de service des carnets à souche d'ordre de réquisition contenant délégation du droit de requérir, pour être délivrés par ces chefs de corps ou de service aux officiers sous leurs ordres qui pourraient être éventuellement appelés à exercer des réquisitions.

Art. 7. Les reçus délivrés par les officiers chargés de la réception des prestations fournies sont extraits d'un carnet à souche qui est fourni par l'autorité militaire, comme les carnets d'ordre de réquisition.

Art. 8. Exceptionnellement, et seulement en temps de guerre, tout commandant de troupes ou chef de détachement opérant isolément peut, même sans être porteur d'un carnet de réquisitions, requérir, sous sa responsabilité personnelle, les prestations nécessaires aux besoins journaliers des hommes et des chevaux placés sous ses ordres.

Art. 9. Les réquisitions ainsi exercées sont toujours faites par écrit et signées; elles sont établies en double expédition, dont l'une reste entre les mains du maire, l'autre est adressée immédiatement, par la voie hiérarchique, au général commandant le corps d'armée. Il est donné reçu des prestations fournies.

Art. 10. L'officier qui a reçu délégation du droit de requérir doit après avoir terminé la mission pour laquelle il avait reçu cette délégation, remettre immédiatement son carnet d'ordres de réquisition à son chef de corps ou de service, qui le fait parvenir à la commission chargée du règlement des indemnités.

TITRE II. — DES PRESTATIONS A FOURNIR PAR VOIE DE RÉQUISITION.

Art. 11. Les officiers qui peuvent être appelés à requérir le logement chez l'habitant ou le cantonnement des troupes sous leurs ordres doivent consulter les états dressés en exécution de l'art. 10 de la loi du 3 juillet 1877 et des art. 23 et suivants du présent décret, et ne réclamer, pour chaque commune, le logement que pour un nombre d'hommes et de chevaux inférieur ou au plus égal à celui qui est indiqué par lesdits tableaux.

Art. 12. Lorsque des troupes sont logées chez l'habitant et que celui-ci est requis de leur fournir la nourriture, il ne peut être exigé une nourriture supérieure à l'ordinaire de l'individu requis.

Art. 13. L'officier commandant un détachement qui réquisitionne dans une commune des fournitures en vivres, denrées ou fourrages, pour la nourriture des troupes ou des chevaux sous ses ordres, doit mentionner sur la réquisition la quantité de rations requise et la quotité de la ration réglementaire.

Art. 14. Quand il y a lieu de requérir des chevaux, voitures ou harnais pour des transports qui doivent amener un déplacement de plus de cinq jours avant le retour des chevaux et voitures, il est procédé avant la prise de possession à une estimation contradictoire faite par l'officier requérant et le maire.

Art. 15. Si des chevaux et voitures requis pour accompagner un détachement ou convoi sont perdus ou endommagés, le chef du détachement ou convoi doit délivrer au conducteur un certificat constatant le fait.

Il y joint son appréciation des causes du dommage et, si l'estimation préalable n'a pas eu lieu, une évaluation de la perte subie.

Art. 16. En cas de refus de l'officier du détachement ou du convoi de délivrer les pièces mentionnées à l'article précédent, le conducteur des chevaux et voitures endommagés devra s'adresser immédiatement au juge de paix, ou, à défaut du juge de paix, au maire de la commune où s'est produit le dommage pour en faire constater les causes et la valeur.

Art. 17. Toutes les fois qu'il est fait une réquisition d'outils, matériaux, machines, bateaux, embarcations en dehors des eaux maritimes, etc., pour une durée de plus de huit jours, il est procédé, avant l'enlèvement desdits objets, à une estimation faite contradictoirement par l'officier requérant et le maire de la commune.

S'il est, plus tard, restitué tout ou partie desdits objets, procès-verbal est dressé de cette restitution, ainsi que des détériorations subies, et mention en est faite sur le reçu primitivement délivré auquel le procès-verbal est annexé.

Art. 18. Si la réquisition de moulins a pour objet d'en attribuer temporairement à l'autorité militaire l'usage exclusif, il est procédé, avant et après la prise de possession, à une constatation sommaire par l'officier requérant et le maire de la commune.

Art. 19. Les chefs de détachements qui requièrent des guides ou conducteurs pour accompagner les troupes doivent pourvoir à leur nourriture ainsi qu'à celle des chevaux, comme s'ils faisaient partie de leur détachement, pendant toute la durée de la réquisition.

Art. 20. Les guides, les messagers, les conducteurs et les ouvriers qui sont l'objet de réquisitions reçoivent, à l'expiration de leur mission, un certificat qui en constate l'exécution et qui est délivré : pour les guides, par les commandants de détachements; pour les messagers, par les destinataires; pour les conducteurs, par les chefs de convois, et pour les ouvriers, par les chefs de service compétents.

Art. 21. Lorsqu'il y a lieu de requérir le traitement de malades ou blessés, les maires fournissent des locaux spéciaux pour le traitement desdits malades ou blessés, et, à défaut de locaux spéciaux, les répartissent chez les habitants ; mais s'il s'agit de maladies contagieuses, ils doivent pourvoir aux soins à donner dans des bâtiments où les malades puissent être séparés de la population et qui, au besoin, sont requis à cet effet.

En cas d'extrême urgence, et seulement sur des points éloignés du centre de la commune, l'autorité militaire peut requérir directement des habitants le soin des malades ou blessés : mais cette réquisition faite directement ne peut jamais s'appliquer à des malades atteints de maladies contagieuses.

Art. 22. Si des communes ou des habitants sont requis de recevoir des malades ou des blessés, et si ces derniers ne peuvent pas être soignés par les médecins de l'armée, les visites des médecins civils peuvent donner droit à une indemnité spéciale.

Cette indemnité est fixée par la commission d'évaluation, sur la note du médecin, certifiée par l'habitant qui a logé le malade ou le blessé, ou, si faire se peut, par ce dernier lui-même, et visée par le maire de la commune.

TITRE III. — DU LOGEMENT ET DU CANTONNEMENT.

Art. 23. Les maires dressent, tous les trois ans, en double expédition, sur des modèles qui leur sont transmis par les commandants de région, un état des ressources que peut offrir leur commune pour le logement et le cantonnement des troupes.

Cet état doit distinguer l'agglomération principale et les hameaux détachés ; il doit indiquer approximativement :

1° Le nombre de chambres et de lits qui peuvent être affectés au logement des officiers et le nombre d'hommes de troupes qui peuvent être logés chez l'habitant, à raison d'un lit par sous-officier et d'un lit ou au moins d'un matelas et d'une couverture pour deux soldats.

Le nombre de chevaux, mulets, bestiaux et voitures qui peuvent être installés dans les écuries, établies ou remises ;

2° Le nombre d'hommes qui peuvent être cantonnés, dans les maisons, établissements, écuries, bâtiments ou abris de toute nature appartenant soit aux particuliers, soit aux communes ou aux départements, soit à l'État, sous la seule réserve que les propriétaires ou habitants conserveront toujours les locaux qui leur sont indispensables pour leur logement et celui de leurs animaux, denrées et marchandises.

Art. 24. Les états dressés en exécution de l'article précédent sont adressés aux commandants de région par l'intermédiaire du préfet.

Lorsque le ministre de la guerre veut faire opérer la révision de ces états, il charge de cette mission des officiers qui se transportent successivement dans chaque commune.

Il est donné avis aux maires de la mission confiée à ces officiers et de l'époque de leur arrivée dans les communes.

Art. 25. Après la révision, des tableaux récapitulatifs sont imprimés ou autographiés par les soins de l'autorité militaire et tenus à la disposition des officiers généraux ainsi que des intendants militaires et des commissions de règlement des indemnités. Un extrait est envoyé par les commandants de région, aux maires des communes intéressées.

Art. 26. Lorsque les maires ont reçu l'extrait mentionné à l'article précédent, ils dressent, avec le concours des conseillers municipaux, un état indicatif des ressources de chaque maison pour le logement et le cantonnement des troupes, d'après le nombre fixé par le tableau indiqué à l'article précédent.

Lorsqu'ils sont requis de loger ou de cantonner des militaires, ils suivent le plus exactement possible l'ordre de cet état indicatif.

Art. 27. Toutes les fois qu'un maire est obligé (par application du deuxième paragraphe de l'art. 12 ou du troisième paragraphe de l'art. 13 de la loi du 3 juillet 1877) de loger des militaires aux frais et pour le compte de tiers, il prend à cet égard un arrêté motivé, qui est notifié aussitôt que possible à la personne intéressée et qui fixe la somme à payer.

Le paiement en est recouvré comme en matière de contributions directes.

Art. 28. S'il est reconnu que des dégâts ont été commis chez un ou plusieurs habitants par des soldats qui y étaient logés ou cantonnés, procès-verbal en est dressé contradictoirement par le maire de la commune et par l'officier chargé d'examiner la réclamation.

S'il s'agit de passage de troupes en temps de paix, le procès-verbal est remis à l'habitant, qui adresse sa réclamation à l'autorité militaire.

En cas de mobilisation, le procès-verbal sert à l'intéressé comme une réquisition ordinaire, et l'indemnité à allouer est réglée comme en matière de réquisition.

Art. 29. En temps de guerre et en cas de départ inopiné des troupes logées chez l'habitant, si aucun officier n'a été laissé en arrière pour recevoir les réclamations, tout individu qui croit avoir à se plaindre de dégâts commis par les soldats logés chez lui, et qui n'a pu faire sa réclamation avant le départ de la troupe, porte sa plainte au juge de paix, ou, à défaut de juge de paix, au maire de la commune.

Cette plainte doit être remise moins de trois heures après le départ de la troupe.

Le juge de paix ou le maire se transporte immédiatement sur les lieux fait une enquête et dresse un procès-verbal qui est remis à la personne intéressée, pour faire valoir ses droits comme en matière de réquisition.

Art. 30. Toutes les fois qu'une troupe est logée ou cantonnée dans une commune, l'officier qui la commande remet au maire, avant de quitter la commune, un état indiquant l'effectif en officiers, sous-officiers, soldats, chevaux, mulets, voitures, etc., ainsi que la date de l'arrivée et celle du départ.

Il n'y a pas lieu de fournir cet état lorsqu'il s'agit de cantonnement de troupes qui manœuvrent, ou du logement ou cantonnement de militaires pendant la période de mobilisation.

Art. 31. La commune qui réclame une indemnité pour logement ou cantonnement de troupes doit fournir la preuve, pour chaque habitant qui réclame une indemnité, qu'il a reçu des troupes chez lui pendant plus de trois nuits dans le même mois.

Art. 32. Les maires fournissent la preuve exigée par l'article précédent, soit au moyen de l'envoi d'un état des logements ou cantonnements imposés aux habitants, appuyé des états d'effectif dressés en exécution de l'art. 30, soit au moyen des états de logement ou de cantonnement appuyés des ordres de réquisition.

Le maire indique, s'il y a lieu, les motifs qui l'ont empêché de se conformer aux prescriptions du deuxième paragraphe de l'art. 26.

Art. 33. Lorsqu'il y a lieu d'accorder une indemnité pour logement ou cantonnement de troupes dans les conditions spécifiées par les art. 15, 17, et 18 de la loi sur les réquisitions, et 30, 31 et 32 du présent décret, le taux de l'indemnité est fixé d'après les bases ci-après :

#### 1° Logement.

| | |
|---|---|
| Par officier logé seul et par jour | 1 f 00c |
| Par deux officiers logés ensemble et par jour | 1 50 |
| Par sous-officier et par jour | 0 15 |
| Par soldat et par jour | 0 10 |
| Par cheval et par jour | 0 05 |

Plus le fumier.

#### 2° Cantonnement.

| | |
|---|---|
| Par homme et par cheval | 0 f 05c |
| Par cheval | Le fumier. |

### TITRE IV. — DE L'EXÉCUTION DES RÉQUISITIONS.

Art. 34. Lorsque des détachements de différents corps ou des troupes de différentes armes se trouvent à la fois dans une commune, les réquisitions ne peuvent être ordonnées que par l'officier auquel le commandement appartient en vertu des règlements militaires.

Cette disposition ne s'applique pas aux réquisitions qui peuvent être ordonnées pour les besoins généraux de l'armée, par les officiers généraux et les fonctionnaires de l'intendance.

Art. 35. Les réquisitions sont toujours adressées au maire de chaque commune, ou, en son absence, à son suppléant légal, sauf dans les cas prévus au paragraphe 1er de l'art. 19 de la loi du 3 juillet 1877 et sous réserve des peines édictées à l'art. 21 de ladite loi.

Art. 36. Lorsqu'un officier ne trouve aucun membre de la municipalité au siège de la commune, ou lorsqu'il est obligé d'exercer une réquisition urgente dans un hameau éloigné et qu'il n'a pas le temps de prévenir le maire, il s'adresse, autant que possible, à un conseiller municipal, ou, à son défaut, à un habitant pour se faire aider dans la répartition des prestations à fournir.

Art. 37. Si le maire déclare que les quantités requises excèdent les ressources de sa commune, il doit d'abord livrer toutes les prestations qu'il lui est possible de fournir. L'autorité militaire peut toujours, dans ce cas, faire procéder à des vérifications.

Lorsque celle-ci trouve des denrées qui ont été indûment refusées, elle s'en empare, même par la force, et signale le fait à l'autorité judiciaire.

Art. 38. Ne sont pas considérées comme prestations disponibles ou comme fournitures susceptibles d'être réquisitionnées :

1° Les vivres destinés à l'alimentation d'une famille et ne dépassant pas sa consommation pendant trois jours ;

2° Les grains ou autres denrées alimentaires qui se trouvent dans un établissement agricole, industriel ou autre et ne dépassant pas la consommation de huit jours ;

4° Les fourrages qui se trouvent chez un cultivateur et ne dépassant pas la consommation de ses bestiaux pendant quinze jours.

Art. 39. Lorsque le maire reçoit une réquisition, il convoque, sauf le cas d'extrême urgence, deux des membres du conseil municipal et deux des plus imposés dans l'ordre du tableau, en laissant de côté ceux qui habitent loin du centre de la commune.

Quel que soit le nombre des personnes qui répondent à la convocation du maire, celui-ci procède seul ou avec les membres présents à la répartition des réquisitions, et ses décisions sont exécutoires sans appel.

Art. 40. S'il y a lieu de requérir la prestation d'un habitant absent et non représenté, le maire peut, au besoin, faire ouvrir la porte de vive force et faire procéder d'office à la livraison des fournitures requises.

Dans ce cas, il requiert deux témoins d'assister à l'ouverture et la fermeture des locaux, ainsi qu'à l'enlèvement des objets ; il dresse un procès-verbal de ces opérations.

Art. 41. Le maire fait procéder, en sa présence ou en présence d'un délégué, à la remise aux parties prenantes des fournitures requises, et s'en fait donner un reçu.

Il tient registre des prestations fournies par chaque habitant, soit en vertu de la répartition par lui faite, soit en vertu de réquisitions directes, et mentionne les quantités fournies et les prix réclamés ; il délivre des reçus aux prestataires.

Les habitants qui sont l'objet de réquisitions directes portent à la mairie les reçus qu'ils ont obtenus de l'autorité militaire et les échangent contre des reçus de l'autorité municipale.

Il en est de même des certificats qui sont délivrés aux habitants pour constater l'accomplissement d'un service requis.

Art. 42. Si une personne requise d'un service personnel abandonne son poste, l'officier qui constate cet abandon prévient immédiatement le procureur de la République du domicile du délinquant, en lui faisant connaître le nom de ce dernier et son domicile.

Dans le cas prévu par le dernier paragraphe de l'art. 21 de la loi du 3 juillet 1877, la plainte est adressée à l'autorité militaire compétente.

Art. 43. Dans les eaux maritimes, toute réquisition de l'autorité militaire relative à l'emploi temporaire de navires, bateaux ou embarcations de commerce, et de tout ou partie de leurs équipages est adressée au représentant de la marine. S'il y en a un dans la localité ; ce dernier est, dans ce cas, substitué au maire pour l'exécution de la réquisition.

Le personnel requis reste soumis aux appels pour le service de la flotte.

Les indemnités relatives à ces réquisitions sont réglées suivant les conditions prescrites par les art. 71 et 72 du présent décret.

Il est procédé, s'il y a lieu, à l'estimation préalable des objets requis. Cette estimation est faite par un expert que désigne le représentant de la marine.

TITRE V. — DU RÈGLEMENT DES INDEMNITÉS.

Art. 44. En cas de mobilisation totale, le ministre de la guerre nomme une commission centrale qui est chargée de correspondre avec des commissions départementales d'évaluation, d'assurer l'uniformité et la régularité des liquidations et d'émettre son avis sur toutes les difficultés auxquelles peut donner lieu le règlement des indemnités.

Art. 45. Les commissions départementales d'évaluation sont composées de trois, cinq ou sept membres, selon l'importance des réquisitions à exercer.

Le ministre de la guerre fixe ce nombre et peut déléguer au général commandant la région le soin de nommer les membres de ces commissions.

Art. 46. Le nombre des membres civils est de deux dans les commissions composées de trois personnes, de trois dans celles qui sont composées de cinq personnes et de quatre dans celle de sept membres. Les membres civils sont nommés sur la désignation du préfet.

L'arrêté qui nomme les commissions départementales désigne en même temps le président et le secrétaire, qui peuvent être choisis parmi les membres militaires ou parmi les membres civils.

Art. 47. La commission ne peut délibérer que s'il y a au moins trois membres présents dans les commissions composées de trois ou de cinq membres, et cinq dans celles qui sont composées de sept membres.

Les commissions d'évaluation peuvent s'adjoindre, avec voix consultative, des notables commerçants pour l'établissement des tarifs ; elles peuvent ainsi désigner des experts pour l'estimation des dommages. Les frais d'expertise sont à la charge de l'administration.

Art. 48. Les commissions d'évaluation établissent, pour les différents objets susceptibles d'être réquisitionnés, des tarifs qui sont arrêtés par le ministre de la guerre.

Art. 49. Au moyen du registre tenu en vertu de l'art. 41 du présent décret, le maire, pour faire régler les indemnités qui peuvent être dues dans sa commune, dresse, suivant les objets fournis et par service administratif, en double expédition, l'état nominatif (modèles A et A *bis*) de tous les habitants qui ont fourni des prestations ; il indique sur cet état la nature et l'importance des prestations fournies, la date des réquisitions et les prix réclamés. Il y joint son avis. L'état nominatif ainsi dressé est envoyé à la commission d'évaluation, par l'intermédiaire du préfet.

Le maire y joint les ordres de réquisition et les reçus de l'autorité militaire, ainsi que les certificats d'exécution de service requis et les procès-verbaux de dégâts ou d'estimation, s'il y a lieu.

Les pièces justificatives sont récapitulées dans un bordereau dressé en double expédition, dont une est renvoyée à la commune à titre de récépissé, après avoir été visée par la commission.

Art. 50. La commission d'évaluation donne son avis sur les prix de chaque prestation et sur les différences qui peuvent se produire entre les quantités réclamées et celles qui résultent des reçus. Elle transmet son avis au fonctionnaire de l'intendance chargé par le ministre de la guerre de fixer l'indemnité.

Art. 51. Dans les délais prévus par l'art. 26 de la loi du 3 juillet 1877, le fonctionnaire de l'intendance notifie au maire, et celui-ci aux intéressés, le chiffre des indemnités allouées.

Le maire leur fait connaître en même temps qu'ils doivent adresser à la mairie, dans un délai de quinze jours, leur acceptation ou leur refus.

Le fonctionnaire de l'intendance joint à sa notification les états mentionnés à l'art. 49 du présent décret, revêtus de son visa.

Le maire inscrit sur ces états la date de la notification faite aux divers intéressés, y mentionne les réponses qu'il reçoit, et, à l'expiration du délai de quinze jours, arrête les états et en certifie l'exactitude.

Un de ces états reste à la mairie.

Art. 52. Le maire dresse ensuite, en triple expédition et par service administratif, un nouvel état (modèle B) des allocations acceptées et de celles pour lesquelles les intéressés n'ont pas fait de réponse. Ces trois expéditions sont envoyées, avec l'original de l'état indiqué à l'article précédent, au fonctionnaire de l'intendance chargé du règlement des indemnités.

Art. 53. Lorsque le fonctionnaire de l'intendance a reçu l'état des allocations acceptées dans une commune, il doit, après vérification et dans un délai maximum de huit jours, délivrer le mandat de paiement dans les conditions prévues par l'art. 27 de la loi sur les réquisitions.

Le mandat est délivré au nom du receveur municipal de la commune et il est adressé à ce fonctionnaire avec une expédition de l'état nominatif mentionné à l'article précédent et visé par l'ordonnateur.

Art. 54. Quand le paiement est fait au comptant, le receveur municipal, aussitôt après avoir touché le mandat, effectue le paiement à chaque intéressé, qui émarge l'état nominatif.

Art. 55. Si, par application du dernier paragraphe de l'art. 27 de la loi du 3 juillet 1877, le paiement a lieu en bons du Trésor, le receveur municipal encaisse le montant de ces bons à leur échéance et il fait, de concert avec le maire, la répartition des intérêts au prorata des indemnités ; il porte cette répartition sur l'état nominatif et effectue les paiements comme il est indiqué à l'article précédent.

Art. 56. Les refus d'acceptation du chiffre de l'indemnité allouée, qui sont remis au maire dans les conditions prévues par l'art. 26 de la loi du 3 juillet 1877, sont transmis par ceux-ci aux juges de paix aussitôt après l'expiration du délai de quinzaine.

Les juges de paix appellent en conciliation le fonctionnaire de l'intendance désigné à l'art. 50 du présent décret et les réclamants.

Les procès-verbaux de non-conciliation pour les réclamations supérieures à 1,500 fr. seront remis directement aux intéressés.

Art. 57. Lorsqu'il y a lieu, par application de l'art. 29 de la loi du 3 juillet 1877, de requérir la totalité des moyens de transport dont disposent une ou plusieurs compagnies de chemins de fer, cette réquisition est notifiée à chaque compagnie par un arrêté spécial du ministre des travaux publics. Son retrait lui est notifié de la même manière.

Art. 58. En temps de guerre, les transports en deçà de la base d'opérations sont ordonnés par le ministre de la guerre et sont exécutés par les compagnies, sous la direction de la commission militaire supérieure des chemins de fer. Les transports au delà de la base d'opérations sont ordonnés par le général en chef et sont exécutés par les soins de la direction militaire des chemins de fer de campagne, à l'aide d'un personnel spécial organisé militairement et d'un matériel fourni par les compagnies.

Art. 59. En cas de réquisition totale, le prix des transports militaires effectués en deçà de la base d'opérations sera payé conformément aux stipulations du cahier des charges ; s'il n'existe aucune stipulation à ce sujet, le prix est fixé à la moitié du tarif normal.

La réquisition totale donne, soit au ministre de la guerre et à la commission militaire supérieure des chemins de fer, soit au général en chef et à la direction militaire des chemins de fer de campagne, le droit d'utiliser pour les besoins de l'armée les dépendances des gares et de la voie et les fils télégraphiques des compagnies, sans que cet emploi puisse donner lieu à aucune indemnité nouvelle.

Art. 60. Les dépendances des gares et de la voie ne peuvent être réquisitionnées, en deçà de la base d'opérations, que par le ministre de la guerre, sur l'avis de la commission militaire supérieure des chemins de fer, et, au delà de la base d'opérations, que par le général en chef, sur l'avis de la direction militaire des chemins de fer de campagne.

Art. 61. Au delà de la base d'opérations, il n'est dû aux compagnies, pour les transports effectués sur leurs réseaux, que la taxe de péage fixée conformément au cahier des charges qui régit chacune d'elles.

Art. 62. L'emploi des machines, voitures et wagons provenant des compagnies, dont la direction militaire des chemins de fer de campagne peut avoir besoin, donne lieu à une indemnité de location réglée conformément à un tarif qui sera établi par un décret rendu en Conseil d'État.

Art. 63. Le matériel affecté au service de la direction militaire des chemins de fer de campagne sera préalablement inventorié. L'estimation portée à l'inventaire servira de base à l'indemnité à allouer en cas de perte, de destruction ou d'avarie.

Art. 64. En cas de réquisition de combustibles, matières grasses et autres objets, par application de l'art. 30 de la loi du 3 juillet 1877, les prix à percevoir par chaque compagnie appelée à fournir ces objets se composent : 1º du prix d'achat de ces matières ; 2º des frais de transport sur des voies étrangères à la compagnie qui les a fournies ; 3º des frais de transport sur le réseau exploité par ladite compagnie, calculés sur le pied de trois centimes par tonne et par kilomètre.

Art. 65. L'autorité maritime peut exercer des réquisitions, en cas de mobilisation totale ou partielle, comme l'autorité militaire.

En cas de mobilisation partielle, des arrêtés du ministre de la marine déterminent l'époque où pourra commencer et celle où devra se terminer l'exercice du droit de réquisition.

Art. 66. Les vice-amiraux commandant en chef, préfets maritimes, peuvent seuls exercer de plein droit des réquisitions.

Ils peuvent déléguer le droit de requérir aux officiers des corps de la marine investis d'un commandement ou aux officiers du commissariat de la marine.

Les réquisitions de l'autorité maritime, comme celles de l'autorité militaire, sont extraites d'un carnet à souche.

Art. 67. Exceptionnellement, tout officier de marine commandant une force navale, un bâtiment isolé ou un détachement à terre peut, même sans être porteur d'un carnet de réquisitions, requérir, sous sa responsabilité personnelle, les prestations nécessaires aux navires et aux hommes qu'il commande.

Art. 68. Les réquisitions de l'autorité maritime qui portent sur les objets énumérés dans l'art. 5 de la loi du 3 juillet 1877, sont adressées aux maires, comme les réquisitions de l'autorité militaire.

Les réquisitions de navires, embarcations, matériel naval et équipages de ces bâtiments sont adressées au représentant de la marine, qui, en cette circonstance, a les mêmes droits et les mêmes devoirs que le maire.

Lorsqu'il n'y a pas de représentant de la marine, les réquisitions mentionnées au paragraphe précédent sont adressées directement au capitaine du navire.

Art. 69. Les réquisitions de l'autorité maritime sont ordonnées et exécutées suivant les règles établies par les articles composant les titres II, III et IV du présent décret.

Art. 70. Lorsque des troupes de l'armée de terre prennent part à une opération maritime dirigée par un officier de marine, les réquisitions relatives à ces troupes sont ordonnées au nom et pour le compte de l'autorité maritime.

Lorsque des marins ou des troupes de l'armée de mer sont employés, à terre, à des opérations de l'armée de terre, les réquisitions relatives à ces troupes sont exercées au nom et pour le compte de l'autorité militaire.

Art. 71. Dans les arrondissements et sous-arrondissements maritimes où il est exercé soit des réquisitions de l'autorité maritime, soit des réquisitions de l'autorité militaire relatives à des navires, embarcations et à leurs équipages, il est créé une commission mixte d'évaluation composée de trois, cinq ou sept membres, selon l'importance des réquisitions.

Le ministre de la marine fixe ce nombre et peut

déléguer au préfet maritime le soin de nommer les membres de ces commissions.

Les art. 46 et 47 du présent décret sont applicables auxdites commissions.

Art. 72. Toutes les fois qu'il y a lieu d'évaluer les indemnités qui peuvent être dues pour des réquisitions exercées par l'autorité militaire par application de l'art. 23 de la loi du 3 juillet 1877, cette évaluation est faite par la commission indiquée dans l'article précédent, complétée par l'adjonction d'un fonctionnaire de l'intendance nommé par le ministre de la guerre, ou, sur sa délégation, par le commandant de région.

En cas de partage, la voix du président est prépondérante.

Art. 73. Le règlement et la liquidation des indemnités relatives aux réquisitions de l'autorité maritime s'effectuent suivant les règles établies pour les réquisitions de l'autorité militaire, sans préjudice des conventions conclues entre l'État et les compagnies propriétaires de navires.

TITRE VIII. — DISPOSITIONS RELATIVES AUX CHEVAUX, MULETS ET VOITURES NÉCESSAIRES A LA MOBILISATION.

### Section Ire. — Du recensement.

Art. 74. Tous les ans, au commencement de décembre, le maire fait publier un avertissement adressé à tous les propriétaires de chevaux ou mulets qui se trouvent dans la commune, pour les informer qu'ils doivent se présenter à la mairie avant le 1er janvier et faire la déclaration de tous les chevaux, juments, mulets ou mules qui sont en leur possession, en indiquant l'âge de ces animaux.

Art. 75. Du 1er au 15 janvier de chaque année, le maire dresse la liste de recensement des chevaux, juments, mulets et mules prescrite par l'art. 37 de la loi sur les réquisitions militaires.

La liste mentionne tous les animaux déclarés, avec leur signalement, le nom et le domicile de leurs propriétaires, sauf les exceptions ci-après :

1° Les chevaux et juments qui n'ont pas atteint l'âge de cinq ans au 1er janvier;

2° Les mulets et mules qui n'ont pas atteint l'âge de trois ans au 1er janvier;

3° Les chevaux, juments, mules ou mulets qui sont reconnus être déjà inscrits dans une autre commune ;

4° Les animaux qui sont reconnus avoir déjà été réformés par une commission de classement, en raison de tare, de mauvaise conformation ou d'autres motifs qui les rendent impropres au service de l'armée ;

5° Les chevaux, juments, mulets et mules qui sont reconnus avoir été refusés conditionnellement par une commission de classement, pour défaut de taille, à moins que les conditions de taille n'aient été modifiées depuis ce refus ;

6° Les animaux appartenant aux agents diplomatiques des puissances étrangères.

Art. 76. Dans les premiers jours de janvier, le maire fait exécuter des tournées par les gardes champêtres et les agents de police, pour s'assurer que tous les chevaux, juments, mulets et mules ont été exactement déclarés.

Lorsqu'il est reconnu que des animaux n'ont pas été déclarés, le maire doit les porter d'office

sur la liste de recensement, sans rechercher s'ils ont été réformés ou refusés.

Art. 77. Le maire délivre au propriétaire qui a fait la déclaration prescrite par l'art. 74 ci-dessus un certificat constatant ladite déclaration et mentionnant les chevaux et mulets inscrits.

Si le propriétaire a plusieurs résidences, il doit présenter le certificat indiqué dans le paragraphe précédent au maire des communes où il ne fait pas inscrire ses chevaux ou mulets.

Art. 78. Tous les trois ans, le maire fait la liste de recensement des voitures attelées, dans les conditions et aux époques de l'année indiquées pour le recensement des chevaux et mulets.

Le ministre de la guerre avertit, les préfets deux mois avant le 1er janvier de l'année où doit se faire ce recensement.

Le préfet avertit le maire au moins six semaines avant le commencement de cette même année.

Art. 79. Sont portées sur la liste de recensement indiquée à l'article précédent toutes les voitures non suspendues, suspendues, mixtes ou autres qui ne sont pas exclusivement affectées au transport des personnes, pourvu que le propriétaire de ces voitures puisse les atteler, dans les conditions que comporte leur forme ou leur poids, d'un cheval ou mulet, ou de deux chevaux ou mulets, classés ou susceptibles d'être classés.

Art. 80. Si un propriétaire possède plusieurs voitures et s'il ne peut fournir qu'un seul attelage, le maire porte sur la liste de recensement celle de ces voitures qui lui paraît le plus propre au service de l'armée.

Si le propriétaire peut fournir plusieurs attelages, il est porté sur la liste de recensement autant de voitures qu'il peut en atteler à la fois.

Dans ce cas, le maire veille à ce que, pour chacune des voitures recensées, il soit inscrit, suivant sa forme et son poids, un ou plusieurs animaux capables d'un bon service et inscrits sur la liste de recensement des chevaux, juments, mulets ou mules.

Art. 81. L'état de recensement des voitures attelées contient le signalement des voitures et des animaux, ainsi que l'inscription de ces derniers sur l'état de recensement, s'ils n'ont pas encore été classés, ou leur numéro de classement, s'ils figurent sur le dernier état de classement de la commune.

### Section II. — Du classement.

Art. 82. — § 1er. *Chevaux et mulets.* A moins qu'il n'en soit autrement ordonné par le ministre de la guerre, les commissions mixtes créées en vertu de l'art. 38 de la loi sur les réquisitions militaires procèdent annuellement à l'examen et au classement des chevaux, juments, mulets et mules susceptibles d'être réquisitionnés pour le service de l'armée.

Art. 83. Ces commissions de classement peuvent seules rayer de la liste de recensement les animaux compris dans les cas d'exemption prévus par les art. 40 et 42 de la loi sur les réquisitions militaires, ainsi que ceux qui leur paraissent incapables d'un service dans l'armée.

Elles doivent inscrire et classer d'office tout cheval ou mulet qui leur paraîtrait avoir été omis à tort sur la liste de recensement.

Art. 84. Les commissions de classement dressent, par commune, un tableau des chevaux, juments, mules ou mulets susceptibles d'être requis ; ce tableau est divisé par catégories correspondant aux catégories fixées par le ministre de la guerre.

Le tableau de classement est dressé en double expédition, toutes deux signées par la commission et le maire de la commune ou son suppléant.

Une des expéditions reste déposée à la mairie de chaque commune et l'autre est envoyée, par le président de la commission mixte, au bureau de recrutement.

Les commissions de classement réforment définitivement les animaux impropres au service de l'armée et refusent conditionnellement ceux qui n'atteignent pas le minimum de la taille fixé par les instructions ou qui ne paraissent pas momentanément susceptibles d'être requis.

Mention de ces décisions est faite sur la liste de recensement, avec le signalement exact des animaux réformés ou refusés conditionnellement, et la liste de recensement est arrêtée et signée par le président de la commission de classement, avant d'être rendue au maire.

Art. 85. Lorsqu'un cheval ou mulet est réformé comme impropre au service de l'armée, le maire remet au propriétaire, s'il le demande, un certificat constatant la décision de la commission. Le certificat doit contenir le signalement exact et détaillé de l'animal réformé, tel qu'il est inscrit sur la liste de recensement.

Le certificat de réforme ainsi obtenu est présenté au classement suivant à la mairie du lieu où se trouve le cheval, avec une attestation par écrit de deux propriétaires ou patentables voisins, ou d'un vétérinaire, constatant que le cheval ou mulet réformé n'a pas été changé.

Art. 86. Les chevaux ou mulets qui, au moment des opérations de la commission de classement se trouvent dans une autre commune que celle où ils sont inscrits, peuvent être présentés à la commission du lieu où ils se trouvent.

Il est délivré au propriétaire desdits chevaux ou mulets un certificat constatant la décision de la commission.

Le propriétaire est tenu de faire parvenir ce certificat, en temps utile, à la commission du lieu de l'inscription de ses chevaux ou mulets.

Art. 87. — § 2. *Voitures attelées.* Dans l'année du recensement des voitures attelées, les commissions chargées du classement des chevaux et mulets procèdent également au classement des voitures attelées.

Sont seules classées les voitures propres à un des services de l'armée et attelées, suivant leur forme et leur poids, d'un ou plusieurs chevaux, juments, mules ou mulets capables d'un bon service et portés sur le tableau de classement des chevaux et mulets de la commune.

Art. 88. Lorsque la commission a reconnu les voitures attelées susceptibles d'être classées, elle procède, en séance publique, avec l'assistance du maire ou de son suppléant, à un tirage au sort entre lesdites voitures, par chaque commune.

Il est dressé de cette opération, et en double expédition, un procès-verbal sur lequel sont mentionnés, dans l'ordre du tirage, les voitures attelées, avec le nom des propriétaires, le signalement des chevaux et voitures et l'état des harnais.

Une des expéditions reste déposée à la mairie et l'autre est envoyée au bureau de recrutement.

Art. 89. Le procès-verbal dressé en exécution de l'article précédent mentionne en outre la catégorie dans laquelle figure les chevaux ou mulets faisant partie des attelages classés, ainsi que le numéro d'ordre qui leur est attribué sur le tableau de classement.

Mention est faite également sur ce tableau de ceux d'entre eux qui font partie d'attelages classés.

Sect. III. — *Du mode de réquisition spécial des chevaux et voitures classés.*

Art. 90. En cas de mobilisation, la réquisition des voitures attelées et des chevaux, juments, mulets et mules classés est effectuée par des commissions mixtes.

Le ministre de la guerre détermine la composition de ces commissions, dont les membres sont nommés par les commandants de région.

Les préfets désignent, chaque année, dans les localités où pourrait s'opérer la réquisition, le nombre de membres civils nécessaire pour compléter les commissions.

Art. 91. Les commissions mixtes de réquisition siègent en des lieux choisis et désignés à l'avance, qui forment le centre des circonscriptions de réquisition, établies également à l'avance par l'autorité militaire.

Les chevaux, mulets et voitures attelées devant être appelés par canton à ces centres de circonscription de réquisition, l'autorité militaire peut nommer plusieurs commissions destinées à opérer simultanément, de manière que les opérations relatives à un canton soient, autant que possible, terminées dans une journée.

Art. 92. L'ordre de rassemblement des voitures attelées et des chevaux, juments, mules et mulets, en cas de mobilisation, est porté à la connaissance des communes et des propriétaires par voie d'affiches indiquant la date, l'heure et le lieu de la réunion.

Les maires prennent toutes les mesures qui sont en leur pouvoir pour que tous les propriétaires soient avertis et obéissent en temps utile aux prescriptions de l'autorité militaire.

Art. 93. Doivent être conduits aux lieux indiqués pour la réquisition des chevaux :

1° Tous les animaux portés sur le tableau de classement des communes appelées ;

2° Les animaux qui, pour un motif quelconque, ne figurent pas sur le tableau de classement, bien qu'ils aient l'âge légal, à l'exception de ceux qui se trouvent encore dans les cas d'exemption prévus par l'art. 40 de la loi sur les réquisitions, de ceux qui ont été réformés, ou de ceux qui ont été refusés conditionnellement pour défaut de taille, si les conditions de taille ne sont pas modifiées au moment de la mobilisation ;

3° Les animaux recensés ou classés dans d'autres communes, et qui se trouvent dans la circonscription au moment de la mobilisation ;

4° Les voitures attelées.

Doivent également se rendre aux lieux de rassemblement tous les propriétaires qui ont à faire constater des mutations ou à présenter des excuses. Ils doivent, à moins d'impossibilité absolue, faire conduire les animaux pour lesquels ils ont des réclamations à faire.

Art. 94. *Les commissions de réquisition reçoivent de l'autorité militaire tous les documents qui leur sont nécessaires, et notamment les tableaux de classement des animaux et les procès-verbaux de tirage des voitures attelées, adressés après le dernier classement aux bureaux de recrutement.*

Les maires ou leurs suppléants se rendent à la convocation et remettent à la commission de réquisition les tableaux de classement laissés entre leurs mains.

Ils assistent aux opérations de la commission et lui fournissent tous les renseignements de nature à l'éclairer.

Art. 95. *Les commissions de réquisition ajoutent aux tableaux de classement les animaux désignés aux paragraphes 3 et 4 de l'art. 93 du présent décret et reconnus propres au service de l'armée; elles en rayent:*

1° *Les animaux morts ou disparus;*

2° *Ceux qui, depuis le dernier classement, se trouvent dans un des cas d'exemption prévus par l'art. 40 de la loi sur les réquisitions;*

3° *Ceux qui, après nouvel examen, sont reconnus impropres au service de l'armée.*

*Les tableaux des voitures attelées sont également l'objet d'une révision.*

Art. 96. *Les commissions de réquisition statuent définitivement sur toutes les réclamations ou excuses qui peuvent être présentées par des propriétaires de chevaux, juments, mulets, mules ou voitures attelées.*

Lorsque des animaux classés dans une commune d'une autre circonscription de réquisition sont présentés à une commission mixte en exécution de l'art. 93 ci-dessus, cette dernière commission informe immédiatement de sa décision la commission du lieu de l'inscription primitive.

Art. 97. Les rectifications terminées, les commissions de réquisition réunissent par canton les voitures attelées et les chevaux et mulets de chaque catégorie; elles procèdent d'abord à la réquisition des voitures attelées, en faisant, s'il y a lieu, un tirage au sort entre les communes et en suivant dans chaque commune l'ordre du tirage au sort effectué lors du dernier classement.

Les voitures non requises sont immédiatement dételées, et les chevaux, juments, mulets ou mules qui les attelaient sont replacés dans la catégorie d'animaux à laquelle ils appartiennent, à moins qu'ils n'aient été reconnus impropres au service de l'armée.

Art. 98. Après la réquisition des voitures attelées, les commissions de réquisition procèdent à la réquisition des animaux des différentes catégories, jusqu'à concurrence du chiffre du contingent cantonal fixé par l'autorité militaire.

Lorsque le nombre des animaux à requérir dans une catégorie est inférieur au nombre d'animaux classés sur tout le canton, il est procédé à un tirage au sort en présence des maires ou de leurs suppléants.

Art. 99. Il est remis à chaque propriétaire ou à son représentant, contre la livraison de l'animal requis, un bulletin individuel indiquant le nom du propriétaire, le numéro de classement de l'animal et le prix à payer suivant la catégorie.

Art. 100. *Les commissions de réquisition dressent:*

1° *Pour les voitures attelées qui sont requises, un procès-verbal mentionnant les noms des propriétaires et leur domicile, et l'estimation des voitures et harnais d'après les prix courants du pays, conformément aux dispositions de l'art. 48 de la loi du 3 juillet 1877;*

2° *Pour les animaux requis, un procès-verbal mentionnant les noms des propriétaires, leur domicile et le prix attribué aux animaux selon la catégorie à laquelle ils appartiennent.*

Avant de se séparer, les commissions de réquisition établissent, par commune, un extrait de ces deux procès-verbaux, qui est adressé, avec la signature du président de la commission, au maire de la commune intéressée.

Les voitures attelées requises sont indiquées sur les procès-verbaux de tirage, et les animaux requis sont également indiqués sur les tableaux de classement, avant que ces pièces soient restituées aux bureaux de recrutement et aux mairies.

Les chevaux et mulets composant les attelages des voitures requises sont portés individuellement sur le procès-verbal de réquisition des chevaux et mulets, et défalqués du contingent à fournir.

Art. 101. Les commissions de réquisition statuent ensuite sur les substitutions qui leur sont proposées, dans les conditions prévues à l'art. 47 de la loi sur les réquisitions.

Art. 102. Après les opérations de réquisition, le maire dresse en double expédition un état de paiement pour les animaux requis. Cet état, conforme au modèle C, comprend tous les renseignements contenus au procès-verbal de réquisition et réserve une colonne pour l'émargement des intéressés.

Les deux expéditions, ainsi que le procès-verbal de réquisition, sont adressés à l'intendance militaire, qui en donne récépissé aux communes.

Il est dressé deux états semblables, conformes au modèle D, pour les voitures attelées requises.

Art. 103. Les intéressés sont payés par le receveur municipal contre la remise des bulletins mentionnés à l'art. 99 du présent décret.

A cet effet, des mandats des sommes dues pour chaque commune sont dressés, dans un délai qui ne peut dépasser dix jours, par le fonctionnaire de l'intendance, au nom des receveurs municipaux.

Ces mandats leur sont envoyés par l'intermédiaire des trésoriers-payeurs généraux, avec un des états nominatifs d'émargement visé par l'intendance; ils sont payés immédiatement.

Art. 104. Aussitôt après avoir perçu le montant du mandat, le receveur municipal fait le paiement aux divers intéressés, sur simple émargement de ces derniers.

TITRE IX. — DISPOSITIONS SPÉCIALES AUX GRANDES MANŒUVRES.

Art. 105. *L'époque où peuvent avoir lieu les grandes manœuvres des corps d'armée ou frac-*

tions de corps d'armée est déterminée chaque année par le ministre de la guerre.

Art. 106. Trois semaines au moins avant l'exécution des manœuvres, les généraux commandant les régions avertissent les préfets des départements intéressés de l'époque et de la durée des manœuvres, et leur font connaître les localités qui pourront être occupées ou traversées.

Les préfets désignent un membre civil pour faire partie de la commission chargée de régler les indemnités.

Art. 107. Le maire de la commune dont le territoire peut être occupé ou traversé pendant les grandes manœuvres en est informé par le préfet.

Il fait immédiatement publier et afficher dans sa commune l'époque et la durée des manœuvres.

Il invite les propriétaires de vignes ou de terrains ensemencés ou non récoltés à les indiquer par un signe apparent.

Il prévient les habitants que ceux qui subiraient des dommages par suite des manœuvres doivent, sous peine de déchéance, déposer leurs réclamations à la mairie dans les trois jours qui suivent le passage ou le départ des troupes.

Art. 108. Quinze jours au moins avant le commencement des manœuvres, les généraux commandant les régions nomment les commissions de règlement des indemnités.

Ces commissions sont composées, par chaque corps d'armée opérant isolément, d'un fonctionnaire de l'intendance, président, d'un officier du génie, d'un officier de gendarmerie et du membre civil désigné par le préfet.

Art. 109. La commission peut reconnaître à l'avance les terrains qui doivent être occupés ; elle accompagne les troupes et suit leurs opérations.

Au fur et à mesure de l'exécution des manœuvres, elle se rend successivement dans les localités qui ont été traversées ou occupées, en prévenant à l'avance les maires du moment de son passage.

Les maires préviennent les intéressés et remettent à la commission un état individuel mentionnant la date de la réclamation, la nature du dommage et la somme réclamée.

Art. 110. La commission, après avoir entendu les observations des maires et des réclamants, fixe le chiffre des indemnités à allouer et en dresse l'état.

Si les intéressés présents acceptent cette fixation, ils reçoivent immédiatement le montant de l'indemnité, sur leur émargement.

A cet effet, la commission est accompagnée d'un adjoint du génie ou d'un officier comptable d'un des services administratifs, muni d'une avance de fonds.

Art. 111. Si l'allocation n'est pas acceptée séance tenante, la commission insère dans son procès-verbal les renseignements nécessaires pour apprécier la nature et l'étendue du dommage.

Un extrait du procès-verbal est, en cas de contestation, remis au juge de paix ou au tribunal chargé de statuer sur les réclamations.

Art. 112. L'état des indemnités qui n'ont pas été acceptées séance tenante est remis au maire

de la commune, qui, par une notification administrative, met immédiatement les propriétaires en demeure de les accepter ou de les refuser dans un délai de quinze jours.

Les refus, déposés par écrit et motivés, sont annexés au procès-verbal.

Art. 113. A l'expiration du délai de quinze jours, le maire consigne sur l'état qui lui a été remis par la commission les réponses qu'il a reçues et les transmet ensuite au fonctionnaire de l'intendance militaire, président de la commission, qui assure le paiement des indemnités qui n'ont pas été refusées.

Art. 114. Les règlements antérieurs sont abrogés en ce qu'ils ont de contraire au présent décret.

Art. 115. Les ministres de la guerre et de la marine et des colonies sont chargés, chacun en ce qui le concerne, de l'exécution du présent décret, qui sera publié au *Bulletin des lois*.

**Dispositions relatives au timbre.**

La loi du 18 décembre 1878 porte ce qui suit:

*Article unique.* Les procès-verbaux, certificats, significations, jugements, contrats, quittances et autres actes faits en vertu de la loi du 3 juillet 1877 sur les réquisitions militaires, et exclusivement relatifs au règlement de l'indemnité, seront dispensés du timbre et enregistrés gratis lorsqu'il y aura lieu à la formalité de l'enregistrement.

BIBLIOGRAPHIE.

Les *Réquisitions militaires*. Commentaire de la loi du 3 juillet 1877, etc., par Henri Morgand. Paris, Berger-Levrault et Cie. 1879.

## RESPONSABILITÉ. (*Dict.*)

SOMMAIRE.

CHAP. I. RESPONSABILITÉ DE L'ÉTAT.
    II. RESPONSABILITÉ DES COMMUNES.
    III. RESPONSABILITÉ DES FONCTIONNAIRES.

### CHAP. I. — RESPONSABILITÉ DE L'ÉTAT.

**1.** L'État doit indemniser le propriétaire d'un terrain voisin d'un polygone, non seulement des dégâts matériels causés par la chute des projectiles, mais aussi du trouble causé à la jouissance de sa propriété à raison des dangers auxquels elle se trouve exposée. (*Arr. du C.* 21 mars 1879.)

**2.** L'action en indemnité dirigée contre l'État à raison de la faute qu'aurait commise l'administration des ponts et chaussées en laissant subsister dans le chenal d'un port d'anciens ouvrages devenus inutiles, n'a pas pour objet la réparation d'un dommage résultant de l'exécution d'un travail public ; et, dès lors, elle doit être portée, non pas pas devant le conseil de préfecture, mais devant le ministre des travaux publics, compétent pour y statuer, sauf recours au Conseil d'État. (*Arr. du C.* 5 *juill.* 1878.)

**3.** L'État est responsable de l'accident survenu à un chef d'équipe employé dans une fonderie de canons, alors que la surveillance spéciale exigée par la nature du travail n'avait pas été exercée. Et dans ce cas, le fait que le chef d'équipe, chargé de la direction du travail, aurait pu éviter l'accident en prenant de plus grandes précautions, n'a pas pour effet d'affranchir l'État de toute responsabilité. (*Arr. du C.* 4 *avril* 1879.)

**4.** *Achat et vente de rentes sur l'État par l'intermédiaire des percepteurs.* Il résulte d'un arrêt de la Cour de cassation du 9 août dernier que les percepteurs ne sont pas les préposés ni les mandataires des trésoriers-payeurs généraux ou des receveurs particuliers, lorsque, par la permission de ceux-ci ou de l'autorité supérieure, ils prêtent officieusement leur concours pour l'achat ou la vente des inscriptions de rentes sur l'État que les trésoriers-payeurs généraux sont chargés de faire opérer.

Ce n'est pas une commission qui est donnée aux percepteurs, mais une faculté laissée au public dans son intérêt comme dans celui du Trésor.

Il s'ensuit qu'un trésorier-payeur général et un receveur particulier ne sont pas responsables du détournement de titres commis par un percepteur au préjudice de la personne qui lui avait donné mandat de les obtenir en échange d'autres titres.

5. *Sécurité des ports*. Il résulte d'un arrêté pris par le conseil de préfecture d'Ille-et-Vilaine que l'État doit une indemnité au propriétaire du bâtiment qui est venu se briser contre des écueils non signalés aux navigateurs, alors qu'il est établi que l'échouement n'a pas eu lieu par suite d'un cas de force majeure ou par suite d'une fausse manœuvre, mais qu'il est, au contraire, la conséquence d'un défaut absolu de balises ou d'un mode de balisage défectueux. (*J. des Débats*, 5 janvier 1884.)

Il importe peu que le navire ait été, lors de l'accident, muni d'un pilote, lequel devait avoir connaissance de l'existence des écueils. L'État n'en est pas moins en faute de ne pas avoir, en signalant ces écueils, prémuni le pilote contre ses défaillances et mis à même le capitaine de surveiller utilement les agissements du pilote.

Dans ces conditions, l'État doit être condamné à payer l'intégralité des avaries qui sont, d'après le rapport des experts, la suite directe ou nécessaire de l'accident, plus les frais de gardiennage et d'entretien divers pendant six mois, temps nécessaire pour procéder aux réparations et aux constatations.

CHAP. II. — RESPONSABILITÉ DES COMMUNES.

**6.** Au mois de février 1878, la cour de Paris prononçait un arrêt au profit de la ville, attaquée judiciairement par les administrations des chemins de fer de Paris-Lyon-Méditerranée, de l'Est, du Nord et de Paris à Orléans. Le procès introduit par les compagnies avait pour objet le remboursement des sommes et le paiement des prestations en nature qu'elles avaient dû, sous la pression de la menace, livrer au pouvoir insurrectionnel de 1871, et qu'à la suite du rétablissement de l'ordre il leur avait fallu verser de nouveau à l'État, toujours créancier.

En exécutant leurs obligations envers l'État, les débiteurs entretenaient la pensée d'exercer un sérieux recours contre la ville de Paris, d'après eux responsable des dommages qu'ils avaient subis de la part du régime du 18 mars. Payer à l'État après avoir payé à la Commune, c'était, se disaient-ils, acquitter deux fois la même dette ; mais Paris pacifié restituerait ce que Paris insurgé avait pris indûment. De ce raisonnement découlait l'action intentée au préfet de la Seine et basée sur les dispositions de la loi du 10 vendémiaire an IV établissant la responsabilité des communes pour les attentats commis sur leur territoire, soit envers les personnes, soit contre les propriétés.

Mais ces dispositions étaient-elles applicables à Paris, dont le régime diffère tant de celui des autres communes ? Tel était l'important point de droit que soulevait l'instance. Le tribunal, après examen, n'hésitait pas à écarter la demande des compagnies. Sur l'appel de ces dernières, la cour confirmait le jugement. Il ne restait plus qu'à connaître l'avis de la Cour de cassation. Cet avis est conforme à celui de la cour d'appel, à celui du tribunal de la Seine.

Le pourvoi formé par les administrations de Paris à Orléans, du Nord, de l'Est, de Paris-Lyon a été repoussé par ce motif principal que l'organisation municipale de Paris, réservant au Gouvernement la surveillance et la police générale, la direction et la disposition de la force publique, et concentrant dans les mains du préfet de police les pouvoirs confiés ailleurs aux maires pour le maintien de la tranquillité, la ville de Paris ne peut être déclarée responsable des faits d'extorsion et de pillage commis par les agents de l'insurrection du 18 mars. (*Temps*, 17 mai 1881.)

6. *Accident de voiture*. On comparera utilement le jugement ci-après avec l'espèce qui précède. Nous le faisons précéder de l'exposé de l'affaire, d'après le *Temps* du 23 juillet 1881 :

Le charretier Brochet demandait à la ville de lui rendre sa jambe, ou du moins de lui en rembourser le prix. Il l'avait perdue rue de Bercy, un soir qu'il y passait conduisant son camion. Un choc s'était produit cahotant le charretier avec une telle violence qu'il avait roulé de son siège à terre, où une roue du véhicule, lui passant sur le tibia, le lui avait brisé tout net. Quelle était la cause de l'accident? Brochet l'attribuait à la présence d'ornières profondes creusées dans l'asphalte de la chaussée. L'édilité parisienne remplissait mal ses devoirs, selon lui. Plusieurs fois, ajoutait-il, l'administration municipale avait reçu des avertissements relatifs au mauvais état de la voie publique et n'avait pris cependant aucune espèce de mesure pour l'exécution des réparations.

Présentée sous cette forme, la requête offrait un réel intérêt. Il existe, en effet, dans la rue de Bercy, des excavations de nature à occasionner des secousses aux véhicules qui la traversent. Ces dépressions de l'asphalte sont inévitables, affirment les bureaux de la ville, spécialement sur une voie qui, donnant accès aux gares de marchandises d'Orléans et de Lyon, sert à un transit incessant. Mais l'affaissement du terrain, même dans les endroits où il atteint la profondeur maximum de 8 ou 9 centimètres, justifie-t-il les réclamations du plaignant ? La présomption la plus naturelle ne serait-elle pas qu'en rentrant chez lui le soir, après une journée de travail, il s'était endormi, et qu'un léger mouvement ait pu le précipiter sur le sol ? La ville de Paris faisait valoir ces objections devant la 1re chambre du tribunal de la Seine. Le tribunal a statué dans les termes suivants :

Le Tribunal,

Attendu que si la responsabilité de la ville de Paris peut être engagée par le mauvais état des voies publiques, ce n'est qu'autant que ce mauvais état aurait été la cause certaine et prouvée du préjudice dont la réparation est demandée ;

Attendu qu'il est établi que l'aire asphaltée qui remplace le pavé dans une partie de la rue de Bercy présente des dépressions ou excavations dont la profondeur, non exactement déterminée, peut atteindre 7 ou 8 centimètres; que cet état de choses était sans doute de nature à causer des accidents ; qu'ainsi il paraît que le 4 janvier 1876, jour de l'accident éprouvé par Brochet, la chute d'une des roues d'un haquet dans l'une des excavations dont il s'agit avait déterminé la rupture d'un ressort ;

Mais attendu qu'il n'est pas prouvé que l'accident arrivé à Brochet procède de la même cause; qu'en matière de responsabilité, la justice ne peut se contenter d'une possibilité ni même d'une probabilité, mais doit exiger une preuve complète ;

Par ces motifs, déclare Brochet mal fondé en sa demande, l'en déboute, et le condamne aux dépens.

**7.** *Réunions publiques.* (*Voy. ce mot.*)

**CHAP. III. — RESPONSABILITÉ DES FONCTIONNAIRES.**

**8.** La responsabilité des fonctionnaires ou agents gratuits peut s'étendre plus loin qu'on ne le pense généralement. Ainsi, peuvent être responsables, malgré leur bonne foi, un maire ou adjoint en légalisant une signature fausse (*Cass.* 11 *juillet* 1876), un administrateur de caisse d'épargne en signant un livret faux. (*Cass.* 28 *nov.* 1876.) Cette matière, l'étendue de la responsabilité, est en tous cas très difficile, très compliquée et devrait inspirer la plus grande prudence aux fonctionnaires et même aux juges.

**9.** Ajoutons qu'il appartient aux juges du fait d'apprécier souverainement si la faute commise par une partie a causé un préjudice, et d'évaluer l'importance de ce préjudice. (*Cass.* 7 *février* 1877.) *Voy.* **Dette de l'État, Fonctionnaire, Organisation communale,** *etc.*

**RÉUNION [Droit de].** (*Dict.*) **1.** Les réunions publiques sont libres.

Elles peuvent avoir lieu sans autorisation préalable, sous les conditions prescrites par les articles suivants. (*L.* 30 *juin* 1881, *art.* 1er.)

**2.** Toute réunion publique sera précédée d'une déclaration indiquant le lieu, le jour, l'heure de la réunion. Cette déclaration sera signée par deux personnes au moins, dont l'une domiciliée dans la commune où la réunion doit avoir lieu.

Les déclarants devront jouir de leurs droits civils et politiques, et la déclaration indiquera leurs noms, qualités et domiciles.

Les déclarations sont faites : à Paris, au préfet de police ; dans les chefs-lieux de département, au préfet ; dans les chefs-lieux d'arrondissement, au sous-préfet ; et dans les autres communes, au maire.

Il sera donné immédiatement récépissé de la déclaration.

Dans le cas où le déclarant n'aurait pu obtenir de récépissé, l'empêchement ou le refus pourra être constaté par acte extrajudiciaire ou par attestation signée de deux citoyens domiciliés dans la commune.

Le récépissé ou l'acte qui en tiendra lieu, constatera l'heure de la déclaration.

La réunion ne peut avoir lieu qu'après un délai d'au moins vingt-quatre heures (*art.* 2).

**3.** Ce délai sera réduit à deux heures pour les réunions publiques électorales prévues à l'art. 5, lorsqu'elles seront tenues dans la période comprise entre le décret ou l'arrêté portant convocation du collège électoral et le jour de l'élection exclusivement.

La réunion pourra avoir lieu le jour même du vote, s'il s'agit d'élections comportant plusieurs tours de scrutin dans la même journée.

La réunion pourra alors suivre immédiatement la déclaration (*art.* 3).

**4.** La déclaration fera connaître si la réunion a pour but une conférence, une discussion publique, ou si elle doit constituer une réunion électorale prévue par l'article suivant (*art.* 4).

**5.** La réunion électorale est celle qui a pour but le choix ou l'audition de candidats à des fonctions publiques électives, et à laquelle ne peuvent assister que les électeurs de la circonscription, les candidats, les membres des deux Chambres et le mandataire de chacun des candidats (*art.* 5).

**6.** Les réunions ne peuvent être tenues sur la voie publique ; elles ne peuvent se prolonger au delà de onze heures du soir ; cependant, dans les localités où la fermeture des établissements publics a lieu plus tard, elles pourront se prolonger jusqu'à l'heure fixée pour la fermeture de ces établissements (*art.* 6).

**7.** Les clubs demeurent interdits (*art.* 7).

**8.** Chaque réunion doit avoir un bureau composé de trois personnes au moins. Le bureau est chargé de maintenir l'ordre, d'empêcher toute infraction aux lois, de conserver à la réunion le caractère qui lui a été donné par la déclaration ; d'interdire tout discours contraire à l'ordre public et aux bonnes mœurs, ou contenant provocation à un acte qualifié crime ou délit.

A défaut de désignation par les signataires de la déclaration, les membres du bureau seront élus par l'assemblée.

Les membres du bureau et, jusqu'à la formation du bureau, les signataires de la déclaration, sont responsables des infractions aux prescriptions des art. 6, 7 et 8 de la présente loi (*art.* 8).

**9.** Un fonctionnaire de l'ordre administratif ou judiciaire peut être délégué : à Paris, par le préfet de police, et dans les départements, par le préfet, le sous-préfet ou le maire, pour assister à la réunion.

Il choisit sa place.

Il n'est rien innové aux dispositions de l'art. 3 de la loi des 16, 24 août 1790, de l'art. 9 de la loi des 19, 22 juillet 1791 et des art. 9 et 15 de la loi du 18 juillet 1837.

Toutefois, le droit de dissolution ne devra être exercé par le représentant de l'autorité que s'il en est requis par le bureau, ou s'il se produit des collisions et voies de fait (*art.* 9).

**10.** Toute infraction aux dispositions de la présente loi sera punie des peines de simple police, sans préjudice des poursuites pour crimes et délits qui pourraient être commis dans les réunions (*art.* 10).

**11.** L'art. 463 du Code pénal est applicable aux contraventions prévues par la présente loi. L'action publique et l'action privée se prescrivent par six mois (*art.* 11).

**12.** Le décret du 28 juillet 1848 demeure abrogé, sauf l'art. 13 qui interdit les sociétés secrètes. Sont également abrogés : le décret du 25 mars 1852, la loi des 6-10 juin 1868 et toutes dispositions contraires à la présente loi (*art* 12).

**13.** La présente loi est applicable aux colonies représentées au Parlement (*art.* 13).

*Responsabilité en cas d'absence de déclaration.* La loi du 30 juin 1881 autorise les réunions publiques, pourvu qu'elles soient précédées d'une déclaration dans un délai et dans des conditions déterminés. L'autorité compétente à laquelle est faite cette déclaration doit d'ailleurs délivrer un récépissé.

Mais sur qui pèse la responsabilité pénale qui résulte de l'absence de déclaration ? Est-ce sur les organisateurs de la réunion ou sur les membres du bureau, alors surtout qu'ils n'ont pas été élus par l'assemblée ?

Cette question s'est posée devant le tribunal de simple police d'Avignon, à l'occasion d'une réunion publique organisée dans cette ville, et qui eut lieu sans déclaration préalable.

Procès-verbal fut dressé contre les membres du bureau, composé de personnes non désignées par l'assemblée, et une poursuite devant le tribunal de simple police s'ensuivit. Mais le tribunal acquitta, par le motif que ces personnes n'avaient pas été élues par l'assemblée.

La chambre criminelle de la Cour de cassation, sur le pourvoi du ministère public contre cette décision, a été appelée à trancher la question.

Dans son audience du 9 décembre 1882, elle a rendu un arrêt par lequel, cassant le jugement du tribunal de simple police, elle a décidé que les citoyens membres du bureau, élus ou non, étant astreints à certaines obligations que leur impose la loi (*art. 8 notamment*), étaient tenus tout d'abord de vérifier la régularité de la réunion ; qu'ils devaient s'assurer que toutes les prescriptions de la loi avaient été préalablement accomplies et que, pour ne l'avoir pas fait et avoir ouvert néanmoins la réunion, ils étaient pénalement et personnellement responsables des contraventions antérieurement commises.

BIBLIOGRAPHIE.

Code des réunions publiques, etc., par Charles Constant. Paris, Pedone-Lauriel. 1881.

**RIVAGE DE LA MER.** (*Dict.*) **1.** Les rivages, lais et relais de la mer qui, aux termes de l'art. 538 du Code civil, sont considérés comme des dépendances du domaine public, cessent d'y être compris, lorsque l'État, usant de son droit, a aliéné, sous certaines conditions, les parties de rivages dont l'intérêt général n'exigeait pas la conservation.

Une telle aliénation faite par l'État, constitue un titre de propriété incommutable, et, alors même que la superficie du sol concédé serait soumise à l'action du flot dans les hautes marées, le droit privé n'en subsiste pas moins avec toute son efficacité et tous les accessoires que la loi lui confère.

**2.** Parmi ces accessoires, il faut comprendre la *tangue* qui, quel que soit le caractère juridique de ce produit, fait partie intégrante du sol, dont il est devenu un élément. (*C. de Rouen 21 juill.* 1880.) [*Voy. aussi* **Lais et relais.**]

**ROULAGE.** *Voy.* **Voitures publiques.**

# S

**SALLES D'ASILE.** (*Dict.*) Un décret du 2 août 1881 réglemente les salles d'asile sous le nom d'écoles maternelles. Nous le reproduisons à l'article *Instruction publique*.

**SAPEURS-POMPIERS.** (*Dict.*) Une pétition soumise en 1881 à la Chambre des députés demande à celle-ci d'assurer, par une loi, la rémunération par les compagnies d'assurances ou, à leur défaut, par le propriétaire sinistré, du temps employé par les sapeurs-pompiers à l'extinction des incendies.

La commission des pétitions de la Chambre a jugé la question assez intéressante pour être renvoyée à l'examen du ministre de l'intérieur. Celui-ci donna son avis à la commission par une lettre dont nous croyons devoir extraire ce qui suit :

.... Comme le fait remarquer avec raison l'honorable rapporteur, il serait extrêmement difficile d'établir une base permettant d'apprécier sûrement le montant de la rémunération à accorder aux sapeurs-pompiers. Le pétitionnaire n'indique point s'il entend seulement qu'il leur soit tenu compte du temps consacré par eux à l'extinction de l'incendie, ou s'ils doivent être indemnisés pour la perte de temps que leur occasionnent les manœuvres et les exercices. Même en restreignant au premier cas la portée de la pétition, sur quel taux serait calculée l'indemnité, on rencontrerait à cet égard, dans la pratique, de graves difficultés.

Faire supporter au propriétaire sinistré la dépense qui résulterait d'une indemnité aux sapeurs-pompiers serait dangereux et très souvent injuste. Dangereux, car il faut avant tout éviter tout ce qui ferait hésiter les intéressés à appeler du secours dès le début d'un incendie ; injuste, car dans la plupart des cas où l'incendie a quelque gravité, c'est moins le propriétaire qui bénéficie des secours apportés par les pompiers, que ses voisins dont les immeubles seraient compromis si le feu

n'était point efficacement combattu : il arrive même assez fréquemment que l'on est contraint, pour éviter de plus grands malheurs, d'abattre la maison où l'incendie a pris naissance, ou que les secours se bornent, faisant la part du feu, à protéger les maisons environnantes. Il est évidemment impossible, dans ces hypothèses, de faire peser la charge de l'indemnité sur le propriétaire dont l'incendie a peut-être déjà consommé la ruine.

En réalité, ce qu'ont en vue les municipalités organisant un service de secours contre l'incendie, les pompiers, en combattant un sinistre, c'est non point l'avantage du propriétaire dans l'immeuble duquel le feu s'est déclaré, mais l'intérêt supérieur de la sécurité générale de la commune.

C'est de ce principe que s'est inspirée la Cour de cassation toutes les fois qu'elle a eu à statuer sur le point de savoir à qui devaient incomber les dépenses résultant des incendies. (*Arrêts du 9 janvier 1866 et 3 mars 1880.*) « Lorsqu'elle procède à l'extinction d'un incendie, dit la Cour, l'autorité municipale accomplit un devoir légal et doit être regardée comme faisant moins l'affaire de l'incendie que celle de la généralité des habitants dont les propriétés pourraient être atteintes par le feu. »

Les compagnies d'assurances devraient-elles être astreintes à supporter une partie des frais occasionnés par le service de secours contre l'incendie ? La question a été soulevée à diverses reprises. Comme mon prédécesseur le faisait remarquer dans l'exposé des motifs présentés au Conseil d'État à l'occasion du décret réglementaire sur l'organisation des corps de sapeurs-pompiers du 29 décembre 1875, l'argument invoqué à l'appui de cette participation séduit au premier abord. Il semble, en effet, naturel que les compagnies d'assurances contre l'incendie qui tirent un si grand profit du dévouement et des efforts des sapeurs-pompiers et qui souvent réalisent, grâce à eux, des bénéfices considérables, contribuent au moins aux dépenses du service.

On peut invoquer aussi l'exemple de l'Angleterre. Mais la discussion qui s'est engagée sur ce point au sein de l'Assemblée nationale, à l'occasion du vote de la loi du 5 avril 1851, prouve que la question n'est pas aussi simple et qu'elle soulève, au contraire, des objections très sérieuses.

On a fait observer, en effet, que la contribution obligatoire demandée par certains représentants n'atteindrait pas le but que l'on poursuivrait, car elle ne frapperait pas les compagnies d'assurances, qui ne manqueraient pas de répartir cette contribution entre les assurés par l'augmentation proportionnelle des primes. De plus, on a très justement relevé l'iniquité à laquelle aboutirait le système proposé, car la charge de la contribution retomberait exclusivement sur les propriétaires assurés à l'exclusion des propriétaires non assurés, qui cependant sont plus intéressés que les premiers à la bonne organisation des secours contre l'incendie.

Ces raisons ont paru décisives à l'Assemblée, qui a rejeté la proposition, et me portent également à penser que sur ce point encore la pétition n'est susceptible d'aucune suite.

**SAVON.** (*Dict.*) Les droits sur le savon ont été supprimés par la loi de finances du 26 mars 1878, art. 1er.

## SECOURS AUX ASPHYXIÉS. (*Dict.*) Voici les nouvelles instructions relatives à ces secours, rédigées par l'Académie de médecine.

*Accidents et secours aux ouvriers mineurs.* — L'instruction médicale qui régit encore la surveillance et la police des mines, en ce qui concerne les secours qui doivent être administrés aux ouvriers mineurs en cas d'accident, date du 9 février 1813. M. le ministre des travaux publics avait pensé que les progrès accomplis depuis cette époque par la science médicale et par l'hygiène des mineurs rendaient nécessaire le remaniement de cette instruction, et il avait demandé à l'Académie de lui faire connaître les modifications et additions qu'il était désirable d'y apporter. M. le docteur Proust, au nom de la section d'hygiène publique et de médecine légale, donne lecture d'un rapport à ce sujet.

Après avoir, à la suite d'une enquête auprès de tous les médecins attachés aux diverses concessions exploitées en France, examiné très complètement les divers accidents auxquels sont exposés les ouvriers mineurs, l'auteur indique ce que doivent contenir les boîtes de secours et quel doit être l'état des médicaments mis à la disposition dans les mines et usines éloignées d'une officine pharmaceutique ; il termine ensuite par l'indication des principaux moyens de secours qu'on doit conseiller dans les divers cas ; ces moyens sont résumés sous la forme de l'instruction populaire suivante, « qu'il serait utile de répandre à un grand nombre d'exemplaires et d'afficher partout dans les galeries de mine, de telle façon que les ouvriers l'aient toujours à leur disposition » :

I. *Secours aux asphyxiés.* — L'asphyxie est toujours facile à reconnaître ; il y a cessation subite de la respiration, des battements du cœur, du mouvement et de toutes les fonctions sensitives. Le visage se gonfle et se marque de taches rougeâtres ; les yeux deviennent saillants ; les traits se décomposent et la face est souvent livide.

*Quelle que soit la cause de l'asphyxie, l'indication générale à suivre est de fournir l'oxygène qui manque.*

1o On soustraira l'asphyxié à l'action des gaz délétères ; on le transportera en plein air ou dans un lieu bien aéré ;

2o On lui projettera, avec force, de l'eau froide sur la figure ;

3o On placera sous le nez un flacon d'ammoniaque ;

4o On déshabillera l'asphyxié et on lui fera rapidement quelques aspersions d'eau froide sur tout le corps ;

5o Immédiatement après, on fera des frictions longtemps continuées sur toute la surface du corps et notamment sous les clavicules ;

6o L'asphyxié étant courbé sur le dos, une personne, placée en avant de l'asphyxié et pour ainsi dire à cheval sur lui, élèvera et abaissera successivement ses bras.

Il faut continuer longtemps, très longtemps, l'emploi de ces moyens, autant que possible jusqu'à l'arrivée du médecin. Souvent, dans des cas qui paraissaient *désespérés*, on a pu, *à force de persévérance, ranimer des asphyxiés*. On entend un léger soupir qui se renouvelle au bout de quelques minutes, et la respiration, ainsi que la circulation, reprennent leur cours.

Aussitôt que le malade donne un premier signe de vie, on le place dans un lit chaud, on lui fait avaler quelques cuillerées d'eau mêlée avec de l'eau-de-vie ou du rhum, et on a soin d'aérer convenablement la chambre où il repose.

II. *Secours aux brûlés.* — 1o Le pansement devra être fait dans la mine, ou tout au moins dans la chambre de la machine du puits ;

2o On enlèvera ce qui reste de vêtements, en les coupant avec des ciseaux ;

3o On ne cherche pas à enlever la poudre de charbon qui recouvre le corps, elle n'est pas nuisible. Il n'en est pas de même de petits grains de charbons anguleux, de dimension variable. Ces grains devront être enlevés un à un, soit avec un cure-dents, soit avec un instrument analogue : une allumette taillée en pointe, par exemple. Cette espèce d'épluchement sera fait minutieusement ; un corps étranger de cette nature,

de cette forme, que la pression d'un bandage enfonce dans la peau enflammée, causerait des douleurs intolérables.

4o On ne lavera pas les plaies ; on les enduira d'une couche d'huile d'olive ou d'amandes douces et on enveloppera le malade de coton intact ; on en applique une triple ou quadruple couche sur la poitrine, couche suffisamment large pour couvrir les flancs ; on agit de même pour les bras, le dos, etc... Le tout est assujetti par quelques tours de bande ; il ne faut pas craindre de serrer fort : le coton se tasse.

III. *Soins à donner dans le cas de fracture.* — Il faut se préoccuper surtout d'obtenir l'immobilité, afin de calmer la douleur et d'empêcher les fragments osseux de déchirer les tissus. On ne devra pas exercer de traction, dans le but d'obtenir la réduction des fractures avant l'arrivée du médecin ; et il ne faudra pas non plus dépouiller le membre atteint des vêtements qui le recouvrent, tout souillés qu'ils soient.

On appliquera des attelles sur le membre fracturé, en l'enveloppant presque entièrement ; elles seront maintenues par quelques tours de bande ;

S'il s'agit de fractures de l'avant-bras ou du bras, on emploiera, après l'application de l'attelle brisée, un bandage fait avec un grand mouchoir, plié en fichu, dont les deux bouts extrêmes sont noués autour du cou. On forme ainsi une anse où le membre est appuyé et soutenu.

Pour les fractures de la colonne vertébrale, du bassin, des cuisses, des jambes, on placera l'appareil Riembault, qui est une sorte de gouttière Bonnet, montée sur un brancard.

IV. *Secours à donner en cas de plaie.* — Le pansement sera le même que pour les brûlures, on enveloppe la plaie d'une couche épaisse de coton pour la soustraire à tous les contacts, notamment à l'action de l'air.

V. *Secours à donner en cas d'hémorrhagie.* — Si la plaie qui donne du sang siège à la tête, au cœur, sur le tronc, l'un des assistants appliquera les doigts sur la plaie qui comprimera jusqu'à l'arrivée du médecin ; s'il est fatigué, il se fera remplacer par un autre, mais la compression ne doit pas cesser d'être exercée.

Si la plaie siège aux membres, on établit une compression à l'aide du tube en caoutchouc d'Esmarch. On enroule deux ou trois fois la partie supérieure du membre avec ce tube en serrant fortement et on crochette. Le sang s'arrête immédiatement, si la compression est suffisante ; sinon on l'augmente. Il n'est pas nécessaire de dépouiller le blessé de ses vêtements.

On peut alors faire remonter au jour le blessé, mais avec les plus grandes précautions et en lui maintenant la tête déclive. Pour cela, on le place sur le brancard, comme s'il avait une cuisse ou une jambe cassée.

Ce projet d'instruction médicale est approuvé par l'Académie, qui en décide le renvoi à M. le ministre des travaux publics. (*J. off.* 19 *mars* 1881.)

## SECOURS DE ROUTE. La loi du 13 juin 1790 accorde un secours de 15 centimes aux indigents voyageant à pied ; ce secours leur est alloué dans la commune gîte d'étape, par la municipalité, qui est remboursée par le département. Lorsque les indigents ne peuvent pas faire la route à pied, l'administration leur fournit des moyens de transport. Ces moyens sont aujourd'hui généralement des chemins de fer, par conséquent, les secours ne peuvent plus être payés d'étape en étape, ni calculés sur la distance parcourue. L'autorité qui aura dressé la réquisition de transport remettra donc au voyageur la somme de secours nécessaire pour tout le trajet. Mais le transport sera payé directement aux compagnies par le payeur. Le remboursement s'effectuera par les départements traversés et proportionnellement à la longueur des parcours dans chaque département. (*Circ. min. Int.* 8 *déc.* 1865, 22 *mars* 1866, 1er *mai* 1867; *Bull. off.* 1865, *p.* 684; 1866, *p.* 172; 1867, *p.* 141.)

Les voyages pédestres et les gîtes d'étape doivent être rares maintenant, car si les voyages n'ont pas de but, ils ne sont que du vagabondage; s'ils ont un but, il y a tout intérêt à l'atteindre au plus vite, donc à envoyer l'indigent par le chemin de fer.

En principe, les secours de route ne peuvent

être accordés qu'à trois personnes d'une même famille, mais ce nombre peut être dépassé pour les familles allant s'établir en Algérie. En ce cas, les familles devraient être porteurs d'une autorisation du préfet, sur la présentation de laquelle le receveur communal du gîte d'étape pourrait payer (sous le titre d'avance au département), le secours alloué au voyageur indigent.

**SECOURS MUTUELS.** *Voy.* **Sociétés de secours mutuels.**

**SEINE.** *Voy.* **Paris.**

**SEL.** (*Dict.*) **1.** *Sel dénaturé.* Le décret du 25 mai 1882 ajoute à l'art. 12 de la loi du 17 juin 1840 et au décret du 8 novembre 1869, art. 1er, auquel est annexé un tableau des procédés de dénaturation des sels destinés aux usages agricoles, la disposition qui suit :

« Est autorisée, pour la dénaturation des sels destinés à l'amendement des terres, la formule de mélange ci-après, savoir : mille kilogrammes de sel en petits cristaux ou pulvérisé, deux cent cinquante kilogrammes de chaux éteinte, en poudre. »

**2.** *Franchise du sel destiné à la poterie,* (*Circ. Contrib. indir. du 9 avril 1883.*) Jusqu'à présent, les fabricants de faïence ou de poterie n'avaient pas été admis à bénéficier de l'immunité de l'impôt sur les sels employés dans leur industrie. Un arrêté ministériel du 8 mars 1882 autorise l'industrie de la poterie à faire usage de sels dénaturés dans les mêmes conditions que ceux destinés à la tannerie.

**3.** *Tannerie.* Par décision du 13 mai 1882, les tanneries seront également affranchies de droits pour le sel dénaturé. (*Circ. Contrib. indir. n° 335, du 2 juin 1882.*)

**4.** *Franchise du sel destiné à la fabrication des limes.* (*Circ. 28 juill. 1883.*) Le ministre des finances a décidé, le 16 juillet 1883, que les fabricants de limes pourront, à l'avenir, recevoir en franchise de l'impôt, dans les mêmes conditions que les tanneurs et les potiers, des sels dénaturés aux lieux de production ou dans les entrepôts généraux.

**SENTIER.** *Voy.* **Chemins ruraux.**

**SÉPULTURE.** *Voy.* **Cimetière.**

**SOCIÉTÉS DE SECOURS MUTUELS.** (*Dict.*)

SOMMAIRE.

**CHAP. I. — ADMISSION DE NOUVEAUX MEMBRES.**

**1.** Aux termes de l'art. 5 du décret organique du 26 mars 1852 sur les sociétés de secours mutuels *approuvées,* dit la circulaire du ministre de l'intérieur du 26 décembre 1876, les membres participants ne peuvent être reçus qu'au scrutin et à la majorité des voies de l'assemblée générale.

Avant qu'il soit procédé au vote qui détermine l'admission ou le rejet, le bureau a la mission de recueillir des renseignements sur les antécédents du candidat ; les statuts de la plupart de ces associations et les statuts-modèles excluent toute personne qui a subi une condamnation infamante. En outre, les présidents et, à leur dé-

faut, les membres du bureau étant appelés, par le décret du 26 avril 1856 et par la législation qui réglemente les opérations de la caisse des retraites pour la vieillesse, à certifier certaines pièces et à leur donner le caractère d'authenticité nécessaire pour attester les titres des candidats aux pensions de retraite, il importe qu'aucune des formalités ne puisse être arguée de nullité par suite de l'incapacité de l'administration signataire.

Plusieurs présidents ayant appelé mon attention sur la nécessité de leur faciliter les recherches que motivent parfois les admissions des membres participants, j'ai prié M. le garde des sceaux, ministre de la justice et des cultes, de vouloir bien accueillir le vœu soumis à mon administration. J'extrais de la circulaire adressée le 6 décembre 1876 à MM. les procureurs généraux le passage suivant concernant les sociétés de secours mutuels : « Quelques difficultés se sont élevées sur le prix dû aux greffiers pour les bulletins n° 2 qui leur sont demandés par les préfets ou par les maires, relativement aux candidats qui sollicitent leur admission dans une société de secours mutuels approuvée. Les greffiers ne doivent réclamer que 25 centimes, somme fixée par toutes les circulaires à l'égard des extraits délivrés aux administrations publiques ; mais ils peuvent exiger que la lettre du *préfet* ou du *maire* mentionne expressément que l'*extrait est demandé, à titre de renseignement administratif.*

« En conséquence, lorsque le président d'une société de secours mutuels approuvée estimera qu'il est nécessaire de recourir au casier judiciaire, il devra s'adresser, soit au préfet, soit au maire, qui réclamera le renseignement sous les conditions prescrites par la circulaire du 6 décembre 1876. »

Nous aurions bien des objections contre ce nouvel emploi du casier judiciaire. Il semblerait qu'on ne sert comme d'un instrument pour empêcher le retour du pêcheur. On peut attribuer à ce casier une partie des récidives dont on se plaint avec de raison.

**CHAP. II. — PENSIONS DE RETRAITE.**

*Sociétés de secours mutuels approuvées. Pensions de retraite. Nouveau tarif à 4 1/2 p. 100.* (*Circ. du 25 janv. 1883.*) Monsieur le Préfet, malgré la sollicitude de mon administration et le concours bienveillant de M. le conseiller d'État, directeur général de la Caisse des dépôts et consignations, la délivrance des titres des pensions de retraite concédées à leurs membres participants âgés ou infirmes par les sociétés de secours mutuels approuvées exige encore d'assez longs délais. Ces retards doivent être attribués, non seulement à l'augmentation considérable du nombre des pensions accordées, qui s'est élevé, pour le dernier trimestre de l'année 1882, à 1,043, mais encore aux renseignements incomplets et aux pièces irrégulières transmises par les présidents. L'administration de la Caisse des dépôts et consignations ne trouve certaines indications, qui sont exigées par l'art. 2 du décret du 27 juillet 1861 sur la caisse des retraites de la vieillesse, que dans les certificats de vie, qui, bien qu'établis dans mes bureaux, ne me sont renvoyés presque toujours que très tardivement. M. le directeur général m'a donc fait remarquer que, si ces renseignements, au lieu de lui parvenir après l'ouverture du trimestre de jouissance des pensions, lui étaient adressés en même temps que les actes de naissance, le travail pourrait s'exécuter dans ses bureaux en une seule fois, ce qui permettrait de délivrer plus rapidement les titres de rente.

Vous trouverez ci-joint un nouveau modèle de délibération contenant deux colonnes, dans lesquelles seront indiqués : d'une part, l'état civil (*marié, célibataire, veuf ou veuve*) ; d'autre part, la profession du membre participant admis à la pension.

De plus, ce tableau porte des numéros indiquant l'ordre dans lequel les pensions devront être liquidées. Il arrive fréquemment, en effet, que le capital disponible au fonds de retraites de la société est insuffisant pour la création de toutes les pensions concédées. Mon administration n'ayant pas qualité pour faire parmi les candidats présentés un choix, qui, aux termes de l'art. 6 du décret du 26 avril 1856, appartient à l'association réunie en assemblée générale, est obligée d'inviter le président, soit à provoquer un versement complémentaire au fonds de retraite, soit à lui désigner les pensionnaires qui doivent être pourvus les premiers. Cette manière de procéder entraîne le plus souvent l'ajournement des pensions au trimestre suivant. Grâce à cette disposition nouvelle, et afin d'éviter aux pensionnaires la perte d'un ou de plusieurs trimestres, les pensions seront liquidées dans l'ordre indiqué par la société elle-même. La liquidation des pensions pour lesquelles il y aurait insuffisance de fonds se trouverait suspendue jusqu'à ce que la société ait versé à sa caisse de retraites la somme nécessaire, ou que le capital des pensions dont les titulaires seraient décédés, sans que l'administration en ait reçu avis, soit réintégré après envoi de l'acte de décès.

Enfin, ce nouveau modèle de délibération porte au verso le tarif des pensions de retraite fixé à 4 1/2 p. 100 par la loi de finances du 29 décembre 1882. Ce tableau, rapproché de l'état de situation du fonds de retraites que les sociétés reçoivent chaque année vers le mois de juin, leur permettra d'apprécier la somme nécessaire pour constituer es pensions.

Je vous prie, Monsieur le Préfet, de veiller à ce que les délibérations jointes aux dossiers des pensions de retraite concédées par les sociétés de secours mutuels de votre département, ne me soient transmises par votre préfecture que lorsqu'elles auront été reconnues rigoureusement conformes à ces instructions et toujours accompagnées de l'acte de naissance portant *la date de naissance en lettres* ou d'un acte de notoriété.

Vous voudrez bien faire insérer dans le *Recueil des actes administratifs* de votre préfecture la présente circulaire qui sera, d'ailleurs, reproduite dans les statuts modèles ainsi que dans le Bulletin des sociétés de secours mutuels, et m'en accuser réception.

Recevez, etc.     *Signé :* J. DEVELLE.

2. *Tarif des pensions de retraites à capital réservé, des membres participants, âges de 50 ans et au-dessus, des sociétés de secours mutuels approuvées* (D. du 26 avril 1856, L. du 29 décembre 1882) :

| MONTANT de la pension. | CAPITAL correspondant. | MONTANT de la pension. | CAPITAL correspondant. | MONTANT de la pension. | CAPITAL correspondant. | MONTANT de la pension. | CAPITAL correspondant. |
|---|---|---|---|---|---|---|---|
| Fr. | Fr. | Fr. | Fr. | Fr. | Fr. | Fr. | Fr. |
| 1 | 22 | 26 | 578 | 51 | 1,133 | 76 | 1,689 |
| 2 | 44 | 27 | 600 | 52 | 1,156 | 77 | 1,711 |
| 3 | 67 | 28 | 622 | 53 | 1,178 | 78 | 1,733 |
| 4 | 89 | 29 | 644 | 54 | 1,200 | 79 | 1,756 |
| 5 | 111 | 30 | 667 | 55 | 1,222 | 80 | 1,778 |
| 6 | 133 | 31 | 689 | 56 | 1,244 | 81 | 1,800 |
| 7 | 156 | 32 | 711 | 57 | 1,267 | 82 | 1,822 |
| 8 | 178 | 33 | 733 | 58 | 1,289 | 83 | 1,844 |
| 9 | 200 | 34 | 756 | 59 | 1,311 | 84 | 1,867 |
| 10 | 222 | 35 | 778 | 60 | 1,333 | 85 | 1,889 |
| 11 | 244 | 36 | 800 | 61 | 1,356 | 86 | 1,911 |
| 12 | 267 | 37 | 822 | 62 | 1,378 | 87 | 1,934 |
| 13 | 289 | 38 | 844 | 63 | 1,400 | 88 | 1,956 |
| 14 | 311 | 39 | 867 | 64 | 1,422 | 89 | 1,978 |
| 15 | 333 | 40 | 889 | 65 | 1,444 | 90 | 2,000 |
| 16 | 356 | 41 | 911 | 66 | 1,467 | 91 | 2,022 |
| 17 | 378 | 42 | 933 | 67 | 1,489 | 92 | 2,044 |
| 18 | 400 | 43 | 956 | 68 | 1,511 | 93 | 2,067 |
| 19 | 422 | 44 | 978 | 69 | 1,533 | 94 | 2,089 |
| 20 | 444 | 45 | 1,000 | 70 | 1,566 | 95 | 2,111 |
| 21 | 467 | 46 | 1,022 | 71 | 1,578 | 96 | 2,133 |
| 22 | 489 | 47 | 1,044 | 72 | 1,600 | 97 | 3,156 |
| 23 | 511 | 48 | 1,067 | 73 | 1,622 | 98 | 2,178 |
| 24 | 533 | 49 | 1,089 | 74 | 1,644 | 99 | 2,200 |
| 25 | 556 | 50 | 1,111 | 75 | 1,677 | 100 | 2,222 |

### CHAP. III. — CONTRÔLE ADMINISTRATIF.

3. Il nous paraît utile de reproduire le passage suivant que nous trouvons dans le *Temps* du 3 décembre 1882.

Le ministère de l'intérieur, après avoir examiné les statuts de la Société de secours mutuels typographique parisienne, vient de demander à cette société d'en supprimer et d'en modifier certains articles se rapportant à une organisation autre que celle de secours proprement dits. Cette mesure, prise en vertu de la loi du 15 juillet 1850 et du décret de 1852 sur les sociétés de secours mutuels, a jeté une vive émotion parmi la Société typographique. Elle s'est réunie en assemblée générale le 26 novembre. Un des délégués ayant fait ressortir la nécessité de se conformer aux indications données par le ministère, l'assemblée, à une forte majorité, a nommé une commission chargée de présenter un projet conforme à la loi, dans le plus bref délai possible.

Les modifications exigées par le ministère sont trop nombreuses pour que nous les énumérions ici. Voici les principales qui visent le but même poursuivi par la Société typographique.

Le dernier règlement, adopté en assemblée générale le 28 octobre 1879 pour être mis en vigueur à partir du 1er janvier 1880, détermine ainsi le but de la Société :

Art. 2. La Société a pour but :

1° De secourir chacun de ses membres dans la maladie, les infirmités et la vieillesse ;

2° De créer un fonds de retraite dans les conditions spécifiées aux art. 34 et suivants du présent règlement ;

3° De veiller à la stricte exécution du tarif typographique ;

4° De secourir ceux de ses membres qui auraient perdu leur travail pour maintenir l'exécution du tarif ;

5° De faciliter, par tous les moyens dont elle peut disposer, le placement des sociétaires qui manqueront de travail.

Le ministre réclame la suppression des §§ 3 et 4, avec l'adjonction d'un paragraphe additionnel spécifiant « que la Société n'accorde pas de secours pour cause de chômage ».

Les autres modifications portent sur un très grand nombre de points en désaccord avec le décret du 26 mars 1852, notamment ceux relatifs au nombre des participants, au montant de l'encaisse qui ne doit pas excéder 3,000 fr., à l'interdiction de toute discussion religieuse ou politique dans le sein de la Société, à l'obligation de n'apporter aucune modification aux statuts de l'association, sans la faire approuver par le ministre de l'intérieur, etc.

4. Une mesure semblable a été prise à l'égard des sociétés de province. La Société rochefortaise, notamment, a été mise en demeure de modifier son art. 1ᵉʳ, ainsi conçu :

« Art. 1ᵉʳ. Il est formé entre tous les typographes, relieurs et lithographes travaillant à Rochefort, une société de secours mutuels qui prend le nom de Société rochefortaise.

« Elle a pour but la solidarité qui doit unir tous ses membres et la confraternité à exercer vis-à-vis des membres des sociétés fédérées.

« Elle ne se compose que de membres participants. »

5. Les observations ministérielles sont ainsi conçues :

Art. 1ᵉʳ. Les mots : « Et la confraternité exercée vis-à-vis des membres des sociétés fédérées », seront retranchés. Aux termes de la loi du 15 juillet 1850, les sociétés reconnues sous le nom de « société de secours mutuels » ne peuvent étendre leur action en dehors des sociétaires, c'est-à-dire que chaque association ne peut venir en aide qu'à ses propres membres. D'autre part, la circonscription de la société est limitée au territoire communal en exécution des lois générales de police, qui placent les associations sous la surveillance des maires et s'opposent par conséquent à ce que la compétence territoriale de ces magistrats soit outrepassée.

Le projet indiqué par le président, comprenant parmi les sociétaires les ouvriers travaillant à Marennes, Royan, etc., ne peut, par suite, être admis.

D'autres modifications sont également introduites en ce qui concerne les « dons, legs » dont est formée la caisse de la société. Le ministre demande le remplacement de ces mots par ceux de « dons manuels », car c'est sous cette forme seulement que les sociétés autorisées, dénuées de toute capacité civile, peuvent être l'objet de libéralités.

La Société rochefortaise, comme la Société parisienne, est appelée à modifier encore un grand nombre d'articles et à introduire des dispositions portant que toute modification aux statuts devra être approuvée par le préfet.

6. C'est par l'intermédiaire de la préfecture de police qu'ont été présentées, à Paris, les observations du ministre de l'intérieur, et à Rochefort par l'intermédiaire du préfet et du maire.

La Société rochefortaise était seulement en formation. Sa première assemblée générale remonte au 11 octobre 1882.

### CHAP. IV. — JURISPRUDENCE.

7. Une Société de secours mutuels ne peut pas, en se fondant sur ce que certains de ses membres ont repris du travail dans un atelier mis à l'index, les radier du nombre des associés, alors surtout que les statuts n'ont pas prévu ce cas de radiation. (C. de Paris 5 avril 1883.)

Et si les statuts avaient prévu le cas ? Nous croyons qu'il eût été d'ordre public de considérer cette disposition comme non avenue, car elle est essentiellement contraire à la liberté du travail.

*Rectification.* Au *Dictionnaire*, p. 1666, n° 8, remplacer la somme de 2,000 fr. par : 4,000 fr. par an.

SOIT COMMUNIQUÉ. Les ordonnances de *soit communiqué* rendues sur des pourvois au Conseil d'État doivent être notifiées dans le délai de deux mois, sous peine de déchéance. (D. 2 nov. 1864, art. 5.)

SOURDS-MUETS. (*Dict.*) Un arrêté ministériel du 3 septembre 1884 institue des certificats d'aptitude pour l'enseignement des sourds-muets ; cet arrêté, ainsi qu'une intéressante circulaire explicative de même date ont été insérés au *Journal officiel* du 4 septembre 1884.

SUBSTANCES VÉNÉNEUSES. (*Dict.*) 1. Nous reproduisons une note relative à la vente des substances vénéneuses, émanée de la préfecture de police et datée du 18 décembre 1882. (*Bull. munic. off.* du 23 du même mois.)

Le préfet de police rappelle aux fabricants et débitants de produits chimiques les dispositions de l'ordonnance (royale) du 29 octobre 1846, concernant la vente des substances toxiques.

Il résulte de cette ordonnance que tout industriel ou commerçant autre que les pharmaciens ne peut acheter de produits toxiques qu'après avoir fait préalablement à l'administration une déclaration.

D'autre part, l'ordonnance exige la tenue d'un registre spécial prescrit dans les art. 3 et 6.

Les substances vénéneuses indiquées par les décrets du 7 juillet 1850 et autres ne doivent être livrées :

1° Par les fabricants ou les droguistes, que sur une demande écrite et signée de l'acheteur, avec indication de son domicile personnel ;

2° Par les pharmaciens, que sur une prescription médicale signée et datée et énonçant en toutes lettres la dose des substances ainsi que le mode d'administration du médicament.

Les demandes et les prescriptions doivent être transcrites sur le registre au moment même de l'achat ou de la vente.

Cette ordonnance royale de 1846 se trouve analysée dans le *Dictionnaire*. Nous soulignons ici le mot *royale* pour qu'on ne considère pas cet acte réglementaire comme une simple ordonnance de police.

2. *Ordonnance de police du 3 juillet* 1883. L'ordonnance de police du 8 juin 1881 est modifiée ainsi qu'il suit :

Art. 1ᵉʳ. Il est expressément défendu aux confiseurs, distillateurs, épiciers et à tous marchands en général, d'employer, pour colorier les bonbons, pastillages, dragées, liqueurs et substances alimentaires quelconques, aucune des couleurs ci-dessous désignées :

COULEURS MINÉRALES.

*Composés de cuivre.* — Cendres bleues, bleu de montagne.

*Composés de plomb.* — Massicot, minium, mine orange, oxychlorure de plomb, jaune de Cassel, jaune de Turner, jaune de Paris ;

Carbonate de plomb, blanc de plomb, céruse, blanc d'argent, antimoniate de plomb, jaune de Naples, sulfate de plomb, chromate de plomb, jaune de chrome, jaune de Cologne ;

Chromate de baryte, outremer jaune.

*Composés de l'arsenic.* — Arsénite de cuivre, vert de Scheele, vert de Schweinfurt ;

Sulfure de mercure, vermillon.

COULEURS ORGANIQUES.

Gomme-gutte, aconit napel ;

Fuchsine et dérivés immédiats, tels que le bleu de Lyon ;

Éosine ;

Matières colorantes renfermant, au nombre de leurs éléments, la vapeur nitreuse, telles que jaune de naphtol, jaune Victoria ;

Matières colorantes, préparées à l'aide des composés diazoïques, telles que tropéolines, rouges de xylidine.

Il est interdit aux fabricants, ainsi qu'à tous marchands en général, de vendre et de mettre en vente des bonbons, pastillages, dragées, liqueurs et substances alimentaires quelconques, coloriés à l'aide des couleurs susmentionnées.

Il est également interdit d'employer, pour envelopper les substances alimentaires, des papiers coloriés au moyen de ces couleurs.

Art. 2. Toutes les autres dispositions contenues dans l'ordonnance de police du 8 juin 1881 sont maintenues.

Art. 3. Les contraventions seront poursuivies, conformément à la loi, devant les tribunaux compétents.

Art. 4. Le chef de la police municipale, les commissaires de police de Paris, les maires et commissaires de police des communes du ressort de la préfecture de police, l'inspecteur général des halles et marchés, le chef du laboratoire de chimie et les autres préposés de la préfecture de police sont chargés, chacun en ce qui le concerne, de l'exécution de la présente ordonnance, qui sera imprimée, publiée et affichée.

(*Signé :* E. CAMESCASSE.)

**SUCRE.** (*Dict.*) **1.** La nouvelle loi sur le sucre, datée du 29 juillet 1884, est ainsi conçue :

Art. 1er. Les droits sur les sucres de toute origine et les glucoses indigènes livrés à la consommation, sont fixés ainsi qu'il suit, décimes et demi-décimes compris :

Sucres bruts et raffinés : 50 par 100 kil. de sucre raffiné.
Sucre candi : 53.50 par 100 kil.
Glucoses : 10 par 100 kil.

Sont en outre modifiés comme suit les droits des dérivés du sucre énumérés ci-après :

Mélasses autres que pour la distillation, ayant, en richesse saccharine absolue, 50 p. 100 au moins, 15 fr. par 100 kil. ;

Mélasses autres que pour la distillation, ayant, en richesse saccharine absolue, plus de 50 p. 100 32 fr. par 100 kil. ;

Chocolat, 93 fr. par 100 kil.

Art. 2. Les droits sur les sucres bruts ou raffinés de toute origine, employés au sucrage des vins, cidres et poirés, avant la fermentation, sont réduits à 20 fr. les 100 kil. de sucre raffiné.

Un règlement d'administration publique déterminera préalablement les mesures applicables à l'emploi de ces sucres.

Art. 3. Tout fabricant de sucre indigène pourra contracter avec l'administration des contributions indirectes un abonnement en vertu duquel les quantités de sucre imposable seront prises en charge d'après le poids des betteraves mises en œuvre.

Cette prise en charge sera définitive, quels que soient les manquants ou les excédents qui pourront se produire.

Elle aura lieu aux conditions ci-après :

| PROCÉDÉS DE FABRICATION. | RENDEMENT par 100 kil. de betteraves. |
|---|---|
| Diffusion ou tout autre procédé analogue. . . . . . . . . . . | 6 kil. sucre raffiné. |
| Presses continues ou hydrauliques . | 5 kil. sucre raffiné. |

Les sucres, sirops et mélasses, obtenus dans les fabriques abonnées en excédent du rendement légal, seront assimilés au sucre libéré d'impôt.

Pendant les trois campagnes de fabrication 1884-1885, 1885-1886 et 1886-1887, il sera alloué aux fabricants non abonnés un déchet de 8 p. 100 sur le montant total de leur fabrication.

Un décret déterminera les obligations qui seront imposées aux fabricants abonnés pour la garantie des intérêts du Trésor.

Art. 4. A partir du 1er septembre 1887, les quantités de sucre imposable seront prises en charge dans toutes les fabriques d'après le poids des betteraves mises en œuvre, quel que soit le procédé d'extraction des jus.

Les rendements seront fixés comme suit par 100 kil. de betteraves.

Campagne 1887-1888, 6 kil. 250 de sucre raffiné.
—    1888-1889, 6 kil. 500    —
—    1889-1890, 6 kil. 750    —
—    1890-1891, 7 kil.    —

Art. 5. Les sucres des colonies françaises importés directement en France auront droit à un déchet de fabrication de 12 p. 100.

Art. 6. Les sucres en grains ou petits cristaux, agglomérés ou non, seront reçus à la décharge des comptes d'admission temporaire de sucres bruts, pour la quantité de sucre raffiné qu'ils seront reconnus représenter, lorsque leur rendement net, établi conformément aux dispositions de la loi du 19 juillet 1880, sera au moins de 98 p. 100.

Art. 7. La taxe complémentaire de 10 fr. par 100 kil. établie par l'art. 1er sera appliquée aux sucres de toute espèce déjà libérés d'impôt, ainsi qu'aux matières en cours de fabrication également libérées d'impôt existant, au moment de la promulgation de la présente loi, dans les raffineries, fabriques ou magasins ou dans tous autres lieux en la possession des raffineurs, fabricants ou commerçants ; les quantités seront reprises par voie d'inventaires ; seront toutefois dispensées de l'inventaire les quantités n'excédant pas 1,000 kil. de sucre raffiné.

Art. 8. Les fabricants et raffineurs auront à souscrire des commissions complémentaires en garantie du droit de 10 fr. par 100 kil. pour les sucres de toute espèce et les matières en cours de fabrication placées sous le régime de l'admission temporaire.

L'apurement de ces soumissions aura lieu dans les conditions appliquées au moment de la mise en vigueur de la loi du 31 décembre 1873.

Art. 9. Le rendement minimum fixé par l'art. 18 de la loi du 19 juillet 1880 sera porté à 80 p. 100 pour les sucres d'origine européenne ou importés des entrepôts d'Europe.

Art. 10. A partir de la promulgation de la présente loi, et jusqu'au 31 août 1886, les sucres bruts et les sucres non assimilés aux sucres raffinés, importés des pays d'Europe ou des entrepôts d'Europe, seront frappés d'une surtaxe non remboursable de 7 fr. par 100 kil.

Art. 11. Les dispositions des lois antérieures continueront d'être appliquées en tout ce qui n'est pas contraire à la présente loi.

2. *Abonnements.* Les abonnements dont il est question à l'art. 3 ont été réglementés par le décret du 31 juillet 1884 qu'on trouvera au *Journ. off.* du 1er août 1884 et au *Bull. des lois.*

3. *Colonie. Taxe de 4 p. 100 à la sortie tenant lieu d'impôt foncier. Mode d'évaluation.* Tous ces points sont réglés par le décret du 14 avril 1884. (*Journ. off. du 27 avril* 1884.)

4. *Tare légale* (*D. du 31 mai* 1882):

Art. 1er. A partir du 1er juillet 1882, la tare légale sur les sucres bruts de canne est fixée ainsi qu'il suit :

| | |
|---|---|
| Emballages entièrement en bois dur . . | 13 p. 100 |
| Emballages en bois tendre . . . . . . | 10 — |
| Canastres . . . . . . . . . . | 8 — |
| Autres emballages { doubles . . . . | 4 — |
| { simples . . . . . | 2 — |

Art. 2. Les sucres de betteraves et de vergeoise acquitteront les droits sur leur poids net réel.

**SYNDICAT DE TRAVAUX.** (*Dict.*) 1. Les propriétaires qui ont payé leur cotisation depuis une série d'années sans élever de protestation, doivent être considérés comme *ayant fait volontairement partie de l'association* syndicale et en ayant accepté les statuts. Ils ne peuvent donc pas arguer d'irrégularités qui auraient été commises alors. (*Arr. du C. 23 fév.* 1877.)

2. En l'absence de toute disposition spéciale dans l'acte constitutif du syndicat, les délibérations relatives à l'émission des rôles peuvent être prises à la majorité des voix des membres présents, bien entendu, après une convocation régulière. (*Même arrêt.*)

3. Lorsqu'un membre d'une association syndicale pour l'arrosage a soutenu un procès contre un tiers dans l'intérêt général des membres de l'association, le syndicat peut décider que les frais et dépens seront supportés par l'association. (*Arr. du C. 25 janv.* 1878.)

4. Lorsque l'acte constitutif d'une association syndicale dispose que, dans le cas où le syndicat ne remplirait pas les fonctions qui lui sont attribuées, le préfet, après mise en demeure régulière, pourra y suppléer en désignant, à cet effet, tel agent qu'il jugera convenable, l'agent désigné dans ces conditions peut dresser le rôle de répartition des dépenses entre les intéressés, et le mettre en recouvrement après qu'il a été rendu

exécutoire par le préfet. (*Arr. du C.* 23 nov. 1877.)

5. L'indemnité due à un membre d'une association syndicale à raison de l'utilité que procurent au syndicat les digues antérieurement construites par le membre de l'association, ne doit pas être calculée sur la valeur des digues, mais à raison de l'utilité qu'elle procure à l'association comparativement aux ouvrages de défense établis par les autres intéressés. (*Arr. du C. 25 juin* 1880.)

6. *Limites des pouvoirs du préfet.* Le préfet ne peut réunir en association syndicale les particuliers faisant usage des eaux d'un canal d'irrigation, sans le consentement unanime des intéressés, qu'à cette fin *d'exécuter des travaux de curage, approfondissement, redressement ou régularisation de ce canal.* Il excède donc ses pouvoirs en constituant une association syndicale ayant pour objet d'exploiter et d'améliorer le canal, de dresser un règlement pour le partage des eaux, et dont tous les arrosants, même fondés en titre, devront faire partie, à peine de perdre leurs droits. (*Arr. du C. 6 juin* 1879.)

7. *Recours.* L'art. 13 de la loi du 21 juin 1865, en ouvrant un recours spécial, par la voie administrative, contre les arrêtés préfectoraux organisant des associations syndicales autorisées, n'a pas enlevé aux intéressés le droit de déférer ces mêmes arrêtés au Conseil d'État statuant au contentieux par application des lois des 7-14 oct. 1790 et 24 mai 1872, art. 9. (*Arr. du C. 6 juin* 1879.)

8. *Homologation des zones.* Les commissions spéciales instituées en vertu de la loi du 16 sept. 1807, ayant conservé les attributions administratives sous l'empire de la loi du 21 juin 1865, sont chargées d'homologuer l'estimation par zones des différentes propriétés comprises, soit dans le périmètre général des terrains, soit dans les périmètres spéciaux, même lorsque les évaluations proposées par l'expert sont contestées, sauf aux intéressés à réclamer ensuite devant le conseil de préfecture contre le résultat du travail ainsi homologué. (*Avis du C. 15 janv.* 1878.)

9. *Apports en travaux.* Le règlement du montant des apports en travaux est une attribution contentieuse qui ne peut actuellement être exercée que par le conseil de préfecture. (*Même avis.*)

10. *Compétence.* Le conseil de préfecture est compétent pour connaître d'une demande formée contre un syndicat par un membre d'une des sections de ce syndicat en remboursement des taxes recouvrées par cette section et fondée sur le motif que ces taxes auraient été employées à des travaux auxquels la section n'était pas tenue de contribuer. (*Arr. du C. 17 janv.* 1879.)

Au contraire, le conseil de préfecture est incompétent pour statuer sur la demande formée par le voie contentieuse par le directeur d'un syndicat contre son prédécesseur, à l'effet de le faire condamner à lui faire remettre les papiers du syndicat et à rembourser le montant d'un déficit qui aurait été constaté pendant ses fonctions. (*Arr. du C. 6 déc.* 1878.)

11. *Ingérence.* Lorsque des membres d'une commission syndicale se sont ingérés person-

nellement dans le maniement des fonds du syndicat et se sont par là constitués comptables, le conseil de préfecture peut procéder à la vérification et au jugement des comptes dans les formes établies en matière de comptabilité communale, mais il ne peut statuer dans les formes établies pour le jugement des affaires contentieuses. (*Arr. du C.* 6 *déc.* 1878.)

**12.** *Acquéreur d'une parcelle.* A défaut de clause contraire dans les actes constitutifs d'une association syndicale, l'acquéreur d'une parcelle qui a profité de tout temps de l'arrosage ne peut être déchargé de la taxe sous prétexte que l'emploi auquel il a affecté cette parcelle rend désormais l'arrosage inutile et impossible. (*Arr. du C.* 21 *févr.* 1879.)

**SYNDICATS PROFESIONNELS.** (*Dict.,* v° **Chambres syndicales**). La loi du 21 mars 1884 dispose ce qui suit :

Art. 1ᵉʳ. Sont abrogés la loi des 14-17 juin 1791 et l'art. 416 du Code pénal.

Les art. 291, 292, 293, 294 du Code pénal et la loi du 18 avril 1834 ne sont pas applicables aux syndicats professionnels.

Art. 2. Les syndicats ou associations professionnelles, même de plus de vingt personnes exerçant la même profession, des métiers similaires, ou des professions connexes, concourant à l'établissement de produits déterminés, pourront se constituer librement sans l'autorisation du Gouvernement.

Art. 3. Les syndicats professionnels ont exclusivement *pour objet l'étude et la défense des intérêts économiques, industriels, commerciaux et agricoles.*

Art. 4. Les fondateurs de tout syndicat professionnel devront déposer les statuts et les noms de ceux qui, à un titre quelconque, seront chargés de l'administration ou de la direction.

Ce dépôt aura lieu à la mairie de la localité où le syndicat est établi, et, à Paris, à la préfecture de la Seine.

Ce dépôt sera renouvelé à chaque changement de la direction ou des statuts.

Communication des statuts devra être donnée par le maire ou par le préfet de la Seine au procureur de la République.

Les membres de tout syndicat professionnel chargés de l'administration ou de la direction de ce syndicat devront être Français et jouir de leurs droits civils.

Art. 5. Les syndicats professionnels régulièrement constitués, d'après les prescriptions de la présente loi, pourront librement se concerter pour l'étude et la défense de leurs intérêts économiques, industriels, commerciaux et agricoles.

Ces unions devront faire connaître, conformément au deuxième paragraphe de l'art. 4, les noms des syndicats qui les composent.

Elles ne pourront posséder aucun immeuble ni ester en justice.

Art. 6. Les syndicats professionnels de patrons ou d'ouvriers auront le droit d'ester en justice.

Ils pourront employer les sommes provenant des cotisations.

Toutefois, ils ne pourront acquérir d'autres immeubles que ceux qui seront nécessaires à leurs réunions, à leurs bibliothèques et à des cours d'instruction professionnelle.

Ils pourront, sans autorisation, mais en se conformant aux autres dispositions de la loi, constituer entre leurs membres des caisses spéciales de secours mutuels et de retraites.

Ils pourront librement créer et administrer des offices de renseignements pour les offres et les demandes de travail.

Ils pourront être consultés sur tous les différends et toutes les questions se rattachant à leur spécialité.

Dans les affaires contentieuses, les avis du syndicat seront tenus à la disposition des parties, qui pourront en prendre communication et copie.

Art. 7. Tout membre d'un syndicat professionnel peut se retirer à tout instant de l'association, nonobstant toute clause contraire, mais sans préjudice du droit pour le syndicat de réclamer la cotisation de l'année courante.

Toute personne qui se retire d'un syndicat conserve le droit d'être membre des sociétés de secours mutuels et de pensions de retraite pour la vieillesse à l'actif desquelles elle a contribué par des cotisations ou versements de fonds.

Art. 8. Lorsque les biens auront été acquis contrairement aux dispositions de l'art. 6, la nullité de l'acquisition ou de la libéralité pourra être demandée par le procureur de la République ou par les intéressés. Dans le cas d'acquisition à titre onéreux, les immeubles seront vendus, et le prix en sera déposé à la caisse de l'association. Dans le cas de libéralité, les biens feront retour aux disposants ou à leurs héritiers ou ayants cause.

Art. 9. Les infractions aux dispositions des art. 2, 3, 4, 5 et 6 de la présente loi seront poursuivies *contre les directeurs ou administrateurs* des syndicats et punies d'une amende de 16 à 200 fr. Les tribunaux pourront, en outre, à la diligence du procureur de la République, prononcer la dissolution du syndicat et la nullité des acquisitions d'immeubles faites en violation des dispositions de l'art. 6.

Au cas de fausse déclaration relative aux statuts et aux noms et qualités des administrateurs ou directeurs, l'amende pourra être portée à 500 fr.

Art. 10. La présente loi est applicable à l'Algérie.

Elle est également applicable aux colonies de la Martinique, de la Guadeloupe et de la Réunion. Toutefois, les travailleurs étrangers et engagés sous le nom d'immigrants ne pourront faire partie des syndicats.

# T

**TABAC.** _(Dict.)_ **1.** Le monopole du tabac en faveur de l'État est prorogé jusqu'au 1er janvier 1893. (_Voy._ **Dudget,** _IV, art._ 17.)

**2.** _Autorités compétentes pour prononcer l'éviction des gérants de débits de tabacs._ (_Circ. de la Direct. gén. des Contrib. indir. du_ 15 _février_ 1883.) « Monsieur le Directeur, jusqu'à présent aucune instruction n'avait spécifié l'autorité à laquelle appartient le droit d'évincer les gérants des débits de tabac. Quelques directeurs avaient cru pouvoir exercer ce droit ; le plus souvent le conseil d'administration était appelé à statuer et, dans certains cas, ses délibérations étaient soumises à l'approbation du ministre.

« Suivant une décision de M. le ministre des finances en date du 22 janvier dernier, l'éviction des gérants de débits, tant de 1re que de 2e classe, sera prononcée dorénavant par les directeurs quand des torts professionnels motiveront la mesure, et par les préfets quand il s'agira de torts politiques. Toutefois, l'éviction ne deviendra définitive et exécutoire que lorsqu'elle aura été approuvée, dans le premier cas, par le directeur général des contributions indirectes, et dans le second cas, par le ministre.

« Les préfets rendront compte directement au ministre de leurs décisions en l'objet. Il demeure d'ailleurs entendu que ces hauts fonctionnaires et les directeurs se donneront avis réciproquement des évictions qu'ils auront prononcées.

« Veuillez vous concerter avec M. le préfet de votre département pour l'exécution de ces nouvelles dispositions. En ce qui vous concerne, vous aurez, chaque fois que vous croirez devoir évincer un gérant, à transmettre à l'administration un rapport exposant les motifs de votre décision.

« Recevez, etc.    _Signé :_ F. RENAUD. »

**3.** _Concours obligatoire des débitants de tabacs pour la vente des enveloppes et des bandes revêtues d'un timbre fixe d'affranchissement._ (_Circ. de la Direct. gén. des Contrib. indir. du_ 30 _nov._ 1882.) Une loi du 20 avril dernier a autorisé le Gouvernement à livrer au public des enveloppes et des bandes revêtues du timbre d'affranchissement.

Par application de cette loi, ainsi que des décrets des 10 août et 7 novembre 1882 rendus pour son exécution, le ministre des postes et des télégraphes a fait mettre en vente :

D'une part, des enveloppes de trois formats différents portant un timbre fixe d'affranchissement de 15 centimes et des enveloppes de petit format portant un timbre fixe d'affranchissement de 5 centimes ;

D'autre part, deux catégories de bandes d'un format unique portant l'empreinte d'un timbre-poste soit de 1, soit de 2 centimes.

Les enveloppes timbrées à 15 centimes sont vendues 16 centimes chacune et peuvent être livrées au public par unité. Le prix des enveloppes timbrées à 5 centimes est fixé à 5 centimes et

demi ; ces enveloppes ne peuvent être détaillées que par deux ou par un multiple de deux. Quant aux bandes dont le prix est de 1 centime 1 tiers et 2 centimes 1 tiers, il n'en peut être vendu moins de quinze à la fois, et au-dessus de 15, le nombre des bandes vendues doit toujours être un multiple de trois.

**4.** Une décision de M. le ministre des finances, en date du 13 novembre, rend la vente des enveloppes et des bandes timbrées obligatoire pour les débitants de tabacs, aux mêmes conditions que la vente des timbres-poste et des cartes postales. La remise de 1 p. 100 dont ils bénéficieront sera calculée sur le prix réel des enveloppes et des bandes. Ces objets leur seront livrés par les receveurs des postes chez lesquels ils prennent ordinairement les timbres ordinaires. Les débitants de tabacs, titulaires ou gérants, devront toujours avoir un approvisionnement d'enveloppes et de bandes en rapport avec les besoins de la consommation locale.

Tous les bureaux de poste sont actuellement pourvus d'enveloppes à 15 centimes et de bandes à 1 et 2 centimes ; il importe que les débitants de tabacs s'en approvisionnent immédiatement.

En ce qui concerne les enveloppes à 5 centimes, dont les bureaux de Paris sont seuls pourvus aujourd'hui, la nouvelle obligation imposée aux débitants de tabacs ne peut être appliquée dès à présent que dans cette ville : mais elle devra être successivement étendue aux débitants des autres localités au fur et à mesure des émissions.

**5.** Au _Dictionnaire_, p. 1703, n° 16, ajoutez, à la liste des manufactures de tabac, les suivantes : Nice, Dijon, Le Mans, Pantin.

**6.** _Tabac importé._ Nous reproduisons l'avis suivant publié en mai 1881 par la direction générale des contributions indirectes :

Le nouveau tarif général des douanes, qui vient d'être promulgué, autorise, comme par le passé, l'importation pour compte particulier, de tabacs fabriqués, dits « tabacs de santé et d'habitude », jusqu'à concurrence de 10 kilogr. par destinataire, à la condition que ces tabacs, importés exclusivement pour l'usage personnel du destinataire, ne seront pas livrés par lui à la vente.

Cette quantité de 10 kilogr. que chaque destinataire peut être autorisé à recevoir, constitue un maximum annuel pouvant être importé en une ou plusieurs fois.

L'administration des contributions indirectes statue sur les demandes d'importation.

Aux termes de la loi, les tabacs importés ne pourront circuler qu'en vertu d'un acquit-à-caution obligeant le destinataire, sous peine du paiement d'un second droit d'importation, à justifier de la réception des tabacs.

Les demandes d'importation devront être remises ou adressées, dans les chef-lieux de direction ou de sous-direction, aux directeurs ou sous-directeurs, et dans les autres localités à l'employé principal de la circonscription administrative (contrôleur, receveur, ou chef de poste).

C'est aux mêmes fonctionnaires ou à la recette buraliste que les acquits-à-caution devront être remis aussitôt après la réception des tabacs.

Le tarif des droits à percevoir pour les tabacs destinés à l'usage personnel des importateurs reste fixé comme suit :

Cigares et cigarettes . . . . . . .    36 fr. par kilogr.
Tabacs à priser et à mâcher . . . . .  15      —
Tabacs à fumer du Levant . . . . .     25      —
Tabacs à fumer de toute autre origine. 15      —

**7.** *Tabac des zones frontières.* Les tabacs scaferlati, vendus à prix réduit dans les zones frontières, sont assimilés aux tabacs de cantine. En conséquence, la détention et la vente de ces tabacs en dehors des zones indiquées (*voy. plus loin, n° 3*) tombent sous le coup de l'art. 219 de la loi du 29 avril 1816. (*Voy. aussi L.* 29 *févr.* 1872.) [*C. d'Amiens* 28 *déc.* 1876.]

**8.** *Tabac de cantine.* Le *Journal officiel* du 7 juin 1879 renferme le décret (règlement d'administration publique) qui indique les zones où le tabac est vendu à prix réduit. Les communes formant la zone sont énumérées dans le décret.

**9.** *Tabac factice.* L'art. 5 de la loi du 12 février 1835 interdit la fabrication et le commerce de toute préparation qui serait mise en vente comme pouvant servir à la même destination que le tabac, alors même qu'elle n'aurait aucunement l'apparence du tabac. Est prohibée, en conséquence, la vente de cigarettes hygiéniques dans la préparation desquelles n'entrent que des feuilles de menthe desséchées, si ces cigarettes sont vendues pour être fumées *comme le seraient des cigarettes de tabac.* (*Cass.* 6 *juill.* 1877.)

**10.** Un débitant de tabac ne peut être considéré comme un commerçant, alors même qu'il vend des articles de fumeur et d'autres objets du même genre, si ces ventes ont d'ailleurs été peu importantes et ont conservé un caractère tout à fait accessoire ; par suite, il ne peut être déclaré en faillite. (*Lyon,* 8 *mai* 1879.)

**TAXES ASSIMILÉES.** *Voy. au* Dictionnaire **Billard, Cercle,** *etc.*

**TÉLÉGRAPHE.** (*Dict.*)

**CHAP. I. — RÈGLEMENT DE LA CORRESPONDANCE INTÉRIEURE.**

**1.** Ce règlement est dans le décret du 24 avril 1881 que nous reproduisons.

Art. 1er. Les règles applicables à la correspondance télégraphique intérieure (France, Corse et Algérie) sont déterminées ainsi qu'il suit.

Art. 2. 1° Les télégrammes en langage clair doivent offrir un sens compréhensible en l'une quelconque des langues admises pour la correspondance internationale européenne ou en langue latine.

2° Lorsqu'ils ne sont pas rédigés en français, l'expéditeur peut être tenu d'en donner la traduc-

tion par écrit. Cette traduction est obligatoire pour les dépêches qui ne sont pas remises directement aux guichets des bureaux télégraphiques.

Art. 3. 1° Tout télégramme en langage convenu ne doit contenir que des mots puisés dans une même langue, et présentant chacun un sens intrinsèque.

2° Les noms propres ne sont admis dans la rédaction des télégrammes en langage convenu qu'avec leur signification en langage clair.

3° Le bureau d'origine peut demander la production du vocabulaire, afin de contrôler l'exécution des dispositions qui précèdent.

Art. 4. 1° Sont constatés comme télégrammes en langage chiffré :

*a)* Ceux qui contiennent un texte chiffré ou lettres secrètes ;

*b)* Ceux qui renferment, soit des séries ou des groupes de chiffres ou de lettres dont la signification ne serait pas connue du bureau d'origine, soit des mots, des noms ou des assemblages de lettres ne remplissant pas les conditions exigées pour le langage clair ou convenu.

2° Le texte des télégrammes secrets peut être, soit entièrement secret, soit en partie secret ou en partie clair. Dans ce dernier cas, les passages secrets doivent être placés entre deux parenthèses, les séparant du texte ordinaire qui précède ou qui suit. Le texte chiffré doit être composé exclusivement de lettres de l'alphabet ou exclusivement de chiffres arabes.

Art. 5. 1° La minute du télégramme doit être écrite lisiblement, en caractères qui aient leur équivalent dans le tableau réglementaire des signaux télégraphiques et qui soient en usage en France.

2° Le texte doit être précédé de l'adresse, qui peut être écrite sous une forme convenue ou abrégée. Toutefois, la faculté pour un destinataire de se faire remettre à domicile un télégramme dont l'adresse est ainsi composée est subordonnée à un arrangement entre ce destinataire et le bureau télégraphique. Toute adresse doit contenir au moins deux mots : le premier représentant l'adresse du destinataire, le second indiquant le nom du bureau télégraphique de destination.

3° Les bureaux télégraphiques sont autorisés à assurer la remise à domicile des télégrammes intérieurs ou internationaux reçus avec une adresse abrégée ou convenue, à la charge pour le destinataire d'avoir fait, par écrit, les déclarations nécessaires et versé d'avance à titre d'abonnement, une taxe de 40 fr. par an, courant du 1er janvier de chaque année; ou de 20 fr. par semestre indivisible, courant du 1er janvier ou du 1er juillet de chaque année.

L'abonnement est dû par chaque destinataire autant de fois qu'il désigne d'adresses différentes se rapportant à sa personne.

Le produit de ces abonnements est inscrit aux recettes diverses de la télégraphie privée.

4° Tout télégramme doit être signé par l'expéditeur qui est, en outre, tenu d'inscrire, d'une manière complète, son nom et son adresse sur la minute. Cette dernière indication n'entre dans le compte des mots soumis à la taxe que si l'expéditeur en a demandé la transmission.

5° L'expéditeur doit écrire sur la minute, entre

parenthèses et immédiatement avant l'adresse, les indications éventuelles relatives à la remise à domicile, à la réponse payée, à l'accusé de réception, aux télégrammes recommandés, collationnés ou à faire suivre, etc.

6° Ces indications peuvent être écrites sous la forme abrégée adoptée pour les indications de service entre les bureaux. Dans ce cas, elles ne sont comptées chacune que pour un mot. Lorsqu'elles sont exprimées en langage ordinaire, elles doivent être écrites en français.

7° Tout interligne, renvoi, rature ou surcharge doit être approuvé de l'expéditeur du télégramme ou de son représentant.

Art. 6. 1° L'adresse doit porter toutes les indications nécessaires pour assurer la remise du télégramme à destination. Ces indications, à l'exclusion des noms de personnes, doivent être écrites en français.

2° L'adresse des télégrammes privés doit toujours être telle que la remise au destinataire puisse avoir lieu sans recherches ni demandes de renseignements.

3° Dans tous les cas, l'expéditeur supporte les conséquences de l'insuffisance de l'adresse.

Art. 7. 1° L'expéditeur d'un télégramme privé est tenu d'établir son identité, lorsqu'il y est invité par le bureau d'origine.

2° Il a, de son côté, la faculté de comprendre dans un télégramme la légalisation de sa signature.

3° Le bureau vérifie la sincérité de la légalisation. Hormis le cas où la signature lui est connue, il ne peut la considérer comme authentique que si elle est pourvue du sceau ou cachet de l'autorité signataire. Dans le cas contraire, il doit refuser l'acceptation et la transmission de la légalisation.

4° La légalisation telle qu'elle est transmise, entre dans le compte des mots taxés, elle prend place après la signature du télégramme.

Art. 8. 1° Tout télégramme rectificatif, complétif, et généralement toute communication échangée, soit entre l'expéditeur et le destinataire, soit par l'un d'eux avec un bureau télégraphique, à l'occasion d'un télégramme transmis ou en cours de transmission, est un télégramme privé, traité et taxé conformément aux dispositions du présent décret.

2° La taxe est restituée si la communication a été motivée par l'une des circonstances qui donnent lieu au remboursement de la taxe, aux termes de l'art. 30. En cas de rectification d'erreurs de service dans des télégrammes non collationnés, les taxes des télégrammes rectificatifs sont seules remboursées.

3° Les dispositions qui font l'objet du paragraphe 1er de l'art. 29 sont applicables aux communications dont il s'agit dans le présent article.

Art. 9. 1° Tout ce que l'expéditeur écrit sur la minute de son télégramme, pour être transmis, entre dans le calcul de la taxe, sauf ce qui est dit au paragraphe f de l'article suivant.

2° Les mots, nombres ou signes, ajoutés par le bureau dans l'intérêt du service ne sont pas taxés.

Art. 10. Le compte des mots s'établit de la manière suivante [1] :

a) Pour les dépêches en langage clair, toutes les expressions françaises ne sont comptées que pour un seul mot, lorsqu'elles sont comprises au Dictionnaire de l'Académie. En l'absence de ce document, la perception est faite d'après les dictionnaires en usage dans les bureaux, l'expéditeur pouvant toujours être admis à faire rectifier, sur la production de la dernière édition du Dictionnaire de l'Académie.

b) En cas de doute pour les mots en langue française et, en règle générale, pour les télégrammes rédigés en langue étrangère ou en langage convenu, le maximum de longueur d'un mot est fixé à quinze caractères selon l'alphabet Morse; l'excédent, toujours jusqu'à concurrence de quinze caractères, est compté pour un mot.

c) Les réunions ou altérations de mots contraires à l'usage de la langue ne sont point admises. Toutefois, les noms propres de villes et de personnes, les noms de lieux, places, boulevards, etc., les titres, prénoms, particules ou qualifications, ainsi que les nombres écrits en toutes lettres, sont comptés jusqu'à quinze lettres, dans les conditions des paragraphes précédents, pour le nombre de mots employés par l'expéditeur à les exprimer.

d) Les nombres écrits en chiffres sont comptés pour autant de mots qu'ils contiennent de fois cinq chiffres, plus un mot pour l'excédent. La même règle est applicable au calcul des groupes de lettres.

e) Tout caractère isolé, lettre ou chiffre, est compté pour un mot; il en est de même du souligné.

f) Les signes de ponctuation, traits d'union, apostrophes, guillemets, parenthèses, alinéas, ne sont pas comptés.

g) Sont toutefois comptés pour un chiffre les points et les virgules qui entrent dans la formation des nombres, ainsi que les barres de division.

h) Les lettres ajoutées aux chiffres pour désigner les nombres ordinaux sont comptées chacune pour un chiffre.

Art. 11. Dans les télégrammes qui contiennent un langage convenu ou un langage chiffré, les mots clairs sont comptés conformément aux paragraphes a à c inclus de l'art. 10. Les mots en langage convenu admis sont comptés

1. Le tarif par mots a été institué par la loi du 21 mars 1878. En voici l'art. 1er :

« La taxe télégraphique pour tout le territoire de la République est fixée comme suit : Quelle que soit la destination, il sera perçu cinq centimes (0 fr. 05) par mot, sans que le prix de la dépêche puisse être moindre de cinquante centimes (0 fr. 50). Cette disposition recevra son exécution au plus tard quatre mois après la promulgation de la présente loi. »

Ajoutons que le décret du 25 août 1879 a réduit la taxe des dépêches télégraphiques entre l'Algérie (ou la Tunisie) et la France, de vingt centimes à dix centimes par mot, parcours sous-marin compris, sans toutefois que le prix de la dépêche puisse être de moins d'un franc.

Le décret du 22 mai 1880 a réduit à trente centimes pour les cartes-télégrammes et à cinquante centimes pour les télégrammes fermés la taxe des dépêches circulant par le réseau pneumatique de Paris.

Art. 6. Les tarifs de taxe unique résultant de la révision prescrite par les trois premiers paragraphes de l'art. 5 de la loi du 19 juillet 1880, et applicables le 1er janvier 1881, ne pourront pas dépasser les tarifs actuellement en vigueur.

d'après les mêmes règles. Les groupes de chiffres ou de lettres, ainsi que les mots, noms ou assemblages de lettres non admis dans le langage clair ou convenu sont comptés d'après les règles établies par les paragraphes *d* à *h* inclus de l'art. 10 précité.

Art. 12. 1° La perception des taxes a lieu au départ, sauf les exceptions prévues pour les télégrammes à faire suivre et les télégrammes sémaphoriques qui donnent lieu à une perception par le bureau d'arrivée.

2° L'expéditeur d'un télégramme a le droit d'en demander reçu contre paiement d'un droit fixé uniformément, dans le régime intérieur et le régime international, à 10 centimes par télégramme déposé.

3° Dans tous les cas où il doit y avoir perception à l'arrivée, le télégramme n'est délivré au destinataire que contre paiement de la taxe due.

4° Les taxes à percevoir à l'arrivée et qui n'auraient pas été acquittées par le destinataire, sont recouvrées sur l'expéditeur.

Art. 13. 1° Les taxes perçues en moins par erreur et les taxes et frais non perçus sur le destinataire par suite de refus ou de l'impossibilité de le trouver, doivent être complétés par l'expéditeur.

2° Les taxes perçues en plus par erreur sont de même remboursées aux intéressés.

Art. 14. 1° Tout expéditeur peut, en justifiant de sa qualité, arrêter, s'il en est encore temps, la transmission du télégramme qu'il a déposé.

2° Lorsqu'un expéditeur retire ou arrête son télégramme avant que la transmission en ait été commencée, la taxe lui est remboursée sous déduction d'un droit fixe de 50 centimes.

3° Si le télégramme a été transmis par le bureau d'origine, l'expéditeur ne peut en demander l'annulation que par un télégramme privé dont il acquitte la taxe.

4° Si l'expéditeur a aussi payé le prix d'une réponse télégraphique, le bureau qui annule le télégramme en donne avis au bureau d'origine. Dans le cas contraire, il lui adresse ce renseignement par la poste.

Art. 15. 1° Les télégrammes peuvent être adressés, soit à domicile, soit poste restante, soit bureau télégraphique restant.

2° Toute dépêche adressée à un bureau de gare pour être portée en dehors de l'enceinte de la gare, est remise à domicile par exprès.

Art. 16. 1° Le télégramme est remis ouvert lorsque l'expéditeur l'a demandé par une indication insérée dans sa dépêche.

2° Lorsque le télégramme est adressé bureau restant, il n'est délivré qu'au destinataire ou à son délégué.

3° Tout télégramme qui n'a pas été réclamé au bout de six semaines est anéanti.

4° Les seuls télégrammes dont la remise à destination reste subordonnée à la délivrance d'un reçu sont : les télégrammes collationnés, ou avec accusé de réception, et ceux pour lesquels l'expéditeur aura payé le récépissé de dépôt au départ.

Art. 17. 1° Tout expéditeur peut affranchir la réponse qu'il demande à son correspondant.

2° Si l'expéditeur n'a pas indiqué le nombre de mots payés pour la réponse, il est perçu la taxe d'un télégramme ordinaire de dix mots dans le régime intérieur.

3° Dans le cas contraire, l'expéditeur doit compléter la mention « Réponse payée » ou « R. P. » par l'indication du nombre de mots payés pour la réponse et acquitter la somme correspondante.

Art. 18. 1° Au lieu de destination, le destinataire a la faculté d'expédier gratuitement, et dans les limites de la taxe payée d'avance, un télégramme à une destination quelconque.

2° Il justifie de son droit par la représentation de la dépêche reçue, qui en fait mention.

3° Si la réponse excède le nombre de mots affranchis, elle est néanmoins acceptée, mais dans ce cas l'excédent de taxe doit être perçu intégralement au départ, si la réponse est adressée hors de France. Si la réponse est adressée à un destinataire quelconque sur le territoire français, l'excédent peut être perçu, soit au départ, soit à l'arrivée, au choix de la personne qui expédie la réponse.

Dans ce dernier cas, l'indication « complément à recevoir X mots » doit figurer immédiatement après la mention « R. P. » et être comprise dans le nombre des mots taxés.

4° La somme versée pour la réponse peut être remboursée à l'expéditeur, lorsque le destinataire n'a pas fait usage, dans un délai de huit jours à dater du jour où il a reçu le télégramme, du droit de répondre gratuitement.

5° A cet effet, le destinataire doit, avant l'expiration du délai de huit jours fixé par le paragraphe 4 du présent article, déposer la formule qui lui conférait le droit de répondre en franchise au bureau qui l'a délivrée, en l'accompagnant d'une demande de remboursement au profit de l'expéditeur.

6° Il est procédé alors comme en matière de remboursement de taxe.

Art. 19. 1° Tout expéditeur a la faculté de recommander son télégramme.

2° Le télégramme recommandé donne lieu au collationnement intégral et à l'accusé de réception prévus par les art. 20 et 21.

3° Les télégrammes en langage secret sont obligatoirement soumis à la recommandation.

4° La taxe du télégramme recommandé est celle du télégramme collationné avec accusé de réception.

Art. 20. 1° L'expéditeur de tout télégramme a la faculté d'en demander le collationnement. Dans ce cas, les divers bureaux qui concourent à la transmission en donnent le collationnement intégral.

2° La taxe du collationnement est égale à la moitié de celle d'un télégramme ordinaire de même longueur.

Art. 21. 1° L'expéditeur de tout télégramme peut demander que l'indication de l'heure à laquelle son télégramme sera remis à son correspondant lui soit notifiée par télégraphe aussitôt la remise.

2° La taxe de l'accusé de réception est égale à celle d'un télégramme ordinaire de 10 mots.

Art. 22. 1° Tout expéditeur peut demander, en inscrivant avant l'adresse les indications nécessaires, que le bureau d'arrivée fasse suivre son télégramme dans les limites fixées pour le régime européen.

2° La taxe à percevoir au départ pour les télégrammes à faire suivre est simplement la taxe afférente au premier parcours, l'adresse complète entrant dans le nombre des mots. La taxe complémentaire est perçue sur le destinataire.

Art. 23. 1° Toute personne peut demander, en fournissant les justifications nécessaires, que les télégrammes qui arriveraient à un bureau télégraphique, pour lui être remis dans le rayon de distribution de ce bureau, lui soient réexpédiés, dans les conditions de l'article précédent, à l'adresse qu'elle aura indiquée.

2° En outre, les bureaux ont la faculté de faire suivre, quand il y aura lieu, d'après les indications données au domicile du destinataire, les télégrammes pour lesquels aucune indication spéciale n'aurait d'ailleurs été fournie.

Art. 24. 1° Un télégramme peut être adressé soit à plusieurs destinataires dans une même localité, soit à un même destinataire à plusieurs domiciles dans la même localité.

2° Les télégrammes adressés dans une même localité à plusieurs destinataires ou à un même destinataire à plusieurs domiciles, avec ou sans réexpédition par la poste, sont taxés comme un seul télégramme ; mais il est perçu, à titre de droit de copie, autant de fois cinquante centimes par télégramme ne dépassant pas cent mots, qu'il y a de destinations, moins une. Au delà de cent mots, ce droit est de cinquante centimes par série ou fraction de série de cent mots. Dans ce compte figure la totalité des mots à taxer, y compris les adresses.

3° Dans le premier cas prévu par le paragraphe 1er du présent article, chaque exemplaire du télégramme ne doit porter que l'adresse qui lui est propre, à moins que l'expéditeur n'ait demandé le contraire.

4° Cette indication doit entrer dans le corps de l'adresse et, par conséquent, dans le nombre des mots taxés.

Art. 25. Les télégrammes adressés à des localités non desservies par le télégraphe peuvent être remis à destination suivant la demande de l'expéditeur, soit par exprès, soit par la poste.

Art. 26. 1° Lorsque l'expéditeur a demandé que le télégramme soit envoyé par exprès, les mots *Exprès payé* ou *X P* sont inscrits avant l'adresse et sont taxés.

2° Le bureau d'arrivée emploie l'exprès, c'est-à-dire un moyen plus rapide que la poste, lorsque ce mode d'envoi est demandé par l'expéditeur dans la dépêche, ou par le destinataire, en vue de dépêches qu'il attend.

3° Pour toute dépêche à expédier par exprès, hors du lieu d'arrivée, il sera perçu une somme fixe de cinquante centimes par kilomètre ou fraction de kilomètre.

4° La taxe de l'exprès est perçue au départ, au guichet du bureau télégraphique.

5° Toutefois, la taxe est perçue sur le destinataire lorsque l'envoi par exprès a été demandé par lui en vue de dépêches attendues.

6° La taxe d'exprès est calculée d'après la distance réelle, et cette distance se compte, pour les habitations agglomérées, du bureau d'arrivée au centre de l'agglomération, et, pour les habitations isolées, du bureau d'arrivée au lieu même de destination.

Art. 27. 1° Le bureau télégraphique d'arrivée est en droit d'employer la poste :

*a*) Lorsque l'expéditeur l'a formellement demandé ;

*b*) Lorsque l'envoi par exprès, bien que demandé, n'est point possible ;

*c*) A défaut d'indication, dans le télégramme, du moyen de transport à employer.

2° Les télégrammes de toute nature qui doivent être transmis à destination par voie postale sont remis à la poste par le bureau télégraphique d'arrivée, sans frais pour l'expéditeur ni pour le destinataire, sauf dans les deux cas suivants :

3° Cet envoi a lieu par lettre ordinaire ; si l'expéditeur désire qu'il soit effectué par lettre recommandée, il doit verser, au départ, la taxe de la recommandation postale. Dans ce cas, l'indication *Poste* doit être suivie du mot *Recommandé* ; cette double indication est comprise dans le nombre de mots taxés.

4° Les télégrammes adressés à un bureau télégraphique situé près d'une frontière, pour être expédiés par la poste sur le territoire voisin, donnent lieu à la perception, au départ, de la taxe intégrale d'une lettre recommandée.

Art. 28. Les originaux des télégrammes sont conservés pendant six mois à compter de leur date, avec toutes les précautions nécessaires au point de vue du secret.

Art. 29. 1° Les originaux ou les copies des télégrammes ne peuvent être communiqués qu'à l'expéditeur ou au destinataire, après constatation de son identité, ou bien au fondé de pouvoirs de l'un d'eux.

2° L'expéditeur ou le destinataire d'un télégramme ou leur fondé de pouvoirs ont le droit de se faire délivrer des copies certifiées conformes de ce télégramme. Ce droit expire après le délai fixé pour la conservation des archives.

3° Il est perçu, pour toute copie délivrée conformément au présent article, un droit fixe de 50 centimes par télégramme ne dépassant pas 100 mots. Au delà de 100 mots, ce droit est augmenté de 50 centimes par série ou fraction de série de 100 mots.

4° Les bureaux télégraphiques ne sont tenus de donner communication ou copie des pièces désignées ci-dessus que si les expéditeurs, les destinataires ou leurs ayants droit fournissent les indications nécessaires pour trouver les télégrammes auxquels se rapportent leurs demandes.

Art. 30. 1° Est remboursée à l'expéditeur, lorsqu'il en fait la demande :

*a*) La taxe intégrale de tout télégramme collationné qui, par suite d'erreurs de transmission, n'a pu manifestement remplir son objet, qui n'est point arrivé à destination plus tôt qu'il n'y serait parvenu par la poste, ou qui n'est pas parvenu à destination par le fait du service télégraphique.

*b*) La taxe des réponses payées, lorsque le destinataire n'en a pas fait usage et en a demandé le remboursement dans les conditions prévues par l'art. 18 du présent décret.

2° Dans les cas prévus par les paragraphes précédents, le remboursement ne peut s'appliquer qu'aux taxes des télégrammes mêmes qui ont été omis, retardés ou dénaturés, y compris les taxes accessoires, et aux taxes des télégrammes prévus à l'art. 8, mais non aux correspondances qui auraient été motivées ou rendues inutiles par l'omission, l'erreur ou le retard.

Art. 31. Toute réclamation ou remboursement de taxe doit être formée, sous peine de déchéance, dans les deux mois de la perception, et être accompagnée des pièces probantes.

Art. 32. Les mesures d'exécution que comportent les précédentes dispositions sont fixées par des arrêtés ministériels, qui peuvent également modifier les formalités prescrites dans les rapports entre le public et l'administration, en tant que ces modifications ne touchent pas à la perception des taxes.

Art. 33. Sont abrogées toutes dispositions contraires au présent décret, et notamment celles des décrets des 8 mai 1867 et 16 avril 1878.

### CHAP. II. — LIGNES PRIVÉES.

2. *Lignes privées.* Les lignes télégraphiques étrangères au réseau de l'État, qui sont employées à la transmission des correspondances en vertu d'autorisations spéciales accordées en conformité de l'art. 1er du décret-loi du 27 décembre 1851, sont divisées en deux catégories :

1° Celles qui rattachent un établissement privé au réseau télégraphique de l'État et sont destinées à la transmission des correspondances entre cet établissement et les divers points desservis par ce réseau ;

2° Celles qui rattachent entre eux plusieurs points d'un même établissement privé ou plusieurs établissements privés appartenant, soit à un même permissionnaire, soit à plusieurs permissionnaires coïntéressés. (*D.* 13 *mai* 1879.)

3. Les lignes de la première catégorie sont construites et entretenues par le service des télégraphes de l'État, dont elles restent la propriété.

Les dépêches échangées entre les établissements qu'elles desservent et le réseau de l'État ou tout point au delà restent soumises à la taxe intégrale dans les conditions du tarif en vigueur (*art.* 2).

4. Le ministre des postes et des télégraphes, auquel appartient, dans tous les cas, l'exercice du droit d'autorisation prévu par le décret-loi du 27 décembre 1851, détermine, pour les lignes de la deuxième catégorie, celles qui doivent être construites et entretenues par le service des télégraphes de l'État et restent par suite sa propriété, et celles qui peuvent être construites et entretenues par les permissionnaires eux-mêmes.

Il fixe pour les lignes qui restent la propriété de l'État les proportions dans lesquelles les permissionnaires peuvent être tenus de participer aux frais de construction et d'entretien (*art.* 3).

5. L'usage de toute ligne télégraphique d'intérêt privé où la transmission des correspondances ne donne pas lieu à la perception de la taxe intégrale est soumis à un droit fixé par l'arrêté d'autorisation et calculé par voie d'abonnement annuel, conformément à la loi du 5 avril 1878, sur une base uniforme, à raison du nombre des points desservis et de la longueur kilométrique des fils en service.

6. Les conditions fixées pour les lignes télégraphiques privées à autoriser dans l'avenir seront immédiatement appliquées, selon le cas, aux lignes télégraphiques privées autorisées antérieurement (*art.* 4).

7. L'arrêté ministériel qui prescrit le mode d'exécution de ce décret se trouve au *Journal officiel* du 29 mai 1879.

8. Décret du 14 janvier 1881 :

Art. 1er. Les permissionnaires de lignes d'intérêt privé reliées à un bureau de l'État pourront être autorisées à communiquer directement entre eux, de réseau à réseau aboutissant au même bureau, pendant les heures d'ouverture à la correspondance ordinaire. Cette autorisation reste, tant pour la concession que pour l'usage, subordonnée aux exigences du service.

Art. 2. L'autorisation prévue à l'article précédent donnera lieu à la perception, pour chaque concession, d'un droit fixe de :

500 francs par an, pour Paris ;

300 francs par an, pour les autres villes et localités.

Ce droit sera calculé par trimestre indivisible et payable d'avance.

Art. 3. Les permissionnaires de lignes d'intérêt privé reliées au réseau général pourront, en outre, être autorisés à transmettre au bureau de l'État auquel ils sont rattachés, pendant les heures ordinaires de service, des dépêches à expédier par la poste en dehors du périmètre de distribution de ce bureau, moyennant le paiement, en sus de l'affranchissement postal, d'une taxe perçue :

A raison de cinquante centimes (0 fr. 50) par 100 mots ou fraction de 100 mots jusqu'à 200 mots au maximum.

Sur le produit de cette taxe, une remise de dix centimes (0 fr. 10) par cinquante centimes (0 fr. 50) perçus sera attribuée aux agents qui auront participé à la manipulation télégraphique des dépêches dans le bureau de l'État.

Art. 4. Les autorisations qui précèdent resteront, en toutes circonstances, subordonnées aux besoins du service général. Elles pourront, à toute époque, être suspendues ou retirées, sans que l'administration soit tenue pour ce motif à aucune indemnité.

### CHAP. III. — TARIFS INTERNATIONAUX. CONVENTION TÉLÉGRAPHIQUE.

9. La loi du 26 février 1880 approuve la convention télégraphique conclue à Londres le 28 juillet 1879. Cette convention, avec les tarifs, etc., occupe beaucoup de pages du *Journal officiel* du 3 mai 1880 ; nous nous bornons à y renvoyer, mais nous reproduisons ci-après l'extrait officiel qu'en publie l'administration ; cet extrait renferme les dispositions essentielles. (Voyez, par exemple, le *Journal officiel* du 28 mars 1880.)

10. *Tarifs internationaux.* Le tarif par mot appliqué dans notre régime intérieur et dans nos rapports avec l'Allemagne sera étendu d'une manière générale à nos relations avec tous les États adhérant à l'Union télégraphique.

11. Les taxes à percevoir en France par les voies directes, pour les correspondances internationales, ne comporteront ni taxe additionnelle, ni minimum du nombre de mots.

Elles seront perçues d'après le tableau suivant :

| PAYS CORRESPONDANTS. *Relations générales.* | Taxe par mot. |
|---|---|
| Grand-duché de Luxembourg (sauf l'exception portée au tableau des relations frontières) . . . . . | 0 12 1/2 |
| Belgique et Suisse (sauf les mêmes exceptions) . . | 0 15 |
| Allemagne . . . . . . . . . . . . . . | 0 20 |
| Pays-Bas . . . . . . . . . . . . . . . | 0 22 1/2 |
| Espagne, Grande-Bretagne[1], Italie, Portugal . . . | 0 25 |
| Autriche . . . . . . . . . . . . . . . | 0 30 |
| Danemark, Gibraltar, Hongrie, îles de la Manche . | 0 35 |
| Bosnie et Herzégovine, Montenegro, Roumanie, Serbie . . . . . . . . . . . . . . | 0 40 |
| Bulgarie, Norvège, Suède . . . . . . . . . | 0 45 |
| Ile d'Héligoland . . . . . . . . . . . . | 0 50 |
| Iles de Corfou et de Malte. . . . . . . . . | 0 55 |
| Grèce, Russie d'Europe, Turquie d'Europe . . . | 0 60 |
| Iles de Céphalonie, d'Ithaque, de Sainte-Maure, de Zante, d'Andros, d'Hydra, de Kythnos, de Spezzia et de Tyros . . . . . . . . . . . . | 0 75 |
| Russie du Caucase, île de Syra, Turquie d'Asie (ports de mer). . . . . . . . . . . . | 0 85 |
| Iles de Chio, de Métélin, de Rhodes et de Samos . | 1 00 |
| Iles de Candie et de Chypre, Turquie d'Asie (intérieur) . . . . . . . . . . . . . . | 1 10 |
| *Relations frontières.* | |
| 1° Entre le département de Meurthe-et-Moselle et le grand-duché de Luxembourg. . . . . . . | 0 05 |
| Entre les départements français limitrophes de la Belgique et un bureau quelconque de l'une des provinces belges limitrophes de la France . . . | 0 10 |
| 2° Entre le territoire de Belfort et les cantons d'Argovie, de Bâle, de Berne et de Soleure. . . | 0 10 |
| Entre le département du Doubs et les cantons de Berne, Neuchâtel, Fribourg et Vaud. . . . . | 0 10 |
| Entre le département du Jura et le canton de Vaud. | 0 10 |
| Entre le département de l'Ain et les cantons de Genève et de Vaud . . . . . . . . . . . | 0 10 |
| Entre les départements de la Haute-Savoie et de la Savoie et les cantons de Genève, du Valais et de Vaud. . . . . . . . . . . . . . | 0 10 |

La taxe des télégrammes à destination des pays extra-européens, qui était déjà précédemment perçue par mot, n'a pas subi de changement important.

La Russie d'Asie cesse, toutefois, d'être considérée comme pays extra-européen.

**12.** *Rédaction des télégrammes.* Les télégrammes en langage clair doivent offrir un sens compréhensible en l'une quelconque des langues usitées sur les territoires des États contractants ou en langue latine.

Le langage convenu ne pourra plus employer désormais les noms propres, de quelque nature qu'ils soient, à moins qu'ils n'y figurent avec leur signification propre. Chacun des mots dont il se composera devra présenter un sens intrinsèque.

Pour le régime européen, ces mots devront être puisés dans l'une des langues admises pour la correspondance en langage clair, et tous les mots d'un télégramme devront appartenir à la même langue.

Pour le régime extra-européen, les mots devront être pris dans les huit langues suivantes : français, allemand, anglais, espagnol, italien, néerlandais, portugais ou latin. Chaque télégramme pourra contenir des mots puisés dans toutes ces langues.

Seront considérés et taxés comme des groupes chiffrés les mots : noms ou assemblages de lettres qui ne rempliraient pas les conditions imposées pour le langage clair ou pour le langage convenu.

Les télégrammes chiffrés, soumis jusqu'à ce jour au collationnement obligatoire, sont désormais dispensés de cette formalité qui entraînait une surtaxe de 50 p. 100.

**13.** *Compte des mots.* Les mots du langage

clair ou convenu sont comptés comme précédemment, à l'exception des nombres écrits en toutes lettres, qui ne sont plus comptés que pour le nombre de mots que l'expéditeur emploiera à les exprimer. Ainsi deux cent trente, écrit sous la forme suivante : *deuxcenttrente,* ne comptera que pour un mot dans le régime européen.

Sauf cette exception et les exceptions relatives aux noms propres, etc., les réunions ou altérations de mots contraires à l'usage de la langue ne sont admises qu'à titre de langage chiffré.

Pour ce dernier système de correspondance, on continue à compter les mots, dans le régime européen, comme par le passé, c'est-à-dire que l'on compte dans chaque groupe un mot par série de cinq chiffres ou fraction de série.

Pour le régime extra-européen, au contraire, dans chaque nombre ou groupe de chiffres ou de lettres, on compte un mot par série de trois chiffres ou lettres, ou fraction de série.

**14.** *Remise à destination.* Sur la demande de l'expéditeur, les télégrammes pourront être remis ouverts aux destinataires. Les télégrammes destinés à être remis ouverts seront acceptés, en France, pour l'Allemagne, l'Autriche, la Belgique, le Danemark, la Hongrie, l'Italie, la Norvège, les Pays-Bas, le Portugal, la Roumanie et la Suisse.

Et réciproquement, les télégrammes venant de l'étranger et portant la mention réglementaire seront remis ouverts, aux destinataires, par l'administration française.

**15.** *Télégrammes spéciaux.* La taxe de l'accusé de réception, qui était celle d'une dépêche de vingt mots, ne sera plus désormais que celle d'un télégramme ordinaire de dix mots, acheminé par la même voie et pour le même parcours que la dépêche à laquelle il se rapporte.

L'avis télégraphique et le télégramme recommandé sont supprimés.

Le régime des réponses payées a été l'objet d'une modification importante. On ne remettra plus au destinataire la valeur de la réponse en numéraire, mais un bon de caisse donnant droit au porteur d'expédier un télégramme du nombre de mots indiqué, à destination du pays d'origine de la dépêche primitive, ou un télégramme d'une taxe équivalente pour toute autre destination.

Il ne peut être utilisé que pendant les quarante-deux jours qui suivent sa date d'émission.

Si la taxe du télégramme expédié en réponse est supérieure à la valeur du bon, elle doit être complétée en numéraire.

Dans le cas contraire, l'excédent n'est pas remboursé.

S'il n'est pas fait usage du bon, l'expéditeur peut seul obtenir le remboursement de la somme qu'il aura versée pour la réponse, mais le destinataire doit pour cela déposer le bon, avant l'expiration du délai de six semaines, au bureau qui l'a délivré, et former une demande de remboursement au profit de l'expéditeur.

La taxe du télégramme sémaphorique à échanger avec les navires en mer sera désormais invariablement de 2 fr., quel que soit le nombre de mots contenus dans la dépêche. Cette taxe s'ajoute au prix du parcours terrestre perçu d'après les conditions ordinaires.

---

1. Pour la Grande-Bretagne, il est question de réduire le tarif à 20 c.

Après une première période de vingt-huit jours, le télégramme destiné à un navire en mer sera présenté par le sémaphore pendant une nouvelle période de trente jours, moyennant le prix d'un télégramme terrestre ordinaire de dix mots.

**CHAP. IV. — DISPOSITIONS DIVERSES.**

**16.** *Bureaux.* Le *Journal officiel* du 25 novembre 1879 publie l'avis suivant :

A partir du 1er décembre prochain, le service des mandats télégraphiques sera étendu à toutes les localités pourvues d'une recette des postes et d'un bureau télégraphique.

Il est rappelé que le maximum d'un mandat télégraphique est de 5,000 fr. En raison de leur importance, et des conditions de leur envoi, ces mandats ne sont conservés que pendant cinq jours au bureau de destination. Si, dans ce délai, ils n'ont pas été réclamés par le destinataire, ils sont renvoyés à l'administration centrale pour être remboursés à l'expéditeur, qui peut ainsi rentrer promptement dans ses fonds.

**17.** *Câble sous-marin.* Est abaissée à dix centimes (0 fr. 10) par mot la taxe sous-marine à percevoir en Algérie pour les télégrammes à destination de: la Belgique, l'Espagne, le grand-duché de Luxembourg, le Portugal et la Suisse, acheminés par la voie normale. (*D.* 29 *mars* 1880.)

**18.** Un autre décret du 29 mars 1880 dispose ce qui suit :

Art. 1er. Les taxes à percevoir en Algérie et Tunisie pour les correspondances télégraphiques internationales devant emprunter la voie des câbles qui relient la France et l'Algérie se composent :

1° De la taxe fixée par le décret du 22 mars 1880 pour les dépêches originaires de la France continentale et de la Corse ayant la même destination ;

2° De la taxe sous-marine.

Art. 2. La taxe à percevoir en Algérie et Tunisie, pour les télégrammes à destination de l'île de Malte (voie du câble Bône-Malte), est de trente-cinq centimes (0 fr. 35) par mot.

Art. 3. La taxe sous-marine applicable au transit des câbles franco-algériens est, pour les télégrammes acheminés par la voie normale, fixée uniformément à quinze centimes (0 fr. 15) par mot, sauf les exceptions résultant de conventions particulières.

Art. 4. La taxe des dépêches à destination des pays extra-européens continuera à être perçue par mot dans les conditions actuelles, et sur la base des tableaux des taxes télégraphiques arrêtés par la conférence de Londres.

**19.** *Tube pneumatique de Paris.* Le prix des dépêches circulant par la voie des tubes pneumatiques est abaissé, à partir du 1er juin 1880, à 30 cent. pour les dépêches ouvertes, et à 50 cent. pour les dépêches fermées. (*D.* 22 *mai* 1880.)

**20.** *Inscription d'office.* La location d'un bureau pour le télégraphe ne constituant pas une dépense obligatoire pour une commune, et un préfet ne pouvant pas donner à cette dépense le caractère d'une dette exigible, en l'absence d'une décision de l'autorité compétente, sur une contestation relative à la location de ce bureau entre la commune et la direction des télégraphes, l'ar-

rêté préfectoral inscrivant d'office une dépense de cette nature au budget communal doit être annulé pour excès de pouvoirs. (*Arr. du C.* 21 *mars* 1879.)

**21.** *Abonnements.* Le ministre des finances a été autorisé par la loi du 5 avril 1878 à consentir des abonnements à prix réduits pour la transmission des dépêches télégraphiques, lorsque cette transmission s'effectue en dehors des conditions ordinaires établies pour l'application des taxes télégraphiques.

**22.** *Récépissé.* Il n'est délivré de récépissé d'un télégramme déposé que sur la demande de l'expéditeur et contre le paiement de la taxe de dix centimes édictée par l'art. 18 de la loi du 23 août 1871. (*D.* 16 *avril* 1878, *art.* 1er.) Il s'agit, dans la loi de 1871, du timbre des quittances ; la taxe serait donc étendue ici à des sommes de 50 c. (au lieu de 10 fr.).

**23.** *Reçu des destinataires.* Les seuls télégrammes dont la remise aux destinataires reste subordonnée à la délivrance d'un reçu sont les télégrammes internationaux et les télégrammes intérieurs dits *spéciaux*. (*D.* 16 *avril* 1878, *art.* 2.)

**24.** *Remboursement.* Les télégrammes collationnés ou recommandés pourront seuls, à l'avenir, donner lieu à remboursement dans les conditions prévues par l'art. 31 du décret du 8 mai 1867. (*Id., art.* 3.) [Voyez ces conditions au *Dictionnaire*, v° **Télégraphes**, n° 34.]

**THÉATRES.** (*Dict.*) *Théâtres de Paris.* Extrait d'une circulaire du ministre des beaux-arts, datée du 26 février 1879 :

« Toute œuvre dramatique, avant d'être représentée, doit être autorisée par l'administration, et cette autorisation peut toujours être retirée pour un motif d'ordre public.

« Pour obtenir l'autorisation de faire représenter un ouvrage dramatique ancien et nouveau, vous devrez déposer au bureau des théâtres, 3, rue de Valois (Palais-Royal), quinze jours au moins avant la représentation projetée, deux exemplaires manuscrits, parfaitement lisibles, ou deux imprimés de l'ouvrage, quel qu'il soit, pièce, scène détachée, cantate, romance, chanson ou chansonnette. Ce dépôt sera constaté par un numéro d'ordre inscrit sur l'ouvrage et sur un registre ouvert à cet effet, ainsi que par un récépissé qui sera remis au moment du dépôt.

« Après l'examen de l'ouvrage, si la représentation en est autorisée, et après une répétition devant les inspecteurs, un des exemplaires déposés, revêtu du visa, est rendu au directeur, qui peut, dès lors, faire jouer la pièce.

« Le second exemplaire reste aux archives, au bureau des théâtres.

« L'exemplaire revêtu de l'autorisation doit être, à toute réquisition, présenté au commissaire de police chargé de la surveillance de votre théâtre.

« L'ouvrage nouveau ou repris ne peut être annoncé sur vos affiches qu'après le dépôt des deux exemplaires au bureau des théâtres.

« Une autorisation spéciale d'afficher pourra vous être donnée à cet effet, et aucune addition ne pourra être faite au titre approuvé.

« Quant aux ouvrages qui, par leur nature, exigent de nombreuses répétitions et de grands frais de mise en scène, vous ne devrez, dans votre intérêt, les mettre à l'étude qu'après avoir obtenu l'autorisation de les faire représenter. Il est arrivé fréquemment que, pour obtenir mainlevée d'une interdiction nécessaire, les administrations théâtrales faisaient valoir le temps déjà consacré à l'étude d'un ouvrage et les dépenses considérables déjà faites pour les décors et les costumes ; l'autorisation préalable offrant aux entreprises théâtrales un moyen sûr d'échapper à un tel risque, les considérations de ce genre ne pourront donc exercer aucune influence sur les décisions administratives.

« Je vous rappelle aussi, Monsieur le Directeur, que la répétition à laquelle vous convoquez l'inspection des théâtres doit avoir lieu avec les décors, les accessoires, l'éclairage complet de. la scène et de façon, en un mot, à ne dissimuler aucun des effets de la représentation.

« Nulle personne étrangère au service du théâtre ne doit être admise à cette répétition spécialement consacrée à MM. les inspecteurs.

« Dans le cas où l'ouvrage nouveau devrait subir quelques modifications importantes, l'administration pourra vous demander une seconde répétition partielle ou générale.

« Lés répétitions de jour ne devront pas durer plus de six heures ; celles du soir devront être, autant que possible, terminées à minuit.

« Les inspecteurs des théâtres devront être convoqués trois jours à l'avance pour la répétition générale.

« Enfin, Monsieur le Directeur, vous aurez à vous entendre avec le service de l'affichage pour que, chaque jour, un exemplaire de votre affiche soit déposé au bureau des théâtres. »

**BIBLIOGRAPHIE.**

Code du théâtre. Lois, etc., par Charles Le Senne. In-12. Paris, Tresse. 1878.

De la Législation des théâtres en France, par Alb. Guichard. Paris, Larose.

Code des théâtres, etc., par Ch. Constant. In-12. Paris, Pedone-Lauriel. 1882.

**TIMBRE.** (*Dict.*) 1. *Timbre mobile*. Le décret du 29 avril 1881 porte ce qui suit :

Art. 1er. Il est établi, pour l'exécution de l'art. 18 de la loi du 23 août 1871, des timbres mobiles de 10 et de 50 cent., de 1 fr. et de 2 fr., conformes aux modèles annexés au présent décret.

L'administration de l'enregistrement, des domaines et du timbre fera déposer au greffe des cours et tribunaux des spécimens de ces timbres mobiles. Le dépôt sera constaté par un procès-verbal dressé sans frais.

Art. 2. Les couleurs de ces timbres peuvent être changées ou modifiées par décision du ministre des finances.

Dans ce cas, le ministre peut fixer une date au delà de laquelle les timbres anciens ne peuvent plus être utilisés. Les anciennes figurines doivent être échangées par les détenteurs, dans les six mois qui suivent cette date.

Art. 3. Les timbres de 50 cent., 1 fr. et 2 fr., créés par l'art. 1er, sont exclusivement destinés à timbrer Ìes états dits d'émargement, les registres de factage et de camionnage et autres documents constatant les paiements ou remises d'objets effectués par les personnes énoncées à l'art. 4 et pour lesquels il est dû un droit de timbre de 10 cent. par chaque paiement excédant 10 fr. ou par chaque objet reçu ou déposé.

Art. 4. Ces timbres ne peuvent être employés, sauf l'exception prévue à l'art. 6, que par les comptables de deniers publics, les agents spéciaux des services administratifs régis par économie, les trésoriers des corps de troupe, et par les sociétés, assureurs, entrepreneurs de transports et autres personnes assujetties aux vérifications des agents de l'enregistrement d'après les lois en vigueur.

Art. 5. Les timbres mobiles de 50 cent., 1 fr. et 2 fr., et les timbres mobiles de 10 cent. employés pour l'appoint, sont apposés et oblitérés par les comptables de deniers publics ou autres personnes désignées en l'article précédent, dans les conditions et sous la responsabilité édictées par l'art. 3 du décret du 27 novembre 1871.

Art. 6. Les personnes qui, sans être assujetties par la loi aux vérifications des agents de l'administration de l'enregistrement, prennent l'engagement de s'y soumettre, peuvent être autorisées par cette administration à user du bénéfice des art. 3, 4 et 5 du présent décret. Cette autorisation peut toujours être retirée.

2. *Timbre des effets négociables*. La loi de finances du 22 décembre 1878 a réduit des deux tiers le timbre des effets de commerce. Le droit est donc actuellement de 5 cent. par 100 fr. et de 50 cent. par 1,000 fr. Selon cette loi, il devait croître ensuite de 50 cent. par 1,000 fr., sans fractions, mais la loi de finances du 29 juillet 1881, art. 5, 2e alinéa, dispose : « A partir du 1er janvier 1882, le droit de timbre des effets négociables et de commerce sera gradué de 100 fr. en 100 fr., c'est-à-dire même au delà de mille francs. »

3. Le papier-monnaie émis par un État étranger n'est pas sujet au timbre en France. Les billets au porteur des villes et banques étrangères sont passibles de l'impôt, comme effets de commerce, lorsqu'ils circulent en France dans les mêmes conditions que les billets au porteur français, c'est-à-dire dès qu'ils y sont négociés, endossés, acceptés ou acquittés. Il ne suffit pas, pour que le droit de timbre soit dû, qu'ils soient exposés en vente dans la vitrine d'un changeur. (*Décis. admin. de l'enregistr.* 14 *juin* 1877.)

4. L'exemption établie par l'art. 16, 1°, § 7, de la loi du 13 brumaire an VII en faveur des quittances de secours payés aux indigents, s'applique, non seulement lorsque les secours sont remis directement aux indigents, mais aussi toutes les fois que l'indigence est certifiée, au cas où le paiement est fait à des tiers. Elle ne cesserait d'être applicable que si les secours étaient payés à des établissements de bienfaisance, dans leur intérêt général, sans affectation spéciale, bien que, d'après la nature même de l'établissement, des indigents fussent appelés indirectement à en bénéficier. — Spécialement, les quittances délivrées aux administrations départementales, par les receveurs des asiles et hospices, et constatant le

paiement de sommes uniquement destinées aux aliénés et aux enfants assistés indigents que les départements entretiennent à leurs frais dans ces établissements de charité, profitent de l'immunité. (*Circ. de la Dir. gén. complab. publ.* 14 *avril* 1877, *et Instr. de l'Admin. de l'enregistr.* 23 *juin* 1877.)

5. *Rectification* au n° 72 de la page 1723 du *Dictionnaire :* à la 3e ligne de l'alinéa, il faut lire *au-dessous* et non *au-dessus.*

6. Sont exemptes de timbre :

Les affiches par lesquelles des caisses d'épargne publient le relevé de leurs opérations et les indications relatives à leur situation ( *Décis. de l'Adm. de l'enreg.* 30 *mars* 1882 ) ;

Certaines affiches de service dans les gares des chemins de fer ( mesures d'ordre et de police ) [*Décis. du min. des Fin.* 3 *janv.* 1881] ;

Les affiches se rapportant à des cérémonies religieuses. (*Décis. du min. des Fin.* 13 *nov.* 1882.)

7. Les lettres de voiture pour les transports effectués pour le compte de l'État, et les récépissés que les compagnies délivrent en pareil cas, sont, de même que les connaissements pour les transports maritimes de l'État, exempts du timbre. (*Décis. min. des Fin.* 16 *août* 1873 *et* 19 *mai* 1883.)

8. Le droit de 10 centimes n'est pas dû en raison des mentions constatant, sur les carnets de chèques ou de comptes courants, les versements effectués par les titulaires. (*Décis. min. des Fin.* 9 *sept.* 1881.)

**TITRES AU PORTEUR.** *Voy.* **Rentes et valeurs mobilières.**

**TITRES NOBILIAIRES.** Une note de la section de l'intérieur du Conseil d'État, datée du 19 décembre 1877, motive ainsi la suppression de la mention du titre nobiliaire, opérée par elle dans un acte tendant à autoriser un legs :

« La section, voulant éviter que les familles puissent se prévaloir de la mention, dans un acte gouvernemental, d'un titre nobiliaire, pour revendiquer un droit à la possession de ce titre, a adopté pour règle de ne mentionner les titres pouvant appartenir aux donateurs ou testateurs, qu'autant que le dossier contient l'indication que ces titres ont été préalablement vérifiés à la chancellerie par l'autorité compétente, c'est-à-dire par le conseil d'administration du ministère de la justice, qui a hérité, en 1871, des attributions antérieurement dévolues au conseil du sceau des titres. Elle s'est toujours refusée à procéder par elle-même à un examen pour lequel elle manquerait des éléments d'information nécessaires et pour lequel d'ailleurs elle n'a pas qualité. C'est donc aux familles qu'il appartient, lorsqu'elles tiennent à ce que leurs titres figurent dans les décrets d'autorisation, de justifier de leurs droits à ces qualifications nobiliaires, dans la forme ci-dessus indiquée. »

**TRAMWAYS.** (*Dict.*)

**SOMMAIRE.**

**CHAP. I. — LOI DU 11 JUIN 1880.**

1. Il peut être établi sur les voies dépendant du domaine public de l'État, des départements ou des communes, des tramways ou voies ferrées à traction de chevaux ou de moteurs mécaniques. (*L.* 11 *juin* 1880, *art.* 26.)

Ces voies ferrées, ainsi que les déviations accessoires construites en dehors du sol des routes et chemins et classées comme annexes, sont soumises aux dispositions suivantes. (*Id.. art.* 26.)

2. La concession est accordée par l'État lorsque la ligne doit être établie, en tout ou en partie, sur une voie dépendant du domaine public de l'État.

Cette concession peut être faite aux villes ou aux départements intéressés avec faculté de rétrocession.

La concession est accordée par le conseil général, au nom du département, lorsque la voie ferrée, sans emprunter une route nationale, doit être établie, en tout ou en partie, soit sur une route départementale, soit sur un chemin de grande communication ou d'intérêt commun, ou doit s'étendre sur le territoire de plusieurs communes.

Si la ligne doit s'étendre sur plusieurs départements, il y aura lieu à l'application des art. 89 et 90 de la loi du 10 août 1871.

La concession est accordée par le conseil municipal, lorsque la voie ferrée est établie entièrement sur le territoire de la commune et sur un chemin vicinal ordinaire ou sur un chemin rural (*art.* 27).

3. Le département peut accorder la concession à l'État ou à une commune, avec faculté de rétrocession ; une commune peut agir de même à l'égard de l'État ou du département (*art.* 28).

4. Aucune concession ne peut être faite qu'après une enquête dans les formes déterminées par un règlement d'administration publique et dans laquelle les conseils généraux des départements et les conseils municipaux des communes, dont la voie doit traverser le territoire, seront entendus, lorsqu'il ne leur appartiendra pas de statuer sur la concession.

L'utilité publique est déclarée et l'exécution est autorisée par décret délibéré en Conseil d'État, sur le rapport du ministre des travaux publics, après avis du ministre de l'intérieur (*art.* 29).

5. Toute dérogation ou modification apportée aux clauses du cahier des charges type, approuvé par le Conseil d'État, devra être expressément formulée dans les traités passés au sujet de la concession, lesquels seront soumis au Conseil d'État et annexés au décret (*art.* 30).

6. Lorsque, pour l'établissement d'un tramway, il y aura lieu à expropriation, soit pour l'élargissement d'un chemin vicinal, soit pour l'une des déviations prévues à l'art. 26 de la présente loi, cette expropriation pourra être opérée conformément à l'art. 16 de la loi du 21 mai 1836, sur les chemins vicinaux, et à l'art. 2 de la loi du 8 juin 1864 (*art.* 31).

7. Les projets d'exécution sont approuvés par le ministre des travaux publics, lorsque la concession est accordée par l'État.

Les dispositions de l'art. 3 sont applicables lorsque la concession est accordée par un département ou par une commune (*art.* 32).

**8:** Les taxes perçues dans les limites du maximum fixé par l'acte de concession sont homologuées par le ministre des travaux publics, dans le cas où la concession est faite par l'État, et par le préfet dans les autres cas (*art.* 33).

**9.** Les concessionnaires de tramways ne sont pas soumis à l'impôt des prestations établi par l'art. 3 de la loi du 21 mai 1836, à raison des voitures et des bêtes de trait exclusivement employées à l'exploitation du tramway.

Les départements ou les communes ne peuvent exiger des concessionnaires une redevance ou un droit de stationnement qui n'aurait pas été stipulé expressément dans l'acte de concession (*art.* 34).

**10.** A l'expiration de la concession, l'administration peut exiger que les voies ferrées qu'elle avait concédées soient supprimées en tout ou en partie, et que les voies publiques et leurs déviations lui soient remises en bon état de viabilité aux frais du concessionnaire (*art.* 35).

**11.** Lors de l'établissement d'un tramway desservi par des locomotives et destiné au transport des marchandises en même temps qu'au transport des voyageurs, l'État peut s'engager, en cas d'insuffisance du produit brut pour couvrir les dépenses d'exploitation et cinq pour cent (5 p. 100) par an du capital d'établissement tel qu'il a été prévu par l'acte de concession, et augmenté, s'il y a lieu, des insuffisances constatées pendant la période assignée à la construction par ledit acte, à subvenir pour partie au paiement de cette insuffisance, à condition qu'une partie au moins équivalente sera payée par le département ou par la commune avec ou sans le concours des intéressés.

La subvention de l'État sera formée : 1° d'une somme fixe de cinq cents francs (500 fr.) par kilomètre exploité ; 2° du quart de la somme nécessaire pour élever la recette brute annuelle (impôts déduits) au chiffre de six mille francs (6,000 fr.) par kilomètre.

En aucun cas, la subvention de l'État ne pourra élever la recette brute au-dessus de six mille cinq cents francs (6,500 fr.), ni attribuer au capital de premier établissement plus de cinq pour cent (5 p. 100) par an.

La participation de l'État sera suspendue de plein droit quand les recettes brutes annuelles atteindront la limite ci-dessus fixée (*art.* 36).

**12.** La loi du 15 juillet 1845, sur la police des chemins de fer, est applicable aux tramways, à l'exception des art. 4, 5, 6, 7, 8, 9 et 10 (*art.* 37). [*Voy.* au Dict. *le mot* Chemins de fer.]

**13.** Un règlement d'administration publique déterminera les mesures nécessaires à l'exécution des dispositions qui précèdent et notamment :

1° Les conditions spéciales auxquelles doivent satisfaire, tant pour leur construction que pour la circulation des voitures et des trains, les voies ferrées dont l'établissement sur le sol des voies publiques aura été autorisé ;

2° Les rapports entre le service de ces voies ferrées et les autres services intéressés (*art.* 38).

**14.** Sont applicables aux tramways les dispositions des art. 4, 6 à 12, 14 à 19, 21 et 24 de la présente loi (*art.* 39).

Ces articles se trouvent dans le présent *Supplément* au mot Chemins de fer d'intérêt local, mêmes numéros.

**CHAP. II. — RÈGLEMENT D'ADMINISTRATION PUBLIQUE DU 18 MAI 1881.**

**15.** Le règlement d'administration publique prévu dans la loi du 11 juin 1880, art. 5 et 29, est daté du 18 mai 1881 [1] et porte ce qui suit :

Art. 1er. Les demandes tendant à établir des voies ferrées à traction de chevaux ou de moteurs mécaniques sur les voies dépendant du domaine public sont adressées :

Au ministre des travaux publics, lorsque la concession doit, conformément à l'art. 27 de la loi susvisée, être accordée par l'État ;

Au préfet, lorsqu'elle doit être accordée par le conseil général ;

Au maire, lorsqu'elle peut l'être par le conseil municipal.

Art. 2. La demande doit être accompagnée d'un avant-projet comprenant :

1° Un extrait de carte à l'échelle de $^1/_{80\,000}$ ;

2° Un plan général des voies publiques empruntées, ainsi que des déviations proposées à l'échelle de $^1/_{10\,000}$, avec indication des constructions qui bordent ces voies publiques, des chemins publics ou particuliers qui s'en détachent, des plantations et des ouvrages d'art qui en dépendent ; on désignera sur ce plan, au moyen de teintes conventionnelles, les sections du tramway que l'on projette de construire avec simple ou double voie, et celles qui seraient établies, avec rails encastrés dans la chaussée et plate-forme accessible à la circulation des voitures ordinaires, ou avec rails saillants et plate-forme non praticable pour les voitures ordinaires ; on indiquera aussi les emplacements des stations, haltes, garages, et, en général, de toutes les dépendances du tramway ;

3° Un profil en long à l'échelle de $^1/_{5000}$ pour les longueurs et de $^1/_{1000}$ pour les hauteurs, indiquant, au moyen d'un trait et de cotes noires, les déclivités de la voie publique existante, et au moyen d'un trait et de cotes rouges, celles de la voie ferrée, ainsi que des déviations projetées ;

4° Des profils en travers types, à l'échelle de deux centimètres ($0^m,02$) pour mètre, indiquant les dispositions de la plate-forme de la voie ferrée avec le gabarit du matériel roulant, coté de dehors en dehors, de toutes les saillies latérales que ce matériel comporte ; ces profils en travers devant s'appliquer, soit au cas où la plate-forme de la voie ferrée resterait accessible et praticable pour les voitures ordinaires, soit au cas où la plate-forme de la voie ferrée ne devrait pas être accessible à la circulation des voitures ordinaires ;

5° Un plan à l'échelle de cinq millimètres pour mètre de chacune des traverses suivies par le tramway.

1. On trouvera, dans le *Journal officiel* du 11 août 1881 (*Bulletin des lois*, 1881, n° 664), le décret relatif à l'établissement et à l'exploitation des voies ferrées sur le sol des voies publiques et des cahiers des charges types, tant pour la concession des chemins de fer d'intérêt local que pour la concession des tramways. (D. 6 août 1881.)

On trouve aux mêmes endroits le cahier des charges type.

Ce dernier plan sera dressé dans la forme des plans d'alignement des traverses.

Il indiquera les propriétés bâties en bordure, avec les noms des propriétaires.

Les caniveaux et les trottoirs y seront tracés exactement.

La zone qui doit être occupée par la circulation du matériel roulant du tramway (toutes saillies latérales comprises) sera limitée au moyen de deux traits bleus, et cette zone sera recouverte d'une teinte bleue.

Des cotes en nombre suffisant serviront à indiquer, notamment dans les parties étroites, la largeur de la zone qui serait affectée à la circulation du matériel du tramway, la largeur de chacune des parties latérales de la chaussée qui resteraient libres entre la zone teintée en bleu comme il est dit ci-dessus et les bordures des trottoirs, ainsi que la largeur de chaque trottoir ou les largeurs qui seraient comprises entre la même zone et les façades des constructions.

Art. 3. A l'avant-projet sera joint un mémoire descriptif indiquant le but de l'entreprise, les avantages qu'on peut s'en promettre et les dépenses qu'elle entraînera.

On y annexera le tarif des droits dont le produit serait destiné à couvrir les frais des travaux projetés.

Les données suivantes seront relatées dans un chapitre spécial du mémoire descriptif :

1° Le genre de service auquel le tramway serait affecté : voyageurs seulement, voyageurs et messageries, ou voyageurs et marchandises ;

2° Le mode d'exploitation projeté, avec arrêts seulement à certaines gares et haltes déterminées, — ou bien avec arrêts en pleine voie, à l'effet de prendre et de laisser sur tous les points du parcours les voyageurs et les marchandises d'une certaine catégorie (sous réserve de l'observation des règlements de police à intervenir), indépendamment des stationnements aux gares et haltes indiquées ;

3° Le minimum du rayon des courbes suivant lesquelles la voie ferrée serait tracée ;

4° Le maximum des déclivités des rampes et pentes de la voie ferrée ;

5° Le mode de traction qui serait employé ;

6° Le maximum de largeur du matériel roulant, toutes saillies latérales comprises ;

7° Les dispositions qui seraient proposées à l'effet de maintenir l'accès des chemins publics ou particuliers, ainsi que des maisons riveraines ;

8° Le minimum de la distance qui séparera la zone affectée au tramway des façades des propriétés riveraines situées en rase campagne ou de l'arête extérieure de l'accotement des voies publiques ;

9° Le maximum de la longueur des trains ;

10° Le maximum de la vitesse des trains ;

11° Le nombre minimum des trains qui seront mis chaque jour à la disposition du public.

Art. 4. Après instruction, la demande est soumise à l'autorité qui doit faire la concession, et celle-ci décide s'il y a lieu de procéder à l'enquête.

Quand cette autorité a décidé que l'enquête doit avoir lieu, le préfet prend un arrêté pour fixer le jour et les lieux où l'enquête sera ouverte et pour nommer les membres de la commission, le tout conformément aux règles ci-après.

Cet arrêté est affiché dans toutes les communes de chacun des cantons que la ligne doit traverser.

Art. 5. La commission d'enquête se compose de sept membres au moins et de neuf au plus, pris parmi les principaux propriétaires de terres, de bois, de mines, les négociants et les chefs d'établissements industriels.

Si la ligne ne doit pas sortir des limites d'une commune, la commission se réunit à la mairie de cette commune ; si elle traverse plusieurs communes d'un même arrondissement, la commission se réunit à la sous-préfecture de cet arrondissement ; si elle traverse plusieurs arrondissements d'un même département, la commission siège à la préfecture ; si elle traverse deux ou plusieurs départements, il est nommé une commission par département et chacune d'elles siège à la préfecture.

La commission désigne elle-même son président et son secrétaire.

Art. 6. Les pièces indiquées aux art. 2 et 3, ainsi que des registres destinés à recevoir les observations auxquelles peut donner lieu l'entreprise projetée, restent déposés pendant un mois à la mairie de chaque chef-lieu de canton que la ligne doit traverser, ou à la mairie de la commune, si la ligne ne sort pas du territoire d'une commune.

En outre, le plan de chaque traverse mentionnée au n° 5 de l'art. 2 est déposé pendant le même temps avec un registre spécial à la mairie de la commune traversée.

Les pièces ci-dessus indiquées sont fournies par le demandeur en concession et à ses frais.

Art. 7. A l'expiration du délai ci-dessus fixé, la commission d'enquête se réunit sur la convocation du préfet, du sous-préfet, ou du maire, suivant le lieu où elle doit siéger ; examine les déclarations consignées aux registres de l'enquête ; entend les ingénieurs des ponts et chaussées et des mines employés dans le département, et, après avoir recueilli auprès de toutes les personnes qu'elle juge utile de consulter, les renseignements dont elle croit avoir besoin, elle donne son avis motivé tant sur l'utilité de l'entreprise que sur les diverses questions qui ont été posées par l'administration ou soulevées au cours de l'enquête.

Ces diverses opérations, dont elle dresse procès-verbal, doivent être terminées dans un délai de quinze jours.

Art. 8. Aussitôt que le procès-verbal de la commission d'enquête est clos et, au plus tard, à l'expiration du délai fixé en vertu de l'article précédent, le président de la commission transmet ledit procès-verbal au préfet avec les registres et les autres pièces.

Art. 9. Les chambres de commerce et, à défaut, les chambres consultatives des arts et manufactures des villes intéressées à l'exécution des travaux, sont appelées par le préfet à délibérer et à exprimer leur opinion sur l'utilité et la convenance de l'entreprise.

Les procès-verbaux de leurs délibérations doivent être remis au préfet avant l'expiration du délai fixé dans l'art. 7.

Art. 10. Les conseils généraux des départements et les conseils municipaux des communes dont la voie projetée doit traverser le territoire, convoqués au besoin en session extraordinaire, sont appelés à délibérer et à émettre leur avis sur les mêmes objets, lorsqu'il ne leur appartient pas de statuer sur la concession.

Art. 11. Lorsque toutes les formalités prescrites par les articles précédents ont été remplies, ainsi que celles qui peuvent être nécessaires aux termes des lois et règlements sur les travaux mixtes, le préfet adresse dans le plus bref délai possible le dossier complet, avec l'avis des ingénieurs et son avis particulier, à l'autorité qui doit donner la concession ; il joint à ce dossier le projet du cahier des charges de la concession.

Art. 12. Les dispositions qui précèdent sont applicables aux chemins de fer d'intérêt local qui doivent emprunter le sol des voies publiques sur une partie de leur parcours.

Les avant-projets et mémoires descriptifs de ces lignes de chemins de fer sont complétés conformément aux art. 2 et 3 du présent décret et au paragraphe 5 de l'art. 3 de la loi susvisée, pour ce qui concerne les sections à poser sur les voies publiques.

L'enquête faite dans les formes ci-dessus sert pour faire déclarer l'utilité publique de l'entreprise et pour en faire autoriser l'exécution tant sur le sol des routes et chemins qu'en dehors des voies publiques.

**BIBLIOGRAPHIE.**
Tramways et chemins de fer sur route, par P. Challot. 2ᵉ édit. Paris, Rothschild. 1877.

**TRAVAUX MIXTES.** *Voy.* **Zone frontière.**

**TRAVAUX PUBLICS.** (*Dict.*) **1.** Les tribunaux administratifs sont juges de tous les dommages causés par les travaux publics et de toutes les occupations temporaires de la propriété privée ; mais ils ne peuvent statuer quand il y a dépossession définitive du propriétaire. (*C. de Lyon* 31 *janv.* 1877.) Lorsqu'il y a dépossession définitive résultant d'un travail public, c'est à l'autorité judiciaire à statuer sur la demande d'indemnité. Toutefois, cette autorité ne pourra pas ordonner la suppression des ouvrages et le rétablissement des lieux dans leur état primitif, du moment que l'occupation de la propriété du réclamant se rattache aux travaux autorisés par l'administration. (*Trib. des confl.* 12 *mai* 1877.)

**2.** L'arrêté d'un préfet qui a ordonné la démolition d'une maison menaçant ruine, constitue un acte de police administrative, de sûreté publique ; en conséquence, le préjudice auquel il peut donner lieu ne rentre pas dans la catégorie des dommages occasionnés par des travaux publics dont la connaissance appartient aux conseils de préfecture. (*Trib. des confl.* 29 *juill.* 1876.)

**3.** Le propriétaire de terrains dans lesquels des extractions de matériaux ont eu lieu en vertu de l'autorisation de l'administration, peut, en cas d'insolvabilité de l'entrepreneur, demander que l'État soit condamné, conjointement avec ce

dernier, à lui payer le montant de l'indemnité à laquelle il a droit. (*Arr. du C.* 27 *avril* 1877 ; *voy. aussi Cass.* 28 *mars* 1876.) Lorsque l'extraction de matériaux a lieu sans autorisation administrative, c'est une voie de fait de la compétence de l'autorité judiciaire, même si c'est un cantonnier qui a pris les pierres pour une route départementale. (*Arr. du C.* 6 *juill.* 1877 ; *Trib. des confl.* 12 *mai* 1877.)

**4.** L'extraction de matériaux ne peut être autorisée dans un terrain dépendant d'une habitation et enclos, alors même que ce terrain constitue une terre labourable, et même s'il est séparé de l'habitation par une clôture intérieure. (*Arr. du C.* 4 *mai* 1877.)

**5.** Une commune est responsable des dommages résultant des travaux de régularisation et de redressement d'un cours d'eau, lorsque ces travaux ont été ordonnés et exécutés par elle. (*Arr. du C.* 13 *avril* 1881.)

**6.** Un particulier qui a acquis un immeuble postérieurement à l'exécution des travaux de voirie exécutés au-devant de cet immeuble, n'a pas qualité pour réclamer une indemnité à raison de la dépréciation que les travaux auraient causée à l'immeuble, alors qu'il n'allègue même pas avoir acquis de son vendeur par une clause spéciale le droit à une indemnité qui serait ouvert au profit de celui-ci. (*Arr. du C.* 1ᵉʳ *avril* 1881.)

**7.** Le conseil de préfecture est compétent pour connaître d'une action en indemnité dirigée contre une commune à raison de la chute d'une voiture par suite de l'éboulement d'une rampe dépendant d'un chemin vicinal, alors que l'action est fondée sur le vice de construction et le défaut d'entretien du mur de soutènement. (*Arr. du C.* 2 *déc.* 1881.)

On ne doit considérer comme travail public que celui approuvé par l'autorité compétente. Dès lors, si une souscription, ouverte en vue d'un semblable travail, est recueillie par un comité qui s'est librement constitué avant que ce travail ait été approuvé, les difficultés auxquelles elle peut donner lieu sont de la compétence des tribunaux civils.

Lorsqu'il s'agit simplement, à propos d'un litige privé, d'appliquer les dispositions claires et formelles d'un acte administratif, les tribunaux judiciaires sont compétents. (27 *juin* 1883.)

**BIBLIOGRAPHIE.**
Histoire de la législation des travaux publics, par F. Malapert. Paris, Ducher. 1881.

**TRÉSOR.** (*Dict.*) Un décret du 31 décembre 1881, précédé d'un rapport daté du 30, règle à nouveau le contrôle des dépenses faites par le service du Trésor. Ces pièces se trouvent au *Journal officiel* du 2 janvier 1882.

**TRIBUNAUX DE COMMERCE.** (*Dict.*, vᵒ **Juridictions civiles**, etc., nᵒ 39.) La loi du 3 décembre 1876 modifie celle du 21 décembre 1871 (et non 10 janvier 1872) sur la composition des tribunaux de commerce. (*C. de Com.*, art. 620 et 626.) [*Voy.* **Élections.**]

**TUERIE D'ANIMAUX.** *Voy.* **Abattoirs.**

# U

**UNIFORME.** *Uniformes portés par des sociétés.* (*Circ. du min. de l'Int. datée du* 10 *septembre* 1882.) Monsieur le Préfet, M. le ministre de la guerre a appelé mon attention sur les inconvénients qui résultent de ce que certaines sociétés, notamment des sociétés musicales et des sociétés de gymnastique ou de tir, ont adopté pour leurs membres des uniformes différant peu de la tenue militaire.

Mon collègue fait observer qu'il arrive fréquemment que des soldats, abusés par la confusion des uniformes, saluent des personnes n'ayant aucun droit à cette marque de respect et leur rendent même les honneurs militaires.

Afin de faire cesser un abus qui peut porter atteinte au prestige de l'uniforme de l'armée, je vous prie de vouloir bien, à l'avenir, n'accorder votre autorisation à des sociétés dont les membres porteraient des uniformes, qu'après vous être assuré que ces uniformes diffèrent complètement de la tenue militaire.

En ce qui concerne les associations existantes rentrant dans la catégorie dont il s'agit, vous aurez à examiner les modifications qu'il y aurait lieu d'apporter au costume de leurs membres pour que toute méprise devînt désormais impossible, et vous inviterez les présidents de ces sociétés à faire opérer dans le plus bref délai possible les modifications qui vous auraient paru nécessaires.

Dans le cas où ils s'y refuseraient, vous les préviendriez qu'ils s'exposeraient à voir prononcer la dissolution de leur association ; mais je ne doute pas qu'ils ne se rendent à vos justes observations et ne se soumettent sans hésitation à une obligation qui ne leur est imposée que dans un intérêt d'ordre public.

Recevez, etc.      (*Signé :* Jules DEVELLE.)

**USINES.** *Voy. au* Supplément **Cours d'eau** *et au* Dictionnaire **Usine.**

**USURE.** (*Dict.*) En Algérie, la convention par laquelle un négociant consent à payer à un banquier un intérêt de 12 p. 100 et un droit de commission de même taux, n'est pas entachée d'usure. (*Cass.* 14 *janv.* 1878.) La loi de 1807, qui limite le taux de l'intérêt, n'est pas applicable à l'Algérie ; la commission est une rémunération fixée par convention.

# V

**VAINE PATURE.** (*Dict.*) Un conseil municipal qui, par une délibération approuvée par le préfet et rendue exécutoire par un arrêté du maire dûment publié, interdit, contrairement à l'usage constant, l'exercice du droit de vaine pâture dans les prairies naturelles produisant plusieurs récoltes jusqu'à l'enlèvement de la dernière récolte, ne réglemente pas seulement l'usage de ce droit comme il y est autorisé par les lois des 6 octobre 1791 et 18 juillet 1837, mais il le supprime en réalité pour partie, et commet, par suite, un excès de pouvoirs.

En conséquence, c'est avec raison qu'un jugement de simple police relaxe des poursuites dirigées contre lui, en vertu de ladite délibération, un habitant de la commune qui aurait exercé ce droit dans une prairie non close, avant l'enlèvement de la dernière récolte. (*C. de Cass.* 17 *août* 1883.)

**VALEURS MOBILIÈRES.** (*Dict.*) 1. La loi de finances du 28 décembre 1880 règle ainsi dans ses articles 3 et 4 une question qui avait été longtemps controversée :

Art. 3. L'impôt établi par la loi du 29 juin 1872 sur les produits et bénéfices annuels des actions, parts d'intérêts et commandites, sera payé par toutes les sociétés dans lesquelles les produits ne doivent pas être distribués en tout ou en partie entre leurs membres. Les mêmes dispositions s'appliquent aux associations reconnues et aux sociétés ou associations reconnues ou non reconnues.

Le revenu est déterminé : 1° pour les actions, d'après les délibérations, comptes rendus ou documents prévus par le premier paragraphe de l'art. 2 de la loi du 29 juin 1872 ;

2° Et pour les autres valeurs, soit par les délibérations des conseils d'administration prévues dans le troisième paragraphe du même article, soit par la déclaration des représentants des sociétés ou associations, appuyée de toutes les justifications nécessaires, soit, à défaut de délibérations et de déclarations, à raison de 5 p. 100 de l'évaluation détaillée des meubles et des immeubles composant le capital social.

Le paiement de la taxe applicable à l'année expirée sera fait par la société ou l'association, dans les trois premiers mois de l'année suivante, sur la remise des extraits des délibérations, comptes rendus ou documents analogues, et de la déclaration souscrite conformément à l'art. 16 de la loi du 22 frimaire an VII.

L'inexactitude des déclarations, délibérations, comptes rendus ou documents analogues peut être établie conformément aux art. 17, 18 et 19 de la loi du 22 frimaire an VII, 13 et 15 de celle du 23 août 1871.

Chaque contravention aux dispositions qui précèdent et à celles du règlement d'administration publique qui sera fait, s'il y a lieu, pour leur exécution, sera punie conformément à l'art. 5 de la loi du 29 juin 1872.

Sont maintenues toutes les dispositions de cette

dernière loi et du règlement d'administration publique du 6 décembre 1872, qui n'ont rien de contraire aux présentes dispositions.

Art. 4. Dans toutes les sociétés ou associations civiles qui admettent l'adjonction de nouveaux membres, les accroissements opérés par suite de clauses de réversion, au profit des membres restants, de la part de ceux qui cessent de faire partie de la société ou association, sont assujettis au droit de mutation par décès, si l'accroissement se réalise par le décès, ou aux droits de donation, s'il a lieu de toute autre manière, d'après la nature des biens existant au jour de l'accroissement, nonobstant toutes cessions antérieures faites entre vifs au profit d'un ou de plusieurs membres de la société ou de l'association.

La liquidation et le paiement de ce droit auront lieu dans la forme, dans les délais et sous les peines établis par les lois en vigueur pour les transmissions d'immeubles.

**2.** *Mont-de-piété.* La taxe sur le revenu des valeurs mobilières s'applique aux intérêts des emprunts des établissements, soit publics, soit d'utilité publique, même aux intérêts des bons au porteur ou à ordre émis par le mont-de-piété, bien que ses actes soient exemptés du droit de timbre et d'enregistrement. Cette taxe est d'une nature différente. (*Cass.* 3 *avril* 1878.)

**3.** *Sociétés.* Les bons à échéances variables extraits d'un registre à souche, délivrés à bureau ouvert, par une société financière, aux personnes qui en font la demande, en échange des fonds déposés par elles, et productifs d'intérêts payables à des époques déterminées, constituent, soit qu'ils aient la forme d'une valeur à ordre, soit qu'ils affectent celle d'un effet au porteur, de véritables titres d'emprunt, dont les intérêts sont passibles de la taxe. (*Cass.* 12 *déc.* 1877.)

**4.** *Tuteurs.* La loi qui règle l'administration des valeurs mobilières confiées aux tuteurs est du 27 février 1880. (*Bull. des lois* et *Journ. off. du* 28 *févr.* 1880.)

**VENTE JUDICIAIRE D'IMMEUBLES.** La loi du 23 octobre 1884 donne enfin satisfaction à une demande de réforme dont la solution a été longtemps en suspens : il s'agissait d'exonérer les petites propriétés de frais judiciaires et d'impôts qui les absorbaient souvent en entier. Nous ne reproduisons que les trois premiers articles de la loi :

Art. 1er, § 1er. Les ventes judiciaires d'immeubles dont le prix principal d'adjudication ne dépassera pas deux mille francs (2,000 fr.) seront l'objet des dégrèvements prévus aux art. 3 et 4 de la présente loi.

§ 2. Les lots mis en vente par le même acte seront réunis pour le calcul du prix d'adjudication, et la valeur des lots non adjugés entrera dans ce calcul pour leurs mises à prix.

La vente ultérieure des lots non adjugés profitera du bénéfice de la loi, d'après les mêmes règles.

Art. 2, § 1er. Le bénéfice de la présente loi s'applique à toutes les ventes judiciaires d'immeubles de la valeur constatée comme il est dit en l'article 1er, ainsi qu'à leurs incidents de subrogation, de surenchère et de folle enchère.

§ 2. Dans les procédures n'ayant d'autre objet

que la vente sur licitation, si les immeubles à liciter, dont les mises à prix seront inférieures à 2,000 fr., appartiennent indivisément à des mineurs ou incapables et à des majeurs, ces derniers pourront se réunir aux représentants de l'incapable pour que la vente ait lieu sur requête, comme si les immeubles appartenaient seulement à des mineurs. L'avis du conseil de famille ne sera pas nécessaire, lorsque la vente sera provoquée par les majeurs.

§ 3. Dans les procédures où la licitation est incidente aux opérations de liquidation et partage, le bénéfice de la présente loi sera acquis à tous les actes nécessaires pour parvenir à l'adjudication, à partir du cahier des charges inclusivement; les frais antérieurs ne seront pas employés en frais de vente.

Art. 3, § 1er. Lorsque le prix d'adjudication, calculé comme il est dit en l'art. 1er, ne dépassera pas deux mille francs (2,000 fr.) et sera devenu définitif par l'expiration du délai de la surenchère (prévue par les art. 708 et 965 du Code de procédure civile, et 573 du Code de commerce), toutes les sommes payées au Trésor public pour droit de timbre, d'enregistrement, de greffe et d'hypothèques, applicables aux actes rédigés en exécution de la loi pour parvenir à l'adjudication, seront restituées ainsi qu'il est stipulé dans l'art. 4 ci-après.

§ 2. Lorsque le prix d'adjudication ne dépassera pas mille francs (1,000 fr.), les divers agents de la loi subiront une réduction d'un quart sur les émoluments à eux dus et alloués en taxe, conformément au tarif du 10 octobre 1841.

§ 3. L'état des frais de poursuite sera dressé par distinction entre les droits du Trésor et ceux des agents de la loi ; il sera taxé et annexé au jugement ou au procès-verbal d'adjudication.

**VÉTÉRINAIRES.** (*Dict.*) Par un arrêté du ministre de l'agriculture et du commerce, en date du 8 avril 1878, l'enseignement des écoles vétérinaires a été divisé en huit chaires, ainsi qu'il suit :

1° Chaire d'anatomie des animaux domestiques et d'extérieur du cheval, comprenant : l'anatomie générale et l'histologie ; l'anatomie descriptive et comparée ; l'extérieur du cheval ; la tératologie (leçons générales).

2° Chaire de physiologie des animaux domestiques et de thérapeutique générale, comprenant : la physiologie générale ; la physiologie spéciale des différents animaux ; la thérapeutique générale.

3° Chaire de physique, chimie et pharmacie, comprenant : la physique appliquée à la physiologie ; la chimie ; la pharmacie ; la toxicologie (quelques leçons).

4° Chaire de pathologie des maladies contagieuses, police sanitaire, législation commerciale et médicale, comprenant : la pathologie des maladies contagieuses dans les différentes espèces ; la police sanitaire applicable à ces maladies ; la législation commerciale ; la médecine légale ; l'inspection des viandes de boucherie.

5° Chaire de pathologie générale, de pathologie médicale spéciale, d'anatomie pathologique générale et de clinique, comprenant : la pathologie générale, la pathologie médicale des animaux domestiques ; les maladies parasitaires considérées au point de vue étiologique, symptomatologique et thérapeutique ; l'anatomie pathologique générale ; la clinique.

6° Chaire de pathologie chirurgicale, de manuel opératoire, de ferrure et de clinique, comprenant : la pathologie chirurgicale ; l'obstétrique ; le manuel opératoire ; l'anatomie topographique ; la ferrure ; la clinique.

7° Chaire d'histoire naturelle et matière médicale, comprenant : la zoologie générale ; la zoologie spéciale ; la botanique ; la matière médicale.

8° Chaire d'hygiène et de zootechnie, comprenant : l'agronomie dans ses rapports avec la production animale ; l'hygiène générale et spéciale ; la zootechnie générale ; la zootechnie spéciale.

**VICE RÉDHIBITOIRE.** (*Dict.*) Loi du 2 août 1884 faisant partie du Code rural.

Art. 1er. L'action en garantie, dans les ventes ou échanges d'animaux domestiques, sera régie, à défaut de conventions contraires, par les dispositions suivantes, sans préjudice des dommages et intérêts qui peuvent être dus s'il y a dol.

Art. 2. Sont réputés vices rédhibitoires et donneront seuls ouverture aux actions résultant des art. 1641 et suivants du Code civil, sans distinction des localités où les ventes et échanges auront lieu, les maladies ou défauts ci-après, savoir :

*Pour le cheval, l'âne et le mulet.*

La morve.
Le farcin.
L'immobilité.
L'emphysème pulmonaire.
Le cornage chronique.
Le tic proprement dit, avec ou sans usure des dents.
Les boiteries anciennes intermittentes.
La fluxion périodique des yeux.

*Pour l'espèce ovine.*

La clavelée ; cette maladie reconnue chez un seul animal entraînera la rédhibition de tout le troupeau s'il porte la marque du vendeur.

*Pour l'espèce porcine.*

La ladrerie.

Art. 3. L'action en réduction de prix, autorisée par l'art. 1644 du Code civil, ne pourra être exercée dans les ventes et échanges d'animaux énoncés à l'article précédent lorsque le vendeur offrira de reprendre l'animal vendu, en restituant le prix et en remboursant à l'acquéreur les frais occasionnés par la vente.

Art. 4. Aucune action en garantie, même en réduction de prix, ne sera admise pour les ventes ou pour les échanges d'animaux domestiques, si le prix, en cas de vente, ou la valeur, en cas d'échange, ne dépasse pas 100 fr.

Art. 5. Le délai pour intenter l'action rédhibitoire sera de neuf jours francs, non compris le jour fixé pour la livraison, excepté pour la fluxion périodique, pour laquelle ce délai sera de trente jours francs, non compris le jour fixé pour la livraison.

Art. 6. Si la livraison de l'animal a été effectuée hors du lieu du domicile du vendeur ou si, après la livraison et dans le délai ci-dessus, l'animal a été conduit hors du lieu du domicile du vendeur, le délai pour intenter l'action sera augmenté à raison de la distance, suivant les règles de la procédure civile.

Art. 7. Quel que soit le délai pour intenter l'action, l'acheteur, à peine d'être non recevable, devra provoquer, dans les délais de l'art. 5, la nomination d'experts, chargés de dresser procès-verbal ; la requête sera présentée, verbalement ou par écrit, au juge de paix du lieu où se trouve l'animal ; ce juge constatera dans son ordonnance la date de la requête et nommera immédiatement un ou trois experts qui devront opérer dans le plus bref délai.

Ces experts vérifieront l'état de l'animal, recueilleront tous les renseignements utiles, donneront leur avis et, à la fin de leur procès-verbal, affirmeront, par serment, la sincérité de leurs opérations.

Art. 8. Le vendeur sera appelé à l'expertise, à moins qu'il n'en soit autrement ordonné par le juge de paix, à raison de l'urgence et de l'éloignement.

La citation à l'expertise devra être donnée au vendeur dans les délais déterminés par les art. 5 et 6 ; elle énoncera qu'il sera procédé même en son absence.

Si le vendeur a été appelé à l'expertise, la demande pourra être signifiée dans les trois jours à compter de la clôture du procès-verbal, dont copie sera signifiée en tête de l'exploit.

Si le vendeur n'a pas été appelé à l'expertise, la demande devra être faite dans les délais fixés par les art. 5 et 6.

Art. 9. La demande est portée devant les tribunaux compétents, suivant les règles ordinaires du droit.

Elle est dispensée de tout préliminaire de conciliation et, devant les tribunaux civils, elle est instruite et jugée comme matière sommaire.

Art. 10. Si l'animal vient à périr, le vendeur ne sera pas tenu de la garantie, à moins que l'acheteur n'ait intenté une action régulière dans le délai légal, et ne prouve que la perte de l'animal provient de l'une des maladies spécifiées dans l'art. 2.

Art. 11. Le vendeur sera dispensé de la garantie résultant de la morve ou du farcin pour le cheval, l'âne et le mulet, et de la clavelée pour l'espèce ovine, s'il prouve que l'animal, depuis la livraison, a été mis en contact avec des animaux atteints de ces maladies.

Art. 12. Sont abrogés tous règlements imposant une garantie exceptionnelle aux vendeurs d'animaux destinés à la boucherie.

Sont également abrogées la loi du 20 mai 1838 et toutes les dispositions contraires à la présente loi.

**VINAGE.** (*Dict.*) On trouvera, sur cette matière, dans le *Journal officiel* du 18 avril 1879, une circulaire du ministre des finances datée du 7 avril 1879. (*Voy. aussi la loi sur les sucres.*)

**VINAIGRE.** (*Dict.*) Le décret portant règlement d'administration publique pour l'exécution de la loi du 17 juillet 1875 sur les vinaigres et acide acétique est du 11 août 1884. (*Bull. des lois. n° 863.*)

**VOIES DE COMMUNICATION.** *Voy.* **Conseil supérieur.**

**VOIRIE.** (*Dict.*) 1. *Permission de voirie subordonnée au paiement d'une redevance.* Un préfet qui a accordé, par arrêté, au riverain d'une route nationale, la permission de construire une passerelle sur cette route, ne peut ensuite subordonner le maintien de cette permission au paiement, par le concessionnaire, d'une redevance annuelle au profit d'une ville. Si, en présence du refus du concessionnaire de consentir à ce paiement, il retire la permission, il détourne, en les appliquant à un autre objet que celui pour lequel ils ont été conférés, les pouvoirs de police qu'il tient de la loi des 22 décembre 1779-8 janvier 1790.

L'arrêté préfectoral de retrait pris dans ces circonstances et la décision ministérielle qui l'a approuvé doivent être annulés. (*Arr. du C.* 15 *juin* 1883.)

**2.** *Jet d'eau sur la voie publique.* Le jet de l'eau sur la voie publique, alors même qu'elle n'est ni malpropre ni insalubre, est évidemment de nature à nuire par sa chute, et constitue par cela même une contravention prévue par l'art. 471, n° 6, du Code pénal. (*Arr. du C.* 25 *janvier* 1883.)

**3.** *Curage de fossés non autorisé.* Doit être annulé, pour incompétence, l'arrêté par lequel un conseil de préfecture a prescrit à un propriétaire la restitution des terres provenant du curage non autorisé des fossés bordant un chemin vicinal. Le curage des fossés sans autorisation et l'enlèvement des terres en provenant ne constituent pas un empiétement sur le sol d'un chemin qu'il appartient au conseil de préfecture de faire cesser, par application de la loi du 9 ventôse an XIII. (*Arr. du C.* 17 *nov.* 1882.)

**4.** *Péril imminent.* Doit être annulé pour excès de pouvoirs, l'arrêté par lequel un maire a ordonné, pour cause de danger imminent, la démolition d'un mur, lorsqu'il est établi que les formalités prescrites par les déclarations du roi du 18 juillet 1729 et du 18 août 1730 n'ont pas été remplies. En admettant que l'état dudit mur présente un péril assez imminent pour qu'il ne soit pas possible, sans compromettre la sécurité publique, de procéder à l'expertise prescrite par les déclarations du roi ci-dessus visées, les mesures jugées nécessaires pour la sûreté publique ne peuvent, aux termes de l'art. 10 de la dernière de ces déclarations, être prises que sur le rapport d'un agent de la voie et après avoir appelé le propriétaire du mur à y contredire. (*Arr. du C.* 10 *novembre* 1882.)

**5.** Le fait d'avoir dégradé un égout dépendant d'une voie soumise au régime de la grande voirie constitue une contravention de grande voirie de la compétence du conseil de préfecture, alors même que la dégradation a pour cause l'action prolongée d'eaux acides qui y sont fréquemment émises. (*Arr. du C.* 11 *fév.* 1881.)

**6.** Le fait d'avoir déversé des tonneaux de vidange dans un égout débouchant dans une rivière navigable ne constitue pas une contravention à l'art. 9 de l'ordonnance du 17 juillet 1781, bien que l'égout soit construit sous le sol d'une route départementale, et, dès lors, à ce point de vue, le conseil de préfecture est incompétent pour en connaître (*Arr. du C.* 21 *janv.* 1881.)

**7.** *Pavage.* Dans le cas où les anciens usages mettent tout ou partie des frais de pavage à la charge des riverains, la ville ne peut se prévaloir de ces usages qu'autant que ses revenus ordinaires sont insuffisants pour subvenir à la dépense. Il n'y a pas insuffisance lorsque, déduction faite des dépenses extraordinaires obligatoires auxquelles il est pourvu par des ressources spéciales, les recettes ordinaires peuvent faire face aux dépenses qu'elles sont destinées à couvrir. (*Arr. du C.* 21 *déc.* 1877.)

**8.** *Taxe de pavage.* Doit être rejetée comme tardivement présentée la demande en décharge d'une taxe de pavage imposée à un propriétaire, lors même que le rôle n'aurait été publié que postérieurement à sa réclamation, s'il est établi que plus de trois mois avant sa réclamation, il avait eu connaissance, par des avertissements et des commandements, de la taxe mise à sa charge et qu'il en avait même payé les premières annuités. (*Arr. du 4 juill.* 1879.)

**9.** *Trottoirs.* Doit être rétabli au rôle de la taxe pour premier établissement de trottoirs le propriétaire d'un immeuble déchargé par le conseil de préfecture, s'il est encore inscrit à la matrice cadastrale à raison de cet immeuble, lors de l'émission et de la publication du rôle de la taxe, quand même l'émission du rôle aurait été retardée et qu'avant cette émission, l'immeuble aurait été l'objet d'une aliénation. C'est celui qui était propriétaire de l'immeuble lors de la mise en état de viabilité qui doit la taxe. (*Arr. du C.* 14 *nov.* 1879.)

**10.** *Constructions en retraite.* Des difficultés se sont élevées depuis longtemps relativement à la nécessité de l'autorisation préalable pour les constructions élevées en retraite d'une voie publique. Sur cette question, la jurisprudence est loin d'être uniforme et les arrêts rendus par le Conseil d'État diffèrent d'une façon absolue de ceux de la Cour de cassation. Cependant, cette dernière, qui jusqu'à présent avait été d'avis que l'autorisation ainsi que l'alignement étaient nécessaires pour les constructions qui sont en retraite comme pour celles qui forment saillie, a rendu plus tard une décision qui atteste de sa part une tendance à modifier sa jurisprudence antérieure. La Cour, en effet, ne se prononce plus en termes généraux ; elle déclare simplement que la construction, ayant été faite sur un terrain contigu au chemin et n'en étant séparée que par un très petit espace, doit être considérée comme faite le long même du chemin. (*Arr.* 27 *juill.* 1876.)

**11.** *Hauteur des maisons.* L'autorité municipale ne peut pas prescrire des mesures relatives à la régularité et à l'ornementation des constructions élevées en façade sur la voie publique. Par suite, l'arrêté municipal décidant que les bâtiments élevés au-devant de la voie publique auront un minimum de hauteur de 6m,60, n'est pas obligatoire. (*Cass.* 13 *juill.* 1878.)

**12.** *Chemins publics.* Le juge de police saisi d'une contravention commise sur un chemin a le droit de rechercher si le sol sur lequel a eu lieu la contravention alléguée est ou non un chemin public. Il n'y a pas contravention s'il est constaté que le sol dont il s'agit a perdu son caractère de chemin public, que c'est un chemin abandonné et hors de service. (*Cass.* 14 *fév.* 1874.)

438 VOIRIE VOITURES PUBLIQUES

**13.** *Divers.* Le ministre des travaux publics ne peut, sans excès de pouvoir, décider que, faute par un particulier d'abattre, dans un délai déterminé, des arbres dont, suivant lui, la plantation a constitué une contravention de grande voirie, ces arbres seront abattus d'office, sans attendre la suite que pourrait recevoir le procès-verbal qui aurait été dressé. Une mesure répressive de ce genre ne peut pas être prescrite par l'administration, en vertu des pouvoirs de police qui lui ont été conférés pour assurer le libre cours des eaux. (*Arr. du C. 16 mars 1877.*)

**14.** Le droit de préemption subsiste pour tout propriétaire riverain d'une route délaissée, dans le cas où la compagnie de chemin de fer qui le représente a vendu à un tiers la portion de route abandonnée, et alors même que ce propriétaire n'a acquis le terrain riverain à la route que postérieurement à la vente, par la compagnie de chemin de fer, à un tiers, de la portion de route abandonnée. (*C. de Riom 24 juill. 1876.*)

**15.** Aucune disposition de loi ou de règlement n'impose aux conseils généraux l'obligation de faire procéder à une enquête avant de prononcer le classement* des routes départementales. (*Arr. du C. 10 nov. 1876.*)

**16.** Les droits de vue ou autres sur une voie publique appartenant aux propriétaires riverains, ne font pas obstacle aux modifications que l'autorité administrative croit devoir faire subir à cette voie dans l'intérêt général, soit par des appropriations nouvelles, soit par la cession qu'elle en fait à des particuliers. Mais les riverains doivent être indemnisés des dommages que ces mesures leur ont causés. (*Cass. 16 mai 1877.*)

**17.** Les droits de voirie sont dus dans la ville de Paris par le seul fait que les permissions de bâtir ont été accordées. Par suite, ils ne peuvent être l'objet de restitution, même partielle, quand les travaux autorisés sont restés inachevés. (*Conseil de préfect. de la Seine, 13 juill. 1877.*) La plupart des auteurs trouvent qu'il est équitable de restituer les droits de voirie en cas d'inexécution des travaux, bien que le décret du 27 octobre 1808 dise (*art. 2*) que « la perception de ces droits sera faite..... à l'instant même » que les permis seront accordés. La jurisprudence est devenue conforme à l'appréciation des auteurs, et si le conseil de préfecture s'en est écarté dans l'espèce, c'est qu'il y avait à penser que les droits avaient déjà été remboursés indirectement aux propriétaires de l'immeuble.

**18.** Les rues ouvertes sans autorisation sur un terrain privé, demeurent propriété particulière, et ne peuvent être considérées comme des voies publiques. Le maire ne peut donc pas prescrire de faire sur le sol de ces rues des travaux de pavage, de construction, de trottoirs, etc. L'autorité municipale a seulement le pouvoir de prescrire aux propriétaires de ces rues des mesures de police dans l'intérêt de la salubrité publique, « mais sans déterminer la nature des travaux à exécuter dans cet intérêt ». (*Cass. 16 févr. 1883.*)

Les mots entre guillemets nous semblent une restriction discutable.

### BIBLIOGRAPHIE.

Traité pratique de la voirie urbaine, par Eugène Guillaume. 1 vol. in-8°. Paris, Dupont et Cie. 1876.

Traité de législation et de l'administration de la voirie urbaine. Paris, Ducher. 1877.

**VOITURES PUBLIQUES.** (*Dict.*) **1.** La loi du 14 juillet 1879, portant modification de l'impôt sur les voitures de terre et d'eau en service régulier, et sur les chemins de fer, dispose ce qui suit :

Art. 1er. L'art. 8 de la loi du 28 juin 1833 est modifié ainsi qu'il suit :

Le droit fixe imposé sur les voitures publiques, partant d'occasion ou à volonté, par l'art. 113 de la loi du 25 mars 1817, pour tenir lieu du droit du dixième imposé sur les voitures en service régulier, est perçu, en principal, suivant le tarif ci-après :

|  |  |  |
|---|---|---|
| à 1 et 2 places | 40 fr. par an. |
| Par voiture { à 3 — | 60 — |
| à 4 — | 80 — |
| à 5 — | 96 — |
| à 6 — | 110 — |
| Pour chaque place au delà de 6, jusqu'à 50 inclus. | 10 — |
| Pour chaque place au delà de 50, jusqu'à 150 inclus. | 5 — |
| Pour chaque place au delà de 150. | 2 50 — |

Les droits fixés par le présent article sont exigibles par mois et d'avance. Ils sont toujours dus pour un mois entier, à quelque époque que commence ou cesse le service.

Art. 2. Sont exceptées des dispositions de l'art. 112 de la loi du 25 mars 1817, et considérées comme partant d'occasion ou à volonté les voitures qui, dans leur service habituel d'un point fixe à un autre, ne sortent pas d'une même ville ou d'un rayon de 40 kilomètres de ses limites, pourvu qu'il n'y ait pas continuité immédiate de service pour un point plus éloigné, même après changement de voiture.

Art. 3. Le tarif des droits sur les prix de transport auxquels sont assujettis les entrepreneurs de voitures publiques de terre et d'eau en service régulier, autres que les compagnies de chemins de fer, est établi ainsi qu'il suit, décimes compris :

Vingt-deux francs cinquante centimes pour cent (22 fr. 50 c. p. 100) de recettes nettes lorsque les prix de transport sont de cinquante centimes (0 fr. 50 c.) ;

Douze francs pour cent (12 fr. p. 100) des recettes nettes, lorsque ces prix sont inférieurs à cinquante centimes (0 fr. 50 c.).

Les recettes nettes servant de base au calcul de l'impôt sont obtenues en déduisant des prix demandés au public le montant des impôts spécifiés ci-dessus.

Art. 4. En ce qui concerne les chemins de fer, les mesures d'exécution, les bases d'abonnement et de réduction que comporte l'application de l'art. 12 de la loi du 16 septembre 1871, sont déterminées par un règlement d'administration publique.

Sont maintenues toutes les dispositions des lois en vigueur qui ne sont pas contraires à celles de la présente loi.

**2.** « Aux termes du décret du 10 août 1852 (*tit. III*), écrit le ministre de l'intérieur aux préfets dans sa circulaire du 20 mars 1877, les entrepreneurs de voitures publiques allant à destination fixe, doivent déclarer à la préfecture ou à la sous-préfecture le siège principal de leur établissement, le nombre de leurs voitures, celui des places qu'elles contiennent, le lieu de destination, les jours et les heures de départ et d'arrivée. Le préfet ou le sous-préfet ordonne la visite des voitures, afin de constater si elles sont entièrement conformes aux prescriptions des art. 19 à 29 et si elles ne présentent pas des vices de construction qui puissent occasionner des accidents. Aucune voiture ne doit être mise en circulation sans une autorisation préfectorale ; le préfet transmet au directeur des contributions indirectes copie par extrait des autorisations par lui accordées. L'estampille prescrite par l'art. 117 de la loi du 25 mars 1817, concernant les droits dus au Trésor par les entrepreneurs, n'est délivrée que sur le vu de l'autorisation préfectorale.

« Les dispositions que je viens de rappeler sont-elles applicables aux voitures allant d'un point fixe à un autre, telles que celles qui desservent les marchés et les gares de chemins de fer, sans sortir d'une même ville ou d'un rayon de quinze kilomètres de ses limites ?

« La question, Monsieur le Préfet, me paraît devoir être résolue négativement. En effet, le décret du 10 août 1852 (tit. III) a surtout en vue les voitures faisant un long trajet. D'un autre côté, la loi du 28 juin 1833 (art. 8) assimile aux voitures partant d'occasion ou à volonté, celles qui, dans leur service habituel d'un point fixe à un autre, ne sortent pas d'une même ville ou d'un rayon de quinze kilomètres de ses limites. On doit,

dès lors, les considérer comme n'étant pas soumises aux prescriptions du décret du 10 août 1852 (tit. III). C'est l'avis de MM. les ministres des finances et des travaux publics, et il suffira de les soumettre à une certaine réglementation dans l'intérêt de la sécurité des voyageurs. Les mesures de police édictées dans ce but ayant un caractère purement local, doivent, en principe, émaner de l'autorité municipale (L. des 16-24 août 1790, tit. XI, art. 3 ; L. 18 juill. 1837, art. 10 et 11). Ce n'est que dans des circonstances exceptionnelles qu'il vous appartiendrait de les prendre, en vertu de la loi des 22 décembre 1789-8 janvier 1790. Mais, en général, votre droit de réglementation devra se limiter aux voitures qui desservent plus d'une localité. »

3. Le conducteur de voitures publiques qui transporte un nombre de voyageurs supérieur à celui que la voiture doit contenir, commet deux contraventions : l'une fiscale, l'autre de police, et les peines afférentes à ces deux contraventions doivent être cumulées. (Arr. du C. 18 déc. 1876.)

4. Un maire ne peut, sans excéder ses pouvoirs, fixer le prix de voitures publiques qui ont leur siège social et leur point de départ dans la commune, mais dont le parcours s'étend sur le territoire d'une commune voisine. (Cass. 29 mars 1884.)

**VOYAGEURS INDIGENTS.** *Voy.* Secours de route.

# Z

**ZONE FRONTIÈRE.** ( *Dict.*, v° **Travaux mixtes.**)
1. Le décret du 8 septembre 1878 règle à nouveau la matière des zones frontières ; nous reproduisons ce décret ainsi que le rapport qui le précède. Quant à l'état descriptif, on le trouvera dans le *Journal officiel* du 11 octobre 1878.

2. Voici le rapport que nous venons de mentionner :

Monsieur le Président,

L'organisation défensive de la frontière, aujourd'hui en voie d'achèvement, a été arrêtée en tenant compte des propriétés militaires du terrain et de l'état actuel du réseau de nos voies de communication ; il n'est donc pas admissible que des modifications puissent être apportées aux conditions dans lesquelles elle a été établie, sans que le ministre de la guerre soit appelé à donner son avis. La nécessité d'une entente entre les services civil et militaire, préalable à l'exécution des travaux publics dans la zone frontière, n'a d'ailleurs jamais cessé d'être admise en principe par notre législation depuis que les ingénieurs militaires ne sont plus exclusivement chargés de ces travaux, et les lois, décrets et ordonnances qui depuis 1776 se sont occupés de la matière ont toujours stipulé que, dans les provinces frontières, les travaux publics de l'État, des départements ou des villes ne peuvent être entrepris sans avoir été concertés avec le département de la guerre.

La loi du 7 avril 1851, relative à la délimitation de la zone frontière et aux attributions de la commission mixte des travaux publics, aujourd'hui en vigueur, a déjà admis, par exception, que les chemins vicinaux pourraient être librement ouverts, sauf dans certaines portions de cette zone dénommées territoires réservés, dont la loi laissait à un règlement d'administration publique basé sur l'avis d'une commission de défense, le soin de régler la position et l'étendue. Cette délimitation a été arrêtée en exécution de la loi, par le règlement du 16 août 1853 ; mais en 1862, à la suite de campagnes heureuses, on avait cru pouvoir la modifier, sans inconvénient pour la défense, et les territoires réservés, qui, à l'origine, comprenaient

tous les grands obstacles naturels qui bordent nos frontières et qui, à diverses époques, avaient puissamment contribué à préserver le pays de l'invasion, partout considérablement réduits, furent absolument supprimés sur la frontière des Alpes.

Le décret du 15 mars 1862 a édicté en outre que, même dans ces territoires ainsi restreints, les chemins vicinaux seraient libres dès que leurs dimensions n'atteindraient pas 6 mètres de largeur entre fossés et 4 mètres d'empierrement.

Il résulte de là que des chemins de 6 mètres de largeur peuvent être partout ouverts à travers la ligne de nos places fortes, sans même que le service militaire soit averti, et que cette facilité s'étend aux chemins de largeur quelconque en dehors des territoires réservés, dans tout le massif des Alpes par exemple.

Les funestes conséquences de ces concessions se montrèrent si clairement pendant la guerre de 1870, on vit les armées ennemies parvenir au cœur de la France avant même qu'une seule des places de la frontière fût tombée, que les 1872 l'un de mes prédécesseurs demanda instamment le changement de limites si peu en harmonie avec notre situation, et qu'un décret, en date du 3 mars 1874, rectifia en conséquence les délimitations adoptées en 1862 du côté de la frontière du Nord-Est. Mais alors les positions fortifiées à organiser pour la défense de la frontière n'étaient pas complètement déterminées, même sur cette frontière du Nord-Est, de laquelle seule on s'était préoccupé tout d'abord, en sorte que le ministre de la guerre, bien qu'il reconnût les inconvénients graves que présentait la réglementation en vigueur, ne se trouvait pas en mesure d'en demander la révision.

Aujourd'hui, la situation est plus défavorable encore qu'à cette époque. La loi du 10 août 1871, dite de décentralisation, en attribuant, dans son art. 46, aux conseils généraux le droit de déclasser les routes départementales et de classer les chemins vicinaux en dehors de toute intervention du Gouvernement, a supprimé de fait une notable partie des garanties dont la loi du 7 avril 1851 avait cru devoir entourer la défense du territoire ; car il en résulte que le vote d'un conseil général suffit pour faire passer une route départementale, dont l'ouverture et la rectification ne doivent pas être entreprises, même quand elle n'a pas 6 mètres de largeur, sans un concert préalable avec l'autorité militaire, dans la catégorie des chemins vicinaux qui, en dehors des territoires réservés, sont absolument affranchis de toute condition, de même que dans ces territoires quand ils n'ont pas 6 mètres de largeur. En sorte que, dans la région du Sud-Est, où il n'existe pas de territoires réservés et où les cours d'eau navigables et flottables sont une exception, l'existence d'une zone frontière ne donne en fait au ministre de la guerre d'autre droit que celui d'être consulté avant l'ouverture ou la rectification des routes nationales, dont le réseau est aujourd'hui complètement terminé.

La nécessité de remédier à cet état de choses se présente avec un caractère d'opportunité et même d'urgence d'autant plus marqué que des efforts considérables sont faits par le département des travaux publics pour développer et achever promptement nos grandes voies de communication, que des mesures sont en cours projetées en vue de créer les ressources nécessaires au développement du réseau vicinal et de permettre, ce réseau terminé, d'appliquer les ressources locales devenues disponibles à la création d'un réseau rural.

Ce n'est pas, j'ai hâte de le dire, qu'il entre dans la pensée de mon administration d'apporter aucun obstacle à l'exécution de travaux qui ont une si grande importance pour la prospérité matérielle du pays et dont mon département reconnaît si bien l'utilité, qu'il s'est déclaré prêt à y contribuer lui-même dans une mesure qui n'est pas sans importance ; mais j'ai le devoir de demander, au nom de la défense du territoire dont j'ai la responsabilité, que, comme le prescrit la loi du 7 avril 1851, ces travaux ou au moins ceux d'entre eux dont le service militaire jugerait l'exécution, telle qu'elle est projetée, dangereuse pour la défense, ne soient pas entrepris avant que la commission mixte des travaux publics, que cette même loi a composée de manière à donner la prépondérance à l'élément civil, ait fait connaître les moyens de donner satisfaction aux intérêts généraux du pays sans compromettre ceux de la défense.

Le projet de décret que j'ai l'honneur de présenter à votre signature a pour but de restituer à la défense du territoire les garanties que la loi du 7 avril 1851 avait jugées nécessaires et de mettre la délimitation de la zone frontière et des territoires réservés de cette zone en harmonie avec la nouvelle organisation défensive de la France. Il comporte, de plus, une série de dispositions destinées à supprimer toutes les restrictions et formalités qu'il n'est pas absolument indispensable de maintenir, à simplifier par conséquent et à hâter la marche de l'instruction des affaires mixtes. Ainsi, diverses catégories de travaux publics qui, aujourd'hui encore, ne peuvent être exécutées dans toute l'étendue de la zone frontière qu'après une entente préalable avec le service militaire, seront dorénavant plus soumises à cette condition que dans le rayon des places fortes.

En outre, pour mettre le service civil à même d'obtenir une solution immédiate dans les cas d'adhésion, ces cas sont de beaucoup les plus nombreux, car sur 300 ou 400 affaires mixtes qui se présentent en moyenne par an, 9 ou 10 à peine sont portées devant la commission mixte, j'ai renoncé en faveur de l'autorité locale à une partie des attributions que l'art. 40 du décret du 16 août 1853 m'avait réservées, et je propose que dorénavant les adhésions du service militaire puissent être données par les directeurs du génie collectivement et sur le simple vu d'une carte d'ensemble des chemins projetés. Ces officiers supérieurs seront spécialement invités à user aussi largement que possible des nouveaux pouvoirs qui leur sont délégués, de manière que l'instruction de ces sortes d'affaires reçoive toutes les simplifications dont elle est susceptible et ne puisse en aucun cas faire subir à leur solution un retard préjudiciable.

La commission de défense, consultée en exécution de l'art. 4 de la loi du 7 avril 1851 et dont l'avis est ci-joint, a reconnu à l'unanimité l'urgence des modifications que réclame à la réglementation en vigueur et a fixé les bases de la nouvelle délimitation. Le projet de règlement a été préparé, d'après ces bases, par le comité des fortifications, puis soumis à l'examen de mes collègues les ministres des travaux publics, de l'intérieur, de l'agriculture et du commerce, des finances et de la marine et des colonies, dont les départements sont plus ou moins intéressés à son application. C'est seulement après avoir reçu leur approbation que ce projet a été soumis aux délibérations du Conseil d'État, qui en a fait l'objet d'une discussion approfondie et qui l'a définitivement adopté dans sa séance du 9 août 1878.

J'ai donc l'espoir que les mesures dont j'ai l'honneur de proposer l'adoption et qui sont le complément indispensable de notre organisation défensive, tout en assurant au ministre de la guerre les droits sans lesquels il ne pourrait conserver à nos positions fortifiées la valeur qu'elles possèdent aujourd'hui, donneront également satisfaction aux intérêts civils en apportant aux dispositions en vigueur toutes les simplifications de nature à abréger la durée de l'instruction des affaires mixtes et en supprimant toutes les restrictions dont le maintien n'est

pas impérieusement exigé par les nécessités de la défense, et j'ai l'honneur de vous prier de vouloir bien revêtir de votre signature le règlement qui met en vigueur ces nouvelles prescriptions.

Veuillez agréer, etc.     Signé : Général BOREL.

**3.** Voici le décret qui a été délibéré par le Conseil d'État.

Art. 1er. Les limites de la zone frontière sont fixées conformément à l'état descriptif n° 1 et aux cartes nos 1 et 2, 3 et 4 annexés au présent décret.

Art. 2. Les territoires réservés de la zone frontière dans lesquels les lois et règlements relatifs aux travaux mixtes restent applicables aux chemins vicinaux, aux chemins ruraux et aux chemins forestiers, sont délimités conformément à l'état descriptif n° 2 et aux cartes nos 1, 2, 3 et 4 annexés au présent décret.

Art. 3. Les lois et règlements sur les travaux mixtes et la compétence de la commission mixte s'appliquent aux affaires suivantes.

§ 1er. *Dans toute l'étendue de la zone frontière.*

1° Les travaux concernant :

Les routes nationales et départementales ;

Les chemins de fer de toute nature ;

Les cours d'eau navigables ou flottables, ainsi que les canaux de navigation avec leurs chemins de halage et de contre-halage ;

Les ponts à établir sur ces cours d'eau pour le service des voies de communication de toute espèce, lorsqu'ils ont plus de 6 mètres d'ouverture entre culées ;

Les ports militaires et de commerce, les havres, les rades et les mouillages ;

Les phares, les fanaux et les amers ;

Les écluses de navigation et de chasse et les autres ouvrages analogues d'intérêt public, tels que digues, bâtardeaux, épis, enrochements, ponts tournants ou autres, quais, bassins, jetées, brise-lames, etc.;

Les dessèchements des lacs, étangs et marais, quand ils sont exécutés, concédés ou autorisés par le Gouvernement ;

2° Les défrichements des forêts et des bois appartenant à l'État, aux communes ou aux établissements publics ;

3° Dans les enceintes fortifiées : les alignements et le tracé des rues ou des chemins qui servent de communications directes entre les places publiques, les établissements militaires et les remparts ;

4° Dans toutes les villes fortifiées et autres : les alignements et le tracé des rues, des chemins, des carrefours et des places qui bordent les établissements de la guerre ou de la marine, ou qui sont consacrés par le temps et l'usage aux exercices et aux rassemblements des troupes ; le tracé des rues ou des chemins qui servent de communications directes entre les gares de chemins de fer et les établissements militaires ;

5° Les passages des portes d'eau et des portes de terre, dans la traversée des fortifications des places de guerre et des ports militaires.

6° Les modifications à apporter, dans un intérêt civil, aux arsenaux, aux casernes, aux magasins et aux autres établissements militaires ;

7° Les travaux de fortifications ou de bâtiments

militaires dont l'exécution apporterait des changements aux routes, aux chemins, aux canaux et autres ouvrages d'intérêt civil ou maritime compris dans le présent article;

8° Les questions relatives à la jouissance, à la police ou à la conservation des ouvrages ayant à la fois une destination civile et une destination militaire;

9° Les affaires d'un caractère purement administratif, qui sont les accessoires d'affaires principales du ressort de la commission, telles que les remises mutuelles de jouissance de terrains et la répartition, entre les services intéressés, de l'exécution des travaux mixtes et des dépenses de ces travaux.

§ 2. *Dans les territoires réservés de la zone frontière.*

Outre les affaires ci-dessus énumérées, celles qui concernent:

1° Les travaux des chemins vicinaux de toutes classes, des chemins ruraux et ceux des chemins forestiers, tant dans les bois et dans les forêts de l'État que dans ceux des communes ou des établissements publics;

2° Le défrichement des bois des particuliers, mais seulement dans les territoires spéciaux délimités par les décrets des 31 juillet 1861 et 3 mars 1874.

§ 3. *Dans le rayon des enceintes fortifiées.*

Outre les affaires énumérées aux paragraphes 1 et 2, celles qui concernent:

1° Les travaux des canaux et rigoles d'alimentation d'irrigation et de desséchement, avec leurs francs-bords;

2° Les travaux des marais salants et de leurs dépendances, lorsqu'ils doivent faire l'objet d'une concession ou d'une autorisation préalable du Gouvernement;

3° Les concessions des lais et relais de la mer, celles des dunes et lagunes, et celles des accrues, atterrissements et alluvions dépendant du domaine de l'État, mais seulement au point de vue des conditions à imposer ou des réserves à faire dans l'intérêt de la défense du territoire;

4° Les concessions d'enrochements ou d'endiguements à la mer ou sur le rivage;

5° Les concessions et les règlements d'eau de moulins et autres usines, toutes les fois que les modifications qui peuvent en être la suite, à l'égard du régime des eaux, sont de nature à exercer une influence sur les inondations défensives.

Art. 4. Toutes les fois qu'un travail public devra être exécuté sur le territoire de plusieurs arrondissements de service, les directeurs ou les ingénieurs en chef auront la faculté de désigner un officier ou un ingénieur qui représentera son service dans la conférence unique à tenir pour l'examen de ce travail, et qui recevra à cet effet la délégation spéciale mentionnée à l'art. 12 du décret du 16 août 1853.

Cette désignation sera faite par les ministres compétents si le travail s'étend sur le territoire de plusieurs départements ou directions. Dans ce cas, la disposition du paragraphe précédent s'appliquera également au second degré de l'instruction.

Art. 5. Dans le cas où une affaire de la compétence de la commission mixte paraîtrait, au service qui a pris l'initiative du projet, pouvoir être l'objet de l'adhésion directe que les directeurs et ingénieurs en chef sont autorisés à donner au nom de leur service, en conformité des dispositions de l'art. 18 du décret du 16 août 1853, l'instruction, dans les formes indiquées par les art. 14 et 15 de ce même décret, n'est pas obligatoire et peut être remplacée aux deux degrés par une instruction sommaire.

Dans ce cas le service qui a pris l'initiative du projet est tenu de fournir aux services qui sont appelés à donner leur adhésion, la copie de toutes les pièces ou dessins faisant partie du dossier que ceux-ci jugent devoir leur être utiles, notamment pour exercer le contrôle que leur attribue l'art. 25 du même décret.

Toutefois, l'instruction prescrite par les art. 14 et 15 ci-dessus mentionnés devient obligatoire lorsqu'après l'examen des pièces de l'instruction sommaire l'un des chefs de service déclare se refuser à donner son adhésion directe au projet.

Art. 6. Pour accélérer l'expédition des affaires concernant les chemins vicinaux, les chemins ruraux et les chemins forestiers, le préfet du département ou le conservateur des forêts peut faire dresser, toutes les fois qu'il le juge convenable, avant même qu'il ait été procédé aux études de détail, une carte d'ensemble du tracé de ceux de ces chemins dont l'ouverture ou l'amélioration sont projetées et ne pourraient être exécutées sans l'assentiment du service militaire. Cette carte est transmise avec une note explicative, s'il y a lieu, au directeur du génie, lequel, après avoir pris l'avis des chefs du génie compétents, est autorisé à donner, immédiatement et sans autres formalités, son adhésion à tous ceux de ces tracés qui lui paraissent sans inconvénient pour son service.

Les chemins ainsi exonérés peuvent être immédiatement entrepris et librement entretenus dans les conditions spécifiées à l'art. 8 du décret du 16 août 1853. Les autres ne peuvent être exécutés avant d'avoir été soumis aux formalités prescrites pour l'instruction des affaires mixtes.

Art. 7. Sont abrogés l'art. 7 du décret du 16 août 1853, les art. 5 et 3 du décret du 15 mars 1862 et généralement toutes les prescriptions contraires aux présentes dispositions.

Art. 8. Les ministres de la guerre, de la marine et des colonies, des travaux publics, de l'agriculture et du commerce, de l'intérieur et des finances, sont chargés, chacun en ce qui le concerne, de l'exécution du présent décret, qui sera inséré au *Journal officiel* et au *Bulletin des lois*.

# TABLE ALPHABÉTIQUE DES MATIÈRES

## DU SUPPLÉMENT GÉNÉRAL

Nancy, imp. Berger-Levrault et Cie

www.ingramcontent.com/pod-product-compliance
Lightning Source LLC
Chambersburg PA
CBHW071949270326
41928CB00009B/1395